DAS RECHT DER KREDITSICHERUNG

Begründet von

Dr. Hellmut Scholz †

Fortgeführt von

Dr. Hans-Jürgen Lwowski

Rechtsanwalt und
Honorarprofessor der
Universität Hamburg

7. neubearbeitete und erweiterte Auflage

ERICH SCHMIDT VERLAG

Die Deutsche Bibliothek – CIP-Einheitsaufnahme
Scholz, Hellmut:
Das Recht der Kreditsicherung / begr. von Hellmut Scholz.
Fortgef. von Hans-Jürgen Lwowski. – 7. neubearb. und erw. Aufl.
– Berlin : Erich Schmidt, 1994
   ISBN 3-503-03636-9
NE: Lwowski, Hans-Jürgen [Bearb.]

ISBN 3 503 03636 9

Alle Rechte vorbehalten
7. neubearbeitete und erweiterte Auflage 1994
© Erich Schmidt Verlag GmbH & Co., Berlin 1952
Druck: Loibl Druck + Gestaltung, Neuburg/Donau

Vorwort zur 7. Auflage

Das Recht der Kreditsicherung ist in den vergangenen Jahren immer komplexer geworden. Das AGB-Gesetz und eine umfangreiche höchstrichterliche Rechtsprechung haben gerade in der letzten Zeit zu einer erheblichen Rechtsunsicherheit geführt. Der Vertragsjurist kann sich nur noch als Spezialist mit der Gestaltung von Kreditsicherungsverträgen befassen und darauf hoffen, daß seine Klauseln vor dem BGH bestehen.

Im Vordergrund der Darstellung steht neben der Dogmatik des Kreditsicherungsrechts die höchstrichterliche Rechtsprechung und ihre Umsetzung in die Praxis. Auseinandersetzungen mit Literaturmeinungen werden auf ein Mindestmaß beschränkt. Literaturhinweise ermöglichen aber dem Leser, sich selbst mit wissenschaftlich streitigen Themen zu befassen.

In der 7. Auflage ist der Allgemeine Teil entfrachtet worden; so sind z. B. Fragen des Besitzerwerbs zur Sicherungsübereignung genommen worden, da der Leser diese Ausführungen dort eher erwartet als vorweg vor allen Sicherheiten. Dies hat allerdings zur Konsequenz, daß beim Pfandrecht u. U. auf Ausführungen zur Sicherungsübereignung verwiesen wird. Mit Rücksicht auf die Bedeutung der Sicherungsübertragung im Vergleich zum Pfandrecht erscheint dies aber gerechtfertigt.

Das neue Insolvenzrecht (Insolvenzrechtsordnung) tritt am 1. 1. 1999 in Kraft. Im Anhang ist sie in einer Übersicht dargestellt. Außerdem werden die Unterschiede zwischen der Konkursordnung und der InsO — insbesondere zum Absonderungs- und Anfechtungsrecht — aufgezeigt.

Die Vertragsbeispiele, für deren Zurverfügungstellung ich dem Bank-Verlag, Köln, danke, sollen die Ausführungen im Text veranschaulichen. Sie sind nicht als Empfehlung gedacht und erheben auch nicht den Anspruch, vor dem BGH bestehen zu können.

Für die Mitarbeit insbesondere bei der Neufassung der Darstellung des Rechts der Patronatserklärung und dem neuen Insolvenzrecht danke ich Frau Dr. Susanne Hilsmann. Herr Dr. Peer Groeschke hat sich dankenswerterweise an der Überarbeitung des Bürgschaftsrechts beteiligt.

Hamburg, im Juli 1994 *Der Verfasser*

Inhaltsübersicht

	Seite	Randnote
Vorwort	5	
Abkürzungsverzeichnis	23	

ERSTER TEIL
Die Grundzüge des Sicherungsrechts

Erster Abschnitt: Die Sicherheit als rechtlicher Begriff

	Seite	Randnote
1. Kapitel: Allgemeine Grundlagen	33	1
I. Grundbegriffe	33	1
1. Kreditsicherung	33	1
2. Sicherungsmittel	34	2
3. Gesicherte Forderung	34	3
a) Geborene Sicherheit	35	4
b) Gekorene Sicherheit	35	5
4. Sicherungsvertrag und Zweckvereinbarung	36	6
II. Arten der Sicherheit	40	12
1. Personen- und Sachsicherheit	40	13
a) Personensicherheit	41	14
b) Sachsicherheit	42	15
2. Abhängigkeit der Sicherheit von der gesicherten Forderung	43	17
a) Akzessorische Sicherheit	44	18
b) Fiduziarische Sicherheit	44	19
3. Mittelbar und unmittelbar verwertbare Sicherheit	48	24
a) Mittelbar verwertbare Sicherheit	48	25
b) Unmittelbar verwertbare Sicherheit	49	26
III. Der Vorvertrag	50	27
IV. Die Sicherheitenkontrolle	53	32
2. Kapitel: Die Personen	56	34
I. Sicherungsgeber und Sicherungsnehmer	56	34
II. Geschäftsvoraussetzungen	57	37
1. Geschäftsunfähigkeit	57	38
2. Beschränkte Geschäftsfähigkeit	57	39
3. Bewußlosigkeit, vorübergehend geistige Störung	58	40

	Seite	Randnote
4. Willensmangel	58	41
a) Scherz	59	42
b) Wesentlicher Irrtum	60	44
c) Wegfall der Geschäftsgrundlage	61	46
d) Arglistige Täuschung, widerrechtliche Drohung	63	47
5. Die Vertragsmacht	64	50
a) Gesetzlicher Vertreter	66	52
aa) Natürliche Personen	66	53
bb) Personenvereinigungen	68	56
b) Rechtsgeschäftliche Vertreter	71	69
aa) Vollmacht	71	69
bb) Prokura	74	72
cc) Handlungsvollmacht	74	73
c) Vertretung sonstiger nichtjuristischer Personen	74	74
aa) Gesellschaft bürgerlichen Rechts	74	74
bb) Nichteingetragener Verein	74	75
cc) Reederei	75	76
dd) Vollmacht für Ausländer	76	77
3. Kapitel: Das Sicherungsmittel	77	78
I. Personensicherheit	77	78
1. Bewegliche Sachen	78	80
2. Unbewegliche Sachen	78	81
3. Rechte	78	82
II. Sachsicherheit	80	84
1. Der Vermögensgegenstand	80	84
2. Bewegliche Sachen	82	91
a) Allgemeines	82	91
b) Zubehör	83	93
3. Unbewegliche Sachen	85	96
a) Allgemeines	85	96
b) Wesentliche Bestandteile	88	98
c) Zukünftige Sachen	94	103
4. Rechte	94	104
4. Kapitel: Der Sicherstellungsvertrag	96	106
I. Vertragsabschluß	96	106
II. Allgemeine Geschäftsbedingungen und das AGB-Gesetz	96	108
1. Allgemeine Geschäftsbedingungen	97	109
2. Einbeziehung von Allgemeinen Geschäftsbedingungen	98	112
3. Überraschende Klauseln	102	113
4. Individualabreden	103	114

	Seite	Randnote
5. Generalklauseln	104	116
6. Persönlicher Anwendungsbereich	105	117
7. Rechtsfolge der Unwirksamkeit	105	118
8. Inkrafttreten	106	119
III. Form des Vertrages	107	120
1. Öffentliche Beurkundung	108	122
2. Öffentliche Beglaubigung	109	123
3. Schriftform	109	124
IV. Die Verfügungsmacht	111	125
1. Fehlen unbeschränkten Eigentums	112	126
a) Allgemeines	112	126
b) Ermächtigung	114	129
2. Verfügungsverbote	115	130
a) Allgemeines	115	130
b) Bewegliche Sachen	117	131
c) Grundstücke	117	132
d) Rechte	119	133
3. Verfügungsbeschränkungen	123	139
a) Allgemeines	123	139
b) Güterrechtliche Besonderheiten	124	140
c) Konkurs/Insolvenz	126	142
d) Erbfall	127	143
aa) Testamentsvollstreckung	127	144
bb) Vor-, Nacherbschaft	129	145
e) Negativklausel	129	146
4. Zwangsvollstreckung Dritter	130	147
V. Interventionsklage bei fiduziarischen Sicherheiten	131	148
VI. Sittenwidrigkeit	132	148a
1. Wirtschaftliche Bewegungsfreiheit	133	148b
2. Übersicherung, Freigabe, Bewertung	135	148d
a) Übersicherung	135	148d
b) Freigabe, Deckungsgrenze, Bewertung	137	148f
aa) Globalsicherheiten	138	148g
bb) Singularsicherheiten	141	148l
cc) Personalsicherheiten	144	148o
3. Verwertung	145	148p
a) Globalzession/Lohnzession	145	148p
b) Sicherungsübereignung	147	148q
4. Knebelung und Kredittäuschung	148	149

Inhaltsübersicht

	Seite	Randnote
VII. Nichtigkeit einer Sicherheit bei Einlagenrückgewähr (§§ 57 AktG, 30 GmbHG)	155	162
VIII. Vermögensübernahme	157	163

5. Kapitel: Die gesicherte Forderung 160 164

	Seite	Randnote
I. Gesicherter Forderungskreis	160	164
II. Personenidentität	168	171
1. Verhältnis Schuldner und Sicherungsgeber	168	172
a) Inhalt der Sicherheit — abgedecktes Risiko	168	172
b) Rechtsgrundlage für Verhältnis Sicherungsgeber — Schuldner	170	173
c) Regreßpflicht des Schuldners	171	174
2. Verhältnis Sicherungsgeber — Gläubiger	172	176
a) Sorgfalts- und Auskunftpflicht	172	176
b) Einwendungen des Sicherungsgebers	173	177
c) Kündigungsrecht des Sicherungsgebers	174	178
d) Inhaltsänderung der gesicherten Schuld	175	179
e) Limitierung der Sicherung	176	180
aa) Höchstbetragssicherheit	177	181
bb) Ausfallsicherheit	179	182
cc) Sicherheit auf Zeit	181	183
dd) Mehrere Sicherungsgeber	182	184
ee) Mehrere Forderungen desselben Gläubigers gegen verschiedene Schuldner	183	185
f) Vertragswidrige Übertragung der Sicherheit	185	186
3. Kredithilfe, Gebrauchsleihe	186	187
4. Verhältnis Gläubiger und Sicherungsnehmer	187	188
a) Akzessorische Sicherheit	187	189
b) Fiduziarische Sicherheit	188	190
aa) Treuhänder	188	190
bb) Gläubigermehrheit — Schuldner	190	191
cc) Poolvertrag	191	192
aaa) Verhältnis Banken — Kreditnehmer	191	192
bbb) Verhältnis Banken untereinander	192	192
dd) Sicherheitenabgrenzungsverträge	195	193
ee) Kündigung und Auseinandersetzung eines Poolvertrages	198	194
III. Ausbleiben und Wegfall der gesicherten Forderung	199	195
1. Nichtgewährung des Kredits	199	196
2. Wegfall der gesicherten Forderung	200	197
a) Akzessorische Sicherheit	203	200

	Seite	Randnote
b) Fiduziarische Sicherheit	204	202
aa) Allgemeines	204	202
bb) Rückgewähranspruch	207	208
3. Kapitalersetzende Darlehen	212	217
a) Unterkapitalisierung	212	217
b) Sanierungsabsicht	213	217
c) Unternehmerische Beteiligung	213	217
IV. Wechsel des Schuldners und Gläubigers	217	221
1. Allgemeines	217	221
2. Gesamtnachfolge, Sondernachfolge	219	223
a) Änderung in der Person des Schuldners	219	223
b) Änderung in der Person des Gläubigers	220	223
3. Schuldübernahme	221	224
a) Akzessorische Sicherheit	222	225
b) Fiduziarische Sicherheit	222	226
4. Abtretung	223	227
a) Akzessorische Sicherheit	224	228
b) Fiduziarische Sicherheit	225	229
5. Konsolidation	228	231
6. Kapitel: Das Sicherungsziel	229	232
I. Aufgabe/Rückgewähr der Sicherheit	229	232
1. Mittelbar verwertbare Sicherheit	229	233
2. Unmittelbar verwertbare Sicherheit	230	234
II. Abwicklung des Sicherungsverhältnisses durch Zweckerreichung	231	235
1. Verwertungsreife	231	235
2. Ablösung der Sicherheit und Übergang der Forderung	235	241
a) Mittelbar verwertbare Sicherheit	236	242
b) Unmittelbar verwertbare Sicherheit	241	245
3. Verwertung der Sicherheit	241	246
a) Zwangsvollstreckung in das Sicherungsmittel	243	248
aa) Zwangsvollstreckung in bewegliche Sachen	244	250
bb) Zwangsvollstreckung in Grundstücke	246	251
aaa) Zwangsversteigerung	247	252
bbb) Zwangsverwaltung	259	260
ccc) Eintragung einer Sicherungshypothek	262	262
cc) Zwangsvollstreckung in Rechte	262	263
aaa) Inhaber-, Order-, Namenspapiere	265	264
bbb) Gebuchte Rechte	265	265
b) Veräußerung des Sicherungsrechts	265	266

	Seite	Randnote
c) Verwertungsfolgen	271	269
d) Eilmittel (Arrest, einstweilige Verfügung)	275	273

Zweiter Abschnitt: Beeinträchtigung und Bewertung der Sicherheit

	Seite	Randnote
I. Sicherungswert	277	274
II. Bewertung der Personensicherheit	277	275
III. Bewertung der Sachsicherheit	278	276
1. Beleihungswert und Deckungsverhältnis	278	276
2. Bewertung beweglicher Sachen	281	283
3. Bewertung unbeweglicher Sachen	284	288
a) Dingliche Rechte am Grundstück	286	291
aa) Öffentliche Lasten	287	292
bb) Erbbaurecht	287	293
cc) Dienstbarkeiten	288	294
aaa) Grunddienstbarkeiten	288	295
bbb) Nießbrauch	289	296
ccc) Beschränkt persönliche Dienstbarkeit	289	297
ddd) Dauerwohnrecht (Dauernutzungsrecht)	289	298
dd) Vorkaufsrecht, Wiederkaufsrecht	290	299
ee) Reallast	291	300
ff) Grundpfandrecht	292	301
b) Vorläufige Eintragungen	292	302
aa) Vormerkung	292	303
bb) Widerspruch	294	304
cc) Verfügungsbeschränkung	295	305
aaa) Konkursvermerk	295	306
bbb) Nacherbenvermerk	295	307
ccc) Testamentsvollstreckervermerk	295	308
ddd) Nachlaßverwaltervermerk	296	309
eee) Zwangsversteigerungs-, Zwangsverwaltungsvermerk	296	310
fff) Pfandvermerk bei verpfändetem Erbanteil	296	311
ggg) Heimstättenvermerk	296	312
c) Rangordnung	297	313
4. Bewertung von Rechten	301	319

ZWEITER TEIL
Die einzelnen Sicherheiten

Erster Abschnitt: Personensicherheiten

	Seite	Randnote
I. Kapitel: Bürgschaft	305	320

Inhaltsübersicht

	Seite	Randnote
I. Begriff	305	320
1. Allgemeines	305	320
2. Rechtsverhältnis Bürge — Hauptschuldner	307	320c
3. Bürgschaft in der Bilanz	309	320g
II. Personen	309	320g
III. Formen der Bürgschaft	309	320h
1. Bürgschaft auf erstes Anfordern	309	320h
2. Nachbürgschaft	312	321
3. Rückbürgschaft	313	322
4. Mitbürgschaft — Teilbürgschaft	314	323
5. Bürgschaft nach VOB	318	330
IV. Vertrag	320	332
V. Gesicherte Forderung	327	346
1. Zweckbestimmung	327	346
2. Höchstbetragsbürgschaft — unlimitierte Bürgschaft	332	353
3. Ausfallbürgschaft	335	357
4. Bürgschaft auf Zeit	336	358
5 Rechtlicher Bestand der Hauptforderung	339	361
a) Tod des Bürgen	340	362
b) Untergang/Tod des Hauptschuldners	340	363
c) Ermäßigung oder Wegfall der Hauptforderung	341	365
d) Übergang der gesicherten Forderung	342	366
VI. Inanspruchnahme aus der Bürgschaft	343	367
1. Allgemeines	343	367
2. Einrede der Vorausklage	345	369
3. Übergang der Sicherheiten	346	370
4. Verzicht auf Einreden	347	371
5. Einrede aus Verletzung von Sorgfaltspflichten	352	376
6. Kündigung	355	377
7. Einklagbarkeit	358	380
VII. Wirksamkeitsprobleme der Bürgschaft	359	381
1. Unwirksamkeit/Vertragsaufhebung	359	381
a) Unwirksamkeit	359	382
b) Außerordentliches Kündigungsrecht	364	382f
2. Anwendbarkeit des Haustürwiderrufsgesetzes	364	382g
2. Kapitel: Bürgschaftsähnliche Sicherungsformen	367	383
I. Schuldmitübernahme	367	383
II. Garantie	369	384
1. Regelungsbereich	369	384
2. Wirksamkeit der Garantie	375	398

	Seite	Randnote
III. Kreditauftrag	377	399
IV. Wechselbürgschaft	378	400
V. Patronaterklärung	379	401
1. Allgemeines	379	401
2. Form	381	404
3. Rechtsnatur und Rechtsfolgen	381	405
a) Unverbindliche Patronaterklärungen	381	405
aa) Beispiele	381	405
bb) Auslegung	381	406
cc) Sicherheitenwert	383	406
b) Rechtserhebliche Erklärungen minderen Wirkungsgrades	383	407
aa) Beispiel 1	383	407
bb) Beispiel 2	385	411
cc) Beispiel 3	386	413
c) Sonstige Handlungs- und Unterlassungspflichten	389	416
aa) Beispiel 1	389	416
bb) Beispiel 2	390	418
cc) Beispiel 3	391	419
d) Aufrechterhaltung einer Beteiligung	393	420
aa) Beispiel 1	393	420
bb) Beispiel 2	394	421
cc) Beispiel 3	395	422
e) Verpflichtung zur Ausstattung	398	424
4. Die Bilanzierungs- und Berichtspflicht	401	426
a) Bilanzierungspflicht	401	426
b) Berichtspflicht	405	432
3. Kapitel: Depotakzept	406	433
I. Begriff	406	433
II. Personen	407	434
III. Sicherungsmittel und Sicherstellungsvertrag	407	434
IV. Gesicherte Forderung	408	436
V. Verwertung	410	437

Zweiter Abschnitt: Sachsicherheiten

	Seite	Randnote
I. Kapitel: Bewegliche Sachen als Sicherungsmittel	413	438
A. Pfandrecht	413	438
I. Begriff	413	438
II. Personen	414	440

Inhaltsübersicht

	Seite	Randnote
III. Sicherungsmittel	414	441
1. Allgemeines	414	441
2. Gutgläubiger Erwerb	416	449
3. Relatives oder absolutes Verfügungsverbot	417	452
4. Verlust des Verkaufswertes oder der ursprünglichen Substanz	417	453
VI. Sicherstellungsvertrag	418	454
1. Allgemeines	418	454
2. Schiffe, Schiffsbauwerk	422	463
3. Luftfahrzeuge	424	467
4. Inventarpfandrecht	425	468
V. Gesicherte Forderung	425	469
VI. Sicherungsziel	428	476
1. Allgemeines	428	476
2. Verwertung	429	481
a) Privatverkauf	430	483
b) Zwangsvollstreckung	433	485
c) Verwertungsfolgen	433	487
B. Sicherungseigentum	434	488
I. Begriff	434	488
1. Allgemeines	434	488
2. Rechtsstellung des Sicherungsnehmers	438	490
II. Personen	439	491
III. Sicherungsmittel	440	492
1. Allgemeines	440	492
2. Dinglicher Tatbestand	441	493
a) Besitzverschaffung	442	494
aa) unmittelbarer Besitz	442	495
bb) mittelbarer Besitz	445	498
aaa) Besitzmittlungsverhältnis mittels antizipierten Besitzkonstituts	445	498
bbb) Abtretung des Herausgabeanspruchs	448	501
ccc) Einräumung des mittelbaren qualifizierten Mitbesitzes	451	503
ddd) Übergabe mittels Traditionspapiers	451	504
b) Individualisierung/Bestimmtheit	454	509
aa) Merkmal	458	515
bb) Markierung	458	516
cc) Raumsicherung	459	517
dd) Bruchteilsübereignung	461	519

	Seite	Randnote
ee) Waren-Inventar mit wechselndem Bestand	462	520
ff) Importsicherungsvertrag	464	522
gg) Exportsicherungsvertrag	469	523
3. Hindernisse für die Sicherungsübereignung	469	524
a) Verfügungen des Sicherungsgebers über fremde oder belastete Sachen	469	524
aa) Gutgläubiger Erwerb	470	525
bb) Sicherungsübereignung von Vorbehaltsware — Anwartschaftsrecht	474	531
cc) Freistellung durch Berechtigten	477	535
b) Relative oder absolute Verfügungsverbote	478	536
c) Substanzverlust	479	537
aa) Verbrauch oder Veräußerung	479	538
bb) Verbindung mit Grundstück zum wesentlichen Bestandteil	481	542
cc) Vermischung, Verbindung	481	543
dd) Verarbeitung	483	546
IV. Sicherstellungsvertrag	485	550
1. Allgemeines	485	550
2. Form	486	551
3. Zusätzlicher Rechtsakt	487	552
V. Gesicherte Forderung	493	558
VI. Beiderseitige Rechte und Pflichten	494	559
1. Vertragswidrige Verfügungen des Sicherungsnehmers .	494	559
2. Selbsthilfe	494	560
3. Vertragswidrige Verfügungen des Sicherungsgebers ...	495	561
4. Geheimhaltung	496	562
5. Versicherung	496	563
VII. Verwertung (einschl. Steuerfragen)	499	565
2. Kapitel: Rechte als Sicherungsmittel	503	568
A. Pfandrecht an Rechten	503	568
I. Begriff	503	568
1. Allgemeines	503	569
2. Rechtsstellung des Pfandnehmers	504	570
II. Personen	505	573
III. Sicherungsmittel	505	574
IV. Sicherstellungsvertrag	509	583
1. Allgemeines	509	583
2. Form	510	584

	Seite	Randnote
3. Zusätzlicher Rechtsakt	511	586
a) bei Inhaber-, Orderpapieren	512	587
b) bei gebuchten Rechten	515	593
c) bei Forderungen	516	596
V. Gesicherte Forderung	519	598
1. Zweckbestimmung	519	598
2. Rechtlicher Bestand der Hauptforderung	519	598
VI. Beiderseitige Rechte und Pflichten	520	600
1. des Pfandnehmers	520	600
2. des Pfandgebers	521	604
3. Rechte des Drittschuldners	522	605
VII. Verwertung	523	607
1. Allgemeines	523	607
2. Zwangsvollstreckung	524	608
3. Privatverkauf	524	609
4. Einziehung	526	610
VIII. Das AGB-Pfandrecht	530	618
B: Sicherungsabtretung	535	619
I. Begriff	535	619
1. Allgemeines	535	619
2. Rechtsstellung des Sicherungsgebers	636	620
II. Personen	537	626
III. Sicherungsmittel	537	627
1. Allgemeines	537	627
a) Abtretung von Forderungen	537	627
b) Übertragung von Gesellschaftsanteilen	544	638
c) Abtretung von Steuererstattungsansprüchen	547	642
2. Individualisierung – Bestimmbarkeit	548	643
3. Hindernisse für die Sicherungsabtretung	553	656
a) Verfügung des Sicherungsgebers über fremde oder belastete Rechte	554	657
b) Relative oder absolute Verfügungsverbote	555	661
c) Minderung der Tauglichkeit/Einwendungen	556	663
d) Gutgläubiger Erwerb	562	665a
IV. Sicherstellungsvertrag	565	669
1. Allgemeines	565	669
2. Übertragung von Einzugspapieren nach AGB/Banken und Sparkassen	566	670
3. Form	567	671

	Seite	Randnote
4. Zusätzlicher Rechtsakt	569	675
a) Urkunden	569	676
b) Gebuchte Rechte	571	680
5. Stille/offene Zession	576	686
6. Mantelzession, Globalzession	582	693
a) Mantelzession	583	694
b) Globalzession	584	698
7. Zusätzlicher Tatbestand bei Rechten	591	704
V. Gesicherte Forderung	594	709
VI. Beiderseitige Rechte und Pflichten	594	709
VII. Verwertung und Rückübertragung	597	719
1. Verwertung	597	719
2. Rückübertragung	601	723
Anhang: Forderungsrücktritt	602	724

3. Kapitel: Unbewegliche Sachen als Sicherungsmittel

	Seite	Randnote
3. Kapitel: Unbewegliche Sachen als Sicherungsmittel	604	725
A. Hypothek	604	725
I. Begriff	604	725
1. Allgemeines	604	725
2. Haftungssumme	605	728
a) Kapital und Nebenleistung	605	729
b) Fälligkeitshypothek	607	730
c) Amortisationshypothek	607	731
d) Änderung der Zins- und Zahlungsbedingungen	608	733
II. Personen	609	734
III. Sicherungsmittel	609	735
1. Vereinigung und Zuschreibung, Gesamthypothek	609	736
2. Umfang der hypothekarischen Haftung	612	743
a) Zubehör	613	745
b) Erzeugnisse und Bestandteile	618	752
c) Forderungen aus Vermietung und Verpachtung	619	754
d) Versicherungsforderungen	621	758
IV. Hindernisse/gutgläubiger Erwerb	624	761
V. Sicherstellungsvertrag	628	764
1. Buchhypothek	628	764
2. Briefhypothek	630	766
a) Briefübergabe	631	767
b) Aushändigungsabrede	634	770
c) Vorteile der Briefhypothek	635	771
3. Eintragung	636	772

	Seite	Randnote
VI. Gesicherte Forderung	641	782
1. Verkehrshypothek — Sicherungshypothek	641	782
2. Abgrenzung der zu sichernden Forderung (Höchstbetragshypothek)	642	783
3. Rechtlicher Bestand der zu sichernden Forderung	645	793
a) Nichtentstehen der Forderung	645	794
b) Erlöschen der Forderung	648	799
c) Rechte gleich- und nachrangiger Gläubiger	654	812
aa) Regelung bis 31. 12. 1977	654	813
bb) Regelung ab 1. 1. 1978	655	816
cc) Allgemeines	656	817
d) Übergang der gesicherten Forderung	660	824
VII. Verwertung	661	825
1. Verzicht und Aufhebung	662	826
2. Ablösung und Verkauf der Forderung	664	831
3. Zwangsvollstreckung	666	832
B. Sicherungsgrundschuld	669	838
I. Begriff	669	838
1. Allgemeines	669	838
2. Eigentümergrundschuld — Fremdgrundschuld	670	839
3. Sicherungsgrundschuld	671	841
4. Selbständigkeit der Grundschuld	673	844
5. Bestimmtheitsgrundsatz	674	846
6. Fälligkeitsgrundschuld — Kündigungsgrundschuld	675	847
II. Personen	675	849
III. Sicherungsmittel	676	850
IV. Sicherstellungsvertrag	677	851
V. Gesicherte Forderung	679	854
1. Zweckvereinbarung	679	854
2. Haftungssumme	679	855
3. Rechtlicher Bestand der zu sichernden Forderung	681	858
a) Rückgewähranspruch	681	859
b) Übergang der gesicherten Forderung	692	875
VI. Verwertung	692	876
1. Allgemeines	692	877
2. Verzicht und Abtretung	694	878
3. Ablösung	695	879
4. Zwangsvollstreckung	698	883
5. Verkauf der Grundschuld und der Forderung	702	892
6. Übernahme einer Verbindlichkeit	704	895

Inhaltsübersicht

	Seite	Randnote
C. Anwendungsbereich und Zweck der Grundstücksverkehrsordnung (GVO)	704	896
1. Hintergrund und Zweck der GVO	704	896
2. Nichterteilung der Genehmigung bei einem genehmigungspflichtigen Rechtsgeschäft	706	899
3. Nachträgliche Aufhebung einer bereits erteilten Genehmigung	707	899
4. Lösungsmöglichkeiten	708	901
a) Bestellung der Grundschuld durch den Verkäufer	708	901
b) Valutierung nach Eigentumsumschreibung	708	901
c) Bestellung aufgrund isolierter Belastungsvollmacht	708	901
5. Wirtschaftliche Folgen der Aufhebung einer Grundstücksverkehrsgenehmigung	709	901
6. Altfälle	709	901
7. Einzelheiten zu den genehmigungsfreien Rechtsgeschäften	710	901

DRITTER TEIL
Die Sicherheit im Insolvenzverfahren

Erster Abschnitt: Die Sicherheit im Konkursverfahren

1. Kapitel: Die Geltendmachung der Sicherheit im Konkurs	715	902
A. Personensicherheit	717	904
1. Konkurs des Sicherungsgebers	720	908
2. Konkurs des Schuldners der gesicherten Forderung	722	909
3. Konkurs des Schuldners und des Sicherungsgebers	725	911
B. Sachsicherheit	726	912
1. Liegenschaftsvollstreckung	733	922
2. Mobiliarvollstreckung	734	923
C. Dritter als Sicherungsgeber	740	931
1. Konkurs des Sicherungsgebers	741	932
2. Konkurs des Schuldners der gesicherten Forderung	741	933
3. Konkurs des Schuldners und des Sicherungsgebers	742	934
D. Steuer bei der Verwertung von Sicherungsgut	742	935
E. Sicherheitenbestellung nach Konkurseröffnung	744	935a
F. Konkurs des Sicherungsnehmers	745	935b
2. Kapitel: Die Anfechtung der Sicherheit im Konkurs	747	936
1. In objektiver Hinsicht	749	938
a) Gläubigerbenachteiligung	749	938

	Seite	Randnote
b) Bargeschäft/Bardeckung	751	940
2. In subjektiver Hinsicht	754	945
a) Besondere Konkursanfechtung	755	946
aa) Kongruente Sicherung (§ 30 Ziff. 1, 2. Hlbs. KO)	758	953
bb) Inkongruente Sicherung (§ 30 Nr. 2 KO)	760	954
b) Absichtsanfechtung (§ 31 Nr. 1 KO)	766	965
c) Schenkungsanfechtung (§ 32 KO)	769	969

3. Kapitel: Die Sicherheit zwischen Konkursantrag und Konkurseröffnung ... 772 ... 972

Zweiter Abschnitt: Die Sicherheit im gerichtlichen Vergleichsverfahren

	Seite	Randnote
1. Personensicherheit	775	978
2. Sachsicherheit	776	979
3. Pfändungs- und Vollstreckungssperre	778	980

Dritter Abschnitt: Die Anfechtung außerhalb des Konkursverfahrens

	Seite	Randnote
1. In objektiver Hinsicht	782	985
2. In subjektiver Hinsicht	782	986
a) Absichtsanfechtung	782	987
b) Schenkungsanfechtung	783	988

Vierter Abschnitt: Das neue Insolvenzrecht

	Seite	Randnote
1. Einführung	784	989
2. Ziele und Grundzüge des neuen Insolvenzverfahrens	785	990
3. Erleichterung der Verfahrenseröffnung	785	991
4. Begriff der Insolvenzmasse	786	994
5. Abschaffung der Konkursvorrechte	786	995
6. Verschärfung des Anfechtungsrechts	787	996
7. Einbeziehung der gesicherten Gläubiger	793	1003
8. Der Insolvenzplan als Instrument zur Unternehmenssanierung	796	1007
9. Restschuldbefreiung	798	1010
10. Einführung eines Verbraucherinsolvenzverfahrens	802	1013

VIERTER TEIL
Der Eigentumsvorbehalt

	Seite	Randnote
I. Einordnung in das Kreditsicherungssystem	807	1014
II. Begriff	808	1016
III. Vertragsabschluß	812	1020
IV. Formen des Eigentumsvorbehalts	815	1022

	Seite	Randnote
1. Allgemeines	815	1022
2. Verarbeitungsklauseln	817	1024
3. Verbindungsklauseln	823	1030
4. Weiterleitungsklauseln	825	1031
5. Vorausabtretungsklauseln	826	1032
V. Die gesicherte Forderung	834	1041

Anhang:

1. Kreditsicherungsverträge	839
a) Bürgschaft	839
b) Verpfändung	845
c) Sicherungsübereignung	856
d) Sicherungsabtretung	860
e) Grundpfandrechte	885
2. Poolvertrag	895
3. Neufassung der Grundstücksverkehrsordnung	908
4. Allgemeine Geschäftsbedingungen (Auszug)	913

Stichwortverzeichnis 917

Abkürzungsverzeichnis

a. A.	=	anderer Ansicht
a. a. O.	=	am angegebenen Ort
AbgO	=	Reichsabgabenordnung
Abs.	=	Absatz
AbzG	=	Abzahlungsgesetz
AcP	=	Archiv für die zivilistische Praxis (Band u. Seite)
a. E.	=	am Ende
AG	=	Amtsgericht; außerdem: Die Aktiengesellschaft, Zeitschrift für das gesamte Aktienwesen
AGB	=	Allgemeine Geschäftsbedingungen des privaten Bankgewerbes
AGBGB	=	Preußisches Ausführungsgesetz zum Bürgerlichen Gesetzbuch
AGB-G	=	Gesetz zur Regelung des Rechts der Allgemeinen Geschäftsbedingung v. 9. 12. 76 (BGBl I 3317)
AGGBO	=	Preußisches Ausführungsgesetz zur Grundbuchordnung
AGSp.	=	Allgemeine Geschäftsbedingungen der Spar-, Girokassen und Kommunalbanken
AGZVG	=	Preußisches Ausführungsgesetz zum Reichsgesetz über die Zwangsversteigerung und die Zwangsverwaltung
AKG	=	Allgemeines Kriegsfolgengesetz
AktG	=	Gesetz über Aktiengesellschaften und Kommanditgesellschaften auf Aktien (Aktiengesetz) v. 6. 9. 65 (BGBl. I 1089)
AktG – (+ Bearbeiter)	=	Aktiengesetz, Großkommentar, 3., neubearb. Aufl., Band I–IV, 1973 ff.
a. M.	=	anderer Meinung
AnfG	=	Gesetz betreffend die Anfechtung von Rechtshandlungen eines Schuldners außerhalb des Konkursverfahrens v. 20. 5. 98
Anh.	=	Anhang
Anl.	=	Anlage
Anm.	=	Anmerkung
AO	=	Abgabenordnung v. 16. 3. 76 (BGBl. I 61)
Art.	=	Artikel
ASpG	=	Gesetz zur Minderung von Härten der Währungsreform (Altsparergesetz)
Aufl.	=	Auflage
BankA	=	Bankarchiv, Zeitschrift für Bank- und Börsenwesen (Jahr u. Seite)
BAnz.	=	Bundesanzeiger

Abkürzungsverzeichnis

BArbG	=	Bundesarbeitsgericht
Baumbauch/ Duden/Hopf	=	Komm. z. HGB, 28. Aufl. 1989
Bülow	=	Recht der Kreditsicherheiten, 3. Aufl. 1993
Baumbach – Hueck	=	GmbH-Gesetz, begründet von Dr. Adolf Baumbach, fortgeführt von Dr. Dr. h. c. Alfred Hueck, 15. Aufl. 1988
Baur, SachR	=	Lehrbuch des Sachenrechts von Dr. Dr. h. c. Dr. h. c. Fritz Baur, 13., neubearb. Aufl. 1985
BayObLG	=	Bayerisches Oberstes Landesgericht
BB	=	Der Betriebsberater (Jahr u. Seite)
BB/AWD	=	Der Betriebsberater/Außenwirtschaftsdienst (Jahr u. Seite)
BergG	=	Allgemeines Berggesetz für die Preußischen Staaten
Beschl.	=	Beschluß
BeurkG	=	Beurkundungsgesetz
BFH	=	Bundesfinanzhof
BGB	=	Bürgerliches Gesetzbuch v. 18. 8. 96 (RGBl 195, BGBl III 4 Nr. 400)
BGBl	=	Bundesgesetzblatt
BGH	=	Sammlung der Entscheidungen des Bundesgerichtshofs in Zivilsachen (auch Bundesgerichtshof)
BGHSt	=	Sammlung der Entscheidungen des Bundesgerichtshofs in Strafsachen
BinnenSchG	=	Gesetz betr. die privatrechtlichen Verhältnisse der Binnenschiffahrt v. 15. 6. 95 (RGBl 301, i. d. F. v. 15. 6. 98 RGBl. 868, BGBl III 4 Nr. 4103-1)
BStBl.	=	Bundessteuerblatt
BuB	=	Bankrecht und Bankpraxis, früher Bankgeschäftliches Formularbuch, Band I–III
BVersG	=	Bundesversorgungsgesetz v. 22. 6. 76 (BGBl. I 1633)
BVFG	=	Gesetz über die Angelegenheiten der Vertriebenen und Flüchtlinge (Bundesvertriebenengesetz) v. 3. 9. 71 (BGBl I 1565)
BVG	=	Bundesverwaltungsgesetz
BVerfG	=	Bundesverfassungsgericht
BWNotZ	=	Zeitschrift für das Notariat in Baden-Württemberg (Jahr u. Seite)
Dassler – Schiffhauer – Gerhardt	=	Zwangsversteigerung u. Zwangsverwaltung 11. Aufl. 1978
DB	=	Der Betrieb (Jahr u. Seite)
DepG	=	Gesetz über die Verwahrung und Anschaffung von Wertpapieren (Depotgesetz) v. 4. 2. 37 (RGBl I 171)
ders.	=	derselbe
d. i.	=	das ist
diff.	=	differenzierend
Diss.	=	Dissertation

DNotZ	=	Deutsche Notar-Zeitschrift (Jahr u. Seite)
Die Bank	=	Die Bank, Zeitschrift für Bankpolitik u. Bankpraxis
DR	=	Deutsches Recht (ab 1. 4. 1939 vereinigt mit JW)
DVO	=	Durchführungsverordnung
EGBGB	=	Einführungsgesetz zum Bürgerlichen Gesetzbuch
ErbbVO	=	Verordnung über das Erbbaurecht
Erman (+ Bearbeiter)	=	Erman, Handkommentar zum Bürgerlichen Gesetzbuch, 9. Aufl., 1993
EStG	=	Einkommensteuergesetz v. 5. 12. 77 (BGBl I 2365)
FamRZ	=	Zeitschrift für das gesamte Familienrecht (Jahr u. Seite)
FGG	=	Gesetz über die Angelegenheiten der freiwilligen Gerichtsbarkeit
Fischer – Lutter	=	GmbH-Gesetz, Kommentar bearbeitet von Dr. Dr. h. c. Robert Fischer †, fortgeführt von Prof. Dr. Marcus Lutter, 11., neubearbeitete u. wesentlich erweiterte Aufl. 1985
Fn.	=	Fußnote
Gaberdiel	=	Kreditsicherung durch Grundschulden, 5. Aufl. 1991
GBO	=	Grundbuchordnung i. d. F. v. 5.8.35 (RGBl I 1073, BGBl III 3 Nr. 315-11)
GenG	=	Gesetz, betreffend die Erwerbs- und Wirtschaftsgenossenschaften
Ges.	=	Gesetz
Geßler – Hefermehl – Eckhardt – Kropf	=	Aktiengestz, Kommentar in 6 Bänden, 1973 ff.
GewStG	=	Gewerbesteuergesetz
GG	=	Grundgesetz für die Bundesrepublik
ggf.	=	gegebenenfalls
GmbH	=	Gesellschaft mit beschränkter Haftung
GmbHG	=	Gesetz, betreffend die Gesellschaft mit beschränkter Haftung v. 20. 4. 92
v. Godin – Wilhelmi, AktG	=	Aktiengesetz, begründet von Freiherr von Godin u. Dr. Hans Wilhelmi, 4. Aufl., neubearb. v. Sylvester Wilhelmi, 1971
GrdEStG	=	Grunderwerbsteuergesetz v. 29. 3. 40 (RGBl I 585)
Gruch	=	Grucho Beiträge zur Erläuterung des Deutschen Rechts (Band u. Seite)
Hachenburg (+ Bearbeiter)	=	Gesetz, betreffend die Gesellschaften mit beschränkter Haftung (GmbH). 8. Aufl. 1989 ff.
Heinsius – Horn – Than	=	Kommentar zum Gesetz über die Verwahrung und Anschaffung von Wertpapieren von Dr. Theodor Heinsius, Dr. Arno Horn, Dr. Jürgen Than
Horber/ Demharter	=	Grundbuchordnung, 18. Aufl. 1989

HGB	=	Handelsgesetzbuch v. 10. 5. 97 (RGBl 219, BGBl III 4 Nr. 4100-1)
Hinw.	=	Hinweis
HypBkG	=	Hypothekenbankgesetz i. d. F. v. 5. 2. 63 (BGBl I 81)
Jaeger (+ Bearbeiter) KO	=	Konkursordnung mit Einführungsgesetzen, Band I–III, 1958 ff., §§ 1–28, 9. Aufl. 1977–1982
JhJ	=	Jherings Jahrbücher der Dogmatik des bürgerlichen Rechts (Band u. Seite)
JR	=	Juristische Rundschau (Jahr u. Seite)
JuS	=	Juristische Schulung (Jahr u. Seite)
JW	=	Juristische Wochenschrift (Jahr u. Seite)
KAGGes.	=	Gesetz über Kapitalanlagegesellschaften i. d. F. v. 14. 1. 70 (BGBl I 127)
KG	=	Kammergericht
Kilger/ K. Schmidt	=	Komm. z. KO, 16. Aufl. 1993
KO	=	Konkursordnung i. d. F. v. 20. 5. 98 (RGBl 612, BGBl III 3 Nr. 311-4)
Kölner Komm. z. AktG (+ Bearbeiter)	=	Kölner Kommentar zum Aktiengesetz, 2. Aufl. 1986 ff.
KTS	=	Zeitschrift für Konkurs-, Treuhand- und Schiedsgerichtswesen (Jahr u. Seite)
Kuhn-Uhlenbruck	=	Konkursordnung, Kommentar von Franz Mentzel, fortgeführt von Georg Kuhn, 10., neubarb. Aufl. von Wilhelm Uhlenbruck, München 1986
KVStG	=	Kapitalverkehrsteuergesetz
KWG	=	Gesetz über das Kreditwesen i. d. F. v. 3. 5. 76 (BGBl I 1121)
L.	=	Lehre
LAG	=	Lastenausgleichsgesetz i. d. F. v. 1. 10. 69 (BGBl I 1909)
LArbG	=	Landesarbeitsgericht
Lfg.	=	Lieferung
LG	=	Landgericht
LRG	=	Gesetz über Rechte an Luftfahrzeugen v. 26. 2. 59, BGBl I 57
MietpfändG	=	Gesetz über die Pfändung von Miet- und Pachtzinsforderungen wegen Ansprüchen aus öffentlichen Grundstückslasten vom 9. 3. 34
MittBayNot	=	Mitteilungen des Bayrischen Notarvereins (Jahr u. Seite)
Müller, GenG	=	Kommentar zum Gesetz, betreffend die Erwerbs- und Wirtschaftsgenossenschaften, von Dr. jur. Klaus Müller, Band I–III, 1976 ff.
Münch Komm. (+ Bearbeiter)	=	Münchener Kommentar zum Bürgerlichen Gesetzbuch, 2. Aufl. 1985 bis 1990
m. w. N.	=	mit weiteren Nachweisen

NJW	=	Neue Juristische Wochenschrift (Jahr u. Seite)
Nr.	=	Nummer
OGHBZ	=	Sammlung der Entscheidungen des Obersten Gerichtshofs für die Britische Zone
OLG	=	Oberlandesgericht
OVG	=	Oberverwaltungsgericht
OWiG	=	Gesetz über Ordnungswidrigkeiten i. d. F. v. 2. 1. 75, BGBl I 80
PachtKrG	=	Pachtkreditgesetz i. d. F. v. 5. 8. 81, RGBl I 494, BGBl III 7 Nr. 7813-1
Palandt (+ Bearbeiter)	=	Palandt, Bürgerliches Gesetzbuch, 54. Aufl. 1994
Prölss – Martin	=	Versicherungsvertragsgesetz, begründet von Erich R. Prölss, fortgeführt von Anton Martin u. Jürgen Prölss, 25. Aufl. 1992
RArbG	=	Reichsarbeitsgericht
Rdn.	=	Randnote
Recht der Kreditsicherheiten in europäischen Ländern I (+ Bearbeiter)	=	Untersuchungen über das Spar-, Giro- und Kreditwesen, Band 11, Recht der Kreditsicherheiten in europäischen Ländern, Teil I: Bundesrepublik Deutschland, 1. Aufl. 1976
RFH	=	Reichsfinanzhof, zugleich amtliche Sammlung der Entscheidungen und Gutachten des Reichsfinanzhofs
RG	=	Sammlung der Entscheidungen des Reichsgerichts in Zivilsachen (Band u. Seite)
RGBl	=	Reichsgesetzblatt
RGRK- (+ Bearbeiter)	=	Das Bürgerliche Gesetzbuch mit besonderer Berücksichtigung der Rechtsprechung des Reichsgerichts und des Bundesgerichtshofes, Kommentar, 12. Aufl. 1974 ff.
RGSt.	=	Sammlung der Entscheidungen des Reichsgerichts in Strafsachen
Rpfleger	=	Der Deutsche Rechtspfleger
Rspr	=	Rechtsprechung
RStBl	=	Reichssteuerblatt
RVO	=	Reichsversicherungsordnung i. d. F. v. 15. 12. 24, RGBl I 779, BGBl III 89 Nr. 810-1
S	=	Satz (auch Seite)
s.	=	siehe
ScheckG	=	Scheckgesetz
SchiffsG	=	Gesetz über Rechte an eingetragenen Schiffen und Schiffsbauwerken v. 15. 11. 40, RGBl I 1499, BGBl III 4 Nr. 403-4
SchiffsRegO	=	Schiffsregisterordnung v. 26. 5. 51, BGBl I 359, BGBl III Nr. 385-18
Schlegelberger (+ Bearbeiter)	=	Handelsgesetzbuch, Kommentar von Dr. Ernst Geßler, Dr. Wolfgang Hefermehl, Dr. Wolfgang Hildebrandt, Dr. Georg Schröder, Band I–V, 5., neubearb. Aufl. 1973 ff.

K. Schmidt	=	Gesellschaftsrecht, 3. Aufl. 1987
Serick I, II, III, IV, V	=	Serick, Eigentumsvorbehalt und Sicherungsübertragung Bd. I 1963, II 1965, III 1970, IV 1976, V 1982
Soergel (+ Bearbeiter)	=	Soergel, Bürgerliches Gesetzbuch mit Einführungsgesetz und Nebengesetzen, 12. Aufl. 1988 ff.
sog.	=	sogenannt
Staudinger (+ Bearbeiter)	=	Staudinger, Kommentar zum Bürgerlichen Gesetzbuch, 12. Aufl. 1978 ff.
StGB	=	Strafgesetzbuch für das Deutsche Reich i. d. F. v. 2. 1. 75, BGBl I 1
str.	=	streitig
StVG	=	Straßenverkehrsgesetz v. 19. 12. 52, BGBl I 837 III 9 Nr. 9233-1
StVZO	=	Straßenverkehrszulassungsordnung i. d. F. v. 15. 1. 74, BGBl I 3193
Tipke-Kruse	=	Tipke-Kruse, Band I–III, Abgabenordnung und Finanzgerichtsordnung, 1985
Tz.	=	Textziffer
u. a.	=	unter anderem
überw.	=	überwiegend
UG	=	Drittes Gesetz zur Neuordnung des Geldwesens (Umstellungsgesetz)
Ulmer/ Brandner/ Hensen	=	Komm. z. AGB-G, 7. Aufl. 1993
UStG	=	Umsatzsteuergesetz v. 27. 6. 48 WiGBl Bei I S. 13
u. U.	=	unter Umständen
v.	=	vom
vgl.	=	vergleiche
VglO	=	Vergleichsordnung v. 26. 2. 35, RGBl I 231, BGBl III 3 Nr. 311-1
VOB	=	Verdingungsordnung für Bauleistungen Fassg. 1979, BAnz 1979, Nr. 206
Vorbem.	=	Vorbemerkung
VVG	=	Gesetz über den Versicherungsvertrag v. 30. 5. 08, RGBl 263
WährG	=	Erstes Gesetz zur Neuordnung des Geldwesens (Währungsgesetz) v. 20. 6. 48, WiGBl Beil Nr. 5 S. 1, BGBl III 7 Nr. 7600-1-a
Warn.	=	Warneyer, Die Rechtsprechung des Reichsgerichts (Jahr u. Nr.)
Weber, Sicherungs- Geschäfte	=	Sicherungsgeschäfte von Dr. Hansjörg Weber, 2., neubearb. Aufl. 1977
WEG	=	Wohnungseigentumsgesetz v. 15. 3. 51, BGBl I 175, III 4 Nr. 403
WG	=	Wechselgesetz v. 21. 6. 33, RGBl I 399
WM	=	Wertpapier-Mitteilungen, Teil IV B, Rechtsprechung (Wirtschafts-, Wertpapier- und Bankrecht)
WPg	=	Die Wirtschaftsprüfung (Zeitschrift)

WuB	=	Entscheidungssammlung zum Wirtschafts- und Bankrecht, bearbeitet von Lwowski
ZfgesK	=	Zeitschrift für das gesamte Kreditwesen
ZfRV	=	Zeitschrift für Rechtsvergleichung (Jahr u. Seite), erscheint in Wien
ZGR	=	Zeitschrift für Unternehmens- und Gesellschaftsrecht (Jahr u. Seite)
Ziff.	=	Ziffer
ZIP	=	Zeitschrift für Wirtschaftsrecht; bis 1982: Zeitschrift für Wirtschaftsrecht und Insolvenzpraxis (Jahr u. Seite)
Zöller (+ Bearbeiter)	=	ZivilprozeßO, Komm., 15. Aufl. 1987
ZPO	=	Zivilprozeßordnung i. d. F. v. 12. 9. 50, BGBl 535, III 3 Nr. 310-4
ZVG	=	Gesetz über die Zwangsversteigerung und Zwangsverwaltung v. 24. 3. 97, RGBl 97, BGBl III 3 Nr. 310-14

ERSTER TEIL

Die Grundzüge des Sicherungsrechts

ERSTER ABSCHNITT

Die Sicherheit als rechtlicher Begriff

1. Kapitel   Allgemeine Grundlagen

I. Grundbegriffe

1. Kreditsicherung

Kredit ist Vertrauenssache. Aber das Vertrauen darauf, daß der Kreditnehmer den kreditierten Betrag vereinbarungsgemäß zurückzahlen werde, kann allein die Kreditgewährung nicht rechtfertigen; es muß vielmehr der Kreditgeber gegen die Gefahr einer künftigen Zahlungsunfähigkeit oder auch nur Zahlungsunwilligkeit seines Schuldners geschützt sein, wenn das Kreditgeschäft innerhalb einer ordentlichen Wirtschaftsführung vertretbar sein soll. Hierbei ist zu berücksichtigen, daß den Banken fremde Gelder anvertraut werden und sie deshalb auch zum Schutz der Interessen ihrer Gläubiger für eine einwandfreie Besicherung der herausgereichten Kredite Sorgen tragen müssen. Aus gleichem Grund legt das Kreditwesengesetz den Kreditinstituten bei der Kreditvergabe eine Reihe von Pflichten auf. So haben sich die Kreditinstitute gemäß § 18 KWG bei Krediten von mehr als DM 100000,- die wirtschaftlichen Verhältnisse des Kreditnehmers offenlegen zu lassen. Auf eine Offenlegung kann nur verzichtet werden, wenn das Verlangen nach Offenlegung im Hinblick auf die gestellten Sicherheiten oder auf die Mitverpflichteten offensichtlich unbegründet ist. Als Sicherheiten in dieser Hinsicht kommen Grundpfandrechte auf nicht gewerblichen Objekten im Rahmen erststelliger Beleihungen und Wertpapiere in Betracht. Bei letzteren ist ein angemessener Abschlag erforderlich. Sicherungsübereignungen und Sicherungszessionen dürften nur in Ausnahmefällen eine ausreichende Sicherheit darstellen[1]. Sicherung ist kein eindeutiger, technischer Rechtsbegriff, sondern ein allerdings der Rechtssprache zugehöriger Ausdruck, mit dem auf einen bestimmten Zweck oder Erfolg hingewiesen wird[2]. **Ausgehend von den Bedürfnissen der Kreditpraxis soll hier der Begriff der Kreditsicherung auf diejenigen Fälle beschränkt werden, in denen durch einen eigens dazu bestimmten Vertrag, den Sicherstellungsvertrag, Vorsorge gegen die dem Kreditgeber drohenden Gefahren derart getroffen wird, daß ihm ein durch Beitreibung (Einziehung) oder Veräußerung verwertbares Recht eingeräumt wird, dessen Ver-**

1

---

[1] Vgl. Schork, KWG, 5. Lfg. 83, Anm. 15, 16 zu § 18.
[2] RG 142, 320. So hat die Rechtsprechung als Sicherung bezeichnet u. a. die Vertragsstrafe, das bestätigte Akkreditiv, die Aufrechnungsmöglichkeit und das Zurückbehaltungsrecht.

wertungserlös er als eine zur Befriedigung wegen des ausgebliebenen Kreditbetrages bestimmte Geldsumme vereinnahmen darf. Mangels solcher Verwertbarkeit gehört die bloße **Ermächtigung** (§ 185 BGB) oder **Vollmacht** (§ 166 Abs. 2 BGB) zur Verfügung über einen Vermögensgegenstand des Kreditnehmers[1] auch dann nicht hierher, wenn sie unwiderruflich ist und zu Sicherungszwecken erteilt wird. Außer Betracht bleibt die Kreditversicherung, das ist die Versicherung, die der Gläubiger einer Forderung nimmt, um sich gegen den Ausfall der versicherten Forderung infolge Zahlungsunfähigkeit des Schuldners zu schützen. Allerdings ist die Grenze zwischen Kreditversicherungsvertrag und Sicherstellung (Verbürgung) flüssig[2].

Sicherungsrecht ist somit das durch den Sicherstellungsvertrag begründete Recht, dessen Verwertung den zur Tilgung der Kreditforderung dienenden Erlös erbringt. Der Begriff des Sicherungsrechts, wie er hier verstanden wird, umfaßt demnach alle zu Rdn. 4 und 5 aufgeführten Rechte.

2. Sicherungsmittel

2   ist der kraft des Sicherungsrechts dem Zugriff des Sicherungsnehmers unterliegende Vermögensteil, der ganz oder teilweise die Erfüllung des Sicherungszwecks ermöglicht, so ist z. B. bei der Sicherungsübereignung eines Kraftwagens Sicherungsrecht das Eigentum, Sicherungsmittel der Kraftwagen, bei der Bestellung einer Grundschuld Sicherungsrecht die Grundschuld, Sicherungsmittel das Grundstück, bei der Verpfändung einer Grundschuld aber ist Sicherungsrecht das Pfandrecht, Sicherungsmittel die Grundschuld, mag auch die Rechtsprechung[3] solches Pfandrecht wirtschaftlich einer Belastung des Grundstückes selbst gleichstellen.

3. Gesicherte Forderung

3   **Gesicherte Forderung** ist die vom Sicherungsrecht abgesicherte Forderung[4]; als Kreditforderung, z. B. aus der Darlehensgewährung im Sinne des § 607 BGB, ist sie entweder auf Zahlung eines von vornherein feststehenden Betrages gerichtet oder — so beim Kontokorrentkredit — mit einer laufenden Rechnung (Kontokorrent) verbunden und dann ihrer Höhe nach „variabel", also erst bei der Saldenziehung nach Beendigung des Kreditverhältnisses endgültig zu ermitteln. Das Sicherungsrecht entsteht aus dem Sicherstellungsvertrag, wenn sein Inhalt dem Mindesttatbestand entspricht, den das Gesetz zur Entstehung eben dieses Rechtes fordert; in diesem Umfang bildet der Vertrag einen einheitlichen Rechtsakt. Zur Sicherheit aber wird das Recht erst durch seine Verknüpfung mit der gesicherten Forderung, eine Verknüpfung, die im Streitfall beweisen muß, wer sich darauf beruft. Dabei wird häufig ein und dieselbe Forderung durch

---

[1] RFH JW 33, 1971.
[2] RG JW 29, 1968.
[3] BVG WM 62, 121.
[4] RG 134, 221.

mehrere Sicherungsrechte abgesichert, so z. B. durch eine Bürgschaft und ein Pfanddepot, nachträglich kann noch eine weitere Sicherheit, z. B. eine Grundschuld, als „Zusatzsicherheit" hinzukommen.

Die zweckbestimmte Bindung des Rechts an die Forderung ist ebenfalls wesentlicher Bestandteil des Sicherstellungsvertrages; nach der Entwicklungsgeschichte der Sicherheiten muß hier unterschieden werden:

a) Geborene Sicherheit

Bereits das Gesetz selbst hat Rechte geregelt, die Sicherungszwecken dienen: die Bürgschaft, das Pfandrecht an beweglichen Sachen und an Rechten sowie die Hypothek. Bei ihnen gehört die Bezugnahme auf die gesicherte Forderung zum Mindestbestand des Sicherstellungsvertrages[1]; bezeichnet er die Forderung nicht hinreichend, ist die Sicherstellung ungültig. Diese Rechte, in § 232 BGB als Arten einer geschuldeten Sicherheitsleistung vorgesehen, sind nach Inhalt und Durchsetzung im Gesetz eingehend geregelt, bei den Sachsicherheiten (s. Rdn. 15) bezüglich der **dinglichen Seite zwingend**, auf der auf einem Schuldverhältnis beruhenden **schuldrechtlichen Seite** vielfach — in den Grenzen des AGB-Gesetzes und der Sittengemäßheit (§ 138 BGB) **abdingbar**. Ihre Zuordnung zu der zu sichernden Forderung ist eindeutig: sie dienen dem Gesetz nach ausschließlich dem Zweck der Sicherung. Man kann sie daher als „geborene" Sicherheiten bezeichnen.

4

b) Gekorene Sicherheit

Die Vielgestaltigkeit der wirtschaftlichen Verhältnisse kam jedoch mit dem engen Rahmen der gesetzlich geregelten Sicherungsrechte nicht aus. Neue Rechtsinstitute wurden gesucht und gefunden. Ausgehend von der Erwägung, daß es allein darauf ankommt, dem Gläubiger der gesicherten Forderung die Möglichkeit anderweitiger Befriedigung zu verschaffen, ging man dazu über, ihm sicherungshalber auch Rechte einzuräumen, die ihrem ursprünglichen Wesen und rechtlichen Gehalt nach gar nicht zur Sicherung von Forderungen bestimmt, aber verkehrsfähig und verwertbar sind und durch ihre Verwertung einen Erlös zur Tilgung der gesicherten Forderung erbringen können. Am bekanntesten sind die Übereignung in der Form der Sicherungsübereignung beweglicher Sachen — die Sicherungsübereignung von Grundstücken und die Übertragung von Anwartschaftsrechten auf Erwerb von Grundstücken ist denkbar, scheitert aber im allgemeinen schon an den mit ihr verbundenen Kosten und Steuern — sowie die Abtretung von Rechten in der Form der Sicherungsabtretung sowie die Grundschuld als sog. Sicherungsgrundschuld. Zu denken ist hier auch an den wechselmäßigen Anspruch in der Form des Depotakzepts. Die Zulässigkeit solcher Sicherung ist unbestritten, wenn auch rechtspolitisch umstritten. Denn „was die Rechtsgeschäfte anlangt, durch welche der Schuldner seinem Gläubiger zum Zwecke der Sicherung

5

---

[1] RG 136, 422; 145, 229; 148, 351.

Sachgesamtheiten überträgt, Forderungen abtritt oder Grundschulden bestellt, so verstoßen solche Geschäfte nicht ihrem Inhalt nach gegen die guten Sitten. Sie sind vielmehr an sich rechtlich erlaubt und auch . . . wirtschaftlich nicht zu entbehren"[1]. Da diese Rechte nicht kraft Gesetzes, sondern lediglich aufgrund des Parteiwillens zu Sicherungszwecken verwendet werden, sind die entsprechenden Sicherungsverhältnisse nicht gesetzlich geregelt, sondern in langjähriger Rechtsprechung ausgestaltet worden. Die Sicherungsrechte sind eben nicht von Natur aus Sicherheiten, sondern rechtsgeschäftlich „gekorene" Sicherheiten. Sie haben aber, da sie im allgemeinen leichter zu handhaben und zu verwerten und diskreter zu behandeln sind als die geborenen Sicherheiten, diese in manchen Bereichen nahezu verdrängt. Während früher die Grundschuld unbeliebt und praktisch bedeutungslos war, wird sie heute von den Kreditinstituten als „Sicherungsgrundschuld" der Hypothek vorgezogen; das gleiche gilt für das Sicherungseigentum gegenüber dem Pfandrecht.

4. Sicherungsvertrag und Zweckvereinbarung

6   Die Vereinbarung, welche das Sicherungsrecht zur Sicherheit macht, indem sie es an die zu sichernde Forderung bindet, soll hier als Zweckvereinbarung (auch Sicherungsabrede) bezeichnet werden. Sie bildet zusammen mit den Bestimmungen, durch welche die Parteien, soweit zulässig, über den Inhalt des Sicherungsrechts hinaus die Rechtsstellung des Sicherungsnehmers gegenüber dem Sicherungsgeber ausgestalten, den sog. **Sicherungsvertrag**[2]. Der Sicherungsvertrag ist also der, z. B. die gesicherte Forderung bezeichnende und den Sicherungszweck normierende, schuldrechtliche Teil des „Sicherstellungsvertrags". Er ist ein Abkommen eigener Art, ein besonderer Vertrag, kraft dessen die Bestellung der Sicherheit als eine — nicht einen endgültigen Rechtserwerb des Sicherungsnehmers vermittelnde[3] — Leistung des Sicherungsgebers erscheint[4] und der für den Fall des Fehlens oder Wegfalls des Sicherungszwecks den Anspruch des Sicherungsgebers auf Rückleistung begründet. Die Zweckvereinbarung (Sicherungsabrede) verpflichtet zugleich den Sicherungsgeber zur Bestellung der Sicherheit[5]. Die Zweckvereinbarung gehört nicht zum Mindesttatbestand im Sinne von Rdn. 1 und braucht daher nicht (ist aber meist) im Bestellungsakt selbst enthalten zu sein, sie kann auch formlos in der Kreditkorrespondenz, in Allgemeinen Geschäftsbedingungen oder in einer besonderen Urkunde (Sicherheiten-, Zweck- oder Haftungsrevers) aufgenommen werden, wenn sie nicht bereits im bloßen Gebrauch des Wortes „sichern" liegt oder überhaupt nur **stillschweigend** zustande kommt[6]. Die Ausstellung einer Sicherungszweckerklärung durch den Sicherungsgeber ist insbesondere bei der Bestellung von Grundschulden üblich, um die als Eintragungsgrundlage für das

---

[1] RG 143, 51.
[2] RG 143, 116.
[3] BGH 25, 174.
[4] RG 62, 386; 73, 143.
[5] BGH WM 89, 1862 = WuB I F 3. — 2.90/Rimmelspacher.
[6] BGH WM 62, 183.

Grundbuchamt dienende Bestellungsurkunde nicht unnötig mit Erklärungen zu belasten, die ohnehin nicht eintragungsfähig sind. Zu beachten ist, daß die Zuordnung der Sicherungsrechte zu der Kreditforderung nicht immer eindeutig ist. Mit Zustimmung des Gläubigers kann das Sicherungsrecht zu einer Kreditforderung auch in der Weise hinzutreten, daß es eine **Leistung (Hingabe) an Erfüllungs Statt** (an Zahlungs Statt) darstellt mit der Wirkung, daß die Forderung erlischt und der Gläubiger anstatt mit dem geschuldeten Geld mit dem Recht selbst befriedigt wird (§ 364 BGB). Das Recht ist dann nach dem Parteiwillen keine Sicherheit, sondern mehr, nämlich Ersatz für die geschuldete Leistung. So z. B., wenn sich der Gläubiger mit der Übereignung eines Kraftwagens anstelle der Rückzahlung des Darlehens zufrieden gibt oder wenn er sich eine ihm verpfändete Eigentümergrundschuld des Schuldners an Zahlungs Statt abtreten läßt; die Forderung erlischt. Nun besteht zwar keine Vermutung, daß die Hingabe einer anderen Leistung anstelle des geschuldeten Kreditbetrages an Erfüllungs Statt erfolgt. Dennoch ist es ratsam, bei der nachträglichen Sicherstellung einer Forderung deutlich zum Ausdruck zu bringen, daß lediglich eine Sicherung beabsichtigt ist.

Das Sicherungsrecht ist Sicherheit kraft der auf dem Parteiwillen beruhenden Beziehung zu der gesicherten Forderung. Diese innere Beziehung ergibt sich daraus, daß die Sicherheit nach dem Willen der Parteien regelmäßig, erst wenn die Erfüllung der gesicherten Forderung ausbleibt oder die Leistung des Schuldners nach Inhalt und Umfang nicht den Vereinbarungen entspricht, verwertet, also durch Beitreibung oder Veräußerung zu Geld gemacht werden soll. Der Verwertungserlös soll die gesicherte Forderung wie eine Zahlung des Schuldners tilgen. Fehlt oder entfällt aber abredegemäß diese Beziehung zwischen dem Sicherungsrecht und der zu sichernden Forderung, so fehlt es am Sicherungszweck. Das Sicherungsrecht ist dann keine Sicherheit. Da den geborenen Sicherheiten der hier erörterte Zusammenhang wesenseigen ist, kann er rechtlich überhaupt nicht beseitigt werden; eine entsprechende Vereinbarung schließt die Annahme eines Pfandrechts aus[1] und setzt an die Stelle einer beabsichtigten Bürgschaft ein Rechtsgebilde anderen Typs. Der Sicherungszweck findet somit einen Ausdruck:

1. in dem sog. **Abhängigkeits(Akzessorietäts-)prinzip,** aufgrund dessen jede Sicherheit in einer Beziehung funktioneller Art zu der Forderung dergestalt steht, daß dem Sicherungsnehmer die Sicherheit nur zusteht, solange und soweit die Forderung existiert (s. Rdn. 17). Die Sicherheit ist um der Forderung willen da und hat deshalb diese zur Voraussetzung. Ein Grundsatz, der insbesondere im Bereich der Interzession Probleme aufwirft (s. Rdn. 172). Die Parteien können das Abhängigkeitsprinzip auch nicht durchbrechen, ohne daß das Sicherungsrecht den Charakter als Sicherheit verliert. Soll z. B. der Verwertungserlös dem Gläubiger trotz Ausbleibens oder Erlöschens der Forderung oder über deren Betrag hinaus zukommen, so liegt keine Sicherheit vor, sondern ein Geschäft anderer rechtlicher Art. Wer sich etwa für eine bestimmte Forderung verbürgt mit der Abrede, daß er zur Zahlung der Bürgschaftssumme auch dann verpflich-

---

[1] BGH 23, 293.

tet sein soll, wenn die gesicherte Forderung geringer ist als jene — z. B. wenn der Bürge auf den Einwand verzichtet, der Gläubiger habe die verbürgte Forderung durch Vergleich mit dem Schuldner ermäßigt —, übernimmt in Höhe des die Forderung übersteigenden Betrages keine Bürgschaft, sondern ein selbständiges Schuldversprechen (§ 780 BGB) oder eine Garantie[1]; der Verzicht des Sicherungsgebers auf einen etwaigen aus der Verwertung von Sicherungsgut anfallenden Übererlös kann u. U. als Schenkung an den Sicherungsnehmer gewertet werden. Wegen des Grades der Akzessorietät der Sicherheit s. Rdn. 17/18. Das Gesagte bezieht sich nicht auf die Abhängigkeit der Sicherheit vom Inhalt der Forderung, denn die Bindung der Sicherheit an den Inhalt der Forderung kann gelöst werden, ohne daß damit der Sicherungszweck als solcher aufgehoben wird. Demgemäß wird der Wesensgehalt der Sicherheit nicht beeinträchtigt, wenn der Sicherungsgeber lediglich auf Einreden allgemeiner Art, die dem Schuldner gegen die Forderung zustehen, etwa auf die Einrede der Stundung, verzichtet[2]. Da die Erzwingbarkeit einer Forderung nur ihren Inhalt, nicht ihre rechtliche Existenz betrifft, gehören hierher auch die Fälle zwangsweiser Kürzung der Forderung wegen Vermögensunzulänglichkeit des Schuldners, in denen die Forderung nicht erlischt, sondern nur insofern abgeschwächt wird, als ihre **Durchsetzbarkeit beseitigt** wird, während sie selbst als erfüllbar weiter bestehen bleibt[3]. Näheres s. Rdn. 179.

Hier wie überall ist im übrigen nicht der Wortlaut der Parteierklärungen entscheidend, sondern der wirkliche Wille der Vertragschließenden zu erforschen. Daher kann eine Vereinbarung, daß ein Pfandrecht trotz Erlöschens der Forderung bestehen soll, in die Abrede umgedeutet werden, daß die Forderung in Wirklichkeit nicht erlöschen, jedoch nur mit Beschränkung ihrer Befriedigung aus dem Pfandobjekt weiter bestehen soll, was den Charakter des Sicherungsrechts als Pfandrecht nicht beeinträchtigt.

9   2. in der **Verwertungsbefugnis** des Sicherungsnehmers. Jede Sicherung erledigt sich ordnungsmäßig entweder durch Erfüllung der Forderung oder durch Verwertung der Sicherheit zum Zwecke der Erfüllung der Forderung. Zwar ist die Sicherung nicht ein Minus gegenüber der Befriedigung des Gläubigers, sondern etwas anderes[4]. Aber letztlich ist auch sie dazu bestimmt, dem Gläubiger — durch Verwertung des Sicherungsrechts — zu dem ausgebliebenen Kreditbetrag zu verhelfen. Daher läßt sich eine scharfe Grenze zwischen Sicherung und Befriedigung nicht ziehen. Es gibt Fälle, in denen die Verwertung der Sicherheit zur Voraussetzung für die Geltendmachung der gesicherten Forderung gemacht oder der Gläubiger zur vorhergehenden Verwertung verpflichtet oder gar ver-

---

[1] BGH WM 66, 122.
[2] RG 153, 338.
[3] RG 153, 342; 160, 134.
[4] BGH 34, 254.

einbart wird, daß der Gläubiger sich nur an die Sicherheit halten darf. Bei den geborenen Sicherheiten, die der Forderung eindeutig zugeordnet sind, behält das Sicherungsrecht auch in diesen Fällen den Charakter als Sicherheit, sofern die Möglichkeit der Geltendmachung der gesicherten Forderung nicht gänzlich ausgeschlossen ist[1], sondern das bisherige Schuldverhältnis zumindest einstweilig aufrecht erhalten bleibt, sei es auch nur mit der Beschränkung der Befriedigung des Gläubigers aus dem Sicherungsmittel, z. B. dem hypothekarisch belasteten Grundstück[2]. Die Sicherungsrechte der gekorenen Sicherheiten dagegen, deren Zuordnung zur gesicherten Forderung dem Parteiwillen unterliegt, ändern ihren Charakter, wenn sie nicht so sehr als Sicherungs-, sondern als Befriedigungsmittel gedacht sind. Ist hier der Sicherungsnehmer gehalten, zunächst das Sicherungsrecht zu verwerten, und darf er erst, wenn ihm dies mißlingt, gegen Rückgewähr des Sicherungsrechts wieder auf die — vorerst in die zweite Reihe gerückte — gesicherte Forderung zurückgreifen, so handelt es sich um einen Zahlungsversuch der Schuldnerseite. Kraft seiner Zielsetzung, die über den reinen Sicherungszweck hinausgeht, erscheint das Abkommen der Parteien als Vertrag besonderer Art[3].

Man spricht dann von einer **Leistung (Hingabe) erfüllungshalber (zahlungshalber)**. Sie kann sich auch aus den Umständen ergeben, z. B. bei Abtretung kurzfristig fälliger Forderungen aus Geschäften des Warenverkehrs oder bei Indossierung von Kundenwechseln an den Gläubiger einer Forderung[4]. Eben weil die Hingabe erfüllungshalber mehr ist als eine Sicherung[5], hat sie, wenn ein Dritter erfüllungshalber für den Schuldner leistet, nicht den Charakter und die Wirkung einer Interzession[6]. Andererseits ist dem Schuldner, der die wesentlichen Teile seines Vermögens einem Gläubiger zahlungshalber hingibt, die Außerachtlassung der Belange seiner anderen, unter Umständen leer ausgehenden Gläubiger nicht in dem gleichen Maße vorwerfbar, wie es bei einer bloßen Sicherung des begünstigten Gläubigers der Fall sein könnte[7]; (Rdn. 11). Von der selteneren **Hingabe an Erfüllungs Statt** (s. Rdn. 6) unterscheidet sich die Hingabe **erfüllungshalber** dadurch, daß nicht schon die Hingabe, sondern erst der Eingang des Erlöses aus der Verwertung des hingegebenen Gegenstandes zum Erlöschen der Forderung führt[8]. Kann somit je nach Lage des Falles das Überwiegen des Tilgungszweckes das Wesen der Sicherheit beeinflussen, so bleibt doch die Verwertungsbefugnis des Gläubigers begriffliches Merkmal jeder Sicherung. Bei den geborenen Sicherheiten ist das Verwertungsrecht und -verfahren schon im Gesetz verankert, 10

---

[1] BGH 23, 293.
[2] RG 128, 241.
[3] RG 160, 1.
[4] RG 35, 196.
[5] BGH WM 68, 684.
[6] RG 75, 357.
[7] BGH 19, 12.
[8] RG 65, 79.

aber auch bei den gekorenen hat es selbst dann als selbstverständlich zu gelten, wenn nichts darüber vereinbart ist. Sicherlich geht bei rechtlich und wirtschaftlich einwandfreien Verhältnissen die Absicht der Parteien zumeist dahin, daß es nicht zur Verwertung oder Ausnutzung der Sicherheit kommen soll. Vielmehr soll der Gläubiger der gesicherten Forderung in aller Regel von seinem Schuldner befriedigt werden, was nicht bedeutet, daß der über den Rückzahlungswillen des Kreditnehmers getäuschte Gläubiger trotz ausreichender Sicherheit nicht betrügerisch geschädigt sein kann, wenn er z. B. zur Verwertung der Sicherheit von der Mitwirkung des Kreditnehmers abhängig ist[1]. Die Sicherheit soll also erst in den Vordergrund treten, wenn der Schuldner wider Erwarten doch nicht in der Lage oder bereit ist, seine Verbindlichkeit ordnungsgemäß zu erfüllen[2].

11 Daher darf der Sicherungsnehmer sein **Verwertungsrecht** grundsätzlich nicht vor einem aus dem Gesetz oder der Vereinbarung der Parteien sich ergebenden Termin ausüben. Ist dieser Zeitpunkt aber eingetreten, so muß, soll die Sicherung sinnvoll sein, der Sicherungsnehmer auch dann verwerten dürfen, wenn ihm diese Befugnis nicht ausdrücklich durch Gesetz oder Vertrag eingeräumt worden ist[3]. Schließen die Parteien die Verwertung ganz aus, so kann, falls der Ausschluß überhaupt wirksam ist[4], jedenfalls nicht mehr von einer Sicherheit gesprochen werden. Wird etwa ein Pfandrecht bestellt mit der Abrede, daß eine Verwertung der verpfändeten Sache ausgeschlossen sein soll, so kann seine Erklärung in die Einräumung eines Zurückbehaltungsrechts umgedeutet werden. Unerheblich ist nach dem Parteiwillen, ob der Eingang des Verwertungserlöses die gesicherte Forderung sofort tilgen soll oder nicht; der einstweilige Ausschluß der Tilgungswirkung berührt den Charakter der Sicherheit nicht (s. Vertragsbeispiele).

II. Die Arten der Sicherheit

12 Über die entwicklungsgeschichtliche Zweiteilung (s. Rdn. 4, 5) hinaus ergeben sich verschiedene Möglichkeiten einer Ordnung der Sicherheiten.

1. Personen- und Sachsicherheit

13 Nach ihrem Inhalt unterscheiden sich die Personen- und Sachsicherheit, deren Verschiedenheit nicht nur die Form des Sicherstellungsvertrages beeinflußt, sondern auch in den Regeln über das Sicherungsmittel, über das Erlöschen und über die Tauglichkeit der Sicherheit zum Ausdruck kommt und nicht zuletzt das Schicksal der Sicherheit im Konkurs- und Vergleichsverfahren bestimmt. Trotz der überragenden Wichtigkeit des Unterschiedes herrscht über die Abgrenzung der obigen Begriffe eine gewisse Unklar-

---

[1] BGH NJW 61, 182.
[2] RG DR 39, 865; BGH 26, 193.
[3] A. M. BGH WM 61, 1297.
[4] Vgl. KG JW 31, 3282.

heit, da eine einheitliche Auffassung fehlt. Will man zu einem brauchbaren Ergebnis gelangen, wird man wie folgt definieren müssen:

a) Personensicherheit

Als Personensicherheit (Personalsicherheit) kennzeichnet sich eine Sicherheit dann, wenn sich, wie z. B. bei der Bürgschaft oder beim Depotakzept, das Sicherungsrecht als ein persönlicher (schuldrechtlicher, obligatorischer) Anspruch des Sicherungsnehmers gegen den Sicherungsgeber darstellt. Der Sicherstellungsvertrag schafft in diesem Fall ein persönliches Band, ein Schuldverhältnis (Obligation) zwischen den Parteien aufgrund dessen der Sicherungsnehmer von dem Sicherungsgeber eine Leistung, eben die Zahlung der vertraglich vereinbarten Geldsumme, fordern darf (§ 241 BGB). Die Kehrseite der Forderung des Sicherungsnehmers bildet die entsprechende Verpflichtung des Sicherungsgebers, wie sie sich nach den Grundsätzen von Treu und Glauben ergibt (§ 242 BGB). Weil niemand sich selbst gegenüber verpflichtet sein kann, erlischt die Sicherheit, wenn in der Folge Forderung und Schuld sich in einer Person vereinigen (**Konfusion**), z. B. der Bürge den Gläubiger oder der Gläubiger den Bürgen beerbt. Da nun die gesicherte Forderung ebenfalls ein schuldrechtlicher Anspruch ist, sind insoweit Sicherheit und gesicherte Forderung von gleichem Inhalt. **Begrifflich sind aber beide stets streng zu trennen.** Die Unterscheidung macht keine Schwierigkeiten, wenn der Sicherungsgeber mit dem Kreditschuldner nicht identisch ist, wenn also die Sicherstellung im Wege der **Interzession** erfolgt. Ist aber Sicherungsgeber und Schuldner **personengleich,** wobei die Sicherheit etwa in einem Depotakzept oder einem selbständigen (konstitutiven) Schuldversprechen (Sicherungsschuldversprechen) des Schuldners (§ 780 BGB) bestehen kann, so hat der Sicherungsnehmer zwei Forderungen gegen ihn, die beide dasselbe Ziel verfolgen: einmal den Anspruch aus der Kreditgewährung, zum anderen den Anspruch aus dem Sicherstellungsvertrag. Einen wirtschaftlichen Wert hat eine solche, vom Kreditschuldner selbst bestellte Personensicherheit nur dann, wenn sie gegenüber der Kreditforderung mit gewissen Vorzügen ausgestattet ist. Sie kann z. B. leichter realisierbar sein als jene, wie z. B. das sicherungshalber gegebene Akzept des Schuldners. Sie kann ferner zufolge einer für sie selbst bestehenden Sicherheit höher bewertbar sein als die Kreditforderung. Eine solche Unterlegung der Personensicherheit ist jederzeit möglich, weil diese als echte Forderung eben sicherungsfähig ist[1]. (Zur Frage, ob die Unterlegung in der Form von AGB vereinbart werden kann; s. auch Rdn. 589, 618). Die **Untersicherheit** kann ihrerseits eine Person- oder Sachsicherheit sein. Beim Vorliegen derartiger Untersicherheiten erscheint die Kreditsicherung mehrfach gestuft. So kann z. B. eine Bürgschaft durch die Nachbürgschaft eines Dritten untergesichert werden und die Nachbürgschaft ihrerseits durch eine Sicherungsübereignung (zur Haftung des AGB-Pfandrechts für Forderungen der Bank gegen dem Kunden aus von ihm für Dritte gegenüber der Bank übernommene Bürgschaft, s. Rdn. 618). Ebenso wird bei der Beleihung von registrierten Schiffen ein untergesichertes Schuldversprechen herangezogen: Der Schiffseigner als Darlehens-

14

---

[1] BGH WM 90, 1910; 89, 129.

nehmer bestellt dem Darlehensgeber nicht unmittelbar eine Schiffshypothek, sondern gibt ihm ein konstitutives Schuldversprechen, zu dessen Sicherung die Schiffshypothek eingetragen wird; der Gläubiger erhält dann anstelle einer akzessorischen (s. Rdn. 18) eine fiduziarische (s. Rdn. 19) Sicherheit mit ihren Vorzügen. Nach dieser Methode kann auch eine variable Kontokorrentforderung mittels einer Verkehrshypothek abgesichert werden (vgl. Rdn. 784). Rechtlich wirkt es sich sehr unterschiedlich aus, ob eine Sicherheit unmittelbar zur Deckung der Kreditforderung oder ob sie lediglich als Untersicherheit für eine zugunsten des Kreditgebers bestellte Personensicherheit dient. Hat etwa der Bürger die Einrede der Vorausklage, so kann er sie mangels abweichender Vereinbarung dem Gläubiger auch entgegenhalten, wenn dieser zur Verwertung von Wertpapieren schreiten sollte, die zur Sicherung der Bürgschaftsforderung verpfändet sind. Dagegen greift die Einrede nicht durch, wenn die Wertpapiere nicht die Bürgschaftsforderung, sondern die Kreditforderung selbst sichern.

b) Sachsicherheit

15 Als Sachsicherheit kennzeichnet sich eine Sicherheit dann, wenn sich das Sicherungsrecht als ein dingliches Recht des Sicherungsnehmers am Sicherungsmittel darstellt, sei es an einer beweglichen Sache (s. Rdn. 91, 92), einer unbeweglichen Sache (s. Rdn. 96—101) oder einem der zu (Rdn. 104) behandelnden Rechte. Der Sicherstellungsvertrag unterwirft hier das Sicherungsmittel der unmittelbaren Herrschaft des Sicherungsnehmers, sei es im vollen Umfang, sei es im beschränkten Maße (**zur Verfügungsmacht des Sicherungsgebers siehe Rdn. 125, zur Unschädlichkeit ihres Fehlens in Ausnahmefällen s. Rdn. 129, 449, 525, 665a, 761**). Entscheidend für das Vorliegen einer Sachsicherheit ist also, ob der Sicherungsnehmer durch den Sicherstellungsvertrag eine dingliche, jedermann gegenüber wirkende und von jedermann zu respektierende Rechtstellung in Ansehung des Gegenstandes erwirbt, eine Rechtsstellung, deren Wert für den Sicherungsnehmer sicherungsrechtlich vor allem darin besteht, daß er — im Gegensatz zu dem Nehmer einer Personensicherheit — gegenüber den anderen Gläubigern des Sicherungsgebers das Recht auf bevorzugte Befriedigung aus dem Gegenstand innerhalb wie außerhalb eines Insolvenzverfahrens des Sicherungsgebers hat. Von solchen dinglichen Rechten — sie werden auch als „Sachenrechte" bezeichnet — gibt es nur eine geschlossene Anzahl, deren begriffsmäßiger Inhalt durch das Gesetz festgelegt, also grundsätzlich der Parteivereinbarung entzogen ist. An erster Stelle steht als das umfassendste Herrschaftsrecht das Eigentum an einem Gegenstand bzw. die Inhaberschaft eines Rechts. Die Sicherstellung erfolgt in diesem Fall dadurch, daß der Sicherungsgeber das Eigentum an dem Gegenstand bzw. die Inhaberschaft an dem Recht auf den Sicherungsnehmer überträgt. Der Begriff der Sicherungsübertragung deckt im folgenden die Sicherungsübereignung an Sachen und die Sicherungsabtretung von Rechten. Weitere Sachenrechte sind die beschränkten dinglichen Rechte an fremder Sache, aus der Sicht des Eigentümers als Belastungen bezeichnet; ihre Eigenart besteht darin, daß dem Rechtsinhaber nur einzelne, aus dem Eigentum am belasteten Gegenstand fließende Befugnisse zustehen. Zu Sicherungszwecken verwendbar sind nur die **Nut-**

zungsrechte, die dem Berechtigten die Befugnis zu unmittelbarer Nutzung des Gegenstandes gewähren, z. B. von den Dienstbarkeiten der Nießbrauch (s. Rdn. 5), und die **Verwertungsrechte,** die dem Berechtigten die Befugnis geben, sich durch die Verwertung des zu seinen Gunsten belasteten Gegenstandes einen bestimmten Geldbetrag zu verschaffen — so die Reallasten (s. Rdn. 5) und die **Pfandrechte,** nämlich die **Grund-** 16 **pfandrechte** (Hypothek, Grundschuld, Rentenschuld) als Formen des Bodenkredits und die **Fahrnispfandrechte,** d. h. das Pfandrecht an beweglichen Sachen (Sachpfand) und das Pfandrecht an Rechten (Rechtspfand). Jede Sachsicherheit stellt eine Beziehung her zwischen der gesicherten Forderung und einem bestimmten Vermögensgegenstand, indem dieser Gegenstand bei der Sicherstellung der Forderung zum Sicherungsmittel gemacht wird. Diese Verknüpfung zwischen Forderung und Gegenstand wird, wenn der Kredit nur mit Rücksicht auf die Verwendung des Gegenstandes als Sicherungsmittel und ohne nähere Prüfung der Kreditwürdigkeit des Schuldners gewährt wird, als „Beleihung" des Gegenstandes bezeichnet; die steuerrechtliche Terminologie (z. B. in § 10 EStG) hat aus diesem wirtschaftlichen Begriff der Beleihung einen rechtlichen gemacht und versteht darunter schlechthin jede Bestellung einer Sachsicherheit an dem betreffenden Gegenstand, insbesondere auch die Sicherungsübertragung, sofern Sicherungsgeber und Schuldner der gesicherten Forderung identisch sind[1]. Der Unterschied ist wichtig bei der Bestimmung des „wirtschaftlichen Zusammenhangs" zwischen Forderung und Gegenstand im Sinne des § 87 Abs. 1 Ziff. 1 BVFG. Ein solcher Zusammenhang ist nämlich nur gegeben bei einer Beleihung des Gegenstandes im wirtschaftlichen Sinne oder bei einer Verwendung des Kredits für die Zwecke eben dieses Gegenstandes[2]. Das gleiche Problem findet sich im Steuerrecht, insofern das Bewertungsgesetz mehrfach für die Abzugsfähigkeit von Schulden und Lasten auf deren wirtschaftlichen Zusammenhang mit bestimmten Wirtschaftsgütern abstellt. Die Pfandrechtsklausel der AGB ist in aller Regel nicht geeignet, einen wirtschaftlichen Zusammenhang zwischen pfandgesicherter Forderung und Pfandobjekt zu begründen. Handelt es sich bei der gesicherten Forderung um einen Betriebskredit, so führt solcher Zusammenhang zwischen dem Sicherungsmittel und den Aufgaben des Betriebes im allgemeinen nicht dazu, daß man steuerrechtlich das Sicherungsmittel notwendigerweise als **Betriebsvermögen** behandeln müßte[3].

2. Abhängigkeit der Sicherheit von der gesicherten Forderung

Nach ihrer Abhängigkeit von der gesicherten Forderung unterscheidet sich die 17 **akzessorische und die fiduziarische Sicherheit.** Das zu Rdn. 8 erwähnte Abhängigkeitsprinzip, wonach der Zugriff auf die Sicherheit nur möglich oder erlaubt ist, solange und soweit die Forderung besteht, gilt zwar im gesamten Sicherungsbereich, aber nicht für jede Sicherheit in gleicher Stärke. Der Grad der Abhängigkeit von der

---
[1] BFH WM 60, 1362.
[2] BGH NJW 58, 223.
[3] BFH BStBl 64 III 502; 66 III 350, 1144; s. aber BFH BStBl 65 III 377.

Forderung begründet den erwähnten Unterschied zwischen der akzessorischen und fiduziarischen Sicherheit. Dieser Unterschied äußert sich insbesondere beim Ausbleiben und Wegfall der gesicherten Forderung sowie beim Wechsel ihrer Person. In der Praxis ist die fiduziarische Sicherheit aufgrund der rechtlichen Eigenheiten der beiden Sicherungsarten (s. 5. Kapitel dieses Abschnitts) mehr und mehr in den Vordergrund getreten; fast jede akzessorische Sicherheit läßt sich heute durch eine entsprechende fiduziarische ersetzen, so die Verpfändung beweglicher Sachen durch die Sicherungsübereignung, die hypothekarische Belastung eines Grundstücks durch die Bestellung einer Sicherungsgrundschuld, die Verpfändung von Rechten durch die Sicherungsabtretung. Im einzelnen:

a) Akzessorische Sicherheit

18   **Bei der akzessorischen oder angelehnten Sicherheit ist die Verknüpfung zwischen Sicherungsrecht und Forderung vollkommen.** Zwischen beiden besteht eine „organische, eine Schicksalsgemeinschaft begründende rechtliche Verbindung"[1]. **Das Sicherungsrecht schmiegt sich schattengleich der Forderung an und steht und fällt mit dieser.** Es kann für sich allein weder begründet noch übertragen noch verpfändet noch gepfändet werden. Daher ist die Abtretung der Forderung aus einer Bürgschaft oder die Veräußerung eines Pfandrechts für sich allein rechtlich unmöglich. Sicherheit und gesicherte Forderung sind eben untrennbar verbunden. Das gilt grundsätzlich auch für die Hypothek (§ 1153 Abs. 2 BGB), jedoch macht diese eine Ausnahme insofern, als sie ohne die gesicherte Forderung (zwar nicht entstehen, wohl aber) bestehen kann (s. Rdn. 762). Allerdings wird, wenn über eine „Hypothek" oder ein „Pfandrecht" verfügt wird, meistens die hypothekarisch oder pfandrechtlich gesicherte Forderung gemeint sein. Doch ist solche Auslegung der Parteierklärungen nicht selbstverständlich[2]. Eine derartig weitgehende Abhängigkeit des Sicherungsrechts von der gesicherten Forderung wie bei der akzessorischen Sicherheit findet sich nur bei der Urform der Sicherheit: Alle geborenen Sicherheiten — und nur diese — sind akzessorisch.

b) Fiduziarische Sicherheit

19   Bei der fiduziarischen Sicherheit ist der Zusammenhang zwischen Sicherungsrecht und Forderung dadurch bestimmt, daß der Sicherungsnehmer der Geschäftsform nach eine Rechtsstellung erwirbt, die über den bloßen Sicherungszweck hinausgeht. Der Rechtserfolg reicht weiter als der Zweck, denn der begriffsmäßige Inhalt des Sicherungsrechts gewährt mehr Befugnisse, als zur bloßen Sicherung der Forderung nötig wären, was übrigens nicht nur vom Inhalt, sondern entsprechend auch vom wertmäßigen Umfang der Sicherheit gilt. Das Sicherungsrecht ist nicht dem rechtlichen Gefüge nach eine Forderung und ihr Schicksal gebunden, sondern die Angleichung beider aneinander ist vielmehr Sache des Vertrages (zur Überdeckung und Unterdeckung vgl.

---

[1] RG 142, 320.
[2] RG JW 38, 44.

Rdn. 281). Dennoch ist auch die fiduziarische Sicherheit „Dienerin" der gesicherten Forderung, aber hier ist der Einfluß der Forderung auf das schuldrechtliche Gebiet verlagert, und zwar vollzieht sich der Ausgleich zwischen der äußeren Rechtsstellung des Sicherungsnehmers und dem wirtschaftlichen Geschäftszweck im Innenverhältnis zwischen den Parteien: Der Sicherungsnehmer ist kraft des nach Auftragsrecht (§§ 662ff. BGB) zu behandelnden[1] Sicherungsverhältnisses gehalten, von seiner Rechtsstellung nur im Rahmen des Sicherungszwecks und in den dadurch gezogenen Schranken Gebrauch zu machen und das sicherungshalber erworbene Recht nach der Erledigung eben dieses Zwecks wieder aufzugeben oder den bei seiner Verwertung erzielten und zur Tilgung der gesicherten Forderung nicht benötigten Mehrerlös an den Sicherungsgeber auszukehren[2]. Der Sicherungsnehmer erhält mehr anvertraut, als er zur bloßen Sicherung der Forderung benötigt. Er erwirbt also einen „**Überschuß an Rechtsmacht**" und wird damit zum Treuhänder des Sicherungsgebers, dessen Interessen er bei der Ausübung seiner Befugnisse nach Treu und Glauben zu wahren hat. Der Vertrag kann ihm ein Handeln ohne Rücksicht auf den Vertragspartner gestatten[3]. Man bezeichnet deshalb diese Sicherheit auch als treuhänderische (Treupfand) oder Treuhandsicherheit. In dem Treuhandverhältnis zwischen Sicherungsgeber und Sicherungsnehmer kommt die Abhängigkeit der gekorenen Sicherheit zum Ausdruck: Alle gekorenen Sicherheiten — und nur diese — sind fiduziarisch. Gegenüber der sog. **Verwaltungstreuhand** ist die **Sicherungstreuhand** dadurch gekennzeichnet, daß sie in erster Linie dem Treuhänder zu nützen bestimmt ist: Sie ist eine eigennützige Treuhand[4]. Doch steht diese Eigennützigkeit der Annahme eines auftragsähnlichen Verhältnisses zwischen den Parteien, wie es die Geschäftsbesorgung im Sinne des § 675 BGB herstellt, nicht entgegen[5]. Die Bank ist nicht Verfügungsberechtigter gem. §§ 34, 35, 69 AO, haftet also nicht für Steuerschulden des Kreditnehmers[6]. Der Zedent kann die abgetretene Forderung in gewillkürter **Prozeßstandschaft** einklagen[7]. Nur bei Mißbrauch entfällt das Recht in Prozeßstandschaft klagen zu können[8]. In der Praxis erscheinen die durch Sicherungsübertragung begründeten Sicherheiten weitaus am häufigsten unter den fiduziarischen; an rechtlicher Problematik werden sie jedoch von der Sicherungsgrundschuld erheblich übertroffen.

Da die fiduziarische Sicherheit von der gesicherten Forderung unabhängig und somit selbständig **verkehrsfähig** ist (der Sicherungsnehmer kann auch dann über sie verfügen, wenn er es in seinem Verhältnis zum Sicherungsgeber nicht darf[9]; der Siche-

---

[1] RG 59, 190.
[2] § 667 BGB; BGH WM 71, 1120; 62, 673; 61, 243; Serick III, § 38 I 2,3; RG 116, 330.
[3] BGH 32, 67.
[4] BGH WM 56, 946.
[5] BGH WM 61, 947.
[6] FG Rheinland-Pfalz WM 86, 708; Hess. FG WM 92, 1593.
[7] BGH WM 90, 655; 90, 657 = WuB VII A. § 51 ZPO — 1.90/Bülow.
[8] OLG Hamm WM 92, 1649.
[9] RG 95, 244.

rungscharakter des Rechts steht dem nicht entgegen[1]), ist die Möglichkeit gegeben, daß der Sicherungsnehmer vertragswidrig das Band zwischen dem Sicherungsrecht und der gesicherten Forderung zerreißt. Das macht die Treuhandsicherheit für den Sicherungsgeber gefährlich und ihre Bestellung in besonderem Maße zu einer Vertauensangelegenheit. Der Sicherungsgeber kann sich zwar in gewissem Umfang durch eine in den Sicherstellungsvertrag aufzunehmende Vereinbarung schützen, wonach der Vertrag durch die unerlaubte Verfügung des Sicherungsnehmers auflösend bedingt sein soll (§§ 161, 158 Abs. 2 BGB). In der Praxis verläßt er sich aber mehr auf die Redlichkeit seines Partners, vielleicht auch darauf, daß dieser sich nicht der mit der mißbräuchlichen Ausnutzung seiner Rechtsmacht verbundenen Gefahr einer Schadensersatzklage wegen positiver Vertragsverletzung oder gar einer strafrechtlichen Verfolgung wegen Untreue (§ 266 StGB)[2] aussetzen will.

Die Divergenz zwischen Können und Dürfen, welche die Stellung des fiduziarischen Sicherungsnehmers kennzeichnet, hat der Rechtsprechung besondere Schwierigkeiten im Falle des Zwangszugriffs auf das Sicherungsrecht, z. B. im Falle einer Pfändung des dem Sicherungsnehmer übereigneten Kraftwagens, bereitet (vgl. Rdn. 148). Wegen der Behandlung der Treuhandsicherheit im Insolvenzverfahren des Sicherungsnehmers (Rdn. 902) und im Falle der Pfändung der gesicherten Forderung (s. Rdn. 229).

22 Eine Abhängigkeit zwischen verfügungs- und schuldrechtlichem Kausalgeschäft kann aber auch durch ausdrückliche oder **stillschweigende Parteivereinbarung** geschaffen werden. Sie kann sich aus dem wirtschaftlichen Zweck des Vertragswerks und aus den sonstigen Umständen ergeben. Der BGH hat für eine Sicherungszession die **Abhängigkeit** bejaht[3]:

Mit der Sicherungszession werde — ebenso wie mit der Sicherungsübereignung von beweglichen Sachen — derselbe Zweck erstrebt wie mit der Bestellung eines Pfandrechts. Das vertragliche Pfandrecht sei seinem Wesen nach akzessorisch. Werde von den Beteiligten statt der Bestellung eines Pfandrechts an einer Forderung eine Sicherungszession vorgenommen, so geschehe das regelmäßig nicht, um die Akzessorietät, sondern um die mit der Pfandrechtsbestellung verbundene Anzeige (§ 1280 BGB), also die Publizität, zu vermeiden. Die Akzessorietät entspreche bei der Sicherungsabtretung im übrigen den beiderseitigen Interessen.

Da im entschiedenen Fall der Darlehensrückzahlungsanspruch nicht entstanden war (weil es an der Hingabe des Darlehens mangelte), außerdem kein Bereicherungsanspruch zugesprochen wurde, gab der BGH der Sicherungszession keinerlei rechtliche Wirkung. Diese Auffassung, die zur Akzessorietät bei Sicherungsübertragungen führt,

---

[1] BGH WM 72, 854.
[2] RG JW 35, 3632.
[3] BGH NJW 82, 275 = ZIP 81, 1188.

wird in der Literatur abgelehnt[1]. In einer späteren Entscheidung des BGH[2] wird klargestellt, daß es für die Sicherungsübertragung **nicht akzessorischer Rechte** bei den allgemeinen Regeln bleibt, insbesondere lehnt er grundsätzlich die **Abhängigkeit** des dinglichen Rechtes von der gesicherten Forderung ab.

Eine einschränkende Bedingung konnte der BGH aus dem Vertrag nicht erkennen. Hinzu kam, daß im Sicherungsvertrag an anderer Stelle von Rückübertragungsansprüchen bei Sicherungsübereignungsverträgen gesprochen wurde. Damit sei als selbstverständlich vorausgesetzt worden, daß die Übereignung unbedingt erfolgt sei und dem Sicherungsgeber nur **ein schuldrechtlicher** Rückgewährungsanspruch zustehe. Der BGH begründet dies auch mit dem Sicherungsinteresse der Kreditinstitute. Sie hätten nach Tilgung der gesicherten Forderung regelmäßig zwar kein berechtigtes Interesse mehr daran, das Eigentum zu behalten. Ihnen sei jedoch an einem möglichst wirksamen Schutz vor unberechtigten Verfügungen des Sicherungsgebers gelegen. Eine auflösend bedingte Sicherungsübereignung könne aber dieses Interesse beeinträchtigen. Es können nämlich leicht Zweifel und Streit darüber entstehen, ob der Bank noch — nach der Zweckerklärung — gesicherte Forderungen gegen den Sicherungsgeber zustünden.

Die Frage, ob eine Sicherungsübertragung unbedingt oder bedingt ist, ergibt sich jedenfalls aus der Vertragsauslegung. Ohne Abrede ist das Sicherungsgut an den Sicherungsgeber zurückzuübertragen (als Konsequenz aus der Nicht-Akzessorietät). Die Sicherungsübertragung kann aber aufschiebend (durch Valutierung) und auflösend (durch Tilgung der gesicherten Forderung) vereinbart sein (vergl. oben zur Entscheidung des BGH zur Lohnzession[3]). In der Literatur wird dies als „**Ersatzakzessorietät**" bezeichnet[4]. Diese Vereinbarung kann ausdrücklich erfolgen oder durch Vertragsauslegung ermittelt werden, wobei die für den Sicherungsgeber und für den Sicherungsnehmer (durchaus unterschiedlichen) typischen Interessen heranzuziehen sind[5]. Bei einem Kontokorrentkredit ist — wenn nicht ausnahmsweise das Gegenteil ausdrücklich als Parteiabrede aufgenommen worden ist (was angesichts der ökonomischen Art des Kontokorrentkredits als schwankende Kreditinanspruchnahme mit evtl. zeitweiliger Rückführung auf 0 unsinnig wäre) — eine Verknüpfung von Sicherheit und Forderung (i. S. einer auflösenden Bedingung) nicht anzunehmen, weil nicht gewollt[6]. Aber auch bei einem nicht als Kontokorrentkredit gewährten Kredit ist das Interesse (zumindest des Sicherungsnehmers) an einer unbedingten Sicherungsübertragung gegeben (bei einer Abzahlungsfinanzierung mag es anders sein).

23

---

[1] Jauernig, NJW 82, 268 m. w. N.; vergl. auch Serick, EWiR 1991, 147 zu BGH v. 30. 10. 1990.
[2] BGH WM 84, 357 = ZIP 84, 420.
[3] BGH NJW 82, 275.
[4] MünchKomm/Quack, Anh. §§ 929—936 Rdn. 124; Medicus, Jus 71, 497 und Bähr, NJW 83, 1473 ff., sprechen von „Akzessorietätsersatz"
[5] K. Schmidt, Festschrift für Serick, 1992, S. 339
[6] K. Schmidt, Festschrift für Serick, 1992, S. 341

Ob Überlegungen, bei einer Sicherungsübertragung in Form von Lohn- und Gehaltsabtretung eine bedingte Abtretung anzunehmen[1], angesichts der heute üblichen betragsmäßigen Beschränkung der Abtretung auch künftiger Lohn- und Gehaltsansprüche, mit Rücksicht auf die Interessen des Sicherungsgebers noch erforderlich sind, erscheint zweifelhaft. Die Praxis nimmt jedenfalls die Lohn- und Gehaltsabtretung ohne auflösende Bedingung herein, beschränkt auf einen Betrag, der der Höhe des Kredits entspricht in Verbindung mit einer Verpflichtung zur Freigabe der Abtretung, wenn sich die gesicherte Forderung reduziert (Freigabe i. S. von Rückübertragung; vergl. Rdn. 234).

In der Diskussion steht noch die Frage nach der Vereinbarkeit von in AGB (also in den Vordrucken der Kreditinstitute) enthaltenen Vereinbarungen von (nur) Rückgewähransprüchen (statt aufschiebender Bedingung)[2].

3. Mittelbar und unmittelbar verwertbare Sicherheit

24 Nach ihrer Struktur unterscheiden sich die **mittelbar** und die **unmittelbar verwertbare Sicherheit,** ein Unterschied, der die Regeln über die Abwicklung der Sicherheit maßgeblich beeinflußt. Fällt eine Sicherheit, wie z. B. die Grundschuld unter beide Kategorien, so ist es bei der Verwertung der Sicherheit Sache des Sicherungsnehmers, bei der Aufgabe der Sicherheit Sache des Sicherungsgebers, zu bestimmen, welche jener Regeln im gegebenen Fall angewendet werden sollen. Im einzelnen:

a) Mittelbar verwertbare Sicherheit

25 **Wird die Sicherheit durch Beitreibung (Einziehung) verwertet, so wird zur Erfüllung des Sicherungszwecks (nicht das Sicherungsrecht, sondern) das Sicherungsmittel in Geld umgesetzt. Diese Sicherheiten werden hier als mittelbar verwertbar bezeichnet.** Dahin gehören alle Personensicherheiten (s. Rdn. 14) und von den Sachsicherheiten die Verwertungsrechte (s. Rdn. 15). In der Ausdrucksweise des Gesetzes (§§ 952 Abs. 2, 1275 BGB) sind alle diese Sicherheiten Rechte, kraft deren „eine Leistung gefordert werden kann". Hier hat nämlich der Sicherungsnehmer einen bestimmten Anspruch, den er gegen den erfüllungsunwilligen Anspruchsgegner grundsätzlich erst gerichtlich durchsetzen muß, bevor er zur „Versilberung" des Sicherungsmittels schreiten kann. Der Anspruch geht bei den Personensicherheiten als „persönlicher" oder „schuldrechtlicher" auf Zahlung der vom Sicherungsgeber geschuldeten Summe, bei den Verwertungsrechten als „dinglicher" auf Duldung der Zwangsvollstreckung in die haftenden Gegenstände wegen eines dem gesicherten Kredit entsprechenden Betrages. So erwirkt der Sicherungsnehmer zwecks Realisierung einer Bürgschaft einen Titel gegen den Bürgen auf Zahlung der verbürgten Summe, zwecks Realisierung einer

---

[1] K. Schmidt, Festschrift für Serick, 1992, S. 344
[2] vergl. MünchKomm/Quack, Anh. §§ 929—936 Rdn. 123 f.; siehe auch BGH NJW 84, 1184 ff.; K. Schmidt, Festschrift für Serick, 1992, S. 346; für Unangemessenheit einer unbedingten Sicherungsübertragung Pottschmidt/Rohr, Kreditsicherungsrecht, Rdn. 516.

Grundschuld einen Titel gegen den Grundstückseigentümer auf Duldung der Zwangsvollstreckung in das Grundstück wegen des Grundschuldbetrages. Erst der Titel ermöglicht ihm den Zugriff auf das Sicherungsmittel, d. h. im obigen Beispiel auf das Vermögen des Bürgen bzw. auf das mit der Grundschuld belastete Grundstück. Für die Realisierung des Sachpfands ist allerdings der Zwang zur Inanspruchnahme staatlicher Hilfe weitgehend gelockert (Rdn. 483; 609). Bei den Verwertungsrechten geht der Verwertungsakt zu Lasten des Eigentümers des Sicherungsmittels, z. B. des Eigentümers des hypothekarisch belasteten Grundstücks. In der Regel ist das der Sicherungsgeber. Ist dieser aber von vornherein nicht mit dem Eigentümer identisch oder veräußert er während der Dauer des Sicherungsverhältnisses das Sicherungsmittel, z. B. das Grundstück, an einen Dritten, so richtet sich das Verwertungsverfahren und der oben erwähnte Anspruch des Sicherungsnehmers gegen den Eigentümer, nicht gegen den Sicherungsgeber. Ohne Zustimmung des Eigentümers kann daher da, wo der Umfang des Duldungsanspruchs durch die Höhe der gesicherten Forderung bestimmt wird, das Verwertungsrisiko nicht über das zur Zeit der Verwertung vertraglich festgesetzte Maß hinaus vergrößert werden. Der jeweilige Eigentümer des Sicherungsmittels kann auch Einwendungen gegen die Verwertung der Sicherheit geltend machen (vgl. Rdn. 235). — Der hier behandelte Anspruch des Sicherungsnehmers darf mit der gesicherten Forderung auch da nicht verwechselt werden, wo er gleichen Inhalts ist wie sie, also, wie bei den Personensicherheiten, auf Zahlung einer Geldsumme geht; richtet er sich ebenfalls gegen den Schuldner der gesicherten Forderung, unterliegt er zumeist anderen Zins- und Tilgungsbedingung als diese.

b) Unmittelbar verwertbare Sicherheit

Wird die Sicherheit durch Veräußerung verwertet, so wird zur Erfüllung des Sicherungszwecks (nicht das Sicherungsmittel, sondern) das Sicherungsrecht als solches in Geld umgesetzt, z. B. nicht das mit der Sicherungsgrundschuld belastete Grundstück, sondern die Grundschuld selbst. **Diese Sicherheiten werden hier als unmittelbar verwertbar bezeichnet.** Eine solche Verwertung ist nur da möglich, wo das Sicherungsrecht selbständig verkehrsfähig ist und bestehen bleibt, obwohl die gesicherte Forderung zufolge ihrer Tilgung aus dem Verwertungserlös erlischt. Diese Voraussetzung ist wiederum nur bei gekorenen Sicherheiten gegeben. Die unmittelbar verwertbaren Sicherheiten decken sich daher mit den gekorenen (und damit auch mit den Treuhandsicherheiten). Der Verwertungsakt geht bei Sachsicherheiten zu Lasten dessen, dem das Sicherungsrecht zurückzugewähren wäre (vgl. Rdn. 208, 210), wenn es nicht verwertet würde. Das ist in der Regel der Sicherungsgeber. Verfügt er aber während der Dauer des Sicherungsverhältnisses — durch Abtretung oder Verpfändung — über den Rückgewähranspruch zugunsten eines Dritten oder wird der Anspruch von einem Dritten gepfändet, so ist dann der Dritte durch die Verwertung betroffen, und das Verwertungsrisiko kann deshalb nicht ohne seine Zustimmung über das zur Zeit der Verfügung oder Pfändung vertraglich festgesetzte Maß hinaus vergrößert werden. Der jeweilige Inhaber des Rückgewähranspruchs kann die Einwendungen (vgl.

26

Rdn. 235) gegen die Verwertung der Sicherheit geltend machen. Um unmittelbare Verwertbarkeit handelt es sich auch da, wo der Nehmer einer Treuhandsicherheit, deren Sicherungsmittel ein Recht ist, kraft dessen von einem Dritten eine Leistung gefordert werden kann (schuldrechtliche Ansprüche und Verwertungsrechte), die Sicherheit im Wege der Betreibung (Einziehung) des Sicherungsmittels realisiert, indem er z. B. eine sicherungshalber abgetretene Hypothek gegen den Grundstückseigentümer geltend macht. Anders als bei der mittelbar verwertbaren Sicherheit ist hier zur Versilberung des Sicherungsmittels nicht erst ein Titel gegen den Sicherungsgeber zu beschaffen; der beizutreibende Anspruch richtet sich nicht gegen diesen, sondern gegen den Dritten. Die Wahl zwischen Veräußerung und Beitreibung steht dem Sicherungsnehmer grundsätzlich frei.

III. Der Vorvertrag

27 Legen die Parteien im voraus die beiderseitige Mitwirkung beim Abschluß des Sicherstellungsvertrages bindend fest, so spricht man von einem **Vorvertrag** (im weiteren Sinn); er ist in der Praxis meistens im Kreditvertrag enthalten[1], kann aber den Sicherstellungsvertrag auch stillschweigend begleiten oder ausdrücklich vereinbart werden **(Positiverklärung)**. Aus ihm erwächst, wenn er den Kredit als gesicherten kennzeichnet und den Inhalt des noch abzuschließenden Hauptvertrages hinreichend genau bestimmt, dem Sicherungsnehmer der Anspruch auf Abschluß des Sicherstellungsvertrages; er kann im Wege eines Prozesses geltend gemacht werden und geht auf Bestellung der vereinbarten bzw. sich aus §§ 232ff. BGB ergebenden Sicherheit[2]. Die Positiverklärung hat den Vorteil, daß das Wahlrecht, welche Sicherheit zu bestellen ist, beim Sicherungsnehmer liegt; allerdings muß die Sicherheit im (engen) Positivrevers so konkretisiert sein, daß darauf eine Klage oder die Eintragung einer Vormerkung (bei Grundschulden) gestützt werden kann. Die in der Praxis anzutreffenden Positiverklärungen sind meist weit getarnt und damit sind die in Vollzug der Erklärung bestellten Sicherheiten im Konkurs auch inkongruent anfechtbar. Ein konkreter Positivrevers bedrängt nicht den allgemeinen Besicherungsanspruch der Bank aus Nr. 13 AGB-Banken, da die Bank ohne besonderen Grund keinen Anlaß hat, auf die Inanspruchnahme weiterer Sicherungswerte (insbesondere das AGB-Pfandrecht) zu verzichten[3]. Das Ausbleiben der bedungenen Sicherung läßt sich im allgemeinen nicht im Sinne eines betrügerischen Verhaltens des Kreditnehmers (§ 263 StGB) werten, sofern der Gläubiger sich unschwer aus anderweitigen Sicherheiten befriedigen kann und es somit an einer Vermögensgefährdung fehlt[4]. Der Vorvertrag ist nur in Ausnahmefällen formbedürftig und erfordert, wenn er auf die Übernahme einer Bürgschaft abzielt, die Form des Hauptvertrages oder, wenn in ihm die Sicherstellung schenkungsweise versprochen

---

[1] BGH WM 62, 1264.
[2] BGH WM 75, 160.
[3] Siehe dazu BGH WM 83, 926.
[4] BGH NJW 64, 874.

wird, die in § 518 BGB für das Schenkungsversprechen vorgesehene gerichtliche oder notarielle Beurkundung[1]. Beurkundungspflichtig ist auch ein Vorvertrag über die Sicherungsübertragung eines Vermögens im ganzen oder zu einem quotenmäßigen Bruchteil, während solcher Vorvertrag schlechthin nichtig ist, wenn es sich um ein künftiges Vermögen handelt (§§ 310, 311 BGB). Der Vorvertrag über die Abtretung eines GmbH- oder Erbanteils ist nur gültig, wenn er gerichtlich oder notariell beurkundet wird[2]. Die Verpflichtung zur Rückabtretung ist formfrei. Ansonsten ist der Vorvertrag formlos gültig und kann unter besonderen Umständen schon in einem wegen Formmangels unwirksamen Sicherstellungsvertrag gesehen werden[3]. Sogar der Vorvertrag über die Belastung eines Grundstücks bedarf keiner Form, obwohl der Vorvertrag über die Grundstücksveräußerung beurkundungspflichtig ist (§ 313 BGB).

In Nr. 13 AGB vereinbaren Bank und Kunde den Anspruch der Bank auf die Bestellung oder Verstärkung von bankmäßigen Sicherheiten. Dabei handelt es sich um ein Wahlrecht, das der Kunde hat: der Kunde kann der Bank nach seiner Wahl eine bankmäßige Sicherheit anbieten[4]. Sie ist nicht konkursfest, sondern stellt eine inkongruente Sicherheit dar. Einklagen kann die Bank diesen Anspruch wegen Unbestimmtheit seines Gegenstandes nicht[5] (vgl. hierzu auch Rdn. 956). Wird aber dieser Anspruch nicht erfüllt, kann die Bank fristlos kündigen (s. Nr. 13 Abs. 3 i. V. m. Nr. 19 Abs. 2 AGB). Ein Vorvertrag, der nach dem Willen der Parteien erst nach Eintritt der Zahlungsunfähigkeit des Sicherungsgebers erfüllt werden soll, ist sittenwidrig und daher nichtig[6]. Davon abgesehen verstößt er auch dann nicht gegen die guten Sitten, wenn zufolge der Bestellung der zugesagten Sicherheit andere Gläubiger des Sicherungsgebers leer ausgehen[7]. Im Rahmen der Anfechtung innerhalb und außerhalb des Konkursverfahrens (Rdn. 936 ff., 981 ff.) begründet der Vorvertrag oder sein Fehlen die Kongruenz oder Inkongruenz der Deckung. Dies gilt allerdings nicht für den Anspruch der Bank aus Nr. 13 AGB (vgl. Rdn. 108 ff.). Dem Kunden steht die Wahl der Art des konkreten Sicherungsmittels zu[8].

Dadurch, daß der Schuldner sich verpflichtet, für den Kredit eine Sicherheit zu bestellen oder zu beschaffen, wird das Abkommen nicht ohne weiteres zu einem **gegenseitigen Vertrag**, bei welchem der Schuldner unter den gesetzlichen Voraussetzungen (§ 320 ff. BGB) zum Rücktritt berechtigt ist und in diesem Fall die Stellung der Sicherheit verweigern oder die Aufgabe einer bereits bestellten Sicherheit verlangen kann. Daher berührt auch eine vom Sicherungsnehmer nicht zu vertretende Entwertung der Sicherheit oder ihr nachträglicher Wegfall durch zufälligen Untergang des Sicherungs- 28

---

[1] RG 120, 253; BGH WM 56, 667.
[2] RG 65, 62; DR 43, 298; OLG Naumburg JW 29, 70.
[3] §§ 15, Abs. 4 GmbHG, 2371, 2385, 1922 Abs. 2 BGB.
[4] BGH 33, 389.
[5] BGH 33, 389.
[6] RG 138, 89. Vgl. auch BGH WM 68, 685.
[7] BGH WM 59, 115.
[8] BGH WM 61, 28.

mittels, z. B. durch Vernichtung eines sicherungshalber übereigneten Holzlagers oder Zerstörung des hypothekarisch belasteten Grundstücks, die Verpflichtung in ihrem Rechtsbestand nicht. Der Sicherungsgeber ist vielmehr zur Bestellung einer angemessenen Ersatzsicherheit verpflichtet und zwar auch dann, wenn er ursprünglich nur die weggefallene Sicherheit zu bestellen versprochen hatte. Das folgt zwar nicht aus § 240 BGB[1], entspricht aber dem mutmaßlichen Parteiwillen.

Bei der Ausübung des Rechts auf Sicherheiten muß die Bank die Grundsätze von **Treu und Glauben** beachten[2]. Sie hat im Rahmen der Billigkeit auf die schutzwürdigen Belange des Kunden Rücksicht zu nehmen. Der BGH (a. a. O.) weist darauf hin, daß die **Übersicherung** schon mit Rücksicht auf die Freigabeverpflichtung bei Übersicherung die Grenze sein muß (Nr. 16 Abs. 2 AGB).

29   Obwohl der Wegfall der Sicherheit den Schuldner im allgemeinen nicht von der Rückzahlung des Kredits entbindet, ist die Möglichkeit, daß die Sicherstellung im Rahmen eines gegenseitigen Vertrages vereinbart wird, nicht grundsätzlich ausgeschlossen[3]. Man wird sogar die Gegenseitigkeit als Regel da anzunehmen haben, wo die Kreditgewährung „sich wirtschaftlich als ein Kapitalanlagegeschäft, rechtlich als Kauf der Sicherheit darstellt"[4]. Der Sicherstellungsvertrag ist auch dann gegenseitig, wenn im Fall der Interzession (s. Rdn. 172) der Sicherungsgeber, z. B. der Kreditbürge, sein Eintreten von der baldigen Gewährung oder Belassung des Kredits abhängig macht. In Fällen dieser Art, wenn also der Sicherungsgeber vereinbarungsgemäß die Sicherheit bestellt, um den anderen Teil zu einem gewissen Verhalten zu bestimmen, kann die Sicherheit nach Lage der Sache auch wegen Nichteintritts des nach dem Inhalt des Rechtsgeschäfts bezweckten Erfolges zurückzufordern sein (§ 812 BGB)[5]. Die Bestellung der Sicherheit ist aufgrund dieser wechselseitigen Verpflichtung bzw. Bedingung bzw. entsprechenden Rechtszwecks — Sicherheitenbestellung, damit der Kredit gewährt wird — ein **entgeltliches Rechtsgeschäft**[6].

Wo nach den getroffenen Abreden der Sicherungsnehmer Anspruch auf die Sicherheit hatte, wird ihre Bestellung nur selten unentgeltlich sein[7] und zwar auch dann nicht, wenn der Anspruch auf Sicherstellung nicht dem Sicherungsnehmer, sondern einem Dritten, z. B. dem Bürgen, zustand[8]. Überhaupt ist die Sicherstellung einer eigenen Schuld als entgeltliches Geschäft zu werten[9], insbesondere, wenn sie in der

---

[1] BGH v. 29. 10. 53 — IV ZR 75/53 —
[2] BGH WM 81, 150 = ZIP 81, 144; Lwowski, Aktuelle Probleme des Kreditsicherungsrechts, RWS-Skript 133, 1985, S. 5.
[3] RG 66, 425.
[4] RG JW 37, 2765; BGH WM 62, 114, 1264.
[5] RG 118, 358.
[6] RG 163, 356.
[7] LG Köln NJW 58, 1296.
[8] BGH 12, 232.
[9] RG 6, 85.

Kreditgewährung selbst[1], in einer Stundung des bereits gewährten Kredits, in einem teilweisen Erlaß der Kreditforderung, in einer Erleichterung der Zahlungsbedingungen des bereits gewährten Kredits usw. eine entsprechende Gegenleistung findet. Der Besteller der Sicherheit hat eben den Gegenwert schon in dem Gegenwert für die zu sichernde Forderung[2]. Sogar die Sicherstellung einer fremden Schuld ist entgeltlich, wenn etwa der Sicherungsgeber für seine Leistung eine Kreditgewährung an den Dritten erhält, an der er ein wirtschaftliches Interesse hat und die ihm ebenfalls zustatten kommt[3]. **Der Fall, daß die Bestellung der Sicherheit unentgeltlich erfolgt, tritt selten und praktisch wohl nur dann ein, wenn die Sicherheit im Wege der Interzession für die Kreditforderung gegen einen völlig mittellosen Schuldner, mit anderen Worten, für eine völlig wertlose Forderung bestellt wird und dem Sicherungsgeber jedes eigene Interesse an der Bestellung der Sicherheit fehlt oder wenn die Sicherung der fremden Schuld freiwillig nachträglich und ohne besonderes Entgelt (Zinsnachlaß usw.) bewirkt wird.** Sind sich die Parteien über die Unentgeltlichkeit der Sicherstellung einig, so kann sich die Hergabe der Sicherheit sogar als Schenkung darstellen, also bei nachträglicher Verarmung des Schenkers dessen Rückforderungsrecht unterliegen (§ 528 BGB)[4]. Die Entgeltlichkeit des Vertrages hat grundsätzlich die **Haftung des Sicherungsgebers für Rechtsmängel** zur Folge (§§ 434, 445 BGB, 98 LRG). Aber diese Gewährleistung wird schon deshalb selten bedeutsam, weil der Sicherungsgeber für Rechtsmängel, die sich durch den Schutz des guten Glaubens erledigen, natürlich nicht mehr einzustehen hat, öffentliche Grundstückslasten nicht zu beseitigen braucht und für Rechtsmängel, die dem Sicherungsnehmer bei Abschluß des Vertrages positiv bekannt waren, nur insofern aufkommen muß, als er Pfandrechte und gebuchte Rechte trotz dieser Kenntnis zu beseitigen verpflichtet ist (§§ 436, 439, 440 BGB). Außerdem nötigen die gesetzlichen Vorschriften den Besteller eines Grundpfandrechts nicht, den Sicherungswert des Pfandrechts dadurch zu erhöhen, daß er vorgehende Belastungen beseitigt; tut er es dennoch, so behebt er nicht einen rechtlichen Mangel des Pfandrechts, sondern er verbessert nur dessen Bonität (s. Rdn. 126).

IV. Die Sicherheitenkontrolle

Die Praxis hat gezeigt, daß im gewerblichen Kreditverkehr angesichts einer Vielzahl von Sicherheiten, zumal wenn sie laufend ergänzt und ausgetauscht werden müssen, der Sicherungszweck nur erreicht wird, wenn eine regelmäßige, sorgfältige **Sicherheitenkontrolle** erfolgt. Ihr Fehlen darf die Sicherung nicht zu einem Scheingeschäft machen (s. Rdn. 42) oder den Vorwurf mitwirkenden Verschuldens begründen[5].

---

[1] RG 153, 350.
[2] RG 9, 100; BGH WM 72, 471.
[3] BGH WM 56, 667.
[4] RG 54, 282.
[5] BGH WM 65, 1250.

33 Notwendig ist auch die Kontrolle der Beschaffenheit und des Versicherungsschutzes des Sicherungsmittel und die manchmal ebenso wichtige wie in tatsächlicher Hinsicht schwierige Untersuchung, ob eine auf dem belasteten Grundstück befindliche Sache einen wesentlichen Grundstücksbestandteil bildet — dann erstreckt sich die grundpfandrechtliche Haftung z. B. auf eine unter Eigentumsvorbehalt gelieferte Maschine selbst dann, wenn der Kaufpreis noch nicht bezahlt ist — oder ob sie lediglich Grundstückszubehör ist — dann bleibt die unter Eigentumsvorbehalt stehende Maschine bis zur vollständigen Kaufpreiszahlung von der Haftung frei. Die größte Sorgfalt hat der Sicherungsnehmer bei der Sicherungsübereignung und der stillen Sicherungsabtretung aufzuwenden: hier ist grundsätzlich nicht nur auf die Individualisierung des Sicherungsmittels und die Verfügungsmacht des Sicherungsgebers besonders zu achten, sondern auch laufend durch Stichproben zu kontrollieren, ob und inwieweit innerhalb der vereinbarten Zeiträume der übereignete Bestand durch Austauschgüter bzw. Ersatzzession aufgefüllt worden ist. Bei der Sicherungszession eines Briefgrundpfandrechts außerhalb des Grundbuchs ist es zweckmäßig, in regelmäßigen Zeitabschnitten von etwa einem halben Jahr das Grundbuch auf eine in der Zwischenzeit möglicherweise angeordnete Zwangsversteigerung hin einzusehen, um das Grundpfandrecht im Versteigerungsverfahren rechtzeitig geltend machen und seinem Ausfall vorbeugen zu können (s. Rdn. 763, 310). Neben einer solchen Prüfung des rechtlichen Bestandes der Sicherheit muß beachtet werden, daß die Sicherheit auch wirtschaftlich gut fundiert und leicht verwertbar ist: Dem Bestand (Verität) der Sicherheit soll ihre Güte (Bonität, Einbringlichkeit) entsprechen. Wegen der Anforderungen, die an die Bonität der Sicherheit zu stellen sind, s. Rdn. 274. Ob und inwieweit sie im einzelnen Fall erfüllt sind, muß in aller Regel erstmals schon vor Bestellung der Sicherheit festgestellt sein. Es ist aber zur Kreditüberwachung notwendig, auch in der Folge ständig auf die Erhaltung der Bonität zu achten, denn jede Minderung der Güte der Sicherheit bedeutet eine Gefährdung des Kredits. Mit einer Änderung zumal des Wertes des Sicherungsmittels ist immer zu rechnen; sie ergibt sich bei manchen Gegenständen, z. B. Maschinen, mit Notwendigkeit schon aus deren Abnutzung oder bei zum Umlauf bestimmten Sachen infolge Veralterung und Modewechsel. Läßt sich ein Absinken des Wertes nicht durch Bestellung zusätzlicher Sicherheiten ausgleichen, so muß der Kredit entsprechend herabgesetzt werden. Im bankgeschäftlichen Verkehr sind alle diese Überwachungsmaßnahmen in ein umfassendes Kontrollsystem eingebaut. Auch die Einschaltung dritter Kontrollbeauftragter ist möglich aber in der Praxis selten (s. Rdn. 188). Daß sich überall die Kontrolle auf die Elemente beschränken muß, die sich aus dem äußeren Sachverhalt ergeben, liegt in der Natur der Sache. Daher versagt sie einem unredlichen Sicherungsgeber gegenüber in den meisten Fällen. Bei der Sicherungsübereignung eines Warenlagers mit wechselndem Bestand läßt sich wohl prüfen, ob das Lager vereinbarungsgemäß wieder aufgefüllt ist; daß aber die Ersatzwaren nicht in das Eigentum des Sicherungsnehmers übergegangen sind, weil der Sicherungsgeber zuvor durch nochmalige Übereignung desselben Lagers an einen Dritten das Besitzmittlungsverhältnis zum Sicherungsnehmer ohne dessen Wissen gelöst hat (s. Rdn. 499), bleibt ebenso unbekannt wie etwa die Tatsache, daß er die dem Sicherungsnehmer zedierte Forderung schon vorher still an einen Dritten abgetreten hatte (Rdn. 17). Und da die Sorgfalt, mit der die Auffüllung des Lagers geprüft wird, sich in der Regel nach dem Grad des Vertrauens oder Mißtrauens richtet, welches dem Sicherungsgeber entgegengebracht wird, kann es z. B. geschehen, daß der Bestand in großen Lagerhallen gestapelter Waren zwar durch Messen von Breite, Höhe und Tiefe der einzelnen Stapel errechnet aber versäumt wird, die Stapel von oben zu besichtigen; es wird daher nicht entdeckt, daß der als redlich angesehene Sicherungsgeber innerhalb der einzelnen Stapel Hohlräume gelassen hat, die das Ergebnis der Errechnung zu einem trügerischen machen. **Auch die sorgfältigste Kontrolle kann niemals jeden Mangel im Vertragswerk ausräumen und niemals die fehlende Vertrauenswürdigkeit des Sicherungsgebers ersetzen.** Im obigen Rahmen aber läßt sich durch eine regelmäßige Nachschau einem vorzeitigen Verlust der Sicherheit weitgehend vorbeugen.

2. Kapitel Die Personen

I. Sicherungsgeber und Sicherungsnehmer

34 Am Sicherungsverhältnis sind beteiligt derjenige, der die Sicherheit bestellt, als **Sicherungsgeber** und derjenige, dem sie bestellt wird, als **Sicherungsnehmer**. Bei den gekorenen (s. Rdn. 5) Sicherheiten ist es gleichgültig, ob der Besteller selbst oder auf seine Veranlassung ein Dritter dem Sicherungsnehmer das Sicherungsrecht verschafft oder verschafft hat. In der Regel wird der Sicherungsgeber zugleich Inhaber des Rückgewähranspruchs (s. Rdn. 208) sein. Im Fall einer Abtretung des Rückgewähranspruchs ist der Zessionar Sicherungsgeber, wenn er einen neuen Sicherungsvertrag über das Sicherungsrecht schließt. Aber auch die ursprüngliche Personengleichheit ist nicht notwendig. Sie entfällt z. B., wenn der Zedent des Rückgewähranspruchs kraft Ermächtigung des Zessionars (§ 185 BGB) oder kraft guten Glaubens des Sicherungsnehmers (§ 407 BGB) durch Abschluß eines neuen Sicherungsvertrages mit Wirkung gegenüber dem Zessionar über den Rückgewähranspruch verfügt (s. Rdn. 210). Die Bestellung einer Sicherheit erfolgt immer zu Gunsten dessen, in dessen Namen der Sicherstellungsvertrag mit dem Sicherungsgeber geschlossen wird. **Ein Vertrag, durch welchen das Sicherungsrecht unmittelbar in der Person eines Dritten als Gläubiger der zu sichernden Forderung begründet werden soll, ist bei der Bestellung von Personensicherheiten denkbar (§ 328 BGB)**, z. B. als Vertrag zwischen Bürgen und Hauptschuldner zu Gunsten des Gläubigers der zu verbürgenden Forderung[1] oder als Vertrag zwischen Gläubiger und Bürgen zu Gunsten eines weiteren Gläubigers[2], vielleicht auch als Kapitalversicherungsvertrag unter Anordnung eines (unwiderruflichen) Bezugsrechts zu Gunsten des Gläubigers der zu sichernden Forderung[3].

35 Solche Verträge zu Gunsten Dritter spielen aber praktisch keine wesentliche Rolle und sind **von Rechts wegen ausgeschlossen bei der Bestellung von Sachsicherheiten**[4]. Daher können z. B. nicht Rechte am Grundstück zu Gunsten dritter Personen begründet und es kann ein Kraftwagen nicht mit der Maßgabe sicherungshalber übereignet werden, daß das Sicherungseigentum unmittelbar einem Dritten zustehen soll, es sei denn, der Vertrag wird von vornherein im Namen und in Vertretung des Dritten als Sicherungsnehmer getätigt. Aus diesem Grunde erwirbt der Dritte ein Pfandrecht an dem Guthaben nicht schon dadurch, daß ein Bankkunde der Bank gegenüber sein Guthaben zugunsten eines Dritten sperrt. Die **Sperre** der bankmäßigen Werte zugunsten eines Dritten wird oft verlangt (nicht nur in Unkenntnis der sonstigen Voraussetzungen einer wirksamen Verpfändung) an Stelle einer Verpfändung. Da es die Rechtsfigur einer „Sperre" nicht gibt, schafft ein solches Abkommen nur **schuldrechtliche**

---

[1] BGH WM 66, 859.
[2] BGH 26, 142.
[3] vgl. RG JW 38, 1120.
[4] RG 124, 221; BGH WM 65, 464.

Beziehungen unter den Beteiligten, in der Regel die Verpflichtung des Kontoinhabers, nicht über die gesperrten Werte während der vereinbarten Dauer zu verfügen und sie ggfs. auch den Begünstigten auszuhändigen[1].

Zum Begriff des Sicherungsgebers gehört bei Sachsicherheiten nicht, daß er Eigentümer des Sicherungsmittels ist. Zwar werden in der Regel Eigentümer und Sicherungsgeber identisch sein. Ist dies aber nicht der Fall (vgl. hierzu Rdn. 126 ff.), so wird im allgemeinen das Interesse des Eigentümers nur im Rahmen der Ablösung und Verwertung pfandbelasteter Gegenstände geschützt. Dabei wird für den Pfandverkauf und die Immobiliarvollstreckung zu Gunsten des Sicherungsnehmers in gewissem Umfang die Identität von Sicherungsgeber und Eigentümer unterstellt. Wegen des Verhältnisses zwischen dem Gläubiger der gesicherten Forderung und dem Sicherungsnehmer einerseits, dem Schuldner und dem Sicherungsgeber andererseits s. Rdn. 171. 36

II. Geschäftsvoraussetzungen

Der Sicherungsnehmer hat darauf zu achten, im voraus alles das auszuschalten, was den Rechtsbestand der Sicherheit gefährden oder beeinträchtigen könnte. Auf seiten seines Vertragspartners müssen gewisse persönliche Voraussetzungen erfüllt sein, von denen die Gültigkeit des Sicherstellungsvertrages abhängt. Es sind dies Voraussetzungen, die freilich auch in der Person des Sicherungsnehmers nicht fehlen dürfen, aber auf seiner Seite in aller Regel gegeben sind, so daß die folgenden Ausführungen auf die Person des Sicherungsgebers abgestellt werden können. Im einzelnen: 37

1. Geschäftsunfähigkeit

Der Sicherungsgeber darf nicht geschäftsunfähig sein, sonst ist der Vertrag nichtig. Geschäftsunfähig sind das Kind bis zur Vollendung des 7. Lebensjahres, der Geisteskranke und der wegen Geisteskrankheit Entmündigte (§§ 104, 105 BGB). Guter Glaube schützt den Sicherungsnehmer nicht. Für den Geschäftsunfähigen muß, wenn er ein wirksames Abkommen schließen soll, sein gesetzlicher Vertreter handeln (s. Rdn. 53). 38

2. Beschränkte Geschäftsfähigkeit

Der beschränkt Geschäftsfähige kann zwar einen Vertrag selbst schließen, jedoch hängt die Wirksamkeit des Vertrages grundsätzlich von der vorherigen oder nachträglichen Zustimmung seines gesetzlichen Vertreters ab, wobei der Vertreter, will er die Zustimmung erteilen, seinerseits in gewissen Fällen der Genehmigung des Vormundschaftsgerichtes bedarf (§§ 107, 108 BGB); (s. Rdn. 53). Wird der beschränkt Geschäftsfähige unbeschränkt geschäftsfähig, bevor sein gesetzlicher Vertreter endgültig zu dem 39

---
[1] BGH WM 64, 349.

Vertrag Stellung genommen hat, so hat in Zukunft er allein über Aufrechterhaltung oder Ablehnung des Vertrages zu befinden. Guter Glaube an die unbeschränkte Geschäftsfähigkeit des Vertragspartners schützt den Sicherungsnehmer nicht. In allen Fällen — meistens jedoch nur mit Genehmigung des Vormundschaftsgerichts — kann an Stelle des beschränkt Geschäftsfähigen und mit Wirkung für ihn sein gesetzlicher Vertreter handeln. Außerdem ist ein Minderjähriger, den sein gesetzlicher Vertreter mit Genehmigung des Vormundschaftsgerichts zum selbständigen Betrieb eines Erwerbsgeschäfts ermächtigt hat, gleich einem Volljährigen fähig zu allen Rechtsgeschäften, die der Betrieb des Geschäfts mit sich bringt (§ 112 BGB); die unbeschränkte Geschäftsfähigkeit erstreckt sich jedoch nicht auf Rechtsgeschäfte, die der gesetzliche Vertreter nur mit Genehmigung des Vormundschaftsgerichts vornehmen darf. Aus diesem Grund wirkt sich die hier erwähnte Erweiterung der Geschäftsfähigkeit auf dem Gebiet des Sicherungsrechts nur gering aus. Ähnliches gilt für den Fall, daß der Minderjährige von seinen gesetzlichen Vertretern ermächtigt wird, in Dienst oder Arbeit zu treten (§ 113 BGB): der Minderjährige ist für solche Rechtsgeschäfte unbeschränkt geschäftsfähig, die die Eingehung oder Aufhebung eines Dienst- oder Arbeitsverhältnisses der gestatteten Art oder die Erfüllung der sich aus einem solchen Verhältnis ergebenden Verpflichtungen betreffen. Er darf daher Lohn- und Gehaltskonten eröffnen, aber bereits die Errichtung sonstiger Konten bedarf der Genehmigung der gesetzlichen Vertreter[1].

3. Bewußtlosigkeit, vorübergehende geistige Störung

40 Der Sicherungsgeber darf nicht im Zustand der Bewußtlosigkeit oder vorübergehender Störung der Geistestätigkeit, z. B. starker Trunkenheit, einen Vertrag schließen, sonst ist der Vertrag nichtig (§ 105 Abs. 2 BGB).

4. Willensmangel

41 Auch unter dem Einfluß eines sonstigen gesetzlich anerkannten Willensmangels darf der Sicherungsgeber bei Vertragsabschluß nicht stehen. Zwar ist „im heutigen Recht anerkannt, daß jedermann seine Hanldungen gegen sich gelten zu lassen hat, nicht nur so, wie er sie nach seinem inneren, nicht geäußerten Willen gemeint hat, sondern so, wie sie von der Verkehrssitte, d. i. von den Verkehrsanschauungen aufgefaßt werden"[2]. Dennoch ist in gewissem Umfang eine Abweichung von Willen und Erklärung beachtlich, wobei es, wenn sich die eine oder andere Partei beim Vertragsschluß durch einen Dritten vertreten läßt, grundsätzlich auf einen etwaigen Willensmangel des Vertreters, nicht des Vertretenen, ankommt. Allerdings kann sich der Geschäftsgegner auf den Willensmangel des Vertreters dann nicht berufen, wenn ihm selbst ein unerlaubtes, einverständliches Zusammenwirken mit dem Vertreter zum Nachteil des Vertretenen zur Last fällt. Im einzelnen gehören hierher folgende Willensmängel:

---

[1] Palandt/Heinrichs § 113 Rdn. 4.
[2] RG 95, 124.

a) Scherz

Gibt der eine Vertragsteil seine Erklärung nur zum **Scherz** ab in der Erwartung, daß der andere Teil die Nicht-Ernstlichkeit der Erklärung erkennen werde, so ist die Erklärung und damit der Vertrag nichtig (§§ 118, 122 BGB). Dagegen ist die Erklärung und damit der Vertrag gültig, wenn der Erklärende in Täuschungsabsicht gehandelt und sich nur insgeheim die Nicht-Ernstlichkeit seiner Erklärung vorbehalten hat (**Mentalreservation**). Durchschaut aber der andere Teil den stillen Vorbehalt, so bleibt es bei der Nichtigkeit der Erklärung (§ 116 BGB). Das Abkommen ist auch dann unwirksam, wenn zwischen den Parteien sogar Einverständnis darüber bestand, daß die Erklärung nur zum **Schein** abgegeben sein sollte (§ 117 BGB). **Ein derartiges Scheingeschäft liegt nicht schon dann vor, wenn der Sicherungsnehmer bei Abschluß des Vertrages dem anderen Teil erklärt, es handle sich bei der Sicherstellung lediglich um eine Formsache; solche Erklärung ist nicht als eine unbeachtliche Redensart**[1], sie kann aber unter dem Gesichtspunkt des Verschuldens bei Vertragsschluß (culpa in contrahende) von Bedeutung sein, z. B. wenn die Bank sich so einem Bürgen gegenüber äußert. 42

Weder **Falschdatierung** des Vertrages (s. Rdn. 120) noch **Lässigkeit** des Sicherungsnehmers gegenüber unvollständiger Erfüllung der vertraglichen Sorgfaltspflichten des Sicherungsgebers noch weniger **unzureichende Sicherheitenkontrolle** rechtfertigen für sich allein den Schluß auf mangelnde Ernstlichkeit. Ebenso ist die Abrede, daß der Sicherungsnehmer Anspruch auf Herausgabe des Sicherungsgutes gegen den besitzenden Sicherungsgeber haben soll, für die Annahme eines gültigen Besitzmittlungsverhältnisses im Sinne von Rdn. 498[2] so wenig schädlich wie die Ermächtigung des Sicherungsnehmers zur einstweiligen freien Verfügung über das Sicherungsgut durch den Sicherungsgeber. Vor allem ist die gekorene Sicherheit als solche kein Scheingeschäft (ebensowenig der zu Rdn. 489 erwähnte Sicherungskauf). Ein Scheingeschäft liegt vor, wenn der Sicherungsgeber dem Sicherungsnehmer, der dann zumeist mit ihm verwandt oder befreundet ist, irgendwelche Gegenstände sicherungshalber und zwar lediglich in der Absicht überträgt, die Gegenstände dem **Zugriff seiner Gläubiger zu entziehen**. In den meisten Fällen dieser Art wird überhaupt keine Forderung, die gesichert werden könnte, gegen den Schuldner bestehen. Pfändet dann ein Gläubiger des Schuldners den Gegenstand, so kann er den Widerspruch des Sicherungsnehmers mit dem Einwand des Scheingeschäfts ausräumen. Die Rechtsprechung[3] hat der zur Eigentumsübertragung erforderlichen Übergabe die Ernstlichkeit abgesprochen in einem Fall, in welchem die Sache sofort wieder zurückgegeben und sonach nur der Schein der Übergabe hervorgerufen worden war (s. Rdn. 495). Ebenso ist die Ernstlichkeit verneint worden im Fall einer Sicherungszession mit dauerndem Ausschluß der Einziehungsbefugnis des Zessionars (Rdn. 559). 43

---

[1] BGH WM 55, 375; 56, 316.
[2] RG 132, 183.
[3] OLG Celle WM 57, 220.

b) Wesentlicher Irrtum

44 **Der Sicherungsgeber darf bei Vertragsabschluß nicht in einem wesentlichen Irrtum befangen sein.** Wer bei der Abgabe seiner Willenserklärung über deren Inhalt im Irrtum war oder eine Erklärung dieses Inhalts überhaupt nicht abgeben wollte, kann nach § 119 BGB die Erklärung anfechten, wenn anzunehmen ist, daß er sie bei Kenntnis der Sachlage und bei verständiger Würdigung des Falles nicht abgegeben haben würde; als Irrtum über den Inhalt der Erklärung gilt auch der Irrtum über solche Eigenschaften der Person, der Sache oder des Rechts[1], die im Verkehr als wesentlich angesehen werden. Hat sich eine Partei in dieser Weise geirrt, so ist ihre Erklärung zwar nicht nichtig, sie kann sie aber unverzüglich nach Aufdeckung des Irrtums formlos gegenüber dem Vertragspartner anfechten mit der Wirkung, daß sie und damit der Vertrag als von Anfang an nichtig behandelt wird (§§ 119—121, 142—144 BGB). Nur wegen Irrtums über die eigene Erklärung, nicht etwa wegen Irrtums über die Erklärung des Vertragsgegners kann angefochten werden. Wann aber im einzelnen Fall ein rechtlich beachtlicher und zur Anfechtung berechtigender Irrtum vorliegt, ist eine nicht immer leicht zu entscheidende Frage. Nach Gesetz und Rechtsprechung reicht hierzu aus ein Sich-Versprechen oder Sich-Verschreiben, das Mißverstehen des Sinnes eines vom Anfechtenden gebrauchten Ausdrucks oder der Irrtum über die rechtliche Natur des Geschäfts, ferner ein Irrtum über die Identität des Vertragsgegners oder des Geschäftsgegenstandes oder über das rechtliche Risiko der Erklärung — so, wenn der Bürge seine Bürgschaft in der dem andern Teil erkennbaren Annahme übernommen hat, die zu verbürgende Schuld sei pfandgesichert, später aber die Unwirksamkeit dieser Sicherheit offenbar wird[2]. Anfechtbar ist auch der Irrtum über verkehrswesentliche Eigenschaften der beteiligten Personen, nicht nur des Vertragsgegners, sondern auch jeder anderen für den Vertrag bedeutungsvollen Person[3], nicht aber bei einer kreditweisen Interzession der Irrtum des Sicherungsgebers über die Kreditwürdigkeit, insbesondere über die Vermögensverhältnisse des Schuldners, weil die Sicherheit den Gläubiger gerade gegen die Zahlungsunfähigkeit des Schuldners schützen soll[4]. Zu beachten ist ferner der Irrtum über verkehrswesentliche Eigenschaften von Gegenständen, die für das Abkommen erheblich sind, z. B. über Rang und Bonität von Hypotheken, über die als gewiß unterstellte Bebaubarkeit von Grundstücken, über die Erträgnisse und Lasten einer Liegenschaft oder über das Bestehen einer Sicherheit für eine als Sicherungsmittel dienende Forderung[5]. Nach alledem kann der Irrtum über die Tauglichkeit einer schon bestehenden Sicherheit, sofern es sich nicht nur um eine irrige Bewertung des Sicherungsmittels im Sinne von Rdn. 276 handelt[6], ebenso anfechtungsbegründend sein wie der Irrtum über ihren Rechtsbestand.

---

[1] RG 149, 238.
[2] RG 75, 271. Kraft Gesetzes führt die Nichtigkeit einer Sicherheit zur Nichtigkeit einer anderen nur unter den Voraussetzungen des § 139 BGB.
[3] RG 98, 206.
[4] BGH WM 56, 885.
[5] BGH WM 63, 252.
[6] BGH WM 66, 92.

In allen Fällen greift die Anfechtung nur durch, wenn zwischen dem Irrtum des 45
Sicherungsgebers und seiner Erklärung ein ursächlicher Zusammenhang besteht,
wenn also der Sicherungsgeber die Erklärung nicht abgegeben haben würde, falls
er frei von Irrtum gewesen wäre. Daher schadet bloße Falschbezeichnung des
Gewollten nicht, sofern beide Teile das gleiche wollen[1], z. B. irrig von einer Garantie sprechen, obwohl beide eine Bürgschaft meinen. Auf der anderen Seite wird das
Anfechtungsrecht grundsätzlich nicht dadurch berührt, daß der Sicherungsgeber selbst
den Irrtum verschuldet hat. Bewußte Ungewißheit schließt allerdings die Anfechtung
aus. Daher kann sich derjenige, der eine Sicherstellungsurkunde in dem Bewußtsein unterschreibt, sie nicht gelesen zu haben, der also die Erklärung in absichtlicher Unkenntnis ihres Inhalts abgibt, später nicht auf einen Irrtum über den
Inhalt der Urkunde berufen: Wer sich keine Gedanken über einen Punkt macht,
befindet sich nicht im Irrtum über diesen Punkt. **Anders wäre die Rechtslage, wenn
etwa der Sicherungsgeber, wie häufig bei Formularverträgen, bei Unterzeichnung
der Urkunde von der irrigen Annahme ausgegangen wäre, sie habe einen bestimmten Inhalt; dann könnte er beim Vorliegen der sonstigen Voraussetzungen anfechten**[2]. Hat sich der Sicherungsgeber nur über die Vorgedanken, die ihn zur Abgabe seiner Erklärung veranlaßt haben, geirrt **(Irrtum im Motiv oder Beweggrund)**, so handelt es sich nicht um einen anfechtungsbegründenden Irrtum, es sei denn, daß ausnahmsweise nach den vorausgegangenen Verhandlungen der Beweggrund zum Inhalt
des Vertrages erhoben worden ist. Ein solcher unbeachtlicher Irrtum im Beweggrund
liegt etwa vor, wenn der Bürge die Bürgschaft in dem irrigen Glauben übernommen
hat, er werde aus der Bürgschaft nicht in Anspruch genommen werden, weil eine von
dritter Seite bestellte Sicherungsgrundschuld zur Deckung der gesicherten Forderung
ausreiche. Hätte allerdings der Bürge die Werthaltigkeit und vorherige Inanspruchnahme der Grundschuld bei Abschluß des Bürgschaftsvertrages erkennbar zum Inhalt
seiner Erklärung gemacht, so könnte er anfechten (s. Rdn. 44). Dem Irrtum im Motiv
steht gleich der Irrtum über die rechtlichen Folgen der Erklärung, wie sie nach der
Rechtsordnung eintreten, es sei denn, daß infolge der Verkennung seiner rechtlichen
Bedeutung ein Rechtsgeschäft erklärt worden ist, das eine von der gewollten wesentlich
verschieden Rechtswirkung erzeugt[3]. Ebenso handelt es sich um einen unbeachtlichen
Irrtum im Motiv, wenn sich der Irrtum auf Tatsachen bezieht, die erst in Zukunft eintreten, so z. B., wenn sich der Ausfallbürge über die Höhe des künftigen Ausfalls irrt.
Fälle dieser Art sind nichts weiter als verfehlte Spekulationen[4].

c) Wegfall der Geschäftsgrundlage

Überhaupt keiner Anfechtung bedarf es, wenn der nach dem Inhalt des Vertrages als 46
feststehend zugrunde gelegte Sachverhalt der Wirklichkeit nicht entspricht, wenn also

---
[1] MünchKomm/Kramer § 119 Rdn. 47.
[2] BGH WM 56, 316; BArbG NJW 71, 639.
[3] RG 134, 197.
[4] Vgl. RG 85, 324.

beide Teile sich über einen in ihren Vorstellungen für das Geschäft wesentlichen Umstand irren. Als Wegfall der Geschäftsgrundlage für die Übernahme der Bürgschaft hat aber der Umstand zu gelten, daß der Sicherungsnehmer mit anderen Sicherungsgebern unwirksame Sicherungsverträge geschlossen hat (z. B. wegen Verstoßes gegen § 9 AGB-G). Bürge und Sicherungsnehmer aber davon ausgingen, die Bürgschaft werde nur sekundär in Anspruch genommen, nämlich wenn die anderen Sicherheiten nicht ausreichen, um die gesicherte Forderung zu tilgen. Dies gilt insbesondere, wenn es sich um vom Kreditnehmer selbst gestellte Sicherheiten geht (die wegen der Unwirksamkeit z. B. in die Konkursmasse des Sicherungsgebers/Kreditnehmers fallen würden). Hier kann wegen Mangels der **Geschäftsgrundlage** das Festhalten des Gegners am Vertrage den Grundsätzen von Treu und Glauben widersprechen. Von der Bedingung unterscheidet sich die Geschäftsgrundlage dadurch, daß für die Parteien bei der letzteren der Eintritt des künftigen Ereignisses selbstverständlich, bei der ersteren aber ungewiß ist. Wegen Mangels der Geschäftsgrundlage kann unter Umständen die völlige Lösung von den Vertragspflichten notwendig werden[1]. Doch ist die Durchbrechung des Grundsatzes der Vertragstreue nur ausnahmsweise zulässig, um untragbare, mit Recht und Gerechtigkeit unvereinbare Ergebnisse zu vermeiden[2]. Entsprechendes gilt für den nachträglichen **Wegfall der Geschäftsgrundlage,** d. h. für die Veränderung des von den Parteien erkennbar zu Grunde gelegten Sachverhalts. Auch sie gibt zu der Prüfung Anlaß, ob und inwieweit Umfang und Inhalt der Rechte und Pflichten der Parteien an die wirkliche Sachlage anzupassen sind[3]. Zur Berufung auf den Mangel oder Wegfall der Geschäftsgrundlage genügt aber bei der Bürgschaft als einem einseitig verpflichtenden Vertrag nicht schon, daß der Gläubiger die Beweggründe des Bürgen für die Übernahme der Bürgschaft kennt, sondern erst das Einvernehmen der Parteien darüber, daß die Bürgschaft nur unter bestimmten Voraussetzungen Bestand haben soll[4]. Einer Anfechtung bedarf es endlich nicht, wenn sich die Parteien, sei es auch unbewußt, überhaupt nicht einig geworden sind, wenn sich also die Willensäußerungen der Parteien nach ihrem objektiven Erklärungsinhalt nicht decken, mit anderen Worten, jede Partei etwas anderes erklärt und etwas anderes will **(Dissens)**. Wer jedoch einen objektiv eindeutigen Begriff, wie z. B. „Grundstückslasten", anders aufgefaßt hat, als die Allgemeinheit ihn versteht, bleibt auf die Anfechtung angewiesen[5]. Zur Nichtigkeit einer Bürgschaft wegen Sittenwidrigkeit[6]. Der Gläubiger einer Bürgschaft kann nach Treu und Glauben verpflichtet sein, den Bürgen über einen von ihm mitveranlaßten Irrtum — z. B. die Anzahl der Mitbürgen — aufzuklären[7].

---

[1] RG 160, 357; 168, 128; BGH NJW 52, 778.
[2] BGH NJW 58, 1772.
[3] RG 146, 379; JW 37, 3155; OGHBZ 1, 67; BGH WM 69, 335.
[4] RG 158, 166; BGH NJW 65, 438; OLG Kiel JW 30, 2458; OLG Koblenz NJW 56, 106.
[5] BGH WM 61, 785.
[6] BGH WM 74, 8.
[7] BGH WM 74, 10; 68, 398.

d) Arglistige Täuschung, widerrechtliche Drohung

Der Sicherungsgeber darf zum Vertragsschluß nicht durch arglistige Täuschung 47 oder widerrechtlich durch Drohung bestimmt worden sein[1]. Ist dies der Fall, so ist seine Erklärung zwar nicht nichtig, er kann sie aber binnen Jahresfrist gegenüber seinem Vertragspartner formlos anfechten mit der Wirkung, daß die Erklärung und damit der Vertrag als von Anfang an nichtig behandelt wird (§§ 123, 124, 142—144 BGB). Die **arglistige Täuschung** kann in der Vorspiegelung unrichtiger wie auch im Verschweigen wahrer Tatsachen besthen, letzteres dann, wenn Treu und Glauben nach der Verkehrsauffassung das Reden erforderten und der Sicherungsgeber nach den Grundsätzen eines reellen Geschäftsverkehrs eine Aufklärung erwarten durfte. So kann der Bürge, der für künftige Verbindlichkeiten des Hauptschuldners einstehen soll, dadurch getäuscht werden, daß ihm der Gläubiger über die bereits bestehenden Verbindlichkeiten falsche Angaben macht; auch die Täuschung über den Umfang des Sicherungsrisikos rechtfertigt die Anfechtung[2]. Die nicht vom Sicherungsnehmer oder seinem Vertreter, sondern von einem Dritten verübte Täuschung berechtigt nur dann zur Anfechtung, wenn der Sicherungsnehmer die Täuschung kannte oder kennen mußte. Doch löst im Fall einer Interzession (s. Rdn. 172) unter besonderen Umständen auch die vom Schuldner verübte Täuschung die Anfechtungsbefugnis aus (str.)[3] und beim verbundenen Geschäft (Rdn. 1019) die Täuschung durch den Verkäufer[4]. Wo auf die Sicherung kein Anspruch besteht, kann die arglistige Täuschung zum strafbaren Betrug (§ 263 StGB) werden. — Die **Drohung** ist widerrechtlich, wenn weder ihr Mittel noch ihr Ziel erlaubt ist. Das Mittel darf also keinesfalls in einem strafbaren oder sittenwidrigen Verhalten bestehen. Ist das Ziel von der Rechtsordnung gebilligt, wie hier die Sicherung einer Forderung, so ist die Drohung nicht schon deswegen rechtswidrig, weil ein Anspruch auf die Sicherung nicht besteht. Erst wenn das Mittel, mit welchem gedroht wird, wegen seiner Maßlosigkeit in keinem angemessenen Verhältnis zum erstrebten Ziel steht und daher als anstößig erscheint, wird die Drohung zu einer widerrechtlichen[5]. Die Drohung kann auch gerechtfertigt sein[6]. Dabei ist ferner Voraussetzung, daß der Drohende — es braucht nicht der Gläubiger der zu sichernden Forderung zu sein — die Tatsachen kennt oder kennen muß, welche der Drohung den sittlich anstößigen Charakter geben[7]. In diesem Rahmen kann auch mit der Anstrengung eines Prozesses, der Einleitung des Zwangsvollstreckungsverfahrens, der Eröffnung des Konkursverfahrens, ja selbst mit einer **Strafanzeige** gedroht werden, sofern ein strafbares Verhalten des Gegners vermutet werden kann, denn auch die Veranlassung eines Strafverfahrens ist ein „von der Rechtsordnung zugelassener Rechtsbehelf, dessen sich

---

[1] BGH BB 167, 349.
[2] BGH NJW 68, 986; MünchKomm/Kramer § 123 Rdn. 13.
[3] BGH NJW 62, 1907, 2195; WM 65, 473; 66, 92; inzwischen a. A. BGH LM Nr. 31 zu § 123.
[4] BGH 33, 293, 302; 47, 224; MünchKomm/Kramer § 123 Rdn. 19.
[5] BGH WM 62, 843.
[6] BGH WM 73, 36.
[7] BGH 25, 217.

ein Beteiligter bedienen darf und erfahrungsgemäß nicht selten bedient, um auf diese Weise, abgesehen von der Bestrafung des Angezeigten, raschmöglichst eine Klärung der Sach- und Rechtslage herbeizuführen"[1]. Nur darf eben die Drohung mit der Strafanzeige nach Auffassung aller gerecht und billig Denkenden nicht in einem krassen Mißverhältnis zur erstrebten Sicherung stehen[2]. Das schließt nicht aus, daß ein an dem Unterbleiben der Strafanzeige interessierter Dritter, der dann nicht auf Grund der Drohung, sondern unter dem Druck der Verfehlung des Täters handelt, im Wege der Interzession wirksam Sicherheit für die Verpflichtung des Täters leistet, um ein strafrechtliches Vorgehen zu unterbinden[3]. Auch die Inadäquanz von Mittel und Ziel kann sich

48 strafrechtlich auswirken, nämlich im Sinne einer strafbaren **Nötigung,** sofern mit einem empfindlichen Übel gedroht wird und die Androhung des Übels zwecks Erlangung der Sicherheit als verwerflich anzusehen ist (§ 240 StGB), und es kann sogar

49 zufolge der verwerflichen Verquickung von Mittel und Ziel **Erpressung** (§ 253 StGB) in Frage kommen, wenn auf das abgenötigte Verhalten, hier die Bestellung der Sicherheit, kein Anspruch besteht. Doch wird man von Erpressung nicht sprechen können, wenn der mit der Klage drohende Gläubiger in erster Linie Zahlung verlangt, dem Schuldner aber entgegenkommenderweise die Möglichkeit offen läßt, durch eine an sich nicht geschuldete Sicherstellung der Forderung die Klage abzuwenden, denn dann will der Gläubiger nicht die Sicherstellung, sondern die Zahlung erzwingen.

5. Die Vertretungsmacht

50 Zusätzliche Prüfungslasten erwachsen dem Sicherungsnehmer, wenn sich der Sicherungsgeber bei Vertragsabschluß durch einen Dritten vertreten läßt. Dann ist zu prüfen, ob der Vertreter diejenige **Vertretungsmacht** besitzt, die ihm die Bestellung der Sicherheit im Namen des Vertretenen und mit unmittelbarer Wirkung für und gegen ihn gestattet. Hat der Vertreter keine ausreichende Vertretungsbefugnis, sei es, daß er überhaupt nicht vertretungsberechtigt ist, sei es, daß der Abschluß des Vertrages außerhalb der an sich vorhandenen Vertretungsmacht liegt, weil der Vertreter z. B. nur Vollmacht zur Verpfändung, nicht zu der tatsächlich vereinbarten Abtretung einer Forderung hat, so bindet der Vertrag den Sicherungsgeber nicht; seine Wirksamkeit hängt vielmehr von dessen Genehmigung ab mit der Maßgabe, daß im Fall der Verweigerung der Genehmigung der Vertreter dem Vertragsgegner schadenersatzpflichtig ist (§§ 177, 179 BGB). Ein **Überschreiten der Vertretungsmacht** liegt auch dann vor, wenn der Vertreter nur Gesamtvertretungsmacht hat, d. h. nur mit einer oder mehreren anderen Personen zusammen vertretungsberechtigt sein sollte, gleichwohl aber den Vertrag ohne Mitwirkung oder Ermächtigung der anderen Gesamtvertreter schließt. Ähnlich ist die Rechtslage, wenn der Vertreter das Geschäft namens des Vertretenen mit sich selbst abschließt. Das ist ihm grundsätzlich nicht gestattet (§ 181 BGB). Anders ist die Rechts-

---

[1] RG 110, 385; BGH 25, 217; WM 63, 511; 73, 36.
[2] BGH NJW 57, 596; WM 73, 36; MünchKomm/Kramer § 123 Rdn. 35, 36.
[3] RG DR 40, 323.

lage, wenn der Vertreter zwar im eigenen Interesse, aber nicht mit sich selbst, sondern mit einem Dritten ein Abkommen trifft, insbesondere, wenn er namens des Vertretenen mit dem Dritten als Sicherungsnehmer einen Sicherstellungsvertrag zwecks Sicherung seiner eigenen (des Vertreters) Kreditschulden aus dem Vermögen des Vertretenen abschließt, z. B. seine Bankschulden durch eine von ihm namens des Vertretenen übernommene Bürgschaft oder durch Verpfändung von Wertpapieren des Vertretenen sichert. Solches Handeln mag formell im Rahmen seiner Vertretungsmacht liegen, wird aber leicht den Grundsatz von Treu und Glauben verletzen, insofern der Vertreter unter Berufung auf die formelle Vertretungsmacht dem Machtgeber ein Geschäft aufzuzwingen sucht, von dem er weiß oder sich sagen muß, daß dieser es nicht gewollt hat, weil es dessen Interessen zuwiderläuft. **Die Regeln über den Mißbrauch der Vertretungsmacht hindern hier den Geschäftsgegner an der Ausnutzung des Vertrages, wenn er den Mißbrauch gekannt hat oder bei Beobachtung der Sorgfalt, die ein normaler, ordentlicher und gewissenhafter Mensch anzuwenden pflegt, nach den Umständen des Falles hätte kennen müssen.** Der Sicherungsnehmer setzt sich hier dem Einwand der Arglist bzw. der unzulässigen Rechtsausübung (§ 242 BGB)[1] oder ausnahmsweise sogar einem Schadenersatzanspruch aus positiver Forderungsverletzung[2] aus, wenn er die ihm zumutbaren Nachforschungen unterläßt. Entgegen der früheren Rechtsprechung genügt hier jedoch zumindest in den Fällen der Unbeschränkbarkeit der Vertretungsmacht gegenüber Dritten (z. B. organschaftliche Vertretungsmacht von oHG-Gesellschaftern, GmbH-Geschäftsführern usw.) leichte Fahrlässigkeit nicht, sondern der Mißbrauch der Vertretungsmacht und damit die Notwendigkeit einer Rückfrage des Sicherungsnehmers muß sich geradezu aufdrängen[3]. Der BGH spricht von grober Fahrlässigkeit des Geschäftspartners[4]. Dieser Schutz des Vertretenen gegen den Vollmachtsmißbrauch entfällt aber unter Anwendung des Grundsatzes des Mitverschuldens (§ 254 BGB), wenn der Mißbrauch nur deshalb erfolgen konnte, weil der Vertretene die gebotene Kontrolle des Vertreters unterlassen hat[5]. Die Regeln über den Mißbrauch einer Vollmacht sind auch dann anzuwenden, wenn es sich nicht um Abreden handelt, die den Interessen des Vollmachtgebers zuwiderlaufen, sondern um Tatsachen, deren Kenntnis ihn vom Vertragsabschluß abgehalten hätte. Danach ist es dem Vertragspartner nach Treu und Glauben verwehrt, sich auf die Kenntnis des Bevollmächtigten als den Vollmachtgeber zurechenbar zu berufen, wenn er weiß oder sich sagen muß, daß der Vollmachtgeber bei Kenntnis der Tatsachen

51

---

[1] RG 71, 219, 224; 134, 67, 71; BGH WM 66, 491, 492; 81, 66, 67; NJW 88, 3012, 3013; 90, 384, 385; MünchKomm/Schramm § 164 Rdn. 102a ff. m. w. N. in Fn. 164.
[2] OLG München WM 86, 586, 589; MünchKomm/Schramm § 164 Rdn. 107; differenzierend Canaris Bankvertragsrecht Rdn. 170a.
[3] BGH WM 81, 66, 67; NJW 88, 3012, 3013; 90, 384, 385; MünchKomm/Schramm § 164 Rdn. 104a, Canaris Bankvertragsrecht Rdn. 170.
[4] BGH NJW 90, 384, 385; hierzu im einzelnen MünchKomm/Schramm § 164 Rdn. 104a ff. und MünchKomm/Reuter § 26 Rdn. 17.
[5] BGH WM 68, 651 = BGH 50, 112, 114f; BGH 64, 79, 85; im dogmatischen Ansatz str., vgl. MünchKomm/Schramm § 164 Rdn. 107, Canaris Bankvertretungsrecht Rdn. 172.

den Vertrag nicht abgeschlossen hätte und zugleich damit rechnet, daß dieser die Kenntnis von seinem Bevollmächtigten nicht erlangen werde[1]. Nach Gesetz und Rechtsprechung gelten die obigen Grundsätze für alle nachstehend erörterten Vertretungsfälle:

a) Gesetzlicher Vertreter

52   Der Vertreter handelt als **gesetzlicher Vertreter** oder hat die Stellung eines solchen. Der gesetzliche Vertreter wird zum Nachweis seiner Vertretungsmacht häufig eine Bestallung, d. i. ein gerichtliches Zeugnis über seine Vertretungsbefugnis, oder einen amtlichen Auszug aus einem öffentlichen Register, welcher die Vertretungsbefugnis ausweist, vorlegen können. Im einzelnen:

aa) Natürliche Personen

53   **Natürliche Personen** müssen einen gesetzlichen Vertreter haben, wenn sie geschäftsunfähig (s. Rdn. 38) oder in der Geschäftsfähigkeit beschränkt (s. Rdn. 39) sind. Während für das nichteheliche Kind Inhaberin der elterlichen Gewalt und damit gesetzliche Vertreterin die Mutter ist (§ 1705 BGB), sind für minderjährige eheliche Kinder gesetzliche Vertreter der Vater und die Mutter gemeinschaftlich als **Inhaber der elterlichen Gewalt** (§§ 1626, 1627 BGB); können sie sich bei Meinungsverschiedenheiten nicht einigen, steht ihnen der Rat des Vormundschaftsgerichts zur Verfügung. Beim Tode des einen Elternteils hat der Überlebende allein die elterliche Gewalt (§ 1681 BGB); das gleiche gilt, wenn die elterliche Gewalt eines Elternteils ruht (§§ 1673 bis 1675, 1678 BGB). Im Fall der Scheidung und des Getrenntlebens der Eltern bestimmt das Vormundschaftsgericht den Gewalthaber (§§ 1671, 1672 BGB). Wenn der Vater und die Mutter verstorben sind oder die elterliche Gewalt im ganzen ihnen entzogen worden ist, handelt als gesetzlicher Vertreter ein **Vormund** (§§ 1773, 1896 BGB). Eine der Vormundschaft ähnliche Stellung hat der **Pfleger**. Er wird bestellt, wenn der Vormund oder ein Inhaber der elterlichen Gewalt an der Vertretung des Mündels verhindert ist (§§ 1795, 1629, 1909 BGB, 98 LRG), z. B. wenn er mit sich selbst kontrahieren müßte (s. Rdn. 50) oder wenn es sich um die Verfügung über eine gesicherte Forderung des Mündels gegen den gesetzlichen Vertreter handelt. Es kann aber auch eine voll geschäftsfähige Person unter bestimmten Voraussetzungen einen Pfleger erhalten, z. B. der Abwesende (§§ 1911, 1913 BGB); als sog. Nachlaßpfleger kann er dem unbekannten Erben bestellt werden (§ 1960 BGB). Dem Pfleger gleichgestellt ist der vom Vormundschaftsgericht dem Vater oder der Mutter als Inhabern der elterlichen Gewalt zu ihrer Unterstützung und Überwachung beigeordnete **Beistand**, sofern ihm die Vermögensverwaltung ganz oder teilweise übertragen ist (§§ 1685, 1690 BGB). **Alle diese Vertreter sind beim Abschluß von Sicherstellungsverträgen dadurch beschränkt, daß sie in den meisten Fällen der Genehmigung des Vormundschaftsgerichts bedürfen,** wobei für den Nachlaßpfleger an die Stelle des Vormundschaftsgerichts das Nachlaßgericht tritt (§ 1962 BGB). Die Genehmigung wird nur dem gesetzlichen Vertreter gegen-

---

[1] BGH WM 72, 1380.

über erklärt (§§ 1828, 1643 BGB) und erlangt erst Wirksamkeit, wenn sie von ihm dem Vertragsgegner mitgeteilt wird (§§ 1643 III, 1829 I S. 2). Dem Vertreter bleibt dabei die Möglichkeit, das bereits genehmigte Rechtsgeschäft erneut zu durchdenken und völlig frei über Geltung oder Nichtgeltung zu befinden[1]. Der gute Glaube des Vertragspartners an das Vorhandensein der Genehmigung wird nicht geschützt. Im einzelnen ist die Genehmigung erforderlich zu Interzessionen jeder Art (§§ 1822 Ziff. 10, 1643, 1915, 1690 BGB)[2], in denen der Pflegebefohlene eine „Subsidiärhaftung" mit Rückgriffsmöglichkeit gegen den Primärschuldner, nicht jedoch eine Verbindlichkeit als unmittelbar eigene übernehmen soll[3], ferner zur Bestellung von Personensicherheiten, auch wenn es sich nicht um Bürgschaften handelt (§ 1822 Ziff. 9 BGB)[4], sowie zu allen Sicherstellungen und die Verpflichtung dazu, wenn Sicherungsmittel ein Grundstück, Schiff oder Schiffsbauwerk, ein Recht an einem Grundstück (mit Ausnahme der Grundpfandrechte) oder ein Erbanteil ist (§§ 1821, 1822 Ziff. 1 BGB). Ist Sicherungsmittel ein Wertpapier oder ein Recht, welches auf eine Leistung geht, d. h. eine Forderung oder ein Verwertungsrecht, so bedürfen der Vormund, Pfleger oder Beistand der Genehmigung eines etwaigen Gegenvormundes bzw. des Vormundschaftsgerichts (§§ 1812, 1813, 1915, 1960 BGB)[5]. Zur **Aufgabe oder Minderung** einer für eine Forderung des Pflegebefohlenen bestehenden Sicherheit bedürfen der den Pflegebefohlenen als Sicherungsnehmer vertretende Vormund, Pfleger oder Beistand, nicht aber im gleichen Fall die Inhaber der elterlichen Gewalt der Genehmigung des Vormundschaftsgerichts (§§ 1822 Ziff. 13, 1915, 1690 BGB). Ebenso ist für alle gesetzlichen Vertreter eine Genehmigung zur Kündigung eines Grundpfandrechts unnötig, wenn sie den Grundstückseigentümer vertreten. Für den Inhaber der elterlichen Gewalt tritt an die Stelle des Gegenvormundes ein etwaiger Beistand, sofern dieser nicht die Stellung einer Pflegers des Kindes hat und daher ohnehin anstelle des Inhabers der elterlichen Gewalt handelt (§ 1687 BGB), doch braucht der Vertragsgegner die etwaige Anordnung einer Beistandschaft nur zu prüfen, wenn er Grund zu der Annahme hat, daß sie erfolgt sein könnte. Die **Genehmigung** der Kreditaufnahme umfaßt im Zweifel auch die **Sicherstellung** des Kredits[6]. Genehmigungsbedürftig ist auch der drittfinanzierte Kreditkauf, nicht jedoch der gewöhnliche Abzahlungskauf[7]. Schenkungen des gesetzlichen Vertreters aus dem Vermögen des Pflegebefohlenen sind nichtig (§ 1641, 1804 BGB).

Zu beachten ist noch die **Schlüsselgewalt** als Verpflichtungsermächtigung (§ 1357 BGB). Der Umfang erstreckt sich nur auf Geschäfte, die zur angemessenen Deckung des Lebensbedarfs der Familie notwendig sind. Wechselzeichnungen und Darlehens-

---

[1] BGH 15, 97; MünchKomm/Schwab § 1829 Rdn. 5.
[2] RG 63, 76; Verpfändung einer Mündelhypothek.
[3] RG 133, 13; 158, 215; MünchKomm/Schwab § 1822 Rdn. 62.
[4] Z. B. Wechsel; str. für Inhaberschecks; vgl. MünchKomm/Schwab § 1822 Rn. 59f.
[5] BGH 1, 294.
[6] OLG Celle NJW 54, 1729; a. A. MünchKomm/Schwab § 1822 Rdn. 54.
[7] Vgl. im einzelnen MünchKomm/Schwab § 1822 Rdn. 53.

aufnahmen fallen in der Regel nicht darunter, insbesondere nicht die dem VerbrKrG unterfallenden Bankkredite und Abzahlungskäufe[1].

bb) Personenvereinigungen

56   Wenn eine **Personenvereinigung** als Vertragspartei auftritt, hat häufig der in ihrem Namen Handelnde die Stellung eines gesetzlichen Vertreters. Hierher gehören in erster Linie die **Organe der Personenverbände mit eigener Rechtsfähigkeit (juristische Personen).** Bei den juristischen Personen des öffentlichen Rechts (Gebietskörperschaften, Zweckverbänden, Religionsgesellschaften, zumal Kirchen und Kirchengemeinden, Innungen, Sozialversicherungsträgern u. a. m.) ist eine besonders sorgfältige Prüfung der Vertretungsbefugnis geboten, weil die gesetzliche Regelung angesichts der Vielzahl der öffentlich-rechtlichen Körperschaften eine außerordentlich verstreute und unterschiedliche ist. Es kommt hinzu, daß oft der Vertreter noch der Zustimmung anderer Organe der von ihm vertretenen Körperschaft bzw. der Zustimmung einer Aufsichtsbehörde bedarf — so regelmäßig bei Interzessionen jeder Art und bei der Verfügung über Grundeigentum —, und daß in manchen Fällen sich die Handlungsmacht des Vertreters nicht nur nach den einschlägigen Gesetzen, sondern auch nach dem Inhalt des Status richtet, sofern es sich um eine Körperschaft handelt, die ein solches Statut besitzt. Der gute Glaube des anderen Teils an die Vertretungsbefugnis wird nicht geschützt, auch die Berufung auf Treu und Glauben versagt gegenüber der dem öffentlichen Interesse dienenden Zuständigkeitsordnung[2].

57   Dem Geschäftspartner, der darauf vertraut, daß sich die juristische Person innerhalb des ihr zugewiesenen Funktionsbereiches hält, ist aber unter Umständen ein Schadensersatzanspruch aus **Verschulden bei Vertragsabschluß** zuzusprechen[3]. Der Vertretene kann auch unter Umständen nach den Grundsätzen der **Anscheins- oder Duldungsvollmacht** haften (s. Rdn. 69f.). Zwar ist seit langem in der Rechtsprechung anerkannt, daß die im öffentlichen Interesse zum Schutz öffentlich-rechtlicher Körperschaften und ihrer Mitglieder geschaffenen gesetzlichen Regelungen über die Vertretungsmacht der jeweils vertretungsberechtigten Organe durch die Berufung auf Treu und Glauben nicht außer Kraft gesetzt werden können. Die Rechtsprechung hat aber in diesem Zusammenhang den Gedanken von Treu und Glauben insofern zur Geltung gebracht, als sie beim Handeln Dritter die von der Rechtsprechung für die Haftung aus einer Duldungsvollmacht entwickelten Grundsätze auch gegenüber einer Körperschaft

---

[1] Palandt/Diederichsen § 1357 Rdn. 13; MünchKomm/Wacke § 1357 Rdn. 28 und 29; AG Michelstadt NJW 85, 205; Witte-Wegmann NJW 79, 749ff. Auch die Abgabe von Schuldanerkenntnissen, die Verpfändung von Möbeln werden nicht gedeckt (OLG Frankfurt, OLGZR 18, 254; OLG Braunschweig, OLGZR 43, 351; s. auch Schlüsselgewalt bei Teilzahlungsgeschäften, NJW 79, 749ff.).
[2] RG 157, 207 für die Übernahme einer selbstschuldnerischen Bürgschaft.
[3] BGH WM 60, 1384, 1387; BGH WM 72, 616.

des öffentlichen Rechts im Bereich privatrechtlichen Handelns anwendet[1]. Die Anwendung dieser Grundsätze ist jedoch umstritten, wenn gesetzliche oder satzungsrechtliche Bestimmungen eine formlose und mitwirkungsfreie Bevollmächtigung nicht zulassen würden[2]. Schließlich können öffentlich-rechtliche Körperschaften für das Verhalten verhandlungsberechtigter Organe auch aus dem Gesichtspunkt des Verschuldens bei Vertragsschluß haften[3]. Beruft sich die Gemeinde — ohne daß einer der obigen Tatbestände vorliegt — darauf, daß sie nicht wirksam vertreten gewesen sei, so liegt keine gegen Treu und Glauben verstoßende und damit unzulässige Rechtsausübung vor[4].

Die juristischen Personen des Privatrechts werden vertreten

— der **eingetragene Verein** durch sämtliche Mitglieder des Vorstandes gemeinschaftlich, vorbehaltlich abweichender Bestimmung der Satzung; wer sich insoweit gutgläubig auf den Inhalt des Vereinsregisters verläßt, wird in seinem guten Glauben geschützt (§§ 26 Abs. 2, 67 Abs. 1, 68, 70, 48, 76 Abs. 1 BGB). Der Versicherungsverein auf Gegenseitigkeit wird vom Vorstand, der aus mindestens zwei Personen bestehen muß, geleitet. Mehrere Vorstandsmitglieder sind nur gesamtvertretungsberechtigt, es sei denn, die Satzung sieht eine abweichende Regelung (§ 34 VAG in Verbindung mit § 77 AktG) vor. Die Vorschriften über den Vorstand der Aktiengesellschaft gelten entsprechend. Für die sog. kleineren Versicherungsvereine, also Vereine, die einen sachlich, örtlich oder dem Personenkreis nach eng begrenzten Wirkungskreis haben, gelten die allgemeinen Vorschriften des Bürgerlichen Gesetzbuches über den Verein (§§ 24—53 BGB). Ob ein Verein ein „kleiner Verein" (§ 53 Abs. 1 VAG) ist, entscheidet die Aufsichtsbehörde (§ 53 Abs. 4 VAG). 58

— die **Aktiengesellschaft** durch sämtliche Mitglieder des Vorstandes gemeinsam, soweit nicht der Gesellschaftsvertrag ein anderes bestimmt (§§ 78, 81, 82, 265, 269 AktG). Kraft Gesetzes ist die Bestellung eines **Pfandrechts an eigenen Aktien** (§ 71 AktG) bzw. die Sicherungsübereignung eigener Aktien (§ 71 AktG) nur in Ausnahmefällen zulässig. Ein Kreditinstitut darf jedoch im Rahmen der laufenden Geschäfte[5] eigene Aktien bis zum Betrag von 10% des Grundkapitals als Pfand nehmen (§ 71e AktG). Das gesetzliche Verbot hindert zwar nicht den Erwerb des Sicherungseigentums oder Pfandrechts[6] an den eigenen Aktien, doch ist das 59

---

[1] BGH WM 55, 832, 834; NJW 72, 940, 941; vgl. auch MünchKomm/Schramm § 167 Rdn. 37; für die Anscheinsvollmacht BGH WM 63, 1272; BGH 97, 224, 230 = NJW 86, 1758, 1759; vgl. auch MünchKomm/Schramm § 167 Rdn. 60.
[2] Vgl. hierzu MünchKomm/Schramm § 167 Rdn. 37, 42, 60.
[3] BGH WM 60, 1384; NJW 72, 940, 941.
[4] BGH WM 72, 616.
[5] Ausgenommen sind Sonderfälle im Geschäftsbetrieb z. B. aufgrund der Höhe des Kredits; vgl. KölnerKomm/Lutter § 71e Rdn. 16.
[6] Die Inpfandnahme ist gem. § 71e II AktG nur unwirksam, wenn auf die Aktie der Nennbetrag oder der höhere Ausgabebetrag noch nicht voll geleistet ist; vgl. zu dieser Regelung Kölner Komm/Lutter § 71e Rdn. 12.

schuldrechtliche Sicherungsverhältnis nichtig (§ 71 IV bzw. § 71e II AktG) und das Sicherungsrecht daher nicht von Bestand[1]. Der Erwerb des Pfandrechts Kraft Gesetz und das Pfändungspfandrecht gemäß § 804 ZPO unterfällt grundsätzlich nicht dem Verbot[2]. Das geschäftsbedingungsmäßige Pfandrecht der Aktienbanken an eigenen Aktien ist ausgeschlossen. Da die Kreditinstitute nicht übersehen können, wieviel ihrer eigenen Aktien von der allgemeinen Pfandklausel erfaßt werden, haben sie in Nr. 14 Abs. 3 ihrer AGB diese Aktien vom Pfandrecht ausgenommen. Dennoch kann natürlich eine ausdrückliche Verpfändung erfolgen[3], die aber in der Regel einer zentralen Stelle der Bank zu melden ist.

60 — die **Kommanditgesellschaft auf Aktien** durch jeden persönlich haftenden Gesellschafter (Komplementär) allein, soweit nicht der Gesellschaftsvertrag ein anderes bestimmt (§§ 278 Abs. 2, 290 AktG);

61 — die **Gesellschaft mit beschränkter Haftung** durch sämtliche Geschäftsführer gemeinschaftlich, sofern nicht der Gesellschaftsvertrag ein anderes bestimmt (§§ 35—37, 39, 66—68, 70 GmbHG). Die Bevollmächtigung eines von ihnen auf dem Unterschriftsblatt im Bankverkehr (s. Rdn. 69) zur Alleinzeichnung gegenüber der Bank ermächtigt nicht ohne weiteres zum Abschluß von Sicherstellungsverträgen[4]. Eine Einzelvertretung eines zunächst alleinigen Geschäftsführers wird mit der Bestellung eines weiteren Geschäftsführers zur Gesamtvertretung, es sei denn, die Satzung sieht eine Einzelvertretung vor. Fällt umgekehrt einer von zwei Geschäftsführern fort, so ist der Verbleibende einzelbefugt, falls nicht die Satzung Gesamtgeschäftsführung vorsieht[5]. Ein gesamtvertretungsberechtigter Geschäftsführer kann seine Vertretungsmacht nicht einem anderen Geschäftsführer übertragen oder ihn bevollmächtigen, ihn als Mitgeschäftsführer allgemein zu vertreten[6].

62 Wer sich in Ansehung der Befugnis zur Vertretung der unter dem Begriff der Kapitalgesellschaften zusammengefaßten Handelsgesellschaften gutgläubig auf den Inhalt des Handelsregisters verläßt, wird in seinem **guten Glauben** geschützt (§ 15 HGB), doch darf das von einem Abwickler getätigte Geschäft nicht erkennbar liquidationsfremd sein[7] —;

63 Die **eingetragene Genossenschaft** wird durch sämtliche Vorstandsmitglieder gemeinschaftlich vertreten, soweit nicht die Satzung ein anderes bestimmt; wer sich insoweit gutgläubig auf den Inhalt des Genossenschaftsregisters verläßt, wird in seinem guten Glauben geschützt (§§ 24, 26—29, 83, 88, 89 GenG). Die Genossenschaft kann

---

[1] KölnerKomm/Lutter § 71e Rdn. 22f.
[2] Vgl. im einzelnen KölnerKomm/Lutter § 71e Rdn. 4.
[3] KölnerKomm/Lutter § 71e Rdn. 16.
[4] OLG Celle WM 67, 1230; vgl. aber jetzt BGH WM 86, 315.
[5] BGH BB 1960, 880.
[6] Vgl. BGH WM 86, 315.
[7] RG 146, 376.

sich eine Sachsicherheit am Geschäftsguthaben eines Genossen nicht bestellen lassen (§ 22 GenG)[1].

Die **Gewerkschaft** (neuen Rechts) wird entweder durch den Repräsentanten oder durch sämtliche Mitglieder des Grubenvorstandes (Kollegium) gemeinschaftlich vertreten. Beschränkungen und Erweiterungen der gesetzlichen Vertretungsmacht müssen aus der sog. Legitimation (Ausfertigung des notariellen Protokolls der Wahl) im Fall der handelsgerichtlichen Eintragung der Gewerkschaft aus dem Handelsregister hervorgehen; wer sich insoweit gutgläubig auf den Inhalt des Handelsregisters verläßt, wird in seinem guten Glauben geschützt (§§ 117—120, 114, 125 BergG, 15 HGB). 64

Die Stellung gesetzlicher Vertreter haben außer den vorbezeichneten Organen der juristischen Personen ferner diejenigen, welche namens der als Abwandlung der Gesellschaft bürgerlichen Rechts erscheinenden und unter dem Begriff der **Personengesellschaften** zusammengefaßten Handelsgesellschaften **(Gesamthandsgemeinschaften)** im Rechtsverkehr auftreten. So wird vertreten: 65

— die **offene Handelsgesellschaft** durch jeden Gesellschafter allein, sofern nicht der Gesellschaftsvertrag ein anderes bestimmt (§§ 125, 126, 146, 149—151 HGB); 66

— die **Kommanditgesellschaft** durch jeden persönlich haftenden Gesellschafter (Komplementär) allein, sofern nicht der Gesellschaftsvertrag etwas anderes bestimmt (§§ 161 Abs. 2, 170 HGB); 67

Auch hier gilt: Wer sich in Ansehung der Vertretungsmacht gutgläubig auf den Inhalt des Handelsregisters verläßt, wird in seinem **guten Glauben** geschützt (§ 15 HGB), doch darf das von einem Abwickler getätigte Geschäft nicht erkennbar liquidationsfremd sein[2]. 68

b) Rechtsgeschäftliche Vertreter

aa) Vollmacht

Der Vertreter handelt kraft einer — grundsätzlich formfreien — **Vollmacht** des Vertretenen, hat also eine duch Rechtsgeschäft erteilte Vertretungsmacht (§§ 166 Abs. 2, 167 BGB). Die Vollmacht darf nicht mit der Ermächtigung (s. Rdn. 129) verwechselt werden: Der **Ermächtigte** handelt kraft Zustimmung des Berechtigten im eigenen Namen, der Bevollmächtigte im Namen des Vertretenen. Die grundsätzlich formfreie[3] Vollmacht kann auch als Untervollmacht von einem bereits bevollmächtigten Dritten erteilt werden, sofern bei richtiger Auslegung der Hauptvollmacht der Bevollmächtigte zur Erteilung der Untervollmacht befugt war; je weiter die Hauptvollmacht reicht, 69

---

[1] OLG Hamm JW 35, 1581.
[2] RG 146, 376.
[3] Ausnahme ist z. B. die unwiderrufliche Vollmacht zum Abschluß eines formbedürftigen Rechtsgeschäfts (z. B. § 313 S. 1 BGB). Vgl. zur Form MünchKomm/Schramm § 167 Rdn. 14 ff.

desto eher ist diese Befugnis anzunehmen; sie scheidet aus, wenn der Vollmachtgeber ein besonderes Interesse daran hat, daß der Bevollmächtigte die Angelegenheit persönlich wahrnimmt[1]. Bei Formmangel eines Betreuungs- und Verwaltungsvertrages (Bauherrengesellschaft z. B.) kann auch eine beurkundete Vollmacht unwirksam sein (§ 139 BGB i. V. m. § 313 S. 1 BGB)[2]. Solange eine Vollmachtsurkunde sich in den Händen des Bevollmächtigten befindet und dem Vertragsgegner im Original vorgelegt wird, darf dieser, wenn er gutgläubig ist, die Vollmacht als bestehend behandeln. Das gleiche gilt, wenn die Vollmacht durch unmittelbare Erklärung gegenüber dem Vertragspartner erteilt oder diesem durch eine unmittelbare Mitteilung von der Tatsache der Vollmachtserteilung zugegangen ist; auch hier darf der gutgläubige Vertragspartner die Vollmacht solange als bestehend betrachten, als ihn nicht ein Widerruf erreicht hat (§§ 170–173 BGB). Der Widerruf kann vereinbarungsgemäß ausgeschlossen sein, wenn die Vollmacht auch den Interessen des Bevollmächtigten dient, wie etwa die Vollmacht zur Einziehung einer Forderung des Vollmachtgebers, um sich wegen einer eigenen Forderung zu befriedigen (praktisch relevant bei Abtretungsverbot), zum Abschluß von Schuldverträgen oder zur Bestellung von Sicherheiten, zu denen der Vollmachtgeber verpflichtet ist, sowie die Vollmacht zur Einziehung der dem Bevollmächtigten hypothekarisch verhafteten Mietzinsforderungen. Auch die Vollmacht des Sicherungsnehmers zur Verfügung über das Sicherungsgut kann unwiderruflich ausgestaltet werden[3]. Bei einer auf einem Auftrag beruhenden Vollmacht ist der Ausschluß des Widerrufs grundsätzlich wirkungslos (§§ 168, 671 BGB); auch sonst gibt ein wichtiger Grund stets das Widerrufsrecht[4]. **Der Tod des Vollmachtgebers hat auf das Fortbestehen der Vollmacht in der Regel keinen Einfluß;** der Bevollmächtigte vertritt fortan die Erben, solange diese die Vollmacht nicht widerrufen[5] und er bedarf, wenn zu den Erben Mündel im Sinne von Rdn. 53 gehören, dennoch keiner vormundschaftsgerichtlichen Genehmigung[6]. Stillschweigende Bevollmächtigung ist möglich. Bei der Gesellschaft bürgerlichen Rechts ist sie im Zweifel mit der den Gesellschaftern übertragenen Geschäftsführungsbefugnis verknüpft (§ 714 BGB). Sogar beim Fehlen jeder Vertretungsmacht kann sich der Geschäftsgegner darauf berufen, daß er aus dem Verhalten des angeblichen Vertreters auf eine Bevollmächtigung geschlossen hätte und nach Treu und Glauben hätte schließen dürfen, weil der angeblich Vertretene dieses Verhalten gekannt und geduldet habe (**Duldungsvollmacht**)[7], und er kann sich nach Lage der Sache auch darauf berufen, daß der angeblich Vertretene den äußeren Anschein einer

---

[1] BGH WM 59, 377; MünchKomm/Schramm, § 167 Rdn. 77.
[2] BGH WM 85, 10; BGH WuB IV A § 164 BGB – 1./2.85 Möschel; BGH WuB IV A § 164 BGB – 5.85 v. Heymann; OLG Braunschweig WM 85, 1311 mit Anm. v. Heymann WuB IV A § 164 – 8.85.
[3] MünchKomm/Schramm, § 168 Rdn. 34.
[4] BGH WM 69, 1009; BGH WM 85, 646; MünchKomm/Schramm, § 168 Rdn. 39.
[5] RG JW 38, 1892; KG JW 37, 2035.
[6] RG 106, 185.
[7] Zu den Voraussetzungen im einzelnen MünchKomm/Schramm, § 167 Rdn. 36 m. N. zur Rspr.: grundlegend BGH 5, 111, 116.

Bevollmächtigung hervorgerufen habe, weil er in das Verhalten des angeblichen Vertreters, das er (zwar nicht kannte, aber) hätte erkennen und verhindern können, nicht eingegriffen und dadurch den Eindruck der Bevollmächtigung erweckt habe (**Anscheinsvollmacht**)[1]. Welchen Umfang eine Vollmacht hat, ist Tatfrage. Es ist aber im Zweifel davon auszugehen, daß, soweit der größere Umfang nicht nachgewiesen werden kann, nur der geringere Umfang maßgebend ist[2]. Wird im **Unterschriftenblatt** der Bank eine Person als zeichnungsberechtigt benannt, so ist sie der Bank gegenüber auch vertretungsberechtigt, wenn die Firma dieser keine Vollmacht erteilt hat. Das Unterschriftenblatt gilt insoweit als eine „Mitteilung" im Sinne von § 171 BGB. Die Vollmacht auf dem Unterschriftenblatt berechtigt als Gattungsvollmacht nur zu den Handlungen im Rahmen der Kontoverbindung und des gesamten sonstigen Geschäftsverkehrs[3]. Im Unterschriftenblatt kann auch eine Erweiterung einer Vollmacht erfolgen, so kann z. B. einem Handlungsbevollmächtigten im Geschäftsverkehr mit der Bank die Befugnis einer erweiterten Handlungsvollmacht gem. § 54 Abs. 2 HGB erteilt werden und zwar auch dann, wenn er im übrigen Geschäftsverkehr diese Befugnis nicht hat. Umgekehrt können Beschränkungen der Vertretungsmacht im Unterschriftenblatt aufgenommen werden. Die nicht aufgenommenen Vertreter sind jedoch der Bank gegenüber dennoch vertretungsberechtigt; allerdings sollte im Zweifel in diesen Fällen beim Vollmachtgeber nachgefragt werden, ob die Handlungsvollmacht (noch) besteht. Für das Fortbestehen der Vollmacht bzw. Vertretungsberechtigung sind die Allgemeinen Geschäftsbedingungn (Nr. 11 Abs. 1 AGB) zu beachten. Danach ist der Kunde grundsätzlich verpfichtet, die Vollmacht zu widerrufen (unterläßt er dies, so kann u. U. ein Mitverschulden, § 254 BGB, in Betracht kommen); die Bank muß sich aber die Änderung der Vertretungsmacht entgegenhalten lassen, wenn diese ihr infolge groben Verschuldens unbekannt geblieben ist (§ 173 BGB). Die Mitwirkungspflicht des Kunden gilt auch dann, wenn die Vertretungsmacht in ein **öffentliches Register** eingetragen ist und ihr Erlöschen oder ihre Änderung in dieses Register eingetragen wird (Nr. 11 Abs. 1 AGB). Mit dieser Regelung in den AGB der Banken wird von §§ 15 Abs. 2 HGB und 29 Abs. 2 GenG abgewichen, wonach sich jeder Dritte die jeweils im Handels- oder Genossenschaftsregister eingetragenen und bekanntgemachten Tatsachen nach Ablauf einer Karenzzeit von 15 Tagen nach der Bekanntmachung entgegenhalten lassen muß, selbst wenn er diese Bekanntmachung nicht kannte[4]. § 15 Abs. 2 HGB schließt aber nicht jede Vertrauenshaftung aus[5]. Besonderheiten gelten für einige handels- und gesellschaftsrechtliche Vollmachten. Hierher gehören:

---

[1] BGH WM 63, 58; vgl. auch BGH WuB IV A § 164 BGB — 1./2.85 Möschel; BGH WM 88, 986 f.; NJW 91, 1225; MünchKomm/Schramm, § 167 Rdn. 43 ff. m. w. N.
[2] RG 143, 196.
[3] BGH WM 86, 315; vgl. auch OLG Celle WM 67, 1230, 1231.
[4] Zum Ganzen siehe MünchKomm/Thiele, § 171 Rdn. 14.
[5] K. Schmidt, Handelsrecht, 3. Aufl., S. 350.

bb) Prokura

72 Die Prokura hat einen gesetzlich bestimmten und nicht einschränkbaren Umfang, ermächtigt aber nicht ohne weiteres zur Belastung von Grundstücken, während im übrigen der Prokurist jeden Sicherungsvertrag schließen und auch über Grundpfandrechte verfügen kann. Da sie im Handelsregister einzutragen ist, wird derjenige geschützt, der sich insoweit gutgläubig auf den Inhalt des Handelsregisters verläßt (§§ 48—50, 15 HGB); das Wissen um die Verletzung interner Weisungen des Geschäftsherrn durch den Prokuristen ist dem Vertragspartner grundsätzlich nicht schädlich[1]. Wenn der Prokurist kraft Gesellschaftsvertrages zusammen mit dem Vorstand oder Geschäftsführer eine Gesellschaft vertritt, erweitert sich seine Vertretungsmacht auf diejenige des gesetzlichen Vertreters.

cc) Handlungsvollmacht

73 Die Handlungsvollmacht hat im Zweifel einen gesetzlich bestimmten Umfang, ermächtigt aber nicht ohne weiteres zur Belastung von Grundstücken, auch nicht zur Eingehung von Wechselverbindlichkeiten und zur Aufnahme von Darlehen (§ 54 HGB). **Sicherstellungsverträge kann der Handlungsbevollmächtigte nicht schließen, wenn sie in seiner Branche ungewöhnlich sind.** Vollmacht zur Kreditaufnahme berechtigt im Zweifel zur Besicherung des Kredits. Eine Verfügung über einen eingeräumten Kredit durch den dazu Bevollmächtigten ist auch dann zulässig, wenn durch die Verfügung eine bereits bestehende Sicherheit (höher) valutiert wird.

c) Vertretung sonstiger nichtjuristischer Personen

aa) Gesellschaft bürgerlichen Rechts

74 Die Vertretung der **Gesellschaft bürgerlichen Rechts,** die meistens als Gelegenheitsgesellschaft in Gestalt der Konsortien, Interessen- und Arbeitsgemeinschaften u. ä. vorkommt, erfolgt durch sämtliche Gesellschafter gemeinschaftlich, falls nicht der Gesellschaftsvertrag sie einem oder mehreren Gesellschaftern überträgt, die insoweit als Bevollmächtigte der anderen Gesellschafter zu gelten haben und den Umfang ihrer Vertretungsmacht aus dem Gesellschaftsvertrag nachweisen müssen (§§ 709, 710, 714 BGB); Gesellschafter können ihre Haftung für Gesellschaftsverbindlichkeiten beschränken (z. B. bei der Bauherrengesellschaft)[2].

bb) Nichteingetragener Verein

75 Die Vertretung des **nicht eingetragenen Vereins** erfolgt durch seine Vorstandsmitglieder, die insoweit als Bevollmächtigte der Vereinsangehörigen zu gelten haben und

---

[1] RG JW 35, 1084.
[2] BGH WuB IV A § 164 BGB — 1./2.85 Möschel zur Erkennbarkeit für Dritte.

ihre Vertretungsmacht aus der Vereinssatzung und etwaigen Protokollen über spätere Satzungsänderungen nachweisen müssen (§§ 54, 709, 710, 714 BGB);

zu aa) und bb)

Es ist der BGB-Gesellschaft unbenommen, die Vollmacht der vertretungsberechtigten Gesellschafter dahingehend zu beschränken, daß sie dem Sicherungsnehmer nur das Gesellschaftsvermögen haftbar stellen können[1]. Wenn allerdings der Sicherungsnehmer weder aus der ihm vorgelegten Urkunde, aus welcher sich die Vertretungsmacht der Gesellschafter ergibt, noch aus einer etwaigen Mitteilung der Gesellschaft über die Vertretungsmacht die obige Haftungsbeschränkung ersehen konnte, wird er in seinem guten Glauben geschützt[2]. Ähnliches gilt für den nichteingetragenen Verein, jedoch mit der Maßgabe, daß bei diesem eine tatsächliche Vermutung darin besteht, daß die Mitglieder des Vereins ohne ausdrückliche abweichende Satzungsbestimmung stets nur mit dem Vereinsvermögen haften wollen[3]. Der Sicherungsnehmer, der weiß, daß er es mit einem nichteingetragenen Verein zu tun hat, wird also von vornherein mit dieser Haftungsbeschränkung rechnen müssen; doch haften ihm jedenfalls diejenigen Vereinsmitglieder, die im Namen des Vereins die Personensicherheit bestellen, auch mit ihrem Privatvermögen (§ 54 BGB)[4]. Dies gilt jedoch nicht für politische Parteien (§ 37 ParteiG)[5].

cc) Reederei

Die Vertretung der **Reederei** erfolgt durch den Korrespondentreeder als Bevollmächtigten der Mitreeder, d. h. der Eigner der Anteile am gemeinsamen Schiff (Schiffsparten), oder, falls ein Korrespondentreeder nicht bestellt ist, durch die Majorität der Mitreeder (Partenmehrheit; §§ 491—495 HGB). Die Eintragung des Korrespondentreeders in das Schiffsregister (§§ 11 Abs. 1 Ziff. 9 Schiffsregisterordnung) hat nur deklaratorische Bedeutung. Ist ein Korrespondentreeder zu Unrecht eingetragen, so haftet die Reederei nach Rechtsscheingrundsätzen für seine Handlungen innerhalb des gesetzlichen Vollmachtrahmens. Durch seine Bestellung wird der Korrespondentreeder ermächtigt — soweit nichts anderes vereinbart —, alle Geschäfte und Rechtshandlungen vorzunehmen, die der Geschäftsbetrieb im Reedereigewerbe gewöhnlich mit sich bringt (im einzelnen s. dazu § 493 Abs. 2 u. 4 HGB). Für die Eingehung von Wechselverbindlichkeiten oder zur Darlehensaufnahme sowie zu Verpfändungen ist der Korrespondentreeder nur befugt, wenn ihm Vollmacht dazu besonders erteilt wird.

76

---

[1] MünchKomm/Ulmer, § 714 Rdn. 32f.
[2] MünchKomm/Ulmer, § 714 Rdn. 32ff.
[3] BGH WM 57, 880.
[4] Vgl. im einzelnen MünchKomm/Reuter, § 54 Rdn. 31ff.
[5] Teilw. wird eine analoge Anwendung des § 37 ParteiG auf Gewerkschaften befürwortet; vgl. MünchKomm/Reuter, § 54 Rdn. 27.

dd) Vollmacht für Ausländer

77   Nach deutschem internationalem Privatrecht kann die Frage nach der Form der Erteilung einer Vollmacht stets auch nach dem am Ort der Erteilung geltenden Recht beurteilt werden. In erster Linie ist aber dabei das sog. Vollmachtsstatut maßgeblich, daß für alle übrigen mit der Vollmacht von Ausländern zusammenhängenden Fragen, insbesondere für den Umfang der Vollmacht, allein gilt. Vollmachtsstatut ist das Recht des Ortes, an dem die Wirkungen der Vollmacht sich entfalten sollen (Wirkungsstatut)[1]. Wird daher eine Bankvollmacht gegenüber einer deutschen Bank erteilt, so beantwortet sich die Frage nach ihrer Wirksamkeit und ihrem Umfang ausschließlich nach deutschem Recht.

---

[1] BGH NJW 54, 1561; OLG Frankfurt WM 63, 872.

Personensicherheit

3. Kapitel Das Sicherungsmittel

I. Personensicherheit

Will man bei der Personensicherheit von einem Sicherungsmittel sprechen, so kann man, da sich hier der Zugriff des Sicherungsnehmers im Zwangsvollstreckungswege vollzieht, als solches nur das gesamte dem Sicherungsgeber gehörende und der Zwangsvollstreckung gegen ihn unterliegende Vermögen bezeichnen. Bezüglich dieses Vermögens steht allerdings der Sicherungsnehmer in Konkurrenz mit allen anderen persönlichen Gläubigern des Sicherungsgebers, gleichviel, auf welchem Rechtsgrunde deren Forderungen beruhen. Erst mit der **Beschlagnahme** (s. Rdn. 249, 252, 260, 263) eines oder mehrerer bestimmter Vermögensgegenstände, welche dem Sicherungsgeber die rechtliche Befugnis zur Verfügung über die beschlagnahmten Gegenstände entzieht, werden die betreffenden Gegenstände zu Gunsten des Sicherungsnehmers aus dem übrigen haftenden Vermögen losgelöst und dem Sicherungsgeber die rechtliche Befugnis zur Verfügung über die beschlagnahmten Gegenstände entzogen. Anschließend wird der beschlagnahmte Gegenstand mit Vorzug gegenüber den anderen Gläubigern des Sicherungsgebers verwertet, ähnlich wie dies — wenn auch in anderer Form — bei der Sachsicherheit bereits mit dem Abschluß des Sicherstellungsvertrages geschieht. Das der Zwangsvollstreckung des Sicherungsnehmers unterliegende Vermögen deckt sich nicht notwendig mit dem Gesamtvermögen, über welches der Sicherungsgeber zu verfügen befugt ist. Der Sicherheit kann auch nur ein Teil dieses Gesamtvermögens haftbar sein. Das ist z. B. der Fall, wenn der Erbe des Sicherungsgebers für die Schuld aufzukommen hat. Er kann seine Haftung durch die gesetzlich dafür vorgesehenen Maßnahmen auf den Nachlaß beschränken und den Zugriff des Sicherungsnehmers auf sein Privatvermögen mit der sog. Vollstreckungsgegenklage abwehren (§§ 1975, 1990, 2059 BGB, 780, 781 ZPO). Ähnlich liegen die Fälle, in denen jemand in Verwaltung fremden Vermögens die Personensicherheit bestellt (s. Rdn. 142—144). Umgekehrt erweitern sich die Zugriffsmöglichkeiten des Sicherungsnehmers, wenn kraft Gesetzes neben dem Sicherungsgeber dritte Personen für die Sicherheit haften. So bei der Offenen Handelsgesellschaft, Kommanditgesellschaft und Kommanditgesellschaft auf Aktien. Hier haftet nicht nur die Gesellschaft als Sicherungsgeberin mit dem Gesellschaftsvermögen, sondern auch jeder persönlich haftende Gesellschafter (Komplementär) mit seinem Privatvermögen (§§ 128, 161 HGB, § 278 AktG) (vgl. Rdn. 185). Die persönliche Haftung des Gesellschafters schließt aber nicht aus, daß er sich für die Schuld der Gesellschaft gegenüber dem Sicherungsnehmer verbürgt. Eine solche **Bürgschaft** ist nicht etwa wertlos; sie bewirkt nicht nur, daß es auf die auf 5 Jahre bemessene Verjährungsfrist für die Ansprüche gegen einen ausscheidenden Gesellschafter (§ 159 HGB) nicht mehr ankommt (da es sich nunmehr um eine Bürgschaftsschuld handelt), sondern erreicht auch, daß ein Zwangsvergleich im Konkurs- oder Vergleichsverfahren über das Vermögen der Gesellschaft, der nach §§ 211 KO, 109 VglO zugleich den Umfang der persönlichen Haftung des Gesellschafters begrenzt, sich nicht auswirkt,

78

79

insofern als nach §§ 193 KO, 82 VglO die Rechte der Gläubiger gegen den Bürgen der Gemeinschuldnerin durch den Zwangsvergleich nicht berührt werden[1].

Auch bei der Gesellschaft bürgerlichen Rechts und bei nichtrechtsfähigen Vereinen haftet neben dem Gesellschaftsvermögen — bzw. Vereinsvermögen — das Vermögen jedes einzelnen Gesellschafters/Mitglied, allerdings mit der möglichen Beschränkung wie oben unter Rdn. 75 dargestellt. Im einzelnen kann sich der Zugriff des Sicherungsnehmers auf folgende Gegenstände richten[2]:

1. Bewegliche Sachen

80 **Gegenstand der Zwangsvollstreckung des Sicherungsnehmers können bewegliche Sachen jeder Art sein.** Bewegliche Sachen sind ihrer Natur nach auch die im Schiffsregister eingetragenen Schiffe und die registrierten Luftfahrzeuge; sie werden aber auf dem Gebiet des Zwangsvollstreckungsrechts wie unbewegliche Sachen behandelt. Auf der anderen Seite werden ideelle Anteile (Bruchteile) an einer beweglichen Sache mit Ausnahme der den unbeweglichen Sachen gleichgestellten ideellen Miteigentumsanteile an im Schiffsregister eingetragenen Schiffen und an registrierten Luftfahrzeugen bei der Zwangsvollstreckung den Rechten zugezählt (§ 857 ZPO). Aus sozialen Gründen ist der Zwangsvollstreckung eine Reihe beweglicher Sache entzogen, die in einem gesetzlich aufgestellten Katalog einzeln benannt sind (§ 811 ZPO). Von besonderem Interesse ist dabei die Vorschrift, daß der zu einer bescheidenen Lebensführung erforderliche Hausrat und bei Personen, die aus ihrer körperlichen oder geistigen Arbeit oder sonstigen persönlichen Leistungen ihren Erwerb ziehen, die zur Fortsetzung dieser Erwerbstätigkeit erforderlichen Gegenstände der Pfändung nicht unterworfen sind. Den Schutz dieser Vorschrift genießen natürliche Personen, bei deren haupt- oder nebenberuflicher Tätigkeit die persönliche Leistung die Ausnutzung der sachlichen Betriebsmittel überwiegt für diejenigen Sachen, die erforderlich sind, um die Erwerbstätigkeit in der bisherigen Weise forzusetzen; es kommt mit anderen Worten darauf an, ob die Sachen als Kapital erscheinen, welches von seinem Besitzer genutzt wird, oder ob sie lediglich die (unerläßliche) Grundlage für die zum Erwerb wesentlichen persönlichen Verrichtungen ihres Besitzers bilden. Hiernach kann die Kamera eines Fotografen, die Bohrmaschine eines Schlossers, der Kraftwagen eines Geschäftsreisenden bzw. Handelsvertreters oder die Schreibmaschine eines Rechtsbeistandes ebenso unpfändbar sein wie das Fahr- oder Motorrad, das zum Erreichen der Arbeits-

---

[1] RG 139, 252.
[2] Gegenstände, die nicht zum haftenden Vermögen gehören, unterliegen nicht der Zwangsvollstreckung des Sicherungsnehmers. Der Eigentümer kann mit der Drittwiderspruchsklage (Rdn. 148) erreichen, daß eine vom Sicherungsnehmer ausgebrachte Beschlagnahme für unzulässig erklärt wird. Gehört der Gegenstand zum haftenden Vermögen, ist er aber zugunsten eines Dritten vorbelastet, so kann dieser die Vollstreckung ebenfalls mit der Drittwiderspruchsklage abwehren, sofern es sich um in seinem Besitz befindliche, bewegliche Sachen oder um Rechte handelt. In allen anderen Fällen hat er lediglich einen Anspruch auf vorzugsweise Befriedigung aus dem Erlös (§§ 771, 805 ZPO).

stätte benötigt wird, oder das Klavier in einer Gastwirtschaft[1]. Der Wert der Sache ist gleichgültig; doch kann der Gläubiger ihre Pfändbarkeit dadurch herbeiführen, daß er dem Schuldner ein zwar weniger wertvolles, aber ausreichend taugliches Ersatzstück anbietet (Austauschpfändung, § 811a ZPO). So kann z. B. ein Farbfernsehgerät gegen ein Schwarzweißgerät, ein großer und teurer PKW gegen einen kleinen und einfachen oder eine kostbare Armbanduhr gegen eine gewöhnliche austauschbar sein. Ob die Unpfändbarkeit der Sache auch gegenüber einem Gläubiger geltend gemacht werden kann, der eine Forderung beitreibt, zu deren Sicherung ihm die Sache übereignet wurde, ist streitig, aber wohl zu bejahen (Rdn. 565). Wegen der Zwangsvollstreckung in Sachen, die der Verfügungsmacht des Sicherungsgebers mit Rücksicht auf die Interessen eines bestimmten Dritten entzogen sind, s. Rdn. 140—145 und wegen der der Immobiliarvollstreckung unterworfenen Sachen s. Rdn. 251.

2. Unbewegliche Sachen

Gegenstand der Zwangsvollstreckung des Sicherungsnehmers können unbewegliche Sachen, insbesondere Grundstücke sein. Daß den unbeweglichen Sachen auch die im Schiffsregister eingetragenen Schiffe und die registrierten Luftfahrzeuge gleichgestellt sind, ist bereits zu Rdn. 80 erwähnt. Wegen der grundstücksgleichen und daher zum unbeweglichen Vermögen zählenden Rechte s. Rdn. 82 und wegen der der Immobiliarvollstreckung unterworfenen beweglichen Sachen und Forderungen s. Rdn. 251. Als unbewegliche Sachen werden auch behandelt die ideellen Anteile (Bruchteile) an einer unbeweglichen Sache und einem im Schiffsregister eingetragenen Schiff oder registrierten Luftfahrzeug. Wegen der Zwangsvollstreckung in Grundstücke, die der Verfügungsmacht des Sicherungsgebers mit Rücksicht auf die Interessen eines bestimmten Dritten entzogen sind, s. Rdn. 140—145.

81

3. Rechte

Gegenstand der Zwangsvollstreckung des Sicherungsnehmers können Rechte jeder Art sein. Solche Rechte sind ihrer Natur nach auch die zu Rdn. 83 erwähnten grundstücksgleichen Berechtigungen; sie werden aber auf dem Gebiet des Zwangsvollstreckungsrechts als Grundstücke behandelt. Auf der anderen Seite sind die ideellen Anteile an beweglichen Sachen und die Anwartschaft auf Erwerb des Eigentums an solchen Sachen den Rechten gleichgestellt (s. Rdn. 80). Wegen der der Immobiliarvollstreckung unterworfenen Forderungen s. Rdn. 251. Aus Gründen, die durch die besondere Natur des Rechts oder durch das Allgemeininteresse bedingt sind, sind der Zwangsvollstreckung entzogen gewisse dauernde Bezüge des Sicherungsgebers, solange sie nicht von diesem, sei es auch nur auf seinem Bank- oder Postscheckkonto, vereinnahmt sind[2], insbesondere die Dienst- und Versorgungsbezüge der Beamten, der Arbeits- und Dienstlohn, Ruhegelder, Hinterbliebenenbezüge, Verletzungsrenten,

82

---
[1] Vgl. des weiteren Zöller, ZPO, § 811 Rdn. 29 ff.
[2] KG JW 32, 183; OLG Kiel JW 33, 1847; OLG Celle NJW 60, 1015; s. auch KG WM 67, 554.

gesetzliche Unterhaltsrenten, Ansprüche aus der Kleinlebens- und Sterbegeldversicherung, einmalige Krankenkassenleistungen (nicht aber Bezüge aus Witwen-, Hilfs- und Krankenkassen nach dem Tode des bisherigen Bezugsberechtigten; § 850b ZPO)[1], ferner die Renten aus der Sozialversicherung (§ 119 RVO) und dem Bundesversorgungsgesetz (§§ 67—70 BVersG), die Lastenausgleichsansprüche (§§ 244, 262, 294 LAG), der Pflichtteilsanspruch (§ 852 ZPO) u. a. m. Der (einheitliche) Anspruch des Kassenzahnarztes gegen seine kassenärztliche Vereinigung ist pfändbar und abtretbar[2]. Unpfändbar sind auch die nicht übertragbaren und nicht veräußerlichen Rechte (§§ 851, 857 ZPO; vgl. Rdn. 133). **Indessen gibt es dabei wichtige Ausnahmen, die die Pfändung eines Rechts gestatten, obwohl es nicht übertragbar ist. Zu ihnen gehören die zu Rdn. 112 behandelten, nach § 399 BGB nicht übertragbaren Rechte** (§ 851 Abs. 2 ZPO), die unveräußerlichen Rechte, deren Ausübung einem anderen überlassen werden kann, z. B. der Nießbrauch (§ 857 Abs. 3 ZPO), die Anteile an Personengesellschaften und der Erbanteil (§§ 859 ZPO, 105 Abs. 2 HGB), das Postscheckguthaben usw. Wegen der Zwangsvollstreckung in Rechte, die der Verfügungsmacht des Sicherungsgebers mit Rücksicht auf die Interessen eines bestimmten Dritten entzogen sind, vgl. Rdn. 140—145.

83 Hinsichtlich der Frage der Pfändbarkeit von **Kreditauszahlungsansprüchen** besteht nach wie vor Unsicherheit. Nach h. M. gelten zweckgebundene Kredite als unpfändbar. Dies gilt auch für Ansprüche auf Kreditgewährung im Rahmen eines Giroverhältnisses, da dem Kreditnehmer entgegen seiner privatautonomen Entscheidung keine Schuldnerstellung gegenüber seiner Bank aufgedrängt werden kann[3]. Jedenfalls kann die kreditgebende Bank den Kredit kündigen. Die Pfändung der Ansprüche auf **Durchführung von Überweisungen** an Dritte kann nur dann rechtliche Bedeutung erlangen, wenn für die Überweisungsaufträge eine Deckungsgrundlage, sei es in Form eines Guthabens oder eines Kredits, vorhanden ist. Die bloße Duldung einer Kontoüberziehung gibt keinen pfändbaren Anspruch[4].

II. Sachsicherheit

1. Der Vermögensgegenstand

84 Sicherungsmittel der Sachsicherheit ist der Gegenstand, an welchem der Sicherungsnehmer zum vereinbarten Sicherungszweck ein dingliches Recht im Sinne von Rdn. 15 erwirbt. In Betracht kommen hier als Vermögensteile des Sicherungsgebers drei Grup-

---

[1] KG Berlin WuB VI E § 850b ZPO — 1.85 Redaktion; WM 85, 209.
[2] BGH WM 86, 211.
[3] Lwowski/Bitter, Grenzen der Pfändbarkeit von Girokonten, WM 94, Festheft für Hellner, S. 57 ff.
[4] BGH WM 85, 344; Liesecke WM 75, 314; Lwowski/Weber, ZIP 80, 611; Werner/Machunsky BB 82, 1584; Häuser ZIP 83, 891; BGH WM 85, 344 = WuB VI E § 829 ZPO — 2.85 Bruchner; LG Hannover, WM 86, 254.

pen von Gegenständen: die beweglichen Sachen (d. s. die körperlichen Gegenstände mit Ausnahme der Grundstücke), sodann die Grundstücke (unbewegliche Sachen) und schließlich die Rechte. Im Handelsverkehr dienen im allgemeinen die Gegenstände des Umlaufvermögens als Sicherungsmittel für kurzfristige, die des Anlagevermögens als Sicherungsmittel für langfristige Kredite; es wäre betriebswirtschaftlich zu aufwendig, würde man etwa einen echten Dreimonatskredit durch die Abtretung eines GmbH-Anteils sichern. Das gewerbliche Unternehmen als solches kann nicht als Sicherungsmittel verwendet werden[1]. Die Sicherheit erstreckt sich im Zweifel auch auf die **Nutzungen** (§ 100 BGB) der erwähnten Gegenstände, soweit es sich um die organischen Erzeugnisse der als Sicherungsmittel dienenden Sache, z. B. um die Wolle der verpfändeten Schafe oder um die Ernte des hypothekarisch belasteten Grundstücks handelt. Das gleiche gilt für die unmittelbaren **Erträgnisse** eines als Sicherungsmittel dienenden Rechts, z. B. für die Zinsen einer sicherungshalber abgetretenen Forderung. Sie gelten zwar nicht mit dem Hauptanspruch als abgetreten[2] — soweit es sich um entstandene handelt —, sondern sind vielmehr selbständig abzutreten, doch sind sie im Wege der Auslegung als mitabgetreten anzusehen[3]. War dagegen ein Sicherungsmittel nur „vermöge eines Rechtsverhältnisses" gewährt (§ 99 Abs. 3 BGB), etwa der Erlös aus der **Vermietung** oder **Verpachtung** des Sicherungsmittels, wird es mangels entsprechender Vereinbarung nur im Ausnahmefall (Rdn. 754, 758) von der Sicherheit erfaßt. Die Sicherheit gibt dem Sicherungsnehmer nicht die Befugnis, das Sicherungsmittel selbst auszubeuten und ertragreich zu gestalten, etwa dem zu seinen Gunsten belasteten Grundstück Sand oder Kies zu entnehmen oder ein sicherungshalber abgetretenes Patent zu nutzen. Hierzu bedarf der Sicherungsnehmer der vertraglichen Erlaubnis. Zieht er die Nutzungen, so muß er deren Reinertrag grundsätzlich auf die gesicherte Forderung verrechnen oder hinterlegen (s. Rdn. 235), da es sich hier rechtlich um einen Akt vorzeitiger Verwertung handelt.

Ohne besondere Vereinbarung oder gesetzliche Vorschrift (vgl. Rdn. 490, 758) tritt kein anderer Gegenstand an die Stelle eines **weggefallenen Sicherungsmittels,** weder der Ersatzanspruch, der gegebenenfalls dem Sicherungsgeber wegen schuldhafter Zerstörung zusteht, noch der etwaige Versicherungsanspruch des Sicherungsgebers noch gar dessen Kaufpreisanspruch aus einer Veräußerung des Sicherungsmittels an einen (gutgläubigen) Dritten. An allen solchen Ansprüchen setzt sich nicht ohne weiteres die dingliche Rechtslage des ursprünglichen Sicherungsmittels fort: „Die Rechtsregel des dinglichen Ersatzes ist nicht allgemein gültig"[4]. Häufig werden freilich solche „**Surrogate**" von vornherein ebenfalls in den Sicherstellungsvertrag einbezogen, z. B. durch die Verarbeitungs-, Vorausabtretungs- oder Nachschubklausel (Rdn. 542 ff.). Häufiger erwächst dem Sicherungsnehmer ein eigener Schadensersatzanspruch gegen den dritten Schädiger, ein Bereicherungs- oder ein eigener Versicherungsanspruch als Ausgleich für

---
[1] RG 68, 49; 95, 235; BGH NJW 68, 392.
[2] WM 72, 560.
[3] Palandt/Heinrichs § 401 Rdn. 6.
[4] RG 94, 308.

Sachsicherheit

89 den Wegfall des Sicherungsmittels. Wird das Sicherungsmittel **enteignet** oder tritt an einem als Sicherungsmittel dienenden Grundstück durch Bergbau ein Schaden ein, so wird dem Sicherungsnehmer im allgemeinen eine Entschädigung zugebilligt bzw. die seinem Rang entsprechende Beteiligung an dem **Entschädigungsanspruch** des Eigentümers gewährt (Art. 52—53a, 67, 109 EGBGB). Eine Hypothek an dem betroffenen Grundstück erstreckt sich auf den Entschädigungsanspruch[1]. Der Sicherungsnehmer wird kraft Gesetzes entschädigt, wenn auf dem Gebiet des **Steuerstrafrechts** die Einziehung des Sicherungsmittels erfolgt, weil der Sicherungsgeber mit diesem ein Steuerdelikt begangen, z. B. den sicherungshalber übereigneten Lastkraftwagen zu Schmuggelfahrten benutzt hat (§§ 401 Abs. 2, 391 Abs. 2 AO). Der Sicherungsnehmer, der nicht Teilnehmer des Steuervergehens ist und zu diesem auch nicht in den vom Gesetz (§ 41c StGB) mißbilligten Beziehungen steht, ist dann angemessen zu entschädigen. Auch im allgemeinen Strafrecht gilt der Grundsatz, daß die **Einziehung** des Sicherungsmittels eines an der Straftat unbeteiligten Sicherungsnehmers nur zulässig ist, wenn ein besonderer rechtfertigender Grund dafür gegeben ist und daß sie dann den Anspruch des Sicherungsnehmers auf angemessene Entschädigung begründet (§§ 40, 41c StGB, 18, 24 OWiG)[2]. Der Wegfall des Sicherungsmittels kann schließlich auch den Anspruch auf
90 ausreichende Ersatzsicherung auslösen (s. Rdn. 27). Im übrigen gilt für die einzelnen Gruppen von Sicherungsmitteln folgendes:

2. Bewegliche Sachen

a) Allgemeines

91 **Sicherungsmittel können bewegliche Sachen (Mobilien, Fahrnis) jeder Art sein,** u. U. auch Sachgesamtheiten (Rdn. 492). Ihrer Natur nach gehören auch die im Schiffsregister **eingetragenen Schiffe** und die **registrierten Luftfahrzeuge** hierher, obwohl sie in den meisten Beziehungen den unbeweglichen Sachen gleichgestellt sind. Wie Mobilien werden behandelt **Inhaberpapiere,** bestehende ideelle Anteile (Bruchteile) an einer beweglichen Sache (**Miteigentumsanteile; §§ 741, 747, 1008 BGB**) und das **Anwartschaftsrecht auf** Erwerb des Eigentums an einer beweglichen Sache, wie es z. B. aus einer Lieferung unter Eigentumsvorbehalt zugunsten des Vorbehaltskäufers erwächst[3] und bei einem mit Vorbehaltsware durchsetzten Lager neben dem Eigentum des Sicherungsgebers übertragen werden kann (s. Rdn. 531). Das Anwartschaftsrecht als Sicherungsmittel wird aber nur dann in Frage kommen, wenn die Gewißheit besteht, daß es alsbald zum Vollrecht erstarkt (s. Rdn. 283).

92 **Der Charakter als bewegliche Sache wird nicht dadurch berührt, daß die Sache Zubehör eines Grundstücks ist oder wird.** Der Begriff des Zubehörs ist vom Gesetz (§§ 97, 98 BGB) derart festgelegt, daß für eine abweichende Parteivereinbarung kein

---

[1] RG 69, 247.
[2] BGHSt 19, 123.
[3] BGH 28, 21.

Raum ist. Deshalb ist die Abrede, die eine oder andere Sache solle als Grundstückszubehör gelten oder nicht, rechtlich unbeachtlich. Um den Begriff des Grundstückszubehörs zu erfüllen, müssen vielmehr folgende Voraussetzungen gegeben sein, wobei das Eigentum am Zubehör nicht mit dem Eigentum am Grundstück zusammenzufallen braucht und z. B. kraft Eigentumsvorbehalts dem Lieferanten zustehen kann:

b) Zubehör

Die Sache muß als selbständige, nicht zum Grundstücksbestandteil gewordene[1], 93 dem wirtschaftlichen Zweck des Grundstücks zu dienen bestimmt sein. Dazu ist zunächst erforderlich, daß das Grundstück einem bestimmten wirtschaftlichen Zweck gewidmet, insbesondere dauernd für einen landwirtschaftlichen oder gewerblichen Betrieb eingerichtet ist, wie dies z. B. für Gasanstalten, Elektrizitätswerke, Mühlen, Druckereien, Theater, Gasthöfe, Ziegeleien, Gärtnereien, Metzgereien, Landgüter usw. zutrifft. Dabei genügt es, wenn auch nur ein Teil des Grundstücks, etwa das Erdgeschoß oder das Hinterhaus, eine solche dauernde Einrichtung aufweist[2]. Das ist aber nicht schon der Fall bei einem in einem mehrstöckigen Wohnhaus errichteten Verkaufsladen, der für verschiedene Geschäftszweige benutzt werden kann[3], doch braucht der Verwendungszweck nicht als ein unbänderlicher geplant gewesen zu sein[4]. Wird ein Gewerbe — z. B. Baugeschäft — in einem Gebäude betrieben, das nicht nach seiner objektiven Beschaffenheit dauernd dafür eingerichtet ist, so gehören die dem Gewerbe dienenden Maschinen und Gerätschaften nicht zu dem Zubehör des Grundstücks[5]. Daß der Betrieb zur Zeit ruht, beseitigt die Zubehöreigenschaft einer Sache nicht, sofern nur die Wiederaufnahme des Betriebes möglich ist; es ist nicht einmal Betriebsbereitschaft der betrieblichen Anlage, also ihre gänzliche Fertigstellung und vollständige Ausstattung mit Betriebsinventar erforderlich[6]. Im übrigen kommt es weder auf die Unentbehrlichkeit oder Eignung der Sache für den Betrieb noch auf die Unabänderlichkeit der Betriebseinrichtung an. Immerhin muß die Sache dem Betrieb als solchem und nicht nur den persönlichen Bedürfnissen des jeweiligen Betriebsinhabers gewidmet sein. Ersteres ist besondere der Fall bei den Maschinen des auf dem Grundstück betriebenen Unternehmens, letzteres häufig bei Personenkraftwagen. Lastkraftwagen bzw. sonstigen Fahrzeugen kann u. U. keine Zubehöreigenschaft zukommen. Der Fahrzeugpark eines Speditionsgeschäfts stellt kein Zubehör dar[7]. Nach § 97 BGB wären sie Zubehör, wenn sie dem wirtschaftlichen Zweck des Grundstückes, dem sie zugeordnet waren, nicht nur vorübergehend zu dienen bestimmt waren. § 97 BGB fordert ein Abhängigkeitsverhältnis, das durch Überordnung der Hauptsache und Unter-

---

[1] RG 69, 150; vgl. MünchKomm/Holch § 97 Rdn. 31.
[2] OLG Jena JW 33, 924.
[3] S. hierzu auch BGH WM 71, 1086.
[4] RG 48, 207.
[5] BGH NJW 74, 269 = MDR 74, 390.
[6] BGH NJW 69, 36.
[7] WM 83, 306; MünchKomm/Holch § 97 Rdn. 32.

ordnung der Hilfssache gekennzeichnet ist[1]. Entscheidend ist, wo der **wirtschaftliche Schwerpunkt** des Unternehmens, der wirtschaftliche, betriebstechnische Mittel- und Stützpunkt, der „Brennpunkt" des Betriebes liegt. In der Regel wird dies beim Betriebsgrundstück vorliegen. In aller Regel werden deshalb die einem Unternehmen zugeordneten Sachen als Zubehör des Grundstückes angesehen, auf dem das Unternehmen betrieben wird.

§ 98 Nr. 1 BGB stellt klar, daß bei einem Grundstück, das für einen bestimmten gewerblichen Betrieb dauernd eingerichtet ist, die Maschinen und sonstigen Gerätschaften, die zum Betrieb gehören, dem wirtschaftlichen Zweck des Gebäudes zu dienen bestimmt sind. Bei einer Mühle, einer Schmiede, einem Brauhaus und einer Fabrik ist dies regelmäßig der Fall; diese Gebäude sind entsprechend dem Betriebszweck besonders ausgestaltet, der wirtschaftliche Schwerpunkt liegt auf dem Betriebsgrundstück: Bei **Kraftfahrzeugen**, die einem Unternehmen gehören, ist darauf abzustellen, ob der erforderliche enge Bezugszusammenhang zwischen den Kraftfahrzeugen und dem Geschäftsgrundstück besteht. Für Kraftfahrzeuge, die auf dem Grundstück für die Bereitstellung, die Lagerung sowie dem An- und Abtransport der für die Produktion notwendigen Rohstoffe und der Erzeugnisse des Betriebes erforderlich sind, trifft das zu. Auch der Fahrzeugpark einer Fabrik oder eines Handelsunternehmens, mit dem die Bedarfsgüter herbeigeschafft bzw. die erzeugten Produkte ausgeliefert werden, dient dem wirtschaftlichen Zweck des Betriebsgrundstückes, u. U. auch ein Personenkraftwagen, der für die Tätigkeit eines Mitarbeiters der Betriebsverwaltung mit Außendienstfunktion erforderlich ist.

Sachen, die nur vorübergehend, z. B. von einem Mieter oder Pächter, für die Zwecke des Grundstücks eingesetzt werden, sind so wenig Zubehör, wie sie wesentliche Bestandteile des Grundstücks sein können[2]. Kurzlebigkeit der Sache schließt die Zubehöreigenschaft nicht aus, wenn der Dienst am Grundstück die ganze Lebensdauer der Sache umfaßt, wie z. B. bei Kohlenvorräten[3] oder Heizöl[4]. Da Rohstoffvorräte und Fabrikate überhaupt keine Hilfssachen im Verhältnis zum Grundstück sind, gehören sie auch nicht zum Grundstückszubehör[5], wohl dagegen das Verpackungsmaterial, die zur Ersetzung oder Ausbesserung von Betriebsmitteln bereitgehaltenen Materialreserven einer Fabrik einschließlich der auf dem Grundstück lagernden, zum Einbau oder Zusammenbau bestimmten Einzelteile und Goßbauelemente eines Fertighauses[6]. Noch nicht fertig montierte Heizkörper in einem Rohbau können schon Zubehör des Grundstücks sein[7].

---

[1] BGH WM 65, 483.
[2] RG 132, 321; OLG Stuttgart JW 32, 3730; BGH NJW 62, 1498; MünchKomm/Holch, § 97 Rdn. 8.
[3] RG 77, 36.
[4] OLG Düsseldorf NJW 66, 1714; LG Baunschweig ZMR 86, 120; MünchKomm/Holch, § 97 Rdn. 17 + 22.
[5] RG 86, 326; Serick II, § 17; BB 72, 634; MünchKomm/Holch, § 97 Rdn. 16.
[6] RG 66, 356; 84, 284; BGH WM 72, 659; MünchKomm/Holch, § 97 Rn. 7.
[7] BGH WM 72, 659.

Die Sache muß in einem der obigen Bestimmunge entsprechenden räumlichen 94
Verhältnis zum Grundstück stehen. Eine gelegentliche vorübergehende Trennung, z. B. zu Verpfändungs- oder Reparaturzwecken, hebt die Zubehöreigenschaft nicht auf, daher auch nicht die vorübergehende Verbringung des zum Zubehör eines Landgutes zählenden Viehs auf die Sommerweide. Auf der anderen Seite ist nicht erforderlich, daß das Zubehörstück örtlich auf dem Grundstück selbst untergebracht ist, **es genügt die Unterbringung in der Nachbarschaft desselben**[1], daher können nach Lage des Falles auch Hilfsgebäude, die zu vorübergehenden Zwecken auf fremden Nachbargrundstücken errichtet sind, oder Gleisanlagen auf solchen Grundstücken Zubehör des Betriebsgrundstückes sein[2]. Stromverteilungsanlagen (Leitungsnetze und Umspannanlagen) können auch Zubehör von Umspannwerken sein.

Es darf keine entgegenstehende Verkehrsauffassung feststellbar sein, wie dies z. B. 95 bei Telefonanlagen[3], auch eingebauten Wandgemälden der Fall ist[4]. Sogar der Einrichtung eines Kaffeehauses, sofern sie nicht stilmäßig mit den Betriebsräume eine Einheit bildet, kann nach der Verkehrsanschauung die Zubehöreigenschaft fehlen[5]. Zubehör können demnach sein: die nicht als wesentliche Bestandteil anzusehenden Maschinen (s. Rdn. 99)[6], soweit es sich um ein Fabrikgebäude handelt; Zubehör eines Landgutes können sein: Ackerpferde, Zuchtvieh sowie das noch nicht schlachtreife Mastvieh[7], bei einer Brauerei die Lastkraftwagen, bei einer Gaststätte das Inventar einschließlich der Wäsche, ggfs. auch die Kegelbahn[8]. Kein Zubehör sind die fertigen, zum Verkauf bestimmten Waren und sonstigen Erzeugnisse, wie beispielsweise der Baumschulbestand einer Gärtnerei, die Ausstellungsstücke eines Möbelgeschäfts oder das in einer Brauerei hergestellte Bier[9].

Zur Aufhebung der Zubehöreigenschaft s. Rdn. 442 ff.

3. Unbewegliche Sachen

a) Allgemeines

Sicherungsmittel können unbewegliche Sachen (Immobilien, Liegenschaften) 96 sein. Das sind nicht nur Grundstücke im Rechtssinne (s. Rdn. 773), sondern auch die sog. grundstücksgleichen Berechtigungen wie das Erbbaurecht (s. Rdn. 283), das

---

[1] RG JW 38, 1390; BGH WM 65, 483; s. auch MünchKomm/Holch § 97 Rdn. 25.
[2] Vgl. hierzu RG 130, 264; 157, 40.
[3] OLG Köln NJW 61, 461; MünchKomm/Holch § 97 Rdn. 28 a.
[4] RG 158, 362.
[5] OLG Frankfurt v. 12. 2. 32 — 2a W 21/32 — Recht 1913, Nr. 2690.
[6] RG 69, 117.
[7] RG 142, 379.
[8] BGH NJW 69, 2135; a. A. für das Inventar einer Gastwirtschaft LG Kiel Rpfleger 83, 167 f.; vgl. auch Fn. 44.
[9] MünchKomm/Holch § 97 Rdn. 16.

Wohnungseigentum[1], das Bergwerkseigentum, die Kohlenabbaugerechtigkeit und die selbständigen Gerechtigkeiten, nämlich die Wassergerechtigkeit, die Zwangsrechte, Bannrechte, Realgewerbeberechtigungen, die Salzabbaugerechtigkeit und die Abbaurechte (Rechte zur Gewinnung eines dem Bergrecht nicht unterliegenden Minerals). Alle diese Rechte werden rechtlich als Grundstücke behandelt, können (nur) wie ein Grundstück belastet werden, erhalten ein eigenes Grundbuchblatt (z. B. Erbbaugrundbuch, Wohnungsgrundbuch, Bergwerksgrundbuch) usw.; sie sind „verliegenschaftet".

97 Das **Wohnungseigentum** (vgl. auch Rdn. 132) stellt ein besonderes ausgestaltetes Miteigentum im Sinne der §§ 1008 ff. BGB dar (vgl. §§ 1—9 WEG): der Miteigentumsanteil an einem Grundstück (mit tragenden Mauern, Fundamenten, Heizungskeller, Aufzug u. a.) wird mit dem Sondereigentum (z. B. nichttragende Zwischenwände, Innentüren, Fußbodenbelag und Kücheneinrichtung) an einer Wohnung oder anderen Räumen verbunden. Gemäß § 6 WEG ist das Sondereigentum mit dem Anteil an dem gemeinschaftlichen Eigentum unlösbar verbunden. Nach dem Wohnungseigentumsgesetz sind verschiedene Rechtsformen zu unterscheiden: gemäß § 1 Abs. 2 WEG ist Wohnungseigentum das Sondereigentum an einer Wohnung in Verbindung mit dem Miteigentumsanteil am gemeinschaftlichen Eigentum (s. oben). Teileigentum ist gemäß § 1 Abs. 3 WEG Sondereigentum an Räumen, die nicht Wohnzwecken dienen in Verbindung mit dem Miteigentumsanteil am gemeinschaftlichen Eigentum (Beispiel: Garagen, Geschäftsräume, Läden)[2]. Wohnungseigentum und Teileigentum unterscheiden sich somit lediglich durch die Zweckbestimmung der Räume, zu denen sie bestehen.

Das Wohnungseigentum läßt auch die Begründung von Wohnungserbbaurecht und Teilerbbaurecht zu (§ 30 WEG).

Wohnungseigentum wird wie Grundstücke veräußert; es ist selbständig belastbar. Ist das Grundstück zum Zeitpunkt des Entstehens des Eigentums belastet, so werden die Grundpfandrechte durch die Teilung des Grundstücks zu Gesamtgrundpfandrechten an den einzelnen Wohnungseigentumsrechten[3]. Grundbuchmäßig wird das Wohnungseigentum wie ein selbständiges Grundstück behandelt.

Für die Belastung des Wohnungseigentums mit einem Grundpfandrecht ist zu beachten, daß nach § 12 WEG eine Veräußerungsbeschränkung für das Sondereigentum vereinbart werden kann, d. h., der Wohnungseigentümer bedarf zur Veräußerung der Zustimmung anderer Wohnungseigentümer oder eines Dritten. Gemäß § 12 II WEG darf die Zustimmung jedoch nur aus einem wichtigen Grund verweigert werden. (Nicht abdingbar)[4]. Dies ist z. B. dann der Fall, wenn der Erwerber für die anderen Wohnungseigentümer unzumutbar ist, sei es aus persönlichen Gründen (Störung der Hausgemeinschaft), sei es wegen mangelnder Zahlungsfähigkeit[5]. Ein Anspruch auf

---

[1] Mattern, WM 73, 662 ff.
[2] Palandt/Bassenge § 1 WEG Rdn. 3.
[3] Soergel/Stürner § 3 WEG Rdn. 13; MünchKomm/Röll § 3 WEG Rn. 12.
[4] BayObLG 72, 348; Palandt/Bassenge § 12 WEG Rn. 8.
[5] MünchKomm/Röll § 12 WEG Rdn. 8.

Erteilung der Zustimmung kann durch Vereinbarung für bestimmte Fälle eingeräumt werden. Einer rechtsgeschäftlichen Veräußerung steht die Veräußerung im Wege der Zwangsvollstreckung oder durch den Konkursverwalter gleich (§ 12 III S. 2 WEG). Im Fall der Zwangsversteigerung darf der Zuschlag erst erteilt werden, wenn die Zustimmung nachgewiesen ist. Um die Zustimmung zu erzwingen, kann der Gläubiger den Anspruch des Wohnungseigentümers auf Zustimmung nach § 857 ZPO pfänden und sich zur Einziehung überweisen lassen; eine Vormerkung kann schon vor Erteilung der Zustimmung eingetragen werden[1]. Um die Beleihbarkeit nicht zu erschweren, wird der Erwerb im Wege der Zwangsversteigerung jedoch auf Antrag eines Grundpfandrechtsgläubigers häufig bereits von der Veräußerungsbeschränkung ausgenommen. Auf einer solchen Einschränkung sollte das Kreditinstitut bestehen, um Schwierigkeiten in der Zwangsverwertung zu vermeiden. Nicht erfaßt wird davon die Veräußerung von Sondereigentumsanteilen innerhalb der Gemeinschaft selbst[2]. Die Beschränkung muß im Grundbuch eingetragen werden; formellrechtlich ist eine teilweise Bezugnahme auf die Eintragungsbewilligung zulässig[3]. Zur Eintragung ist die Zustimmung der Grundpfandrechtsgläubiger erforderlich[4]. Fehlt die Eintragung, so ist keine dingliche Wirkung gegeben. Die Zustimmung bedarf der Form des § 29 GBO.

Stimmt die Eigentümerversammlung zu, kann der Nachweis durch das Protokoll mit öffentlicher Beglaubigung der erforderlichen Unterschriften geführt werden[5]. Welche Unterschriften erforderlich sind, ergibt sich aus § 24 VI WEG. Zu beachten ist bei der Bewertung von Belastungen auch, daß die Wohnungseigentümer den Gebrauch des Sondereigentums nach § 15 WEG durch Vereinbarungen regeln können, z. B. eine Nutzungsbeschränkung vorsehen[6]. Nach § 10 II WEG kann dies als Inhalt des Sondereigentums im Grundbuch eingetragen werden mit der Folge, daß es sich bei der Verwertung nachteilig auswirkt, da Erwerber daran gebunden sind.

Die Grundpfandrechtsbelastung kann sich entweder als Gesamtbelastung auf das gesamte Grundstück oder auf jedes einzelne Wohnungseigentumsrecht erstrecken. Für das Kreditinstitut ist der erstere Weg vorteilhafter, weil einfacher, aber in der Praxis kommt es meist nur zur Einzelbelastung.

Für den Fall der Zwangsverwaltung ist entschieden worden, daß die vom Wohnungseigentümer zu zahlenden Lasten und Kosten (Wohngeld) vom Zwangsverwalter vorweg zu entrichten sind (§ 155 I ZVG)[7].

---

[1] MünchKomm/Röll § 12 WEG Rdn. 7.
[2] OLG Celle DNotZ 75,4; Palandt/Bassenge § 12 WEG Rdn. 8.
[3] Palandt/Bassenge § 12 WEG, Rdn. 5.
[4] MünchKomm/Röll § 10 WEG Rdn. 9a, § 12 WEG Rdn. 2.
[5] BayObLG 61, 392, 237; Palandt/Bassenge § 12 WEG Rdn. 10.
[6] Z. B. nur als Laden (OLG Hamm, OLGZ 78, 10; Bay OLG NJW-RR 89, 719); Gaststätte (BayObLG WoM 85, 298); Büro (OLG Stuttgart NJW 87, 385); weitere Bsp. bei Palandt/Bassenge § 15 WEG Rdn. 4.
[7] LG Darmstadt Rpfleger 77, 322.

Den unbeweglichen Sachen steht ferner gleich der ideelle Anteil (Bruchteil) an einer solchen Sache (Miteigentum einschließlich des Sondereigentums nach § 1 WEG; §§ 741, 747, 1008 BGB).

b) Wesentliche Bestandteile

98   Ist nun eine unbewegliche Sache, insbesondere ein Grundstück, Sicherungsmittel, so erstreckt sich die Sicherheit stets auch auf die Bestandteile des Immobils, sofern es sich um **wesentliche Bestandteile** handelt. **Denn deren dingliche Rechtslage kann keine andere sein als die des Immobils,** so daß auch ein Eigentumsvorbehalt nicht gegen den Rechtsverlust schützt[1], mag auch die Vorbehaltssache erst nach Bestellung der Immobiliarsicherheit zum Grundstücksbestandteil werden (§ 93 BGB; s. Rdn. 285). Bestandteile eines Grundstücks sind diejenigen Sachen, die mit dem Grundstück eine Einheit bilden, also zusammen mit dem Grund und Boden als eine einheitliche Sache erscheinen; als wesentlich gilt ein Bestandteil dann, wenn er mit dem Grundstück fest verbunden ist oder durch seine Trennung vom Grundstück zerstört oder in seinem Wesen verändert werden würden, mit anderen Worten, wenn er (oder das Grundstück) durch die Trennung in seiner wirtschaftlichen Verwertbarkeit erheblich beeinträchtigt werden würde (§ 94 Abs. 1 BGB). Auf die Festigkeit der Verbindung kann geschlossen werden, wenn die Kosten der Trennung, insbesondere, weil der Bestandteil zerlegt werden muß, unverhältnismäßig hoch sind[2]; auch kann das bloße Eigengewicht der Sache zu einer festen Verbindung mit dem Grund und Boden führen wie etwa bei dem Gasometer einer Gasanstalt. Vor allem gehören hierher neben den Pflanzen die auf dem Grundstück befindlichen Gebäude[3], auch das erbaute Fertighaus, wenn es mit dem Fundament fest verbunden ist oder das Gewächshaus auf dafür hergestelltem Fundament[4]. Daraus ergibt sich als weitere Folge, daß die wesentlichen Bestandteile des Gebäudes in aller Regel zugleich zu den wesentlichen Bestandteilen des Grundstücks zählen. Damit beginnen aber die Schwierigkeiten einer Abgrenzung der wesentlichen Bestandteile von anderen in oder an dem Gebäude befindlichen Sachen. Eine solche Abgrenzung ist nach zwei Richtungen hin möglich:

99   **Nach der oben gegebenen Begriffsbestimmung kommen als wesentliche Bestandteile des Gebäudes diejenigen Sachen in Betracht, die ohne Zerstörung oder erhebliche Beschädigung nicht von dem Gebäude getrennt werden können.** Dabei ist es gleichgültig, ob im Fall einer Trennung der losgelöste Gegenstand durch einen gleichartigen ersetzt werden könnte oder ob er für die Verwendbarkeit des Grund-

---

[1] MünchKomm/Holch § 93 Rdn. 22.
[2] RG 158, 362.
[3] Doch wird weder der entschuldbare Überbau (§ 912 BGB) noch der Eigenüberbau (RG 160, 166) wesentlicher Bestandteil des überbauten Grundstücks (BGH 27, 204; WM 61, 761; 69, 917; NJW 82, 756 für eine Tiefgarage; vgl. auch MünchKomm/Holch § 94 Rdn. 7). Wegen des Anbaus bei halbscheidiger Giebelmauer s. BGH 36, 46; NJW 67, 1232.
[4] BGH MDR 74, 298.

stücks besonders wichtig ist. Gleichgültig ist auch, ob die Verwertbarkeit der einzelnen Teile des losgelösten Gegenstandes erhalten bleibt: Ein abmontiertes Dachgebälk ist eben kein Dachstuhl mehr, sondern ein Haufen Balken und Bretter[1]. Hiernach ist z. B. eine Zimmervertäfelung oder ein Parkettboden in herrschaftlichen Wohnhäusern ebenso zu den wesentlichen Bestandteilen des Gebäudes zu rechnen wie der eingebaute Backofen einer Bäckerei[2]. Das Gleiche gilt von den Maschinen eines Fabrikgebäudes, wenn sie „dergestalt in dem körperlichen Gegenstand des Gebäudes aufgegangen sind, daß nur noch ein Körper, nämlich das Gebäude, besteht"[3]. Die Verbindung zwischen Gebäude und Maschine muß so innig sein, daß die Wegnahme der Maschine nicht möglich ist, ohne daß sie selbst oder das Gebäude zerstört oder sehr erheblich beschädigt wird[4]. Eine solche Beschädigung ist allerdings nicht schon darin zu sehen, daß einzelne Teile des Gebäudes bei der Entfernung der Maschine versehrt, eine Vermauerung der Maschine mit dem Boden zerschlagen oder Schrauben und Verankerungen herausgenommen werden. Ein wesentlicher Bestandteil ist auch dann anzunehmen, wenn die Maschine derart dem Gebäude angepaßt wurde, daß sie an anderer Stelle nicht verwendet werden könnte[5]. Von der nicht einheitlichen Rechtsprechung sind als wesentliche Bestandteile u. a. anerkannt worden die Sauggasanlage einer Brauerei[6], eine außen angebaute Fahrstuhlanlage für Lasten[7] und die Kraft- und Lichtanlage eines Kokswerkes[8], dagegen nicht die Kühlanlage eines Hotels[9], auch nicht die Gleisanlage einer Fabrik[10], die Kegelbahn auf einem Gaststättengrundstück[11], die Maschinen einer Spinnerei[12] und die Schnellpresse einer Druckerei[13]. Die Bestandteilseigenschaft fehlt in allen Fällen, wo die Verbindung ihrer Natur nach nur vorübergehend und eine häufige Auswechslung mit anderen mehr oder minder verschiedenen Ergänzungssachen ohne Rücksicht auf ihre Abnutzung von Anfang an vorgesehen ist und dem Wesen der Maschine entspricht[14]. Fernleitungen von Versorgungsunternehmen sind in der Regel wesentliche Bestandteile des Werkgrundstücks, jedoch nur dessen Zubehör, soweit sie über fremde Grundstücke führen[15].

---

[1] RG 62, 248.
[2] OLG Düsseldorf JW 35, 3316; a. A. für eine ohne Beschädigung abmontierbare Holzvertäfelung in einem Schloß RG 158, 162, 167f.
[3] RG JW 34, 1849.
[4] MünchKomm/Holch § 93 Rdn. 11.
[5] MünchKomm/Holch § 93 Rdn. 11.
[6] RG 63, 171.
[7] BFH BB 78, 186.
[8] RG 69, 150; weitere Bsp. bei MünchKomm/Holch § 93 Rdn. 13.
[9] RG JW 32, 1200; LG Ansbach WM 89, 1777 für eine Kombikühlzelle.
[10] RG JW 28, 561.
[11] BGH LM § 93 Nr. 2.
[12] RG JW 09, 483.
[13] RG 67, 30; weitere Bsp. bei MünchKomm/Holch § 93 Rdn. 14f.
[14] RG JW 38, 1590; vgl. auch MünchKomm/Holch § 97 Rdn. 11.
[15] RG 87, 43; 168, 288; BGH 37, 353.

100 Wesentliche Bestandteile eines Gebäudes sind ferner kraft besonderer Vorschrift diejenigen Sachen, die „zur Herstellung eines Gebäudes eingefügt" werden, eine Voraussetzung, die auch durch den späteren Einbau in ein schon bestehendes Gebäude erfüllt werden kann (§ 94 Abs. 2 BGB)[1]. Zur Herstellung des Gebäudes eingefügt sind in erster Linie die Baustoffe, die den Baukörper als solchen bilden, also z. B. Beton, Steine, Balken oder Dachziegel. **Entscheidend ist der Zweck,** nicht die Art, insbesondere nicht die Festigkeit der Einfügung[2]. Hiernach kann eine auch nur lose mit dem Gebäude verbundene Sache die Eigenschaft als wesentlicher Bestandteil des Gebäudes erlangen, wenn Sache und Gebäude aufeinander abgestimmt sind[3]. So z. B. die nur eingehängten Türen, Fenster[4] und Fensterläden[5] eines Wohnhauses. Darüber hinaus kann die dem Gebäude eingefügte Ausstattung wesentlicher Bestandteil i. S. von § 94 Abs. 2 sein, wenn das Gebäude erst durch die Einfügung zu dem geworden ist, was es darstellen soll und darstellt, d. h. seinen besonderen Charakter erhalten hat[6]. Da dies nach der Verkehrsanschauung über den Zweck und die Beschaffenheit des Gebäudes zu beurteilen ist. Spiegelt sich in der Rechtsprechung die stetig verbesserte Ausstattung von Gebäuden und ihre Anerkennung als allgemeiner Standard wieder. So werden in Wohngebäuden zentrale Heizungsanlagen[7] regelmäßig als wesentliche Bestandteile anerkannt, ferner Warmwasserspeicher[8], Waschbecken oder Badewannen[9], darüber hinaus auch Einbauschränke, z. B. Küchenmöbel, die durch maßgerechtes Einpassen mit den sie umschließenden Nischen des Mietswohnhauses vereinigt sind[10]. Ausnahmsweise können auch Maschinen eines Fabrikgebäudes dazu gehören, wenn Bauwerk und Maschinen besonders aufeinander gearbeitet, insbesondere wenn die Maschinen an die Bauart und Gliederung des Gebäudes angepaßt sind. Es muß also die Maschine derartig nach dem Gebäude konstruiert oder das Gebäude so für die Maschine gebaut sein, daß das Gebäude als Baulichkeit durch die Verbindung mit der Maschine eine besondere Eigenart gewonnen hat und Maschine oder Gebäude durch eine Trennung ihre bestimmungsgemäße Verwendbarkeit verlieren würden[11]. Mit anderen Worten, es muß durch die Einfügung der Maschine das Gebäude als Baulichkeit erst vollendet werden, wogegen es gleichgültig ist, ob die Maschine für den im Gebäude unterhaltenen Betrieb unentbehrlich ist und dieser durch die Einfügung der Maschine erst seine besondere Prägung erhält[12]. Danach wird der Bestandteilscharak-

---

[1] Zum nachträglichen Einbau RG 158, 362, 367; MünchKomm/Holch § 94 Rdn. 14.
[2] MünchKomm/Holch § 94 Rdn. 15; BGH NJW 79, 712.
[3] MünchKomm/Holch § 94 Rdn. 14.
[4] OLG Naumburg OLGE 28, 15; LG Lübeck NJW 86, 2514f.
[5] RG 60, 421.
[6] BGH NJW 53, 1180; MünchKomm/Holch § 94 Rdn. 17.
[7] BGH NJW 53, 1180; 70, 895; MünchKomm/Holch § 94 Rdn. 18 m. w. N.
[8] BGH NJW 53, 1180; 64, 399.
[9] OLG Braunschweig NdsRpfl. 55, 193; RFH JW 22, 238.
[10] BFH BStBl 62, 333; s. auch OLG Nürnberg WM 73, 854; vgl. im einzelnen MünchKomm/Holch § 94 Rdn. 18a + 18c.
[11] RG 130, 266; MünchKomm/Holch § 94 Rdn. 20 m. w. N. zur Rspr.
[12] RG 69, 117.

ter fast immer **zu verneinen** sein bei Maschinen, die nach Preislisten gehandelt werden (Katalogware); sie können allenfalls nach den zu Rdn. 99 entwickelten Regeln oder da zum Bestandteil des Gebäudes werden, so wie mit einer der individuellen Art des Gebäudes angepaßten Einrichtung nach allgemeiner Verkehrsanschauung ein einheitliches Ganzes bilden, wie dies beim Heizkörper und Heizkessel im Verhältnis zum Heizröhrennetz eines modernen Mietshauses der Fall ist[1]. Demgemäß hat die Rechtsprechung den Charakter als wesentlichen Bestandteil nur in besonderen Fällen bejaht, z. B. bei der Automateneinrichtung eines Automatenrestaurants[2], bei den Personen-, Last- und Speiseaufzügen eines Hotels[3], bei der Tankanlage einer Großgarage[4], ferner bei der Be- und Entlüftungsanlage eines Gaststätten- und Kegelcentergebäudes[5] bzw. in Küchen- und Galsträumen eines modernen Hotelbetriebs[6], bei der Klimaanlage in einem Druckereigebäude[7] und bei der Beheizungs- und Badeanlage eines Wohnhauses[8]. In den meisten Fällen dieser Art werden auch die Voraussetzungen zu Rdn. 99 gegeben sein. Von „zur Herstellung des Gebäudes eingefügten Sachen" und damit von wesentlichen Bestandteilen gem. § 94 Abs. 2 BGB kann dabei nicht nur bei der endgültigen Herstellung eines Bauwerks, sondern bereits bei der Erstellung eines unfertigen Rohbaus gesprochen werden; die Qualität der eingefügten Sache bestimmt sich allein nach dem Zweck der Einfügung und es genügt daher, daß die Sache der Fertigstellung des geplanten Gebäudes dient[9].

Keine Bestandteileigenschaft erlangen nach § 95 BGB Sachen, deren **Verbindung** mit dem Grund und Boden oder deren Einfügungen in das Gebäude von vornherein als **vorübergehend** gedacht ist. Sie können auch nicht Zubehör des Grundstücks sein, obgleich sie rechtlich als bewegliche Sachen gelten[10]. Ob solche zeitliche Begrenzung vorliegt, ist nach den besonderen Umständen des Einzelfalles, insbesondere der inneren Willensrichtung des Einfügenden, zu beurteilen[11]. So werden in der Regel Gebäude, die nur zu Ausstellungszwecken errichtet sind, Bauhütten oder auch Maschinen, die von einem Nießbraucher, Mieter, Pächter usw. eingebaut sind, keine wesentlichen Bestandteile des Grundstücks sein. **Es kann sogar ein festes Bauwerk, welches von einem solchen Nutzungsberechtigten errichtet worden ist, sogar ein Betonbunker**[12], **rechtlich eine bewegliche Sache geblieben sein,** sofern eben nicht die spätere 101

---

[1] KG JW 32, 3006.
[2] RG JW 08, 484.
[3] RG 90, 200.
[4] RG 150, 22.
[5] OLG Hamm NJW-RR 86, 376.
[6] OLG Stuttgart NJW 58, 1685; LG Freiburg MDR 57, 419.
[7] BGH NJW 74, 136.
[8] BGH NJW 53, 1180; WM 64, 85; BGH 40, 273; 53, 324; OLG Frankfurt WM 68, 1231.
[9] So BGH WM 79, 108f. für einen Rohbau verbrachten Heizkessel einer Heizungsanlage; vgl. auch BGH WM 78, 1311.
[10] BGH NJW 62, 1498; BGH DB 70, 584; BB 59, 650; Serick I § 6 II 3; s. aber auch BGH WM 65, 1028.
[11] RG 153, 236.
[12] BGH NJW 56, 1273; weitere Beispiele MünchKomm/Holch § 95 Rdn. 11.

Überlassung des Gebäudes an den Eigentümer vertraglich in den Bereich der Möglichkeit gezogen war (**"Scheinbestandteil"**)[1]. Wenn ein Mieter solches Gebäude errichtet, besteht eine tatsächliche Vermutung dahin, daß er dabei nicht in der Absicht gehandelt hat, daß das Gebäude nach Beendigung des Mietsverhältnisses dem Grundstückseigentümer zufallen solle[2]. Eine spätere Änderung des ursprünglichen Zwecks der Bebauung macht das Gebäude nur dann zum wesentlichen Bestandteil des Grundstücks, wenn eine entsprechende Einigung zwischen bisherigem Gebäudeeigentümer und Grundstückseigentümer hinzutritt[3]. Damit das Gebäude bereits mit seiner Errichtung zum wesentlichen Bestandteil des Grundstücks wird, bedarf es also der positiven Absicht der Parteien, es unter den vertraglichen Voraussetzungen nach Ablauf der vorgesehenen Vertragsdauer, sei es auch nur auf Wunsch des Grundstückseigentümers, in dessen Eigentum übergehen zu lassen[4]. In diesen Fällen übernimmt der Grundstückseigentümer meistens die Verpflichtung, seinem Vertragspartner nach

102 Beendigung des Vertragsverhältnisses eine Entschädigung zu zahlen[5]. Diese Fragen stellen sich insbesondere auch dann, wenn ein Kommanditist ein (noch) unbebautes Grundstück der Kommanditgesellschaft überläßt, ohne ihr das Eigentum zu übertragen, damit diese auf dem Grundstück z. B. das Betriebsgebäude errichtet. Hier ist aufgrund des Gesellschaftsvertrages oder sonstiger Vereinbarungen zu prüfen, ob das Gebäude wesentlicher Bestandteil oder gemäß § 95 BGB nur Scheinbestandteil geworden ist. Bedeutsam ist diese Frage vor allem für die Bewertung eines Grundpfandrechtes auf dem Grundstück. Wenn das Gebäude kein wesentlicher Bestandteil ist, haftet es auch nicht dem Grundpfandrecht. Als Lösung bietet sich dann an, das Gebäude dem Grundpfandrechtsgläubiger der Kommanditgesellschaft zur **Sicherung zu übereignen.** Um **Grunderwerbssteuer** zu sparen, sollte die Sicherungsübereignung des Gebäudes unter der auflösenden Bedingung der Tilgung sämtlicher gesicherter Ansprüche erfolgen (falls es nicht zur Verwertung der Sicherheit kommt, fällt dann auch keine Grunderwerbssteuer an). Laut Schreiben des Niedersächsischen Ministers für Finanzen vom 29. 4. 1985 — S 45 43 — 14 — 32 3 gilt:

> „Die Sicherungsübereignung eines Gebäudes auf fremdem Boden, das Scheinbestandteil (§ 95 Abs. 1BGB) ist , unterliegt nach § 2 Abs. 2 Nr. 2 i. V. m. § 1 Abs. 1 Nr. 3 GrEStG der Grunderwerbsteuer (BFH-Urteile vom 22. 10. 1952, BStBl. III, 310 und vom 1. 2. 1956, BStBl. III, 93). Hierfür ist ohne Bedeutung, daß die Sicherungsübereignungsverträge im allgemeinen Bestimmungen enthalten nach denen
>
> — das Gebäude nach vollständiger Rückzahlung des gewährten Kredits ohne weiteres an den Sicherungsgeber zurückfällt und

---

[1] RG JW 37, 2265; BGH WM 58, 564; 64, 426.
[2] BGH 8, 1; 10, 171; OLG Nürnberg WM 59, 1013.
[3] BGH 23, 750.
[4] BGH NJW 59, 1487; WM 65, 1028.
[5] BGH WM 65, 652.

— der Sicherungsnehmer das Gebäude nur dann — und zwar für Rechnung und auf Kosten des Sicherungsgebers (ggf. auch in dessen Namen) — verwerten darf, wenn dieser seinen Zahlungsverpflichtungen aus dem Kreditverhältnis nicht pünktlich nachkommt.

1. Auflösend bedingter Erwerb

    Fällt das Eigentum an dem Gebäude aufgrund der Vereinbarungen nach Erfüllung der Verpflichtungen des Sicherungsgebers ohne weiteres an diesen zurück, liegt ein auflösend bedingter Erwerb vor. Die Steuerfestsetzung für die Sicherungsübereignung ist deshalb bei Eintritt der Bedingung aufzuheben (§ 5 Abs. 2 BewG, § 175 Abs. 1 Nr. 2 AO). Für den Rückerwerb des sicherungsübereigneten Gebäudes ist keine Grunderwerbsteuer festzusetzen, weil der ursprüngliche Erwerb als Auswirkung der Anwendung des § 5 Abs. 2 BewG so behandelt wird, als hätte er nicht stattgefunden und deshalb für die Besteuerung des Rückerwerbs kein Raum bleibt.

    Erfüllt der Sicherungsgeber seine Verpflichtungen gegenüber dem Sicherungsnehmer, so wird im Ergebnis keine Grunderwerbsteuer erhoben. Sie ist allerdings für die Sicherungsübereignung im Hinblick auf § 169 ff. AO zunächst festzusetzen. Ich bitte jedoch, die festgesetzte Grunderwerbssteuer auf Antrag für die Laufzeit des Kredits unter dem Vorbehalt des Widerrufs zinslos zu stunden.

    Verwertet der Sicherungsnehmer das Gebäude, weil der Sicherungsgeber seinen Zahlungsverpflichtungen nicht nachgekommen ist, so ist die Stundung zu widerrufen. Ein Erwerb seitens des Sicherungsnehmers i. S. des § 1 Abs. 2 GrEStG wird im Zusammenhang mit der Verwertung nicht verwirklicht, weil sie für Rechnung des Sicherungsgebers erfolgt und der Sicherungsnehmer nur befugt ist, sich aus dem Erlös wegen seiner Forderung zu befriedigen (BFH-Urteil vom 17. 2. 1960, BStBl. III, 254). Die Abführung des Mehrerlöses an den Sicherungsgeber löst keine weitere Grunderwerbsteuer für die Sicherungsübereignung aus.

2. Unbedingter Erwerb

    Steht die Sicherungsübereignung nicht unter einer auflösenden Bedingung, sondern ist vereinbart, daß der Sicherungsnehmer nach vollständiger Erfüllung der Verpflichtungen des Sicherungsgebers zur Rückübertragung des Gebäudes verpflichtet ist, so ist die Steuer sowohl für die Übereignung als auch für die spätere Rückübertragung zu erheben. Eine Nichterhebung bzw. Erstattung der Steuer kommt nur bei Einhaltung der 2-Jahres-Frist nach § 16 Abs. 2 Nr. 1 GrEStG in Betracht.

3. Bemessungsgrundlage

    Sowohl bei der auflösend bedingten als auch bei der unbedingten Sicherungsübereignung ist die Steuer gem. § 8 Abs. 2 Nr. 1 GrEStG vom Wert des Grundstücks zu bemessen, denn der Sicherungsnehmer will lediglich seine Forderungen absichern, eine Gegenleistung für den Erwerb des Gebäudes erbringt er nicht. Entsprechendes gilt bei der unbedingten Sicherungsübereignung auch für den Rückerwerb des Gebäudes durch den Sicherungsgeber aufgrund seines Rückübertragungsanspruchs nach Erfüllung der Verpflichtungen.

Erfüllt der Sicherungsgeber seine Verpflichtungen nicht, sieht der Sicherungsnehmer aber von einer Verwertung des Gebäudes für Rechnung des Sicherungsgebers ab, sondern übernimmt das Gebäude vereinbarungsgemäß selbst unter Anrechnung eines Betrages in Höhe des Werts des Gebäudes, so liegt ein weiterer Erwerb des Sicherungsnehmers nach § 1 Abs. 2 GrEStG vor. Die Steuer wird vom Wert der Gegenleistung berechnet, die dem Anrechnungsbetrag entspricht. Sie wird nach § 1 Abs. 6 GrEStG jedoch nur insoweit erhoben, als sie den bei der vorausgegangen Sicherungsübereignung der Steuerberechnung zugrunde gelegten Betrag übersteigt.

Dieser Erlaß ergeht im Einvernehmen mit den obersten Finanzbehörden der anderen Länder. Er tritt an die Stelle meines Erlasses vom 11. Juni 1956 — S 45 43 — 4 — 31 3 —."

c) Zukünftige Sachen

103 Auch zukünftige Sachen können Sicherungsmittel sein mit der Wirkung, daß die Sicherheit entsteht, sobald der Sicherungsgeber die Sache als gegenwärtige erwirbt (s. Rdn. 91). Wird die Sicherheit an einem künftigen Recht bestellt, sei dieses ein künftig entstehendes oder ein künftig zu erwerbendes, so entsteht sie, sobald der Sicherungsgeber das Recht als gegenwärtiges erwirbt[1]. Doch hängt bei künftig entstehenden Rechten die Wirksamkeit des Sicherstellungsvertrages noch davon ab, daß zur Zeit des Vertragsabschlusses überhaupt die Rechtsgrundlage für die künftige Entstehung des Rechts vorhanden ist[2].

Pflanzen sind zu einem nur vorübergehenden Zweck eingepflanzt, wenn sie zum Verkauf in lebendem Zustand bestimmt sind[3]. Dagegen steht der Umstand, daß sie nach naturgemäßem Fristablauf abgeerntet und als Ernte verkauft werden sollen, für sich allein ihrer Bestandteilseigenschaft nicht entgegen.

4. Rechte

104 **Sicherungsmittel können Rechte jeder Art sein, sofern sie nur überhaupt selbständig verkehrsfähig und verwertbar sind.** Solche Rechte sind ihrer Natur nach auch die grundstücksgleichen Berechtigungen (vgl. Rdn. 96), sie werden aber auf dem

---

[1] RG 67, 166; 74, 416.
[2] RG 134, 227.
[3] RG 66, 88.

Gebiet des Sicherungsrechts als Grundstücke behandelt. Andererseits finden auf Inhaberpapiere die Grundsätze über bewegliche Sachen Anwendung (s. Rdn. 78). Gleiches gilt für das mit dem schuldrechtlichen Anspruch auf Eigentumsübertragung nicht zu verwechselnde Anwartschaftsrecht auf Erwerb des Eigentums an einer beweglichen Sache. Im übrigen gehören zu den Rechten in dem hier erörterten Sinne nicht nur die absoluten (gegen jedermann wirkenden) wie die Patentrechte und vor allem die dinglichen Rechte, sondern auch dei relativen (sich nur gegen bestimmte Personen richtenden), welche sich inhaltlich als Ansprüche darstellen. Dabei ist eine solcherart als Sicherungsmittel dienende Forderung stets streng zu trennen von der gesicherten (Kredit-) Forderung. Ist ein dingliches Recht Sicherungsmittel, so ist die Sachsicherheit folgerichtig ein dingliches Recht am dinglichen Recht, so z. B. das Pfandrecht an einer Grundschuld. Schließlich können auch Mitgliedschaftsrechte, z. B. der Anteil an einer Erbengemeinschaft oder Handelsgesellschaft, Sicherungsmittel sein; sie werden auch dann als Rechte behandelt, wenn zum Gemeinschafts- bzw. Gesellschaftsvermögen Grundstücke oder Rechte an Grundstücken gehören. **Die notwendige Individualisierung des Sicherungsmittels ist gegeben, wenn das betreffende Recht bestimmbar genug ist, um im gegebenen Zeitpunkt die Feststellung der Identität eben dieses Rechts zu gestatten**[1]. Wird die Sicherheit an einem künftigen Recht bestellt, sei dieses ein künftig entstehendes oder ein künftig zu erwerbendes, so entsteht sie, sobald der Sicherungsgeber das Recht als gegenwärtiges erwirbt[2], doch hängt bei künftig entstehenden Rechten die Wirksamkeit des Sicherstellungsvertrages noch davon ab, daß zur Zeit des Vertragsabschlusses überhaupt die Rechtsgrundlage für die Möglichkeit der künftigen Entstehung des Rechts vorhanden ist[3]. Ob nur ein Teil eines Rechts zum Sicherungsmittel gemacht werden kann, hängt von der rechtlichen und tatsächlichen Möglichkeit der Teilung ab. Diese ist bei Geldforderungen in aller Regel gegeben, bei GmbH-Anteilen nicht ohne weiteres (§ 17 GmbHG), bei Patentrechten nur nach Bruchteilen, nicht nach Patentansprüchen. Der Verschiedenartigkeit der Rechte, die als Sicherungsmittel in Betracht kommen, entspricht die Vielgestaltigkeit der sicherungsrechtlichen Regelung in diesem Bereich, welche die Übersicht bis zu einem gewissen Grade erschwert; bemerkenswert ist dabei die Sonderbehandlung, durch die das Gesetz die **in Wertpapieren (Inhaber- und Orderpapieren) verkörperten und die „gebuchten" Rechte,** hier verstanden als diejenigen, die zu ihrer Entstehung einer Registrierung, nämlich der Eintragung im Grundbuch, Schiffsregister, Schiffsbauregister oder im Register für Pfandrechte an Luftfahrzeugen bedürfen, letztlich auch **alle sonstigen Rechte, kraft derer eine Leistung gefordert werden kann,** d. h. die (schlichten) Forderungen aus der Vielzahl der übrigen Rechte herausgehoben hat (vgl. Rdn. 663, 666–668, 704–708, 762/763, 772–781). Zur Abtretung von Steuererstattungsansprüchen vgl. Rdn. 642.

105

---

[1] BGH 28, 19.
[2] RG 67, 166; 74, 416.
[3] Vgl. RG 134, 227.

4. Kapitel   Der Sicherstellungsvertrag

I. Vertragsabschluß

106   Schon ihrem Begriff nach erfordert die Sicherheit zu ihrer Entstehung den Abschluß eines Vertrages zwischen Sicherungsnehmer und Sicherungsgeber, eben des Sicherstellungsvertrages, hier im Sinne des zu Rdn. 3 erwähnten Mindesttatbestandes verstanden. Er besteht und entsteht aus den übereinstimmenden, meistens ausdrücklichen, bisweilen sogar einer besonderen Form bedürfenden, gelegentlich aber auch aus schlüssigen (konkludenten) Handlungen abzuleitenden Willenserklärungen der Parteien[1]. Bei den Sachsicherheiten muß der dingliche Tatbestand hinzukommen. Nur bei den Personalsicherheiten reicht der schuldrechtliche Vertrag; Verpflichtung und Erfüllungsgeschäft sind eine Einheit[2]. Der Sicherstellungsvertrag (Sicherungsvertrag) regelt das Sicherungsziel und die Rechtsstellung des Sicherungsnehmers gegenüber dem Sicherungsgeber[3].

107   Problematisch ist, wenn Ausländer mit geringen Deutschkenntnissen Kreditsicherungsverträge abschließen. Allgemein wird anerkannt, daß Sprachunkundige und Analphabeten schriftliche Verträge abschließen können. Gleich zu beurteilen ist es, wenn eine Willenserklärung abgegeben wird, ohne daß das Schriftstück gelesen wird. Bei bewußter Unkenntnis der Erklärung ist auch die Anfechtung ausgeschlossen[4]. Die Tatsache, daß ein griechischer Bürger nur mit Mühe Deutsch vesteht sowie weder in griechischer noch in deutscher Sprache Lesen und Schreiben kann, hat die Rechtsprechung nicht als für eine Anfechtung wegen Irrtums ausreichend angesehen[5].

II. Allgemeine Geschäftsbedingungen und das AGB-Gesetz

108   Der Inhalt des Sicherstellungsvertrages wird in der Bankpraxis — von wenigen Ausnahmen abgesehen — durch von der Bank vorformulierte Klauseln ausgestaltet. Außerdem enthalten die Banken/Sparkassen-AGB Regelungen, die auch für die Sicherungsverträge gelten, so z. B. Nr. 16, 17. Sowohl bei den vorformulierten Klauseln in den Formularverträgen als auch bei den Banken/Sparkassen-AGB gelangt das AGB-Gesetz, das am 1. 4. 1977 in Kraft getreten ist, zur Anwendung. Die für das Sicherungsrecht relevanten Prüfungspunkte des AGB-Gesetzes werden nachfolgend dargestellt.

---

[1] BGH WM 66, 113.
[2] Bülow, Recht der Kreditsicherheiten, Einf. IV.
[3] MünchKomm/Quack Anh. §§ 929—936 Rdn. 6.
[4] BGH NJW 51, 705.
[5] LG Köln WM 86, 821 = WuB I F 1a. — 15/86/Moritz.

1. Allgemeine Geschäftsbedingungen

Nach § 1 Abs. 1 AGB-Gesetz sind Allgemeine Geschäftsbedingungen „alle für eine Vielzahl von Verträgen" vorformulierte Vertragsbedingungen, die eine Vertragspartei (Verwender) der anderen Vertragspartei bei Abschluß eines Vertrages stellt. Unerheblich sind die äußerliche Gestaltung, Schriftart, Umfang und Form des Vertrages.

109

Allgemeine Geschäftsbedingungen liegen demgegenüber nicht vor, „soweit die Vertragsbedingungen zwischen den Vertragspartnern im einzelnen ausgehandelt sind" (§ 1 Abs. 2 AGBG).

Für die Beantwortung der Frage, ob die Vertragsbedingungen für eine Vielzahl von Verträgen geschaffen worden sind, kommt es allein auf den mit der Vorformulierung verfolgten Zweck an. Besteht bereits bei der erstmaligen Einbeziehung der Vertragsbedingungen die Absicht, sie auch weiteren Verträgen — bestimmte oder unbestimmte Vielzahl ist gleich — dieses Vertragstypus zugrundezulegen, ist das Merkmal erfüllt[1]. Für die Formularpraxis der Kreditsicherung können insoweit keine Zweifel bestehen, daß bereits bei ihrer Erstellung beabsichtigt ist, sie dem Massengeschäft zugrundezulegen, um so eine einheitliche Handhabung, die schon aus organisatorischen aber auch aus rechtlichen Gründen erwünscht ist, zu erreichen.

Lediglich in Ausnahmefällen, z. B. im Konsortialbereich[2] mit Sicherheitenbestellung, werden die Sicherstellungsverträge aufgrund ihrer Besonderheit einzelfallbezogen entworfen. Zweck der Vorformulierung ist nur die Regelung des Einzelfalles und die weiteren — immer Einzelfälle bleibenden, da diese Vertragsarten nur wenig vorkommen und immer anders gelagert sind — Einbeziehungen lassen die dadurch im Laufe der Zeit nun doch mehrmals verwendeten einzelnen Klauseln nicht zu vorformulierten werden, da es insoweit an der Planmäßigkeit fehlt.

AGB werden die für eine Vielzahl von Verträgen vorformulierten Vertragsbedingungen in jedem Fall aber erst dann, wenn sie Gegenstand eines konkreten Vertragsangebots des Verwenders sind, sie also von ihm dem anderen Vertragsteil bei Abschluß des Vertrages als Vertragsbestandteil „gestellt" werden. Gestellt werden z. B. nicht die von Notaren aufgrund ihrer Praxis und Erfahrung immer wieder zugrundegelegten Vertragsmuster, zumal hier beide Vertragspartner im gleichen Maße von ihm beraten werden und an der Gestaltung des Vertragsinhalts mitwirken. In der Praxis des Kreditsicherungsrechts werden nur wenige Sicherstellungsverträge in ihrem Vertragsinhalt nicht gestellt. Die Banken müssen bestrebt sein, auch die Sicherungsverträge in ihrem Hause möglichst gleich zu gestalten und einheitlich zu stellen, da angesichts des Massencharakters, den die meisten Sicherungsverträge — z. B. Sicherungsübereignung und Siche-

110

---

[1] Ulmer in Ulmer/Brandner/Hensen § 1 Rdn. 20 ff.; zur Inhaltskontrolle von Allgemeinen Geschäftsbedingungen durch den Rechtspfleger siehe Eickmann, Rpfleger 78, 1 f.
[2] Vgl. zum Konsortialgeschäft Canaris, Bankvertragsrecht, 2. Auflage, Rdn. 2304 ff. und Hopt/Mülbert, Kreditrecht, § 607 BGB Rdn. 41.

rungsabtretung — haben, eine Überprüfung und Bearbeitung bei unterschiedlicher Ausgestaltung unverhältnismäßig großen Aufwand erfordern würde.

111 Auch der Vorbehalt der Individualabrede, d. h. das Aushandeln der Vertragsbedingungen im einzelnen (§ 1 Abs. 2 AGB-Gesetz) wird in der Kreditsicherungspraxis nur für Ausnahmefälle in Betracht kommen. Die Beweislast dafür, daß der Vertrag im ganzen oder in Teilen die Voraussetzungen der AGB-Definition erfüllt, liegt bei demjenigen, der sich im Prozeß auf das Eingreifen des AGBG beruft[1]. Noch kein Aushandeln liegt vor, wenn der Verwender anhand eines vorformulierten Textes seine Verhandlungsbereitschaft mitteilt[2], da die prägende Wirkung der Vorformulierung nach wie vor die Gefahr der Beeinflussung des anderen Teils beinhaltet. Der Verwender muß vielmehr den in seinen AGB enthaltenen „gesetzesfremden Kerngehalt" zur Disposition stellen[3]. Unzureichend ist auch, sich eine besondere Unterzeichnung für eine Zusatzklausel geben zu lassen[4] oder bestätigen zu lassen, der Vertragstext sei nach den Vorstellungen des Sicherungsgebers ausgehandelt worden[5]. Für ein Aushandeln spricht, wenn mittels Hand- oder Maschinenschrift von vorformulierten Vertragsbedingungen abgewichen wird, allerdings bleibt dem anderen Teil der Gegenbeweis[6]. Aus dem Gesagten ergibt sich, daß in der Kreditsicherungspraxis, zumindest, was die normierten Kredite betrifft, kaum je ein Aushandeln vorliegen wird, zumal hier in der Regel auf Musterverträge zurückgegriffen wird. Aber auch hier gilt, daß bei besonderen Projekten — wie z. B. Konsortialkrediten —, bei denen nicht nur die Bedingungen des Kreditvertrages, sondern auch die Sicherstellungsverträge im einzelnen ausgehandelt werden, das AGB-Gesetz infolge der Individualabrede nicht zur Anwendung gelangt.

Von der AGB-Definition erfaßt werden auf dem Kreditsicherungssektor auch die Anleihebedingungen bei Inhaberschuldverschreibungen, bei Inhabergrundschuld und Inhaberrentenschuldbriefen, sowie die normierten Klauseln in Hypotheken- und Grundschuldbriefen.

2. Einbeziehung von Allgemeinen Geschäftsbedingungen

112 Für die **Einbeziehung der Allgemeinen Geschäftsbedingungen** — seien es die Banken/Sparkassen-AGB oder die Klauseln der Sicherstellungsverträge, sofern sie als Allgemeine Geschäftsbedingungen zu qualifizieren sind (vgl. Rdn. 109) — ist zu unterscheiden zwischen dem kaufmännischen und dem nichtkaufmännischen Geschäftsverkehr. Das AGB-Gesetz regelt in § 2 die Voraussetzungen, unter denen AGB im Geschäftsverkehr mit Nichtkaufleuten Vertragsbestandteil werden; diese Beschränkung auf Nicht-

---

[1] Ulmer in Ulmer/Brandner/Hensen § 1 Rdn. 60.
[2] Ulmer in Ulmer/Brandner/Hensen § 1 Rdn. 50.
[3] BGH 99, 374, 377 = NJW 87, 1634; BGH 104, 232, 236 = NJW 88, 2465; BGH NJW 91, 1678, 1679; BGH NJW 92, 1107, 1108.
[4] BGH WM 76, 210, 211.
[5] BGH WM 74, 218, 219.
[6] BGH NJW 72, 46; Ulmer in Ulmer/Brandner/Hensen § 1 Rdn. 63.

kaufleute ergibt sich aus der Ausnahmevorschrift für den persönlichen Anwendungsbereich (§ 24 AGB-Gesetz). Für Handelsgeschäfte unter Kaufleuten (Voll- und Minderkaufleute) und für Rechtsgeschäfte, die auf seiten des Kunden Handelsgeschäfte sind, verbleibt es bei den Einbeziehungsvoraussetzungen, wie sie von der Rechtsprechung geprägt wurden: der Sicherungsgeber nimmt das in der Bekanntgabe der Bedingungen liegende Angebot entweder ausdrücklich an, ggfs. durch Unterzeichnung der Bedingungen — was da wichtig ist, wo das Gesetz Schriftlichkeit für die Erklärung des Sicherungsgebers verlangt — oder stillschweigend, indem er, ohne die Bedingungen abzulehnen, die Geschäftsverbindung mit dem anderen Teil eingeht. Nach der Rechtsprechung werden im kaufmännischen Geschäftsverkehr AGB auch dann Vertragsinhalt, wenn der Kunde sie nicht kennt, aber die Möglichkeit zumutbarer Kenntnisnahme — etwa durch Anfordern der AGB beim Verwender — hat[1].

Die Möglichkeit zumutbarer Kenntnisnahme von AGB im kaufmännischen Verkehr genügt jedoch nicht für die Einbeziehung solcher Klauseln, die die Geltung der AGB für künftige Verträge regeln sollen. Diese Klauseln müssen dem Kunden zugegangen sein[2].

Im Geschäftsverkehr mit Nichtkaufleuten hingegen werden die Klauseln nur dann Bestandteil des Vertrages, wenn die Bank den Sicherungsgeber auf die AGB hinweist (1) und ihm die Möglichkeit gibt, in zumutbarer Weise von ihrem Inhalt Kenntnis zu nehmen (2) und wenn der Sicherungsgeber mit ihrer Geltung einverstanden ist (3).

(1) Mit dem Erfordernis des ausdrücklichen Hinweises wird auf das bloße Wissen des anderen Vertragsteils von der Existenz der AGB nicht mehr abgestellt. Für das Sicherungsrecht bedeutet das, daß die Bank auf ihre AGB, will sie diese dem Rechtsverhältnis mit dem Sicherungsgeber zugrundelegen (sie sollte es[3]), hinweisen muß. Sofern der Sicherungsgeber nicht ohnehin bereits Kunde, z. B. Kreditnehmer ist und daher die AGB kraft Hinweises und Annahme im Kreditvertrag oder Kontoeröffnungsantrag gelten, empfiehlt es sich, im Sicherstellungsvertrag auf die Geltung der AGB ausdrücklich hinzuweisen. Ein Hinweis nach Vertragsschluß wäre unbeachtlich. Im Ausnahmefall des mündlichen Vertragsabschlusses muß ebenfalls ausdrücklich auf die Einbeziehung hingewiesen werden, selbst wenn die Bank in ihren Räumen durch Aushang der AGB selbst auf sie hinweist. Bei der hier besprochenen Art der Verträge handelt es sich nicht um typische Massengeschäfte des täglichen Lebens, auch nicht um sog. Bagatellfälle, so daß schon aus diesem Grund die Ausnahme des § 2 AGB-Gesetz, wonach der deutlich sichtbare Aushang am Ort des Vertragsschlusses ausreicht, wenn der ausdrückliche Hinweis wegen der Art des Vertragsabschlusses nur unter unverhältnismäßigen Schwierigkeiten möglich ist, ausscheidet. Außerdem würde die Ausnahme auch nur eingreifen, wenn der betreffende Vertrag in den Räumen der Bank in Anwesenheit des anderen Vertragsteils abgeschlossen werden würde, da nur dann gewährleistet ist, daß der Hinweis

---

[1] BGH NJW 92, 1232.
[2] BGH NJW 92, 1232.
[3] BGH NJW 76, 2075.

durch Aushang zur Kenntnis genommen wird. Sicherstellungsverträge werden aber häufig außerhalb der Bank — der Vertrag wird dem Sicherungsgeber zur Unterzeichnung zugesandt — geschlossen. Dies alles gilt für die eigentlichen AGB der Bank/Sparkasse. Daneben enthalten die Sicherstellungsverträge die Klauseln des Sicherungsvertrages und zwar entweder in der Form, daß der Sicherstellungsvertrag im Text bereits alle Klauseln enthält, oder aber in der Weise, daß der Sicherstellungsvertrag nur einige (besonders wichtige) Bestimmungen aufweist und im übrigen auf sog. Allgemeine Sicherungsbedingungen für z. B. die Abtretung (ABAF) oder Sicherungsübereignung (ABS) hingewiesen wird. In beiden Fällen ist jedenfalls die Voraussetzung des Hinweises auf diese Bedingungen mit schriftlicher Aufnahme der Bedingungen selbst oder Hinweis auf ihre Geltung gewahrt.

(2) Die zumutbare Art und Weise der Kenntnisnahme der Bedingungen ist für die Klauseln des Sicherstellungsvertrages naturgemäß gegeben, wenn diese Klauseln in dem Sicherstellungsvertrag selbst abgedruckt sind. Wird auf Allgemeine Sicherungsbedingungen (s. oben) hingewiesen, dann ist der Text dieser Bedingungen bei Vertragsabschluß zu übergeben. Schwierigkeiten kann in diesen Fällen später die Beweisführung (sie obliegt der Bank) für die Aushändigung der Allgemeinen Sicherungsbedingungen bringen. Der Ausweg, sich im Text der Bedingungen des Sicherstellungsvertrages (ohnehin nicht im Text der Allgemeinen Sicherungsbedingungen) die Aushändigung bestätigen zu lassen, scheitert an dem Klauselverbot in § 11 Nr. 15 AGB-Gesetz, wonach eine Bestimmung unwirksam ist, „durch die der Verwender die Beweislast zum Nachteil des anderen Vertragsteils ändert, insbesondere indem er den anderen Vertragsteil bestimmte Tatsachen bestätigen läßt". Gangbar erscheint, sich die Bestätigung, die keinerlei weitere Erklärung enthalten darf, abgesetzt vom übrigen Vertragstext mit einer gesonderten Unterschrift geben zu lassen, da das zitierte Klauselverbot eine Ausnahme von der Regel zuläßt für gesondert unterschriebene Empfangsbekenntnisse[1]. Die strengere Auffassung im Schrifttum, wonach das Formular insgesamt keine weiteren Erklärungen soll enthalten dürfen, findet im Gesetz keine Stütze. Durch gesonderte, also meist zweite Unterschrift des anderen Vertragsteils (neben der Unterschrift unter den einzelnen Klauseln) und die räumliche Absetzung vom übrigen Vertragstext, ist gewährleistet, daß diese Erklärung vom Kunden nicht übersehen oder nicht genügend beachtet wird.

Neben der Kenntnisverschaffung für die einzelnen Klauseln des Sicherstellungsvertrages muß diese auch für die AGB der Bank — sofern auch sie in das Rechtsverhältnis einbezogen werden sollen — erfolgen. Auch hier gilt, daß, wenn der Sicherungsgeber bereits Kunde der Bank ist — z. B. Kreditnehmer (Kredithergabe setzt in der Regel Eröffnung eines Kontos voraus) — die AGB gelten (s. oben). In den anderen Fällen reicht es, wenn der Sicherungsgeber im Sicherstellungsvertrag darauf hingewiesen wird, daß diese AGB in den Geschäftsräumen der Bank eingesehen werden können und (natürlich) auf Wunsch zugesandt werden. Mit diesem Hinweis soll nicht etwa nur klar-

---

[1] Brandner in Ulmer/Brandner/Hensen § 11 Nr. 15 Rdn. 22; BGH NJW 88, 2106 u. NJW 93, 64 unter V. 2. b) aa).

100

gestellt werden, daß der Sicherungsgeber einen Anspruch auf Überlassung dieser AGB hat, sondern zum Ausdruck kommen, daß es für ihn zumutbar ist, zur Kenntniserlangung eine gewisse Eigeninitiative zu entwickeln[1]. Unproblematisch und auch anerkannt ist, daß es bei mündlichem Vertragsschluß in den Räumen der Bank ausreicht, wenn ein deutlich sichtbarer Aushang mit dem Wortlaut der AGB angebracht ist[2].

Beim fernmündlichen Abschluß von Sicherstellungsverträgen ergeben sich sowohl für die eigentlichen Sicherungsbedingungen als auch für die AGB der Bank erhebliche Einbeziehungsschwierigkeiten, wenn diese dem Kunden nicht vorliegen. Um eine erhebliche Beeinträchtigung des Geschäftsverkehrs zu vermeiden[3] und das Interesse des Kunden an einer schnellen Lieferung zu wahren, sollte entsprechend den für den mündlichen Vertragsschluß aufgestellten Grundsätzen der ausdrückliche Hinweis des Verwenders auf die Einbeziehung der AGB ausreichen, so daß es dem Kunden überlassen bleibt, ob er sich telefonisch ihren wesentlichen Inhalt übermitteln läßt, oder unter Abstandnahme vom sofortigen Vertragsschluß um die Übersendung des Textes der AGB bittet[4].

Ein Verzicht des Kunden auf die Einräumung der Möglichkeit zumutbarer Kenntnisnahme kann in dem Umstand erblickt werden, daß der Kunde an dem Vertragsschluß festhält, obwohl der Verwender auf seine AGB hingewiesen hat[5].

Bei der Einbeziehung von AGB im Verhältnis zu **ausländischen Sicherheitsgebern** ist danach zu differenzieren, ob es sich bei dem Sicherungsgeber um eine Privatperson oder um eine Firma handelt. Im Verhältnis zu ausländischen Privatpersonen gilt § 2 AGBG, so daß auf jeden Fall bei Vertragsabschluß ein Hinweis auf die AGB erforderlich ist. Dagegen dürfte bei ausländischen Firmen der § 2 AGBG aufgrund des § 24 AGBG nicht zur Anwendung kommen[6]. Es verbleibt dabei insoweit bei den von der Rechtsprechung aufgestellten Grundsätzen. Danach muß grundsätzlich auf die Geltung der AGB hingewiesen werden[7]. Dieses gilt nur dann nicht, wenn es sich beim Sicherungsgeber um ein branchengleiches Unternehmen handelt[8]. Selbst bei einem Hinweis auf die AGB kann bei dem Schweigen des ausländischen Vertragspartners zu den AGB nicht ohne weiteres davon ausgegangen werden, daß hierin eine Einbeziehung durch

---

[1] Str., zustimmend Ulmer in Ulmer/Brandner/Hensen § 2 Rdn. 47; a. A. BGH 109, 192, 196 (ausdrücklicher Hinweis ohne Verschaffung der Informationsmöglichkeit reicht für die Einbeziehung nicht aus) und BGH WM 91, 1138, 1139 (keine Einbeziehung, wenn der Verwender den Text der AGB dem Kunden nicht überläßt und ihn nur über den Verwender belastende Klauseln informiert).
[2] Ulmer in Ulmer/Brandner/Hensen § 2 Rdn. 47.
[3] Ulmer in Ulmer/Brandner/Hensen § 2 Rdn. 49.
[4] Weitergehend Müller-Graff JZ 77, 245, 249, der vom Verwender die ausdrückliche Erklärung seiner Übermittlungsbereitschaft verlangt.
[5] LG Braunschweig NJW-RR 86, 639.
[6] Schröter, Die Bank 78, 81, 84 f.
[7] BGH NJW 76, 2075.
[8] BGH NJW 73, 2154.

Unterwerfung zu sehen ist. Es muß insoweit auf das Wohnsitzrecht des Ausländers Rücksicht genommen werden[1], es sei denn, daß der Betroffene nicht davon ausgehen konnte, daß sein Verhalten nach den Regeln seines Heimatrechts beurteilt wird[2]. Sofern nach diesen Grundsätzen dem ausländischen Sicherungsgeber die AGB zugänglich gemacht werden müssen, ergibt sich die weitere Frage, ob die AGB in der jeweiligen Landessprache verfaßt werden müssen. Dieses dürfte nach überwiegender Rechtsprechung zu verneinen sein[3], da es ausreichend ist, wenn sowohl der Hinweis auf die AGB als auch der Text der AGB der Verhandlungssprache folgt, wobei Verhandlungssprache die Sprache ist, derer sich die Vertragspartner bei den Verhandlungen übereinstimmend tatsächlich bedienen[4].

(3) Das Einverständnis des Sicherungsgebers mit den Bedingungen muß nicht mit einer ausdrücklichen Zustimmung erklärt werden, es reicht die konkludente Annahme, die in der widerspruchslosen Unterzeichnung des Sicherstellungsvertrages zu sehen ist, sofern alle anderen Voraussetzungen für die Einbeziehung der Bedingungen erfüllt sind.

Zu beachten ist, daß die Einbeziehungsvoraussetzungen auch dann einzuhalten sind, wenn die AGB während der Geltung des Sicherstellungsvertrages geändert werden. Die Bank muß demnach den Sicherungsgeber ausdrücklich auf die Neufassung hinweisen und ihm den Text mit Kennzeichnung der geänderten Klauseln zugänglich machen. Die bisherige, häufig in Sicherstellungsverträgen anzutreffende Formulierung: „Im übrigen gelten die Allgemeinen Geschäftsbedingungen der Bank in ihrer jeweils gültigen Fassung" ist unzureichend. Auch hier gilt, daß allerdings in den meisten Fällen der Sicherungsgeber außerhalb des Sicherstellungsverhältnisses Kunde der Bank ist und insoweit mit ihm die Änderungen bereits vereinbart wurden.

3. Überraschende Klauseln

113   Klauseln in Sicherstellungsverträgen dürfen nicht überraschend sein, andernfalls werden sie nicht Vertragsbestandteil. Überraschend sind gemäß § 3 AGB-Gesetz Bestimmungen dann, wenn sie nach dem äußeren Erscheinungsbild des Vertrages so ungewöhnlich sind, „daß der Vertragspartner des Verwenders mit ihnen nicht zu rechnen braucht". Entscheidend ist also nicht, ob die Bestimmung unbillig ist, sondern es kommt allein auf das Überraschungsmoment an. Daher ist auf die Umstände der Einbeziehung abzustellen, d.h. die Geschäftserfahrung und das Maß der Information des anderen Vertragsteils ist mit zu berücksichtigen, wobei eine typisierende Betrachtungsweise heranzuziehen ist, die auf die Erkenntnismöglichkeiten des für derartige Verträge

---

[1] Schröter, Die Bank 78, 81, 85.
[2] BGH NJW 72, 391, 394.
[3] OLG Bremen WM 73, 1228; OLG München NJW 74, 2184; LG Frankfurt WM 76, 298; vgl. aber auch OLG Karlsruhe NJW 72, 2185.
[4] H. Schmidt in Ulmer/Brandner/Hensen Anh. zu § 2 Rdn. 18 f.

typischerweise zu erwartenden Kundenkreises abstellt[1]. Es muß das Vertrauen des Vertragspartners darauf geschützt werden, daß die pauschal gebildeten Geschäftsbedingungen nicht allzuweit von den bei Rechtsgeschäften gleicher Art üblichen und für ihn vorstellbaren Geschäftsbedingungen abweichen. Die „Überraschung" kann dadurch vermieden werden, daß vor oder bei Abschluß des Vertrages eindeutig gerade auf die beanstandete Klausel hingewiesen wird[2]. Bei den Formularverträgen der Kreditsicherungspraxis ist eine überraschende Bestimmung insbesondere dann anzunehmen, wenn z. B. abweichend von der Überschrift des Vertragstextes andere Hauptabreden in die Rahmenbedingungen des eigentlichen Vertrages aufgenommen werden[3], oder wenn eine formularmäßige Zweckerklärung den Sicherungszweck über den durch den Anlaß des Geschäfts bestimmten Rahmen hinaus in einem nicht zu erwartenden Ausmaß erweitert (vgl. Rdn. 6, 164)[4]. Nicht überraschend ist demgegenüber die Vereinbarung sog. flankierender Sicherungsrechte, z. B. die Abtretung oder Verpfändung von Versicherungsansprüchen für den Fall, daß die zur Sicherung übertragene oder verpfändete Sache zerstört wird. Eine Bestimmung muß aber nicht nur ungewöhnlich sein, um unter § 3 AGB-Gesetz zu fallen, sie muß vielmehr darüber hinaus für den anderen Vertragsteil nach dem äußeren Erscheinungsbild des Vertrages überraschend sein. Daher sind die subjektiven Umstände auf seiten des anderen Vertragsteils zu berücksichtigen. Kennt er die Klausel oder müßte er mit ihr rechnen, entfällt die Überraschung. Der Verwender kann das Überraschungsmoment zu vermeiden suchen, indem er die bestimmte Klausel drucktechnisch hervorhebt oder von den übrigen Bestimmungen auf dem Formular räumlich absetzt. In der Kreditsicherungspraxis ist darauf zu achten, daß die Formularvordrucke, sofern sie weitere als nach der Art des Vertrages zu erwartende Hauptpflichten enthalten, die nicht nur als flankierende Maßnahmen, mit denen der Sicherungsgeber zu rechnen hatte, anzusehen sind, durch entsprechende Ausgestaltung des Erscheinungsbildes dieser Bestimmung in der erwähnten Weise die Überraschung herausnehmen.

4. Individualabreden

Weiterhin ist zu berücksichtigen, daß individuelle Vertragsabreden den Vorrang vor Allgemeinen Geschäftsbedingungen haben (§ 4 AGB-Gesetz). Auch schon vor Inkrafttreten des AGB-Gesetzes hatten die Individualabreden den Vorrang gegenüber abweichenden Allgemeinen Geschäftsbedingungen[5]. § 4 AGB-Gesetz gibt lediglich eine Auslegungsregel mit klarstellender Bedeutung. Der Begriff Individualabrede läßt sich aus § 1 Abs. 2 AGB-Gesetz entlehnen: „Vertragsbedingungen, die zwischen den Parteien im einzelnen ausgehandelt sind". In der Kreditsicherungspraxis war diese Proble-

114

---

[1] Ulmer in Ulmer/Brandner/Hensen § 3 Rdn. 13.
[2] BGH, Die Bank 79, 194.
[3] BGH WM 76, 740.
[4] BGH 109, 197, 201 ff. = WM 89, 1926 = WuB I F 3. 6.90/Schröter; BGH WM 92, 563 = WuB I F 3.6.92/Obermüller.
[5] Ulmer in Ulmer/Brandner/Hensen § 4 Rdn. 4.

matik für die ehemalige Regelung in den AGB der Banken relevant, nach der „alle der Bank verpfändeten und ihr sonst als Sicherheit dienenden Werte" auch dann „für sämtliche Ansprüche der Bank" hafteten, „wenn sie nur für einen besonderen Anspruch als Sicherheit gegeben worden sind, es sei denn, daß die Haftung für andere Ansprüche ausdrücklich ausgeschlossen worden ist". Da in Kreditverträgen oder Sicherstellungsverträgen die Sicherheit mit einer eigenen Zweckbestimmungserklärung versehen wird, mußte diese Regelung in den AGB entfallen[1]. Außerdem ist eine derartige Haftungsausweitung überraschend i. S. d. § 3 AGB-Gesetz (vgl. Rdn. 113)[2].

Für die Formularverträge ist ferner zu berücksichtigen, daß sie nach ständiger Rechtsprechung als vollständig und richtig vermutet werden[3]. Dies führt dazu, daß, wenn in Formularverträgen nicht auf die Banken/Sparkassen-AGB verwiesen wird, vermutet werden kann, daß sie auch nicht über ein anderes Rechtsverhältnis, wie z. B. Girovertrag für den Sicherungsvertrag gelten. Die Praxis muß daher auf die jeweilige Einbeziehung der Banken/Sparkassen-AGB achten[4].

115 Zweifel bei der Auslegung von Allgemeinen Geschäftsbedingungen gehen zu Lasten des Verwenders (§ 5 AGB-Gesetz).

Auch hier handelt es sich, wie schon bei dem Vorrang der Individualabrede (Rdn. 114) um einen Auslegungsgrundsatz[5]. Hierbei verdient die kundenfreundlichste Auslegungsvariante auch im Individualprozeß gegenüber der kundenfreundlichsten Auslegung den Vorzug, wenn sie ergibt, daß sie im Rahmen der Inhaltskontrolle gem. §§ 9 bis 11 AGB-Gesetz die Unwirksamkeit der Klausel zur Folge hat, da sich diese Rechtsfolge für den Kunden typischerweise günstiger auswirkt, als es nach der kundenfreundlichsten Auslegungsvariante der Fall wäre[6].

5. Generalklauseln

116 Unwirksamkeitsgesichtspunkte enthalten die §§ 9 bis 11 AGB-Gesetz, in denen die Inhaltskontrolle für AGB geregelt ist. Da auch die Sicherstellungsverträge Allgemeine Geschäftsbedingungen enthalten (Rdn. 112), sind sie auf ihre inhaltliche Vereinbarkeit mit den generalklauselartig festgeschriebenen Maßstäben (§ 9 AGB-Gesetz) und den konkret formulierten Verbotskatalogen (§§ 10, 11 AGB-Gesetz) zu prüfen.

Nach der Generalklausel des § 9 AGB-Gesetz sind Bestimmungen in AGB unwirksam, „wenn sie den Vertragspartner des Verwenders entgegen den Geboten von Treu und Glauben unangemessen benachteiligen". Als zentraler Gesichtspunkt der Inhalts-

---

[1] Lwowski, Die Bank 78, 123 ff.; Kümpel WM 77, 704.
[2] BGH WM 92, 563 = WuB I F 3. 6.92/Obermüller.
[3] RG 52, 23, 26; 68, 15.
[4] Ulmer in Ulmer/Brandner/Hensen § 4 Rdn. 48; zur Bedeutung der Schriftformklausel im Zusammenhang mit einer Individualabrede s. BGH WM 76, 740, 741.
[5] BGH NJW 92, 1097, 1099.
[6] BGH NJW 92, 1097, 1099.

kontrolle i. S. d. § 9 AGB-Gesetz fungiert das sog. „Transparenzgebot", wonach AGB die Rechte und Pflichten des Vertragspartners durch eine entsprechende Ausgestaltung und Formulierung der Vertragsbedingungen durchschaubar, richtig, bestimmt und möglichst klar darstellen müssen. Intransparenz kann zu einer unangemessenen Benachteiligung des Vertragspartners führen[1].

Zur Vereinbarkeit der Regelungen in den Kreditsicherungsverträgen vergl. die Ausführungen zu den einzelnen Musterverträgen.

6. Persönlicher Anwendungsbereich

Das AGB-Gesetz gilt grundsätzlich (mit bestimmten — sachlichen — Bereichsausnahmen, § 23 AGB-Gesetz) für alle Allgemeinen Geschäftsbedingungen im Sinne von § 1 AGB-Gesetz, gleich, wem gegenüber die AGB im Einzelfall verwendet werden. Nur in bestimmten Fällen macht § 24 AGB-Gesetz Ausnahmen: die Einbeziehungsvoraussetzungen (§ 2 AGB-Gesetz), die Verbotsklauseln (§§ 10, 11 AGB-Gesetz) und die Regeln für die Geltung im zwischenstaatlichen Bereich (§ 12 AGB-Gesetz) finden keine Anwendung auf Allgemeine Geschäftsbedingungen, 117

„1. die gegenüber einem Kaufmann verwendet werden, wenn der Vertrag zum Betriebe seines Handelsgewerbes gehört;
2. die gegenüber einer juristischen Person des öffentlichen Rechts oder einem öffentlichen/rechtlichen Sondervermögen verwendet werden".

Für die Kreditsicherungspraxis ist insbesondere die Ausnahme von § 2 AGB-Gesetz bedeutsam (Rdn. 112), also die erleichterten Einbeziehungsvoraussetzungen für AGB. Auf den Inhalt der Sicherstellungsverträge wirkt sich demgegenüber die „Wohltat" von § 24 AGB-Gesetz kaum aus, da die Generalklausel weiterhin anwendbar bleibt und zwar auch insoweit, als es sich um Klauseln handelt, die von §§ 10, 11 AGB-Gesetz erfaßt werden (die hier an sich nicht durchgreifen). Die Allgemeinen Geschäftsbedingungen in Sicherstellungsverträgen werden daher in der Praxis nicht unterschiedlich abgefaßt, je nach dem, ob der Vertrag mit einem Nichtkaufmann oder im kaufmännischen Geschäftsverkehr abgeschlossen wird. Das gleiche gilt für die Vereinbarung von Sicherstellungsverträgen mit juristischen Personen des öffentlichen Rechts oder einem öffentlich-rechtlichen Sondervermögen.

7. Rechtsfolge der Unwirksamkeit

An die Stelle von Klauseln, die ganz oder teilweise nicht Vertragsbestandteil geworden oder aufgrund der Inhaltskontrolle rechtsunwirksam sind, tritt das dispositive Gesetzesrecht (§ 6 Abs. 2 AGB-Gesetz), vorausgesetzt, der Vertrag weist durch den Wegfall (Unwirksamkeit) der betreffenden Klausel eine Lücke auf, die durch dispositives Recht 118

---
[1] Grundlegend BGH 106, 42 = NJW 89, 222 zur nachschüssigen Tilgungsverrechnung; Groeschke, Die Schuldturmproblematik im Zugriff der vorvertraglichen Pflichten, 1993 S. 91 f.

gefüllt werden kann[1]. Bei überraschenden und damit unwirksamen Klauseln ist eine Ausfüllung nur selten möglich, da die betreffenden Klauseln i. d. R. nicht in den Regelungszusammenhang des betreffenden Vertragstyps passen, also keine Lücke gerissen werden kann[2].

Nur ausnahmsweise ist der ganze Vertrag unwirksam und zwar dann, wenn das Festhalten an ihm auch unter Heranziehung der gesetzlichen Vorschriften eine unzumutbare Härte für eine der Vertragsparteien darstellen würde (§ 6 Abs. 3 AGB-Gesetz). Die Unwirksamkeit einzelner Vertragsbestimmungen aufgrund der Klauselverbote (§§ 10, 11 AGB-Gesetz) führt unter diesem Gesichtspunkt im allgemeinen nicht zur Gesamtunwirksamkeit, da durch die Klauselverbote gerade die Ausgewogenheit wieder hergestellt werden soll und ihre Aufnahme in den Vertrag damit in den Risikobereich des Verwenders fällt[3].

8. Inkrafttreten

119 Das AGB-Gesetz gilt — mit Ausnahmen — nicht für Verträge, die vor seinem Inkrafttreten (1. 4. 1977) geschlossen worden sind (§ 28 Abs. 1 AGB-Gesetz). Die Generalklausel (§ 9 AGB-Gesetz) ist aber auch auf Verträge aus der Zeit vor dem 1. 4. 1977 anwendbar, wenn Gegenstand dieser Verträge die regelmäßige Lieferung von Waren, die regelmäßige Erbringung von Dienst- und Werkleistungen sowie die Gebrauchsüberlassung von Sachen ist und diese Verträge noch nicht abgewickelt sind (§ 28 Abs. 2 AGB-Gesetz). Kreditsicherungsverträge fallen nicht unter diese Ausnahmen, so daß sie, soweit sie vor dem 1. 4. 1977 geschlossen worden sind, nicht unter § 9 AGB-Gesetz überprüft werden. Zu beachten ist jedoch, daß Änderungen von für sie geltenden Allgemeinen Geschäftsbedingungen unter Beachtung der Einbeziehungsvoraussetzungen (Rdn. 112) vorgenommen werden; das gilt auch für die im Sicherstellungsvertrag vereinbarten AGB der Banken.

Die Geschäftsbedingungen haben sicherungsrechtlich erhebliche Bedeutung, da sie nicht nur den bereits oben erwähnten Pfandvertrag, sondern darüber hinaus einen Vorvertrag über die Bestellung bankmäßiger Sicherheiten enthalten. Die hiernach für den Sicherstellungsvertrag maßgebenden Willenserklärungen der Parteien sind nach **Treu und Glauben** und der **Verkehrssitte** auszulegen (§ 157 BGB). Sogar eine etwaige Vertragslücke läßt sich danach ausfüllen, soweit dies nicht zu einer Korrektur des Parteiwillens führt[4]. Eine solche Vertragslücke „kann aber nicht schon angenommen werden, wenn die vom Gläubiger geforderte Sicherung seiner Forderung sich später als ungenügend erweist"[5].

---

[1] H. Schmidt in Ulmer/Brandner/Hensen § 6 Rdn. 26 ff.
[2] H. Schmidt in Ulmer/Brandner/Hensen § 6 Rdn. 25.
[3] H. Schmidt in Ulmer/Brandner/Hensen § 6 Rdn. 45.
[4] BGH 9, 273.
[5] RG 145, 54.

Im übrigen kann der Bestand des Sicherungsrechts von einer (aufschiebenden oder auflösenden) Bedingung abhängig gemacht werden. Da nach Rdn. 5 auch der Sicherungsvertrag bedingt sein kann, ist es z. B. denkbar, daß die Sicherungszession einer unter aufschiebender Bedingung bestellten Sicherungsgrundschuld ebenfalls unter aufschiebender Bedingung erfolgt (**vgl. hierzu Rdn. 663**). Die Wirksamkeit der Sicherheitenbestellung kann aber weder hier noch sonst auf den Eintritt der Zahlungseinstellung des Schuldners abgestellt werden.

III. Form des Vertrages

Im Verkehr mit Banken greift die **Beurkundungsvermutung** des § 154 Abs. 2 BGB 120 ein, die aus dem Vorliegen zwischen den Parteien ausgetauschten Vertragsentwürfen noch erhärtet wird[1]. Die Beteiligten können aber den Nachweis darüber führen, daß der Abschluß des Vertrages nicht von der Einhaltung einer Form abhängen sollte (entgegen § 154 Abs. 2 BGB), sondern daß die Form nur aus Beweisgründen gewählt wurde[2]. In der Literatur wird diese „freie Formwahl" z. T. kritisiert, da die Schriftform — insbesondere von Sicherungsabreden — sowohl der „Abschlußklarheit" als auch der „Inhaltsklarheit" des Geschäfts diene, was gefährdet erscheine, wenn man es einer Partei überließe, festzulegen, was sie mit ihrer formlosen Erklärung gewollt habe[3].

Formzwang kann erwachsen aus einer nicht lediglich Beweiszwecken dienenden, in der Praxis seltenen[4] Vereinbarung der Parteien über die Formbedürftigkeit des Sicherstellungsvertrages, die das Zustandekommen des Vertrages im Zweifel bis zur Erfüllung der Form hinausschiebt (§ 154 Abs. 2 BGB), oder aus entsprechenden Vorschriften des Gesetzes, welches die Parteien vor einem übereilten oder unbedachten Vertragsschluß bewahren will. **Der Mangel der Form, die übrigens Wahrheit des Urkundeninhalts nicht erfordert und daher auch bei einer falschen Urkunde, insbesondere einer Rückdatierung des Vertrages, gewahrt ist**[5], **hat grundsätzlich die Unwirksamkeit des Vertrages zur Folge** (§§ 125, 154 BGB); die mit der Einhaltung der Formvorschriften verbundenen Kosten dürfen daher niemals die Parteien zu einer Lässigkeit in diesem Punkt verleiten, sondern sie höchstens veranlassen, einwandfreie Vereinbarungen über die Verteilung der Kostenlast zu treffen.

Nach ständiger Rechtsprechung dürfen gesetzliche Formvorschriften im Interesse der 121 Rechtssicherheit nicht aus bloßen **Billigkeitserwägungen** außer acht gelassen werden. Ausnahmen sind nur dann als zulässig angesehen worden, wenn es nach den Beziehun-

---

[1] RG 103, 73; BGH WM 89, 1926 = WuB I F 3.-6.90/Schröter; Smid in WuB VI B § 30 Nr. 2 KO 1.93.
[2] BGH WM 91, 1472.
[3] Smid in WuB VI B. § 30 Nr. 2 KO 1.93.
[4] BGH WM 59, 561; 61, 431.
[5] Vgl. BGH NJW 57, 137.

gen der Parteien und den gesamten Umständen mit Treu und Glauben unvereinbar wäre, das Rechtsgeschäft am Formmangel scheitern zu lassen. Allerdings muß das Ergebnis für die betroffenen Parteien nicht bloß hart, sondern schlechthin untragbar sein[1]. Die Rechtsprechung hat daher besondere Umstände verlangt, die es gestatten, die Nichtigkeit des Formmangels ausnahmsweise unberücksichtigt zu lassen. Folgende Fallgruppen werden insoweit diskutiert: Arglist (hat eine Partei die andere arglistig von der Wahrung der Form abgehalten, um sich später auf den Formmangel berufen zu können, ist der Vertrag als gültig anzusehen)[2], die schwere Treuepflichtverletzung (der Formmangel tritt zurück, wenn eine Partei in schwerwiegender Weise gegen eine Betreuungspflicht verstoßen hat und die Rückabwicklung den anderen Teil schwer treffen würde), das Verbot des venire contra factum proprium[3] sowie die Existenzgefährdung (wenn die Nichterfüllung/Rückabwicklung des Vertrages zu einer Existenzgefährdung oder -vernichtung der Vertragspartei führen würde, die gutgläubig auf die Wirksamkeit des Rechtsgeschäfts vertraut hat)[4]. Nach der Rechtsprechung kann der Formmangel aber auch dann zurücktreten, wenn die Parteien den Vertrag längere Zeit als gültig behandelt haben und der andere Teil davon erhebliche Vorteile gezogen hat[5]. Kommt die Kreditgewährung auch dem Bürgen zugute — so z. B. wenn der Gesellschafter sich für Kredite an seine GmbH verbürgt —, ist die Berufung auf einen Formmangel unzulässig[6]. Im einzelnen kommen folgende Formarten in Betracht:

1. Öffentliche Beurkundung

122   In bestimmten Fällen muß die Erklärung des Sicherungsgebers oder des Sicherungsnehmers öffentlich, d. h. notariell oder gerichtlich, beurkundet werden. Dies geschieht dadurch, daß die beurkundende Amtsperson den gesamten Erklärungsakt in Protokollform urkundlich niederlegt. **Die öffentliche Beurkundung ist die stärkste Form einer Erklärung; durch sie werden die zu Rdn. 123, 124 behandelten Formen ersetzt (§§ 128, 129 Abs. 2, 126 Abs. 3 BGB).** Das Protokoll selbst (die Urschrift) verbleibt im Besitz der beurkundenden Stelle. Im Verkehr wird es durch eine sog. Ausfertigung vertreten, das ist eine mit der Unterschrift und dem Siegel des Gerichts oder Notars versehene, als „Ausfertigung" bezeichnete wortgetreue Wiedergabe des Protokolls. Wo bei irgendeiner Gelegenheit die Beibringung einer Ausfertigung erfordert wird, genügt eine gewöhnliche Abschrift des Protokolls nicht, selbst wenn diese Abschrift öffentlich beglaubigt ist (§§ 8—14, 47—49 BeurkG). Wegen der Belehrungspflicht des Notars im Rahmen seiner Amtstätigkeit s. § 17 BeurkG[7].

---

[1] BGH WM 87, 239.
[2] BGH WM 69, 692.
[3] BGH WM 59, 273.
[4] Mattern, WM 72, 678.
[5] BGH WM 86, 939; 58, 71.
[6] BGH WM 86, 939.
[7] BGH WM 69, 1178; 73, 1017.

2. Öffentliche Beglaubigung

In anderen Fällen muß die Erklärung des Sicherungsgebers oder des Sicherungsnehmers öffentlich, d. h. notariell oder gerichtlich, beglaubigt werden. Die **öffentliche Beglaubigung** ist ein amtliches Zeugnis über die Echtheit der Unterschrift des Erklärenden. Sie besteht aus einem entsprechenden amtlichen Vermerk unter der Unterschrift (§§ 129 BGB, 39, 40 BeurkG). Die Beglaubigung erstreckt sich nicht auf die Erklärung selbst. Daher berühren spätere Änderungen der Erklärung, z. B. Einschaltungen, Durchstreichungen usw., nicht die Erklärungsform[1], obgleich der Beweiswert der Urkunde gemindert sein kann, wenn die Änderung nicht durch eine nochmalige beglaubigte Unterschrift gedeckt wird. **Wo bei irgendeiner Gelegenheit die öffentliche Beglaubigung einer Urkunde verlangt wird, genügt polizeiliche Beglaubigung nicht**[2]. 123

3. Schriftform

Wird die Erklärung des Sicherungsgebers oder Sicherungsnehmers schriftlich („privatschriftlich") verlangt, muß der gesamte wesentliche Inhalt der Erklärung, auch eine spätere Änderung wesentlicher Art, durch die **Schriftform**, d. h. durch die eigenhändige Namensschrift des Erklärenden oder — bei formbedürftigen Verträgen — beider Parteien gedeckt sein (§§ 126, 127 BGB), woraus folgt, daß z. B. in der bloßen Mitunterzeichnung eines Vertrages nicht die Übernahme einer (kraft Gesetzes der Schriftform bedürftigen) Bürgschaft liegt[3], sondern allenfalls der Schuldbeitritt (Rdn. 383) des Mitunterzeichners erblickt werden kann[4] und für die Ermittlung des Parteiwillens nicht nur Umstände außerhalb der Urkunde entscheidend sein dürfen[5]. Die Namensschrift muß unter dem Text stehen, doch braucht der Text selbst nicht eigenhändig von dem Erklärenden abgefaßt zu sein[6]. Bei rechtsgeschäftlich vereinbartem Schriftzwang genügt faksimilierte Unterschrift[7]. Es schadet im allgemeinen nicht, daß der Erklärende die Urkunde unterzeichnet, bevor sie ausgefüllt ist[8]; mißbräuchliche Verwendung einer solchen Blankettunterschrift gegenüber einem redlichen Dritten muß dann aber grundsätzlich zu Lasten des Blankettzeichners gehen[9]. Erstreckt sich die Erklärung über mehrere Blätter, so müssen diese in Übereinstimmung mit dem Willen der Parteien zu einer einheitlichen Urkunde im Rechtssinne zusammengefaßt werden, etwa durch körperliche Vereinigung der Urkunden zu einer einheitlichen mittels 124

---

[1] MünchKomm/Förschler § 129 Rdn. 4.
[2] MünchKomm/Förschler § 129 Rdn. 7.
[3] RG 77, 579; RG 62, 379.
[4] BGH WM 71, 1411.
[5] BGH 26, 142; WM 68, 368.
[6] RG 57, 66.
[7] RG 106, 330.
[8] BGH 22, 128; WM 62, 720.
[9] BGH 40, 65.

Zusammenheftens oder -leimens[1]. Die Verbindung muß erkennbar endgültig und dauerhaft gewollt sein. Die hergestellte Verbindung muß nur durch teilweise Substanzzerstörung oder mit Gewaltanwendung wieder aufgegeben werden können[2]. Mit dieser Maßgabe ist auch die Bezugnahme auf eine andere Urkunde (wegen einer Ausnahme s. Rdn. 332) zulässig und ausreichend. Das gilt sogar für die Bezugnahme auf eine Urkunde, die seither unwirksam und gegenstandslos geworden ist, aber inhaltlich der beabsichtigten Erklärung entspricht[3], und auch ohne körperliche Verbindung reicht die Bezugnahme aus, wenn es sich bei der neuen Urkunde um einen die wesentlichen Geschäftsbestandteile enthaltenden Verlängerungsvertrag handelt und die Urkunde, auf die Bezug genommen wird, von denselben Parteien formgerecht hergestellt war[4]. Von einer bloßen Wiederverwendung einer nicht mehr gültigen Urkunde ohne nochmalige Unterzeichnung ist jedoch abzuraten. Besteht Schriftzwang nur für die Erklärung der einen Partei, wie bei der Bürgschaft oder der Abtretung und Verpfändung von Grundpfandrechten (s. Rdn. 585), so muß der anderen Partei die Erklärung „erteilt" werden, d. h. der Erklärende muß sich — auch unter Anwesenden[5] — zu Gunsten der anderen Partei des Schriftstücks in solcher Weise entäußern, daß diese darüber verfügen kann[6]. Mit der widerspruchslosen Empfangnahme und der darin liegenden stillschweigenden Annahme des Vertragsangebots kommt dann der Vertrag selbst zustande. Auch wo für eine Erklärung die Schriftform vom Gesetz vorgeschrieben ist, genügt ein eigenhändig unterzeichneter Brief. Im Gegensatz dazu reicht bei einem dem gesetzlichen Formzwang im ganzen unterliegenden Vertrag der bloße Briefwechsel nicht[7]. Er kann nur im Wege der Unterzeichnung derselben Urkunde durch alle Beteiligten oder mittels Austausches gleichlautender, je von dem anderen Vertragsteil unterzeichneter Urkunden abgeschlossen werden. Selbst in den Fällen, in denen an und für sich eine Aufzeichnung nicht erforderlich ist und sogar ein mündlicher Vertrag vollgültig wäre, bildet die schriftliche Niederlegung des Vertrages die Regel. Abgesehen von dem Beweiswert solcher Urkunde (§ 416 ZPO), die grundsätzlich als zuverlässiges Beweismittel gelten darf, hat sie die Vermutung der Vollständigkeit und Richtigkeit ihres Inhalts für sich: **Wer eine mündliche Nebenabrede behauptet, trägt die Beweislast für diese seine Behauptung. Gelingt der Beweis, so ist die spezielle Abrede der Parteien und nicht der mit ihr unvereinbare Inhalt der Urkunde maßgebend**[8]. Dies gilt auch dann, wenn die Nebenabrede zu einem dem gewillkürten Schriftzwang unterliegenden Vertrag nachträglich formlos getroffen wird, denn die vertraglichen Formvorschriften können jederzeit durch ausdrückliche oder stillschweigende Übereinkunft

---

[1] BGH 40, 255.
[2] BGH 40, 255.
[3] RG 78, 26; 136, 422; 148, 349.
[4] BGH WM 64, 991.
[5] RG 61, 414.
[6] RG 148, 353.
[7] RG 95, 83; 105, 60; 112, 199.
[8] BGH 20, 109; WM 52, 969.

wieder beseitigt werden[1]. Nach § 4 AGB-Gesetz haben individuelle Vertragsabreden Vorrang vor Allgemeinen Geschäftsbedingungen (s. Rdn. 114). In Fällen, in denen, wie z. B. bei der Verbürgung, die Schriftform nur für die Erklärung der einen Partei vorgesehen ist, besteht die Vermutung der Vollständigkeit der Urkunde nur in Ansehung des Inhalts dieser Erklärung, nicht des übrigen Vertrages[2]. Im Geschäftsleben ist die Niederschrift des Sicherstellungsvertrages in einem solchen Ausmaß üblich geworden, daß für die meisten Vertragstypen vorgedruckte **Formulare** zur Verfügung stehen. Insbesondere im bankgeschäftlichen Verkehr ist die Benutzung von Vordrucken so gang und gäbe, daß die Behauptung der Bank, der streitige Sicherstellungsvertrag sei ausnahmsweise mündlich geschlossen worden, eines strengen Beweises bedarf[3]. Die Verwendung solcher Formulare ist bequem und zeitsparend. Der Inhalt eines solchen Formulares ist aber nicht maßgebend, wenn bewiesen wird, daß die Vorbesprechungen anders lauteten und das Formular nur unterschrieben worden ist in der dem anderen Teil erkennbaren Annahme, daß der Inhalt des Formulars sich mit dem Inhalt der Vorbesprechungen decke (s. Rdn. 44). **Die Streichung von Teilen des Formulartextes bedeutet im allgemeinen nicht, daß der gestrichene Teil verneint wird, sondern hat nur zur Folge, daß der betreffende Punkt ungeregelt bleibt.** Unklarheiten im Formular müssen zu Lasten desjenigen gehen, der das Formular verfaßt hat[4]; s. auch § 5 AGB-Gesetz (Rdn. 115).

IV. Die Verfügungsmacht

Die Sicherheit ist rechtlich mangelhaft, wenn als Sicherungsmittel Gegenstände dienen, über welche der Sicherungsgeber nicht oder nicht unbeschränkt verfügen kann. **Von einer Verfügung spricht man, wenn jemand unmittelbar ein Recht ändert, aufhebt oder überträgt,** z. B. sein Eigentum an einem Gegenstand belastet oder veräußert, auf eine Forderung verzichtet oder sie zediert usw.[5]. Zum Begriff der Verfügungsmacht gehört stets die Beziehung auf bestimmte Vermögensgegenstände, insofern die Befugnis, über sie zu verfügen, dem Sicherungsgeber entweder zusteht oder fehlt: Am jeweiligen Sicherungsmittel wirkt sich die Verfügungsmacht des Sicherungsgebers aus. **Den Gegensatz zur Verfügung bildet die Verpflichtung (Obligation), kraft welcher jemand lediglich gehalten ist, eine Verfügung vorzunehmen oder sonst eine Leistung zu bewirken.** Ohne die Verfügungsmacht des Sicherungsgebers ist der Sicherstellungsvertrag, sofern er eine Verfügung enthält, nicht wirksam. Dabei muß die Verfügungsmacht grundsätzlich nicht nur im Zeitpunkt der Verfügungserklärung, sondern auch noch im Augenblick der Vollendung des Abschlußtatbestandes (s. Rdn. 493) der Verfügung vorhanden sein, also entsprechend dem gewählten Sicherungsmittel

125

---

[1] BGH WM 59, 561; 62, 1091; 65, 175; 66, 1200, 1325.
[2] RG JW 36, 988; BGH WM 56, 885.
[3] BGH WM 56, 946.
[4] BGH 5, 111; WM 60, 1119.
[5] RG 90, 395.

noch im Zeitpunkt der Übergabe beweglicher Sachen (s. Rdn. 495) oder der Eintragung von Rechten an Grundstücken (s. Rdn. 772), aber auch noch im Zeitpunkt des Wirksamwerdens der Verfügung, z. B. der Entstehung einer künftigen Forderung, welche als Sicherungsmittel dient (s. Rdn. 104), und ebenso noch im Zeitpunkt der Valutierung geborener Sicherheiten (vgl. Rdn. 200). **Wo die Verfügungsmacht des Sicherungsgebers fehlt, ist ihm die Möglichkeit der Bestellung von Sachsicherheiten, da sie stets und ausschließlich auf Verfügungen beruhen, grundsätzlich genommen.** Im einzelnen kommen folgende Tatbestände in Betracht:

1. Fehlen unbeschränkten Eigentums

a) Allgemeines

126   Die rechtliche Zuständigkeit des Sicherungsgebers zur Vornahme einer Verfügung über das Sicherungsmittel fehlt oder ist gemindert, weil er nicht (mehr) Eigentümer des Sicherungsmittels oder dieses schon zu Gunsten eines Dritten belastet ist[1]. Solche Belastungen können auf voraufgegangenen eigenen Verfügungen des Sicherungsgebers beruhen, der etwa schon vorher den zu übereignenden Kraftwagen anderweitig zur Sicherheit gegeben hatte, oder auf gesetzlicher Vorschrift, so bei der Zoll- und Steuerhaftung gewisser Waren und Erzeugnisse, beim Pfandrecht des Vermieters oder Verpächters an den eingebrachten Sachen des Mieters oder Pächters, bei dem gesetzlichen Pfandrecht des Werkunternehmers, Kommissionärs, Spediteurs, Lagerhalters, Frachtführers, Verfrachters usw. Häufig und von erheblicher praktischer Bedeutung ist auch eine hypothekarische Belastung beweglicher Sachen, wenn das Sicherungsgut Zubehör eines Grundstücks des Sicherungsgebers ist, welches bereits bei Abschluß des Sicherstellungsvertrages mit einem Grundpfandrecht belastet ist (s. Rdn. 725); entsprechend ist eine hypothekarische Belastung gewisser Forderungen denkbar (s. Rdn. 754 f.). Fremdes Gut sind für den Sicherungsgeber auch Gegenstände, die er unter aufschiebender Bedingung erworben hat, solange die Bedingung nicht eingetreten ist; hier hat aber der Sicherungsgeber möglicherweise nur sein eigenes Anwartschaftsrecht zum Gegenstand der Verfügung machen wollen (vgl. Rdn. 531). Eine solche aufschiebende Bedingung (§ 158 BGB) enthält z. B. der weit verbreitete Eigentumsvorbehalt. Der Verfügung über fremdes Gut steht gleich die Verfügung des Genossen einer Gemeinschaft zur gesamten Hand, bei welcher der Anteil des einzelnen am Gesamtvermögen eine quotenmäßig nicht bestimmte Mitberechtigung ist (Gesellschaft bürgerlichen Rechts, eheliche Gütergemeinschaft, Erbengemeinschaft, der nicht rechtsfähige Verein, die offene Handelsgesellschaft, Kommanditgesellschaft, Reederei), über seinen Anteil an einem zum Gesamtgut gehörenden Gegenstand (nicht zu ver-

---

[1] BGH 27, 360. Unterfällt nach erfolgter Einigung (Rdn. 493) der Besteller eines gebuchten Rechts einem Verfügungsverbot (Rdn. 130) oder einer Verfügungsbeschränkung (Rdn. 139—146), so hindert dies ausnahmsweise die Vollendung des Abschlußtatbestandes nicht, wenn bereits die Unwiderruflichkeit der Erklärung des Sicherungsgebers eingetreten und der Antrag auf Eintragung des Sicherungsrechts gestellt ist (§§ 878 BGB, 8, 3 SchiffsG, 5 LRG).

wechseln mit dem Anteil an der Gesamthandsgemeinschaft), z. B. die Bestellung einer Hypothek durch den Miterben an seinem Anteil an einem Nachlaßgrundstück (§§ 719, 1419, 2033 BGB, 105, 161 HGB); ebenso steht ihr gleich die Verfügung des einzelnen Genossen über den ganzen Gegenstand. Nachträgliche Zustimmung der übrigen Genossen macht die Verfügung wirksam[1]. Wegen der Verfügung über den Anteil an der Gesamthandsgemeinschaft s. Rdn. 134. **Sind über das Sicherungsmittel mehrere miteinander nicht in Einklang stehende Verfügungen getroffen worden, so entscheidet die Priorität, d. h. die zeitliche Folge der Verfügungen.** Die zeitliche begründet die rechtliche Priorität. In allen Fällen mangelnden Eigentums ist die spätere Verfügung des Sicherungsgebers über den betreffenden Gegenstand, von den unten (s. Rdn. 129, 449, 525, 665a, 761) zu erörternden Ausnahmen abgesehen, unwirksam: Der Sicherungsnehmer erwirbt das Sicherungsrecht nicht, so bei mehrfacher Sicherungsübereignung oder -abtretung. In den Fällen vorgängiger Belastung ist der Sicherungsgeber, mit entsprechenden Ausnahmen, nicht befugt, ohne Vorbehalt des bereits auf dem Gegenstand ruhenden Rechts über das Eigentum an diesem zu verfügen: Der Sicherungsnehmer muß die Belastung, die in ihrem Umfang unberührt bleibt (s. Rdn. 185), gegen sich gelten lassen. Hat also A seinen Kraftwagen oder einen Erbanteil dem B sicherungshalber übertragen, so kann er ihn grundsätzlich nicht nochmals an C übertragen, sondern er kann diesem allenfalls den Rückgewähranspruch gegen B gemäß Rdn. 210, 272 abtreten; eine Verpfändung des Wagens oder Erbanteils zugunsten des B stünde der Übertragung an C nicht entgegen, sie hätte aber zur Folge, daß C den übertragenen Gegenstand belastet mit dem Pfandrecht des B erwirbt. Der Fall, daß sich die Sicherung in einer erneuten Belastung des Sicherungsmittels erschöpft, gehört nicht hierher, weil die Nachbelastung nicht rechtlich mangelhaft, sondern nur weniger tauglich ist, denn es ist z. B eine Hypothek nicht selbst mit den vorgehenden Grundpfandrechten, die auf dem Grundstück ruhen, beschwert, sondern durch diese nur im Sicherungswert beinträchtigt[2]. Doch gelten die zu Rdn. 128 erörterten Ausnahmen vom Prioritätsprinzip sinngemäß auch für Fälle dieser Art (Näheres s. Rdn. 278, 287, 314).

Die Regel, daß der zeitlich Vorgehende auch das bessere Recht hat, wird von zwei wichtigen Ausnahmen durchbrochen, die darauf abgestellt sind, ob der Sicherungsgeber bei Vertragsschluß mit Ermächtigung handelt (Rdn. 129) oder ob der Sicherungsnehmer gutgläubig ist (Rdn. 449, 525, 665a, 761). In diesen Ausnahmefällen ist der Mangel in der Verfügungsmacht des Sicherungsgebers unschädlich, weil der Sicherungsnehmer gleichwohl das Sicherungsrecht so erwirbt, wie es seiner Vereinbarung mit dem Sicherungsgeber entspricht. Das bedeutet: Übereignet oder belastet der Sicherungsgeber fremdes Gut, z. B. dadurch, daß er einen fremden Kraftwagen sicherungshalber übereignet oder verpfändet, so wird der Sicherungsnehmer vollberechtigter Sicherungseigentümer bzw. Pfandgläubiger; verfügt der Sicherungsgeber über einen bereits zu Gunsten eines Dritten belasteten Gegenstand, indem er ihn sicherungshal-

---
[1] BGH 19, 138.
[2] RG 55, 128.

ber übereignet, so erwirbt der Sicherungsnehmer lastenfreies Sicherungseigentum; im Fall der Verpfändung solchen Gegenstandes braucht er die Vorbelastung nicht gegen sich gelten zu lassen. Das ist die Rechtslage auch bei der „gekoppelten" Sicherung: Übereignet oder verpfändet der Sicherungsgeber einen bereits anderweitig sicherungsübereigneten oder verpfändeten Gegenstand, so müssen die unten erörterten Voraussetzungen erfüllt sein, wenn der zweite Sicherungsnehmer sich ohne Rücksicht auf das Recht des ersten soll befriedigen dürfen; sonst bleibt es bei der Regel, daß der erste das bessere Recht hat. Erweist sich hiernach die Verfügung des Sicherungsgebers dem Eigentümer oder dem Inhaber des vorbelasteten Rechts gegenüber als wirksam, so kann dieser vom Sicherungsgeber, bei unentgeltlicher Sicherstellung vom Sicherungsnehmer grundsätzlich Ausgleich nach den Vorschriften über ungerechtfertigte Bereicherung (§§ 816, 812, 821 BGB), unter Umständen vom Sicherungsgeber auch Schadensersatz[1] verlangen. Der Bereicherungsanspruch geht nicht auf Herausgabe der vom Sicherungsgeber empfangenen Darlehensvaluta, sondern bei einer Sicherungsübertragung in erster Linie auf Abtretung des Rückgewähranspruchs, daneben auf Sicherheitsleistung für die Nichtinanspruchnahme des Sicherungsrechts und nach dessen Verwertung auf Wertersatz für die Befreiung des Sicherungsgebers von der gesicherten Schuld. Besteht die Verfügung des Sicherungsgebers in einer Verpfändung, so geht der Bereicherungsanspruch auf Beseitigung der Verpfändung[2]. Im einzelnen:

b) Ermächtigung

129   Ist der Eigentümer oder der Inhaber des vorbelasteten Rechts von vornherein mit der Verfügung des Sicherungsgebers einverstanden oder genehmigt er sie nachträglich, so erwirbt kraft solcher „Ermächtigung" der Sicherungsnehmer das Sicherungsrecht, wie wenn der Sicherungsgeber von Anfang an unbeschränkt verfügungsberechtigt gewesen wäre (§§ 185 Abs. 1, 184 BGB). Dieser „Ermächtigung" steht es gleich, wenn der Sicherungsgeber nachträglich Eigentümer des Sicherungsmittels oder vom Eigentümer beerbt wird. Hat A einen Kraftwagen des B verpfändet und erwirbt er später den Wagen von B, so wird mit seinem Erwerb die Verpfändung wirksam. Eine Rückwirkung auf den Zeitpunkt des Vertragsschlusses ist hier jedoch ausgeschlossen, und daher verbleibt es bei dem zu Rdn. 126 erörterten Grundsatz der Priorität. So ist die Rechtslage insbesondere bei der Sicherstellung vermittels einer „Vorbehaltssache"; sie wird erst wirksam, wenn durch Zahlung des Kaufpreises die Bedingung des Eigentumsüberganges ausgelöst und damit der Sicherungsgeber endgültig Eigentümer wird (§ 185 Abs. 2 BGB). Ob der Inhalt der Ermächtigung im einzelnen Fall die Verfügung des Sicherungsgebers deckt, ist Auslegungsfrage[3]; im übrigen macht die Zustimmung des Berechtigten nur diejenige von mehreren Verfügungen wirksam, auf welche sich die Zustimmung bezieht. Übereignet also A einen Kraftwagen, den er unter

---

[1] BGH WM 64, 677.
[2] Vgl. OGH BZ 1. 79; a. M. RG 158, 47.
[3] BGH WM 70, 251.

Eigentumsvorbehalt gekauft hat, sicherungshalber dem (über die Sachlage informierten) B, so wird B rückwirkend Eigentümer, sobald der Verkäufer als Vorbehaltseigentümer des Wagens die Übereignung des Wagens genehmigt; das Eigentum geht in diesem Fall unmittelbar vom Verkäufer auf B über. Fälle vorheriger Zustimmung (Rdn. 186) gibt es bei der Veräußerung von Sicherungsgut oder Vorbehaltsware im normalen Geschäftsverkehr (Rdn. 538). Ein weiteres Beispiel: Wer eine Buchhypothek abtritt, erklärt damit im Zweifel seine Zustimmung zu Verfügungen, die der Zessionar über die Hypothek vor der grundbuchlichen Umschreibung, also über die noch dem Zedenten zustehende Hypothek vornimmt, und macht durch eben diese Zustimmung die Verfügungen wirksam[1]. Im Rahmen eines entgeltlichen Sicherstellungsvertrages ist der Sicherungsgeber mangels abweichender Vereinbarung zur Vermeidung von Schadensersatzansprüchen sogar verpflichtet, die Zustimmung des Eigentümers bzw. des Inhabers des vorbelastenden Rechts einzuholen, da er dem Sicherungsnehmer eine rechtlich mangelfreie Sicherheit verschaffen muß (s. Rdn. 28). Einer besonderen Form bedarf die Zustimmung nur da, wo eine solche, wie z. B. im Grundbuchbereich (s. Rdn. 777) und im Depotrecht (s. Rdn. 596a) ausdrücklich vorgeschrieben ist. Sonst kann sie sogar stillschweigend erklärt werden und unter Umständen schon in der Geltendmachung des zu Rdn. 128 erwähnten Bereicherungsanspruchs gegenüber dem Sicherungsgeber liegen[2]. Handelt es sich bei der Sicherstellung um die Verfügung über einen bereits zu Gunsten eines Dritten belasteten Gegenstand, z. B. um die Sicherungsabtretung einer verpfändeten Grundschuld, so stimmt der Inhaber des vorbelastenden Rechts durch den Verzicht auf sein Recht oder einen entsprechenden Akt, welcher den Gegenstand „lastenfrei" macht, zu. Ein solcher Verzicht (Freistellungserklärung) ist dem Berechtigten im allgemeinen nicht zuzumuten und daher nur schwer zu erlangen. Gegenüber etwaigen Pfandrechten des Vermieters, Verpächters, Spediteurs, Lagerhalters usw. begnügt sich der Sicherungsnehmer meistens mit der Verpflichtung seines Vertragspartners, ihm innerhalb bestimmter Frist nach Fälligkeit der Forderung des Pfandgläubigers die Tatsache der Tilgung dieser Forderung durch eine Quittung des Pfandgläubigers oder anderweitig nachzuweisen. Wenn aber der Lagerhalter das Sicherungsgut in Kenntnis des Sicherungszwecks vorbehaltlos für den Gläubiger übernimmt, verzichtet er damit auf sein gesetzliches Pfandrecht[3]; (vgl. auch Rdn. 34). Wegen des Rangrücktritts s. Rdn. 278.

2. Verfügungsverbote

a) Allgemeines

Die rechtliche Zuständigkeit des Sicherungsgebers zu Vornahme einer Verfügung über das Sicherungsmittel fehlt, wenn er, obwohl Eigentümer des Sicherungsmittels, in seiner Verfügungsmacht mehr oder weniger beschränkt ist. Sol- 130

---

[1] RG 54, 368.
[2] RG 106, 45.
[3] BGH WM 62, 1350.

cher **Ausschluß der Verfügungsmacht** liegt nicht schon deshalb vor, weil der Sicherungsgeber sich einem Dritten gegenüber schuldrechtlich verpflichtet hat, über den Gegenstand nicht zu verfügen (§ 137 BGB), z. B. ein Grundstück nicht zu belasten (sog. Negativhypothek). Sie ist nach § 1136 BGB nichtig, wenn sie zwischen Grundstückseigentümer und Grundpfandgläubiger vereinbart wird, sofern dieser das Grundpfandrecht zur Zeit der Vereinbarung bereits erworben hatte[1]. Häufiger noch ist der **uneigentliche oder obligatorische Eigentumsvorbehalt**, demzufolge sich der Käufer seinem Lieferanten gegenüber verpflichtet, die gelieferte Ware vor vollständiger Zahlung des Kaufpreises bzw. vor Einlösung der zahlungshalber gegebenen Schecks oder Wechsel nicht ohne Zustimmung des Verkäufers einem Dritten zu verpfänden oder sicherungshalber zu übereignen. Wird der Gegenstand dennoch zu Sicherungszwecken verwendet — über sein Eigentumsanwartschaftsrecht (s. Rdn. 91) kann der Käufer verfügen —, so ist der Sicherstellungsvertrag in vollem Umfang wirksam, und zwar selbst dann, wenn der Sicherungsnehmer von der Verpflichtung des Sicherungsgebers Kenntnis hatte[2]. Die Ausnutzung des vom Sicherungsgeber begangenen Vertragsbruchs macht den Sicherungsnehmer nur in dem seltenen Fall schadenersatzpflichtig, daß sein Verhalten als Verstoß gegen die guten Sitten erscheint (§ 826 BGB). Ein echter Mangel der Verfügungsbefugnis liegt dagegen vor, wenn dem Sicherungsgeber durch Gesetz oder durch eine behördliche, insbesondere gerichtliche Anordnung im Interesse und zum Schutz eines bestimmten Dritten die Verfügung über den Gegenstand verboten ist (§§ 135, 136 BGB). Derartige **relative Verfügungsverbote** sind z. B. enthalten in § 8 KAGGes. bezüglich der Wertpapiere des Sondervermögens einer Kapitalanlagegesellschaft, ferner in einer dahingehenden einstweiligen Verfügung, in dem gerichtlichen Pfändungsbeschluß bei der Zwangsvollstreckung in eine Forderung (s. Rdn. 263), in der Beschlagnahme des Grundstücks zum Zwecke der Zwangsversteigerung oder Zwangsverwaltung (s. Rdn. 252, 266), in dem offenen Arrest des Konkursgerichts (§ 118 KO), in dem Verfügungsverbot, welches das Gericht im gerichtlichen Vergleichsverfahren erlassen kann und welches den Vergleichsschuldner bei einer entgegenstehenden Verfügung an die Zustimmung des Vergleichsverwalters bindet (s. Rdn. 979). Zu beachten ist § 288 StGB, welcher denjenigen mit Strafe bedroht, der bei einer ihm drohenden Zwangsvollstreckung in der Absicht, die Befriedigung des Gläubigers zu vereiteln, Bestandteile seines Vermögens veräußert oder beiseiteschafft (Vollstreckungsvereitelung). Der böswillige Schuldner, der den Zugriff seines Gläubigers auf die zu dessen Befriedigung vorhandenen Vermögensstücke ausschließen will, ist danach insbesondere daran gehindert, die Vermögensstücke einem anderen Gläubiger derart zuzuwenden, daß er diesem eine Sicherung gewährt, die er nicht oder nicht in der Art oder nicht zu der Zeit zu beanspruchen hatte[3]. In allen diesen Fällen ist das Verfügungsverbot unschädlich, wenn entweder der Dritte, zu dessen Schutz es bestimmt ist, der Verfügung zustimmt — es gelten insoweit die Ausführungen zu Rdn. 129 entsprechend —

---

[1] RG JW 29, 1977.
[2] BGH WM 70, 317.
[3] RGSt 71, 227.

oder der Sicherungsnehmer bezüglich des Verfügungsverbots gutgläubig ist (s. Rdn. 449, 525, 569a, 665a, 761). Neben den relativen Verfügungsverboten gehören hierher die Fälle, in denen mit Wirkung gegenüber jedermann dem Sicherungsgeber die Verfügung über den Gegenstand durch **absolutes Verfügungsverbot** untersagt ist oder der Ausschluß der Verfügungsbefugnis sich aus der Natur des Gegenstandes ergibt. In diesen Fällen ist eine entgegenstehende Verfügung regelmäßig nichtig (§ 134 BGB), ohne daß der gute Glaube des Sicherungsnehmers an die Verfügungsmacht seines Vertragspartners geschützt wird. Im einzelnen:

b) Bewegliche Sachen

Von den **beweglichen Sachen** sind wenige nur beschränkt als Sicherungsmittel verwendbar, so z. B. ablieferungspflichtiger Branntwein oder die Gegenstände, die einen geschichtlichen, wissenschaftlichen oder künstlerischen Wert haben und von einer juristischen Person des öffentlichen Rechts sicherungshalber übereignet oder verpfändet werden (§ 1 VO 8.5.20)[1]. **Unpfändbarkeit einer Sache hindert ihre Verwendung als Sicherungsmittel nicht**[2]. Es können auch unentbehrliche Bedarfsgegenstände zumal des Hausrats Sicherungsmittel sein. Das verstößt nicht ohne weiteres gegen die guten Sitten, weil sonst manchem weniger bemittelten Schuldner die einzige Möglichkeit, Kredit zu erhalten, abgeschnitten werden würde[3]. Insbesondere die Sicherung der sog. Klein- und Anschaffungskredite im bankgeschäftlichen Verkehr erfolgt häufig mittels solcher Gegenstände. Eine Sittenwidrigkeit der Verwendung unpfändbarer Gegenstände als Sicherungsmittel wird nur im Fall einer nachgeschalteten Sicherheit bei unmittelbar bevorstehendem Verwertungsfall oder ähnlicher besonderer Umstände angenommen werden können[4]. Ebenso können bewirtschaftete (bezugsbeschränkte) Sachen als Sicherungsmittel dienen; verwertbar sind sie allerdings nur nach Maßgabe der Bewirtschaftungsvorschriften.

131

c) Grundstücke

Von den **Grundstücken** und grundstücksgleichen Rechten sind, abgesehen von einigen für die normale Kreditsicherung weniger interessanten Fällen im Landarbeiterwohnungsbau, in der Flurbereinigung und Umlegung und im Versorgungsrecht, nur wenige in ihrer Verwendbarkeit als Sicherungsmittel beschränkt, z. B. die Heimstätte (s. Rdn. 312). Eine Beschränkung kann das Erbbaurecht (s. Rdn. 293) erhalten. Nach § 5 ErbbVO wird als Inhalt des Erbbaurechts regelmäßig vereinbart, daß der Grundstückseigentümer, wenn der Erbbauberechtigte das Erbbaurecht veräußern oder belasten

132

---
[1] RGBl 913.
[2] RG 72, 183; BGH WM 61, 243, 244; OLG Braunschweig MDR 62, 303; OLG Frankfurt BB 73, 215, 216.
[3] Im Ergebnis ebenso OLG Braunschweig MDR 62, 303; OLG Frankfurt BB 73, 215 f.; OLG Bamberg MDR 81, 50; Palandt/Bassenge § 930 Rdn. 16; MünchKomm/Quack Anh. §§ 929—936 Rdn. 113; a. M. OLG Hamm JW 35, 2074; OLG Stuttgart NJW 71, 50.
[4] Vgl. MünchKomm/Quack Anh. §§ 929—936 Rdn. 113; OLG Frankfurt BB 73, 215, 216.

will, zustimmen muß (§§ 873, 877 BGB)[1]. Fehlt diese, in öffentlicher oder öffentlich beglaubigter Urkunde zu erteilende und bis zur Eintragung freiwiderrufliche[2] Zustimmung, sind Verfügungen des Erbbauberechtigten über das Erbbaurecht schwebend unwirksam (§ 6 ErbbVO). Unter bestimmten Voraussetzungen ist aber ein Zustimmungsanspruch gegeben, z. B. wenn die Belastung mit den Regeln einer ordnungsmäßigen Wirtschaft vereinbar ist und der mit der Bestellung des Erbbaurechts verfolgte Zweck nicht beeinträchtigt oder gefährdet wird. Ein Zustimmungsanspruch kann auch dann gegeben sein, wenn der gesicherte Kredit nicht zu Investitionsmaßnahmen auf dem Grundstück dient[3].

In der Zustimmung zur Belastung liegt nicht zugleich eine Zustimmung zur Veräußerung im Wege der Zwangsversteigerung. Der Grundstückseigentümer kann also, auch wenn er sich mit der Belastung einverstanden erklärt hatte, seine Zustimmung zur Erteilung des Zuschlages an den Ersteher versagen, sofern der Erbbauvertrag auch ein Veräußerungsverbot enthält[4]. Zwar kann die Zustimmung auf Antrag des Erbbauberechtigten oder des die Zwangsversteigerung des Erbbaurechts betreibenden Gläubigers[5] durch das Amtsgericht ersetzt werden, wenn sie ohne ausreichenden Grund verweigert wird (§ 7 ErbbVO). Dennoch ist dem Grundpfandgläubiger, wenn er Schwierigkeiten vermeiden will, dringend zu empfehlen, angesichts eines Veräußerungsverbots sich von vornherein die Zustimmung des Grundstückseigentümers zur Zwangsversteigerung des Erbbaurechts geben zu lassen. Entsprechend darf bei der Belastung des **Wohnungseigentums** nicht übersehen werden, daß die Veräußerung (nicht die Belastung selbst) des Wohnungseigentums und damit dessen Zwangsversteigerung mit dinglicher Wirkung von der Zustimmung eines Dritten abhängig gemacht werden kann (§ 12 WEG)[6]. Der Sicherungsnehmer muß also darauf achten, daß die Veräußerungsbeschränkung nicht auf die Zwangsversteigerung des Wohnungseigentums erstreckt ist (s. Rdn. 97). Besondere Vorsicht ist bei der Belastung von Wohnungseigentum dann geboten, wenn die Wohnanlage auf mehreren zusammenhängenden Grundstücken errichtet worden ist. Sind nämlich die Grundstücke vor Begründung des Wohnungseigentums nicht durch Vereinigung oder Bestandteilszuschreibung zu einem einheitlichen Grundstück zusammengefügt worden, ist also das Sondereigentum an der Wohnung mit dem Miteigentum an **mehreren** Grundstücken verbunden, soll nach einer Entscheidung des BayObLG[7] das Wohnungseigentum nicht wirksam begründet worden sein, so daß allenfalls noch der gutgläubige Erwerb eines Grundpfandrechts in Frage kommt.

---

[1] Vgl. im einzelnen Gaberdiel, Kreditsicherung durch Grundschulden, Rdn. 3.6.1.
[2] BGH NJW 63, 36; Gaberdiel a. a. O.
[3] BayOLG, Rpfleger 89, 97; OLG Frankfurt, DNotZ 78, 105; Gaberdiel a. a. O.
[4] BGH 33, 76; Gaberdiel a. a. O. Rdn. 21.3.
[5] H. M. BGH 100, 107 = NJW 87, 1942 = WM 87, 438 m. w. N.; anders noch BGH 33, 83 = WM 60, 973; vgl. zum ganzen Gaberdiel a. a. O.
[6] Vgl. Gaberdiel a. a. O. Rdn. 3.6.2.
[7] DNotZ 70, 206 ff.; a. A. Promberger MittBayNot 70, 125 ff.

d) Rechte

Von den **Rechten** scheiden als Sicherungsmittel nicht nur diejenigen aus, die, obwohl an sich veräußerlich, unter besonderen Umständen der Verfügungsmacht des Sicherungsgebers nur beschränkt unterliegen, sondern auch diejenigen, deren Verkehrsfähigkeit von vornherein kraft Gesetzes ausgeschlossen oder beschränkt ist, insbesondere die nicht übertragbaren Rechte[1]. Das sind zunächst **alle unpfändbaren, zu Rdn. 82 erwähnten Rechte** (§§ 400, 1274 Abs. 2 BGB), wobei es gewisse Ausnahmen gibt, insofern z. B. manche Lastenausgleichsansprüche, so der Anspruch auf Haupt- und Hausratentschädigung, oder auch der Pflichtteilsanspruch (§ 2317 BGB) abtretbar oder verpfändbar sind. Sodann kommen als Sicherungsmittel nicht in Frage die Ausgleichsforderung des Ehegatten vor Beendigung des gesetzlichen Güterstandes (§ 1378 BGB), der Nachlaß eines noch lebenden Dritten (§ 312 BGB), alle sog. höchstpersönlichen Rechte (§ 399 BGB)[2], so der Nießbrauch, die Forderung aus einem Schenkungsversprechen, der Anspruch auf Auszahlung eines Darlehens (mit der Einschränkung, daß die Abtretung der Darlehnsvaluta aus einer nicht zweckgebundenen Kreditzusage in der Weise zulässig ist, daß durch die Auszahlung an den Abtretungsempfänger der bisherige Gläubiger Darlehensschuldner wird), weiterhin das Postscheckguthaben u. a. m. **Der Gesellschafter einer Personengesellschaft kann über seinen Anteil an den einzelnen Gegenständen des Gesellschaftsvermögens nicht verfügen (§ 719 BGB)[3] und ebensowenig der Miterbe über seinen Anteil an den einzelnen Nachlaßgegenständen (§ 2033 BGB).** Vgl. hierzu Rdn. 126. Auch die Sozialansprüche des Gesellschafters sind seiner Verfügung entzogen (§ 717 BGB). Die Abtretung der Ansprüche der Kapitalgesellschaften gegen ihre Teilhaber auf Erbringung der Einlagen ist nur unter bestimmten Voraussetzungen zulässig[4], wogegen die Abtretung solcher Ansprüche der Personengesellschaften (s. Rdn. 66) grundsätzlich zulässig ist[5]. Über den Gesellschaftsanteil selbst kann ohne Zustimmung aller Gesellschafter weder von dem Gesellschafter einer Personengesellschaft[6] noch von einem stillen Gesellschafter verfügt werden, wohl aber über den Anspruch auf den Gewinnanteil und das künftige Auseinandersetzungsguthaben (§ 717 BGB). Entsprechendes gilt für die fortgesetzte Gütergemeinschaft[7]. **Der Miterbe kann über seinen Anteil am Nachlaß verfügen, nicht aber über seinen Anspruch auf das künftige Auseinandersetzungsguthaben**[8]. Die

133

---

[1] RG 148, 10; vgl. auch MünchKomm/Roth § 399 Rdn. 1.
[2] Vgl. die weiteren bei MünchKomm/Roth § 399 Rdn. 8 ff. genannten höchstpersönlichen Ansprüche.
[3] BGH 13, 179; BB 58, 57; Rümker WM 73, 626; Serick II § 29 I 1; Palandt/Thomas § 717, Rdn. 3; MünchKomm/Ulmer § 719 Rdn. 6.
[4] RG 135, 55; vgl. zu den Voraussetzungen MünchKomm/Roth § 399 Rdn. 22.
[5] BGH 63, 338 = NJW 75, 1022 ff. = WM 75, 346; BGH WM 81, 1203 zur Abtretung des Anspruchs der KG auf Zahlung der Kommanditeinlage.
[6] MünchKomm/Ulmer § 719 Rdn. 21; Palandt/Thomas § 719 Rdn. 3.
[7] BGH WM 66, 711.
[8] RG 60, 126; str.

Sicherungsabtretung des Anteils an einer Personengesellschaft (einschließlich der stillen Gesellschaft) ist allenfalls möglich als Eintritt des Sicherungsnehmers in die Gesellschaft, was die persönliche Haftung des Sicherungsnehmers (§ 128 HGB) nach sich zieht (str), sofern die Beteiligung des Sicherungsgebers nicht eine kommanditistische oder stille war oder bei der „Abtretung" in eine solche umgewandelt wird. Zum Übergang von Geldansprüchen durch Veräußerung des Gesellschafteranteils s.[1]. Eine solche „Abtretung des Gesellschaftsanteils" bedarf (wie auch die Anteilsverpfändung) der Zustimmung der anderen Gesellschafter und ist bis zu deren Erteilung schwebend unwirksam[2]. Sie kann aber als (formlos zulässige) Abtretung oder Verpfändung der Ansprüche des Gesellschafters auf den Gewinnanteil und das künftige Auseinandersetzungsguthaben ausgelegt werden[3]. Nicht hierher gehören die Fälle, in denen die Verpfändung oder sicherungsweise Abtretung von Ansprüchen aus Spar- oder Versicherungsverträgen den Verlust bestimmter Vergünstigungen nach sich zieht, z. B. den Wegfall steuerlicher Vorteile wie in § 10 EStG oder der Versicherungsfreiheit im Rahmen der früheren Regelung der Handwerkeraltersversorgung. Die Verwendung solcher Ansprüche als Sicherungsmittel ist zwar wirtschaftlich schädlich, aber grundsätzlich zulässig und wirksam. Kommissions- und Speditionsforderungen scheiden insofern als Sicherungsmittel aus, als der Kommitent bzw. Versender ihre Abtretung oder Verpfändung zugunsten eines Gläubigers des Kommissionärs bzw. Spediteurs nicht gegen sich gelten zu lassen braucht (§§ 392, 407 HGB)[4]. Die Abtretung von **Gesellschafterdarlehen** ist demgegenüber möglich[5]; seit dem Jahr 1990 auch die Abtretung von Schmerzensgeldansprüchen[6].

134 **Von besonderer Bedeutung sind die Fälle, in denen die Abtretbarkeit eines Rechts vertraglich ausgeschlossen ist.** Es kann nämlich zwischen Gläubiger und Schuldner eines gegenwärtigen oder künftigen Anspruchs vereinbart werden, daß der Anspruch nicht abtretbar, damit auch nicht verpfändbar sein soll (§§ 399, 1274 Abs. 2 BGB). Ob diese Vereinbarung bei Begründung des Anspruchs erfolgt oder später, ferner ob ausdrücklich oder stillschweigend, ist gleichgültig[7]. Die Forderung wird dadurch unabtretbar, bleibt aber existent, während sie, wenn ihr Bestand vereinbarungsgemäß durch die Abtretung oder Verpfändung auflösend bedingt ist, mit dem Eintritt der Bedingung erlischt. Der Ausschluß der Abtretbarkeit, den auch der Konkursverwalter des Gläubigers gegen sich gelten lassen muß[8], findet sich häufig im Vergabewesen der öffentlichen Hand und bei Forderungen gegen Großunternehmen aus Lieferungs- und

---

[1] BGH NJW 73, 328.
[2] BGH 13, 179; 24, 114; WM 61, 303; 73, 169; MünchKomm/Ulmer § 719 Rdn. 22.
[3] RG 67, 331; Palandt/Thomas § 719 Rdn. 3.
[4] RG 148, 191; KG JW 33, 1846.
[5] BGH BB 52, 478; Schneider, Konkurs von Personengesellschaften, Behandlung von Gesellschafter-Privatdarlehen; Vorsicht bei kapitalersetzendem Charakter!
[6] Der frühere § 847 BGB Abs. I Satz 2 wurde mit Wirkung zum 1. 7. 90 aufgehoben; vgl. Palandt/Thomas § 847 Rdn. 13.
[7] MünchKomm/Roth § 399 Rdn. 23.
[8] BGH WM 71, 933.

Verfügungsverbote

Arbeitsverträgen, in deren Rahmen der Anspruch auf Gehalt oder Lohn nicht selten sogar durch Tarifverträge und Betriebsvereinbarungen[1] unabtretbar gemacht wird[2]. Der neu in das Handelsregister aufgenommene § 354a (in Kraft seit dem 26. 7. 1994) erklärt eine Abtretung, die aus einem beiderseitigen Handelsgeschäft resultiert oder bei der der Schuldner eine juristische Person des öffentlichen Rechts oder ein öffentlich-rechtliches Sondervermögen ist, trotz Abtretungsverbot für wirksam. Allerdings kann der Schuldner mit befreiender Wirkung nach wie vor an den bisherigen Gläubiger leisten (abweichende Vereinbarungen sind unwirksam). Im Konkurs steht der Bank ein Absonderungsrecht bzw. — wenn der Schuldner an die Konkursmasse zahlt — eine Ersatzabsonderung zu. Bei Forderungen aus nicht beiderseitigen Handelsgeschäften verbleibt es bei der Regelung in § 399 BGB. Wird der Anspruch trotz des Verbots sicherungshalber abgetreten oder verpfändet, so ist der Sicherstellungsvertrag unwirksam, auch wenn er zeitlich vor dem Entstehen des Anspruchs getätigt worden ist[3]. Die Tatsache, daß in Fällen dieser Art das Abtretungsverbot für einen bedenkenlosen Kreditnehmer häufig Veranlassung ist oder werden kann, den Kreditgeber über die Verbotswidrigkeit der Abtretung oder Verpfändung zu täuschen, macht das Abtretungsverbot nicht sittenwidrig[4], obwohl eine gewisse Parallele zur Kollision zwischen Globalzession und verlängertem Eigentumsvorbehalt zu erkennen ist. Entsprechendes gilt, wenn die Abtretbarkeit nicht vollkommen ausgeschlossen, sondern nur an die Zustimmung des Drittschuldners geknüpft ist. Der Sicherungsnehmer muß daher von Fall zu Fall prüfen, ob der als Sicherungsmittel dienende Anspruch nicht zufolge einer Vereinbarung zwischen Sicherungsgeber und Drittschuldner unabtretbar bzw. nicht verpfändbar geworden ist. Vielfach sucht sich der Sicherungsnehmer dadurch zu schützen, daß er von vornherein vom Sicherungsgeber die Versicherung verlangt, daß die Abtretung des Anspruchs nicht vertraglich ausgeschlossen oder beschränkt sei. Ist aber die Versicherung unrichtig, was der Zedent selbst nicht immer weiß, so geht dies zu Lasten des Sicherungsnehmers. **Der vertragliche Ausschluß der Abtretbarkeit ist unschädlich, wenn entweder der Drittschuldner in die Verfügung einwilligt oder sie nachträglich genehmigt**[5]. Die Genehmigung hat allerdings **keine rückwirkende Kraft**; in der Zwischenzeit von Gläubigern des Zedenten erwirkte Pfändungen der Forderung werden nicht beeinträchtigt[6]. Auch anderweitige in der Zwischenzeit vorgenommene Abtretungen der Forderung, insbes. solche auf Grund verlängerten Eigentumsvorbehalts sind wirksam, wenn diese zweite Abtretung

---

[1] Vgl. MünchKomm/Roth § 399 Rdn. 3.
[2] S. aber BGH 23, 53 gegen einen stillschweigenden Ausschluß der Abtretung von Lohnforderungen.
[3] BGH WM 59, 854; BGH 30, 176; 178 f.
[4] BGH 51, 113; 117 f.; BGH WM 68, 195; MünchKomm/Roth § 399 Rdn. 26 m. w. N. in Fn. 47.
[5] S. hierzu BGH 40, 156, 160 f.; OLG Celle NJW 68, 652; MünchKomm/Roth, § 399 Rdn. 29.
[6] RG 136, 399; BGH WM 78, 267.

vor der Erstzession vom Schuldner genehmigt wird[1]. Die Genehmigung des Schuldners wirkt auch dann nicht auf den Zeitpunkt der Abtretung zurück, wenn vereinbart ist, daß die Abtretung einer Forderung nicht gänzlich ausgeschlossen, sondern von der Zustimmung des Schuldners abhängig sein soll[2]. Handelt es sich um in Inhaber- oder Orderpapieren verbriefte oder um gebuchte Rechte und ist der Sicherungsnehmer bezüglich des Abkommens zwischen Sicherungsgeber und Drittschuldner gutgläubig, so ist die Verfügung ebenfalls wirksam (die Ausführungen zu Rdn. 665a ff. finden entsprechende Anwendung). Zediert z. B. A dem B sicherungshalber eine Kaufpreisforderung gegen C, so kann C dem B gegenüber einwenden, er habe durch einen Vertrag mit A die Abtretbarkeit der Kaufpreisforderung ausgeschlossen. Handelt es sich aber nicht um eine Kaufpreisforderung, sondern um eine Grundschuld, welche zu Gunsten des A auf dem Grundstück des C lastet, so wird der gute Glaube des B geschützt, wenn der Ausschluß der Abtretbarkeit der Grundschuld weder aus dem Grundbuch noch aus dem Grundschuldbrief ersichtlich ist (s. Rdn. 861). Hieraus folgt umgekehrt, daß sich der Eigentümer des belasteten Grundstücks gegen eine vertragswidrige Verfügung über eine sicherungshalber dem Gläubiger bestellte Grundschuld dadurch schützen kann, daß er mit dem Gläubiger den Ausschluß der Abtretbarkeit vereinbart und die Vereinbarung in dem Grundbuch oder dem Grundschuldbrief ersichtlich macht (s. Rdn. 861).

136 **Eine ähnliche Rechtslage findet sich bei Rechten, die gebunden (vinkuliert) sind,** d. s. Rechte, die nur mit Genehmigung einer bestimmten Person übertragen werden können. Hierher gehören Namensaktien (§ 68 AktG) und GmbH-Anteile, deren Übertragung an die Genehmigung der Gesellschaft oder Gesellschafter[3] geknüpft ist (§ 15 Abs. 5 GmbHG). Ferner zählen dazu der Anspruch auf die Versicherungssumme bei

137 einer Fremdversicherung, wenn nach dem Inhalt der Versicherungsbedingungen die Verfügung über den Anspruch nur mit Einverständnis des Versicherten zulässig ist. Die Genehmigung zur Sicherungszession eines GmbH-Anteils schließt die Genehmigung zur Rückzession (Rückgewähr) ein[4]. Gleiches gilt für die Zustimmung der Gesellschafter einer Personengesellschaft zur Sicherungsabtretung eines Gesellschaftsanteils.

138 **Keine Vinkulierung bedeutet bei der Lebensversicherung die Bezugsberechtigung eines Dritten.** Das Bezugsrecht des Dritten hindert den Versicherungsnehmer nicht, über den Versicherungsanspruch zu verfügen, in der Verfügung über den Anspruch wird häufig der (stillschweigende) Widerruf der Bezugsberechtigung zu sehen sein, sofern der Versicherer von der Verfügung in Kenntnis gesetzt wird[5]. Wird die widerrufliche Bezugsberechtigung aus einer Lebensversicherung für die Dauer der Sicherungsabtretung an eine Bank widerrufen, so lebt sie mit dem Eintritt des Versicherungsfalls nicht wieder auf. Ein Erwerb der Bezugsberechtigung nach dem Versicherungsfall

---

[1] BGH 40, 156; WM 68, 195; OLG Koblenz WM 92, 73; str., vgl. Anm. von Sundermann in WuB I F 4.-5.92.
[2] BGH WM 89, 1470 = WuB I F 4.-1.90 m. Anm. Ott.
[3] Vgl. hierzu RG 159, 272.
[4] BGH NJW 65, 1376.
[5] RG 153, 225; OLG München WM 64, 778.

ist begrifflich ausgeschlossen, da ein Bezugsrecht als Anwartschaft voraussetzt, daß der Versicherungsfall noch nicht eingetreten ist[1]: Allein die Abtretung der Rechte aus einer Lebensversicherung hat nicht den Widerruf einer etwaigen früheren Bezugsberechtigung zur Folge[2]. Das berechtigte Interesse des Versicherungsnehmers ist gewöhnlich auf den vereinbarten Sicherungszweck begrenzt und beschränkt sich darauf, die von ihm früher benannten Bezugsberechtigten im Range hinter den Sicherungsnehmer zurückzuversetzen, nicht aber gänzlich auszuschließen[3]. Bei der Pfändung des Anspruchs aus der Lebensversicherung muß der Gläubiger auch das Recht zum Widerruf der Bezugsberechtigung pfänden und demnächst den Widerruf erklären. Unterläßt er bis zum Tode des Versicherungsnehmers eine solche Erklärung, so erwirbt der Bezugsberechtigte den Anspruch auf die Versicherungssumme, ohne durch das Pfandrecht beschränkt zu werden[4]. Das Bezugsrecht ruht kraft des Widerrufs im Zweifel nur für die Dauer des Sicherungsvertrages. Ist die Versicherung zu Gunsten des Dritten unwiderruflich abgeschlossen, so kann sein Recht auf die Versicherungssumme nur mit seiner Zustimmung beeinträchtigt werden. Da im Rahmen des § 399 BGB die Abtretbarkeit eines Rechts nicht nur gänzlich ausgeschlossen, sondern auch an gewisse sachliche oder formelle Erfordernisse geknüpft werden kann[5], ist es, zumal wenn Ansprüche aus Versicherungs- oder Bausparverträgen als Sicherungsmittel dienen, für die Parteien ratsam, die dem Anspruch zugrunde liegenden Urkunden (Versicherungs- bzw. Sparbedingungen) daraufhin genauestens durchzusehen. Die gesetzlich vorgesehene Eintragung der Verpfändung oder Abtretung von Schuldbuchforderungen in das Schuldbuch gehört nicht zur Wirksamkeit des Sicherstellungsvertrages gegenüber Dritten.

3. Verfügungsbeschränkungen

a) Allgemeines

Es gibt Verfügungsbeschränkungen, die wegen der zum Teil andersartigen Übertretungsfolgen nicht oder nur mit entsprechendem Vorbehalt zu den zu Rdn. 130 behandelten Verfügungsverboten gerechnet werden können. Die von solcher Verfügungsbeschränkung betroffenen Vermögen werden in einigen Fällen von Verwaltern kraft Amtes betreut, die aus eigenem Recht und in eigenem Namen, wenn auch unter Offenlegung ihrer Eigenschaft als Amtsträger (also nicht, wie die zu Rdn. 52 ff. bezeichneten Vertreter, aus dem Recht und im Namen der Vertretenen) die Verwaltungs- und Verfügungsbefugnisse der Vermögensinhaber ausüben. Zwar hindert dies die Vermögensinhaber nicht, Verpflichtungen wirksam einzugehen, also z. B. Personensicherheiten wirksam zu bestellen, da diese jedoch stets und ausschließlich auf Verpflichtungs-

139

---

[1] OLG Oldenburg WM 91, 1797; BGH VersR 86, 231.
[2] BGH NJW 90, 256.
[3] Lwowski in WuB I F 4.-4.92; a. A. Prölss/Martin, VVG, § 15 ALB Anm. 2a.
[4] RG 127, 271.
[5] RG 136, 399.

geschäften beruhen. Es wird sich jedoch zeigen, daß auch die Personensicherheiten, wenn sie von Personen ohne ausreichende Verfügungsmacht bestellt werden, nur mit größter Vorsicht zu bewerten sind, weil regelmäßig für ihre Realisierung auf diejenigen Vermögensteile, welche der Verfügungsbefugnis des Sicherungsgebers entzogen sind, nicht ohne weiteres zugegriffen werden kann. Im einzelnen:

b) Güterrechtliche Besonderheiten

140 Nach der gesetzlichen Ordnung der güterrechtlichen Verhältnisse unter **Ehegatten** ist die Zugewinngemeinschaft die Regel (§ 1363 BGB). **Danach bleibt jeder Ehegatte Alleineigentümer seines vor oder nach der Eheschließung erworbenen Vermögens.** Er kann sonach allein darüber verfügen, auch Sachsicherheiten mit den Gegenständen seines Vermögens bestellen. Bei beweglichen Sachen wird zu Gunsten der Gläubiger des Mannes oder der Frau, die nicht getrennt leben, widerleglich vermutet, daß die im Besitz eines oder beider Ehegatten befindlichen Sachen, Inhaberpapiere und Orderpapiere mit Blankoindossament dem Schuldner gehören (§ 1362 BGB)[1]. Auf diese Vermutung kann sich auch ein Gläubiger berufen, dem ein Ehegatte solche Sachen verpfändet oder sicherungshalber übereignet hat[2]. Wenn aber ein Ehegatte ihm gehörende Gegenstände des ehelichen Haushalts, z. B. Möbel oder ein Rundfunkgerät, nach Lage der Sache auch einen Personenkraftwagen, als Sicherungsmittel verwenden will, bedarf er zum Abschluß des Sicherstellungsvertrages der Einwilligung des andern Ehegatten (§ 1369 BGB). Nach inzwischen allgemeiner Ansicht stehen Eigentumsanwartschaften dem Eigentum gleich, so daß § 1369 BGB auch dann anwendbar ist, wenn der Gegenstand, z. B. der Kraftwagen unter Eigentumsvorbehalt erworben ist[3]. Im Einzelfall ist aber zu prüfen, ob der Kraftwagen ein Haushaltsgegenstand i. S. von § 1369 BGB ist. Wird der Kraftwagen von beiden Ehegatten benutzt, so handelt es sich um einen Haushaltsgegenstand, dient er nur den Bedürfnissen eines Ehegatten, so kann dieser ohne die Zustimmung gemäß § 1369 BGB das Fahrzeug übereignen[4]. Das Erfordernis einer Einwilligung des Ehegatten besteht auch dann, wenn der andere über sein Vermögen im ganzen oder zum wesentlichen Teil verfügen will. **Es genügt, daß sich die Verfügung auf einzelne Gegenstände oder ein einziges Vermögensstück bezieht, sofern darin im wesentlichen das ganze Vermögen des Ehegatten besteht** (§ 1365 BGB)[5]. Eine Verfügung über das Vermögen im ganzen liegt nur vor, wenn die Verfügung den ganzen Wert des betreffenden Gegenstandes aufzehrt, so die Bestellung von Grundpfandrechten den Grundstückswert, die Verpfändung eines Wertpapier-

---

[1] S. auch Lwowski, BuB I, Rdn. 2/106 ff.
[2] RG 80, 62.
[3] Beizke, Familienrecht, 23. Aufl. 1983, § 14 II Nr. 1; Palandt/Diederichsen § 1369 Rdn. 4; MünchKomm/Gernhuber § 1369 Rdn. 11; OLG Saarbrücken OLGZ 67, 4.
[4] Vgl. im einzelnen MünchKomm/Gernhuber § 1369 Rdn. 7 m. w. N.
[5] BGH 35, 135; 43, 174; 77, 293; NJW 84, 609; MünchKomm/Gernhuber § 1365 Rdn. 12 ff.; Palandt/Diederichsen § 1365 Rdn. 5.

depots den Kurswert der Wertpapiere[1]. Bei mehreren einander folgenden Verfügungen ist diejenige einwilligungsbedürftig, durch die sich der Wert des Gegenstandes erschöpft[2]. Voraussetzung ist ferner, daß der Sicherungsnehmer konkrete Anhaltspunkte dafür hat, daß es sich entweder um das ganze Vermögen des Ehegatten oder um einen Gegenstand des ehelichen Haushalts handelt; bloße Vermutungen sind unschädlich[3]. Liegt ein hiernach einwilligungsbedürftiger Vertrag vor, so ist mangels Zustimmung des anderen Ehegatten der Vertrag gegenüber jedermann unwirksam (§§ 1368, 1369 BGB)[4], doch kann ihn der andere Ehegatte durch nachträgliche Genehmigung wirksam machen (§ 1366 BGB). Der gute Glaube des Sicherungsnehmers an den ledigen Stand seines Vertragspartners wird nicht geschützt. Auch die Schlüsselgewalt der Ehefrau (§ 1357 BGB) gibt ihr grundsätzlich nicht das Recht, Sicherstellungsverträge, etwa durch Verpfändung von Möbeln, mit Wirkung gegenüber dem Ehemann abzuschließen[5]. Personensicherheiten kann jeder Ehegatte auch ohne Einwilligung des andern in beliebiger Höhe bestellen[6]. Daher läßt sich für den Gläubiger eines Ehegatten die Konkurrenz mit dem Ausgleichsanspruch des anderen Ehegatten für den Fall der Beendigung der Zugewinngemeinschaft (§ 1378 BGB) dadurch ausschalten, daß der andere Ehegatte für die Kreditschuld bürgt, wobei von vornherein die Beschränkung der Bürgenhaftung auf den Ausgleichsanspruch vereinbart werden kann. Der Gläubiger ist dann nach Beendigung der Zugewinngemeinschaft in der Lage, den bis dahin kraft Gesetzes unübertragbaren Ausgleichsanspruch zu pfänden. Dabei genügt der Titel gegen den Sicherungsgeber zur Pfändung der im Besitz der Eheleute befindlichen Mobilien, soweit die Vermutung des § 1362 BGB reicht (§ 739 ZPO).

141

In Fällen, in denen der gesetzliche Güterstand ausgeschlossen oder eine andere Regelung der güterrechtlichen Verhältnisse durch Ehevertrag (§ 1408 BGB) vereinbart ist, ändert sich die Rechtslage entsprechend. Insbesondere wird bei der Gütergemeinschaft das Vermögen beider Ehegatten gemeinschaftliches Vermögen (Gesamtgut), über welches der nach § 1421 BGB das Gesamtgut verwaltende Ehegatte allein zu verfügen berechtigt ist, sofern es sich nicht um eine Verfügung über Grundstücke oder um Schenkungen handelt (§§ 1416, 1422, 1424, 1425 BGB). Demgemäß genügt zur Vollstreckung in das Gesamtgut grundsätzlich ein Titel gegen den verwaltenden Ehegatten

---
[1] OLG Hamm NJW 59, 104; Palandt/Diederichsen § 1365 Rdn. 2a; Gaberdiel, Kreditsicherung durch Grundschulden, Rdn. 3.3.1; kritisch zur h. M. MünchKomm/Gernhuber § 1365 Rdn. 60 f. m. w. N. zur h. M.
[2] Die Bestellung einer Eigentümergrundschuld fällt niemals unter § 1365 BGB (OLG Hamm NJW 60, 1352), jedoch deren Verwertung; vgl. Palandt/Diederichsen § 1365 Rdn. 7.
[3] BGH 35, 135; 43, 174; NJW 60, 825, 1466, 2002; WM 69, 531; 72, 343; Palandt/Diederichsen § 1365 Rdn. 9.
[4] BGH 40, 218; OLG Hamm NJW 60, 436; BayObLG NJW 72, 1470 mit Anm. von Reinicke; NJW 73, 305 zur Frage der Beendigung des Güterstandes nach Verweigerung der Genehmigung.
[5] MünchKomm/Gernhuber § 1369 Rdn. 26.
[6] BGH WM 83, 267 = ZIP 83, 276; Palandt/Diederichsen § 1365 Rdn. 2; MünchKomm/Gernhuber § 1365 Rdn. 41 f.

(§ 740 ZPO). Den Ausschluß oder die Änderung des gesetzlichen Güterstandes braucht der Sicherungsnehmer nur dann gegen sich gelten zu lassen, wenn der Ehevertrag in das Güterrechtsregister des zuständigen Amtsgerichts eingetragen oder dem Sicherungsnehmer beim Erwerb der Sicherheit bekannt war (§ 1412 BGB).

Die Übernahme einer Geldschuld fällt nicht unter § 1365 BGB[1].

Das Eingehen einer Geldschuld (Bürgschaft, Darlehen, auch Kaufpreisschuld) ist weder eine Verfügung noch die Verpflichtung, über bestimmte das ganze oder nahezu das ganze Vermögen verkörpernde Gegenstände zu verfügen. Nach der engen Fassung des § 1365 BGB ist den Erfordernissen des reibungslosen Rechtsverkehrs bei Eingehung von Geldverbindlichkeiten der Vorrang eingeräumt[2].

c) Konkurs/Insolvenz

142 Der **im Konkurs befindliche Gemeinschuldner** kann über die zur Konkursmasse gehörenden Gegenstände vom Augenblick der Konkurseröffnung an, welche im Grundbuch der Massegrundstücke durch den sog. Konkursvermerk (s. Rdn. 306) bekannt gegeben wird, nicht mehr mit Wirkung gegenüber den Konkursgläubigern verfügen und riskiert unter den Voraussetzungen der §§ 239, 240 KO sogar eine strafrechtliche Verfolgung wegen einfachen oder betrügerischen Bankrotts[3]. Erst die Zustimmung des Konkursverwalters oder die Aufhebung des Konkurses macht eine Verfügung des Gemeinschuldners gültig. Der gute Glaube an die Verfügungsmacht des Gemeinschuldners wird nur in beschränktem Umfang geschützt (§§ 1, 6—8 KO), d. h. im Fahrnisrecht überhaupt nicht, im Liegenschaftsrecht bis zur Eintragung des Konkursvermerks und zwar nach Maßgabe der Ausführungen zu Rdn. 762. Verpflichtungsgeschäfte des Gemeinschuldners sind wirksam, doch kann in die Konkursmasse nicht vollstreckt werden; eine Beschlagnahme von Gegenständen der Konkursmasse ist ausgeschlossen (§ 15 KO). **Rechtswirksam ist dagegen die Sicherheit, die der vom Gericht eingesetzte und durch seine Bestallung legitimierte Konkursverwalter bestellt** (§§ 6 Abs. 2, 81 Abs. 2 KO). Er bedarf zwar zum Abschluß von Sicherstellungsverträgen regelmäßig der Genehmigung des Gläubigerausschusses bzw. der Gläubigerversammlung. Jedoch besteht diese Bindung nur im Innenverhältnis zur Konkursgläubigerschaft; für den Sicherungsnehmer ist sie ohne Bedeutung. Haftet der Konkursverwalter aus einer von ihm bestellten Personensicherheit, so kann aus einem Titel gegen ihn in die Konkursmasse (und nur in diese) vollstreckt werden (§§ 134, 136 KO). Der Erwerb aus der Zeit nach Konkurseröffnung gehört nicht zur Konkursmasse, soweit es sich nicht um Vermögensgegenstände handelt, welche der Masse infolge der Verwaltungstätigkeit des Konkursverwalters anwachsen oder durch sie erworben werden, wie z. B.

---

[1] BGH WM 83, 267 = ZIP 83, 276; Palandt/Diederichsen § 1365 Rdn. 2; MünchKomm/Gernhuber § 1365 Rdn. 41 f.
[2] Vgl. im einzelnen MünchKomm/Gernhuber § 1365 Rdn. 41.
[3] BGH NJW 69, 1494.

eine aus einer vom Verwalter getilgten Hypothek entstehende Eigentümergrundschuld. In das konkursfreie Vermögen kann wegen der nach Konkurseröffnung angefallenen Zinsen — nicht wegen der Hauptforderung — vollstreckt werden. Zur Regelung in der Insolvenzrechtsordnung siehe Rdn. 989 ff.

d) Erbfall

Der **Erbe** kann über den Nachlaß nicht mehr mit Wirkung gegenüber den Nachlaßgläubigern verfügen, sobald das zuständige Amtsgericht eine **Nachlaßverwaltung**, welche im Grundbuch der Nachlaßgrundstücke durch den Nachlaßverwaltervermerk (s. Rdn. 309) verlautbart wird, angeordnet hat (§ 1984 BGB). Erst die Zustimmung des Nachlaßverwalters oder die Aufhebung der Nachlaßverwaltung macht eine Verfügung des Erben gültig. Der gute Glaube an die Verfügungsbefugnis des Erben wird nur in beschränktem Umfang geschützt (§§ 1984 BGB, 7, 8 KO), nämlich insbesondere nur bei Grundstücksgeschäften in entsprechender Anwendung der §§ 892, 893 BGB, nicht hingegen bei Mobiliarverfügungen, außer wenn dem Erwerber die Zugehörigkeit zum Nachlaß ohne grobe Fahrlässigkeit unbekannt geblieben war[1]. Verpflichtungsgeschäfte des Erben sind wirksam; doch ist eine Vollstreckung in die zum Nachlaß gehörenden Gegenstände ausgeschlossen (§§ 1984 Abs. 2 BGB, 784 Abs. 2, 785, 767 ZPO)[2]. Rechtswirksam ist dagegen die Sicherheit, die der vom Gericht eingesetzte und durch seine Bestallung legitimierte **Nachlaßverwalter** bestellt. Der Nachlaßverwalter, dessen Verwaltungsrecht dem eines Testamentsvollstreckers vorgeht[3], gehört übrigens wie der Konkursverwalter zu den amtlich bestellten Organen zur Verwaltung einer fremden Vermögensmasse mit eigener Parteistellung und ist nicht gesetzlicher Vertreter des Erben wie der Nachlaßpfleger[4]. Jedoch unterliegt er nach § 1915 BGB mittelbar dem Vormundschaftsrecht und damit den allgemeinen Beschränkungen der Pflegschaft (s. Rdn. 53)[5]. Haftet er aus einer Personensicherheit, so kann auf Grund eines Titels gegen ihn in den Nachlaß (und nur in diesen) vollstreckt werden. 143

aa) Testamentsvollstreckung

Der **Erbe** kann über die einer **Testamentsvollstreckung** unterliegenden Nachlaßgegenstände nicht wirksam verfügen. Daher wird die Anordnung der Testamentsvollstreckung im Grundbuch der Nachlaßgrundstücke vermerkt (s. Rdn. 308). Erst die Zustimmung des Testamentsvollstreckers oder der Wegfall der Testamentsvoll- 144

---

[1] Vgl. im einzelnen MünchKomm/Siegmann § 1984 Rdn. 3; Palandt/Edenhofer § 1984 Rdn. 3.
[2] Möglich ist allerdings schon während der Nachlaßverwaltung die Pfändung und Überweisung des Anspruchs des Erben auf den nach Befriedigung der Nachlaßgläubiger verbleibenden Überschuß (MünchKomm/Siegmann § 1984 Rdn. 10 m. w. N.).
[3] MünchKomm/Siegmann § 1984 Rdn. 2; Palandt/Edenhofer § 1985 Rdn. 1.
[4] RG 135, 307; Palandt/Edenhofer § 1985 Rdn. 1; MünchKomm/Siegmann § 1985 Rdn. 2.
[5] Palandt/Edenhofer § 1985 Rdn. 1; im einzelnen MünchKomm/Siegmann § 1985 Rdn. 2.

streckung macht eine Verfügung des Erben wirksam[1] . Der Vertragspartner kann sich allerdings bei Rechtsgeschäften mit dem Erben darauf berufen, daß er weder die Zugehörigkeit des Gegenstandes zum Nachlaß noch das Bestehen der Testamentsvollstreckung gekannt habe (§ 2211 BGB). Verpflichtungsgeschäfte des Erben sind wirksam; doch ist eine Vollstreckung in den Nachlaß praktisch ausgeschlossen, weil verfahrensrechtliche Voraussetzung für eine solche Vollstreckung ein Titel gegen den Testamentsvollstrecker ist, der je nach dem Umfang seiner Verwaltungsbefugnis auf Leistung oder Duldung der Zwangsvollstreckung zu verklagen ist. Der Testamentsvollstrecker ist daher jederzeit in der Lage, in dem Prozeß zur Erlangung des Titels den Mangel der Haftung des Nachlasses geltend zu machen (§§ 2214 BGB, 748 ZPO). Rechtswirksam ist dagegen die Sicherheit, die der **Testamentsvollstrecker**, der durch ein vom Nachlaßgericht ausgestelltes, mit dem öffentlichen Glauben eines Erbscheins (s. Rdn. 144) ausgestattetes Testamentsvollstreckerzeugnis legitimiert wird (§ 2368 BGB), bestellt. Er darf allerdings keinen unentgeltlichen Sicherstellungsvertrag abschließen; auch bei teilweiser Unentgeltlichkeit und auch bei Zustimmung des Erben ist eine von ihm getroffene Verfügung in vollem Umfange unwirksam (§§ 2205, 2208 BGB)[2]. **Dabei ist das Handeln des Testamentsvollstreckers als unentgeltlich zu betrachten, wenn er ohne gleichwertige Gegenleistung ein Opfer aus der Nachlaßmasse bringt und entweder den Mangel der Gleichwertigkeit der Gegenleistung kennt oder bei ordnungsgemäßer Verwaltung ihre Unzulänglichkeit hätte erkennen müssen**[3]. Die Zahlung des gesicherten Kredites an den Testamentsvollstrecker läßt regelmäßig die Sicherung des Kredites als entgeltlich erscheinen[4]. Haftet der Testamentsvollstrecker als solcher aus einer von ihm bestellten Personensicherheit, so kann auf Grund eines Titels gegen ihn in den Nachlaß (und nur in diesen) vollstreckt werden. Solche Haftung des Nachlasses ist bei Schenkungsversprechen des Testamentsvollstreckers grundsätzlich überhaupt nicht und sonst mangels anderweitiger Anordnung des Erblassers nur gegeben, wenn die Eingehung der Verbindlichkeit zur ordnungsgemäßen Verwaltung des Nachlasses erforderlich war, wobei es nicht bloß auf die objektive Rechtslage, sondern auch auf die subjektive Auffassung ankommt, von der der Vertragspartner zulässigerweise ausgehen durfte (§§ 2206, 2207 BGB)[5]. Bei der sog. Dauertestamentsvollstreckung (§ 2209 BGB) wird eine befreiende Anordnung des Erblassers vermutet; hier wie auch sonst muß diese Anordnung im Testamentsvollstreckerzeugnis ersichtlich gemacht sein. Mißbraucht der Testamentsvollstrecker seine amtliche Befugnisse, so sind die Folgen die gleichen wie beim Mißbrauch der Vertretungsmacht (s. Rdn. 50)[6]. Eine Testamentsvollstreckung mit den vorstehend erörterten Wirkungen kann nur vom Erblasser angeordnet, nicht aber von den Erben vereinbart werden.

---

[1] RG 87, 432.
[2] RG 74, 215; Palandt/Edenhofer § 2205 Rdn. 32.
[3] RG JW 38, 525; BGH NJW 63, 1613; WM 70, 1422; MünchKomm/Brandner § 2205 Rdn. 63 m. w. N.
[4] KG JW 38, 949; Palandt/Edenhofer § 2205 Rdn. 33.
[5] RG 83, 353; MünchKomm/Brandner § 2206 Rdn. 7 m. w. N.
[6] RG 83, 348; BGH NJW 83, 40; Palandt/Edenhofer § 2205 Rdn. 36 ff.

bb) Vor-, Nacherbschaft

Der **Vorerbe** kann über die der **Nacherbschaft** unterliegenden Nachlaßgrundstücke 145
oder zum Nachlaß gehörigen Rechte am Grundstück nicht wirksam verfügen, insoweit
dadurch das Recht des Nacherben vereitelt oder beeinträchtigt wird (§ 2113 Abs. 1
BGB). Daher wird die Anordnung der Nacherbfolge im Grundbuch der Nachlaßgrundstücke vermerkt (s. Rdn. 307). Erst die Zustimmung des Nacherben oder der
Wegfall der Nacherbschaft macht eine Verfügung des Vorerben gültig[1]. Der Erblasser
kann den Vorerben von den obigen Beschränkungen seiner Verfügungsmacht **befreien**,
jedoch nur mit der Maßgabe, daß eine unentgeltliche Verfügung über einen Erbschafts-
gegenstand dem Vorerben unter keinen Umständen ermöglicht werden kann und
daher stets der Zustimmung des Nacherben bedarf. Wegen des Begriffs der Unentgeltlichkeit s. Rdn. 144. Als Entgelt kommen die dem Nachlaß zufließenden Gegenleistungen in Betracht[2], aber auch die Vermögensvorteile, die dem (befreiten) Vorerben persönlich gewährt werden, insbesondere eine Krediteinräumung oder Kreditbelassung[3].
Die Unentgeltlichkeit bezieht sich nämlich nur auf das Verhältnis zum Dritten, nicht
zum Nacherben. Ist die Gegenleistung des Dritten angemessen (wertgleich), so ist die
Verfügung des Vorerben entgeltlich. Der **gute Glaube** an die Verfügungsmacht des Vorerben wird geschützt (§§ 2113, 2136, 2137 BGB) aber im Grundbuchbereich durch die
Eintragung des Nacherbenvermerks zerstört. Verpflichtungsgeschäfte des Vorerben
sind wirksam; doch sind die zum Nachlaß gehörigen Gegenstände dem Zwangsvoll-
streckungszugriff des Gläubigers entzogen (§§ 2115 BGB, 773, 771 ZPO), es sei denn,
daß der Nacherbe sich mit der Bestellung der Personensicherheit durch den Vorerben
einverstanden erklärt hat oder die Verbindlichkeit vom Vorerben im Rahmen einer
ordnungsmäßigen Verwaltung des Nachlasses eingegangen worden ist[4].

e) Negativklausel

In der Praxis wird häufig die sogenannte „Negativklausel" vereinbart. Der Gläubiger 146
will damit dem Schuldner bzw. potentiellen Sicherungsgeber entgegenkommen, indem
er die Lastenfreiheit der Vermögenswerte erhält, andernfalls aber auch sich die Werthaltigkeit des Schuldnervermögens bewahren will. Inhalt dieser Klausel ist, daß der
Schuldner sich vertraglich gegenüber seinem Gläubiger verpflichtet, Vermögenswerte
nicht zu belasten oder zu seinen eigenen Gunsten dingliche Sicherheiten zu bestellen,
sobald Dritte Sicherheiten erhalten. Die Bevorzugung anderer Gläubiger bei der Bestellung dinglicher Sicherheiten soll somit vermieden werden. Schuldrechtlich ist gegen

---

[1] MünchKomm/Brandner § 2113 Rdn. 15 ff.
[2] BGH 7, 274.
[3] RG 133, 263; JW 32, 171; BGH NJW 55, 1354; BGH NJW 77, 1631; Johannsen in WM 79,
606; nach MünchKomm/Grunsky § 2113 Rdn. 23 ist hier Entgeltlichkeit immer gegeben, da
die Gegenleistung nach § 2111 BGB zwingend in den Nachlaß fällt und damit nicht in das
freie Vermögen des Vorerben gelangen kann.
[4] BGH 32, 60.

eine solche Klausel gemäß § 137 S. 2 BGB nichts einzuwenden. Gemäß § 1136 BGB ist aber eine Negativklausel nichtig, durch die sich ein Grundstückseigentümer gegenüber einem Grundpfandrechtsgläubiger verpflichtet, das Grundstück nicht weiter zu belasten. Zu beachten ist hierbei, daß die Negativklausel dann wirksam ist, wenn sie das belastete Grundstück selbst ausklammert und sich nur auf andere Grundstücke bezieht. Nach herrschender Lehre und Rechtsprechung greift § 1136 BGB auch dann nicht ein, wenn kein Zusammenhang zwischen der Vereinbarung und der Bestellung des Grundpfandrechts besteht, d. h., wenn diese Klausel nicht zur Stärkung des Grundpfandrechts herangezogen wird[1]. Wie bereits erwähnt, hat die Negativklausel nur schuldrechtliche Wirkung, § 137 S. 1 BGB verbietet ansonsten grundsätzlich jede Drittwirkung bei rechtsgeschäftlichen Verfügungsverboten. Aus diesem Grund kann diese Verpflichtung auch nicht durch eine Vormerkung nach § 883 Abs. 1 S. 1 BGB gesichert werden[2]. Für die Bank ist es daher sinnvoller, sich eine bedingte Belastungsverpflichtung (Verpflichtungserklärung) = Positiverklärung geben zu lassen. Damit erwirbt sie einen vertraglichen, aufschiebend bedingten Anspruch auf Bestellung eines Grundpfandrechtes, das durch eine Vormerkung gesichert werden kann. Die Bestellung des Grundpfandrechtes muß, auf den Insolvenzfall abgestellt, aber vor Eintritt der Konkurseröffnung vorgenommen worden sein (§§ 24, 48 KO).

Rechtliche Zweifel an der Wirksamkeit der Negativklausel ergeben sich auch nicht aus § 310 BGB. Nach dieser Bestimmung ist ein Vertrag, durch den sich der eine Teil verpflichtet, sein künftiges Vermögen oder zu einen Bruchteil davon zu übertragen oder mit einem Nießbrauch zu belasten, nichtig. Gültig ist aber die Verpflichtung zur Verpfändung (nicht Sicherungsübertragung!)[3]. Nicht verboten ist, sich zu verpflichten, sein Vermögen nicht mit einem Pfandrecht zu belasten. Gleiches gilt für die Sicherungsübertragung, da nicht ersichtlich ist, aus welchem Grund Pfandrechtsbestellung und die Sicherungsübertragung unterschiedlich behandelt werden müßten[4].

4. Zwangsvollstreckung Dritter

147 **Nach herrschender, wenn auch umstrittener Ansicht kann der Sicherungsgeber die Zwangsvollstreckung der Gläubiger des Sicherungsnehmers mit der sog. Drittwiderspruchsklage (Interventionsklage) des § 771 ZPO abwehren**[5], mag auch der Sicherungsnehmer das Sicherungsgut nicht unmittelbar vom Sicherungsgeber, sondern auf dessen Veranlassung von einem Dritten erhalten haben[6]. Die gesicherte Forderung wird von der Beschlagnahme des Sicherungsrechts selbst dann nicht ergriffen, wenn

---

[1] RG JW 29, 1978; Harries, WM 78, S. 46 ff. m. w. N.
[2] Harries, WM 78, 1149 m. w. N.
[3] Palandt/Heinrichs § 310 Rdn. 5; MünchKomm/Söllner § 310 Rdn. 5 (u. U. aber Verstoß gegen die guten Sitten); Merkel, Die Negativklausel, 1985, S. 62 ff.
[4] Schneider, die konzernweite Negativklausel, Festschrift f. Stimpel. 1985, S. 903.
[5] OLG Breslau JW 26, 848; BGH NJW 78, 1859 = JR 79, 160 m. Anm. Olzen m. w. N.; Zöller/Herget § 711 Rdn. 14 (Sicherungsübereignung).
[6] Vgl. BGH NJW 59, 1223.

diese gemäß Rdn. 263 durch Gerichtsbeschluß ausgesprochen wird und der Sicherungsnehmer mit dem Gläubiger personengleich ist; es geht jedoch ein der Pfändung nachfolgender Wegfall der Forderung nicht zu Lasten des Pfändungsgläubigers. **Aber auch der Sicherungsnehmer kann (ihm vom Sicherungsgeber bekanntzugebende) Zwangsvollstreckungen von Gläubigern des Sicherungsgebers in gleicher Weise unterbinden, solange sich der Sicherungszweck noch nicht erledigt hat,** solange also der Sicherungsnehmer nicht aus einem eigennützigen Treuhänder zu einem uneigennützigen geworden ist[1]. Es ist Sache des intervenierenden Sicherungsnehmers, dem pfändenden Gläubiger die Höhe der gesicherten Forderung nachzuweisen. Dies alles gilt auch dann, wenn es sich um eine Zwangsvollstreckung wegen Steuerforderungen handelt (§ 328 AO) oder wenn bei auflösend bedingter Sicherung die Pfändung sich nicht nur auf das Anwartschaftsrecht beschränkt, sondern, wie erforderlich, auch auf das Sicherungsgut selbst erstreckt (vgl. Rdn. 531). Solange hiernach der Sicherungsnehmer zur Intervention befugt ist, sind die Gläubiger des Sicherungsgebers grundsätzlich darauf angewiesen, seinen Rückgewähranspruch gegen den Sicherungsnehmer zu pfänden[2].

V. Interventionsklage bei fiduziarischen Sicherheiten

Nach herrschender, wenn auch umstrittener Ansicht kann der Sicherungsgeber 148 die Zwangsvollstreckung der Gläubiger des Sicherungsnehmers mit der sog. Drittwiderspruchsklage (Interventionsklage) des § 771 ZPO abwehren[3], mag auch der Sicherungsnehmer das Sicherungsgut nicht unmittelbar vom Sicherungsgeber, sondern auf dessen Veranlassung von einem Dritten erhalten haben[4]. Die gesicherte Forderung wird von der Beschlagnahme des Sicherungsrechts selbst dann nicht ergriffen, wenn diese gemäß Rdn. 263 durch Gerichtsbeschluß ausgesprochen wird und der Sicherungsnehmer mit dem Gläubiger personengleich ist; es geht jedoch ein der Pfändung nachfolgender Wegfall der Forderung nicht zu Lasten des Pfändungsgläubigers. Pfändet der Gläubiger des Sicherungseigentümers die diesem sicherungsübereignete Sache, so hat der Sicherungsgeber ein Widerspruchsrecht nur bis zu dem Zeitpunkt, von dem an der Sicherungseigentümer die Sache verwerten darf. Das Widerspruchsrecht aus § 771 ZPO besteht nämlich nicht unbeschränkt, sondern ist von der Entwicklung des Treuhandverhältnisses und der dadurch begründeten gegenseitigen Recht von Sicherungsgeber und -nehmer abhängig. Die zur Zeit der Pfändung eingetretene Verwertungsreife für das Sicherungsgut führt dazu, daß das Widerspruchsrecht entfällt[5]. **Aber auch der**

---

[1] RG JW 21, 1246; RG 124, 73; BGH NJW 81, 1835; Zöller/Herget ZPO, § 711 Rdn. 14 (Sicherungsübereignung).
[2] BGH 11, 37.
[3] OLG Breslau JW 26, 848; Serick, Bd. III, § 34 I. 2; Westermann, Sachenrecht, § 43 IV.
[4] Vgl. BGH NJW 59, 1223.
[5] BGH WM 78, 880.

Sicherungsnehmer kann (ihm vom Sicherungsgeber bekanntzugebende) Zwangsvollstreckungen von Gläubigern des Sicherungsgebers in gleicher Weise unterbinden, solange sich der Sicherungszweck noch nicht erledigt hat, solange also der Sicherungsnehmer nicht kaus jeinem eigennützigen Treuhänder zu einem uneigennützigen geworden ist[1]. Es ist Sache des intervenierenden Sicherungsnehmers, dem pfändenden Gläubiger die Höhe der gesicherten Forderung nachzuweisen. Dies alles gilt auch dann, wenn es sich um eine Zwangsvollstreckung wegen Steuerforderungen handelt (§ 328 AO) oder wenn bei auflösend bedingter Sicherung die Pfändung sich nicht nur auf das Anwartschaftsrecht beschänkt, sondern, wie erforderlich, auch auf das Sicherungsgut selbst erstreckt (vgl. Rdn. 524). Solange hiernach der Sicherungsnehmer zur Intervention befugt ist, sind die Gläubiger des Sicherungsgebers grundsätzlich darauf angewiesen, seinen Rückgewähranspruch gegen den Sicherungsnehmer zu pfänden[2].

VI. Sittenwidrigkeit

148a Ein Kreditsicherungsvertrag kann wegen Verstoßes gegen die guten Sitten unwirksam sein (§ 138 BGB), handelt es sich um einen durch allgemeine Geschäftsbedingungen (zum Begriff vergl. Rdn. 109) ausgefüllten Vertrag, müssen die Maßstäbe des AGB-Gesetzes, insbesondere die Unwirksamkeit von überraschenden Klauseln (§ 3 AGBG) und der Verstoß gegen die Generalklausel (§ 9 AGBG) berücksichtigt werden.

Im einzelnen geht es um

— die Erhaltung der wirtschaftlichen Bewegungsfreiheit des Sicherungsgebers durch Einräumung von Rechten im Sicherstellungsvertrag, z. B. die Verfügungsbefugnis über zum Umlauf bestimmten Sicherungsgutes und die Einziehungsbefugnis für abgetretene Forderungen,

— die Vermeidung von Übersicherungen
   — wobei zwischen anfänglicher und nachträglicher Übersicherung unterschieden werden muß —
   durch erkennbare bzw. für den Sicherungsgeber unschwer nachvollziehbare Bewertung des Sicherungsgutes, bei der Gefahr der nachträglich d. h. im Laufe der Entwicklung/Abwicklung des Kreditverhältnisses (hier verstanden nur im Sinne der Rückführung der Kredite) evtl. eintretenden Übersicherung (durch Beibehaltung des ursprünglichen Bestandes des Sicherungsgutes ohne Berücksichtigung, daß der Kredit peu à peu zurückgezahlt wird) in Verbindung mit einer Freigabeklausel,

---

[1] RG JW 21, 1246. Bei der Pfändung einer Sicherungsgrundschuld ist das Interventionsrecht des Sicherungsnehmers streitig, weil sein Interesse ohnehin durch §§ 1157, 1192, 1275, 1291 BGB geschützt ist.
[2] BGH 11, 37.

— die Berücksichtigung der Interessen des Sicherungsgebers im Falle der Verwertung des Sicherungsgutes durch Regelungen, wann und mit welcher Frist, in welcher Art und Weise verwertet werden darf.

— Knebelung durch z. B. Eingriff in die Unternehmensführung des Sicherungsgebers.

Gefährdet werden kann der Kreditsicherungsvertrag auch durch im Zusammenhang mit der Kreditgewährung gegebene **Kredittäuschung** (in Form der Gläubigergefährdung, wobei Gläubiger i. S. von Dritten gemeint sind) und **Konkursverschleppung**.

1. Wirtschaftliche Bewegungsfreiheit

Eine Sicherungsübertragung darf den Sicherungsgeber nicht in eine seine unternehmerische „Leistungsfähigkeit" bedrohende Abhängigkeit geraten lassen[1]. Klauseln, die den Sicherungsgeber in anstößiger Art und Weise lähmen, ihn also seiner wirtschaftlichen Bewegungsfreiheit im ganzen oder in einer übermäßig harten und drückenden Weise beschränken, führen zur Unwirksamkeit des Vertrages (§§ 138 BGB, 9 AGB-G)[2]. Dabei spielen die Verfügungsbefugnis — einschließlich der Befugnis zur Verarbeitung von Sicherungsgut, wenn es wirtschaftlich zur Verarbeitung bestimmt ist — und die Einziehungsbefugnis bei der Abtretung von Forderungen die entscheidende Rolle. Bei den Sicherungsübertragungen — Sicherungsübereignung und Sicherungsabtretung — handelt es sich um Vollrechtsübertragungen d. h. der Sicherungsnehmer wird Eigentümer bzw. Forderungsinhaber. Aufgrund dieser Rechtstellung wäre er in der Rechtsposition, über die Rechte zu verfügen. Die Sicherungsübertragung wird aber als Sicherungsinstrument gewählt u. a., um die wirtschaftliche Position des Sicherungsgebers zu erhalten: Er soll seinen Betrieb unbehindert fortführen können, der Verbraucher soll seinen zur Sicherung übereigneten Personenkraftwagen weiter nutzen können (Leihe als Besitzmittlungsverhältnis, vgl. Rdn. 498).

148 b

Der Sicherstellungsvertrag muß daher (schuldrechtliche) Vereinbarungen — meist in Form von AGB-Klauseln (vgl. Rdn. 109 ff.) — enthalten, die die wirtschaftliche Bewegungsfreiheit des Sicherungsgebers gewährleisten und regeln, unter welchen Umständen ihm diese Bewegungsfreiheit genommen werden, also die Verfügungs- bzw. die Verarbeitungs- und die Einziehungsbefugnis widerrufen werden kann. Die Verfügungsbefugnis über das Sicherungsgut, das zum Umlauf bestimmt ist, wird in der Praxis regelmäßig in Form der Einwilligung des Sicherungsnehmers (als Berechtigter) in die Verfügungen des Sicherungsgebers (als Nichtberechtigter) erteilt (§ 185 Abs. 1 BGB). Dem Sicherungsgeber wird durch die Einwilligung die Rechtsmacht erteilt, über ein fremdes Recht zu verfügen. Dabei braucht die Ermächtigung nicht kenntlich gemacht zu werden (es handelt sich auch nicht um eine Vollmacht). Auch ohne daß es im Sicherstellungsvertrag ausdrücklich erwähnt werden muß — vgl. allerdings den Mustervertrag

---
[1] BGH WM 55, 914; 65, 84.
[2] Serick, Band III, S. 75.

Sittenwidrigkeit

einer Sicherungsübereignung (s. Anhang) — beschränkt sich die Ermächtigung (Einwilligung) auf eine Verfügung/Veräußerung im ordnungsgemäßen Geschäftsverkehr[1], wobei die Krise des Unternehmers (als Sicherungsgeber) noch nicht dazu führt, die Einwilligung entfallen zu lassen. Gleiches gilt für die Einziehungsbefugnis bei zur Sicherheit abgetretenen Forderungen.

148c Die Frage, unter welchen Voraussetzungen die Befugnisse des Sicherungsgebers widerrufen werden können, ist unter Abwägung der Interessen des Sicherungsgebers und des Sicherungsnehmers zu beantworten: Der Widerruf muß auf das durch das Sicherungsinteresse geforderte Maß beschränkt werden und willkürliche Eingriffe des Sicherungsnehmers ausschließen, wobei die Anknüpfung der Widerrufbefugnis an unwesentliche wirtschaftliche Gründe zur Willkür führt[2]. Angemessen bzw. interessengerecht beurteilt worden ist eine Abrede, nach der der Sicherungsgeber eingezogene Beträge erst dann abzuführen verpflichtet war, wenn er seinen Zahlungsverpflichtungen nicht nachkam[3]: Die Anknüpfung an den notleidend gewordenen Kredit entsprach der interessengerechten Abwägung. Ob der Widerruf auch an die Verletzung des Sicherungsvertrages gebunden werden kann, ist bislang höchstrichterlich nicht entschieden, wird aber zu bejahen sein, wenn es sich um schwerwiegende Verstöße gegen zentrale Bestimmungen des Vertrages handelt[4]. Zweifelhaft ist, ob bereits fortgesetzte leichtere Verletzungen des Vertrages als Grund zum Widerruf vereinbart werden können. Entscheidend ist, ob durch die Vertragsverletzungen die Vertragserfüllung (des Sicherungsvertrages, nicht etwa des Darlehensvertrages) ernstlich gefährdet ist[5]. Dies ist z. B. anzunehmen, wenn das Sicherungsgut vom Sicherungsgeber weit unter Wert verkauft oder die eingezogenen Forderungsbeträge an dem Sicherungsnehmer vorbei z. B. an eine andere Bank, die nicht Forderungsinhaber ist, geleitet wird und somit entgegen den Erwartungen des Sicherungsnehmers nicht zur Rückführung des durch die Forderungsabtretung gesicherten Krediten dient. Der Sicherungsnehmer wird in diesen Fällen die Befugnis des Sicherungsnehmers nach Setzung einer kurzen Frist, innerhalb derer sich der Sicherungsgeber wieder vertragsgetreu zu verhalten hat, widerrufen können.

Ob der Sicherungsnehmer dann auch zur Verwertung des Sicherungsgutes schreiten kann, ist eine davon getrennt zu sehende Frage und soll an dieser Stelle nicht erörtert werden (vgl. Rdn. 232 ff.).

Zweifelhaft ist, ob die Einwilligung zur Verfügung über das Sicherungsgut geknüpft werden kann an den jeweiligen Bestand der Sicherheiten, d. h. unterschreitet der Wert der Sicherheiten den vereinbarten Gesamtwert, soll die Befugnis des Sicherungsgebers (automatisch oder durch dann zulässigen Widerruf) entfallen. Bei einer derartigen

---

[1] BGH 10, 17.
[2] Serick, Band III, S. 85.
[3] BGH 26, 185.
[4] Serick a. a. O.
[5] OLG Frankfurt, NJW 59, 1088.

Regelung wird in unangemessener Weise in die Geschäftsführung des Sicherungsgebers eingegriffen: Der Sicherungsnehmer kann nicht — insbesondere ohne Berücksichtigung der konjunkturellen Verhältnisse — den Sicherungsgeber über den Widerruf der Verfügungsbefugnis zwingen, Waren nachzukaufen, wenn er durch — ebenfalls konjunkturell bedingt — Verkäufe unter den vereinbarten Wert der Sicherheiten gerät. Eine andere Frage ist, ob dem Sicherungsnehmer dann nicht ein Recht zusteht, neue Sicherheiten zu verlangen.

2. Übersicherung, Freigabe, Bewertung 148 d

a) Übersicherung

Bei Sicherungsübertragungen, aber auch bei der Verpfändung von Mobilien, Immobilien (Grundpfandrechte) und Rechten kann eine Übersicherung der Forderungen der Bank gegeben sein und zwar eine

— anfängliche und/oder eine
— nachträgliche.

Eine Übersicherung liegt vor, wenn der Wert der Sicherheit den Betrag der zu sichernden Forderung nicht nur vorübergehend weit übersteigt, und deshalb zwischen Sicherheit und Forderung kein ausgewogenes, die beiderseitigen berechtigten Interessen berücksichtigendes Verhältnis besteht[1].

Die **anfängliche** Übersicherung führt zur Unwirksamkeit des Sicherungsvertrages, wenn ein sittlich anstößiges Mißverhältnis zwischen den Forderungen der Bank und den Sicherheiten besteht. Dabei müssen alle gestellten Sicherheiten einbezogen werden. Zweifelhaft ist, ob auch von Dritten, also nicht dem Darlehensnehmer selbst gegebene Sicherheiten dazu zu rechnen sind. Mit Rücksicht darauf, daß der Dritte i. d. R. im Auftrag des Darlehensnehmers die Sicherheiten stellt, somit eigentlich er auch bezüglich der Drittsicherheiten die Sicherheiten stellt, sollte in der Praxis zumindest vorsorglich bei der Berechnung des Wertes der Sicherheiten die Drittsicherheit einbezogen werden. Dies gilt allerdings nur für Sachsicherheiten; bei Personalsicherheiten — wie Bürgschaft, Garantie und Patronatserklärung — scheitert eine Einbeziehung schon an der Möglichkeit einer Bewertung der Sicherheit: Im Gegensatz zur Sachsicherheit steht dem Sicherungsnehmer kein Sicherungsgut zur Verfügung, auf das er — auch in der Insolvenz des Sicherungsgebers über das Absonderungsrecht (vgl. Rdn. 913) — zugreifen kann, sondern er kann z. B. den Bürgern (nur) auf Zahlung in Anspruch nehmen und — sofern er einen Titel gegen den Bürgen erlangt — in das (soweit vorhandene) Vermögen des Bürgen vollstrecken. Ob und in welcher Höhe eine Bürgschaft realisiert werden kann, ist bei Hereinnahme der Bürgschaft völlig ungewiß.

Wo die Grenze zwischen zulässiger und sittenwidriger Übersicherung zu ziehen ist, ist nur für den Einzelfall zu beantworten (im Rahmen von § 138 BGB, während bei der

---

[1] BGH WM 94, 419, 420 m. w. N.

Prüfung der nachträglichen Übersicherung generalisierende, enge Maßstäbe im Rahmen von § 9 AGB-G anzulegen sind). Problematisch ist die Prüfung der Sittenwidrigkeit (§ 138 BGB) um so mehr, als der objektive Tatbestand — soll er den Parteien vorwerfbar sein — in subjektiver Hinsicht ergänzt werden muß durch das im Zeitpunkt des Vertragsschlusses vorhandene Bewußtsein beider Parteien von den Umständen, die der Sicherung den Makel der Sittenwidrigkeit aufdrücken[1]. Die Parteien müssen nicht bewußt sittenwidrig gehandelt haben; es genügt, wenn sie rechtsgeschäftlich handeln, obwohl sie die maßgebenden Tatsachen des objektiven Tatbestandes gekannt haben oder die Unkenntnis als solche vorgeworfen werden muß, weil insoweit grobe Fahrlässigkeit vorliegt[2]. Die Rechtsunsicherheit ist bei der Beurteilung des einzelnen Falles nicht unbeträchtlich, und gerade der besonders vorsorgende Gläubiger muß damit rechnen, daß er, wenn und weil er die Vorsorge übertrieben hat, mit Wirkung gegenüber jedem Dritten seine genannten Sicherheit(en) verliert. Wie hoch die Marge, d. h. die Übersicherung der Forderungen der Bank sein darf, hängt — wie bereits gesagt — vom Einzelfall ab. Die in der Rechtsprechung des BGH der letzten Jahre beanstandeten Übersicherungen bezogen sich auf die Überprüfung von Sicherungsverträgen nach § 9 AGB-Gesetz (vgl. Rdn. 116, 148 ff.).

Es ist anzunehmen, daß die dort als unzulässig beurteilten Übersicherungen generell auch für die anfängliche Übersicherung (§ 138 BGB) gelten. Eine Übersicherung, bei der der Wert (zur Berechnung des Wertes vgl. Rdn. 274 ff.) des Sicherungsgutes 30% höher liegt als die Forderung der Bank, wurde in der Literatur bislang für im allgemeinen zulässig erachtet, da eine Übersicherung „im rechtstechnischen Sinne"[3] nur vorliegt, wenn das Sicherungsgut in ganz unverhältnismäßiger, ungerechtfertigter Relation zu der gesicherten Forderung steht[4]. Zweifelhaft ist, ob die anfängliche unzulässige Übersicherung dadurch „zulässig" wird, daß sich der Sicherungsnehmer im Sicherungsvertrag verpflichtet, Sicherheiten freizugeben, wenn sie einen gewissen Prozentsatz der gesicherten Forderungen (nicht nur vorübergehend) überschreiten (vgl. Rdn. 148 ff. zur Freigabeklausel wegen nachträglicher Übersicherung). Der Sicherungsnehmer hat dann nämlich dem Sicherungsgeber (zu viele) Sicherheiten entzogen, die er objektiv nicht benötigt. In der Praxis zeigt sich zudem, daß gerade bei einer anfänglichen Übersicherung, die in Verbindung mit der Kreditgewährung vereinbart wurde und die der Darlehensnehmer als conditio für die Kreditgewährung verstanden hat, Freigabeverlangen nach Auszahlung des Darlehens nicht gestellt werden. Wie soll der Darlehensnehmer auch auf den Gedanken kommen, die Bank werde nach Auszahlung sofort wieder Sicherheiten freigeben, obwohl sie gerade erst vereinbart worden waren[5].

---

[1] BGH WM 65, 84.
[2] Serick, Band III, S. 9.
[3] Serick, Band III, S. 79.
[4] BGH WM 66, 13; Serick, a. a. O.
[5] Vgl. BGH 26, 178, 186; es lag eine krasse Übersicherung vor, die auch durch eine Freigabeklausel nicht „geheilt" wurde; s. zur Problematik vor allem Serick, Band III, S. 80.

Auch die **nachträgliche Übersicherung** kann zur Unwirksamkeit des genannten 148e
Sicherungsvertrages führen und zwar im Fall des Individualvertrages ausschließlich
nach § 138 BGB sowie im Falle eines Formularvertrages sowohl nach § 138 BGB als
auch nach § 9 AGB-Gesetz[1].

Zu einer nachträglichen Übersicherung kann es entweder dadurch kommen, daß die
gesicherte Forderung abnimmt. Dies ist der Fall, wenn wertbeständige Sachen sicherungsübereignet werden, der Kredit jedoch durch Tilgung absinkt, oder wenn der Kredit schneller zurückgezahlt wird als der Wert des Sicherungsgutes abnimmt oder wenn
der Sicherungsgeber aufgrund sog. Nachschub- oder Ersatzklauseln verpflichtet ist, das
Sicherungsgut im Wert konstant zu halten[2]. Dieser Fall der Übersicherung tritt i. d. R.
bei der Grundschuld und der Sicherungsübertragung von einzelnen Gegenständen
oder feststehenden Sach- oder Rechtsgesamtheiten auf[3]. Eine nachträgliche Übersicherung kann ferner durch ein Anwachsen der Sicherheiten eintreten. Diese Form der
nachträglichen Übersicherung tritt i. d. R. bei den sog. Globalsicherheiten, d. h. bei der
Sicherungsübereignung eines Warenlagers mit wechselndem Bestand, der Globalzession, dem verlängerten Eigentumsvorbehalt sowie der Abtretung künftiger Lohnansprüche auf. In diesen Fällen werden zukünftige Werte, d. h. solche, die im Zeitpunkt
des Abschlusses des Sicherstellungsvertrages noch nicht zum Vermögen des Sicherungsgebers gehören, global übertragen. Dem Sicherungsnehmer kann daher im Laufe der
Zeit Vermögen zuwachsen, das wertvoller ist, als dies zur Kreditsicherung erforderlich ist[4].

b) Freigabe, Deckungsgrenze, Bewertung

Die Gefahr einer Übersicherung wird i. d. R. durch den sich aus dem Sicherungsver- 148f
trag ergebenden Freigabeanspruch des Sicherungsgebers verhindert. Dieser Freigabeanspruch muß nicht zwingend klauselmäßig ausgesprochen werden. Enthält ein Sicherungsvertrag keine ausdrückliche Freigabeverpflichtung, so ergibt sich diese aus Treu
und Glauben. Sofern die Sicherheiten die Deckungsgrenze überschreiten, entspricht es
dem Willen verständiger Vertragsparteien (§§ 133, 157, 242 BGB), die betreffenden
Sicherheiten freizugeben, d. h. auf den Sicherungsgeber zurückzuübertragen[5]. Die
inhaltliche Ausfüllung des Freigabeanspruches bestimmt sich in diesem Fall nach billigem Ermessen (§ 315 BGB)[6].

Zum Schutz des Sicherungsgebers fordert der Bundesgerichtshof in ständiger Rechtsprechung jedoch für bestimmte Sicherungsarten eine Freigabeklausel mit zahlungs-

---

[1] LG Mönchengladbach, WM 93, 992; WuB I F 4.-93/Eckert; Ganter, ZIP 94, 257, 258.
[2] Ganter, ZIP 94, 257, 261.
[3] Ganter, ZIP 94, 257.
[4] Ganter, ZIP 94, 257.
[5] BGH WM 94, 419, 420 m. w. N.
[6] Ganter, ZIP 94, 257, 259.

mäßig bestimmter Deckungsgrenze. Hierbei ist nach den jüngsten Entscheidungen des BGH[1] zu differenzieren, zwischen

(a) Sicherungsübertragungen, die sich (auch) auf Vermögen erstrecken, das der Sicherungsgeber erst in Zukunft erwirbt (Raumsicherung mit wechselndem Bestand, Globalzession und Lohnzession), sog. Globalsicherheiten und der

(b) Übertragung von bestimmten Gegenständen, feststehenden Sachgesamtheiten oder Abtretung einer Einzelforderung (Lkw, Gerätschaften u. a.), sog. Singularsicherheiten.

aa) Globalsicherheiten

148 g Zunächst wurde für die Lohn- und Gehaltsabtretung zur Sicherung einer Forderung eine Freigabeklausel gefordert, die eine übermäßige Sicherung durch fortschreitende Tilgung des gesicherten Kredites vermeidet („vorprogrammierte übermäßige Sicherung")[2]. Es wurde für einen angemessenen Interessenausgleich eine betragsmäßige Begrenzung der Zession, „die sich am Gesamtumfang des Darlehens orientiert, also sowohl den Nettokredit wie die Kreditkosten einschließt" gefordert. Rechtsverfolgungskosten und Schadenersatz im Falle des Zahlungsverzuges können mit berücksichtigt werden. Bereits in dieser Entscheidung wurde die Verwertung der Sicherheit angesprochen: Die Voraussetzung, unter denen der Sicherungsnehmer von der Lohn- und Gehaltszession Gebrauch machen darf, muß hinreichend eindeutig bestimmt sein und „zu einem vernünftigen, die schutzwürdigen Belange beider Vertragsparteien angemessen berücksichtigenden Interessenausgleich führen"[3]. Später erstreckte der BGH den Grundsatz, daß Freigabeklauseln nur dann geeignet sind, eine unangemessene Übersicherung bei formularmäßiger Sicherheitenbestellung zu verhindern, wenn sie durch eine zahlenmäßig bestimmte Deckungsgrenze konkretisiert werden und die Verpflichtung des Sicherungsnehmers enthalten, die überschießende Deckung freizugeben, auf die formularmäßige Globalzession zugunsten einer kreditgewährenden Bank (in Fortführung früherer Rechtsprechung des BGB)[4] sowie auf die formularmäßige Vorausabtretung der Außenstände des Sicherungsgebers im Rahmen eines erweiterten und verlängerten Eigentumvorbehaltes[5]. Auch auf die formularmäßige Sicherungsübereignung eines Warenlagers (Sachgesamtheit) mit wechselndem Bestand hat der BGH die Grundsätze zur Übersicherung übertragen[6], da infolge der ständig möglichen Vermehrung des Sicherungsgutes ebenso wie bei der Globalzession eine Übersicherung der Bank eintreten kann.

---

[1] BGH WM 94, 414 ff.; 419 ff.
[2] BGH WM 89, 1086.
[3] BGH WM 89, 1086.
[4] BGH WM 86, 1545; WM 90, 51; WM 90, 1326; WM 91, 1273; WM 91, 1499.
[5] BGH WM 85, 605; WM 86, 1545; WM 93, 139, 140.
[6] BGH WM 92, 813.

Bei der Übertragung von Globalsicherheiten ist die Bewertung der gestellten Sicherheiten schwierig und die künftige Entwicklung ungewiß. Daher soll die Freigabeklausel mit zahlungsmäßig bestimmter Deckungsgrenze dem Sicherungsgeber die Durchsetzung seines ohnehin gegebenen Freigabeanspruches erleichtern. Insbesondere soll die Bewertung der Sicherheit nicht mehr einseitig durch den Sicherungsnehmer und dem Rahmen seines billigen Ermessens (§ 315 BGB) erfolgen. Eine auf das billige Ermessen abstellende Freigabeklausel bietet in diesen Fällen keinen ausreichenden Schutz des Sicherungsgebers, weil dies für ihn nicht mit der erforderlichen Rechtssicherheit nachzuvollziehen ist und er sein Recht auf Freigabe nur mittels Hinzuziehung eines Sachverständigen sowie evtl. eines kostenaufwendigen Rechtsstreites durchsetzen kann[1]. Bei der Übertragung von Globalsicherheiten ist die Belastung in ihrer Entwicklung für den Sicherungsgeber nicht überschaubar, da regelmäßig Sachen oder Rechte in die Sicherungsübertragung mit einbezogen werden, die im Zeitpunkt der Formularvereinbarung noch nicht zum Vermögen des Sicherungsgebers gehören[2]. Bei der globalen Übertragung zukünftiger Werte folgt die Gefahr der Übersicherung insbesondere daraus, daß dem Sicherungsnehmer im Laufe der Zeit Vermögen zuwächst, das den Wert seiner Forderung erheblich übersteigt[3]. Besondere Schwierigkeiten bereitet die Bewertung der gestellten Sicherheiten. Der Sicherungsgeber ist bei der Vereinbarung der Sicherungsabrede häufig nicht in der Lage abzuschätzen, ob und in welchem Umfang der Bestand der Sicherheiten steigen wird. Die Höhe des Bestandes der Sicherheiten am Ende der Vertragsbeziehung ist für ihn entweder überhaupt nicht (so bei verlängertem Eigentumsvorbehalt, Globalzession, Sicherungsübereignung eines Warenlagers mit wechselndem Bestand) oder nur unter Berücksichtigung des — dem Sicherungsgeber oft nicht bekannten — Zeitfaktors (so bei der Lohnabtretung) abzuschätzen[4]. Der Sicherungsvertrag bei der Übertragung einer Globalsicherheit muß, damit der Sicherungsgeber unschwer erkennen kann, ob und ggf. in welchem Umfang eine Übersicherung eingetreten ist, eine Regelung enthalten, nach der der Freigabeanspruch pauschal mit dem Überschreiten einer bestimmten Berechnungsgröße zu begründen ist. Fehlt eine derartige Regelung, so ist die gesamte Sicherungsklausel weggefallen und damit der Sicherungsvertrag unwirksam.

Die Deckungsgrenze muß eine objektive Bezugsgröße zwischen Sicherheit und zu **148 h** sichernden Forderungen aufweisen und den Sicherungsnehmer verpflichten, überschießende Sicherheiten auf Anforderung des Sicherungsgebers (welche Sicherheit er aufgibt, kann der Sicherungsnehmer selbst bestimmen unter Beachtung der Interessen des Sicherungsgebers) freizugeben, d. h. zurückzuübertragen (es reicht nicht, daß sich der Sicherungsnehmer lediglich bereit erklärt, freizugeben); sie muß variabel, d. h. relativ zum jeweiligen Umfang der Kreditforderung der Bank sein: Die Sicherheiten

---

[1] BGH WM 92, 813; WM 90, 1326; WM 90, 51; WM 91, 1273; WM 91, 276; WM 91, 1499; OLG Hamm WM 92, 1731; LG Mönchengladbach WM 93, 992.
[2] BGH WM 90, 51; OLG Hamm WM 93, 1590; WM 94, 419, 421.
[3] BGH WM 94, 414, 416.
[4] BGH WM 94, 414, 416; 419, 421.

müssen der zu sichernden Forderung entsprechen, ein Aufschlag von 20% ist in der Regel zulässig (vgl. auch Anhang)[1]. Die Vereinbarung einer Mindestdeckung — z. B. DM 250000,- ohne Bezug auf die zu sichernde Forderung — ist nicht geeignet, eine Übersicherung zu vermeiden[2].

148i Zu einer Freigabeklausel gehört eine Vereinbarung über den Wert der Sicherheiten. Da die Sicherheit für den Fall der Insolvenz bzw. Nichtrückzahlung des Kredites bestellt wird, ist der Verwertungserlös zugrunde zu legen. Schließlich ist vom Sicherungsnehmer — wie vom Sicherungsgeber — nicht vorherzusehen, wie hoch (oder niedrig) der Verwertungserlös sein wird, da Faktoren wie Zwangsverkauf, Verarbeitung des Sicherungsgutes, Modellwechsel, konjunkturelle Situation u. a. eine Rolle spielen. Dennoch verlangt die Rechtsprechung, daß sich die Parteien beim Abschluß des Sicherungsvertrages Gedanken über die Bewertung des Sicherungsgutes machen, um eben die Freigabeverpflichtung des Sicherungsnehmers konkretisieren zu können. Dabei darf der Sicherungsnehmer — so die Rechtsprechung[3] — nicht von einer worst-case-Betrachtung ausgehen. Konjunkturelle Einbrüche — z. B. im Baumwollmarkt[4] mögen im Verwertungsfall zu Verlusten führen, die trotz einer 800%igen Übersicherung nicht aufgefangen werden können: trotzdem hat die Rechtsprechung es für unzulässig erachtet, sich mit hohen Prozentsätzen abzusichern: nicht das Unvorhergesehene darf bei der Bewertung des Sicherungsgutes unterstellt werden, sondern der normale Lauf der Dinge.

148j In der Praxis wurden bei beweglichen Sachsicherheiten häufig der Einkaufspreis[5] oder der Gestehungspreis zugrunde gelegt, wo vorhanden, der Markt- oder Börsenpreis, bei Forderungen, die zur Sicherheit abgetreten wurden, der Nennwert der Forderung. Von diesen Werten können Abschläge für die oben genannten wertmindernden Faktoren wie Veralterung, Abnutzung, Modellwechsel etc. abgezogen werden. Der Wert, der sich nach Abzug dieses Abschlages ergibt, wird in den AGB-Banken (Ziff. 16) und in den dazu korrespondierenden Sicherungsverträgen (vgl. Anhang) als „realisierbarer Wert" bezeichnet.

148k Bei der Abtretung von Forderungen werden in der Praxis (vgl. Anhang) vom Nennwert, d. h. dem der Bank aufgegebene Forderungsbestand, Forderungen abgezogen z. B. wegen Lieferantenforderungen aufgrund Eigentumsvorbehalt mit Vorausabtretung, bei ausländischen Forderungen mit Rücksicht auf Zweifel bezüglich der Rechtswirksamkeit der Abtretung nach der einschlägigen ausländischen Rechtsordnung.

Im Ergebnis wird dadurch der Nennwert wertmäßig nach unten korrigiert; zusätzlich wird dann häufig noch ein prozentualer Abschlag vorgenommen, der um so niedri-

---

[1] BGH WM 93, 213; 93, 139.
[2] LG Mönchengladbach WM 93, 993; vgl. aber auch OLG Hamm WM 92, 1731.
[3] OLG Braunschweig WM 91, 802 = WuB I F 5.-1.92/Lwowski.
[4] OLG Braunschweig a. a. O.
[5] BGH WM 91, 88.

ger sein muß, je mehr Forderungen nach obigen Kriterien vom Nennwert abgezogen werden. Der sich danach ergebende Wert des Forderungsbestandes ist der realisierbare Wert. In der Rechtsprechung ist in Einzelfällen ein Abschlag von 30%[1] bzw. 50%[2] für zulässig beurteilt worden, allerdings jeweils ausgehend vom Nennwert der Forderung (d. h. ohne konkrete Abzüge z. B. wegen Lieferantenforderungen).

bb) Singularsicherheiten

Für Singularsicherheiten hat bereits OLG Stuttgart[3] wie auch schon OLG Hamm[4] **1481** sowie OLG Düsseldorf[5] die dargestellten Grundsätze des BGH zur Globalsicherheit nicht übertragen. Die Bewertung von einzelnen Gegenständen biete keine besonderen Schwierigkeiten. Die künftige Entwicklung dieser Sicherheiten sei überschaubar, da ein Werteverlust vorgegeben ist. Der Sicherungsgeber könne daher einen Freistellungsanspruch mit Erfolg verfolgen, wenn die Summe der Einzelwerte der Sicherungsgegenstände den in Anspruch genommenen Kredit übersteige[6]. Nobbe[7] stimmt diesen Entscheidungen zu, in dem er darauf hinweist, die BGH-Entscheidung[8], die zur Sicherung bei der formularmäßigen Sicherungsübereignung eines Warenlagers Stellung nimmt, sei davon ausgegangen, eine Freigabeklausel mit konkreter Bewertung des Sicherungsgutes und Festlegung eines festen Prozentsatzes für die Freigabeverpflichtung der Bank setze voraus, daß damit eine Übersicherung vermieden werden könne; bei Singularsicherheiten und deren isolierter Betrachtungsweise komme eine Übersicherung nach Vertragsschluß indes nur durch teilweise Tilgung der gesicherten Forderung in Betracht: Eine solche Übersicherung sei aber wesensimmanent und durch eine Freigabeklausel, die auch den Interessen des Gläubigers Rechnung trägt, nicht vermeidbar. Eine andere Betrachtungsweise bringe das Institut der Sicherungsübereignung praktisch zum Erliegen[9]. Dieser Auffassung ist nunmehr auch der Bundesgerichtshof in seinen jüngsten Entscheidungen[10] beigetreten. In diesen Entscheidungen lehnt er die Anwendbarkeit der zu den Globalsicherheiten entwickelten Grundsätze auf die formularmäßige Sicherungsübereignung bestimmter Sachen ab. Nach seiner Ansicht ist diese Sicherungsübertragung auch ohne Freigabeklausel mit zahlungsmäßig bestimmter Deckungsgrenze grundsätzlich wirksam; der Sicherungsgeber werde bereits durch den vertraglichen oder gesetzlichen Freigabeanspruch, der bei Eintritt einer deutlichen Übersicherung entstehe, in der Regel hin-

---

[1] BGH WM 91, 1273.
[2] BGH WM 86, 1545.
[3] Aktz 9 U 29/93.
[4] WM 93, 1590 = WuB I. A Nr. 19 AGB-Banken 1.93/Merkel.
[5] WM 93, 784 = WuB I. F 5.-2.93/Merkel.
[6] OLG Hamm, ZIP 93, 1301, 1302; WM 93, 2046, 2048.
[7] In EWiR § 9 AGBG 21/93.
[8] BGH 117, 374.
[9] Vgl. auch OLG Düsseldorf, WM 93, 784 f.
[10] BGH Urteile vom 13. 1. 1994, WM 94, 414 ff.; 419 f.; vom 28. 4. 1994, WM 94, 1161; vom 10. 5. 1994, WM 94, Heft 27.

reichend geschützt[1]. Zur Begründung führt der Bundesgerichtshof aus, daß der Sicherungsnehmer bei der Übertragung bestehender und daher überschaubarer Sicherheiten nicht im gleichen Maße schutzbedürftig sei wie bei einer umfassenden Sicherungsübertragung unter Einschluß auch solcher Gegenstände, die er später erwirbt. Im Gegensatz zu den Globalsicherheiten, bei denen die Bewertung der gestellten Sicherheiten schwierig und die künftige Entwicklung ungewiß ist, ist das Sicherungsgut bei der Übertragung bestimmter Gegenstände oder einer feststehenden Sachgesamtheit von Anfang an klar umrissen, so daß der Sicherungsgeber meist mit vertretbarem Aufwand ermitteln kann, welchen Wert das Sicherungsgut bei Vertragsschluß besitzt und wie sich dieser in Zukunft voraussichtlich entwickeln wird[2]. Die Gefahr einer Übersicherung ist in diesen Fällen als gering einzuschätzen. Dies ist darauf zurückzuführen, daß bei der Sicherungsübertragung bereits vorhandener und dem Sicherungsgeber gehörender Gegenstände diese kaum im Wert zunehmen. In der Regel werden sie im Laufe der Zeit vielmehr erheblich an Wert verlieren. Ausnahmsweise kann der Wert des Sicherungsgutes gleichbleiben. Dies ist der Fall, wenn die Gegenstände von Natur aus wertbeständig sind oder der Sicherungsgeber aufgrund einer Nachschub- oder Ersatzklausel dazu verpflichtet ist, im Falle eines Wertverlustes Sicherheiten nachzuschieben oder für die wertgeminderten neue zu stellen[3]. Die Gefahr einer Übersicherung besteht in diesen Fällen nur dann, wenn der gesicherte Kredit zurückgeführt wird und das Sicherungsgut wertbeständig ist oder aufgrund einer Ersatzklausel im Wert konstant gehalten werden muß, oder wenn der Sicherungsgeber den Kredit schneller zurückzahlt als der Wert des Sicherungsgutes abnimmt[4]. Tritt die Übersicherung jedoch dadurch ein, daß die gesicherte Forderung abnimmt, so realisiert sich hierin lediglich ein Risiko, womit jeder Sicherungsgeber rechnen muß und in der Regel auch rechnet[5]. Da der Sicherungsgeber bei der Übertragung einer feststehenden Sachgesamtheit oder einzelner Gegenstände somit grundsätzlich mit vertretbarem Aufwand überblicken kann, in welchem Wertverhältnis die gesicherte Forderung und das Sicherungsgut zueinander stehen, ist er in der Lage, den Eintritt einer deutlichen Übersicherung rechtzeitig festzustellen und in einem etwaigen Rechtsstreit nachzuweisen, welches Maß an Übersicherung der Sicherungsnehmer beanspruchen kann und für den Sicherungsgeber noch zumutbar ist[6].

Obwohl sich die jüngsten Entscheidungen des Bundesgerichtshofes zunächst ausdrücklich nur auf den Fall der Sicherungsübereignung bestimmter Gegenstände sowie einer feststehenden Sachgesamtheit bezogen, sind die in den Entscheidungsgründen entwickelten Grundsätze entsprechend auf andere Singularsicherheiten (Singularzes-

---

[1] BGH WM 94, 414, 419.
[2] BGH WM 94, 414, 417; 419, 421.
[3] BGH WM 94, 419, 421.
[4] BGH WM 94, 419, 421.
[5] BGH WM 94, 419, 421.
[6] BGH WM 94, 414, 417.

sion und Sicherungsgrundschuld) zu übertragen[1]. Inzwischen ist auch die vom Bundesgerichtshof bisher nicht behandelte Frage, ob auch für Grundschulden die für die Globalsicherheiten entwickelten Grundsätze der Freigabeklausel mit zahlungsmäßig bestimmter Deckungsgrenze gelten, entschieden[1a]. Die Instanzengerichte haben sich bisher kontrovers mit dem Problem auseinandergesetzt. Das LG Bielefeld vertritt in seinem Urteil vom 5. Nov. 1992[2] den Standpunkt, daß bei der Bestellung mehrerer Grundschulden eine vergleichbare Situation für den Sicherungsnehmer wie bei der Globalzession und der Übereignung eines Warenlagers vorliege. Auch hier müsse dem Schuldner zum Schutz vor einer unangemessenen Übersicherung das Recht eingeräumt werden, bei sinkendem Forderungsbestand die Freigabe nicht mehr benötigter Grundschulden zu verlangen. Eine Freigaberegelung, die die Freigabe in das billige Ermessen des Kreditgebers stellt, sei nicht ausreichend. Dagegen vertritt das OLG Hamm in seiner Entscheidung vom 23. 6. 1993[3] die Auffassung, daß bei der Bestellung von Grundschulden eine Freigabeverpflichtung mit objektiv bestimmter Deckungsgrenze, wie sie bisher für Globalsicherheiten gefordert wird, nicht erforderlich sei. Die Bewertung von einzelnen Gegenständen biete keine besonderen Schwierigkeiten, da die künftige Entwicklung dieser Sicherheiten im Hinblick auf den bereits vorgegebenen Wertverlust überschaubar sei und der Sicherungsgeber einen Freistellungsanspruch damit erfolgreich verfolgen könne[4]. Daher ist auch in den Fällen, in denen eine Sicherungsübereignung von Gegenständen mit der Stellung von Bürgschaften sowie Grundschulden durch Dritte zusammentreffen, ein sog. Deckungsgesamtplan, der genau angibt, wann der Kreditnehmer einen Anspruch auf Freigabe von Sicherheiten hat, nicht erforderlich. Ein solcher Deckungsgesamtplan sei auch bei der ausschließlichen Stellung von mehreren Grundschulden entbehrlich[5].

Zwar ist zuzugeben, daß die massenweise Übertragung von Singularsicherheiten einen ähnlichen Kumulierungseffekt wie bei der Globalzession haben kann. Zutreffend weist Pfeiffer jedoch darauf hin, daß die Bestellung einzelner Grundschulden jedoch noch keinen Effekt ergibt, der der Globalzession annähernd vergleichbar wäre[6]. Insbesondere nach den drei Entscheidungen des Bundesgerichtshofes aus 1994[7] kann nicht mehr davon ausgegangen werden, daß die Bestellung einer oder auch mehrerer Grundschulden den von der Rechtsprechung zur Globalzession, Sicherungsübereignung eines Warenlagers mit wechselndem Bestand und Abtretung von Lohn- und Gehaltsansprüchen entwickelten Grundsätzen unterworfen werden kann. Die Bestellung einer oder auch mehrerer Grundschulden ist nicht einer Globalzession oder einer Sicherungsübereignung eines Warenlagers mit wechselndem Bestand gleichzusetzen.

---

[1] Ganter, ZIP 94, 257, 262.
[1a] BGH WM 94, 1161.
[2] WM 93, 1084 f.
[3] OLG Hamm, ZIP 93, 1301 f.
[4] OLG Hamm, ZIP 93, 1301, 1302.
[5] OLG Hamm, ZIP 93, 1301.
[6] Pfeiffer in WuB I. F 4.-4.93.
[7] BGH WM 94, 414 f., 419 f.; 94, 1161.

Vielmehr entspricht sie eher der Sicherungsübereignung bestimmter Gegenstände oder einer feststehenden Sachgesamtheit. Ebenso wie in diesen Fällen ist auch bei der Bestellung von Grundschulden das Sicherungsgut von Anfang an klar umrissen, so daß der Sicherungsgeber mit zumutbarem Aufwand ermitteln kann, welchen Wert es bei Vertragsabschluß besitzt und in etwa überblicken kann, wie sich dieser in Zukunft voraussichtlich entwickeln wird. Auch bei der Bestellung von Grundschulden vermag der Sicherungsgeber daher mit zumutbaren Mitteln den Eintritt einer Übersicherung rechtzeitig festzustellen und bei einem Rechtsstreit nachzuweisen, welches Maß an Übersicherung der Sicherungsnehmer beanspruchen kann. Die Bewertung der einzelnen Grundschulden bietet keine besonderen Schwierigkeiten. Auch bei den Grundschulden ist die künftige Entwicklung dieser Sicherheiten überschaubar, da kein Vermögens- bzw. Wertzuwachs vorgegeben ist. Die Bestellung einer oder mehrerer Grundschulden braucht daher keine Freigabeklausel mit zahlungsmäßig bestimmter

148n Deckungsgrenze zu enthalten und muß auch keinen Deckungsgesamtplan aufweisen[1]. In einem sich aus anderen Sicherungen als notwendig ergebenden Deckungsgesamtplan werden sie im Zweifel (wenn keine andere Bewertung vereinbart worden ist) mit ihrem Nennbetrag zuzüglich angefallener Zinsen (soweit sie noch nicht verjährt sind) anzusetzen sein. Ist ein Deckungsgesamtplan nicht im Rahmen eines Sicherungsvertrages vereinbart worden, für den die Rechtsprechung die Aufstellung fordert (also bei der Sicherungsübereignung eines Warenlagers mit wechselndem Bestand, der Globalzession und der Abtretung künftigen Arbeitslohnes), braucht für die Sicherungsübereignung einer einzelnen Sache, einer Gesamtheit von Gegenständen, deren Bestand — vom Ersatz für entwertete oder abgängige Teile abgesehen — gleichbleibt, einer Singularzession sowie der Sicherungsgrundschuld kein Deckungsgesamtplan, keine Deckungsgrenze und keine Bewertungsregelung vereinbart zu werden[2]. In seiner Entscheidung vom 10. 5. 1994 hat der XI. Senat des BGH[2a] die Entscheidungen zur Bewertung generell in Frage gestellt.

cc) Personalsicherheiten

148o Für Personalsicherheiten (wie Bürgschaft und Garantie) gelten die Grundsätze der höchstrichterlichen Rechtsprechung zur Freigabeklausel mit zahlungsmäßig bestimmter Deckungsgrenze ebenfalls nicht. Eine Personalsicherheit fällt auch nicht unter die Sicherheiten, die in einem evtl. aufzustellenden Deckungsgesamtplan (Sicherungsgesamtplan) berücksichtigt zu werden brauche, und zwar auch dann nicht, wenn sie neben weiteren Sicherheiten gegeben sind[3]. Dies ist zum einen darauf zurückzuführen, daß sich hier der Umfang der Sicherheiten nach dem jeweiligen Bestand der ge-

---

[1] Vgl. OLG Hamm, ZIP 93, 1301, 1302.
[2] BGH WM 94, 414 f.; 419 f.; Ganter, ZIP 94, 257 f., 262.
[2a] BGH NJW 94, 1798.
[3] Vgl. zur Bürgschaft OLG Hamm, ZIP 93, 1301.

sicherten Forderung richtet¹. Zum anderen erscheint eine zuverlässige Wertung einer Personalsicherheit kaum möglich, außerdem wird sie (als Interzession) zwingend von einem Dritten gestellt, für den eine Beschränkung der wirtschaftlichen Bewegungsfreiheit durch Art und Umfang der Sicherheiten ohnehin nicht in Betracht kommt², wenn die Forderung nur durch Singularsicherheiten gesichert wird.

3. Verwertung

Bei der Frage, ob und in welcher Weise ein Sicherungsnehmer die Verwertung des Sicherungsgutes zu regeln hat, ist zwischen der Übereignung von Sachen und der Abtretung von Rechten, insbesondere Forderungen zu differenzieren. 148p

a) Globalzession/Lohnzession

Eine Globalzession/Lohnzession muß wegen ihrer besonders einschneidenden Bedeutung für die Betroffenen konkretisieren, unter welchen Voraussetzungen der Sicherungsnehmer von der Abtretung Gebrauch machen darf³. Die Sicherungszession räumt dem Gläubiger einer abgetretenen Forderung gegenüber Dritten die volle Rechtstellung des Anspruchsinhabers ein. Er ist daher jederzeit in der Lage, die Forderungsabtretung dem Drittschuldner anzuzeigen und Zahlung an sich zu verlangen, ohne daß zuvor in einem Erkenntnisverfahren die Berechtigung des Gläubigers unter Mitwirkung des Schuldners geprüft worden wäre⁴. Der Gläubiger, dem Forderungen sicherungshalber abgetreten worden sind, ist daher rein faktisch in der Lage, das Sicherungsgut sofort zu verwerten. Für den Fall der Lohnzession hat der BGH daher entschieden, daß eine Verwertungsklausel, nach der die Bank bei Nichterfüllung der Verbindlichkeiten die Sicherheiten ohne Androhung und Innehaltung einer Frist verwerten dürfe, eine unangemessene Benachteiligung des Kreditnehmers darstelle und insofern nach § 9 AGBG unwirksam sei, weil sie der Bank gestatte, diesen erst nachträglich von der Verwertung zu unterrichten und ihm die Möglichkeit nehme, dieses Vorgehen noch abzuwenden⁵. Wegen der besonderen Bedeutung der Sicherungszession für die wirtschaftliche Bewegungsfreiheit des Betroffenen verlangt der BGH, daß die Voraussetzungen, unter denen der Sicherungsnehmer durch Offenlegung und Einziehung von der Abtretung Gebrauch machen darf, hinreichend eindeutig unter Wahrung der Interessen des Sicherungsgebers bestimmt sind. Hierzu gehöre die Verpflichtung des Zessionars, die Verwertung so rechtzeitig vorher anzukündigen, daß der Schuldner noch Einwendungen gegen die Verwertungsbefugnis vorbringen oder sich bemühen könne, die Offenlegung durch Zahlung der fälligen Beträge abzuwenden⁶.

---

[1] Ganter, ZIP 94, 257.
[2] Vgl. zur Bürgschaft OLG Hamm, ZIP 93, 1301.
[3] BGH WM 92, 1359 = WuB I F 4.-10.92/Pfeiffer; LG Bielefeld, WM 93, 1084 = WuB I F 4.-4.93/Pfeiffer.
[4] BGH WM 92, 1359, 1361 = WuB I F 4.-10.92/Pfeiffer.
[5] BGH WM 92, 1359, 1361 = WuB I F 4.-10.92/Pfeiffer.
[6] BGH WM 92, 1359, 1361 = WuB I F 4.-10.92/Pfeiffer.

Zwar bezieht sich diese Entscheidung lediglich auf die Sicherungszession von Lohn- und Gehaltsansprüchen. Der BGH hat in der angeführten Entscheidung jedoch in erster Linie auf die wirtschaftliche Beschränkung der Sicherungszession und weniger auf die Besonderheiten der Lohn- und Gehaltsabtretung abgestellt. Daher wird man die Anforderungen an eine Verwertungsklausel nicht nur auf den Fall der Lohnzession beschränken dürfen, sondern auch auf andere Globalzessionen übertragen können[1]. Das Argument, die vom BGH zur Lohnzession aufgestellten Grundsätze seien auf die Globalzession im allgemeinen nicht anwendbar, weil Sicherungsgeber der Lohnzession Privatleute seien, bei denen ein besonderes Schutzbedürfnis bestehe, während Globalzessionen von Unternehmen hereingenommen würden, die aufgrund ihrer Teilnahme am Geschäftsverkehr keineswegs in erhöhtem Maße schutzbedürftig seien[2], überzeugt nicht. Die vom BGH in den Entscheidungsgründen angeführten Nachteile für den Kreditnehmer liegen nicht nur bei sicherungshalber abgetretenen Lohn- und Gehaltsforderungen vor, sondern auch bei sonstigen Globalzessionen. Die Möglichkeit wirtschaftlicher Nachteile durch die Offenlegung der stillen Zession kann im Verhältnis eines Industrieunternehmens gegenüber seinen Lieferanten und Kunden viel einschneidender sein als bei einem Arbeitnehmer[3]. Abgesehen davon, daß die Offenlegung einer Zession in der Praxis als Signal für wirtschaftliche Probleme des Sicherungsgebers, wenn nicht gar als Zeichen der Insolvenz angesehen wird, was sich sofort auf seine Tätigkeit, seinen Umsatz auswirken wird, fehlen dem Sicherungsgeber auch die finanziellen Mittel, die der Sicherungsnehmer direkt einzieht: Die wirtschaftliche Existenz ist somit doppelt bedroht. Der Sicherungsnehmer muß daher äußerste Rücksicht auf die Interessen des Sicherungsgebers nehmen, rechtzeitig vor der Offenlegung und Einziehung benachrichtigt zu werden. Hierzu gehört insbesondere, ihm mittels Fristsetzung für die Versendung der Anzeigen an die Drittschuldner noch die Gelegenheit zu geben, innerhalb der gesetzten Frist das drohende Unheil durch Zahlung der fälligen Beträge der gesicherten Forderung abzuwenden.

Problematisch ist, welche Rechtsfolge sich ergibt, wenn eine Verwertungsklausel den dargestellten Anforderungen nicht entspricht und damit gem. § 9 AGBG wegen unangemessener Benachteiligung des Kreditnehmers unwirksam ist. Als Folge der Unwirksamkeit der Verwertungsklausel nimmt der BGH eine Totalnichtigkeit der gesamten Globalzession an, weil deren weitreichende Wirkung nur bei Angemessenheit ihres gesamten sonstigen Inhalts hinnehmbar sei und insbesondere eine hinreichende Bestimmtheit der Verwertungsvoraussetzung verlange[4]. Diese Auffassung ist auf Kritik gestoßen. Hiergegen wird eingewendet, die Rechtsfolge der Totalnichtigkeit der gesamten Globalzession sei zu weitgehend, da gem. § 6 AGBG i. d. R. an die Stelle der unwirksamen Allgemeinen Geschäftsbedingung die verdrängte gesetzliche Regelung

---

[1] So zutreffend Pfeiffer in WuB I F 4.-10.92; LG Bielefeld WM 93, 1084, 1085 = WuB I F 4.-4.93.
[2] Sonnenhol/Wittig in WuB I F 4.-1.93.
[3] LG Bielefeld, WM 93, 1084, 1086 = WuB I F 4.-4.93.
[4] BGH WM 92, 1359 = WuB I F 4.-10.92/Pfeiffer.

trete. Mangels ausdrücklicher gesetzlicher Regelung der Sicherungszession sei daher an eine analoge Anwendung der Pfandrechtsvorschriften gem. §§ 1234, 1273 Abs. 2 BGB, 368 HGB zu denken[1]. Die von dem BGH vertretene weitgehende Rechtsfolge läßt sich nach Ansicht Pfeiffers auch nicht mit der Einengung der wirtschaftlichen Bewegungsfreiheit des Sicherungsgebers durch die Globalzession begründen; dagegen schütze bereits die Rechtsprechung zur Übersicherung angemessen und ausreichend. Im übrigen sei die Unwirksamkeit der Verwertungsregelung auch ohne Totalnichtigkeit hinreichend sanktioniert, da das Kreditinstitut bei Verwertung ohne vorherige Androhung und Wartefrist ihre Pflichten aus dem Sicherungsvertrag verletze und sich daher gegenüber dem Kunden ggfs. schadensersatzpflichtig mache[2]. Dennoch erscheint der von BGH vollzogene Schluß von der Unwirksamkeit der Verwertungsregelung auf die Nichtigkeit der Globalzession insgesamt folgerichtig. Vorausabtretungen, seien es nun Vorausabtretungen von Lohn- und Gehaltsansprüchen oder Vorausabtretungen von Kundenforderungen, dürfen wegen ihrer besonders einschneidenden Bedeutung für die Betroffenen nur dann gültig sein, wenn zugleich eine eindeutige Regelung darüber getroffen ist, unter welchen Voraussetzungen der Kreditgeber von der Abtretung Gebrauch machen darf und dabei den schutzwürdigen Belangen beider Vertragspartner angemessen Rechnung getragen worden ist[3]. Zwar ist zuzugeben, daß die Totalnichtigkeit eines Sicherungsgeschäfts allein aufgrund der Unangemessenheit der Verwertungsregelung im Hinblick auf die gesetzliche Wertung des § 6 AGBG die Ausnahme bleiben muß[4]. Im Hinblick auf die vom BGH zutreffend ausgeführte Schutzbedürftigkeit des Kreditnehmers bei der Globalzession muß die Verwertungsklausel bei einer Globalzession nach ihrem Wortlaut für den Kreditnehmer jedoch hinreichend konkretisieren, unter welchen Voraussetzungen der Sicherungsnehmer die Sicherheit verwerten darf. Enthält die Verwertungsregelung diese Voraussetzung nicht, so ist von einer unangemessenen Benachteiligung i. S. des § 9 Abs. 1 AGBG auszugehen, die zur Unwirksamkeit der Verwertungsregelung und damit zur Totalnichtigkeit der Globalzession führt.

b) Sicherungsübereignung

Auf den Fall der Bestellung anderer Sicherungsrechte als einer Globalzession können **148 q** die vom BGH zu den Anforderungen an eine Verwertungsklausel entwickelten Grundsätze dagegen nicht übertragen werden. Dies läßt sich darauf zurückführen, daß der BGH ausdrücklich auf die besonders einschneidenden Wirkungen der Globalzession abgestellt hat, die bei anderen Sicherungsgeschäften so nicht vorliegen[5]. Die besondere Schutzbedürftigkeit des Kreditnehmers besteht nur dort, wo die Gefahr besteht,

---

[1] Pfeiffer in WuB I F 4.-10.92.
[2] Pfeiffer in WuB I F 4.-10.92.
[3] BGH WM 94, 414, 418.
[4] Pfeiffer in WuB I F 4.-4.93.
[5] Pfeiffer in WuB I F 4.-4.93.

daß die Bank die Sicherheit ohne Benachrichtigung des Schuldners verwertet. Diese Gefahr besteht bei einer Sicherungsübereignung, auch bei der Übereignung von Warenlagern mit wechselndem Bestand, nicht. Bei der Sicherungsübereignung verbleibt das Sicherungsgut im Regelfall im unmittelbaren Besitz des Sicherungsgebers. Der Sicherungsnehmer wird das Sicherungsgut daher kaum durch Versteigerung oder freihändigen Verkauf verwerten können, ohne sie zuvor vom Sicherungsgeber herauszuverlangen. Die Besonderheit der Sicherungsübereignung, daß das Sicherungsgut im Regelfall im unmittelbaren Besitz des Sicherungsgebers verbleibt, führt daher dazu, daß dem Sicherungsnehmer der freie Zugriff auf das übertragene Gut „rechtlich wie faktisch verwehrt" wird[1].

Der BGH neigt in seiner jüngsten Entscheidung[2] offenbar dazu, bei der Sicherungsübereignung von Sachen, die im unmittelbaren Besitz des Sicherungsgebers verbleiben, eine Verwertungsklausel, die eine Frist für die Inbesitznahme und Verwertung des Sicherungsgutes vorsieht, nicht zu fordern. Letztlich läßt der BGH diese Frage jedoch offen und verweist auf die gesetzliche Regelung. Ein Sicherungsübereignungsvertrag, der keine angemessene Verwertungsregelung enthält, ist somit wirksam.

4. Knebelung und Kredittäuschung

149   Auch ohne, daß eine Übersicherung vorliegt, die gemäß § 138 BGB und/oder § 9 AGB-Gesetz zur Unwirksamkeit des Sicherungsvertrages führt, kann der Sicherungsgeber geknebelt werden oder Dritte über die Kreditwürdigkeit des Schuldners getäuscht werden oder der Tatbestand der Konkursverschleppung vorliegen.

Im einzelnen:

a) Um sich selber aus den erlangten Sicherheiten oder dem sonstigen Vermögen des Schuldners ungehindert befriedigen zu können, hält der Sicherungsnehmer den Schuldner zum Nachteil anderer Gläubiger von dem durch die Verhältnisse gebotenen alsbaldigen Antrag auf Konkurseröffnung ab, z. B. durch gleichzeitige Gewährung eines für die Gesundung des Schuldners offenbar unzulänglichen und nur zur Verlängerung seines wirtschaftlichen Todeskampfes geeigneten neuen Kredits

150   (Konkursverschleppung)[3]. Konkursverschleppung setzt einen Vertrag zwischen dem Sicherungsnehmer und dem Schuldner voraus, liegt also nicht vor, wenn der Sicherungsnehmer mit dem Ziel, das Sicherungsgut zu verbessern, dessen Verarbeitung im konkursreifen Betrieb des Schuldners dadurch finanziert, daß er die Lohnforderungen der Arbeiter aufkauft[4] (siehe aber auch Rdn. 954).

---

[1] BGH WM 94, 414, 418.
[2] BGH WM 94, 414, 418.
[3] BGH NJW 70, 657; RGRK/Pikart, § 930, Rdn. 88.
[4] BArbG v. 24. 1. 64 — 5 AZ2 258/63; der BGH lehnt diese Grenzziehung ab, da zu eng: BGH WM 58, 250; 58, 529; 62, 965; 63, 1093; OLG Frankfurt WM 90, 2010.

b) Der Schuldner wird von dem Sicherungsnehmer aus gleichen eigensüchtigen Beweggründen in seinen Mitteln und seiner Bewegungsfreiheit so eingeengt und allmählich derart ausgesogen, daß sein Geschäft zugrundegehen muß, und er zum Schaden anderer Gläubiger dem Konkurs zugetrieben wird (**Aussauggung**). 151

c) Der Sicherungsnehmer erniedrigt den Schuldner zu seinem bloßen Strohmann, der nur noch nach außen hin als Inhaber des Geschäfts erscheint, ihm gegenüber aber in Wirklichkeit nur noch die Stellung eines abhängigen Verwalters hat, und zwar so, daß der ganze Gewinn des Geschäfts dem Sicherungsnehmer zufließt, ein etwaiger Verlust aber von ihm nicht getragen und jede Haftung für die Geschäftsschulden auch bei fehlender sonstiger Deckung von ihm abgelehnt wird (**stille Geschäftsinhaberschaft**). 152

d) Der Sicherungsnehmer bestimmt — allein oder im Zusammenwirken mit dem Schuldner als dessen Anstifter, Mittäter oder Gehilfe — Dritte zur Kreditgewährung an diesen, indem sie arglistig darüber getäuscht werden, daß der Schuldner durch die hergegebenen Sicherheiten kreditunwürdig geworden ist (**Kreditbetrug**). 153

e) Die ausbedungene Sicherung bringt durch ihren Umfang und ihre Undurchsichtigkeit die von dem Sicherungsnehmer bewußt in Kauf genommene, nicht ganz fernliegende Gefahr mit sich, daß spätere nichtsahnende Kreditgeber zu Schaden kommen, ohne daß dort von einem betrügerischen Vorgehen des Sicherungsnehmers ihnen gegenüber die Rede sein könnte (**Gläubigergefährdung**). 154

All diese Tatbestände, die vielfach ineinander übergehen[1], lassen sich auf die beiden vorerwähnten Grundtypen der Knebelung und Kredittäuschung zurückführen. Auch bei diesen Grundtypen handelt es sich nicht um feststehende Tatbestände, vielmehr kann die Frage der Nichtigkeit des Vertrages immer nur aufgrund einer umfassenden Gesamtwürdigung des einzelnen Falles entschieden werden. Die Absichten und Beweggründe der Parteien spielen dabei eine ebenso große Rolle wie die objektiven wirschaftlichen Verhältnisse, unter denen der Vertrag zustandegekommen ist[2]. Darauf beruht es, daß trotz Übertragung des gesamten Aktivvermögens auf den Sicherungsnehmer die Sittenwidrigkeit des Vertrages z. B. verneint wird, wenn die Vermögensübertragung nötig war, um einen Aufbaukredit zu sichern, der einem Flüchtling zu einer Existenzgrundlage verhelfen soll[3].

Einer Zession kann „mit Rücksicht auf die Belange, sei es eines Vertragsteils, sei es Dritter, der Makel der Sittenwidrigkeit anhaften, so namentlich im Fall des Knebelvertrages oder dann, wenn dritte Personen mit durch das dingliche Geschäft (stille Abtretung) über die Kreditwürdigkeit des Schuldners getäuscht werden"[4].

---
[1] RG JW 35, 2886; BGH WM 62, 13.
[2] BGH NJW 55, 1272.
[3] BGH WM 65, 1248.
[4] RG JW 36, 1954.

Sittenwidrigkeit

Allerdings kann eine **allgemeine Rechtspflicht** gegenüber Dritten, sich vor der Kreditgewährung über die Vermögenslage des Schuldners zu vergewissern, nicht anerkannt werden. Der Dritte, der seinerseits mit einem Geschäftsmann in Verbindung tritt, hat vielmehr die Pflicht, sich selbst über die Vermögenslage zu unterrichten. Er muß mit der Möglichkeit rechnen, daß der Kunde zum Zwecke der Kreditbeschaffung seine Außenstände ganz oder teilweise abgetreten hat[1]. Zur Problematik bei Zusammentreffen von Globalzession und Vorausabtretung im Rahmen des verlängerten Eigentumsvorbehalts s. Rdn. 701.

Der Geist, in welchem der Sicherungsnehmer die ihm gewährten Befugnisse ausüben soll und darf, kann entscheidend für die Wirksamkeit des Vertrages sein. Nach Lage der Sache steht zwar auch ein ernstlicher Sanierungswille des Gläubigers der Sittenwidrigkeit nicht entgegen[2]. Wenn aber nach dem Inhalt des Vertrages beide Teile darüber einig sind, **daß der Sicherungsnehmer nur aus wichtigem Grunde** und unter dem Druck der wirtschaftlichen Lage des Schuldners die Sicherheit verwerten darf, wenn also bis dahin der Schuldner das Sicherungsgut **zu eigener wirtschaftlicher Verwaltung** oder Verwertung behalten kann, nimmt dies dem Handeln der Parteien die Vorwerfbarkeit[3]. Die Sicherstellungsverträge sehen dies meist ausdrücklich vor. Aber auch wenn eine solche Vereinbarung nicht getroffen ist, lassen sich doch aus der tatsächlichen Handhabung Schlüsse auf die Gesinnung ziehen, in welcher die Parteien den Vertrag geschlossen haben[4]. Ohne Bedeutung ist allerdings das Bestehen eines Vorvertrages. Sowenig im Normalfall jemand gegen die guten Sitten verstößt, wenn er sich Sicherheiten bestellen läßt, auf die er — selbst wenn er sich der drohenden Gefahr des Zusammenbruchs des Schuldners und des Ausfallens anderer Gläubiger bewußt ist[5] — einen Anspruch hat, sowenig schließt dies die Sittenwidrigkeit einer Knebelung oder Kredittäuschung aus, wenn sich die Durchsetzung des Anspruchs auf Sicherung als mißbräuchliche Ausnutzung der Machtposition des Gläubigers darstellt[6].

Wenn man die meistens Hand in Hand gehenden Tatbestände der Knebelung und Kredittäuschung charakterisieren will, wird von folgenden Anhaltspunkten ausgegangen werden können:

155 1. Eine **Knebelung** des Sicherungsgebers ist dann anzunehmen, wenn die Vermögensübertragung zu einer unerträglichen, die wirtschaftliche und soziale Lebensstellung vernichtenden Abhängigkeit des Schuldners führt, wie z. B. insbesondere bei den Tatbeständen der **Aussaugung** und der **stillen Geschäftsinhaberschaft** (Rdn. 152). Hier spielen auf der subjektiven Seite des Tatbestandes, wie er objektiv in übermäßig drückenden Sicherungsbestimmungen des Kreditvertrages seinen

---

[1] RG 135, 239; BGH WM 65, 918.
[2] OLG Frankfurt NJW 67, 1043.
[3] BGH NJW 62, 102; vgl. auch Serick Bd. II, § 30 VII 2f.
[4] BGH WM 58, 590; es muß aber eine Absprache getroffen sein (Serick a. a. O. VII 4 Fn. 251).
[5] BGH WM 59, 115.
[6] BGH NJW 55, 1272.

Ausdruck finden kann, die Ziele und Planungen der Parteien eine besonders wichtige Rolle[1]. So macht auch eine vorübergehende Ausschaltung des Kreditnehmers aus seinem Geschäftsbetrieb das Verhalten der Parteien nicht notwendig zu einem sittenwidrigen[2]. Vor allem genügt nicht die bloße Tatsache, daß die Verwertung des sicherungshalber übertragenen Umlaufvermögens den Geschäftsbetrieb des Schuldners zum Erliegen bringen würde[3]. Entscheidend ist allein die Verwerflichkeit der Gesinnung. Sie wird zumal da fehlen, wo das sicherungshalber übertragene Umlaufvermögen nur durch Besitzkonstitut übereignet bzw. still zediert ist, so daß dem Schuldner bis zum Eintritt des Notfalls eine weitgehende Verfügungs- und Verwaltungsmöglichkeit verbleibt[4].

2. Um **Kredittäuschung** handelt es sich, wenn die vorerwähnten Veränderungen in den Verhältnissen des Schuldners verschleiert werden und dadurch andere Gläubiger des Schuldners um die Erfüllung ihrer Ansprüche gebracht werden. Dies geschieht insbesondere in den Fällen der Konkursverschleppung, des Kreditbetruges und der Gläubigergefährdung, und zwar — bei Geringwertigkeit oder erheblicher Belastung etwaigen Grundbesitzes — z. B. durch Sicherungsübereignung des Umlaufvermögens und/oder des Inventars und Maschinenparks. Die Vernachlässigung der Belange der anderen, im Dunkeln gelassenen Gläubiger des Schuldners, den der Sicherungsnehmer in eine tatsächliche, aber nicht offenbar gewordene „Schuldknechtschaft" gezwungen hat[5], macht die Sicherungsübertragung sittlich verwerflich, wenn die Vertragsschließenden bei der von ihnen nach den Umständen zu verlangenden sorgfältigen Überlegung sich sagen mußten, die Möglichkeit, daß Dritte infolge des Vertrages Schaden leiden, werde sich unbeschadet der strukturellen Unerkennbarkeit der Sicherung mit ziemlicher Sicherheit verwirklichen. „Ein Rechtsgeschäft, das die Möglichkeit setzt, daß Dritte getäuscht werden und dadurch Schaden leiden, verstößt auch dann gegen das Anstands- und Gerechtigkeitsgefühl aller ehrbaren Kaufleute, wenn die Vertragsschließenden sich grob fahrlässig der Erkenntnis vreschlossen haben, daß dieser Schaden tatsächlich eintreten werde"[6].

Auch bei Gewährung von Geldmitteln an den Schuldner kann — ohne jede Knebelung — eine Kredittäuschung begangen werden, wenn der Geldgeber — allein oder im Zusammenwirken mit dem Schuldner als dessen Anstifter, Mittäter oder Gehilfe — gerade dadurch andere zur Kreditgewährung bestimmt, daß er unter eigener Sicherung einem kreditunwürdig gewordenen Schuldner Kredit gewährt, während jene arglistig darüber getäuscht werden, daß der Schuldner durch die gegebenen Sicherheiten kreditunwürdig geworden ist[7]. Es ist also besondere Vorsicht beim Vertragsschluß gebo-

156

---

[1] BGH WM 58, 1369; WM 60, 1223; WM 65, 84; NJW 69, 230.
[2] BGH WM 55, 914.
[3] A. A. BGH NJW 52, 1169; vgl. aber auch BGH BB 72, 1028.
[4] BGH WM 59, 964; 55, 914; 61, 671; WM 65, 84; BGH BB 74, 669.
[5] RG 85, 345.
[6] BGH 10, 28; vgl. auch RG JW 28, 52; 31, 516.
[7] RG 136, 295.

ten, wenn der Sicherungsgeber konkursreif ist[1], oder wenn es sich um die Sanierung eines notleidenden Betriebs handelt, oder der Sicherungsnehmer auch nur Mißtrauen gegen die geschäftliche Lauterkeit seines Vertragspartners hegt[2]. Ein Schadensersatzanspruch wegen Konkursverschleppung setzt voraus, daß der Bank die wirtschaftliche Notlage bekannt war und sie wußte, daß ein Konkurs durch den (weiteren) Kredit nur verzögert, nicht aber verhindert werden konnte[3]. Die Bank muß vor einer erkennbar hoffnungslosen Lage geradezu die Augen verschließen[4]. **Insbesondere bei der Sicherung von Sanierungskrediten müssen die Parteien, wenn sie sich nicht dem Vorwurf eines gewissenlosen Verhaltens aussetzen wollen, in eine fachkundige und sorgfältige Prüfung der Lage und der Entwicklungsmöglichkeit des schuldnerischen Unternehmens eintreten.** Erscheint ihnen hiernach das Sanierungsvorhaben erfolgversprechend, kann trotz Vorliegens des objektiven Tatbestandes der Kredittäuschung der Vorwurf sittenwidrigen Handelns unter Umständen unbegründet sein[5]. Der Umfang der Prüfungspflicht wird von besonderen Umständen des Einzelfalls bestimmt und kann die Inanspruchnahme eines neutralen branchenkundigen Fachmannes erforderlich machen[6]. Im Regelfall ist der Sicherungsnehmer allerdings zu so weitgehender Kontrolle nicht verpflichtet[7].

157

Erkennt die Bank, daß der Kreditnehmer in der Krisis steckt und **beläßt** sie ihm dennoch den **Kredit** mit der Folge, daß der Schuldner dadurch nicht sofort in Konkurs getrieben wird, so liegt darin noch kein Sittenverstoß. Dies muß auch dann gelten, wenn die Bank Kenntnis davon hat, daß der Kreditnehmer Konkursreif ist. Sittenwidrig ist die Aufrechterhaltung des Kredits aber dann, wenn die Bank, während sie stillhält, den Betrieb durch eine von ihr abhängige Person führen läßt mit der Absicht, im späteren Konkurs besser als die anderen Gläubiger darzustehen, also deren Schädigung als möglich erkannt und gebilligt hat[8].

Der BGH[9] hat in einer neueren Entscheidung zur Sittenwidrigkeit bestätigt, daß der Umstand, daß ein Schuldner **sein gesamtes Vermögen** auf einen Gläubiger überträgt, um die von diesem erhaltenen und noch zu erwartenden Kredite abzusichern, die Sittenwidrigkeit allein nicht begründen kann. Es ist rechtlich nicht zu beanstanden, daß ein Schuldner alle Vermögenswerte einsetzt, wenn er anderenfalls einen dringend benötigten Kredit nicht erhält, und daß eine Bank diesen Kredit — schon im Interesse der Kunden, die bei ihr Geld anlegen — ohne die Sicherheit nicht gibt. Ein Sicherungs-

---

[1] BGH NJW 56, 417.
[2] BGH WM 55, 402.
[3] BGH WM 84, 625; OLG Frankfurt WM 90, 2010 = WuB IV A — 2.91/ Obermüller.
[4] BGH WM 61, 1126; 85, 1136.
[5] BGH WM 65, 918.
[6] BGH 10, 228; BGH NJW 56, 585; OLG Karlsruhe WM 56, 1033; BGH WM 58, 845.
[7] BGH WM 58, 845; BGH WM 58, 895; BGH WM 61, 1126; WM 65, 84; WM 66, 13.
[8] BGH NJW 63, 2270, 2271; BGH WM 64, 671, 673; 65, 475, 476; BB 70, 189, 190; Serick III § 31 IV I.
[9] WM 83, 1406.

vertrag kann aber sittenwidrig sein, wenn wegen der **besonderen Verhältnisse** die Möglichkeit, daß Dritte geschädigt werden, so naheliegt, daß sich den Vertragsschließenden die Erkenntnis aufdrängen mußte, die Möglichkeit werde sich mit ziemlicher Sicherheit verwirklichen. Ferner kann eine Bank sittenwidrig handeln, wenn sie eigensüchtige Ziele zum Nachteil anderer Gläubiger verfolgt oder wenn sie ihrem Kreditnehmer nicht nur die Vermögenswerte, sondern zugleich die wirtschaftliche Bewegungsfreiheit nimmt[1].

Wegen der Anfechtbarkeit der eine Kredittäuschung ausschließenden Sicherung von Sanierungskrediten vgl. Rdn. 936.

Zweifelhaft kann es sein, wie sich der Sicherungsnehmer zu verhalten hat, wenn er erst **nachträglich feststellt,** daß die ihm gewährte Sicherung den Tatbestand der Knebelung oder der Kredittäuschung erfüllt. „Die Frage, ob und bejahendenfalls welche Schritte — etwa in der Richtung, daß er auf den Schuldner einwirkt, damit dieser seinen bereits vorhandenen Gläubigern und künftiger Kreditgebern von dem Bestehen der Sicherungsübereignung Mitteilung macht — der Sicherungsnehmer in einem solchen Fall tun muß, läßt sich allgemein weder bejahen noch verneinen. Die Beantwortung muß vielmehr von den Umständen im Einzelfall abhängig gemacht werden. Doch ist eine solche Verpflichtung grundsätzlich als sehr wohl möglich anzuerkennen"[2]. Praktisch dürfte es freilich erhebliche Schwierigkeiten machen, festzustellen, wie weit hiernach die Pflichten des Sicherungsnehmers zu erstrecken sind. Eine fortlaufende Prüfungspflicht der Vermögensverhältnisse des Sicherungsgebers dahin, ob eine die frühere Übereignung zu einer Knebelung machende Verschlechterung eingetreten ist, wird man wohl kaum von ihm verlangen können. Erst recht kann eine durch Maßnahmen von dritter Seite herbeigeführte Verschlechterung das Sicherungseigentum des Erwerbers nicht beeinträchtigen. Niemand ist verpflichtet, im Interesse etwaiger neuer Kreditgeber seine in rechtlich einwandfreier Weise erworbenen Sicherungen dann bekannt- oder gar preiszugeben, wenn auch noch ein anderer Gläubiger unabhängig von ihm zugreift und durch weitere Sicherungsmaßnahmen tatsächlich die wirtschaftliche Selbständigkeit des Schuldners beseitigt.

158

Das entspricht dem Grundsatz, daß beim Vorliegen zweier oder mehrerer Übereignungsverträge, die erst in ihrer Gesamtheit den Tatbestand der Knebelung oder Kredittäuschung erfüllen, für jeden Vertrag die Frage der Sittenwidrigkeit besonders geprüft werden muß. **Wenn die Verträge einmal rechtswirksam abgeschlossen worden waren, können sie nicht nachträglich dadurch nichtig geworden sein, daß der letzte Vertrag die vom Gesetz mißbilligte Wirkung nur deshalb hat äußern können, weil diese Wirkung durch die vorausgegangenen Verträge tatsächlich vorbereitet war**[3]. Bleiben sonach die früheren Verträge gültig, so dürfen sie aber nicht mehr dadurch ausgenutzt werden, daß aufgrund des in ihnen vereinbarten antizipierten

---

[1] BGH a. a. O.
[2] RG 143, 56; vgl. auch KG NJW 55, 1558.
[3] RG JW 31, 518.

Besitzkonstituts Sicherungsgut nachgeschoben wird. Eine solche Auswertung der früheren Verträge gegenüber einem inzwischen geknebelten Schuldner steht der Bestellung von neuen Sicherheiten gleich und wäre sittenwidrig (Infektionstheorie)[1].

159 Aus der Sittenwidrigkeit der Sicherungsübereignung (Rdn. 488 ff.) erwächst dem Sicherungsnehmer aber noch eine andere Gefahr aufgrund der Vorschrift des § 826 BGB; eine vorsätzliche, gegen die guten Sitten verstoßende Schädigung Dritter macht ersatzpflichtig. Zwar kann der Knebelungsvertrag als solcher Ansprüche aus § 826 BGB nicht rechtfertigen, da Dritte niemals dadurch Schaden erleiden können, daß der Schuldner in den Zustand wirtschaftlicher Unfreiheit versetzt wird[2]. Wohl aber wird der Tatbestand der Kredittäuschung in der Regel den **Ersatzanspruch aus § 826 BGB** auslösen, wenn andere Gläubiger des Schuldners infolge des Verhaltens des Sicherungsnehmers eine geringere Konkursquote erhalten oder — was in der Praxis eine größere Rolle spielt — noch weitere Lieferungen oder Leistungen an den Schuldner getätigt bzw. ihren Eigentumsvorbehalt an bereits gelieferten Waren eingebüßt haben[3].

160 **Wesentlich ist die subjektive Seite des Tatbestandes, die hier nur beim Sicherungsnehmer erfüllt zu sein braucht.** „Der § 138 Abs. 1 BGB stellt ausschließlich auf den Sittenverstoß ab, also in subjektiver Beziehung lediglich auf die Kenntnis des Handelnden von den Umständen, die sein Tun zu einem sittlich verwerflichen machen. Der § 826 BGB fordert außer dem Sittenverstoß und dem Eintritt eines Schadens den auf Schädigung gerichteten Vorsatz des Beteiligten, also zwar nicht die Absicht der Schadenszufügung (als Beweggrund), wohl aber das Bewußtsein, daß sein Verhalten den schädlichen Erfolg haben werde, und den Willen, dennoch das Verhalten zu betätigen (dolus directus). Das Merkmal des Vorsatzes wird aber auch schon durch das Bewußtsein des Täters erfüllt, daß infolge seines Verhaltens ein anderer Schaden leiden könne. Dann aber muß der Täter diesen als möglich vorgestellten Erfolg in seinen Willen aufgenommen und für den Fall seines Eintritts gebilligt haben (dolus eventualis). Grobe Fahrlässigkeit (Gewissenlosigkeit) kann unter Umständen die Annahme des Sittenverstoßes rechtfertigen, aber den Vorsatz kann sie nicht ersetzen"[4]. Es genügt also zur Anwendung des § 826 BGB nicht schon die Verwerflichkeit der Gesinnung, wohl aber der sog. bedingte Vorsatz[5]. Auch ist mitwirkendes Verschulden des geschädigten Gläubigers nicht ausgeschlossen, wenn er eine eigene Prüfung der Vermögenslage des Schuldners leichtfertig unterlassen hat[6].

Eine **Gläubigerbenachteiligungsabsicht** liegt bereits dann vor, wenn der Schuldner die Benachteiligung anderer Gläubiger als wahrscheinliche Folge seiner Handlung erkannt hat und — auch nur mit bedingtem Vorsatz — gewollt hat, wobei das Vorliegen

---

[1] BGH 7, 111.
[2] RG 143, 52; BGH WM 62, 962; Serick, Bd. II, § 30 III 5.
[3] BGH WM 64, 671; 70, 399.
[4] RG 143, 48; BGH WM 62, 527.
[5] BGH WM 56, 283, 985; 61, 1126.
[6] RG 133, 239; BGH WM 58, 249.

einer sog. inkongruenten Sicherung oder Deckung ein starkes Indiz für das Vorliegen der Gläubigerbenachteiligungsabsicht und die Kenntnis davon ist[1].

Von den drei Sondertatbeständen — Konkursverschleppung, Aussaugung, stille Geschäftsinhaberschaft (Rdn. 537) — können auch **Altgläubiger** betroffen werden, während in den Fällen des Kreditbetrugs und der Gläubigergefährdung ihnen nur insofern Schadensersatzansprüche erwachsen können, als sie durch die Undurchsichtigkeit der Sachlage von der rechtzeitigen Beitreibung ihrer Forderungen abgehalten werden. Während in den Fällen der Konkursverschleppung und der Aussaugung eine etwaige Kenntnis des Geschädigten von der Sachlage bei seiner Kreditgewährung nur die Grundlage für den Einwand mitwirkenden Verschuldens geben kann, gehört seine Unkenntnis davon in den Fällen des Kreditbetrugs und der Gläubigergefährdung zum Klaggrund[2].

Eine besondere Bedeutung im Rahmen von Übersicherung und § 9 AGB-G hat die **161** Mithaft. Sie soll neben einer dinglichen Sicherheit — z. B. Sicherungseigentum — mitberücksichtigt werden, mit der Folge, daß eine Lohnabtretung durch den Mithaftenden über das angemessene Sicherungsinteresse hinausschießt und somit nach § 9 AGB-G unwirksam ist[3].

VII. Nichtigkeit einer Sicherheit bei Einlagenrückgewähr

Eine besondere Problematik ergibt sich bei der Finanzierung und Besicherung im **162** Konzern. Läßt sich die Bank die Kreditgewährung an die Muttergesellschaft durch Schuldbeitritt und Globalzession der Tochtergesellschaft sichern, so kann diese Sicherungsvereinbarung wegen **Gläubigergefährdung** sittenwidrig sein (§ 138 BGB)[4]. Dies beruht auf der Gefährdung der Gläubiger der abhängigen Gesellschaft durch den Entzug der Haftungssubstrate. In Betracht kommt bei dieser Konstellation auch eine Unwirksamkeit wegen Verstoßes gegen die **Kapitalerhaltungsvorschrift** des § 30 GmbHG[5]. Gleiches gilt für § 57 AktG, allerdings für jede Rückzahlung (Ausnahme: § 391 III AktG). Streitig ist bereits, was unter Auszahlung i. S. des § 30 Abs. 1 GmbHG (des Stammkapitals) zu verstehen ist. Abgesehen von bilanzrechtlichen Erwägungen wird eine Auszahlung z. T. für den Zeitpunkt der Sicherheitenbestellung verneint[6], da die Bestellung der Sicherheit zu diesem Zeitpunkt das Kapital nur gefährdet. Erst mit Befriedigung aus der Sicherheit soll eine Auszahlung (zu Lasten des Stammkapitals)

---

[1] OLG Celle WM 82, 9441.
[2] RG 136, 254.
[3] OLG Frankfurt WM 87, 131 = WuB I F 4. — 2.87/Coester-Waltjen.
[4] LG Stuttgart WM 92, 982 = WuB I F 4. — 9.92/Eichholz.
[5] LG Stuttgart WM 92, 982; siehe auch Meister, WM 80, 390 ff.; Sonnenhol/Stützle, WM 83, 2 ff.; Canaris Festschrift für Robert Fischer, 1979, 31 ff.; Barth/Gelsen, DB 81, 2265 ff.
[6] Sonnenhol/Stützle, WM 83, 2 ff.

vorliegen. Nach anderer Meinung ist bereits die Sicherheitenbestellung die „Auszahlung"[1].

Liegt ein Verstoß gegen die Kapitalerhaltungsvorschriften vor, so muß der Gesellschafter, der die „Auszahlung" erhalten hat, sie der Gesellschaft erstatten. Fraglich ist, ob dieser Anspruch auch einer Bank entgegengesetzt werden kann. Nach h. M.[2] muß sich die Bank dies grundsätzlich nicht entgegenhalten lassen[3]. Dies gilt sowohl für § 31 GmbHG als auch für § 62 AktG.[4]

Hat sich die Bank in diesem Zusammenhang zusätzliche Befugnisse einräumen lassen, die es ihr ermöglichen, die Geschicke der Gesellschaft ähnlich wie ein Gesellschafter mitzubestimmen, dann wird naheliegend die Bank wie ein Gesellschafter zu behandeln sein[5]. Die Sicherungsvereinbarung könnte aber wegen Verstoßes gegen Kapitalerhaltungsvorschriften (§§ 30 GmbHG, 57 AktG) gemäß **§ 134 BGB** nichtig sein, es sei denn, zwischen der Tochter- und der Muttergesellschaft besteht ein Beherrschungsvertrag, der zur Anwendung von § 291 Abs. 3 AktG führt. Nach h. M. wird die Unwirksamkeit einer gegen § 30 GmbHG verstoßenden Vereinbarung jedoch nur dann angenommen, wenn die Parteien bewußt gegen das Kapitalerhaltungsgebot handeln[6], d. h. wenn ein „bewußtes Zusammenwirken der Vertragsparteien zum Schaden der Gesellschaft" vorliegt[7]. § 57 AktG findet entsprechende Anwendung, wenn eine abhängige AG auf Veranlassung der Muttergesellschaft der Bank für eine andere Gesellschaft des Konzerns (Schwestergesellschaft) gewährten Kredit Sicherheiten stellt.

Eine generelle Nichtigkeit von mit Dritten geschlossenen Vereinbarungen ist damit nicht anzunehmen, zumal dies auch den Wertungen der sachenrechtlichen Gutglaubensvorschriften widersprechen würde[8] und Adressat des § 30 GmbHG der Gesellschafter, nicht aber Dritte sind.

Während § 57 AktG — betragsmäßig betrachtet — das gesamte Vermögen der AG schützen soll und nicht nur den Teil, der zur Deckung des Grundkapitals erforderlich ist, **schützt § 30 GmbHG nur den zur Erhaltung des nominellen Stammkapitals erforderlichen Teil des Vermögens der GmbH.** Rechnerisch ist das derjenige Vermögensteil, der sämtliche Verbindlichkeiten (einschließlich der durch Rücklagen zu berücksichtigenden) und das nominelle Stammkapital der Gesellschaft abdeckt, oder — anders ausgedrückt — derjenige Teil des Reinvermögens der Gesellschaft (Aktiva

---

[1] Meister WM 80, 390; Canaris, Festschrift für Robert Fischer, 1979, 46, für dingliche Sicherheiten.
[2] Canaris, Festschrift für Robert Fischer, 1979, 55 f.; Sonnenhol/Stützle, WM 83, 2.
[3] a. A. Meister, WM 80, 390.
[4] siehe BGH AG 1981, 227.
[5] vgl. für den Fall der Verpfändung von GmbH-Geschäftsanteilen BGH WM 92, 1566 ff.
[6] RG 168, 292; BGH NJW 82, 386; NJW 78, 160; a. A. Röhrkasten, GmbHR 74, 36; Canaris, Festschrift für Robert Fischer, 1979, 56; vgl. auch Peltzer/Bell, ZIP 93, 1757.
[7] BGH WM 82, 1402.
[8] Canaris, Festschrift für Robert Fischer, 1979, 34.

minus echte Passiva), der dem Nominalkapital der Gesellschaft entspricht. Praktisch verstößt also nur eine Sicherheitenbestellung oder -verwertung, die eine Reduzierung des Reinvermögens unter die Höhe des nominellen Stammkapitals zur Folge hat, gegen § 30 GmbHG.

VIII. Vermögensübernahme[1]

Strittig ist, ob auf eine Sicherungsübereignung § 419 BGB überhaupt anwendbar ist. Das Reichsgericht hatte diese Frage bejaht[2]. In der Literatur hat diese Meinung nur z. T. Zustimmung gefunden[3]. Gewichtige Stimmen lehnen die Anwendbarkeit ab[4]. Der BGH hat die Frage ausdrücklich offen gelassen[5]. Im Vordringen ist die Ansicht, die eine Anwendbarkeit von § 419 BGB ablehnt, da Sinn und Zweck dieser Regelung ist, eine Haftung des Übernehmers dann zu begründen, wenn Vermögen endgültig dem Gläubigerzugriff entzogen wird. Eine Sicherungsübereignung ist noch kein endgültiges Ausscheiden aus dem Vermögen des Sicherungsgebers; sie hat lediglich Ersatzfunktion eines nicht zulässigen besitzlosen Pfandrechts[6]. Aber selbst wenn man § 419 BGB auf Sicherungsübereignungen für anwendbar hält, spielt die Haftung des Sicherungsnehmers aus diesem Gesichtspunkt nur eine untergeordnete Rolle. Nach § 419 BGB kann derjenige, welcher durch Vertrag das Vermögen eines anderen übernimmt, von dessen Gläubigern auf Befriedigung wegen ihrer im Zeitpunkt des Vertragsabschlusses bestehenden Ansprüche belangt werden[7]. Die Mithaft des Übernehmers tritt ein durch Übernahme des Aktivvermögens, sofern nach den ihm bekannten Verhältnissen des Veräußerers[8] das ganze oder so gut wie das ganze Vermögen in den überlassenen Gegenständen auf ihn übergeht[9]. Die Haftung aus § 419 BGB beginnt mit dem Abschluß des auf die Vermögensübernahme gerichteten schuldrechtlichen Vertrages. Die Rechtsprechung hat zwar zum Teil die Auffassung vertreten, bei einem Auseinanderfallen von Verpflichtungs- und Verfügungsgeschäften sei das letztere bzw. „die Gesamtheit der die Vermögensübernahme betreffenden Verpflichtungs- und Verfügungsgeschäfte" für die Haftung maßgeblich[10], davon zu trennen ist aber die Frage,

163

---

[1] Vgl. auch Graf Lambsdorff/Lewental, NJW 77, 1854; zum Zeitpunkt der Kenntnis bei Vermögensübernahme s. Futter, NJW 76, 551.
[2] RGZ 124, 73; 139, 199. Möschel in WuB IF 5. Sicherungsübereignung 1. 86.
[3] Staudinger/Kaduk § 419 Rdn. 45; Palandt/Heinrichs § 419 Rdn. 9; Westermann, Sachenrecht § 43 II 2, S. 213.
[4] Serick III, S. 162 ff.; MünchKomm/Möschel, § 419 Rdn. 28; Larenz, Schuldrecht AT, 12. Aufl., § 35 II, S. 497; anzweifelnd Erman/Westermann § 419 Anm. 3; RGRK/Weber § 419, Rdn. 59, 60.
[5] BGH WM 81, 716; WM 86, 594; bei Verfügungsmöglichkeit keine Vermögensübern.
[6] OLG Düsseldorf WM 85, 1183; Obermüller in WuB IV A, § 419 BGB – 3. 85.
[7] BGH NJW 54, 673.
[8] RG 160, 14; BGH NJW 71, 505; BGH WM 72, 610.
[9] RG 134, 125.
[10] BGH WM 60, 1014; 66, 836; 76, 637.

wann die Haftung gemäß § 419 BGB ausgelöst wird. Es ist also zu unterscheiden, bis zu welchem Zeitpunkt eine Forderung entstanden sein muß, wenn sie noch in den Verband der Rechte fallen soll, für die das übernommene Vermögen Kreditunterlage war und der Frage, wann die Haftung entsteht[1]. Der Ausschluß einzelner Gegenstände von wirtschaftlich unbedeutendem Wert oder überlasteter Vermögensstücke ist ebenso belanglos wie der Umstand, daß die einzelnen Gegenstände nacheinander übertragen werden[2] und erst im Endergebnis das ganze Vermögen des Übertragenden darstellen[3]. Im übrigen kommt es bei der Bewertung der Vermögensmassen maßgeblich auf ihren Wert als Zwangsvollstreckungsobjekt an. Daher sind die Gegenleistungen des Übernehmers grundsätzlich nicht zu berücksichtigen, wohl aber Belastungen des Vermögens[4]. Bei sukzessiver Übertragung an mehrere Personen können unter Umständen alle Erwerber aufgrund des § 419 BGB haften[5]. Voraussetzung für die Haftung mehrerer Vermögensübernehmer für die Schulden des Veräußerers ist aber, daß die Erwerber die Verhältnisse des Veräußerers kennen, auch über die anderen Einzelübertragungen Bescheid wissen und daraus entnehmen können, daß der Veräußerer sein ganzes oder nahezu sein ganzes Vermögen abgibt[6]. Die Frage, auf welchen Zeitpunkt bei dieser Kenntnis abzustellen ist, wird in der Literatur und der Rechtsprechung nicht einheitlich beantwortet[7]. Der BGH hat dazu ausgeführt[8], daß die Haftung nach § 419 entfalle, wenn der Erwerber Kenntnis erst nach der Stellung des Antrages auf Eintragung einer Auflassungsvormerkung oder auf Umschreibung des Eigentums (es ging um die Übertragung eines Grundstückes) erhalte. Keine Anwendung findet § 419 BGB jedoch, wenn ein sonst vermögensloser Schuldner einem Dritten seine künftigen, nicht vertraglich begründeten Lohn-, Gehalts- oder Provisionsforderungen abtritt[9]. Das in § 419 BGB liegende Risiko — grundsätzlich ist § 419 BGB auf Sicherungsübertragungen anzuwenden — braucht schon deswegen nicht überschätzt zu werden, weil der Vermögensübernehmer sich wegen seiner eigenen, vor der Vermögensübernahme entstandenen Forderungen vorweg und ohne Rücksicht auf andere Gläubiger aus dem Sicherungsgut befriedigen darf[10] und weil das Gesetz die Haftung des Erwerbers aus § 419

---

[1] BGH WM 85, 286.
[2] Zur Frage, ob bei der Ermittlung der Vermögenswerte nach § 419 BGB bei Übertragung belasteter Grundstücke der Wert der dinglichen Belastungen abzusetzen ist: vgl. BGH WM 72, 610. Der BGH hat diese Frage grundsätzlich — soweit ersichtlich — noch nicht entschieden, während sich im Schrifttum Deutsch (JuS 63, 178) und Seller (Gruch 1931, Bd. 1794) eindeutig für eine Berücksichtigung der dinglichen Belastungen im Rahmen des § 419 BGB ausgesprochen haben.
[3] RG 139, 199; BGH WM 68, 1404.
[4] BGH WM 76, 634.
[5] BGH WM 62, 94.
[6] BGH WM 72, 610; 76, 636; vgl. auch Graf Lambsdorff/Lewental, NJW 77, 1855.
[7] BGH WM 85, 286; WM 85, 866 = WuB IV A. § 419 BGB — 1. 85 Lwowski.
[8] BGH NJW 66, 1748.
[9] BGH WM 74, 275.
[10] BGH WM 59, 87; 61, 671; 62, 962; 71, 441.

BGB auf den Bestand des übernommenen Vermögens beschränkt. Grundlage für die Bewertung der Vermögensmassen ist ihr Wert als Zwangsvollstreckungsobjekt, so daß die Gegenleistungen des Übernehmers — im Gegensatz zu den Belastungen des Vermögens — grundsätzlich nicht zu berücksichtigen sind[1]. Eine bei der Vermögensübernahme laufende Verjährungsfrist läuft gegenüber dem Vermögensübernehmer weiter[2].

---

[1] BGH BB 76, 856; WM 76, 634.
[2] BGH NJW 77, 1879.

5. Kapitel Die gesicherte Forderung

I. Gesicherter Forderungskreis

164 Der **Sicherungszweck** beinhaltet die Unterstellung der gesicherten Forderung unter die Sicherheit (s. Rdn. 4, 5) im Sicherstellungsvertrag. Der Parteiwillen entscheidet darüber, welches Risiko die Sicherung abdecken soll. Welche Forderung unter den Schutz der Sicherheit gestellt wird, ist im allgemeinen ebenfalls Sache des Parteiwillens, der sich aus dem Sicherstellungsvertrag bzw. der Zweckvereinbarung ergibt. Die Forderung braucht noch nicht zu bestehen; auch aufschiebend oder auflösend bedingte und künftige Forderungen, mögen sie aus einem schon bestehenden Rechtsverhältnis oder aus künftig erst abzuschließenden, nur der Art nach im voraus bestimmten Geschäften erwachsen, können gesichert werden. Gleichgültig ist — unbeschadet des Spezialitätsprinzips (Rdn. 783) bei der Hypothek und der ihr nachgebildeten Schiffshypothek und dem Registerpfandrecht an Luftfahrzeugen —, ob sie der Höhe nach bestimmt sind, oder ob es sich um unbestimmte, inbesondere der Höhe nach wechselnde Forderungen handelt. Gleichgültig ist auch, ob mehrere gesicherte Forderungen gleichzeitig oder nacheinander entstanden sind und entstehen, ob sie nebeneinander bestehen können oder sich gegenseitig ausschließen, wie z. B. die Kreditforderung und der Anspruch, welcher im Fall der Nichtigkeit des Kreditvertrages dem Gläubiger hinsichtlich des auf den Vertrag hin dem Schuldner gegebenen Darlehens nach den Vorschriften über ungerechtfertigte Bereicherung erwächst. Der **Bereicherungsanspruch** tritt aber nicht ohne weiteres an die Stelle des Kreditanspruchs in den Schutz der Sicherheit[1] kraft Parteiwillens kann die Sicherheit auch den Bereicherungsanspruch decken[2]. **Stets müssen die Parteien die gesicherte Forderung irgendwie unterscheidbar abgrenzen von dem Kreis derjenigen Forderungen, die nicht unter die Sicherheit fallen.** Sind etwa die Forderungen aus bankmäßigen Geschäften als gesichert bezeichnet, so mag der Umfang des gesicherten Forderungskreises eindeutig genug bestimmt sein. Wenn aber die Sicherheit (nur) für den Fall einer Überschreitung der vereinbarten Kreditgrenze bestellt wird, sollte ausdrücklich festgelegt werden, ob sie nach Eintritt dieses Falles den Gesamtkredit decken oder ob sie als „**Mehrbetragssicherheit**"[3] nur den überzogenen Betrag sichern soll. Durch Vertragsauslegung ist unter Umständen zu

165 klären, ob eine Zusatzsicherheit lediglich den von der bisherigen Sicherheit gedeckten Forderungsteil im Sinne einer Verstärkung dieser Sicherheit schützen soll, oder ob sie auch für den von der bisherigen Sicherheit nicht gedeckten Forderungsteil mit der Wirkung der Summierung der Sicherheiten in Anspruch genommen werden kann[4]. Des weiteren sollte ausdrücklich geregelt werden, ob eine Sicherheit nur dem Schutz der

---

[1] RG 95, 125; BGH WM 66, 399.
[2] BGH NJW 68, 1134.
[3] Vgl. RG 134, 221.
[4] BGH WM 68, 1391.

erfüllungshalber gegebenen Wechsel oder ob sie auch dem Schutz der durch die Wechsel mobilisierten Darlehensforderung zu dienen bestimmt ist[1].

Zwischen den Zweckbestimmungserklärungen in den Sicherstellungsverträgen und Vereinbarungen in Kreditzusageschreiben (Kreditverträgen) können Kollisionen auftreten. Da die Kreditzusageschreiben meist nicht formularisiert sind (AGB können sie dennoch enthalten, sofern es sich um für eine Vielzahl von Fällen vorformulierte Klausel handelt), werden sie im Zweifel den Bestimmungen in den Sicherstellungsverträgen (die als Vordrucke regelmäßig Allgemeine Geschäftsbedingungen sind) vorgehen[2]. Es muß daher sichergestellt sein, daß im Kreditbestätigungsschreiben die weite Zweckbestimmungserklärung in den Sicherstellungsverträgen nicht „aufgehoben" wird. Eine Kollision kann vermieden werden, wenn im Kreditzusageschreiben über die Zweckbestimmung der Sicherheiten gar nichts ausgesagt wird. Um nachteiligen Auslegungen entgegenzuwirken, sollte dies im Kreditzusageschreiben wie folgt zum Ausdruck kommen: 166

„Als Sicherheit dienen ... (Grundpfandrecht, Sicherungsübereignung, Pfandrecht etc.). Einzelheiten (insbesondere Sicherungszweck) werden bei Abschluß des Sicherstellungsvertrages vereinbart."

Sollen bereits bestellte Sicherheiten zur Absicherung herangezogen werden, kann wie folgt formuliert werden: „Auch für diesen Kredit dienen uns ... als Sicherheit.

Während die Sicherheit auf etwaige Nebenleistungen und Erweiterungen der Kreditforderung erstreckt werden kann, kann sie andererseits auf einen bestimmten Teil der Kreditforderung, z. B. auf den nicht grundpfandrechtlich gesicherten Kreditteil, auf eine einzelne Nebenleistung oder auf einen Teil derselben beschränkt werden. **Bei einem Kontokorrentkredit kommt eine solche Beschränkung gelegentlich in der Form vor, daß der Sicherungsgeber sich ausbedingt, der Gläubiger dürfe nur bis zu einem bestimmten Höchstbetrag Kredit gewähren, oder es solle nur der innerhalb eines bestimmten Zeitraumes gewährte Kredit gedeckt sein.** Allerdings sind an die Voraussetzungen, unter denen eine echte Bindung des Gläubigers an ein betragsmäßiges Kreditlimit angenommen werden kann, strenge Anforderungen zu stellen[3]. Bei echter Bindung hat die Sicherheit mit dem darüber hinaus gewährten Kredit nichts zu tun; gesichert ist eben nur der innerhalb der Höchstgrenze oder des vereinbarten Zeitraumes gegebene Kredit. 167

Alle Abgrenzungsschwierigkeiten erledigen sich im wesentlichen, wenn die Parteien der Sicherheit sämtliche, gleichviel aus welchem Rechtsgrunde herrührenden Forderungen des Gläubigers gegen den Schuldner unterstellen **(Globalsicherung)**. 168

---

[1] BGH NJW 68, 987.
[2] Steuer, Die Bank, 77, 38.
[3] BGH WM 68, 1391; 71, 614.

Die Zweckbestimmung darf nicht ins uferlose ausgeweitet und auf alle nur denkbaren Forderungen ohne jede sachliche Begrenzung erstreckt werden. Im Formularvertrag einer Bank ist sie regelmäßig dahin auszulegen, daß nur die Forderungen aus dem bankmäßigen Geschäftsverkehr gesichert sein sollen[1].

Auch der Forderungserwerb der Bank von ihrer Tochtergesellschaft ist im Verhältnis zum Schuldner im Zuge der „bankmäßigen Geschäftsverbindung" entstanden. Dabei geht der BGH davon aus, daß die Bank sich die Forderung z. B. einer Leasing-Tochter nicht etwa nur deshalb habe abtreten lassen, um sie unter ihre freien Sicherheiten einstellen zu können. Motiv der Abtretung muß offensichtlich die Refinanzierung der Leasing-Tochter durch ihre Mutter sein. Die Entscheidung ist zwar für die Sicherungsabtretung von Grundschulden getroffen worden, kann aber auch für die anderen Sicherheiten herangezogen werden[2].

Ebenso können Forderungen aus Abtretungen der Sicherheit unterstellt werden — sofern der Sicherungsvertrag dies vorsieht —, da der Ankauf von Forderungen zu den üblichen Bankgeschäften zu zählen ist[3].

Der Sicherungsnehmer darf aber in keinem Fall die Sicherheit in vertragswidriger und arglistiger Weise ausnutzen. Er darf insbesondere nicht die Forderung eines Dritten (durch z. B. Abtretung) unter den Schutz der Sicherheit stellen, um dem Dritten Deckung aus der Sicherheit zu verschaffen[4]. Werden aber die wirtschaftlichen Interessen der Bank durch den Konkurs des Schuldners der abgetretenen Forderung gefährdet, weil insoweit ihr Sicherungsbestand im Verhältnis zum Zedenten geschmälert wird, handelt eine Bank i. d. R. nicht gegen Treu und Glauben, wenn sie sich auch hinsichtlich dieser Forderung aus den ihr gewährten Sicherheiten des Gemeinschuldners befriedigt[5]. Eine Unterstellung abgetretener Forderungen unter die Sicherheiten ist auch dann nicht möglich, wenn die abgetretene Forderung nach Konkurseröffnung erworben wurde[6].

Die Zweckerklärungsklausel schließt trotz ihres Wortlauts im Einzelfall die Annahme nicht aus, daß nach dem Willen der Parteien nur eine **(Spezialsicherheit)** für einen einmaligen Kredit gewährt werden sollte[7], und daß die Klausel zu ihrer Anwendung im Zweifel das Entstehen der Forderung innerhalb der Dauer der Geschäftsverbindung voraussetzt[8].

---

[1] BGH 25, 318; NJW 65, 965.
[2] BGH WM 81, 162.
[3] BGH WM 81, 5.
[4] BGH WM 82, 658.
[5] BGH WM 89, 658.
[6] BGH WM 81, 6.
[7] BGH WM 59, 969.
[8] BGH WM 69, 1276.

Aus der neuesten höchstrichterlichen Rechtsprechung ergeben sich im Hinblick auf die Wirksamkeit **formularmäßiger Zweckerklärungen** eine Reihe von Einschränkungen.

Eine formularmäßige Zweckerklärung ist überraschend, wenn sie den Sicherungszweck über den durch den Anlaß des Geschäfts bestimmten Rahmen hinaus in einem nicht zu erwartenden Ausmaß erweitert[1].

Im Hinblick auf den **Überraschungseffekt** i. S. des § 3 AGBG betont der Bundesgerichtshof jedoch einschränkend[2], daß es gesetzlich jederzeit möglich ist, zu vereinbaren, daß eine Grundschuld alle gegenwärtigen und künftigen Ansprüche aus einer bestimmten Geschäftsverbindung absichern soll, da solche Vereinbarungen weit verbreitet sind, wenn nicht eine der Höhe nach feststehende Schuld, sondern ein Kredit in lfd. Rechnung abgesichert werden soll. Einen Überraschungscharakter können diese umfassenden Sicherungsklauseln regelmäßig und möglicherweise erst haben, wenn sie im Zusammenhang mit einer bestimmten Kreditverpflichtung stehen, nicht aber, wenn sie ohne einen solchen Bezug akzeptiert werden[3]. Sofern eine Interzession vorliegt, folgert der Bundesgerichtshof aus dem Auseinanderfallen von Schuldner und Sicherungsgeber keinen Überraschungseffekt i. S. des § 3 AGBG, sofern nicht Sicherungsanlaß eine ganz bestimmte Darlehensforderung ist und diese als Anlaß genommen wird, den Sicherungszweck auf alle künftigen Forderungen der kreditgebenden Bank gegen den mit dem Sicherungsgeber nicht identischen Kreditschuldner zu erstrecken[4].

Auch im Falle der Interzession liegt der Überrumpelungseffekt somit in dem Widerspruch zwischen der auf dem besonderen Anlaß der Sicherheitenbestellung basierenden Zweckvorstellung des Sicherungsgebers und der hiermit nicht im Einklang stehenden formularmäßigen Ausweitung des Sicherungszwecks in einem die konkrete Zweckvorstellung des Sicherungsgebers überschreitenden Umfang[5]. Hieraus ergibt sich, daß ohne ausreichende Klärung des Anlasses, auf dessen Grundlage die Zweckerklärung abgegeben wurde, die Tatbestandsvoraussetzungen des § 3 AGBG nicht überprüft werden können[6].

Im Fall der Interzession ergibt sich für die weite Sicherungszweckerklärung, derzufolge die Grundschuld für alle gegenwärtigen und künftigen Ansprüche der Bank

---

[1] BGHZ 100, 82, 85, = WM 87, 586 = WuB I F 3. — 12. 87/Schröter; BGHZ 102, 152, 159 ff. = WM 88, 12 = WuB I F 3. — 5. 88/Schröter; BGHZ 106, 19, 23 = WM 89, 88 = WuB I F 3. — 5. 89/Rimmelspacher; BGH 109, 197, 201, 203 = WM 89, 1926, = WuB I F 3. — 6. 90/Schröter; WM 91, 60, 61 = WuB I E 1. — 2. 91/Sonnenhol, WM 92, 563 = WuB I F 3. — 6. 92/ Obermüller.

[2] BGH WM 87, 584 = WuB I F 3. — 12. 87/Schröter.

[3] BGH a. a. O.

[4] BGH WM 87, 586 = WuB I F 3. — 12. 87 — b)/Schröter; BGH WM 92, 1648 = WuB I F 3. — 10. 92/Rimmelspacher.

[5] BGH WM 87, 586 = WuB I F 3. — 12. 87-b)/Schröter; BGH WM 92, 1648 = WuB I F 3. — 10. 92/Rimmelspacher.

[6] Rimmelspacher, a. a. O.

gegen den mit dem Grundschuldbesteller nicht identischen Kreditnehmer haftet, im Hinblick auf § 3 AGBG die Prüfung, ob diese weite Zweckerklärung den Sicherungszweck überraschenderweise über den Anlaß des konkreten Geschäfts hinaus ausweitet[12]. Für diese Prüfung muß stets auf die Besonderheiten des Einzelfalls zurückgegriffen werden, so daß im einzelnen jeweils die Hintergründe aufzuklären sind, die zu der weiten Zweckerklärung geführt haben. In diesem Zusammenhang ist für die Beurteilung des Überraschungseffekts i. S. des § 3 AGBG auch zu berücksichtigen, ob die Zweckerklärung von Personen abgegeben wurde, die in derartigen Rechtsgeschäften erfahren und mit der Vertragspraxis der Sicherungsnehmerin vertraut waren[2]. Die Wertung, daß im Fall der Interzession die Abgabe einer weiten Zweckerklärung überraschend i. S. von § 3 AGBG ist, soweit der Anlaß der Zweckerklärung die Absicherung einer bestimmten Forderung des Sicherungsnehmers gegen den Schuldner betraf, gilt auch dann, wenn der Schuldner der Ehegatte des Sicherungsgebers ist[3].

Die weite Zweckerklärung verliert ihren überraschenden Charakter auch nicht dadurch, daß die Namen aller Schuldner, deren Verbindlichkeiten der Sicherungsnehmer gesichert haben möchte, in das benutzte Formular maschinenschriftlich eingefügt worden sind[4].

Der überraschende Charakter der weiten Zweckerklärung kann mit Rücksicht auf das gemeinsame geschäftliche Interesse des Sicherungsgebers und des Schuldners nur unter der Voraussetzung entfallen, daß das Risiko künftiger von der weiten Zweckerklärung erfaßten Kreditaufnahmen durch den Schuldner für den Sicherungsgeber berechenbar und vermeidbar ist[5], oder wenn im Rahmen von Verhandlungen zwischen dem Sicherungsnehmer und dem Sicherungsgeber auf die Erweiterung der dinglichen Haftung hingewiesen worden ist[6].

Im Hinblick auf den letzteren Gesichtspunkt, daß der Überraschungscharakter durch einen ausdrücklichen Hinweis im Rahmen der Verhandlungen beseitigt werden kann, trägt der Sicherungsnehmer die Darlegungs- und Beweislast für einen Hinweis auf die Erweiterung des Sicherungszwecks über den durch den Anlaß des Geschäfts bestimmten Rahmen hinaus[7].

---

[1] BGH WM 91, 1748 = WuB I F 3. – 2. 92/Obermüller.
[2] BGH a. a. O.; Obermüller, a. a. O.
[3] BGH 106, 19, 24 = WM 89, 88 = WuB I F 3. – 5. 89/Rimmelspacher; BGH WM 92, 563 = WuB I F 3. – 6. 92/Obermüller.
[4] BGH 102, 152, 153, 160 ff. = WM 88, 12 = WuB II F 3. – 5. 88/Schröter; BGH WM 92, 563 = WuB I F 3. – 6. 92/Obermüller.
[5] BGH 100, 82, 86 = WM 87, 586 = WuB I F 3. – 12. 87/Schröter; BGH WM 92, 563 = WuB I F 3. – 6. 92/Obermüller.
[6] BGH 109, 197, 203 = WM 89, 1926 = WuB I F 3. – 6. 90/Schröter; BGH WM 92, 563 = WuB I F 3. – 6. 92/Obermüller.
[7] BGH 109, 197 = WM 89, 1926 = WuB I F 3. – 6. 90/Schröter; BGH WM 92, 563 = WuB I F 3. – 6. 92/Obermüller.

Soweit die Abgabe einer weiten Zweckerklärung von Ehegatten aus Anlaß der Sicherung einer bestimmten gemeinsamen Verbindlichkeit überraschend ist, liegt nach der Rechtsprechung des Bundesgerichtshofes nur eine Teilunwirksamkeit vor. Die Unwirksamkeit einer weiten Zweckerklärung beschränkt sich in diesem Fall auf die Einbeziehung derjenigen künftigen Verbindlichkeiten, die überraschend sind[1]. Soweit eine Zweckerklärung in einen inhaltlich zulässigen und in einen unzulässigen Regelungsteil **sinnvoll trennbar** ist, ist nach dieser Rechtsprechung des Bundesgerichtshofes die Aufrechterhaltung des zulässigen Teils rechtlich unbedenklich[2].

Eine Grundschuld, die zur Sicherung eines Kontokorrentkredites bestellt ist, haftet nicht für **Saldoerhöhungen**, die sich nach Eröffnung des Konkurses über das Vermögen des Kreditschuldners aus einer Fortführung des Kontokorrentkontos durch den Konkursverwalter ergeben[3]. Die vor Konkurseröffnung bestellte Grundschuld zur Sicherung von Forderungen gegen die Gemeinschuldnerin haftet nicht für Ansprüche auf Ersatz späterer Aufwendungen, die auf Anweisungen des Konkursverwalters beruhen und der Konkursmasse zugute kommen, da der dem Konkursverwalter eingeräumte Kontokorrentkredit nicht mit dem früher der Gemeinschuldnerin gewährten Kredit identisch ist[4].

Der Gesichtspunkt einer überraschenden Klausel i. S. von § 3 AGBG kann jedoch nicht darauf gestützt werden, daß der Umfang und die Dauer der Sicherheitenhaftung — trotz einer Beschränkung des Sicherungszwecks — mittelbar auch dadurch zum Nachteil des Sicherungsgebers beeinflußt wird, daß die Sicherungsnehmerin Erlöse vorrangig mit späteren, von der Zweckerklärung nicht erfaßten Krediten verrechnet, so daß die Haftung des Sicherungsgebers für die früheren Kredite bestehen bleibt, obwohl Teilleistungen erbracht werden[5].

Der Bundesgerichtshof begründet diese Wertung mit der Überlegung, daß derjenige, der für eine fremde Schuld Sicherheiten gibt, von dem Sicherungsnehmer nicht erwarten oder verlangen kann, daß dieser dem Schuldner später keine weiteren Kredite mehr gewährt oder daß er zumindest bei der Verrechnung von Teilleistungen des Schuldners auf die Interessen des Sicherungsgebers Rücksicht nimmt, seine eigenen Interessen aber zurückstellt[6]. Die Rechtsprechung stellt damit für den Fall der Interzession klar, daß der Sicherungsgeber einerseits diejenigen Nachteile hinnehmen muß, die ihm aus einer berechtigten Tilgungsbestimmung zwischen dem Schuldner und dem Sicherungsnehmer erwachsen, sich andererseits jedoch auf eine zwi-

---

[1] WM 89, 88 = WuB I F 3. — 5.89/Rimmelspacher; WM 92, 1648 = WuB I F 3. — 10.92/Rimmelspacher.
[2] WM 89, 88 = WuB I F 3. — 5.89/Rimmelspacher.
[3] BGH WM 91, 60 = WuB I E 1. — 2.91/Sonnenhol.
[4] BGH, a. a. O.
[5] BGH WM 93, 1078, 1079.
[6] WM 86, 257; WM 87, 853; WM 93, 1078.

schen den Kreditvertragsparteien vereinbarte Tilgungsreihenfolge berufen kann, soweit ihm diese Vorteile bringt[1].

Wichtig ist der Hinweis in der Zweckerklärung, daß auch die Ansprüche **aller anderen Geschäftsstellen** des Gesamtinstituts aus der Geschäftsverbindung abgedeckt sind. Ist nämlich als Gläubiger die Zweigstelle eines Filialunternehmens benannt, so haftet die Sicherheit nicht ohne weiteres für die im Verkehr mit anderen Geschäftsstellen des betreffenden Untenehmens entstandenen Forderungen gegen denselben Schuldner. Die einzelne Filiale hat zwar keine eigene Rechtspersönlichkeit, aber es kann der Parteiwille dahin gehen, daß der Umfang der Sicherung auf diejenigen Forderungen beschränkt sein soll, die bei der ausdrücklich benannten Filiale entstanden sind. Entsprechendes gilt, wenn im Vertrag eine bestimmte Zweigstelle eines Filialunternehmens als Gläubigerin bezeichnet ist; dann haftet die Sicherheit nicht ohne weiteres für die etwaigen Forderungen aus der Geschäftsverbindung mit anderen Geschäftsstellen. Dies gilt insbesondere dann, wenn ein Kaufmann mehrere selbständige Handelsgeschäfte betreibt. Deshalb ist auch das in den AGB und AGSp vorgesehene Pfandrecht erstreckt auf alle Wertpapiere und Sachen, an denen „eine inländische Geschäftsstelle im bankmäßigen Geschäftsverkehr Besitz erlangt hat oder noch erlangen wird." Zu den gesicherten Ansprüchen heißt es entsprechend, daß das Pfandrecht „der Sicherung aller bestehenden, künftigen und bedingten Ansprüche, die der Bank mit ihren sämtlichen in- und ausländischen Geschäftsstellen aus der bankmäßigen Geschäftsverbindung gegen den Kunden zustehen", dient.

Wenn Sicherungsgeber und Gläubiger im beiderseitigen Einvernehmen die vereinbarte Sicherung über den ursprünglich gesicherten Forderungskreis hinaus ausdehnen oder, was sachlich auf das gleiche hinausläuft, im Wege der **Forderungsauswechslung** eine bisher nicht gesicherte Forderung an die Stelle der ursprünglich gesicherten setzen wollen, können sie dies nur mit folgender Maßgabe:

169 1. Handelt es sich um eine **akzessorische Sicherheit**, so ist die nachträgliche Erweiterung des gesicherten Forderungskreises begrifflich nicht möglich und nur durch den Abschluß eines neuen Sicherstellungsvertrages hinsichtlich der nachträglich zu sichernden Forderung darzustellen, wobei die etwaige Formbedürftigkeit des Vertrages zu berücksichtigen ist. Auch wenn die Erweiterung unter der Bezeichnung eines „Nachtrages" zu dem ursprünglichen Sicherstellungsvertrag vorgenommen wird, geht es in Wahrheit um die Begründung einer neuen Sicherheit. Wegen der Ausnahme für die gebuchten Rechte s. Rdn. 782. Die Mitwirkung des ursprünglichen Sicherungsgebers genügt bei Verwertungsrechten nicht, wenn inzwischen das Eigentum am Sicherungsmittel gewechselt hat. Dann bedarf es vielmehr der Zustimmung des derzeitigen Eigentümers (s. Rdn. 25).

---

[1] WM 93, 1078.

Hat A. dem B. zur Sicherung einer Forderung von DM 10 000.— eine Hypothek bestellt, demnächst aber das belastete Grundstück an C. veräußert und soll nunmehr zusätzlich eine weitere Forderung des B. von DM 5 000.— hypothekarisch gesichert werden, so kann dies nicht ohne Bestellung einer neuen Hypothek und nicht ohne Mitwirkung des C. geschehen.

2. Handelt es sich um eine **Treuhandsicherheit**, so liegt der Fall einer Forderungsauswechselung einfacher. Hier können die Parteien sogar mündlich[1], besser allerdings schriftlich, sei es brieflich oder in Urkundenform (Zweckrevers) den Kreis der gesicherten Forderungen erweitern oder nach Erledigung des Sicherungszwecks durch Forderungen aus neuer Kreditgewährung ersetzen **(Revalutierung der Sicherheit)**. Hat z. B. A. seinen Grundbesitz zugunsten des B. mit einer Grundschuld belastet, und zwar zur Sicherung einer dem B. zustehenden Kaufpreisforderung, so kann er jederzeit mit B. vereinbaren, daß die Grundschuld als Sicherheit auch oder nur für ein von ihm gewährtes Darlehen haften solle. Eine solche Vereinbarung wirkt grundsätzlich nicht gegen denjenigen, der schon vorher den Anspruch des A. gegen B. auf Aufgabe (Rückgewähr) der Grundschuld erworben oder gepfändet hatte; er kann trotz der Nachtragsvereinbarung den Anspruch geltend machen, sobald der ursprüngliche Sicherungszweck sich erledigt hat, d. h. die ursprünglich gesicherte Forderung weggefallen ist. Denn in der Änderung des Sicherungszwecks liegt eine Verfügung über den Rückgewähranspruch, die nach allgemeinen Regeln gegen den Zessionar dieses Anspruchs nur wirkt, wenn entweder der Zessionar der inhaltlichen Änderung des Anspruchs zustimmt (§ 185 BGB) oder der Sicherungsnehmer als Drittschuldner bei seiner neuen Zweckvereinbarung mit dem Zedenten von der Abtretung nichts weiß (§ 407 BGB). Wegen der Revalutierung der Sicherheit durch ein dem Konkursverwalter des Sicherungsnehmers gewährtes Darlehn s. Rdn. 202. Daß der Sicherheit im Austausch oder zusätzlich sogar die Forderung eines anderen Gläubigers unterlegt werden kann, ergibt sich aus Rdn. 190. Im obigen Beispiel können die Parteien also der Grundschuld auch eine Forderung des C. gegen A. unterstellen; hat A. aber vorher seinen Rückgewähranspruch gegen B. an D. abgetreten, so bedarf die Änderung des gesicherten Forderungskreises der Zustimmung des D. Bei einer weiteren Zweckbestimmungserklärung kann die abgetretene Forderung bereits vom Sicherungszweck erfaßt sein, so daß hier eine Zustimmung des D. nicht erforderlich ist.

170

Die Sicherungszweckerklärung ist nicht unwirksam, weil sie keine **zeitliche Begrenzung** aufweist[2]. Als Dauerschuldverhältnisse können nicht nur die Bürgschaft (vgl. Rdn. 320 ff.), sondern auch die Sicherungsübertragungen gekündigt werden; im übrigen kann der Sicherungsgeber den Rückübertragungsanspruch auch dadurch auslösen, daß er den Kreditgeber gem. § 267 BGB befriedigt[3].

---

[1] BGH WM 62, 183.
[2] So aber Serick, Bd. V, § 58 II 5.
[3] Lwowski, ZIP 83, 759.

II. Personenidentität

171 In der Regel wird der Sicherungsgeber gleichzeitig Schuldner, der Sicherungsnehmer gleichzeitig Gläubiger der gesicherten Forderung sein. Daß der Schuldner selbst für seine Verbindlichkeit dem Gläubiger Sicherheit bestellt, kommt, zum mindesten als Realsicherung (s. Rdn. 15), alltäglich vor und ist nur da erschwert, wo es schon die Kreditgewährung selbst ist, z. B. bei der Sicherung eines für Rechnung, d. h. unter persönlicher Haftung des Mündels aufzunehmenden Darlehns (§ 1822 Ziff. 8 BGB; vgl. Rdn. 53). Auf der anderen Seite ist dem Gläubiger die schrankenlose Auswertung seiner sich aus der Sicherung ergebenden Doppelstellung als Gläubiger und Sicherungsnehmer verwehrt, indem das Gesetz bei gänzlicher und endgültiger Unzulänglichkeit des Schuldnervermögens, wie sie im Insolvenzverfahren zum Ausdruck kommt, die Haftung des Schuldners für die gesicherte Forderung zu einer subsidiären macht (Rdn. 918, 979). Notwendig ist die hier erörterte Personengleichheit nicht. **Schuldner und Sicherungsgeber brauchen niemals, Gläubiger und Sicherungsnehmer bei fiduziarischer Sicherung nicht personengleich zu sein.**

Im einzelnen:

1. Verhältnis Schuldner und Sicherungsgeber

a) Inhalt der Sicherheit — abgedecktes Risiko

172 Die gesicherte Forderung braucht sich — vom Fall des Inventarpfandrechts abgesehen (Rdn. 487) — niemals gegen den Sicherungsgeber zu richten. **Der Sicherungsgeber kann auch für die Verbindlichkeit eines anderen eintreten, indem er mit seinem Vermögen für die fremde Schuld Sicherheit leistet.** Man nennt solche Sicherstellung für fremde Schuld **Interzession** (Schuldhilfe). Je nachdem, ob der Sicherungsgeber dabei eine Personal- oder ob er eine Realsicherheit bestellt, spricht man von Personal- oder Realinterzession. Die Bürgschaft ist stets eine Interzession, weswegen für die Realinterzession gelegentlich auch der Ausdruck „Realbürgschaft" vorkommt. „Das Eintreten für eine fremde Schuld kann nicht nur in der Form der Bürgschaft und mit dem Inhalt der Bürgschaftsverpflichtung, sondern auch auf andere Weise vereinbart werden"[1]. Der Schuldner der gesicherten Forderung braucht bei der Interzession nicht mitzuwirken, nicht einmal etwas von ihr zu wissen; in aller Regel wird er es aber sein, der den Sicherungsgeber zur Interzession veranlaßt. **Das Risiko des Interzedenten umfaßt sowohl den Fall, daß der Schuldner nicht zahlen will, als auch den Fall, daß er nicht zahlen kann**[2] (s. Rdn. 164). Praktisch bedeutsam ist vor allem die durch den Vermögensverfall des Schuldners bedingte Zahlungsunfähigkeit. Fraglich ist, ob die Sicherheit auch dann in Anspruch genommen werden kann, wenn der Vermögensverfall des Schuldners atypisch verursacht worden ist und die Parteien insoweit keine

---

[1] RG JW 16, 339.
[2] RG 134, 126.

eindeutige Vereinbarung getroffen haben. Der natürlichen Auffassung dürfte es entsprechen, daß der Interzedent das Risiko der Zahlungsunfähigkeit des Schuldners in möglichst weitem Umfang übernehmen soll und will, also ohne Rücksicht auf ihre Ursache.

Dies muß für alle Fälle der höheren Gewalt gelten, und es kann für die Haftung des Interzedenten keinen Unterschied machen, ob der Schuldner zahlungsunfähig wird, weil sein unversicherter Betrieb durch Brand vernichtet wird oder weil der Schuldner — vielleicht zu Unrecht — längere Zeit inhaftiert ist oder weil sein Vermögen enteignet wird[1]. Wenn der Interzedent das Risiko der Leistungsfähigkeit des Schuldners falsch beurteilt, so geht dies grundsätzlich zu seinen Lasten[2] (s. Rdn. 44). Allerdings kann die Haftung des Sicherungsgebers durch Beschränkung auf bestimte Gefahren vermindert werden, so daß gegebenenfalls die Berufung auf den Wegfall der Geschäftsgrundlage gerechtfertigt ist[3]. Wann immer aber die Leistungsunfähigkeit des Schuldners den rechtlichen Bestand der gesicherten Forderung berührt, wird sie nicht vom Risiko des Interzedenten umfaßt. So erlischt die Haftung des Bürgen, wenn die Schuldnerpersönlichkeit aus staatspolitischen Gründen vernichtet[4] oder wenn und insoweit die gesicherte Forderung durch richterlichen Gestaltungsakt herabgesetzt wird[5]. Entsprechendes gilt, wenn sich das Nichtbestehen der Forderung aus § 242 BGB ergibt[6]. Die Forderung erlischt nicht wegen Zerstörung der Rechtspersönlichkeit des Schuldners, wenn eine AG oder GmbH durch Konkurs aufgelöst oder wegen Vermögenslosigkeit und Einstellung des Geschäftsbetriebes gelöscht wird[7]. Schließt gemäß Rdn. 000 der Begriff der Sicherheit die Abhängigkeit der Sicherheit vom Bestand der Forderung ein, so läßt sich in diesen Fällen die gegenteilige Auffassung nicht damit rechtfertigen, daß die Akzessorietät dem Sicherungszweck weichen müsse. Das hier erörterte Risiko des Interzedenten kann von den Parteien der gesicherten Forderung nicht einseitig zu Lasten des Sicherungsgebers über die sich aus dem Sicherstellungsvertrag ergebenden Grenzen hinaus erhöht werden. Daher können sie auch nicht durch rechtsgeschäftliche Vereinbarungen, zu denen auch der Verzicht auf die dem Sicherungsgeber zugutekommenden verwertungshindernden Einreden gegen die gesicherte Forderung gehört, die Haftung des Sicherungsgebers erweitern, wenn nicht die Erweiterungsfähigkeit der Sicherung von vornherein vertraglich begründet war. Das ist für die akzessorischen Sicherheiten vom Gesetz ausdrücklich angeordnet (§§ 767, 768, 1210, 1273 BGB), für die Treuhandsicherheiten ergibt es sich aus dem Grundsatz von Treu und Glauben. Die Folge ist, daß sogar eine zwischen Gläubiger und Schuldner vereinbarte Stundung nicht vom Bürgen hingenommen zu werden braucht, falls sie sich für ihn nachteilig aus-

---

[1] A. M. KG NJW 56, 1481; WM 58, 1343.
[2] BGH NJW 66, 448.
[3] BGH WM 65, 80; 73, 752.
[4] RG 148, 65; a. M. OLG München JW 36, 2007; KG JW 36, 2342.
[5] Im Ergebnis ebenso BGH 6, 385.
[6] RG 163, 99; OGHBZ NJW 48, 522.
[7] RG 153, 338; KG NJW 55, 1152; BGH WM 56, 1209; NJW 68, 297.

wirkt[1], es sei denn, Bürge und Gläubiger vereinbaren, daß sich der Bürge auf die Stundung nicht berufen kann (vgl. Rdn. 371). Gläubiger und Schuldner haben auch nicht die Möglichkeit, zu Lasten des Interzedenten eine bisher nicht gesicherte Forderung, seien es auch nur bisher nicht gesicherte Nebenleistungen (Zinsen, Vertragsstrafen u. ä.), nachträglich in den Schutz der Sicherheit einzubeziehen. Bloßes Schweigen des Interzedenten auf die Mitteilung der beabsichtigten Einbeziehung ist auch da keine Zustimmung, wo eine Erweiterung des gesicherten Forderungskreises nach Rdn. 169, 170 formlos möglich wäre. Ist aber eine Sicherheit mit der Erweiterungsmöglichkeit entstanden, so verbleibt es hierbei grundsätzlich auch dann, wenn das Sicherungsmittel, z. B. das Pfandobjekt, an einen Dritten veräußert wird, wobei sich jedoch das Pfandrecht im Zweifel nicht auch auf etwaige Forderungen des Erwerbers gegen den Schuldner erstreckt (s. Rdn. 185).

b) Rechtsgrundlage für Verhältnis Sicherungsgeber — Schuldner

173 Die Interzession kann im Verhältnis zwischen Sicherungsgeber und Schuldner auf unterschiedlicher Rechtsgrundlage beruhen[2]. Zumeist wird diese ein Auftrag sein, zum Teil auch ein gegenseitiger Vertrag, so z. B. im Rahmen der Finanzkautionsversicherung und vor allem im bankgeschäftlichen Verkehr, wo der Sicherungsgeber (die Bank) für sein Eintreten, die sog. **Kreditleihe,** eine besondere Vergütung erhält (Avalprovision). Hier und gelegentlich auch sonst[3] — aber nicht im Umsatzsteuerrecht[4] — wird die Interzession wie eine Kreditgewährung des Sicherungsgebers an den Schuldner behandelt (Avalkredit). Das Rechtsverhältnis zwischen Sicherungsgeber und Schuldner kann also entgeltlich oder unentgeltlich sein und sich im letzteren Fall als reiner, allerdings rechtsverbindlicher Gefälligkeitsakt darstellen, so z. B. in den Fällen, in denen der maßgebende Gesellschafter einer GmbH oder Kommanditist einer Kommanditgesellschaft für die Kreditverbindlichkeiten der Gesellschaft mit einer Sicherheit eintritt; hier können u. U. aus der gesellschaftlichen Zugehörigkeit des Sicherungsgebers zur Kreditschuldnerin Schlüsse auf den Umfang der gesicherten Forderung (s. Rdn. 164) und die interne Ausgleichspflicht zwischen mehreren Sicherungsgebern (Rdn. 320) gezogen werden. Aus dem Innenverhältnis, dessen Unwirksamkeit oder Fortfall übrigens die Sicherheit in ihrem rechtlichen Bestand nicht berührt[5], können sich Ansprüche des Sicherungsgebers gegen den Schuldner ergeben. Zwar ist der Schuldner nicht verpflichtet, den Sicherungsgeber laufend über den Stand der gesicherten Forderung und über seine Vermögenslage zu unterrichten, doch wird bei einem nach Auftragsrecht zu beurteilenden Innenverhältnis ein schutzwürdiges Interesse des Sicherungsgebers an der Beantwortung einer entsprechenden Anfrage anzuerkennen

---

[1] RG 59, 229.
[27] BGH WM 61, 1143.
[3] RG 152, 159.
[4] BFH BStBl 55 III 82.
[5] RG 59, 10.

sein[1]. Schon im eigenen Interesse wird der Schuldner dem Sicherungsgeber **Auskunft** über etwaige Einwendungen und Einreden gegen die gesicherte Forderung erteilen, da diese (nach Rdn. 176) auch dem Sicherungsgeber zustehen. Der Sicherungsgeber seinerseits kann nach Treu und Glauben dem Schuldner gegenüber verpflichtet sein, ihm bekannte Einwendungen auch zu erheben[2]. Eine Verpflichtung des Sicherungsgebers, sich nach solchen Einwendungen zu erkundigen, bevor er den Gläubiger befriedigt, besteht im Zweifel nicht. Daß der Sicherungsgeber nach Befriedigung des Gläubigers den Schuldner zu benachrichtigen hat, ergibt sich in der Regel bereits aus dem Grundsatz von Treu und Glauben und im Rahmen eines Auftrages oder auftragsähnlichen Verhältnisses aus der gesetzlich vorgeschriebenen Rechenschaftspflicht des Beauftragten (§ 666 BGB). Verletzt der Sicherungsgeber diese Verpflichtung, so haftet er für den Schaden, den der Schuldner dadurch erleidet, daß er in Unkenntnis der Sachlage nochmals an den Gläubiger zahlt.

c) Regreßpflicht des Schuldners

Aus dem Innenverhältnis zum Schuldner erhält der Sicherungsgeber im Regelfall vor allem den Anspruch auf Erstattung des Betrages, welcher zufolge der Sicherung dem Sicherungsnehmer zufließt[3]. Verzichtet der Sicherungsgeber auf diesen Anspruch — sei es von vornherein, sei es nachträglich —, so kann eine Schenkung vorliegen[4]. Handelt der Sicherungsgeber im Auftrag des Schuldners, so ergibt sich sein Rückgriffsanspruch bereits aus § 670 BGB. Der Rückgriffsanspruch entfällt nicht schon deshalb, weil er den Schuldner nicht vorher unterrichtet hatte, wenn er die im Rahmen der Interzession bewirkte Befriedigung des Gläubigers den Umständen nach für erforderlich halten durfte[5]. Der Schuldner wird dann auch nicht damit gehört, daß die Forderung des Gläubigers nicht bestanden habe.

174

Der Anspruch beschränkt sich auf das, was der Sicherungsgeber tatsächlich aufwenden mußte, also z. B. auf die Konkursquote, wenn er als Besteller einer Personensicherheit nach Eintritt seines Konkurses in Anspruch genommen wurde. Er umfaßt nicht ohne weiteres die Kosten, die ihn in dem vom Gläubiger gegen ihn geführten Prozeß entstanden sind, es sei denn, die **Kosten** wären die notwendige Folge des Auftrags, also auch dem Schuldner entstanden. Hat sich jedoch der Sicherungsgeber mit dem Gläubiger auf einen geringeren Betrag als den der gesicherten Forderung verglichen, so kommt es darauf an, ob nach den getroffenen Vereinbarungen sich der **Vergleich** nur auf die Verpflichtungen des Sicherungsgebers oder aber auf das gesamte Schuldverhältnis auswirken sollte. Nur im ersteren Fall hat der Sicherungsgeber das **Rückgriffsrecht** in

---

[1] OLG Naumburg JW 30, 3490.
[2] RG 59, 207.
[3] Auch wer als Schuldhelfer einen Wechsel giriert, hat nur den aus dem Innenverhältnis erwachsenden, keinen wechselrechtlichen Regreßanspruch (BGH 13, 87; str.).
[4] BGH WM 55, 377; 72, 661.
[5] Vgl. RG 59, 207.

voller Höhe der gesicherten Forderung[1]. Im Konkurs des Schuldners oder in dem gerichtlichen Vergleichsverfahren über sein Vermögen ist die Geltendmachung des Regreßanspruchs von bestimmten Voraussetzungen abhängig (s. Rdn. 902, 903); wird ein gerichtlicher oder konkursrechtlicher Zwangsvergleich geschlossen, so richtet sich, solange der Gläubiger am Verfahren beteiligt ist, die Höhe der Vergleichsquote nach der gesicherten Forderung. Der Sicherungsgeber kann nur das beanspruchen, was der Gläubiger von der Quote nicht benötigt (§§ 193 KO, 82 VglO). Wenn in diesem Fall der Gläubiger die Vergleichsquote auf die gesamte Forderung erhält und demnächst für seinen Ausfall beim Sicherungsgeber abdeckt, so kann dieser den Schuldner nicht im Wege des Rückgriffs in Anspruch nehmen; er muß vielmehr den Ausfall des Gläubigers voll tragen[2]. Eine Gefährdung des Regreßanspruchs durch nachträgliche Verschlechterung der Vermögensverhältnisse des Schuldners begründet im allgemeinen nicht dessen Verpflichtung, den Sicherungsgeber von der Haftung gegenüber dem Gläubiger freizustellen (wegen einer wichtigen Ausnahme bei der Bürgschaft vgl. Rdn. 320). **Wohl kann der Sicherungsgeber vom Schuldner die Freistellung verlangen, wenn er im Innenverhältnis zum Schuldner zulässigerweise gekündigt hat.**

175 So kann eine Ehefrau, die eine Sicherheit als Kredithilfe gegeben hat, das im Verhältnis zum Ehemann bestehende Auftragsverhältnis nach der Scheidung so kündigen, daß der Ehemann Zeit hat, den Kredit abzulösen oder anderweitig zu sichern[3]. Doch ist das Kündigungsrecht des Sicherungsgebers im Innenverhältnis gegenüber dem Schuldner als Auftraggeber dadurch beschränkt, daß er dem natürlichen Ablauf des Kreditverhältnisses zwischen Gläubiger und Schuldner nicht vorgreifen darf[4]. Beim Vorliegen eines **wichtigen Grundes** wird man ihm das Kündigungsrecht stets zubilligen müssen, so auch dann, wenn das Vertragsverhältnis mit dem Schuldner auf bestimmte Zeit befristet und die Frist abgelaufen ist[5]. Das gleiche gilt bei Interzessionen auf unbestimmte Zeit nach Ablauf einer angemessenen Frist. Von der Frage der Kündigung innerhalb des Auftragsverhältnisses zwischen Schuldner und Sicherungsgeber ist die Kündigungsmöglichkeit gegenüber dem Sicherungsnehmer zu trennen (vgl. Rdn. 178).

2. Verhältnis Sicherungsgeber — Gläubiger

a) Sorgfalts- und Auskunftspflicht

176 Die rechtliche Lage des Gläubigers ist im Verhältnis zum Sicherungsgeber nicht anders, als hätte der Schuldner selbst die Sicherheit bestellt. Insbesondere begründet die Interzession für den Gläubiger keine zusätzlichen Sorgfalts- und Auskunftspflichten, sofern es nicht eine Täuschung des Sicherungsgebers (s. Rdn. 47) zu verhindern gilt. Er

---

[1] RG 102, 51.
[2] BGH 55, 117.
[3] BGH WM 72, 661; kein Wegfall der Geschäftsgrundlage, BGH NJW 87, 1629.
[4] BGH WM 55, 377.
[5] OLG Karlsruhe WM 70, 647.

ist grundsätzlich nicht verpflichtet, den Sicherungsgeber über die wirtschaftlichen Verhältnisse des Schuldners zu informieren[1], allerdings kann er ihm auch trotz des Bankgeheimnisses auf Anfrage die Angabe der jeweiligen Höhe der gesicherten Forderung nicht vorenthalten[2]. Tatsachen, welche erkennbar für die Entschließung des Sicherungsgebers von Bedeutung sind, darf er nicht wissentlich verschweigen[3]. Der Gläubiger ist auch dem Interzedenten gegenüber nicht verpflichtet, zu kontrollieren, ob der Schuldner den gesicherten Kredit vereinbarungsgemäß verwendet[4].

b) Einwendungen des Sicherungsgebers

Bei der Verwertung der Sicherheit ist der Gläubiger allen Einwendungen ausgesetzt, die der Schuldner gegenüber der gesicherten Forderung hat, z. B. dem Einwand, daß die gesicherte Forderung nicht entstanden oder wieder erloschen sei. Durch Vereinbarung zwischen Gläubiger und Schuldner kann auch nicht die **Tilgungswirkung** einer unbedingten und unbefristeten Zahlung des Schuldners zu Lasten des Interzedenten ausgeschlossen oder nachträglich wieder beseitigt werden[5]. Ferner stehen dem Sicherungsgeber alle Einreden zu, mit welchen der Schuldner die Geltendmachung der Sicherheit abwehren kann (s. Rdn. 235). Nach Sinn und Zweck der Sicherstellung kann sich der Sicherungsgeber im Fall des Todes des Schuldners nicht darauf berufen, daß der Erbe des Schuldners für die Kreditschuld nur beschränkt haftet (vgl. §§ 768, 1137, 1211 BGB). Dem Sicherungsgeber einer **akzessorischen** Sicherheit gibt das Gesetz die Befugnis, wenn auch nicht aus dem Recht des Schuldners anzufechten oder aufzurechnen, so doch sich einredeweise darauf zu berufen, daß der Schuldner das schuldbegründende Rechtsgeschäft anfechten oder der Gläubiger sich durch Aufrechnung gegen eine Forderung des Schuldners befriedigen könne (§§ 768, 770, 1137, 1211 BGB, 41 SchiffsG, 41 LRG). Ist ausnahmsweise zwar der Schuldner, aber nicht der Gläubiger aufrechnungsberechtigt, so hat der Sicherungsgeber keine Einrede[6]. Die Einrede steht ihm auch nicht zu, wenn der Gläubiger noch andere Forderungen gegen den Schuldner hat, die sich mit der Forderung des Schuldners decken, und wenn nach § 366 BGB die ungesicherten Forderungen des Gläubigers vorab zu tilgen wären. Sobald der Schuldner angefochten oder der Gläubiger aufgerechnet hat, gelten die Ausführungen zu Rdn. 200. Bei den **Treuhandsicherheiten** entscheiden über die Einwendungserstreckung die vertraglichen Abmachungen, wobei man mangels anderweitiger Vereinbarung nach Sinn und Zweck der Sicherstellung auch hier zumindest diejenigen Einreden, die sich ausschließlich auf den Zeitpunkt der Verwertungsreife beziehen, z. B. die Einrede der Stundung, dem Sicherungsgeber wird zusprechen müssen.

177

---

[1] BGH WM 69, 560.
[2] RG 56, 109; OLG Oldenburg WM 85, 74; Locher in WuB I. B. 3 — 1.85.
[3] RG 91, 80; BGH WM 56, 885; 66, 944.
[4] BGH WM 63, 1302.
[5] RG 29, 110.
[6] RG 137, 35; JW 32, 3761.

Daß zunächst der Schuldner oder die von diesem stammenden Sicherheiten in Anspruch genommen werden, kann der Sicherungsgeber nicht verlangen (s. aber Rdn. 347, 348, 354).

Er kann auch nicht verlangen, daß seine Interessen vom Sicherungsnehmer bei der Geltendmachung seiner Forderung gegen den Schuldner beachtet wird, allerdings darf bei einer Ausfallsicherheit der Ausfall nicht schuldhaft verursacht werden (s. Rdn. 182). Der Sicherungsgeber kann — sofern ihm gegenüber nicht eine echte Bindung des Sicherungsnehmers vorliegt[1] — nicht einmal verhindern, daß dem Schuldner noch weiterer Kredit außerhalb des gesicherten gegeben wird, obwohl dies seine Situation verschlechtert, z. B. wenn der Schuldner Zahlung in erster Linie auf den nicht gesicherten Kredit zu leisten berechtigt ist (s. Rdn. 197)[2]. Noch weniger kann der Sicherungsgeber verlangen, daß vom Schuldner zusätzliche Sicherungen gefordert werden. Im Gegenteil, der Gläubiger darf sogar, wenn nichts Abweichendes vereinbart oder gesetzlich vorgeschrieben ist, anderweitige Sicherheiten ohne Rücksicht auf den Sicherungsgeber freigeben (s. Rdn. 184) und von mehreren Schuldnern, die ihm für die gleiche Forderung haften, den einen oder anderen auch ohne Zustimmung des Sicherungsgebers aus der Haftung entlassen; nur darf er nicht das ganze Schuldverhältnis aufheben, denn dann würde er auch die Forderung gegen die anderen Schuldner und damit die Sicherung verlieren (§§ 421, 423 BGB). Er wird sich daher zweckmäßig seine Ansprüche gegen die übrigen Schuldner vorbehalten. Für das Ausgleichsverhältnis unter mehreren Sicherungsgebern ist die Aufgabe einer Sicherheit ohne Bedeutung (vgl. Rdn. 184). **Einen Verstoß gegen Treu und Glauben allerdings braucht der Sicherungsgeber nicht zu dulden,** etwa in der Weise, daß der Schuldner den Gläubiger veranlaßt, zunächst die Sicherheit in Anspruch zu nehmen[3] oder der Gläubiger selbst schuldhaft die Nichterfüllung der gesicherten Forderung herbeiführt, indem er den Schuldner, der dem Sicherungsgeber gegenüber die gesicherte Forderung zu tilgen verpflichtet ist, von der Zahlung abhält[4] oder zur Zahlung auf einen ungesicherten Kreditteil bestimmt[5].

c) Kündigungsrecht des Sicherungsgebers

178 Schließlich kann der Sicherungsgeber, wenn die Sicherheit für künftige Forderungen ohne Festsetzung eines bestimmten Endpunktes bestellt ist, nach Ablauf eines angemessenen Zeitraumes — welche Kündigungsfrist gilt, hängt von der Sachlage ab; bereits das Reichsgericht[6] hat den Ablauf von zwei Jahren für ausreichend erachtet, um den Bürgen die Kündigungsmöglichkeit zu geben — das Siche-

---

[1] BGH WM 71, 614.
[2] BGH WM 63, 24.
[3] RG 164, 90.
[4] BGH WM 66, 317; 68, 874.
[5] BGH WM 63, 24.
[6] RG JW 14, 470.

rungsverhältnis mit Wirkung für die Zukunft kündigen[1] und ohne Rücksicht auf die Fälligkeit der gesicherten Forderung die Fälligkeit einer mittelbar verwertbaren Sicherheit herbeiführen oder die Rückgewähr einer unmittelbar verwertbaren verlangen. Das gleiche Recht wird ihm zuzubilligen sein, wenn besonders wichtige Umstände eintreten.

Doch muß die Kündigung stets Rücksicht nehmen auf die zwischen Gläubigern und Schuldnern bestehende Geschäftsverbindung; sie kann also nur mit einer angemessenen Frist erfolgen (vgl. Rdn. 377). Bei der Sicherung eines laufenden Bankkredites ist sie nicht ohne weiteres mit der Wirkung zulässig, daß der Sicherungsgeber vom Augenblick der Kündigung an für keine weitere Kreditgewährung mehr haftet. In dem abgedruckten Muster einer Formularbürgschaft ist eine Kündigungsfrist vereinbart (vgl. Anhang). Daß er ohne hin für die im Zeitpunkt des Wirksamwerdens der Kündigung bestehende Verbindlichkeiten des Schuldners aufnehmen muß, ist selbstverständlich. Über den Einfluß des Todes des Schuldners oder eines sonstigen Schuldnerwechsels auf das Verhältnis des Gläubigers zum Interzedenten s. Rdn. 185. Die Befriedigung des Gläubigers hat im übrigen zur Folge, daß der Sicherungsgeber in Höhe seiner Leistung gemäß Rdn. 243—245, 269 an die Stelle des Gläubigers tritt, so daß durch die Interzession die rechtliche Lage des Schuldners nicht verbessert wird.

d) Inhaltsänderung der gesicherten Schuld

Problematisch ist die Rechtslage in den Fällen, in denen die gesicherte Forderung durch staatlichen Eingriff oder gemäß § 242 BGB eine Inhaltsänderung erfährt, z. B. wenn sie zu einer unvollkommenen abgeschwächt wird, also falls erfüllbar, wenn auch unklar, fortbesteht, oder wenn der Schuldner ein Leistungsverweigerungsrecht, insbesondere eine Stundung der Forderung erhält. In allen Fällen dieser Art kann die Sicherheit von der Änderung unberührt bleiben. So stets, wenn das Gesetz dies ausdrücklich anordnet. **Deshalb hindert der Erlaß der Forderung durch Zwangsvergleich innerhalb eines gerichtlichen Vergleichs- oder Konkursverfahrens den Gläubiger nicht, aus einer für die Forderung bestehenden, vom Schuldner oder von dritter Seite stammenden Sicherheit auch wegen des erlassenen Teils der Forderung vorzugehen** (§§ 193 KO, 82 VglO). Daher bleibt die dingliche Haftung, die der Gesellschafter einer offenen Handelsgesellschaft für eine Gesellschaftsschuld übernommen hat, vom Zwangsvergleich unberührt, obwohl der Zwangsvergleich nach § 211 Abs. 2 KO den Umfang der persönlichen Haftung des Gesellschafters begrenzt[2]. für den außergerichtlichen Vergleich gilt das nicht. Die entsprechende Anwendung dieser Sondervorschrift, die in der Natur jenes Vergleichs als Zwangsvergleich ihren Grund hat auf einen Vergleich, den die Gläubiger freiwillig zur Abwendung des Konkurses mit ihrem Schuldner schließen, ist von dem Reichsgericht ständig abgelehnt worden[3]. Bedenkt

179

---
[1] BGH WM 59, 855.
[2] RG JW 38, 2841.
[3] RG 92, 123; BGH WM 62, 550.

man, daß auf die Abhängigkeit der Sicherheit vom Inhalt der Forderung — im Gegensatz zur Abhängigkeit vom Bestand der Forderung — verzichtet werden kann und berücksichtigt man weiter, daß die Sicherheit nach dem mutmaßlichen Parteiwillen den den Schutz gegen den Vermögensverfall des Schuldners im höchstmöglichen Umfang, d. h. ohne Rücksicht auf die Ursache des Vermögensverfalls gewähren soll, muß man zu dem Ergebnis kommen, daß die Sicherheit im Zweifel dann unberührt bleibt, wenn die inhaltliche Änderung der Forderung durch den **Vermögensverfall** des Schuldners bestimmt wird. Ob und wie aber beim Schweigen des Gesetzes sich das Spannungsverhältnis zwischen Akzessorietät und Sicherungszweck auswirkt, bleibt ein offenes und umstrittenes Problem. Es kommt danach auf den Einzelfall an: Wenn wegen der individuellen Notlage des Schuldners sich die Forderung inhaltlich ändert und der Schuldner nicht (mehr) zu zahlen braucht, weil er nicht (mehr) zahlen kann, so hat nach dem mutmaßlichen Parteiwillen die Änderung keinen Einfluß auf die Sicherheit. Dagegen kommen Änderungen, die ohne Rücksicht auf die Leistungsunfähigkeit des einzelnen Schuldners eintreten, auch dem Sicherungsgeber zugute. So kann bzw. konnte dieser sich zwar auf das Leistungsverweigerungsrecht des Schuldners aus § 21 UG oder auf den Erlaß der Forderung nach § 82 BVFG berufen[1], nicht aber auf eine Stundung der Forderung im Vertragshilfeverfahren und nicht auf eine auf dem Wegfall der Geschäftsgrundlage beruhende Unklagbarkeit der Forderung[2], auch nicht auf den Wegfall ihrer Beitreibbarkeit durch **Löschung** der schuldnerischen AG oder GmbH wegen Vermögenslosigkeit. In allen Fällen aber, in denen sich der Sicherungsgeber nicht auf die Ermäßigung der Forderung berufen kann, geht die gesetzliche Regelung endgültig zu seinen Lasten, denn er kann sich, wenn er den Gläubiger befriedigt hat, wegen des erlassenen Teils der Forderung nicht im Regreßwege an den Schuldner halten, da diesem sonst das Ergebnis des staatlichen Eingriffs wieder entzogen würde (vgl. § 82 Abs. 2 VglO). Zur Auswirkung z. B. devisenrechtlicher Beschränkungen s. Rdn. 365.

e) Limitierung der Sicherung

180 Die Grenzen der Haftung, welche sich für den Interzedenten schon nach allgemeinen Grundsätzen aus Umfang und Dauer des gesicherten Kreditverhältnisses ergeben, werden häufig, sei es von vornherein, sei es nachträglich, durch die Vereinbarung einer besonderen gegenständlichen oder zeitlichen Höchsthaftungsgrenze noch enger gezogen: Sicherungsgeber und Gläubiger vereinbaren eine „**Limitierung**" der Sicherung, die auch im Fall der Identität von Schuldner und Sicherungsgeber denkbar, aber nicht praktikabel ist, da der Schuldner ohnehin mit seinem ganzen Vermögen haftet. Die Sicherheit dient zwar auch dann der ganzen gesicherten Forderung und jedem Teil derselben, aber nur bis zum ausgedungenen Limit. Hiervon wird gern bei der Sicherung

---

[1] Im Ergebnis ebenso KG NJW 56, 1481.
[2] OGHBZ I, 66. Soll auch ein sich aus § 242 BGB ergebender Wegfall der Forderung nicht gegenüber dem Interzedenten wirken, so liegt keine Sicherheit vor. So folgerichtig RG 163, 91 ff.

von Kontokorrentkrediten, insbesondere bei Kreditbürgschaften im bankgeschäftlichen Verkehr, Gebrauch gemacht. Dem Inhalt nach kommen folgende, auch nebeneinander mögliche Limitierungen in Betracht:

aa) Höchstbetragssicherheit

Die Vertragsteile vereinbaren als Höchsthaftungsgrenze einen ziffernmäßig bestimmten Betrag (**Höchstbetragssicherheit**). Der Betrag läßt sich auch nach der Höhe einer anderen Forderung bemessen, mag diese unter denselben oder unter anderen Parteien bestehen, mit der gesicherten Forderung in wirtschaftlichem oder rechtlichem Zusammenhang stehen oder nicht[1]. Höchstbetragssicherheiten in diesem Sinne sind nicht die Sicherheiten mit eigener ziffernmäßiger Haftungssumme wie die gebuchten Rechte oder das Depotakzept, weil bei ihnen die Haftungssumme zum begrifflichen Inhalt des Sicherungsrechts gehört; sie können allerdings durch entsprechende Vereinbarung zur Höchstbetragssicherheit werden, z. B. eine auf DM 10 000.— lautende Grundschuld durch die Abrede, daß sie nur bis zur Höhe von DM 7 000.— in Anspruch genommen werden dürfe. Praktisch häufigster Fall ist die Höchstbetragsbürgschaft, bei der sich der Bürge für die Kreditforderung bis zu einem bestimmten Höchstbetrag verbürgt (vgl. Rdn. 349). Das darf nicht verwechselt werden mit der Vereinbarung, daß die Parteien der Sicherheit einen bestimmt abgemessenen Teil der Kreditforderung unterstellen oder der Gläubiger nur bis zu einem bestimmten Höchstbetrag Kredit gewähren darf (siehe auch Rdn. 164). Hat hier der Gläubiger dem Schuldner einen höheren Kredit gegeben, so ist der überschreitende Teil nicht gesichert[2]. **Bei der Höchstbetragssicherheit dagegen bildet die Gesamtheit der dem Gläubiger aus dem Kreditverhältnis erwachsenden Forderungen die einheitliche Schuld, für die zu einem Teilbetrag die Sicherheit haftet**[3]. Das führt zu einer eigenartigen Folge, wenn ein verzinslicher, kontokorrentmäßig verbuchter Kredit gesichert ist. Nach § 355 HGB verwandeln sich nämlich die Zinsen und sonstigen Nebenleistungen des Kredits mit der Saldierung in Kapital, weil sie im Saldoguthaben aufgehen. Da nun die Sicherheit für das Kapital immer nur bis zum vereinbarten Limit haftet, geht mit dem jeweiligen Kontoabschluß die Sicherung für die bis zum Abschluß aufgelaufenen **Nebenleistungen** verloren, mag auch an und für sich nach dem Parteiwillen die Sicherheit für die Abdeckung der Nebenforderungen gedacht sein. Erst wenn das Kontokorrentverhältnis beendet ist, erstreckt sich die Sicherung auch auf die künftigen Nebenleistungen, d. h. auf die Zinsen des letzten Debetsaldos von dessen Entstehung ab. In der Praxis ändern die Parteien die Rechtslage teilweise durch folgende Vereinbarung: „Die Sicherheit haftet für die Zinsen und sonstigen Nebenleistungen der gesicherten Forderung, auch soweit die Zinsen usw. zum Kapital geschlagen werden und dadurch die Höchsthaftungsgrenze überschreiten." Gelegentlich wird diese Klausel auch dahingehend

181

---

[1] RG 95, 11.
[2] RG 76, 195.
[3] RG 136, 183; BGH WM 56, 885.

abgewandelt, daß die Sicherheit in dem erwähnten Umfang für die Nebenleistungen des Höchstbetrages haften soll, aber für die Berechnung der Nebenleistungen die gesicherte Forderung durch den Höchstbetrag begrenzt wird[1]. Das hat zur Folge, daß die buchmäßig untergegangenen Zinsen nachträglich in die Vergangenheit hinein wieder rekonstruiert werden müssen, sofern im Zeitpunkt der Ablösung oder Verwertung der Sicherheit die Forderung den Höchstbetrag überschreitet[2]. Dabei kann es vorkommen, daß die Haftung der Sicherheit wesentlich über den Höchstbetrag hinaus erweitert wird, ja, daß die gesicherten Nebenleistungen mit der Zeit ziffernmäßig höher werden, als das ganze Limit ausmacht. Ob nach Treu und Glauben der Sicherungsnehmer auch in einem derartigen Ausmaß die Haftung der Sicherheit für die Nebenleistungen geltend machen könnte, ist zweifelhaft. Zum mindesten muß er die **Gutschriften,** die während der Zeit der Überschreitung des Höchstbetrages anfallen, zunächst auf diejenigen Nebenleistungen verrechnen, die nicht im Höchstbetrag enthalten sind, denn eine Klausel dieses Inhalts erzwingt die Anwendung des sonst (s. Rdn. 198) im Kontokorrent nicht anwendbaren § 367 BGB[3]. In der im Anhang als Beispiel abgedruckten Formularbürgschaft mit Höchstbetrag ist eine „Zinsklausel" bei Kontokorrentkrediten, die durch die Bürgschaft gesichert werden, nicht enthalten, da der Höchstbetrag absolut ist und sich nicht durch Nebenleistungen wie Zinsen und Kosten erhöhen soll[4].

Eine nachträgliche Erweiterung des Umfangs der Sicherung durch Vereinbarung eines **neuen (höheren) Höchstbetrages** ist im Zweifel dahin auszulegen, daß der neue Höchstbetrag den alten einschließt, mithin **keine Addition** der beiden Beträge stattfindet. Wer also zunächst bis DM 1000.— bürgt und später nochmals bis DM 2000.—, haftet mangels anderweitiger Abrede nur bis DM 2000.— insgesamt. Die Musterverträge sehen bei der Bürgschaft eine Addition vor (vgl. Anhang). Die Haftungsgrenze darf der Sicherungsgeber nur mit Zustimmung seines Auftraggebers erweitern, wenn er insoweit seinen Regreßanspruch nicht gefährden will. Wird eine Höchstbetragssicherheit zur Sicherung der Forderungen mehrerer Gläubiger in der Weise bestellt, daß jede Forderung gesondert gesichert wird, die Haftung der Sicherheit für alle Forderungen aber einen bestimmten Betrag nicht überschreiten soll, z. B. durch Verbürgung gegenüber mehreren Gläubigern unter Beschränkung der Bürgenhaftung auf insgesamt eine bestimmte Summe oder nach Abtretung mehrerer durch eine Höchstbetragssicherheit gedeckter Forderungen an je einen anderen Zessionar, so kommen nur die Gläubiger zum Zuge, welche den Sicherungsgeber in Anspruch nehmen, bevor er die gesamte Haftungssumme gezahlt hat. Unter Umständen muß jedoch der Bürge einem Gläubiger, der ihn rechtzeitig in Anspruch genommen hat, aus dem Gesichtspunkt des Verzuges für die Zahlung aufkommen, selbst wenn er nach der Inanspruchnahme durch Befriedigung eines der anderen Gläubiger die Haftungssumme gezahlt hat.

---

[1] BGH WM 56, 885.
[2] OLG Stuttgart WM 70, 54.
[3] OLG Celle WM 60, 208.
[4] OLG Nürnberg WM 91, 1985.

bb) Ausfallsicherheit

Die Vertragsteile vereinbaren als Höchsthaftungsgrenze den Ausfall, den der Gläubiger an der Forderung erleidet. Man versteht unter „Ausfall" in diesem Sinne denjenigen Schuldbetrag, welcher bei Geltendmachung der gesicherten Kreditforderung gegen den Schuldner und bzw. oder bei der Verwertung etwaiger anderer Sicherheiten ungetilgt bleibt. In der Praxis wird dies als Ausfallsicherheit bezeichnet. Eine ziffernmäßige Haftungssumme — wie bei den gebuchten Rechten — begrenzt den gesicherten Ausfall nach oben. Bezieht sich die „Subsidiaritätsabrede" nur auf den Ausfall bei der Verwertung einer oder einzelner von mehreren Sicherheiten, so sollte im Vertrag der Mindestsicherungswert der betreffenden Sicherheiten veranschlagt werden, da sonst der bei ihrer Verwertung eingetretene Ausfall nicht feststellbar ist. **182**

Hat z. B. die Verwertung eines sicherungshalber übereigneten Kraftwagens einen Erlös von DM 2000.— erbracht, so hat die Annahme eines Ausfall von DM 1000.— zur Voraussetzung, daß die Parteien den Sicherungswert des Wagens von vornherein mit DM 3000.— angesetzt hatten. Erlöse aus der Verwertung anderweitiger Sicherheiten mindern hier den Ausfall nur insoweit, als sie nicht zur Tilgung des über den Ausfall hinausgehenden Forderungsbetrages dienen[1].

Will der Sicherungsnehmer die Ausfallsicherheit in Anspruch nehmen, so muß er die Tatsache und den Umfang des Ausfalls beweisen. Durch die Beschränkung der Sicherheit auf den Ausfall wird ihre Haftung subsidiär mit der **Besonderheit, daß die Parteien den Nachweis des Ausfalls zur aufschiebenden Bedingung (§ 158 Abs. 1 BGB) für die Inanspruchnahme der Sicherheit machen.** Daß auch ohne solche Vereinbarung der Sicherungsnehmer grundsätzlich (wegen einer wichtigen Ausnahme s. Rdn. 918) und vorbehaltlich des Ablösungsrechts des Sicherungsgebers (s. Rdn. 241) vor der Verwertung der Sicherheit erst alle sonstigen Befriedigungsmöglichkeiten auszuschöpfen und die Sicherheit für den Ausfall aufzusparen berechtigt ist, entspricht allgemeiner Regel (s. Rdn. 239); in diesem Sinne haben fast alle Sicherheiten „Ausfallqualität". Das Reichsgericht[2] hat das Wesen der echten Ausfallsicherheit für den wichtigsten Fall, nähmlich den der Ausfallbürgschaft, dahin umrissen:

„Die Ausfallbürgschaft unterscheidet sich von der gewöhnlichen Bürgschaft dadurch, daß es bei jener der Einrede der Vorausklage (§§ 771 f. BGB) nicht bedarf, sondern der Gläubiger den Ausfall darzulegen hat, wenn er den Ausfallbürgen in Anspruch nehmen will. Darin liegt zugleich, daß er nicht den Ersatz eines Ausfalls fordern kann, den er selbst durch nachlässiges Verhalten verschuldet hat; ein solches Verhalten bedeutet gegenüber dem Ausfallbürgen eine Vertragswidrigkeit[3]."

Aber ein Rechtsanspruch des Ausfallbürgen, daß der Gläubiger gegen den Schuldner vorgehe, ist damit nicht begründet (s. Rdn. 176), somit auch keine Schadensersatzver-

---

[1] Vgl. BGH WM 65, 562.
[2] RG 145, 169.
[3] Vgl. auch RG 58, 218; 87, 327.

pflichtung des Gläubigers wegen Verletzung dieses (vermeintlichen) Anspruchs[1]. Um Streitigkeiten vorzubeugen, empfiehlt es sich, schon von vornherein die Voraussetzungen festzulegen, bei deren Eintritt der Nachweis des Ausfalls als erbracht anzusehen ist. Das gilt auch und gerade für die häufige Ausfallbürgschaft. So kann bezüglich des Vorgehens gegen den Schuldner der gesicherten Forderung etwa vereinbart werden:

„Der Ausfall gilt als eingetreten,

1. wenn und insoweit die Zwangsvollstreckung in die beweglichen Sachen des Schuldners an seinem Wohnsitz bzw. dem Ort seiner gewerblichen Niederlassung nicht zur Befriedigung des Gläubigers geführt hat, oder wenn eine solche von dritter Seite gegen den Schuldner betriebene Mobiliarvollstreckung ganz oder teilweise erfolglos geblieben ist,

2. wenn der Schuldner seine Zahlungen eingestellt hat oder über sein Vermögen das gerichtliche Vergleichs- oder Konkursverfahren eröffnet worden ist,

3. wenn der Schuldner die in § 807 ZPO vorgesehene eidesstattliche Versicherung abgegeben hat oder zur Erzwingung der Abgabe die Haft gegen ihn angeordnet ist,

4. wenn der Schuldner in einem gerichtlichen Verfahren um Schuldnerschutz nachgesucht hat."

Insbesondere die Bezugnahme in dieser Klausel auf den Konkurs ist wichtig, da andernfalls der Bürge einwenden kann, daß erst nach Beendigung des Konkurses der Ausfall feststehe. Lediglich wenn bereits ein Mindestbetrag als Ausfall ausgewiesen werden kann, muß der Ausfallbürge zahlen[2]. Ein schwebendes Konkursverfahren würde also ein Vorgehen gegen den Ausfallbürgen verhindern.

Probleme kann es bei dem Nachweis der Zahlungseinstellung geben (vgl. Rdn. 949). Bei einer Garantie, die als Garantiefall z. B. die nichtvollständige Rückzahlung eines fällig gestellten Kredits innerhalb einer bestimmten Frist — z. B. drei Monate ab Eintritt der Fälligkeit — vereinbart, gibt es diese Probleme nicht.

Handelt es sich um den Ausfall bei der Verwertung anderweitiger Sicherheiten, so sind entsprechende Abreden zu treffen, z. B. dahin, daß der Ausfall als eingetreten gilt, wenn der erste Termin zur Versteigerung des mit einer Grundschuld belasteten Grundstücks ergebnislos verlaufen ist. Der Ausfall kann nicht daraus hergeleitet werden, daß sich die Forderung als unwirksam erweist; der Sicherungsgeber kann sich auf den Mangel der Geschäftsgrundlage berufen. Der gleiche Einwand steht ihm zu, wenn die Sicherheit den Ausfall bei der Verwertung einer anderweitigen Sicherheit decken soll und letztere sich als nichtig herausstellt (s. Rdn. 46)[3]. Ist nichts über den Begriff des Ausfalls vereinbart, so wird davon auszugehen sein, daß der Gläubiger vor Verwertung der Ausfallsicherheit alle anderen Sicherheiten verwerten muß; die Auslegung des

---

[1] RG JW 34, 3056.
[2] RG 75, 186; JW 29, 1386; Schuler, NJW 53, 1689.
[3] LG Kiel JW 30, 2458.

Sicherstellungsvertrages kann also ergeben, daß der Gläubiger nicht nur die fruchtlose Vollstreckung gegen den Schuldner, ggf. das Ende des schuldnerischen Konkurses[1], sondern auch die ergebnislose Realisierung aller anderweitigen Sicherheiten, zumal die Leistungsunfähigkeit eines (gewöhnlichen) Bürgen, nachzuweisen hat. Ausnahmsweise kann der Sicherungsnehmer auch schon vor Erschöpfung der für den Nachweis des Ausfalls vereinbarten Maßnahmen die Ausfallsicherheit in Anspruch nehmen, wenn und insoweit er die Mindesthöhe seines Ausfalls ziffernmößig nachweisen kann[2]. Die hier erörterte Ausfallsicherheit ist nicht zu verwechseln mit der Sicherheit, die nur für den Fall bestellt wird, daß der Gläubiger einen Ausfall erleidet, die also durch die Entstehung des Ausfalls aufschiebend bedingt ist. Die bedingte Sicherheit schützt die Forderung nicht nur bis zur Höhe des Ausfalls, sondern in voller Höhe, aber nur unter der Bedingung, daß ein Ausfall entsteht.

cc) Sicherheit auf Zeit

Die Vertragsteile bestimmen die Höchsthaftungsgrenze zeitlich, indem sie vereinbaren, daß die **Sicherheit nur für die Dauer eines** — nicht notwendig kalendermäßig — **abgegrenzten Zeitraums haften soll (Sicherheit auf Zeit)**. Eine derartige Haftungsbegrenzung liegt nicht schon darin, daß die Sicherheit für eine an einem bestimmten Termin zahlbare Forderung bestellt wird[3], auch nicht darin, daß eine in Raten rückzahlbare Darlehensforderung durch Zession einer in fortlaufenden Bezügen bestehenden Lohn- oder Mietzinsforderung gesichert wird; die Fälligkeit der letzten Rate der gesicherten Forderung ist kein Endtermin der Sicherheit (Rdn. 358). Dagegen wird solche Sicherheit frei, wenn das gesicherte Darlehensverhältnis (nicht automatisch, sondern) auf Grund neuer Vereinbarung fortgesetzt wird (vgl. Rdn. 164). Die **Befristung der Sicherheit** darf nicht verwechselt werden mit der Vereinbarung, daß die Parteien der Sicherheit einen bestimmt abgemessenen Teil der Kreditforderung unterstellen und vereinbaren, es solle nur der innerhalb eines bestimmten Zeitraumes gewährte Kredit durch die Sicherheit gedeckt sein. Hier wird der **Kreis der Forderungen,** auf die sich die Sicherheit bezieht, nach ihrer Entstehungszeit **beschränkt**, während bei der Sicherheit auf Zeit die Haftung der Sicherheit selbst zeitlich beschränkt wird[4]. Es ist im Zweifel durch Auslegung des Vertrages zu ermitteln, was die Parteien gewollt haben; **bei der Besicherung künftiger Forderungen liegt die Annahme nahe, daß der gesicherte Forderungskreis begrenzt werden soll**[5]. Führt die Auslegung zu dem Ergebnis, daß die Haftung der Sicherheit selbst limitiert werden soll, so muß, wenn nicht gesetzliche Vorschriften darüber bestehen (Rdn. 347) weiterhin ermittelt werden, ob und inwieweit der Sicherungsnehmer bis zum Ablauf der Frist bereits die Inanspruch-

183

---

[1] RG JW 29, 1386.
[2] RG 75, 186.
[3] OLG München JW 29, 1404.
[4] RG 82, 382; vgl. BGH WM 85, 969: keine Zeitbürgschaft bei Kündigung.
[5] RG 63, 11.

nahme der Sicherheit eingeleitet und durchgeführt haben soll. Muß innerhalb der Frist die Sicherheit realisiert sein, so erhält die Befristung den Charakter einer auflösenden Bedingung mit der Folge, daß der Eintritt des Endtermins unter allen Umständen die Sicherheit vernichtet (§ 163 BGB). Denkbar ist auch, daß dem Sicherungsgeber die Inanspruchnahme der Sicherheit innerhalb der Frist nur angekündigt zu werden braucht, u. U. reicht vielleicht schon, daß nur die Fälligkeit der gesicherten Forderung, also die bloße Verwertungsreife der Sicherheit, innerhalb der Frist eintritt[1]. Es ist daher zweckmäßig, daß die Parteien klar und unzweideutig zum Ausdruck bringen, was sie mit der Befristung beabsichtigen. Im Zweifel wird die zweite Alternative dem Parteiwillen am ehesten entsprechen. In Ausnahmefällen ist sogar denkbar, daß die Befristung überhaupt nicht einen Endtermin für den Eintritt gewisser Voraussetzungen oder Stadien des Verwertungsverfahrens darstellen, sondern geradezu ein Verbot der Realisierung in sich schließen soll. Ist etwa vereinbart, die Sicherheit solle haften, bis der Sicherungsnehmer andere Sicherheit erhalte oder die gesicherte Forderung sich anderweitig erledige, so kann dies den Sinn haben, daß der Sicherungsnehmer die ursprüngliche Sicherheit überhaupt nicht solle verwerten dürfen, was allerdings nach Rdn. 11 dem Abkommen den Charakter eines Sicherstellungsvetrages nehmen würde. Grundsätzlich wird aber in Fällen dieser Art der Sicherungsnehmer bei endgültigem Ausbleiben der Ersatzsicherheit die ursprüngliche Sicherheit in Anspruch nehmen dürfen[2]. Eine Verlängerung der Befristung darf der Sicherungsgeber nur mit Zustimmung seines Auftraggebers zubilligen, wenn er seinen Regreßanspruch nicht gefährden will. Wegen der Kündigung des Sicherungsverhältnisses s. Rdn. 176.

dd) Mehrere Sicherungsgeber

184 Haften mehrere Sicherungsgeber für dieselbe Verbindlichkeit, so haften sie im Zweifel nebeneinander, nicht nacheinander. Daher kann keiner verlangen, daß zunächst die anderen Sicherheiten verwertet werden[3] oder daß ihre Verwertung besonders günstig erfolgen müsse[4]. Der Gläubiger bestimmt vielmehr ob und wann verwertet werden soll, vorausgesetzt, er hält sich in den von Treu und Glauben vorgeschriebenen Grenzen. Daher kann er auch grundsätzlich — mit Ausnahme bei der Bürgschaft (Rdn. 372) — ohne Rücksicht auf den einzelnen Sicherungsgeber, allerdings auch ohne dessen etwaige interne Regreßansprüche zu berühren, die anderweitigen Sicherheiten freigeben[5]. Auch aus der Nichtigkeit der einen oder anderen Sicherheit kann grundsätzlich keiner der Sicherungsgeber Einwendungen herleiten[6] (zur Auswirkung auf den Kreditvertrag siehe aber Rdn. 192), es sei denn, Sicherungsnehmer und der Siche-

---

[1] RG 68, 141.
[2] BGH WM 69, 35.
[3] BGH NJW 66, 2009.
[4] OLG Kassel JW 38, 524; siehe aber RG 87, 327.
[5] RG DR 41, 2195.
[6] RG 88, 412; 138, 270.

rungsgeber (der wirksamen Sicherheit) gehen beide einvernehmlich davon aus, daß auch andere (wirksame) Sicherheiten den Kredit absichern, z. B. wenn eine unlimitierte Bürgschaft im Deckungsplan aller Sicherheiten nur einen Teil der Forderung absichern soll, zuzüglich eines etwaigen Ausfalls bei den anderen Sicherheiten. Sind diese anderen Sicherheiten unwirksam bestellt (z. B. gemäß § 9 AGB-G), dann ist zumindest in Höhe des Wertes der unwirksam bestellten Sicherheiten die **Geschäftsgrundlage** für die unlimitierte Bürgschaft weggefallen. In diesem Zusammenhang ist auch der Ausgleichsanspruch unter mehreren gleichstufigen Sicherungsgebern zu berücksichtigen, den der Bürge im geschilderten Fall gegen die anderen Sicherungsgeber gehabt hätte, wenn er auf die volle Kreditsumme in Anspruch genommen worden wäre. Ein **Ausgleichsanspruch** (§ 426 BGB) ist gegeben, wenn die Forderungen durch mehrere Sicherheiten gesichert sind[1], gleich, ob die verschiedenen Sicherungsgeber voneinander Kenntnis hatten, als sie ihre Sicherheit stellten, gleich auch, ob der Gläubiger eine der Sicherheiten aufgibt[2]. Vertraglich kann etwas anderes vereinbart werden, z. B. mit einem Sicherungsgeber, daß seine Sicherheit auf einen Bürgen übergeht, wenn der Bürge die — auch von der Grundschuld — gesicherte Forderung bezahlt; dann kann der andere Sicherungsgeber sich nicht gegen die Inanspruchnahme seiner Sicherheit mit dem Hinweis auf einen Ausgleichsanspruch wehren. Im Einzelfall kann die **Unwirksamkeit einer Sicherheitenbestellung** auch andere Sicherungsverträge entfallen lassen (§ 139 BGB)[3]. Als Konsequenz der Bestätigung der neueren Rechtsprechung zur Ausgleichspflicht zwischen mehreren gleichstufigen Sicherungsgebern entsprechend den Regeln über die Gesamtschuld (§ 426 Abs. 1 BGB)[4] kann das Ausgleichsverhältnis zwischen den Sicherungsgebern nicht von der **Entlassung** eines Gesamtschuldners aus dem gesamtschuldnerischen Haftungsverband berührt werden, so daß der Bürge selbst für den Fall der Haftungsentlassung einer gleichstufigen Realsicherheit im Innenverhältnis weiterhin gegen den ausgleichspflichtigen Sicherungsgeber vorgehen kann.

ee) Mehrere Forderungen desselben Gläubigers gegen verschiedene Schuldner

Die Sicherung kann auch auf mehrere Forderungen desselben Gläubigers gegen verschiedene Schuldner erstreckt werden. Geschieht dies, so ist es zweckmäßig, zu vereinbaren, zu welchem Betrage bzw. in welcher Reihenfolge ein Verwertungserlös oder Ablösungsbetrag, der nicht zur Deckung sämtlicher Forderungen ausreicht, auf die einzelnen Forderungen zu verrechnen ist. Eine solche Vereinbarung ist dann angebracht, wenn für die eine oder andere Forderung noch eine Zusatzsicherheit haftet, denn der Umfang der Haftung der Zusatzsicherheit hängt im wesentlichen davon ab, ob und inwieweit die zusätzlich gesicherte Einzelforderung aus dem Verwertungserlös der gemeinsamen Sicherheit getilgt wird. Im Zweifel muß der Erlös nach dem Verhältnis

185

---

[1] BGH 108, 179.
[2] BGH WM 91, 399.
[3] BGH NJW 76, 1932.
[4] BGH WM 89, 1205; 90, 1956 = WuB I F 3.—2.91/Rimmelspacher; BGH WM 93, 399 = WuB I F 2.—1.91/Rimmelspacher; BGH WM 91, 558 = WuB I F 1 a.—8.91/Lwowski.

der einzelnen Forderungsbeträge zur Zeit der Verwertung oder Ablösung aufgeteilt werden. Das entspricht jedenfalls dann der Interessenlage und damit dem mutmaßlichen Parteiwillen, wenn die Interzession im Auftrage der mehreren Schuldner erfolgt ist, während in dem seltenen Fall, daß die Schuldner bei der Interzession nicht mitgewirkt haben, der Schluß näher liegt, daß der Gläubiger den Erlös nach seinem Belieben solle aufteilen dürfen. Die Erstreckung der Sicherung auf die mehreren Forderungen muß unzweideutig vereinbart werden und ist im Streitfall vom Sicherungsnehmer zu beweisen. Von selbst versteht sich solche Willensrichtung der Parteien selbst dann nicht, wenn die mehreren Forderungen in engem Zusammenhang stehen. Bestellt etwa ein Gesellschafter einer offenen Handelsgesellschaft, der kraft Gesetzes für die Verbindlichkeiten der Gesellschaft haftet, für seine Schuld aufgrund der Gesellschafterhaftung der Bank eine Sicherheit, so ist mangels ausdrücklicher Abrede die Sicherheit nicht auch für die Forderung der Bank gegen die Gesellschaft selbst bestellt. Daraus folgt, daß ein Zwangsvergleich im Konkurs der Gesellschaft, der nach § 211 Abs. 2 KO im Zweifel zugleich den Umfang der persönlichen Haftung der Gesellschafter begrenzt, die für die persönliche Schuld des Gesellschafters bestellte Sicherheit in entsprechendem Ausmaß entfallen läßt[1], während die Sicherheit zufolge der ausdrücklichen Vorschrift des § 193 S. 2 KO trotz des Zwangsvergleichs in voller Höhe bestehen bleiben würde, wenn sie nur oder auch für die Verbindlichkeit der Gesellschaft bestellt worden wäre (s. Rdn. 179).

Ein anderes Beispiel: Verkauft das Bankhaus A. seine Kreditforderung gegen den Kunden Z. an das Bankhaus B., so kann A. zwar mit der Abtretung der verkauften Forderung und einer als Sicherheit für diese dienenden Grundschuld bis zur Vollzahlung des Kaufpreises zurückhalten, nicht aber ohne Einverständnis des Grundschuldbestellers die Grundschuld als Sicherheit für seine Kaufpreisforderung gegen B. behandeln.

Entsprechend ist die Rechtslage, wenn bei Durchleitungskrediten (s. Rdn. 227) die Sicherheit auch den Anspruch des refinanzierenden Instituts gegen die Hausbank sichern soll. Mangels Vereinbarung erstreckt sich insbesondere das Pfandrecht an einem Gegenstand, der an einen Dritten veräußert und von diesem nicht gemäß § 986 BGB pfandfrei erworben worden ist, nicht auch auf die Forderungen des Gläubigers gegen den Dritten, sofern das Pfandrecht nur wegen der Forderungen des Gläubigers gegen den Veräußerer begründet war. Erwirbt also A. den mit einem Pfandrecht des B. für dessen Forderungen gegen C. belasteten Kraftwagen des C., so schützt das Pfandrecht nicht auch die Forderungen, die B. im Zeitpunkt des Erwerbs gegen A. hat: **Rechtsnachfolge im Eigentum am Sicherungsmittel erweitert nicht den Umfang der Pfandhaftung.** Daß im bankgeschäftlichen Verkehr ein dem AGB-Pfandrecht unterliegendes Depot nach der Übertragung auf einen anderen Kunden der Bank nunmehr (auch) für dessen Bankverbindlichkeiten als Pfand haftet, beruht darauf, daß der Erwerber schon vorher sein (künftiges) Depot dem AGB-Pfandrecht unterworfen hatte

---

[1] Str.; a. M. OLG Karlsruhe JW 33, 133.

(s. hierzu aber Rdn. 618 ff.). In den AGB und AGSp. ist übrigens vorsorglich ausbedungen, daß das Pfandrecht des Kreditinstituts an den in seine Verfügungsgewalt gelangten Wertgegenständen des Kunden nicht nur die Ansprüche gegen den Kunden selbst, sondern auch die Ansprüche gegen Firmen schützen soll, für deren Verbindlichkeiten er persönlich haftet (s. dazu auch Rdn. 221 ff.).

f) Vertragswidrige Übertragung der Sicherheit

Da die fiduziarischen Sicherungsrechte selbständig verkehrsfähig sind, kann der Sicherungsnehmer auch dann über sie verfügen, wenn er es in seinem Verhältnis zum Sicherungsgeber nicht darf[1]. Tritt die Bank eine Grundschuld **ohne Zustimmung** an einen Dritten ab, so kann sie sich dem Besteller gegenüber schadensersatzpflichtig machen[2]. Sobald solche Verfügung zu Gunsten eines Dritten getroffen, z. B. vor Eintritt der Verwertungsreife (s. Rdn. 235/236) oder nach Wegfall der gesicherten Forderung der sicherungshalber übereignete Kraftwagen an einen Dritten veräußert oder die sicherungshalber bestellte Grundschuld vom Sicherungsnehmer zur Sicherung eigener Verbindlichkeiten verpfändet wird, verliert das Sicherungsrecht den ursprünglichen Charakter als Sicherheit. Zwar wirkt die Zweckvereinbarung insofern weiter, als der Gläubiger die gesicherte Forderung nicht mehr geltend machen kann (s. Rdn. 208), der Zedent ist nach Bereicherungsrecht — § 819 Abs. 1 BGB — herausgabepflichtig; eine Herausgabepflicht des Zessionars wird auch dann nicht — über § 822 BGB — begründet, wenn der Zessionar die Grundschuld unentgeltlich erworben hat[3], aber der Dritte steht in keinen auf einem Sicherungsvertrag beruhenden Beziehungen zum Sicherungsgeber und ist daher ihm gegenüber frei von den Bindungen, denen sein Rechtsvorgänger unterlagen. So kann er das Sicherungsrecht seinem vollen Inhalt nach geltend machen ohne Rücksicht auf die widerstreitenden Interessen des Sicherungsgebers. Zur **Nichtvalutierungseinrede** genügt nicht, daß der Zessionar wußte, es handele sich um eine zur Sicherung einer Forderung dienenden Grundschuld. Nur wenn er bei der Abtretung sowohl diesen Sicherungscharakter als auch die Nichtvalutierung der Grundschuld kannte, steht ihm diese Einrede zu[4]. Dabei ist grundsätzlich derjenige beweispflichtig, der sich auf die Nichtvalutierung der Sicherheit beruft, also in der Regel der Eigentümer. Dies gilt nur dann nicht, wenn die Grundschuld Forderungen sichern soll, deren Höhe zur Zeit der Abtretung der Grundschuld unstreitig noch nicht feststand (wie z. B. bei Sicherung künftiger Forderungen in laufender Rechnung) und später Streit über Existenz oder Höhe der Forderungen besteht[5]. Die Nichtvalutierungseinrede wird ausnahmsweise auch gegenüber einem Grundschuldzessionar gewährt, der beim Erwerb nur den Sicherungscharakter, aber nicht auch die Nichtvalu-

186

---

[1] RG 95, 244.
[2] BGH WM 76, 1266.
[3] BGH WM 72, 618.
[4] BGH WM 72, 853; WM 73, 840.
[5] BGH WM 74, 47.

tierung kennt und zwar dann, wo dieser Zessionar selbst von vornherein in besonders enger Weise an dem Kausalgeschäft beteiligt war, wie z. B. bei einem finanzierten Abzahlungskauf[1]. Aber auch ohne jegliche Kollusion können ihm je nach dem Grad seiner Kenntnis da Schwierigkeiten entstehen, wo er zur Verwertung des Sicherungsrechts einen Anspruch gegen den geschädigten Erstsicherungsgeber geltend machen will oder muß, sei es, daß er ein Depotakzept gegen den Akzeptanten, eine Grundschuld gegen den Grundstückseigentümer einklagen will oder Herausgabe des Sicherungsguts vom ursprünglichen Eigentümer begehrt. Hat sich nämlich der Dritte als Kreditgeber auf eine Sicherung eingelassen, bei der als Sicherungsmittel ein Gegenstand dient, welchen sein Sicherungsgeber selbst nur zu fiduziarischen Sicherungszwecken erworben hatte, so kann sich der Anspruchsgegner unter Umständen darauf berufen, daß bei Abschluß des zweiten Sicherstellungsvertrages der Sicherungszweck, dem im Verhältnis zwischen ihm und dem Erstsicherungsnehmer der streitige Gegenstand diente, bereits erledigt war (s. Rdn. 663, 501). Wird, ohne daß der Fall der Kollusion vorliegt, eine Sicherungsgrundschuld abgetreten ohne die gesicherte Forderung, so berührt eine neue abweichende Sicherungsabrede zwischen Grundschuldzedent und Grundschuldzessionar wegen ihres schuldrechtlichen Charakters die dingliche Haftung des Eigentümers mit der Grundschuld nicht[2]. Wegen des Falles, daß dem Sicherungsnehmer die Verfügung über das Sicherungsrecht zum Zwecke der Refinanzierung gestattet war, s. Rdn. 187).

3. Kredithilfe, Gebrauchsleihe

187   Eine Interzession liegt nicht immer bereits dann vor, wenn jemand unter Einsatz eigener Mittel einem anderen Kredit verschafft. Der Dritte ist nur dann Interzedent, wenn er nach außenhin als Sicherungsgeber auftritt. Erscheint der spätere Schuldner selbst als Sicherungsgeber unter Verpfändung von Vermögensteilen als Sicherungsmittel, die ihm ein Dritter zur Verfügung gestellt hat, spricht man von **Kredithilfe.** Sie kann in zweierlei Weise geleistet werden: entweder ermächtigt der Kredithelfer den Kreditsuchenden bestimmte Gegenstände aus seinem Vermögen zur Sicherung des Kredits zu verpfänden oder sicherungshalber zu übertragen, also das fremde Recht auszuüben (§§ 185 BGB), oder aber der Kredithelfer überträgt dem späteren Schuldner diese Gegenstände mit der Befugnis, sie als Sicherungsmittel zu verwenden (z. B. Übereignung eines Kraftfahrzeuges oder Bestellung einer Grundschuld, die dann dem Geldgeber verpfändet oder sicherungshalber übertragen werden). Im Falle der Ermächtigung (§ 185 BGB) liegt sog. **Gebrauchsleihe** vor; im Fall der Verwertung der Sicherheit verwandelt sich das Leih- oder Mietverhältnis in einen Darlehensanspruch des Kredithelfers in Höhe des Erlöses[3]. Bei der Vollübertragung (Übertragung der späteren Kreditsicherheit an den Kreditsuchenden) besteht zwischen dem Kredithelfer und dem Kreditsuchenden ein

---

[1] BGH WM 76, 501.
[2] BGH WM 74, 98.
[3] RG 36, 161.

Treuhandverhältnis; der Kredithelfer kann nach Erledigung des Kredits die Rückgewähr des von ihm übertragenen Gegenstandes verlangen — verwendet der Kreditsuchende den Gegenstand mißbräuchlich — z. B. zur Sicherung eines höheren Kredits als vorgesehen — kann dem Kredithelfer ein Schadensersatzanspruch zustehen, im Verhältnis zum Sicherungsnehmer muß er jedoch die Verfügung des Sicherungsgebers gegen sich gelten lassen[1]. Dies gilt auch dann, wenn der Sicherungsnehmer die Verfügung des Sicherungsgbers als mißbräuchlich erkannt hat; nur wenn Sicherungsgeber und Sicherungsnehmer planmäßig in einer gegen die guten Sitten verstoßenden Weise zum Schaden des Kredithelfers zusammengewirkt haben, kann diesem ein Schadensersatzanspruch gegen den Sicherungsnehmer gegeben sein (§ 826 BGB). Die Rechtslage entspricht der bei einer mißbräuchlichen Verfügung des Sicherungsnehmers über das ihm anvertraute Sicherungsrecht (Rdn. 18).

Denkbar ist, daß der Gegenstand der zur Kredithilfe verwendet werden soll, gleichzeitig als Sicherheit für die Forderungen des Kreditsuchenden gegen den Kredithelfer dient: in diesem Fall wird der Kreditsuchende ermächtigt, den Gegenstand auch zur Absicherung seiner Verbindlichkeiten gegen einen Dritten zu verwenden, wobei der Umfang der Haftung der Sicherheit im Zweifel durch die Höhe der Forderung gegen den Kredithelfer begrenzt wird; der mit dieser Sachlage bekannte Gläubiger des Kreditsuchenden ist hier grundsätzlich nicht befugt, den Gegenstand darüber hinaus in Anspruch zu nehmen (vgl. auch das Beispiel der Kredithilfe in Rdn. 663). Solche Zweifel bestehen allerdings dann nicht, wenn dem Sicherungsnehmer die Verfügung über das Sicherungsrecht zum Zwecke der Refinanzierung gestattet ist; jedoch ist diese Erlaubnis sogar zugunsten einer Bank als Sicherungsnehmerin nicht ohne weiteres zu unterstellen[2]. Ob hier die ursprüngliche Sicherungsabrede wieder auflebt, wenn der Kreditsuchende den Gegenstand zurückverlangt, beurteilt sich nach den Vereinbarungen im Einzelfall.

4. Verhältnis Gläubiger und Sicherungsnehmer

Die gesicherte Forderung muß nicht immer dem Sicherungsnehmer zustehen. **Sicherungsnehmer und Gläubiger brauchen also nicht immer identisch zu sein. Allerdings:** 188

a) Akzessorische Sicherheit

bei den akzessorischen Sicherheiten muß der Sicherungsnehmer stets mit dem Gläubiger personengleich sein. Es ist z. B. nicht möglich, einem anderen gegenüber für die Forderung, die ein Dritter gegen den Schuldner hat, zu bürgen, wenn die Forderung aus der Bürgschaft der anderen Vertragspartei und nicht, wie beim Vertrag zugunsten Dritter (s. Rdn. 34), dem Gläubiger der Forderung zustehen soll. Ein solcher Ver- 189

---

[1] RG JW 36, 645.
[2] BGH WM 67, 611.

trag zwischen dem Bürgen und seinem Partner wäre nichtig; er liegt nicht vor, wenn der Partner lediglich in Vertretung des Gläubigers auftritt, wie z. B. die ein Anleihekonsortium führende Bank, die zugleich namens der anderen Konsorten die Bürgschaftserklärung des Anleihebürgen entgegennimmt. Will sich der Gläubiger aus irgendwelchen Gründen die Sicherheit nicht in eigener Person bestellen lassen, will er vielmehr, daß ein Dritter treuhänderisch als Sicherungsnehmer auftritt, so muß er diesem Dritten zuvor die Forderung abtreten, so daß bei Abschluß des Sicherstellungsvertrages wiederum das Erfordernis der Identität zwischen Sicherungsnehmer und Gläubiger gewahrt ist. **Daher können einer und derselben Sicherheit auch nicht die Forderungen mehrerer nicht in Rechtsgemeinschaft stehender Gläubiger gegen denselben oder verschiedene Schuldner unterstellt werden.** Es muß vielmehr für jeden der mehreren Gläubiger eine eigene Sicherheit bestellt werden, was unter Umständen, insbesondere bei der Verbürgung, in einer und derselben Urkunde geschehen kann.

b) Fiduziarische Sicherheit

aa) Treuhänder

190 **Bei den Treuhandsicherheiten braucht der Sicherungsnehmer niemals mit dem Gläubiger personengleich zu sein**[1]. Der Gläubiger braucht also gar nicht am Abschluß des Sicherstellungsvertrages beteiligt zu werden, allerdings ist eine Sicherstellung der Forderung ohne sein Wissen und Wollen kaum denkbar. Die Rolle des Sicherungsnehmers übernimmt dann — ggf. auch erst nachträglich — ein Dritter, der die Sicherheit zwar im eigenen Namen, aber im Interesse des Gläubigers hält und verwertet. Er ist zugleich Treuhänder des Sicherungsgebers im Sinne von Rdn. 19 (doppelseitige Treuhand) und somit den gleichen Einwendungen ausgesetzt, die dem Sicherungsgeber gegenüber dem Gläubiger als Sicherungsnehmer zustehen würden. Mehrere gemeinschaftlich auftretende Sicherungsnehmer können in solchem Fall eine Gesellschaft bürgerlichen Rechts bilden[2]. So kann z. B. ein Warenlager, welches zur Sicherung der Forderung des A. gegen B. dienen soll, dem C. übereignet oder es kann zum gleichen Zweck eine Sicherungsgrundschuld auf den Namen des C. bestellt werden. Der (Verwaltungs-)**Treuhänder** wird meistens im Auftrag des Gläubigers tätig, bei beruflichen Treuhändern unter Zugrundelegung der „Allgemeinen Bedingungen für Kreditsicherungsaufträge", welche insbesondere den Umfang der Prüfungs- und Verwaltungspflichten des Treuhänders regeln[3]. Der Verwaltungsauftrag kann aber auch vom Schuldner herrühren, sogar vom Schuldner als auch vom Gläubiger oder von mehreren Gläubigern gemeinsam, wie z. B. beim **Bassinvertrag** (s. Rdn. 191). Ist der Schuldner Auftraggeber, so liegt zumeist — insbesondere beim Schuldscheindarlehensgeschäft (s. Rdn. 191) — ein Vertrag zugunsten des Gläubigers im Sinne des § 328 BGB vor, kraft

---

[1] Obermüller, DB 73, 1833.
[2] KG JW 33, 616, 2464.
[3] BGH WM 61, 693.

dessen der Gläubiger zu gegebener Zeit die Verwertung der Sicherheit und die Auskehrung des Erlöses vom Sicherungsnehmer zu verlangen berechtigt ist, ohne daß dieser ein Zurückbehaltungs- oder Aufrechnungsrecht wegen eigener, nicht mit dem Treuhandverhältnis zusammenhängender Ansprüche geltend machen könnte[1]; der Vertrag kann nach Lage der Sache als zugunsten des jeweiligen Gläubigers der gesicherten Forderung geschlossen gelten[2].

Fraglich ist, ob die gesicherte Forderung bereits durch den Eingang des Verwertungserlöses (s. Rdn. 269) beim Sicherungsnehmer oder erst durch seine Abführung an den Gläubiger der gesicherten Forderung **getilgt** wird[3]. Im ersten Fall hätte das Risiko, daß der Sicherungsnehmer den Erlös treuwidrig verwendet, der Gläubiger, im zweiten der Schuldner zu tragen. Der Interessenlage und somit dem mutmaßlichen Parteiwillen dürfte es entsprechen, daß die Tilgungswirkung schon mit dem Erlöseingang beim Sicherungsnehmer eintritt, da dessen Treuhandschaft nicht denkbar ist, ohne daß der Gläubiger mit ihr einverstanden wäre. Die sich aus der vertragsgemäßen Empfangnahme des Erlöses durch den Treuhänder ergebenden Folgen, mithin auch das Risiko seiner **Unredlichkeit,** gehen im Zweifel zu Lasten des Gläubigers.

Das Auftragsverhältnis erlischt im allgemeinen mit dem **Tode** des Sicherungsnehmers (§ 673 BGB), so daß dem Gläubiger, nach Erledigung des Sicherungszwecks dem Schuldner, in entsprechender Anwendung des § 667 BGB ein Nachlaßanspruch auf Übertragung des Sicherungsrechts zusteht, es kommt aber auch vor, daß der Tod des Sicherungsnehmers, vielleicht sogar schon der Zugriff seiner Gläubiger auf das Sicherungsrecht oder seine Zahlungseinstellung, als auflösende Bedingung der Treuhandschaft vereinbart werden, so daß bei Eintritt der Bedingung das Treugut (Sicherungsrecht) ohne weiteres dem Treugeber zufällt; sie begründet sich darin, daß das Treugut von vornherein zum wirtschaftlichen Vermögen des Treugebers gehört hat.

Bei einem **Zwangszugriff** auf das Sicherungsrecht verbleibt es im Verhältnis zwischen Sicherungsnehmer und Sicherungsgeber einerseits und den beiderseitigen Gläubigern andererseits bei der allgemeinen Regel (Rdn. 19); der Gläubiger der gesicherten Forderung aber, als dessen (uneigennütziger) Treuhänder der Sicherungsnehmer tätig ist, kann, solange der Sicherungszweck sich noch nicht erledigt hat, seinerseits die Zwangsvollstreckung der Gläubiger des Sicherungsnehmers in das Sicherungsrecht mit der Drittwiderspruchsklage (§ 771 ZPO) abwehren. Mit **Konkurs** des Auftraggebers erlischt das Treuhandverhältnis (§ 23 Abs. 1 KO). Dagegen ändert der Konkurs des Treuhänders nichts an dessen Rechten und Pflichten, zumal sein Konkursverwalter nicht in diese eintreten kann. Jedoch kann der Treugeber das Auftragsverhältnis lösen und auf Grund seines oben erwähnten wirtschaftlichen Eigentums das Treugut aussondern (vgl. Rdn. 902).

---

[1] RG 160, 52.
[2] RG 117, 149.
[3] BGH WM 75, 79.

bb) Gläubigermehrheit — Schuldner

191 Werden die Forderungen mehrerer Gläubiger gegen denselben Schuldner durch eine einzige Sicherheit geschützt, so geschieht dies in der Praxis fast immer in der Weise, daß einer der mehreren Gläubiger als Treuhänder (s. Rdn. 190) für die anderen Gläubiger fungiert. Meist wird ein Poolvertrag geschlossen (vgl. im einzelnen Rdn. 192). Hierher gehören auch die sog. Konsortialkredite, bei denen der Kredit von mehreren Konsorten gemeinsam gegeben wird, während die Sicherheit nur einem der Konsorten bestellt wird, der bei ihrer Verwaltung und Verwertung die Interessen der anderen wahrzunehmen hat. Entsprechendes gilt bei der Sicherung der Forderungen mehrerer Konzernangehöriger (Konzernklausel). Allerdings findet sich im bankgeschäftlichen Kreditverkehr gelegentlich auch die Einschaltung eines neutralen Treuhänders, insbesondere in dem Fall, daß sich die Geld- und Warenkreditgeber (Banken und Lieferanten), wegen ihrer Forderungen gemeinschaftlich sichern lassen durch Bestellung einer Sicherheit auf den Namen des Treuhänders, der die Sicherheit zu verwalten und den Verwertungserlös an die Gläubiger nach dem Verhältnis ihrer Forderungen auszukehren verpflichtet ist. Man spricht hier von einem **„Bassinvertrag"** im weiteren Sinne[1], wie er unter den besonderen wirtschaftlichen Bedingungen der Fisch-, Obst- und Gemüsekonservenindustrie vorkommt und einer Übereignung des Konservenlagers an die Gläubiger nach Bruchteilen vorzuziehen ist.

Schließlich sei hingewiesen auf die **Treuhandschaft** eines im Auftrage des Schuldners tätigen Kreditinstituts in den Fällen, in denen ein Großunternehmen seine gegenwärtigen und künftigen langfristigen Darlehensgläubiger gleichmäßig und ranggleich sichern will; hier ist die Bestellung von Grundschulden auf den Namen des Kreditinstituts üblich (vgl. Rdn. 317) unter eingehender Ausgestaltung der Befugnisse und Pflichten des Treuhänders; ähnlich ist die Situation da, wo das Kreditinstitut im Schuldscheindarlehensgeschäft die ihm zur Sicherung des **Schuldscheindarlehens** bestellte Grundschuld auch nach Abtretung der Darlehensforderung in Teilbeträgen an dritte Interessenten weierhin als Treuhänderin der Zessionare behält. Die Möglichkeit der treuhänderischen Übernahme der Sicherheit läßt sich auch auswerten in den Fällen, in denen der Sicherungsgeber eine bereits für einen Gläubiger bestellte Sicherheit in der Folge noch für einen anderen Gläubiger nutzbar machen möchte. Ist nämlich der erste Gläubiger bereit, die Sicherheit auch zugunsten des zweiten zu halten, so schützt sie damit die Forderungen beider. Allerdings wird sich der erste Gläubiger zu diesem Entgegenkommen wohl nur dann bereiterklären, wenn er irgendwelchen Einfluß des zweiten Gläubigers auf die Verwertung der Sicherheit nicht zu befürchten hat und seine eigene Forderung im Range vor der anderen aus dem Verwertungserlös decken darf. Besondere praktische Bedeutung erlangt dies , wenn die Sicherheit auch für die künftigen Forderungen des Gläubigers gegen den Schuldner bestellt ist und später eine Änderung in der Person des Gläubigers eintritt.

---

[1] Serick Bd. II § 21 VI 3.

cc) Poolvertrag

Steht ein Kreditnehmer — z. B. bei einem großen Kreditbedarf — mit mehreren Kreditinstituten in Geschäftsverbindung, sieht er sich nicht selten vor die Schwierigkeit gestellt, allen kreditgebenden Instituten angemessene Sicherheiten zu gewähren und — vor allem bei einer angespannten Situation seines Unternehmens — zugleich die Sicherungsmittel optimal nutzen zu müssen. Für derartige Fälle hat sich die Poolung der Sicherungsmittel zugunsten der Gesamtheit der Kreditgeber als nützliches Instrument erwiesen. Vetragliche Grundlage dieser Poolung ist ein zwischen den Banken und dem Kreditnehmer abgeschlossener Poolvertrag[1].

192

Dogmatisch ist der Poolvertrag ein vertraglicher Zusammenschluß mehrerer Kreditgeber mit dem gemeinsamen Kreditnehmer zum Zweck der Übernahme von Sicherheiten auf das gemeinsame Risiko der Kreditgeber[2]. Es handelt sich somit um eine Gesellschaft bürgerlichen Rechts. Dabei mag dahingestellt bleiben, ob der Kreditnehmer, der den Poolvertrag mit unterzeichnet, ebenfalls als Gesellschafter anzusehen ist oder ob die Gesellschaft sich auf das Innenverhältnis der dem Kreditnehmer gegenüberstehenden Kreditinstitute beschränkt.

Sachenrechtlich weist der Poolvertrag praktisch keine Besonderheiten auf. Die einzelnen in den Pool einzubringenden Sicherheiten sind entweder den einzelnen oder einer einzelnen Poolbank bereits bestellt oder noch zu bestellen. Im letzteren Fall werden sie zumeist aus praktischen Gründen nur einem einzigen Kreditinstitut bestellt. Es ist jedoch rechtlich durchaus möglich, die Sicherheiten auf einen Dritten (Treuhänder) zu übertragen, der an der Kreditvergabe nicht beteiligt ist.

Eine Übertragung der Sicherheiten auf alle Poolbanken zusammen mit der Folge, daß sie gemeinschaftlich dinglich berechtigt werden, wäre zwar rechtlich möglich, scheidet jedoch aus praktischen Erwägungen aus, weil damit eine unnötige Komplizierung der sachenrechtlichen Beziehungen und folglich der reibungslosen Verwertung der Sicherheiten einherginge. Die Bildung von Gesamthandsvermögen ist für die Annahme einer BGB-Gesellschaft nicht notwendig[3].

Die Besonderheit der Sicherheitenpoolung zeigt sich ausschließlich im **schuldrechtlichen Bereich**. Zu unterscheiden sind folgende Rechtsbeziehungen:

a) Verhältnis Banken—Kreditnehmer

Das hervorstechende Merkmal des Poolvertrages besteht darin, daß abweichend von der bei Einzelsicherheiten üblichen Gestaltung die Zweckbindung der Sicherheiten, wie sie auch in den einzelnen Sicherungsverträgen vereinbart ist, erweitert wird auf die

---

[1] Obermüller, Bankbetrieb, 70, 456 ff.; Eberding, BB 74, 1004; Ehlers, ZfgK., 77, 912; Berges, BB 76, 388; Kilger, KTS 75, 163.
[2] Vgl. Ehlers a. a. O.
[3] MünchKomm/Ulmer, § 705 Rdn. 182, § 718 Rdn. 6, 10.

Sicherung der Rechte sämtlicher am Pool beteiligten Kreditgeber. Allerdings treten im Rahmen der üblichen globalen Zweckbestimmung nicht sämtliche Poolbanken an die Stelle des die Sicherheit haltenden Institutes. Es wird vielmehr zumeist die derart geschaffene gleichrangige schuldrechtliche Berechtigung auf bestimmte, einzeln aufgeführte Kredite beschränkt (vgl. im einzelnen unten) und die allgemeine globale Besicherung nur für die nachrangigen Forderungen belassen.

b) Verhältnis der Banken untereinander

Das Verhältnis unter den Banken wurde bereits als Gesellschaft bürgerlichen Rechts charakterisiert[1]. Die Banken verpflichten sich zumeist zu gegenseitiger Information bezüglich der einzelnen Kredite. Ein vereinbarter **Saldoausgleich** (vgl. unten) unterstreicht den Charakter der Gesellschaft als Risikogemeinschaft.

Das Verhältnis der übrigen zum jeweils die Sicherheit haltenden (meist poolführenden) Institut ist ein besonderes Treuhandverhältnis, das von dem weiteren Treuhandverhältnis zwischen Sicherungsgeber und Sicherungsnehmer bei fiduziarischen Sicherheiten zu unterscheiden ist. Kraft des hier gemeinten Treuhandverhältnisses Poolführer/Poolbanken ist ersterer verpflichtet, die Sicherheiten zugleich im Interesse der übrigen Vertragspartner zu verwalten und zu überwachen und gegebenenfalls zu verwerten.

Die **wesentlichen Einzelheiten** der im Poolvertrag zu regelnden Fragen lassen sich wie folgt zusammenfassen:

— Aufzählung der beteiligten Institute sowie der in den Vertrag einbezogenen Kredite. Hierbei werden die Kredite in der effektiven Höhe (z. B. bei Tilgungskrediten) oder als eingeräumte Kreditlinien angegeben (z. B. bei Bar-, Diskont- o. Avalkrediten).

Es sollten an dieser Stelle Abreden vermieden werden, die — unbeschadet der Ausführungen unten zu b) — die Aufnahme weiterer Kredite ohne weiteres an die Zustimmung sämtlicher Poolpartner bindet. Darin könnte nämlich im Einzelfall eine gem. § 1 GWB **wettbewerbswidrige Maßnahme** liegen. Ein praktisches Bedürfnis für eine derart weitgehende Bindung des Kreditnehmers besteht wohl auch in den seltensten Fällen. Nimmt der Kreditnehmer bei einer Poolbank oder einer dritten Bank weitere Kredite auf, werden die Interessen der Poolpartner bezüglich ihrer poolgebundenen Kredite und gemeinsamen Sicherheiten direkt nicht berührt, allerdings können die Gläubiger über die neuen Kredite auf das finanzielle Verhältnis und die Verhältnisse des Schuldners einwirken und somit für die Poolkredite störend wirken.

---

[1] Vgl. aber Uhlenbruck, Gläubigerberatung in der Insolvenz, 1983, S. 131 für den Lieferantenpool: erweiterte Bruchteilsgemeinschaft mit Treuhandvereinbarung; wie hier Marx, NJW 78, 248; Jauernig, ZIP 80, 319.

— Aufzählung der in den Pool einzubringenden Sicherheiten, die entweder einzelnen Instituten bereits bestellt oder erst zu bestellen sind. Es wird zweckmäßigerweise auf die gesonderten Sicherstellungsverträge verwiesen, die jeweils die üblichen Zweckbestimmungen enthalten, und ergänzend festgelegt, daß die Sicherheiten in Abwandlung dieser Zweckbestimmungen zur Sicherung der unter 1. aufgezählten Kredite der Poolbanken dienen. Dies verdient den Vorzug vor der Aufnahme eines vollständigen Zweckreverses in die Vereinbarung[1].

— Es wird zumeist eines der beteiligten Institute — meist die Hausbank bzw. die Bank, die den höchsten Krdit gewährt — als **Poolführer und Treuhänder** bestimmt. Sowohl bei der Verwaltung wie der Verwertung wird dem Treuhänder zweckmäßigerweise die ordnungsgemäße Handhabung nach pflichtgemäßem eigenem Ermessen mit der Sorgfalt eines ordentlichen Kaufmanns auferlegt. Die Poolbanken verpflichten sich ferner zumeist zu wechselseitiger Information über die bei ihnen geführten Kredite. Der Poolführer sollte — soweit Sicherheiten ihm gegenüber direkt bestellt worden sind — die Sicherungsverträge den Poolbanken nicht nur zur Kenntnis, sondern zur eigenen rechtlichen Beurteilung zuleiten, um bei (häufig schwer voraussehbaren) nach §§ 3, 9 AGB-G unwirksamen Verträgen den Poolmitgliedern gegenüber nicht in die Haftung wegen Schadensersatz zu kommen. Nicht immer erfüllen Kreditinstitute bei Hereinnahme von Sicherheiten die Sorgfalt eines ordentlichen Kaufmanns, was insbesondere in der Rechtsprechung zur Übersicherung deutlich wird.

— Zentrale Klausel des Poolvertrages ist die Regel der **Verteilung der Verwertungserlöse.**

   — Es wird zunächst festzulegen sein, daß die Verwertung nur im gegenseitigen Einvernehmen sämtlicher Poolpartner erfolgt. Sodann ist festzulegen, mit welcher Forderung die Poolpartner an der Verteilung der Verwertungserlöse partizipieren. Für die Bildung des Verteilungsschlüssels wird zumeist ein Stichtag gewählt. Eventualverpflichtungen (bei Aval- u. Diskontkrediten) sind zu berücksichtigen.

   — Sodann wird sehr häufig unter den Poolbanken vereinbart, daß sie im Verwertungsfall verpflichtet sind, ihre die Kreditlinien nicht übersteigenden Forderungen durch entsprechende Überträge auf einen solchen Stand zu bringen, daß sämtliche Banken eine prozentual gleiche Inanspruchnahme ihrer Linien aufweisen **(Saldoausgleich).** Eine derartige Absprache ist wirtschaftlich vor allem dann bedeutsam, wenn die poolgebundenen Kreditlinien sich in der Größenordnung etwa entsprechen, während die Auswirkungen bei stark differierenden Linien weniger bedeutsam sind. Mit dem Saldoausgleich wird dem Umstand Rechnung getragen, daß der Kreditnehmer seine Dispositionen trotz entspre-

---

[1] Vgl. Obermüller, Bankbetrieb 70, 457.

chender Absicht selten so planen kann, daß stets eine prozentual gleiche Inanspruchnahme aller Kreditlinien vorliegt[1].

— Bei der Erlösverteilung werden zunächst gleichrangig die — saldoausgeglichenen-poolgebundenen Kredite berücksichtigt. In diesem Zusammenhang ist die oben unter a) erwähnte Bindungsklausel sinnvoll und wettbewerbsrechtlich unbedenklich. Eine Absprache, wonach unter den Poolbanken nicht abgestimmte oder nicht von vornherein genehmigte Überziehungen nicht an der Erlösverteilung teilnehmen, ist nichts weiter als die Auswirkung des Grundsatzes, daß Verträge nur im Einvernehmen aller Vertragsschließenden geändert werden können. Allerdings wird man meist zugleich vereinbaren, etwaige Erlösüberschüsse, die nach Verteilung auf die poolgebundenen Kredite verbleiben, im Verhältnis der sonstigen Forderungen unter den Banken aufzuteilen.

Ein weiteres bisher noch nicht erörtertes Problem stellt die Frage dar, ob eine vereinbarte Schuldenausgleichsverpflichtung aufgrund des Sicherheitenpoolvertrages eine Verbuchung als Avalverpflichtung auslöst.

Dazu folgendes Beispiel:

Die in Sicherheitenpoolverträgen vereinbarte Saldenausgleichsverpflichtung hat i. d. R. folgenden Wortlaut:

Die Banken sind berechtigt und auf Verlangen einer der Banken verpflichtet, die im Rahmen der in diesem Vertrag aufgeführten Kreditlinien liegenden Forderungen gegen den Kreditnehmer im Verhältnis dieser Linien untereinander auszugleichen.

Stichtag für den Saldenausgleich ist der Tag der ersten Kreditkündigung oder der Tag der Zahlungseinstellung bzw. des Insolvenzverfahrens oder der Tag des Verwertungsbeschlusses. Bei Eintritt mehrerer dieser Ereignisse ist es der danach früheste Zeitpunkt.

Beispiel:	Kreditlinie		Inanspruchnahme am Stichtag			
			vor Ausgleich		nach Ausgleich	
	TDM	%	TDM	%	TDM	%
Bank A	5000	(55,6)	4800	(68,6)	3889	(55,6)
Bank B	3000	(33,3)	2200	(31,4)	2333	(33,3)
Bank C	1000	(11,1)	—	—	778	(11,1)
	9000	(100,0)	7000	(100,0)	7000	(100,0)

Somit hat in diesem Beispiel die Bank B TDM 133 von dem Kreditsaldo der Bank A und die Bank C TDM 778 von dem Kreditsaldo ebenfalls der Bank A zu übernehmen, so daß sich der Kreditsaldo des betreffenden Kreditnehmers bei den Banken B und C

---

[1] A. A. Obermüller, a. a. O., 457, der den Sinn des Saldoausgleichs vor allem darin sieht, daß die Kreditnehmer eine Überschreitung der Linie nicht immer vermeiden können.

am Stichtag aufgrund der Saldoausgleichsverpflichtung erhöht hat. Die Banken B und C erlangen also mit ihrem Ausgleich an die Bank A einen Anspruch gegen den betreffenden Kreditnehmer.

Da die ausgleichsverpflichteten Banken B und C gegenüber der ausgleichsberechtigten Bank A im Wege des Saldenausgleichs einen Kreditteil übernehmen, stellt dies der Sache nach eine Erhöhung der Kreditinanspruchnahme dar, weil die ausgleichsverpflichteten Banken — wie bereits erwähnt — ihrerseits Ausgleich beim Kreditnehmer verlangen können.

Das Risiko einer Übernahme „fremder Salden" ist bei der Saldenausgleichsklausel zumindest dann einem Risiko aus Avalübernahme nicht vergleichbar, wenn mit dem Schuldner/Kreditnehmer vertraglich vereinbart wird, daß er auf „ausgeglichene" Salden bei den Poolbanken durch entsprechende Inanspruchnahme der Kreditlinien zu achten hat (z. B. durch monatliche Abstimmung). Dann wird im Falle der Insolvenz mit großer Wahrscheinlichkeit die Saldenausgleichsklausel sich nicht auswirken. Sollte hingegen eine gleichmäßige Inanspruchnahme der Kreditlinien nicht möglich sein, so sind gewisse Parallelen zur Avalverpflichtung, welche unstreitig bilanzierungspflichtig sind, erkennbar.

Die Saldenausgleichsverpflichtung sollte auch im Verhältnis zum Kreditnehmer vereinbart werden, da damit die Banken einen bedingten Regreßanspruch gegen den Kreditnehmer erhalten, der durch das AGB-Pfandrecht gesichert ist[1]. In diesem Zusammenhang darf nicht unerwähnt bleiben, daß die möglichen Forderungen gegen den Schuldner/Kreditnehmer als Kredit gemäß § 19 KWG zu behandeln und damit gemäß § 14 KWG anzeigepflichtig sind.

dd) Sicherheitenabgrenzungsverträge

Der Vollständigkeit halber sei noch auf **Poolverträge** hingewiesen, die mit dem Ziel geschlossen werden, die Sicherungsrechte, die in Form von Eigentumsvorbehalten mit den üblichen Verlängerungs- und Erweiterungsformen vereinbart worden sind, im Insolvenzverfahren gemeinsam durchzusetzen. Bei den **Sicherheitenabgrenzungsverträgen** bilden die verschiedenen Sicherungsnehmer eine Miteigentümergemeinschaft[2]. Die Miteigentümer können die Art und Weise der Aufhebung und Teilung deren Gemeinschaft vertraglich regeln (§ 749 BGB). Die vermengten Sachen stehen der Miteigentümergemeinschaft auch ohne Nachweis der exakten Einzelquoten zu[3]. Der Pool der Sicherungsgläubiger stellt sich damit als Gesellschaft bürgerlichen Rechts dar[4]. Zweck der Gesellschaft ist, die Sicherheiten der Gesellschaft im Sicherungsfall 193

---

[1] Schröter/von Westphalen, Sicherheitenpoolverträge, WM-Skript, 1986, S. 31.
[2] Gottwald, Insolvenzrechtshandbuch, § 46 Rdn. 4.
[3] BGH NJW 58, 1534; Tiedtke, WM 79, 186; MünchKomm/K. Schmidt, § 1011 Rdn. 6; Smid in WuB VI B. § 30 Nr. 2 KO-1.93.
[4] BGH WM 88, 1784 = WuB I F 7.-1.89/Schröter.

zu realisieren. Gesellschafter sind Sicherungsnehmer, wozu nicht nur die Banken, sondern auch die Warenlieferanten zählen. Eine rechtliche Inhaltsänderung der Sicherungsrechte der Sicherungsgeber ist mit der Poolbildung nicht verbunden, sie dient lediglich der Ausräumung von Beweisschwierigkeiten[1]. Nicht zulässig ist allerdings, die Forderungen ungesicherter Gläubiger mit unter die Deckung nicht voll valutierter Sicherheiten zu nehmen (§ 15 KO)[2]. Derartige Vereinbarungen sind rechtlich unbedenklich, wenn sie die Durchsetzung — unabhängig vom Pool — materiell einwandfrei bestimmter und bestimmbarer Sicherungsrechte zum Gegenstand haben[3]. Der Pool ist nichts anderes als ein Zusammenschluß der Sicherungsgläubiger zur Behebung von Beweisschwierigkeiten im Fall der Aus- oder Absonderung[4]. Literatur und Rechtsprechung anerkennen überwiegend den Poolvertrag[5]. Wichtig ist aber, daß nur die Einbringung von Rechten, die von jedem Gläubiger auch individuell durchsetzbar wären (wenn auch u. U. mit Beweisschwierigkeiten) in einen Pool eingebracht werden können[6]. Vertreten wird auch, daß Poolverträge gem. § 138 BGB sittenwidrig sind, wenn sie eine materielle oder beweisrechtliche Verbesserung der Realisierung von Sicherungsrechten bezwecken und innerhalb der Krise geschlossen worden sind[7]. Im Einzelfall kann auch eine Gläubigergefährdung gegeben sein[8].

Wirken nicht alle Sicherungsnehmer bei der Poolbildung mit, so soll es genügen, wenn auf Herausgabe bzw. Schadensersatz durch alle geklagt wird, die überhaupt Miteigentümer sein könnten[9]. Gegen diese Auffassung werden Bedenken geltend gemacht, weil ein solches Vorgehen nicht den Erfordernissen eines schlüssigen Klagantrages genüge[10]. Diese Bedenken sind durchschlagend, da die im Pool zusammengeschlossenen Miteigentümer nicht die Rechte anderer Miteigentümer wahrnehmen können, diese also selbst den Konkursverwalter verklagen könnten, der dann nicht befreiend an den Pool geleistet hätte[11]. Zu beachten ist, daß der Poolvertrag Eigentumsverluste durch Vermischung, Vermengung oder Verarbeitung nicht auffangen kann[12]. Außer-

---

[1] Berges, BB 76, 388; BGH WM 88, 1784.
[2] Jäger/Henckel, KO, § 15 Anm. 79.
[3] Vgl. OLG Karlsruhe DB 78, 1636 f.; Marx, NJW 78, 246 ff.; Reinicke-Tiedtke, WM 79, 186 ff.
[4] Uhlenbruck, Gläubigerberatung in der Insolvenz, 1983, S. 130.
[5] Uhlenbruck a. a. O.; Serick III § 42 II 2, 8, S. 69; Mentzel/Kuhn, § 43 Anm. 44; Jaeger/Henckel, § 15 Anm. 75; vgl. aber auch Reinicke/Tiedtke, WM 79, 186; Berges, BB, 76, 388.
[6] BGH WM 82, 482; OLG Frankfurt WM 86, 27; OLG Karlsruhe NJW 79, 2317; Uhlenbruck, a. a. O.
[7] Marx, a. a. O.; siehe aber OLG Frankfurt WM 86, 27; von Westphalen in WuB VI B § 15 KO — 1.86.
[8] BGH 10, 232; 55, 35; MünchKomm/Meyer-Moly, § 138 Rdn. 61 ff.
[9] Kuhn/Uhlenbruck, KO, 1986, § 4 Rdn. 17.
[10] von Westphalen in Schröter/v. Westphalen, Sicherheiten-Pool-Verträge der Banken und Warenlieferanten, WM-Skript 1986, S. 129.
[11] Jauernig, ZIP 80, 318; Schröter in WuB I F 7.-1.89.
[12] Uhlenbruck a. a. O.

dem nützt der Poolvertrag dann nichts, wenn bei Vorausabtretung von Forderungen aus dem Verkauf gleichartiger Ware von verschiedenen Lieferanten der Verkäufer im Einzelfall nicht nachweisen kann, welche Forderung gerade aus der von ihm gelieferten Ware stammt. Die Unterlassung von Aufzeichnungen, aus der die Vorausabtretung der Ware zugeordnet weren könnte, führt noch nicht zu einer Beweislastumkehr[1]. Der Konkursverwalter muß prüfen, ob einen Poolvertrag nach §§ 30 Nr. 2, 32 Nr. 1 KO anfechten kann. Diese Anfechtung ist insbesondere dann gegeben, wenn der Poolvertrag abgeschlossen wird, um Halbfertigfabrikate zugunsten einzelner Lieferanten und Sicherungseigentümer fertigzustellen mit der Folge, daß der gesteigerte Wert ausschließlich den Poolgläubigern zugutekommt[2].

Schließlich kann der Poolvertrag daran scheitern, daß nicht alle Lieferanten (Miteigentümer) bei der Poolbildung mitwirken[3]. Es wird vertreten, daß es bereits ausreiche, wenn auf Herausgabe an alle geklagt werde, die „überhaupt Miteigentümer sein könnten"[4]. Wer wirklich Miteigentümer sei, brauche erst im Auseinandersetzungsverfahren der Miteigentümer geklärt zu werden. Dieser Meinung ist nicht zuzustimmen, da einige Miteigentümer nicht die Rechte anderer mit wahrnehmen können: diese können selbst den Konkursverwalter verklagen, er hat dann nicht befreiend an die anderen Miteigentümer geleistet. Dies gilt um so mehr dann, wenn es sich nicht um Miteigentum handelt, sondern gleiche Ware, die aufgrund von Beweisschwierigkeiten nur nicht mehr auseinandergehalten werden können.

Gegen eine Sicherheiten-Pool-Vereinbarung bestehen keine konkursrechtlichen Bedenken, wenn die in den Pool eingebrachten Sicherungsrechte — denkt man sie sich individuell geltend gemacht — aufgrund der vorgetragenen Tatsachen in rechtlicher Hinsicht als genügend bestimmbar anzusehen und deshalb an sich durchsetzungsfähig sind, so daß die Poolvereinbarung nur zu dem Zweck der Ausräumung **tatsächlicher Beweisschwierigkeiten** geschlossen wird[5]. Unwirksam ist danach eine Poolvereinbarung, wenn sie sich auf Sicherungsrechte bezieht, die im Falle ihrer individuellen Geltendmachung deshalb nicht durchsetzbar wären, weil es an den rechtlichen Voraussetzungen fehlt, unter denen sie als genügend bestimmbar anzusehen sind.

Bei der **Bildung mehrerer Pools** ist darauf zu achten, daß nicht Rechte Dritter — hier Inhaber des Rückgewähranspruches gegenüber dem ersten Pool — verletzt werden[6].

---

[1] BGH NJW 78, 632; Uhlenbruck a. a. O.; Jaeger/Henckel, § 15 Rdn. 78; Böhle/Stamschräder/Kilger, § 43 Anm. 3b bb; Kuhn/Uhlenbruck, § 43 Rdn. 44.
[2] Uhlenbruck, Gläubigerberatung in der Insolvenz, 1983, S. 134; Böhle/Stamschräder/Kilger, § 43 Anm. 3b bb.
[3] Uhlenbruck a. a. O.; Jaeger/Henckel, § 15 Rdn. 79; vgl. dazu auch BGH NJW 75, 122.
[4] Jaeger/Henckel, § 15 Rdn. 79.
[5] OLG Karlsruhe WM 79, 343.
[6] BGH WM 82, 482.

ee) *Kündigung* und *Auseinandersetzung eines Poolvertrages*

194 Gem. § 726 BGB endet eine Gesellschaft bürgerlichen Rechts, wenn der vereinbarte Zweck erreicht oder dessen Erreichung unmöglich geworden ist. Dennoch kann bei Abschluß des Poolvertrages eine nicht voraussehbare Lage entstehen, nach der einem der Beteiligten eine Lösung aus dem Vertragsverhältnis notwendig erscheint. Aus diesem Grunde ist die Aufnahme einer generellen **Kündigungsklausel** unerläßlich. Ist die Gesellschaft nicht für eine bestimmte Zeit eingegangen, so kann jeder Gesellschafter jederzeit kündigen (§ 723 Abs. 1 Satz 1 BGB). Ist jedoch eine Zeitdauer bestimmt, so ist die Kündigung vor Ablauf der Zeit zulässig, wenn ein wichtiger Grund vorliegt (§ 723 Abs. 1 Satz 2 BGB).

Bei dem sog. unbefristeten Poolvertrag darf eine Kündigung allerdings nicht zur Unzeit erfolgen, d. h., der ausscheidende Gesellschafter muß auf die gemeinschaftlichen Interessen der übrigen Gesellschafter Rücksicht nehmen. Eine Kündigung zur Unzeit kann ggf. eine Schadensersatzpflicht des ausscheidenden Gesellschafters zur Folge haben[1]. Um dieser Schadensersatzpflicht zu entgehen, muß die Kündigung an eine Frist geknüpft werden. Diese bemißt sich je nach den Umständen des Einzelfalles, jedoch reicht i. d. R. eine Kündigungsfrist von einem Vierteljahr[2].

Damit die Gesellschaft beim Ausscheiden eines Gesellschafters nicht auseinanderbricht, empfiehlt sich eine sog. **Fortsetzungsklausel**. Die Fortsetzungsklausel ist eine ausrückliche Vereinbarung, nach der im Falle einer Kündigung schon im voraus der Neuabschluß einer BGB-Gesellschaft vereinbart, oder zumindest noch eine Verpflichtung hierzu eingegangen wird, § 736 BGB.

Der Kündigung eines Gesellschafters folgt i. d. R. eine **Auseinandersetzung**. Zusätzlich zu der Regelung über die Aufteilung der Sicherheiten sollte vereinbart werden, daß im Zeitpunkt des Ausscheidens des kündigenden Gesellschafters auf Verlangen auch nur einer der Poolbanken, der Saldenausgleich durchzuführen ist[3].

Im Verhältnis zwischen den Banken und der Kreditnehmerin besteht keine BGB-Gesellschaft, so daß auch kein Kündigungsrecht der Firma gem. § 723 BGB besteht.

Eine Klausel, nach der die Aufhebung des Vertrages nur erfolgen kann, wenn alle Kreditinstitute die Kündigung gemeinsam beschließen, ist nichtig. Eine derartige Vereinbarung läßt sich nämlich nicht mit der Nichtigkeitsbestimmung des § 723 Abs. 3 BGB vereinbaren. Dort heißt es nämlich, daß eine Vereinbarung, durch welche das Kündigungsrecht geschlossen wird, nichtig ist.

---

[1] Schröter/von Westphalen, a. a. O., S. 34; MünchKomm/Ulmer, § 723 Rdn. 37.
[2] Eberding, BB 1974, 1004.
[3] Schröter/von Westphalen, a. a. O., S. 36.

III. Ausbleiben und Wegfall der gesicherten Forderung

Die Sicherheit ist begrifflich vom Rechtsbestand der gesicherten Forderung abhängig. Die Existenz und der gegenständliche Umfang der Forderung sind wesentliche Voraussetzung jeder Sicherung; ein Verzicht auf die sich daraus ergebenden Einwendungen durch den Sicherungsgeber ist nicht möglich. Dabei ist es gleichgültig, ob die Forderung ausbleibt, d. h. noch nicht besteht, oder ob sie wegfällt, d. h. nicht mehr besteht. In beiden Fällen ist eine Verbindlichkeit des Schuldners, die durch die Sicherheit gedeckt werden könnte, nicht vorhanden. 195

1. Nichtgewährung des Kredits

Die Forderung bleibt aus, wenn der zu sichernde Kredit ganz oder zum Teil nicht gewährt wird. Dies ist z. B. der Fall, wenn der Kreditgeber sein Darlehensversprechen **widerruft**. Dazu ist er berechtigt, wenn in den Vermögensverhältnissen des anderen Teils eine wesentliche, die Rückerstattung gefährdende Verschlechterung eintritt (§ 610 BGB). Bei Sachsicherheiten spricht man in solchem Fall, sobald der Sicherstellungsvertrag abgeschlossen ist, von mangelnder **Valutierung** der Sicherheit[1]. Die gleiche rechtliche Situation ergibt sich, wenn der Kreditvertrag aus irgendeinem Grunde von vornherein **nichtig** ist oder wenn eine nachträgliche **Anfechtung** zur Nichtigkeit führt; auch dann fehlt es an der Kreditforderung und somit an der Valutierung, es sei denn, die Sicherheit deckt aufgrund vertraglicher Vereinbarung auch den Anspruch auf Rückzahlung eines bereits gewährten Darlehensbetrages aus dem Gesichtspunkt der **ungerechtfertigten Bereicherung** (s. Rdn. 164). Die Vorschrift des § 139 BGB, wonach, wenn ein Teil eines Rechtsgeschäfts nichtig ist, im Zweifel das ganze Rechtsgeschäft von der Nichtigkeit erfaßt wird, findet auf solchen Sachverhalt keine Anwendung[2]. Nur wenn die Forderung wegen **Wuchers** nichtig ist, ist grundsätzlich auch die für die Forderung bestellte Sicherheit nichtig (§ 138 Abs. 2 BGB)[3]. Ist die Sicherstellung nichtig, so bleibt der Kreditvertrag davon grundsätzlich unberührt, **weil eben das Kreditgeschäft und die Sicherung nicht einheitlich im Sinne des § 139 BGB sind**[4]. Daher hat sogar die Sittenwidrigkeit der Sicherung nicht zur Folge, daß die Rückzahlungspflicht des Kreditnehmers entfällt[5]. Im Rahmen eines Darlehensvorvertrages kann aber die Nichtigkeit der Sicherheit von Bedeutung sein, falls sich der Vorvertrag als ein gegenseitiger darstellt (Rdn. 28). Auch kann die Nichtigkeit 196

---

[1] Die Sachsicherheit kann aber auch ohne Hergabe des Kredits bereits durch ein selbständiges Schuldversprechen (Rdn. 14) valutiert werden. Eine Hypothek ist dann nicht Eigentümergrundschuld.
[2] RG 145, 155; JW 36, 1953; 37, 2515.
[3] Hier kann sich deshalb eine Hypothek nicht wegen Nichtbestehens der Forderung in eine Eigentümergrundschuld verwandeln. RG 93, 74; 95, 244; BGH WM 66, 399, 1221.
[4] RG 86, 323; 108, 150; BGB WM 57, 1334.
[5] BGH WM 55, 687.

zur Nichtigkeit anderer Sicherheiten führen, wenn die mehreren Sicherheiten nur als ein einheitliches Ganzes gewollt waren (§ 139 BGB)[1].

2. Wegfall der gesicherten Forderung

197 Die Forderung fällt weg, wenn sie, z. B. durch Erlaß, Aufrechnung, Schuldumschaffung (Novation), sich nachträglich ermäßigt oder ganz erlischt. Am weitaus häufigsten erlischt sie durch freiwillige oder im Vollstreckungswege erzwungene Zahlung des kreditierten Betrages seitens des Schuldners. Unter Umständen kann auch ein Dritter für Rechnung des Schuldners an den Gläubiger zahlen (§ 267 BGB); es erlischt dann die Forderung genauso, wie wenn der Schuldner selbst gezahlt hätte, ohne daß freilich die etwaige Regreßforderung des Dritten gegen den Schuldner ohne weiteres von der für die erloschene Forderung bestehenden Sicherheit gesichert wird. Man muß diese Art der Zahlung auseinanderhalten von dem Fall, daß der Dritte den Kredit beim Gläubiger „ablöst", indem er dem Gläubiger die Kreditforderung abkauft und sie sich gegen Zahlung des Kaufpreises abtreten läßt (Rdn. 227). Dritter in diesem Sinne ist nicht, wer den Gläubiger zwecks Ablösung einer Sicherheit befriedigt, da er kraft eigenen Rechts zahlt, seine Zahlung somit auch gegen den Willen des Gläubigers und Schuldners aufdrängen kann; für eine solche der Ablösung der Sicherheit dienende Befriedigung des Gläubigers bestehen Sondervorschriften[2] (Rdn. 241 ff.).

Bisweilen bereitet die Verrechnung des vom Gläubiger vereinnahmten Betrages Schwierigkeiten. Schuldet nämlich der Kreditnehmer neben dem gesicherten Kreditbetrag noch einen ungesicherten, so stellt sich die Frage, ob die von ihm geleistete Zahlung, sofern sie zur Tilgung seiner sämtlichen Schulden nicht ausreicht, die gesicherte oder ob sie die ungesicherte Schuld getilgt hat. Die Parteien des Sicherstellungsvertrages können sich von vornherein über die Art und Weise der **Verrechnung** einigen und bei teilweiser Sicherstellung einer Kreditforderung die Sicherung im voraus auf den „letztrangigen" Teil der Forderung beschränken. Etwaige Abzahlungen des Schuldners sind dann zunächst auf den nicht gesicherten Teil der Kreditforderung zu verrechnen. Gleiches gilt, wenn der Sicherungsgeber eine limitierte Sicherheit (s. Rdn. 180) bestellt hat und demnächst der Schuldner, dem der Gläubiger über das Limit hinaus Kredit gewährt hat, eine Teilzahlung leistet, denn im Fall der limitierten Sicherheit haftet diese für die ganze Schuld, wenn auch nur bis zur vereinbarten Höchsthaftungsgrenze. Daher berühren hier Teilzahlungen des Schuldners die Haftung der Sicherheit so lange nicht, als die Schuld die Höchsthaftungsgrenze übersteigt. Bis zu dieser Grenze kann der Sicherungsnehmer trotz der Abzahlungen des Schuldners für die im Zeitpunkt der Verwertung noch bestehende Restschuld auf die Sicherheit zurückgreifen. Im übrigen aber kann mangels anderweitiger Vereinbarung der Schuldner einseitig, und zwar auch gegen den Willen seines Vertragspartners, über die Art und Weise der Anrechnung der

---

[1] BGH WM 62, 1194; NJW 1976, 1932.
[2] BGH 42, 53.

Wegfall der gesicherten Forderung

Teilzahlung bestimmen, so daß unter Umständen zum Nachteil des Gläubigers die gesicherte Forderung vor der ungesicherten erlischt. Unterläßt der Schuldner eine solche Bestimmung, die auch stillschweigend getroffen werden kann[1], so läßt das Gesetz, die Fälligkeit sowohl der gesicherten als auch der ungesicherten Forderung voausgesetzt, letztere, unter mehreren gesicherten Forderungen die schwächer gesicherte vor der stärker gesicherte, z. B. die personal gesicherte vor der sachgesicherten, und von ihr wiederum die Nebenleistungen als zuerst getilgt gelten (§§ 366, 367 BGB); der für die Reihenfolge der Tilgung maßgebende Grad der Sicherung bestimmt sich jedoch nicht danach, ob und inwieweit konkursrechtlich die Sicherheit in Ansehung der einen Forderung anfechtbar, in Ansehung der anderen Forderung unanfechtbar ist[2]. Entsprechendes gilt, wenn es sich um die Verrechnung des Erlöses aus der Ablösung oder Verwertung einer anderweitigen Sicherheit handelt oder wenn der gesicherte Kredit in festgelegten Raten zu tilgen war und auf mehrere fällige Raten eine Teilzahlung erfolgt[3], nicht aber, wenn die Teilzahlung nicht auf mehrere Forderungen, sondern auf eine einzige, aber in ihren Teilen unterschiedlich gesicherte, z. B. teils verbürgte, teils hypothekarisch gesicherte Forderung, geleistet wird; tilgt hier die Zahlung die unterschiedlich gesicherten Forderungsteile gleichmäßig. Die Haftung mehrerer Höchstbetragssicherheiten für die ganze Schuld, wenn auch nur bis zum vereinbarten Limit, hat somit zur Folge, daß der Eingang des Erlöses aus der Verwertung einer von ihnen die Haftung der anderen für den nicht gedeckten Teil ihres Limits nicht berührt.

Besondere Regeln gelten für Forderungen, die in ein **Kontokorrent** eingestellt sind. Nach § 356 HGB ist nämlich der Sicherungsnehmer, wenn die gesicherte Forderung — sei es auch ohne sein Wissen — in eine laufende Rechnung aufgenommen wird, dadurch nicht gehindert, aus der Sicherheit insoweit Befriedigung zu suchen, als sein Guthaben aus der laufenden Rechnung und die Forderung beim Abschluß der Rechnungsperiode sich decken. Bis zur Höhe der gesicherten Forderung tritt also das Saldoguthaben an ihre Stelle. Ob dabei überhaupt von einem durch die Saldierung bewirkten Erlöschen der gesicherten Forderung gesprochen werden kann, mag auf sich beruhen; jedenfalls wird sie um der Sicherheit willen als fortbestehend behandelt[4]. Sind im Laufe der Zeit mehrere Saldierungen erfolgt und anerkannt, so beschränkt sich die Haftung der Sicherheit auf den niedrigsten Zwischensaldo bei Abschluß einer Rechnungsperiode bis zur Höhe der gesicherten Einzelforderung. Die Sicherheit wird demgemäß frei, sobald sich einmal ein solcher Saldo zu Gunsten des Schuldners ergibt[5], während Sachwankungen des Kontostandes durch Zwischenzahlungen innerhalb der Rechnungsperiode den Fortbestand der Sicherheit nicht beeinträchtigen. Das muß zumal dann gelten, wenn im Falle eines Schuldnerwechsels die Sicherheit nicht auch für die dem Gläubiger gegen den neuen Schuldner erwachsenden Forderungen bestellt war

198

---

[1] BGH NJW 69, 1846.
[2] RG 114, 211.
[3] Vgl. BGH NJW 65, 1373.
[4] RG 162, 251.
[5] BGH I 26, 142.

und diese Forderungen zusammen mit der alten (gesicherten) Forderung in dasselbe Kontokorrent aufgenommen werden oder wenn eine gesicherte einzelne Saldoschuld als neuer Posten in das fortgsetzte Kontokorrent hinübergenommen wird. Dabei bestehen die Sicherheiten mehrerer in das Kontokorrent eingestellter, unterschiedlich gesicherter Einzelforderungen nicht einander anschließend, sondern nebeneinander zur Sicherung des Zwischensaldos, in welchem sämtliche Einzelforderungen aufgegangen sind. Der Gläubiger hat die Wahl, welche der Sicherheiten er geltend machen will. Daher kann er, wenn der Saldo höher ist als der Gesamtbetrag der gesicherten Einzelforderungen, den Saldo in Teile zerlegen, die den gesicherten Einzelforderungen und ihren Sicherheiten entsprechen; ist der Saldo geringer, so ist er innerhalb des Sicherungswertes der höchstwertigen Sicherheit mehrfach gedeckt. An der Wirkung des § 356 HGB ändert es nichts, daß der Sicherungsgeber von der Einstellung der gesicherten Forderung in das Kontokorrent nichts weiß[1]. Da jedoch innerhalb des Kontokorrents die Verrechnungsvorschriften der §§ 366, 367 BGB nicht gelten[2], ist die Aufnahme der Forderung in das Kontokorrent einem Interzedenten nachteilig, falls der Gläubiger in der Folge noch anderweitige Forderungen gegen den Schuldner in das gleiche Kontokorrent einstellt. Daran ist der Gläubiger grundsätzlich nicht gehindert[3], und bei der Sicherstellung eines Bankkredits wird der Sicherungsgeber sogar damit rechnen müssen[4]. Will er erreichen, daß die Eingänge vorzugsweise auf die gesicherte Forderung verrechnet werden, so muß er eine entsprechende **Abmachung** treffen. Sie kann auch in dem Verbot weiterer Kreditgewährung erblickt werden und hat zur Folge, daß die gesicherte Forderung nicht in das Kontokorrent eingestellt werden darf[5]. Nimmt der Gläubiger dennoch die gesicherte Forderung in die laufende Rechnung auf, kann er sich dem Sicherungsgeber gegenüber nicht auf die Wirkung des § 356 HGB berufen[6]; unter Umständen verwirkt er sogar die Sicherheit[7]. Immerhin ist solche Abrede eine Ausnahme[8], wie überhaupt der Tatbestand des § 356 HGB verhältnismäßig selten ist. **Alltäglich, jedenfalls im Bankverkehr, ist dagegen die Sicherstellung der Kontokorrentschuld als solcher, mit anderen Worten, die Sicherstellung des jeweiligen Passivsaldos.** Hier haftet die Sicherheit für den Schlußsaldo; sie wird also durch vorübergehende Tilgung des in laufender Rechnung in Anspruch genommenen Kredits nicht frei. Noch anders gestaltet sich die Rechtslage, wenn nach der Vereinbarung zwischen den Parteien die Sicherheit nur für einen bestimmten abgemessenen Teil des kontokorrentmäßig verbuchten Kredits haften soll, z. B. nur für den bis zu einem bestimmten Höchstbetrag oder innerhalb eines bestimmten Zeitraumes gewährten Kredits (s. Rdn. 269). Da der über die vereinbarte Grenze hinaus gewährte Kredit den Siche-

---

[1] OLG Nürnberg WM 57, 695.
[2] RG 87, 438; BGH WM 61, 1046; 70, 186.
[3] BGH WM 63, 24.
[4] RG 136, 180.
[5] RG 136, 184.
[6] BGH WM 61, 58.
[7] OLG Bamberg NJW 56, 1240.
[8] OLG Köln JW 39, 99.

rungsgeber überhaupt nichts angeht, muß, sobald die Grenze erreicht ist, das Konto abgeschlossen werden. Ist demnächst bei Beendigung des Kreditverhältnisses der Schlußsaldo kleiner, so haftet die Sicherheit nur in Höhe des Schlußsaldos; ist der Schlußsaldo größer, so ist für die Haftung der Sicherheit der seinerzeit vorgenommene Abschluß maßgebend. Wird andererseits die Sicherhung beschränkt auf denjenigen Kreditteil, um den ein bereits in laufender Rechnung gewährter Kredit nachträglich erhöht wird, so haftet die Sicherheit ungeachtet der laufenden Rechnung nur für die den alten Kredit übersteigende Schuldsumme.

Die Rechtsstellung des Sicherungsgebers beim Ausbleiben oder Wegfall der gesicherten Forderung ist eine verschiedene je nachdem, ob die Sicherheit eine akzessorische oder ob sie eine Treuhandsicherheit ist (s. Rdn. 17). Eben hier macht sich wegen der Häufigkeit der Fälle der graduelle Unterschied zwischen der Abhängigkeit der akzessorischen und derjenigen der Treuhandsicherheit besonders bemerkbar. Man hat daraus, zumal im Bereich der Grundpfandrechte, wichtige praktische Folgerungen gezogen. Im einzelnen: 199

a) Akzessorische Sicherheit

Handelt es sich um eine akzessorische Sicherheit, so hat der Sicherungsnehmer trotz Abschlusses des Sicherstellungsvertrages bei gänzlichem oder teilweisem Ausbleiben der gesicherten Forderung die Sicherheit überhaupt nicht oder nur zu dem Teil erworben, zu welchem die Forderung entstanden ist. Er muß also, um die Sicherheit geltend machen zu können, das Entstehen der gesicherten Forderung beweisen. Dies gilt auch dann, wenn die Sicherheit für eine künftige, aufschiebend bedingte oder von einem Anfangstermin abhängig gemachte Forderung bestellt worden ist. Auch in diesem Fall erwirbt der Sicherungsnehmer die Sicherheit erst mit der Entstehung der Forderung bzw. mit dem Eintritt der Bedingung oder des Anfangstermins, allerdings mit der Maßgabe, daß sich bei Sachsicherheiten der **Rang der Sicherheit** nach dem Zeitpunkt der Bestellung der Sicherheit bestimmt. Die Sicherheit kann jedoch nicht mehr erworben werden, sobald endgültig feststeht, daß die Forderung nicht entstanden ist. Wegen Valutierung nach Eröffnung des Konkurses über das Vermögen des Sicherungsgebers s. Rdn. 202. Ob aber von der Inanspruchnahme und Gewährung des vereinbarungsgemäß der Sicherheit unterstellten Kredits endgültig abgesehen werden soll, steht bei den Parteien. **Äußere Ereignisse können dieser ihrer Entscheidung nicht vorgreifen.** Daher hindert der Tod des Bürgen und der Übergang der Bürgschaftsschuld auf dessen Erben den Hauptschuldner nicht, die Bürgenhaftung durch weitere Kreditausnutzung zu erhöhen (s. Rdn. 364 zur Bürgschaft), und ebensowenig vermag eine Pfändung der (vorläufigen) Eigentümergrundschuld die weitere Valutierung und Umwandlung des Grundpfandrechts in eine Hypothek des Gläubigers auszuschließen, zumal das Recht zur Kündigung des Kreditvertrages als unselbständiges Gestaltungsrecht nicht ebenfalls gepfändet werden kann[1]. 200

---

[1] RG JW 35, 2554.

201 Bei gänzlichem oder teilweisem Wegfall der gesicherten Forderung ist die Rechtslage entsprechend; hier verliert der Sicherungsgeber die Sicherheit ganz oder zu dem Teil, zu welchem die Forderung erlischt, und die Parteien können die Sicherheit nicht wieder ins Leben rufen, indem sie nachträglich vereinbaren, die durch Zahlung erloschene Forderung solle nicht getilgt sein, weil die Zahlung nicht als solche wirken oder weil sie einer anderen (nicht gesicherten) Forderung des Gläubigers gelten solle. Auf diesem Wege kann eine durch Befriedigung des Gläubigers entstandene Eigentümergrundschuld nicht wieder in eine Hypothek des Gläubigers zurückverwandelt werden (wegen eines Erlasses im Zwangsvergleich s. Rdn. 179). Auf das Ausbleiben oder den Wegfall der gesicherten Forderung kann sich unmittelbar auch jeder interessierte Dritte berufen. Insofern äußert hier die Zweckgebundenheit der Sicherheit dingliche Wirkung.

b) Fiduziarische Sicherheit

aa) Allgemeines

202 Handelt es sich um eine Treuhandsicherheit, so erwirbt der Sicherungsnehmer die Sicherheit schon durch und mit Abschluß des Sicherstellungsvertrages, auch wenn die gesicherte Forderung nicht oder noch nicht zur Entstehung gelangt ist. Er ist aber gegenüber dem Sicherungsgeber als dessen Verwaltungstreuhänder schuldrechtlich verpflichtet, die Sicherheit nicht zu verwerten, und muß das Sicherungsrecht überdies auf Erfordern des Sicherungsgebers aufgeben, in der Regel also auf ihn (zurück)-übertragen. Dies alles gilt auch, wenn die Kreditforderung nichtig ist (s. Rdn. 196). Sogar die Tatsache, daß beide Parteien im einzelnen Falle mit dem Abschluß des Sicherstellungsvertrages gegen die guten Sitten verstoßen haben, schließt den Anspruch des Sicherungsgebers auf Aufgabe des Sicherungsrechts nicht aus, weil die einschlägige Vorschrift des § 817 Satz 2 BGB bei Leistungen, die nur sicherungshalber bewirkt werden, nicht anwendbar ist[1]. Anders als bei der akzessorischen Sicherung, die vom Sicherungsnehmer nur geltend gemacht werden kann, wenn er das Entstehen der gesicherten Forderung zu beweisen vermag, obliegt es bei der fiduziarischen Sicherung angesichts der Selbständigkeit des Sicherungsrechts dem Sicherungsgeber zu beweisen, daß die gesicherte Forderung nicht besteht[2]. Wenn die Sicherheit von vornherein für eine künftige, aufschiebend bedingte oder von einem Anfangstermin abhängig gemachte Forderung bestellt worden ist, so ist der Sicherungsnehmer zunächst nicht verpflichtet, das Sicherungsrecht dem Sicherungsgeber wieder zur Verfügung zu stellen. Diese Verpflichtung ist vielmehr aufschiebend bedingt durch die Feststellung, daß die gesicherte Forderung endgültig nicht besteht[3]. Ob aber von der Inanspruchnahme

---

[1] RG 67, 321; BGH 19, 205; WM 72, 383.
[2] Str.; RG 124, 65; JW 35, 777, 1779; BGH WM 59, 29; OLG Celle NJW 62, 745.
[3] Echte Bedingtheit ist zu verneinen, wenn man annimmt, daß der Anspruch aus dem Sicherungsvertrag mit gleicher Notwendigkeit erwächst wie aus dem Leihvertrag der Anspruch auf Rückgabe der geliehenen Sache.

und Gewährung des vereinbarungsgemäß der Sicherheit unterstellten Kredites endgültig abgesehen werden soll, steht bei den Parteien. **Äußere Ereignisse können dieser Entscheidung nicht vorgreifen.** Daher kann durch eine **Pfändung** des Anspruchs auf Rückgewähr der Sicherheit nicht verhindert werden, daß der vereinbarte Kredit demnächst weiterhin ausgenützt und dadurch die im voraus bestellte Sicherheit voll oder über den bisherigen Umfang hinaus valutiert wird. Sie vermag auch nicht auszuschließen, daß der Sicherungsnehmer zu gegebener Zeit die Sicherheit verwertet, soweit das Bestehen einer Forderung ihm dies gestattet. Ist die **Forderung teilweise entstanden,** so hat der Sicherungsgeber ebenfalls keinen Anspruch auf Rückgewähr der Sicherheit; er kann auch nicht verlangen, daß ihm ein entsprechender Teil des Sicherungsrechts zur Verfügung gestellt werde, denn grundsätzlich haftet die ganze Sicherheit für jeden Teil der Forderung (s. Rdn. 283). Zu beachten sind allerdings die Grundsätze der Rechtsprechung des BGH zur Überrsicherung (vgl. Rdn. 148d ff.).

Unbenommen bleibt es den Parteien, durch ensprechende Abmachungen den Bestand der Sicherheit an den Bestand der gesicherten Forderung zu knüpfen. **Sie können nämlich, sofern nicht die Sicherheit, wie z. B. das Depotakzept, bedingungsfeindlich ist, die Entstehung der gesicherten Forderung zur aufschiebenden Bedingung für die Entstehung der Sicherheit machen.** Dann verhindert das Ausbleiben der Forderung zugleich den Erwerb der Sicherheit, denn auch die Sicherheit entsteht vereinbarungsgemäß erst mit dem Eintritt der aufschiebenden Bedingung, wobei sich ihr Rang nach dem Zeitpunkt des Abschlusses des Sicherstellungsvertrages bestimmt. Vereinbarungen dieser Art sind in der Praxis selten[1]. Für einen Ratenkredit gegen Besicherung ist die (stillschweigende) Vereinbarung einer auflösenden Bedingüng bejaht worden. 203

Mit der Eröffnung des **Konkurses** über das Vermögen des Kreditnehmers entfällt grundsätzlich die Möglichkeit der Valutierung. Eine Kreditgewährung an den Gemeinschuldner bringt keine den Rückgewähranspruch des Konkursverwalters beeinflussende, durch die Sicherheit gedeckte Forderung zur Entstehung (§ 7 KO). Eine **Auszahlung des Kredits an den Konkursverwalter** ist andererseits **keine Valutierung** im Rahmen des alten Sicherungszweckes, sondern Herauslegung eines neuen Kredits. Ist über das Vermögen des mit dem Darlehensnehmer nicht identischen Sicherungsgebers das Konkursverfahren eröffnet, so braucht der rückgewährberechtigte Konkursverwalter, weil Auftragsverhältnis zwischen Sicherungsgeber und -nehmer erloschen ist (§ 23 KO), die Auszahlung des Darlehens nicht gegen sich gelten zu lassen, es sei denn, der Darlehensgeber hätte im Zeitpunkt der Auszahlung die Konkurseröffnung noch nicht gekannt (§ 674 BGB; s. Rdn. 164). Wegen der Anfechtung der Valutierung s. Rdn. 936.

Wie das Ausbleiben der gesicherten Forderung, so ändert auch ihr Wegfall nichts an dem rechtlichen Bestand der Treuhandsicherheit in der Person des Sicherungsnehmers. Sie verbleibt ihm also auch dann, wenn die gesicherte Forderung erlo- 204

---

[1] Serick III, § 37 II 2.

schen ist. Er ist jedoch auch hier gegenüber dem Sicherungsgeber als dessen Verwaltungstreuhänder schuldrechtlich verpflichtet, die Sicherheit nicht zu verwerten, und muß das Sicherungsrecht überdies auf Anfordern des Sicherungsgebers aufgeben, in der
205 Regel also auf ihn (zurück)-übertragen. **Der Sicherungsgeber erwirbt somit schon bei Abschluß des Sicherstellungsvertrages einen durch das Erlöschen der gesicherten Forderung, insbesondere durch deren Tilgung, aufschiebend bedingten Anspruch auf Rückgewähr der Sicherheit** (s. Rdn. 202, 208, 210)[1]. Ist die Sicherheit von einer **Mehrheit von Sicherungsgebern** gemeinschaftlich bestellt, so hat die Rückgewähr im Zweifel an denjenigen zu erfolgen, der die gesicherte Forderung tilgt[2]. Den Eintritt der Bedingung kann, sobald die gesicherte Forderung fällig geworden ist, der Sicherungsgeber dadurch herbeiführen, daß er den Gläubiger befriedigt. Die Befriedigung braucht aber nur Zug um Zug gegen die Rückgewähr, also ohne Vorleistung, zu erfolgen[3]; ob der die Zahlung anbietende Schuldner, wenn er mit dem Rückgewährberechtigten nicht identisch ist, ebenfalls die Rückgewähr an diesen als Zug-um-Zug-Leistung verlangen kann, ist zweifelhaft. Keinesfalls aber ist die Zahlung des Kreditbetrages Gegenleistung für die Rückgewähr im Sinne der Vorschriften über den gegenseitigen Vertrag (§§ 323 ff. BGB). Bietet der Sicherungsnehmer die Rückgewähr einer ihm lästig gewordenen oder nicht mehr nötigen Sicherheit an, so kann der Sicherungsgeber das Angebot nicht mit der Begründung ablehnen, die gesicherte Forderung sei noch nicht getilgt, denn der Rückgewährschuldner darf nach allgemeinen Grundsätzen seine bedingte
206 Schuld auch schon vor Eintritt der Bedingung erfüllen. Das **teilweise Erlöschen der gesicherten Forderung** rechtfertigt den Anspruch auf Rückgewähr eines entsprechenden Teils der Sicherheit jedenfalls dann nicht, wenn nach der Zweckvereinbarung auch künftig entstehende Forderungen durch die Sicherheit gedeckt sein sollen und mit einer „Revalutierung" der Sicherheit gerechnet werden kann. Aber auch sonst wird man die Verpflichtung des Sicherungsnehmers zur teilweisen Rückgewähr verneinen müssen, so z. B., wenn der gesicherte Kredit absprachegemäß in kleinen Raten zu tilgen ist, aber auch in dem Fall, daß er zufolge Kündigung des ganzen Kreditverhältnisses in Teilbeträgen zurückgeführt wird, denn grundsätzlich haftet die ganze Sicherheit für jeden Teil der Forderung[4]. Nur darf die Weigerung des Sicherungsnehmers nicht gegen **Treu und Glauben** oder gegen eine entsprechende Vereinbarung, wie sie die AGB und AGSp. enthalten, verstoßen; wegen der Einzelheiten wird auf die Ausführungen über die Rechtsfolgen nachträglicher Überdeckung zu Rdn. 281 verwiesen. Auch sind die Grundsätze zur Vermeidung einer unzulässigen Übersicherung zu beachten (vgl. Rdn. 148d ff.). Häufig erlischt die Forderung überhaupt erst infolge der Verwertung der Sicherheit. Dann geht der Rückgewähranspruch auf in der Forderung auf Auszahlung des vom Gläubiger nicht benötigten Erlösteils (s. Rdn. 272). Unbenommen bleibt es den Parteien, durch entsprechende Abmachungen den Bestand der Sicherheit an den

---

[1] BGH WM 57, 1458; Serick III, § 37 II 1 a.
[2] BGH WM 69, 209.
[3] RG 92, 280; BGH v. 22. 12. 53 — IV ZR 81/53 —.
[4] RG JW 12, 135.

Bestand der gesicherten Forderung zu knüpfen. **Sie können nämlich, sofern nicht die Sicherheit, wie z. B. das Depotakzept, bedingungsfeindlich ist, das Erlöschen der gesicherten Forderung zur auflösenden Bedingung für die Sicherheit machen**[1]. Dann vernichtet das Erlöschen der Forderung zugleich die Sicherheit selbst, denn auch die Sicherheit fällt vereinbarungsgemäß mit dem Eintritt der auflösenden Bedingung fort. Vereinbarungen dieser Art sind in der Praxis die Ausnahme[2], können aber im Einzelfall, etwa bei der Sicherungszession von Lohnforderungen, der Interessenlage entsprechen (vgl. für den Fall des Nichtentstehens der gesicherten Forderung Rdn. 196). Bis zum Eintritt der Bedingung hat bei Sicherungsübertragungen der Sicherungsgeber ein Anwartschaftsrecht auf (Rück-)Erwerb des Sicherungsrechts.

207

bb) Rückgewähranspruch

Der Anspruch des Sicherungsgebers auf Aufgabe **Rückgewähr)** des Sicherungsrechts bringt das Wesen der Treuhandsicherheit am stärksten zum Ausdruck, denn seine Erfüllung soll die Divergenz beseitigen zwischen der äußeren Rechtsmacht des Sicherungsnehmers und seinen internen, durch den Sicherungszweck bestimmten Beschränkungen. Der Anspruch erwächst aus dem Sicherungsvertrag, bei dessen Unwirksamkeit oder Wegfall aus ungerechtfertigter Bereicherung (s. Rdn. 4, 5)[3]; an die Form der Rückübereignung dürfen einerseits keine zu hohen Anforderungen gestellt werden[4].

208

Gegen einen **Dritterwerber** des Sicherungsrechts hat der Sicherungsgeber den Rückgewähranspruch nur dann, wenn zwischen beiden ein Sicherungsverhältnis besteht oder der Erwerber die Rückgewährschuld des Sicherungsnehmers übernimmt[5]. Der Anspruch selbst geht inhaltlich auf Verschaffung des Eigentums an einem Gegenstand, nämlich auf (Rück-)Verschaffung des Sicherungsrechts, welches vereinbarungsgemäß im einzelnen Fall als Sicherheit zu dienen hatte; aus dem Verschaffungsanspruch wird ein zur Aufrechnung gegen die Kreditforderung berechtigender Zahlungsanspruch, wenn an die Stelle des Sicherungsrechts ein Geldbetrag tritt, wie es z. B. geschieht, wenn der Sicherungsnehmer für die von einem Dritten verschuldete Zerstörung des sicherungshalber übereigneten Kraftwagens Schadensersatz in Geld erhalten hat (§§ 281 bzw. 818 Abs. 2 BGB) oder wenn im Zwangsversteigerungsverfahren eine nicht im geringsten Gebot stehende, aber vom Meistgebot umfaßte Sicherungsgrundschuld durch den Zuschlag erlischt[6]. Der Sicherungsnehmer haftet für die von ihm zu vertretende **Unmöglichkeit der Rückgewähr**, wenn er etwa über den zurückzugewährenden Gegenstand widerrechtlich verfügt hat (Rdn. 18), aber auch für jede von ihm zu vertretende Minderung der Bonität dieses Gegenstandes, z. B. für schuldhafte Beschä-

---

[1] S. aber auch Serick III § 37 I 3 c; BGH NJW 82, 275 = ZIP 81, 1188; Jauernig NJW 82, 268.
[2] RG 102, 385; BGH WM 60, 1407; OLG München WM 72, 760.
[3] RG 148, 206; BGH 19, 205.
[4] BGH WM 71, 410; Serick III, § 37 II 2.
[5] BGH WM 67, 566.
[6] BGH WM 61, 691.

digung des übereigneten Kraftwagens oder für eine durch Rangrücktritt oder Pfandentlassung bewirkte Verschlechterung einer sicherungshalber abgetretenen Grundschuld. Gleiches gilt, wenn er es unterläßt, rechtzeitig gegen eine Pfändung des rückgewährpflichtigen Gegenstandes zu intervenieren[1]. Wegen des Rangrücktritts mit einer Sicherungsgrundschuld s. Rdn. 314. Ist der gesicherte Kredit bereits gewährt, so kann der Schuldner in Fällen dieser Art die Rückzahlung verweigern. Dies nach dem mutmaßlichen Parteiwillen auch dann, wenn der Sicherungsnehmer nicht mit dem Gläubiger identisch ist. Auf der anderen Seite wird der Sicherungsnehmer durch eine von ihm nicht zu vertretende Unmöglichkeit der Rückgewähr von der Rückgewährpflicht befreit.

209 Auch entsteht im an dem zurückzugewährenden Gegenstand ein **Zurückbehaltungsrecht,** wenn er aus dem zugrundeliegenden Kreditverhältnis noch andere, nicht gesicherte Ansprüche herleiten kann (§ 273 BGB) zwischen Kaufleuten und unter den Voraussetzungen des § 369 HGB, ebenso im Anwendungsbereich der AGB und AGSp. auch wegen sonstiger, mit dem Kreditverhältnis nicht zusammenhängender Forderungen gegen den Sicherungsgeber. Im einzelnen Fall kann indessen die Annahme eines solchen Zurückbehaltungsrechts dem Parteiwillen widersprechen. Da das kaufmännische Zurückbehaltungsrecht die Befugnis zur Befriedigung aus der zurückbehaltenen Sache und im Konkurs des Schuldners ein Absonderungsrecht gewährt (§§ 371 HGB, 49 KO), wird die Sache vom Gläubiger einseitig für die Sicherung von Forderungen eingesetzt, welche nach dem ursprünglichen Sicherstellungsabkommen der Parteien gar nicht vom Sicherungszweck umfaßt werden. Deshalb wird man insbesondere da, wo vereinbarungsgemäß die Sicherheit als Spezialsicherheit nur eine bestimmte von mehreren Forderungen des Gläubigers oder nur den über einen bestimmten Betrag hinausgehende Kreditteil schützen sollte, im Zweifel den Verzicht des Gläubigers auf die Zurückbehaltung wegen der anderen Forderungen unterstellen dürfen[2]. Dies gilt auch für das AGB-Banken-Pfandrecht (vgl. Rdn. 618 ff.). In den AGB-Banken/Fassung 1. 1. 1993 ist das Zurückbehaltungsrecht gestrichen worden, jedenfalls kann es sich aber nur auf Forderungen aus bankmäßiger Geschäftsverbindung erstrecken[3]. Im **Prozeßfall** richtet sich der Streitwert nach dem Wert des rückgewährpflichtigen Gegenstandes; ist dieser höher als der Betrag der gesicherten Forderung, so ist letzterer maßgebend[4]. Wegen des Anspruchs des Sicherungsgebers auf den vom Sicherungsnehmers nicht (mehr) benötigten Erlös aus der rechtmäßigen Verwertung des Sicherungsnehmers s. Rdn. 272.

210 Mangels abweichender Vereinbarung kann der Sicherungsgeber jederzeit über seinen **Rückgewähranspruch verfügen,** insbesondere durch Abtretung des Anspruchs an einen Dritten, sofern der Anspruch nicht nach § 399 BGB unabtretbar gemacht worden

---

[1] OLG Köln v. 22. 9. 59 — 9 W 74/59 —.
[2] Vgl. auch RG 160, 52; BGH WM 58, 1414.
[3] BGH WM 85, 116.
[4] BGH NJW 59, 939.

ist[1]. Daß der Zessionar den Anspruch behaftet mit den gegen die Person des Zedenten gerichteten Einwendungen des Rückgewährschuldners erwirbt, entspricht allgemeiner Regel (s. Rdn. 663)[2]. Der Anspruch wird zum Sicherungsmittel, wenn der Sicherungsgeber ihn verpfändet oder sicherungshalber zediert. Die **Verpfändung** führt letzten Endes zur Übertragung des Sicherungsrechts auf den durch den Pfandgläubiger vertretenen Sicherungsgeber mit der Wirkung der Entstehung eines Pfandrechts des Pfandgläubigers an dem zurückgewährten Gegenstand (Rdn. 593). Das geschäftsbedingungsmäßige Pfandrecht des Kreditinstituts am Rückgewähranspruch seines Kunden muß allerdings nach Treu und Glauben als vertraglich ausgeschlossen gelten, wenn die rückgewährpflichtige Sicherheit als Spezialsicherheit nur eine von mehreren Forderungen des Kreditinstituts oder nur den über einen bestimmten Betrag hinausgehenden Kreditteil zu sichern bestimmt ist; dabei gilt für den Fall der Insolvenz des Kunden entsprechend, was zu Rdn. 208 über das Zurückbehaltungsrecht des Kreditinstituts gesagt ist. 211

Die **Sicherungszession**[3] des Rückgewähranspruchs (Rdn. 558), kommt besonders häufig bei **Sicherungsgrundschulden** vor und ist in der Form, daß sich ein Grundpfandgläubiger den Anspruch des Grundstückseigentümers auf Rückgewähr einer oder mehrerer vorgehenden Sicherungsgrundschulden abtreten läßt, im bankgeschäftlichen Verkehr fast zur Regel geworden (Rdn. 726). Stellt sich hier die Abtretung nur als eine — u. U. recht wertvolle — Verstärkung der Grundpfandsicherung dar, so kann durch die Abtretung das Sicherungsrecht auch über den bereits vereinbarten Sicherungszweck hinaus noch einem anderweitigen, selbständigen Sicherungszweck unterstellt werden, indem der ersten Sicherstellung eine zweite „angehängt" wird; der Sicherungszessionar kommt zum Zuge, wenn der Rückgewähranspruch fällig ist, also die ursprünglich gesicherte Forderung nicht (mehr) besteht. 212

Hat z. B. A. dem B. zur Sicherung einer Forderung des B. eine Maschine übereignet, so kann A. eine Darlehensschuld gegenüber C. dadurch sichern, daß er dem C. seinen Rückgewähranspruch gegen B. abtritt. C. kann hier zu gegebener Zeit den Anspruch gegen B. durchsetzen und so Sicherungseigentum an der Maschine erwerben. Freilich hindert dies B. nicht, die gesicherte Forderung an D. zu zedieren und aufgrund dieser Zession die Maschine an D. weiter zu übereignen, womit der Anspruch des C. gegen B. illusorisch wird. Es ist aber dann Sache des B., dafür zu sorgen, daß D. die Maschine an C. übereignet, wenn die gesicherte Forderung nicht (mehr) besteht (s. Rdn. 229).

Bei der angehängten Sicherung — gelegentlich, aber irreführend (s. Rdn. 278) auch als zweit- oder nachstellige Sicherung bezeichnet — verfügt also der Sicherungsgeber als Berechtigter über den schuldrechtlichen Anspruch auf Verschaf- 213

---

[1] BGH WM 57, 1458.
[2] BGH WM 67, 955.
[3] Bei der auflösend bedingten Sicherung tritt an die Stelle der Sicherungszession des Rückgewährungsanspruchs die Sicherungsübertragung des Anwartschaftsrechts auf Rückerwerb des Sicherungsrechts.

fung eines Sicherungsrechts, bei der gekoppelten Sicherung (Rdn. 128) verfügt er als Nichtberechtigter über das Sicherungsrecht selbst. Da der Zessionar des Rückgewähranspruchs gleich dem Sicherungsgeber das Recht hat, dem Gläubiger der gesicherten Forderung, deren Fälligkeit unterstellt, die Befriedigung auch gegen den Willen des Schuldners aufzudrängen (s. Rdn. 245), muß er auch berechtigt sein, **Auskunft** über die Höhe der Forderung zu verlangen. Und zwar geht der dem Interzedenten (s. Rdn. 176) zustehende Anspruch auf Auskunft gegen den Gläubiger kraft Gesetzes (§ 401 BGB) mit dem Rückgewähranspruch auf den Rechtsnachfolger des Interzedenten über, während die Auskunft gemäß § 402 BGB vom Schuldner der gesicherten Forderung zu erteilen ist, wenn dieser zugleich Sicherungsgeber und daher Zedent des Rückgewähranspruchs ist. Nach alledem hat der Rückgewähranspruch auch dann einen Sicherungswert, wenn der Sicherungswert des zurückzugewährenden Gegenstandes die durch ihn gesicherte Forderung nicht übersteigt[1]. Die Abtretung des Anspruchs gegen den **„jeweiligen" Erwerber** des Gegenstandes ist begrifflich nur insoweit sinnvoll, als der betreffende Erwerber seinerseits (s. Rdn. 208) rückgewährpflichtig ist. Die Anzeige der Abtretung an den rückgewährpflichtigen Sicherungsnehmer wird oft unterlassen.

214 Ist aber angebracht, denn **solange der Sicherungsnehmer von der Abtretung nichts weiß, muß der Zessionar des Rückgewähranspruchs gemäß § 407 BGB nicht nur die Rückgewähr an den Zedenten, sondern auch jede nachträgliche Inhaltsänderung des Anspruchs gegen sich gelten lassen,** insbesondere eine Erweiterung des Sicherungszwecks und die Vereinbarung der Revalutierung (s. Rdn. 170) und — bei der Rückgewähr von Grundschulden — die Beeinträchtigung des Anspruchs durch **Rangrücktritt**.

Bisweilen beschränkt sich der Sicherungsgeber darauf, dem Sicherungsnehmer nur die Anweisung zur **Übertragung** des Sicherungsrechts an einen Dritten zu erteilen, ohne daß gleichzeitig der Rückgewähranspruch gegen den Sicherungsnehmer an den Dritten abgetreten wird. Die Überlassung des Sicherungsrechts befreit dann zwar den Sicherungsnehmer von seiner Rückgewährpflicht; hat aber vor Übertragung des Sicherungsrechts ein Gläubiger des Sicherungsgebers den Rückgewähranspruch gegen den Sicherungsnehmer gepfändet oder hat der Sicherungsgeber noch rechtzeitig vorher seine Anweisung widerrufen, so darf der Sicherungsnehmer die Interessen des Dritten
215 nicht mehr berücksichtigen. Daher ist es für diesen gefährlich, wenn er etwa im Vertrauen auf eine solche Anweisung und den daraus zu erwartenden Erwerb des Sicherungsrechts dem Sicherungsgeber Kredit gewährt. Ein **Verzicht auf den Rückgewähranspruch**, solange die Erledigung des Sicherungszwecks noch nicht gewiß ist, läßt sich in seinen Wirkungen der vertraglichen Beseitigung des Sicherungsverhältnisses in dem zu Rdn. 232 erörterten Sinn gleichsetzen; steht das Ausbleiben der gesicherten Forderung fest, ist also der Rückgewähranspruch als unbedingter verfolgbar, so kann der Verzicht auf ihn den Schluß auf eine Schenkung nahelegen. **Im Konkurs des Zedenten oder Verpfänders des Rückgewähranspruchs** hat der Zessionar oder Pfandgläubiger

---

[1] BGH NJW 60, 205.

ein Absonderungsrecht am Anspruch; absonderungsfähig ist auch der in Erfüllung des Rückgewähranspruchs geleistete Gegenstand, und zwar selbst dann, wenn der Zessionar oder Pfandgläubiger ihn erst nach Eröffnung des Konkurses über das Vermögen des Zedenten oder Verpfänders empfangen hat (str., Rdn. 931). Aus der Befugnis des Sicherungsgebers zur Verfügung über den Anspruch ergibt sich, daß auch ein Gläubiger des Sicherungsgebers den Anspruch pfänden kann, was besonders häufig bei der Sicherungsgrundschuld vorkommt[1] und sich gemäß Rdn. 232 ohne weiteres auch auf den etwaigen Verwertungserlös erstreckt[2]. Die **Pfändung** und **Überweisung** des Anspruchs hat in den Fällen, in denen ein Recht zurückgewährt werden muß, wie z. B. bei der Sicherungsabtretung einer Forderung oder der Bestellung einer Sicherungsgrundschuld, zur Folge, daß in entsprechender Anwendung des § 848 Abs. 2 ZPO die Rückgewähr an einen vom Vollstreckungsgericht zu bestellenden **Sequester** zu erfolgen hat[3]. Der Pfändungsgläubiger erlangt dann ohne nochmalige Pfändung an dem zurückgewährten und dem Sicherungsgeber zu Eigentum zufallenden Gegenstand kraft Gesetzes ein Pfandrecht, welches er nach den einschlägigen Vorschriften realisieren darf. So kann in Ansehung einer Sicherungsgrundschuld ein Gläubiger des Sicherungsgebers (nicht die Grundschuld selbst, wohl aber) dessen Rückgewähranspruch gegen den Sicherungsnehmer auf Abtretung der Grundschuld mit Beschlag belegen; er erwirbt demnächst ein Pfandrecht an der Eigentümergrundschuld, welche durch die Abtretung der Grundschuld an den vorerwähnten Sequester entsteht. Bei der Pfändung muß der belastete Grundbesitz hinreichend bezeichnet sein[4]. Handelt es sich um die Sicherungsübereignung von beweglichen Sachen, so wird der gepfändete Rückgewähranspruch durch Herausgabe der Sache an den zuständigen Gerichtsvollzieher erfüllt mit der Wirkung der Entstehung eines Pfandrechts an der Sache zu Gunsten des Pfändungsgläubigers (§ 847 ZPO). Hat jedoch, wie regelmäßig, der Sicherungsnehmer die Sache nicht in seinem unmittelbaren Besitz, so entfällt die Einschaltung des Gerichtsvollziehers, und das Sicherungsgut wird unmittelbar an den durch den Pfändungsgläubiger gesetzlich vertretenen Sicherungsgeber nach den Vorschriften der §§ 929 Satz 2 oder 931 BGB zurückübereignet mit der Folge, daß zugleich mit dem Eigentumsübergang auf den Sicherungsgeber ein (besitzloses) Pfandrecht zugunsten des Pfändungsgläubigers entsteht, der dann die Pfandsache gemäß § 1227 BGB vom unmittelbaren Besitzer herausverlangen kann[5]. Um die Voraussetzung für die Geltendmachung des Rückgewähranspruchs zu schaffen, muß und darf der Pfändungsgläubiger den Gläubiger der gesicherten Forderung nach Eintritt der Fälligkeit befriedigen[6]. Er kann dann den Betrag, den er dafür aufwenden muß und den ihm der Gläubiger bekanntzugeben hat, demnächst als Teil seiner Zwangsvollstreckungskosten von dem Sicherungsgeber einziehen.

216

---

[1] BGH WM 59, 724.
[2] BGH NJW 75, 950.
[3] OLG Celle WM 55, 1659; gegenteilige Meinungen s. OLG Celle a. a. O.
[4] BGH NJW 75, 981.
[5] BGH WM 56, 158.
[6] OLG Celle NJW 60, 2196.

Die gleiche Befugnis hat auch derjenige, welcher bei auflösend bedingter Sicherung (s. Rdn. 207) das Anwartschaftsrecht des Sicherungsgebers pfändet. Zur Verwertung der Sicherheit kann der Pfändungsgläubiger den Sicherungsnehmer aber nicht zwingen.

3. Kapitalersetzende Darlehen

217 Erhebliche Unsicherheit besteht auch über die Behandlung von Bankkrediten als **kapitalersetzende Gesellschafterdarlehen**. Dies gilt auch für das sog. **Sonnenring-Urteil**[1].

Danach sind Kredite generell als Eigenkapital und nicht als Darlehen zu behandeln, die ein Kreditinstitut, das gleichzeitig Gesellschafter des Schuldner-Unternehmens ist, diesem in der Krise gewährt oder aber aus früherer Zeit stehen läßt[2]. Im sog. BuM-Urteil hat der BGH entschieden, daß die Grundsätze über die Behandlung kapitalersetzender Gesellschafterdarlehen auch auf eine Aktiengesellschaft sinngemäß anzuwenden sind, „wenn der Gläubiger an ihr unternehmerisch beteiligt ist. Davon ist regelmäßig bei einem Aktienbesitz von mehr als 25% des Grundkapitals auszugehen[3]. Aber auch bei einem unter diesen Prozentsatz liegenden Anteil kann ein Gesellschafterdarlehen haftendes Kapital sein, wenn die Beteiligung in Verbindung mit weiteren Umständen dem Gläubiger Einfluß auf die Unternehmensleitung sichert und er ein entsprechendes unternehmerisches Interesse erkennen läßt.

Durch diese Entscheidung ist damit klargestellt worden, daß die Grundsätze für kapitalersetzende Darlehen nicht nur auf die GmbH, sondern auch auf die Aktiengesellschaft anwendbar sind. Gewähren Banken also Aktiengesellschaften Kredite, an denen sie beteiligt sind, treten folgende Risiken auf:

1. Die Darlehensrückzahlungsforderung ist im Konkurs und unter Umständen außerhalb des Konkurses (Ablehnung mangels Masse, Liquidation) nachrangig.
2. Die Rückzahlung des Darlehens kann zurückgefordert werden (Verjährung 5 Jahre), soweit das Grundkapital dadurch gemindert wird.
3. Die Bestellung von Sicherheiten für das Darlehen kann die Risiken zu 1. und 2. nicht mindern.

Diese Risiken verwirklichen sich unter folgenden Voraussetzungen, die kumulativ bei Darlehensgewährung oder -prolongierung vorliegen müssen.

a) Unterkapitalisierung

Entscheidend ist insoweit — ebenso wie im Recht der GmbH —, ob die Gesellschaft objektiv der Zufuhr echten Eigenkapitals bedurfte und ob ein außenstehender Geld-

---

[1] BGH ZIP 81, 1200.
[2] Vgl. aber die umfangreiche Literatur u. a. Rümker, ZIP 82, 1385; Karsten Schmidt, ZIP 81, 689, 691; Uhlenbruck, GmbH Rdsch 82, 141; Westermann, ZIP 82, 379.
[3] BGH ZIP 84, 572.

geber in sonst gleicher Lage bereit gewesen wäre, der Gesellschaft zu denselben Bedingungen Kredit zu gewähren. Eine derartige Feststellung begegnet naturgemäß stets dann Schwierigkeiten, wenn die Darlehensgewährung nicht dazu dient, die Zahlungsfähigkeit einer sonst nicht mehr lebensfähigen Gesellschaft abzuwenden oder hinauszuschieben. Wegen der Unsicherheit in allen übrigen Fällen dürfte deshalb vorsorglich die Unterkapitalisierung zu unterstellen sein, wenn das Gegenteil nicht offenkundig oder durch entsprechende betriebswirtschaftliche Gutachten belegt ist.

b) Sanierungsabsicht

Grundsätzliche Voraussetzung für die Kapitalbindung von Gesellschafterdarlehen ist die Absicht, der Gesellschaft mit der Darlehensgewährung längerfristige oder unbefristete Mittel zuzuführen und damit die zu schmale Eigenkapitalbasis nachhaltig zu stärken. Davon kann stets dann keine Rede sein, wenn das Darlehen nur als kurzfristige Liquiditätshilfe mit festem Rückzahlungstermin gewährt worden ist. Dem o. a. Urteil des BGH ist eine Präzisierung dieser Kurzfristigkeit nicht ausdrücklich zu entnehmen. Im entscheidenden Fall (Beton- und Monierbau) waren Gegenstand der Entscheidung Überziehungskredite, die „im zweiten Halbjahr" in Anspruch genommen und bis zum Ende desselben Jahres einvernehmlich zurückgeführt wurden. Um über die Darlehenslaufzeit sicherzustellen, daß das Darlehen keinen kapitalersetzenden Charakter hat, sollte deshalb aus Sicherheitsgründen keine längere Laufzeit als 6 Monate vereinbart werden. Der Zweck des Darlehens als Liquiditätshilfe (Überbrückungskredit) muß zudem unzweifelhaft sein und sollte ausdrücklich festgeschrieben werden. Bestehen insoweit keine Zweifel, käme ausnahmsweise auch eine Fristigkeit von mehr als 6 Monaten in Betracht, wobei die Abgrenzungsschwierigkeiten zum Kapitalbindungscharakter naturgemäß mit zunehmender Laufzeit schwieriger werden.

c) Unternehmerische Beteiligung

Nach der Entscheidung des BGH setzt der kapitalersetzende Charakter eines Gesellschafterdarlehens — abweichend vom Recht der GmbH! — bei der Aktiengesellschaft eine durch die Beteiligung vermittelte Unternehmerstellung voraus, „die eine Mitverantwortlichkeit für die seriöse Finanzierung der Gesellschaft begründen könnte". In diesem Zusammenhang schließt der BGH von vornherein die Beachtlichkeit desjenigen Aktienbesitzes aus, der von der kreditgebenden Bank „im Rahmen ihres Wertpapiergeschäfts mehr oder weniger zufällig" gehalten wird. Mit dieser Maßnahme gilt folgendes:

Bei einem Aktienbesitz von mehr als 25% wird regelmäßig eine unternehmerische Beteiligung anzunehmen sein. Organkredite im Sinne des § 15 Ziff. 9 KWG sind also — bei Vorliegen der übrigen Voraussetzungen — im Zweifel kapitalersetzende Darlehen.

Auch ein geringerer Aktienbesitz schließt indessen die Kapitalbindung des Aktionärsdarlehens nicht aus. Es müssen dann jedoch folgende Voraussetzungen erfüllt sein:

213

Der Aktienbesitz ist „nicht unbeträchtlich". Mangels ziffernmäßiger Konkretisierung im Urteil wird man in Anlehnung an den entschiedenen Fall davon auszugehen haben, daß eine Beteiligung über 10% als „nicht unbeträchtlich" eingestuft werden muß. Der Darlehensgeber muß unbeschadet seiner unterhalb der Sperrminorität liegenden Beteiligung in Verbindung mit weiteren Umständen Einfluß auf die Unternehmensleitung nehmen können. Dazu reicht es nicht aus, daß die Bank als Hausbank und maßgeblicher Kreditgeber mit Sitz (auch z. B. stellvertretendem Vorsitz) im Aufsichtsrat eine starke Stellung hat. Dies würde für sich genommen auch mit der bloßen Verfolgung ihrer Interessen als Geldkreditgeber zu erklären sein. Es müssen weitergehend Einflußmöglichkeiten vorliegen, wie z. B. weitere Aufsichtsratsmandate, die direkt wahrgenommen oder auf die direkt Einfluß genommen werden kann.

Der Darlehensgeber muß schließlich nicht nur über die vorgenannten Einflußmöglichkeiten verfügen, sondern auch ein unternehmerisches Interesse an deren Ausübung „bekundet haben". Davon kann z. B. dann keine Rede sein, wenn bei Darlehensgewährung bestehende Beteiligung das Ergebnis eines Abbaus einer ursprünglich höheren Beteiligung war und der weitere Abbau während der Darlehenslaufzeit anhält. Es liegt auf der Hand, daß eine strikte Beachtung des Umstandes, daß das Interesse an unternehmerischer Einflußnahme nicht bekundet werden sollte, insoweit ebenfalls ausreichend ist. Sämtliche insoweit möglicherweise einschlägigen Einflußnahmen auf die Geschäftsführung des Kreditnehmers sollten vor dem Hintergrund externer Geldgeberinteressen erklärbar sein und sinnvollerweise auch erklärt werden.

Die Rechtsprechung zu kapitalersetzenden Darlehen an eine GmbH gilt **auch nach Einführung der Vorschriften §§ 32a, 32b GmbHG weiter**[1]. Die o. g. Risiken gelten also entsprechend auch für Darlehen an Gesellschaften mit beschränkter Haftung, an denen die Bank beteiligt ist.

Problematisch ist, ob das **Stehenlassen eines Kredits** bei Eintritt der Kreditunfähigkeit der Gesellschaft dazu führt, daß der Kredit zu einem kapitalersetzenden Darlehen wird. Nach der Rechtsprechung des BGH zu § 30, 31 GmbHG trifft dies zu[2]. Fraglich ist, ob dies auch für § 32a GmbHG gilt. In der Literatur ist die Frage umstritten[3].

Ein „schlichtes Stehenlassen" von Krediten kann nicht genügen, sondern es muß eine mindestens konkludente Finanzierungsabrede getroffen werden[4]. Westermann weist darauf hin, daß ein bei seiner Hingabe nicht kapitalersetzendes Darlehen nicht schon dadurch umqualifiziert werden (könne), daß der Gläubiger es nicht kündigt, weil er davon ausgeht, daß das Geld für die Rückzahlung nicht mehr vorhanden ist[5].

---

[1] BGH NJW 84, 1891; ZIP 84, 572 ff.
[2] BGH ZIP 80, 361 = WM 80, 589; ZIP 81, 1200 = WM 81, 1200.
[3] Lutter, DB 80, 1317; a. A. Thöne, DB 80, 2179.
[4] Geßler, BB 80, 1385; Karsten Schmidt, ZIP 81, 689.
[5] Westermann, ZIP 82, 389.

Zur Frage des „Stehenlassens" hat das OLG Hamburg[1] festgestellt, daß selbst dann, wenn zur Zeit der Hingabe der Sicherheiten die Gesellschaft (Gemeinschuldnerin) noch wirtschaftlich gesund gewesen sei, das „Stehenlassen" der Sicherheiten nach Eintritt der Kreditunfähigkeit zur Anwendung der Grundsätze betreffend das eigenkapitalersetzende Gesellschafterdarlehen führe[2].

Rechtsunsicherheit bestehe aber über die Voraussetzungen dafür, wann von einem „Stehenlassen" gesprochen werden kann. Entsprechendes gelte auch für die Frage, ob und gegebenenfalls welche subjektiven Erfordernisse an die Kenntnis oder das Kennenmüssen des Gesellschafters im Hinblick auf eine eingetretene Unterkapitalisierung etwa gelten müßten. Der BGH ist bisher von besonderen Anforderungen an die subjektive Seite nicht ausgegangen. Das OLG Hamburg neigt im Ergebnis dazu, daß es angesichts des hier zu wahrenden Gläubigerschutzinteresses in der Tat wohl kaum entscheidend darauf ankommen könnte, ob und in welchem Umfange im jeweiligen Einzelfall der Kenntnisstand oder die Kenntnismöglichkeit eines Gesellschafters mit den Veränderungen der wirtschaftlichen Lage der Gesellschaft in Richtung auf eine nunmehr vorhandene Unterkapitalisierung Schritt gehalten haben oder nicht[3].

Eine Finanzierungsleistung wird nach Eintritt der Krise auch dann zu Eigenkpitalersatz, wenn der Gesellschafter, der die Finanzierungsleistung gewährt hat, sie aus schuldrechtlichen Regeln zwar nicht abziehen kann, jedoch von der ihm als Gesellschafter gegebenen Möglichkeit, die Gesellschaft unter Entzug der ihr zur Verfügung gestellten Mittel **zu liquidieren**, keinen Gebrauch macht[4]. Ein **Pfandgläubiger** unterliegt den Grundsätzen über die Erhaltung des Stammkapitals nur dann, wenn er sich zusätzliche Befugnisse einräumen läßt, die es ihm ermöglichen, die Geschicke der GmbH ähnlich wie ein Gesellschafter (mit)zubestimmen[5]. Auch ein **selbständiges Schuldversprechen**, mit dem Gesellschafter einen laufenden Bankkredit absichern, kann eigenkapitalersetzenden Charakter haben[6].

Auch die **Bürgschaft eines Gesellschafters** kann eine kapitalersetzende Leistung sein, wenn sie für einen Bankkredit der Gesellschaft in einer Lage übernommen oder aufrechterhalten wird, in der die Gesellschaft Kredit zu marktüblichen Bedingungen sonst nicht mehr hätte erhalten können. Der Gesellschafterbürge kann gezwungen sein, den Befreiungsanspruch nach § 775 BGB geltend zu machen, um eine Umqualifizierung zu verhindern[7].

218

---

[1] ZIP 84, 584.
[2] BGH ZIP 80, 115, 116; ZIP 80, 361; ZIP 81, 974; ZIP 81, 1332, 1333.
[3] BGH WM 85, 1028; ablehnend im Hinblick auf subjektive Erfordernisse für den neuen § 32a GmbHG; i. ü. Fischer — Lutter § 32a/b Rdn. 29.
[4] BGH WM 93, 144 = WuB II C. § 32a GmbHG 3./93/v. Gerkan.
[5] BGH WM 92, 1655.
[6] BGH WM 92, 816 = WuB II G. § 172a HGB 1.92/v. Gerkan.
[7] BGH WM 92, 187.

Muß der Gesellschafter erkennen, daß die Gesellschaft in Zukunft ohne seine Hilfe nicht mehr lebensfähig sein wird, so muß er ihr entweder seine weitere Unterstützung versagen und dadurch die Liquidation herbeiführen, oder er hat, wenn er sich zur Fortsetzung seiner Hilfe entschließt, diese auf eigene Gefahr der Gesellschaft zu belassen, bis ihr Stammkapital wieder auf andere Weise gedeckt ist[1]. Die Auflage eines Bankenkonsortiums an Gesellschafter, mit Gesellschafterdarlehen im Range hinter die Bankdarlehen zu rücken, ist Indiz für die Kreditunwürdigkeit der Gesellschaft[2].

Diese Wahlmöglichkeit hat nach Auffassung des BGH regelmäßig auch ein Bürge, da er, wenn sich die Vermögensverhältnisse der Gesellschaft wesentlich verschlechtert haben, entweder unmittelbar die Abwicklung betreiben oder sie mittelbar dadurch erzwingen könne, daß er von der Gesellschaft Befreiung von seiner Bürgschaft verlange[3].

219 Das OLG Stuttgart hat die Frage entschieden, ob die §§ 32a GmbHG, 172a HGB auf eine Bürgschaft anwendbar sind, die ein Gesellschafter für ein späteres Darlehen übernommen hat, das kapitalersetzend ist, sich aber auch auf frühere (nicht kapitalersetzende Darlehen) erstreckt[4].

Ausgangspunkt ist die Regelung des § 32a GmbHG, wonach der Bürgschaftsnehmer zunächst gegen den Bürgen vorgehen muß und nur mit dem Ausfall am Konkurs der Gesellschaft (quotenmäßig) teilnimmt, wenn das durch die Bürgschaft gesicherte Darlehen kapitalersetzend ist. Im entschiedenen Fall gab es zwei Darlehen: Ein früher gewährtes und ursprünglich nur durch **Gesellschafts**sicherheiten abgesichertes Darlehen (Altkredit) und ein später gegebenes Darlehen gegen **Gesellschafter**sicherheit (Neukredit).

Der Altkredit ist nicht zu einem kapitalersetzenden Darlehen geworden, obwohl die Gesellschaftersicherheiten für den Neukredit über die formularmäßige, banktübliche Zweckerklärung auch für den Altkredit hafteten. Eine rechtliche Verknüpfung der Gesellschaftersicherheit mit dem Altkredit wäre nur dann „zu erwägen", wenn die Gesellschaftersicherheit Voraussetzung für das Stehenlassen des Altkredits gewesen wäre.

Gesellschaftersicherheiten haben dann eigenkapitalersetzenden Charakter, wenn sie nicht nur Gepflogenheiten der Bank, sondern Ausdruck der mangelnden Kreditwürdigkeit sind[5].

Im entschiedenen Fall benötigte die Bank die Gesellschaftersicherheiten für den Neukredit. Als zusätzliche Sicherheit für den Altkredit brauchte sie sie nicht, weil sie inso-

---

[1] BGH ZIP 81, 974; BGHZ 75, 334, 337 = ZIP 80, 115, 116; BGHZ 76, 326, 335 = ZIP 80, 361, 364.
[2] BGH WM 90, 182 = WuB II C. § 32a GmbHG 2.90/Rümker.
[3] Vgl. auch BGH, Urteil v. 16.1.74 — VIII ZR 229/72, WM 74, 214.
[4] OLG Stuttgart ZIP 84, 434.
[5] Hachenburg/Ulmer, GmbHG Anh. § 30 Rdn. 93.

weit bereits durch die **Gesellschafts**sicherheit ausreichend gesichert war. Verlangt ein Dritter aber Befriedigung für ein Darlehen, das er der Gesellschaft vor dem kritischen Zeitpunkt des § 32a Abs. 1 GmbHG gewährt hat, so sind die §§ 32a GmbHG, 172a HGB nicht anwendbar auf eine Bürgschaft, die ein Gesellschafter für ein späteres Darlehen übernommen hat, das der Dritte in der kritischen Zeit der Gesellschaft gewährt hat und die sich nur banküblich auf alle gegenwärtigen und künftigen Ansprüche des Dritten und damit auch auf das frühere Darlehen erstreckt[1].

Auch **Sicherungsgrundschulden** der Kommanditisten einer GmbH & Co. KG können als kapitalersetzende Leistungen anzusehen sein[2]. Die Grundschuld steht in der Funktion und wirtschaftlichen Bedeutung der Eingehung einer Bürgschaft gleich. Die Vorschrift des § 32a Abs. 2 GmbHG hindert den Gläubiger eines sowohl durch Grundschulden der Gesellschaft (Gemeinschuldnerin) als auch durch Bürgschaften ihrer Gesellschaft gesicherten (mittelbar kapitalersetzenden) Darlehen nicht, die dingliche Sicherheit — Grundschulden — im Wege der abgesonderten Befriedigung zu verwerten, ohne zuvor die Bürgschaften der Gesellschaft in Anspruch zu nehmen: Es ist nämlich nicht einzusehen, weshalb der zusätzlich durch eine Sicherheit des Gesellschafters gesicherte Kreditgeber schlechter stehen soll, als der nur durch dingliche Sicherheit der Gesellschaft gesicherte Kreditgeber[3]. 220

Die Befriedigung des Sicherungsnehmers/Kreditgebers aus der Grundschuld löst allerdings Ansprüche der Gesellschaft (Gemeinschuldnerin) gegen die Gesellschafter aus. Den Gesellschafter trifft die Erstattungspflicht nach § 32b GmbH.

IV. Wechsel des Schuldners und Gläubigers

1. Allgemeines

Das rechtliche Band, welches den Gläubiger und den Schuldner der gesicherten Forderung verknüpft, wird durch die Persönlichkeit der am Schuldverhältnis Beteiligten nicht minder charakterisiert als durch den Inhalt des Schuldverhältnisses. So wird es verständlich, daß eine nachträgliche Änderung in der Person des Gläubigers oder Schuldners zugleich eine Änderung der Forderung darstellt und somit nicht ohne Einfluß auf die für diese bestellte Sicherheit bleiben kann. **Die freilich nur dann, wenn die Änderung zu einem Personenwechsel dergestalt führt, daß an die Stelle des bislang Beteiligten eine neue, mit diesem nicht identische Persönlichkeit tritt.** Mangels solchen Personenwechsels bleibt die Sicherheit insbesondere unberührt, wenn 221

222

a) ein Beteiligter lediglich seine Firma, also seinen Handelsnamen ändert,

---

[1] OLG Stuttgart a. a. O.
[2] Hans. OLG Hamburg, Beschl. v. 4. 4. 84, ZIP 84, 584 unter Hinw. auf BGH ZIP 81, 974 (Bürgschaft).
[3] OLG Düsseldorf ZIP 84, 992.

b) eine beteiligte Gesellschaft bürgerlichen Rechts zu einer offenen Handelsgesellschaft oder Kommanditgesellschaft wird oder umgekehrt[1]; wird jedoch eine offene Handelsgesellschaft in eine GmbH & Co. KG und die Rechtsstellung ihrer persönlich haftenden Gesellschafter in die von Kommanditisten umgewandelt, so können sich diese unter Umständen auf ihre Haftungsbeschränkung trotz Eintragung im Handelsregister gegenüber gutgläubigen Dritten nicht berufen, zu denen zur Zeit der Umwandlung feste Geschäftsbeziehungen bestanden[2],

c) eine Umwandlung einer Personengesellschaft auf eine Einzelperson: Personengesellschaften können nicht als Einmanngesellschaften bestehen, mit der Folge, daß die Personengesellschaft erlischt und Gesamtrechtsnachfolge ihres letzten Gesellschafters eintritt,

d) bei einer beteiligten Erbengemeinschaft durch Abtretung der Erbanteile an Dritte der Personenbestand wechselt[3], wohingegen sich die Umwandlung der Erbengemeinschaft in eine Gesellschaft bürgerlichen Rechts, eine offene Handelsgesellschaft oder Kommanditgesellschaft als Neugründung der Gesellschaft darstellt[4],

e) eine beteiligte offene Handelsgesellschaft durch Hinzutritt von Kommanditisten zu einer Kommanditgesellschaft oder eine beteiligte Kommanditgesellschaft durch entsprechende Vereinbarung unter den Gesellschaftern oder durch Ausscheiden der Kommanditisten zu einer offenen Handelsgesellschaft wird[5],

f) eine beteiligte offene Handelsgesellschaft oder Kommanditgesellschaft mit den Erben eines oder aller Gesellschafter fortgesetzt wird[6] oder sonst einen Gesellschafterwechsel erleidet[7], solange mindestens zwei Gesellschafter vorhanden sind. Unter dieser Voraussetzung berührt sogar die gleichzeitige Auswechslung aller Gesellschafter den Fortbestand der Gesellschaft nicht[8],

g) eine der zu Rdn. 59—61 genannten juristischen Personen in eine andere von ihnen oder eine der zu Rdn. 63, 64 genannten in eine Aktiengesellschaft oder Kommanditgesellschaft auf Aktien „formwechselnd" umgewandelt wird (§§ 362 ff. AktG)[9], selbst im Grundbuch braucht nur die Bezeichnung der Gesellschaft geändert zu werden[10],

h) eine GmbH & Co. „auf" ihre Komplementär-GmbH umgewandelt wird (§§ 40, 46 UmwG)[11],

---

[1] BGH 32, 307; WM 63, 10; NJW 67, 821; K. Schmidt, Gesellschaftsrecht, § 5 II 3.
[2] BGH WM 66, 471; WM 72, 822.
[3] BFH NJW 61, 2375.
[4] KG DR 40, 977.
[5] BGH 1, 324.
[6] BGH 1, 324.
[7] RG 82, 160.
[8] BGH 44, 229.
[9] BFH WM 58, 1428; K. Schmidt, a. a. O. § 12 I 4.
[10] K. Schmidt, a. a. O.; § 12 I 4.
[11] K. Schmidt, a. a. O.; § 12 I.

i) eine beteiligte Handelsgesellschaft durch Auflösung zur Abwicklungsgesellschaft oder diese durch Rückgängigmachung der Auflösung vor Vollbeendigung wieder zur Erwerbsgesellschaft wird,

j) eine Vorgesellschaft (Gründungsgesellschaft) durch Eintragung ins Handelsregister zur juristischen Person (Kapitalgesellschaft) wird[1],

k) eine Änderung im Gesellschafterkreis einer juristischen Person eintritt; die Identität der juristischen Person wird dadurch nicht berührt.

2. Gesamtnachfolge, Sondernachfolge

a) Änderung in der Person des Schuldners

Dagegen vollzieht sich ein echter Personenwechsel bei der **Gesamtnachfolge,** bei der kraft gesetzlicher Vorschrift das gesamte Vermögen einer Person, die Aktivwerte wie auch die Schulden, als Einheit auf eine andere Person übergeht, ohne daß es hierzu einen besonderen Übertragungsaktes bedarf. **Gesamtnachfolge in diesem Sinn findet nur in wenigen, gesetzlich bestimmten Fällen statt,** z. B. beim Erbgang und bei der Verschmelzung (Fusion) von Kapitalgesellschaften (die verschmelzende Umwandlung ist seit dem Verschmelzungsrichtliniengesetz von 1982 nur noch eingeschränkt zulässig)[2], bei der Umwandlung von Kapitalgesellschaften in Personengesellschaften oder in Einzelunternehmen nach dem Umwandlungsgesetz in der Fassung vom 6. 9. 65[3], bei der Begründung der allgemeinen Gütergemeinschaft unter Eheleuten, auch bei der Übernahme des Vermögens einer offenen Handelsgesellschaft, Kommanditgesellschaft oder Gesellschaft bürgerlichenRechts durch einen Gesellschafter[4]. Durch bloße Vereinbarung kann Gesamtnachfolge nicht herbeigeführt werden. **Die Gesamtnachfolge nun läßt trotz des mit ihr verbundenen Personenwechsels die Sicherheit unberührt.** Da dies auch für die Treuhandsicherheiten gilt und kraft mutmaßlichen Parteiwillens die Vorschrift des § 673 BGB nicht entgegensteht, haftet dem Erben des Gläubigers z. B. eine Sicherungsgrundschuld genauso weiter wie eine Hypothek. Stirbt also der Schuldner Z., so bleibt die Haftung einer Sicherheit, welche dem Bankhaus für seine Forderungen gegen Z. bestellt war, für die bislang entstandenen Forderungen des Bankhauses gegen Z. bzw. dessen Erben unverändert bestehen. Eine andere Frge ist es allerdings, ob die Sicherheit in Zukunft auch haftet für die Verbindlichkeiten, welche dem Gläubiger gegen den **neuen Schuldner** erwachsen. Im Zweifel ist dies zu verneinen wenn — sei es durch Gesamtnachfolge, sei es durch Sondernachfolge — an die Stelle des ursprünglichen Schuldners ein mit diesem nicht personengleicher Dritter tritt. Soll die Sicherheit auch die gegen den neuen Schuldner entstehenden Verbindlichkeiten absichern, so muß dies zwischen Sicherungsgeber und Sicherungsnehmer ausdrück-

223

---

[1] RG 143, 372.
[2] K. Schmidt, a. a. O.; § 12 I 4.
[3] BGBl I S. 1185.
[4] BGH 32, 307; NJW 66, 827.

lich vereinbart werden. Wird z. B. die GmbH, die der Bank schuldet, im Wege der Fusion mit einer Aktiengesellschaft vereinigt, so deckt eine Bürgschaft für die Forderungen gegen die GmbH nicht ohne weiteres die Forderung, welche für den Gläubiger durch Fortsetzung der Geschäftsverbindung mit der Aktiengesellschaft entstehen; gleiches gilt dann, wenn die Forderung gegen eine bestimmte Firma verbürgt worden ist, und der Firmeninhaber wechselt. In der Kreditsicherungspraxis wird diese Rechtsfolge jedoch häufig im Sicherstellungsvertrag ausgeschlossen (s. Vertragsbeispiele). Häufig wird folgende Formulierung verwandt:

„Im Falle eines Inhaberwechsels, einer Änderung der Rechtsform oder einer Rechtsnachfolge auf seiten des Kreditnehmers sind auch die Ansprüche aus der künftigen Geschäftsverbindung mit dem neuen Kreditnehmer gesichert."

Zu beachten ist, daß diese Klausel für gebuchte, akzessorische Rechte (Hypothek, Schiffshypothek, Registerpfandrecht an Luftfahrzeugen) nicht verwendbar ist, da sich hier die Person des Schuldners bereits aus dem Eintragungsvermerk ergeben muß, bei nachträglichem Schuldnerwechsel also die Verbindlichkeiten des neuen Schuldners nur mittels einer Änderung der registerlichen Eintragung gesichert werden können.

Davon zu unterscheiden ist, ob die Sicherheit bei einem **Schuldnerwechsel** auch ohne die zitierte Klausel weiterhaftet für diejenigen Verbindlichkeiten, welche im Zeitpunkt der Änderung bereits in der Person des ursprünglichen Schuldners entstanden waren.

Dies ist im Falle der **Verschmelzung** von Gesellschaftern zu bejahen, da die übernehmende bzw. neue Gesellschaft für die Verbindlichkeiten des betreffenden Unternehmens haftet. Daß die Sicherheit nicht ohne weiteres auch die Forderungen deckt, welche im Zeitpunkt des Erbfalles dem Bankhaus gegen den nachmaligen Erben des Schuldners Z. zustanden, folgt aus der Erwägung, daß eine solche Erweiterung des geschützten Forderungskreises eine entsprechende Vereinbarung mit dem Sicherungsgeber voraussetzt.

b) Änderung in der Person des Gläubigers

Fraglich ist, ob die Sicherheit auch für die künftigen Forderungen des Gläubigers gegen den Schuldner herangezogen werden kann, wenn eine **Änderung in der Person des Gläubigers** eintritt. Im Zweifel ist dieses zu verneinen, wenn — sei es durch Gesamtnachfolge, sei es durch Sondernachfolge — an die Stelle des ursprünglichen Gläubigers ein mit diesem nicht personengleicher Dritter tritt.

Zediert etwa das Bankhaus A seine Forderungen gegen den Schuldner Z. an das Bankhaus B, so schützt eine für die Schuld bestehende Bürgschaft nicht die Forderungen, welche das Bankhaus B durch Fortsetzung der Geschäftsverbindung mit Z neu erwirbt.

Die **Abtretung erweitert nicht das gesicherte Kreditverhältnis** in der Weise, daß nun auch künftige Ansprüche aus der Geschäftsverbindung des neuen Gläubigers mit dem Schuldner gesichert werden[1]. Daher müssen die neuen Forderungen des Gläubigers besonders verbürgt werden; ob dies von vornherein in der ursprünglichen Bürgschaftsurkunde zugunsten eines etwaigen Rechtsnachfolgers erfolgen kann, ist unter AGB-rechtlichen Gesichtspunkten zweifelhaft (§ 321 BGB).

In einer Kreditbürgschaft zugunsten eines Großunternehmens mit juristischer Persönlichkeit ist die Änderung der Rechtsform des Unternehmens erfaßt, da eine solche Bürgschaft im Zweifel ohne Rücksicht auf die rechtliche Struktur des Gläubigers gelten soll. Hiervon zu unterscheiden ist, ob die Sicherheit bei einem Gläubigerwechsel auch für diejenigen Forderungen weiterhaftet, die im Zeitpunkt der Änderung bereits in der Person des ursprünglichen Gläubigers entstanden waren. Im Zweifel ist davon auszugehen, da nicht einsichtig wäre, daß die Bürgschaft nunmehr für die Forderungen, deretwegen die Bürgschaft übernommen wurde, nicht mehr gelten soll.

3. Schuldübernahme

Ein Wechsel des Schuldners der gesicherten Forderung vollzieht sich durch **Schuld-** 224 **übernahme**. Die Schuldübernahme ist ohne Mitwirkung des Gläubigers, der sich naturgemäß nicht einen neuen Schuldner aufdrängen zu lassen braucht, nicht möglich. Daher bedarf es zur Schuldübernahme entweder eines, sei es auch ohne Wissen und Wollen des bisherigen Schuldners abgeschlossenen Vertrages zwischen dem Gläubiger und dem neuen Schuldern oder, wenn der Vertrag zwischen dem bisherigen und dem neuen Schuldner geschlossen wird, der Zustimmung des Gläubigers (§§ 414, 415 BGB). Einem Sicherungsgeber, der für die Verbindlichkeiten des frei gewordenen Schuldners Sicherheit bestellt hat, kann billigerweise nicht zugemutet werden, die Sicherheit auch bei einer Änderung in der Person des Schuldners aufrechtzuerhalten; auch er braucht sich nicht einen neuen Schuldner aufdrängen zu lassen. Willigt jedoch der Sicherungsgeber seinerseits in die Schuldübernahme ein, so fällt dieses Bedenken fort; insbesondere kann der Sicherungsgeber, wenn er mit dem bisherigen Schuldner identisch ist und in dieser seiner Eigenschaft bei der Schuldübernahme mitgewirkt hat, sich über den Schuldnerwechsel und den damit verbundenen nachträglichen Eintritt einer Rechtslage, wie sie bei der Interzession von Anfang an besteht, nicht beschwert fühlen. Dem steht nicht entgegen, wenn sich der Sicherungsgeber schon bei Abschluß des Sicherstellungsvertrages grundsätzlich mit einem künftigen Schuldnerwechsel einverstanden erklärt.

Im einzelnen äußern sich die Wirkungen der Schuldübernahme wie folgt[2].

---

[1] RG 125, 140; BGH 26, 142; WM 60, 371.
[2] Wie der gänzliche Wegfall des Schuldners ohne Rechtsnachfolge auf die Sicherheit wirkt, ergibt sich aus Rdn. 173.

a) Akzessorische Sicherheit

225 **Ist die Sicherheit eine akzessorische, so verliert der Sicherungsnehmer zufolge der Schuldübernahme die Sicherheit.** Sie erlischt, bei gebuchten Rechten allerdings nur mit der Wirkung des Verzichts (§§ 418 BGB, 98 LRG). Daher wird eine Hypothek zur Eigentümergrundschuld (Rdn. 797). Wird nur ein Tel der Schuld übernommen, so geht die Sicherheit zu einem entsprechenden Teil verloren. Ist aber der Sicherungsgeber, bei Verwertungsrechten der Eigentümer des Sicherungsmittels zur Zeit der Schuldübernahme, mit ihr einverstanden, so bleibt dem Sicherungsnehmer die Sicherheit erhalten. **Allerdings muß er die Zustimmung des Sicherungsgebers zu der Schuldübernahme vorher einholen;** ist die Sicherheit einmal frei geworden, so kann sie nicht wieder aufleben, vielmehr ist dann die Bestellung einer neuen Sicherheit geboten, die unter Umständen in der nachträglichen Genehmigung der Schuldübernahme seitens des Sicherungsgebers erblickt werden kann.

Teilt der Schuldner Z. dem Bankhaus A. mit, die Firma Y. habe einen Teil seines Betriebes und zugleich die Bankschuld übernommen, und schreibt daraufhin das Bankhaus A. das Konto des Z. auf die Firma Y. um, so erlischt damit die Forderung des Bankhauses A. gegen einen etwaigen Bürgen.

Anders wäre die Rechtslage, wenn der Bürge bei dem Vertrage zwischen Z. und der Firma Y. mitgewirkt und dadurch der Schuldübernahme zugestimmt hätte. Wiederum eine andere Frage ist es, ob eine derartige Sicherheit, die ja nur für die Forderungen des Bankhauses A. gegen Z. bestellt war, in Zukunft auch haftet für diejenigen Schulden, welche die Firma Y. gegenüber dem Bankhaus A. eingeht; hierzu s. Rdn. 185. Daß die Sicherheit nicht ohne weiteres auch die im Zeitpunkt der Schuldübernahme schon bestehenden Forderungen des Bankhauses A. gegen Y. deckt, folgt aus der Erwägung, daß eine solche Erweiterung des geschützten Forderungskreises eine entsprechende Vereinbarung mit dem Sicherungsgeber voraussetzt.

b) Fiduziarische Sicherheit

226 **Ist die Sicherheit eine Treuhandsicherheit, so ist der Sicherungsnehmer zur Aufgabe des Sicherungsrechts in gleicher Weise verpflichtet, wie wenn die gesicherte Forderung erloschen wäre** (s. Rdn. 207). Wird nur ein Teil der Schuld übernommen, so verbleibt die Sicherheit in vollem Umfang dem Sicherungsnehmer zur Deckung der Restschuld; sie wird von der Schuldübernahme nicht berührt. Ist der Sicherungsgeber, genauer: der Inhaber des Rückgewähranspruchs zur Zeit der Schuldübernahme, mit ihr einverstanden, so behält der Sicherungsnehmer die Sicherheit ebenfalls. Dabei ist zu beachten, daß in der Zustimmung zur Schuldübernahme nicht notwendig zugleich die Abtretung des Rückgewähranspruchs liegt. **Ob der Sicherungsgeber seine Zustimmung im voraus oder erst nachträglich erteilt, ist gleichgültig.**

Teilt also der Schuldner Z. dem Bankhaus A. mit, die Firma Y. habe einen Teil seines Betriebes und zugleich die Bankschuld übernommen, und schreibt daraufhin das Bankhaus A. das Konto des Z. auf die Firma Y. um, so ist das Bankhaus A. verpflichtet, auf eine von dritter Seite bestellte Sicherungsgrundschuld zu verzichten oder sie an den Dritten abzutreten.

Anders ist die Rechtslage, wenn der Dritte sich mit der Schuldübernahme einverstanden erklärt. Dann haftet die Grundschuld in dem bisherigen Umfang weiter. Dabei ist es wiederum eine andere Frage, ob die Grundschuld, die ja nur für die Forderungen des Bankhauses A. gegen Z. bestellt war, in Zukunft auch haftet, für diejenigen Schulden, welche die Firma Y. gegenüber dem Bankhaus A. eingeht; hierzu s. Rdn. 185. Daß die Sicherheit nicht ohne weiteres auch die im Zeitpunkt der Schuldübernahme schon bestehenden Forderungen des Bankhauses A. gegen Y. deckt, folgt aus der Erwägung, daß eine solche Erweiterung des geschützten Forderungskreises eine entsprechende Vereinbarung mit dem Sicherungsgeber voraussetzt.

4. Abtretung

Ein Wechsel des Gläubigers der gesicherten Forderung vollzieht sich durch **Abtretung (Zession)** der Forderung oder kraft Gesetzes, mit der unten erörterten Wirkung einer Sondernachfolge auch durch ihre Verpfändung und Pfändung, für welche die folgenden Ausführungen sinngemäß gelten (s. Rdn. 15). Zu der Abtretung ist eine Mitwirkung des Schuldners nicht erforderlich (§ 398 BGB), zur Verpfändung jedoch die Anzeige an ihn, wie überhaupt für die Form der Abtretung oder Verpfändung der gesicherten Forderung sinngemäß alle Ausführungen gelten, die sich auf die Verwendung einer Forderung als Sicherungsmittel beziehen (Rdn. 583, 593, 617, 550). Die Abtretung der Kreditforderung ist unwirksam, wenn ausnahmsweise die Parteien sie durch Vereinbarung ausgeschlossen haben (§ 399 BGB). Im bankgeschäftlichen Verkehr ist die Abtretung der Kreditforderung im allgemeinen selten, jedoch die Regel bei den sogen. **Durchleitungskrediten,** da hier die kreditgebende (refinanzierte) Bank (Hausbank) die Kreditforderung, meistens in stiller Form, alsbald an das refinanzierende Institut zediert. Auf dieses gehen dann auch die Sicherheiten nach Maßgabe von Rdn. 228, 229 über; **sichern sie auch sonstige Forderungen der Hausbank**[1], so sind sie vom **Refinanzierungsinstitut** wieder der Hausbank zur Verfügung zu stellen, sobald das Refinanzierungsinstitut sie wegen Erledigung des Durchleitungskredites nicht mehr benötigt. Bis dahin erscheint das Refinanzierungsinstitut zugleich als Treuhänderin der Hausbank. Im übrigen kommt es zur Abtretung der Kreditforderung häufig dadurch, daß der bisherige Gläubiger dem neuen Gläubiger die Forderung verkauft. Er erhält dann für die Abtretung den vereinbarten Kaufpreis (Abtretungsentgelt, Zessionsvaluta), wobei oftmals der Kaufpreis der Höhe nach etwas unter dem Betrage der verkauften Forderung liegt. Bei einem derartigen Kaufgeschäft muß mangels abweichender Vereinbarung der bisherige Gläubiger sowohl für den Bestand (nicht für die Bonität des Schuldners) der Darlehensforderung als auch für den Bestand (nicht für die Güte) der Sicherheit einstehen, sofern er die Sicherheit als mit der verkauften Darlehensforde-

227

---
[1] BGH NJW 64, 2060.

rung verbunden gesichert hat[1]; verzichtet aber der neue Gläubiger auf die Gewährleistung wegen Nichtbestehens der Forderung, indem er etwa trotz Kenntnis der Nichtigkeit der Forderung den Kauf abschließt (§ 439 BGB), so schließt dies die Haftung für den Rechtsbestand der Sicherheit aus[2]. Der Kauf der Kreditforderung und ihre Abtretung ist der Weg, auf welchem ein Dritter den Kredit „ablöst", wenn er aus irgendwelchen Gründen seine Mittel nicht unmittelbar zur Tilgung der Kreditforderung des bisherigen Gläubigers einsetzen möchte. Wegen eines besonderen Falles der Kreditablösung s. Rdn. 320. Die Abtretung hat die Wirkung, daß die Forderung künftig dem neuen Gläubiger zusteht, und wird in ihrer Wirksamkeit nicht dadurch beeinträchtigt, daß der bisherige Gläubiger die Zessionsvaluta dem Kreditschuldner auf Konto gutschreibt[3]. In Ansehung der für die abgetretene Forderung bestehenden Sicherheiten muß man jedoch unterscheiden[4]:

a) Akzessorische Sicherheit

228 **Ist die Sicherheit eine akzessorische, so geht mit der gesicherten Forderung das Sicherungsrecht ohne weiteres auf den neuen Gläubiger über (§§ 401, 1153, 1250 BGB, 51 SchiffsG, 98 LRG), anstelle einer Hypothek ggf. der Anspruch auf Befriedigung aus dem Versteigerungserlös (s. Rdn. 254)**[5]. Eine besondere Übertragung des Sicherungsrechts hat nur die Bedeutung einer Bestätigung seines Übergangs[6]. Wird bei der Abtretung der Übergang des Sicherungsrechts vertraglich ausgeschlossen, so erlischt dieses, und zwar auch dann, wenn die Forderung nur sicherungshalber zediert wird[7]; bei den gebuchten Rechten macht solche Vereinbarung die ganze Abtretung nichtig (s. Rdn. 680). Wenn die gesicherte Forderung nur teilweise abgetreten wird – die mehreren Teile der Forderung haben dann mangels abweichender Vereinbarung untereinander gleichen Rang (vgl. Rdn. 319) –, so geht das Sicherungsrecht auch nur zu einem entsprechenden Teil auf den neuen Gläubiger über. Ist aber die Forderung nur zum Teil gesichert, so kann die Abtretung auf den nicht gesicherten Teil beschränkt werden; auch läßt sich im Fall einer Globalsicherung eine einzelne Forderung unter Vorbehalt der Weiterhaftung des Sicherungsrechts für den gesicherten Forderungskreis zedieren. Durch den Übergang der Sicherheit wird die Rechtsstellung des Sicherungsgebers weder verbessert noch verschlechtert; solange ihm die Kenntnis von der Abtretung der Forderung und somit von dem Übergang der Sicherheit auf den neuen Gläubiger nicht zugerechnet wird, braucht er den Personenwechsel nicht gegen sich gelten zu

---

[1] RG 90, 244.
[2] RG 81, 266.
[3] BGH WM 66, 942.
[4] Die Beschlagnahme der Forderung gegen einen Schuldner mit Sitz im Ausland durch ausländischen Hoheitsakt hindert jedoch den inländischen Gläubiger nicht an der Inanspruchnahme der im Inland belegenen Sicherheit (BGH 31, 168; 32, 97; OLG Celle NJW 60, 1350).
[5] RG 65, 418.
[6] RG 117,2.
[7] RG 85, 363.

lassen. Tritt also das Bankhaus A. seine Kreditforderung gegen Z. an das Bankhaus B. ab, so wird mit der Abtretung das Bankhaus B. ohne weiteres auch Gläubiger der Forderung gegen einen etwaigen Bürgen. Solange der Bürge von der Abtretung keine Kenntnis hat, kann er weiterhin mit befreiender Wirkung an das Bankhaus A. zahlen (§ 407 BGB). Eine andere Frage ist es, ob solche Sicherheit, die ja nur für die Forderungen des Bankhauses A. gegen Z. bestellt war, in Zukunft auch haftet für die Verbindlichkeiten, welche Z. dem Bankhaus B. gegenüber eingeht; hierzu s. Rdn. 188. Daß die Sicherheit nicht ohne weiters auch die im Zeitpunkt der Forderungszession schon bestehenden Forderungen des Bankhauses B. gegen Z. deckt, folgt aus der Erwägung, daß eine solche Erweiterung des geschützten Forderungskreises eine entsprechende Vereinbarung mit dem Sicherungsgeber voraussetzt. Die obigen Ausführungen gelten sinngemäß beim Übergang der Forderung kraft Gesetzes in den zu Rdn. 243, 269 behandelten Fällen (§ 412 BGB).

b) Fiduziarische Sicherheit

Ist die Sicherheit eine Treuhandsicherheit, so wird zufolge der Abtretung der 229 Forderung der Sicherungsnehmer gemäß dem entsprechend anwendbaren § 401 BGB schuldrechtlich verpflichtet, das Sicherungsrecht ebenfalls auf den neuen Gläubiger zu übertragen[1]. Dies auch dann, wenn die Zustimmung des Sicherungsgebers, genauer: des Inhabers des Rückgewähranspruchs, zu der Übertragung nicht erteilt und auch nicht zu vermuten ist[2] und auch dann, wenn der Wert der Sicherheit höher ist als der Betrag der Forderung oder des abgetretenen Forderungsteils. Ist allerdings dem Sicherungsnehmer durch Vertrag mit dem Sicherungsgeber die Weiterübertragung der Sicherheit untersagt, so muß er bei der Abtretung der gesicherten Forderung die Verpflichtung zur Übertragung der Sicherheit dem Zessionar gegenüber ausdrücklich ausschließen oder überhaupt von der Abtretung Abstand nehmen; sonst und stets beim Übergang der Forderung kraft Gesetzes verbleibt es bei der Verpflichtung zur Übertragung der Sicherheit, da die Vorschrift des § 401 BGB dem Übertragungsverbot vorgeht. Die Übertragung ist kein Verwertungsakt, weil es sich nicht um ein der Befriedigung des Gläubigers dienendes Umsatzgeschäft handelt, aber auch kein Sicherungsakt, weil es im Verhältnis zwischen dem alten und dem neuen Gläubiger am Sicherungszweck fehlt, mag auch die Forderung selbst sicherungshalber zediert werden (s. dagegen Rdn. 18, 266 für den Fall, daß nur das Sicherungsrecht sicherungshalber übertragen wird). Sie hat nach den für die einzelnen Sicherungsrechte geltenden Vorschriften durch besonderes Rechtsgeschäft zu erfolgen. Das wird oft übersehen.

Hat A. dem B., um dessen Darlehensforderung zu sichern, seinen ihm (A.) verwahrungshalber belassenen Kraftwagen übereignet, und tritt demnächst B. seine Darlehensforderung gegen A. an C. ab, so genügt es zum Übergang des Sicherungs-

---

[1] RG 89, 193; 91, 277; JW 26, 799; BGH WM 67, 213.
[2] A. M. RG DR 41, 2609; BGH WM 60, 371.

eigentums von B. auf C. nicht, daß beide über die Übertragung der Sicherheit auf C. einig sind, vielmehr ist weiterhin die Übergabe des Wagens an C. erforderlich, welche nach Lage der Sache dadurch zu ersetzen ist, daß B. seinen Anspruch auf Herausgabe des Wagens gegen A. an C. abtritt (§ 931 BGB). Der Mangel eines wirksamen Übertragungsaktes würde allerdings nicht die Möglichkeit ausschließen, C. als von B. ermächtigt anzusehen, zu gegebener Zeit im eigenen Namen über den im Eigentum des B. gebliebenen Wagen zu verfügen (§ 185 BGB).

Im übrigen vollzieht sich, soweit sich der Übertragungstatbestand durch bloße Vereinbarung erfüllen läßt, der Übertragungsakt meistens unmittelbar stillschweigend mit der Veräußerung der gesicherten Forderung[1]. **Mit der Übertragung des Sicherungsrechts übernimmt der neue Gläubiger im Zweifel zugleich die Verpflichtung zur Rückgewähr der Sicherheit gegenüber dem Sicherungsgeber (vgl. auch Rdn. 268, 186)**[2]. Gemäß § 415 Abs. 1 BGB wird aber der Altgläubiger (Sicherungsnehmer) von der Rückgewährpflicht nur und erst entbunden, wenn der Sicherungsgeber diese Schuldübernahme — etwa durch Geltendmachung des Rückgewähranspruchs gegen den neuen Gläubiger — **genehmigt,** also nicht schon mit der bloßen Übertragung des Sicherungsrechtes. Genehmigt der Sicherungsgeber nicht, so bleibt der Altgläubiger in vollem Umfange rückgewährpflichtig, allerdings mit der Befugnis, den neuen Gläubiger auf Freistellung von der Rückgewährpflicht in Anspruch nehmen (§ 415 Abs. 3 BGB). Die Härte, die sich bei einem Übergang der gesicherten Forderung kraft Gesetzes oder durch behördliche Anordnung, z. B. durch Pfändung, für den Altgläubiger daraus ergibt, daß es zur Übertragung des Sicherungsrechts verpflichtet ist und gleichwohl für die Rückgewähr der Sicherheit verantwortlich bleibt, läßt sich dadurch mildern, daß man ihm entsprechend § 838 ZPO das Recht zubilligt, die Übertragung des Sicherungsrechts von der vorherigen **Sicherheitsleistung** seitens des neuen Gläubigers abhängig zu machen (vgl. § 1251 Abs. 2 BGB). Im übrigen kann zwischen altem und neuen Gläubiger vereinbart werden, daß anstelle der Übertragung des Sicherungsrechts jener die Sicherheit treuhänderisch für diesen halten und gegebenenfalls verwerten solle; solche Vereinbarung gibt es im Fall des **Schuldscheindarlehensgeschäfts** und ist stets angebracht, wenn und soweit das Sicherungsrecht nicht übertragen werden kann, wie z. B. eine Grundschuld, die dem § 399 BGB unterfällt oder nur in einer zum Betrage der Forderung in einem bestimmten Verhältnis stehenden Höhe übertragen werden darf. Ferner braucht der alte Gläubiger die Sicherheit nicht aus der Hand zu geben, wenn sie nicht ausschließlich die übergegangene Forderung zu sichern bestimmt ist oder wenn nur ein Teil der allein gesicherten Forderung übergeht und dem Gläubiger eine nicht getilgte Restforderung verbleibt; ersterenfalls ist der neue Gläubiger gemäß der Tilgungsfolge des § 366 Abs. 2 BGB (s. Rdn. 197) am Erlös zu beteiligen, letzterenfalls darf sich der alte Gläubiger vorab aus der Sicherheit befriedigen, so daß der Übertragungsanspruch durch diese Befriedigung aufschiebend bedingt ist und sich in den Anspruch auf

---

[1] RG 126, 284.
[2] BGH WM 58, 932; a. M. anscheinend BGH WM 67, 566.

Auskehrung des nicht benötigten Mehrerlöses umwandelt. Gibt der alte Gläubiger aber das Sicherungsrecht ganz oder teilweise ab, so kann die Übertragung unter der stillschweigenden Bedingung stehen, daß der neue Gläubiger einen Ausfall an der Forderung erleidet; nach Erledigung des auf ihn übergegangenen Forderungsteils fällt dann das Sicherungsrecht wieder dem alten Gläubiger zu. Wird gar der **Übergang** der Sicherheit durch Vertrag zwischen dem alten und dem neuen Gläubiger überhaupt **ausgeschlossen**, so ist jener verpflichtet, das Sicherungsrecht an den Sicherungsgeber zurückzugewähren, damit der neue Gläubiger die Forderung gegen diesen durchsetzen kann, und Gleiches gilt, wenn der alte Gläubiger unter Verschweigung der Sicherung die Forderung als ungesichert veräußert hat.

Durch die Übertragung der Treuhandsicherheit auf den neuen Gläubiger wird die 230 Rechtsstellung des Sicherungsgebers weder verbessert noch verschlechtert; auch der neue Gläubiger darf die Sicherheit nur **im Rahmen des bisherigen Sicherungszwecks** in Anspruch nehmen, wofür ggf. der Altgläubiger einzustehen hat. Für einen Schutz des guten Glaubens im Sinne von Rdn. 223—225 ist in den hier erörterten Fällen kein Raum, weil der neue Gläubiger die Sachlage kennt. Tritt also das Bankhaus A. seine Darlehensforderung gegen Z. an das Bankhaus B. ab, so ist es zufolge der Abtretung schuldrechtlich verpflichtet, eine zur Sicherung der Forderung bestellte Grundschuld durch besonderen Akt ebenfalls an das Bankhaus B. abzutreten. Eine andere Frage ist es, ob die Grundschuld, welche ja nur für die Forderungen des Bankhauses A. gegen Z. bestellt war, auch haftet für die Verbindlichkeiten, welche Z. dem Bankhaus B. gegenüber eingeht; hierzu s. Rdn. 191. Daß die Sicherheit nicht ohne weiteres auch die im Zeitpunkt der Forderungszession schon bestehenden Forderungen des Bankhauses B. gegen Z. deckt, folgt aus der Erwägung, daß eine solche Erweiterung des geschützten Forderungskreises eine entsprechende Vereinbarung mit dem Sicherungsgeber voraussetzt. Soweit nach Rdn. 204 der Altgläubiger Zahlung nur Zug um Zug gegen Rückgewähr des Sicherungsrechts verlangen kann, muß auch der Zessionar oder Pfandgläubiger sowie der Pfändungsgläubiger der Forderung die hieraus erwachsende Einrede des Schuldners gegen sich gelten lassen (§ 404 BGB); **andererseits wird der Zessionar, falls er die Forderung erwirbt, ohne Kenntnis von dem Besthen der Sicherheit zu haben, in seinem guten Glauben an Mangel einer Sicherung nicht geschützt,** und er muß sich als befriedigt behandeln lassen, sobald und soweit der unredliche Zedent in der Folgezeit die Sicherheit verwertet. In der Praxis wird der Weg einer Abtretung der gesicherten Forderung häufig gewählt, wenn ein Dritter den Kredit des Schuldners beim Gläubiger gegen Hergabe der Sicherheit „ablösen" möchte, aber durch die bloße Zahlung des Kreditbetrages an den Gläubiger und Abtretung des Rückgewähranspruchs seitens des Sicherungsgebers die Sicherheit nicht erwerben kann, weil bereits ein Gläubiger des Sicherungsgebers dessen Anspruch auf Rückgewähr der Sicherheit für den Fall der Tilgung der gesicherten Forderung gepfändet hat. Dann erreicht nämlich der Dritte sein Ziel dadurch, daß er dem Gläubiger die gesicherte Forderung zu einem Preis in Höhe des Nennwertes **abkauft**, woraufhin ihm die Forderung und damit auch die Sicherheit übertragen werden muß. Diese Übertragung kann der Pfändungsgläubiger ebensowenig hindern, wie er es hindern kann, daß sich der Käufer später wegen der an ihn abgetretenen Forderung aus der Sicherheit befriedigt. Die Möglichkeit aber, den Sicherungszweck zu erweitern und nachträglich eigene Forderungen dem Schutz der Sicherheit zu unterstellen, hat der Käufer aus den zu Rdn. 191 erörterten Gründen nur, wenn der Sicherungsgeber zustimmt, sonst kann dieser den Rückgewähranspruch geltend machen, sobald der ursprüngliche Sicherungszweck sich erledigt hat (s. Rdn. 229). Und auch die Möglichkeit, nach Verwertung der Sicherheit die eigenen Forderungen zur Aufrechnung gegen den Anspruch des Sicherungsgebers auf Auszahlung eines etwaigen Mehrerlöses zu stellen, ist dem Käufer grundsätzlich versagt; sie käme ohnehin nur in Frage, wenn sich der Rückgewähranspruch des Sicherungsgebers nach den Ausführungen zu Rdn. 229 gegen den Käufer richtete, und scheitert eben dann an dem auch ihm gegenüber wirkenden, zu Rdn. 272 erörterten Aufrechnungsverzicht. Wegen der Rechtsmängelhaftung im Fall eines solchen Kaufgeschäfts s. Rdn. 227.

5. Konsolidation

231 Wie die Sicherungsübereignung immer, so erfüllt manchmal, z. B. in den Fällen der §§ 40 KO, 11 AnfG, 265, 325, 727 ZPO[1], auch die Verpfändung den Begriff der Rechtsnachfolge. Vereinigt sich ein beschränktes dingliches Recht mit dem Eigentum in einer Person z. B. dadurch, daß der Eigentümer einer pfandbelasteten Sache die gesicherte Forderung mit dem Pfandrecht erwirbt[2], so erlischt grundsätzlich das beschränkte dingliche Recht (Konsolidation; § 1256 BGB); eine Ausnahme besteht insbesondere für Rechte an Grundstücken, die im allgemeinen bestehen bleiben mit der Folge, daß sie beim Grundstückseigentümer verbleiben, wenn er das Grundstück später veräußert (§ 889 BGB). Folgerichtig ist — wiederum abgesehen vom Grundstücksbereich — auch die Bestellung eines Verwertungsrechts an einem der Besteller gehörenden Gegenstand unzulässig, so das AGB Pfandrecht an einem Gegenstand, welcher der Bank sicherungshalber übertragen ist.

---

[1] RG 53, 10.
[2] BGH 27, 233.

6. Kapitel   Das Sicherungsziel

I. Aufgabe/Rückgewähr der Sicherheit

Bereits aus Rdn. 7 ergibt sich, daß die Sicherheit als solche wegfällt, wenn die Parteien nachträglich die Verknüpfung zwischen Sicherungsrecht und gesicherter Forderung wieder lösen, indem sie vereinbaren, daß die persönliche oder Sachhaftung des Sicherungsgebers fortan unabhängig von der Haftung des Schuldners der Forderung bestehen soll. Das ist bei den geborenen Sicherheiten nur in den zu Rdn. 8 gezogenen Grenzen möglich und ändert gegebenenfalls den Inhalt und gesetzlichen Vertragstyp des Rechts, läßt also beispielsweise den bisherigen Bürgern als Garanten erscheinen, während bei den gekorenen Sicherheiten im Wege der Auslegung der Rechtsgrund festzustellen ist, der den Sicherungsnehmer berechtigt, trotz Erledigung des Sicherungszwecks das Sicherungsrecht weiterhin in Anspruch zu nehmen. Sollen indessen die Beziehungen zwischen Sicherungsnehmer und Sicherungsgeber gänzlich beseitigt werden, so geschieht dies dadurch, daß der Sicherungsnehmer die Sicherheit aufgibt. Eine derartige Aufgabe der Sicherheit, die unter Umständen im Verhältnis zum Sicherungsgeber als Schenkung erscheinen kann, bleibt, wenn die Haftung der Sicherheit nicht als prinzipale vereinbart war, grundsätzlich ohne Einfluß auf Bestand und Geltendmachung der gesicherten Forderungen[1]. Sie kommt bei geborenen Sicherheiten im allgemeinen nur in Betracht, solange die gesicherte Forderung besteht, da die geborene Sicherheit ohnehin mit der Forderung untergeht, während bei den gekorenen Sicherheiten gerade im Falle des Erlöschens der gesicherten Forderung die Abwicklung des Sicherungsverhältnisses auf dem hier zu erörternden Wege erfolgt. Die Regeln über die Aufgabe der Sicherheit sind unterschiedlich, je nachdem, ob die Sicherheit mittelbar oder sie unmittelbar verwertbar ist. Fällt eine Sicherheit, wie z. B. die Grundschuld, unter beide Kategorien, so liegt es beim Sicherungsgeber, zu bestimmen, welche jener Regeln im gegebenen Fall angewendet werden soll. Im einzelnen ist die Rechtslage folgende:

1. Mittelbar verwertbare Sicherheit

Ist die Sicherheit **mittelbar verwertbar**, so gibt der Sicherungsnehmer sie auf, indem er auf das Sicherungsrecht verzichtet. Der Verzicht bedarf bei Personensicherheiten der Annahme durch den Sicherungsgeber (§ 397 BGB), bei den Sachsicherheiten (Verwertungsrechten) nicht. Doch ist der Unterschied praktisch bedeutungslos, weil die Annahme der Verzichtserklärung nicht ausdrücklich ausgesprochen zu werden braucht und in der Regel in dem Stillschweigen des Vertragspartners gesehen werden kann. Ist das Verwertungsrecht ein gebuchtes, muß zu der formgerecht abgegebenen Erklärung noch die Eintragung im Register hinzutreten. Der Verzicht ist ein Rechtsgeschäft, und

232

233

---
[1] Vgl. BVG WM 68, 588.

zwar eine Verfügung (s. Rdn. 125); daher finden auf ihn die Ausführungen im 3. Kapitel entsprechende Anwendung, und er kann anders als die Bestellung einer Personensicherheit (s. Rdn. 13) nicht zwischen dem Gläubiger und einem Dritten zu Gunsten des Schuldners getätigt werden. So kann z. B. nicht durch Vertrag zwischen Kreditgeber und -nehmer auf die Forderung des ersteren gegen einen Bürgen verzichtet werden. Wegen der bei den gebuchten Rechten anstelle des Verzichts möglichen Aufhebung des Rechts s. Rdn. 481, 825, 876.

2. Unmittelbar verwertbare Sicherheit

234 Ist die Sicherheit **unmittelbar verwertbar**, so wird sie aufgegeben („freigegeben") durch Übertragung (**Rückgewähr**) des Sicherungsrechts an den Sicherungsgeber oder einen von diesem bestimmten Dritten. Voraussetzungen und Form der Übertragung richten sich nach den entsprechend anwendbaren Ausführungen im 3. und 4. Kapitel. Werden insbesondere die Formvorschriften nicht beachtet, kann der Sicherungsgeber das Sicherungsrecht nicht erwerben. Wenn z. B. dem Sicherungsnehmer eine Briefgrundschuld in der Weise sicherungshalber abgetreten worden ist, daß der Sicherungsgeber eine schriftliche Abtretungserklärung erteilt und seinem Vertragspartner den Brief übergeben hat, so genügt es zur Rückabtretung nicht, daß der Sicherungsnehmer dem (im Grundbuch nach wie vor eingetragenen) Sicherungsgeber den Brief zurückgibt und die Abtretungsurkunde vernichtet, vielmehr muß er seinerseits eine **neue schriftliche Abtretungserklärung** erteilen. Unterläßt er dies, so bleibt er Gläubiger der Grundschuld. **Die Häufigkeit, mit welcher in der Praxis diese Gefahr bewußt in Kauf genommen wird, ist bemerkenswert.** Der Mangel eines wirksamen Übertragungsaktes schließt allerdings die Möglichkeit nicht aus, in geeigneten Fällen den Sicherungsgeber als vom Sicherungsnehmer ermächtigt anzusehen, zu gegebener Zeit im eigenen Namen über das in dessen Händen verblieben Sicherungsrecht zu verfügen (§ 185 BGB). So insbesondere, wenn Rechte sicherungshalber abgetreten sind. Außerhalb des bankgeschäftlichen Verkehrs wird man bei Identität von Sicherungsgeber und Schuldner der gesicherten Forderung schon in der Annahme des vom Schuldner gezahlten Schuldbetrages durch den Gläubiger in der Regel die Einigung über die Rückübertragung des sicherungshalber übereigneten Gegenstandes sehen dürfen, weswegen in Fällen, in denen sich der gesamte Rückübertragungstatbestand durch bloße Vereinbarung erfüllen läßt, z. B. bei der Sicherungszession schlichter Forderungen oder der Sicherungsübereignung durch Besitzkonstitut[1], die Parteien im Zuge der Tilgung der Forderung auch die Sicherung als erledigt betrachten können, sofern die Vereinbarung irgendwie nach außen erkennbar zum Ausdruck gekommen ist[2].

---

[1] S. hierzu RG JW 29, 182.
[2] BGH WM 71, 410; OLG München WM 78, 761.

II. Abwicklung des Sicherungsverhältnisses durch Zweckerreichung

1. Verwertungsreife

Obwohl nach Rdn. 8, 9 zum Begriff der Sicherheit ihre Abhängigkeit vom rechtlichen Bestand der gesicherten Forderung und die Verwertungsbefugnis des Sicherungsnehmers gehören, genügt zur Ausübung dieser Befugnis nicht schon die bloße Existenz der Forderung. Sofern und soweit allerdings die Forderung überhaupt fehlt, scheitert ein Vorgehen des Sicherungsnehmers schon von vornherein an der Einrede, die dem Sicherungsgeber daraus erwächst, daß der Sicherungsnehmer in entsprechendem Umfang eine geborene Sicherheit erlangt (s. Rdn. 200) und eine gekorene zurückgewähren hat (s. Rdn. 202, 204—207)[1]. Aber auch sonst wird grundsätzlich der Gläubiger, soll die Haftung des Sicherungsgebers aus der Sicherheit nicht weiter gehen als die Haftung des Schuldners auf Grund der Forderung, erst dann die Sicherheit verwerten dürfen, wenn die gesicherte Forderung eingezogen werden kann. So wird die — wenn auch nur teilweise, z. B. auf die Zinsen beschränkte — Fälligkeit der Forderung, also der Eintritt des Zeitpunktes, in welchem der Schuldner zur sofortigen Zahlung (nicht nur befugt, sondern auch) verpflichtet ist, zur Voraussetzung für die „Verwertungsreife" der Sicherheit: **Der Mangel der Fälligkeit der Forderung hindert die Inanspruchnahme der Sicherheit.** Bei den geborenen Sicherheiten ergibt sich dies aus ihrer Akzessorietät, bei den gekorenen Sicherheiten ist es als Parteiwille zu vermuten, wenn nichts Abweichendes vereinbart ist[2]. Nach herrschender Ansicht ist sogar **Verzug** des Schuldners erforderlich[3] oder der Eintritt von Umständen, welche die Verwertung als im eigenen Interesse des Gläubigers unvermeidlich erscheinen lassen[4]. Für Verbraucherrecht sind die Vorschriften des VerbrKrG bezüglich der Darlehensforderung zu beachten. Im Konkurs des Schuldners gilt die Fälligkeit betagter Forderungen kraft Gesetzes (§ 65 KO) als eingetreten (s. Rdn. 920). Den Mangel der Fälligkeit der Forderung kann der Sicherungsgeber oder sein Rechtsnachfolger, wenn es sich um mittelbar verwertbare Sicherheiten handelt, in dem vom Sicherungsnehmer anzustrengenden Prozeß als Verteidigungsmittel vorbringen; handelt es sich um unmittelbar verwertbare Sicherheiten, so kann er durch rechtzeitiges eigenes prozessuales Vorgehen die Beachtung der Fälligkeitsbedingungen erzwingen, ggf. den Sicherungsnehmer wegen der Nichtbeachtung auch schadenersatzpflichtig machen. Dabei braucht Identität weder zwischen Sicherungsgeber und Schuldner der gesicherten Forderung (s. Rdn. 176) noch zwischen Sicherungsnehmer und Gläubiger (s. Rdn. 181) zu bestehen. **Dem Mangel der Fälligkeit der gesicherten Forderung gleich stehen der Realisierung der Sicherheit ferner alle sonstigen Tatbestände entgegen, welche die Einziehung der bereits fällig gewordenen Forderung hindern,** also die Einreden allgemeiner Art, wie z. B.

235

236

---
[1] BGH WM 64, 270.
[2] Vgl. RG 143, 117; JW 35, 3632.
[3] RG 142, 139.
[4] BGH WM 61, 1297.

der Stundung, des Zurückbehaltungsrechts usw. Der Besteller einer Sachsicherheit kann aus der Tatsache, daß die gesicherte Forderung **verjährt** ist, keine Einrede herleiten (§§ 223 BGB; 98 LRG; BGH WM 61, 443); jedoch verjähren die Zinsen eines gebuchten Rechts ihrerseits in vier Jahren (§§ 902, 197, 201 BGB, 23 SchiffsG, 23 LRG). Rechtszerstörende Einreden, z. B. die Verpflichtung des Sicherungsnehmers zur **Entpfändung**, können diesen sogar zum Verzicht auf seine Rechtsposition nötigen (§§ 1169, 1254 BGB). Eine Vorverlegung des Zeitpunkts der Verwertungsreife ist freilich nicht ausgeschlossen. So gibt es Fälle, in denen schon kraft Gesetzes vor der vereinbarten Fälligkeit der Forderung die Sicherheit verwertet werden kann (s. Rdn. 610).

Im übrigen kann sich für den Sicherungsnehmer sogar die Notwendigkeit einer vorzeitigen Verwertung insofern ergeben, als es sich bei der Verpfändung oder Sicherungsabtretung von Rechten, die auf eine Leistung gehen, also von Forderungen oder Verwertungsrechten, um die Geltendmachung des Anspruchs gegen den Anspruchsgegner handelt. Hat z. B. A. dem B. eine kurzfristig verjährende Forderung gegen C. zediert, so muß B., um die Verjährung zu unterbrechen, den Schuldbetrag zwangsweise von C. auch dann beitreiben, wenn die Forderung des B. gegen A. noch nicht fällig sein sollte. Ebenso ist es möglich, daß der Gläubiger einer Sicherungsgrundschuld bei einer von dritter Seite betriebenen Zwangsversteigerung des belasteten Grundstücks den auf die Grundschuld entfallenden Versteigerungserlös beanspruchen muß, obwohl die gesicherte Forderung noch nicht fällig ist. Ob der Gläubiger in Fällen dieser Art den erhaltenen Betrag zur Verrechnung auf die gesicherte Forderung behalten darf, womit diese als vorzeitig fällig zu gelten hat, oder ob er ihn — unter Abführung eines etwaigen Überschusses an den Sicherungsgeber — als **Barsicherheit** verwenden muß, ist, sofern nicht gesetzlich geregelt, Sache der Übereinkunft und im Zweifel als stillschweigend vereinbart im letzteren Sinne zu entscheiden. Dabei hängt es wiederum vom Parteiwillen ab, ob als Sicherungsmittel der Barsicherheit der Anspruch des Sicherungsgebers gegen den Sicherungsnehmer auf Auszahlung des Erlöses gelten soll oder ob dieser den Erlös nach Auszahlung eines etwaigen Übererlöses an dritter Stelle zu hinterlegen hat, so daß als Sicherungsmittel das Guthaben bei der dritten Stelle in Frage kommt. **Fehlt jegliche Vereinbarung, ergibt sich die Notwendigkeit mündelsicherer Anlage des Erlöses aus dem Gesetz (§§ 1288, 1291 BGB)**[1].

Zum Teil wird die Verwertungsreife aber auch hinausgeschoben, sei es, daß die Verwertung von der Inverzugsetzung des Schuldners abhängig gemacht wird — was nach der eingangs belegten herrschenden Ansicht sogar zum Begriff der Verwertungsreife gehört —, sei es, daß sie überhaupt erst nach Ablauf eines bestimmten Zeitraums seit Fälligkeit zugelassen wird. Dieser Fall ist das Gegenstück zur Sicherung auf Zeit (s. Rdn. 183): Bei dieser beseitigt der Ablauf der Frist die Verwertungsbefugnis, bei jener löst er sie aus. In der Praxis kommen beide Tatbestände auch nebeneinander vor. Zu beachten sind in diesem Zusammenhang für eine Regelung der Verwertung in Formu-

---

[1] BGH WM 61, 25.

larverträgen die unter Anwendung des Grundsätze des AGB-Gesetzes aufgestellten Voraussetzungen für die Verwertung.

Die Verwertungsreife ist für die Realisierung der Sicherheit zwar erforderlich, aber nicht immer ausreichend. Ist nämlich die Sicherheit mittelbar und unmittelbar verwertbar und hat der aus der Sicherheit fließende Anspruch **eine eigene, von dem Zahlungstermin der Forderung abweichende Fälligkeit**, wie z. B. beim Depotakzept und der Sicherungsgrundschuld, so darf der Sicherungsnehmer nach Fälligwerden der Forderung die Sicherheit zwar unmittelbar verwerten, indem er gemäß Rdn. 266 das Sicherungsrecht veräußert; er ist aber nicht befugt, den aus der Sicherheit fließenden Anspruch vor dessen eigener Fälligkeit geltend zu machen, also die Sicherheit mittelbar zu verwerten. Dies ist ein Nachteil, der zu Lasten des Sicherungsnehmers geht, weil er sich mit einer insoweit unzulänglichen Sicherheit begnügt hat. Keinesfalls ist es zulässig, diese Fälligkeit der Sicherheit mit der Fälligkeit der gesicherten Forderung zu koppeln (s. Rdn. 885). Wird umgekehrt die Forderung erst später fällig als die Sicherheit, so entfällt bis zur Verwertungsreife nicht nur die Ablösungsbefugnis des Sicherungsgebers (s. Rdn. 242), sondern es kann auch vorkommen, daß der Sicherungsnehmer die Sicherheit im Zeitpunkt der Verwertungsreife nicht mehr mit dem gleichen Erfolg geltend machen kann, wie er es gekonnt hätte, wenn er bereits im Zeitpunkt der Fälligkeit der Sicherheit vorgegangen wäre. Also muß die **Befristung** einer Bürgschaft so vereinbart werden, daß die gesicherte Forderung vorher fälliggestellt werden kann. Dies allein gibt jedoch dem Gläubiger nicht das Recht, die Forderung vorzeitig fällig zu stellen. Es ist aber zu beachten, daß schon die Fälligkeit der Zinsen der Forderung in diesem Umfang die Verwertungsreife herbeiführt. Unberührt bleibt außerdem die Befugnis des Sicherungsnehmers zu einer **vorzeitigen Beitreibung** der Sicherheit, soweit sich die Notwendigkeit hierzu aus den Umständen ergibt, z. B. durch Einziehung der Zinsen einer Sicherungsgrundschuld, wenn die Gefahr besteht, daß bei einer späteren Zwangsversteigerung des belasteten Grundstücks die Zinsrückstände verjährt sein oder nicht mehr in der vierten, sondern nur noch in der achten Rangklasse des § 10 ZVG (s. Rdn. 252) liquidiert werden könnten; der eingezogene Zinsbetrag muß dann (s. o.) hinterlegt werden.

238

Die Unmöglichkeit, den Schuldbetrag anderweitig hereinzuholen, ist nicht Voraussetzung für die Ausübung der durch die Sicherung gewährten Befugnisse. Die Sicherheit haftet im Zweifel neben, nicht nach und auch nicht vor dem zur Beitreibung der Forderung bereitstehenden Vermögen des Schuldners: **Subsidiarität gehört nicht zum Wesen der Sicherheit**, wenn auch im Endergebnis eine doppelte Inanspruchnahme, also kumulative Verwirklichung von Sicherheit und Forderung, ausgeschlossen ist. Der Gläubiger ist nicht genötigt, aber auch bei nachträglicher Sicherstellung, da sie grundsätzlich keine Stundung der gesicherten Forderung einschließt, nicht gehindert, zuerst auf Grund der gesicherten Forderung vorzugehen[1]. Allerdings kann nach **Treu und**

239

240

---
[1] Vgl. BGH WM 59, 347.

Glauben eine im Hinblick auf den zu erwartenden Erlös[1] ausreichende Sicherung es dem Gläubiger verwehren, den Schuldner wegen der gesicherten Forderung in Konkurs zu treiben[2] oder sich gegenüber einer Gegenforderung des Schuldners auf ein etwaiges Pfandrecht an eigener Schuld oder auf ein Zurückbehaltungsrecht zu berufen[3]. Bisweilen auch kommt Subsidiarität der Sicherheit kraft Gesetzes oder Parteivereinbarung **(Subsidiaritätsabrede)** vor. Sie findet ihren stärksten Ausdruck in der Ausfallsicherheit, die ggf. jeden Zugriff auf die Sicherheit ausschließt, solange nicht der Nachweis ergebnislosen Vorgehens auf Grund der gesicherten Forderung erbracht ist (vgl. Rdn. 177). Auch der umgekehrte Fall kommt vor, daß nämlich nach Gesetz oder nach Parteivereinbarung die Sicherheit prinzipal haftet, **mithin zuerst in Anspruch genommen werden muß**; solche Abrede nähert die Sicherung, die durch Bestellung einer gekorenen Sicherheit erfolgt, der **Hinabe erfüllungshalber**. Es kann sogar der baldige Zugriff auf die Sicherheit im Sinne der Parteien liegen. So mag etwa, wenn der Schuldner dauernd außerstande ist, die Schuld anders als aus dem Verwertungserlös der Sicherheit zu tilgen, wegen des Zinsenlaufs ein schutzwürdiges Interesse des Schuldners an der baldmöglichen Verwertung bestehen, zumal wenn der Wert der Sicherheit den Betrag der Forderung um ein Vielfaches übersteigt[4]. Kraft Gesetzes darf der Schuldner den Gläubiger auf die Sicherheit verweisen bei der Sicherstellung vermittels beweglicher Sachen, wenn Schuldner und Sicherungsgeber personengleich sind (Rdn. 481). Im übrigen ist durch Auslegung des Sicherstellungsvertrages zu ermitteln, ob die **vorhergehende Inanspruchnahme** der Sicherheit Voraussetzung für die Geltendmachung der gesicherten Forderung ist. Häufig wird freilich der Gläubiger zunächst die gesicherte Forderung beitreiben, um einen sich hierbei ergebenden Ausfall aus dem Sicherheitserlös zu decken. Die Ausfallqualität der Sicherheit gestattet ihm dies. Der Sicherungsgeber kann jedoch die Absicht des Gläubigers durchkreuzen, indem er seinerseits die Sicherheit gemäß Rdn. 241 **ablöst**. Reicht nämlich die Ablösungssumme nicht zur vollen Befriedigung des Gläubigers aus, so bleibt der Gläubiger nach wie vor mit dem Risiko des Ausfalls behaftet. Er erreicht aber dennoch sein Ziel, wenn er die Tilgungswirkung der Ablösung durch eine Abrede im Sinne von Rdn. 244 ausgeschlossen hatte. Entsprechend ist die Rechtslage, wenn er die Sicherheit noch vor oder während der Beitreibung der Forderung verwertet; auch hier erhält er sich die Ausfallqualität des Sicherheitenerlöses (nur) durch ein Abkommen, welches ihm die Behandlung des Erlöses als Barsicherheit erlaubt (s. Rdn. 269). **Das alles wird aktuell im Konkurs des Schuldners, wenn die Sicherheit von einem Dritten bestellt ist.**

Wer z. B. auf seine Konkursforderung von DM 10 000 eine Konkursquote von 25 % und vor Beendigung des Verfahrens aus Vollablösung oder Vollverwertung der Sicherheit DM 6000 erlöst, bekommt die Quote grundsätzlich nur auf (DM 10 000 — DM 6000 =) DM 4000 und fällt sonach mit DM 3000 aus. Hat er aber mit dem

---

[1] BGH WM 60, 576.
[2] OLG Schleswig NJW 51, 119.
[3] BGH 7, 123; WM 56, 217; 66, 115.
[4] RG 74, 152.

Interzedenten ein Abrechnungsabkommen des oben erwähnten Inhalts getroffen, erhält er die Quote auf DM 10 000, also in Höhe von DM 2500, und er darf dann auf die verbleibenden DM 7500 das Guthaben auf Sicherheitenerlöskonto von DM 6000 anrechnen, so daß er nur mit DM 1500 ausfällt. (S. hierzu auch Rdn. 909, 910, 929). Im Konkurs des mit dem Sicherungsgeber identischen Schuldners ist solches Abrechnungsabkommen wirkungslos; hier muß die Sicherheit vorweg verwertet werden.

Bei einer **Restschuldversicherung** auf den Todesfall muß der Darlehensgeber, der zugleich Versicherungsnehmer ist, im Versicherungsfall zunächst Befriedigung aus der Versicherung suchen[1].

2. Ablösung der Sicherheit und Übergang der Forderung

Dem Schuldner steht es frei, die Verwertung durch **freiwillige Leistung** abzuwenden. Das erscheint selbstverständlich, wenn die Leistung in der Tilgung der gesicherten Forderung besteht (s. Rdn. 197)[2]. Indessen gewähren Gesetz und Rechtsprechung die Befugnis, dem Sicherungsnehmer gegen seinen — und des Schuldners — Willen die Leistung aufzudrängen, auch da, wo der Leistende nicht, wie der Bürge, zugleich eine eigene Schuld tilgt. Solches **Ablösungsrecht**[3] (Einlösungsrecht) ermöglicht es dem Sicherungsgeber, freiwillig dem Sicherungsnehmer das zu gewähren, was dieser durch die Verwertung der Sicherheit erzwingen könnte: **Das Ablösungsrecht ist das Korrelat des Verwertungsrechts**. Die Wirkungen beider entsprechen daher einander. Allerdings ist der Sicherungsgeber im allgemeinen schon dann zur Ablösung berechtigt, wenn die gesicherte Forderung getilgt werden darf, während der Sicherungsnehmer zur Verwertung erst schreiten kann, wenn die Forderung (sofort) getilgt werden muß, d. h. die Sicherheit verwertungsreif ist. **Die Ablösung führt im Regelfall zur Befriedigung des Gläubigers, ohne daß es eines besonderen Verrechnungsaktes bedarf.** Reicht die Ablösungssumme nicht zur vollen Befriedigung des Gläubigers aus, so wird sie mangels abweichender Bestimmung des Ablösenden zunächst auf die Nebenleistungen und erst dann auf das Kapital verrechnet (§ 367 BGB). Sind mehrere Forderungen desselben Gläubigers durch eine und dieselbe Sicherheit gedeckt, entscheidet in erster Linie die Fälligkeit (§ 336 BGB); erstreckt sich die Sicherheit auf mehrere Forderungen verschiedener Gäubiger oder desselben Gläubigers gegen verschiedene Schuldner, so erfolgt im Zweifel die Verteilung nach dem Verhältnis der Forderungsbeträge (vgl. Rdn. 185). Wegen der Behandlung der Ablösungssumme als Barsicherheit vgl. Rdn. 244 a. E. Im einzelnen ist zu unterscheiden:

241

---

[1] BGH NJW 79, 974.
[2] Serick II, § 26 V; III, § 37 III; Krasney, MDR 60, 11.
[3] Die Rechtssprache versteht unter „Ablösungsrecht" meistens nur das Befriedigungsrecht des Bestellers einer Sachsicherheit und dasjenige eines Nichtsicherungsgesetzes. Im Text wird jedoch wegen der Gleichheit der Rechtsfolgen auch die Zahlungsbefugnis des Bestellers einer Personensicherheit darunter verstanden.

a) Mittelbar verwertbare Sicherheiten

242 Für die **mittelbar verwertbaren** Sicherheiten ergibt sich das Ablösungsrecht aus dem Gesetz (vgl. §§ 1142, 1223 BGB, 43 SchiffsG, 43 LRG). Und zwar hat es auch jeder aus eigenen Mitteln zahlende[1] Dritte, der durch die Verwertung des Sicherungsmittels ein dingliches Recht[2] oder den Besitz am Sicherungsmittel verlieren würde, z. B. der mit dem Sicherungsgeber nicht identische Eigentümer, wenn jener eine fremde Sache verpfändet hat. Mit Ausnahme des soeben erwähnten Eigentümers ist aber bei Personensicherheiten und gebuchten Rechten der Dritte erst zu einem späteren Zeitpunkt ablösungsberechtigt als der Sicherungsgeber, nämlich erst bei Besorgnis oder Eintritt einer Verwertungsgefahr, deren Abwendung durch die Ablösung bezweckt wird (§§ 268, 1150, 1249 BGB, 50 SchiffsG, 50 LRG)[3]. So kann z. B. der Mieter eines dem Bürgen gehörenden Grundstücks die Bürgschaftsschuld mit der Wirkung der Ablösung erst begleichen, wenn der Gläubiger die Zwangsversteigerung des Grundstücks anordnen läßt (der Mieter läuft wegen des Kündigungsrechts des Erstehers Gefahr, den Mietbesitz des Grundstücks zu verlieren). Die Ablösung setzt mangels abweichender Vereinbarung der Beteiligten die eigene Fälligkeit des aus der Sicherheit fließenden Anspruchs, z. B. die eigene Fälligkeit der Sicherungsgrundschuld (s. Rdn. 844), voraus; sie darf jedoch vom Sicherungsnehmer abgelehnt werden, wenn diese eigene Fälligkeit zeitlich vor dem Eintritt der Zahlungsbefugnis des Schuldners liegt und die Ablösung, weil unzeitig, gegen den Sicherungsvertrag verstoßen würde. Der Sicherungsgeber kann die Ablösung für einen bloßen Teilbetrag der gesicherten Forderung mit einer auf diesen Teilbetrag beschränkten Wirkung ausüben. **Die Ablösung führt bei der Sachsicherheit zum Übergang der Sicherheit auf den Ablösenden,** im Fall einer Teilablösung mit dem Rang nach dem nicht abgelösten Teil[4]. Sie geht deshalb in ihrer Wirkung weiter als die bloße Tilgung der gesicherten Forderung[5]. Daher bedarf es im Zweifel jeweils der Prüfung, ob die Zahlung dem Berechtigten in seiner Eigenschaft als Inhaber des aus der Sicherheit fließenden Anspruchs oder ob sie ihm in seiner Eigenschaft als Gläubiger der gesicherten Forderung geleistet wird[6]. Solche Zweifel bestehen allerdings nicht, wenn der Sicherungsgeber nicht mit dem Schuldner oder der Sicherungsnehmer nicht mit dem Gläubiger personengleich ist und die Zahlung an den Sicherungsnehmer erfolgt; hier wird der Sicherungsgeber wohl stets den Willen haben, auf den Anspruch aus der Sicherheit zu zahlen. Andererseits spricht eine tatsächliche Vermutung dafür, daß bei Identität von Schuldner und Sicherungsgeber die Zahlung zur Tilgung der gesicherten Forderung geleistet wird[7]. Von Bedeutung ist dies in den Fällen, in denen die mittelbar verwertbare Sicherheit zugleich unmittelbar verwertbar ist,

---

[1] BGH NJW 56, 1197.
[2] RG 167, 299.
[3] RG 146, 317.
[4] RG 131, 326.
[5] RG 150, 60.
[6] OLG Celle NJW 62, 745.
[7] BHG 7, 126.

wie beim Depotwechsel und der Sicherungsgrundschuld. Hier macht es, obgleich auch die Zahlung auf die Haftungssumme der Sicherheit letzten Endes zur Tilgung der gesicherten Forderung führt, in bezug auf das Schicksal des Sicherungsrechts doch einen erheblichen Unterschied, ob der Zahlungswille des Sicherungsgebers nach der einen oder ob er nach der anderen Richtung geht.

Ist **der Ablösende nicht zugleich Schuldner** der gesicherten Forderung und ist die 243 mittelbar verwertbare Sicherheit nicht zugleich unmittelbar verwertbar, so bewirkt die Ablösung zwar auch die im Sinne von Rdn. 241 gestufte Befriedigung des Gläubigers der gesicherten Forderung, nicht aber deren Erlöschen. **Vielmehr geht mangels abweichender Vereinbarung**[1] **die Forderung, soweit sie überhaupt übertragbar ist (§§ 399, 412 BGB), in Höhe des Ablösungsbetrages mit den vertraglichen, d. h. auch den künftig entstehenden Zinsen**[2] **auf den Ablösenden über,** der sie nunmehr anstelle des bisherigen Gläubigers gegen den Schuldner geltend machen kann (§§ 774, 1143, 1225, 268, 1150, 1249 BGB, 44, 50 SchiffsG, 44, 50 LRG) und zu diesem Zweck vom Gläubiger die nötige Auskunft und eine öffentlich beglaubigte Erklärung über den Forderungsübergang verlangen kann (§§ 402, 403, 412 BGB; s. aber auch Rdn. 000 a. E.). Das könnte bei der Ablösung einer **Bürgschaft** durch einen Dritten zweifelhaft sein, denn in § 268 BGB ist nur der Übergang der Forderung, wegen welcher vollstreckt wird, auf den ablösenden Dritten vorgesehen. Aber wer als Dritter im Sinne dieser Vorschrift eine Bürgschaftsschuld tilgt, kann die Bürgschaftsforderung allein überhaupt nicht erwerben, weil sie als akzessorische Sicherheit nur zusammen mit der durch sie gesicherten Forderung auf einen anderen übergehen kann. Der Dritte muß also mit der Bürgschaftsforderung auch die gesicherte Forderung erwerben. Vgl. hierzu die ähnliche Rechtslage bei der Nachbürgschaft.

Hier zeigt sich besonders der Unterschied zwischen **Ablösung der Sicherheit** und Tilgung der gesicherten Forderung: Nur die erstere führt zum Übergang der Forderung auf den Zahlenden[3].

> Hat z. B. A. zur Sicherung einer Darlehensforderung des B. gegen C. eine ihm (A.) am Grundstück des D. zustehende, nachträglich von E. gepfändete Buchgrundschuld dem B. verpfändet, so kann, sobald C. das Darlehen zurückzuzahlen berechtigt ist, E. das Pfandrecht des B. ablösen mit der Folge, daß die Darlehensforderung des B. gegen C. auf E. übergeht. Ebenso ist A. selbst zur Ablösung befugt.

Der ablösende Sicherungsgeber hat hier unter Umständen zwei auf dasselbe Ziel gerichtete Ansprüche gegen den Schuldner, einmal die auf ihn übergegangene Forderung des Gläubigers, zum anderen den internen Regreßanspruch nach Rdn. 174; es steht in seinem Ermessen, ob er beide Ansprüche gleichzeitig oder welchen der mehreren Ansprüche er gegen den Schuldner geltend machen will. Mit der gesicherten Forderung

---

[1] RG 148, 66.
[2] BGH 35, 172.
[3] RG 143, 287.

fallen dem Ablösenden auch alle zur Zeit der Ablösung für die Forderung bestehenden Sicherheiten (einschließlich der abgelösten Sicherheit) zu (§ 412 BGB; s. auch Rdn. 228, 229). Befriedigt z. B. derjenige, der eine vom Schuldner hypothekarisch gesicherte Forderung verbürgt hat, den Gläubiger, so erwirbt er mit der Zahlung die Forderung des Gläubigers gegen den Schuldner und gleichzeitig die Hypothek. Das führt zu Schwierigkeiten, wenn dieselbe Forderung durch mehrere Sicherheiten im Sinne von Rdn. 184 gedeckt ist, denn dann stellt sich die Frage, ob und inwieweit der mit dem Übergang der Forderung auf den Ablösenden verbundene Erwerb der anderweitigen Sicherheiten es dem Ablösenden gestattet, sich aus diesen Sicherheiten zu erholen und so den Schaden auf den oder die anderen Sicherungsgeber abzuwälzen, obwohl diese, wenn sie von dem ihnen zustehenden Ablösungsrecht frühzeitig Gebrauch gemacht hätten, ihrerseits die Möglichkeit der Abwälzung des Schadens gehabt hätten. Nach einer Grundsatzentscheidung des BGH haben mehrere Sicherungsgeber, die auf einer gleichen Stufe stehen, einen **Ausgleichsanspruch** nach den Regeln der Gesamtschuldverhältnisse (§ 426 Abs. 1 BGB)[1]. Dies gilt nur dann nicht, wenn zwischen Sicherungsgeber und Gläubiger etwas anderes vereinbart worden ist[2]. Eine unter der zu Rdn. 23 erwähnten, **auflösenden Bedingung** stehende Treuhandsicherheit kann auch der Bürge nicht erlangen, weil sie mit der Befriedigung des Gläubigers untergeht. Die gesicherte Forderung erlischt zwar durch die Zahlung des Bürgen nicht, geht vielmehr auf den Bürgen über. Doch ist nach der Absicht der Parteien bezüglich der Sicherheit die auflösende Bedingung im Zweifel bereits mit der Befriedigung des Gläubigers erfüllt. Ein Übergang der Sicherheiten ist auch da ausgeschlossen, wo einer von mehreren Sicherungsgebern seine als zusätzlich gekennzeichnete, nur für einen bestimmten Forderungsteil, z. B. für eine nachträgliche Kreditausweitung, bestellte Sicherheit ablöst; er erwirbt dann zwar den von ihm gesicherten Forderungsteil mit der Zusatzsicherheit, im Zweifel aber nicht die für den normalen Kredit anderweitig bestellten Sicherheiten, da dies allein dem Sicherungszweck entspricht[3].

244   Den **Schuldner** kann der Übergang der gesicherten Forderung auf den Ablösenden in seiner Rechtsstellung nicht beeinträchtigen. Er wird frei, wenn er in Unkenntnis des Forderungsüberganges **nochmals an den früheren Gläubiger leistet,** und er kann den Ablösenden in diesem Fall auf den Anspruch aus ungerechtfertigter Bereicherung verweisen, den dieser gegen den Gläubiger hat (§§ 407, 412, 816 Abs. 2 BGB). Der Schuldner behält auch, wenn der Ablösende die auf ihn übergegangene Forderung geltend macht, diejenigen Einwendungen, welche ihm dem früheren Gläubiger gegenüber zustanden, ebenso dem ablösenden Sicherungsgeber gegenüber diejenigen, die er auch ohne Rücksicht auf den Forderungsübergang dem etwaigen Regreßanspruch des Sicherungsgebers hätte entgegenhalten können. Daher kann der ablösende Sicherungsgeber die auf ihn übergegangene Forderung und Sicherheit nicht geltend machen, wenn der

---

[1] BGH 108, 179.
[2] BGH WM 90, 1956.
[3] BGH WM 67, 213.

Schuldner ihm gegenüber im Innenverhältnis (s. Rdn. 174) überhaupt nicht ausgleichspflichtig ist[1] oder gar seinerseits einen Regreßanspruch gegen ihn gehabt hätte, falls die Zahlung durch ihn (den Schuldner) bewirkt worden wäre[2]. Dem Rückgriffsanspruch aus dem Innenverhältnis kann aber der Schuldner die ihm gegen die übergegangene Forderung zustehenden Einwendungen nicht entgegensetzen, so daß der Ablösende u. U. günstiger steht, wenn er statt der übergangenen Forderung den internen Rückgriffsanspruch geltend macht. Dies ist die Konsequenz der Tatsache, daß die übergegangene Forderung nichts weiter als ein Akzessorium der internen Regreßforderung und diese zu sichern bestimmt ist. Auf der anderen Seite kann der Übergang der Forderung auch den bisherigen Gläubiger in seiner Rechtsstellung, zumal gegenüber dem Schuldner, nicht über das der Sachlage entsprechende Maß hinaus beeinträchtigen. Das wird bedeutungsvoll, wenn die gesicherte Forderung größer ist als die gezahlte Ablösesumme. **Der Ablösende muß dann mit dem auf ihn übergegangenen Teil der Forderung und Sicherheit hinter die beim Gläubiger verbliebene Restforderung zurücktreten.**

Werden also die Zinsen einer hypothekarischen Forderung abgelöst und geht dadurch die für die Zinsrückstände bestehende Hypothek unter Rangrücktritt hinter die für die Hauptforderung bestehende Hypothek auf den Ablösenden über, so fällt die Hypothek für die Hauptforderung ins geringste Gebot, wenn später der Ablösende aus der auf ihn übergegangenen Zinshypothek die Zwangsversteigerung betreibt[3].

Solcher Benachteiligung ist der Ablösende aber nur im Hinblick auf den beim Gläubiger verbliebenen Teil der gesicherten Forderung ausgesetzt. **Andere Forderungen des Gläubigers gegen den Schuldner genießen ein gleiches Vorrecht nicht**[4]. Hier kann der Unterschied bedeutsam werden zwischen einer limitierten Sicherheit (s. Rdn. 244) und der Sicherheit für einen bestimmt abgemessenen Teil des kontokorrentmäßig verbuchten Kredits (s. Rdn. 167). Bei der **limitierten Sicherheit** ist der Gesamtkredit, wenn auch nur in beschränktem Umfang, gesichert, so daß der Ablösende, da er die gesicherte Schuld nur zum Teil bezahlt, mit der Geltendmachung des auf ihn übergegangenen Teils der Kreditforderung hinter dem Gläubiger zurückstehen muß[5]; im anderen Fall dagegen gehört der über die vereinbarte Grenze hinaus gewährte Kredit nicht mehr zur „gesicherten" Forderung, so daß der Ablösende einen Vorrang des Gläubigers wegen dieses Mehrkredits nicht zu dulden braucht[6]. Das Zurücktreten des Ablösenden hinter den bisherigen Gläubiger hindert jenen nicht, die vor der Eröffnung des Konkurses über das Vermögen des Schuldners auf ihn übergegangene Teilforderung im Schuldnerkonkurs anzumelden und die hierauf entfal-

---

[1] BGH WM 70, 751.
[2] RG 143, 290.
[3] RG 131, 327; JW 35, 2559.
[4] RG 136, 44.
[5] RG JW 17, 811.
[6] RG 76, 195.

lende Konkursdividende in Empfang zu nehmen. Diese Konkurrenz kann für den Gläubiger unangenehm werden.

Hat er z. B. eine Kreditforderung von DM 20 000, welche bis zur Höhe von DM 10 000 verbürgt ist, und zahlt der Bürge vor Eintritt des Konkurses des Hauptschuldners die verbürgten DM 10 000 an den Gläubiger, so entfallen bei einer Konkursdividende von 50 Prozent sowohl auf den Gläubiger als auch auf den Bürgen je DM 5000, da jeder mit DM 10 000 am Konkurs teilnimmt. Der Gesamtverlust des Gläubigers ist demnach DM 5000, wenn man sich nicht auf den umstrittenen Standpunkt stellt, daß der Gläubiger außerhalb des Konkursverfahrens dem Bürgen die von diesem bezogene Dividende wieder abnehmen könne[1]. Wäre die Forderung nicht auf den zahlenden Bürgen übergegangen, so hätte der Gläubiger mit DM 20 000 am Konkurs teilnehmen und eine Dividende von DM 10 000 vereinnahmen können, so daß er in Berücksichtigung der restlichen vom Bürgen zu zahlenden DM 10 000 ohne jeden Verlust abgeschnitten hätte.

In der Praxis versucht der Gläubiger, dieses für ihn günstige Ergebnis dadurch zu erzielen, daß er von vornherein mit dem Sicherungsgeber vereinbart, seine Rechte sollten erst dann auf diesen übergehen, wenn er **wegen seiner sämtlichen Ansprüche** gegen den Schuldner **vollständig befriedigt sei**[2]. Damit wahrt sich der Gläubiger nicht nur das Vorrecht hinsichtlich des noch nicht abgelösten Teils der gesicherten Forderung, sondern auch hinsichtlich seiner etwaigen anderen, nicht gesicherten Ansprüche gegen den Schuldner. Andererseits aber trifft die Klausel nicht den Erstattungsanspruch, der dem Sicherungsgeber aus seinem Innenverhältnis zum Schuldner erwächst. Wirksamer ist daher die Vereinbarung einer Ausfallsicherheit mit der Maßgabe, daß der Sicherungsgeber nicht vor Feststellung des Ausfalls ablösen darf, oder eine aufschiebende Bedingung, welche die schuldtilgende Wirkung der Ablösung in etwa folgender Fassung von der vollen Befriedigung des Gläubigers abhängig macht:

„Bis zur Tilgung sämtlicher gesicherten Ansprüche des Gläubigers gelten Zahlungen des Sicherungsgebers als bare Sicherheitsleistungen. Der Gläubiger ist jedoch befugt, sich jederzeit aus den gezahlten Beträgen zu befriedigen." (s. Muster)

Hier gilt also die Sicherheit vorerst überhaupt nicht als abgelöst. Der vom Sicherungsgeber gezahlte Betrag wird im Bankverkehr häufig auf einem **„Sicherheitenerlöskonto"** (vgl. Rdn. 271) verbucht, und es bleibt dem Gläubiger vorbehalten, den Zeitpunkt zu bestimmen, zu welchem die Wirkung der Ablösung eintreten soll. (Wegen der Unwirksamkeit dieser Klausel im Konkurse des mit dem Schuldner identischen Sicherungsgebers s. Rdn. 929.) Die Ablösungswirkung entfällt auch, wenn der Sicherungsgeber überhaupt nicht zahlt, sondern dem Gläubiger von vorherein nur zusätzliche Sicherheit leistet; hier kann von Ablösung gar nicht gesprochen werden[3]. Alle vorste-

---

[1] RG 83, 405.
[2] BGH WM 84, 1630; BGH WuB IF 1a — 1.85/Rehbein.
[3] RG 106, 311.

henden Ausführungen gelten sinngemäß, wenn nicht die Sicherheit, sondern ein als Sicherungsmittel dienendes, ablösungsfähiges Recht, z. B. eine verpfändete Darlehenshypothek, abgelöst wird.

b) Unmittelbar verwertbare Sicherheit

Für die **unmittelbar verwertbaren** Sicherheiten ist das Ablösungsrecht von der Rechtsprechung anerkannt[1], und zwar — entsprechend § 1223 Abs. 2 BGB — auch zugunsten des mit dem Schuldner nicht identischen Sicherungsgebers. Es steht auch demjenigen zu, der durch die Verwertung ein dingliches Recht oder den Besitz am Sicherungsmittel verlieren würde, und auch dem jeweiligen Inhaber und Pfandgläubiger des Rückgewähranspruchs (s. Rdn. 208)[2]. Handelt es sich bei der Sicherheit um Sicherungseigentum, so gilt die Zahlung des Ablösenden rechtsnotwendig der gesicherten Forderung, und die Ablösung kann dann grundsätzlich nur Forderungstilgung sein[3], während es für Sicherheiten, die zugleich mittelbar verwertbar sind wie etwa die Sicherungsgrundschuld, bei den Ausführungen zu Rdn. 242 verbleibt. Ist jedoch der Ablösende nicht mit dem Schuldner der gesicherten Forderung identisch, so bewirkt die Ablösung zwar auch die im Sinne von Rdn. 241 gestufte Befriedigung des Gläubigers der Forderung, nicht aber deren Erlöschen. Vielmehr erwirbt mangels abweichender Vereinbarung der Ablösende (zwar nicht die Forderung selbst, wohl aber) einen schuldrechtlichen Anspruch gegen den befriedigten Gläubiger auf Abtretung der Forderung, soweit sie überhaupt übertragbar ist[4]. Auch bei der Ablösung von Sicherheiten, die zugleich mittelbar verwertbar sind, erwirbt also der Ablösende immer nur den schuldrechtlichen Anspruch auf Abtretung der gesicherten Forderung; insoweit ist für die Rechtsfolgen der Ablösung die unmittelbare Verwertbarkeit ausschlaggebend. Auf das Rechtsverhältnis zwischen Ablösendem und Schuldner sind die Ausführungen zu Rdn. 244 sinngemäß anwendbar, soweit sich nicht etwas anderes daraus ergibt, daß mangels besonderer Absprache ein an den Ablösenden abgetretener Teil der gesicherten Forderung gleichen Rang mit der bei Gläubiger verbliebenen Restforderung hat.

245

3. Die Verwertung der Sicherheit

Ist der Sicherungsgeber nicht in der Lage, den Ablösungsbetrag für die Sicherheit aufzubringen, so muß er sich mit der Verwertung (Realisierung) der Sicherheit abfinden, wobei es der Bank wegen ihrer Treuepflicht allerdings obliegt, eine sorgfältige Wahl zu treffen und den Grundsatz der schonenden und bestmöglichen Verwertung zu

246

---

[1] RG 92, 281; 96, 137.
[2] OLG Celle NJW 60, 2196.
[3] RG 94, 90.
[4] Str.; RG 150, 374; KG NJW 61, 414.

beachten¹. Unbeschadet ist sein Recht, noch jederzeit während des Verwertungsverfahrens die Ablösung (s. Rdn. 239) zu bewirken und dadurch die Verwertung, vielleicht erst in letzter Stunde, abzuwenden. Allerdings greift er auch öfter, z. B. bei belasteten Grundstücken oder bei Gegenständen des Handelsverkehrs, der Verwertung einer Sachsicherheit durch den Sicherungsnehmer vor, indem er mit dessen Einverständnis im eigenen Namen das Sicherungsmittel veräußert und den Gläubiger aus dem Kaufpreis befriedigt. Dann kann es im Interesse des Gläubigers liegen, dafür zu sorgen, daß der Sicherungsgeber ihm die Kaufpreisforderung zediert oder daß schon kraft des Kaufvertrages die Forderung gemäß § 328 BGB unmittelbar in seiner (des Gläubigers) Person steht. **Im Verhältnis zwischen Sicherungsnehmer und -geber hat sich die Verwertung auch bei den Sachsicherheiten auf das erforderliche, d. h. zur Tilgung der gesicherten Forderung nötige Maß zu beschränken.** Das ist bei den mittelbar verwertbaren Sicherheiten schon durch die gesetzliche Regelung des Verwertungsverfahrens (vgl. §§ 1230 BGB, 803 ZPO) gewährleistet und bei den unmittelbar verwertbaren im Zweifel vertragliche Pflicht des Sicherungsnehmers (vgl. die ausdrückliche Vereinbarung im beispielhaft abgedruckten Formularvertrag i. Anhg.). Doch gilt hier ein Überschreiten der Grenze — unter Abführung des Überschusses an den Sicherungsgeber — als stillschweigend vereinbart, wenn sich dies aus den Umständen, insbesondere aus der Natur des Sicherungsmittels, ergibt: Ein Kraftwagen muß, ein Faß Wein kann als Einheit verwertet werden, und während die Beitreibung einer Sicherungsgrundschuld auf den Betrag der gesicherten Forderung abgestellt werden kann und schon im Kosteninteresse abgestellt werden muß, wird der Sicherungsnehmer ein sicherungshalber übertragenes Grundpfandrecht oder Wertpapier grundsätzlich in voller Höhe gegen den Anspruchsgegner geltend machen dürfen, da hier der Sicherungsgeber in der Regel zu eigenem Vorgehen nicht in der Lage ist. Mit dieser Maßgabe hat der Sicherungsnehmer, wenn ihm für eine und dieselbe Forderung eine Mehrheit von Sicherheiten bestellt ist, grundsätzlich die freie Wahl, welche der Sicherheiten er überhaupt oder zuerst verwertet; auf die Interessen des Sicherungsgebers (Schuldners) braucht er vorbehaltlich eines Rechtsmißbrauchs nicht Rücksicht zu nehmen. Daß die **Kosten der Verwertung**, ggf. unter Einschluß von Vermittlungskosten², vom Sicherungsgeber zu tragen sind, darf, soweit nicht schon gesetzlich vorgeschrieben (§ 788 ZPO), als Wille der Parteien unterstellt werden. Auch etwaige Umsatzsteuern werden häufig dem Sicherungsgeber auferlegt, auch die Kosten der Verarbeitung des Sicherungsguts zum Endprodukt. Das Verfahren, welches der Sicherungsnehmer bei der Realisierung zu beachten hat, ist verschieden, je nachdem, ob die Sicherheit mittelbar oder ob sie unmittelbar verwertbar ist. Fällt eine Sicherheit, wie z. B. die Grundschuld, unter beide Kategorien, so liegt es beim Sicherungsnehmer, zu bestimmen, welches Verfahren im gegebenen Fall zur Anwendung kommen soll.

---

[1] BGH WM 61, 243; 67, 397; OLG Düsseldorf WM 72, 1438; WM 77, 546; Reich, Die Sicherungsübereignung, 70, 1507.
[2] BGH WM 62, 393.

a) Zwangsvollstreckung in das Sicherungsmittel

Ist die Sicherheit **mittelbar verwertbar**, verwertet sie der Sicherungsnehmer, falls er sich bei Personensicherheiten nicht des bequemeren Weges der Aufrechnung bedienen kann oder will, im Wege der **Zwangsvollstreckung** (Exekution) in das Sicherungsmittel. Grundlage für die Vollstreckung ist eine vom Gericht mit dem Zeugnis der Vollstreckbarkeit **(Vollstreckungsklausel)** versehene, dem Vollstreckungsgegner zugestellte und dem Vollstreckungsorgan zu übersendende Ausfertigung des vollstreckbaren Titels, d. h. der öffentlichen Urkunde, aus der sich die Zulässigkeit der Zwangsvollstreckung ergibt und die inhaltlich die zu erzwingende Leistung nach Art und Umfang feststellt (§§ 724, 725, 797, 750 ZPO). Der **Titel**, von dem hier die Rede ist, stellt aber nicht die gesicherte Forderung fest (obwohl es dem Gläubiger der Forderung unbenommen ist, sich nach Eintritt der Verwertungsreife auch für diese Forderung einen Titel zu verschaffen), sondern den Anspruch aus der Sicherheit und setzt daher objektiv die Fälligkeit eben dieses Anspruchs voraus. Teilweise Fälligkeit genügt. Es kann z. B. ein Titel nur wegen der fälligen Zinsen erwirkt werden. Das hat seinen Vorteil, wo, wie häufig bei Grundpfandrechten, das Kapital erst nach Ablauf einer mehr oder weniger langen Kündigungsfrist fällig wird, ist aber von Nachteil insofern, als sich ein Teilbetrag leichter ablösen läßt als die ganze Sicherheit. Erledigt sich nämlich der Titel zufolge der Befriedigung des Gläubigers, so muß dieser erst wieder einen neuen Titel wegen eines weiteren fälligen Betrages erlangen, wenn er das Realisierungsverfahren fortsetzen will.

248

Je nach dem Inhalt des geltendgemachten Anspruchs lautet der Titel auf Zahlung einer bestimmten Geldsumme **(persönlicher oder Zahlungstitel)** — so bei den Personensicherheiten — oder auf Duldung der Zwangsvollstreckung in das Sicherungsmittel wegen einer bestimmten Geldsumme **(dinglicher oder Duldungstitel)** — so bei den Verwertungsrechten — (vgl. Rdn. 11). Die gesicherte Forderung ist ein der Personensicherheit inhaltlich gleichartiger Anspruch und der ihretwegen ergehende Titel daher auch ein Zahlungstitel; bei Identität des Bestellers einer Sachsicherheit mit dem Schuldner muß sonach der Sicherungsnehmer, will er zu gleicher Zeit die Sicherheit realisieren und die gesicherte Forderung geltend machen, sowohl einen Zahlungs- als auch einen Duldungstitel gegen seinen Vertragspartner erwirken. **Es ist aber zu beachten, daß der persönliche Titel den Duldungstitel als Instrument für die Realisierung der Sachsicherheit nicht ersetzen kann** und daß die auf Grund dieses Titels betriebene Zwangsvollstreckung nicht in allen Beziehungen die gleichen Wirkungen zeigt wie die Zwangsvollstreckung auf Grund des dinglichen Titels (s. Rdn. 832). Andererseits ist gegenüber dem Zahlungstitel der Duldungstitel sachlich beschränkt, denn er berechtigt nur zur Vollstreckung in die in ihm bezeichneten Vermögensteile, daher z. B. ein Titel auf Duldung der Zwangsvollstreckung in das hypothekarisch belastete Grundstück nicht zur Pfändung einer der Hypothek vorgehenden Eigentümergrundschuld.

249

Der wichtigste und **häufigste Titel** ist das richterliche Urteil (§ 704 ZPO), doch spielen, zumal auf dem Gebiet des Grundstücksrechts, auch die sog. exekutorischen oder **vollstreckbaren, im Verkehr bisweilen fälschlich als „Vollstreckungsklauseln"** bezeichneten Urkunden eine Rolle. Das sind Urkunden, welche vor einem deutschen Gericht oder Notar über die Haftung für eine bestimmte Geldsumme errichtet worden sind und in denen der Haftende sich ausdrücklich der sofortigen Zwangsvollstreckung unterworfen hat (§§ 794 Abs. 1 Ziff. 5 ZPO, 98 LRG), was den Sicherungsnehmer aber nicht von der Einhaltung vertraglicher Abreden über die Fälligkeit des Anspruchs, insbesondere nicht von der vereinbarten Kündigung befreit[1]. Mit ihrer Hilfe verschafft sich der Sicherungsnehmer bereits bei Bestellung der Sicherheit den Titel, indem sich der Sicherungsgeber schon im (gerichtlich oder notarisch beurkundeten) Sicherstellungsvertrag der Zwangsvollstreckung unterwirft (s. Mustervertrag Grundschuldbest.). Dabei wird häufig vereinbart, daß der Sicherungsnehmer zur Erlangung der Vollstreckungsklausel vom Gericht bzw. Notar weder das Entstehen noch die Fälligkeit des aus der Urkunde ersichtlichen Anspruchs nachzuweisen braucht[2]. In der Kreditsicherungspraxis wird meist die Grundschuld (als auch die Forderung aus dem abstrakten Schuldversprechen falls gegeben) als sofort fällig vereinbart; der Nachweis der Fälligkeit entfällt dann. Vorsicht ist bei der Unterwerfung hinsichtlich eines letztrangigen Teilbetrages geboten, die von der Unterwerfung wegen „eines zuletzt zu zahlenden Teilbetrages" der Grundschuld zu unterscheiden ist[3]. Da „Vollstreckungsklauseln" in den Grundschuldbestellungsformularen der Kreditinstitute enthalten sind, sind Bedenken gegen derartige Klauseln im Hinblick auf das AGB-Gesetz erhoben worden[4]. Diese Bedenken dürften jedoch unberechtigt sein, da der Sicherungsgeber unmittelbar nach Einleitung von Vollstreckungsmaßnahmen Rechtsmittel einlegen kann. Außerdem besteht ein berechtigtes Interesse der Kreditinstitute an der Klausel, da etwaigen Vermögensverschlechterungen des Sicherungsgebers nicht erst durch langwierige Erkenntnisverfahren begegnet werden muß[5]. Überraschend ist die Regelung schon deswegen nicht, weil der Notar gemäß § 17 Beurkundungsgesetz über den Inhalt der Grundschuldbestellungsurkunde belehren muß. Die Zwangsvollstreckung selbst beginnt mit der Beschlagnahme des Gegenstandes der Vollstreckung und endet im zweiten Akt mit dessen Verwertung. Im einzelnen:

aa) Zwangsvollstreckung in bewegliche Sachen

250   Bei der **Zwangsvollstreckung in bewegliche Sachen**, mit Ausnahme der registrierten Schiffe und Luftfahrzeuge (s. Rdn. 101), aber unter Einschluß der zu Rdn. 80 behandelten Gebäude, ist Vollstreckungsorgan der Gerichtsvollzieher (§ 753 ZPO). Indem er im Auftrage des Gläubigers die in Frage kommenden Sachen pfändet, d. h. sie in Besitz nimmt und den Besitz durch Pfandzeichen erkennbar macht (wegen der unpfändbaren Sachen s. Rdn. 131), bewirkt er ihre **Beschlagnahme**, kraft welcher nunmehr die Ver-

---

[1] BGH WM 65, 767.
[2] KG JW 34, 1731.
[3] Zum ersteren: OLG Hamm Rpfleger 84, 60; zum letzteren: OLG Hamm WM 87, 382 = WuB VI E. § 800 ZPO 1.87/v. Schweinitz.
[4] Vgl. etwa Stürner, JZ 77, 432.
[5] Brandner in Ulmer/Brandner/Hensen, Anhang §§ 9—11, Rdn. 285a.

fügungsmacht auf ihn als staatliches Organ übergeht (§§ 803, 808, 809 ZPO, 137 StGB). Gleichzeitig erlangt der Gläubiger ein Pfandrecht an der gepfändeten Sache, das einem vertraglich bestellten Pfandrecht gleichsteht (§ 804 ZPO). Die aus der Beschlagnahme erwachsene Verstrickung endet mit der Verwertung der gepfändeten Sache grundsätzlich im Wege der öffentlichen Versteigerung durch den Gerichtsvollzieher (§§ 814—817 ZPO). Den Zuschlag, der nur erteilt werden darf, wenn ein bestimmtes Mindestgebot erreicht ist (§ 817a ZPO), erhält der Meistbietende gegen Barzahlung; der Erlös wird nach Abzug der Zwangsvollstreckungskosten an den Vollstreckungsgläubiger ausgekehrt. Kraft gerichtlicher Anordnung kann die Verwertung auch in anderer Weise stattfinden, z. B. im Wege freihändigen Verkaufs durch den Gerichtsvollzieher oder durch Zwangsüberweisung der gepfändeten Sache an den Gläubiger zu einem bestimmten Preis (§ 825 ZPO). In allen Fällen geht das Eigentum erst mit Übergabe der Sache auf den Erwerber über[1], während die Empfangnahme des Erlöses durch den Gerichtsvollzieher als Zahlung seitens des Schuldners gilt (§ 819 ZPO). Ist die Pfändung ergebnislos verlaufen, so kann der Gläubiger auf Grund eines Zahlungstitels (nicht Duldungstitels) und der sog. Fruchtlosbescheinigung des Gerichtsvollziehers dem Vollstreckungsgegner durch das zuständige Amtsgericht die in § 807 ZPO vorgesehene **eidesstattliche Versicherung** über den Bestand seines Vermögens und die von ihm in letzter Zeit unentgeltlich oder an nahe Angehörige vorgenommenen Veräußerungen abnehmen lassen (§§ 899—901, 903, 909, 915 ZPO). Das Verfahren setzt aber voraus, daß auch die Vollstreckung in etwaige dem Gläubiger sicherungshalber übereignete, im Gewahrsam des Schuldners befindliche Sachen nicht zur vollständigen Befriedigung des Gläubigers geführt hat[2].

Zu beachten sind die Besonderheiten bei der Vollstreckung aus einem gerichtlichen Vollstreckungstitel gegen einen **fremden Staat**[3].

Das Bundesverfassungsgericht weist darauf hin, daß zahlreiche Staaten an der Gewährung grundsätzlich unbeschränkter Immunität für den fremden Staat für die Zwangsvollstreckung festhalten; Einschränkungen finden sich in der Praxis verschiedener Staaten bei der Sicherung von oder der Zwangsvollstreckung aus titulierten Rechten an **unbeweglichen Vermögen**, das im Vollstreckungsstaat belegen ist, in dieses Vermögen, bei Sicherungs- oder Vollstreckungsmaßnahmen in **Nachlässen**, die im Vollstreckungsstaat belegen und dem fremden Staat angefallen sind, bei Sicherungs- oder Vollstreckungsmaßnahmen in Vermögensgegenständen **staatlicher oder staatlich kontrollierter Wirtschaftsunternehmen** aus Ansprüchen über deren privatwirtschaftliches Verhalten. Zu beachten ist auch die Regelung im **Brüsseler Abkommen** zur einheitlichen Feststellung von Regeln über die Immunitäten der Staatsschiffe vom 10. 4. 1926[4]. Es existiert keine Übung im internationalen Recht, die eine allgemeine Regel des Völ-

---
[1] RG 126, 21; 153, 257; 156, 395; BGH WM 68, 1356.
[2] OLG Breslau JW 29, 1671.
[3] BVerfG, WM 78, 26 f.
[4] RGBl 27 II S. 483; Zusatzprotokoll vom 24. 5. 1934, RGBl. 36 II, S. 303.

kergewohnheitsrechts begründen würde, derzufolge dem Gerichtsstaat die Zwangsvollstreckungen gegen einen fremden Staat in dessen Gerichtsstaat belegene Vermögensgegenstände schlechthin verwehrt wäre[1]. Das Bundesverfassungsgericht kommt zu diesem Ergebnis unter Prüfung der Rechtslage in Italien, Schweiz, Belgien, Niederlande, Österreich, Frankreich, Griechenland, Vereinigte Staaten von Amerika (wegen der Einzelheiten siehe Gründe des Bundesverfassungsgerichts). Selbst wenn aber allgemeine Regeln des Völkerrechts einer Zwangsvollstreckung durch den Gerichtsstaat nicht entgegenstehen, so sind doch der Vollstreckung selbst gegenständliche Grenzen gesetzt: Vermögensgegenstände im Gerichtsstaat, die eben hoheitlichen Zwecken des fremden Staates tatsächlich dienen, unterliegen nicht der Zwangsvollstreckung. Der Entsendestaat bedient sich dieser Gegenstände zur Wahrnehmung seiner diplomatischen Funktionen; sie genießen somit Immunitätsschutz.

bb) Zwangsvollstreckung in Grundstücke

251   Die **Zwangsvollstreckung in Grundstücke** ist umfassender, als aus der Bezeichnung ersichtlich ist. Sie ergreift nämlich nicht nur die wesentlichen Grundstücksbestandteile (§ 864 ZPO; s. Rdn. 98—100), sondern kraft Gesetzes (§ 865 ZPO) in jedem Fall auch diejenigen beweglichen Sachen und Rechte, auf welche sich nach den Vorschriften des Gesetzes die Hypothek an einem Grundstück erstreckt. Demgemäß unterliegen der Zwangsvollstreckung in das unbewegliche Vermögen außer dem Grund und Boden noch

— die bei Rdn. 745, 752 aufgeführten beweglichen Sachen. **Diese können, sobald und solange sie im Wege der Zwangsvollstreckung in Grundstücke beschlagnahmt sind, überhaupt nicht mehr als bewegliche Sachen gepfändet werden.** Das dem Grundstückseigentümer gehörende Zubehör gilt sogar in dem Maße als Einheit mit dem Grundstück, daß es niemals Gegenstand einer Mobiliarpfändung sein kann;

— die bei Rdn. 754, 758 aufgeführten Forderungen. **Sie können, sobald und solange sie im Wege der Zwangsvollstreckung in Grundstücke beschlagnahmt sind, nicht mehr nach den Vorschriften der Zwangsvollstreckung in Rechte gepfändet werden.**

Organ der Zwangsvollstreckung in Grundstücke ist das Amtsgericht. Es kann nach Wunsch des Vollstreckungsgläubigers die Zwangsvollstreckung auf drei verschiedenen Wegen, nämlich vermittels Zwangsversteigerung, Zwangsverwaltung oder Eintragung einer Sicherungshypothek, und zwar jede Maßregel allein oder zugleich mit den übrigen, durchführen (§ 866 ZPO). Auch die hier in Betracht kommenden Vorschriften, die entsprechend für die Zwangsvollstreckung in registrierte Schiffe und Luftfahrzeuge (s. Rdn. 486) und in die grundstücksgleichen Berechtigungen (s. Rdn. 96) sowie in Bruchteile unbeweglicher Sachen gelten (§ 864 ZPO), muß etwas näher eingegangen werden,

---

[1] BVerfG a. a. O.

weil sie auch die materiellrechtliche Stellung des Sicherungsnehmers nicht unerheblich berühren.

aaa) Zwangsversteigerung

Die Zwangsversteigerung ist ein gerichtliches Verfahren mit dem Ziel des öffentlichen Verkaufs des Grundstücks zum Zweck der Befriedigung des Vollstreckungsgläubigers aus dem Stammwert des Grundstücks. Mit der Anordnung der Zwangsversteigerung durch das Gericht, die durch Eintragung des Versteigerungsvermerks (s. Rdn. 310) grundbuchlich verlautbart wird (§ 19 ZVG), werden das Grundstück und die mithaftenden Gegenstände[1], jedoch nicht die Miet- und Pachtzinsforderungen, zugunsten des vollstreckenden („betreibenden") Gläubigers **beschlagnahmt**. Die Beschlagnahme durch Anordnung der Zwangsversteigerung umfaßt landwirtschaftliche Erzeugnisse nur, soweit diese noch mit dem Boden verbunden oder soweit sie, wie z. B. Saatgut, Zubehör und nicht Verkaufsernte sind (§ 21 ZVG). Die vor der Aberntung erfolgte Beschlagnahme wird durch die Aberntung nicht mehr beeinträchtigt. Die Verfügungsmacht des bisher Berechtigten wird durch die Beschlagnahme eingeschränkt, gleichgültig, ob das Verfahren auf Grund eines persönlichen oder dinglichen Titels eingeleitet ist (§§ 15, 20–24 ZVG). Die Beschlagnahme endet mit der Verwertung des Grundstücks im Wege der öffentlichen Versteigerung. Zu diesem Zweck beraumt das Gericht einen Versteigerungstermin an und stellt nach Anhörung der Beteiligten das geringste Gebot und die sonstigen von jedem Gebot und folglich auch vom Meistgebot stillschweigend umfaßten Versteigerungsbedingungen fest (§§ 62, 66 ZVG). Eine von den gesetzlichen Vorschriften abweichende Feststellung der Versteigerungsbedingungen kann ein Doppelausgebot, mit und ohne die Abweichung, erforderlich machen (§ 59 ZVG). **Die Feststellung des geringsten Gebotes ist der Kern des ganzen Versteigerungsverfahrens.** Es beruht auf der Erwägung, daß die Zwangsversteigerung eines Grundstücks einem Dritten, der an dem Gegenstand der Versteigerung ein dem betreibenden Gläubiger vorgehendes, also besseres Recht hat — im Gegensatz zu den beweglichen Sachen und Rechten sind Grundstücke fast immer mehrfach belastet —, nicht schädlich sein darf. **Deshalb läßt das Gesetz von vornherein nur ein solches Gebot zu, durch welches die dem betreibenden Gläubiger vorgehenden Rechte gedeckt werden (Deckungsprinzip).** Die ausdrückliche Feststellung dieses „geringsten" Gebotes ermöglicht es, bei der anschließenden Abgabe der Gebote sofort zu erkennen, ob das eine oder andere Gebot zur Deckung der vorgehenden Rechte ausreicht; ist das Gebot unzureichend, wird es sofort zurückgewiesen (§§ 44, 48 ZVG). Aus dem Zweck des geringsten Gebotes ergibt sich die Art und Weise seiner Feststellung. Zunächst stellt das Gesetz die Rangordnung auf, nach welcher die einzelnen Berechtigten am Grundstück und demgemäß am Versteigerungserlös beteiligt sind. Vorweg sind

252

---
[1] Zu ihnen gehören nicht die zu Rdn. 00 behandelten Gebäude und auch nicht die nach noch vor Eintragung des Versteigerungsvermerks von der hypothekarischen Haftung frei gewordenen Sachen.

die gerichtlichen Kosten des Verfahrens zu decken (§ 109 ZVG). Sodann kommen die Beteiligten, wie folgt, zum Zuge, wobei von den Ansprüchen aus einem und demselben Recht die Ansprüche auf wiederkehrende Leistungen, insbesondere Zinsen, und andere Nebenleistungen dem Hauptanspruch vorgehen (§ 12 ZVG). **Als Rückstände wiederkehrender Leistungen gelten (und werden im Range des Rechts angesetzt) alle vor der ersten Beschlagnahme des Grundstücks fällig gewordenen Beträge, die älter sind als der letzte vor der Beschlagnahme fällig gewordene Betrag,** während **als laufend die Beträge für die spätere Zeit,** und zwar bei Rechten, die ins geringste Gebot fallen, bis zum Wirksamwerden des Zuschlags, bei den erlöschenden Rechten bis zum Verteilungstermin berücksichtigt werden (§ 13 ZVG):

I. in der ersten Klasse die rechtzeitig anzumeldenden Ausgaben des Gläubigers für ein zur Zeit der Versteigerung noch schwebendes Zwangsverwaltungsverfahren, soweit die Ausgaben wähend der Zwangsverwaltung erwachsen sind (§ 10 Ziff. 1 ZVG; RG 145, 195),

II. in der zweiten Klasse der rechtzeitig anzumeldende sog. Litlohn (§ 10 Ziff. 2 ZVG),

III. in der dritten Klasse die rechtzeitig anzumeldenden öffentlichen Grundstückslasten (untereinander zu gleichem Rang mit Ausnahme der stets letztrangigen Hypothekengewinnabgabe) wegen der laufenden und aus den letzten vier Jahren rückständigen Beträge; bestehen sie in wiederkehrenden Leistungen, werden sie nur insoweit berücksichtigt, als sie nicht länger als zwei Jahre rückständig sind (§ 10 Ziff. 3 ZVG). Zu den öffentlichen Grundstückslasten gehören insbesondere die „gemeinen Lasten" des Grundstücks, z. B. Abgaben und Leistungen aus dem Kommunal-, Kirchen-, Pfarr- und Schulverband, Beiträge zu den öffentlichen Wege-, Wasser- oder Uferbauten (Art. 1 und 2 AGZVG), ferner die Hypothekengewinnabgabeschuld nach dem LAG, die Grundsteuer und die Erschließungsbeiträge. Nicht berücksichtigt werden hier dagegen die Gas-, Wasser- oder Elektrizitätsgelder, die Grunderwerbssteuer, Umsatzsteuer, Gewerbesteuer, Vermögenssteuer, Vermögens- und Kreditgewinnabgabe nach dem LAG u. ä., (Straßenreinigungsgebühren. Müllabfuhrgebühren sind nur öffentliche Lasten, wenn eine dringliche Haftung des Grundstücks per Landesgesetz oder Satzung eines autonomen Vergandes besteht. Es besteht eine unterschiedliche Handhabung in den einzelnen Bundesländern),

IV. in der vierten Klasse die dinglichen Rechte am Grundstück — also alle Sachsicherheiten am Grundstück —, soweit sie vor der Beschlagnahme wirksam begründet oder vorgemerkt waren, mit den außergerichtlichen Kosten **und den laufenden und aus den letzten zwei Jahren rückständigen Beträgen wiederkehrender Leistungen** einschließlich der Rückstände solcher wiederkehrender Leistungen, die zur allmählichen Tilgung der Hauptschuld als Zuschlag zu den Zinsen zu entrichten sind (Amortisationsraten). Die Kosten und Rückstände wiederkehrender Leistungen werden nur berücksichtigt, wenn der Gläubiger sie bis zum Versteigerungstermin **anmeldet** (§§ 37 Ziff. 4, 114 ZVG)[1]. Daß die Sicherheit erst nach der Beschlagnahme valutiert wird, hindert ihre Berücksichtigung zum vollen Nennbetrag nicht. Die Rangordnung der einzelnen Rechte innerhalb dieser Rangklasse richtet sich nach dem Rangverhältnis, welches unter den Rechten besteht (§§ 10 Ziff. 4, 11 ZVG),

V. in der fünften Klasse der Anspruch des betreibenden Gläubigers, soweit er nicht in einer der vorhergehenden Klassen zu befriedigen ist. In dieser Rangklasse stehen also alle Personensicherheiten. **Unter mehreren betreibenden Gläubigern geht derjenige vor, der die Beschlagnahme früher ausgebracht hat** (§§ 10 Ziff. 5, 11 ZVG),

VI. in der sechsten Klasse die infolge der Beschlagnahme unwirksamen Ansprüche der vierten Klasse (§ 10 Ziff. 6 ZVG), z. B. eine nach der Beschlagnahme bestellte Hypothek,

VII. in der siebten Klasse die älteren Rückstände der Ansprüche aus der dritten Klasse (§ 10 Ziff. 7 ZVG),

VIII. in der achten Klasse die älteren Rückstände der Ansprüche aus der vierten Klasse (§ 10 Ziff. 8 ZVG), falls rechtzeitig angemeldet. Eine etwaige Zinsverjährung muß durch Widerspruch des Schuldners gegen den Teilungsplan geltend gemacht werden.

Anhand der vorstehenden Aufstellung läßt sich das geringste Gebot ermitteln, indem man feststellt, in welche Rangklasse der betreibende Gläubiger einzureihen ist und ob und inwieweit die anmeldungsbedürftigen Rechte rechtzeitig angemeldet worden sind (§ 45 ZVG). Alle diejenigen Rechte, welche in der Rangordnung seinem der Versteigerung zugrunde liegenden Anspruch vorgehen, fallen in das geringste Gebot. **Daraus folgt umgekehrt, daß der Anspruch des betreibenden Gläubigers selbst niemals im geringsten Gebot steht**, der Hauptanspruch auch dann nicht, wenn der Gläubiger die Zwangsversteigerung nur wegen der Zinsen des Hauptanspruchs betreibt, weil nach § 12 ZVG der Hauptanspruch den Zinsen im Range nachgeht. Der Sicherungsnehmer steht, je nachdem, ob es sich um eine Sach- oder um eine Personensicherheit handelt, entweder in der vierten oder in der fünften Klasse. **Wird die Zwangsversteigerung von mehreren Gläubigern wegen verschiedenrangiger Ansprüche betrieben, so bestimmt sich das geringste Gebot nach dem Anspruch des bestrangigen Gläubigers** (§ 44 Abs. 2 ZVG). Betreibt z. B. gleichzeitig mit einem Hypothekengläubiger auch die Steuerbehörde das Verfahren, so umfaßt das geringste Gebot nur die gerichtlichen Kosten und die Rechte aus der ersten und zweiten Klasse. Zu einer Mehrzahl von betreibenden Gläubigern kommt es hauptsächlich dann, wenn der eine oder andere Gläubiger erst später dem Verfahren beitritt, indem er nach Anordnung der Zwangsversteigerung seinerseits Antrag auf Zwangsversteigerung stellt (§ 27 ZVG). Ein Beitritt wird für die Berechnung des geringsten Gebotes nur berücksichtigt, wenn der Beitritts-

253

---

[1] RG 122, 61.

beschluß dem Schuldner mindestens vier Wochen vor dem Versteigerungstermin zugestellt wurde (§ 44 ZVG).

254 Ein **Beitritt** zum Verfahren empfiehlt sich für einen Grundpfandgläubiger, wenn der bislang Betreibende mit seinem Recht im Range nach dem Grundpfandgläubiger steht und der Beitretende auf jeden Fall sein Grundpfandrecht verwerten will, selbst wenn sein Recht nicht voll ausgeboten wird (bestehen bleibt es ja nicht). Betreibt ein vorrangiger Grundpfandgläubiger, ist ein Beitritt zu erwägen, wenn die Gefahr besteht, daß der Betreibende das Verfahren einstellen bzw. aufheben läßt, z. B. weil er sein Geld erhalten hat. Dann wird das Verfahren aufgrund des Beitritts des Nachrangigen weiterbetrieben (das vorrangige, nicht mehr betreibende Recht fällt dann allerdings in das geringste Gebot).

Die gesetzliche Rangordnung darf nicht darüber hinwegtäuschen, daß die Feststellung des geringsten Gebotes unter Umständen beträchtliche Schwierigkeiten verursachen kann. So etwa bei der Versteigerung mehrerer mit einer dem betreibenden Gläubiger vorgehenden Gesamthypothek oder Gesamtgrundschuld belasteter Grundstücke in demselben Verfahren, wo zur Ermöglichung des Einzelausgebots der Grundstücke jeder dem Gesamtpfandrecht gleich- oder nachstehende Beteiligte eine Verteilung des ins geringste Gebot fallenden Gesamtrechts auf die einzelnen Grundstücke nach dem Verhältnis ihrer Werte, der Gläubiger des Gesamtrechts in diesem Fall aber die Beschränkung des geringsten Gebots auf die seinem Grundpfandrecht vorgehenden Rechte, also ein Doppelausgebot und bei ausreichendem Ergebnis im Fall der zweiten Alternative Barzahlung verlangen kann (§ 64 ZVG). Gleiche Schwierigkeiten ergeben sich im Fall der Rangverschiebung,en welche die normale Rangfolge innerhalb der Rechte der vierten Klasse durchbrechen können. Handelt es sich dabei lediglich um eine Vorrangseinräumung des bei Rdn. 287 erwähnten Inhalts, so ist die Rechtslage noch verhältnismäßig einfach. So würden in dem dort erörterten Beispiel ins geringste Gebot fallen:

wenn A. die Zwangsversteigerung betreibt, die Grundpfandrechte der Gläubiger B. und C.,

wenn B. die Zwangsversteigerung betreibt, nur die Grundschuld des C. zu einem Teilbetrag von DM 5000,

wenn C. die Zwangsversteigerung betreibt, weder die Hypothek des A. noch die Hypothek des B.

Kompliziert ist das folgende Beispiel: Auf dem zu versteigernden Grundstück lasten folgende Grundpfandrechte:

Nr. 1 DM 12 000 für A. zu gleichem Rang mit
Nr. 2 DM 21 000 für B. Es folgen sodann
Nr. 3 DM 17 000 für C. und
Nr. 4 DM 7 000 für D.

B. ist mit erststelligen DM 7000 seines Rechts Nr. 2 hinter das Recht Nr. 4 des D. zurückgetreten und betreibt nunmehr die Zwangsversteigerung wegen der restlichen DM 14 000 der Nr. 2. Bei dieser Sachlage gehören ins geringste Gebot das Grundpfandrecht des D. mit DM 7000 und — wegen des Gleichrangs der Posten Nr. 1 und 2 — das Grundpfandrecht des A. zu 1/3, also mit DM 4000. Es wird aber auch die Ansicht vertreten, daß Nr. 1 in voller Höhe, also mit DM 12 000, ins geringste Gebot falle, weil sie unter allen Umständen den Vorrang vor Nr. 4 habe[1]. Vollends verwickelt ist die Situation bei den sog. relativen Rangverhältnissen, wie sie etwa durch einen Rangvorbehalt (s. Rdn. 287) und anderweitig sich bilden können.

Da nun die im geringsten Gebot stehenden Rechte durch die Zwangsversteigerung nicht beeinträchtigt werden dürfen, müssen die betreffenden Gläubiger so gestellt werden, als wäre eine Zwangsversteigerung überhaupt nicht im Gange. Daraus ergibt sich: **zunächst einmal müssen die Gerichtskosten und die Ansprüche der 1.—3. Klasse, wenn und insoweit diese ins geringste Gebot fallen, aber auch alle übrigen im geringsten Gebot stehenden Gläubiger wegen der laufenden und in ihrer Klasse zu deckenden Rückstände wiederkehrender Leistungen und wegen der Kosten der Rechtsverfolgung aus dem Grundstück bar befriedigt werden.** Insoweit wird daher das geringste Gebot durch eine bestimmte Geldsumme ausgedrückt. Des weiteren bleiben alle Rechte, die in das geringste Gebot aufgenommen werden und nicht durch bare Zahlung zu decken sind — und zwar auch eine anstelle einer Hypothek bestehende Eigentümergrundschuld[2] —, mit ihrem bisherigen Inhalt bestehen (§ 52 ZVG); sie müssen als solche vom Ersteher übernommen werden und sind auch grunderwerbssteuerrechtlich als Teil der „Gegenleistung anzusehen, die der Ersteher erbringt. Bei Grundpfandrechten geht unter den verfahrensrechtlichen Voraussetzungen des § 53 ZVG auch die gesicherte Schuld des Eigentümers auf den Ersteher über [3]. Fällige laufende und bis zu vier Jahren rückständige öffentliche Lasten sind anzumelden und finden Aufnahme in dem bar zu zahlenden Teil des geringsten Gebotes. Bestehen bleiben ferner die dem betreibenden Gläubiger vorgehenden öffentlichen Grundstückslasten zuzüglich der Hypothekengewinnabgabe (§ 112 LAG) wegen der im Zeitpunkt des Zuschlags noch nicht fälligen Einzelleistungen, und zwar auch dann, wenn sie nicht im geringsten Gebot berücksichtigt sind. Wegen des Erbbaurechts s. Rdn. 293, wegen des Altenteils Rdn. 300. Das geringste Gebot setzt sich daher aus zwei Elementen zusammen: den bestehenbleibenden Rechten und dem vorerwähnten Geldbetrag; **nur dieser und der über das geringste Gebot hinausgehende Betrag des Meistgebots (das sog. „Mehrgebot") wird bar ausgeboten,** da das Bestehenbleiben der Rechte sich aus den Versteigerungsbedingungen von selbst ergibt (Bargebot; § 49 ZVG).

Diese werden vom Versteigerungsgericht im Zwangsversteigerungstermin bekanntgegeben. Etwa 4 Wochen vor dem Zwangsversteigerungstermin teilt das Gericht den Beteiligten mit, auf wessen Antrag und wegen welcher Ansprüche die Versteigerung

254

---

[1] Vgl. auch KG JW 29, 1996.
[2] BGH WM 61, 692.
[3] S. hierzu BGH WM 71, 499.

erfolgt (§ 41 II ZVG). Aus dieser Mitteilung kann ein Gläubiger erkennen, ob sein Grundpfandrecht in das geringste Gebot aufgenommen wird. Das ist der Fall, wenn ein seinem Grundpfandrecht nachfolgender Gläubiger das Zwangsversteigerungsverfahren betreibt. Wird das Verfahren von einem Gläubiger betrieben, das dem Grundpfandrecht eines anderen Gläubigers vorgeht, so erlischt es im Zwangsversteigerungsfall und erhält bei der Erlösverteilung eine Barzuteilung, sofern der Erlös ausreicht. Aber auch ein an erster Rangstelle stehender Gläubiger, der das Zwangsversteigerungsverfahren nicht betreibt, muß die gerichtliche Mitteilung nach § 41 ZVG sorgfältig lesen. Auch sein Recht bleibt dann nicht bestehen und wird im Versteigerungsfall ausgeboten, wenn eine Behörde das Zwangsversteigerungsverfahren wegen rückständiger öffentlicher Lasten betreibt (z. B. wegen rückständiger Grundsteuern, Erschließungskosten usw.).

Der Ersteher darf durch das Bestehenbleiben nichts gewinnen, aber auch nichts einbüßen. § 128 II ZVG findet keine entsprechende Anwendung bei einer Sicherungshypothek, die infolge Nichtberichtigung des Bargebots eingetragen worden war, sofern sie einer etwaigen Anmeldepflicht nachgekommen sind[1]. Das Gegenteil gilt für diejenigen Gläubiger, deren Rechte außerhalb des geringsten Gebotes liegen, denn sie kommen erst und nur dann zum Zuge, wenn der Versteigerungserlös das geringste Gebot so weit übersteigt, daß bei der Verteilung nach Maßgabe der oben erörterten Rangordnung auch noch ihre Rechte Berücksichtigung finden. Über die Höhe des Meistgebotes und damit des Versteigerungserlöses aber entscheidet erst der Ablauf des Versteigerungstermins. In der Regel wird jedes von mehreren gesamthaftenden Grundstücken einzeln ausgeboten, doch kann das Gericht auf Antrag auch das Gesamt- oder Gruppenausgebot mehrerer in demselben Verfahren zu versteigernder Grundstücke anordnen, was ein Doppelausgebot zur Folge hat (§ 63 ZVG). Ist für das Grundstück kein ausreichendes Interesse vorhanden, wird also nur das geringste Gebot oder wenig mehr geboten, dann haben die nicht im geringsten Gebot stehenden Gläubiger das Nachsehen: Sie „fallen aus". Es kann freilich geschehen, daß überhaupt kein Gebot abgegeben wird (§ 77 ZVG), sei es, daß kein Bieter zugegen ist, sei es, daß schon das geringste Gebot den Wert des Grundstücks derart ausfüllt, daß sich die vorhandenen Interessenten nicht zum Bieten entschließen können, was mitunter vorkommt, wenn ein Gläubiger der 5. Klasse das Verfahren betreibt und demnach alle im Grundbuch eingetragenen Rechte, ggf. sogar den Anspruch eines innerhalb der 5. Klasse im Range vorgehenden Gläubigers, bezüglich dessen das Verfahren einstweilig eingestellt ist[2], ins geringste Gebot fallen. **Gelegentlich kann auch ein mit dem Ausfallen bedrohter Gläubiger die Gefahr noch bis zur Erteilung des Zuschlags[3] dadurch abwenden, daß er den betreibenden Gläubiger im Wege der Ablösung (s. Rdn. 197, 241) befriedigt und so die Einstellung des Verfahrens erzwingt, wodurch er das Verfahren vorerst zum Stillstand

---

[1] BGH NJW 70, 1188; zum Rang der nach Zwangsversteigerung bestehengebliebenen Rechte vgl. BGH NJW 76, 805.
[2] RG JW 30, 151.
[3] RG 123, 338.

bringt (§ 75 ZVG). Auch die Ablösung der öffentlichen Grundstückslasten ist mit Wirkung ihres Überganges auf den Ablösenden zulässig, wenn etwa ein Grundpfandgläubiger auf diesem Wege seine Interessen wahren will[1]. **Wird das Verfahren von mehreren Gläubigern mit verschiedenem Rang betrieben, so genügt unter Umständen die Befriedigung des bestrangigen Gläubigers,** weil sich mit dessen Ausscheiden das geringste Gebot ändert und das neu zu bildende geringste Gebot vielleicht so hoch wird, daß niemand mehr an der Ersteigerung Interesse hat. Auch der betreibende Gläubiger selbst wird häufig Veranlassung haben, das Recht eines im Range vor ihm betreibenden Gläubigers abzulösen, da er mit dessen Ausscheiden Herr des Verfahrens wird und die Versteigerung dann jederzeit dadurch erledigen kann, daß er in Ansehung seines eigenen Anspruchs die Einstellung beantragt (§§ 29, 30, 31 ZVG). In allen anderen Fällen aber müssen die nicht im geringsten Gebot stehenden Gläubiger im eigenen Interesse für ein ausreichendes Gebot sorgen. So können sie selbst mitbieten und dadurch andere Interessenten zur Abgabe immer höherer Gebote veranlassen. Das ist nicht ungefährlich, denn der Bieter muß stets damit rechnen, daß er nicht mehr überboten wird und sonach Meistbietender bleibt. Dann hat er die weitere Sorge, ob er später das Grundstück wieder zu einem Preis wird abstoßen können, der nicht nur den Ersteigerungspreis, sondern auch die in der Folgezeit erforderlichen Verwendungen deckt. Zu beachten ist, daß aufgrund der Befriedigungsfiktion des § 114 ZVG eine 2%ige **Grunderwerbsteuer** auf Basis 7/10 des Verkehrswertes zu zahlen ist. Ebenso fällt die Grunderwerbsteuer an, wenn die Rechte aus dem Meistgebot abgetreten werden. Für den betreibenden Gläubiger ist die Gefahr freilich nicht allzu groß, denn er kann, falls er Meistbietender bleibt, bis zur Erteilung des Zuschlags die Einstellung des Verfahrens beantragen und dadurch die bindende Wirkung des Meistgebots wieder beseitigen (§ 33 ZVG). **Diese Möglichkeit hat er auch dann noch, wenn er nicht mehr allein das Verfahren betreibt, sondern ein anderer Gläubiger dem Verfahren beigetreten ist.** Ist nämlich der Gläubiger, welcher mit Rücksicht auf sein Meistgebot die Einstellung des Verfahrens nach Ende der Bietstunde beantragt, der besserberechtigte, dann hat sein Ausscheiden als betreibender Gläubiger von selbst zur Folge, daß das geringste Gebot sich ändert, da es sich dann nach dem Range des anderen Gläubigers bestimmt. Damit muß aber zugleich das Meistgebot, welches auf einem nunmehr gegenstandslos gewordenen geringsten Gebot sich aufbaut, hinfällig werden[2]. Ist jedoch der die Einstellung beantragende Gläubiger der rangschlechtere, weil z. B. die ihm vorgehende Steuerbehörde wegen einer öffentlichen Grundstückslast dem Verfahren beigetreten ist, dann ist er allerdings nicht mehr Herr des Verfahrens, insofern ihm sein Ausscheiden aus dem Verfahrensbetrieb nichts mehr nützt und die Gefahr seines Ausfallens nicht hindern kann. Mit Rücksicht darauf ist auch der betreibende Gläubiger nicht immer der Sorge für ein ausreichendes Gebot enthoben. Deshalb bemüht er sich meistens schon, bevor er den Versteigerungsantrag stellt, um einen Interessenten für das Grundstück, der so viel zu bieten beabsichtigt, daß der Anspruch des Gläubigers wenig-

---

[1] RG 146, 319.
[2] S. aber KG JW 33, 1899.

stens teilweise noch gedeckt wird. Ist der Interessent gefunden, so bindet man ihn im Rahmen einer **Ausbietungsgarantie**, daß das garantierte Recht in der Zwangsversteigerung mit dem vereinbarten Betrag aufgeboten wird[1], oder ihn darüber hinaus sogleich auf die Abgabe eines entsprechenden Gebotes festzulegen[2], möglichst unter Klarstellung ob der Garant nur im bevorstehenden oder ob er auch in einem etwaigen späteren Versteigerungstermin mitzubieten verpflichtet ist. Der Gläubiger übernimmt in der Regel gewisse Gegenverpflichtungen, etwa dahin, daß er das Verfahren unverzüglich durchführt, seinerseits nicht mitbietet oder einen Nachlaß auf seinen Anspruch gewährt oder vom Interessenten nicht sofortige Barzahlung des auf ihn (den Gläubiger) entfallenden Erlöses verlangt, wohl aber bei jedem anderen Bieter auf solcher Barzahlung bestehen wird usw. So kann die Ausbietungsgarantie etwa folgendermaßen lauten:

„Ich verpflichte mich, Ihre Forderung an Kapital, Zinsen und Kosten bereits, aber nicht nur im ersten Zwangsversteigerungstermin voll auszubieten, unter der Voraussetzung, daß Sie, falls ich oder ein von mir zu benennender, Ihnen genehmer Dritter das Grundstück erstehen sollte, mir oder dem Dritten Ihre Hypothek zum Zinssatz von 6%, im übrigen zu den mir bekannten, bei Ihnen üblichen Bedingungen weiter belassen, während ich mich verpflichte, die rückständigen Zinsen und Kosten im Verteilungstermin bar zu zahlen.

Mir ist bekannt, daß Ihnen eine Gesamtforderung in Höhe von DM ... zusteht, daß Ihnen die in das geringste Gebot aufzunehmenden Kosten des Verfahrens, Steuern und Abgaben vorgehen und daß ich bei Erhalt des Zuschlages auch noch die Grunderwerbsteuer, die Kosten des Zuschlages und die durch die Umschreibung im Grundbuch entstehenden Kosten zu tragen habe. Sie übernehmen eine Verpflichtung zur Durchführung des Zwangsversteigerungsverfahrens nicht."

Die Ausbietungsgarantie und ihre Annahme durch den Gläubiger bedarf nach § 313 BGB der notariellen Beurkundung[3]. Sie ist andernfalls nichtig. Formbedürftig ist regelmäßig ebenso eine Erklärung, die zwar nicht unmittelbar zur Abgabe von Geboten, sondern nur zum Ersatz eines Ausfalls des Grundpfandrechts in der Zwangsversteigerung verpflichtet (Ausfallerklärung oder Ausfallgarantie), da der den Garanten treffende wirtschaftliche Nachteil zur Abgabe von Geboten zwingt und damit eine mittelbare Verpflichtung zum Erwerb des Grundstücks ergibt. Dies gilt jedenfalls dann, wenn nach Lage der Dinge und der Interessen der Parteien kein Grund dafür ersichtlich ist, weshalb der Garant dem Gläubiger gegenüber eine Zahlungsgarantie übernehmen sollte, wenn damit nicht der Grunderwerb verbunden wäre[4].

Die Annahme einer solchen Ausbietungsgarantie hindert den Gläubiger grundsätzlich nicht, sich noch um eine anderweitige Ausbietungsgarantie über einen höheren

---

[1] RG JW 35, 3033; es handelt sich insoweit um eine Garantie im Sinne von N 238.
[2] RG JW 34, 2761.
[3] OLG Celle NJW 77, 52.
[4] OLG Braunschweig vom 27.6.1985, Az 2 U 81/85.

Betrag zu bemühen[1]. Sie legt ihm auch die Haftung für eine spätere Verschlechterung des Grundstücks nicht auf. Im Zweifel wird dadurch, daß er sich noch eine anderweitige Ausbietungsgarantie geben läßt, der erste Garant von seiner Ausbietungspflicht nicht befreit. Nur wird man, wo es die Billigkeit fordert, vom Gläubiger fordern müssen, daß er den ersten Garanten nicht über die Absicht, die noch nach anderen Ausbietungsinteressenten umzusehen, aufklärt. **Der Ausbietungsgarant muß sich seinerseits hüten, andere Interessenten vom Bieten abzuhalten,** insbesondere bietungswillige Nachhypothekare, die ein Zwischenrecht mit ausgeboten hätten, durch Zahlung einer Abstandssumme abzufinden, um seinerseits nicht zur Ausbietung des Zwischenrechts genötigt zu sein. Ein solches Verhalten verstößt gegen die guten Sitten[2]. Der Garant kann im Einverständnis mit dem Gläubiger, um im Kosteninteresse das Meistgebot niedrig zu halten, mit seinem Meistgebot unterhalb der Garantiesumme bleiben und die Differenz zwischen Meistgebot und Garantiesumme außerhalb des Versteigerungsverfahrens an den Gläubiger zahlen.

Ist das Meistgebot abgegeben, so entscheidet das Gericht über den **Zuschlag** (§§ 74, 81, 87 ZVG). Auf Grund eines Gesamtausgebotes (s. Rdn. 257) darf der Zuschlag nur erteilt werden, wenn das Meistgebot höher ist als das Gesamtergebnis der Einzelausgebote (§ 63 Abs. 4 ZVG), bei sonstigen Doppelausgeboten (s. Rdn. 252—254) im allgemeinen nur auf Grund des für die Beteiligten günstigeren Gebots. Wird dem Meistbietenden der Zuschlag erteilt, so geht damit das Eigentum am beschlagnahmten Grundstück und Zubehör (s. Rdn. 745) mit den im geringsten Gebot stehenden Belastungen auf ihn als Ersteher über — holt der Eigentümer unter Eigentumsvorbehalt gelieferte Zubehörstücke, die sich im Zeitpunkt der Versteigerung auf dem Grundstück und im Besitz des Schuldners befanden, vor dem Zuschlag vom Grundstück ab, so erwirbt sie dennoch der Ersteher des Grundstücks durch den Zuschlag[3], ferner das Gläubigerrecht an den Miet- und Pachtzinsforderungen (§§ 57, 57 b ZVG) und an der Versicherungsforderung, sofern der Eigentümer diese nicht schon vor der Beschlagnahme wirksam an einen Dritten abgetreten hatte[4]. Um dieses zu vermeiden, sollten **abweichende Versteigerungsbedingungen** gemäß § 65 ZVG dahingehend beantragt werden, daß die Versicherungssumme von der Versteigerung ausgenommen und hinterlegt wird. Die Teilungsmasse besteht dann aus dem baren Meistgebot für das abgebrannte Grundstück und aus der Versicherungsleistung. Es ist jedoch kein abweichender Antrag möglich, wenn die Versicherungsleistung gemäß § 1130 BGB (Wiederherstellungsklausel) gebunden ist. Auf guten und bösen Glauben des Erstehers kommt es nicht an. **Gleichzeitig erlöschen — mit gewissen Ausnahmen (s. Rdn. 293, 300, 313, 320) — alle Rechte am Grundstück, welche nicht im geringsten Gebot stehen;** sie setzen sich fort als der gegen den Grundstückseigentümer gerichtete Anspruch auf Befriedigung aus dem

258

---

[1] RG 157, 176.
[2] RG 58, 401; JW 33, 425; BGH NJW 61, 1012; WM 65, 203; s. aber OLG Celle NJW 69, 1764.
[3] BGH WM 72, 659.
[4] RG JW 32, 2538.

Versteigerungserlös in dem Rang, den sie untereinander hatten, wobei diejenigen von ihnen, die nicht auf Zahlung gerichtet sind, sich in einen Wertersatzanspruch umwandeln (§§ 90—92 ZVG). **Somit bestehen nunmehr auch die früheren grundpfandrechtlichen Rechtsbeziehungen weiter am Erlös,** dem „Surrogat" des Grundstücks[1]. Auch der bisherige Grundstückseigentümer hat dieses Befriedigungsrecht, wenn er eine Eigentümergrundschuld am Grundstück hatte oder wenn nach dem Zuschlag ein Ereignis eingetreten ist, welches vor dem Zuschlag eine Eigentümergrundschuld hätte entstehen lassen[2]. Der Entsteher muß den Geldbetrag des Bargebots in dem vom Gericht anzuberaumenden Verteilungstermin an das Gericht abführen, welches das Geld nach Maßgabe eines von ihm aufgestellten **Teilungsplanes** an die Berechtigten auskehrt (§§ 105, 107, 113, 115, 117 ZVG). In dem Teilungsplan, gegen den jeder am Erlös rechtlich Interessierte Widerspruch erheben kann, wenn er eine bestimmte Zuteilung für unberechtigt hält, werden die Rechte nach der zu Rdn. 252 erörterten Rangordnung aufgenommen, die Ansprüche der fünften Klasse natürlich nur insoweit, als ihretwegen das Verfahren betrieben worden ist.

Zum Widerspruch gegen die Zuteilung eines Betrages aus der Teilungsmasse ist jeder am Zwangsversteigerungsverfahren Beteiligte berechtigt, der ein Recht auf Befriedigung aus dem Erlös hat, aber durch einen anderen nach dem Verteilungsplan verdrängt wird. Der Ersteher ist nicht Beteiligter im Sinne des § 9 ZVG, auch nicht der Berechtigte eines bestehen bleibenden Rechts[3].

Ist der auf eine gemäß § 91 ZVG erloschene Eigentümergrundschuld entfallende Erlösanteil wegen des Widerspruchs eines Beteiligten gegen den Teilungsplan gemäß §§ 124, 120 ZVG nach Durchführung des Verteilungsverfahrens hinterlegt, so ist die Pfändung (erst) mit der Zustellung des Pfändungsbeschlusses an die Hinterlegungsstelle als bewirkt anzusehen[4].

Wegen der Höhe des Geldbetrages für die Rechte, an deren Stelle nach dem oben Gesagten der Anspruch auf Ersatz ihres Wertes aus dem Versteigerungserlös getreten ist, s. Rdn. 291, 294—300. Ein etwaiger Überschuß gebührt dem Eigentümer.

259 Soweit das **Bargebot nicht berichtigt wird,** ordnet das Gericht die Übertragung der ggf. nach Maßgabe des Teilungsplanes zerlegten Forderung gegen den Ersteher, die in diesem Fall den Gegenstand der Verteilung bildet und durch eine von Amts wegen einzutragende Sicherungshypothek auch dinglich gesichert wird, auf die Berechtigten an. Der Ersteher ist zu einer entsprechenden Nachzahlung an den Nächstberechtigten verpflichtet, wenn der von ihm für die Überlassung des Grundstücks gebotene Betrag niedriger ist als bei der Versteigerung angenommen, z. B. wenn sich später ein im geringsten Gebot berücksichtigtes Recht als nicht bestehend erweist oder ein im geringsten Gebot

---

[1] RG 127, 350.
[2] RG 88, 300.
[3] BGH WM 72, 1032.
[4] BGH WM 72, 592.

berücksichtigtes bedingtes Recht vor oder nach dem Zuschlag als Folge seiner Bedingtheit wegfällt (§§ 50, 51, 118, 125, 128 ZVG)[1]. **Die Übertragung der Forderung gegen den Ersteher wirkt wie die Befriedigung des Berechtigten aus dem Grundstück**, falls dieser nicht bis zum Ablauf von drei Monaten erneut die Versteigerung des Grundstücks gegen den Ersteher betreibt. Es erlischt also die gesicherte Forderung mit der Folge, daß anderweitige Sicherheiten in entsprechendem Maße frei werden.

Sind in demselben Verfahren **mehrere Grundstücke** versteigert worden, die alle für das Recht des Gläubigers haften, so kann der Gläubiger wählen, aus welcher der verschiedenen Teilungsmassen er befriedigt werden will; übt er das Wahlrecht nicht aus, so wird er aus jeder Masse anteilig befriedigt (§ 122 ZVG), was bei einer Versteigerung auf Grund eines Gesamtausgebots eine ziemlich verwickelte Zerlegung des erzielten Gesamterlöses in eine Mehrzahl von Einzelerlösen erforderlich machen kann (§ 112 ZVG). Unbenommen bleibt in allen Fällen dem Gläubiger, im Verteilungstermin oder auch vorher mit dem Ersteher zu vereinbaren, daß sein Recht vom Ersteher übernommen werde, also fortbestehen soll, was zur Folge hat, daß die vom Ersteher zu leistende Barzahlung sich um den Betrag vermindert, der sonst auf das nunmehr bestehenbleibende Recht entfallen sein würde (§ 91 ZVG[1a]). **Auch diese Vereinbarung wirkt wie die Befriedigung des Berechtigten aus dem Grundstück**, und zwar sogar insoweit, als das bestehenbleibende Recht überhaupt nicht berücksichtigt worden wäre[2]. Daher erlischt auch hier in entsprechendem Umfang die gesicherte Forderung unter gleichzeitigem Freiwerden etwaiger anderweitiger Sicherheiten. Der Anspruch des Sicherungsgebers auf Rückgewähr des nicht valutierten Teils einer bestehenbleibenden Sicherungsgrundschuld bleibt unberührt.

Zahlt ein Ersteher in der Zwangsversteigerung auf Grund einer falschen Berechnung des Bargebots — z. B. der Zinsen nach § 49 Abs. 2, 91 Abs. 3 ZVG — zuviel an das Vollstreckungsgericht, so kann er den überzahlten Betrag nach Verteilung des Erlöses nicht vom letztrangig befriedigten Grundpfandgläubiger aus ungerechtfertigter Bereicherung herausverlangen[3]. Der Anspruch auf den Versteigerungserlös steht nämlich dem Vollstreckungsschuldner zu und gehört damit zu seinem Vermögen. Das Vollstreckungsgericht nimmt die Zahlung für den insoweit nicht frei verfügungsberechtigten Vollstreckungsschuldner lediglich in amtlicher Eigenschaft entgegen und leitet sie an die Gläubiger weiter[4]. Der Versteigerungserlös tritt an die Stelle des Grundstücks[5]. Die Gläubiger werden daher im Verteilungsverfahren aus dem Vermögen des Schuldners befriedigt und nicht aus demjenigen des Erstehers, zu dem sie in keinerlei Rechtsbeziehung treten. Die Lage entspricht insoweit der beim freihändigen Verkauf eines Grundstücks durch den Eigentümer, der mit dem Erlös seine Gläubiger befrie-

---

[1] RG 57, 209; BGH 53, 47.
[1a] BGH NJW 70, 1188.
[2] RG 156, 271.
[3] BGH WM 77, 592.
[4] BGH WM 63, 564; WM 77, 593.
[5] BGH WM 57, 979; WM 69, 691; WM 77, 593.

digt. Auch hier kann, falls der Käufer versehentlich zu viel bezahlt hat, er sich nur an den Verkäufer, nicht aber an dessen Gläubiger halten, weil die notwendige Unmittelbarkeit der Vermögensverschiebung fehlt.

Zur Bedeutung der Eigentumsgarantie für die Anwendung der Vorschriften über die Zwangsversteigerung in Fällen, in denen das höchste Gebot weiter unter dem Wert des Grundstücks bleibt, hat das Bundesverfassungsgericht[1] folgendes ausgeführt: Der Zuschlag im Zwangsversteigerungsverfahren ist grundsätzlich ohne Rücksicht auf den Grundstückswert dem Meistbietenden zu erteilen (§ 81 ZVG). Eingeschränkt ist dieser Grundsatz dadurch, daß zum einen nur solche Gebote zugelassen werden, durch welche die dem Anspruch des Antragstellers vorgehenden Rechte sowie die Verfahrenskosten gedeckt werden (geringstes Gebot, § 44 ZVG), zum anderen dadurch, daß ein Berechtigter, dessen Anspruch durch das Meistgebot nicht gedeckt wird, im ersten Versteigerungstermin die Versagung des Zuschlages beantragen kann, wenn das Meistgebot unter 7/10 des Grundstückswertes bleibt (§ 74a ZVG). Dem Schuldner ist die Möglichkeit gegeben, neben dem Antrag auf **einstweilige Einstellung** der Zwangsvollstreckung nach § 30a ZVG, Vollstreckungsschutz zu beantragen (§ 765a i. V. mit § 869 ZPO). Bei der Zwangsvollstreckung wegen Geldforderungen in körperliche Sachen hat demgegenüber der Vollstreckungsschuldner noch den Schutz des § 817a ZPO, wonach der Zuschlag bei der Mobiliarversteigerung nur auf ein Gebot erteilt werden darf, das mindestens die Hälfte des gewöhnlichen Verkaufswertes der Sache erreicht. Die dadurch gegebene unterschiedliche Behandlung in der Mobiliarvollstreckung gegenüber der Immobiliarvollstreckung, ist durch die Rechtsprechung insoweit angeglichen worden, daß bei einem krassen Mißverhältnis zwischen Grundstückswert und Meistgebot bei der Immobilarversteigerung auf Antrag des Schuldners die Zwangsvollstreckung eingestellt werden kann (unter Anwendung der allgemeinen Vollstreckungsschutzklausel des § 765a ZPO). Durch diese Möglichkeit ist nach Auffassung des BVerfG Art. 14 GG nicht berührt, da der Grundbesitz somit nicht in geringerem Maße gegen eine Verschleuderung geschützt wird, als das übrige Sachvermögen. Allerdings ist Voraussetzung, daß die gesetzliche Regelung so angewendet wird, daß die Inanspruchnahme des Vollstreckungsschutzes hinreichend ermöglicht wird. Das bedeutet, daß die Belange des Schuldners in der Form zu wahren sind, daß ihm die Möglichkeit erhalten bleibt, gegenüber einer unverhältnismäßigen Verschleuderung seines Grundvermögens den Rechtsschutz zu suchen. In konkreten Fall bedeutet dies, daß die Entscheidung über den Zuschlag nicht bereits im Versteigerungstermin, sondern erst in einem späteren Termin zu treffen ist, um dem Schuldner in der Zwischenzeit die Inanspruchnahme des Vollstreckungsschutzes zu ermöglichen. Dabei ist zu berücksichtigen, daß der Schuldner den Antrag auf Vollstreckungsschutz nämlich erst dann stellen kann, wenn er erkennt, ob zwischen Grundstückswert und Meistgebot ein krasses Mißverhältnis besteht. Dies ist aber erst dann der Fall, wenn das letzte Gebot und der Schluß der Versteigerung durch das Gericht gemäß § 73 ZVG verkündet wird. Frühestens dann kann

---

[1] WM 78, 53; für Teilungsversteigerung vgl. BVerfG WM 79, 641.

der Schuldner den Vollstreckungsschutz suchen. Aber nach der einschränkenden Auslegung des § 100 ZVG durch die Rechtsprechung muß bei der Zuschlagsbeschwerde der Antrag auf Vollstreckungsschutz unberücksichtigt bleiben, wenn dieser erst nach Erteilung des Zuschlags gestellt wird. Der Antrag auf Vollsteckungsschutz kann daher nur in der Zeit zwischen Abgabe des letzten Gebotes und Erteilung des Zuschlags abgegeben werden. Das bedeutet, daß wenn der Schuldner im Versteigerungstermin nicht anwesend oder vertreten war, ihm diese Befugnis nur dann erhalten bleibt, wenn das Vollstreckungsgericht den Beschluß über den Zuschlag nicht im Termin selbst faßt, sondern auf einen späteren Zeitpunkt verschiebt. Die sofortige Erteilung des Zuschlags ist somit untersagt, wenn ein krasses Mißverhältnis zwischen Meistgebot und Grundstückswert gegeben ist. Insoweit wirkt die Eigentumsgarantie des Grundgesetzes auf die gesetzliche Regelung ein[1].

Mit Wirkung vom 1. 7. 1979 (BGBl. I S. 127) ist § 85a ZVG eingeführt worden. Danach ist der Zuschlag ferner dann zu versagen, wenn das abgegebene Meistgebot einschließlich des Kapitalwertes der nach den Versteigerungsbedingungen bestehenbleibenden Rechte **die Hälfte des Grundstückswertes** nicht erreicht. § 74a ZVG ist entsprechend anzuwenden. In dem neuen Versteigerungstermin darf der Zuschlag aus diesem Grund dann nicht mehr verweigert werden.

Bei Abgabe von Geboten von Gläubigern, die eine Befriedigung aus dem Grundstück erlangen können, erfolgt gemäß § 85a III ZVG keine Zuschlagsversagung, wenn das Gebot einschließlich der bestehengebliebenen Rechte und des Ausfallbetrages die Hälfte des Verkehrswertes erreicht. Zwischenrechte werden nicht berücksichtigt. Ein erstrangiger Gläubiger kann voll ausfallen, wenn er nicht den 7/10-Einwand gemäß § 74a ZVG erhebt oder die Einstellung des Verfahrens nicht bewilligt.

Beispiel: Gläubiger I   DM 100 000
          Gläubiger II   DM 50 000
          Gläubiger III   DM 200 000
          Verkehrswert   DM 400 000
          geringstes Gebot   DM 10 000

Gläubiger III bietet DM 10 000 und würde den Zuschlag erhalten, weil das Meistgebot (DM 10 000) und der Ausfallbetrag (DM 200 000) gleich DM 210 000 die Hälfte des Verkehrswertes übersteigen.

bbb) Zwangsverwaltung

Die Zwangsverwaltung ist ein gerichtliches Verfahren mit dem Ziel der Verwertung der Grundstücksnutzungen zum Zwecke der Befriedigung des vollstreckenden ("betreibenden") Gläubigers aus dem Verwertungserlös. Bei der Zwangsverwaltung erfolgt also die Befriedigung nicht aus dem Stammwert, sondern nur aus den

---

[1] BVerfG WM 78, 53 f.

Erträgnissen des Grundstücks. Man bedient sich ihrer hauptsächlich, um Zinsen beizutreiben. Mit der Anordnung der Zwangsverwaltung durch das Gericht, die durch Eintragung des Verwaltungsvermerks (s. Rdn. 310) grundbuchlich verlautbar wird (§§ 19, 146 ZVG), werden das Grundstück und die mithaftenden Gegenstände zugunsten des betreibenden Gläubigers **beschlagnahmt** und dadurch der Verfügungsmacht des bisher Berechtigten entzogen. Die Beschlagnahme erfaßt hier aber, anders als im Zwangsversteigerungsverfahren, auch die Miet- und Pachtzinsforderungen, mag auch der betreibende Gläubiger kein Grundpfandgläubiger sein und mag auch ein persönlicher Gläubiger des Grundstückseigentümers vorher die Miet- und Pachtzinsforderung gepfändet haben (s. Rdn. 754). Das ist der Grund, aus dem man bei vermieteten oder verpachteten Objekten häufig neben der Zwangsversteigerung zugleich die Zwangsverwaltung anordnen läßt. Man sichert sich dadurch für die Zeit bis zur Versteigerung den Miet- oder Pachtzins (§ 148 ZVG). Die Maßnahmen, welche Nutzungen aus den beschlagnahmten Gegenständen erwarten lassen, trifft ein vom Gericht bestellter, allen Beteiligten verantwortlicher und der Aufsicht des Gerichts unterstehender **Zwangsverwalter** (§§ 150, 154 ZVG). Der Verwalter, der dem betreibenden Gläubiger und dem Eigentümer zu jährlicher Rechnungslegung verpflichtet ist, hat unter Bindung an bestehende Miet- und Pachtverträge das Grundstück in Besitz zu nehmen, zu verwalten, unter Umständen durch eigene Fortführung eines auf dem Grundstück unterhaltenen Gewerbebetriebes[1], die Nutzungen zu versilbern und den Erlös ordnungsmäßig zu verwenden, d. h. die Kosten der Verwaltung zu bestreiten und den Überschuß an die beteiligten Gläubiger in der zu Rdn. 252 erörterten Rangordnung (mit Ausnahme der Klassen VI—VIII, die überhaupt nicht berücksichtigt werden) nach Maßgabe eines vom Gericht aufzustellenden **Teilungsplanes** auszukehren (§§ 150, 152, 157 ZVG). Hiernach sind vorweg aus dem Erlös die Ausgaben der Verwaltung und die gerichtlichen Kosten des Verfahrens zu decken (§ 155 Abs. 1 ZVG). Sodann kommen die einzelnen Beteiligten, wie folgt, zum Zuge (§ 155 Abs. 2 ZVG):

    I. in der ersten Klasse die Ausgaben des die Zwangsverwaltung betreibenden Gläubigers, soweit sie nicht schon als Verwaltungsausgaben vorweg erstattet worden sind,

    II. in der zweiten Klasse der sog. Litlohn, und zwar nur wegen laufender Ansprüche, soweit er nicht überhaupt schon als Verwaltungsausgabe vorweg gedeckt worden ist,

    III. in der dritten Klasse die öffentlichen Grundstückslasten, jedoch nur wegen der laufenden, nicht auch wegen der rückständigen Beträge,

    IV. in der vierten Klasse die dinglichen Rechte am Grundstück, insbesondere alle Sachsicherheiten am Grundstück, soweit sie vor der Beschlagnahme wirksam begründet waren, **jedoch nur wegen der laufenden Beträge wiederkehrender** Leistungen, d. h. praktisch nur wegen der laufenden Zinsen, und bei einer Eigen-

---

[1] RG 135, 202.

tümergrundschuld dies auch nur dann, wenn das Verfahren von dritter Seite betrieben wird. Betreibt der Gläubiger gleichzeitig die Zwangsversteigerung, so kann er im Einzelfall einen Ausfall in diesem Verfahren dadurch mindern, daß er die laufenden Zinsen in der Zwangsversteigerung nicht geltend macht, soweit er sie voraussichtlich aus dem Zwangsverwaltungserlös decken kann, wogegen eine Zahlung der Zinsen aus dem Versteigerungserlös den Zinsanspruch und damit das Recht auf entsprechende Berücksichtigung im Zwangsverwaltungsverfahren erlöschen läßt,

V. in der fünften Klasse der Anspruch des betreibenden Gläubigers, soweit er nicht in einer vorgehenden Klasse zu befriedigen ist. **Das bedeutet, daß auch ein Angehöriger der vierten Klasse eine Zahlung auf das Kapital, die (außergerichtlichen) Kosten oder die Zinsrückstände erst dann erhält, wenn sämtliche Angehörigen der vierten Klasse wegen der laufenden Beträge wiederkehrender Leistungen befriedigt sind**, mögen sie auch dem Recht des betreibenden Gläubigers nachgehen. Will andererseits ein Gläubiger verhindern, daß vor ihm ein ihm nachgehender betreibender Gläubiger Zahlungen auf das Kapital erhält, so muß er dem Verfahren beitreten, es also auch seinerseits betreiben. Da nun aber häufig die Überschüsse einer Zwangsverwaltung nicht einmal zur Deckung der Ansprüche der ersten bis vierten Klasse ausreichen, muß sich jeder Gläubiger vorher reiflich überlegen, ob ihm die Zwangsverwaltung überhaupt irgendwelchen Nutzen bringt. Ist sein Recht zinslos, wie z. B. eine Höchstbetragshypothek (s. Rdn. 783), so wird er statt der Zwangsverwaltung die Zwangsversteigerung wählen oder zur Zwangsverwaltung erst dann greifen, wenn er zuvor sein Recht verzinslich gemacht hat, also die Höchstbetragshypothek in eine verzinsliche Verkehrshypothek umgewandelt hat, denn dann hat er wenigstens Aussicht, seine laufenden Zinsen in der vierten Klasse liquidieren zu können. Selbstverständlich werden in der fünften Klasse Ansprüche nur insoweit gedeckt, als ihretwegen das Verfahren betrieben wird. **Sind mehrere betreibende Gläubiger vorhanden, so gehen die dinglichen Gläubiger den persönlichen vor,** mithin die Sachsicherheiten den Personensicherheiten, während unter den dinglichen Gläubigern das Rangverhältnis ihres Stammrechts, unter den persönlichen Gläubigern die Zeit der Beschlagnahme entscheidet[1].

Erweist sich später der Teilungsplan als unrichtig, so kann der benachteiligte Gläubiger jederzeit für die Zukunft eine Änderung des Planes erwirken und sodann (zwar nicht auf Grund der Änderung des Planes, wohl aber) auf Grund der Vorschriften über ungerechtfertigte Bereicherung den in der Zwischenzeit von dem zu Unrecht Berücksichtigten vereinnahmten Erlös herausverlangen (§ 159 ZVG). Im übrigen erfolgen die Zahlungen des Zwangsverwalters im Rahmen des Planes und der vorhandenen Mittel solange, bis der betreibende Gläubiger wegen des Anspruchs, auf Grund dessen er das Verfahren betreibt, befriedigt ist.Naturgemäß erledigt sich die Zwangsverwaltung auch

261

---

[1] RG 89, 151.

dann, wenn das Grundstück durch den Zuschlag in der Zwangsversteigerung in das Eigentum des Erstehers übergeht[1]. Dabei kann die gleichzeitige Beteiligung der Gläubiger an dem Zwangsversteigerungserlös und dem Zwangsverwaltungserlös, falls ein solcher bei Beendigung des Versteigerungsverfahrens noch vorhanden ist, zu gewissen Verteilungsschwierigkeiten führen. Die beiden Teilungsmassen dürfen nicht verschmolzen werden. So mag es, wenn zufällig der Versteigerungserlös früher verteilt wird als der Verwaltungserlös, geschehen, daß die Gläubiger in der Zwangsversteigerung durchaus nicht restlos befriedigt werden und dennoch der Verwaltungserlös nicht ihnen, sondern dem Vollstreckungsschuldner zufällt. Das liegt daran, daß im Zwangsverwaltungsverfahren in der fünften Klasse eben nur diejenigen Gläubiger berücksichtigt werden, die das Verfahren betreiben, während alle anderen Berechtigten nur mit den laufenden Beträgen wiederkehrender Leistungen zum Zuge kommen. Dieses seltsame Ergebnis läßt sich nur dadurch vermeiden, daß der Zwangsverwalter den Zwangsverwaltungserlös ausschüttet, bevor der Versteigerungserlös verteilt ist.

Bei einer Aufhebung des Zwangsverwaltungsverfahrens durch Zurücknahme des Antrages ist der vorhandene Verfahrensüberschuß nach Abzug der Gerichtskosten und der Vergütung für den Zwangsverwalter dem Schuldner auszukehren. Dieser Übererlösanspruch unterliegt der Forderungspfändung.

Bei Grundstückskaufverträgen sollte der Auszahlungsanspruch des Verkäufers abgetreten werden. Ansonsten müßte dieser Anspruch mittels eines gerichtlichen Pfändungs- und Überweisungsbeschlusses gepfändet werden. Ein dinglicher Gläubiger hat Vorrang vor einem persönlichen Gläubiger. Die Vorschriften des § 804 III ZPO finden insoweit keine Anwendung[2].

ccc) Eintragung einer Sicherungshypothek

262   **Die Eintragung einer Sicherungshypothek** verschafft dem vollstreckenden Gläubiger zunächst keine Befriedigung, sondern nur eine Sicherung. **Sie kommt nur bei Personensicherheiten in Frage, wenn der Gläubiger mit einer baldigen freiwilligen Zahlung des Schuldners rechnen zu können glaubt.** Sie erfolgt durch das Amtsgericht als Grundbuchamt. Seine Befriedigung erlangt der Gläubiger erst, wenn er auf Grund der Sicherungshypothek die Zwangsversteigerung oder Zwangsverwaltung des Grundstücks betreibt, wozu er aber nach richtiger, wenn auch umstrittener Ansicht eines besonderen Duldungstitels bedarf (§§ 866, 867 ZPO)[3].

cc) Zwangsvollstreckung in Rechte

263   Bei der **Zwangsvollstreckung in Rechte** ist das Amtsgericht Vollstreckungsorgan als Vollstreckungsgericht (§ 828 ZPO). Indem das Gericht auf Antrag des Gläubigers

---

[1] Vgl. aber BGH NJW 63, 1499.
[2] Zeller/Stöber, ZVG, 14. Aufl., § 152 Ziff. 14.1.
[3] OLG Oldenburg NJW 55, 635; LG Köln NJW 61, 370.

durch den Pfändungsbeschluß dem Vollstreckungsschuldner jede Verfügung über das gepfändete Recht verbietet und diesen Beschluß dem Schuldner und einem etwaigen Drittschuldner zustellen läßt, wird die **Beschlagnahme** des gepfändeten Rechts bewirkt (§§ 829, 857 ZPO). Gleichzeitig erlangt der Gläubiger ein Pfandrecht an dem beschlagnahmten Recht (§ 804 ZPO). **Voraussetzung für die Pfändung ist ausreichende Bestimmtheit des zu pfändenden Gegenstandes,** insbesondere der zu pfändenden Forderung[1]. Daher erstreckt sich die Pfändung einer Forderung nicht ohne weiteres auf den Rückgewähranspruch des Schuldners gegen einen Sicherungszessionar der Forderung[2]. Wegen der unpfändbaren Rechte s. Rdn. 133 und wegen der Pfändung des Anwartschaftsrechts (s. Rdn. 502, 531). Die aus der Beschlagnahme erwachsene Verstrickung endet mit der Verwertung des gepfändeten Rechts. Bei Geldforderungen erfolgt sie dadurch, daß das Gericht durch einen weiteren Beschluß, der regelmäßig mit dem Pfändungsbeschluß in einer Urkunde vereinigt ist, dem Gläubiger die Forderung nach seiner Wahl zur Einziehung im eigenen Namen oder an Zahlungs Statt überweist (§§ 835, 836, 844, 857 ZPO).

Die Pfändung von Ansprüchen aus einem **Kontokorrentkonto** erfaßt nicht nur den Saldo im Zeitpunkt der Zustellung des Pfändungs- und Überweisungsbeschlusses (sog. „Zustellungssaldo"), sondern — sofern neben dem gegenwärtigen ausdrücklich auch der künftig entstehende Aktivsaldo gepfändet worden ist (sog. „Doppelpfändung") — alle weiteren Aktivsalden späterer Rechnungsabschlüsse[3]. Der Bundesgerichtshof hat darüber hinaus auch die Pfändung des Anspruchs des Kontoinhabers auf Auszahlung eines künftig sich ergebenden Tagesguthabens (Tagessaldo), der sich zwischen zwei kontokorrentmäßigen Rechnungsabschlüssen ergeben kann, für zulässig gehalten[4]. Vornehmlich bei debitorischen Konten kann die Pfändung weiterer Ansprüche des Kontoinhabers, wie z. B. der Anspruch auf Gutschrift oder der Anspruch auf Durchführung von Überweisungen, dazu führen, daß die Bank gehindert ist, den Kunden selbst im debitorischen Bereich weiter verfügen zu lassen[5]. Noch ungeklärt ist die Frage, ob und inwieweit Ansprüche des Kunden gegen die Bank auf Auszahlung von Kreditmitteln der Pfändung unterworfen werden können[6]. Bei einer lediglich geduldeten Kontoüberziehung hat der Bundesgerichtshof einen pfändbaren Anspruch des Kunden auf Kredit verneint[7], es im übrigen aber offen gelassen, ob in eine offene Kreditlinie hineingepfändet werden kann. Auf Grund der **Höchstpersönlichkeit** des Abrufs der Kreditvaluta durch den Kreditnehmer und dem Umstand, daß ihm entgegen seiner privatautonomen Entscheidung keine Schuldnerstellung gegenüber seinem Kreditinstitut

---

[1] BGH 13, 42; s. hierzu wegen der Bestimmtheit des künftigen Kontokorrentsaldos RG 140, 219.
[2] BGH WM 57, 850.
[3] BGH WM 81, 542.
[4] BGH WM 82, 838; BGH WM 82, 816.
[5] OLG Köln, ZIP 83, 810; OLG Frankfurt WM 94, 684 = WuB VI E. § 829 ZPO — 3.94/ Lwowski/Bitter.
[6] Werner-Machunsky BB 82, 1531; Wagner ZIP 85, 849; Lwowski-Weber ZIP 80, 609.
[7] BGH WM 85, 344.

aufgedrängt werden kann, sind Ansprüche auf Kreditgewährung im Rahmen eines Giroverhältnisses aber wohl grundsätzlich unpfändbar[1]. Die Pfändung scheitert auch dann, wenn der Schuldner nach Zustellung des Pfändungs- und Überweisungsbeschlusses an die Bank weiter über das Konto verfügt[2].

Verwertet eine Bank ihr sicherungsübereignete Sachen eines mit ihr in laufender Geschäftsverbindung stehenden Schuldners, so ist der Übererlös in der Regel **kontokorrentgebunden**. Dies bedeutet[3], daß dritte Gläubiger nur durch **Saldopfändung** auf diesen Mehrerlös zugreifen können. Die **Pfändung des Rückübereignungsanspruches**, die nach Verwertung des Sicherungsgegenstandes in die Pfändung des Anspruches auf Auszahlung des Mehrerlöses umgedeutet werden kann, geht damit ins Leere. In der Praxis wird sich diese Entscheidung in vielen Fällen nicht auswirken, da bei Sicherheitenverwertung **Sicherheitenerlöskonten** eröffnet werden, die nicht kontokorrentgebunden sind. Außerdem wird häufig vor Sicherheitenverwertungen die Geschäftsverbindung aufgehoben mit der Folge, daß ein Kontokorrent nicht mehr besteht.

In einer neueren Entscheidung hat der Bundesgerichtshof zur Unpfändbarkeit von **Treuhandgeldern** mit Zweckbindung Stellung genommen. Dabei ging es um die Gelder, die Kreditinstitute im Rahmen der Finanzierung von Bauvorhaben zur Weiterleitung an Dritte erhalten mit der Bestimmung, die Auszahlung nur unter bestimmten Voraussetzungen und nur für bestimmte Zwecke vorzunehmen[4]. Der BGH folgert eine Unpfändbarkeit dieser Beträge aus der Zweckbindung unter der die Zahlung geleistet worden war. Der Verwendungszweck gehöre hier zum Inhalt der zu bringenden Leistung. Eine der getroffenen Bestimmung widersprechende Verwendung der Vorschüsse durch Zahlung an einen dritten pfändenden Gläubiger stelle eine Veränderung des Leistungsinhalts dar. Im übrigen sei für **Baugelddarlehen** die Unpfändbarkeit für zweckgebundene Mittel nach dem Gesetz vom 1. 6. 1909 allgemein anerkannt[5]. Dasselbe müsse nach ständiger Rechtsprechung auch für Vorschüsse zur Bezahlung von Unterangestellten, öffentliche Zuschüsse und Beihilfen[6] gelten. In all diesen Fällen komme der allgemeine Gedanke zum Ausdruck, daß die Mittel, die dem Schuldner vom Drittschuldner im Rahmen einer treuhänderischen Zweckbindung zufließen, vom Zugriff von sonstigen Gläubigern des Schuldners ausgeschlossen seien.

Die Pfändung von Kaufpreisansprüchen durch den Gläubiger als Käufer trotz vereinbarter Akkreditivstellung ist zulässig[7].

---

[1] Lwowski/Bitter, WM 94, Sonderheft für Th. Hellner, S. 57 ff.; OLG Schleswig WM 92, 751 = WuB VI E. § 829 ZPO 2.92/Weber.
[2] Lwowski/Bitter, a. a. O.
[3] WM 82, 233.
[4] BGH — VII ZR 331/75 —.
[5] S. RGBl I S. 449.
[6] BGH WM 70, 253.
[7] Hans. OLG Hamburg WM 78, 338.

Bei der Überweisung zur Einziehung behält der Gläubiger bis zu seiner tatsächlichen Befriedigung den vollstreckbaren Anspruch; bei der seltenen Überweisung an Zahlungs Statt gilt er, soweit die überwiesene Forderung besteht, ohne Rücksicht auf deren Einziehbarkeit als befriedigt (§ 835 Abs. 2 ZPO). In zwei Fällen genügt das geschilderte Verfahren nicht, und zwar

aaa) Inhaber-, Order-, Namenspapiere

bei Rechten, welche in Inhaber-, Order- oder Namenspapieren verkörpert sind; **hier ist zur wirksamen Pfändung die Wegnahme des Wertpapiers durch einen Gerichtsvollzieher erforderlich und ausreichend** (§ 831 ZPO). Die Verwertung erfolgt grundsätzlich durch Verkauf zum Tageskurs, falls das Papier börsen- oder marktfähig ist, sonst im Wege der gewöhnlichen Versteigerung des Wertpapiers durch einen Gerichtsvollzieher (§ 821 ZPO). Das Vollstreckungsgericht kann eine andere Art der Verwertung, z. B. den freihändigen Verkauf oder die Zwangsüberweisung an den Gläubiger zu einem bestimmten Preis, anordnen (§ 825 ZPO). Für Orderpapiere, welche ein Forderungsrecht verbriefen, z. B. einen Wechsel, kommt allerdings nur das normale Verwertungsverfahren, nämlich die Erwirkung eines Überweisungsbeschlusses in Betracht:

264

bbb) Gebuchte Rechte

bei gebuchten Rechten, auch Eigentümergrundschulden, und Schiffsparten; **hier ist zur Pfändung und Überweisung an Zahlungs Statt noch deren Eintragung in das betreffende Register erforderlich** (§§ 830, 830a, 837, 837a, 857, 858 ZPO, 99 LRG), mit Ausnahme der Fälle, in denen ein Brief gebildet ist und in denen dann die Pfändung (zwar nicht durch Eintragung in das Grundbuch, wohl aber) durch die Wegnahme des Briefes durch einen Gerichtsvollzieher vollendet werden muß[1]. Das setzt bei der Pfändung eines Teilgrundpfandrechts ggf. die zusätzliche Pfändung des Miteigentums des Schuldners am Brief und seiner auf Bildung eines Teilbriefs gerichteten Ansprüche voraus; erst wenn der Gläubiger den Teilbrief erlangt, wird die Pfändung wirksam[2].

265

Ist die Forderung oder das sonstige Recht nicht oder nur mit Schwierigkeiten einziehbar, so kann das Vollstreckungsgericht auf Antrag eine andere Art der Verwertung, insbesondere den freihändigen Verkauf, der sich nach den Vorschriften des bürgerlichen Rechts vollzieht, oder die öffentliche Versteigerung des gepfändeten Gegenstandes[3], anordnen (§ 844 ZPO); die Verwertung von Schiffsparten ist nur auf diesem Wege möglich.

b) Veräußerung des Sicherungsrechts

Ist die Sicherheit **unmittelbar verwertbar**, so richtet sich die Art und Weise der Verwertung in erster Linie nach den Vereinbarungen, welche die Parteien des Sicherstel-

266

---

[1] Vgl. hierzu KG JW 38, 900.
[2] KG JW 38, 908.
[3] Vgl. hierzu BGH WM 64, 962.

lungsvertrages hierüber getroffen haben. Soweit nicht der Sicherungsgeber kraft besonderer Ermächtigung (§ 185 BGB; s. Rdn. 128) im eigenen Namen veräußert, muß in jedem Fall der Sicherungsnehmer, mag er auch bei seinen Maßnahmen freier gestellt sein als ein Pfandgläubiger[1], die Interessen des Sicherungsgebers wahren, wenn er sich nicht schadensersatzpflichtig machen will (s. Rdn. 19). Infolgedessen ist er verpflichtet, vor der Verwertung dem Sicherungsgeber Gelegenheit zu geben, durch Zahlung die Verwertung abzuwenden. In den Formularverträgen der Kreditinstitute werden auf Grund der Rechtsprechung (vgl. Anhang) **Fristen**, die der Sicherungsnehmer vor Verwertung einzuhalten bzw. dem Sicherungsgeber vorweg zu setzen hat, vereinbart. Nach Nr. 17 Abs. 2 AGB-Banken wird die Bank bei einer Verwertung auf die **berechtigten Belange** des Kreditnehmers und eines dritten Sicherungsgebers, der für die Verbindlichkeiten des Kunden Sicherheiten bestellt hat, Rücksicht nehmen[2]. Im Rahmen seiner grundsätzlichen Treupflicht darf sich der Sicherungsnehmer entweder aus den Erträgnissen oder aus der Substanz des Sicherungsrechts befriedigen, es sei denn, es ist eine besondere Abrede getroffen. Der Sicherungsnehmer darf das Sicherungsrecht auch durch Selbsteintritt verwerten, wenn ihm dies vertraglich gestattet ist. Die Vereinbarung muß sich beim sog. „rechnungspflichtigen" Verfall insbesondere auf den Betrag erstrecken, der als Erlös der Verwertung auf die gesicherte Forderung angerechnet werden soll. Dies gilt sowohl für den Fall, daß der Sicherungsnehmer den zu verwertenden Gegenstand selbst nutzt, indem er z. B. den übereigneten Kraftwagen im eigenen Betrieb einsetzt, als auch für den weitaus häufigeren Fall, daß er den Gegenstand an Erfüllungs Statt übernimmt. Die Übertragung an Erfüllungs Statt ändert die Zuordnung des Sicherungsrechts zu der gesicherten Forderung insofern, als es nicht mehr Sicherheit bleibt, sondern Ersatz für die geschuldete Leistung wird (Rdn. 6). In der Regel findet sich eine solche Vereinbarung, wenn überhaupt, schon im Sicherstellungsvertrag selbst, indem die Parteien den Sicherungsnehmer unter gewissen Voraussetzungen für befugt erklären, das Sicherungsrecht selbst zu übernehmen **(Verfallklausel)**. Die Zulässigkeit dieser Abrede, welche sich als bedingter Kauf unter Aufrechnung von Schuld und Kaufpreisforderung darstellt, ist bestritten, aber zu bejahen[3]. Nach den gesamten Umständen des Falles beurteilt es sich, ob der Sicherungsnehmer von dem Selbsteintrittsrecht Gebrauch gemacht hat oder nicht. So liegt in einem Verkauf des Sicherungsrechts unter Stundung des Kaufpreises nicht ohne weiteres der Selbsteintritt mit der Folge, daß der Sicherungsnehmer das Risiko des Ausfalls zu tragen hätte[4].

Die Befriedigung aus Erträgnissen ist selten, doch wird man z. B. einem Sicherungsnehmer, dem ein Kraftfahrzeug sicherungshalber übereignet ist und dem der Sicherungsgeber nur noch einen geringen Restbetrag schuldet, nicht die Befugnis versagen können, den Wagen kurzfristig zu vermieten, um aus dem Mietzins die Restschuld zu decken und so den Wagen dem Sicherungsgeber zu erhalten. Allerdings haftet er in Fäl-

---

[1] BGH WM 56, 1353.
[2] BGH WM 62, 673.
[3] RG 83, 53.
[4] BGH WM 60, 171.

len dieser Art für jedes Verschulden des Dritten, dem er den zu verwertenden Gegenstand zur Nutzung überlassen hat (§ 278 BGB). Zur unmittelbaren Eigennutzung ist er nur befugt, wenn solcher **Selbsteintritt** vereinbart ist. Ein langfristiger Nutzungsvertrag ist nur mit Zustimmung des Sicherungsgebers gestattet, da dieser ein Interesse daran hat, daß der Verwertungserlös innerhalb angemessener Frist ziffernmäßig festgestellt wird. Der Sicherungsnehmer darf daher ein sicherungshalber übertragenes **Patent** nicht in **Lizenz** vergeben. Er darf die Sicherheit auch nicht in der Weise verwerten, daß er das Sicherungsrecht zur Sicherung eigener Verbindlichkeiten verpfändet oder überträgt[1]. Tut er es dennoch, muß er sich so behandeln lassen, als hätte er durch die Verpfändung oder Sicherungsübertragung stillschweigend einen Selbsteintritt erklärt, d. h. er muß einen dem Wert des Sicherungsrechts angemessenen Betrag als (fiktiven) Verwertungserlös auf die gesicherte Forderung anrechnen lassen. Wegen der Wirkung von Verfügungen dieser Art vor Eintritt der Verwertungsreife oder nach Wegfall der gesicherten Forderung s. Rdn. 18, wegen der Verwendung des Sicherungsrechts zum Zwecke der Refinanzierung Rdn. 173. **Im Regelfall ist der Sicherungsnehmer darauf angewiesen, das Sicherungsrecht und dessen nach Rdn. 85 haftende Nutzungen zu veräußern,** möglichst unter Ausschluß jeglicher Gewährleistung[2]. Die Veräußerung erfolgt im Wege des Verkaufs, so daß der Kaufpreis den Verwertungserlös darstellt; der Kaufvertrag wird dann seitens des Sicherungsnehmers dadurch erfüllt, daß er das Sicherungsrecht auf den Käufer überträgt. Gleichgültig ist, ob der Käufer die Veräußerung als Verwertungsakt erkennt. Der Sicherungsnehmer kann deshalb auch im Namen des Sicherungsgebers verkaufen, falls ihm eine entsprechende Vollmacht gegeben worden ist. Dabei braucht er nicht unter der auflösenden Bedingung zu verkaufen, daß die gesicherte Forderung getilgt wird; er braucht sich für den Fall der Schuldtilgung auch nicht den Rücktritt vorzubehalten[3]. Wird der Verkauf „freihändig" geschlossen, was gestattet ist, da vorbehaltlich sonstiger Formbedürftigkeit der Veräußerung (z. B. von GmbH- und Erbanteilen) im Zweifel die Formvorschriften des Pfandverkaufs nicht beachtet zu werden brauchen[4], so muß der Sicherungsnehmer sich hüten, das Sicherungsrecht zu verschleudern und saisonwidrig zu veräußern[5], **denn er ist gehalten, die Interessen des Sicherungsgebers durch Erzielung eines möglichst hohen Erlöses zu wahren**[6]. Er darf also, wenn geeignete Bemühungen einen höheren Preis erwarten lassen würden, das Sicherungsrecht nicht zu jedem Preis abgeben und sich nicht darauf beschränken, den Betrag der gesicherten Forderung als Kaufpreis zu verlangen[7]. Andererseits darf er die Verwertung nicht bis zur Entwertung des Sicherungsgutes hinauszögern[8]. Gibt eine **Schätzurkunde** Auskunft über den Wert des Sicherungsgu-

---

[1] A. M. RG JW 28, 2782; 35, 3632.
[2] S. hierzu BGH WM 71, 1120.
[3] BGH WM 62, 393.
[4] BGH WM 56, 1353.
[5] BGH WM 56, 563.
[6] BGH WM 67, 290; OLG Düsseldorf WM 72, 1438.
[7] BGH WM 62, 673.
[8] BGH NJW 66, 2009.

tes, so liegt keine Verletzung der zu beachtenden Interessen des Sicherungsgebers vor, wenn die Verwertung in etwa auf der Basis des in der Schätzurkunde angegebenen Wertes erfolgt[1]. Welche Maßnahmen er zu treffen hat, um Kaufinteressenten zu fordern, ist nach den Umständen des einzelnen Falles zu beurteilen und richtet sich bei verderblichen oder Saisonwaren nicht zuletzt auch nach der Eilbedürftigkeit der Verwertung; hat er dem Sicherungsgeber ausreichend Gelegenheit gegeben, die Verkaufsabsicht bekannt zu machen, so kann ihm nicht vorgeworfen werden, daß er sich auf die Auswahl unter den ihm selbst bekannt gewordenen Interessenten beschränkt habe[2], zumal er ohnehin nicht zu beweisen braucht, welche Maßnahmen er für die Erzielung eines marktgerechten Preises getroffen hat[3]. Ihm kann auch nicht die Versäumung von Verwertungsmöglichkeiten, die er nicht erkannt hat, angelastet werden[4]. Ein etwaiger Schadensersatzanspruch berechtigt den Sicherungsgeber zur Aufrechnung gegen die Kreditforderung[5]. **Die Gefahr des Eingangs des Kaufpreises geht grundsätzlich zu Lasten des Sicherungsgebers**, falls der Sicherungsnehmer interessewahrend verwertet hat. Dies gilt auch, anders als bei der Pfandverwertung (s. Rdn. 481), für den Verkauf auf Ziel. Wird der Kaufpreis nicht vereinbarungsgemäß gezahlt, ist der Sicherungsnehmer, der im eigenen Namen verwertet hat, allerdings verpflichtet, die Forderung gegen den in Verzug geratenen Käufer geltend zu machen. Diese Forderung kann aber auch dem Sicherungsgeber im Wege der Rückgewähr gemäß Rdn. 204 zur Einziehung und prozessualen Durchführung aufgedrängt werden. **Um von vornherein allen Schwierigkeiten aus dem Wege zu gehen, wählt der Sicherungsnehmer statt des freihändigen Verkaufs häufig den Weg der öffentlichen Versteigerung.** Dann kann der Sicherungsgeber durch die etwaige Geringfügigkeit des Erlöses niemals beschwert sein; er hatte es ja in der Hand, selbst mitzubieten — was übrigens auch dem Sicherungsnehmer freisteht —, oder, wenn er dies nicht wollte oder konnte, für Interessenten zu sorgen. Mit der Durchführung der Versteigerung wird nach Wahl des Sicherungsnehmers ein Gerichtsvollzieher oder ein Notar betraut. Ort und Zeit des Verkaufs bestimmt der Sicherungsnehmer; die öffentliche Bekanntmachung ist Sache des versteigernden Beamten (§§ 383, Abs. 3, 156 BGB).

Die **Verwertung zu beliebiger Zeit** ohne Androhung der Verwertung bzw. Einhaltung einer Frist ist wohl unzulässig[6]. Allerdings ist die Bank ohnehin zur Wahrung des Interesses des Sicherungsgebers verpflichtet. Daher soll die sofortige Verwertung eines Wertpapierdepots zulässig sein, weil mit Rücksicht auf die Risiken durch Kursverfall ein Zuwarten für die Bank unzumutbar sei[7]. Eine Androhung sollte aber nur dann unterbleiben, wenn sie untunlich ist (§ 1234 Abs. 1 S. 2 BGB).

---

[1] OLG Düsseldorf WM 72, 1438.
[2] BGH WM 65, 1091.
[3] BGH WM 67, 1008; abweichende Auffassungen s. BGH a. a. O.
[4] BGH WM 62, 183.
[5] BGH WM 56, 563.
[6] Mülbert, ZBB 1990, a. A. BuB/Gößmann 1/486.
[7] BuB/Gößmann 1/486.

An die Stelle der Veräußerung tritt nach Wahl des Sicherungsnehmers in Fällen, in denen Sicherungsmittel ein Recht ist, kraft dessen eine Leistung von einem Dritten gefordert werden kann, die **Einziehung** des Sicherungsmittels, z. B. an die Stelle der Veräußerung einer sicherungshalber abgetretenen Grundschuld die Vollstreckung in das belastete Grundstück; auf dieses Einziehungsverfahren finden dann die Ausführungen zu Rdn. 267 f. sinngemäße Anwendung.

Für die Verwertung von **Grundschulden** — wenn nicht der Weg der Zwangsversteigerung des Grundstücks gewählt wird — sahen die AGB der Banken (Nr. 21 Abs. 3 Satz 2) vor, daß Grund- und Rentenschulden freihändig mangels Zustimmung des Sicherheitsbestellers nur zusammen mit der gesicherten Forderung und nur in angemessener Höhe verkauft werden. Diese Regelung ist in der AGB-Banken (Fassung vom 1. 1. 1993) nicht mehr enthalten. Dies bedeutet aber nicht, daß damit eine Verwertung außerhalb der Zwangsversteigerung nicht (mehr) zulässig ist. Im Rahmen der freihändigen Verwertung der Sicherungsgrundschuld ist die **Abtretung der Grundschuld** zusammen mit der gesicherten Forderung grundsätzlich zulässig[1]. Hierbei ist zu berücksichtigen, daß der abgetretene Grundschuldanteil bezüglich Kapitalbetrag und Zinssatz um nicht mehr als 10% über Hauptsumme oder Zinssatz der abgetretenen Forderung liegt[2].

Hiermit entäußert sich der Gläubiger sowohl der Forderung als auch der Grundschuld. Eine Verrechnung des Erlöses mit der persönlichen Schuld scheidet damit aus.

Ein **Verkauf der Forderung** mit dem entsprechenden Grundschuldteil bzw. Grundschulden war in den AGB-Banken alter Fassung als Regelfall für die Verwertung von Grundschulden vorgesehen, wenn nicht die Zwangsversteigerung betrieben wurde.

In der Praxis ist der Verkauf der Forderung nebst Grundschulden aber eher die Ausnahme gewesen, da kein Anreiz für einen Dritten ersichtlich ist, eine Forderung zu kaufen, bei der er im Ungewissen ist, ob er sie beitreiben kann bzw. ob die Grundschulden in einem späteren Zwangsversteigerungsverfahren bezahlt werden. Die AGB-Banken in der Fassung vom 1. 1. 1993 enthalten daher keine Regelung mehr über den Verkauf einer Grundschuld. Dennoch bleibt sie eine zulässige Form der Verwertung, die aber für den Erwerber der Forderung ökonomisch uninteressant ist.

Der Sicherungsnehmer kann — wie oben dargestellt — die Grundschuld zusammen mit der gesicherten Forderung abtreten. Dies war in den AGB-Banken als Regelfall vereinbart. Seit dem 1. 1. 1993 sind in den AGB-Banken insoweit keine Regelungen mehr enthalten.

Der Sicherungsnehmer kann aber auch die Grundschuld **ohne die gesicherte Forderung** übertragen. Auch hier gilt, was auch schon für den Verkauf von Grundschuld und

---

[1] Gaberdiel, Kreditsicherung durch Grundschulden, 5. Aufl. 1991, Rdn. 27.3.
[2] Gaberdiel, a. a. O.; Gramm, ZIP 86, 822; Serick, Bd. III, S. 525; a. A. Clemente, Die Sicherungsgrundschuld in der Bankpraxis, Rdn. 191, der nur die Abtretung eines Grundschuldanteils in exakt der Höhe der abgetretenen Forderung für zulässig hält.

Forderung zusammen gesagt wurde, daß keine Gründe ersichtlich sind, warum ein Grundschuldgläubiger bei der Verwertung der Grundschuld ausschließlich auf die langwierige und oft kostspielige Versteigerung des belasteten Grundstücks nur deshalb verwiesen werden sollte, weil der Gesetzgeber diese Art der Verwertung ausdrücklich geregelt hat[1]. Rechtsprechung[2] und die ganz überwiegende Meinung in der Literatur[3], halten daher die **„isolierte" Abtretung** der Grundschuld für zulässig.

Diesem „dinglichen Können" (wie Serick formuliert) steht das „schuldrechtliche Dürfen" gegenüber. Diese Frage stellt sich nicht, wenn der Sicherungsgeber/Grundstückseigentümer dieser Art der isolierten Verwertung der Grundschulden zustimmt.

Die Rechtsfolge ist, daß die gesicherte Forderung in Höhe des Kaufpreises getilgt wird. Die Forderung erlischt aber nur in Höhe des Erlöses, so daß ein noch offener Forderungsrest von der Bank gegenüber dem Schuldner geltend gemacht werden kann[4].

Der Käufer erwirbt die Grundschulden mit ihrem gesamten Betrag und kann sie gegen den Grundstückseigentümer geltend machen und zwar auch dann, wenn der Kaufpreiserlös die gesicherte Forderung nicht in voller Höhe getilgt hat, was z. B. der Fall ist, wenn die Grundschuld unter ihrem Nennwert verkauft wird. Die Grundschuld darf vom Sicherungsnehmer/Bank aber nicht verschleudert werden, ansonsten macht er sich wegen schuldhaft schlechter Verwertung schadensersatzpflichtig. Dies bedeutet aber nicht, daß er die Sicherheit nur (wie oben dargestellt) zusammen mit der gesicherten Forderung übertragen/verkaufen kann. Entscheidend ist, daß der Kaufpreis für die Grundschulden dem Verkehrswert des Grundstücks entspricht. In der Literatur wird allerdings vertreten, daß – sofern die Übertragung eines Teils der Grundschuld ausreicht – auch nur dieser Teil übertragen werden darf, der Rest der Grundschulden müsse an den Sicherungsgeber zurück gewährt werden[5].

268 Die zu Rdn. 266 erörterte **Übertragung des Sicherungsrechts** auf den Käufer läßt die Sicherheit entfallen. Der Erwerber hat mit der gesicherten Forderung nichts zu tun. Während aber die „rechtmäßige" Verwertung den Sicherungsnehmer nur schadensersatzpflichtig macht, wenn und weil er ordnungswidrig die Sicherheit über das erforderliche Maß hinaus (s. Rdn. 246) oder unter schuldhafter Verletzung der Interessen des Sicherungsgebers (s. Rdn. 266) verwertet hat, haftet der „unrechtmäßig" verwertende Sicherungsnehmer (s. Rdn. 19) stets für den Schaden des Sicherungsgebers und zwar in voller Höhe[6]. Anders ist die Rechtslage, wenn dem Erwerb das Sicherungsrecht in seiner Eigenschaft als Zessionar der gesicherten Forderung übertragen worden ist. Hier kann u. U. der Sicherungsnehmer (nur) schadensersatzpflichtig sein, wenn der Siche-

---

[1] Serick, Eigentumsvorbehalt und Sicherungsübertragung, Bd. III, § 28 III 1.
[2] RG JW 1936, 2310.
[3] Serick, a. a. O., § 39 III b, c; MünchKomm/Eichmann, § 1191 Rdn. 56 ff.; Gaberdiel, Kreditsicherung durch Grundschulden, 5. Aufl. 1991, 27.2.
[4] Serick a. a. O.
[5] Gaberdiel, a. a. O., 27.1.
[6] Das Gesetz kennt den Begriff der Rechtmäßigkeit der Verwertung nur beim Pfandverkauf.

rungsgeber den Erwerber nicht als neuen Sicherungsnehmer akzeptiert oder gar von vornherein die Übertragung des Sicherungsrechts an einen Dritten verboten hatte; stimmt dagegen der Sicherungsgeber dem Eintritt des Erwerbers in das Sicherungsverhältnis zu, behält das Sicherungsrecht den Charakter als Sicherheit auch in der Hand des Erwerbers, dem bei ihrer Verwertung die gleichen Schranken gesetzt sind wie dem ursprünglichen Sicherungsnehmer.

c) Verwertungsfolgen

Mit ihrer Realisierung geht die Sicherheit dem Sicherungsnehmer verloren. **Der Empfang des Erlöses, d. h. des Erlöses, der sich als Nettoerlös (s. Rdn. 246) ergibt, wirkt wie eine Zahlung des Schuldners der gesicherten Forderung, führt also im Regelfall zur Befriedigung des Gläubigers, ohne daß es eines besonderen Verrechnungsaktes bedarf.** Sofern sich diese Wirkung nicht schon aus dem Gesetz ergibt (§§ 1247, 1288 Abs. 2 BGB), wird man sie kraft des auf dem Parteiwillen beruhenden sog. **Selbstbefriedigungsrechts** des Gläubigers grundsätzlich auch dann unterstellen dürfen, wenn der Sicherungsnehmer nicht mit dem Gläubiger der Forderung identisch ist. Dabei ist die Befriedigung des Gläubigers eine endgültige, wenn der Erlös aus mittelbarer Verwertung der Sicherheit stammt, während sie im Fall unmittelbarer Verwertung dadurch auflösend bedingt ist, daß der Erlös dem Sicherungsnehmer durch eine Anfechtungs- oder Rücktrittserklärung dessen, der den Kaufpreis schuldete, wieder genommen wird. Die Wirkung der Befriedigung setzt im übrigen voraus, daß der Erlös vom Gläubiger tatsächlich vereinnahmt, insbesondere nicht gestundet wird (s. Rdn. 266) oder im Sonderfall als vereinnahmt zu gelten hat. Reicht der Erlös nicht zur Tilgung der ganzen gesicherten Forderung aus, so gilt er zunächst den Nebenleistungen und erst dann dem Kapital (§ 367 BGB). Befindet sich der Kreditnehmer im Verzug — was bei Verwertung der Sicherheit regelmäßig der Fall sein wird — und fällt der Kredit unter das **VerbraucherkreditG** sind Zahlungen, die zur Tilgung der gesamten fälligen Schuld nicht ausreichen, abweichend von § 367 Abs. 1 BGB zunächst auf die Kosten der Rechtsverfolgung, dann auf den übrigen geschuldeten Betrag und zuletzt auf die Zinsen anzurechnen. Der Verwertungserlös aus einer Sicherheit, der dem Konto des Kreditnehmers gutgebracht wird, ist Zahlung i. S. des § 11 Abs. 3 VKG. Sind mehrere Forderungen desselben Gläubigers durch eine und dieselbe Sicherheit gedeckt, entscheidet in erster Linie die Fälligkeit (§ 366 BGB)[1]. Ein **Drittsicherungsgeber** muß es aber auch hinnehmen, daß der Gläubiger sich für zusätzliche Kredite weitere Kreditsicherheiten geben läßt und daß die von anderer Seite gewährten Sicherheiten auch diese neuen Schulden mit abdecken. Der Erlös kann dann zunächst auf solche Schuldner verrechnet werden, die dem Gläubiger die geringeren Sicherheiten bieten, insbesondere die, die nicht anderweitig zusätzlich gesichert sind. Gläubiger und Schuldner können aber auch eine **Tilgungsvereinbarung** treffen. Einem Drittsicherungsgeber gibt dies aber keine unentziehbare Rechtsposition. Ein für ihn zunächst bestehender Vorteil

---

[1] RG 114, 211.

kann sich durch eine nachträgliche Änderung der Tilgungsvereinbarung zum Nachteil verkehren[1]. In der Praxis wird i.d.R. vereinbart, daß Sicherheitserlöse zunächst auf ungesicherte Kredite verrechnet werden. Erstreckt sich die Sicherheit auf mehrere Forderungen verschiedener Gläubiger oder desselben Gläubigers gegen verschiedene Schuldner, so erfolgt im Zweifel die Verteilung nach dem Verhältnis der Forderungsbeträge. Aus der Befriedigung des Gläubigers folgt nicht immer das Erlöschen der gesicherten Forderung, vielmehr geht diese, wenn es sich um eine **mittelbar verwertbare** Sicherheit handelte und der Schuldner der Forderung nicht mit dem Sicherungsgeber identisch ist, auf den Schuldhelfer, im Ausnahmefall (s. Rdn. 487, 617) auf den Eigentümer des Sicherungsmittels über; er kann sie nunmehr an Stelle des bisherigen Gläubigers gegen den Schuldner geltend machen. Bei **unmittelbar verwertbaren** Sicherheiten erlangt in diesen Fällen der Schuldhelfer oder Eigentümer nicht die Forderung selbst, sondern lediglich einen schuldrechtlichen Anspruch auf Abtretung der Forderung. Die Rechtslage ist die gleiche wie im Fall der Ablösung der Sicherheit. Daher gilt hier sinngemäß alles, was zu Rdn. 243—245 über den Forderungsübergang, insbesondere den damit verbundenen Übergang der Sicherheiten (hier aber ausschließlich der realisierten Sicherheit), über die Ausgleichspflicht unter mehreren Sicherungsgebern und über die Rechtsstellung des Schuldners und Gläubigers im Fall einer Teilbefriedigung ausgeführt ist.

271 Entsprechend der zu Rdn. 244 erörterten Klausel vereinbaren, sofern gesetzlich zulässig, Sicherungsgeber und -nehmer nicht selten, zumal im bankgeschäftlichen Verkehr, daß der Verwertungserlös bis auf weiteres, etwa bis zur Tilgung auch der nicht gesicherten Forderungen des Gläubigers gegen den Schuldner, als Barsicherheit behandelt werden soll, ggf. unter Verbuchung auf einem „**Sicherheitenerlöskonto**" des Sicherungsgebers unbeschadet des Rechts des Gläubigers, sich jederzeit daraus zu befriedigen. Es handelt sich hierbei um einen vertraglichen Aufschub der Tilgungswirkung, der grundsätzlich (wegen einer wichtigen Ausnahme s. Rdn. 924) zulässig ist und auch von einem mit dem Sicherungsgeber nicht identischen Schuldner oder von anderweitigen Sicherungsgebern hingenommen werden muß mit der Folge, daß trotz der Verwertung der Sicherheit der Gläubiger noch nicht als befriedigt betrachtet werden kann.

Diese Vereinbarung bietet dem Sicherungsgeber die Chance, wenn noch andere Sicherheiten (andere Sicherungsgeber) verwertet werden oder der Schuldner zahlt, die Barsicherheit zurückzuerhalten. Dem Nachteil, daß der Gläubiger noch nicht befriedigt ist und die Forderung daher nicht auf den Sicherungsgeber übergeht, steht dieser Vorteil gegenüber. Insgesamt ist diese Regelung daher ausgewogen, auch wenn sie von der gesetzlich vorgesehenen Rechtslage abweicht. Allerdings kann nach erfolgter Verwertung ein solches Abkommen nicht mit der Wirkung des Wiederauflebens der erloschenen Forderung getroffen werden. In den neueren Formularverträgen der Kreditwirtschaft ist diese Regelung eines Sicherheitenerlöskontos meist nicht mehr enthalten.

---

[1] BGH WM 93, 1078 = WuB I F 3.—1.94/Weber.

Mit der nicht erloschenen bzw. nicht auf den Sicherungsgeber übergehenden Forderung ist der Gläubiger „ausgefallen". Er kann diese Restforderung nach wie vor gegen den Schuldner geltend machen, auch anderweitige Sicherheiten dafür in Anspruch nehmen. Der Verwertungserlös wird zunächst auf den nicht noch anderweitig gesicherten Forderungsteil verrechnet; wenn der Erlös nicht zur Tilgung der ganzen gesicherten Forderung ausreicht, wird eine andere für dieselbe Forderung bestellte Sicherheit im Zweifel nicht frei. Der Gläubiger wird sich aber nach Treu und Glauben zu einer „**Vorteilsausgleichung**" in gewissem Umfang dann bereit finden müssen, wenn er selbst das Sicherungsmittel der Sicherheit (bei Personensicherheiten den Gegenstand der Zwangsvollstreckung) oder das Sicherungsrecht bei der Verwertung erworben und mit Gewinn weiterveräußert hat[1]. Wie weit er sich unter Berücksichtigung der beiderseitigen Interessen diesen Mehrgewinn auf seine Restforderung anrechnen lassen muß, wird sich im Einzelfall nicht leicht entscheiden lassen, wenn es sich um bewegliche Sachen und Rechte handelt[2]; bei Grundstücken dagegen ergibt sich das Ausmaß der **Anrechnung** daraus, daß der Gläubiger, wenn er das Grundstück zu einem Betrag angesteigert hat, der einschließlich des Kapitalwertes, der nach den Versteigerungsbedingungen bestehenbleibenden Rechte und etwaiger Zwischenrechte[3] hinter sieben Zehnteln des Grundstückswertes zurückbleibt, kraft Gesetzes bis zur Höhe von sieben Zehnteln des Grundstückswertes als befriedigt gilt (§ 114a ZVG), eine Fiktion, die sich nur auf den durch den Versteigerungserlös nicht gedeckten Teil der gesicherten Forderung, nicht auch auf den ausgefallenen Teil des sie sichernden Grundpfandrechts bezieht. Der Ersteher ist daher nicht verpflichtet, den über den Ersteigerungspreis hinausgehenden und nicht valutierten, aber in die 7/10-Grenze fallenden Teil einer Sicherungsgrundschuld zu zahlen. Kraft der Fiktion erlischt in Höhe des Betrages, bis zu welchem der Sicherungsgeber als befriedigt gilt, die gesicherte Forderung. Etwaige anderweitige Sicherheiten werden in entsprechendem Ausmaß frei, wenn nichts anderes vereinbart ist[4]. Dies gilt auch, wenn der Grundstückseigentümer nicht zugleich persönlicher Schuldner ist[5]. **Der dem Gläubiger nicht gebührende, d. h. die gesicherte Forderung übersteigende Erlösteil (Übererlös) tritt an die Stelle des Sicherungsmittels, wenn der Sicherungsnehmer den Gesamterlös empfangen hat.** Sofern nicht im Ausnahmefall (s. Rdn. 487, 617) der Eigentümer des Sicherungsmittels als solcher Anspruch auf den Übererlös hat, kann der Sicherungsgeber, der gemäß der Rechnungslegung des insoweit vorleistungspflichtigen und hinsichtlich der Zeit und des Ergebnisses der Verwertung nach Gesetz oder Treu und Glauben auskunftspflichtigen Sicherungsnehmers[6] von diesem die Auskehrung des Übererlöses verlangen (ggf. mit Zinsen nach §§ 352, 353 HGB). **Dieser Anspruch ist bei den gekorenen Sicherheiten der**

272

---
[1] Str. RG JW 16, 400.
[2] Hans. OLG Hamburg DR 40, 811.
[3] BGH 50, 52.
[4] RG 70, 411.
[5] OLG Jena JW 33, 632.
[6] BGH WM 56, 563.

Rückgewähranspruch (s. Rdn. 204—209) mit abgeändertem Leistungsinhalt. Er ist daher bereits mit Abschluß des Sicherstellungsvertrages entstanden und wird von jeder Verfügung über den Rückgewähranspruch ohne weiteres erfaßt, wie auch die Verfügung über den Anspruch auf den Übererlös im Zweifel den Rückübertragungsanspruch einschließt. Daß in Rdn. 780 der Anspruch auf den künftigen Versteigerungserlös eines Grundpfandrechts für unabtretbar erklärt worden ist, steht dem nicht entgegen, denn dort handelt es sich um den Anspruch des Grundpfandgläubigers auf den Erlös, während es hier um den Anspruch des Sicherungsgebers gegen den Grundpfandgläubiger (Sicherungsnehmer) auf Auskehrung des Erlöses geht. Diese Grundsätze gelten auch für die Pfändung[1]. Im Konkurs des Sicherungsgebers gehört der Anspruch zur Konkursmasse, auch wenn die Verwertung erst nach der Konkurseröffnung durchgeführt worden ist. Erfolgt die Verfügung über den Anspruch schon vor der Verwertung, wird der Anspruch seiner Höhe nach durch die künftige Entwicklung des gesicherten Schuldverhältnisses bestimmt, die zwar der Sicherungsnehmer als Schuldner des Anspruchs, nicht aber der Zessionar oder Pfandgläubiger kennt. Da aber diese Kenntnis Voraussetzung für die Geltendmachung des Anspruchs und daher dem Zessionar oder Pfandgläubiger unentbehrlich ist, wird im Zweifel der **Anspruch auf Auskunft und Rechnungslegung** als mit dem Anspruch auf Auszahlung des Erlöses abgetreten oder verpfändet gelten müssen. Im **Konkurs** des Sicherungsnehmers ist der Anspruch auf Auskunft vom Konkursverwalter zu erfüllen[2]. Der Sicherungsnehmer ist im allgemeinen nicht befugt, den Übererlös mit anderweitigen Forderungen gegen den Sicherungsgeber zu verrechnen, denn sonst würden letzen Endes diese anderweitigen Forderungen, obwohl sie der Sicherheit nicht unterstellt waren, gesichert sein. Insoweit ist nach den Umständen die Aufrechnung als vertraglich ausgeschlossen anzusehen, weil sie dem Willen der Parteien widerspricht[3]. Die hieraus resultierende **Nichtaufrechenbarkeit** muß auch derjenige gegen sich gelten lassen, der im Zuge der Abtretung der gesicherten Forderung das Sicherungsrecht erworben und damit die Rückgewährschuld übernommen hat (s. Rdn. 229); er kann weder mit anderweitigen Forderungen des ursprünglichen Sicherungsnehmers noch eigene, über die abgetretene hinaus bestehende Forderungen aufrechnen (s. Rdn. 230). Der **Aufrechnungsverzicht** gilt jedoch nicht im Konkurs des Sicherungsgebers. Kann sich nämlich ein Konkursgläubiger, der gleichzeitig Schuldner der Masse ist, von seiner Schuld durch Aufrechnung befreien, so läuft dies im Endergebnis auf eine abgesonderte Befriedigung seiner Forderung hinaus, auf welche zu verzichten nur selten im Willen des Gläubigers liegen dürfte[4]. Allerdings ist die Aufrechnung gegen die Forderung des Konkursverwalters auf Herausgabe eines nach der Konkurseröffnung erzielten Übererlöses nur dann zulässig, wenn man die Forderung nicht als eine erst nach der Konkurseröffnung erwachsene, sondern als eine schon vor Konkurseröffnung entstandene ansieht. Denn die Aufrechnungsbefug-

---

[1] Str.; BGH WM 59, 724; 61, 691; 65, 517.
[2] BGH 49, 11.
[3] Vgl. auch BGH 14, 342.
[4] Vgl. RG 124, 8.

nis setzt voraus, daß der Aufrechnende den Erlös schon vor der Konkurseröffnung geschuldet hat (§§ 54, 55 Ziff. 1 KO).

d) Eilmittel (Arrest, einstweilige Verfügung)

Gelegentlich wird die kreditgebende Bank auf Grund von besonderen Verhaltensweisen des Kreditnehmers gezwungen sein, gegen diesen im Wege des Arrestes oder der einstweiligen Verfügung vorzugehen, weil sie andernfalls besorgt sein muß, mit einem im ordentlichen Verfahren erstrittenen Vollstreckungstitel nicht mehr zum Zuge zu kommen. 273

aa) Der **Arrest** findet gemäß § 916 ZPO zur Sicherung der Zwangsvollstreckung wegen einer Geldforderung oder wegen eines Anspruchs statt, der in eine Geldforderung übergehen kann. Dieser Anspruch ist lediglich glaubhaft zu machen (§ 920 Abs. 2 ZPO). Ein Arrest ist nur zulässig, wenn ohne dessen Verhängung die Vollstreckung eines Urteils vereitelt oder wesentlich erschwert werden würde (§ 917 ZPO). Ein derartiger Arrestgrund, der ebenfalls lediglich glaubhaft zu machen ist, wird dann nicht vorliegen, wenn der Kreditgeber bereits eine Sicherheit in Händen hat (vgl. § 777 ZPO)[1]. Die Sicherheit muß allerdings den Arrestanspruch ausreichend decken. Nach herrschender Meinung ist kein Arrestgrund gegeben, wenn das Vermögen des Schuldners wahrscheinlich nicht zur Befriedigung aller Gläubiger ausreicht[2].

bb) Eine nicht geringe Bedeutung für die Verwertung von Kreditsicherheiten kann jedoch das Verfahren der **einstweiligen Verfügung** erlangen. Dies gilt insbesondere für die Sicherungsübereignung. Ist der Sicherungsgeber entgegen der im Sicherungsübereignungsvertrag übernommenen Verpflichtung nicht bereit, das Sicherungsgut freiwillig an den Sicherungsnehmer zur Verwertung herauszugeben, besteht angesichts der dadurch an den Tag gelegten Einstellung des Sicherungsgebers nicht selten die Gefahr, daß sich das Sicherungsgut infolge unsorgfältiger Behandlung im Wert verschlechtert oder gar einem späteren Zugriff ganz entzogen wird. In derartigen Fällen genügt es den Interessen des Sicherungsnehmers im allgemeinen nicht, sich im Wege der ordentlichen Herausgabeklage den unmittelbaren Besitz an dem Sicherungsgut zu verschaffen. Bis zur Erlangung eines rechtskräftigen Herausgabetitels wird nämlich unter Umständen geraume Zeit verstreichen. Dem Sicherungsgeber ist in derartigen Fällen anzuraten, im Wege der einstweiligen Verfügung gemäß § 935 ZPO dem Sicherungsgeber den unmittelbaren Besitz zu entziehen. Der entsprechende Antrag an das zuständige Gericht — gemäß § 937 ZPO das Gericht der Hauptsache, in dringenden Fällen gem. § 942 ZPO das Gericht der Belegenheit der Sache — sollte mindestens die Herausgabe der Sache an einen vom Antragsteller zu benennenden Gerichtsvollzieher als **Sequester** (vgl. § 938 Abs. 2 S. 1 ZPO) zum Ziel haben. Nicht selten wird nach Vollziehung einer derartigen einstweiligen Verfügung der Sicherungsgeber bereit sein, in die Herausgabe des seque-

---

[1] MDR 1972, S. 592.
[2] LG Augsburg NJW 75, 2350; vgl. aber auch Grunsky, NJW 76, 553.

strierten Sicherungsgutes an den Sicherungsnehmer einzuwilligen, um die mit einer ordentlichen Herausgabeklage verbundenen weiteren Kosten zu vermeiden. Werden dem Arrestgericht die Gründe der Weigerung des Sicherungsgebers, die Sache herauszugeben, vollständig vorgetragen und glaubhaft gemacht und zugleich stichhaltig widerlegt, ist es vertretbar, eine einstweilige Verfügung auf Herausgabe des Sicherungsgutes an einen vom Sicherungsnehmer zu beauftragenden Gerichtsvollzieher zu beantragen, ohne daß zugleich eine Sequestration angeordnet wird. Zwar kann das Gericht gemäß §§ 936, 921 Abs. 2 ZPO die einstweilige Verfügung von einer Sicherheitsleistung abhängig machen. Dies würde jedoch wegen der damit zwangsläufig verbundenen Verzögerung häufig den Verfügungszweck vereiteln. Handelt es sich bei dem antragstellenden Sicherungsnehmer um ein Kreditinstitut, wird das Gericht von der Anordnung einer Sicherheitsleistung ohne weiteres absehen können, da die Durchsetzbarkeit etwaiger Schadensersatzansprüche gemäß § 945 ZPO schwerlich gefährdet sein wird.

ZWEITER ABSCHNITT

Beeinträchtigung und Bewertung der Sicherheit

I. Sicherungswert

Im Wirtschaftsleben wird bei jeder Sicherstellung nicht nur der Bestand der Sicherheit, sondern zugleich ihr Sicherungswert (Güte, Bonität, Einbringlichkeit) gewertet. Wirtschaftlich betrachtet ist die Sicherheit nur dann eine solche, wenn sie nicht nur einwandfrei begründet, sondern auch tauglich ist: Die Sicherheit muß „sicher" sein, d. h. ihre Verwertung muß einen ausreichenden Erlös erwarten lassen. „Erst in diesem Ernstfall zeigt sich der wahre Wert der Sicherheit"[1]. Bei der Prüfung der Tauglichkeit zeigt sich von vornherein der Unterschied zwischen Personen- und Sachsicherheit. Vielfach wird aus Gründen, die in der Zukunft liegen, die Sachsicherheit der Personensicherheit vorgezogen, da man mit der Möglichkeit rechnet, daß der Geber der Personensicherheit zahlungsunfähig, die Sicherheit also wertlos werden könnte. Auch das Gesetz geht davon aus, wenn es die Sachsicherheit als die prinzipale betrachtet (§ 232 Abs. 2 BGB). Ob der Darlehensgeber seine **Darlehenszusage widerrufen** kann, wenn statt der vertraglich vorgegebenen Sachsicherheit nur eine Bürgschaft in Frage kommt, entscheidet sich nach Treu und Glauben[2]. Aber abgesehen davon, daß sich auch die Sachsicherheit durch eine ungünstige Konjunktur verschlechtern kann, bleibt es stets eine Frage des Einzelfalles, ob nicht die Personensicherheit vorzuziehen ist. Dies ist ohne weiteres zu bejahen, wenn der Geber der Personensicherheit gut, das Sicherungsmittel der Sachsicherheit aber, welches auch bei den unmittelbar verwertbaren Sicherheiten für die Bonität der Sicherheit maßgebend ist, von zweifelhaftem Wert ist. Jedenfalls berechtigt eine irrige Bewertung grundsätzlich nicht zur Anfechtung des Vertrages (s. Rdn. 44, 45). Im einzelnen bestimmt der Sicherungswert eine Sicherheit nach folgenden Grundsätzen: 274

II. Bewertung der Personensicherheit

Bei den Personensicherheiten entscheidet nach den Ausführungen zu Rdn. 78 das gesamte Vermögen des Sicherungsgebers über deren Tauglichkeit. Wie sich der Sicherungsnehmer über die Vermögenslage des Sicherungsgebers unterrichtet, ist Sache des einzelnen Falles. Vielfach wird die Einholung von Auskünften genügen. Unter Umständen wird der Sicherungsgeber auch zur Vorlage einer Bilanz oder Vermögens- 275

---

[1] BGH WM 60, 578.
[2] BGH WM 64, 62.

aufstellung anzuhalten sein; unter den Voraussetzungen des § 18 KWG ist er sogar dazu gezwungen. Dabei sind alle Verbindlichkeiten des Sicherungsgebers zu berücksichtigen, denn die Personensicherheit steht in Konkurrenz mit allen anderen Gläubigern des Sicherungsgebers. Zusammenfassend mag für die Personensicherheiten das gelten, was das Gesetz vom Bürgen aussagt (§ 239 BGB):

„Ein Bürge ist tauglich, wenn er ein der Höhe der zu leistenden Sicherheit angemessenes Vermögen besitzt und seinen allgemeinen Gerichtsstand im Inland hat."

Nur hat das Gesetz nicht erwähnt, daß die Sicherheit um so besser ist, je liquider das Vermögen des Sicherungsgebers ist. Will der Sicherungsnehmer die Liquidität feststellen, so darf er sich mit der bloßen Gegenüberstellung der Aktiven und Passiven nicht begnügen; er muß vielmehr auch untersuchen, inwieweit die Aktiven greifbar und alsbald „flüssig" zu machen sind.

III. Bewertung der Sachsicherheit

1. Beleihungswert und Deckungsverhältnis

276   Bei den Sachsicherheiten bestimmt sich die Tauglichkeit in erster Linie nach dem Wert des Sicherungsmittels, wobei „Mündelsicherheit" im Sinne der für die Anlegung von Mündelgeld geltenden Vorschriften nicht erreicht oder auch nur erstrebt zu werden braucht; diese Anlegungsvorschriften finden auch keine Anwendung auf die bloße Sicherstellung einer Forderung des Mündels, weil Sicherung einer Forderung im allgemeinen keine Anlegungsart darstellt[1]. Eine zuverlässige Wertermittlung bereitet allerdings oft Schwierigkeiten, zumal auch der Grad der Liquidität des Sicherungsmittels eine Rolle spielt[2]. Hat man mit ausreichender Genauigkeit den Wert festgestellt, nach welchem man die Höhe der Beleihungsfähigkeit des Sicherungsmittels bemessen will (**Beleihungswert**), so muß man weiterhin berücksichtigen, daß dieser Wert sich nicht notwendig mit dem Wert zu decken braucht, den das Sicherungsmittel im Zeitpunkt der **Realisierung** der Sicherheit hat. Es kann sich bis dahin nicht nur die Marktlage geändert, sondern es kann der Gegenstand auch durch Benutzung oder sonstige Einflüsse an Wert verloren haben oder der Sicherungsgeber in ein Liquidationsstadium geraten sein, so daß seine Vermögensmasse nur noch nach ihrem „Schmelzwert" (in der Insolvenz spricht man auch von **„Zerschlagungswert")**[3] einzuschätzen ist. Ein zwangsweise veräußertes Objekt erbringt niemals den bei ruhiger Abwicklung zu erzielenden Erlös. Aus diesen und ähnlichen Gründen bestimmt sich die Güte der Sicherheit nicht nur nach dem Beleihungswert des Sicherungsmittels. Man stellt vielmehr eine Unsicherheitsquote in Rechnung, indem man den Belei-

---

[1] RG JW 38, 3167.
[2] BGH WM 56, 1353.
[3] Lwowski, Insolvenzpraxis für Banken, RWS-Skript 124, 1983.

hungswert um einen gewissen Betrag kürzt. So gelangt man zum **realisierbaren Wert** 277
(der schon wegen der Vermeidung unangemessener Übersicherung — vgl. Rdn. 148a —
zu ermitteln ist). Im Sparkassensektor und im Bereich des organisierten Realkredits
sind **Beleihungswert und Beleihungsgrenze** durch sehr eingehende Beleihungsvorschriften geregelt, deren Sätze im allgemeinen etwas hinter den im folgenden genannten
zurückbleiben. Daß die gesicherte Forderung innerhalb der Beleihungsgrenze noch
gedeckt ist, läßt die Sicherheit zuweilen, aber keineswegs immer als tauglich erscheinen, denn es sind dabei auch die auf dem Sicherungsmittel ruhenden Rechte Dritter
(Belastungen) nach Inhalt und Umfang zu berücksichtigen; was sie von der Beleihungsgrenze beanspruchen, wird an der Deckung der gesicherten Forderung fehlen. Die
Beleihungsgrenze stellt also noch nicht den realisierbaren Wert dar. Letzterer ist der
um Belastungen bereinigte Beleihungswert. Das gilt z. B. bei der Sicherungsübereignung einer dem Vermieterpfandrecht unterliegenden Ware ebenso wie bei der Bestellung einer Grundschuld an einem bereits mit einem Grundpfandrecht belasteten
Grundstück.

Die Bestellung der Sicherheit führt, wenn sie zu einer erneuten Belastung des Sicherungsmittels führt, zu einer **Rangordnung** unter mehreren Belastungen. Diese entscheidet, in welcher Reihenfolge die Belastungen berücksichtigt werden, wenn später 278
einmal der belastete Gegenstand verwertet wird und der Erlös oder Ertrag nicht zur
Deckung sämtlicher Belastungen ausreicht. Einige „privilegierte" Belastungen nehmen
stets die beste Rangstelle ein und gehen allen anderen Belastungen vor. Das gilt vor
allem von den öffentlichen Grundstückslasten, die bei der Zwangsversteigerung des
Grundstücks von hervorragender Bedeutung werden können, auch von der Zoll- und
Steuerhaftung gewisser Waren und Erzeugnisse. Haben die Belastungen gleichen Rang,
so werden sie nach dem Verhältnis ihrer Beträge im Zeitpunkt der Ablösung oder Verwertung der Sicherheit berücksichtigt. **Der Rang ist somit eine rechtliche Eigenschaft des Sicherungsrechts von erheblicher Tragweite;** da sie sich im wesentlichen
auf dem Gebiet der Grundstücksbelastung auswirkt, s. hierüber Näheres zu Rdn. 313.
Natürlich braucht der im Range nachgehende Sicherungsnehmer eine Vorbelastung
nur insoweit zu respektieren, als sie schon zur Zeit seines eigenen Rechtserwerbs
bestand oder mit dinglicher Wirkung vorbereitet war. Eine spätere Erweiterung des
Umfangs der Vorbelastung ist, abgesehen von geringfügigen Ausnahmen, nicht mit der
Wirkung möglich, daß er den Vorrang der Erweiterung gegen sich gelten lassen müßte.
Geht in der Folgezeit ein rangbesseres Recht unter, so kommt dies grundsätzlich den
nachgehenden Rechten zugute: sie „rücken auf".

Wegen der durch die Entstehung von Eigentümergrundschulden bei den Grundpfandrechten bedingten Ausnahme s. Rdn. 732, 802, 805, 806, 826. Anders ist die Sach- 279
und Rechtslage jedoch, wenn

a) der Inhaber des vorgehenden Rechts zugunsten des Sicherungsnehmers auf seinen
Vorrang verzichtet, ihm also den Vorrang einräumt: Der Inhaber des vorgehenden
Rechts tritt mit seinem Recht hinter die Sicherheit im Range zurück;

280 b) Der **Sicherungsnehmer** bezüglich der Vorbelastung **gutgläubig** ist. Er erwirbt dann kraft seines guten Glaubens den Rang vor dem vorgehenden Recht, drängt dieses also im Range zurück. Im einzelnen sind die Regeln über den Schutz des guten Glaubens unterschiedlich je nach der Art des Sicherungsmittels.

281 Nach den oben erörterten Grundsätzen beurteilt sich, ob und inwieweit die gesicherte Forderung gedeckt ist, wobei es auf den realisierbaren Sicherungswert (s. Rdn. 274), nicht auf den Schätzwert einer übereigneten Sache und nicht auf den Nominalbetrag einer sicherungshalber abgetretenen Forderung ankommt[1]. **Das Deckungsverhältnis entscheidet über die Angemessenheit der Sicherheit. Unterdeckung** liegt vor, wenn die Forderung ganz oder teilweise nicht (mehr) gedeckt ist. Für den Fall, daß es durch ein nachträgliches Absinken des Sicherungswertes oder durch ein nachträgliches Anwachsen der Forderung zu solcher Unterdeckung kommt, wird häufig vereinbart, daß der Sicherungsgeber dann die Sicherung zu verstärken hat; er muß eine weitere Sicherheit bestellen, oder aber der Schuldner muß die nicht mehr gedeckte Spitze der Forderung tilgen. Schon kraft Gesetzes (§ 240 BGB) ist eine Sicherheit, falls sie ohne Verschulden des Berechtigten unzureichend wird, zu ergänzen oder anderweitige Sicherheit zu leisten. Das entspricht auch dem mutmaßlichen Parteiwillen (s.

282 Rdn. 27). Anders nach **Verbraucherkreditgesetz**: im Darlehensvertrag muß die Sicherheit vereinbart (nicht bestellt) werden. Verliert die Sicherheit an Wert, steht dem Sicherungsnehmer kein Recht auf weitere Sicherheiten zu. Nur für den Fall, daß die Sicherheit untergeht, wird vertreten, daß der Sicherungsgeber eine Ersatzsicherung zu bestellen hat[2]. **Überdeckung** bedeutet, daß der Sicherungsnehmer eine im Verhältnis zur Höhe der gesicherten Forderung über das nötige Maß hinausgehende Deckung hat, daß also der Sicherungswert der Sichereit höher als die Forderung ist. **Die Überdeckung kann von unmittelbarer rechtlicher Bedeutung werden.** Sie kann nämlich zugunsten des Sicherungsgebers den Anspruch auf Freigabe bzw. Rückgewähr des nicht benötigten Teiles der Sicherung begründen. Der Anspruch setzt im übrigen voraus, daß nach der Natur des Sicherungsmittels oder Sicherungsrechts eine teilweise Freigabe möglich und daß diese dem Sicherungsnehmer nach Treu und Glauben zumutbar ist. Bei einer nachträglich eingetretenen Überdeckung, wie sie durch eine Ermäßigung der gesicherten Forderung, durch ein Anwachsen des Sicherungswertes oder durch Erlangung von zusätzlichen Sicherheiten eintreten kann, entsteht die Freigabeverpflichtung bei einem unangemessenen Verhältnis (vgl. Rdn. 148d wegen der Übersicherung in Formularverträgen — § 9 AGB-G — und Individualverträgen — § 138 BGB —) **zwischen Sicherungswert und Forderung.** Dem Sicherungsnehmer bleibt es überlassen, den Teil zu bestimmen, den er zurückgewähren will. Das bedeutet, daß er nur den letztrangigen Teil einer Sicherungsgrundschuld abzutreten braucht oder bei der Sicherungsübereignung von Waren verschiedener Gattung nur die weniger gängigen freizugeben verpflichtet ist. Wegen der Rechtslage bei der Sicherungsgrundschuld s. im übrigen noch

---

[1] BGH WM 61, 57, 158.
[2] Vgl. Peters in Lwowski/Peters/Gößmann, VerbraucherkreditG, 2. Aufl., 1994 S. 130.

Rdn. 859 a. E. (s. auch Nr. 16 Banken-AGB). Wenn schon von vornherein der Sicherstellungsvertrag selbst den Tatbestand einer solchen unangemessenen Überdeckung begründet, so kann dies, falls die übermäßige Sicherung von demselben Sicherungsgeber stammt, sogar noch weitergehende Rechtsfolgen haben (**anfängliche Übersicherung**). Zwar ist es üblich, daß sich der Sicherungsnehmer eine „Marge" ausbedingt, aber das Verhältnis zwischen Sicherungswert und Forderungshöhe muß angemessen (vgl. Rdn. 148d f.) sein.

Das Sicherungsmittel muß gegen die üblichen Risiken **versichert** sein, möglichst unter Abtretung des Versicherungsanspruchs an den Sicherungsnehmer. Da der Sicherungsgeber zum Abschluß eines Versicherungsvertrages gesetzlich nicht verpflichtet ist, wird ihm regelmäßig die Versicherungspflicht vertraglich auferlegt, und es werden ihm mitunter auch gewisse Rechtsnachteile, z. B. sofortige Fälligkeit der gesicherten Forderung, für den Fall angedroht, daß er nicht auf Anfordern die fristgemäße Zahlung der Versicherungsprämien nachweist. Dennoch bildet bei Kraftwagen die Vollkaskoversicherung (s. Rdn. 563) die Ausnahme, da sie dem Sicherungsgeber meistens zu teuer ist.

2. Bewertung beweglicher Sachen

Ist das Sicherungsmittel eine **bewegliche Sache**, so wird der Sicherungsnehmer den realisierbaren Wert (vgl. Rdn. 283) anhand der Gestehungskosten meist selbst bestimmen können. Es erleichtert diese Bestimmung, wenn man sich bei der Übereignung oder Verpfändung von Waren- oder Materiallagern auf bestimmte Sachgruppen beschränkt und etwa aus einem Eisenlager nur das gesamte Stabeisen oder aus einem Holzlager nur das gesamte Eichenholz zum Sicherungsmittel macht. Ist dem Sicherungsnehmer die eigene Bewertung nicht möglich, z. B. bei komplizierten Maschinen, Schiffen oder Flugzeugen, so muß er einen — für leichtfertige Falschbegutachtung haftenden[1] — Sachverständigen hinzuziehen. Wird der Wert des Gegenstandes durch Sachmängel beeinträchtigt, so hat bei entgeltlichen Sicherstellungsverträgen der Sicherungsgeber hierfür einzustehen (§ 493 BGB)[2]. Der **realisierbare Wert** sollte in Formularverträgen transparent d. h. für beide Parteien ohne großen Aufwand oder Streit nachprüfbar vereinbart werden (vgl. Anhang). Ein Anhaltspunkt findet sich in § 237 BGB:

283

> „Mit einer beweglichen Sache kann Sicherheit nur in Höhe von zwei Dritteln des Schätzungswertes geleistet werden. Sachen, deren Verderb zu besorgen oder deren Aufbewahrung mit besonderen Schwierigkeiten verbunden ist, können zurückgewiesen werden."

Dabei sind aber nicht nur die im Gesetz erwähnten leicht verderblichen Sachen mit besonderer Vorsicht zu bewerten, sondern auch alle Waren, die starken Preis- und Umsatzschwankungen unterliegen (z. B. Halbfabrikate), deren Absatz durch die steti-

---

[1] BGH WM 60, 1323.
[2] Über Sachmängelhaftung wegen des Sicherungseigentums Dritter an Gegenständen eines verkauften Betriebs s. BGH WM 69, 67.

Bewertung der Sachsicherheit

gen Fortschritte in der Technik gefährdet erscheint (z. B. Kraftwagen) oder bei denen es sich um Artikel handelt, welche dem ständigen Wechsel in Mode und Geschmack ausgesetzt sind. Bei ihnen findet die Unsicherheitsquote ihren Ausdruck in einer größeren „Marge" zwischen dem Wert der Ware und dem Betrag der gesicherten Forderung. Ob allerdings angesichts der neuesten Rechtsprechung des BGH zur Übersicherung (§ 9 AGB-G) die 2/3-Bewertungsregelung des § 237 BGB für Formularverträge gilt, ist zweifelhaft (vgl. Rdn. 148d). Vollends schwankend ist die Bewertung von Gebäuden, die rechtlich bewegliche Sache geblieben sind (s. Rdn. 101). Die Gestehungskosten bieten hier nur einen unvollkommenen Maßstab, da berücksichtigt werden muß, daß das Interesse für ein Objekt, welches nach Ablauf der vertraglich vorgesehenen Frist zerstört werden muß, naturgemäß nur gering sein kann[1]. Für eine **Lombardierung** (s. Rdn. 283) kommen ohnehin nur leicht verkäufliche Waren wie Getreide oder Zucker in Betracht. Das Anwartschaftsrecht auf Erwerb des Eigentums an einer Vorbehaltssache ist von vornherein dadurch beeinträchtigt, daß der Sicherungsgeber die Rechtsposition des Sicherungsnehmers durch einseitiges, willkürliches Verhalten zerstören kann.

284   Ihrer Natur nach sind manche Sachen überhaupt nicht oder nur mit Vorsicht zu Sicherungszwecken verwendbar. **Hat nämlich eine Sache überhaupt keinen Verkaufswert, ist sie also nicht verwertbar, so kann sie auch nicht Sicherungsmittel sein.** Das gilt insbesondere von gewissen Urkunden, z. B. dem Hypotheken- und Grundschuldbrief[2], dem Schiffsbrief, dem Sparbuch[3], der Lebensversicherungspolice[4], dem Kuxschein, auch dem Kraftfahrzeugbrief[5] usw. Alle diese Urkunden gehören demjenigen, dem das Recht zusteht, auf welches sie sich beziehen, und das Pfandrecht an diesem Recht erstreckt sich auf die Urkunde: das Recht am Papier folgt dem Recht aus dem Papier (§ 952 BGB)[6]. Aber der Eigentümer kann an ihnen eine Sachsicherheit nicht begründen[7], sondern höchstens ein persönliches Zurückbehaltungsrecht zu Gunsten des Kreditgebers, jedoch kein kaufmännisches im Sinne des § 369 HGB mit der darin vorgesehenen Verwertungsmöglichkeit[8]. **Allerdings ist in jedem**
285   **einzelnen Fall zu prüfen, ob nicht die Parteien durch die Übergabe der Urkunde gleichzeitig eine Sicherheit an dem in der Urkunde verbrieften Recht bestellen wollen,** was überall da denkbar ist, wo das Gesetz keine besondere Form für den Abschluß des Sicherstellungsvertrages vorsieht und daher auch die stillschweigende Übereinkunft der Parteien für den Vertragsschluß genügt. So kann bei der Verpfändung von Leihhausscheinen gewollt sein, daß der Gläubiger ein Pfandrecht an der von ihm eingelösten Sache erwirbt. In einer Kreditgewährung gegen „Briefübergabe" kann die

---

[1] Vgl. hierzu BGH NJW 62, 2293.
[2] RG 66, 24; 91, 155; JW 29, 1969; BGH WM 65, 408.
[3] RG 68, 282.
[4] RG 51, 83.
[5] BGH NJW 64, 1413.
[6] Für den Kfzbrief siehe BGH WM 60, 397; Schlechtriem, NJW 70, 2088.
[7] BGH WM 66, 87.
[8] RG DR 39, 1798; OLG Frankfurt NJW 69, 1719.

Verpflichtung zur Abtretung oder Verpfändung des Briefgrundpfandrechts liegen. Sodann gibt es Sachen, deren natürliche Zweckbestimmung es erfordert, daß trotz Bestehens der Sicherheit der Sicherungsgeber auf sie in einer zur **Substanzveränderung** oder -zerstörung führenden Weise einwirkt. Wer sich den Mehlbestand einer Bäckerei verpfänden oder sicherungshalber übereignen läßt, muß damit rechnen, daß das Mehl nach Ablauf eines gewissen Zeitraums verbacken und in Gestalt der Backwaren anderweitig veräußert sein wird.

Als **Vorbelastungen** kommen bei beweglichen Sachen in Betracht nur der Nießbrauch (s. Rdn. 286) und das Pfandrecht, insbesondere die bei Rdn. 126 erwähnten pfandrechtlichen Belastungen. Ein nachgehendes Pfandrecht wird, wenn die vorgehende Belastung sich selbst als Pfandrecht darstellt, **Nachpfandrecht** genannt. Die Bestellung des Nachpfandrechts erfolgt durch Abtretung des Herausgabeanspruchs. Eine Ausnahme machen die Schiffsregister bzw. im Schiffsbauregister eingetragenen Schiffe und Schiffsbauwerke und die registrierten Luftfahrzeuge; bei ihnen können nach dem Inhalt des Registers als vorgehende Rechte die Beleihungsfähigkeit des Schiffes mindern 286

a) die dinglichen Rechte am Schiff und Luftfahrzeug, nämlich die Schiffshypothek bzw. das Registerpfandrecht, bei Schiffen auch der Nießbrauch, den es an registrierten Luftfahrzeugen nicht gibt;

b) die vorläufigen Eintragungen, nämlich die Vormerkungen, Widersprüche und Verfügungsbeschränkungen im Sinne von Rdn. 302 ff.

Die Rangfolge bestimmt sich im allgemeinen nach der Bestellung des Rechts: Das zeitlich frühere, für dessen Rang der Zeitpunkt seiner Bestellung auch dann maßgebend ist, wenn es eine künftige oder bedingte Forderung sichern soll (§ 1209 BGB), hat den Vorrang vor dem später bestellten, was insbesondere für das in den AGB und AGSp. ausbedungene Pfandrecht von Bedeutung ist. Dieser Grundsatz gilt auch im Verhältnis des Mobiliarpfandrechts zu Grundpfandrechten und zu den in Rdn. 126 erwähnten gesetzlichen Pfandrechten[1]. **Nur bei den Rechten an den eingangs genannten Schiffen, Schiffsbauwerken und Luftfahrzeugen entscheidet über den Rang entsprechend den Ausführungen bei Rdn. 313 entweder die Reihenfolge der Eintragungen oder die Reihenfolge der Eintragungsdaten** (§§ 25, 82 SchiffsG, 25 LRG). Erststelligkeit der Schiffshypothek ist jedoch gesetzlich vorgeschrieben für die „Deckungsschiffshypothek" der Schiffspfandbriefbanken, die sich die Mittel für die Beleihung des Schiffes durch Ausgabe von Schuldverschreibungen (Pfandbriefen) verschaffen (vgl. Rdn. 726 für die Hypothekenbanken). Die Bestellung mehrerer **Inventarpfandrechte** an demselben Pachtinventar (s. Rdn. 446) ist ausgeschlossen[2]; Inventarpfandrecht und **Verpächterpfandrecht** werden als gleichrangig behandelt (§ 11 PachtKrG). Die **Vorrangseinräumung** (s. Rdn. 278) hat nur schuldrechtliche Wirkung dahin, daß sie den Vorberechtigten verpflichtet, im Fall einer Verwertung des belasteten Gegenstandes die 287

---

[1] BGH WM 57, 168.
[2] RG 143, 7.

Befriedigung des Sicherungsnehmers aus dem Verwertungserlös im Range vor der eigenen Befriedigung zu dulden, — wiederum mit Ausnahme der Rechte im Bereich des Schiffs- und Luftfahrzeugregisters, wo zwar auch eine entsprechende, rein schuldrechtliche Verpflichtung des Vorberechtigten denkbar, weitaus üblicher aber die Vorrangseinräumung mit dinglicher Wirkung ist, welche durch den zu Rdn. 314 erörterten, auch hier geltenden Grundsatz der festen Rangstellen ermöglicht wird und durch den sog. Rangvorbehalt (s. Rdn. 317) vorweggenommen werden kann (§§ 26, 27 SchiffsG; 26, 27 LRG). Wegen der Voraussetzungen und Folgen des Schutzes des **guten Glaubens** des Sicherungsnehmers (s. Rdn. 525) wird auf die Ausführungen zu Rdn. 525, 526, 527, 528, 529 verwiesen, an deren Stelle für die Rechte an Schiffen, Schiffsbauwerken und Luftfahrzeugen die Ausführungen zu Rdn. 449 treten (§§ 936, 1208 BGB; 16 SchiffsG; 16 LRG). Aus ihnen ergibt sich z. B., daß A., dem B. eine bereits vorher mit einem Pfandrecht zugunsten des C. belastete Sache verpfändet, gutgläubig das Pfandrecht im Range vor dem des C. erwirbt, es sei denn, die Sache sei dem C. abhanden gekommen, z. B. heimlich von B. weggenommen worden. Beim Inventarpfandrecht verschafft jedoch auch der beste Glaube des Kreditinstituts dem Pfandrecht nicht den Vorrang vor Grundpfandrechten, die sich auf das Inventar erstrecken (§ 7 PachtKrG).

3. Bewertung unbeweglicher Sachen

288   Ist das Sicherungsmittel ein **Grundstück**, so wird der Sicherungsnehmer nur selten selbst eine zuverlässige Schätzung vornehmen können. Die Schätzung durch einen Sachverständigen — unter dessen Haftung für leichtfertige Falschbegutachtung[1] — bildet hier die Regel, wobei die Eigenschaften, die sonstige Beschaffenheit und die Lage des Grundstücks und seines oft schwer zu bewertenden Zubehörs eine Rolle spielen. Es bedingt naturgemäß einen erheblichen Unterschied in den Bewertungsgrundsätzen, ob man ein städtisches oder landwirtschaftliches Grundstück beleiht, ob das Grundstück bebaut oder unbebaut (Bauterrain) ist, ob es mit einem ertraglosen Einfamilienhaus oder einem rentablen Mietshaus oder aber mit einem Hotel oder mit einer Fabrik bebaut ist, deren Wert im Augenblick der Stillegung des Betriebes erheblich sinkt und in gewissem Ausmaß von der Tüchtigkeit des Betriebsinhabers abhängt. Der Beleihungswert wird gefunden bei städtischen bebauten Grundstücken in Anlehnung an den **Sachwert** (so bei eigengenutzten Bürogebäuden, Hotels, Fabriken oder Einfamilienhäusern) oder an den **Ertragswert** (so bei vermieteten oder verpachteten Wohn- oder Geschäftsgrundstücken) oder in Anlehnung an beide[2]. Bei landwirtschaftlichen Grundstücken wird vorzugsweise der Ertragswert, bei Bauterrain der Bodenwert[3] maßgebend sein. Dabei setzt sich der **Sachwert** (Realwert) zusammen aus

a) dem Bodenwert zuzüglich der mit dem Erwerb und der Erschließung (Baureifmachung) des Grundstücks zusammenhängenden Kosten;

---

[1] BGH WM 66, 1150.
[2] BGH WM 63, 290; 70, 1139; vgl. § 19 ErbbVO.
[3] Vgl. BGH 39, 198.

b) dem **Bauwert**, welcher den Kosten für die Errichtung eines gleichartigen Gebäudes unter Berücksichtigung der örtlichen Verhältnisse (Herstellungswert) nach Abzug der mit der technischen Lebensdauer des Gebäudes zusammenhängenden Wertminderungen und unter Ausschaltung zeitbedingter Überteuerungen entspricht.

Bei der Verwendung des **Ertragswertes** tritt zum Bodenwert der Gebäudeertragswert, der durch Kapitalisierung des nach Lage, Beschaffenheit und Verwendungszweck des Grundstücks dauernd erzielbaren Grundstücksnettobetrages festgestellt wird. Er kann durch eine zur Finanzierung des Baues geleisteten Mietvorauszahlung erheblich beeinträchtigt werden (s. Rdn. 754). Die Beleihungsgrenze setzt der Sicherungsnehmer — in der Regel in Übereinstimmung mit dem Sicherungsgeber — fest; üblicherweise liegt sie zwischen 1/2 und 2/3 des Beleihungswertes, bei landwirtschaftlichen und ausschließlich gewerblich genutzten Grundstücken zumeist darunter[1].

289

Liegt eine Hypothek so weit innerhalb der Beleihungsgrenze, daß ihre Deckung sowohl hinsichtlich des Kapitals als auch der Zinsen selbst bei etwaigen Schwankungen des Grundstückspreises nicht gefährdet erscheint, so spricht man von einer „ersten" Hypothek; alle anderen Hypotheken sind „zweite", auch soweit sie noch innerhalb der Beleihungsgrenze Deckung finden. **Die verkehrsübliche Unterscheidung zwischen erster und zweiter Hypothek bestimmt sich also nach dem Betrage, mit dem die Hypothek „ausläuft".** Nachrangig sind in der Regel die **Wohnungsbaudarlehen** der Bausparkassen gesichert; hier ist die persönliche Kreditwürdigkeit des Darlehensnehmers von größerer Bedeutung. Da die zweite Hypothek ein größeres Risiko in sich trägt als die erste, bedingt sich der Gläubiger einer zweiten Hypothek vielfach eine besondere Risikoprämie in Gestalt eines Zinszuschlages aus, außerdem wird eine schnellere Tilgung seiner zweiten Hypothek vereinbart, vielleicht wird sogar durch Abschluß eines Versicherungsvertrages dem Ausfall vorgebeugt. Ohne entsprechende Vereinbarung kann er aus einer nachträglichen, etwa aus einer Minderung des Grundstückswertes herrührenden Erhöhung seines Risikos aber nicht den Anspruch auf Rückzahlung des grundpfandrechtlich gesicherten Kredits herleiten, wie auch der Schuldner durch derartige Tatbestände nicht von seiner Verbindlichkeit befreit wird[2]. Im allgemeinen wird die erste Hypothek zugleich auch erstrangig sein. Es können ihr jedoch Belastungen von unerheblichem Umfang vorgehen, wie andererseits eine erstrangige Hypothek den Charakter einer zweiten Hypothek hat, wenn und soweit sie über die Wertgrenze für die erste Hypothek hinausgeht. Eine durch den Beleihungswert nicht mehr gedeckte Hypothek wird zur „Schornsteinhypothek".

Während als **vorgehende Belastungen** von beweglichen Sachen und Rechten nur der Nießbrauch und das Pfandrecht in Betracht kommen, kennt das Gesetz bei Grundstücken eine erheblich größere Zahl von Belastungsarten. Daher sind Grundstücke

290

---
[1] Wird der Wert des Grundstücks durch Sachmängel beeinträchtigt, so hat bei entgeltlichen Sicherstellungsverträgen der Sicherungsgeber hierfür einzustehen (§ 493 BGB).
[2] BGH WM 57, 1367.

weitaus häufiger im voraus belastet als bewegliche Sachen und Rechte; **der Sicherungsnehmer sollte niemals unterlassen, vor Abschluß des Sicherstellungsvertrages die Belastungen und etwaige bisher unerledigte Eintragungsanträge (vgl. Rnd. 314) im einzelnen durch Einsichtnahme im Grundbuch und Grundakten festzustellen,** da er sonst zu einer ausreichenden Bewertung seiner Sicherheiten nicht in der Lage ist. Die Einrichtung des Grundbuchs „ist wesentlich dazu bestimmt, Klarheit über den dinglichen Rechtszustand am Grundstück zu schaffen und dem Realkredit als Unterlage zu dienen, und ist auch derart ausgestaltet, daß sie dies kann. Im Sinne dieser Einrichtung ist daher jeder, der am Grundbuchverkehr teilnehmen will, gehalten, sich durch Einsicht des Grundbuchs die Erkenntnisquellen zu erschließen, die ihm eine zuverlässige Beurteilung des dinglichen Rechtszustandes ermöglichen"[1]. Damit es seinen Zweck erfüllen kann, genießt das Grundbuch **öffentlichen Glauben**, indem zugunsten des gutgläubigen Erwerbers eines Rechts am Grundstück oder eines Rechts an einem solchen Recht die Richtigkeit des Grundbuchinhalts einschließlich der Bestandsangaben[2] fingiert wird; mit anderen Worten, **nicht die wirkliche Rechtslage, sondern umgekehrt der, sei es auch unrichtige oder unvollständige, Buchungsstand entscheidet:** eingetragene Rechte gelten als mit dem buchmäßigen Inhalt und Rang bestehend, nicht eingetragene als nicht bestehend. Die Einsichtnahme, die bei der Eintragungsfülle und der daraus folgenden Unübersichtlichkeit mancher Grundbücher sachkundige Hilfe erforderlich machen kann, vermag zwar die nicht eintragungsfähigen, mithin „unsichtbaren" Rechte Dritter, insbesondere die aus den Verfügungsbeschränkungen des gesetzlichen Vertreters oder Ehegatten (vgl. Rdn. 140, 141) resultierenden, nicht festzustellen, wohl aber (mit den sich aus dem öffentlichen Glauben ergebenden Einschränkungen) die nachstehend aufgeführten wesentlich mitbestimmten Belastungen, einschließlich derjenigen Eintragungen, welche eine künftige Belastung vorbereiten oder ihr entgegenstehen:

a) Dingliche Rechte am Grundstück

291 **Die dinglichen Rechte Dritter am Grundstück** sind zum Teil schon zu Rdn. 00 aufgezählt. In der Zwangsversteigerung setzen sie sich, soweit sie durch den Zuschlag erlöschen, als Recht am Versteigerungserlös fort. Dabei werden diejenigen von ihnen, die nicht auf Zahlung eines Kapitals gerichtet sind, in Höhe ihres mehr oder weniger schwer zu ermittelnden Wertes am Erlös beteiligt (§§ 92, 121 ZVG; s. Rdn. 258). Entscheidend für die Bewertung ist in erster Linie der Inhalt des Rechtes. Der Wert ist, wenn er nicht aus dem Grundbuch feststellbar ist wie z. B. durch die Ablösungssumme bei der Reallast oder Rentenschuld, vom Berechtigten zur Berücksichtigung im Teilungsplan anzumelden, ggf. mit einem von vornherein grundbuchlich festgelegten Höchstbetrag (§ 882 BGB); wer mit der Bewertung nicht einverstanden ist, muß Wider-

---

[1] RG 143, 165.
[2] RG 73, 125.

spruch gegen den Teilungsplan erheben. Die häufigsten und wichtigsten der dinglichen Rechte am Grundstück sind folgende:

aa) Öffentliche Lasten

Die öffentlichen Lasten des Grundstücks (s. Rdn. 252) sind mit den zu Rdn. 252 III. erörterten Teilbeträgen im Range vor jeder grundbuchlichen Sicherheit zu befriedigen und daher bei der Beurteilung der Beleihungsfähigkeit in ihrer ziffernmäßigen Höhe, die ggf. aus einer behördlichen Bescheinigung zu ersehen ist, einzusetzen. **Auf die öffentlichen Lasten muß um so mehr geachtet werden, als sie in ihrer großen Mehrzahl aus dem Grundbuch nicht ersichtlich sind** (§ 54 GBO). Wegen der unsichtbaren gesetzlichen Vorkaufsrechte, s. Rdn. 299.

292

bb) Erbbaurecht[1]

Das Erbbaurecht ist das veräußerliche und vererbliche Recht, auf oder unter der Oberfläche des Grundstücks ein Bauwerk zu haben (§ 1 ErbbVO). Das auf Grund des Erbbaurechts errichtete, aber auch das bei Bestellung des Erbbaurechts schon vorhandene Bauwerk gilt als wesentlicher Bestandteil des Erbbaurechts, nicht des Grundstücks; infolgedessen erlischt mit der Begründung des Erbbaurechts die frühere Haftung des Bauwerks für die Belastung des Grundstücks (§ 12 ErbbVO). **Die Bestellung des Erbbaurechts kann nur zur ersten Rangstelle erfolgen**, setzt also die Einräumung des Vorrangs seitens bereits bestehender Grundstücksbelastungen voraus; eine Änderung des Ranges ist ausgeschlossen (§ 10 ErbbVO). **Das Erbbaurecht mindert die Beleihungsfähigkeit des Grundstücks,** wei es einer angemessenen Verwertung des Grundstücks entgegensteht, denn als Bauwerk im Rahmen des Erbbaurechts kommen hauptsächlich Wohnhäuser oder gewerbliche Anlagen in Betracht, die der Ersteher dulden muß, da in der Zwangsversteigerung das Erbbaurecht auch dann bestehen bleibt, wenn es nicht ins geringste Gebot fällt (§ 25 ErbbVO). Wird das Erbbaurecht selbst belastet, was nach Rdn. 97 zumal durch Bestellung von Grundpfandrechten möglich, aber von der Belastung des Grundstücks scharf zu trennen ist[2], so ist hierzu fast immer die Zustimmung des Grundstückseigentümers erforderlich (s. Rdn. 132). Unter Umständen besteht aber ein — auch pfändbarer — Zustimmungsanspruch[3]. Auch muß der Grundpfandgläubiger mit dem Vorrang einer Reallast zugunsten des Grundstückseigentümers rechnen, welche die Gegenleistung für die Bestellung des Erbbaurechts (den Erbbauzins) darstellt. Das Grundpfandrecht setzt sich im Fall des Erlöschens des Erbbaurechts durch Zeitablauf an dem Entschädigungsanspruch fort, der dem Erbbauberechtigten in diesem Fall gegen den Grundstückseigentümer erwächst, weswegen die aus dem Erbbauvertrag ersichtliche Höhe dieser Entschädigung für den Grundpfandgläubiger von Interesse ist (§ 27 ErbbVO). Dagegen wird beim Heimfall

293

---

[1] Mattern, WM 73, 662 ff.
[2] OLG Hamm NJW 69, 2052.
[3] BGH WM 60, 973.

des Erbbaurechts, also bei dessen Übertragung auf den Grundstückseigentümer, zu welcher der Erbbauberechtigte vertraglich unter bestimmten Umständen, insbesondere bei Verletzung seiner Obliegenheiten, verpflichtet sein kann, das Erbbaurecht zum Eigentümererbbaurecht, an welchem die das Erbbaurecht belastenden Grundpfandrechte fortbestehen (§ 33 ErbbVO).

cc) Dienstbarkeiten

294 **Die Dienstbarkeiten** sind Rechte auf eine inhaltlich oder zeitlich beschränkte Nutzung des Grundstücks. Für den Fall, daß sie durch den Zuschlag in der Zwangsversteigerung erlöschen, kommt es gelegentlich zwischen dem Berechtigten und einem nachrangigen Grundpfandgläubiger zu einer Vereinbarung, wonach der Berechtigte sich verpflichtet, sein Recht nur mit einem geringfügigen, in der Vereinbarung festgesetzten Wert anzumelden, während er anderen Beteiligten gegenüber den vollen Wert der Dienstbarkeit geltend machen kann (sog. 50-Markerklärung). Dagegen wird von der nach Rdn. 291 möglichen Bestimmung eines Höchstbetrages des Wertansatzes wenig Gebrauch gemacht. Zu den Dienstbarkeiten gehören:

aaa) Grunddienstbarkeit

295 **Die Grunddienstbarkeit** ist das Recht des jeweiligen Eigentümers eines anderen Grundstücks, das belastete Grundstück in einzelner Beziehung zu benutzen oder die Vornahme gewisser Handlungen oder die Ausübung gewisser Nachbarrechte auf dem belasteten Grundstück auszuschließen (§ 1018 BGB). Bei ihr richtet es sich nach ihrem Inhalt, ob sie die Verwertungsfähigkeit und damit die Beleihungsfähigkeit des Grundstücks mindert. Regelmäßig wird dies nicht der Fall sein, z. B. bei einem Wegerecht oder Fensterrecht. Doch kann eine Grunddienstbarkeit auch mit dem Inhalt bestehen, daß etwa eine bestimmte Bebauung des Grundstücks oder die Ausübung eines bestimmten Gewerbes auf ihm verboten ist. Dann wird das Grundstück schwerer zu veräußern sein. Fällt bei der Zwangsversteigerung die Grunddienstbarkeit nicht ins geringste Gebot, so tritt an ihre Stelle der Anspruch auf Ersatz ihres Wertes (s. Rdn. 291). Bei der Bewertung kommt es auf den Nutzen an, den der Berechtigte von seinem Recht hat. So kann ein Fenster- oder Wegerecht wertmäßig unbedeutend sein, während ein Bebauungsverbot, ein Konkurrenzverbot oder ein Tankstellenrecht schwerer wiegt. Nötig gar die Grunddienstbarkeit den Eigentümer zur entschädigungslosen Duldung der aus dem Bergbau herrührenden Einwirkungen (Bergschädenverzicht), so kann der Wert der Grunddienstbarkeit eine außerordentliche Höhe erreichen[1], und der Gläubiger des nachrangigen Grundpfandrechts wird in Fällen dieser Art den Sicherungswert seines Rechts als problematisch betrachten müssen, weil er in aller Regel die Faktoren nicht kennt, von denen der Wert der Dienstbarkeit abhängt.

---

[1] RG 130, 350.

bbb) Nießbrauch

Der Nießbrauch ist das an einem fremden Gegenstand bestehende Recht, die Nut- 296
zungen dieses Gegenstandes zu ziehen (§ 1030 BGB). **Er macht im allgemeinen ein
Grundstück unverwertbar,** da er den Ersteher von der Nutzung des Grundstücks ausschließt. Allerdings kann hier das Alter des Nießbrauchers eine Rolle spielen, denn der Nießbrauch ist weder vererblich noch übertragbar, so daß er spätestens mit dem Tode des Nießbrauchers erlischt. Fällt der Nießbrauch bei der Zwangsversteigerung nicht ins geringste Gebot, so tritt an seine Stelle eine aus dem Versteigerungserlös zu entnehmende Geldrente, die dem in der Anmeldung zu beziffernden Jahreswert des Nießbrauchs gleichkommt und deren „Deckungskapital" mit der Summe aller voraussichtlichen künftigen Leistungen bis äußerstens zum 25fachen Betrage einer Jahresleistung in den Teilungsplan aufgenommen wird (s. Rdn. 291). Der Sicherungsnießbrauch wird nicht berücksichtigt, wenn die gesicherte Forderung anderweitig Deckung findet.

ccc) Beschränkt persönliche Dienstbarkeit

Die beschränkte persönliche Dienstbarkeit ist das Recht einer bestimmten Person, 297
das belastete Grundstück in einzelnen Beziehungen zu benutzen oder in Ansehung des Grundstücks die Befugnisse auszuüben, die den Inhalt einer Grunddienstbarkeit (s. Rdn. 295) bilden können (§ 1090 BGB), z. B. ein Wegerecht, Weiderecht, Tankstellenrecht, das Recht, bestimmte gewerbliche Betriebe oder Bauten über eine bestimmte Höhe hinaus zu untersagen, ein Bergschädenverzicht u. a. m. Bei ihr richtet es sich nach ihrem Inhalt, ob sie die Verwertungsfähigkeit und damit die Beleihungsfähigkeit des Grundstücks mindert. Besteht die Dienstbarkeit etwa in einem **Wohnungsrecht,** wie man es in bäuerlichen Kreisen häufig findet (vgl. § 1093 BGB), dann kann sie die Tauglichkeit des Grundstücks zu Sicherungszwecken empfindlich beeinträchtigen. Fällt sie bei der Zwangsversteigerung nicht ins geringste Gebot, so tritt an ihre Stelle eine aus dem Versteigerungserlös zu entnehmende Geldrente, deren Annuität dem in der Anmeldung zu beziffernden Jahreswert der Dienstbarkeit gleichkommt und deren „Deckungskapital" mit der Summe aller voraussichtlichen künftigen Leistungen bis äußerstens zum 25fachen Betrage einer Jahresleistung in den Teilungsplan aufgenommen wird (s. Rdn. 291). Im übrigen spielt hier das Alter des Berechtigten eine Rolle, denn die Dienstbarkeit ist weder vererblich noch übertragbar, so daß sie spätestens mit dem Tod des Berechtigten erlischt.

ddd) Dauerwohnrecht (Dauernutzungsrecht)

Das Dauerwohnrecht (Dauernutzungsrecht) ist das Recht, unter Ausschluß des 298
Eigentümers in einem auf dem Grundstück errichteten oder zu errichtenden Gebäude eine bestimmte Wohnung zu bewohnen oder diese oder nicht zu Wohnzwecken dienende bestimmte Räume in anderer Weise zu nutzen (§ 31 WEG). Es hat Ähnlichkeit mit dem zu Rdn. 297 erwähnten Wohnungsrecht, ist aber veräußerlich und vererblich.

Für die im Range nachgehenden Gläubiger gefährdet es den Erfolg einer Zwangsversteigerung erheblich, unter Umständen, d. h. wenn das Bestehenbleiben des Rechts vereinbart ist, sogar auch für diejenigen vorgehenden oder gleichstehenden Gläubiger, welche ausnahmsweise jener einer Rangverschiebung gleichkommenden Vereinbarung zugestimmt haben (Bestandsschutzvereinbarung, § 39 WEG). Im übrigen tritt, wenn das Dauerwohnrecht nicht ins geringste Gebot fällt, an seine Stelle der Anspruch auf Wertersatz (s. Rdn. 291).

dd) Vorkaufsrecht, Wiederkaufsrecht

299   Das **Vorkaufsrecht** (§ 1094 BGB) erlischt in der Regel bei der Zwangsversteigerung. Nur wenn es für mehrere Verkaufsfälle bestellt ist und der Ersteher es im geringsten Gebot übernehmen muß, wirkt es auch gegen ihn, d. h. es bleibt für künftige Verkaufsfälle bestehen. Steht es außerhalb des geringsten Gebots, so ist dem Berechtigten der — freilich sehr schwer zu bestimmende — Wert aus dem Versteigerungserlös zu ersetzen (s. Rdn. 291). **Sobald durch Abschluß eines rechtsgültigen Kaufvertrages der Vorkaufsfall eingetreten ist, wirkt das Vorkaufsrecht wie eine Auflassungsvormerkung (§ 1098 Abs. 2 BGB)**[1]. Vgl. hierzu Rdn. 303. Der Vormerkungsschutz beginnt also nicht schon mit der Begründung des Vorkaufsrechts, sondern erst, wenn es zufolge des Eintritts des Vorkaufsfalles, d. h. durch Abschluß des das Vorkaufsrecht auslösenden Kaufvertrages, ausübbar geworden ist, worüber sich der Sicherungsnehmer vergewissern muß. Bis dahin erfolgte Belastungen des Grundstücks bleiben auch dem Vorkaufsberechtigten gegenüber wirksam. Darüber hinaus kann der Berechtigte das Vorkaufsrecht nicht ausüben, wenn er sich verpflichtet hat, von ihm keinen Gebrauch zu machen[2]. **Besondere Aufmerksamkeit erfordern die gesetzlichen Vorkaufsrechte, weil sie, obwohl nicht eingetragen und daher unsichtbar, ebenfalls mit der Vormerkungswirkung ausgestattet sind.** Hier kommen, abgesehen von den Vorkaufsrechten des Reichssiedlungs- und Reichsheimstättengesetzes, vor allem die Vorkaufsrechte der Gemeinden nach dem Bundesbaugesetz in Betracht. Um hiergegen abgeschirmt zu sein, empfiehlt sich für den Grundpfandgläubiger im einzelnen Fall die Einholung der sog. **Negativbescheinigung** der Gemeinde dahin, daß ihr kein Vorkaufsrecht zusteht oder von dem ihr etwa zustehenden kein Gebrauch gemacht wird, welch letzteres die Gemeinde allerdings verbindlich nur erklären kann, wenn ihr pflichtgemäß der Abschluß eines Kaufvertrages mitgeteilt worden ist. Die Erklärung der Gemeinde über die Ausübung des Vorkaufsrechts nach §§ 24 ff. Bundesbaugesetz ist ein Verwaltungsakt, der neben öffentlich-rechtlichen Beziehungen auch private Rechte begründet[3]. **Ein Wiederkaufsrecht (Rückkaufsrecht) gibt es als dingliches nicht,** wenn man von den gesetzlichen Wiederkaufsrechten des Reichssiedlungsgesetzes absieht. Es kann aber der Auflassungsanspruch auf Grund eines (schuldrechtlichen) Wiederkaufsrechtes vor-

---

[1] RG 154, 376.
[2] BGH 37, 147.
[3] OVG Münster NJW 72, 1436.

gemerkt werden mit der Wirkung, daß der Berechtigte nach Ausübung des Wiederkaufs gemäß allgemeiner Regel (s. Rdn. 303) die Beseitigung aller nach der Vormerkung eingetragenen Belastungen verlangen kann[1].

Nach Ausübung des Wiederkaufsrechts im Rahmen des Reichssiedlungsgesetzes kann das Siedlungsunternehmen die Löschung nachrangiger Belastungen nicht verlangen, soweit sie durch den Wiederkaufpreis gedeckt sind. Die Regelung des § 20 Reichssiedlungsgesetz soll nicht die für die Siedler mit dem Wiederkaufsrecht ohnehin verbundenen Erschwernisse bei der Beschaffung von Realkrediten unnötigerweise vergrößern. Daher gibt es auch keine Gleichstellung mit einer nach § 883 BGB gescheiterten Auflassungsvormerkung[2]. Auch ein Ankaufsrecht (Optionsrecht) ist vormerkungsfähig[3].

ee) Reallast

Die Reallast ist die Belastung des Grundstücks, kraft deren an den Berechtigten — sei er eine bestimmte Person oder der jeweilige Eigentümer eines anderen Grundstücks — gewisse (regelmäßig oder unregelmäßig) wiederkehrende Leistungen aus dem Grundstück zu entrichten sind (§ 1105 BGB). Der Inhalt der Leistungen kann sehr verschieden sein, z. B. auf Zahlung eines Erbbauzinses (s. Rdn. 293), auf Lieferung von Nahrungsmitteln, auf Instandhaltung einer Brücke usw. gehen, auch in der Zahlung einer Geldrente bestehen, womit die Reallast zur sog. Grundrente wird, die mit der Rentenschuld (s. Rdn. 844) nicht verwechselt werden darf. Wegen der Sicherungszession der Einzelleistungen s. Rdn. 779. Die Reallast kann sich für eine rangschlechtere Belastung des Grundstücks sehr nachteilig auswirken, so z. B., wenn ein umfangreiches **Altenteil**[4], welches der leiblichen Versorgung des Berechtigten dient und zumeist mit einem Wohnungsrecht (s. Rdn. 297) verbunden ist, Inhalt der Reallast ist. Fällt bei der Zwangsversteigerung des Grundstücks die Reallast nicht ins geringste Gebot und ist von der nach Rdn. 291 möglichen Bestimmung eines Höchstbetrages des Wertansatzes kein Gebrauch gemacht, so tritt an ihre Stelle, falls sie von unbestimmter Dauer ist, eine aus dem Versteigerungserlös zu entnehmende Geldrente, die dem in der Anmeldung zu beziffernden Jahreswert der Reallast gleichkommt und deren „Deckungskapital" mit der Summe aller voraussichtlichen künftigen Leistungen bis äußerstens zum 25fachen Betrage einer Jahresleistung in den Teilungsplan aufgenommen wird; ist die Reallast von bestimmter Dauer, tritt an ihre Stelle der Anspruch auf ihren Kapitalwert, der sich aus der Summe der bis zur Beendigung der Reallast zu erbringenden Einzelleistung ergibt. Sofern die Reallast ablösbar ist, wird sie, wenn sie außerhalb des geringsten Gebots steht, stets mit der Ablösungssumme im Teilungsplan berücksichtigt (s. Rdn. 291). Eine Ausnahme macht bei alledem das schon oben erwähnte Altenteil. Es

300

---

[1] BGH WM 65, 205.
[2] BGH NJW 72, 1279.
[3] RG 154, 355; BGH WM 70, 493.
[4] Leibgedinge; RG 162, 52; BGH NJW 62, 2250.

bleibt grundsätzlich auch dann bestehen, wenn es nicht ins geringste Gebot fällt; doch kann der Gläubiger eines vorgehenden oder gleichstehenden Rechts verlangen, daß das Erlöschen des Altenteils als besondere Versteigerungsbedingung (§ 59 ZVG) bestimmt wird, so daß es zu einem Doppelausgebot kommt (§ 9 EGZVG, Art. 6 AGZVG).

ff) Grundpfandrecht

301   **Die Grundpfandrechte** — Hypothek, Grundschuld, Rentenschuld (§§ 1113, 1191, 1199 BGB) — sind bei der Beurteilung der Beleihungsfähigkeit des Grundstücks ohne Rücksicht auf den Betrag der gesicherten Forderung in ihrer ziffernmäßigen Höhe einzusetzen, **wobei zu beachten ist, daß sie nach Rdn. 252 (IV) bei der Zwangsversteigerung wegen der Rückstände wiederkehrender Leistungen nur beschränkt, aber dennoch mit manchmal beachtlichen Beträgen zum Zuge kommen.** Ein zur Eigentümergrundschuld gewordenes Grundpfandrecht braucht derjenige nicht zu bewerten, zu dessen Gunsten eine Löschungsvormerkung (im Sinne von Rdn. 812 ff.) bei dem Grundpfandrecht eingetragen ist bzw. gesetzlich gegeben ist. Wegen der Ausschaltung rangbesserer, aber nicht vollvalutierter Sicherungsgrundschulden s. Rdn. 865. Fällt eine Rentenschuld nicht ins geringste Gebot, so ist sie mit ihrer Ablösungssumme in den Teilungsplan aufzunehmen (s. Rdn. 291).

b) Vorläufige Eintragungen

302   **Vorläufige Eintragungen** sind insbesondere diejenigen, welche eine künftige endgültige Eintragung oder eine Grundbuchberichtigung zu sichern bestimmt sind und, soweit sie hier interessieren, bereits bestehende, jedoch z. Z. nicht eingetragene dingliche Rechte oder aber den Anspruch auf Bestellung eines dinglichen Rechts schützen. Hierher gehören:

aa) Vormerkung

303   **Vormerkungen** sind Eintragungen, welche eine Änderung der dinglichen Rechtslage vorbereiten, indem sie verlautbaren, daß der Berechtigte einen schuldrechtlichen Anspruch gegen den Eigentümer des Grundstücks oder den Inhaber eines das Grundstück belastenden Rechts auf Übertragung, Belastung, inhaltliche Änderung oder Aufhebung des Eigentums oder des Rechts, z. B. auf Grund eines Vorvertrages den Anspruch auf Eintragung oder Abtretung einer bestimmten Hypothek, hat (§ 883 BGB). Die Vormerkung ist zwar kein dingliches Recht am Grundstück, verleiht aber dennoch dem geschützten Recht in gewissem, zumal den Interessen des Realkredits dienenden Umfang Wirkungen, die einer dinglichen ähnlich sind[1]. Insbesondere wahrt sie dem geschützten Recht denjenigen Rang, der ihm zugekommen wäre, wenn es bereits zur Zeit der Eintragung der Vormerkung eingetragen worden wäre (§ 883 Abs. 3

---

[1] RG 151, 389; BGH 28, 182; 34, 257.

BGB). Beachte auch § 24 KO: die Ergänzung des § 24 KO durch Artikel 6 des Gesetzes zur Änderung sachenrechtlicher, grundbuchrechtlicher u. a. Vorschriften vom 22. 6. 77 (BGBl. I, S. 998) stellt im Wege authentischer Interpretation klar, daß § 24 KO auch schon früher in dem durch die Ergänzung verdeutlichten Sinn zu verstehen war[1]. Entsprechend § 401 BGB geht sie auf den Zessionar des vorgemerkten Anspruchs über[2]. Sie ist von großer Tragweite und sichert die Erfüllung des vorgemerkten Anspruchs in dem Sinn, daß irgendwelche Ereignisse in der Zukunft, soweit sie den Anspruch des Vorgemerkten beeinträchtigen könnten, ihm gegenüber keine Wirkung haben, mag es sich bei dem künftigen Ereignis um eine spätere Verfügung des Anspruchsgegners über das Grundstück oder das Recht am Grundstück — die Vormerkung sperrt das Grundbuch nicht — oder um eine Zwangsvollstreckung von dritter Seite handeln. Das bedeutet: **Der Vormerkungsgläubiger hat gegen den Vormerkungsschuldner den Anspruch auf Erfüllung des vorgemerkten Anspruchs und gegen denjenigen, der vormerkungswidrig ein Recht am Grundstück erworben hat, den „Hilfsanspruch" auf Zustimmung hierzu (§ 888 BGB)**[3]. Daher begnügen sich die Parteien, welche die grundbuchliche Sicherung einer Forderung anstreben, manchmal mit der Vormerkung des Anspruchs auf Bestellung einer Hypothek oder Grundschuld, zumal die Eintragung der bloßen Vormerkung weniger Kosten verursacht als die Eintragung des Grundpfandrechts selbst; aus mancherlei Gründen ist jedoch die Bestellung des letzteren vorzuziehen. Der Einfluß der Vormerkung auf die Beleihungsfähigkeit des Grundstücks richtet sich nach dem Inhalt der Vormerkung. Sichert diese einen Anspruch, welcher eine Erweiterung der Vorbelastung mit sich bringt, z. B. auf Bestellung eines Grundpfandrechts geht, so muß man diese Erweiterung so in Rechnung stellen, als wäre sie bereits eingetreten. Dem entspricht es, daß vorgemerkte Rechte im geringsten Gebot wie eingetragene Rechte berücksichtigt werden und daß sie bei der Verteilung des Versteigerungserlöses wie bedingte Rechte zum Zuge kommen und zwar kraft einer Vormerkung auf Eintragung oder Übertragung eines Rechts wie aufschiebend bedingt, kraft einer Vormerkung auf Aufhebung oder Änderung eines Rechts wie auflösend bedingte (§§ 119, 120 ZVG). Sichert gar die Vormerkung den Anspruch auf Übereignung des Grundstücks **(Auflassungsvormerkung)**, so ist es zur Beleihung genauso ungeeignet wie ein dem Sicherungsgeber nicht gehörendes Grundstück.

Eine Eigentümergrundschuld, die vor Entstehen der Vormerkung wirksam begründet worden ist, kann aber auch nach einer späteren Auflassungsvormerkung vollwirksam abgetreten werden[4], obwohl sie dadurch Fremdgrundschuld wird und deshalb die für die Eigentümergrundschuld geltenden beiden gesetzlichen Beschränkungen Vollstreckungsausschluß und Unverzinslichkeit (§ 1197 BGB) wegfallen. Die Auflassungs-

---

[1] BGH WM 78, 891; vgl. auch Fehl, BB 77, 1228 f.
[2] KG JW 37, 249.
[3] BGH WM 58, 968.
[4] BGH WM 75, 756.

vormerkung wirkt, wenn sie ins geringste Gebot fällt[1], auch gegenüber dem Ersteher. Fällt sie aber nicht ins geringste Gebot, so erlangt der Vormerkungsberechtigte einen bedingten Anspruch auf denjenigen Teil des Versteigerungserlöses, der nach Befriedigung der seiner Vormerkung vorgehenden Rechte verbleibt. „Diesen Erlös braucht er nicht mit Berechtigten zu teilen, deren Rechte ihm nachgehen und ihm gegenüber unwirksam sind. Das ist auch die herrschende Meinung in Rechtsprechung und Wissenschaft[2]." Es muß hiernach das Bestreben des Sicherungsnehmers sein, sich den Vorrang von der Auflassungsvormerkung einräumen zu lassen, wenn er schon auf die grundbuchliche Sicherung nicht verzichten kann.

bb) Widerspruch

304 **Widersprüche** sind Eintragungen, welche eine Änderung des Grundbuchtextes vorbereiten, weil er unrichtig ist und mit der wahren Rechtslage nicht im Einklang steht. So in dem Fall, daß ein Grundstücksrecht zu Unrecht überhaupt nicht oder nicht mit seinem richtigen Inhalt oder Rang eingetragen oder daß es zu Unrecht gelöscht ist. Dann kann der Beteiligte auf seine Kosten (§ 897 BGB) die Berichtigung des Grundbuchs betreiben, sei es, daß er denjenigen, dessen angebliches Recht durch die Berichtigung beeinträchtigt wird, auf Zustimmung zur Berichtigung belangt oder daß er dem Grundbuchamt die Unrichtigkeit des Grundbuchs durch öffentliche Urkunden nachweist, und bis zur Durchführung des Berichtigungsverfahrens kann er zugleich die aus dem Schutz des guten Glaubens drohenden Gefahren durch Eintragung eines Widerspruchs ausschließen (§§ 894—899 BGB, 22 Abs. 1 GBO). Voraussetzung ist natürlich, daß der Widerstreit zwischen Sein und Schein, zwischen dem Buchungsstand und der wirklichen Rechtslage, nicht bereits im Sinne des Schutzes des guten Glaubens (s. Rdn. 761 ff.) gelöst ist. Ob ein Widerspruch die Beleihungsfähigkeit des Grundstücks mindert, bestimmt sich nach seinem Inhalt. Richtet sich etwa der Widerspruch gegen die Eintragung des Sicherungsgebers als Eigentümer, so kann sich der Sicherungsnehmer späterhin nicht auf seinen guten Glauben an dessen Eigentum berufen und daher ein Grundpfandrecht nicht kraft guten Glaubens erwerben. Das gleiche gilt von dem Widerspruch gegen die Löschung einer vorgehenden Belastung. Dem entspricht es, daß ein Widerspruch, wenn er ein Recht sichert, welches, falls eingetragen, eine selbständige Belastung des Grundstücks ergeben würde, zur Berücksichtigung dieses Rechts im geringsten Gebot führt. Auf der anderen Seite hindert der Widerspruch gegen ein Recht, welches nicht ins geringste Gebot fällt, die Berücksichtigung des Rechts als eines auflösend bedingten bei der Verteilung des Versteigerungserlöses nicht, während ein nicht (mehr) eingetragenes Recht kraft des Widerspruchs gegen seine Nichteintragung oder Löschung als aufschiebend an der Verteilung teilnimmt (§§ 119, 120 ZVG).

---

[1] BGH NJW 67, 566.
[2] RG 144, 284.

cc) Verfügungsbeschränkung

Verfügungsbeschränkungen bezwecken den Schutz bestimmter Personen (hier im Sinne der zu Rdn. 130 als relative bzeichneten und der zu Rdn. 142—145 erörterten Verfügungsverbote verstanden). Sie haben im Rechtssinn keinen grundbuchmäßigen Rang, sind aber für den Sicherungsnehmer dann beachtlich, wenn sie ihrem Inhalt nach der Bestellung der Sicherheit entgegenstehen und dem Sicherungsnehmer gegenüber wirksam sind (vgl. hierzu Rdn. 125). Ist ein relatives Verfügungsverbot der zu Rdn. 130 gekennzeichneten Art eingetragen, so kann der Verbotgeschützte jederzeit die Aufhebung der verbotswidrig bestellten Sicherheit in gleicher Weise wie die Beseitigung eines vormerkungswidrig erworbenen Rechts erzwingen (§ 888 Abs. 2 BGB)[1]. Zur Eintragung des Sicherungsrechts kommt es aber überhaupt nicht, wenn die voreingetragene Verfügungsbeschränkung das Grundbuch „sperrt", und allgemein ist, wo das Gesetz den guten Glauben des Sicherungsnehmers an die Verfügungsfreiheit des Sicherungsgebers schützt, dieser Schutz ausgeschlossen, sobald die Verfügungsbeschränkung des Sicherungsgebers im Grundbuch ersichtlich gemacht ist (§ 892 Abs. 1 S. 3 BGB). Hervorgehoben seien in diesem Zusammenhang folgende Grundbuchvermerke: 305

aaa) Konkursvermerk

Der Konkursvermerk wird von Amts wegen eingetragen, sobald der Konkurs über das Vermögen des Grundstückseigentümers eröffnet worden ist (§ 113 KO). Der Konkursvermerk sperrt das Grundbuch gegen alle der Konkurseröffnung folgenden Verfügungen des Gemeinschuldners[2]. Zur Insolvenzrechtsordnung (InsO) vgl. Rdn. 989 ff. 306

bbb) Nacherbenvermerk

Der Nacherbenvermerk wird von Amts wegen eingetragen, wenn sich der Vorerbe als Eigentümer eintragen läßt (§ 51 GBO), und schützt, obwohl er das Grundbuch nicht sperrt, den Nacherben gegen Verfügungen des Vorerben zu Gunsten gutgläubiger Dritter (s. Rdn. 145)[3]. Eine dem Nacherben gegenüber wirksame Verfügung des Vorerben wird als solche durch einen sog. Wirksamkeitsvermerk im Grundbuch kenntlich gemacht[4]. 307

ccc) Testamentsvollstreckervermerk

Der Testamentsvollstreckervermerk wird vom Amts wegen eingetragen, wenn der Erbe sich als Eigentümer eintragen läßt (§ 52 GBO) und sperrt das Grundbuch gegen spätere Verfügungen des Erben (s. Rdn. 144). 308

---

[1] RG 105, 76.
[2] RG 71, 38.
[3] RG 61, 232.
[4] KG JW 33, 2708.

ddd) Nachlaßverwaltervermerk

309   Der **Nachlaßverwaltervermerk** wird auf Antrag des Nachlaßverwalters eingetragen und sperrt das Grundbuch insofern, als nach Eintragung des Vermerks Verfügungen des Erben nicht mehr vollzogen werden (S. Rdn. 143).

eee) Zwangsversteigerungs-, Zwangsverwaltungsvermerk

310   Der **Zwangsversteigerungs- und/oder Zwangsverwaltungsvermerk** wird von Amts wegen eingetragen, sobald die Zwangsversteigerung (s. Rdn. 252) oder die Zwangsverwaltung (s. Rdn. 260) des Grundstücks angeordnet ist (§§ 19, 22, 23, 146 ZVG). Der Vermerk sperrt das Grundbuch nicht, doch sind Verfügungen des Eigentümers, die nach Eintragung des Vermerks erfolgen, dem betreibenden Gläubiger gegenüber unwirksam. In der Verfügung über Rechte am Grundstück wird der Eigentümer jedoch nicht beschränkt; die Valutierung einer eingetragenen Hypothek oder die Abtretung einer Eigentümergrundschuld ist also trotz des Vermerks wirksam.

fff) Pfandvermerk bei verpfändetem Erbanteil

311   Der **Pfandvermerk im Falle der Verpfändung von Erbanteilen** (s. Rdn. 596) sperrt das Grundbuch, dessen Berichtigung er dient, gegen spätere Verfügungen der Erbengemeinschaft[1]. Wenn aber ein Testamentsvollstrecker das Grundstück wirksam veräußert, woran er durch die Erbteilsverpfändung nicht gehindert ist, wird der Pfandvermerk bedeutungslos und erstreckt sich das Pfandrecht auf den Erlös (§ 2041 BGB).

ggg) Heimstättenvermerk

312   Der **Heimstättenvermerk** bringt die Eigenschaft des Grundstücks als Heimstätte zum Ausdruck, ohne eine einem materiellen Rang zugängliche Belastung des Grundstücks zu sein[2]. Solche Grundstücke können nur mit Zustimmung des Ausgebers der Heimstätte belastet werden und nur mit unkündbaren Tilgungshypotheken oder -grundschulden, die mit der gesicherten Forderung erlöschen, mithin nicht zur Eigentümergrundschuld werden[3]. Grundpfandrechte, die bereits im Zeitpunkt der Begründung der Heimwerkstätteneigenschaft bestehen, werden durch den Heimstättenvermerk nicht berührt. Die Heimstätteneigenschaft ist der Idee nach ewig. Sie geht daher auch durch eine Zwangsversteigerung des Grundstücks nicht verloren und hat dadurch zur Folge, daß im Versteigerungsverfahren der Kreis der Interessenten wesentlich geringer ist als bei einem normalen Grundstück.

---

[1] RG 90, 232.
[2] OLG Hamm NJW 56, 633.
[3] Reichsheimstättengesetz v. 25. 11. 37.

c) Rangordnung

Abgesehen von den öffentlichen Lasten des Grundstücks (s. Rdn. 292) haben die das Grundstück belastenden Rechte eine **Rangordnung**, nach der sich letztlich der Sicherungswert eines Grundpfandrechts bestimmt (s. Rdn. 278) und die wegen ihrer wirtschaftlichen Bedeutung nicht selten von entscheidendem Einfluß auf das Zustandekommen des Kreditgeschäfts ist. Ein Irrtum oder eine Täuschung über den Rang löst dann die zu Rdn. 44, 45 erörterten Konsequenzen aus. Häufig ist der Rang Gegenstand ausdrücklicher Vereinbarung. Ist die Eintragung eines Grundpfandrechts an „bereitester" Stelle ausbedungen, so ist in der Regel die im Zeitpunkt der Vereinbarung bei Berücksichtigung der bisherigen Belastungen und nach den gesetzlichen Vorschriften als nächste in Frage kommende Rangstelle gemeint; unter besonderen Umständen kann aber auch ein anderer Zeitpunkt dem Parteiwillen entsprechen[1]. Ist jedoch der Eigentümer nach den getroffenen Abmachungen verpflichtet, dem zunächst an bereitester Stelle eingetragenen Grundpfandrecht bald einen bestimmten besseren Rang zu verschaffen, und erweist sich dies als nicht möglich, so liegt, falls der Sicherungsnehmer ohne die Zusage der Rangverbesserung den Vertrag nicht abgeschlossen hätte, nicht nur eine teilweise, sondern eine völlige Unmöglichkeit der vereinbarten Sicherstellung vor, für die der Eigentümer nach §§ 280, 325 BGB einzustehen hat. Eine Verpflichtung, das Grundstück zur ersten Rangstelle zu gewähren, besteht im Zweifel nicht[2]. Die Erststelligkeit kann aber, so für die „Deckungshypotheken" der Hypothekenbanken, gesetzlich vorgeschrieben sein. 313

Die Rangordnung selbst hat das Gesetz auf die Einrichtung des Grundbuchs abgestellt. Sind nämlich mehrere Rechte in derselben Abteilung des Grundbuchblattes eingetragen, so entscheidet — ohne Rücksicht auf den Zeitpunkt der Einigung — über den Rang dieser Rechte untereinander die räumliche Reihenfolge der Eintragungen, genauer, die Folge nach der Eintragungszeit, und zwar auch bei einer etwa abweichenden Datierung der Eintragung. Das Gesetz hat deshalb dafür gesorgt, daß sich grundsätzlich die Reihenfolge der Eintragungen mit der Zeitfolge der Eintragungsanträge deckt. Sind diese gleichzeitig gestellt, wird vermerkt, daß die Eintragungen gleichen Rang haben[3]. Sind dagegen die Rechte in verschiedenen Abteilungen des Grundbuchblattes eingetragen, so entscheidet die Reihenfolge der Eintragungsdaten (vgl. hierzu § 44 GBO). Soll die dingliche Rangfolge eine andere sein als vorstehend angegeben, so muß dies ausdrücklich im Grundbuch vermerkt sein (§ 879 BGB); eine nur schuldrechtliche Vereinbarung der Parteien genügt nicht. Hiernach hat eine unter einer späteren laufenden Nummer eingetragene Grundschuld den Rang hinter einer unter früherer Nummer eingetragenen Hypothek, selbst wenn die Grundschuld irrtümlich unter einem Datum eingetragen worden wäre, welches vor dem Eintragungsdatum der Hypo- 314

---

[1] BGH WM 59, 478.
[2] RG 55, 128.
[3] BGH 21, 98.

thek liegt; im Verhältnis zu einer Grunddienstbarkeit dagegen kommt es darauf an, ob die Grunddienstbarkeit oder ob die Grundschuld unter einem früheren Datum eingetragen worden ist. Die **Vorrangseinräumung** (s. Rdn. 278) kann mit nur schuldrechtlicher Wirkung dahin vereinbart werden, daß der Vorberechtigte im Fall einer Verwertung des Grundstücks die Befriedigung des Sicherungsnehmers aus dem Verwertungserlös im Range vor der eigenen Befriedigung zu dulden verpflichtet ist. Weitaus üblicher ist jedoch die Vorrangseinräumung mit dinglicher Wirkung, welche durch den im Grundbuchrecht geltenden Grundsatz der festen Rangstellen ermöglicht wird. Der Inhaber des vorgehenden Rechts kann also mit dinglicher Wirkung ganz oder zum Teil[1] im Range hinter den Sicherungsnehmer zurücktreten, d. h. „es wird so angesehen, als ob an der Stelle, an der das zurücktretende Recht eingetragen ist, das vortretende Recht bis zum vollen Betrage des zurücktretenden Rechts eingetragen wäre". Erforderlich ist hierzu die Einigung zwischen dem Vorberechtigten und dem Sicherungsnehmer, die Zustimmung desjenigen, zu dessen Gunsten das zurücktretende Recht etwa belastet ist, ferner, wenn das zurücktretende Recht ein Grundpfandrecht ist,

315 die Zustimmung des Grundstückseigentümers (wegen einer Ausnahme s. Rdn. 319) und schließlich die Eintragung der Rangänderung im Grundbuch, der sog. **Rangvermerk** (§§ 880, 876 BGB). Der häufige Fall, daß der Gläubiger einer sicherungshalber bestellten Grundschuld im Rang zurücktritt und sonach nur eine in ihrer Bonität geminderte Grundschuld zurückgewähren kann (s. Rdn. 208), hat eben wegen der Zustimmung des Eigentümers keine sonstigen nachteiligen Folgen für den Gläubiger, sofern der Eigentümer rückgewährberechtigt ist; steht aber der Rückgewähranspruch einem Dritten zu und weiß dies der Gläubiger, so bedarf er zum Rangrücktritt auch noch dessen Zustimmung. Die Rangänderung kann auch da vereinbart werden, wo ein erst einzutragendes Recht den Vorrang vor einem bereits eingetragenen erhalten[2] oder von der Valutierung des vortretenden Rechts abhängig gemacht werden soll[3]. Räumt ein Grundpfandgläubiger einer Bauhypothek ohne ausdrückliche Einschränkung den Vorrang ein, so erstreckt sich dieser mangels klarer gegenteiliger Verlautbarung auch auf die Eigentümergrundschuld, die bis zur Valutierung durch den Hypothekengläubiger besteht und vom Eigentümer an einem Zwischenfinanzier abgetreten wird[4]. **Zwi-**

316 **schenrechte, die den Rang zwischen dem zurücktretenden und dem vortretenden Recht haben, ziehen aus der Rangänderung weder Vorteile noch Nachteile.** Ist also an erster Stelle eine Hypothek von DM 5000 für A., an zweiter Stelle eine Hypothek von DM 10 000 für B. und an dritter Stelle eine Grundschuld von DM 15 000 für C. eingetragen, so kann der Gläubiger A. mit seiner Hypothek zwar im Rang hinter die Grundschuld des C. zurücktreten, jedoch kann C. den Vorrang nur in Höhe von DM

---

[1] Ein teilweiser Rangrücktritt kommt vor, wenn die Vorrangseinräumung nur für den valutierten Teil der zurücktretenden Kaufgeldhypothek gelten soll, doch muß solche Einschränkung der Vorrangseinräumung klar und unzweideutig vereinbart werden (BGH WM 73, 485).
[2] RG 157, 24.
[3] RG JW 34, 282.
[4] BGH WM 73, 485.

5000 erlangen, weil mehr als DM 5000 sich B. in keinem Fall vorgehen zu lassen braucht. Bei einer Zwangsversteigerung des Grundstücks würde B. mithin unmittelbar im Range nach dem vorgetretenen Teilbetrag von DM 5000 der Grundschuld des C. zu befriedigen sein, und nur in Ansehung des Resterlöses, der nach Befriedigung des B. noch verbleibt, kommt zufolge des Rangrücktritts des A. der Gläubiger C. weiterhin im Range vor diesem zum Zuge[1]. Andererseits kommt ein auf Rechtsgeschäft beruhender Wegfall der vorgetretenen Grundschuld nur dem Gläubiger der zurückgetretenen Hypothek zugute und ermöglicht nicht etwa dem zwischenberechtigten Gläubiger ein Aufrücken seines Rechts. Unabhängig davon, ob Zwischenrechte vorhanden sind oder nicht, der zurücktretende Gläubiger sollte sich in jedem Fall das spätere Wiedereinrücken in seine frühere Rangstelle dadurch sichern, daß er im Rahmen des Rangrücktritts den Eigentümer veranlaßt, ihm (dem Zurücktretenden) in bezug auf ein vortretendes Grundpfandrecht eine Löschungsvormerkung (s. Rdn. 811) einzuräumen — sofern nicht bereits gesetzlich gegeben — und ggf. den Rückgewähranspruch abzutreten (s. Rdn. 865, 879).

Das Gesetz (§ 881 BGB) gibt dem Grundstückseigentümer die Möglichkeit, sich schon bei der Belastung des Grundstücks mit einem Recht die — stufenweise und mehrmalig ausübbare (str), aber nicht übertragbare und nicht pfändbare[2] — Befugnis vorzubehalten, ein anderes, dem Umfang und Inhalt nach bestimmtes Recht mit dem Range vor oder neben jedem Recht eintragen lassen. Das später eingetragene Recht erhält dann zufolge des **Rangvorbehalts** den Rang vor oder neben dem früher eingetragenen. Die Rechtslage ist insoweit die gleiche wie bei der Vorrangeinräumung (s. Rdn. 314). Dasselbe wirtschaftliche Ergebnis, nämlich den Vorbehalt der günstigeren Rangstelle zur Sicherung künftiger Kredite, kann der Eigentümer im Einzelfall auch durch Eintragung einer Eigentümergrundschuld zu dieser Rangstelle und spätere Sicherungszession dieser Grundschuld an den Kreditgeber erreichen. Besondere Bedeutung erlangt der Rangvorbehalt in den Fällen (s. Rdn. 192), in denen ein Großunternehmen mehrere langfristige Gläubiger gleichmäßig und ranggleich sichern will. Es wird dann die grundpfandrechtliche Sicherung der gegenwärtigen Gläubiger im allseitigen Einverständnis mit einem oder mehreren Rangvorbehalten für gleichrangige Grundpfandrechte verknüpft, welche die künftigen Gläubiger zu sichern bestimmt sind. Alle Grundpfandrechte zusammen stellen den sog. „Gleichrangrahmen" dar; sein Umfang und damit der Gesamtbetrag der gesicherten Forderungen richtet sich nach einer Beleihungsgrenze, die geringer als die sonst übliche festgesetzt zu werden pflegt. Derjenige, dessen Recht in die vorbehaltene Rangstelle einrücken soll, muß sich stets darüber klar sein, daß er den Vorrang nur gegenüber der mit dem Vorbehalt ausgestatteten Belastung erhält. **Das wird von Bedeutung, wenn vor Bestellung des begünstigten Rechts ein Zwischenrecht[3] ohne einen entsprechenden Vorbehalt eingetragen wird**, etwa

317

---
[1] Vgl. hierzu RG 141, 235.
[2] BGH 12, 238.
[3] RG 131, 203.

eine Zwangssicherungshypothek, die ein Gläubiger des Eigentümers auf Grund eines vollstreckbaren Titels gegen diesen erwirkt (s. Rdn. 262). Dann hat das Zwischenrecht unter allen Umständen den Vorrang vor dem später bestellten, wenn auch in die vorbehaltene Rangstelle einrückenden Recht, wie umgekehrt die durch den Vorbehalt beschränkte Belastung unter allen Umständen dem Zwischenrecht im Range vorgeht. Bei der Verteilung des Zwangsversteigerungserlöses wird das Zwischenrecht ausschließlich zu Lasten dessen berücksichtigt, der in die vorbehaltene Rangstelle eingerückt ist; er muß von dem Erlösanteil, der ohne das Zwischenrecht auf ihn entfallen wäre, dem Zwischenberechtigten denjenigen Betrag überlassen, mit dem das Zwischenrecht berücksichtigt wird.

Es soll einmal unterstellt werden, daß in dem Beispiel zu Rdn. 314 die Hypothek des A. mit dem Rangvorbehalt zugunsten einer Grundschuld von DM 15 000 eingetragen, daß die Grundschuld des C. zu der vorbehaltenen Rangstelle bestellt worden ist und daß das Zwischenrecht des B. einen Rangvorbehalt zugunsten der Grundschuld nicht aufweist. Erbrächte nun die Zwangsversteigerung des Grundstücks einen Erlös von DM 5000, so würden diese DM 5000 ganz auf die Grundschuld des C. entfallen; bei einem Erlös von DM 15 000 würde C. DM 5000, der Gläubiger B. die restlichen DM 10 000 erhalten; bei einem Erlös von DM 20 000 würde C. wiederum DM 5000, B abermals DM 10 000 vereinnahmen, während die restlichen DM 5000 der Gläubiger A. erhielte, der sich ja insgesamt nur DM 15 000 vorgehen zu lassen braucht; erst dann, wenn der Erlös DM 21 000 überstiege, käme C mit seinem Restanspruch zum Zuge. Noch auffälliger wird die Verteilung, wenn das vorbehaltene Recht kleiner ist als die beiden anderen Rechte. Unterstellt man, daß sich die durch den Vorbehalt beschränkte Hypothek des A. auf DM 15 000, das Zwischenrecht des B. auf DM 20 000 und die Grundschuld des C. auf DM 5000 beläuft, so würden bei einem Zwangsversteigerungserlös von insgesamt DM 17 000 A. DM 12 000, B. DM 2000, C. DM 3000 erhalten.

Man kann die obigen Darlegungen in folgende Leitsätze zusammenfassen: „Das Zwischenrecht muß unter allen Umständen mit dem Betrag zum Zuge kommen, welchen es auch ohne den Rangvorbehalt zu beanspruchen hätte. Würde hiernach das Zwischenrecht auch ohne Rücksicht auf den Rangvorbehalt überhaupt nicht zur Hebung kommen, so verteilt sich der Erlös ausschließlich zwischen dem in die vorbehaltene Rangstelle eingerückten und dem infolge dieses Vorbehalts zurückgetretenen Recht; die Verteilung erfolgt hier entsprechend dem Rang, welcher sich zufolge des Rangvorbehalts zwischen den beiden Rechten ergeben hat. Kommt dagegen das Zwischenrecht in Ansatz, so darf das zurückgetretene Recht durch die Zwischeneintragung keine über den Vorbehalt hinausgehende Beeinträchtigung erleiden, d. h. es muß so gestellt werden, als wäre das Zwischenrecht überhaupt nicht vorhanden; um den auf das Zwischenrecht entfallenden Erlösanteil wird also (nicht das zurückgetretene, sondern) das in die vorbehaltene Rangstelle eingerückte Recht verkürzt." Im einzelnen können solche „relativen" Rangverhältnisse zu beträchtlichen Verwicklungen führen. Zur Rangklarstellung, insbesondere zur Ersetzung der relativen Rangordnung durch eine absolute, kann ein besonderes Grundbuchbereinigungsverfahren (§§ 90 ff. GBO) durchgeführt werden.

Auch der **gute Glaube des Sicherungsnehmers** kann in Ansehung der Vorbelastung 318 dem Sicherungsrecht den Rang vor dem vorgehenden Recht verschaffen (s. Rdn. 278). Wegen der Voraussetzungen der sich aus dem Schutz des guten Glaubens ergebenden Rangänderung wird auf die Ausführungen zu Rdn. 761 verwiesen. War z. B. im Zeitpunkt der Bestellung einer Hypothek eine vorgehende Grundschuld irrtümlich gelöscht und kannte der Hypothekengläubiger die Unrichtigkeit des Grundbuchs nicht, so erhält die Hypothek den Rang vor der Grundschuld. Das Vorhandensein von Zwischenrechten, die von ihrem Inhaber in Kenntnis der Unrichtigkeit des Grundbuchs erworben worden sind, kann zu „relativen" Rangverhältnissen der zu Rdn. 000 behandelten Art führen. Der gute Glaube wirkt im übrigen nur gegenüber solchen fälschlich nicht (mehr) eingetragenen Vorlasten, die nach den Vorschriften des Gesetzes hätten eingetragen sein müssen, daher nicht gegenüber der öffentlichen Lasten im Sinne von Rdn. 292.

4. Bewertung von Rechten

Ist Sicherungsmittel ein **Recht**, so ist vorab festzustellen, ob das Recht Bestand hat. 319 Nur ein Recht, dessen restlicher Bestand außer Zweifel steht, hat einen Sicherungswert. Was die Bewertung des Sicherungsmittels anbelangt — der realisierbare Wert hängt vom jeweiligen Recht ab und erreicht das Höchstmaß z. B. da, wo Sperrguthaben bei Kreditinstituten als Sicherungsmittel dienen —, so entscheidet auch hier die Natur des Rechts über die Art und Weise, wie die Bonität der Sicherheit zu prüfen ist. Unter Umständen, z. B. wenn es sich um ein Patentrecht handelt, wird der Sicherungsnehmer die Tauglichkeit nur mit Hilfe eines Sachverständigen zutreffend beurteilen können. Bei **Wertpapieren**, welche einen Kurswert haben, wird man unter Anpassung der Beleihungsgrenze an das Kursrisiko grundsätzlich den Kurswert zugrunde legen dürfen. Der oft recht unsichere Wert von **Mitgliedschaftsrechten** ist sonst im allgemeinen von dem Gesamtvermögen und den Ertragsaussichten des betreffenden Personenverbandes abhängig, nicht zuletzt aber auch von der Frage, ob die Mitglieder des Personenverbandes für dessen Verbindlichkeiten persönlich haften, was bei Nichterbringung der Haftanlage oder Einlagerückgewähr auch den Sicherungszessionar des Kommanditanteils gefährdet. Bei Anteilen an einer Gesellschaft mit beschränkter Haftung hängt der Wert von der Frage ab, ob das Kapital voll eingezahlt und nicht eine **Nachschlußpflicht** vorgesehen ist. Handelt es sich also um einen Zahlungsanspruch gegen einen Dritten, der verpfändet oder sicherungshalber abgetreten wird, so ist unter Berücksichtigung des Alters der **Forderung** die Bonität des zahlungspflichtigen Dritten zu prüfen (s. Rdn. 276), bei **Wechseln** auch die Güte etwaiger anderer aus dem Wechsel Verpflichteter; ein nicht sofort realisierbarer Rückgewähranspruch ist letztlich nach der Zahlungsfähigkeit des Schuldners der gesicherten Forderung zu bewerten. Handelt es sich um ein Verwertungsrecht, z. B. um eine Hypothek oder Grundschuld, die verpfändet oder sicherungshalber abgetreten wird, so ist der Wert des haftenden Grundstücks ausschlaggebend (s. Rdn. 288 ff.). Hält sich die Fälligkeit des Anspruchs in normalen Grenzen, wird man in der Regel den Beleihungswert dem Nennbetrag gleichsetzen dürfen; langfristige Ansprüche sind dagegen im allgemeinen kein taugliches Sicherungsmittel. Noch nicht fällige Ansprüche aus **Lebens- und Kapitalversicherungen** sind nach ihrem Rückkaufswert, der sich nach dem Betrag der eingezahlten Prämien richtet und bei der Versicherungsgesellschaft zu erfragen ist, zu bewerten. Ansprüche auf wiederkehrende Leistungen sind zu kapitalisieren. Ist das als Sicherungsmittel dienende Recht seinerseits gesichert, so wird diese Sicherheit die Tauglichkeit des Rechts entsprechend erhöhen, sofern sie nicht in einer bloßen Garantie des Schuldners[1] besteht. Von wesentlicher Bedeutung ist schließlich der etwaige Rang, den das Sicherungsmittel hat: Eine „erste" Hypothek oder Grundschuld wird im allgemeinen tauglich sein, eine „zweite" nicht ohne weiteres.

---

[1] RG 72, 138; OLG Frankfurt JW 32, 1572.

ZWEITER TEIL

Die einzelnen Sicherheiten

ERSTER ABSCHNITT

Personensicherheiten

1. Kapitel: Bürgschaft

I. Begriff

1. Allgemeines

Durch den Bürgschaftsvertrag verpflichtet sich der Bürge gegenüber dem Gläubiger 320
eines Dritten (Hauptschuldner), für die Erfüllung der Verbindlichkeit des Hauptschuldners einzustehen (§ 765 BGB). Die Bürgschaft ist von Gesetzes wegen eine Interzession (vgl. Rdn. 14), d. h. der Sicherungsgeber (Bürge) ist bei Übernahme der Bürgschaft niemals mit dem Schuldner der gesicherten Forderung (Hauptschuldner) identisch. Aber auch die Bürgschaftsschuld ist nicht identisch mit der Hauptschuld.

Die Bürgschaft stellt **keine bloße Haftungsübernahme** dar. Sie begründet vielmehr eine von der Verbindlichkeit des Hauptschuldners verschiedene, **eigene Verbindlichkeit** des Bürgen, die Verbindlichkeit des Hauptschuldners zu erfüllen, falls dieser es unterläßt[1]. Den Bürgen kann eine **vorvertragliche Sorgfaltspflicht** treffen, wenn er als Vertreter oder Verhandlungsgehilfe bei dem zu sichernden Hauptgeschäft mitwirkt[2]. Dies gilt auch, wenn der Bürge entscheidenden Einfluß auf Gestaltung und Durchführung des Hauptgeschäfts und damit zusammenhängender Verträge nehmen kann[3]. Der Bürge kann selbständig verklagt werden; durch ein Urteil gegen den Hauptschuldner wird das Verfahren nicht präjudiziert[4]. Der Charakter der Bürgschaft als eigene Verbindlichkeit des Bürgen kommt auch dadurch zum Ausdruck, daß der **Erfüllungsort** für die Hauptforderung nicht der Erfüllungsort für die Bürgschaft sein muß. Es kommen vielmehr die Grundsätze des § 269 BGB zur Anwendung. Im Kreditgewerbe ergibt sich der Erfüllungsort in der Regel aus den Allgemeinen Geschäftsbedingungen der Banken. Die Vereinbarung deutschen Rechts für eine Bürgschaft mit ausländischem Bürgen ist wirksam und führt zur Beurteilung der sich aus ihr ergebenden Verpflichtung allein nach deutschem Recht[5].

---

[1] BGH WM 61, 58; WM 93, 1080.
[2] BGH WM 62, 1393; Staudinger/Horn, § 765 Rdn. 63.
[3] BGH WM 89, 1677 = WuB I F 1a.-26.89/Rümker.
[4] RG 56, 110.
[5] BGH WM 76, 1330.

Die Bürgschaft ist ein streng einseitiger, grundsätzlich nur den Bürgen verpflichtender Vertrag[1]. Das schließt aber nicht aus, daß im Einzelfall die Bürgschaft Bestandteil eines zweiseitig verpflichtenden Vertrages ist, wenn der Gläubiger in dem Vertrag gegenüber dem Bürgen eine Verpflichtung zur Gegenleistung für die Bürgschaftsverpflichtung übernimmt. Auf einen derartigen Vertrag sind die §§ 320 ff. BGB anzuwenden[2].

Die Bürgschaft ist von einer Reihe verwandter Sicherungsinstitute zu unterscheiden, wobei die Abgrenzung häufig nicht sehr einfach ist, weil es sich um Rechtsverhältnisse handelt, mit denen mehr oder weniger derselbe wirtschaftlich Zweck erreicht wird (der Geschäfts**zweck** ist einheitlich); in Frage kommen hier insbesondere der Garantievertrag (s. Rdn. 384), die Schuldübernahme (s. Rdn. 383) und der Kreditauftrag (s. Rdn. 399).

320a Der BGH hat zur Abgrenzung zwischen Garantieversprechen und Bürgschaft ausgeführt, daß entscheidend ist, ob der Dritte ein **eigenes wirtschaftliches Interesse** an dem Leistungserfolg hatte und mit einer eigenständigen Schuldverpflichtung für die Zahlung des vereinbarten Betrages einstehen wollte. Soll das Bestehen einer Hauptverbindlichkeit für seine Schuld gerade nicht maßgeblich sein, liege eine Garantie vor[3]. Mit Rücksicht darauf, daß auch bei der Ganrantie die Sicherung einer Forderung der Geschäftszweck (causa) ist, erscheint dieses Abgrenzungskriterium zweifelhaft, es sei denn, man versteht die Unabhängigkeit der Garantie von der gesicherten Forderung nicht i. S. von Abstraktheit, sondern fehlender Akzessorietät.

Die Abrede, daß der Bürge **auf erste Anforderung** Zahlung leisten muß, macht die Bürgschaft u. U. dann zur Garantie, wenn der Bürge damit nicht nur auf diese seine Einreden, sondern auch auf die Prüfung des Rechtsbestandes der verbürgten Forderung verzichten soll.

Jedenfalls ist die Klausel „Zahlung auf erste Anforderung" durchaus mit dem Wesen einer Bürgschaftsverpflichtung vereinbar[4], sofern sie individuell und nicht formularmäßig vereinbart wird: damit sollen dem Gläubiger sofort liquide Mittel unter Verzicht auf eine Aufrechnung zugeführt und Einwendungen gegen die Bürgschaftsforderung aus dem Hauptschuldverhältnis erst in einem Rückforderungsprozeß geltend gemacht werden können (§ 812 BGB).

Die Verbindlichkeit des Bürgen ist **akzessorisch** und subsidiär zur Hauptschuld. Hauptschuldner und Bürge sind daher keine Gesamtschuldner[5]; dies gilt auch bei der **320b** selbstschuldnerischen Bürgschaft[6]. Bürge und Hauptschuldner können bei gleichem Gerichtsstand als Streitgenossen verklagt werden (§ 59 ZPO). Die Forderung gegen den

---

[1] BGH WM 91, 359, 1210; differenzierender BGH WM 93, 683; Bydlinski, WM 92, 1303.
[2] RG 66, 425; Klingsporn, NJW 91, 2259.
[3] BGH WM 82, 1324.
[4] BGH WM 84, 44; vgl. auch BGHZ 74, 244 = WM 79, 691.
[5] RG 134, 126.
[6] BGH WM 68, 916.

Bürgen verjährt unabhängig von der Hauptschuld in 30 Jahren; dies schließt jedoch nicht aus, daß sich der Bürge auf eine inzwischen eingetretene Verjährung der verbürgten Forderung berufen kann[1]. Das Urteil gegen den Hauptschuldner entfaltet keine Rechtskraft gegenüber dem Bürgen[2].

2. Rechtsverhältnis Bürge — Hauptschuldner

Das **Rechtsverhältnis zwischen dem Bürgen und dem Hauptschuldner** ist in der Regel nicht besonders ausgestaltet. Es wird sich dabei im allgemeinen entweder um einen unentgeltlichen Auftrag, einen entgeltlichen Geschäftsbesorgungsauftrag, eine Geschäftsführung ohne Auftrag oder auch um eine Schenkung handeln[3]. Dem Bürgen steht danach, abgesehen von dem Fall der Schenkung, gegenüber dem Hauptschuldner ein Aufwendungsersatzanspruch aus §§ 670, 675, 683 BGB zu. Außerdem geht kraft Gesetzes (§ 774 BGB) die Forderung des Gläubigers gegenüber dem Hauptschuldner auf den Bürgen über, in der Höhe, in der dieser den Gläubiger befriedigt[4]. 320c

Der Hauptschuldner einer Bürgschaftsforderung ist dem Bürgen nur im Rahmen eines bestehenden Innenverhältnisses verpflichtet, auch wenn der Bürge Rückgriffsanspruch nach § 774 BGB geltend macht[5].

Unter bestimmten Voraussetzungen steht dem Bürgen das Recht zu, **vom Hauptschuldner Befreiung von der Bürgschaft** zu verlangen (§ 775 BGB). Dafür ist zunächst erforderlich, daß dem Innenverhältnis zwischen Bürgen und Hauptschuldner eine Geschäftsführung ohne Auftrag oder auch eine entgeltliche Geschäftsbesorgung (§ 675 BGB)[6] zugrundeliegt. Weiter müssen die im Gesetz genannten Gefährdungstatbestände, z. B. wesentliche Verschlechterung der Vermögensverhältnisse des Hauptschuldners, vorliegen. Dabei reicht die Kreditkündigung durch ein Kreditinstitut für die Annahme einer wesentlichen Verschlechterung der Vermögenslage nicht aus, da nach wirtschaftlichen Gesichtspunkten der Kredit eines Kaufmanns zu seinem Vermögen gehört. Neben den sich aus § 775 BGB ergebenden Möglichkeiten der vorzeitigen Befreiung von der Bürgschaft, kann der Auftragsbürge bei Vorliegen eines wichtigen, zur Kündigung des Auftragsverhältnisses berechtigenden Grundes, Befreiung nach §§ 670, 257 BGB verlangen. Der Befreiungsanspruch ergänzt das Auftragsverhältnis bzw. das gesetzliche Schuldverhältnis aus Geschäftsführung ohne Auftrag zwischen Bürgen und Hauptschuldner und kann durch Vereinbarung mit dem Gläubiger abbedungen werden. Damit wird i. d. R. nicht der Schutz des Gläubigers bezweckt, sondern die Zahlungsfähigkeit des Schuldners soll erhalten bleiben. In der Praxis wird gelegentlich auch vereinbart, daß der Bürge sich verpflichtet, nur nach vorheriger schriftlicher 320d

---

[1] RG 56, 109.
[2] Ebenda.
[3] BGH WM 93, 1668 = WuB I F 1a. 16.93/Michalski.
[4] BGH WM 75, 818; Michalski, WuB I F 1a. 16.93.
[5] BGH WM 76, 687 f.
[6] RG JW 36, 376.

Zustimmung des Gläubigers den Befreiungsanspruch geltend zu machen. Der Hauptschuldner kann sich in diesem Fall einredeweise auf den Zustimmungsvorbehalt oder den Verzicht berufen (§ 328 Abs. 2 BGB als Auslegungsregel)[1].

Wenn dem Bürgen bei einer **auf unbestimmte Zeit** übernommenen Kreditbürgschaft das Recht eingeräumt wird, diese nach Ablauf eines angemessenen Zeitraums gegenüber dem Gläubiger zu kündigen (vgl. Rdn. 377)[2], so kann daraus ein entsprechender Befreiungsanspruch des Bürgen gegenüber dem Hauptschuldner abgeleitet werden[3]. Bei einer Befristung des der Bürgschaft im Innenverhältnis zwischen dem Bürgen und dem Hauptschuldner zugrundeliegenden Auftragsverhältnisses ist der Hauptschuldner verpflichtet, den Bürgen nach Ablauf der vereinbarten Zeit von der Bürgschaft zu befreien[4]. Eine entsprechende Anwendung des § 775 Abs. 1 BGB ist dann denkbar, wenn der Bürge sich als Gesellschafter einer GmbH für deren Bankschulden verbürgt hatte und ein Dritter sämtliche Geschäftsanteile der GmbH mit der Abrede übernommen hat, auch für die Bankschulden der GmbH einzustehen[5].

320e   Vor **Fälligkeit** der Hauptverbindlichkeit kann der Hauptschuldner den Befreiungsanspruch des Bürgen nach § 775 Abs. 2 BGB durch Sicherheitsleistung gem. §§ 232 ff. BGB abwenden[6]. Er wandelt sich in einen Zahlungsanspruch um, wenn der Hauptschuldner zahlungsunfähig ist und es feststeht, daß der Bürge seine Bürgschaftsschuld tilgen muß und auch tilgen wird[7]. Auf den Freistellungsanspruch nach § 775 BGB kann sich nicht berufen, wer eine Bürgschaft als **Hauptleistungsverpflichtung** übernimmt[8].

Um bei einer Inanspruchnahme aus der Bürgschaft nicht zur Prüfung der Zahlungsvoraussetzungen verpflichtet sein zu müssen, bedingen sich die Banken z. T. aus, daß sie auch ohne gerichtliches Verfahren auf **einseitiges Anfordern**[9] des Gläubigers zur Zahlung berechtigt sind. Der Kunde, in dessen Auftrag die Bürgschaft übernommen wurde, verzichtet damit gegenüber dem Rückgriffsanspruch der Bank von vornherein auf die Einwendung, daß die Zahlung nicht nötig gewesen sei, weil der Gläubiger auch die Hauptforderung nicht hätte geltend machen können (vgl. hierzu Rdn. 320h).

320f   Einer Abtretung des Befreiungsanspruchs allein steht § 399 1. Alternative BGB entgegen. Keine Bedenken unter diesem Gesichtspunkt bestehen hingegen bei einer Zession an den Gläubiger der gesicherten Hauptforderung. Diese Abtretung hat zur Folge, daß der dann auf dem Zessionar übergegangene Befreiungsanspruch sich in

---

[1] BGH MDR, 83, 663.
[2] BGH WM 59, 855; BGH NJW 85, 3007; Palandt/Thomas, § 765 Rdn. 3.
[3] LArbG Mannheim BB 69, 1269.
[4] OLG Karlsruhe WM 70, 647.
[5] BGH WM 74, 214; Mormann, WM 74, 962 (965).
[6] BGH WM 69, 832.
[7] RG 143, 194.
[8] OLG München WM 89, 636 = WuB I F 1a.-13.89/Hein.
[9] Vgl. hierzu BGH WM 76, 422.

einen Anspruch auf Erfüllung der Forderung, von der Befreiung begehrt wird, umwandelt[1].

3. Bürgschaft in der Bilanz

Unter bestimmten Voraussetzungen ist die Bürgschaftsverpflichtung in der **Bilanz auszuweisen** (vgl. Rdn. 426). Dies veranlaßt die Parteien manchmal, statt der Bürgschaft einen Vertrag zu schließen, wonach der (dritte) Sicherungsgeber sich verpflichtet, die Forderung des Gläubigers gegen den Schuldner in ihrem Bestande am Tage X käuflich und unter Ausschluß der Gewährleistung des Gläubigers für die Bonität der Forderung gegen Zahlung ihres Nennwertes zu übernehmen (s. dazu Ausführungen über Patronatserklärungen, Rdn. 401).

320g

II. Personen

Zu den zur wirksamen Übernahme einer Bürgschaft erforderlichen, in der Person der Parteien zu erfüllenden Voraussetzungen wie Geschäftsfähigkeit (s. Rdn. 38) und Willensmängel (s. Rdn. 44, 45) s. o.; die Fragen der Vertretungsmacht sind ebenfalls bereits besprochen worden (s. Rdn. 69 f.).

III. Formen der Bürgschaft

1. Bürgschaft auf erstes Anfordern

Die Bürgschaft auf erstes Anfordern ist durch die Besonderheit gekennzeichnet, daß der Bürge neben der Bürgschaftsverpflichtung die Erklärung abgibt, den verbürgten Betrag unter Verzicht auf die Geltendmachung von Einwendungen und Aufrechnungsmöglichkeiten auf erstes Anfordern zu zahlen[2].

320h

Diese sog. **Anforderungsklausel** durchbricht aufgrund des Einwendungsausschlusses die Akzessorietät der Bürgschaft und verschärft damit das Bürgenrisiko unter Abweichung vom gesetzlichen Leitbild der Bürgschaft[3]. Dieses erhöhte Bürgenrisiko, das die Anforderungsklausel nach sich zieht, hat der Bundesgerichtshof als unzumutbare Belastung des Bürgen für unzulässig erklärt, soweit diese Anforderungsklausel als formularmäßige Klausel im Bürgschaftsvertrag vereinbart wird[4].

---

[1] BGH WM 75, 305 (306).
[2] BGH WM 85, S. 1387, 1389 ff.; BGH WM 89, S. 1496, 1497 f.; BGH WM 90, S. 1410, 1411; BGH WM 92, 854, 855.
[3] Weth, AcP 189 (1989), Seite 303, 341; Groeschke, Die Schuldturmproblematik im Zugriff der vorvertraglichen Pflichten, S. 132 ff.
[4] BGH WM 90, 1410 ff.; BGH WM 92, S. 854 ff.

Zur Begründung hat der Bundesgerichtshof ausgeführt, daß die Bürgschaft auf erstes Anfordern aufgrund der Begründung einer unbedingten vorläufigen Zahlungspflicht ein äußerst risikoreiches Rechtsgeschäft ist, welches zum **Mißbrauch** verleitet[1] und von Personen, die keine Bankgeschäfte betreiben, im Hinblick auf die besonderen Risiken nicht abzuschätzen ist[2]. Daher wird die Übernahme der Bürgschaft mit der Verpflichtung, auf erstes Anfordern zu zahlen, als formularmäßige Klausel nur dann anerkannt, wenn Banken, Sparkassen und Versicherungen oder Personen, die im Kreditgewerbe tätig sind, die Bürgschaftserklärung abgeben[3].

Ob jemand, der nicht im Kreditgewerbe tätig ist, im Wege einer Individualvereinbarung eine Bürgschaft auf erstes Anfordern übernehmen kann, hat der Bundesgerichtshof bislang nicht entschieden. Der Bundesgerichtshof hat in seiner jüngsten Entscheidung zur Bürgschaft auf erstes Anfordern[4] in Abgrenzung zur Formularbürgschaft festgehalten, daß den bisherigen Entscheidungen zur Bürgschaft auf erstes Anfordern Formularbürgschaften zugrundelagen, im weiteren jedoch offengelassen, ob die zur Formularbürgschaft ergangene Rechtsprechung auch auf Individualbürgschaften zur Anwendung gelangen kann[5]. In dieser Entscheidung betont der Bundesgerichtshof jedoch, daß eine Bürgschaft mit einem im bankgeschäftlichen Verkehr für die Bürgschaft auf erstes Anfordern typischen Wortlaut außerhalb dieses Bereichs als einfache Bürgschaft auszulegen ist, wenn der Gläubiger den Text der Bürgschaft gewählt hat und nicht erwarten konnte, daß der Bürge diese Bürgschaft im banküblichen Sinn als Bürgschaft auf erstes Anfordern versteht[6].

Wenn eine Anforderungsklausel nach der vorstehenden Rechtsprechung für unwirksam zu erachten ist, stellt sich weiter die Frage, ob dies eine **Totalnichtigkeit** der Bürgschaft nach sich zieht, oder die Bürgschaft unter Wegfall der Anforderungsklausel wirksam ist[7]. Der Bundesgerichtshof[8] scheint in den Entscheidungsgründen implizit davon auszugehen, daß die Bürgschaftserklärung unter Fortfall der Anforderungsklausel aufrechtzuerhalten ist.

Da es bislang an einer ausdrücklichen Erklärung des Bundesgerichtshofes zur Bestandskraft der Bürgschaft im übrigen fehlt und ein großer Teil der ausgeurteilten Sachverhalte vor Inkrafttreten des AGB-Gesetzes angesiedelt ist, kann aber keineswegs

---

[1] BGH WM 85, 1387.
[2] BGH WM 90, 1410 ff.
[3] BGH WM 90, 1410 ff.; BGH WM 92, 854 ff.; zusammenfassend Groeschke, Die Schuldturmproblematik im Zugriff der vorvertraglichen Pflichten, S. 132 ff.
[4] BGH WM 92, 854 ff.
[5] Bydlinski, WM 91, 257, 260 ff. differenziert für die Wirksamkeit der Anforderungsklausel danach, ob diese durch formularmäßige Erklärungen oder Individualabreden vereinbart wird — nur im ersteren Fall ergeben sich Bedenken gegen die Wirksamkeit; hierzu Groeschke, a. a. O., S. 133.
[6] BGH WM 92, 854 ff.
[7] Hierzu Bydlinski, WM 92, 1301, 1308.
[8] BGH WM 90, 1410, 1411.

darauf vertraut werden, daß beim Verstoß gegen die vorgenannten Grundsätze der Rechtsprechung nur eine Teilnichtigkeit eintritt[1].

Insoweit sollte auch zur Absicherung der Bürgschaft im übrigen die Einhaltung der vorgenannten Grundsätze berücksichtigt werden.

Der Bundesgerichtshof ist mit seiner Begründung der vorgenannten Rechtsprechung, daß das Garantiegeschäft, also die Übernahme von Garantien und die Übernahme von diesen vergleichbaren Bürgschaften auf erstes Anfordern zu den Bankgeschäften gehört, die grundsätzlich nur von den der öffentlich rechtlichen Aufsicht unterliegenden Kreditinstituten betrieben werden[2], auf heftige Kritik gestoßen[3]. Die Bezugnahme des Bundesgerichtshofes auf § 1 Abs. 1 S. 2 Nr. 8 KWG ist nicht geeignet, einen personalen numerus clausus für die Abgabe einer Anforderungsklausel zu begründen. Die Erlaubnispflicht nach § 32 Abs. 1 KWG setzt voraus, daß die Bankgeschäfte gemäß § 1 Abs. 1 KWG einen Umfang erreichen, der einen in kaufmännischer Weise eingerichteten Geschäftsbetrieb erfordert. Insoweit greift der Regelungsmechanismus der Erlaubnispflicht sowie der Aufsichtsregelung des KWG nicht, sofern dieser Umfang nicht erreicht wird. Somit hätte die Rechtsprechung des Bundesgerichtshofs zumindest einer Abgrenzung im Hinblick auf den Umfang der Garantiegeschäfte des Bürgen bedurft. Das BAK geht in ständiger Verwaltungspraxis als Mindestgrenze zur Bejahung des Erfordernisses eines in kaufmännischer Weise eingerichteten Gewerbebetriebes von 100 übernommenen Gewährleistungen oder einem Volumen übernommener Gewährleistungen von DM 1 Mio. aus. Die letztere Grenze darf überschritten werden, wenn das Gewährleistungsvolumen aus weniger als 21 Gewährleistungsübernahmen resultiert[4]. Damit lassen sich aus dem KWG keine Abgrenzungskriterien im Hinblick auf einen personalen numerus clausus zur Abgabe einer Anforderungsklausel herleiten, soweit keine Erlaubnispflicht besteht. Das KWG bietet jedoch auch für den Fall, daß eine Erlaubnispflicht gemäß § 32 Abs. 1 i. V. m. § 1 Abs. 1 KWG infolge des Umfangs der Geschäfte zu bejahen ist, keine überzeugenden Abgrenzungsgesichtspunkte zur Begründung der Rechtsprechung des Bundesgerichtshofes.

Das Garantiegeschäft (§ 1 Abs. 1, S. 2 Nr. 8 KWG) bezieht sich auf die Übernahme von Bürgschaften, Garantien und sonstigen Gewährleistungen für andere. Diese Regelung erfaßt auch die in den §§ 765 ff. BGB geregelte Bürgschaft, ohne das Erfordernis einer Anforderungsklausel zu verlangen[5]. Hieraus wird ersichtlich, daß der Ansatz des Bundesgerichtshofes, die Risikoerhöhung der Anforderungsklausel[6] als Fallgruppe des § 1 Abs. 1 S. 2 Ziff. 8 KWG einem personalen numerus clausus zu unterwer-

---

[1] a. A. Bydlinski, WM 92, 1301, 1308.
[2] BGH WM 79, 691 ff.; BGH WM 85, 1387 ff.; BGH WM 90, S. 1410 ff.; vgl. Hasse, WM 93, 1985 f.; zur Bankgarantie im Rechtsverkehr.
[3] Heinsius, in Festschrift für Merz, S. 177, 184; Bydlinski, WM 91, S. 258 ff.
[4] Vgl. Szagunn/Wohlschiess, Rdn. 8 zu § 1 KWG.
[5] Szagunn/Wohlschiess, Rdn. 63 zu § 1 KWG.
[6] Groeschke, a. a. O., S. 132 ff.

fen, nicht überzeugen kann, da aus dem KWG keine besonderen Anforderungen im Hinblick auf die Abgabe einer Bürgschaft auf erstes Anfordern abgeleitet werden können[15]. Der Gläubiger aus einer Bürgschaft auf erstes Anfordern ist nicht verpflichtet, schlüssig darzulegen, daß die durch die Bürgschaft gesicherte Hauptforderung besteht[2]. Es genügt, daß der Begünstigte erklärt, was als Voraussetzung der Zahlung auf erstes Anfordern in der Bürgschaft niedergelegt ist[3]. Einwendungen kann der Bürge im Rückforderungsprozeß geltend machen[4].

2. Nachbürgschaft

321   Die Bürgschaft ist eine Personensicherheit (vgl. Rdn. 78). Sie beinhaltet eine einseitige Zahlungspflicht des Bürgen[5]. Dem Gläubiger haftet das gesamte Vermögen des Bürgen in dem jeweiligen Bestand (z. Umfang s. bereits Rdn. 78 f.)[6]. Als Personensicherheit kann die Bürgschaft untergesichert werden. Erfolgt dies durch eine anderweitige Bürgschaft, so spricht man von einer Nachbürgschaft, die nicht mit einer Rückbürgschaft verwechselt werden darf.

Die **Nachbürgschaft** kommt im bankgeschäftlichen Verkehr insbesondere dann vor, wenn jemand sämtliche Forderungen der Bank gegen ihren Kunden verbürgt und unter diesen auch eine Forderung aus einer Bürgschaft ist, die der Kunde gegenüber der Bank für deren Ansprüche gegen einen Dritten übernommen hat. Die Nachbürgschaft ist ein Vertrag, durch den ein weiterer Gläubiger die Bürgschaft dafür übernimmt, daß ein anderer Bürge seine Bürgschaftsverpflichtung erfüllt[7] . Dabei wird der andere Bürge gegenüber dem Nachbürgen als Hauptschuldner im Sinne des Bürgschaftsrechts angesehen[8]. Der Nachbürge haftet demnach nur für die Verpflichtung des Hauptbürgen. Formal betrachtet sichert die Nachbürgschaft zwar unmittelbar nur die Forderung des Gläubigers gegen den Hauptbürgen, nicht jedoch die Forderung des Gläubigers gegen den Hauptschuldner, wirtschaftlich gesehen läuft jedoch die Nachbürgschaft auch auf eine Haftung gegenüber dem Hauptschuldner hinaus. Befriedigt der Hauptbürge den Gläubiger, so kommt eine Inanspruchnahme des Nachbürgen nicht mehr in Frage, da die Verbindlichkeit, für deren Erfüllung sich der Nachbürge verbürgt hat, getilgt ist. Leistet hingegen der Nachbürge an den Gläubiger, so gehen gemäß § 774 **BGB** dessen Rechte sowohl gegen den anderen Bürgen als auch gegen den Hauptschuld-

---

[1] Heinsius, in Festschrift für Merz, S. 177, 184 sowie Bydlinski, WM 91, S. 258 ff.
[2] BGH WM 94, 106 = WuB I K 3.-1.94/Nielsen.
[3] BGH WM 84, 44.
[4] BGH WM 94, 106.
[5] BGH WM 63, 1302.
[6] Eine Bürgschaftsschuld gehört nicht zum Betriebsvermögen einer KG, wenn die Übernahme der Bürgschaft nicht betrieblich veranlaßt war, d. h. wenn es nach Lage des Falles als ausgeschlossen angesehen werden kann, daß die Gesellschaft die Bürgschaft auch zugunsten eines Fremden übernommen hätte (BGH NJW 76, 2183).
[7] RGRK/Mormann, § 765 Rdn. 22.
[8] Tiedtke, WM 76, 174 (175); Mormann, WM 74, 962.

ner auf ihn über¹. Gegenüber dem Gläubiger kann der Nachbürge sowohl die Einreden der anderen Bürgen als auch die des Hauptschuldners geltend machen², wo hingegen dieser abweichend von § 774 Abs. 1 S. 3 BGB dem Nachbürgen nicht die ihm gegen den Hauptbürgen zustehenden Einwendungen entgegenhalten kann³.

Bestehen im Innenverhältnis Vorbürge—Hauptbürge vertragliche Vereinbarungen, wie z. B. Ausschluß des Rückgriffsanspruches, so kann der Hauptschuldner in entsprechender Anwendung des § 774 I 3 BGB die Einwendungen, die ihm gegenüber dem Vorbürgen zustehen, ebenfalls gegenüber dem Nachbürgen geltend machen. Der Nachbürge ist dann für den Fall, daß der Einwand des Hauptschuldners durchgreift, darauf angewiesen, den Vorbürgen aus dem Rechtsverhältnis in Anspruch zu nehmen, das zwischen ihnen besteht.

Im Gegensatz zum Mitbürgen entsteht nämlich der Anspruch auf Übergang der Forderung des Gläubigers gegen den Hauptschuldner aus dem Rechtsverhältnis Nachbürge—Vorbürge, so daß bei Inanspruchnahme des Nachbürgen durch den Gläubiger dieser an die Stelle des Vorbürgen tritt, wobei er Einwendungen des Hauptschuldners gegen den Vorbürgen auch gegen sich gelten lassen muß⁴.

Entläßt der Gläubiger den anderen Bürgen aus der Bürgschaft, so wird der Nachbürge gemäß § 776 BGB von der Nachbürgschaft frei⁵. § 774 Abs. 2 BGB findet im Verhältnis zwischen Hauptbürgen und Nachbürgen keine Anwendung, da sie sich für jeweils andere Forderungen verbürgen. Haupt- und Nachbürgschaft stehen somit nicht gleichgeordnet nebeneinander, es besteht somit auch keine gesamtschuldnerische Haftung.

Der Bundesgerichtshof hat in einer neueren Entscheidung ausgeführt, daß ein Nachbürge, der den Gläubiger befriedigt hat, seinen Rückbürgen auch dann aus dessen Bürgschaft in Anspruch nehmen kann, wenn ein Rückgriffsanspruch gegen den Vorbürgen wegen eines Vergleichsverfahrens über dessen Vermögen nicht geltend gemacht werden kann⁶.

3. Rückbürgschaft

Die Nachbürgschaft darf nicht mit der **Rückbürgschaft** verwechselt werden. Diese **322** wird von dem Rückbürgen gegenüber dem Bürgen übernommen zur Sicherung der

---

¹ RGRK/Mormann, § 765 Rdn. 22; a. A. bezüglich der Rechte gegen den anderen Bürgen RG 83, 342.
² RGRK/Mormann, a. a. O.
³ OLG Köln MDR 75, 932; Dörner, MDR 76, 708 (709); a. A. OLG Hamm MDR 61, 503; diff. Tiedtke, WM 76, 174.
⁴ Tiedtke, WM 76, 174; OLG Hamm MDR 61, 503; a. A. Palandt/Thomas, § 765 BGB Rdn. 9 zur Anwendbarkeit des § 774 I 3 BGB bezüglich Gleichstellung Nachbürge-Vorbürge; Dörner, MDR 76, 708, bejahend für den Fall der Leistung des Nachbürgen als unberechtigter Geschäftsführer gegen das Interesse des Hauptschuldners; OLG Köln MDR 75, 932.
⁵ RGRK/Mormann, § 765 Rdn. 22.
⁶ BGH WM 79, 144.

Rückforderung des Bürgen gegen den Hauptschuldner[1]. Gläubiger des Rückbürgen ist der erste Bürge, Hauptschuldner ist der Hauptschuldner der Hauptbürgschaft, die gesicherte Forderung ist der Rückgriffsanspruch des anderen Bürgen gegen den Hauptschuldner[2]. Der Rückbürge ist daher gegenüber dem Hauptbürgen erst dann zur Leistung verpflichtet, wenn dieser den Gläubiger des Hauptschuldners befriedigt und infolgedessen einen Rückgriffsanspruch gegen diesen erworben hat[3]. Befriedigt der Rückbürge den Hauptbürgen, so geht dessen Rückgriffsanspruch gegen den Hauptschuldner gemäß § 774 BGB auf ihn über[4].

Die Rückbürgschaft kann auch gegenüber einem Nachbürgen übernommen werden. Gesichert wird damit der Rückgriffsanspruch, den der Nachbürge durch die Befriedigung des Gläubigers (s. oben Rdn. 321) gegen den Vorbürgen erwirbt. Hat nun der Nachbürge den Gläubiger befriedigt, so kann er seinen Rückbürgen auch dann aus dessen Bürgschaft in Anspruch nehmen, wenn der Rückgriffsanspruch gegen den Vorbürgen wegen eines Vergleichsverfahrens über dessen Vermögen nicht mehr geltend gemacht werden kann[5].

Die Rückbürgschaft bedarf der **Form** des § 766 BGB. Im Einzelfall kann fraglich sein, ob eine Rückbürgschaft oder eine Erfüllungsübernahme vorliegt. Nach der Rechtsprechung[6] liegt eine (formfreie) Erfüllungsübernahme vor, wenn sich jemand gegenüber einem Bürgen verpflichtet, ihn von jeder Inanspruchnahme aus der Bürgschaft freizuhalten.

4. Mitbürgschaft — Teilbürgschaft

323 Am Bürgschaftsverhältnis sind im allgemeinen nicht mehr als 3 Personen beteiligt: Die Parteien des Bürgschaftsvertrages (Gläubiger und Bürge) sowie der Hauptschuldner. Wird die Bürgschaft von einer Mehrzahl von Personen übernommen, so erweitert sich die Anzahl der Personen entsprechend. Bürgen sie für dieselbe Forderung, so sind sie **Mitbürgen** und haften gemäß § 769 BGB als **Gesamtschuldner** mit den in § 421 BGB genannten Wirkungen. Mehrere Bürgen, die sich selbstschuldnerisch verpflichtet haben, haften dem Gläubiger für jeden Teil der Forderung. Der Gläubiger kann wählen, welcher Bürge zunächst in Anspruch genommen werden kann. Aus der gesamtschuldnerischen Haftung besteht eine Beschränkung nur insoweit, als sich jeder Bürge auf Zahlung seiner Nebenleute berufen kann (§ 769 BGB). Wenn mehrere Höchstbetragsbürgschaften gegeben sind, ist nur der Forderungsteil bis zum genannten Betrag

---

[1] RG 146, 67; BGH NJW 72, 576; s. auch OLG Oldenburg NJW 65, 253.
[2] RGRK/Mormann, § 765 Rdn. 23.
[3] RG 146, 67.
[4] RGRK/Mormann, § 765 Rdn. 23; OLG Oldenburg NJW 65, 253 f. m. w. N.; das der entgegenstehenden Ansicht des RG in RG 146, 67 (70) mit überzeugenden Argumenten widerspricht.
[5] BGH MDR 79, 489.
[6] BGH WM 72, 287 (288).

verbürgt, der rechtliche Forderungsteil ist ungesichert[1]. **Das gilt selbst dann, wenn die Bürgen die Bürgschaft in verschiedenen Einzelurkunden und zu verschiedenen Zeiten, ja selbst ohne Kenntnis von der Verbürgung der anderen Mitbürgen übernommen haben.** Die Nichtigkeit der Bürgschaftserklärung eines Mitbürgen ist ohne Einfluß auf die Wirksamkeit der übrigen[2]. Vereinbaren die Parteien allerdings, daß die Bürgschaft nur bei Wirksamkeit aller Bürgschaftserklärungen Geltung erlangen soll, so folgt aus der Nichtigkeit der einen gemäß § 139 BGB die der übrigen Bürgschaften[3].

Bei § 769 BGB handelt es sich um eine dispositive Regelung[4], so daß die Parteien den **Ausschluß der gesamtschuldnerischen Haftung** vereinbaren können mit der Folge, daß aus Mitbürgen dann Teilbürgen werden[5]. Die Bürgschaftsbeträge der verschiedenen Bürgen addieren sich dann[6]. Die Verpflichtung zum Ausgleich unter den Teilbürgen wird durch die Abbedingung nicht berührt. Vereinbarungen der Bank mit einem Bürgen bleiben ohne Auswirkungen auf die **Ausgleichspflicht**, weil darüber nur die Bürgen selbst als Teilnehmer an der Ausgleichung disponieren können. Zu Lasten übriger Bürgen lassen sich Ausgleichsansprüche nicht ausschließen[7]. Entläßt die Bank einen der Teilbürgen, so wirkt sich dies nicht zum Nachteil der verbleibenden Bürgen aus. Der Ausgleichsanspruch ist ein selbständiger Anspruch der Gesamtschuldner untereinander, der bereits mit Begründung des Gesamtschuldverhältnisses entsteht[8]. Den Rückgriff auf die Mitbürgen hat der Zahlende schon dann, wenn er nur eine Teilzahlung leistet, und zwar auch dann, wenn diese nicht seinen eigenen Anteil überschreitet, den er im Innenverhältnis zu leisten verpflichtet ist[9]. Hat der Bürge im Innenverhältnis nur für den Anteil eines von mehreren Gesamtschuldnern an der Hauptschuld gebürgt, und ist er nur hierfür in Anspruch genommen worden, dann kann er gegen die übrigen, im Innenverhältnis nicht ausgleichspflichtigen Gesamtschuldner keinen Rückgriff nehmen[10]. Der Rückgriff steht ihm selbst dann in der durch Vertrag oder Gesetz bestimmten Höhe zu, wenn er mit dem Gläubiger einen — das Schuldverhältnis mit den anderen Bürgen nicht einbeziehenden — Teilerlaß vereinbart hat[11].

Grundsätzlich haften **Mitbürgen** im Verhältnis zueinander zu **gleichen Teilen**, jedoch ist auch für eine hiervon abweichende vertragliche Regelung Raum gelassen. So ist es im Bankverkehr üblich, wenn sich die Gesellschafter einer GmbH gemeinschaft-

---

[1] Gößmann in WuB I F 1a.-16.89.
[2] RG 88, 412.
[3] RG 138, 270.
[4] Beeser, BB 58, 970 (971); OLG München WM 84, 469.
[5] Jährig/Schuck, Handbuch des Kreditgeschäfts, 5. Aufl. 1989, 282.
[6] BGH WM 86, 96; BGH WM 89, 609.
[7] Gößmann in WuB I F 1a.-16.89.
[8] BGH 35, 325.
[9] BGH 23, 361.
[10] BGH NJW 76, 2135; s. auch RG 85, 72 (76); BGH WM 66, 830 (831); 70, 751 (752).
[11] BGH WM 63, 1249.

lich für die Schulden der Gesellschaft verbürgen, daß die interne Ausgleichung unter den Mitbürgern regelmäßig entsprechend ihrem Beteiligungsverhältnis an der GmbH erfolgt[1]. Dies gilt auch für den Fall, daß sich nur ein Teil der Gesellschafter verbürgt hat[2].

Der **Ausgleichsanspruch** unter den Mitbürgen wird aber nicht ausgeschlossen, wenn in einer Bürgschaftsurkunde formularmäßig das Entstehen einer Gesamtschuldnerschaft unter mehreren Bürgen ausgeschlossen wird[3].

324   Die gleichen Grundsätze gelten auch für Bürgschaften von Gesellschaftern einer OHG oder Komplementären einer KG. Nach **Ausscheiden aus der Gesellschaft** kann der ausgeschiedene Gesellschafter seine Bürgschaft kündigen (vgl. Rdn. 377). Die Haftung für zum Zeitpunkt des Wirksamwerdens der Kündigung bestehende Forderungen bleibt bestehen. Das ist nicht der Fall bei der Prolongation einer Schuld, da hier eine neue, erst nach Ausscheiden des Gesellschafters begründete Verpflichtung besteht. Handelt es sich dagegen um eine Kreditbürgschaft, so ändert die Prolongation nichts an dem Bestehen der Haftung des ausgeschiedenen Gesellschafters. Die Art der Haftung des Gesellschafters ist wichtig für die Frage der Verjährung: haftet er nur für die Gesellschaftsverbindlichkeiten, so verjähren Ansprüche gegen ihn gemäß § 159 HGB in 5 Jahren nach seinem Ausscheiden, hat er sich hingegen für die Gesellschaftsschuld verbürgt, so kann er gemäß § 195 BGB noch 30 Jahre nach Übernahme der Bürgschaft aus ihr in Anspruch genommen werden. Ein Ausgleichsanspruch des bürgenden Gesellschafters gegen Nichtgesellschafter als Mitbürgen besteht grundsätzlich nicht (s. auch Rdn. 370)[4].

325   Bei unterschiedlicher Höhe der einzelnen Bürgschaftssummen erstreckt sich die solidarische gesamtschuldnerische Haftung nur auf den jeweils geringsten von einem der Bürgen verbürgten Betrag.

Hat sich also A. für DM 3000,—, B. für DM 6000,—, C. für DM 9000,— verbürgt, so haften als Gesamtschuldner in Höhe von DM 3000,— alle 3 Bürgen, in Höhe von DM 6000,— B und C und für DM 9000,— C allein. Soll durch diese Bürgschaften eine Schuld von DM 18000,— abgesichert werden, so sind demnach die letzten DM 9000,— ungesichert.

Der Ausgleich unter den Bürgen kann wegen der unterschiedlichen Höhe ihrer Bürgschaften nicht nach Kopfteilen durchgeführt werden; er erfolgt aber auch nicht nach dem Verhältnis der Haftsummen[80]. Richtig erscheint ein Ausgleich dergestalt, daß hinsichtlich der sich deckenden Bürgschaftssummen eine Abrechnung nach § 426 BGB vorzunehmen ist, während für den das Gesamtschuldverhältnis überschießenden

---

[1] RG 88, 122 (124 f.).
[2] OLG Frankfurt MDR 68, 838.
[3] BGH ZIP 83, 1042 = NJW 83, 2442; vgl. Tiedtke, BB 84, 19.
[4] BGH WM 59, 229.
[5] Vgl. hierzu RGZ 81, 414 (422 f.); a. A. Palandt/Thomas, § 774 Rdn. 14.

Betrag der entsprechende Bürge allein haftet[1]. Im obigen Beispiel würde bei Leistung durch C dieser bei A in Höhe von DM 1000,—, bei B in Höhe von DM 2500,— Rückgriff nehmen können, so daß er selbst noch mit DM 5500,— belastet bliebe.

Bei **Unwirksamkeit einer Mitbürgschaft** bleiben im Zweifel die übrigen weiterhin gültig[2]. Bestand hingegen ein gemeinschaftlicher Vertragswille, wonach die Vereinbarung nur wirksam werden sollte, wenn sich alle Bürgen vertraglich binden, so erfaßt die Nichtigkeit der einen Bürgschaftserklärung wegen § 139 BGB auch die übrigen[3]. 326

Die Gesamthaft ist nachteilig für den Gläubiger in den Fällen, in denen seine Forderung gegen den Hauptschuldner die Bürgschaftssumme überschreitet, da er in Höhe dieses Differenzbetrages keine Sicherheiten hat. Entsprechendes gilt auch für den Fall, daß sich ein Bürge mehrmals nacheinander für dieselbe Forderung verbürgt, wegen dieser für den Gläubiger ungünstigen Folge wird häufig die gesamtschuldnerische Haftung der Bürgen abbedungen. Dies ist möglich, da die in § 769 BGB enthaltene Regelung dispositiven Charakter hat[4]. **Will daher der Gläubiger die spätere Bürgschaft auf den die frühere Bürgschaft übersteigenden Teil seiner Forderung beschränkt wissen, bedarf es der ausdrücklichen Vereinbarung, daß die Bürgschaften voneinander unabhängig sein sollen. Einer entsprechenden Abrede bedarf es, wenn der Bürge bis zum vereinbarten Limit für den von der Bürgschaftssumme etwaiger Bürgen nicht umfaßten Teil des Kredits, z. B. nur für die Zinsen oder einen Überziehungsbetrag, haften soll.** Bei einer auf dieser Grundlage übernommenen Verpflichtung handelt es sich dann um eine **Teilbürgschaft**. Dabei ist allerdings zu beachten, daß aus der bloßen unterschiedlichen Begrenzung der Haftungssummen noch nicht ohne weiteres auf das Vorliegen einer Teilbürgschaft geschlossen werden kann[5]. In der Praxis pflegt man daher die Absicht der Teilverbürgung durch eine Klausel etwa folgenden Inhalts zum Ausdruck zu bringen: 327

„Haben sich mehrere Bürgen in gesonderten Bürgschaftsurkunden für dieselben Verbindlichkeiten des Hauptschuldners verbürgt, haftet jeder einzelne Bürge — im Verhältnis zur Bank unter Ausschluß eines Gesamtschuldverhältnisses — ungeachtet etwaiger Zahlungen eines anderen Bürgen auf den vollen Betrag der von ihm übernommenen Bürgschaft, und zwar so lange, bis alle von ihm verbürgten Ansprüche der Bank vollständig erfüllt sind."

Bei Verwendung dieser Klausel wäre der im obigen Beispiel genannte Kredit dann voll abgesichert. Ergibt sich aus den Erklärungen nicht eindeutig, ob eine Teil- oder eine Mitbürgschaft gewollt ist, bedarf die entsprechende Vereinbarung der Auslegung. Dabei wird man im Zweifel dann zur Annahme von Teilbürgschaften gelangen müssen,

---

[1] Bayer, ZIP 1990, 1523.
[2] RG 88, 412; 138, 271.
[3] RG 138, 270.
[4] Beeser, BB 58, 970 (971) m. w. N.
[5] RG 81, 414.

wenn eine Vielzahl kleinerer Teilbeträge der Forderung verbürgt wird, da bei Unterstellung von Mitbürgschaften der Großteil nicht verbürgt wäre, was dem Parteiwillen mutmaßlich nicht entsprechen dürfte. Umgekehrt führt die Auslegung zur Annahme von Mitbürgschaften, soweit sich die Bürgschaftssummen je mit dem Gesamtbetrag der zu sichernden Forderung decken oder die Forderung von den Bürgen je in unbegrenzter Höhe verbürgt wird. **Hier hätte eine Teilverbürgung keinen Sinn, da die mehreren Bürgen nicht unterschiedliche Kreditteile verbürgt haben, vielmehr die Hauptverbindlichkeiten aller Bürgschaften identisch sind.** Eine derartige Rechtslage wäre nach dem obigen Beispiel dann gegeben, wenn der Kreditbetrag nicht über DM 2000,— hinausgehen würde[1].

328 Möglich ist es im einzelnen Fall, daß ein Bürge Mitbürge, der andere Teilbürge ist. Soll es der eine oder der andere Teilbürge nicht wissen, daß der Gläubiger noch andere Bürgen hat oder bekommen wird, so bleibt dem Gläubiger nichts anderes übrig, als dem Hauptschuldner mehrere Einzelkredite in entsprechender Höhe zu gewähren, diese Kredite getrennt zu verbuchen und dann jede Bürgschaft auf je einen dieser Kredite zu beschränken.

329 Mit dem Ausschluß der Gesamtschuldnerschaft (wodurch die Bürgschaften zu Teilbürgschaften werden) wird der Innenausgleich unter den Teilbürgen nicht ausgeschlossen, da damit nur das Außenverhältnis zwischen Gläubiger und Bürgen geregelt wird[2]. Gleiches gilt für den Fall, daß vereinbarungsgemäß die Zahlungen eines Bürgen nur als Sicherheit gelten, bis alle Ansprüche des Gläubigers befriedigt sind (eine derartige Klausel wurde früher in den Formularbürgschaften der Kreditwirtschaft verwandt): der Bürge kann sofort nach Zahlung Ausgleich verlangen, wobei auch der Ausgleich nur als Sicherheit geleistet wird und somit zurückzugewähren ist, wenn der Gläubiger seinerseits die Sicherheit aufgibt[3]. Der als Muster abgedruckte Vordruck einer Bürgschaft enthält in Nr. 6 Abs. 3 den deklaratorischen Hinweis: „Ausgleichsansprüche des in Anspruch genommenen Bürgen gegen die anderen Bürgen werden durch die vorstehende Regelung nicht berührt" (vgl. auch Rdn. 368, 370).

5. Bürgschaft nach VOB

330 Weitere Sonderformen der Bürgschaft sind solche, die nach der Fertigungsordnung für **Bauleistungen (VOB) als Sicherheitsleistung** dienen.

Der Auftraggeber von Bauleistungen verfolgt mit der Vereinbarung einer derartigen Sicherheitsleistung den Zweck, finanziellen Verlusten vorzubeugen und die vertragsgemäße Ausführung der Leistung sowie die Realisierung etwaiger Gewährleistungsansprüche sicherzustellen[4].

---

[1] Vgl. zur rechtlichen Seite Hans. OLG Hamburg v. 5. 5. 33 — V 52/33 —.
[2] BGH 88, 185 ff.
[3] BGH NJW 1987, 374.
[4] Heiermann, BB 77, 1575; BGH WM 92, 773 = WuB I F 1a.-10.92/v. Heymann.

Bürgschaft nach VOB

Im Rahmen der VOB/B werden verschiedene Arten der Bürgschaften verwendet[1]. Zur Sicherstellung des Interesses des Auftraggebers daran, daß der Auftragnehmer seinen Verpflichtungen nachkommt, insbesondere die Leistung vertragsgemäß ausführt (§§ 4 Nr. 2 und 13 Nr. 1 VOB/B) und eine prüfbare Abrechnung erstellt (§ 14 VOB/B), kann nach § 17 Nr. 1 Abs. 2 VOB/B eine **Vertragserfüllungsbürgschaft** vereinbart werden[2]. Die Bürgschaftssumme reduziert sich parallel zum verbleibenden Volumen. Die Bürgschaftsurkunde ist bei Abnahme der Leistung zurückzugeben.

§ 16 Nr. 2 Abs. 1 VOB/B sieht vor, daß der Auftraggeber an den Auftragnehmer Vorauszahlungen leisten kann, um diesem den Ankauf der für die Erbringung der Leistung erforderlichen Materialien zu ermöglichen. Für den Auftraggeber besteht in diesem Fall verständlicherweise ein Interesse daran, für die von ihm geleisteten Vorauszahlungen eine entsprechende Sicherheit zu erhalten. Diesem Zweck dient die **Vorauszahlungsbürgschaft**. Die Urkunde ist nach Erledigung zurückzugeben. Das ist in der Regel dann der Fall, wenn der Auftragnehmer der Vorauszahlung entsprechende Leistungen erbracht hat oder die Vorauszahlung auf fällige Zahlungen verrechnet worden ist[3].

Ein ähnlicher Zweck wird mit der **Abschlagszahlungsbürgschaft** verfolgt. Der Auftraggeber hat gemäß § 16 Nr. 1 Abs. 1 VOB/B auf Antrag des Auftragnehmers Abschlagszahlungen in Höhe des Wertes der jeweils nachgewiesenen Leistungen zu erbringen. Als Sicherheitsleistung hierfür dient die Abschlagszahlungsbürgschaft. Mit Einbau der Materialien und Übertragung des Eigenums auf den Auftraggeber besteht dieses Bedürfnis nicht mehr. Die entsprechende Urkunde ist daher zu diesem Zeitpunkt an den Auftragnehmer zurückzugeben[4].

Von erheblicher praktischer Bedeutung ist die **Gewährleistungsbürgschaft**. Gemäß 331 § 13 Nr. 1 VOB/B haftet der Auftragnehmer dafür, daß seine Leistung zur Zeit der Abnahme die vertraglich zugesicherten Eigenschaften hat, den anerkannten Regeln der Technik entspricht und nicht mit Fehlern behaftet ist, die den Wert oder die Tauglichkeit mindern. Treten Mängel auf, die auf vertragswidrigem Verhalten des Auftragnehmers besieren, so bestehen für den Auftragnehmer nach den VOB/B verschiedene Arten der Gewährleistungsansprüche. Er hat ein Recht auf Nachbesserung (§ 13 Nr. 5 VOB/B), auf Minderung (§ 13 Nr. 6 VOB/B) und auf Schadensersatz (§ 13 Nr. 7 VOB/B). Die Gewährleistungsbürgschaft dient der Sicherstellung der Erfüllung der-

---

[1] Nicht vorgesehen ist in den VOB die **Bietungsbürgschaft**. Diese soll den Auftraggeber vor Schäden sichern, die daraus entstehen können, daß der Bieter sein Angebot nicht aufrechterhält, etwa weil während des Ausschreibungsverfahrens die Kosten erheblich gestiegen sind und sich damit für den an sein Angebot gebundenen Bieter Verluste abzeichnen. Die Bürgschaftssumme beläuft sich auf 1—3 % der Angebotssumme. (Vgl. hierzu Heiermann, BB 77, 1578.)
[2] Heiermann, BB 77, 1579; vgl. BGH NJW 88, 907 zum Haftungsumfang.
[3] Ebenda, Vorauszahlungen werden auch von der Vertragserfüllungsbürgschaft erfaßt, vgl. BGH NJW 86, 907.
[4] Ebenda.

artiger Ansprüche. Die Bürgschaftsurkunde ist mit Ablauf der Verjährungsfrist für Gewährleistungsansprüche an den Auftragnehmer zurückzugeben. Bei Unterbrechung der Verjährungsfrist durch Klageerhebung bedarf es einer besonderen Handlung gegenüber dem Bürgen nicht[1]. Erfolgt eine derartige Unterbrechung wegen noch bestehender Ansprüche, kann der Auftraggeber einen entsprechenden Teil der Sicherheit einbehalten. Deren Höhe richtet sich dabei nach den Aufwendungen, die zur Befriedigung der von dem Auftraggeber geltend gemachten Ansprüche erforderlich ist[2].

IV. Vertrag

332 Aus dem Wesen der Bürgschaft ergibt sich, daß der Bürgschaftsvertrag grundsätzlich zwischen dem Gläubiger und dem Bürgen abgeschlossen werden muß. Denkbar ist aber auch, daß an die Stelle des Gläubigers eine andere Person tritt, z. B. der Hauptschuldner. Dann wird der Vertrag zugunsten des Gläubigers abgeschlossen, so daß hier ein echter Vertrag zugunsten Dritter im Sinne des § 328 BGB vorliegt (vgl. Rdn. 35, 190) mit der Konsequenz, daß der Gläubiger dann ebenfalls mittelbar berechtigt ist[3]. Davon zu unterscheiden ist der Fall, daß der Hauptschuldner lediglich als Überbringer der Bürgschaftsurkunde an den Gläubiger eingesetzt wird. Im Regelfall ist eine Mitwirkung des Hauptschuldners bei Vertragsschluß nicht erforderlich[4]. Der Hauptschuldner braucht von der Bürgschaft nichts zu wissen, ja nicht einmal mit ihr einverstanden zu sein. Unterschreibt der Bürge die Bürgschaftsurkunde außerhalb der Geschäftsräume der Bank, kann u. U. das Gesetz über den Widerruf von Haustürgeschäften zur Anwendung gelangen. Hierzu wird auf die Ausführungen unter VII. (Rdn. 382g) Bezug genommen.

333 Da die **Bürgschaft ein Vertrag** ist, bedarf die Erklärung des Bürgen der Annahme durch den Bürgschaftsgläubiger; bei einem Vertrag zugunsten Dritter erfolgt sie durch den Versprechensempfänger. Die Annahme kann formlos, auch stillschweigend erfolgen[5] und schon in der Entgegennahme der Bürgschaftsurkunde liegen (§ 151 S. 1 BGB), sie braucht auch nicht schriftlich bestätigt zu werden[6].

Ein Bürgschaftsvertrag kann auch dadurch zustandekommen, daß der Hauptschuldner mit Billigung und in Vollmacht des Bürgen dessen Erklärung dem Gläubiger übergibt[7]. Bei der Wertung eines Stillschweigens des Bürgen als **Annahme** des Bürgschaftsvertrages ist jedoch Zurückhaltung geboten[8].

---

[1] OLG Düsseldorf MDR 69, 665.
[2] Heiermann, a. a. O., 1579, vgl. zum Haftungsumfang BGH WM 93, 1853.
[3] BGH WM 66, 859 (861).
[4] BGH WM 75, 348 (349).
[5] Vgl. hierzu Merz, WM 77, 1270 (1271).
[6] BGH WM 78, 1065; 76, 709.
[7] BGH WM 78, 1065.
[8] BGH WM 77, 996.

Im **Urkundenprozeß** bedarf die Annahme der Bürgschaftserklärung keines urkund- 334
lichen Nachweises[1]. Eine ausdrückliche Erklärung der Annahme ist gemäß § 151 BGB
nicht erforderlich, weil sie knach der Verkehrssitte nicht zu erwarten ist[2].

Die Erklärung des Bürgen bedarf gemäß § 766 S. 1 BGB der **Schriftform**, es sei denn, 335
es handelt sich um die Bürgschaft eines Vollkaufmanns, soweit sie auf seiner Seite Handelsgeschäft ist, d. h. zum Betrieb seines Handelsgewerbes gehört (§§ 350, 351; 343 HGB; vergl. Rdn. 338). Die Erfordernisse der Schriftform ergeben sich aus § 126 Abs. 1 BGB (vergl. auch Rdn. 120). Nur die GmbH selbst ist nach § 13 Abs. 3 GmbHG, § 6 Abs. 1 HGB Kaufmann, nicht jedoch die Geschäftsführer[3], so daß die Bürgschaft eines Geschäftsführers oder Gesellschafters die Form des § 766 BGB einhalten muß[4]. Eine Bürgschaftserklärung durch **Telefax** genügt nicht der Schriftform des § 766 Satz 1 BGB[5]. Die Formbedürftigkeit der Bürgschaftserklärung hat ihren gesetzgeberischen Grund im **Schutzbedürfnis** des Bürgen. Dieser Schutzzweck verbietet eine Übertragung der Rechtsprechung zur Wahrung von Rechtsmittel- und Rechtsmittelbegründungsfristen durch Einsatz fenmeldetechnischer Übertragungsmittel auf die Bürgschaft. Daher genügt auch die Übermittlung einer Bürgschaft mittels Telegramm nicht dem Formerfordernis und zwar auch dann, wenn das Aufgabeformular eigenhändig unterschrieben ist[6]. Das bedeutet: der **Verbürgungswille**, die **Person des Gläubigers** und die verbürgte **Forderung** müssen aus der Bürgschaftsurkunde entnommen werden können[7]; insoweit genügt eine Bezugnahme auf andere Urkunden nicht[8]. Die gleichen Grundsätze gelten auch für jede Änderung der Bürgschaftsverpflichtung, durch welche die Verbindlichkeit des Bürgen erschwert wird, z. B. für eine nachträgliche Vereinbarung der Verzinslichkeit der verbürgten Forderung oder für einen nachträglichen Verzicht auf die Einrede der Vorausklage[9]. Eine Abrede, durch welche die Verpflichtung des Bürgen eingeschränkt wird, bedarf hingegen nicht der Schriftform[10]. Eine Bürgschaft ist nicht wirksam erteilt, wenn der für die Bezeichnung der Hauptschuld vorgesehene Raum im Vertragstext frei geblieben ist und sich aus dem Vertrag auch im übrigen keine hinreichenden Anhaltspunkte für die zu sichernde Verbindlichkeit ergibt[11]. Ausnahmsweise kann die Angabe der Bürgschaftssumme in der Bürgschaftsurkunde für sich bereits die verbürgte Hauptverbindlichkeit genügend kennzeichnen[12]. Wegen der Höhe der verbürgten Forderung und ihrer Modalitäten

---

[1] RG 97, 162 (163).
[2] Palandt/Thomas, § 766 BGB Rdn. 1.
[3] BGH WM 91, 536.
[4] BGH WM 91, 536.
[5] BGH WM 93, 496 = WuB I F 1a.-8.93/Thode.
[6] BGH WM 57, 883.
[7] BGH NJW 62, 1102; NJW 92, 1448.
[8] RG 57, 258; BGH 26, 142.
[9] BGH NJW 68, 2332.
[10] BGH NJW 67, 1274.
[11] BGH WM 93, 544 = WuB I F 1a.-9.93/Schröter, der der Entscheidung nicht zustimmt.
[12] BGH WM 89, 559 = WuB I F 1a.-11.89/Eckert.

darf auf andere Schriftstücke Bezug genommen oder eine außerhalb der Urkunde liegende Tatsache verwertet werden[1]. Bloße Mitunterzeichnung des Kreditvertrages seitens des Bürgen genügt nicht (vgl. Rdn. 124)[2]. Statt der Schriftform kann auch die stärkere Form der **öffentlichen Beglaubigung** oder gar der **öffentlichen Beurkundung** gewählt werden. Auch ein **notariell beglaubigtes Handzeichen** reicht für die Schriftform aus (§ 126 Abs. 1 BGB). Ein Telegramm ist demgegenüber nicht ausreichend[3], ebensowenig die Erklärung mittels Telefax[4]. Bestimmter Worte braucht sich der Bürge nicht zu bedienen. Insbesondere kann er statt des Ausdrucks „verbürgen" auch gleichbedeutende Redewendungen wie „haften", „einstehen", „aufkommen", usw. gebrauchen. Es kommt ohnehin nicht auf den Wortlaut der Bürgschaftsurkunde, sondern auf den Willen der Parteien an[5]. **Deckt sich also im einzelnen Falle die von dem Bürgen in der vorgeschriebenen Form abgegebene Erklärung inhaltlich nicht mit den Parteivereinbarungen, so sind letztere maßgebend, soweit sie eine dem Bürgen günstigere Rechtslage ergeben**[6].

336 § 766 BGB erfordert eine schriftliche **Erteilung** der Bürgschaftserklärung (s. hierzu bereits Rdn. 335). Zur Erteilung[7] genügt es, wenn der Bürge die Urkunde dem Hauptschuldner zugehen läßt und dieser sie mit Willen des Bürgen dem Gläubiger übermittelt. Sie liegt somit schon dann vor, wenn der Gläubiger die **tatsächliche Verfügungsgewalt über die Urkunde** oder deren Abschrift mit dem Einverständnis des Bürgen erlangt, wobei es jedoch genügt, daß sich der Bürge der Bürgschaftsurkunde zugunsten der Bank in einer solchen Weise entäußert, daß die Bank darüber verfügen kann[8]. Nicht ausreichend ist die Übergabe der Bürgschaftsurkunde vom Bürgen an den Hauptschuldner zwecks Weitergabe an den Gläubiger. In diesem Fall kommt der Bürgschaftsvertrag erst mit Übergabe an den Gläubiger und seiner Annahme zustande. Bis zur Aushändigung der Urkunde an den Gläubiger kann der Bürge seine Erklärung widerrufen[9]. Soll nachträglich eine Änderung der Bürgschaft erfolgen und ist die Bank bereits im Besitz der Bürgschaftsurkunde, so genügt hierfür das Einverständnis des Bürgen, daß die geänderte Urkunde weiterhin im Besitz der Bank belassen werden soll. Der umständlichere Weg der Herausgabe an den Bürgen und die anschließende Rückgabe — nach Änderung — an die Bank ist nicht erforderlich[10]. Die **Ermächtigung zur Änderung** bedarf dabei nicht der Schriftform, jedoch ist sie aus Beweisgründen zu empfehlen. Der Fortbestand des einmal wirksam zustandegekommenen Bürg-

---

[1] RG 76, 303; BGH WM 57, 1222.
[2] Vgl. auch BGH WM 71, 1411 (1412); RG 62, 172; beachte aber OLG Düsseldorf BB 61, 460.
[3] Brink, Recht der Kreditsicherheiten in europäischen Ländern I, Tz. 69.
[4] BGH WM 93, 496. Vgl. oben.
[5] RG JW 36, 988; BGH WM 59, 969.
[6] BGH WM 55, 375.
[7] RG JW 27, 38; BGH WM 68, 504; BGH WM 93, 496.
[8] BGH WM 65, 664; Erteilung einer Abtretungserklärung gem. § 1154 BGB.
[9] BGH WM 78, 1065.
[10] BGH WM 68, 504.

schaftsvertrages hängt nicht von dem **Verbleib der Bürgschaftsurkunde** beim Empfänger ab, sofern sich die Parteien darüber einig sind, daß durch die Rückgabe der Bürgschaftsurkunde die Bürgschaft nicht erledigt sein soll[1].

Welchen Mindestinhalt eine Bürgschaftserteilung haben muß, bestimmt sich nach dem Zweck der Formvorschrift (§ 766 BGB). Da es sich bei der Bürgschaft um ein einseitiges risikoreiches Geschäft handelt, bezweckt das gesetzliche Schriftformerfordernis die Warnung des Bürgen vor der ihn treffenden Haftung. Diese Warnfunktion wird nicht schon damit erfüllt, daß der Bürge ein Schriftstück unterzeichnet, vielmehr muß das Risiko selbst in der Urkunde bezeichnet sein[2]. In bezug auf die Person von Gläubiger und Hauptschuldner sowie hinsichtlich der verbürgten Hauptschuld reicht es aus, wenn Formulierungen im Wege der Auslegung behoben werden können. Zu dem Zweck dürfen auch außerhalb der Urkunde liegende Umstände herangezogen werden[3].

337

Die durch das Schriftformerfordernis gezogene Grenze der Auslegung wird aber dann überschritten, wenn in der Bürgschaftsurkunde fehlende notwendige Angaben ausschließlich anhand von Umständen ermittelt werden müssen, die außerhalb der Urkunde liegen[4]. Unklarheiten gehen zu Lasten des Bürgschaftsnehmers[5]. Der für die Einhaltung der Schriftform erforderliche Hinweis auf die verbürgte Hauptverbindlichkeit kann sich auch aus der Person des in der Urkunde genannten Hauptschuldners ergeben[6].

Eine wirksame Bürgschaftsverpflichtung wird nicht begründet, wenn die Bürgschaftserklärung nicht eine hinreichende **Bestimmtheit** des Umfangs der Bürgschaftsverpflichtung aufweist. Bezieht sich die Bürgschaftserklärung auf alle gegen den Hauptschuldner gerichteten Forderungen, so kann die Bürgschaft nur dadurch die erforderliche Bestimmtheit erlangen, daß — wenn auch nachträglich — der Name des Gläubigers (durch den Hauptschuldner) in die Bürgschaftsurkunde aufgenommen wird. Die sog. **Blanko-Bürgschaft** kann ohne diese Benennung jedenfalls dann keine Wirksamkeit erlangen, wenn sich nicht aus anderen Umständen, insbesondere auch nicht aus der Art der zu sichernden Forderungen der jeweilige Gläubiger ergibt[7]. Dieses Erfordernis ist auch dann nicht entbehrlich, wenn die Bürgschaftserklärung nach § 350 HGB nicht schriftlich abgegeben werden muß; denn diese Vorschrift beseitigt für Vollkaufleute nur das Erfordernis der Schriftform, nicht aber das im Interesse des Bürgenschutzes aufgestellte Erfordernis der hinreichenden Bestimmtheit der Bürgschaftserklärung. Bei

---

1 BGH WM 76, 422; 78, 266.
2 BGH WM 80, 741; 89, 559; 93, 239.
3 Harder, WuB I F 1a.-15/93.
4 BGH WM 89, 559.
5 BGH WM 80, 741; Soergel/Mühl, § 766 Rdn. 2; MünchKomm/Pecher, § 766 Rdn. 3.
6 BGH WM 93, 239 = WuB I F 1a.-7.93/Harder.
7 BGH WM 78, 1065.

nachträglicher Einsetzung des Namens des Gläubigers durch den Hauptschuldner wird die Bürgschaft wirksam[1].

Die **Hauptschuld**, auf die sich die Bürgschaft bezieht, muß aus der Bürgschaftsurkunde ersichtlich sein, um das einseitig vom Bürgen übernommene Risiko einzugrenzen[2]. Das Bestimmtheitserfordernis bei Bürgschaften ist erfüllt, wenn die gesicherten Ansprüche aus der „laufenden Geschäftsverbindung, insbesondere aus laufender Rechnung und aus der Gewährung von Krediten jeder Art gegen den Hauptschuldner" gesichert werden[3]. Wesentlich ist dabei, daß auf Schulden aus der „bankmäßigen Geschäftsverbindung" abgestellt wird; ohne diese Einschränkung wäre die Bürgschaftserklärung inhaltlich nicht bestimmt genug[4].

338 Unterzeichnet ein Bürge **blanko**, d. h. erteilt der Bürge eine inhaltlich unvollständige Bürgschaftserklärung und ermächtigt er einen Dritten (Gläubiger oder Schuldner), sie später nach dem Willen des Bürgen auszufüllen — wobei es sich sowohl um den Bürgschaftsgläubiger[5] als um die Höhe der Bürgschaftsschuld[6] handeln kann — und wird die Bürgschaft vom Gläubiger abredewidrig ausgefüllt, so ist sie unwirksam[7]. Gegenüber einem gutgläubigen Dritten muß der Bürge aber seine Erklärung gegen sich gelten lassen (analog § 172 Abs. 2 BGB)[8].

Zur Bezeichnung der Forderung oder des Gläubigers kann in der Bürgschaftsurkunde auf **ergänzende Schriftstücke** Bezug genommen werden[9]. Die Bürgschaftserklärung kann, wie jede andere Willenserklärung, in bezug auf Inhalt und Umfang nach § 133 BGB ausgelegt werden, wozu auch Umstände herangezogen werden können, die außerhalb der Urkunde liegen[10]. Der Verbürgungswille muß sich jedoch in jedem Fall aus der Bürgschaftsurkunde selbst ergeben. Mündliche Nebenabreden oder Änderungen des Bürgschaftsvertrages bedürfen nur dann der Schriftform, wenn dadurch die Verpflichtung des Bürgen erschwert wird[11]. Gültig ist daher z. B. eine mündliche Zusage in bezug auf das Vorgehen einer anderen Sicherheit[12] und auch die mündliche Abrede über die zeitliche Begrenzung der Bürgschaftsverpflichtung[13].

Für den Bürgen **günstige Abreden** sind demgegenüber formlos rechtswirksam[14].

---

[1] BGH WM 62, 575, 576.
[2] BGH WM 80, 741; vgl. auch BGH WM 80, 374.
[3] OLG Hamm WM 91, 847.
[4] BGH WM 90, 969 = WuB I F 1a.-9.90/Rimmelspacher.
[5] BGH WM 62, 575.
[6] BGH WM 62, 720.
[7] Staudinger/Horn, § 766 BGB, Rdn. 25.
[8] BGH WM 84, 199.
[9] RG 76, 303 (305); BGH WM 62, 575 (576).
[10] Zu den Grenzen vgl. BGH WM 68, 368.
[11] Staudinger/Horn, § 766 Rdn. 12.
[12] BGH WM 55, 375 (376).
[13] BGH WM 69, 35.
[14] BGH BB 68, 13.

Der Verzicht auf die Einrede der Vorausklage ist schriftbedürftig[1].

An der Wirksamkeit derartiger Vereinbarungen ändert auch die häufig in Bürgschaftsurkunden anzutreffende Klausel nichts, wonach Abänderungen der Schriftform bedürfen[2], da vertragliche Formvorschriften jederzeit durch Vereinbarungen wieder abbedungen werden können[3]. Allerdings muß den **Beweis**, daß die ihn günstiger stellende mündliche Abrede getroffen wurde, der Bürge führen. Ist bei der mündlichen Abrede eine Hilfsperson des Verwenders als Vertreter aufgetreten, so ist die etwa bestehende Beschränkung der Vollmacht auf den Vertragsschluß nach Maßgabe der AGB zu beachten.

Die Formvorschrift des § 766 S. 1 BGB gilt auch für den Vorvertrag[4].

Der **Bürge** kann sich zur Abgabe seiner Erklärung auch eines **Vertreters** bedienen[5]. 339 Dabei ist eine schriftliche Erteilung der Vollmacht nach § 167 Abs. 2 BGB zwar nicht erforderlich, aber aus Beweisgründen empfehlenswert. Der Bevollmächtigte kann auch — als Vertreter des Bürgen — eine Bürgschaft zu seinen Gunsten übernehmen; § 181 BGB findet auf diesen Fall entsprechende Anwendung[6]. Eine Bürgschaftserklärung, die der alleinvertretungsberechtigte Geschäftsführer einer GmbH namens der GmbH zur Sicherung eines Kredits des Geschäftsführers abgibt, ist damit wirksam. Etwas anderes muß hingegen dann gelten, wenn der Geschäftsführer und die Bank bewußt zum Nachteil der GmbH handeln und wenn eine Bürgschaft nach der Satzung nur mit Zustimmung der anderen Organe der GmbH übernommen werden darf[7]. Vorsicht ist bei der Übernahme einer Bürgschaft durch einen Minderjährigen geboten, er bedarf für die Abgabe dieser Erklärung neben der Zustimmung des gesetzlichen Vertreters noch der Genehmigung durch das Vormundschaftsgericht (§§ 1643, 1822 Nr. 10 BGB).

Die Bürgschaftserklärung, die ein **Vollkaufmann** (§ 1—3 HGB) im Betriebe seines 340 Handelsgewerbes abgibt, bedarf gemäß §§ 350, 343 HGB nicht der Form des § 766 BGB. Diese Ausnahme gilt gemäß § 351 HGB nicht für den Minderkaufmann (§ 4 HGB), jedoch muß sich der Scheinkaufmann an seiner mündlichen Verpflichtungserklärung festhalten lassen[8]. **In der Praxis kommen mündliche Bürgschaftsverpflichtungen relativ selten vor.** Für die Banken ist es empfehlenswert, sich auch von Vollkaufleuten eine schriftliche Bürgschaftserklärung geben zu lassen, zumal es im Einzelfall zweifelhaft sein kann, ob es sich bei dem Bürgen um einen Vollkaufmann handelt und ob die Bürgschaftserklärung für ihn ein Handelsgeschäft darstellt. Zwar spricht

---

[1] BGH NJW 68, 2332.
[2] BGH WM 55, 375 (376).
[3] BGH WM 66, 1200 (1201).
[4] BGH WM 66, 139.
[5] Vgl. BGH WM 70, 816, wo auch auf die Haftung des mitunterzeichnenden Vertreters angesprochen wird.
[6] Palandt/Heinrichs, § 181 Rdn. 8.
[7] BGH WM 60, 611 (613).
[8] Hans. OLG Hamburg JW 27, 1109; RG JW 06, 691.

grundsätzlich bei einem Kaufmann die Vermutung dafür, daß er bei der Abgabe der Bürgschaftserklärung im Rahmen seines Handelsgewerbes tätig sein wollte (§§ 350, 344, 343 HGB), es können aber trotzdem im Einzelfall Schwierigkeiten auftreten[1].
Wird die von § 766 S. 1 BGB vorgeschriebene Form nicht eingehalten, so ist die Bürgschaftserklärung gemäß § 125 S. 1 BGB nichtig. Der Formmangel kann jedoch nach § 766 S. 2 BGB geheilt werden, wenn der Bürge die Hauptverbindlichkeit erfüllt[2]. Kondiktionsansprüche des Bürgen sind dann ausgeschlossen[3]. Ist die Bürgschaft im Einzelfall wegen Nichteinhaltung der Schriftform nichtig, kommt unter Umständen eine Umdeutung nach § 140 BGB in ein formfreies Geschäft (Kreditauftrag, Garantie, Schuldbeitritt) in Frage. Dabei ist besonders zu beachten, daß das durch die Umdeutung entstehende Rechtsgeschäft keine weitergehenden Folgen haben darf, als das der Umdeutung zugrundeliegende. Entscheidend wird dabei auf das eigene Interesse des Übernehmers abgestellt. Fehlt dieses, so wird im Zweifel eine (nichtige) Bürgschaft vorliegen[4].

341 Die Berufung des Bürgen auf den **Formmangel** kann rechtsmißbräuchlich sein. Das ist insbesondere dann der Fall, wenn sein eigenes Verhalten gegen Treu und Glauben (§ 242 BGB) verstößt[5], so etwa, wenn er den Irrtum über die Form selbst verursacht hat[6] oder wenn er die formnichtige Bürgschaft zunächst selbst als gültig behandelt und mittelbar Vorteile aus dem Kredit gezogen hat[7].

342 Ist im Einzelfall der **Umfang einer Bürgschaft** nicht eindeutig, so besteht kein Anlaß, sie im Zweifel zugunsten des Bürgen eng auszulegen[8]. Die Klausel, worin der Bürge erklärt, daß die von ihm übernommene Bürgschaft zusätzlich zu etwaigen weiteren von ihm abgegebenen Bürgschaftserklärungen gilt, bedeutet, daß sich die Bürgschaftssummen der beiden gesonderten Bürgschaftserklärungen addieren und nicht nur die jeweils letzte gelten soll[9].

Der Bürgschaftsvertrag kann wegen Verstoßes gegen §§ 134, 138 BGB nichtig sein (vgl. Rdn. 131). Dabei kommt eine **Nichtigkeit** nach § 138 Abs. 2 BGB (Wucher) nur dann in Betracht, wenn die Bürgschaft im Rahmen eines gegenseitigen Vertrages übernommen worden ist[10].

---

[1] Im Steuerrecht gilt diese Vermutung nicht. Ob es sich bei der Übernahme der nicht zum notwendigen Privatvermögen zu rechnenden Bürgschaft um einen betrieblichen Vorgang handelt, beurteilt sich vielmehr nach der Verbuchung. Bürgschaften, die nicht notwendiges Betriebsvermögen darstellen, können so lange das Betriebsvermögen nicht beeinflussen, als sie in der Buchführung Ausdruck gefunden haben.
[2] BGH WM 64, 849.
[3] BGH WM 58, 1275 (1276).
[4] BGH WM 71, 1411 (1412).
[5] BGH WM 57, 883 (886) m. w. N.
[6] Vgl. RG JW 36, 1822: formnichtiges Zahlungsversprechen einer Behörde.
[7] BGH WM 91, 536; 93, 496.
[8] RG JW 33, 1251.
[9] OLG Düsseldorf, WM 89, 1122 = WuB I F 1a.-23.89/Schröter.
[10] RG HRR 32 Nr. 1430.

Der Bürge kann den Bürgschaftsvertrag wegen **arglistiger Täuschung** oder **Drohung**[1] (§ 123 BGB) anfechten. Eine Anfechtung wegen arglistiger Täuschung kann in Frage kommen, wenn der Gläubuiger den Bürgen durch bewußt falsche Angaben über die Verhältnisse des Schuldners und damit über das Bürgschaftsrisiko getäuscht hat, oder wenn er insoweit Umstände auf Befragen des Bürgen verschwiegen hat[2]. In der Regel dürfte jedoch die Täuschung durch den Hauptschuldner erfolgen, da dieser den Bürgen zur Übernahme der Bürgschaft veranlaßt. Eine Anfechtung kommt dann in der Regel nur bei Vorliegen der Voraussetzungen des § 123 Abs. 2 BGB in Betracht, es sei denn, der Gläubiger muß sich das Verhalten des Hauptschuldners zurechnen lassen[3]. 343

Eine Anfechtung nach § 119 BGB wegen eines Irrtums über die Kreditwürdigkeit und die Vermögensverhältnisse des Hauptschuldners ist nicht zulässig[4]. Dies gilt auch wegen eines Irrtums über den Wert der neben der Bürgschaft für den Hauptschuldner bestehenden Sicherheiten[5]. Dem Gläubiger hingegen steht das Recht zu, die Bürgschaft wegen eines Irrtums über die Vermögensverhältnisse des Bürgen anzufechten[6]. 344

Von der Bürgschaft für eine **zukünftige**[7] oder bedingte Verbindlichkeit nach § 765 Abs. 2 BGB ist die — aufschiebend oder auflösend — **bedingte Bürgschaft** zu unterscheiden. Auf diese Art der Bürgschaft sind die §§ 158 ff. BGB anzuwenden. Soll durch die Bürgschaftsübernahme ein bestimmtes Verhalten des Gläubigers erreicht werden, so steht dem Bürgen gegenüber dem Gläubiger bei Vereitelung dieses Erfolges die Bereicherungseinrede nach § 812 Abs. 1 S. 2 BGB zu [8]. 345

V. Gesicherte Forderung

1. Zweckbestimmung

Die Bürgschaft ist streng **akzessorisch** zur Hauptschuld (vgl. Rdn. 18). Dies hindert den Bürgen aber nicht, sich für mehrere Forderungen desselben Gläubigers gegen einen oder mehrere Schuldner zu verbürgen (s. Rdn. 186). Eine Verbürgung der Forderungen von mehreren Gläubigern gegen einen oder mehrere Schuldner ist jedoch wegen des Akzessorietätsgrundsatzes nicht möglich. Damit wird aber nicht die Möglichkeit aus- 346

---

[1] Vgl. hierzu BGH WM 73, 36 für den Fall, daß die Ehefrau eine Bürgschaft anficht, die sie übernommen hatte, weil der Gläubiger mit Strafanzeige gegen den Ehemann und Konkursantrag gedroht hatte.
[2] RGRK/Mormann, § 765 Rdn. 15.
[3] Vgl. hierzu RGRK/Mormann, § 765 Rdn. 15 m. w. N.
[4] RG 134, 129; BGH WM 56, 885 (889); 93, 1233 zum typischen Bürgenrisiko.
[5] BGH WM 66, 92.
[6] Warn 15, 198.
[7] Für zukünftige Forderungen vgl. BGH WM 57, 1430; 65, 230; 74, 1124.
[8] RGRK/Mormann, § 765 Rdn. 19; OLG Frankfurt WM 1980, 1353; BGH WM 92, 1016 = WuB I F 1a.-14.92/Rimmelspacher.

geschlossen, daß ein Bürge mehrere Bürgschaftserklärungen für mehrere Gläubiger in ein und derselben Urkunde abgibt.

Ob bei Nichtigkeit des „Hauptvertrages", aus dem die verbürgte „Hauptschuld" resultiert, die Bürgschaft die **Bereicherungs- oder Rückgewähransprüche** der Vertragspartei des „Hauptvertrages" sichert, ist Auslegungsfrage, wenn die Bürgschaft die Erstreckung auf **Bereicherungsansprüche** nicht ausdrücklich enthält[1]. Hatte der Bürge ein eigenes Interesse an der Kreditgewährung, sind auch die Bereicherungsansprüche des Gläubigers gegen den Schuldner bei Nichtigkeit des Darlehensvertrages verbürgt, selbst wenn dies nicht ausdrücklich in der Bürgschaft vereinbart worden ist. Umfaßt eine Formularbürgschaft ausdrücklich auch Ansprüche aus Bereicherungsrecht, so ist dies nicht ohne weiteres überraschend i. S. von § 3 AGBG[2]. Wer sich für Ansprüche aus einem Darlehensvertrag verbürgt, muß im allgemeinen damit rechnen, daß der Gläubiger für den Fall einer Unwirksamkeit des Darlehensvertrages wegen Erstattung der Darlehensvaluta aus ungerechtfertigter Bereicherung gesichert sein will[3].

347 Die verbürgte Forderung ist klar von den nicht von der Bürgschaft umfaßten Forderungen abzugrenzen. Dies erfolgt in der Regel durch eine entsprechende **Zweckvereinbarung** (s. Rdn. 6). Im Bankverkehr werden überlicherweise alle gegenwärtigen und zukünftigen Forderungen aus einem **bestimmten** Kreditverhältnis verbürgt. Die Zulässigkeit der Verbürgung für zukünftige Forderungen ergibt sich aus § 765 Abs. 2 BGB[4]. In einem derartigen Fall spricht man von einer **Kreditbürgschaft** im engeren Sinne. Die Begrenzung der Bürgschaft auf eine ganz bestimmte Forderung ist in der Bürgschaftserklärung ausdrücklich anzugeben. Tritt eine Bank als Sicherungsnehmerin auf, so haften die ihr gestellten Sicherheiten aufgrund der Zweckvereinbarung meist für alle Forderungen der Bank gegen den Hauptschuldner aus der bankmäßigen Geschäftsverbindung[5]. Etwas anderes gilt dann, wenn die Parteien von vornherein die Begrenzung der Bürgschaft auf eine bestimmte Forderung vereinbart haben[6]. Dies kann sich aus den Umständen ergeben, z. B. Bürgschaftsübernahme in genau der Höhe des Kredits und erkennbarem Interesse des Bürgen, **nur diesen** Kredit zu sichern und keine weiteren. Vorverhandlungen und sonstiges Verhalten der beteiligten Parteien haben dann außer Betracht zu bleiben, wenn die Bürgschaftserklärung klar und eindeutig gefaßt und somit keinen Raum für eine Auslegung läßt[7], es sei denn, eine **Individualabrede** geht vor. Wenn sich eine geplante Kreditgewährung zerschlägt, ist der Gläubiger wegen des Wegfalls des Sicherungszwecks grundsätzlich verpflichtet, eine für den geplanten Kredit erhaltene Bürgschaft an den Schuldner zurück zu gewähren, d. h. er darf sie nicht

---

[1] BGH NJW 92, 1234; OLG Düsseldorf WM 88, 1407.
[2] BGH WM 92, 135.
[3] BGH WM 92, 135.
[4] Vgl. BGH WM 74, 1127 (1129); WM 65, 230; 57, 1430.
[5] BGH 25, 313; BGH NJW 1986, 928; BGH WM 90, 969.
[6] BGH WM 59, 969.
[7] BGH WM 56, 1127.

ohne weiteres zur zusätzlichen Sicherung eines früheren Kredits behalten[1]. Die Bürgschaft ist nämlich nicht nur in bezug auf die Rechtsinhaberschaft, sondern auch in bezug auf ihren Bestand von der Hauptforderung abhängig. Bei **endgültig fehlender Hauptschuld** entsteht daher auch kein Sicherungsrecht, das der Gläubiger zurück zu gewähren hätte. Die Bürgschaftsurkunde ist dem Bürgen zurückzugeben[2].

Bei einer Verbindung von Kreditvertrag und Bürgschaftserklärung auf einem Formular ergibt sich schon hieraus die Beschränkung der Haftung auf den jeweiligen **Kredit**.

Gem. § 765 Abs. 2 BGB ist auch eine Verbürgung für eine zukünftige oder bedingte Verbindlichkeit möglich. 348

Die gesetzliche Regelung sieht eine Haftung für künftige Forderungen ausdrücklich vor (§ 765 Abs. 2 BGB). Die Ausdehnung der Bürgschaft auf **künftige** Forderungen verstößt dabei nicht gegen das AGB-Gesetz[3].

Besteht zwischen den Parteien eine **laufende Geschäftsverbindung**, so wird man bei der Übernahme einer ziffernmäßig **unbegrenzten Bürgschaft** in der Regel davon ausgehen können, daß diese sich auch auf zukünftige Verbindlichkeiten erstrecken soll[4]. Wegen des aus Gründen der Überschaubarkeit auch im Bürgschaftsrecht geltenden Grundsatzes der hinreichenden **Bestimmbarkeit** der zu sichernden Forderung ist eine Bürgschaftsübernahme dann unwirksam, wenn sie alle nur irgendwie denkbaren künftigen Verbindlichkeiten des Hauptschuldners ohne jede sachliche Begrenzung sichern soll[5]. Eine über den weiten Sicherungszweck hinausgehende Haftung für außerhalb der bankmäßigen Geschäftsverbindung entstandene Ansprüche ist unwirksam[6]. Dies wird mit „inhaltlicher Unbestimmtheit" sowie der Unübersehbarkeit des Risikos des Bürgen begründet[7]. Die Unwirksamkeit eines Teils der Zweckbestimmungserklärung führt nicht zur Unwirksamkeit der Bürgschaft insgesamt[8]. Eine formularmäßige Bürgschaftserklärung, die sich auf schlechthin alle durch Abtretung von Dritten erworbenen Forderungen erstrecken soll, genügt dem Bestimmbarkeitserfordernis wohl nicht. Erst nach Eröffnung des Konkurses über das Vermögen des Hauptschuldners und nicht im Rahmen der bankmäßigen Geschäftsverbindung erworbene Forderungen werden von einer derartigen Bürgschaftserklärung jedenfalls nicht erfaßt[9]. 349

Durch die generelle Beschränkung der Bürgschaft in Form eines Formularvertrages auf einen Höchstbetrag (sog. **Höchstbetragsbürgschaft**; der Höchstbetrag darf nicht

---

[1] BGH WM 92, 1016 = Rimmelspacher in WuB I F 1a.-14.92.
[2] BGH WM 89, 521 = WuB I K 3.-5.89/Rimmelspacher.
[3] BGH WM 85, 155; vgl. auch WuB I F 1a. Bürgschaft 1.85 — Schröter; ablehnend Reinicke/Tiedtke, JuS 85, 485.
[4] BGH WM 57, 876.
[5] BGH 25, 318 = WM 57, 1430, 1975.
[6] BGH WM 90, 969 = WuB I F 1a.-9.90/Rimmelspacher; BGH WM 92, 391.
[7] Rimmelspacher in WuB I F 1a.-9.90.
[8] BGH WM 89, 88; WM 89, 1926; WM 90, 969; WM 92, 391 = WuB I F 1a.-8.92/Schröter.
[9] BGH NJW 79, 2040.

mit dem Zweck der Bürgschaft verwechselt werden, also ob die Bürgschaft für einen ganz bestimmten Kredit oder für die bankmäßige Geschäftsverbindung gilt) sind die rechtlichen Bedenken des Schrifttums[1] gegenstandslos geworden. Unabhängig davon ist eine Bürgschaft auch für künftige Forderungen ohne Vereinbarung eines Höchstbetrages (**unlimitierte Bürgschaft**) auch als Formularbürgschaft, die dem AGB-Gesetz unterliegt, wirksam, wenn der Bürger ein eigenes wirtschaftliches Interesse an dem Kredit an den Schuldner und Kontroll- sowie Einflußmöglichkeiten auf die (durch die Bürgschaft) gesicherte bankmäßige Geschäftsverbindung hat (wie z. B. der geschäftsführende Gesellschafter einer GmbH)[2].

Problematisch ist die Frage, ob eine Bürgschaft „für alle Ansprüche aus der bankmäßigen Geschäftsverbindung gegen den Hauptschuldner" sich auch auf Ansprüche der Bank, die ihr aus einer vom Hauptschuldner für einen Dritten übernommenen Bürgschaft zustehen, erstreckt[3]. Jedenfalls ist die Übernahme einer Bürgschaft für alle nur irgendwie denkbaren künftigen Verbindlichkeiten des Hauptschuldners ohne jede sachliche Begrenzung unwirksam, weil eine so weit gefaßte Verbürgung das Risiko zum Nachteil des Bürgen zu weit ausdehnt und die Warnfunktion des § 766 BGB aushöhlt[4].

Der Bundesgerichtshof hat bei Formularbürgschaften den Umfang eingeschränkt, da kein vernünftiger Grund besteht, anzunehmen, daß eine Bank, die mit einem Kunden in Geschäftsbeziehung steht und ihm Kredit gewährt, mit einer auf ihr Verlangen von einem Dritten übernommenen Bürgschaft mehr als ihre Forderungen aus dem bankmäßigen Geschäftsverkehr mit dem Kunden sichern wolle. Dementsprechend sind Formularverträge ... einschränkend dahin auszulegen, daß die Bürgschaft sich nur auf Forderungen der Bank aus der bankmäßigen Geschäftsverbindung mit dem Kunden bezieht. Eine solche Auslegung empfiehlt sich gem. §§ 133, 157 BGB auch im Interesse der Rechtssicherheit (s. auch Rdn. 164)[5]. Entscheidend ist also die **bankmäßige Geschäftsverbindung**. Zu beachten ist bei **Ehegatten-Bürgschaften**, daß im Wege der Auslegung gem. §§ 133, 157 BGB der bürgende Ehegatte nur für die Kredite des anderen Ehegatten eintreten will, die vor der Kenntnis des Gläubigers von einem laufenden Scheidungsverfahren eingeräumt worden sind. Das OLG Braunschweig[6] ermittelt dabei den Willen der Parteien für den von ihnen nicht erörterten und auch sicherlich nicht erwarteten Fall der Scheidung unter Berücksichtigung der Gebote von Treu und Glauben[7]. Der Wille des Bürgen, für neue Darlehen die Haftung zu übernehmen, kann danach nur so lange vorausgesetzt werden, als die Erwartung fortbesteht, die Ehe

---

[1] Staudinger/Horn, § 765 Rdn. 10; MünchKomm/Pecher, § 765 Rdn. 12.
[2] Vergl. BGH WM 85, 155; 85, 969.
[3] OLG Bamberg, WM 90, 1019; a. A. Rimmelspacher in WuB I F 1a.-10.90; vergl. auch BGH WM 90, 969.
[4] BGH WM 90, 969.
[5] BGH WM 65, 231; 90, 969; RG JW 1912, 465.
[6] Geschäfts-Nr. 1 U 49/76 vom 6. Juni 1977.
[7] BGH Versicherungsrecht 72, 1142.

werde voraussichtlich lebenslänglich dauern. Mit Erhebung der Scheidungsklage ist aber diese Voraussetzung entfallen. Begründet wird dieses Ergebnis auch damit, daß dem in Scheidung lebenden bürgenden Ehegatten jede Möglichkeit genommen ist, über eine Einflußnahme auf das „Kreditgebaren" des Ehemannes und dessen sonstige wirtschaftliche Entschließungen „das Risiko vorbeugend zu begrenzen". Interessant an dieser Entscheidung ist vor allem, daß sie sich nicht rechtlich auf einen Wegfall der Geschäftsgrundlage beruft, sondern auf eine **ergänzende Vertragsauslegung** nach § 157 BGB[1]. Dies muß auch bei **Getrenntlebenden** gelten.

Eine Beschränkung des Bürgschaftsrisikos kann auch dadurch erfolgen, daß nur die Forderungen eines in bestimmter Höhe zugesagten Kredites in laufender Rechnung besichert werden sollen. Die Tolerierung kurzfristiger Kreditüberziehung wird allerdings als bank- und geschäftsüblich bezeichnet[2]. Kraft Gesetzes haftet der Bürge auch ohne besondere Abrede für die dem Gläubiger von dem Hauptschuldner zu ersetzenden **Kosten der Kündigung** und der Rechtsverfolgung sowie für die aus dem Schuldverhältnis erwachsenden, z. B. in dem Verschulden oder Verzug des Hauptschuldners begründeten Erweiterungen der Hauptverbindlichkeit. Eine Bürge haftet auch für **Verzugszinsen** aus der Hauptforderung, die nach der Eröffnung des Konkurses über das Vermögen des Hauptschuldners anfallen[3]. Auf der anderen Seite entspricht es allgemeiner Regel, daß der Hauptschuldner nicht durch spätere vertragliche Abmachungen mit dem Gläubiger die **Haftung des Bürgen erweitern** kann (s. Rdn. 196) und daß sich der Bürge der **Einwendungen** bedienen darf, die dem Hauptschuldner gegenüber der gesicherten Forderung zustehen, insbesondere auch der Einrede der Verjährung (siehe aber davon z. T. abweichende Vereinbarungen im Mustervertrag nebst Anmerkungen). Deshalb ist auch eine Inanspruchnahme der Bürgschaft durch den Gläubiger wirkungslos, solange die verbürgte Forderung **nicht fällig** ist. 350

Die Bürgschaft erlischt auch grundsätzlich dann nicht, wenn sich die verbürgte Forderung in ihrem Bestand ändert (§ 767 Abs. 1 BGB). Selbst wenn diese **Änderung** auf einem vom Hauptschuldner mit dem Gläubiger vorgenommenen Rechtsgeschäft beruht (§ 767 Abs. 1 S. 3 BGB), hat dies nur zur Folge, daß die Bürgenhaftung sich nicht auf **Veränderungen** erstreckt, die die Stellung des Bürgen verschlechtern. Der BGH hat dazu entschieden, daß ausschlaggebend ist, ob die Forderung des Gläubigers ihrem Inhalt nach dieselbe ist, wie die durch die Bürgschaft nach deren Inhalt zu sichernde Forderung. An der Identität zwischen Hauptschuld und verbürgter Schuld fehlt es grundsätzlich nur dann, wenn die Hauptschuld der Bürgschaft durch eine andere ersetzt worden ist oder inhaltlich insoweit geändert wird, daß dies einer Ersetzung durch eine Forderung gleichkommt[4]. 351

---

[1] S. auch BGH DB 67, 2115; NJW 53, 1589; WM 61, 79.
[2] BGH WM 78, 1430 = WuB I F 1a.-9.88/Bruchner.
[3] OLG Nürnberg, WM 91, 1794.
[4] BGH WM 80, 773 = ZIP 80, 638.

Das ist nicht der Fall, wenn die Änderungen lediglich eine **Modalität der Rückzahlung des Darlehens** betreffen; die verbürgte Forderung selbst soll durch die Veränderung der Tilgungsbedingungen nicht durch eine andere ersetzt werden. Die Bürgenhaftung bleibt somit grundsätzlich bestehen, allerdings nur in dem Umfang der Hauptschuld, wie er sich aus der ursprünglichen Schuldurkunde ergibt.

Bei einer Bankbürgschaft, die zur Abwendung der Vollstreckung aus einem nicht rechtskräftigen Urteil gegeben worden ist, besteht die **Verpflichtung zur Rückgabe** dieser Bürgschaft, wenn auf die weitere Vollstreckung vor Rechtskraft des Urteils verzichtet wird[1].

352 Zu beachten ist, daß eine **Bankbürgschaft**, die im **einstweiligen Verfügungsverfahren** für alle Schadensersatzansprüche, die der gegnerischen Partei im Falle der Aufhebung oder Abänderung der einstweiligen Verfügung durch die Vollstreckung oder durch eine zur Abwendung der Vollstreckung erbrachten Leistung, gegeben wird, sich nur auf den Schaden bezieht, der aus der Vollziehung der angeordneten Maßregel oder dadurch entsteht, daß sie Sicherheit leistet, um die Vollziehung abzuwenden oder die Aufhebung der Maßregel zu erwirken. Nicht dagegen ist der Schaden zu ersetzen, der aus der bloßen Anordnung resultiert. Nicht durch die Vollziehung oder ihre Abwendung verursacht sind die Kosten des Anordnungs- und Widerspruchsverfahrens. Nach herrschender Lehre wird der Ersatz von Prozeßkosten des einstweiligen Verfügungsverfahrens nach § 945 ZPO abgelehnt, weil diese Kostenbelastung nicht aus der Vollziehung der angeordneten Maßregel resultiert, sondern auf ihrer Anordnung beruht[2].

2. Höchstbetragsbürgschaft — unlimitierte Bürgschaft

353 Bei der **Höchstbetragsbürgschaft** wird eine ziffernmäßige Höchsthaftungsgrenze vereinbart (s. Rdn. 349). Dabei kann die Beschränkung auch so erfolgen, daß für die Hälfte der jeweiligen Kreditforderung gehaftet werden soll. Die Höchstbetragsbürgschaft ist im Bankverkehr **üblich**. Die Haftung des Bürgen erstreckt sich dann zwar auf die ganze Hauptschuld, wird aber durch den angegebenen Höchstbetrag begrenzt. Befriedigt der Hauptschuldner zunächst selbst den Gläubiger, bleibt die Haftung des Bürgen für den verbleibenden Restbetrag in Höhe seiner Haftungssumme bestehen. Dadurch unterscheidet sich die Höchstbetragsbürgschaft von der Teilbürgschaft. Hat sich z. B. der Teilbürge für die erstrangigen DM 3000,- verbürgt und zahlt der Hauptschuldner selbst, so ist der Bürge frei.

354 Auch bei einer Höchstbetragsbürgschaft können mehrere Bürgen unabhängig voneinander selbständige Bürgschaftserklärungen abgeben. Üblicherweise haften sie dann als Gesamtschuldner, so daß unter Umständen ein ungesicherter Betrag verbleiben würde. Da der Sicherungsnehmer aber an einer vollen Abdeckung des Kredits Interesse haben dürfte, empfiehlt es sich, auch hier die gesamtschuldnerische Haftung der Bür-

---

[1] OLG München WM 79, 29.
[2] LG Darmstadt WM 79, 90; BGH 45, 151.

gen abzubedingen. Die Höchstbetragsbürgschaft wird hauptsächlich zur Absicherung eines Kontokorrentkredits verwendet. Die Klausel in einem Bürgschaftsvertrag, nach der sich der verbürgte Betrag um **Zinsen, Provision und Kosten** erhöht, ist jedenfalls dann nicht überraschend i. S. von § 3 AGBG, wenn durch die Formulargestaltung nicht der Eindruck erweckt wird, die Bürgenhaftung sei auf einen bestimmten Höchstbetrag begrenzt[1]. Die von den Kreditinstituten zum Zwecke der Kreditsicherung verwendeten Formulartexte enthalten seit neuestem allerdings nicht mehr diese betragsmäßige Erhöhung, obwohl sie auch früher anerkannt war[2]. Gestützt wird diese Auffassung auch dadurch, daß eine betragsmäßig überhaupt nicht limitierte Bürgschaft keinen Bedenken aus § 9 AGB begegnet[3].

Umfaßt die Bürgschaft auch Zinsen eines **Kontokorrentkredites**, so kann der Bürge nach der jeweiligen Einstellung der Zinsen ins Kontokorrent und Genehmigung des Rechnungsabschlusses die Höhe der Zinsen nicht mehr beanstanden. Die Bürgenhaftung kann durch Saldierung der aufgelaufenen Zinsen sich wesentlich erhöhen. Von dem Zeitpunkt an, an dem der Kredit dauernd über dem Bürgschaftshöchstbetrag hinaus in Anspruch genommen wird, wird dieser nachträglich in einer gesonderten Zinsstaffel kontokorrentmäßig behandelt, d. h. zu jedem Rechnungsabschluß des Kreditkontos sind dem „Bürgschaftskapital" die darauf entfallenden Zinsen zuzuschlagen[4]. Ist der auf dem Kreditkonto geschuldete Saldo jeweils höher als der Betrag auf dem Bürgschaftskonto, dann sind keine Zahlungen auf die Zinsen erfolgt, da bei einem Periodenkontokorrent Gutschriften auf dem laufenden Konto nicht vorrangig mit Zinsen, sondern mit der Hauptschuld verrechnet werden. Nur wenn die Hauptschuld auf dem Kreditkonto unter den verbürgten Betrag zuzüglich der zum Bürgschaftskapital geschlagenen Zinsen sinkt, können die Zinsen durch Zahlung getilgt werden. Von diesem Zeitpunkt an kann für die Berechnung des Bürgschaftskontos der niedrigere Saldo auf dem Kreditkonto zugrunde gelegt werden[5]. Eine für einen bestimmten **Ratenkredit** gegebene Bürgschaft erstreckt sich grundsätzlich nicht auf Forderungen aus einem späteren Kredit. Eine im Bürgschaftsvertrag enthaltene Klausel, daß die Bürgschaft auch zur Sicherung von künftigen Ansprüchen gilt, ist in diesem Fall überraschend (§ 3 AGBG)[6].

Die von dem Bürgen auf die Zinsverpflichtung des Hauptschuldners erbrachten Zahlungen führen allerdings nicht zugleich zu einer Verminderung der Bürgschaftssumme[7].

355

---

[1] LG Stuttgart, WM 93, 1181 = WuB I F 1a.-13.93/Ringseisen.
[2] BGH WM 78, 10; WM 80, 863; Merz, WM 82, 274; MünchKomm/Pecher, § 765 Rdn. 17; Ulmer/Brandner/Hensen, AGBG, Anh. § 9—11, Rdn. 260.
[3] BGH WM 85, 155 = WuB I F 1a.-1.85/Schröter; WM 85, 95 = WuB I F 1a.-6.86/Bruchner; a. A. OLG Nürnberg, WM 91, 1794 = WuB I F 1a.-19.91/Moritz.
[4] Schröter in WuB I F 1a.-7.86.
[5] Schröter a. a. O.
[6] OLG Hamm WM 85, 1221 = WuB I F 1a.-4.86/Schröter.
[7] BGH WM 78, 10.

Rückständige Zinsbeträge, die den Höchstbetrag überschreiten, verjähren gemäß § 197 BGB in 4 Jahren.

Eine Klausel in Bürgschaftserklärungen, nach der sich der Höchstbetrag der Bürgschaft jeweils insoweit erhöht, als bei der Saldierung die aufgelaufenen Zinsen, Provisionen und Kosten dem Kapital zugeschlagen werden und hierdurch der neue Saldo den Betrag der Bürgschaft überschreitet, ist nicht zu beanstanden[1]. Sie dient dazu, die übernommene Bürgschaftsverpflichtung auch für den Fall des Kontokorrents bezüglich der Zinsen anwendbar zu machen, da sonst durch die schulderneuernde Wirkung der Saldierung der Zinsen zu den jeweiligen Abrechnungszeitpunkten, diese aus der Bürgschaftsverpflichtung herausfallen würden, weil sie infolge der Saldierung zur Hauptforderung werden. Sobald die Hauptforderung den Höchstbetrag der Bürgschaft erreicht, würde der Bürge entgegen seiner Bürgschaftsverpflichtung für Zinsen nicht mehr haften, da infolge des Kontokorrents eine selbständige Zinsverpflichtung des Hauptschuldners nicht besteht ... Dies begegnet keinen rechtlichen Bedenken, da sich die Bürgschaftsverpflichtung gleichwohl innerhalb der Grenzen der Hauptschuld hält[2].

Diese Regelung verstößt auch nicht gegen Treu und Glauben im Hinblick auf die Überschaubarkeit des Umfangs der Bürgschaftsverpflichtung, da es dem Bürgen jederzeit möglich ist, die Obergrenze seiner Verpflichtung abzuschätzen; sie wird durch die Hauptforderung zuzüglich der üblichen Zinsen aus der Hauptforderung für die Dauer der Bürgschaftsverpflichtung bestimmt.

356 Die Berufung auf Verjährung von Zinsen scheitert schon daran, daß die Zinsen in das Kontokorrent eingestellt und dieses vom Kontoinhaber anerkannt wird. Die Forderung aus einem anerkannten Saldo eines Kontokorrent verjährt gem. § 195 BGB aber in 30 Jahren[3].

Auch bei einer Höchstbetragsbürgschaft kann sich der vom Bürgen zu zahlende Betrag über den Höchstbetrag hinaus erhöhen, wenn eine Bürgschaft entsprechende vertragliche Regelungen enthält. In **Kreditbürgschaften** wird regelmäßig folgender Passus aufgenommen: „Der Betrag, der von mir übernommenen Bürgschaft erhöht sich um Beträge, die als Zinsen, Provision, Spesen und Kosten jeder Art auf den verbürgten Höchstbetrag entfallen oder durch deren Geltendmachung entstehen; dies gilt auch dann, wenn die Beträge durch Saldofeststellung im Kontokorrent jeweils zum Kapital geschlagen werden und dadurch der verbürgte Höchstbetrag überschritten wird." Diese Vereinbarung ist zulässig[4]. In der neueren Formularpraxis werden diese Beträge allerdings im Höchstbetrag berücksichtigt (vgl. Anhang).

---

[1] BGH ZIP 80, 529; OLG Celle ZIP 84, 437.
[2] Vergl. WM 1970, 54.
[3] BGH 51, 349.
[4] BGH WM 80, 863; ZIP 80, 529; ZIP 84, 437.

3. Ausfallbürgschaft

Bei der **Ausfallbürgschaft** ist die Haftung des Bürgen auf den Ausfall begrenzt, den der Gläubiger an der Kreditforderung erleidet (s. Rdn. 177). Sie ist somit verstärkt subsidiär im Vergleich zur Regelbürgschaft[1]. Die Inanspruchnahme des Ausfallbürgen setzt voraus, daß der Gläubiger (Kreditgeber) sowohl vom Hauptschuldner (Kreditnehmer) als auch vom Sicherungsgeber (Bürge) Befriedigung nicht erlangen kann und dies auch nachweist. Im Falle einer Ausfallbürgschaft ist zu beachten, daß, sofern weitere Sicherheiten für den Kredit haften, die für den verbürgten Kredit nur „**nachrangig**" herangezogen werden, das Ermessen der Bank, den auf die Sicherheiten entfallenden Erlös auch auf andere, möglicherweise sogar ungesicherte Kredite zu verrechnen, entfällt[2]. Wegen einer Vereinbarung, wann der Ausfall als eingetreten gilt, vgl. Rdn. 177, 182.

357

In der Regel haftet der Ausfallbürge nur für das, „was der Gläubiger bei Anwendung gehöriger Sorgfalt von dem Hauptschuldner zu erlangen nicht im Stande ist[3]. Der Nachweis stellt eine aufschiebende Bedingung (§ 158 Abs. 1 BGB) für die Verpflichtung des Ausfallbürgen dar. Er braucht nicht die Einrede der Vorausklage zu erheben[4]. Bürge und Nachbürge haften nacheinander, nicht nebeneinander[5]. **Sie sind nicht Gesamtschuldner**[6]. Befriedigt der Bürge den Gläubiger, kommt eine Inanspruchnahme des Ausfallbürgen nicht mehr in Betracht. Der Bürge erwirbt dann die Forderung gegen den Hauptschuldner gemäß § 774 BGB, allerdings ohne den Bürgschaftsanspruch gegen den Ausfallbürgen: Die Hauptschuld ist bereits durch den Bürgen getilgt, die aufschiebend bedingte Forderung des Gläubigers gegen den Ausfallbürgen ist dann gar nicht entstanden und kann demgemäß auch nicht auf den zahlenden Bürgen als Nebenrecht übergegangen sein[7]. Befriedigt hingegen der Ausfallbürge den Gläubiger, so erwirkt er nach §§ 774 Abs. 1, 412, 401 BGB mit der Forderung des Gläubigers gegen den Hauptschuldner auch die Forderung des Gläubigers gegen den Bürgen; der Ausfallbürge kann daher beim Bürgen Rückgriff nehmen[8]. Anders als grundsätzlich bei der Regelbürgschaft kann der Gläubiger den Ausfallbürgen insoweit nicht in Anspruch nehmen, als der Gläubiger selbst den Ausfall durch Verletzung von Sorgfaltspflichten bei der Überwachung und Verwertung von Sicherheiten verschuldet hat[9].

---

[1] RGRK/Mormann, § 765 Rdnr. 21.
[2] OLG Düsseldorf WM 92, 1895 = WuB I F 1 a.-10.93/Rehbein.
[3] RG 75, 186; BGH MDR 72, 411.
[4] Weber, BB 71, 333 (334).
[5] Weber, BB 71, 336.
[6] Auernhammer, BB 58, 973; Weber, a. a. O.
[7] Weber, a. a. O.; Palandt/Thomas, § 769 Rdn. 1.
[8] Vgl. Weber, a. a. O.; Auernhammer, a. a. O.
[9] BGH WM 79, 646; 58, 218; RGRK/Mormann, § 765 Rdn. 21 m. w. N.

4. Bürgschaft auf Zeit

358 Es kann vereinbart werden, daß der Bürge nur für die Dauer eines bestimmten Zeitraums[1] haftet (s. Rdn. 183). Dann liegt eine **befristete Bürgschaft** oder eine **Bürgschaft auf Zeit** vor. Derartige Bürgschaften kommen verhältnismäßig häufig vor. Sie sind deshalb gesetzlich besonders geregelt (§ 777 BGB). Nicht immer liegt jedoch bei einer in der Bürgschaftserklärung enthaltenen Zeitbestimmung ein Fall des § 777 BGB vor; vielmehr ist durch Auslegung zu ermitteln, welchen Sinn die Zeitbestimmung haben soll[2].

Bürgschaft auf Zeit kann einmal bedeuten, daß der Bürge nur für **Forderungen** haften will, die **in dem bestimmten Zeitraum** entstanden sind, wie dies im allgemeinen bei Bürgschaften nach § 765 Abs. 2 BGB, bei der Kreditbürgschaft oder bei der Bürgschaft für einen Kontokorrentkredit der Fall ist[3]. Diese Art der Bürgschaft unterfällt jedoch nicht der Bestimmung des § 777 BGB; es gelten hier vielmehr die allgemeinen Regeln der §§ 765–776 BGB. Die Zeitbestimmung kann ferner die Bedeutung haben, daß der Gläubiger die Bürgschaft **innerhalb der genannten Zeit in Anspruch nehmen muß**, andernfalls der Bürge frei wird[4]. § 777 BGB gilt nur für diesen Fall. Es handelt sich dabei um eine Auslegungsregel zugunsten des Gläubigers, da andernfalls der Bürge mit Ablauf der Frist ohne weiteres frei würde (§§ 158 Abs. 2, 163 BGB)[5]. § 777 BGB gilt nicht nur für bereits bestehende Verbindlichkeiten[6], sondern entsprechend auch für zukünftige Verbindlichkeiten[7]. Die zeitliche Begrenzung braucht dabei nicht kalendermäßig bestimmt zu sein; es genügt, daß sie sich aus den Umständen ergibt[8]. Soll die Befristung nachträglich wegfallen, so bedarf diese Vereinbarung grundsätzlich der Schriftform[9].

Zur Frage, **wann eine Zeitbürgschaft** i. S. des § 777 BGB vorliegt, wird auf die Besonderheit einer Zeitbürgschaft hingewiesen, deren Annahme besonderer Anhaltspunkte bedürfe. Eine Zeitbürgschaft sei insbesondere dann noch nicht anzunehmen, wenn die Hauptschuld an einem bestimmten Termin fällig sei. Vielmehr handele es sich um den typischen Fall einer Kreditbürgschaft für eine in der Entstehung begriffene Verbindlichkeit, bei der der Zahlungstermin allenfalls den Umfang des Kredites bestimme[10]. Für eine gegenständliche Begrenzung spricht, wenn für künftige Forderungen gebürgt

---

[1] BGH WM 69, 35.
[2] Palandt/Thomas, § 777 Rdn. 1.
[3] BGH WM 74, 478; BGH NJW 88, 908 = WM 88, 210; NJW 79, 417; WM 76, 275; 74, 478; ZIP 83, 30.
[4] Palandt/Thomas, § 777 Rdn. 1.
[5] BGH WM 66, 276.
[6] Vgl. BGH WM 74, 478.
[7] Palandt/Thomas, § 777 Rdn. 1.
[8] RG HRR 35, Nr. 581; RG 107, 194; beachte aber auch BGH BB 69, 196.
[9] RGRK/Mormann, § 777 Rdn. 2.
[10] OLG München, WM 84, 469.

wird[1]. Der Zusatz: „Diese Bürgschaft ist befristet bis ..." spricht ebenfalls nicht für eine echte Zeitbürgschaft[2]. Gleiches gilt für eine Bürgschaft mit dem Zusatz, daß sie sich „auf die bis zum ... entstandenen Forderungen" beschränkt[3].

Eine im Falle der einstweiligen Einstellung der Zwangsvollstreckung aus einem erstinstanzlichen Urteil als Sicherheit geleistete **Bankbürgschaft** kann in der Regel nicht als bis zum Wegfall der Einstellung befristete Zeitbürgschaft angesehen werden[4]. Trotz einer Befristung kann es sich im Einzelfall auch nicht um Zeitbürgschaft handeln, wenn im Wege der Auslegung (§ 157 BGB) festgestellt wird, daß die Zeitbestimmung und das danach mögliche Freiwerden von der Bürgenhaftung von dem **Eintritt einer Bedingung** (§ 158 Abs. 1 BGB) abhängen sollte — z. B. von der Hereingabe einer anderen Sicherheit —[5]. Der Bürge, der sich nur auf bestimmte Zeit verbürgt, ist auch nach Treu und Glauben nicht gehalten, sich nach Ablauf der Bürgschaftszeit durch eigene **Erkundigungen** Klarheit darüber zu verschaffen, ob er mit einer Inanspruchnahme aus der Bürgschaft rechnen muß[6]. Liegt eine selbstschuldnerische **Zeitbürgschaft** vor, so kann der Gläubiger schon vor deren Ablauftermin nach Eintritt der Fälligkeit der Hauptschuld dem Bürgen die Inanspruchnahme anzeigen, um sich die Rechte aus der Bürgschaft zu erhalten[7]. Es bestehen auch keine Zweifel hinsichtlich des Umfanges der Haftung des Bürgen vor Fristablauf. Wegen der Akzessorietät zur Hauptschuld wird der Umfang der Bürgenhaftung von dieser bestimmt mit der Maßgabe, daß die Haftung bei der selbstschuldnerischen Zeitbürgschaft auf den Bestand der Hauptverbindlichkeit zur Zeit des Ablauftermins der Bürgschaft begrenzt ist, wenn dieser eingetreten ist.

Für die Inanspruchnahme aus einer Zeitbürgschaft ist die **Fälligkeit der gesicherten Forderung nicht erforderlich**, da die Anzeige im Sinne des § 777 Abs. 1 S. 2 BGB nicht voraussetzt, daß die Bürgschaftsschuld sofort einziehbar ist[8]. Der Gläubiger kann sich die Haftung des Bürgen auch noch nach Ablauf der Frist erhalten, indem er unverzüglich nach Fristablauf die Einziehung der Forderung gegen den Hauptschuldner betreibt und unverzüglich nach Beendigung des Verfahrens dem Bürgen anzeigt, daß er ihn in Anspruch nehme. Nur wenn der Gläubiger dies tut, haftet ihm der Bürge nach wie vor für die Hauptverbindlichkeit und zwar in demjenigen Umfang, den sie zur Zeit der Beendigung des Beitreibungsverfahrens hatte. Ist die Bürgschaft gar eine selbstschuldnerische, bleibt dem Gläubiger der Bürge schon dann verhaftet, wenn ihm der Gläubiger unverzüglich nach Fristablauf die obige Anzeige macht, und zwar haftet der Bürge dann

---

[1] BGH WM 88, 210.
[2] OLG Hamm WM 89, 1016.
[3] OLG Zweibrücken WM 94, 788.
[4] BGH NJW 79, 417.
[5] BGH WM 79, 834.
[6] BGH WM 79, 834.
[7] BGH ZIP 80, 108 = NJW 80, 830; Palandt/Thomas, § 777 Rdn. 3.
[8] RG 153, 123.

für die Hauptverbindlichkeit in demjenigen Umfang, den sie bei Ablauf der Frist hatte (§ 777 Abs. 2 BGB). In keinem Fall ist der Gläubiger verpflichtet, unverzüglich nach bewirkter Anzeige gegen den Bürgen vorzugehen[1]. Es kann freilich ausbedungen werden, daß der Bürge zur Vermeidung des **Erlöschens** der Bürgschaft **innerhalb der Frist** in Anspruch genommen werden müsse[2]. So pflegen viele Banken Bürgschaften nur mit folgender Klausel zu übernehmen:

„Die Bürgschaft erlischt, wenn die Bürgschaftsurkunde — auch über Dritte — zurückgegeben wird, spätestens aber, wenn der Bürge nicht bis zum ... aus ihr in Anspruch genommen worden ist."

Im Gegensatz zu der Regelung des § 777 BGB muß die Inanspruchnahme nicht erst unverzüglich nach Ablauf der vereinbarten Frist, sondern noch innerhalb dieses Zeitraums erfolgen. Der Antrag auf Erlaß eines Mahnbescheides ist nicht ausreichend[3]. Sinn von § 693 Abs. 2 ZPO ist nämlich, die Partei vor Nachteilen zu schützen, die sie durch eine Verzögerung der von Amts wegen erfolgten Zustellung erleide, wenn die Verzögerung auf Umstände zurückgehe, auf die sie keinen Einfluß habe. Der Schutz der Rückwirkungsbestimmung der ZPO kommt nur dann in Betracht, wenn eine Frist **allein** durch Einschaltung der staatlichen Gerichte gewahrt werden könne. Wer jedoch eine Frist in anderer Form, z. B. durch einfachen Brief einhalten kann, braucht diesen Schutz nicht.

360 Bei einer Bürgschaft für eine **zukünftige Forderung** wird die Bürgschaft i. d. R. nicht durch die zeitliche Begrenzung befristet, sondern der **Umfang der Haftung** des Bürgen beschränkt und zwar auf die innerhalb der bestimmten Zeit erwachsenden Verbindlichkeiten (s. Rdn. 164), so daß § 777 BGB nicht anwendbar ist[4]. Die Befristung der gesicherten Forderung bedeutet in diesem Zusammenhang nicht zugleich eine Befristung der Bürgschaft. Auf der anderen Seite kann sich aber die Befristung der Bürgschaft auch aus Tatsachen außerhalb der Bürgschaftsurkunde ergeben, z. B. kann nach Lage der Sache eine Bürgschaft, die jemand in seiner Eigenschaft als Gesellschafter einer GmbH übernimmt, als bis zum Ausscheiden des Bürgen aus der Gesellschaft befristet angesehen werden[5], wobei jedoch, wenn die Bürgschaft für künftige Forderungen gelten soll, nach dem Gesagten die Befristung i. S. einer Beschränkung der gesicherten Forderungen näher liegt. Der praktische Unterschied zwischen der Bürgschaft für einen zeitlich begrenzten Forderungskreis und der **befristeten** Bürgschaft zeigt sich besonders bei der selbstschuldnerischen Bürgschaft: für die beim Ablauf der bestimmten Zeit bestehende Verbindlichkeit haftet im ersteren Falle der Bürge schlechthin, im letzteren Fall dagegen nur, wenn der Gläubiger die **Inanspruchnahme rechtzeitig** angezeigt hat.

---

[1] RG 153, 123 (127).
[2] BGH NJW 82, 172.
[3] BGH WM 81, 1302.
[4] BGH WM 66, 275; einschränkend Palandt/Thomas, § 777 Rdn. 1.
[5] RG v. 26. 11. 34 — 325/34 —.

Das OLG Köln[1] hat innerhalb einer befristeten Bürgschaft den formularmäßigen Einwendungsverzicht des Bürgen als nicht mit § 9 Abs. 1 i. V. m. Nr. 1 und 2 AGBG vereinbar angesehen, weil entsprechend dieser Klausel keine Zeitbürgschaft mehr vorläge, sondern die Bürgschaft zu einer zeitlich unbegrenzten würde, was dem Grundgedanken der gesetzlichen Regelung widerspreche. Dem ist nicht zuzustimmen. Die Mitteilung, daß der Bürge in Anspruch genommen werde, bezweckt, den Bürgen darüber zu informieren, ob er nun haftet oder nicht. Daß er weiterhaftet (bei Anzeige) sieht das Gesetz vor (§ 777 Abs. 2 BGB). Es ist unbedenklich, mit dem Bürgen — auch formularmäßig — diese Weiterhaftung auch für den Fall zu vereinbaren, daß die Anzeige unterbleibt. Dem Bürgen wird damit von vornherein klar gemacht, daß er weiterhaftet.

Eine **Verlängerung der Frist** steht der Eingehung einer neuen Bürgschaft gleich, bedarf also der Schriftform, sofern sich ihre Bedeutung nicht in einer bloßen Stundung der mit Fristablauf fällig gewordenen Bürgschaftsschuld erschöpft[2]. Ob und wann im übrigen der Bürge berechtigt ist, sich einseitig aus der Bürgenhaftung zu lösen, entscheidet grundsätzlich der Parteiwillen. Nach der Rechtsprechung kann er, wenn der Hauptschuldner in Vermögensverfall gerät, bevor der verbürgte Kredit gegeben ist, in entsprechender Anwendung des § 610 BGB die Bürgschaft widerrufen oder sich gegenüber der späteren Inanspruchnahme gemäß § 242 BGB darauf stützen, daß der Gläubiger arglistig handelt, sofern er den Kredit in Kenntnis der Sachlage gegeben hat[3]. Des weiteren hat der Bürge auch nach allgemeinen Grundsätzen ein **Kündigungsrecht**[4] (vgl. Rdn. 377).

Da § 777 Abs. 1 BGB eine gesetzliche Auslegungsregel zugunsten des Gläubigers beinhaltet, hat der Bürge zu beweisen, daß eine auf eine bestimmte Zeit für eine bestehende Verbindlichkeit übernommene Bürgschaft entgegen dieser Regel nach §§ 163, 158 Abs. 2 BGB schon mit dem Endtermin erlischt; dem Gläubiger hingegen obliegt die Beweislast, daß er die in Absatz 1 geforderten Maßnahmen unverzüglich gegen den Bürgen getroffen hat[5].

5. Rechtlicher Bestand der Hauptforderung

Da die Bürgschaft streng akzessorisch zur Hauptforderung ist, ist deren **rechtlicher Bestand** grundsätzlich von Bedeutung für das Bestehen der Bürgschaft. Eine Bürgschaftsforderung ist nicht vorhanden, wenn und soweit die **Hauptverbindlichkeit nicht zur Entstehung** gelangt (s. Rdn. 189).

361

Die Haftung des Bürgen erlischt, wenn die Schuldnerpersönlichkeit aus staatspolitischen Gründen vernichtet[6] oder wenn und insoweit die gesicherte Forderung durch

---
[1] WM 1986, 14; a. A. OLG Hamm WM 89, 1016.
[2] RG 96, 133.
[3] BGH WM 59, 1072.
[4] OLG Nürnberg WM 70, 297.
[5] RGRK/Mormann, § 777 Rdn. 5.
[6] RG 148, 65; a. M. OLG München JW 36, 2007; KG JW 36, 2342.

richterlichen Gestaltungsakt herabgesetzt wird[1]; siehe aber wegen des Vergleichsverfahrens auch Rdn. 130. Zur Einklagbarkeit vgl. Rdn. 380.

a) Tod des Bürgen

362   Das Bürgschaftsverhältnis bleibt als solches bestehen, wenn der Bürge stirbt, bevor die — künftige — Hauptforderung entstanden ist. War der Kredit bereits ausgezahlt, so bleibt die Möglichkeit, durch Ausschlagung der Erbschaft (§ 1944 BGB) einer Inanspruchnahme aus der Bürgschaft zu entgehen oder durch Nachlaßkonkurs/Nachlaßverwaltung (§ 1975 BGB) die Haftung auf den Nachlaß zu beschränken. Erfolgt die Auszahlung des Kredits erst nach dem Tode des Bürgen, wird somit erst ab diesem Zeitpunkt die verbürgte Forderung begründet. **In einem derartigen Falle empfiehlt es sich für den Gläubiger, den Erben des Bürgen auf das Bestehen der Bürgschaft aufmerksam zu machen.** Dies erscheint insbesondere dann zweckmäßig, wenn der Gläubiger damit rechnen muß, daß der Erbe von der Bürgschaft keine Kenntnis hatte. Nach Treu und Glauben muß der Gläubiger den Erben nämlich in die Lage versetzen, gegenüber einer alten und seinen Belangen fremde Verbindlichkeit seine Rechte durch Kündigung oder auf andere geeignete Weise zu wahren[2].

b) Untergang/Tod des Hauptschuldners

363   Die Bürgschaft ist in ihrem Bestand und Umfang von der Hauptforderung abhängig. Diese **Akzessorietät** hat zur Folge, daß grundsätzlich nach § 767 BGB mit dem Erlöschen der Hauptschuld der Bürge frei wird, und zwar auch dann, wenn die Hauptschuld infolge des Untergangs des Hauptschuldners erlischt[3]. Geht die GmbH als Rechtssubjekt unter, so ist damit auch die Hauptforderung erloschen; beruht allerdings der Untergang auf einem **Vermögensverfall**, so erlischt die Bürgenhaftung nicht[4]. Der Sicherungszweck der Bürgschaft fordert diese Durchbrechung des Akzessorietätsgrundsatzes[5]. Etwas anderes gilt für eine liquidationslose Beendigung der juristischen Person aus anderen Gründen als Vermögensverfall, da die Bürgschaft ihrem Wesen nach keine Übernahme aller Risiken beinhaltet. Der Bürgschaft ist eigen, daß der Bürge nicht selbst als Schuldner, sondern nur hilfsweise haftet. Er nimmt dem Gläubiger damit nur das Risiko der Beitreibbarkeit einer Forderung ab[6].

Der BGB hat dazu entschieden, daß die Bestimmungen in § 768 Abs. 1 S. 2 BGB, § 193 S. 2 KO und § 82 Abs. 2 VglO die Grenzen der Akzessorietät aufzeigen; denn sie lassen erkennen, daß im Interesse des Gläubigers der Sicherungszweck der Bürgschaft Vorrang

---

[1] Im Ergebnis ebenso: BGH 6, 385.
[2] RG JW 32, 1656; s. aber auch BGH WM 57, 517; offengelassen von BGH WM 76, 808.
[3] BGH WM 82, 148.
[4] LG Lübeck WM 91, 1337; Scholz/K. Schmidt, GmbHG, 1988, § 74 Rdn. 12 ff.
[5] Staudinger/Horn, § 767 Rdn. 22; BGH WM 82, 148; RGZ 153, 338.
[6] Eckert in WuB I F 1a.-17.91; Beitzke, NJW 52, 843.

vor ihrer Abhängigkeit von der Hauptschuld gewinnt: Gerade auf den Vermögensverfall des Hauptschuldners soll sich der Bürge nicht berufen können. Der Bürge haftet dann weiterhin in vollem Umfang[1]. Die Forderung gegen den Bürgen wandelt sich infolge der Aufhebung der Akzessorietät von einem abhängigen Nebenrecht in einen selbständigen Anspruch.

Der **Tod des Hauptschuldners** läßt die verbürgte Forderung nicht erlöschen. Damit bleibt auch die Bürgschaft bestehen. Bei einer Bürgschaft für zukünftige Verbindlichkeiten wird man in der Regel nicht annehmen können, daß die Bürgschaft sich auch auf die von den Erben des Hauptschuldners eingegangenen Verbindlichkeiten erstrecken soll. Die Haftung des Bürgen besteht daher nur in Höhe der am Tage des Todes des Hauptschuldners vorhandenen Hauptverbindlichkeit und reduziert sich entsprechend deren Ermäßigung. 364

Gem. § 768 Abs. 1 S. 2 BGB kann sich der Bürge auch nicht auf die Einrede der beschränkten Erbenhaftung berufen[2].

c) Ermäßigung oder Wegfall der Hauptforderung

Die **Ermäßigung oder der Wegfall der Hauptverbindlichkeit** wirkt sich entsprechend auf den Bestand der Bürgschaftsforderung aus (s. Rdn. 197). Daher kann sich der Bürge auch darauf berufen, daß die Forderung gegen den Hauptschuldner rechtskräftig aberkannt worden ist, obwohl die Rechtskraft des gegen den Hauptschuldner ergangenen Urteils an sich nicht im Verhältnis zwischen Gläubiger und Bürge wirkt (§ 325 ZPO)[3]. 365

Die Vereinigung von Bürgschaftsschuld und Hauptschuld in einer Person, wie sie in der Folge des Erbgangs sein kann, berührt den Bestand der Bürgschaft nicht[4]. Wird daher der Bank eine Forderung abgetreten, für die sie sich selbst verbürgt hat, so bleibt die Bürgschaft angesichts des Sicherungscharakters der Zession bestehen trotz des Zusammenfallens von Bürgschaft und Forderung[5].

Hat der Hauptschuldner den Saldo anerkannt, so muß der Bürge dieses **Anerkenntnis** gegen sich gelten lassen und haftet für die Verbindlichkeiten des Hauptschuldners aus dem Saldoanerkenntnis[6]. Behauptet der Bürge, die von der Bank geltend gemachte Forderung sei durch Zahlung des Hauptschuldners erloschen, so muß er den Beweis

---

[1] BGH a. a. O.
[2] BGH LM Nr. 2 zu § 767.
[3] RG 56, 109; 71, 56; 122, 146; BGH 3, 385; BGH WM 65, 579; 71, 614.
[4] RG 76, 57.
[5] S. aber BGH NJW 53, 1865, wonach die Forderung erlöschen soll, wenn bei einer sicherungshalber vom Gläubiger an den Schuldner abgetretenen Forderung Gläubiger und Schuldner sich in einer Person vereinigen. In einer kritischen Besprechung dieser Entscheidung widerspricht Dörstling, NJW 54, 1429, zu Recht diesem Ergebnis.
[6] BGH WM 85, 969.

dafür führen; er kann dazu Einsicht in die Handelsbücher der Bank nehmen (§ 810 BGB)[1].

Die Vereinbarung über das Bestehenbleiben einer Grundschuld in der Zwangsversteigerung wirkt wie eine Befriedigung des Berechtigten aus dem Grundstück mit der Folge, daß der persönliche Schuldner und der Bürge frei werden[2].

d) Übergang der gesicherten Forderung

366 Der **Übergang der gesicherten Forderung** auf einen anderen Gläubiger ändert an der Haftung nichts; die Bürgschaftsforderung geht ohne weiteres auf den neuen Gläubiger über. Dabei ist es gleichgültig, ob der Forderungsübergang auf einer Abtretung (s. Rdn. 227) oder auf einer Gesamtrechtsnachfolge (s. Rdn. 222) beruht. Erfolgt die Übertragung der Verbindlichkeit auf einen neuen Schuldner durch befreiende Schuldübernahme, so erlischt die Bürgschaft gemäß § 418 Abs. 1 BGB, wenn der Bürge sich nicht mit der Schuldnerauswechslung einverstanden erklärt (s. Rdn. 223). Beruht freilich der Übergang der Hauptverbindlichkeit auf einer Gesamtrechtsnachfolge im Schuldverhältnis, so berührt dies die Bürgschaft nicht (s. Rdn. 223). Die Abtretung der Hauptforderung ohne die Rechte aus der Bürgschaft führt zum Erlöschen der Bürgschaft. Erwirbt der Gläubiger die Forderung zurück, lebt nach h. M. die Bürgschaft in seiner Person wieder auf, da die Bürgschaft bei der Abtretung der Hauptforderung nicht erlischt, sondern dem Bürgen für die Dauer der Abtretung nur ein Leistungsverweigerungsrecht zusteht[3]. Die h. M. stützt sich dabei auf die Parallele in § 1250 Abs. 2 BGB, wonach ein Pfandrecht erlischt, wenn die Hauptforderung ohne das Sicherungsrecht abgetreten wird, während im Bürgschaftsrecht eine derartige Vorschrift fehlt. Der BGH schließt sich im Ergebnis der h. M. an, begründet das Ergebnis aber mit einer Auslegung der Bürgschaftserklärung gem. §§ 133, 157: Die Parteien wollen danach für den Fall der Rückübertragung der Hauptforderung an den ursprünglichen Gläubiger erneut eine Bürgschaft bestellen[4].

Eine **Vertragsübernahme** führt zum Erlöschen der Bürgschaftsverpflichtung; dies folgt aus einer analogen Anwendung des § 418 Abs. 1 Satz 1 BGB auf die Vertragsübernahme, die sich aus der Sicht des Bürgen als Schuldnerwechsel darstellt. Der Bürge (dies gilt auch für sonstige Sicherungsgeber) will in aller Regel nur für den ihm bekannten Schuldner einstehen und nicht für einen ihm u. U. völlig unbekannten Dritten, der die bestehende Verbindlichkeit übernimmt[5]. Der Bürge kann aber in die Vertragsübernahme einwilligen. Streitig ist für diesen Fall, ob die Einwilligung der Schriftform des

---

[1] Vgl. auch BGH WM 88, 209 = Schröter WuB I F 1 a.-6.88.
[2] LG Limburg WM 86, 532.
[3] Soergel/Mühl, § 765 Rdn. 13; Staudinger/Kaduk, § 398 Rdn. 125; Staudinger/Horn, § 765 Rdn. 66; a. M. MünchKomm/Pecher, § 767 Rdn. 15.
[4] BGH WM 91, 1415 = WuB I F 1 a.-2.92/Horn.
[5] So Rehbein in WuB I F 1 a.-12.90.

§ 766 bedarf. Vorsichtshalber sollte von der Schriftform ausgegangen werden, da nicht im Einzelfall nach dem Ausmaß der Bonität der ausgetauschten Schuldner differenziert werden kann[1].

Bei einem **außergerichtlichen Vergleich** kommt der Forderungserlaß auch dem Bürgen zugute, da mit dem Erlaßvertrag die Forderung und damit zugleich die Bürgschaft erlischt (§§ 397, 767 BGB). Soll der Bürge dennoch weiter haften, so wäre eine dementsprechende, in AGB enthaltene Klausel unwirksam (§ 9 AGBG), weil damit die Rechtsnatur des Vertragsverhältnisses verändert würde[2]. Durch individuelle Vereinbarung (in der Regel im Zusammenhang mit dem vorgesehenen Abschluß des außergerichtlichen Vergleichs vorzunehmen) kann allerdings die Weiterhaftung des Bürgen erreicht werden[3].

§ 418 Abs. 1 BGB ist jedoch nicht zwingend. Im Bürgschaftsvertrag kann daher eine Regelung aufgenommen werden, nach der die Bürgschaftsverpflichtung auch bei einer **Schuldübernahme** bestehen bleibt. In Formularverträgen (vgl. Anhang) ist eine derartige Vereinbarung neuerdings nicht mehr enthalten, da in der Praxis der Bürge regelmäßig um sein Einverständnis mit der Auswechslung gebeten wird.

VI. Inanspruchnahme aus der Bürgschaft

1. Allgemeines

Die Bürgschaft gehört zu den mittelbar verwertbaren Sicherheiten (s. Rdn. 25). Sie wird durch vertraglichen Verzicht auf die Bürgschaftsforderung aufgegeben (s. Rdn. 233). **Zahlt der Bürge** an den Gläubiger, so geht gemäß § 774 BGB die verbürgte Forderung gegen den Hauptschuldner in Höhe der Zahlung mit allen akzessorischen Sicherheiten einschließlich der Forderung gegen etwaige Mitbürgen auf ihn (den Bürgen) über (s. Rdn. 241–245). Abweichende vertragliche Regelungen können getroffen werden[4]. Ist Auftraggeber einer Bürgschaft eine oHG, so kann der Bürge seine Ansprüche bei Inanspruchnahme nicht nur der Gesellschaft gegenüber, sondern auch einem Gesellschafter gegenüber, der ausgeschieden ist, nach dem Zeitpunkt der Übernahme der Bürgschaft, geltend machen. Das **Ausscheiden** enthaftet den Gesellschafter ebensowenig, wie die Bürgschaft dann trotz ihrer Akzessorietät nicht erlischt, wenn ein Gesellschafter ausscheidet und die Gesellschaft analog § 142 HGB in ein einzelkaufmännisches Unternehmen überführt wird, soweit dieses in Vermögensverfall gerät[5]. Rechte gegen die **Mitbürgen** erwirbt er dabei nur im Rahmen der internen Ausgleichspflicht.

367

---

[1] OLG Hamm WM 90, 1152 = WuB I F 1a.-12.90/Rehbein; MünchKomm/Möschel, § 418 Rdn. 6.
[2] BGH WM 85, 1307.
[3] Schröter in WuB I F 1a.-11.86.
[4] BGH WM 84, 1630; dazu Rehbein WuB I F 1a.-1.84.
[5] BGH WM 82, 148; WM 93, 1668 = WuB I F 1a.-16.93/Michalski. Zur Dauer der Haftung siehe NachhaftungsbegrenzungsG v. 26. 3. 1994 sowie Reinhold, NJW 94, 1617 ff.

Bei einer nur teilweisen Befriedigung durch den Bürgen erwirbt er dementsprechend auch die Forderung partiell. Zahlt er über den verbürgten Betrag hinaus, so leistet er insoweit als Dritter im Sinne des § 267 BGB mit der Konsequenz, daß die Hauptschuld zwar entsprechend erlischt, er aber insoweit nicht Forderungsinhaber wird[1]. Besitzt die Bank bereits einen Titel gegen den Kreditnehmer, ist es dem Bürgen nach § 727 ZPO möglich, sich eine vollstreckbare Ausfertigung erteilen zu lassen.

Die Klausel, daß die Bank den Erlös von Sicherheiten oder bei ihr eingehende Zahlungen zunächst auf die **nicht verbürgten Ansprüche** verrechnen darf, ist wirksam[2]. Der Bürge kann auf seine Bürgenhaftung oder als Dritter leisten. Leistet er auf seine Bürgschaft, so geht die Forderung sowie die dafür bestehenden Nebenrechte auf ihn über (§§ 774 Abs. 1 Satz 1, 412, 401 Abs. 1 BGB). Leistet der Bürge als **Dritter**, erlischt das Schuldverhältnis mit der Folge, daß für sie bestellte Sicherheiten frei werden. Die Zweckbestimmung im Einzelfall richtet sich nicht nach dem Willen des Zahlenden, sondern danach, als wessen Leistung sich die Zuwendung bei objektiver Betrachtungsweise aus der Sicht des Zuwendungsempfängers darstellt[3].

368 Die Realisierung selbst erfolgt durch **Zwangsvollstreckung** in das Vermögen des Bürgen (s. Rdn. 250). Dabei unterliegen sowohl sein bewegliches Vermögen (s. Rdn. 250), seine Grundstücke (s. Rdn. 251) als auch Rechte und Forderungen (s. Rdn. 263) dem Zugriff des Gläubigers. Der Bürge erwirbt in Höhe seiner Zahlung gemäß § 774 BGB die Forderung gegen den Hauptschuldner mit den für sie bestehenden akzessorischen Sicherheiten (s. Rdn. 269). Auch wenn der Bürge, der den Gläubiger befriedigt und bei dem Hauptschuldner Rückgriff nimmt, nicht die **Ausgleichsforderung** aus dem Innenverhältnis mit dem Hauptschuldner (aus Auftrag oder Geschäftsbesorgung) hat, sondern die auf ihn übergegangene Forderung aus dem Hauptschuldverhältnis geltend macht, ist der Hauptschuldner dem Bürgen nur im Rahmen des Innenverhältnisses verpflichtet. Der Hauptschuldner kann deshalb auch gegenüber der auf den Bürgen übergegangenen Forderung aus dem Hauptschuldverhältnis einwenden, er sei dem Bürgen gegenüber nicht einstandspflichtig[4]. Probleme ergeben sich, wenn im Einzelfall der **Übergang der Sicherheiten** vertraglich ausgeschlossen ist (s. Rdn. 255). Dabei ist es Tatfrage, ob in einem Verzicht des Bürgen auf seine Rechte aus § 776 BGB ein solcher Ausschluß zu erblicken ist[5]. Leistet ein Bürge, der sich nur für einen **Gesamtschuldner** verbürgt hat, an den Gläubiger, so geht die Forderung des Gläubigers gegen diesen Schuldner auf den Bürgen über, die Forderung gegen die anderen Schuldner jedoch nur insoweit, als der Schuldner, für den der Bürge sich verbürgt hat, von diesen Ausgleich verlangen konnte[6]. Mit Beendigung der Bürgschaft wird in der Regel die Bürgschaftsurkunde an den Bürgen zurückgegeben. Ist sie nicht mehr vorhanden, so läßt sich die

---

[1] RG 96, 136 (139).
[2] Schröter in WuB I F 1a.-9.86.
[3] BGH WM 85, 1349 = WuB I F 1a.-1.86/Westermann.
[4] BGH WM 92, 908.
[5] Hans. OLG Hamburg v. 8. 11. 65 — 8 U 53/65 —.
[6] BGH 46, 14.

Rückgabe durch ein öffentlich beglaubigtes Anerkenntnis der Schuldtilgung, dessen Kosten der Gläubiger zu tragen hat, ersetzen (§ 371 S. 2 BGB).

2. Einrede der Vorausklage

Voraussetzung für die **Inanspruchnahme** aus der Bürgschaft ist die Fälligkeit der verbürgten Forderung (s. Rdn. 235). Entgegen der allgemeinen Regel (s. Rdn. 238) muß hier jedoch der Gläubiger zunächst beim Hauptschuldner Befriedigung suchen. Das folgt aus der **Subsidiarität der Bürgschaft**. Danach kann der Bürge die Befriedigung des Gläubigers verweigern, solange und soweit nicht der Gläubiger eine Zwangsvollstreckung gegen den Hauptschuldner in dessen bewegliche Sachen am Wohnsitz des Hauptschuldners und die Verwertung etwaiger Sicherheiten, die ihm an beweglichen Sachen des Hauptschuldners zustehen, erfolglos versucht hat (§§ 771, 772 BGB). 369

Als echte Einrede muß sie vom Bürgen im **Prozeß** geltend gemacht werden[1]. Wird sie geltend gemacht, so genügt es, wenn ein einmaliger Vollstreckungsversuch unternommen wird; dies gilt auch dann, wenn der Vollstreckungsschuldner inzwischen wieder Vermögen, das der Vollstreckung unterliegt, erworben hat[2]. Nach § 772 Abs. 2, S. 1 BGB muß der Bürge, falls ihm an einer beweglichen Sache des Hauptschuldners ein Pfandrecht oder ein Zurückbehaltungsrecht zusteht, zunächst daraus sich befriedigen. Zu beachten ist, daß insoweit die Sicherungsübereignung von Sachen dem Pfandrecht gleichgestellt wird[3]. Ein Eigentumsvorbehalt steht dem nicht gleich[4]. Werden mehrere Forderungen durch das Pfand- oder Zurückbehaltungsrecht gesichert, so steht dem Bürgen die Einrede der sachlichen Vorausklage nur dann zu, wenn alle Forderungen durch den Wert der Sache gedeckt werden[5]. In der Kreditsicherungspraxis haben diese Vorschriften aber kaum Bedeutung, da in Bürgschaften die Einrede der Vorausklage regelmäßig ausgeschlossen wird (vgl. Anhang). Diese sog. **Einrede der Vorausklage** (genauer: der Vorausvollstreckung) hat der Bürge in den in § 773 Abs. 1 BGB genannten Fällen nicht. Vor allem ist sie ausgeschlossen, wenn er auf sie verzichtet hat (Ziff. 1) oder wenn die Rechtsverfolgung gegen den Hauptschuldner wegen Änderung seines Wohnsitzes wesentlich erschwert ist (Ziff. 2). Die nach Ziff. 3 (Konkurseröffnung über das Vermögen des Hauptschuldners) und nach Ziff. 4 (Aussichtslosigkeit der Befriedigung) grundsätzlich ausgeschlossenen Einreden sind unter den Voraussetzungen des Absatzes 2 des § 773 jedoch zulässig.

Ein **Verzicht** liegt darin, daß sich der Bürge, wie es im bankgeschäftlichen Verkehr üblicherweise geschieht, als **Selbstschuldner** verbürgt, die Bürgschaft also eine selbstschuldnerische ist. Der Verzicht auf die Einrede der Vorausklage bedarf der Form des § 766 S. 1 BGB, wobei es nicht darauf ankommt, zu welchem Zeitpunkt er erklärt

---

[1] Brink, Recht der Kreditsicherheiten in europäischen Ländern I, Tz. 96.
[2] RG 92, 219.
[3] Staudinger/Horn, § 772 Anm. 2.
[4] Brink, a. a. O.
[5] Ebenda.

wird¹. Der Verzicht auf die Einrede ist an keinen bestimmten Wortlaut gebunden; er kann darin gesehen werden, daß der Bürge sofortige Erfüllung zu einem bestimmten Zeitpunkt verspricht², sowie darin, daß sich der Bürge nach § 794 Abs. 1 Nr. 5 ZPO der sofortigen Zwangsvollstreckung unterwirft³. Des weiteren steht die Einrede der Vorausklage dem Bürgen nicht zu, der die Bürgschaft als **Vollkaufmann** (§§ 1—3 HGB) im Betriebe seines Handelsgewerbes übernommen hat (§ 349 HGB), so z. B. nicht den Banken aus den von ihnen gestellten Avalen. § 349 HGB findet auf Minderkaufleute (§ 4 HGB) keine Anwendung, doch steht dem nicht entgegen, daß auch sie sich selbstschuldnerisch verbürgen können. Auf der anderen Seite kann sich auch ein Vollkaufmann bei Übernahme der Bürgschaft die Einrede der Vorausklage ausdrücklich vorbehalten. Die Ausfallbürgschaft kann eine selbstschuldnerische sein, nämlich dann, wenn abredegemäß der Ausfall sich nicht auf die Einziehung der gesicherten Forderung, sondern auf die Verwertung anderweitiger Sicherheiten bezieht.

Der Verzicht auf die Einrede nach Ziff. 1 schwächt nur die Subsidiarität der Bürgschaft ab, läßt hingegen den Akzessoritätsgrundsatz unberührt⁴. Das hat zur Folge, daß auch der selbstschuldnerische Bürge und der Hauptschuldner nicht als Gesamtschuldner haften⁵.

3. Übergang von Sicherheiten

370   Zahlt der Bürge, so geht die **Darlehensforderung** auf ihn über (§ 774 BGB). Mit der Forderung gehen **akzessorische** Rechte gem. §§ 401, 412 BGB ebenfalls (kraft Gesetzes) über. Der Gläubiger, der vom Bürgen befriedigt wird, ist **analog §§ 774, 412, 401 BGB** verpflichtet, diejenigen **nicht akzessorischen** Nebenrechte, die die auf den Bürgen übergegangene Hauptforderung sichern, rechtsgeschäftlich auf den Bürgen zu übertragen⁶. Ist eine Bürgschaft auf eine bestimmte Forderung oder auf einen bestimmten Teil einer Forderung beschränkt, so hat diese Beschränkung den Sinn, den Gläubiger nur hinsichtlich dieser Forderung oder nur hinsichtlich dieses Teils sicherzustellen. Solange der Bürge seiner Verpflichtung gegenüber dem Gläubiger nicht in vollem Umfang nachkommt, findet § 774 Abs. 1 Satz 2 BGB im Hinblick die verbürgte Restforderung Anwendung⁷. Steht neben der Bürgschaft eine Grundschuld als Sicherheit, so sind der Sicherungsgeber und der Sicherungsnehmer dieser Grundschuld nicht an einer nachträglichen Änderung und Erweiterung des Sicherungszwecks der Grundschuld durch den Bürgschaftsvertrag gehindert. Dies gilt auch dann, wenn zunächst Grundschuld und Bürgschaft nebeneinander nur einen bestimmten Kredit sichern

---

¹ BGH WM 68, 1200.
² RG JW 21, 336.
³ KG JW 34, 1293.
⁴ RG 148, 65.
⁵ BGH JZ 56, 99; Warn 68, 451.
⁶ BGH WM 84, 1630; 90, 260.
⁷ Rimmelspacher in WuB I F 1a.-7.90.

sollten. Die Zustimmung oder sonstige Mitwirkung des Bürgen für die Erweiterung des Sicherungszwecks der Grundschuld ist nicht erforderlich[1]. In der Praxis wird häufig vereinbart, daß fiduziarische Sicherheiten, die vom **Schuldner** bestellt worden sind, dem zahlenden Bürgen zu übertragen sind, während fiduziarische Sicherheiten, die von **dritten Sicherungsgebern** gegeben wurden, an diese zurückzuübertragen sind (vgl. Anhang). Nur wenn die Rückgewähransprüche vom Sicherungsgeber dem Bürgen abgetreten worden sind, sind diese Sicherheiten dem Bürgen zu übertragen. Für das (Innen-)Ausgleichsverhältnis der verschiedenen Sicherungsgüter untereinander (vgl. Rdn. 368, 177) hat dies keine Auswirkung. Bezüglich der vom Schuldner **selbst gestellten** fiduziarischen Sicherheiten wird in den Formularverträgen korrespondierend zur Regelung im Bürgschaftsvertrag vereinbart, daß diese Sicherheiten auf einen Bürgen, der gezahlt hat, übertragen werden (vgl. Anhang).

Die Verpflichtung der Bank, von Dritten gestellte fiduziarische Sicherheiten auf den zahlenden Bürgen nur dann zu übertragen, wenn der andere Sicherungsgeber dem zugestimmt hat oder aber dem Bürgen die Rückgewähransprüche abgetreten worden sind, verstößt nicht gegen § 9 Abs. 2 Nr. 1 AGB-Gesetz[2]. Es ist nicht zu erkennen, daß mit dieser Regelung von einem **wesentlichen Grundgedanken** des Bürgschaftsrechtes abgewichen wird. Eine Übertragung der Sicherheiten auf den Bürgen bleibt möglich. Geregelt wird lediglich, wann die Bank zur Übertragung **verpflichtet** ist.

4. Verzicht auf Einreden

Da der Bürge für eine fremde Verbindlichkeit einsteht, kann er die dem Hauptschuldner zustehenden Einreden geltend machen (§ 768 Abs. 1 BGB) und zwar auch dann, wenn der Hauptschuldner auf sie verzichtet (§ 768 Abs. 2 BGB). Einreden sind z. B. Verjährung, Minderung, mangelnde Fälligkeit. Daneben stehen dem Bürgen die Einreden der **Anfechtbarkeit** und der **Aufrechenbarkeit** zu (§ 770 BGB). Dabei ist zu beachten, daß das Gesetz dem Bürgen nur ein Leistungsverweigerungsrecht einräumt (§ 770 Abs. 1 BGB); ob das Gestaltungsrecht der Anfechtung ausgeübt wird, steht in der Entscheidung des Schuldners. Verzichtet der Schuldner auf sein Anfechtungsrecht, so kann der Bürge — anders als bei § 768 Abs. 2 BGB — seine Leistung nicht mehr verweigern. Ist angefochten worden, entfällt § 770 Abs. 1 BGB, dafür greift dann § 768 BGB. Eine Regelung im Bürgschaftsvertrag, derzufolge die Bürgschaft auch dann bestehen bleiben soll, wenn der Hauptschuldner das Kreditverhältnis angefochten hat, ist unwirksam, weil Abreden, die den Akzessorietätsgrundsatz berühren, die Rechtsnatur des Vertragsverhältnisses verändern. Zulässig ist demgegenüber der formularmäßige Verzicht auf die **Einrede** der Anfechtbarkeit (§ 770 Abs. 1 BGB)[3]. Der Verzicht auf die Einrede der Aufrechenbarkeit ist ebenfalls zulässig[4].

371

---

[1] BGH WM 89, 484 = WuB I F 1a.-14.89/Bunte (kritisch).
[2] Vgl. BGH WM 80, 1255; 80, 842.
[3] BGH WM 86, 95; 85, 1307 = WuB I F 1a.-8.86/Schröter.
[4] BGH WM 85, 1307; 86, 95.

Ferner steht dem Bürger ein **Leistungsverweigerungsrecht** zu, wenn und „solange sich der Gläubiger durch Aufrechnung gegen eine fällige Forderung des Hauptschuldners befriedigen kann" (§ 770 Abs. 2 BGB). Streitig ist, ob das Leistungsverweigerungsrecht des Bürgen nur von der Aufrechnungsbefugnis des Gläubigers abhängt, oder ob es ausreicht, wenn nur der Schuldner aufrechnen kann[1]. Der Bürge kann auch formularmäßig auf die Aufrechenbarkeit mit Forderungen verzichten[2]. Damit soll die Bank vor Mißbrauch geschützt werden[3]. Ein zahlungsunfähiger oder -unwilliger Kunde soll der zweifelsfreien Inanspruchnahme durch Aufrechnung mit einer vermeintlichen, aber offensichtlich unbegründeten Forderung nicht entgegentreten können.

Die Einrede der **unzulässigen Rechtsausübung** steht dem Bürgen auch dann zu, wenn er auf die Einrede der Aufrechenbarkeit verzichtet hat[4].

Ein Einwand der unzulässigen Rechtsausübung gem. § 242 BGB ist z. B. gegeben, wenn und soweit ein Schadensersatzanspruch aus positiver Vertragsverletzung bei der Verwertung von Sicherungsgut beim Hauptschuldner entstanden ist[5].

In den Formularbürgschaften der Kreditinstitute wird teilweise vereinbart, daß auch der nicht durch die Bürgschaft gesicherte Teil der Hauptschuld zurückgeführt sein muß, bevor die Forderungen auf den Bürgen übergehen. Für die Bank ist dies insoweit von Bedeutung, als sie dann mit dem gesamten (gesicherten und ungesicherten) Betrag am Insolvenzverfahren teilnehmen kann. Die **Wirkung von Zahlungen** des Bürgen ist damit gegenüber der gesetzlichen Rechtsfolge modifiziert worden, allerdings sieht das BGB in **§ 774 Abs. 1 S. 2 BGB** selbst vor, daß der Forderungsübergang sich nicht zum Nachteil des Gläubigers auswirken dürfe. Der **Ausschluß des Forderungsüberganges** in der zitierten Form ist zulässig[6]. Es sind keine grundsätzlichen Gesichtspunkte erkennbar, daß durch eine zeitweilige Hinausschiebung des Forderungsüberganges auf den Bürgen unverzichtbare Elemente des Bürgschaftsvertrages bzw. der Rechtsstellung des Bürgen berührt würden. Die Klausel ist auch nicht nach § 9 AGBG unwirksam. Nach § 774 Abs. 1 S. 2 BGB wird dem Bürgen grundsätzlich „zugemutet", hinter den wirtschaftlichen Interessen des Gläubigers einer Befriedigung seiner Forderung zurückzustehen. Das Verhalten der Bank darf aber **nicht rechtsmißbräuchlich** sein. Dies wäre z. B. der Fall, wenn sie den Forderungsübergang dadurch auf unbestimmte Zeit vereitelt, daß sie sich um die Durchsetzung ihrer weiteren Forderungen nicht bemüht. Offen ist, ob der in § 162 Abs. 1 BGB enthaltene Rechtsgedanke in Form einer Fiktion des

---

[1] Für eine entsprechende Anwendung von § 770 Abs. 2 BGB für den Fall, daß nur der Schuldner aufrechnen kann, RGRK/Mormann, § 770 Rdn. 4; a. A. MünchKomm/Pecher, § 770 Rdn. 9 kann nur der Schuldner (also nicht auch der Gläubiger) aufrechnen, greift § 770 Abs. 2 BGB hiernach nicht ein; BGH 42, 396 allerdings für § 129 Abs. 3 HGB.
[2] BGH WM 85, 1307.
[3] BGH WM 86, 477.
[4] BGH WM 91, 1294.
[5] BGH WM 91, 1294.
[6] BGH WM 84, 1630; OLG Celle ZIP 80, 1077; WuB I F 1a.-1.84/Rehbein.

Bedingungseintritts für den Forderungsübergang wegen Untätigkeit der Bank Anwendung finden kann[1].

Der Subsidiarität der Bürgschaft entspricht es, daß es (entgegen Rdn. 184) nach ausdrücklicher gesetzlicher Bestimmung nicht im Belieben des Gläubigers steht, auf die Inanspruchnahme anderweitiger Sicherheiten zu verzichten, wenn der Verzicht die Rechtsstellung des Bürgen gegenüber dem Hauptschuldner beeinträchtigen würde. Gibt der Gläubiger dennoch eine anderweitige Sicherheit, insbesondere das Recht gegen einen Mitbürgen auf[2], vermindert er, z. B. durch Rangrücktritt, ihre Tauglichkeit, so wird der Bürge insoweit frei, als er aus der Sicherheit wegen des Forderungsüberganges (s. Rdn. 367) hätte Ersatz verlangen können. Das gilt entsprechend auch für die Aufgabe anderer, nicht in § 776 S. 1 BGB genannter Sicherheiten, z. B. für das **Sicherungseigentum** und den **Eigentumsvorbehalt**[3]. Die gesetzliche Formulierung, „... so wird der Bürge insoweit frei, als er aus dem aufgegebenen Rechte nach § 774 BGB hätte Ersatz erlangen können", ist so zu interpretieren, daß nicht schon die bloße Aufgabe der Sicherheit ausreicht. Hinzukommen muß, daß der Bürge aus ihr auch **wirtschaftlich etwas erlangt** hätte. Die Aufgabe einer Hypothek z. B., die bei einer Verwertung des Grundstücks nicht mehr berücksichtigt worden wäre, erfüllt den Tatbestand von § 776 BGB nicht. Die Beweislast für alles hat der Bürge[4]. Ein „Aufgeben" im Sinne des § 776 S. 1 BGB erfordert **positives vorsätzliches Handeln**[5], das auf die positive Beseitigung des Sicherungsrechts oder auf den tatsächlichen Verlust der Verwertungsmöglichkeit der Sicherheit gerichtet sein muß. Eine Verzögerung der Verwertung anderer Sicherheiten fällt nicht unter § 776 BGB, kann aber zu Schadensersatzansprüchen des Bürgen führen, die der Bürge einredeweise geltend machen kann[6]. Entläßt der Gläubiger einen Gesamtschuldner, ist § 776 BGB nur dann erfüllt, wenn im Wege der Auslegung zu ermitteln ist, daß die Bürgschaft nur unter der Bedingung übernommen worden ist, daß die Haftung sämtlicher Gesamtschuldner fortbestehen werde[7]. **Einem Aufgeben der Sicherheit steht es gleich, wenn der Gläubiger den Verwertungserlös auf eine von der Bürgschaft nicht erfaßte andere Verpflichtung des Hauptschuldners verrechnet**, denn auch in diesem Fall wird der Wert der Sicherheit dem Hauptschuldner zugeführt, ohne daß sich Vorteile für den Bürgen ergeben würden[8]. Einen hieraus wegen Vertragsverletzung sich ergebenden

372

---

[1] Vgl. BGH WM 84, 1630.
[2] Die Entlassung eines von mehreren für die gesicherte Forderung haftenden Gesamtschuldnern gehört grds. nicht hierher, vgl. RG JW 35, 690; 37, 1410; zum Innenausgleich gem. § 774 II i. V. m. § 426 BGB Lwowski, WuB I F 1a.-8.91.
[3] BGH NJW 66, 2009; BGH 42, 53; RGRK/Mormann, § 776 Rdn. 1 m. w. N.
[4] Palandt/Thomas, § 776 Rdn. 4.
[5] BGH BB 60, 70; DB 60, 351.
[6] BGH NJW 66, 2009.
[7] RG JW 35, 690; 37, 1410; Brink, Recht der Kreditsicherheiten in europäischen Ländern I, Tz. 149.
[8] BGH DB 60, 351; WM 60, 51.

Schadensersatzanspruch kann der Bürge gem. § 768 Abs. 1 S. 1 BGB oder § 770 Abs. 2 als Einwendung gegenüber der Inanspruchnahme aus dem Bürgschaftsvertrag dem Gläubiger entgegenhalten[1]. § 776 BGB ist auch dann anzuwenden, wenn die Sicherheitenaufgabe zwar nicht den Bestand des Sicherungsrechts, dieses aber in seinem **Rang** durch Bestellung einer vorrangigen Grundschuld wirtschaftlich mindert und feststeht, daß der Bürge infolge der Veränderung aus dem Sicherungsrecht keinen Ersatz mehr erlangen kann. Die Rechtsprechung[2] hat die **Rangverschlechterung** einer Sicherheit der Aufgabe gleichgestellt.

373 Ein **passives Verhalten** des Gläubigers ist unschädlich[3], so z. B. die nicht rechtzeitige Geltendmachung der Rechte gegenüber einem Zeitbürgen nach § 777 BGB[4]. Auf eine bloße Nachlässigkeit des Gläubigers kann sich der Bürge, sofern es sich nicht um eine Ausfallbürgschaft handelt, nicht berufen. Es wirkt sich daher nicht nachteilig aus, wenn der Gläubiger versäumt hat, einen ihm sicherungshalber übereigneten Gegenstand ausreichend zu versichern oder gegen Diebstahl zu schützen[5].

Die **Entlassung eines Mitbürgen** aus seiner Bürgschaftsverpflichtung hat nicht ohne weiteres die Freistellung dieses Bürgen von seiner Ausgleichspflicht im Innenverhältnis der Bürgen untereinander zur Folge[6]. Genausowenig, wie der im Bürgschaftsformular geregelte Ausschluß eines Gesamtschuldverhältnisses das Innenverhältnis der Mitbürgen verändert, wirkt sich die vom Gläubiger ausgesprochene Entlassung eines Mitbürgen aus seiner Bürgenhaftung auf das Innenverhältnis und damit die Ausgleichspflicht der Mitbürgen untereinander aus. Dies beruht darauf, daß es sich bei der Entlassung um ein pactum de non petendo handelt, das den materiellen Bestand der Mitbürgenschuld unverändert läßt[7]. Die übrigen Bürgen werden daher durch Entlassung des einen Bürgen nicht befreit, es handelt sich auch nicht um die Aufgabe einer Sicherheit (§ 776 BGB), da der Mitbürge trotz dieser Entlassung gegenüber den anderen Mitbürgen ausgleichspflichtig bleibt. Der Ausgleichsbetrag ist im Zweifel hälftig, wobei weitere Sicherheiten nicht berücksichtigt werden müssen[8]. Offen ist, wie der Ausgleich bei mehreren Bürgschaften mit unterschiedlichen Höchstbeträgen zu erfolgen hat. Denkbar wäre, nach der Bürgschaftshöhe quotal auszugleichen[9] oder den Ausgleich nach Kopfteilen zu berechnen, soweit sich die Haftungssummen decken[10].

---

[1] BGH NJW 66, 2009.
[2] OLG Köln WM 91, 729.
[3] RG 65, 396; BGH BB 60, 70.
[4] Warn 35, 178.
[5] BGH WM 60, 51.
[6] BGH WM 92, 1312.
[7] Staudinger/Horn, § 774 Rdn. 30; BGH WM 92, 1312 = WuB I F 1a.-5.93/Schröter.
[8] BGH WM 92, 1312.
[9] OLG Stuttgart, ZIP 90, 445; OLG Köln WM 91, 1718 = WuB I F 1a.-4.92/Gößmann; OLG Hamm WM 90, 1238 = WuB I K 3.-3.90/Bülow; MünchKomm/Pecher, § 774 Rdn. 21; Wolf, NJW 87, 2472.
[10] Staudinger/Horn, § 774 Rdn. 31; Bayer, ZIP 90, 1523; Bülow in WuB I K 3.-3.90; Schröter in WuB I F 1a.-5.93.

Der letzteren Meinung ist der Vorzug zu geben, da sich die Haftung der in unterschiedlicher Höhe verpflichteten Bürgen auf die gesamte Verbindlichkeit bezieht, da nur in Höhe der sich deckenden Bürgschaftsbeträge eine Risikogemeinschaft unter gesamtschuldnerischer Haftung mit der Folge besteht, daß die Leistung des einen Bürgen zu einer Entlastung des anderen Bürgen im Verhältnis zum Gläubiger führt, was den internen Ausgleich nach Kopfteilen rechtfertigt. Die darüber hinausgehende Bürgschaftsverpflichtung berührt lediglich den davon betroffenen Bürgen und ist somit nicht ausgleichspflichtig[1].

§ 776 BGB legt dem Gläubiger nicht die Obliegenheit auf, die Entstehung der Hauptforderung solange hinauszuzögern, bis dem Bürgen Rückgriffsmöglichkeiten erwachsen sind[2].

§ 776 S. 2 BGB findet auch dann Anwendung, wenn das aufgegebene Recht erst **nach der Übernahme der Bürgschaft** entstanden ist. Diese —häufig übersehene — Regelung gewinnt besondere Bedeutung im bankgeschäftlichen Verkehr, da hier nach den AGB die Effektendepots der Bankkunden regelmäßig als Pfand für die Kreditforderung der Bank haften. Hat die Bank nun zusätzlich noch eine Bürgschaft für die Kreditforderung, so ist es für sie bedenklich, ohne Zustimmung des Bürgen Wertpapiere aus dem Kundendepot freizugeben. Die Banken pflegen daher zur Vermeidung möglicher Nachteile hieraus eine Klausel in die Bürgschaftserklärung aufzunehmen, durch die der Bürge im voraus auf seine Rechte aus § 776 BGB verzichtet (vgl. Anhang).

Mit dieser Klausel soll gewährleistet werden, daß die Bank in ihren **Maßnahmen** bzw. Handlungen dem Hauptschuldner und Drittsicherungsgebern gegenüber freibleibt; ihr kann z. B. nicht zugemutet werden, zu überwachen, daß Werte, die über die Pfandklausel in Nr. 14 Abs. 1 AGB der Banken für die Hauptschuld haften, nicht freigegeben werden, so z. B. bei Verfügungen über Spargutsbaben und Wertpapierbestände. Außerdem wird die Bürgschaft in der Regel ohne Rücksicht auf das Vorhandensein anderer Sicherheiten gegeben, zumal die Bank frei in der Entscheidung ist, welche Sicherheit sie zuerst verwertet[3].

Der BGH hat in dem **Ausschluß** des § 776 BGB in Kreditbürgschaftsverträgen keinen Verstoß gegen das AGB-Gesetz gesehen und darauf hingewiesen, daß die geschäftliche Tätigkeit des Hauptschuldners sonst durch § 776 BGB eingeschränkt zu werden drohe, woran aber keiner der Beteiligten ein Interesse habe[4]. 374

Zweck einer Bürgschaft, die gegenüber einer Bank übernommen wird, sei es in aller Regel, eine Kreditschuld des Hauptschuldners zu sichern und diesem die Ausnutzung des gewährten Kredites — vielfach im Rahmen seiner geschäftlichen Tätigkeit — zu 375

---

[1] Bayer, ZIP 90, 1523; Schröter, WuB I F 1a.-5.93.
[2] OLG München WM 88, 1846.
[3] BGH WM 81, 5; Lwowski, WuB I F 1a.-8.91.
[4] BGH WM 89, 1205 = WuB I F 1a.-25.89/Rehbein.

ermöglichen. Weder der Bürge noch die Bank als Gläubigerin wollten in aller Regel den Hauptschuldner in seiner geschäftlichen Tätigkeit einschränken.

Die Klausel ist auch nicht überraschend; denn die Bürgschaft wird in solchen Fällen regelmäßig nicht nur zur Absicherung der Rückführung eines Kredites gegeben, sie soll also nicht lediglich einen dauernden Rückfluß der Kreditsumme an die Bank gewährleisten, sondern sie soll dem Hauptschuldner die wirtschaftliche Betätigung unter Ausnutzung seines Kredites während dessen ganzer Laufzeit unbeeinträchtigt sichern. Der **Verzicht des Bürgen** auf seine Rechte aus § 776 BGB hat keine Freizeichnung des Bürgschaftsgläubigers zur Folge, durch die auch willkürlich Freigaben von Sicherheiten zum Schaden des Bürgen gedeckt sind, wenngleich der Gläubiger sehr wohl unter Berücksichtigung seiner Interessenlage bei der Verwertung der Sicherheiten wirtschaftlich sinnvoll handeln darf[1]. Für eine Benachteiligung der Interessen des Bürgen durch die Haftungsentlassung eines gleichstufigen Sicherungsgebers und einem damit korrigierenden Anknüpfungspunkt für das **Willkürverbot** verbleiben insoweit die Fallgruppen der **wirtschaftlichen Wertlosigkeit der Ausgleichsforderung** wegen Insolvenz des ausgleichspflichtigen Sicherungsgebers und der Unzumutbarkeit des Durchsetzungsaufwands, in dem dem Bürgen gerade aus dem Wegfall der Sicherheit Schaden droht.

In den neueren Formularbürgschaften des privaten Bankgewerbes sind entsprechende Vereinbarungen aufgenommen worden, in denen auf das Interesse der Bank sowie auf die berechtigten Belange des Schuldners abgestellt wird. Im Rahmen der ordnungsmäßigen Durchführung der Geschäftsverbindung ist es z. B. erforderlich, daß die Bank über Werte, die dem AGB-Pfandrecht unterliegen, verfügen lassen kann. Gibt die Bank Sicherheiten frei, zu deren Rückgewähr an den Sicherungsgeber sie verpflichtet ist (was den Innenausgleich der verschiedenen Sicherungsgeber nicht berührt), kann sich der Bürge ebenfalls nicht darauf berufen.

Bei einer **Höchstbetragsbürgschaft** ist die Bank ohne weiteres und ohne Verwirkung des Bürgschaftsanspruches berechtigt, den Verwertungserlös anderer Sicherheiten auf den durch die Bürgschaften nicht gedeckten Betrag zu verrechnen; das ergibt sich aus § 774 Abs. 1 S. 2 BGB.

Eine Bürgschaft kann nicht wegen **ungerechtfertigter Bereicherung** zurückgefordert werden, wenn sie gegeben worden ist, um ein weiteres, nachrangiges Sicherungsmittel (hier Ausfallbürgschaft einer Kreditgemeinschaft) zu ermöglichen und diese nachrangige Sicherheit nicht gegeben wird[2].

5. Einrede aus Verletzung von Sorgfaltspflichten

376 Aus dem Charakter der Bürgschaft als einseitig verpflichtenden Vertrag ergibt sich, daß der Gläubiger grundsätzlich keine über § 776 BGB hinausgehenden Sorgfaltspflich-

---

[1] BGH WM 80, 1255; 84, 425; 85, 1307; 91, 558 = WuB I F 1a.-8.91/Lwowski.
[2] BGH NJW 79, 646.

ten gegenüber dem Bürgen hat; diese bestehen auch nicht als Nebenpflichten[1]. Die Bank muß den Bürgen auch nicht auf sein Risiko hinweisen[2]. Eine Pflicht zur Kreditbegrenzung besteht grundsätzlich nicht[3], es sei denn, daß insoweit eine echte Bindung der Bank gegenüber dem Bürgen besteht[4]. Wird durch das schuldhafte Verhalten der Bank allerdings ein Irrtum beim Bürgen über sein Bürgschaftsrisiko hervorgerufen, so kann der Bürge nach den Grundsätzen des Verschuldens bei Vertragsschluß (cic) Befreiung von der Bürgschaft verlangen[5]. Es besteht dann kein Anspruch gegen die Bank, wenn dem Bürgen bei Übernahme der Bürgschaft eine (zutreffende) Erklärung über die Bonität des Schuldners gegeben wird, sich dann später aber eine Vermögensverschlechterung einstellt[6]. Der Grundsatz, daß der Gläubiger den Bürgen über dessen Haftungsrisiko nur dann **aufklären** muß, wenn er durch sein Verhalten erkennbar einen Irrtum des Bürgen über den Umfang des Risikos veranlaßt hat, gilt auch für den Fall, daß die Bürgschaft aufgehoben und durch eine Grundschuldhaftung des bisherigen Bürgen für die Verbindlichkeiten des Hauptschuldners ersetzt werden soll[7]. Auf einen vom Gläubiger selbst veranlaßten Irrtum beim Bürgen muß er hinweisen[8]. Der Gläubiger hat allerdings auch dem Bürgen gegenüber Treu und Glauben mit Rücksicht auf die Verkehrssitte zu wahren. Verletzt er diese „**Obliegenheit**" in gröblicher Weise oder arglistig willkürlich, so kann er seine Bürgschaftsforderung verwirken oder sich Schadensersatzansprüchen des Bürgen aussetzen (vgl. auch Rdn. 412)[9]. Hat der Bürge für Ansprüche einer Bank aus deren Geschäftsverbindung zum Hauptschuldner einzustehen, haftet er nicht für Verbindlichkeiten, die erst **nach der Kündigung** (Aufhebung) der Geschäftsverbindung begründet worden sind[10]. Verschlechtert sich die Lage des Bankkunden in einem Ausmaß, das der Bank die Aufhebung der Geschäftsverbindung angezeigt erscheinen läßt, so rückt für den Bürgen die Gefahr näher, daß er aus der Bürgschaft in Anspruch genommen wird. Er hat deshalb ein Interesse daran, daß sich das Engagement der Bank zum mindesten nicht vergrößert[11].

Im Ausnahmefall kann sich der Bürge auch auf fahrlässiges Verhalten des Gläubigers berufen. Dieses ist insbesondere da möglich, wo auch etwaige künftige Verbindlichkeiten verbürgt wurden und hieraus eine vertragsmäßige Übernahme einer besonderen

---

[1] Vgl. BGH WM 63, 24; WM 67, 336; 74, 1130; Eisenhardt, MDR 68, 541 m. w. N.
[2] BGH WM 86, 11; NJW 88, 3205; WM 89, 245; 90, 1956; einschränkend Groeschke, Die Schuldturmproblematik im Zugriff des vorvertraglichen Pflichten, 1993, S. 123 ff.
[3] BGH WM 63, 24.
[4] BGH WM 68, 1391 (1392); 71, 614 (615).
[5] BGH WM 66, 944; WM 68, 398; 67, 366 (367); vgl. zur Aufklärungspflicht des Gläubigers auch BGH MDR 75, 135 f.
[6] BGH NJW 89, 1605.
[7] BGH WM 86, 11; 87, 853.
[8] BGH WM 66, 944; 89, 245; 90, 1956.
[9] Vgl. BGH WM 61, 392; WM 63, 24; 67, 366; 66, 317; 68, 1391; 74, 1130; 84, 586.
[10] BGH WM 88, 1301.
[11] BGH WM 69, 1276.

Sorgfaltspflicht stillschweigend anzunehmen ist[1]. Unzulässig ist es auch, den Bürgen über das Risiko zu täuschen, indem die Bürgschaft als „Formsache" bezeichnet wird[2]. Es ist rechtsmißbräuchlich, wenn die Bank **in Kenntnis der ungünstigen Vermögenslage** noch den Kredit an den Hauptschuldner auszahlt[3] und anschließend aus der Bürgschaft gegen den Bürgen vorgeht.

Eine Verwirkung von Ansprüchen aus der Bürgschaft liegt auch dann vor, wenn bei objektiver Beurteilung der Bürge auf Grund **langjährigen völligen Schweigens** des Gläubigers annehmen konnte, dieser würde Rechte aus der Bürgschaft nicht mehr geltend machen[4].

Der Gläubiger hat dem Bürgen gegenüber **Treu und Glauben** zu wahren (§ 242 BGB). Verletzt er diese Obliegenheit in gröblicher oder gar arglistiger Weise, so kann er seine Bürgschaftsforderung verwirken. Hat sich diese Obliegenheit im Einzelfall zu einer Nebenpflicht des Gläubigers verdichtet, so kommen darüber hinaus Schadensersatzansprüche des Bürgen aus dem Gesichtspunkt positiver Forderungsverletzung in Betracht[5]. Ein Treueverstoß wurde insbesondere angenommen bei der Herbeiführung des Zusammenbruchs des Schuldners[6], der Aufforderung an den Schuldner, nicht zu zahlen[7], sowie bei einer überraschenden Kontosperre[8]. Fraglich ist, ob eine Bank gehindert ist, dem Hauptschuldner eine Karte nebst Scheckvordrucken auszuhändigen, wenn Schuldner und Bürge nur in durchschnittlichen wirtschaftlichen Verhältnissen leben und der Bürge allein wegen seiner verwandtschaftlichen Beziehungen uneigennützig dem künftigen Schuldner aus einer vorübergehenden Notlage mit seiner Bürgschaft helfen will[9]. Die Inanspruchnahme eines selbstschuldnerischen Bürgen bei **gleichzeitiger Versteigerung** des Grundbesitzes des Hauptschuldners verstößt nicht gegen Treu und Glauben[10].

Banken weisen häufig, zumindest einmal jährlich, den Bürgen auf seine Haftung hin. Sie sind aber nicht verpflichtet, den Bürgen auf den jeweiligen Stand der Hauptschuld hinzuweisen. Er muß (und kann) sich diese Information selbst vom Hauptschuldner verschaffen, sog. Selbstschutzhypothese[11].

Der deutsche **ordre public** verbietet die Inanspruchnahme eines Bürgen, der sich für die Verbindlichkeiten seines im Ausland gelegenen Unternehmens verbürgt hatte,

---

[1] Vgl. Rdn. 200.
[2] OLG Celle WM 88, 1436.
[3] BGH WM 59, 1072 (1073).
[4] OLG Frankfurt MDR 78, 52.
[5] BGH WM 63, 25; 68, 1391.
[6] BGH WM 84, 586.
[7] BGH WM 81, 5.
[8] BGH WM 84, 586.
[9] KG Berlin WM 87, 1091; a. A. Rutke in WuB I F 1a.-10.87.
[10] BGH WM 74, 1130.
[11] Vgl. Groeschke, Die Schuldturmproblematik im Zugriff der vorvertraglichen Pflichten, 1993, S. 133 f.

wenn die im Inland ansässige Bürgschaftsgläubigerin von demjenigen ausländischen Staat beherrscht wird, der sämtliche Anteile des Bürgen an der Hauptschuldnerin entschädigungslos enteignet hat[1].

6. Kündigung

Wird eine Bürgschaft auf unbestimmte Zeit für die Dauer der Geschäftsverbindung der Hauptschuldnerin mit der Bank vereinbart, so hat der Bürge das **Recht zur Kündigung** dieses Dauerschuldverhältnisses nach angemessener Zeit oder wegen des Eintritts wichtiger Umstände mit der Folge, daß die Bürgschaftsschuld auf die Höhe begrenzt wird, die die Verbindlichkeit des Hauptschuldners aus der bankmäßigen Geschäftsverbindung mit der Bank im Zeitpunkt des Wirksamwerdens der Kündigung hatte[2]. Ein wichtiger Umstand liegt beispielsweise darin, daß der Bürge als Komplementär in eine KG eintritt, der die Bank Kredit gewährt hat. Der Bürge ist auch dann zur Kündigung berechtigt, wenn der Hauptschuldner der Bank gegenüber längere Zeit keine Schulden hatte, sondern sein Konto lediglich Guthaben auswies[3]. Trotz Kündigung haftet der Bürge für alle die Forderungen, die zum Zeitpunkt **des Wirksamwerdens der Kündigung** bestehen und zwar auch dann, wenn die Geschäftsbeziehung zwischen Gläubiger und Hauptschuldner weiterbestanden hat[4]. Nach Stötter[5] soll aber auch grundsätzlich eine Kündigung des Kreditbürgen mit der Folge zulässig sein, das Bürgschaftsrisiko auf den gegenwärtigen Stand der Hauptschuld zu begrenzen. Dieser Auffassung muß widersprochen werden, da ansonsten weder der Bank noch dem Hauptschuldner Zeit bleibt, neue Sicherheiten zu beschaffen bzw. seine finanzielle Situation zu regeln. Im Extrem könnte dies dazu führen, daß ein Bürge, der sich an sich für unbestimmte Zeit verbürgt hat, in dem Augenblick kündigt, in dem der Saldo besonders niedrig ist, obwohl für die nächste Zeit höhere Inanspruchnahmen zu erwarten sind. Dies würde der Bürgschaft auf unbestimmte Zeit widersprechen. Hinzu kommt, daß ein Bürge sich grundsätzlich nicht auf die Verschlechterung der Vermögensverhältnisse des Hauptschuldners soll berufen können, da ja gerade das Sicherungsmittel Bürgschaft dieses Risiko abdecken soll[6]. Etwas anderes ergibt sich nur, wenn der Kredit noch nicht ausgezahlt worden ist und die Vermögensverhältnisse des Hauptschuldners sich so verschlechtern, daß ein evtl. Rückgriffsanspruch des Bürgen — sofern er in Anspruch genommen werden würde — gefährdet wäre[7]. Allerdings muß für diesen Fall eine Auszahlungsverpflichtung des Kreditgebers entfallen[8]. Der Schuldsaldo kann sich

377

---

[1] BGH WM 88, 893 = WuB I F 1a.-.88/Nielsen.
[2] BGH WM 85, 1059; 86, 95; 86, 850.
[3] BGH WM 86, 850.
[4] RGRK/Mormann, § 765 Anm. 6.
[5] DB 68, 603.
[6] Brink, Recht der Kreditsicherheiten in europäischen Ländern I, Tz. 152; vgl. WuB I F 1a.-.1.85 Schröter; s. auch BGH WM 85, 969 = ZIP 85, 984.
[7] BGH BB 59, 866.
[8] Bink, a. a. O.

auch **nach Zugang der Kündigung** noch erhöhen[1]. Dies gilt aber nur für die Ausnutzung bereits bestehender Kreditlinien. Neukredite werden von der Bürgschaft nicht mehr gesichert. Gleiches für die Prolongation eines Kredites. Nur im Ausnahmefall wird für eine Prolongation die Haftung des Bürgen angenommen werden können, so z. B. wenn die Kündigung des Bürgen unmittelbar vor Ablauf einer bestehenden Kreditzusage eingeht und ohne die anstehende Prolongation Zahlungsunfähigkeit des Kreditnehmers eintreten würde[2].

Eine Bürgschaft ohne betragsmäßige Beschränkung ist kündbar[3].

Als **wichtiger Grund**, der nach Treu und Glauben zur Kündigung berechtigt, kann auch das **Ausscheiden aus einer Gesellschaft** gehören, wenn die Gesellschafterstellung Anlaß für die Übernahme der Bürgschaft war[4]. Das Kündigungsrecht darf nur unter billiger Rücksichtnahme auf die zwischen der Bank und dem Kreditnehmer bestehende Geschäftsverbindung erfolgen; sie ist daher nicht ohne weiteres mit der Wirkung zulässig, daß der Bürge vom Zeitpunkt der Kündigung an für keine weitere Kreditgewährung mehr haftet. Der Bürge kann vielmehr die Kündigung nur unter Wahrung einer Kündigungsfrist, die nach den Umständen des Einzelfalles angemessen ist, erklären. Sie ist so zu bemessen, daß den Beteiligten ein angemessener Zeitraum verbleibt, um ihre wirtschaftlichen Dispositionen der durch die Kündigung geschaffenen veränderten Lage anzupassen[5]. **Ab wann** eine Bürgschaft (als Dauerschuldverhältnis) gekündigt werden kann und welche **Kündigungsfrist** einzuhalten ist, mag im Einzelfall umstritten sein. In den Formularbürgschaften des privaten Bankgewerbes (vgl. Anhang) ist aus Gründen der Rechtssicherheit sowohl vereinbart, ab wann der Bürge kündigen, als auch mit welcher Frist sowie der Festschreibung, welche Kreditgewährungen bzw. Inanspruchnahmen zwischen dem Zeitpunkt des Eingangs der Kündigung des Bürgen bei der Bank und dem Wirksamwerden noch gesichert sind. Ohne eine solche Vereinbarung sind die Umstände des Einzelfalles maßgebend. Unter Hinweis auf § 609 Abs. 2 BGB wird eine Kündigungsfrist von drei Monaten als angemessen angesehen[6]. Für die Frage, **ab wann** eine Bürgschaft gekündigt werden kann, gibt es keine gesetzlichen Hinweise. Die Rechtsprechung hat drei Jahre für ausreichend beurteilt[7].

Neben der Kündigung besteht aber auch die Möglichkeit, daß eine Haftungsbeschränkung dadurch gegeben ist, daß der **Wille**, nur für bestimmte Verbindlichkeiten zu bürgen, für die Bürgschaftspartner erkennbar ist: So sind **Ehegattenbürgschaften** dahingehend auszulegen, daß sich der Wille, für Verbindlichkeiten des Ehegatten zu

---

[1] BGB WM 85, 1.59 = WuB I F 1a.-4.85/Schröter.
[2] So Schröter in WuB I F 1a.-4.85.
[3] BGH WM 85, 155.
[4] BGH WM 85, 1061; Staudinger/Horn, § 765 Rdn. 81; Dach, WuB I F 1a. 24.89.
[5] BGH WM 85, 1061; vgl. einschränkend Staudinger/Horn, § 765 Rdn. 65.
[6] Derleder, NJW 1986, 97; u. U. kann auch eine Frist von 4—6 Wochen ausreichend sein, OLG Celle WM 89, 1224; vgl. auch Canaris, HGB, § 356 Rdn. 33.
[7] BGH WM 85, 969 = WuB I F 1a. 5.85/Schröter.

haften, nicht mehr auf neue Kredite erstreckt, die nach Einreichung der Scheidungsklage aufgenommen werden. Maßgeblicher Zeitpunkt für die Haftungsbegrenzung ist die Kenntnis der Bank von einem laufenden Scheidungsverfahren[1]. Gleiches kann für Gesellschafterbürgschaften gelten, wenn die Gesellschafterstellung Anlaß für die Übernahme der Bürgschaft war[2]. Die Haftungsbeschränkung kann aber erst dann gelten, wenn seit Kenntnis der Bank vom Ausscheiden des Gesellschafters eine den Umständen des Einzelfalls angemessene Zeit verstrichen ist[3]. Bis zum Ablauf der Frist kann sich der Saldo erhöhen, andererseits ermäßigt er sich auf jeden geringeren Schuldsaldo eines nachfolgenden **Rechnungsabschlusses**[4].

Erwartungen des Bürgen wie, eine geplante Sanierung werde in Angriff genommen, können im Einzelfall **Geschäftsgrundlage** sein[5], nicht jedoch die Annahme des Bürgen, er werde Gesellschafter und Geschäftsführer[6]. Nicht Geschäftsgrundlage ist das Scheitern einer Ehe[7], aber die Bürgschaft kann sich nicht mehr auf Kredite erstrecken, die nach Einreichung der Scheidungsklage aufgenommen worden sind, vorausgesetzt, die Bank hat Kenntnis von dem Scheidungsantrag[8] (vgl. oben Rdn. 377).

Ein Bürge kann sich auf ein Fehlen der **Geschäftsgrundlage** nicht deswegen berufen, 378 weil die Parteien des Bürgschaftsvertrages bei Vertragsschluß nicht damit gerechnet haben, daß im Insolvenzfall die Bürgschaft mit der Hauptforderung auf den Träger der gesetzlichen Insolvenzsicherung übergeht[9]. Wer bürgt, sollte sich daher unbedingt vorher vergewissern, ob die verbürgte Forderung nicht noch anderweitig gesichert ist und ob er bei der Schulderfüllung durch einen Dritten mit einer Legalzession rechnen muß; dann könnte er sich auf eine Ausfallbürgschaft beschränken[10].

Es besteht aber auch die Möglichkeit, daß die Parteien Umstände, die außerhalb des typischen Bürgschaftsrisikos — also der Zahlungsunfähigkeit des Hauptschuldners — liegen, zur Geschäftsgrundlage machen[11].

Eine Bürgschaft, die für Verbindlichkeiten einer Kommanditgesellschaft abgegeben 379 wurde, erlischt nicht, wenn alle Gesellschafter bis auf einen ausscheiden und diesem die Gesellschaftsverbindlichkeiten zuwachsen. Sie gilt aber nicht für **neue Verbindlichkeiten**, die der Einzelkaufmann danach begründet. Eine Klausel in Allgemeinen Geschäftsbedingungen, daß die Bürgschaft für Verbindlichkeiten eines Unternehmens

---

[1] OLG Braunschweig FamRZ 78, 111.
[2] Staudinger/Horn, § 765 BGB Rdn. 82.
[3] Schröter in WuB I F 1 a.-6.85.
[4] Schröter in WuB I F 1 a.-5.85.
[5] BGH WM 73, 752; 73, 36; 74, 1127.
[6] LG Hamburg WM 86, 1186.
[7] BGH WM 87, 659.
[8] OLG Braunschweig FamRZ 78, 111.
[9] BGH WM 93, 1233 = WuB I F 1 a.-15.93/Harder.
[10] Harder in WuB I F 1 a.-15.93.
[11] BGH WM 87, 659; 87, 1420 = WuB I F 1 a.-4.88/Schröter.

auch bei **Änderung der Rechtsform seines Inhabers** oder bei einem **Wechsel** in dessen Person bestehen bleiben soll, erstreckt sich grundsätzlich nicht auf künftige Verbindlichkeiten, die der neue, selbständige Rechtsträger als Unternehmensinhaber begründet[1]. Die Bürgenhaftung des Einzelkaufmannes für bisherige, schon die alte Gesellschaft belastenden Verbindlichkeiten, resultiert aus der **Universalsukzession** nach § 142 HGB. Danach begründete neue Verbindlichkeiten sind originär zwischen dem Einzelkaufmann und der Bank auf rechtsgeschäftlicher Basis zustande gekommen. Sie haben daher mit den die alte KG treffenden Hauptverbindlichkeiten nichts zu tun[2].

Die Haftung des Bürgen kann auch dann nicht gegeben sein, wenn die Verbindlichkeit gegenüber der Bank erst **nach Beendigung** (Aufhebung) der gesicherten Geschäftsverbindung begründet worden ist[3] (vgl. oben).

7. Einklagbarkeit

380 Von der Akzessorietät ist die **Einklagbarkeit** der Hauptschuld zu unterscheiden. Das OLG Düsseldorf hatte folgenden Fall zu entscheiden: Das klagende Kreditinstitut gewährte einem österreichischen Staatsbürger ein Darlehen. Der beklagte Bürge verweigerte jegliche Zahlung mit Hinweis darauf, daß eine notwendige Bewilligung der österreichischen Nationalbank für die Darlehensaufnahme nicht gegeben worden war. Ein Verstoß gegen Devisenbestimmungen eines anderen Staates berührt zwar die Rechtswirksamkeit eines Darlehensvertrages nicht, hat jedoch zur Folge, daß eine Klage auf Leistung aus dem Darlehensvertrag, wenn sie in der Bundesrepublik Deutschland erhoben würde, als unzulässig abgewiesen werden müßte. Nach Art. VIII Abschnitt 2b) des Abkommens über den internationalen Währungsfonds kann in Gebieten der Mitglieder nicht geklagt werden aus Devisenkontrakten, die im Gegensatz stehen zu den von einem Mitglied in Übereinstimmung mit dem Abkommen aufrecht erhaltenen oder eingeführten Devisenkontrollvorschriften. Diese Bestimmung ist nach der gefestigten Rechtsprechung des Bundesgerichtshofes so auszulegen, daß ein ohne die erforderliche devisenrechtliche Genehmigung eines Mitgliederstaates geschlossener Vertrag zwar rechtswirksam ist, Ansprüche aus einem solchen Vertrag jedoch nicht im Wege der Klage geltend gemacht werden können. Der Ausschluß der Klagbarkeit bedeutet, daß eine dennoch erhobene Klage unzulässig ist, weil es ihr an einer allgemeinen Prozeßvoraussetzung fehlt[4]. Die Nichteinklagbarkeit der Darlehensforderung berührt den Bestand dieser Forderung „als solche" nicht und gewährt auch einem Bürgen keine Einrede i. S. v. § 768 Abs. 1 BGB. Das bedeutet jedoch nicht, daß sie für die Verpflichtung des Bürgen ohne Bedeutung ist. Die Bürgschaft ist nicht nur in ihrer Entstehung, sondern auch in ihrem weiteren Fortbestehen grundsätzlich von der Hauptverpflichtung

---

[1] BGH WM 93, 1080 = WuB I F 1a.-12.93/Bälz.
[2] Bälz in WuB I F 1a.-12.93.
[3] BGH ZIP 88, 1167.
[4] BGH NJW 80, 520 mit Hinweisen auf die früher dazu ergangenen Entscheidungen und zustimmendes Schrifttum.

gem. § 767 BGB abhängig; nur in besonderen Ausnahmefällen kann etwas anderes gelten[1].

Ausnahmefälle sind § 193 Abs. 2 KO und § 82 Abs. 2 VglO für den Fall, daß die Hauptschuld im Wege des Zwangsvergleiches im Konkursverfahren oder des Vergleichs zur Abwendung des Konkurses im Vergleichsverfahren teilweise erlassen wird. Im Abkommen von Bretton Woods ist eine entsprechende Regelung nicht gegeben. Die Bürgschaft ist somit eine unvollkommene Verbindlichkeit, damit nicht einklagbar. Das Abkommen von **Bretton Woods**[2] ist von Amts wegen zu beachten.

VII. Wirksamkeitsprobleme der Bürgschaft

1. Unwirksamkeit/Vertragsaufhebung

Der Problematik der Überschuldung junger Bürgen sind Literatur und Rechtsprechung mit zahlreichen Lösungsvorschlägen entgegengetreten, um die Bürgen vor einer lebenslangen wirtschaftlichen Überforderung zu schützen[3]. 381

a) Unwirksamkeit

In diesem Zusammenhang wird unter Bezugnahme auf die Geschäftsunerfahrenheit und die unzureichenden Einkommens- und Vermögensverhältnisse des Bürgen die Auffassung vertreten, daß das Kreditinstitut bei Kenntnis dieser Umstände die Geschäftsunerfahrenheit des Bürgen in sittenwidriger Weise ausnutzt, so daß die Bürgschaft gemäß § 138 Abs. 1 BGB nichtig ist[4]. 382

Der IX. Zivilsenat des Bundesgerichtshofes hat eine Schutzbedürftigkeit junger Bürgen mit der Begründung grundsätzlich abgelehnt, daß „die Volljährigkeit mit Vollendung des 18. Lebensjahres eintritt und ein Volljähriger im Geschäftsverkehr im allgemeinen auch ohne besondere Erfahrung in der Lage ist, zu erkennen, daß die Abgabe einer Bürgschaft ein riskantes Geschäft ist"[5].

Diese Einschätzung ist aufgrund des Beschlusses des Bundesverfassungsgerichtes vom 19. Oktober 1993[6] nicht mehr haltbar und vom IX. Zivilsenat des Bundesgerichtshofes mit den Urteilen vom 24. 2. 1994[7] modifiziert worden.

---

[1] BGH WM 76, 122; OLG Düsseldorf ZIP 83, 1188.
[2] OLG Düsseldorf ZIP 83, 1188.
[3] Zusammenfassung bei Groeschke, Die Schuldturmproblematik im Zugriff der vorvertraglichen Pflichten, S. 123 ff.
[4] So statt aller Reinicke/Tiedtke, ZIP 89, 613, 614; ablehnend Groeschke, a. a. O., S. 124.
[5] BGH WM 89, 245, 246; BGH WM 90, 1956 f.; in BGH WM 91, 1154, 1155 als ständige Rechtsprechung bestätigt.
[6] WM 93, 2199.
[7] ZIP 94, 520 ff.; hierzu Pape, ZIP 94, 515 ff.

Das Bundesverfassungsgericht stellt in diesem Beschluß klar, daß im Falle strukturell ungleicher Verhandlungsstärke, die bei jungen geschäftsunerfahrenen Bürgen zu bejahen ist, die Zivilrechtsordnung über die Generalklauseln der §§ 138, 242 BGB korrigierend eingreifen muß, wenn die Folgen des Vertrages für den unterlegenen Vertragsteil ungewöhnlich belastend sind, was im Fall der Verbürgung zu bejahen ist, soweit der Bürge im Haftungsfall voraussichtlich bis an sein Lebensende nicht in der Lage sein wird, sich aus eigener Kraft von der übernommenen Schuldenlast zu befreien[1].

Hierbei ist zu berücksichtigen, daß ein Verstoß gegen die grundrechtliche Gewährleistung der Privatautonomie erst dann in Betracht kommt, wenn das Problem gestörter Vertragsparität gar nicht gesehen oder seine Lösung mit untauglichen Mitteln versucht wird.

In diesem Zusammenhang betont das Bundesverfassungsgericht, daß es bei ausgeprägter Unterlegenheit eines Vertragspartners entscheidend darauf ankommt, auf welche Weise der Vertrag zustandegekommen ist und wie sich der überlegene Vertragspartner verhalten hat[2].

Hierbei verfehlt die Verneinung jeglicher Aufklärung und Hinweispflicht des Kreditinstituts sowie die Einschätzung, daß das Drängen des Bankangestellten mit dem Zusatz „Sie gehen keine große Verpflichtung ein" unerheblich ist, die grundrechtliche Gewährleistung der Privatautonomie so prinzipiell, daß sie keinen Bestand haben kann[3].

382a Dies spricht dafür, eine Aufklärung des Bürgen über sein besonders hohes Bürgschaftsrisiko als taugliches Mittel zur Bewältigung der Problematik der Unterlegenheit des Vertragspartners heranzuziehen, um die Bürgschaft gegen etwaige Angriffe unter dem Gesichtspunkt der gestörten Vertragsparität abzuschirmen[4].

Um den konkreten Anwendungsbereich der Aufklärung zu fixieren, ist jedoch anhand der von dem Bundesverfassungsgericht herausgearbeiteten Kriterien für den Einzelfall folgendes festzuhalten (die nachfolgenden Merkmale entspringen dem entscheidungserheblichen Sachverhalt und sind damit nur als beispielhaft und nicht als abschließend zu verstehen):

382b Die strukturelle Unterlegenheit des einen Vertragsteils, die für diesen ungewöhnlich belastende Vertragsfolgen nach sich zieht, kann einen Verstoß gegen die grundrechtliche Gewährleistung der Privatautonomie darstellen, wenn folgende Merkmale vorliegen:

— Das übernommene Haftungsrisiko ist außerordentlich hoch,

---

[1] BVerfG WM 93, 2199, 2202 f.
[2] BVerfG WM 93, 2203.
[3] BVerfG WM 93, 2204.
[4] Groeschke, BB 94, 725, 727.

— der Gesamtumfang der Haftung ist außerordentlich schwer abschätzbar (z. B. weil die vereinbarte Höchstgrenze Kosten und Zinsen des Kredites nicht einschließt und deren Berechnungsgrundlage im Bürgschaftsvertrag nicht ausgewiesen wird),
— es fehlt jegliche Begrenzung der gesicherten Geschäftsverbindlichkeiten,
— das Risiko übersteigt die wirtschaftlichen Verhältnisse des Bürgen weit,
— der Bürge hat an dem gesicherten Kredit kein eigenes wirtschaftliches Interesse,
— nahezu sämtliche bürgschaftsrechtliche Schutzvorschriften sind abbedungen,
— für das Kreditinstitut ist es leicht feststellbar, daß der Bürge im Haftungsfall voraussichtlich bis an sein Lebensende nicht in der Lage sein wird, sich aus eigener Kraft von der übernommenen Schuldenlast zu befreien. **Nicht ausreichend** zur Begründung einer gestörten Vertragsparität ist es, wenn:
— Die Bürgschaft einen Konsumentenkredit nicht ungewöhnlicher Höhe betrifft (z. B. unter Berücksichtigung der Anschaffungskosten bei der Gründung eines Hausstandes),
— das Haftungsrisiko nicht schwer abschätzbar ist,
— der Bürge an der Kreditgewährung unmittelbar interessiert ist,
— die Begleitumstände des Vertragschlusses nicht zu beanstanden sind,
— der Bürge zur Abgabe der Bürgschaftserklärung nicht gedrängt worden ist und auch nicht in anderer Weise in seiner Entscheidungsfreiheit beeinträchtigt worden ist,
— für ein etwaiges Beratungsverschulden des Kreditinstituts keine Anhaltspunkte vorliegen
— und das Kreditinstitut das Haftungsrisiko nicht beschönigt hat.

Der IX. Zivilsenat des Bundesgerichtshofes modifiziert seine bisherige Rechtsprechung zum Bürgschaftsrecht mit den Urteilen vom 24. Febr. 1994[1] dergestalt, daß nunmehr eine Nichtigkeit des Bürgschaftsvertrages gem. § 138 Abs. 1 BGB gegeben sein kann, soweit sich der Bürge in einem Umfang verpflichtet, der seine gegenwärtigen und zukünftig zu erwartenden Einkommens- und Vermögensverhältnisse weit übersteigt, und hinzutritt, daß der Bürge ohne Eigeninteresse handelt und durch weitere Umstände in einer dem Gläubiger zurechenbaren Weise zusätzlich erheblich belastet wird, die zu einem unerträglichen Ungleichgewicht der Vertragspartner führen. Solche Belastungen können sich insbesondere daraus ergeben, daß der Gläubiger die geschäftliche Unerfahrenheit oder eine seelische Zwangslage des Bürgen ausnutzt oder auf andere Weise ihn in seiner Entscheidungsfreiheit unzulässig beeinträchtigt. Dies gilt auch dann, wenn Eltern unter Verstoß gegen § 1618a BGB den Entschluß des Bürgen in

382c

---
[1] ZIP 94, 520 ff.

rechtlich zu mißbilligender Weise beeinflußt haben. Die Bank muß sich diese Umstände zurechnen lassen[1].

Außerdem können Sittenwidrigkeitskriterien des XI. Zivilsenats des Bundesgerichtshofes herangezogen werden, die die Wirksamkeit der Bürgschaft im Einzelfall in Frage stellen.

Die differenzierenden Sittenwidrigkeitskriterien, die der XI. Zivilsenat des Bundesgerichtshofes[2] im Rahmen der Rechtsprechung zur Mitverpflichtung von Ehegatten entwickelt hat, sind zwar aufgrund der grundsätzlichen Andersartigkeit der Bürgschaft einerseits und der Mitverpflichtung andererseits nicht ohne weiteres auf die Bürgschaft zu übertragen, können letztendlich aber aufgrund ihrer Abgrenzungsfunktion im Rahmen der Gesamtwürdigung aller objektiven und subjektiven Umstände zur Feststellung einer etwaigen Sittenwidrigkeit herangezogen werden.

Hiernach kann der Grundsatz, daß es jedem Volljährigen aufgrund der Vertragsfreiheit als Teil der Privatautonomie unbenommen bleiben muß, auch risikoreiche Geschäfte abzuschließen und sich zu Leistungen zu verpflichten, die ihn schlechthin überfordern oder die von ihm nur unter besonders günstigen Bedingungen, notfalls sogar unter dauernder Inanspruchnahme des pfändungsfreien Einkommens, erbracht werden können, unter folgenden Voraussetzungen durchbrochen werden[3]:

382d Der Verpflichtete, der sich auf eine sittenwidrige finanzielle Überforderung beruft, muß darlegen und beweisen, daß er nicht nur bei Eingehung der Verpflichtung außerstande war, zu deren Erfüllung aus eigenem Einkommen oder Vermögen in nennenswertem Umfang beizutragen, sondern daß auch nicht damit zu rechnen war, dies werde sich in absehbarer Zeit ändern. Bei dieser Zukunftsprognose sind alle Umstände zu berücksichtigen, die ein Kreditinstitut zum Zeitpunkt des Vertragsschlusses bei realistischer Betrachtungsweise veranlassen könnten, mit einer Besserung der finanziellen Lage zu rechnen. Neben der Höhe der übernommenen Verpflichtung können somit die von Ausbildung, Fähigkeiten und familiärer Belastung abhängigen Aussichten auf künftige Erwerbseinkünfte ebenso eine Rolle spielen wie etwa eine zu erwartende Erbschaft oder ähnliche Umstände[4].

Die wirtschaftliche Überforderung allein reicht hiernach jedoch nicht aus, um den Sittenwidrigkeitsvorwurf zu begründen. Die finanzielle Überforderung muß dem Kreditinstitut bewußt gewesen sein. Außerdem müssen weitere besondere Umstände hinzutreten, die die Wertung einer Mißbilligung im Sinne eines Verstoßes gegen die guten Sitten tragen können[5].

---

[1] BGH ZIP 94, 520, 522.
[2] BGH WM 92, 2129 ff.
[3] BGH WM 92, 2129, 2130 f.
[4] BGH WM 92, 2129, 2130.
[5] BGH WM 92, 2129, 2130.

Der XI. Zivilsenat nennt in diesem Zusammenhang drei Beispielsfälle, deren Vorliegen bei Bejahung der vorgenannten Voraussetzungen jeweils geeignet sind, im Rahmen der Mitverpflichtung den Sittenwidrigkeitsvorwurf zu begründen:

1. Fallgruppe

Wenn ein Bankvertreter einen Ehegatten unvorbereitet in der ehelichen Wohnung mit dem Ansinnen konfrontiert, er solle die Mithaftung für die Schulden des anderen übernehmen, ist unter dem Gesichtspunkt der Überrumpelung ein besonderes, die Sittenwidrigkeit begründendes Kriterium gegeben[1].

2. Fallgruppe

Ein den Sittenwidrigkeitsvorwurf tragendes Kriterium kann auch darin erblickt werden, daß ein Ehegatte durch den Appell an die eheliche Liebe und Hilfsbereitschaft dazu bewegt wird, eine die Befriedigungsaussichten des Kreditinstituts kaum erhöhende, für den Ehegatten aber möglicherweise ruinöse Mitverpflichtung zu übernehmen. Eine solche Ausnutzung einer seelischen Zwangslage ist nach Auffassung des XI. Zivilsenats zu mißbilligen[2].

3. Fallgruppe

Ein weiteres Sittenwidrigkeitskriterium ergibt sich aus dem Umstand, daß die Entscheidung des sich Verpflichtenden durch Erklärungen beeinflußt wird, die seine Unterschriftsleistung als bloße Formalität erscheinen lassen oder in anderer Weise deren Tragweite verharmlosen[3].

Die letztere Fallgruppe stellt für das Recht der Bürgschaft außerdem einen anerkannten Fall der culpa in contrahendo dar. In Durchbrechung des Grundsatzes, daß der Gläubiger nicht verpflichtet ist, den Bürgen über das Bürgschaftsrisiko aufzuklären, wird eine Aufklärungspflicht bejaht, wenn das Kreditinstitut durch sein Verhalten — erkennbar — einen Irrtum des Bürgen über das Risiko der Inanspruchnahme veranlaßt hat[4].

Im Fall der Verletzung dieser Aufklärungspflicht steht dem Bürgen gegen das Kreditinstitut ein Schadensersatzanspruch auf Vertragsaufhebung zu, wenn der Bürge die konkrete Verbindlichkeit bei pflichtgemäßer Aufklärung nicht eingegangen wäre[5]. In diesem Zusammenhang ist die Beweislastumkehr zu berücksichtigen, die der Bundesge-

382e

---

[1] BGH WM 92, S. 2130.
[2] BGH WM 91, S. 313 f.; BGH WM 92, S. 2129 f.
[3] BGH WM 92, 2129, 2130.
[4] BGH WM 86, 11, 12; BGH WM 87, 1481, 1483; BGH WM 90, 1956, 1957.
[5] BGH WM 74, 512, 514; BGH WM 85, 463, 466; hierzu auch Nirk, in Festschrift für Möhring S. 385, 406 f.

richtshof dergestalt aufstellt, daß denjenigen, der eine Aufklärungspflicht verletzt, die Beweislast dafür trifft, daß der Schaden — in diesem Fall der Vertragsschluß — auch bei pflichtgemäßem Verhalten eingetreten wäre[1]. Hiernach tragen die Kreditinstitute im Fall der Verletzung der Aufklärungspflicht die Beweislast dafür, daß der Bürge die Bürgschaftsverpflichtung auch bei ordnungsgemäßer Aufklärung eingegangen wäre. Dieser Beweis wird im Regelfall kaum erfolgreich zu führen sein.

382f *b) Außerordentliches Rücktrittsrecht*

In Anknüpfung an die besondere Problematik der Überschuldung geschäftsunerfahrener einkommensschwacher Bürgen wird die Auffassung vertreten, dem Bürgen ein außerordentliches Rücktrittsrecht zuzubilligen, wenn seine Inanspruchnahme aus der Bürgschaft infolge der Zahlungsunfähigkeit des Hauptschuldners sicher ist und hinzutritt, daß aufgrund seiner mangelnden Einkommens- und Vermögensverhältnisse eine lebenslange Überschuldung eintreten wird[2].

So beachtlich der Ansatz ist, die Problematik der Überschuldung geschäftsunerfahrener einkommensschwacher Bürgen einer sachgerechten Lösung zuzuführen, ist doch an der Prämisse des Bundesgerichtshofes, wonach die Privatautonomie auch den Abschluß risikoreicher Geschäfte ermöglicht[3], festzuhalten und ein außerordentliches Rücktrittsrecht abzulehnen, um eine Aushöhlung der Bürgschaft als Kreditsicherheit, die sich auch zu Lasten junger kreditsuchender Menschen auswirken würde, zu vermeiden.

382g **2. Anwendbarkeit des Haustürwiderrufsgesetzes**

Der Bundesgerichtshof hat in Abkehr von seiner bisherigen Rechtsprechung[4] § 1 Abs. 1 HWiG auch auf Bürgschaftserklärungen für anwendbar erklärt[5]. Der IX. Zivilsenat des Bundesgerichtshofes hat eine Anwendbarkeit von § 1 Abs. 1 HWiG auf Bürgschaften mit der Begründung abgelehnt, daß die Bürgschaft kein Vertrag über eine entgeltliche Leistung i. S. d. § 1 HWiG sei, sondern eine einseitig übernommene Verbindlichkeit des Bürgen[6].

Dieser Einschätzung hat sich der XI. Zivilsenat des Bundesgerichtshofes nicht angeschlossen und im Hinblick auf die vom Rat der EG erlassene Richtlinie vom 20. Dezember 1985 betreffend den Verbraucherschutz in Fällen von außerhalb von Geschäftsräumen geschlossenen Verträgen (85/577/EWG) (ABL. EG Nr. L 372 vom

---

[1] BGHZ, 61, 118, 121 f.; BGH ZIP 90, 928, 932.
[2] Vgl. Groeschke, Die Schuldturmproblematik im Zugriff der vorvertraglichen Pflichten, 1993, S. 162 ff.
[3] BGH WM 92, 2129, 2130 f.
[4] BGH WM 91, 359 ff.
[5] BGH WM 93, 683.
[6] BGH WM 91, 359 f.; BGH WM 91, 1210 f.

31. Dezember 1985, S. 31) eine gemeinschaftskonforme Auslegung des Merkmals der „entgeltlichen Leistung" vorgenommen[1]. Der XI. Zivilsenat des Bundesgerichtshofes betont, daß die EG-Richtlinie (85/577/EWG) keine Einschränkung im Hinblick auf Verträge „über eine entgeltliche Leistung" enthält, so daß das Haustürwiderrufsgesetz, um insoweit Konflikte zwischen innerstaatlichem und europäischem Recht zu vermeiden, gemeinschaftskonform dahingehend auszulegen ist, eine Anwendung des § 1 HWiG nur bei Verträgen zu verneinen, bei denen der Kunde eine Leistung erhält, ohne selbst dafür ein Entgelt zahlen zu müssen[2].

Bei Verträgen hingegen, die wie die Bürgschaft umgekehrt nur eine einseitige Leistungsverpflichtung des Erklärenden, aber kein von der anderen Vertragspartei zu zahlendes Entgelt vorsehen, erscheint das Bedürfnis des Erklärenden nach Schutz vor einer Überrumpelung sogar größer als in Fällen, in denen ihm für seine Leistung irgendein Entgelt versprochen oder gezahlt wird[3].

Der XI. Zivilsenat des Bundesgerichtshofes schränkt diese gemeinschaftskonforme Auslegung jedoch dahingehend wieder ein, daß der Begriff „Vertrag über eine entgeltliche Leistung" jedenfalls eine Bürgschaft erfaßt, die vom Bürgen übernommen wird, damit der Gläubiger dem Hauptschuldner ein Darlehen gewährt oder beläßt[4]. Diese Einschränkung kann nicht überzeugen, da die EG-Richtlinie (85/577/EWG) das Merkmal der „Entgeltlichkeit" gerade nicht zur Anwendbarkeitsvoraussetzung erklärt, so daß es auch auf einen mittelbaren Nutzen des Bürgen, den der Bundesgerichtshof mit dieser Einschränkung zu begründen sucht, nicht ankommt.

Es ist daher in jedem Fall zu empfehlen, den Bürgen über sein Widerrufsrecht i. S. d. **382h** § 1 HWiG gemäß § 2 Abs. 1 HWiG zu belehren. Unterbleibt diese Belehrung, so erlischt das Widerrufsrecht des Bürgen erst nach Ablauf eines Monats, nachdem der Bürge die ihm nach dem Bürgschaftsvertrag obliegende Leistung vollständig erbracht hat. Die dem Bürgen obliegende Leistung wird nicht schon durch die schriftliche Erteilung des Bürgschaftsversprechens, sondern i. S. d. § 2 Abs. 1 S. 4 HWiG erst dadurch „vollständig erbracht", daß der Bürge, soweit der Hauptschuldner seinen Verpflichtungen gegenüber dem Gläubiger nicht nachkommt, aufgrund der Bürgschaftsverpflichtung die Hauptverbindlichkeit erfüllt[5].

Soweit Gläubiger im Vertrauen auf die Rechtsprechung des IX. Zivilsenates in der Vergangenheit davon Abstand genommen haben, den Bürgen über ein etwaiges Widerrufsrecht i. S. v. § 1 HWiG gemäß § 2 Abs. 1 HWiG zu belehren, empfiehlt es sich, diese Widerrufsbelehrung nachzuholen, um dem Bürgen die Möglichkeit abzuschneiden,

---

[1] Vgl. BGH WM 93, S. 683, 684; zur gemeinschaftskonformen Auslegung Bunte, WM 93, 877 ff.
[2] BGH WM 93, 683, 684; a. A. Wenzel, NJW 93, 2781, 2782.
[3] BGH a. a. O.; zustimmend Klingsporn, WM 93, 829, 832 f.
[4] BGH WM 93, 683, 684.
[5] Klingsporn, WM 93, 829, 833.

den Widerruf dann zu erklären, wenn der Gläubiger ihn aus der Bürgschaft in Anspruch nimmt.

382i Im Hinblick auf die Widerrufsbelehrung sind die verschärften Anforderungen, die der Bundesgerichtshof an den Inhalt der Widerrufsbelehrung stellt, zu berücksichtigen. Die Belehrung über den Widerruf der auf den Vertragsschluß gerichteten Willenserklärung muß im Wege einer drucktechnisch deutlich gestalteten schriftlichen Belehrung über das Recht des Kunden zum Widerruf einschließlich Namen und Anschrift des Widerrufsempfängers sowie einschließlich der Erklärung, daß zur Wahrung der einwöchigen Widerrufsfrist die rechtzeitige Absendung des Widerrufs ausreicht, erfolgen und außerdem eine **Belehrung über den Beginn der Widerrufsfrist enthalten**[1].

---

[1] BGH WM 93, 589 ff.

2. Kapitel: Bürgschaftsähnliche Sicherungsformen

I. Schuldmitübernahme

Im Gegensatz zur befreienden (privativen) Schuldübernahme (vgl. Rdn. 224) ist die **Schuldmitübernahme** (kumulative Schuldübernahme, Schuldbeitritt, bestärkende Schuldübernahme) nicht gesetzlich geregelt. Ihre Zulässigkeit ergibt sich aus dem im Schuldrecht herrschenden Prinzip der Vertragsfreiheit (§ 305 BGB)[1]. Sie stellt einen Vertrag dar, kraft dessen sich ein Dritter (der Übernehmer) verpflichtet, neben dem bisherigen Schuldner für dessen Verpflichtung gesamtschuldnerisch mitzuhaften[2]. 383

Der Vertrag wird dabei üblicherweise zwischen dem Übernehmer und dem Gläubiger geschlossen. Die Übernahme kann aber auch zwischen dem Übernehmer und dem ursprünglichen Kreditnehmer vereinbart werden; eine Mitwirkung des Gläubigers ist dabei nicht erforderlich[3]. In diesem Fall liegt ein Vertrag zugunsten Dritter gemäß § 328 BGB vor. Möglich ist ein Schuldbeitritt für künftige Verbindlichkeiten, wenn diese genügend bestimmt sind[4]. Der Schuldmitübernahmevertrag bedarf keiner besonderen Form[5]. Aus Beweisgründen empfiehlt sich jedoch die Schriftform. Die Annahmeerklärung ist gemäß § 151 BGB entbehrlich.

Der Beitretende übernimmt im Gegensatz zur Bürgschaft nicht eine von der Schuld des ursprünglichen Schuldners verschiedene Verbindlichkeit; er wird vielmehr — neben dem ursprünglichen Schuldner — Gesamtschuldner der Verpflichtung des Erstschuldners[6]. Auch gilt hier — im Gegensatz zur Bürgschaft — der Akzessorietätsgrundsatz nicht. Die mitübernommene Schuld ist daher grundsätzlich in ihrem Fortbestand und Umfang unabhängig von der Schuld des Erstschuldners[7]. Nur im Rahmen der gesetzlichen Vorschriften über das Gesamtschuldverhältnis (§§ 421 ff. BGB) wirkt eine Änderung der Urschuld auf die Haftung des Schuldmitübernehmers ein. Wird daher die Schuld aus einer Leistung für den Gewerbebetrieb des Schuldners nachträglich von einem anderen mitübernommen, so gilt auch diesem gegenüber die 4jährige Verjährung, bezogen auf die Entstehung des Anspruchs des Gläubigers[8]. Auch kann der Gläubiger einer Gesamtschuld die Erfüllungswirkung der Leistung eines Gesamtschuldners nicht auf das zwischen ihm und dem Gesamtschuldner im Rahmen der Gesamtschuld bestehende besondere Schuldverhältnis beschränken[9]. Verzichtet aber

---

[1] Palandt/Heinrichs, vor § 414, Rdn. 2.
[2] Brink, Recht der Kreditsicherheiten in europäischen Ländern, Tz. 175.
[3] BGH WM 65, 361.
[4] BGH WM 61, 1129.
[5] RGRK/Mormann, vor § 765 Rdn. 3.
[6] RGRK/Mormann, vor § 765 Rdn. 3.
[7] Vgl. BGH WM 76, 1109.
[8] BGH MDR 72, 595.
[9] BGH WM 72, 929.

der Gläubiger einem Gesamtschuldner gegenüber auf seine Forderung, so wird hierdurch die Leistungspflicht der übrigen Gesamtschuldner gegenüber dem Gläubiger nicht ohne weiteres berührt[1].

Im Einzelfall ist es nicht immer leicht, zu entscheiden, ob der Dritte, der sich dem Kreditgeber gegenüber verpflichtet, für die Schuld des Kreditnehmers einzutreten, eine echte Schuldmitübernahme beabsichtigt, oder ob er lediglich ein Bürgschaftsversprechen abgeben will. Dementsprechend versucht der Gläubiger häufig, eine wegen Formmangels nichtige Bürgschaft in eine Schuldmitübernahme umzudeuten. Bei der Abgrenzung zwischen einer Bürgschaft und einer Schuldmitübernahme ist nicht allein auf die von den Parteien gewählte Ausdrucksweise abzustellen[2]. Nach der Rechtsprechung spricht für das Vorliegen eines Schuldbeitritts **ein eigenes, unmittelbares sachliches bzw. wirtschaftliches Interesse des Beitretenden** daran, daß der Gläubiger die Leistung erhält[3]. Ein bloßes persönliches, ideales oder moralisches Interesse genügt hingegen nicht[4]. Allerdings ist auch das Vorliegen eines eigenen unmittelbaren sachlichen Interesses nur einer von mehreren der für die Auslegung maßgebenden Faktoren[5]. Sollen die Vorteile, die sich aus dem Schuldverhältnis ergeben, auf dem die Verbindlichkeit des ursprünglichen Schuldners beruht, ganz oder zum Teil wirtschaftlich dem Eintretenden zugute kommen oder hat dieser jedenfalls an den Leistungen aus dem Hauptvertrage ein eigenes Interesse, so spricht dies für das Vorliegen einer Schuldmitübernahme; im Zweifel ist jedoch bei Fehlen derartiger besonderer Umstände eine Bürgschaft anzunehmen[6].

§ 774 BGB ist nicht entsprechend auf die Schuldmitübernahme anwendbar, so daß ein Forderungsübergang nicht stattfindet. Ausgleichsansprüche des Beitretenden gegen den ursprünglichen Schuldner können sich jedoch unmittelbar aus §§ 426 Abs. 1 oder 426 Abs. 2 BGB ergeben. Im Falle der Abtretung der gesicherten Forderung gehen die Rechte aus der Schuldmitübernahme entsprechend § 401 BGB auf den neuen Gläubiger über[7]. § 776 BGB ist auf den Schuldbeitritt nicht anwendbar[8], so daß der Beitretende nicht von seiner Haftung befreit wird, wenn der Gläubiger andere Sicherheiten aufgibt.

Der BGB hat in einer neueren Entscheidung ausgeführt, daß dem Käufer eines Grundstücks, der in Anrechnung auf den Kaufpreis eine Grundschuld übernommen

---

[1] BGH a. a. O.
[2] RG 90, 415 (417).
[3] BGH NJW 81, 47; RGRK/Mormann, vor § 765 Rdn. 4 m. w. N.; BGH WM 61, 1129.
[4] RG 11, 581; Warn 11, 171.
[5] Vgl. BGH WM 62, 550; BGH NJW 68, 987; beachte aber auch BGH MDR 72, 138, wo es der BGH abgelehnt hat, die Erklärung „wir haften für die Erfüllung als Gesamtschuldner" deshalb in eine Bürgschaft umzudeuten, weil dem Dritten das eigene unmittelbare Interesse fehlte; zur Frage, ob bei Unterzeichnung eines Wechsels als Indossant Bürgschaft oder Schuldbeitritt vorliegt; vgl. BGH BB 62, 1346.
[6] RG 71, 118; BGH WM 61, 1129; 62, 550.
[7] BGH WM 72, 222.
[8] BGH WM 62, 1293.

hat, kein bereicherungsrechtlicher Ausgleich wegen gezahlter Zinsen gegen den Grundschuldgläubiger nach Wegfall der aus Schuldbeitritt folgenden Verpflichtung zusteht[1].

Nach § 425 BGB wirkt die Kündigung nur eines Gesamtschuldners, soweit sich nicht aus dem Schuldverhältnis etwas anderes ergibt, nur für und gegen ihn. Zu klären ist allerdings, ob die **Kündigung** nur eines Gesamtschuldners im Einzelfall überhaupt wirksam ist. Dies hängt von der jeweiligen Ausgestaltung des Schuldverhältnisses ab[2]. § 425 BGB selbst enthält kein allgemeines Kündigungsrecht, sondern lediglich eine Auslegungsregel[3]. Wie bei der Bürgschaft kann auch eine Schuldmitübernahme nach Treu und Glauben gekündigt werden. Eine solche Kündigung würde (zumindest) von den gleichen Voraussetzungen, wie sie für die Bürgschaft gelten, abhängig sein[4]. Es kann somit auf die Ausführungen zur Kündigung einer Bürgschaft verwiesen werden.

II. Garantie

1. Regelungsbereich

Der Garantievertrag ist ebenso wie die Schuldmitübernahme im Gesetz nicht ausdrücklich geregelt, jedoch als solcher wegen der im Schuldrecht bestehenden Vertragsfreiheit (§ 305 BGB) allgemein anerkannt[5]. 384

Durch den Garantievertrag verpflichtet sich ein Dritter (der Garant), unabhängig von dem Bestehen einer Verbindlichkeit für einen bestimmten Erfolg einzustehen oder die Gewähr für einen künftigen, noch nicht entstandenen Schaden zu übernehmen[6]. Davon zu unterscheiden ist die Gewähr, die als bloße Nebenverpflichtung eines anderen Vertrages übernommen wird; hier gilt dessen Recht[7]. Der garantierte Erfolg kann auch darin bestehen, daß der Gläubiger einer Kreditforderung den kreditierten Betrag vom Schuldner zurückerhält. Vereinbart wird der Garantievertrag zwischen dem Gläubiger und dem Garanten. Einer besonderen Form bedarf er grundsätzlich nicht[8]; die Formbedürftigkeit kann sich allerdings aus seinem besonderen Inhalt ergeben. So bedürfen Garantieverträge, die im Zusammenhang mit einem Grundstückskauf stehen, der Form des § 313 BGB (z. B. Ausbietungsgarantie, bei der der Erwerb des Grundstücks im Vordergrund steht; das ist regelmäßig der Fall, wenn der Ausbietungsgarant außer dem Interesse an dem Grundstück in keinerlei Verbindung mit dem Hauptschuldner steht)[9]. Die Annahmeerklärung ist gem. § 151 BGB entbehrlich.

---
[1] BGH NJW 79, 157.
[2] BGH WM 85, 1059.
[3] BGH WM 65, 1283; BGH WM 85, 1061.
[4] BGH WM 85, 1061.
[5] RG 90, 415; BGH BB 64, 1360.
[6] Brink, Recht der Kreditsicherheiten in europäischen Ländern I, Tz. 186 m. w. N.
[7] BGH WM 60, 1567.
[8] BGH WM 64, 62.
[9] RGRK/Mormann, vor § 765 Rdn. 6; OLG Braunschweig, Az. 2 U 81/85.

Der Erwerber einer garantierten Kreditforderung kann die Rechte aus dem Garantievertrag nur geltend machen, wenn sie ihm abgetreten werden[1] oder der Vertrag von vornherein als Vertrag zugunsten eines Dritten — des Erwerbers — (§ 328 BGB) abgeschlossen worden ist; die Rechte aus einer Forderungsgarantie gehen daher nicht gemäß § 401 BGB mit der abgetretenen Forderung auf den neuen Gläubiger über[2].

Der Nichteintritt des Erfolges löst die Verpflichtung des Garanten auf. Der Umfang der Verpflichtung ist nach den Grundsätzen des Schadensersatzrechtes zu ermitteln[3]. Dabei ist auch der Gesichtspunkt des Mitverschuldens (§ 254 BGB)[4] und der Grundsatz der Vorteilsausgleichung zu berücksichtigen.

385 Die **Abgrenzung** des Garantievertrages von ähnlichen Instituten wie Bürgschaft, Schuldmitübernahme, Vertragsstrafe[5], ist nicht immer einfach. Hierbei ist nicht allein auf die von den Parteien gewählte Ausdrucksweise abzustellen[6]. So können z. B die Worte „aufkommen", „einstehen", „sich verbürgen", „garantieren", sowohl bei der Übernahme einer Bürgschaft als auch bei einem Garantievertrag verwendet werden; die Entscheidung kann daher nur unter Berücksichtigung der Lage des Falles in seiner Gesamtheit getroffen werden[7].

Im Gegensatz zum Schuldbeitritt übernimmt der Garant nicht dieselbe Schuld, wie sie ein anderer gegenüber dem Gläubiger hat, sondern die **selbständige Pflicht zur Schadloshaltung** des Gläubigers[8].

Schwierigkeiten bei der Abgrenzung zur Bürgschaft können sich nur bei einer Forderungsgarantie ergeben, da diese in ihrem wirtschaftlichen Zweck einer Bürgschaft sehr nahe kommt[9]. Begrifflich unterscheidet sich die Bürgschaft von dem Garantievertrag dadurch, daß sie das Einstehen für eine fremde Schuld als eine zu der Verbindlichkeit des Hauptschuldners hinzutretende (akzessorische) Verpflichtung enthält, der Garantievertrag hingegen die Begründung einer selbständigen, von der des ursprünglichen Schuldners unabhängigen Verpflichtung zum Gegenstand hat[10]. Im Einzelfall kann das Vorliegen eines eigenen sachlichen Interesses des Übernehmers an der Übernahme der Verpflichtung für eine Garantievertrag sprechen; jedoch rechtfertigt dieser Aspekt allein noch nicht eine derartige Annahme[11].

---

[1] BGH WM 64, 61.
[2] RG 72, 140; 60, 369.
[3] BGH WM 61, 204; WM 68, 680.
[4] RG JW 37, 749.
[5] Vgl. hierzu BGH WM 58, 995.
[6] BGH WM 70, 159.
[7] Vgl. RG 90, 417; BGH WM 55, 262; WM 62, 576; NJW 67, 1020; Hans. OLG Hamburg JW 34, 1924.
[8] RGRK/Mormann, vor § 765 Rdn. 5.
[9] Marwede, Urteilsanm. BB 75, S. 985 (986).
[10] BGH WM 82, 1324; RGRK/Mormann, vor § 765 Rdn. 5.
[11] Ebenda.

Die Bürgschaft ist hingegen eher gekennzeichnet durch das personale Element, d. h. hier steht der Hauptschuldner im Vordergrund, wohingegen bei der Garantie das sachliche Element, der Eintritt des beabsichtigten Erfolges, vorherrschend ist[1]. Im Zweifelsfall wird man im Interesse des Verpflichteten eine Bürgschaft anzunehmen haben[2]. Nur besonders gewichtige Umstände können die Auslegung rechtfertigen, eine als Bürgschaft bezeichnete Verpflichtungsverklärung sei ein Garantievertrag[3]. Wenn die Haftung auch dann übernommen werden soll, wenn die Hauptschuld nichtig oder entfallen ist, so liegt jedoch ein Garantievertrag vor[4].

Auf den Garantievertrag sind die Bürgschaftsvorschriften grundsätzlich weder mittelbar noch entsprechend anwendbar[5]. Zahlt daher der Garant, so erwirbt er nicht in entsprechender Anwendung des § 774 BGB die Kreditforderung der Bank[6]. Ihm bleibt daher in der Regel nur ein **Aufwendungsersatzanspruch** gegen den Kreditnehmer. Allerdings kann sich im Einzelfall eine entsprechende Anwendung der Bürgschaftsvorschriften auf den Garantievertrag aus dem Grundsatz von Treu und Glauben ergeben[7]. Der Gläubiger soll nämlich die Erfüllungsaussichten nicht durch Aufgabe bei der Übernahme der Garantie bestehende Sicherheiten verschlechtern dürfen; für nach Übergabe der Garantie erworbene Sicherheiten gilt dies — entgegen § 776 S. 2 BGB — hingegen nicht[8].

So ist die Bank auch, sofern ihr ein Verstoß gegen diesen Grundsatz zur Kenntnis gelangt und sie dieses ohne Schwierigkeiten nachweisen kann, berechtigt, wenn nicht gar verpflichtet, die Zahlung der Garantiesumme zu verweigern, oder sie hat bei bereits erfolgter Leistung und eingetretener Insolvenz des Auftraggebers einen Rückgriffsanspruch.

386

Die Rechte aus der Forderungsgarantie gehen nicht gemäß § 401 BGB mit der abgetretenen Forderung auf den neuen Gläubiger über[9]. Möglich ist jedoch grundsätzlich ein Erwerb der Rechte durch Abtretung; desgleichen kann der Garantievertrag so ausgestaltet sein, daß er von vornherein zugunsten eines Dritten (§ 328 BGB) gelten soll[10]. Die Abtretung ist ausgeschlossen, wenn die Garantieübernahme auf die Person des ursprünglichen Vertragsgegners beschränkt wurde[11].

387

---

[1] Vgl. RG JW 23, 368.
[2] BGH 6, 397.
[3] BGH WM 75, 348.
[4] BGH BB 54, 1044.
[5] RG 72, 140.
[6] RG 96, 136 (139); Weber, JuS 72, 9 (15); a. A. Marwede, BB 75, 985 (987 f.); Pleyer, WM Sonderbeilage 2/1973, S. 21.
[7] RGRK/Mormann, vor § 765 für § 776, I, Rdn. 6.
[8] Pleyer a. a. O., S. 20; S. 19.
[9] RGZ 72, 140.
[10] BGH WM 64, 61 (62); vgl. auch Warn 16, 130.
[11] RG JW 16, 904 (905).

Der Garantievertrag tritt in vielfältigen Erscheinungsformen auf[1]. Dabei hat besonders im Außenhandel die Bankgarantie[2] neben Bankbürgschaft und Dokumentenakkreditiv zunehmend an Bedeutung gewonnen[3].

388 Die Banken verwenden bei der Erteilung des Garantieversprechens in der Regel die Worte „daß sie **auf erstes Anfordern** des Begünstigten zahlen wollen"[4].

Die Anforderung durch den Begünstigten enthält bereits die (stillschweigende) Erklärung, daß alle Zahlungsvoraussetzungen erfüllt sind, der Garantiefall also eingetreten ist. Weder steht der Bank ein Recht zur Nachprüfung vor Zahlung zu, noch kann sie dem Begünstigten Einwendungen aus dem Grundverhältnis engegenhalten. Über die Berechtigung eines Zahlungsverlangens darf keine Unklarheit bestehen: es muß eine rasche Entscheidung getroffen werden können. Der BGH hat insoweit den Grundsatz der Garantiestrenge bestätigt[5]. Die Anforderungen an die Erklärung, die die Zahlungspflicht auslöst, muß streng formularisiert sein. Der Zahlungspflichtige kann auf der strikten Einhaltung dieser Voraussetzung bestehen; es ist auch keine unzulässige Rechtsausübung, wenn der Begünstigte aufgrund höherer Gewalt an der Einhaltung der Frist zur Inanspruchnahme der Garantie gehindert ist[6]. Wird formuliert, daß „Ansprüche ... spätestens am ..." geltend gemacht werden müssen, so beinhaltet diese Formulierung eine genaue Bezifferung der Anspruchshöhe[7]. Nur in Ausnahmefällen kann der Zahlungsverpflichtete aufgrund einer Einwendung die Auszahlung verweigern[8]. Der Einwendungsausschluß unterliegt dem Grundsatz von Treu und Glauben[9]. Wo ohne weiteres erkennbar ist, daß der Begünstigte nach den Vereinbarungen des Grundverhältnisses die Garantiesumme nicht behalten darf, liegt eine mißbräuchliche Inanspruchnahme vor. Es kommt nicht darauf an, ob der Anfordernde von seiner Nichtberechtigung weiß.

389 Darüber hinaus erscheint es jetzt doch als empfehlenswert, diese Zahlungsbereitschaft auf erstes Anfordern mit einem Einwendungsausschluß zu koppeln; daneben wird im allgemeinen noch gefordert, daß die Garantiebegünstigte behauptet, daß sie die geschuldete Leistung nicht erhalten habe[10]. Durch diese Klausel soll zum einen vermieden werden, daß die Bank in rechtliche Auseinandersetzungen zwischen dem Garantieauftraggeber und dem Garantiebegünstigten hereingezogen wird, zum anderen soll durch sie eine schnelle Abwicklung ermöglicht werden. Der Begünstigte soll

---

[1] Vgl. Finger, BB 69, 206 ff.
[2] Pleyer, a. a. O., S. 23.
[3] Finger, BB 67, 206.
[4] Pleyer, a. a. O., S. 8; vgl. auch Mülbert ZIP 85, 1101.
[5] BGHZ 90, 287 = ZIP 84, 685; s. auch BGH ZIP 84, 32; Hans. OLG Hamburg WM 78, 260; OLG Stuttgart WM 79, 733; OLG Frankfurt WM 83, 516.
[6] OLG Stuttgart WM 79, 733, 735; vgl. aber Canaris Rz 1127 (Nachfrist?).
[7] OLG Frankfurt WM 83, 516; a. A. Mülbert, ZIP 85, 1105.
[8] Mülbert, ZIP 85, 1105.
[9] BGH 90, 287 = ZIP 84, 685; Canaris Rz 1139; Nielsen ZIP 82, 253; Mülbert ZIP 85, 1108.
[10] Pleyer, a. a. O., S. 9; Hans. OLG Hamburg WM 78, 260 ff.

damit zu einer formellen Erklärung gezwungen werden, deren Richtigkeit in einem evtl. nachfolgenden Prozeß nachzuprüfen ist.

Werden die Rechte aus dem Garantievertrag abgetreten, so muß diese Erklärung auch der Abtretungsempfänger abgeben können. Allerdings kann Zahlung bei offensichtlichem Rechtsmißbrauch verweigert werden. Um eine **höchstpersönliche Erklärung**, die nur der erste Garantienehmer abgeben kann, handelt es sich bei einer abstrakten Garantie im Zweifel nicht. Die Unabhängigkeit der Garantieverpflichtung vom zugrundeliegenden (Kausal-)Geschäft soll erhalten bleiben[1]. Bankgarantien können für die verschiedensten Risiken gestellt werden. Bei der **Bietungsgarantie** verpflichtet sich ein Unternehmer, der an einer Ausschreibung teilnimmt, für den Fall des Zuschlags eine Garantie dafür zu stellen, daß er sein Angebot nicht wieder zurückzieht[2]. Die Garantiesumme beläuft sich dabei in der Regel auf 2—5% des Ertragswertes.

Eine **Anzahlungsgarantie** stellt eine Sicherheit dar, daß der Anzahlende für den Fall 390 des Scheiterns des Geschäftes die geleistete Vorauszahlung auch zurückerhält. Häufig vereinbart die garantiestellende Bank in derartigen Fällen, daß dieser die Anzahlung auf ein besonderes Konto bei ihr zu leisten hat; die Einräumung von Kontrollrechten ermöglicht ihr darüber hinaus die Möglichkeit, die bestimmungsgemäße Verwendung der Anzahlung zu überwachen[3].

Durch die **Leistungs-, Lieferungs- und Gewährleistungsgarantie** erhält der Bestel- 391 ler eine Sicherheit dafür, daß die Leistung ordnungsgemäß und termingerecht erbracht wird[4]. Die Garantiesumme beträgt etwa 10—25% des Kontraktwertes.

Einschränkungen dieser Form der Bankgarantie finden sich z. B. in der Möglichkeit, die Zahlungspflicht von der Vorlage eines Schiedsspruches abhängig zu machen, sie an die Zustimmung des Auftraggebers zu knüpfen oder mit einer Frist für die Auszahlung zu belegen.

Die **Konnossementsgarantie** dient der Sicherheit der Akkreditivbank, die einen 392 unvollständigen Satz der Konnossemente aufnimmt, obwohl ihr der volle Satz vorzulegen wäre[5].

Die **Reversgarantie** sichert den Reeder gegen alle Risiken, die daraus entstehen, daß 393 er die Ware aushändigt, obwohl ihm keine Ausfertigung des Konnossements vorgelegt wird; desgleichen wird sie angewendet, um den Reeder vor der Inanspruchnahme wegen eines unerlaubten Mangelvermerkes im Konnossement zu bewahren[6].

---

[1] Siehe auch: Nielsen, BuB 1979 5/142, 5/167; Mülbert, ZIP 85, 1105.
[2] Finger, a. a. O., S. 206.
[3] Finger, BB 69, 207.
[4] Finger, a. a. O.
[5] Finger, a. a. O.
[6] Finger, a. a. O.

Neben diesen Ausgestaltungen der Bankgarantie gibt es noch eine Reihe von Erscheinungsformen des (allgemeinen) Garantievertrages.

Zweck der **Leistungsgarantie** ist die Sicherung, daß die geschuldete Leistung auch tatsächlich erbracht wird; hierzu gehören Garantien für die Einlösung von Schuldverschreibungen, Wechseln und Schecks, ferner für die Güte abgetretener Forderungen[1].

394 Auch die **Scheckkarte** stellt eine Garantie dar; hier sichert die Bank jedem berechtigten Inhaber eines Schecks die Einlösung des Schecks zu, unabhängig von der vorhandenen Deckung.

395 Die **Eigenschaftsgarantie** tritt besonders im Zusammenhang mit Kauf- und Werkverträgen zutage. Dabei ist sie allerdings von der bloßen vertragsmäßigen Zusicherung von Eigenschaften zu unterscheiden. Bei einer Eigenschaftsgarantie muß der Unternehmer etwas garantieren, was über die bloße Vertragsmäßigkeit der geschuldeten Leistung hinausgeht[2]. Im allgemeinen wird ein Garantievertrag auch dann anzunehmen sein, wenn ein Schuldner das Versprechen abgibt, für die Güte einer Hypothek oder Sicherungsgrundschuld einzustehen[3]. Auf die Verjährung von Ansprüchen aus derartigen Eigenschaftsgarantien finden die §§ 477, 638 BGB keine Anwendung[4].

396 Die **Ausbietungsgarantie** beinhaltet das Versprechen, dafür einzustehen, daß ein Gläubiger aus einer Zwangsversteigerung ohne Verlust hervorgeht[5].

Stellt sich dieses Versprechen als Verpflichtung zur Abgabe eines Gebotes, welches dem Schutz eines Grundpfandrechtes dient, dar, so bedarf es als bedingte Erwerbsverpflichtung der notariellen Beurkundung gemäß § 313 BGB[6].

Die Verbindung der Ausbietungsgarantie mit einer Zahlungsverpflichtung gegenüber dem Gläubiger kann nach Umständen des Einzelfalles sittenwidrig und damit nichtig sein[7].

397 Die **Hermes-Ausfuhrgarantie** ist eine staatliche Exportkreditversicherung[8]. Eigentlicher Zweck der Hermesgarantien ist die Übernahme des mit dem Ausfuhrgeschäft verbundenen wirtschaftlichen und politischen Risikos[9]. Die Abtretbarkeit des An-

---

[1] RGRK/Mormann, vor § 765 Rdn. 7.
[2] RGRK/Mormann, a. a. O.
[3] RG JW 16, 905.
[4] RGRK/Mormann, a. a. O.
[5] RG 91, 213.
[6] OLG Celle NJW 77, 52. Bei Ausfallverhütungspflicht kein Formzwang (AG Hannover WM 79, 1197); OLG Braunschweig, Az. 2 U 81/85.
[7] OLG Köln NJW 78, 47.
[8] Zu Art und Umfang der Sicherheiten des Bundes vgl. Bergsträsser, ZfgesK 75, 146 ff., 182 ff.
[9] Boetius, Der Garantievertrag, Diss. 1966, S. 55.

spruches aus der Garantie ist an die Zustimmung der Hermes-Kreditversicherungs AG gebunden[1].

Der BGH hat in einer neueren Entscheidung ausgeführt, daß die Ausfuhrgarantie allein dazu bestimmt sei, **Risiken des Exporteurs** abzudecken, die im Ausland liegen. Ansprüche aus der Ausfuhrgarantie sind daher nur insoweit gegeben, als Verluste durch die Verwirklichung gerade dieses Risikos entstehen. Auch ein Kreditinstitut, das das Exportgeschäft finanziert und dem die Rechte des Exporteurs aus der Ausfuhrgarantie sicherungshalber abgetreten werden, kann keine weitergehenden Rechte erwerben, als sie dem Exporteur und Garantienehmer zustehen. Es erlangt daher Sicherheit nur in dem gleichen Umfang wie der ursprüngliche Garantienehmer. Für den Anspruch des Kreditinstitutes aus der Garantie kommt es daher nicht allein darauf an, ob der ausländische Schuldner seine Leistung erbringt oder nicht. Maßgebend ist insoweit vielmehr ausschließlich der Betrag, der sich aus einer Schadensabrechnung zwischen dem Exporteur (Garantienehmer) und dem ausländischen Schuldner ergibt. Dies hat zur Folge, daß Gegenforderungen des ausländischen Schuldners gegen den Exporteur in jedem Falle zu berücksichtigen sind und zwar auch dann, wenn sie erst nach Abtretung der Forderungen des Kreditinstitutes entstanden sind und wenn zwischen dem Exporteur und dem ausländischen Schuldner infolgedessen keine Aufrechnungslage besteht. Das bedeutet, daß die Ausfuhrgarantie dem Kreditinstitut keine Sicherheit bietet für den Fall, daß der Exporteur (Garantienehmer) insolvent wird und dem ausländischen Schuldner eine die garantierte Forderung übersteigende Gegenforderung zusteht[2].

2. Wirksamkeit der Garantie

Die Rechtsprechung des Bundesgerichtshofes zur Bürgschaft auf erstes Anfordern[3] **398** wirft die Frage auf, ob das Garantiegeschäft aufgrund der weitgehenden Sicherungsfunktion[4] formularvertraglich den Banken, Sparkassen und Versicherungen sowie den im Kreditgewerbe Tätigen[5] vorbehalten ist. Der Bundesgerichtshof hat in den vorgenannten Entscheidungen die formularmäßige Anforderungsklausel im Bürgschaftsvertrag für unangemessen und unwirksam erachtet, wenn diese von einer Person abgegeben wird, die keine Bankgeschäfte betreibt[6], zur Begründung dieser Einschränkung

---

[1] Vgl. Brink, Recht der Kreditsicherheiten in europäischen Ländern I, Tz. 691: nach den Bedingungen der vom Bund gewährten Deckungen ist zur Abtretung die Zustimmung des Bundeswirtschaftsministeriums erforderlich.
[2] BGH WM 77, 165.
[3] BGH WM 85, S. 1387, 1389 f.; BGH WM 90, S. 1410, 1411; BGH WM 92, S. 854 ff.; zusammenfassend Groeschke, Die Schuldturmproblematik im Zugriff der vorvertraglichen Pflichten, 1993, S. 132 f.
[4] Vgl. Canaris, Bankvertragsrecht, 3. Aufl., Rdn. 1102.
[5] BGH WM 92, 854.
[6] BGH WM 90, 1410, 1411.

jedoch ausdrücklich die Vergleichbarkeit des Garantiegeschäfts mit der Übernahme einer Bürgschaft, auf erstes Anfordern zu zahlen, betont[1].

Unter dieser Gleichstellungsprämisse, die der Bundesgerichtshof auf § 1 Abs. 1 S. 2 Nr. 8 KWG stützt, ist das Risiko nicht zu übersehen, daß der Bundesgerichtshof Garantieerklärungen mit dem Kontroll- und Regelungsinstrumentarium überprüft, das von ihm zur Anforderungsklausel bei formularmäßigen Bürgschaftsverträgen entwickelt worden ist. Zur Reichweite dieses Kontroll- und Regelungsinstrumentariums ist festzuhalten, daß der Bundesgerichtshof bisher noch nicht entschieden hat, ob die Anforderungsklausel und damit gegebenenfalls auch die Garantieerklärung nur als formularmäßige Klausel oder auch als Individualabrede unwirksam ist, soweit sie nicht von einer Bank, Sparkasse oder Versicherung oder einem im Kreditgewerbe Tätigen[2] abgegeben wird.

Die Begründung des Bundesgerichtshofes zu seiner Rechtsprechung zur Anforderungsklausel ist bereits bei der Bürgschaft auf erstes Anfordern ausführlich dargestellt worden (vgl. Rdn. 320 h ff.). Hierauf wird an dieser Stelle ausdrücklich Bezug genommen. Da die Regelung in § 1 Abs. 1 S. 2 Nr. 8 KWG die Bürgschaft in Sinne der §§ 765 ff. BGB auch ohne eine besondere Anforderungsklausel ebenso wie die Garantie als Bankgeschäft definiert, fehlen überzeugende Kriterien, um den Gesichtspunkt der Risikoerhöhung aufgrund der weitgehenden Sicherungsfunktion[3] als Anknüpfungspunkt für einen personalen Numerus clausus zur Abgabe einer Anforderungsklausel oder Garantieerklärung heranzuziehen.

Wenn entgegen den vorgenannten Bedenken eine Ausweitung der bisherigen Rechtsprechung zur Bürgschaft auf erstes Anfordern auf die Garantieerklärung erfolgen sollte, ergibt sich hieraus die Konsequenz, daß die von der Rechtsprechung des Bundesgerichtshofes für das Bürgschaftsrecht implizit dergestalt entschiedene Teilnichtigkeit, daß die Bürgschaft unter Wegfall der Anforderungsklausel im übrigen für wirksam erachtet wird[4], für die Garantieerklärung nicht zur Anwendung gelangen kann, weil insoweit keine abspaltbare, der Teilnichtigkeit unterfallende Anforderungsklausel vorliegt. Damit könnte eine Totalnichtigkeit vorliegen, wenn die Rechtsprechung des Bundesgerichtshofes zur Bürgschaft auf erstes Anfordern auf die Garantieerklärung entsprechend angewendet werden würde. Dies würde letztendlich zu einer nicht hinnehmbaren Aushöhlung des Sicherungsinstrumentes der Garantieerklärung führen[5].

---

[1] BGH WM 90, 1410, 1411.
[2] BGH WM 92, 854.
[3] Canaris, Bankvertragsrecht, 3. Aufl., Rdn. 1102; Groeschke, a. a. O., S. 132 f.
[4] BGH WM 90, 1410, 1411; hierzu Bydlinski, WM 1992, 1301, 1308.
[5] Zur Abgrenzung Hasse, WM 1993, 1985 f.

III. Kreditauftrag

Der Kreditauftrag ist ein Vertrag, in dem sich der eine Vertragspartner dem anderen gegenüber verpflichtet, im eigenen Namen und für eigene Rechnung einem Dritten Kredit zu geben oder einen bereits gewährten Kredit zu verlängern (§ 778 BGB). Er dient ebenso wie Garantievertrag, Schuldbeitritt und Bürgschaft der Sicherung eines Gläubigers. Der Kreditauftrag unterscheidet sich von diesen Sicherungsinstituten jedoch dadurch, daß bei ihm die Sicherung nicht auf dem Vertragswillen der Parteien beruht, vielmehr tritt diese kraft Gesetzes ein: der Auftraggeber haftet dem Beauftragten für die aus der Kreditgewährung entstehende Verbindlichkeit „**als Bürge**". Eine Anregung, Empfehlung oder Ermächtigung zur Kreditgewährung begründet ein derartiges Rechtsverhältnis nicht, es bedarf vielmehr einer Verpflichtung des Kreditgebers gegenüber dem Kreditnehmer[1]. Die **Abgrenzung** zwischen unverbindlicher Empfehlung und verbindlichem Auftrag hat dabei im Wege der Auslegung zu erfolgen. Anhaltspunkt für das Vorliegen eines Kreditauftrages kann dabei zum einen das Interesse des Auftraggebers an der Kreditgewährung zugunsten eines Dritten sein[2]. Zum anderen wird man dann einen Kreditauftrag annehmen müssen, wenn dem Verhalten des Auftraggebers nach Treu und Glauben zu entnehmen ist, er werde unter Umständen selbst für diesen Kredit einstehen[3].

399

Der Kreditauftrag bedarf der Annahme, wobei diese auch schlüssig durch Gewährung des Kredits erklärt werden kann. Die Annahmeerklärung ist hingegen unter den Voraussetzungen des § 151 BGB entbehrlich. Einer besonderen **Form** bedarf der Vertrag nicht[4], wenngleich sich aus Beweisgründen auch hier die Schriftform empfiehlt.

Bei dem Kreditauftrag handelt es sich insofern um einen gemischten Vertrag, als er sowohl Elemente des Auftrags- als auch des Bürgschaftsrechts beinhaltet. Mit Ausnahme der Vorschriften, die sich mit der Haftung des Auftraggebers und der Vorschußpflicht befassen, sind grundsätzlich die Vorschriften der §§ 662—667 BGB anzuwenden[5]. Dem Auftraggeber stehen die Einrede der Vorausklage (§§ 771 ff. BGB) und die Rechte aus § 776 BGB zu. Der Forderungsübergang vollzieht sich nach Inanspruchnahme des Auftraggebers durch den Kreditgeber gemäß § 774 BGB[6]. Gelegentlich kommt es vor, daß der Auftraggeber seinerseits den Kreditauftrag im Auftrag eines Dritten erteilt. In diesem Fall steht dem Auftraggeber gegen den Dritten unter den Voraussetzungen des § 775 BGB ein Anspruch auf Befreiung von seiner Haftung als Bürge zu[7]. Bei Unwirksamkeit des Kreditverhältnisses kommt eine Haftung nach den Bürgschaftsvorschriften naturgemäß nicht in Frage, dem Kreditgeber verbleibt dann jedoch

---

[1] BGH WM 56, 1211 (1212); WM 56, 463; RG 151, 93 (100).
[2] BGH WM 56, 1211 (1212); WM 60, 879.
[3] BGH WM 56, 463; WM 60, 879.
[4] BGH WM 72, 287.
[5] RGRK/Mormann, § 778 Rdn. 3 und 4.
[6] Palandt/Thomas, § 778 Rdn. 5.
[7] Warn 30, 135.

ein Aufwendungsersatzanspruch nach § 670 BGB. Zur Vermeidung der Rechtsfolgen aus § 356 HGB (vgl. Rdn. 198) und bei mehreren Kreditaufträgen zugunsten desselben Kreditnehmers ist zur Begründung der Teilhaftung des oder der Auftraggeber gesonderte Verbuchung von Einzelkrediten und Beschränkung der Kreditaufträge auf je einen dieser Kredite geboten.

Im Einzelfall ist es nicht immer leicht, zu entscheiden, ob der Dritte (Auftraggeber) einen Kreditauftrag beabsichtigt oder nur ein Bürgschaftsversprechen abgeben will. Der Gläubiger versucht daher häufig, eine wegen Formmangels nichtige Bürgschaft in einen Kreditauftrag umzudeuten[1]. Der Abgrenzung kommt wegen der unterschiedlichen Rechtsfolgen erhebliche Bedeutung zu. Der Bürge übernimmt in der Regel die Bürgschaft im Interesse und auf Veranlassung des Hauptschuldners; bei dem Kreditauftrag veranlaßt im allgemeinen der Auftraggeber im eigenen Interesse den Kreditgeber zur Hergabe des Geldes[2]. Man kann daher die Bürgschaft eher als fremdbezogen, den Kreditauftrag hingegen als **eigenbezogen** bezeichnen. Im übrigen ist für die Entscheidung auf den durch Auslegung zu ermittelnden Inhalt der Erklärung abzustellen. Ergibt sich aus ihr eine Verpflichtung zum Einstehen für eine fremde Schuld, so liegt eine Bürgschaft vor, beinhaltet sie hingegen eine Verpflichtung des Kreditgebers zur Hergabe eines Kredits, so ist ein Kreditauftrag anzunehmen[3].

Der Kreditauftrag wird in der Praxis nicht sehr häufig als Sicherungsmittel verwendet. Das ist vor allem darauf zurückzuführen, daß durch die Anwendung der Vorschriften des Auftragsrechts die Rechtslage kompliziert wird und daß dies für das Kreditinstitut die Gefahr einer Interessenkollision mit sich bringen kann[4].

IV. Wechselbürgschaft

400 Die Wechselbürgschaft ist in den Art. 30 ff. WG geregelt. Sie ist keine Bürgschaft im Sinne des Bürgerlichen Gesetzbuches und insofern von einer bürgerlich-rechtlichen Bürgschaft für eine Wechselverbindlichkeit zu unterscheiden, auf die ausschließlich die Vorschriften der §§ 765 ff. BGB Anwendung finden. Allerdings wirken sich auch bei dieser die Bestimmungen des Wechselgesetzes insofern mittelbar aus, als der Bürge bei seinen Einreden auf die dem Hauptschuldner nach dem Wechselgesetz zustehenden Einreden beschränkt ist[5]. Zahlt der Bürge, so erwirbt er die Wechselrechte gegen denjenigen, für den er sich verbürgt hat (Hauptschuldner) und gegen dessen Vormänner, nicht jedoch gegen die Nachmänner, da deren Wechselverpflichtungen erlöschen[6].

---

[1] Vgl. hierzu Zeiß, WM 63, 966.
[2] RGRK/Mormann, § 778 Rdn. 2.
[3] RGRK/Mormann, a. a. O.
[4] Brink, Recht der Kreditsicherheiten in europäischen Ländern I, Tz. 200.
[5] BGH WM 75, 305 (307).
[6] BGH 35, 19 = WM 61, 478; Reinicke, WM 61, 466.

Abzugrenzen ist die Wechselbürgschaft ferner von dem Fall, daß jemand eine Wechselverbindlichkeit eingeht, um mit ihr für die Schuld eines Dritten einzustehen; hier liegt lediglich eine Wechselerklärung, jedoch keine Bürgschaft vor[1].

Die Wechselbürgschaft enthält die auf dem Wechselformular gegebene Erklärung, die Haftung für die Einlösung des Wechsels durch einen anderen Wechselverpflichteten zu übernehmen[2]. Der Grundsatz der Akzessorietät[3] gilt bei ihr ebensowenig wie der der Subsidiarität[4]. Der Wechselbürge haftet daher auch für eine nichtige Wechselverpflichtung, die er formgültig eingegangen ist[5]. Er kann nicht die Einrede der Vorausklage nach § 771 BGB erheben[6]. § 776 BGB wird durch die spezielleren wechselrechtlichen Formvorschriften verdrängt[7]. In der Bürgschaftserklärung ist gemäß Art. 31 Abs. 4 Halbs. 1 WG grundsätzlich anzugeben, für wen die Bürgschaft übernommen wird, andernfalls die Bürgschaftserklärung als für den Aussteller abgegeben gilt (Art. 31 Abs. 4 Halbs. 2 WG). Der Wechselbürge haftet gemäß Art. 32 Abs. 1 WG in der gleichen Weise wie derjenige, für den er sich verbürgt hat. Mit den anderen Wechselverpflichteten haftet er gesamtschuldnerisch[8], er übernimmt somit eine eigene selbständige Verpflichtung[9]. Befriedigt der Wechselbürge den Gläubiger, so gehen auf den Bürgen die Rechte des Gläubigers gegen denjenigen über, für den der Bürge sich verbürgt hat und gegen alle, die diesem wechselmäßig haften (Art. 32 Abs. 3 WG) also nur dessen Vormänner, nicht jedoch dessen Nachmänner[10]. Die Verpflichtung des Wechselbürgen erlischt durch Zahlung. Dabei spielt es keine Rolle, ob die Zahlung durch den Bezogenen, den Hauptschuldner oder den Wechselbürgen selbst erfolgt.

V. Patronatserklärung

1. Allgemeines

Der Begriff der Patronatserklärung wird als Sammelbezeichnung für eine Vielzahl von Erklärungen mit unterschiedlichem Rechtsgehalt verwendet, deren gemeinsames Merkmal darin besteht, daß eine Muttergesellschaft (Patronin) einem Kreditgeber ihrer Tochtergesellschaft zur Förderung oder Erhaltung der Kreditbereitschaft unterstützende Maßnahmen oder Unterlassungen in Aussicht stellt oder zusagt, wenn die Tochter die erforderlichen Sicherheiten selbst nicht stellen kann.

401

---

[1] RGRK/Mormann, vor § 765 Rdn. 10.
[2] Brink, a. a. O. Tz. 165.
[3] Ebenda.
[4] Weber, Sicherungsgeschäfte, S. 40 f.
[5] Weber, a. a. O.
[6] RGRK/Mormann, 11. Aufl., vor § 765 Rdn. 10 m. w. N.
[7] Brink, a. a. O., Tz. 165.
[8] Brink, a. a. O., Tz. 169.
[9] Brink, a. a. O., Tz. 170.
[10] Vgl. Palandt/Thomas, vor § 765 Rdn. 22.

Ihr Inhalt reicht von bloßen unverbindlichen Good-will-Erklärungen oder Bescheinigungen der Seriosität und Bonität der Tochter bis hin zu Zusagen mit bürgschafts- oder garantieähnlichem Charakter[1].

Bei der Verwendung von Patronatserklärungen bedarf es einer eingehenden Analyse, ob die übermittelte Patronatserklärung als Sicherungsmittel überhaupt tauglich oder ob sie im Einzelfall weitgehend wertlos ist. Ganz überwiegend stehen die Banken den Patronatserklärungen daher auch unwillig gegenüber. Bei der Vergabe von Krediten an Konzerntochtergesellschaften besteht jedoch ein starkes Interesse der Bank an einer Sicherheitsleistung durch die Muttergesellschaft, da diese die Tochtergesellschaft in ihrer Vermögenssubstanz aushöhlen kann. Sie kann aber die Beteiligung an der Tochtergesellschaft durch Veräußerung der Anteile oder Beendigung eines Organschaftsvertrages aufheben[2].

Patronatserklärungen werden i. d. R. nur dann akzeptiert, wenn die Bank eine Garantie oder Schuldmitübernahme nicht durchsetzen kann[3].

Hauptmotiv für die Abgabe einer Patronatserklärung ist, die aus klassischen Sicherheiten resultierenden Belastungen und die für Eventualverbindlichkeiten in Form von Bürgschaften und Gewährleistungsverträgen bestehende Pflicht zum Bilanzvermerk bzw. zum Ausweis im Geschäftsbericht nach §§ 251, 285 Nr. 3 HGB zu vermeiden[4].

Außer diesem Motiv gibt es aber noch eine Reihe weiterer Gründe. Patronatserklärungen werden gelegentlich auch dann verwendet, wenn konzerninterne Haftungsbegrenzungen die Besicherung mit bilanzierungspflichtigen Sicherungsmitteln nicht mehr gestatten. Insbesondere in einem dreistufigen Konzern, wenn die deutsche Tochtergesellschaft den ihr von der ausländischen Mutter vorgeschriebenen Haftungsrahmen für Eventualverbindlichkeiten bereits ausgeschöpft hat, aber dennoch ihrer abhängigen deutschen Enkelgesellschaft die Kreditaufnahme ermöglichen will[5].

402 Zusätzliche Motive sind **steuerrechtlicher** Natur. Bei der Kreditgewährung an die ausländische Tochtergesellschaft einer deutschen Muttergesellschaft genießen die Patronatserklärungen im Gegensatz zur Bürgschaft steuerliche Vorzüge im Hinblick auf § 1 Außensteuergesetz. Der Patron kann durch die Wahl einer Patronatserklärung eine Erhöhung der Körperschaftssteuerbelastung umgehen[6].

403 Desweiteren kann die Abgabe einer Patronatserklärung von der Absicht getragen sein, einem **Devisengenehmigungsverfahren** zu entgehen[7].

---

[1] Schaffland, BB 77, 1021.
[2] Köhler, WM 78, 1338, 1340.
[3] Mosch, Patronatserklärungen deutscher Konzernmuttergesellschaften und ihre Bedeutung für die Rechnungslegung, S. 5.
[4] Rümker, WM 74, 990 ff.; Bordt, Wpg 75, 285, 288.
[5] Mosch, a. a. O., S. 5/6.
[6] Schröder, ZGR 82, 552, 563; Mosch, a. a. O., S. 6; Hoffmann, Die Patronatserklärung im deutschen und österreichischen Recht, S. 32.
[7] Schröder, ZGR 82, 552, 563.

Ein weiterer Vorteil liegt in der Ausstattung der Tochter bzw. der Sicherheitenerfüllung außerhalb von Barmitteln[1]. Ferner bestehen in manchen Unternehmen hinsichtlich der Gewährung von Bürgschaften und Garantien die Genehmigungsvorbehalte der Geschäftsleitung oder u. U. sogar der Gesellschafterversammlung. Für Patronatserklärungen lassen sich derartige Kompetenzschranken umgehen[2].

2. Form 404

Die Patronatserklärung ist rechtlich als Personalsicherheit sui generis einzuordnen (§ 305 BGB). Sie kommt durch Vertrag zustande und kann stets formfrei, also auch mündlich, wirksam abgegeben werden. Die Vorschrift des § 766 BGB findet keine Anwendung[3].

Die Schreiben der Konzernmutter sind als Vertragsangebot zu werten. Für das Zustandekommen des Vertrages ist es unschädlich, daß die Bank den Eingang des Briefes i. d. R. nicht bestätigt. Nach § 151 BGB kommt der Vertrag auch ohne die ausdrückliche Annahmeerklärung dem Antragsgegner gegenüber zustande. Die Bestätigung des Annahmewillens ist bei Patronatserklärungen in der Valutierung des Kredites an die Tochtergesellschaft zu sehen[4].

3. Rechtsnatur und Rechtsfolgen 405

a) Unverbindliche Patronatserklärungen

aa) Beispiele

a) „Wir haben von der Kreditaufnahme durch die Tochtergesellschaft Kenntnis genommen."

b) „Wir sind mit der Kreditaufnahme durch die Tochtergesellschaft einverstanden."

c) „Wir haben Verbindlichkeiten unserer Tochtergesellschaft mit Rücksicht auf unser Ansehen stets so betrachtet wie eigene Verbindlichkeiten."

bb) Auslegung

Bei diesen Erklärungen ist kein Rechtsbindungswille der Muttergesellschaft gegeben. 406 Die Klausel 1a enthält nur eine Mitteilung von Wissen über die Kreditaufnahme. Ein Wille der Muttergesellschaft, für die Rückzahlungsforderung der Bank einzustehen, ist nicht feststellbar[5]. Diese Klausel beinhaltet keine Willenserklärung und kann damit auch **keine Haftung** auslösen. Ebenso scheiden Möglichkeiten der Rechtsschein- und Vertrauenshaftung aus. Für erstere fehlt der Tatbestand des Scheins; die Vertrauenshaf-

---

[1] Hoffmann, a. a. O., S. 34.
[2] Mosch, a. a. O., S. 7.
[3] Obermüller, ZGR 75, 1, 32.
[4] Hoffmann, a. a. O., S. 9.
[5] Gerth, Atypische Kreditsicherheiten, S. 38.

tung scheitert, weil der Kreditgeber das Fehlen eines rechtswirksamen Bindungswillens des Patrons kennt und ein „Vertrauen auf ein freiwilliges Eintreten keinen Schutz genießt"[1].

Auch die **Erklärung 1b** ist rechtlich **ohne Bedeutung**. Die Tochtergesellschaft kann als juristische Person unabhängig von der Muttergesellschaft durch ihre Organe Dritten gegenüber rechtliche Verpflichtungen, wie z. B. Kreditverträge, eingehen. Die Vertretungsmacht der Organe ist mit Wirkung nach außen grundsätzlich unbeschränkbar, so daß auch etwaige der Kreditaufnahme entgegenstehende Anweisungen der Muttergesellschaft im Verhältnis zum Kreditgeber ohnehin keine Wirkung hätten. Zudem ergibt sich aus dieser Erklärung nicht ausreichend klar genug, ob die Mutter gegenüber dem Kreditnehmer eine rechtsgeschäftliche Verpflichtung eingehen will[2], auch wenn nicht auszuschließen ist, daß der Wille der Muttergesellschaft oft dahin gehen wird, eine Haftung für die mit ihrem Einverständnis eingegangenen Verbindlichkeiten ihrer Tochter zu übernehmen, sofern diese nicht durch außerhalb einer normalen Geschäftsentwicklung liegenden Umstände außerstande sein sollte, ihren Verpflichtungen nachzukommen[3].

Auch die **Erklärung 1c** der Muttergesellschaft führt zu **keiner rechtsgeschäftlichen Haftung** der Muttergesellschaft[4]. Von dem Standpunkt des Kreditinstitutes kann man eine solche Patronatserklärung nur als ein „gentlemen's agreement" und nicht als ein Angebot zum Abschluß eines Vertrages auffassen. Unter „gentlemen's agreement" versteht man eine allein auf den guten Willen und die kaufmännische Anständigkeit abgestellte Zusage, die nach dem Willen beider Parteien keinen klagbaren Anspruch begründet und bei der von dem Schuldner als anständigem Kaufmann erwartet wird, daß er schon aus moralischen Gründen das gewünschte Verhalten übt, soweit er dazu in der Lage ist[5]. Die Muttergesellschaft betont, daß Grund für ihre Zahlungsbereitschaft ihr Interesse an der Aufrechterhaltung ihres guten Namens und nicht etwa eine Rechtspflicht war[6]. Für die Einordnung als „gentleman's agreement" spricht auch, daß die Muttergesellschaft mit der Erklärung nur ihr Verhalten in der Vergangenheit umschreibt und es dem Kreditinstitut überläßt, darauf zu vertrauen, daß sie als anständiger Kaufmann sich auch in der Zukunft in der gleichen Weise verhalten werde[7].

---

[1] Gerth, Atypische Kreditsicherheiten, S. 37, 40 ff.
[2] Obermüller, ZIP 82, 915, 916.
[3] Obermüller, ZIP 82, 915, 916.
[4] Obermüller, ZIP 82, 915, 917; Gerth, BB 81, 1611, 1613; Schaffland, BB 77, 1021, 1024.
[5] BGH BB 64, 410.
[6] Mosch, a. a. O., S. 43.
[7] Mosch, a. a. O., S. 44; Obermüller, ZGR 75, 1, 15.

cc) Sicherheitenwert

Derartige good-will-Erklärungen führen nicht zu einer rechtsgeschäftlichen Haftung und sind daher ohne jeden Sicherheitenwert

b) Rechtserhebliche Erklärungen minderen Wirkungsgrades

aa) Beispiel 1:

„Die Firma ist eine ...%ige Tochtergesellschaft von uns und ihre Geschäftsleitung genießt unser volles Vertrauen".

1.1. Rechtsnatur

Der erste Teil der Erklärung enthält eine **Information** über die Höhe der Beteiligung, mit der gleichzeitig eine Wertung insofern verbunden ist, als das Ansehen, in dem die Muttergesellschaft steht, sich auf die Tochter auswirkt. Diese Wertung wird noch durch den zweiten Teil der Erklärung verstärkt, daß die Geschäftsleitung der Tochtergesellschaft das volle Vertrauen der Muttergesellschaft genießt[1].

Bereits der Wortlaut verdeutlicht, daß sich die Muttergesellschaft mit einer solchen Erklärung weder zu einem fördernden Verhalten im Hinblick auf die Abwicklung des Krediates, noch zu einer Beibehaltung der Beteiligungsverhältnisse in der Zukunft verpflichten will[2].

Durch eine derartige Erklärung wird jedoch ein **stillschweigender Auskunftsvertrag** geschlossen. Dieser liegt im allgemeinen dann vor, wenn objektiv für den Auskunftgeber erkennbar ist, daß die Auskunft für den Empfänger von erheblicher Bedeutung ist und von ihm zur Grundlage wesentlicher Maßnahmen auf wirtschaftlichem, rechtlichem oder tatsächlichem Gebiet gemacht werden soll[3].

Ferner wird man dann das Vorliegen eines stillschweigend geschlossenen Auskunftsvertrages annehmen müssen, wenn der Auskunftgeber ein eigenes wirtschaftliches Interesse an der Auskunftserteilung hat[4]. Dieses eigene wirtschaftliche Interesse der Muttergesellschaft ist hier an ihrer Beteiligung an der Tochtergesellschaft zu sehen[5].

1.2. Erfüllungsanspruch

Der **Auskunftsvertrag** verpflichtet den Auskunftgeber, gewissenhaft und sorgfältig zu handeln und die Auskunft nach bestem Wissen richtig und damit auch vollständig

---

[1] Schaffland, BB 77, 1021, 1024.
[2] Obermüller, ZGR 75, 1, 4; Mosch, a. a. O., S. 52.
[3] RGRK/Scheffler, § 676 Rdn. 31.
[4] BGH 7, 371, 374.
[5] Schaffland, BB 77, 1021, 1024.

zu erteilen[1]. Die Muttergesellschaft darf daher eine solche Erklärung nicht mehr abgeben, wenn sie zwar noch Aktien bzw. Geschäftsanteile der Tochter besitzt, sich aber bereits in Verkaufsverhandlungen mit Dritten befindet[2]. Darüber hinaus darf die Mutter nicht mehr erklären, die Leitung der Tochter genieße ihr volles Vertrauen, wenn ihr bereits Verfehlungen der Vorstandsmitglieder bzw. Geschäftsführer bekannt geworden sind oder Anlaß besteht, solche Verfehlungen zu befürchten[3]. Erfährt die Muttergesellschaft erst nach Abgabe dieser Erklärung von Unregelmäßigkeiten oder schwerwiegenden unternehmerischen Fehlentscheidungen der Geschäftsleitung der Tochtergesellschaft, ist sie verpflichtet, der Bank nachträglich davon Kenntnis zu geben[4]. Einen weitergehenden Erfüllungsanspruch begründet diese Patronatserklärung nicht.

1.3. Schadensersatzanspruch

409 Erteilt die Muttergesellschaft vorsätzlich oder fahrlässig eine unvollständige oder unrichtige Auskunft, so kommt ein Schadensersatzanspruch wegen Verletzung des Auskunftsvertrages und — im Einzelfall — wegen unerlaubter Handlung (§ 826 BGB) in Betracht[5].

1.3.1. Eine unrichtige Auskunft stellt objektiv eine Vertragsverletzung dar. Die Bank, die nur im Vertrauen auf die Beteiligung den Kredit gewährt hat, ist so zu stellen, wie sie bei Vertragserfüllung, also bei richtiger Auskunftserteilung, stehen würde. Zutreffend weist Obermüller darauf hin, daß die Muttergesellschaft durch die Patronatserklärung in besonderem Maße Vertrauen an die ordnungsgemäße Abwicklung des Kreditengagements erweckt hat. Hieraus erwächst eine Schutzpflicht, die zu einer Haftung auf Schadensersatz führen kann, wenn die Muttergesellschaft dem Kreditinstitut als Vertragspartner Informationen vorenthält, die diesen vor Schaden bewahrt hätten[6].

410 1.3.2. Die **Realisierung** eines solchen vertraglichen Schadensersatzanspruches aufgrund der kaum nachweisbaren Kausalverknüpfung von Pflichtverletzung und (Insolvenz-)Schaden sowie dem nur schwer nachweisbaren Verschulden dürfte erhebliche Probleme aufwerfen[7].

Sofern die Muttergesellschaft eine schon anfänglich unrichtige oder unvollständige Auskunft erteilt, müßte das Kreditinstitut als Auskunftsnehmer beweisen, daß es den Kredit bei Erhalt einer richtigen Auskunft nicht gewährt hätte. Solange die fal-

---

[1] BGH WM 74, 175.
[2] Obermüller, ZGR 75, 1, 6.
[3] Obermüller, ZGR 75, 1, 6.
[4] Mosch, a. a. O., S. 59.
[5] Obermüller, ZGR 75, 1, 6.
[6] Obermüller, ZIP 82, 915, 917.
[7] Obermüller, ZIP 82, 915, 916 ff.

sche/unvollständige Auskunft nicht den Eintritt „dramatischer Eckwerte" verschleiert, bieten Schadensersatzprozesse nur eine geringe Aussicht auf Erfolg[1].

Auch in dem Fall, in dem die Muttergesellschaft es unterläßt, den Kreditinstitut den Eintritt veränderter Umstände anzuzeigen, muß das Kreditinstitut beweisen, daß bei pflichtgemäßem Verhalten der Schaden nicht eingetreten wäre. Das Kreditinstitut muß beweisen, daß es bei einer rechtzeitigen Berichtigungsauskunft der Muttergesellschaft ausreichende Sicherheit verlangt und erhalten hätte, oder daß eine Kreditkündigung erfolgt und die Tochtergesellschaft dann noch zu einer Rückzahlung in der Lage gewesen wäre[2].

1.3.3. Im Einzelfall kann ein Schadensersatzanspruch aus § 826 BGB im Fall einer vorsätzlichen Schädigung in einer gegen die guten Sitten verstoßenden Weise eingreifen.

1.4. Sicherheitenwert

Diese Erklärung kann die Entscheidung des Kreditinstitutes zwar insoweit erleichtern als die Bank davon ausgehen kann, daß die Muttergesellschaft ein erhebliches eigenes wirtschaftliches Interesse an der ordnungsgemäßen Leitung ihrer Tochtergesellschaft hat[3]. Eine solche Patronatserklärung ist als Kreditsicherheit jedoch **ungeeignet**.

bb) Beispiel 2:

„Wir kontrollieren unsere Tochtegesellschaft in allen wesentlichen Angelegenheiten."

2.1. Rechtsnatur

Die vorliegende Patronatserklärung beinhaltet eine **Auskunft**. Da die Muttergesellschaft weiß, daß die Abgabe dieser Patronatserklärung das Kreditinstitut bei seiner Entscheidung beeinflussen wird, ist davon auszugehen, daß sich die Muttergesellschaft rechtlich und nicht nur moralisch verpflichten will. Mit der Abgabe der Patronatserklärung kommt daher ein stillschweigend geschlossener Auskunftsvertrag zustande[4].

2.2. Erfüllungsanspruch

Aufgrund dieses Auskunftsvertrages haftet die Muttergesellschaft nur für die Richtigkeit und Vollständigkeit der Auskunft, nicht jedoch für etwaige Kreditverbindlichkeiten.

---

[1] Gerth, a. a. O., S. 80.
[2] Gerth, a. a. O., S. 84.
[3] Schaffland, BB 77, 1021, 1025.
[4] Gerth, a. a. O., S. 104; Obermüller, ZIP 82, 915, 917.

Die Bank hat einen Anspruch darauf, daß die Auskunft über die Kontrolltätigkeit im Zeitpunkt der Abgabe der Patronatserklärung der Wahrheit entspricht. Ferner ist die Muttergesellschaft im Wege einer nachträglichen Berichtigungspflicht gehalten, die Bank über Umstände in Kenntnis zu setzen, die sie veranlassen, die Kontrolltätigkeit einzuschränken oder abzubrechen[1].

2.3. Schadensersatzanspruch

412 Im Rahmen der Schadensersatzansprüche ist wiederum zu unterscheiden zwischen Schadensersatzansprüchen aus positiver Vertragsverletzung und solchen aus § 826 BGB.

2.3.1. Die vorsätzliche oder fahrlässige Erteilung einer schon anfänglich falschen/ unvollständigen Auskunft stellt eine objektive Pflichtverletzung des Auskunftsvertrages dar. Die Bank muß nunmehr beweisen, daß sie bei Erhalt einer richtigen/vollständigen Auskunft der Muttergesellschaft über die Kontrolltätigkeit der Tochtergesellschaft den Kredit nicht eingeräumt hätte.

Für die Bejahung eines **Schadensersatzanspruches aus positiver Vertragsverletzung** kommt es darauf an, ob die Verletzung der nachträglichen Berichtigungspflicht für den Ausfallschaden des Kreditinstitutes kausal war. Der Bank obliegt der Beweis, daß sie bei rechtzeitiger Berichtigungserklärung der Muttergesellschaft den Kredit gekündigt hätte und die Tochtergesellschaft dann noch zur Rückzahlung des Kredites in der Lage gewesen wäre[2].

2.3.2. Im Einzelfall kann eine Schadensersatzpflicht nach § 826 BGB in Betracht kommen, sofern das Kreditinstitut in einer gegen die guten Sitten verstoßenden Weise durch eine wissentliche Falschauskunft vorsätzlich geschädigt wurde.

2.4. Sicherheitenwert

Die Abgabe der vorliegenden Patronatserklärung begründet lediglich ein Auskunftsschuldverhältnis. Eine Zahlungspflicht der Muttergesellschaft wird durch diese Patronatserklärung nicht begründet. Daher ist diese Patronatserklärung als Kreditsicherheit ungeeignet.

cc) Beispiel 3:

413 „Wir möchten bemerken, daß es unser Prinzip ist, die Bonität unserer Tochtergesellschaft aufrechtzuerhalten" oder „Wir bestätigen, daß es unsere gegenwärtige und künftige Geschäftspolitik ist, die zu unserem Konzern gehörige Tochter finanziell so auszustatten, daß diese sämtliche gegenwärtigen und künftigen Verbindlichkeiten erfüllen kann."

---

[1] Gerth, a. a. O., S. 104.
[2] Gerth, a. a. O., S. 105.

3.1. Rechtsnatur

Die vorliegende Erklärung beinhaltet eine allgemeine Aussage der Muttergesellschaft über die gegenwärtigen Grundzüge ihrer Geschäftspolitik. Z. T. wird dieser Erklärung jeglicher rechtlicher Verpflichtungsgehalt abgesprochen[1]. Dieser Auffassung kann nicht gefolgt werden.

Für die Annahme eines **Rechtsbindungswillens** sprechen insbesondere folgende Gesichtspunkte: die Konzernmuttergesellschaft kann aufgrund ihres starken Einflusses einseitig bestimmen, wieviel der von der Tochtergesellschaft erwirtschafteten Mittel dieser zur Reinvestition oder Stärkung ihrer Liquidität verbleiben sollen. Die Muttergesellschaft entscheidet auch über Fragen der Eigenkapitalerhöhung. Da somit der gesamte Finanzverkehr bei der Muttergesellschaft zusammenläuft, sind deren diesbezügliche Geschäftsprinzipien für die Bank als Kreditgeberin der Tochtergesellschaft von entscheidender Bedeutung. Die im Rahmen der Verhandlung über die Krediteinräumung abgegebene Patronatserklärung kann daher nicht mehr der Ebene der Gefälligkeiten zugeordnet werden[2]. Das Kreditinstitut kann die Erklärung der Muttergesellschaft vielmehr nur so auffassen, als sei eine Stellung von Sicherheiten nicht notwendig, da die Mutter ohnehin dafür sorgen werde, daß dem Kreditgeber aus der Kreditvergabe an die Tochter kein Schaden erwächst[3].

Abzulehnen ist die Auffassung, die eine Haftung der Muttergesellschaft gegenüber dem Kreditgeber unter dem Gesichtspunkt einer **Vertrauenshaftung** bejaht[4]. Wenn beide Parteien sich einig waren, daß die Patronatserklärung keine rechtsgeschäftliche, sondern nur eine moralische und damit nicht klagbare Verpflichtung begründen sollte, mußte das Kreditinstitut daraus den Schluß ziehen, daß die Muttergesellschaft eine Haftung nicht übernehmen wollte. Daher kann ein entsprechender Rechtsschein, der eine Vertrauenshaftung auslöst, nicht mehr vorliegen[5].

Nach zutreffender Ansicht liegt in der Patronatserklärung eine Auskunft der Muttergesellschaft über die gegenwärtigen und zukünftigen Grundzüge der Finanzpolitik zwischen Mutter- und Tochtergesellschaft[6]. Da die Muttergesellschaft die Möglichkeit hat, dafür zu sorgen, daß die Auskunft auch in Zukunft richtig bleibt, ist es vertretbar, eine weitergehende Verpflichtung der Muttergesellschaft anzunehmen, ihr Verhalten so zu wählen, daß sich an der Richtigkeit der dem Kreditgeber erteilten Auskunft auch in Zukunft nichts ändert. Hieraus kann aber nicht zugleich der Schluß gezogen werden, daß die Muttergesellschaft gegebenenfalls gegenüber der Bank zur Leistung an die Tochtergesellschaft verpflichtet sei[7]. Mit der vorliegenden Patronatserklärung will sich die

---

[1] Rümker, WM 74, 990, 992; Bordt, Wpg 75, 285, 293.
[2] Mosch, a. a. O., S. 61/62.
[3] Obermüller, ZGR 75, 1, 20.
[4] Rümker, WM 74, 990, 992 ff.
[5] Obermüller, ZGR 75, 1, 21; Bordt, Wpg 75, 285, 293 ff.
[6] Obermüller, ZGR 75, 1, 20 (ein stillschweigend geschlossener Auskunftsvertrag).
[7] So aber Obermüller, ZGR 75, 1, 22.

Muttergesellschaft gegenüber der Bank nicht zu einer jeweils ausreichenden Ausstattung der Tochtergesellschaft verpflichten. Die Muttergesellschaft darf eine solche Erklärung nur abgeben, wenn sie tatsächlich eine entsprechende Liquiditätspolitik betreibt. Da die Auskunft über ihre Geschäftsprinzipien auch Auswirkungen auf die Zukunft hat, wird man auch hier eine nachvertragliche Berichtspflicht der Muttergesellschaft annehmen müssen, sofern sie ihre Finanzierungspolitik nachträglich ändert[1].

3.2. Erfüllungsanspruch

Die Muttergesellschaft ist verpflichtet, eine vollständige und richtige Auskunft zu erteilen.

3.3. Schadensersatzanspruch

415 Dem Kreditinstitut stehen Schadensersatzansprüche zu, wenn die Auskunft von Anfang an unrichtig war, oder wenn die Muttergesellschaft ihre Prinzipien nachträglich ändert[2].

a) Wenn die Muttergesellschaft schon bei Abgabe der Patronatserklärung die Absicht hatte, die weitere Entwicklung der Tochtergesellschaft nicht mehr zu beeinflussen und auch in Zukunft nichts mehr in die Tochtergesellschaft zu investieren, so beinhaltet die Patronatserklärung eine unrichtige Auskunft[3].

Hinzuweisen ist wiederum auf die bestehenden Beweisschwierigkeiten für die kreditgebende Bank.

Von größerer praktischer Bedeutung als der Fall einer von Anfang an unrichtigen Auskunft ist eine nachträgliche Änderung der Geschäftspolitik der Muttergesellschaft.

Die **erforderliche Kausalität** zwischen unterlassener Mitteilung und einem späteren Ausfall der Bank kann aber nur dann angenommen werden, wenn das Kreditinstitut bei pflichtgemäßer Unterrichtung durch die Muttergesellschaft entweder die Möglichkeit gehabt hätte, von einem vertragsgemäßen Kündigungsrecht Gebrauch zu machen oder aber bei einer zwischenzeitlichen Fälligkeit des Kredites von einer erneuten Kreditgewährung hätte absehen können und ihr bei Ausschöpfung dieser Möglichkeiten kein oder nur ein geringer Schaden entstanden wäre, weil die Tochtergesellschaft zu dieser Zeit noch zur völligen oder teilweisen Tilgung ihrer Verbindlichkeiten in der Lage gewesen wäre[4].

---

[1] Mosch, a. a. O., S. 65.
[2] Obermüller, ZGR 75, 1, 23; Gerth, a. a. O., S. 131; Mosch, a. a. O., S. 66 ff.
[3] Obermüller, ZGR 75, 1, 23.
[4] Mosch, a. a. O., S. 67/68.

3.4 Sicherheitenwert

Die vorliegende Patronatserklärung ist als bankmäßige Sicherheit ungeeignet. Der Bank erwächst aus der Patronatserklärung gegen die Muttergesellschaft kein auf finanzielle Unterstützung der Tochtergesellschaft gerichteter Leistungsanspruch. Hinsichtlich der Rechtsnatur der vorliegenden Patronatserklärung bestehen erhebliche Differenzen in der Literatur.

c) Sonstige Handlungs- und Unterlassungspflichten

aa) Beispiel 1:

„Wir werden unseren Einfluß bei der Tochtergesellschaft geltend machen, damit **416** diese ihren Verbindlichkeiten aus dem genannten Kredit nachkommt."

1.1. Rechtsnatur

Mit dieser Erklärung stellt die Muttergesellschaft eine dem Kreditinstitut günstige **Einflußnahme** einschränkungslos in Aussicht. Insbesondere äußert sie nicht, daß sie dies nur „kulanterweise" oder ohne Anerkennung einer Rechtspflicht tun würde[1]. Bereits dem Wortlaut dieser Patronatserklärung wird daher allgemein entnommen, daß sich die Muttergesellschaft nicht nur moralisch, sondern auch rechtlich binden wollte[2]. Es ist daher in dieser Patronatserklärung ein einseitig verpflichtender Vertrag zu sehen[3].

Die Tochtergesellschaft kann aus der Patronatserklärung **keine eigenen Rechte** herleiten. Die Patronatserklärung kann daher nicht als echter Vertrag zugunsten Dritter ausgelegt werden, zumal die Parteien nur das Kreditinstitut und nicht die Tochtergesellschaft begünstigen wollten[4].

1.2. Erfüllungsanspruch

Die Verpflichtung der Muttergesellschaft beschränkt sich allerdings darauf, die Tochtergesellschaft zu beeinflussen, den Kredit ordnungsgemäß zurückzuzahlen. Die Patronatserklärung beinhaltet dagegen nicht die Verpflichtung, eine eigene Geldleistung zu erbringen[5]. Die Muttergesellschaft erfüllt ihre Verpflichtungen aus der Patronatserklärung, wenn sie die Mitglieder des Aufsichtsrates einer Aktiengesellschaft oder GmbH bzw. die Geschäftsführer der GmbH anweist, auf die ordnungsgemäße Erfüllung der Pflichten aus dem Kreditvertrag zu achten, und diese Anweisung auch befolgt

---

[1] Gerth, a. a. O., S. 106.
[2] Obermüller, ZGR 75, 1, 16; Mosch, a. a. O., S. 113; Gerth, a. a. O., S. 106; Schaffland, BB 77, 1021, 1024.
[3] Obermüller, ZGR 75, 1, 16; Mosch, a. a. O., S. 113.
[4] Obermüller, ZGR 75, 1, 17.
[5] Schaffland, BB 77, 1021, 1024.

wird. Eine weitergehende Einflußnahme als sicherzustellen, daß die Geschäftsführer bei der Abwicklung des Kreditvertrages mit der erforderlichen Sorgfalt handeln, kann ihr nicht zugemutet werden. Einflußnahme bedeutet in diesem Zusammenhang, daß sie die von ihr gewählten Aufsichtsratsmitglieder zu einer besonders gründlichen Prüfung aller Angelegenheiten, die sich auf die Abwicklung dieses Kreditgeschäfts auswirken können, anhalten oder sie notfalls abberufen muß[1].

417 1.3. Schadensersatzanspruch

Den Beweis einer entsprechenden Pflichtverletzung wird die Bank aber kaum führen können[2].

Einen Schadensersatzanspruch wegen mangelnder Überwachung kann die kreditgebende Bank aus der Patronatserklärung gegen die Muttergesellschaft auch nur dann geltend machen, wenn die Pflichtverletzung adäquat kausal für den Eintritt des Schadens war. Auch der Nachweis der Kausalität zwischen Pflichtverletzung und einem späteren Ausfall bei der Tochtergesellschaft wird der Bank Schwierigkeiten bereiten, da im Einzelfall oft unklar sein wird, worauf die Zahlungsunfähigkeit der Tochtergesellschaft zurückzuführen ist.

1.4. Sicherheitenwert

Eine solche Patronatserklärung ist als Kreditsicherheit ungeeignet, da die Muttergesellschaft durch sie nicht verpflichtet wird, für die Verbindlichkeiten der Tochtergesellschaft einzustehen.

bb) Beispiel 2:

418 „Wir werden darüber wachen, daß unsere Tochtergesellschaft jederzeit zur Rückzahlung des Kredites in der Lage ist."

2.1. Rechtsnatur

Die Erklärung kann nur dahin ausgelegt werden, daß die Konzernmutter den Vorstand bzw. die Geschäftsführer der Tochtergesellschaft überwachen muß, ob diese die Sorgfalt eines ordentlichen und gewissenhaften Geschäftsleiters (§§ 93 AktG, 43 GmbHG) anwenden[3].

2.2. Erfüllungsanspruch

Die Erklärung enthält **keine Verpflichtung** der Muttergesellschaft, die auf eine finanzielle Unterstützung der Tochtergesellschaft abzielt[4]. Der Erfüllungsanspruch

---

[1] Obermüller, ZGR 75, 1, 17/18.
[2] Obermüller, ZGR 75, 1, 18; Mosch, a. a. O., S. 116.
[3] Obermüller, ZIP 82, 915, 917.
[4] Obermüller, ZIP 82, 915, 917.

geht lediglich dahin, daß die Muttergesellschaft die Geschäftsleitung der Tochtergesellschaft überwachen muß.

2.3. Schadensersatzanspruch

Einen Ersatzanspruch wegen **fehlender Überwachung** kann der Kreditgeber aus der Patronatserklärung gegen die Muttergesellschaft nur geltend machen, wenn die Pflichtverletzung der Geschäftsleitung adäquat kausal für den Eintritt des Schadens war. Kausalität ist zu bejahen, wenn bei ordnungsgemäßer Beachtung der Sorgfaltspflichten die wirtschaftlichen Schwierigkeiten bei der Tochtergesellschaft nicht eingetreten wären[1].

2.4. Sicherheitenwert

Die vorliegende Erklärung ist **nicht als bankmäßige Sicherheit** geeignet. Das Kreditinstitut ist vielmehr darauf verwiesen, daß die Tochter selbst über ausreichende Mittel zur Rückzahlung des Kredites verfügt[2].

cc) Beispiel 3:

„Wir werden unsere Tochtergesellschaft nicht in einer Weise aushöhlen, daß sie nicht mehr in der Lage ist, ihren Verpflichtungen nachzukommen." 419

3.1. Rechtsnatur

In der Erklärung kann seitens der Muttergesellschaft entweder eine unverbindliche Mitteilung ihrer Absichten und Pläne oder aber ein Vertrag liegen, durch den sie sich zu einem entsprechenden Verhalten verpflichten will. Auch wenn die Muttergesellschaft nicht für die Kreditverbindlichkeiten der Tochtergesellschaft einstehen will, so kann sie doch den Willen haben, der Tochtergesellschaft die Erfüllung ihrer Verbindlichkeiten nicht zu erschweren. Daher ist im vorliegenden Fall ein **Rechtsbindungswille** der Muttergesellschaft anzunehmen[3]. Die Patronatserklärung, die Tochtergesellschaft nicht auszuhöhlen, ist daher als einseitig verpflichtender Vertrag zu werten[4].

3.2. Erfüllungsanspruch

Die vorliegende Patronatserklärung räumt dem Kreditinstitut lediglich einen Unterlassungsanspruch ein. Dagegen kann die Bank von der Muttergesellschaft keine unterstützenden Maßnahmen zugunsten der Tochtergesellschaft verlangen. Die Patronatserklärung schützt nur gegen künftige weitere Beeinträchtigungen durch die Mutter[5].

---

[1] Obermüller, ZGR 75, 18.
[2] Obermüller, ZGR 75, 1, 20.
[3] Obermüller, ZGR 75, 1, 8.
[4] Obermüller, ZGR 75, 1, 8; Mosch, a. a. O., S. 107.
[5] Obermüller, ZGR 75, 1, 9.

Aus der Patronatserklärung erwächst für die Muttergesellschaft nur die Verpflichtung, zukünftig den Abzug von Mitteln dann zu unterlassen, wenn dadurch die Rückführung des Krediteres an die Bank gefährdet würde[1].

Die Bank kann z. B. verlangen, daß die Muttergesellschaft die geplante Ausschüttung eines von der Tochtergesellschaft erwirtschafteten Gewinns ganz oder teilweise unterläßt[2].

Ein Unterlassungsanspruch kann sich aber auch im Hinblick auf solche Maßnahmen ergeben, die einen Gewinn bei der Tochtergesellschaft gar nicht erst entstehen lassen. Insbesondere einseitig, die Muttergesellschaft begünstigende Verträge zwischen Mutter- und Tochtergesellschaft, wie z. B. die Begründung von langfristigen Lieferverbindlichkeiten der Tochtergesellschaft zu günstigen Preisen, oder die Vereinbarung von Abnahmeverpflichtungen der Tochtergesellschaft zu überhöhten Konditionen, können für die Gläubiger der Tochtergesellschaft sehr nachteilige Wirkungen haben, da sie die Ertragslage der Tochtergesellschaft entscheidend beeinflussen[3].

Die praktische Bedeutung des auf Unterlassung gerichteten Erfüllungsanspruches ist jedoch als sehr gering einzustufen. Die Bank kann die Unterlassung belastender Maßnahmen nur verlangen, wenn diese im Einzelfall dazu führen würden, daß die Tochtergesellschaft zur vertragsmäßigen Erfüllung ihrer Verpflichtungen aus dem Kreditvertrag nicht mehr imstande wäre.

3.3. Schadensersatzanspruch

Der Bank steht gegen die Muttergesellschaft ein **Schadensersatzanspruch** aus § 280 BGB zu, wenn diese nach Abgabe der Patronatserklärung in unvertretbarem Maße Gewinne entnommen hat und aufgrund dieser Gewinnentnahme der Tochter die Mittel zur Erfüllung ihrer Verbindlichkeiten aus dem Kreditvertrag fehlen. Die Kausalität ist zu verneinen, wenn die ausgeschütteten Gewinne so unbedeutend waren, daß sie zu keiner Verbesserung der Vermögensverhältnisse der Tochtergesellschaft hätten führen können. Die Gewinnentnahme reicht ferner dann nicht aus, wenn die Muttergesellschaft der Tochtergesellschaft ausreichend Mittel belassen hat und sich die allgemeine Wirtschaftslage in unvorhersehbarer Weise verschlechtert hat[4].

3.4. Sicherheitenwert

Da die Muttergesellschaft in keiner Weise die Gewähr für die Rückzahlung des Krediteres übernimmt, ist auch diese Patronatserklärung als Kreditsicherheit ungeeignet. Es besteht keine Verpflichtung der Muttergesellschaft, Maßnahmen zur Verbesserung der

---

[1] Mosch, a. a. O., S. 109.
[2] Obermüller, ZGR 75, 1, 9; Mosch, a. a. O., S. 110.
[3] Mosch, a. a. O., S. 110.
[4] Obermüller, ZGR 75, 1, 10/11.

finanziellen Situation der Tochter zu ergreifen. Sie ist vielmehr nur daran gehindert, selbst der Tochter Mittel zu entziehen[1].

d) Aufrechterhaltung einer Beteiligung

aa) Beispiel 1:

„Wir werden unsere derzeitige Beteiligung an einer Tochtergesellschaft während der Laufzeit des Krediets aufrechterhalten bzw. unverändert beibehalten." 420

1.1. Rechtsnatur

Mit dieser Erklärung will die Muttergesellschaft über eine bloße moralische Verbindlichkeit hinaus eine rechtsgeschäftliche Bindung begründen.

1.2. Erfüllungsanspruch

Die Patronatserklärung verbietet einen vollständigen oder teilweisen Verkauf der Aktien bzw. Geschäftsanteile (§ 15 GmbHG) ebenso wie eine Herabsetzung des Kapitals der Tochtergesellschaft (§§ 53, 58 GmbHG, §§ 222 ff. AktG) oder eine Kapitalerhöhung unter Aufnahme eines neuen Aktionärs bzw. Gesellschafters (§§ 182 ff. AktG, §§ 53, 55 GmbHG), sofern sich die Beteiligungsquote der Muttergesellschaft am Vermögen der Tochtergesellschaft dadurch verändert[2].

Dagegen enthält die Patronatserklärung **keine Verpflichtung** der Muttergesellschaft, für die Verbindlichkeiten der Tochtergesellschaft **einzustehen**.

Wenngleich die Patronatserklärung keinen selbständigen Haftungsgrund schafft, ist sie dennoch für die Bank der Tochtergesellschaft nicht völlig nutzlos. Durch das **relativ wirkende Veräußerungsverbot** (§ 137 BGB) wird die Muttergesellschaft während der Laufzeit des Kredites als Anspruchsgegnerin für mögliche Ansprüche im Rahmen der Gläubigerschutzvorschriften des Gesellschaftsrechts festgelegt. An dieser Stelle ist insbesondere die im faktischen Konzern entstehende Schadensersatzverpflichtung des herrschenden Unternehmens in den Fällen des Kapitalentzuges durch Ausübung der Konzernleitung zu nennen, die auch von den Gläubigern der Tochtergesellschaft geltend gemacht werden kann (§§ 317, 309 Abs. 4 Satz 3—5 AktG). Die Gläubiger können im Vertragskonzern in den Anspruch auf Verlustübernahme (§ 302 AktG) vollstrecken und einen Anspruch auf Sicherheitsleistung gegenüber der Muttergesellschaft bei Beendigung eines Beherrschungs- oder Gewinnabführungsvertrages geltend machen (§ 303 AktG)[3].

---

[1] Obermüller, ZGR 75, 1, 11.
[2] Gerth, a. a. O., S. 93.
[3] Bordt, Wpg 75, 285, 295.

1.3. Schadensersatzanspruch

Ein Schadensersatzanspruch kommt in Betracht, wenn die Muttergesellschaft schuldhaft ihre durch die Patronatserklärung begründeten Pflichten dadurch verletzt, daß sie die Beteiligung an der Tochtergesellschaft aufgibt oder veräußert und dem Kreditgeber der Tochtergesellschaft hierdurch ein Schaden entsteht[1].

1.4. Sicherheitenwert

Die Muttergesellschaft ist lediglich verpflichtet, Maßnahmen zu unterlassen, die zu einer Veränderung ihres derzeitigen Beteiligungsverhältnisses am Vermögen der Tochtergesellschaft führen.

Der Sicherheitswert dieser Patronatserklärung wird erhöht, wenn sie mit solchen Patronatserklärungen verbunden wird, die eine Leistungspflicht der Muttergesellschaft begründen. Eine solche Erklärung schützt das Kreditinstitut nämlich nicht vor einer eventuellen Veräußerung der Anteile einer Tochtergesellschaft. Die Patronin könnte sich daher der Verpflichtung zur Liquiditätsausstattung durch Veräußerung ihrer Beteiligung an der Tochtergesellschaft entziehen. Diese Möglichkeit wird ihr durch die erklärte Verpflichtung zur Beibehaltung der Beteiligung an der Tochtergesellschaft während der Kreditlaufzeit genommen[2].

bb) Beispiel 2:

421 „Wir beabsichtigen nicht, die Beteiligung an unserer Tochtergesellschaft während der Laufzeit des Krediteszu reduzieren oder aufzugeben. Sollten wir entgegen dem bisher Gesagten eine Aufgabe oder wesentliche Reduzierung unserer Beteiligung in Erwägung ziehen, werden wir uns rechtzeitig mit Ihnen in Verbindung setzen, um eine zufriedenstellende Lösung zu finden."

2.1. Rechtsnatur

Diese Patronatserklärung beinhaltet in ihrem ersten Teil eine reine **Absichtserklärung**. Im Gegensatz zu der vorherigen Patronatserklärung geht die Patronin mit dieser Erklärung keine Verpflichtung ein, die Beteiligung aufrechtzuerhalten.

Der zweite Teil der Patronatserklärung begründet nach überwiegender Ansicht einen Rechtsanspruch der Bank gegenüber der Muttergesellschaft, Verhandlungen mit dem Ziel aufzunehmen, eine beide Seiten zufriedenstellende Lösung zu finden[3].

---

[1] Bordt, Wpg 75, 285, 295; Schaffland, BB 77, 1021, 1025.
[2] Schaffland, BB 77, 1021, 1025; Rümker, WM 74, 990, 994.
[3] Schaffland, BB 77, 1021, 1025; Obermüller, ZGR 75, 1, 12; a. A. Köhler, WM 78, S. 1338, 1347: er streitet zwar nicht ab, daß die Parteien einen Rechtsbindungswillen besaßen. Dennoch will er der Patronatserklärung keine rechtliche Verbindlichkeit beimessen, da der Vereinbarung die für eine rechtsgeschäftliche Verpflichtung nötige Bestimmtheit bzw. Bestimmbarkeit fehle.

2.2. Erfüllungsanspruch

Einen Erfüllungsanspruch kann die Bank lediglich aus dem zweiten Teil der Patronatserklärung herleiten. Der Begriff der „Änderung in den Beteiligungsverhältnissen" umfaßt sowohl eine Herabsetzung des Kapitals der Tochtergesellschaft als auch eine teilweise oder vollständige Veräußerung der Aktien bzw. Gesellschaftsanteile sowie eine Kapitalerhöhung unter Hereinnahme eines oder mehrerer Aktionäre bzw. Gesellschafter[1].

2.3. Schadensersatzanspruch

Versäumt die Muttergesellschaft die notwendige Benachrichtigung und weigert sie sich, in Verhandlungen mit der Bank einzutreten, bricht sie die Verhandlungen grundlos ab oder beschränkt sie sich auf eine Ablehnung der Vorschläge der Bank, ohne eigene Lösungsmöglichkeiten aufzuzeigen, so verletzt die Muttergesellschaft ihre Pflichten aus der vorliegenden Patronatserklärung[2]. Es dürfte sich aber kaum ermitteln lassen, wer das Scheitern der Vertragsverhandlungen verursacht hat. Insbesondere wird die Klärung der Verschuldensfrage große Schwierigkeiten bereiten[3]. Die Schadensberechnung dürfte sich ebenfalls als äußerst schwierig erweisen.

2.4. Sicherheitenwert

Unter Berücksichtigung dieser Umstände ist der Sicherheitenwert dieser Patronatserklärung **äußerst gering**[4]. Da die vorliegende Patronatserklärung keinen Anspruch auf Maßnahmen zur Abwehr einer Insolvenz in der Zeit gewährt, in der die Beteiligung unverändert bleibt, muß sich das Kreditinstitut im wesentlichen darauf verlassen, daß die Muttergesellschaft das auf ihr kaufmännisches Ansehen gesetzte Vertrauen rechtfertigt[5].

cc) Beispiel 3:

„Wir verpflichten uns, den mit unserer Tochtergesellschaft abgeschlossenen Beherrschungs- und Gewinnabführungsvertrag während der Kreditlaufzeit nicht zu ändern, aufzuheben oder zu kündigen."

3.1. Rechtsnatur

Der **Wille** der Muttergesellschaft, sich rechtlich zu verpflichten, ergibt sich hierbei bereits aus dem Wortlaut der Erklärung. Die Formulierung „Wir verpflichten uns" läßt auf einen Rechtsbindungswillen schließen.

---

[1] Obermüller, ZGR 75, 1, 12.
[2] Obermüller, ZGR 75, 1, 13; Mosch, a. a. O., S. 90.
[3] Obermüller, ZGR 75, 1, 14; Mosch, a. a. O., S. 90/91.
[4] Obermüller, ZGR 75, 1, 14; Schaffland, BB 77, 1021, 1025.
[5] Obermüller, ZGR 75, 1, 14/15.

Einigkeit besteht darin, daß diese Patronatserklärung keinen unmittelbaren Zahlungsanspruch des Kreditgebers gegen die Muttergesellschaft begründet[1].

Bedeutung erlangt die vorliegende Patronatserklärung jedoch im Hinblick auf die **Gläubigerschutzvorschriften** des Gesellschaftsrechts im Vertragskonzern. Hierzu zählen insbesondere die Verlustübernahmeverpflichtung nach § 302 AktG und der Anspruch auf Sicherheitsleistung nach § 303 AktG nach Beendigung eines Gewinnabführungsvertrages.

Bei Beendigung des Beherrschungs- oder Gewinnabführungsvertrages hat das herrschende Unternehmen den Gläubigern des abhängigen Unternehmens, deren Forderungen vor Eintragung der Beendigung des Organschaftsverhältnisses im Handelsregister begründet sind, Sicherheit zu leisten oder sich für deren Forderungen zu verbürgen, § 303 AktG. Die Bestimmungen sind auch auf den GmbH-Vertragskonzern entsprechend anwendbar.

Die vorliegende Patronatserklärung bewirkt somit für den Kreditgeber der Tochtergesellschaft, daß ihm die mittelbare Haftung der Muttergesellschaft bis zur Rückzahlung des Kredites erhalten bleibt[2].

423 Die Pflicht zum Ausgleich von Jahresfehlbeträgen nach § 302 AktG verpflichtet die Obergesellschaft aber nicht, Liquidität zur Verfügung zu stellen. Die Illiquidität der Untergesellschaft wird durch die Ausgleichsverpflichtung des § 302 AktG somit nicht ausgeschlossen. Hinzu kommt, daß der Jahresfehlbetrag keine objektive Größe darstellt. Dieselben Maßnahmen, die geeignet sind, einen Jahresüberschuß zu erhöhen, lassen sich auch zur Minderung eines Jahresfehlbetrages einsetzen[3]. Schließlich ist die Obergesellschaft nur verpflichtet, die Verluste auszugleichen, die bis zum Stichtag einer auf den Zeitpunkt der Beendigung des Beherrschungsvertrages abzustellenden Zwischenbilanz entstanden sind. Etwaige **Abwicklungsverluste**, die nach dem Stichtag der Zwischenbilanz eintreten, muß sie nicht übernehmen (str.)[4]. Die bei Beendigung des Beherrschungsvertrages **zu leistende Sicherheit** (§ 303 AktG) entspricht nicht den Anforderungen der Bank, da die Obergesellschaft die Wahl hat, wie sie diese Sicherheit stellt. In der Regel wird sie eine nicht selbstschuldnerische Bürgschaft übernehmen, deren Wert sich erst später — unter Umständen nach Jahren, wenn die Vollstreckung aus der Bürgschaft notwendig würde — herausstellt[5].

---

[1] Gerth, a. a. O., S. 198; Bordt, Wpg 75, 285, 296; Rümker, WM 74, 990, 995.
[2] Bordt, Wpg 75, S. 285, 296; Rümker, WM 74, 990, 995; Gerth, a. a. O., S. 198.
[3] KölnerKomm/Koppensteiner, § 302 AktG Rdn. 11; Lwowski/Groeschke, WM 94, 613 ff.
[4] Lwowski/Groeschke, WM 94, 613 ff., 615; KölnerKomm/Koppensteiner, § 302 AktG Rdn. 19; Geßler/Hefermehl/Eckardt/Kropff, § 302 AktG Rdn. 15; a. A. Werner AG 72, 137 ff., 143; Rümker, WM 74, 990 ff., 994; Meister, WM 76, 1182 ff., 1189.
[5] Lwowski/Groeschke, WM 94, 613 ff., 618.

3.2. Erfüllungsanspruch

Durch die Patronatserklärung verpflichtet sich die Muttergesellschaft, bestehende Unternehmens- oder Organschaftsverträge nicht zu ändern, aufzuheben oder zu kündigen. Damit soll erreicht werden, daß während der Kreditlaufzeit der Verlustausgleichsanspruch aus § 302 AktG erhalten bleibt.

Fraglich ist, welche Rechtsstellung die Bank hat, wenn die Tochtergesellschaft den Vertrag kündigt.

Obwohl wegen der engen Verbundenheit der Geschäftsleitung beider Unternehmen viel dafür spricht, daß der Vorstand der abhängigen Gesellschaft die Kündigung regelmäßig wunschgemäß aussprechen wird, wird die Bank i. d. R. kaum beweisen können, daß die Kündigung der Tochtergesellschaft in Wahrheit auf eine Veranlassung der Muttergesellschaft zurückgeht. Es ist umstritten, welchen Einfluß die Auflösung der abhängigen Gesellschaft auf den Organschaftsvertrag und den Umfang der Verlustübernahmeverpflichtung hat. Überwiegend wird der Standpunkt vertreten, daß ungeachtet der Auflösung der abhängigen Gesellschaft der Organschaftsvertrag bis zur Beendigung der Abwicklung fortbesteht[1]. Die weiteren Rechtsfolgen werden unterschiedlich beurteilt. Z. T. wird die Meinung vertreten, daß trotz Fortbestehens des Unternehmensvertrages bis zur Beendigung der Abwicklung die Verlustübernahmeverpflichtung mit der Auflösung der Gesellschaft entfalle[2].

Mit Rücksicht auf die unterschiedlichen Meinungen bezüglich der Übernahme von Abwicklungsverlusten, empfiehlt es sich, in einer Zusatzerklärung die Muttergesellschaft versichern zu lassen, bei Auflösung der Tochtergesellschaft oder Beendigung des Unternehmensvertrages während des laufenden Geschäftsjahres, ein Rumpfgeschäftsjahr bilden zu lassen und die Verluste daraus sowie die Abwicklungsverluste unabhängig vom Fortbestand des Unternehmensvertrages zu übernehmen[3].

3.3. Schadensersatzanspruch

Auch in diesem Fall steht der Bank ein Schadensersatzanspruch aus § 280 BGB zu.

3.4. Sicherheitenwert

Eine Patronatserklärung des vorliegenden Inhaltes ist als bankmäßige Sicherheit nicht geeignet. Dies ist zum einen darauf zurückzuführen, daß eine solche Patronatserklärung keine unmittelbare Zahlungspflicht begründet. Die vorliegende Patronatserklärung kann nur dann als bankmäßige Sicherheit dienen, wenn die Bank auf die Vereinbarung eines Beteiligungsveräußerungsverbotes bzw. eines Auflösungsverbotes

---

[1] Rümker, WM 74, 990, 995; Mosch, a. a. O., S. 81.
[2] Mosch, a. a. O., S. 81 m. w. N.
[3] Obermüller, Die Bank 77, 38.

drängt und auch die Tochtergesellschaft im Kreditvertrag verpflichtet wird, den Unternehmensvertrag während der Kreditlaufzeit nicht zu kündigen. Auch im Hinblick auf die geschilderten unterschiedlichen Meinungen bezüglich der Übernahme von Abwicklungsverlusten, empfiehlt es sich, in einer Zusatzerklärung die Versicherung der Muttergesellschaft aufzunehmen, bei Auflösung der Tochtergesellschaft oder Beendigung des Unternehmensvertrages während des laufenden Geschäftsjahres ein Rumpfgeschäftsjahr zu bilden und die Verluste daraus, sowie die Abwicklungsverluste unabhängig vom Fortbestand des Unternehmensvertrages zu übernehmen.

e) Verpflichtung zur Ausstattung

424 „Wir verpflichten uns, dafür zu sorgen, daß unsere Tochtergesellschaft während der Laufzeit des Kredites in der Weise geleitet und finanziell ausgestattet wird, daß sie jederzeit in der Lage ist, ihre Verpflichtungen im Zusammenhang mit diesem Kredit zu erfüllen" (sog. harte Patronatserklärung).

1. Rechtsnatur

Die Erklärung wird überwiegend als Übernahme einer rechtlichen **Verpflichtung** gewertet[1]. Da sich die Muttergesellschaft verpflichtet, für eine finanzielle Ausstattung zu sorgen, besteht zwar Ähnlichkeit mit den Rechtsinstituten der Bürgschaft oder der Garantie.

2. Abgrenzung zu artverwandten Rechtsinstituten

2.1 Abgrenzung zur Bürgschaft

Während die Bürgschaft dem Gläubiger einen Anspruch auf Leistung an sich selbst gewährt (dies folgt aus § 774 Abs. 1 S. 1 BGB, der von einer Leistung des Bürgen an den Gläubiger ausgeht), begründet die Patronatserklärung keinen unmittelbaren Anspruch der kreditgebenden Bank auf Leistung an sich selbst.

Sofern andere Gläubiger der Tochtergesellschaft die für die Befriedigung des durch die Patronatserklärung geschützten Kreditgebers bestimmten Gelder pfänden, so muß die Muttergesellschaft erneut an die Tochter zahlen. Insoweit können die von der Muttergesellschaft aufzuwendenden Mittel im Einzelfall auch durchaus den Betrag der Kreditschuld der Tochtergesellschaft übersteigen[2]. Ferner läßt die Ausstattungsverpflichtung im Gegensatz zu der aus einer Bürgschaft resultierenden Zahlungspflicht mehrere Erfüllungsmöglichkeiten zu. Der Muttergesellschaft bleibt es überlassen, in welcher Weise sie die Ausstattung der Tochtergesellschaft vornehmen will.

---

[1] Obermüller, ZGR 75, 1, 25; ders. ZIP 82, 915, 918.
[2] Obermüller, ZGR 75, 1, 26; Schaffland, BB 77, 1021/1023; Mosch, a. a. O., S. 131.

2.2 Abgrenzung zur Garantie

Die Ausstattungsverpflichtung wird z. T. als **Garantievertrag** besonderer Art[1] oder als Vertrag besonderer Art mit Garantiecharakter[2], oder als Patronatserklärung mit Garantieeffekt[3] angesehen.

Es erscheint jedoch zutreffender, mit der überwiegenden Meinung davon auszugehen, daß es sich bei dieser Patronatserklärung um einen Vertrag eigener Art in der Form eines unechten Vertrages zugunsten Dritter handelt[4]. Ähnlich wie die Bürgschaft, begründet auch die Garantie nur eine Zahlungspflicht in Höhe der Hauptschuld. Demgegenüber können bei der vorliegenden Patronatserklärung die von der Muttergesellschaft aufzuwendenden Mittel durchaus den Betrag der Kreditschuld der Tochtergesellschaft übersteigen. Vielmehr besteht die Verpflichtung auch fort, wenn bereits einmal an die Tochtergesellschaft geleistet wurde, aber der damit bezweckte Erfolg — die Rückzahlung des Kredites — nicht erreicht wurde[5].

3. Erfüllungsanspruch

Aufgrund der vorliegenden Patronatserklärung ist die Muttergesellschaft verpflichtet, der Tochter in ausreichendem Umfang Mittel zur Verfügung zu stellen.

Fraglich erscheint der **Umfang der Leistungspflicht**. Der mit der Patronatserklärung bezweckte Erfolg ist erst dann erreicht, wenn die Tochtergesellschaft ihre Kreditverbindlichkeiten gegenüber dem Kreditinstitut vollständig erfüllt hat. Zwar wird es in der Regel ausreichen, wenn die Muttergesellschaft ihrer Tochtergesellschaft die erforderlichen Mittel einmal zur Verfügung stellt. Denkbar ist jedoch, daß die Tochtergesellschaft die ihr von der Muttergesellschaft zur Verfügung gestellten Mittel zur Tilgung anderer Verbindlichkeiten verwendet oder andere Gläubiger die Zwangsvollstreckung in das Vermögen der Tochtergesellschaft betreiben.

Die Muttergesellschaft kann dieses Risiko auf folgende Weise vermeiden: Sie ist berechtigt, als Dritte im Sinne des § 267 BGB die fälligen Zins- und Tilgungsraten unmittelbar an das Kreditinstitut zu zahlen. Nach dieser Vorschrift kann auch ein Dritter die Leistung bewirken, wenn der Schuldner nicht in Person zu leisten hat. Dritter im Sinne des § 267 BGB ist, wer leistet, um eine fremde Schuld zu tilgen. Zwar ist hier auch die Muttergesellschaft Schuldnerin der Bank, sie schuldet dieser jedoch eine andere als die vom „Gläubiger" zu beanspruchende Leistung. Dieser Zahlungsweg läßt die Verpflichtung beider Gesellschaften erlöschen (§§ 267, 362 BGB)[6].

---

[1] Bordt, Wpg 75, 285, 289.
[2] Rümker, WM 74, 990, 991.
[3] Schraeppler, ZWK 75, 215, 216.
[4] Obermüller, ZGR 75, 1, 25 ff.; Gerth, a. a. O., S. 143.
[5] Obermüller, ZGR 75, 1, 26; Schaffland BB 77, 1021, 1022.
[6] Rümker, WM 74, 990, 992; Obermüller, ZGR 75, 1, 27; ders., ZIP 82, 915, 918; Mosch, a. a. O., S. 137; Gerth, a. a. O., S. 150.

4. Schadensersatzanspruch

4.1 Schadensersatzanspruch wegen Verzuges (§ 286 BGB)

Die nach § 284 Abs. 1 S. 1 BGB grundsätzlich erforderliche Mahnung wird nach Sinn und Zweck der Patronatserklärung als entbehrlich angesehen.

Der Verzug der Muttergesellschaft tritt mit Fälligkeit ihrer Verpflichtung aus der Patronatserklärung ein. Dies ist nach dem Inhalt der Erklärung der Zeitpunkt, in dem die Muttergesellschaft spätestens leisten muß, damit ihre Tochtergesellschaft den Verbindlichkeiten gegenüber dem Kreditinstitut noch nachkommen kann. Ergreift die Muttergesellschaft die von ihr geschuldeten Maßnahmen verspätet, so daß die Tochtergesellschaft zeitweise den Kredit nicht tilgen kann, steht der Bank gegen die Muttergesellschaft ein Anspruch auf Ersatz des Verzugsschadens zu (§ 286 Abs. 1 BGB). Dieser umfaßt als gesetzlichen Mindestschaden gem. § 288 Abs. 1 S. 1 BGB in Verbindung mit § 352 HGB 5% Verzugszinsen ab Fälligkeit. Darüber hinaus kann die Bank gem. § 288 Abs. 2 in Verbindung mit § 286 Abs. 1 BGB die Zinsen geltend machen, die sie durch Wiederanlage des Geldes ab Fälligkeit über 5% p. a. hinaus hätte erzielen können[1].

Sofern sich die Muttergesellschaft darauf beruft, daß eine eigene Illiquidität die Verschaffung liquider Mittel aus dem eigenen Vermögen nicht gestattet bzw. die Hilfe dritter Kapitalgeber verhindert habe, so kann sie dieser Einwand nicht entlasten, da insoweit der Rechtsgrundsatz des § 279 BGB gilt: „Geld hat man zu haben"[2].

4.2 Schadensersatz wegen Unmöglichkeit (§ 280 BGB)

Sofern die Muttergesellschaft die gebotene Unterstützung versäumt und daraufhin infolge Zahlungsunfähigkeit über das Vermögen der Tochtergesellschaft das Vergleichs- oder Konkursverfahren eröffnet wird, so ist der Muttergesellschaft die Erfüllung ihrer Ausstattungsverpflichtung objektiv unmöglich geworden. In diesem Fall steht dem Kreditinstitut ein Schadensersatzanspruch wegen Nichterfüllung gem. § 280 Abs. 1 BGB zu[3].

Die Unmöglichkeit der Leistung kann auch dadurch eintreten, daß sich die Muttergesellschaft ihrer Ausstattungsverpflichtung entzieht, indem sie die Tochter noch während der Laufzeit des Kredites veräußert. Die Muttergesellschaft hat die zur Unmöglichkeit der geschuldeten Insolvenzabwehr führenden Umstände auch zu vertreten, da sie ihre Beteiligung an der Tochter nicht veräußern durfte[4].

5. Sicherheitenwert

Problematisch und umstritten ist, ob sich die vorliegende Patronatserklärung als bankmäßige Sicherheit eignet. Eine solche muß leicht und schnell verwertbar sein.

---

[1] Mosch, a. a. O., S. 139; Gerth, a. a. O., S. 154.
[2] Gerth, a. a. O., S. 154.
[3] Obermüller, ZGR 75, 1, 28; a. A. Köhler, WM 78, 1338, 1345.
[4] Gerth, a. a. O., S. 163.

Bedenken ergeben sich daraus, ob das Kreditinstitut gegen die Muttergesellschaft eine **Erfüllungsklage** erheben kann. Dies ergibt sich daraus, daß es der Muttergesellschaft überlassen bleibt, in welcher Weise, ob durch Darlehen, Kapitalerhöhung oder Zufuhr von Anlagemitteln, sie die zugesagte Ausstattung bewirken will. Ein Erfüllungsanspruch, der auf Zuführung ausreichender Mittel an die Tochtergesellschaft gerichtet sein soll, scheitert nach überwiegender Meinung an der mangelnden Bestimmtheit[1]. Die Leistungsklage setzt nach § 253 Abs. 2 Nr. 2 ZPO einen bestimmten Antrag voraus.

Für den Kreditgeber von Wert ist daher nur der auf Verzug oder Unmöglichkeit gestützte Schadensersatzanspruch.

Gegen die Durchführung eines solchen Schadensersatzprozesses wird vorgebracht, daß das Kreditinstitut mit **Beweisschwierigkeiten**, insbesondere zur Frage des Verschuldens und mit Verzögerungen rechnen müsse, zumal die Muttergesellschaft versuchen werde, ihrer Exkulpation breiten Raum zu widmen[2]. Mit dieser Begründung wird die vorliegende Patronatserklärung als bankmäßige Sicherheit abgelehnt. Dem kann jedoch nicht gefolgt werden. Der Beweis der Unmöglichkeit wird der kreditgebenden Bank ohne Schwierigkeiten gelingen, da die Eröffnung eines Insolvenzverfahrens eine leicht feststellbare Tatsache ist. Gleiches muß auch für die Frage der Kausalität zwischen Pflichtverletzung und Ausfall der Bank gelten. Auch im Hinblick auf die Verschuldensfrage können für die Bank kaum Beweisschwierigkeiten auftreten, da im Hinblick auf § 282 BGB die Muttergesellschaft beweisen muß, daß sie kein Verschulden hinsichtlich der Zahlungsunfähigkeit der Tochtergesellschaft und des Ausfalls der Bank trifft[3].

4. Die Bilanzierungs- und Berichtspflicht

a) Bilanzierungspflicht

1. Die Vermerkpflicht nach § 251 HGB

Sofern Patronatserklärungen als Gewährleistungsverträge i. S. des § 251 HGB anzusehen sind, sind sie als Eventualverbindlichkeiten in der Bilanz zu vermerken.

1.1 Der Begriff des Gewährleistungsvertrages

Der Begriff des Gewährleistungsvertrages gem. § 251 HGB ist gesetzlich nicht definiert. Der Zweck des Bilanzvermerks, vor möglichen Risiken zu warnen, gebietet eine erweiterte Auslegung. Hierbei macht es keinen Unterschied, ob es sich um Gewährleistungszusagen für eigene oder fremdgeschuldete Verpflichtungen handelt[4].

---

[1] Gerth, a. a. O., S. 146 ff.; Köhler, WM 78, 1338, 1345.
[2] Obermüller, ZGR 75, 1, 29; Gerth, a. a. O., S. 190.
[3] Mosch, a. a. O., S. 140.
[4] Bordt, Wpg 75, 1, 288; Obermüller, ZGR 75, 1, 39.

1.2 Die Frage der Bilanzierungspflicht bei den einzelnen Patronatserklärungen

1.2.1 Unverbindliche Patronatserklärungen

Da diese Patronatserklärungen keine rechtlichen, sondern nur moralische Verbindlichkeiten darstellen, sind sie nicht als „Gewährleistungsverträge" i. S. des § 251 HGB zu werten und begründen damit auch keine Vermerkpflicht unter der Bilanz gem. § 251 HGB.

427 ### 1.2.2 Rechtserhebliche Erklärungen minderen Wirkungsgrades

1. Mit der Erklärung, die Firma sei eine ...%ige Tochtergesellschaft von ihr und die Geschäftsleitung genieße ihr volles Vertrauen, geht die Muttergesellschaft zwar ein Auskunftsschuldverhältnis und damit eine vertragliche Verpflichtung ein. Der Begriff des „Gewährleistungsvertrages" erfaßt jedoch nicht schon jede vertragliche Verpflichtung, sondern nur solche Verbindlichkeiten, die in einer bürgschaftsähnlichen Weise zu einer Geldleistung verpflichten[1]. Dies hat zur Folge, daß diese Patronatserklärung nicht ausweispflichtig ist[2].

2. Auch die Erklärung, in allen wesentlichen Angelegenheiten zu kontrollieren, begründet lediglich ein Auskunftsschuldverhältnis, so daß auch hier eine Vermerkpflicht nach § 251 HGB ausscheidet[3].

3. Ob die Bonitätserklärung der Muttergesellschaft als „Gewährleistungsvertrag" i. S. des § 251 HGB anzusehen ist und demzufolge einen Bilanzvermerk erforderlich macht, ist umstritten.

Wertet man die Bonitätserklärung als Vertrag eigener Art, der wesentliche Elemente eines Auskunftsvertrages enthält, aber wirtschaftlich auch mit einem Garantievertrag verwandt ist und aus dem die Pflicht erwächst, zur Aufrechterhaltung der Bonität der Tochtergesellschaft Leistungen an diese zu erbringen[4], so ist diese Verpflichtung als Gewährleistungsvertrag i. S. des § 251 HGB anzusehen.

Entnimmt man dieser Patronatserklärung keine rechtsgeschäftliche, sondern allenfalls eine moralische Verpflichtung[5], so ist fraglich, ob in diesem Fall eine Vermerkpflicht gemäß § 251 HGB besteht. Es ist davon auszugehen, daß ein Bilanzvermerk gem. § 251 HGB stets ein Vertragsverhältnis voraussetzt. Diese Voraussetzung ist jedoch nicht erfüllt, wenn man der Bonitätserklärung keine rechtsgeschäftliche, sondern lediglich eine moralische Verpflichtung beimessen will[6].

---

[1] Obermüller, ZGR 75, 1, 39.
[2] Obermüller, ZGR 75, 1, 39; Gerth, BB 81, 1611, 1613.
[3] Gerth, BB 81, 1611, 1614.
[4] Obermüller, ZGR 75, 1, 22.
[5] So Bordt, Wpg 75, 285, 293; Schaffland, BB 77, 1021, 1023.
[6] So i. Erg. Gerth, a. a. O., 136.

1.2.3 Sonstige Handlungs- und Unterlassungspflichten   428

1. Die Erklärungen der Muttergesellschaft, ihren Einfluß geltend zu machen, damit diese ihren Verbindlichkeiten aus dem genannten Kredit nachkommt, verpflichten die Muttergesellschaft nicht, über die Einflußnahme bzw. Überwachung hinaus Geld- oder Sachleistungen zu erbringen. Somit ist eine Vermerkpflicht nach § 251 HGB nicht erforderlich[1].

2. Auch die Erklärung, ihre Tochtergesellschaft nicht in einer Weise auszuhöhlen, daß diese nicht mehr in der Lage ist, ihren Verpflichtungen nachzukommen, begründet keinen ausweispflichtigen Gewährleistungsvertrag i. S. des § 251 HGB.

1.2.4 Aufrechterhaltung der Beteiligung   429

1. Da aus der vorliegenden Erklärung eine Einstandspflicht nicht abgeleitet werden kann, scheidet eine Vermerkpflicht nach § 251 HGB aus[2].

2. Aus den gleichen Gründen ist auch die Erklärung, es sei nicht beabsichtigt, die Beteiligung zu reduzieren oder aufzugeben, nicht vermerkpflichtig[3].

3. Auch die Abgabe einer Patronatserklärung, den abgeschlossenen Beherrschungs- und Gewinnabführungsvertrag nicht zu ändern, führt nicht zu einem Bilanzvermerk gem. § 251 HGB[4].

1.2.5 Ausstattungsverpflichtung (sog. harte Patronatserklärung)   430

Die sog. harte Patronatserklärung ist nach einhelliger Ansicht als Verbindlichkeit aus einem Gewährleistungsvertrag gem. § 251 HGB vermerkpflichtig[5]. Da die Muttergesellschaft für die Erfüllung der Kreditverbindlichkeiten der Tochtergesellschaft Sorge zu tragen hat, liegt ein vermerkpflichtiger Gewährleistungsvertrag im bilanzrechtlichen Sinne vor.

Zwar besteht kein direkter Zahlungsanspruch des Kreditinstituts. Dies ist jedoch unschädlich, da ein bilanzrechtlicher Gewährleistungsvertrag schon dann vorliegt, wenn gegenüber dem Gläubiger die Verpflichtung eingegangen wird, den Schuldner jederzeit finanziell so auszustatten, daß Letzterer seine Verbindlichkeiten erfüllen kann[6].

---

[1] Schaffland, BB 77, 1021, 1024; Gerth, a. a. O., S. 111; Obermüller, ZGR 75, 1, 40.
[2] Gerth, a. a. O., S. 102; Mosch, a. a. O., S. 183; Bordt, Wpg 75, 285/296; Schaffland, BB 77, 1021, 1025.
[3] Obermüller, ZGR 75, 1, 40; Schaffland, BB 77, 1021, 1025.
[4] Gerth, a. a. O., S. 241; Mosch, a. a. O., S. 183; Bordt, Wpg 75, 285, 297.
[5] Obermüller, ZGR 75, 1, 41; Rümker, WM 74, 990; Bordt, Wpg 75, 285, 289.
[6] Obermüller, ZGR 75, 1, 40/41.

Da die Muttergesellschaft berechtigt ist, gem. § 267 BGB auch direkt an den Kreditgeber zu zahlen, genügt es, den Bilanzvermerk auf den Betrag der Kreditverbindlichhkeit der Tochtergesellschaft zu beschränken[1].

431 1.2.6 Die Auslegung von Patronatserklärungen unter dem Gesichtspunkt der Bilanzierungspflicht[2].

Fraglich ist, ob eine Patronatserklärung auch dann als eine harte Patronatserklärung gewertet werden kann, wenn der bzw. die Erklärende eine Bilanzvermerkpflicht gem. § 251 HGB vermeiden will.

In dem einer Entscheidung des OLG Karlsruhe vom 7. August 1992[3] zugrunde liegenden Sachverhalt hatte die Beklagte zugunsten ihrer zukünftigen Tochtergesellschaft eine sog. „Loyalitätserklärung" abgegeben. In einem Begleitschreiben erklärte die Beklagte weiterhin, aus der gewünschten Loyalitätserklärung gehe hervor, daß sie voll und ganz hinter dem Engagement der neu zu gründenden Tochtergesellschaft stehe. Eine weitergehende schriftliche Festlegung sei nur deshalb unterblieben, weil die Beklagte einen Bilanzvermerk habe vermeiden wollen.

Nach Auffassung des OLG Karlsruhe[4] handelt es sich im Zweifel um eine „weiche Erklärung", die keine Verpflichtung begründet, die Tochtergesellschaft so auszustatten, daß diese den Kredit daraus zurückzahlen kann, wenn die Patronatserklärung in der Weise ausgestaltet wird, daß eine Bilanzierungspflicht nach § 251 HGB vermieden wird. Für diese Auslegung spreche insbesondere, daß die Beklagte unstreitig nicht bereit gewesen sei, eine bilanzvermerkspflichtige Verpflichtung einzugehen und die Klägerin dies unstreitig akzeptiert habe. Habe die Beklagte sich aufgrund der Formulierungen in dem Begleitschreiben verpflichten wollen, für die Darlehensverbindlichkeiten der Tochtergesellschaft aufzukommen, bedeute das zugleich, daß dann die aus § 251 HGB sich ableitende Pflicht zur Aufnahme dieser Eventualverbindlichkeit in die Bilanz, die die Parteien durch eine entsprechende Ausgestaltung der Loyalitätserklärung gerade vermeiden wollten, begründet worden wäre.

Maßgeblich ist somit das, was von den Parteien schriftlich erklärt wurde[5]. Formulieren die Parteien übereinstimmend und bewußt eine nichtbilanzvermerkspflichtige Patronatserklärung, so kann sich das Kreditinstitut nachher nicht darauf berufen, daß es die Erklärung entgegen dem Wortlaut dahin auslegen durfte, daß die Muttergesellschaft für die Erfüllung der Kreditverbindlichkeiten der Tochtergesellschaft einstehen will.

---

[1] Mosch, a. a. O., S. 188; Bordt, Wpg 75, 285, 290.
[2] OLG Karlsruhe, WM 92, 2088 ff.
[3] WM 92, 2088 ff.
[4] OLG Karlsruhe, WM 92, 2088 ff.
[5] OLG Karlsruhe, WM 92, 2088, 2091.

b) Berichtspflicht **432**

Nach § 285 Nr. 3 HGB sind sonstige finanzielle Verpflichtungen, die weder in der Bilanz anzugeben noch nach § 251 HGB zu vermerken sind, im Anhang aufzuführen, sofern die Angabe für die Beurteilung der Finanzlage von Bedeutung ist.

Für die sog. weichen Patronatserklärungen ist mit der herrschenden Meinung im Schrifttum ungeachtet deren jeweiliger Rechtsnatur eine Pflicht zur Aufnahme in den Anhang abzulehnen[1].

---

[1] Mosch, a. a. O., S. 194 ff.; Obermüller, ZGR 75, 1, 42/43; Bordt, Wpg 75, 285 ff.

3. Kapitel: Depotakzept

I. Begriff

433   Das Depotakzept (Kautions- oder Deckungsakzept) des Sicherungsgebers (Annehmers oder Akzeptanten) begründet zum Zwecke der Sicherung einer Forderung seine wechselmäßige Verpflichtung gegenüber dem Sicherungsnehmer (Aussteller) zur Zahlung einer bestimmten, aus der Wechselurkunde ersichtlichen Geldsumme. Der Sicherungsgeber akzeptiert einen vom Sicherungsnehmer ausgestellten, an dessen eigene Order lautenden Wechsel, den dieser zur Sicherung der Forderung „ins Depot" nimmt. Ist der Sicherungsgeber nicht zugleich Schuldner der gesicherten Forderung, so erfüllt das Depotakzept den wirtschaftlichen Zweck einer Bürgschaft, ohne aber den für diese geltenden Normen zu unterliegen[1]; man spricht daher auch von **„verkleideter Bürgschaft"**[2]. Die Wechselsumme lautet stets auf einen Geldbetrag (vgl. die sog. „Wechselstrenge"); weil der Betrag genau bestimmt sein muß, können in der Wechselurkunde Zinsen nicht ausbedungen werden, es sei denn, daß es sich um Sicht- oder Nachsichtwechsel handelt (Art. 1, 5 WG).

Der Wechsel hat seine eigene Fälligkeit (Verfallzeit) (vgl. Art. 1, 2, 33, 34, 35 WG). Der wechselmäßige Zahlungstag kann durch Stundung (Prolongation) nachträglich hinausgeschoben werden. In der Regel geschieht dies durch Ausstellung eines entsprechenden neuen Wechsels; doch ist auch eine außerhalb der Wechselurkunde getroffene Prolongationsabrede bindend. Die Verfallzeit des Wechsels darf mit der Fälligkeit der gesicherten Forderung so wenig verwechselt werden, wie der Wechselbetrag mit dem Betrag der gesicherten Forderung (vgl. Rdn. 235).

Das hier erörterte Depotakzept gehört zu den „gekorenen" Sicherheiten. Die Parteien können den Sicherungscharakter des Wechsels nach ihrem Belieben dadurch kennzeichnen, daß sie ihn selbst ausdrücklich als Depotwechsel, Kautionswechsel usw. bezeichnen oder mit der Klausel „Wert zum Pfande" versehen. Diese Bezeichnungen vedeutlichen, daß der Wechsel nur sicherungshalber und nicht etwa an Erfüllungs Statt gegeben wird. Dieser Hinweis auf den Anlaß der Wechselziehung knüpft das Wechselrecht nicht an den Bestand der gesicherten Forderung, was zudem auch unzulässig wäre[3]. Er bedeutet auch keine Verpfändung[4].

§ 10 Abs. 2 VKG verbietet die Hingabe eines Wechsels für die Ansprüche des Kreditgebers aus dem Kreditvertrag, der dem VKG unterfällt. Das Verbot, eine Wechselverbindlichkeit einzugehen, umfaßt jedoch jedwede wechselrechtliche Haftung, sei es als

---

[1] RG 94, 89; RG JW 28, 2126; BGH 45, 210; s. auch Reinicke, WM 59, 1354; Brink, Recht der Kreditsicherheiten in europäischen Ländern I, Tz. 201.
[2] RG 4, 10.
[3] RG JW 35, 1778.
[4] Vgl. Baumbach-Hefermehl, Art. 17 WG Rdn. 85f.

Aussteller, als Bezogener oder als Indossant[1]. Mit diesem Verbot ist das sog. C-Geschäft, bei dem der Verkäufer einen Wechsel auf den Verbraucher ausstellt, den dieser akzeptiert und der dann zur Sicherheit an den Kreditgeber begibt, tot. Wird dennoch ein Wechsel in dieser Konstellation begeben, so ist dies (zunächst) wirksam, da der Wechsel abstrakt ist. Dem Verbraucher steht aber ein Herausgabeanspruch zu, gegenüber dem sich der Kreditgeber nicht auf sein Zurückbehaltungsrecht berufen kann, weil sonst der Verbotszweck unterlaufen würde[2]. Allerdings könnte der wirksam begebene Wechsel[3] vom Kreditgeber an einen gutgläubigen Dritten übertragen werden. Nach wechselrechtlichen Grundsätzen ist diese Begebung wirksam. Daher gibt das Gesetz dem Verbraucher einen Schadensersatzanspruch (§ 10 Abs. 2 S. 4 VKG).

II. Personen

Die zur wirksamen Begebung eines Depotwechsels erforderlichen, in der Person der Parteien zu erfüllenden Voraussetzungen sind bereits dargestellt worden (vgl. dazu Rdn. 37—49). Ebenso sind die Vertretungsmacht eines Parteivertreters, ihre Voraussetzungen und die Folgen ihres Mißbrauchs oder ihrer Überschreitung behandelt worden (vgl. dazu Rdn. 50—77). Wer ohne ausreichende Vertretungsmacht einen Wechsel als Vertreter zeichnet, ist über seine allgemeine bürgerlich-rechtliche Haftung hinaus einem besonderen wechselrechtlichen Anspruch ausgesetzt (Art. 8 WG). 434

III. Sicherungsmittel und Sicherstellungsvertrag

Das Depotakzept ist eine Personensicherheit (s. Rdn. 13, 14). Dem Aufsteller haftet daher das gesamte Vermögen des Akzeptanten (vgl. Rdn. 78—82). Begründet wird die Forderung aus dem Depotakzept durch Vertrag zwischen Aussteller und Akzeptant (vgl. Rdn. 106, 120—124). Da es sich aber hier um die Forderung aus einem Wertpapier, wie es der Wechsel als Orderpapier ist, handelt, setzt der Vertragsschluß die Existenz der Wechselurkunde voraus. Daher muß zunächst der Aussteller (Trassant) eine Zahlungsanweisung in gesetzlich bestimmter Fassung an den Sicherungsgeber als sogenannten Bezogenen (Trassant) richten. Der Aussteller „zieht" den Wechsel auf den Sicherungsgeber, indem er gleichzeitig sich selbst als denjenigen bezeichnet, an den oder an dessen Order die Zahlung zu erfolgen hat (Art. 1, 2, 3 WG). Die an die Adresse des Sicherungsgebers gerichtete Zahlungsanweisung hat folgenden Wortlaut: „Am ... zahlen Sie für diesen Wechsel DM ... an meine Order." 435

Der Sicherungsgeber, dem der Aussteller diese Urkunde (Tratte) zuschickt, nimmt die Tratte an, indem er auf den Wechsel, üblicherweise quer am linken Rand des Papiers,

---

[1] MünchKomm/Habersack, § 10 VKG Rdn. 11.
[2] MünchKomm/Habersack, § 10 VKG, Rdn. 2.
[3] **Bruchner**/Ott/Wagner-Widuwilt, § 10 Rdn. 25; **v. Westphalen**/Emmerich/Kessler, § 10 Rdn. 20.

den von ihm zu unterschreibenden Annahmevermerk (das Akzept) setzt[1]. Da der Akzeptant mit dem Bezogenen identisch ist und diese Identität aus dem Wechsel hervorgehen muß, muß sich die Unterschrift des Akzeptanten unter dem Akzept grundsätzlich mit der namentlichen Bezeichnung des Bezogenen decken (Art. 25 WG).

In der Rückgabe des akzeptierten Wechsels an den Aussteller (Begebung des Wechsels) ist dann grundsätzlich der Vertrag zu sehen, der die Haftung des Akzeptanten führt; sie ist die äußere Verlautbarung des beiderseitigen Vertrags-(Begebungs)willens (Art. 28 WG)[2]. In der Praxis wird das vorstehend geschilderte Verfahren häufig dadurch abgekürzt, daß der Sicherungsgeber, ohne erst die Zusendung einer Tratte seitens des Sicherungsnehmers abzuwarten, diesem sein Blankoakzept, d. h. einen bis auf die Ausstellerunterschrift vollständigen Wechsel, zugehen läßt, so daß der Sicherungsnehmer nur noch die Ausstellerunterschrift zu vollziehen braucht.

Die Rückgabe des akzeptierten Wechsels an den Aussteller löst eine besondere Wechselsteuer[3] aus. Sie wird von der Wechselsumme berechnet und durch von den Postämtern zu beziehende, auf der Rückseite des Wechsels aufzuklebende und zu entwertende Wechselsteuermarken entrichtet.

IV. Gesicherte Forderung

436 Die Abgrenzung der gesicherten Forderung gegenüber anderen, nicht durch das Depotakzept gedeckten Verpflichtungen des Schuldners ist Sache der Vereinbarung (s. Rdn. 164—168), die stets außerhalb der Wechselerklärung erfolgt, weil die Aufnahme in den Wechseltext mit dem Wesen des Wechsels in Widerspruch stehen würde. Identität zwischen dem Schuldner der gesicherten Forderung und dem Akzeptanten ist nicht erforderlich (s. Rdn. 172). Da das Depotakzept zu den **Treuhandsicherheiten** (s. Rdn. 17, 19) gehört, kann es nicht nur mehrere Forderungen desselben Gläubiger gegen denselben oder verschiedene Schuldner schützen (s. Rdn. 185), sondern auch die Forderungen mehrerer Gläubiger gegen denselben oder verschiedene Schuldner (s. Rdn. 188, 190, 191). Folgerichtig kann ihm nach Erlöschen der ursprünglich gesicherten Forderung formlos eine andere als gesichert unterlegt werden (s. Rdn. 170)[4].

Stets aber wird es über eine eigene, **bestimmte Haftungssumme** ausgestellt, die mit dem Betrag der gesicherten Forderung nicht verwechselt und in der Wechselurkunde nicht an diesen gekoppelt werden darf, während außerhalb des Wechsels eine schuldrechtliche Limitierung der Wechselhaftung denkbar ist (s. Rdn. 181). Es ist den Parteien freilich unbenommen, die Wechselsumme auf den gleichen Betrag zu bestimmen, auf

---

[1] Vgl. zur Namensunterschrift BGH NJW 78, 1255; NJW 74, 1090.
[2] Zu den Wertpapiertheorien vgl. ausführlich Baumbach-Hefermehl, Art. 17 WG Rdn. 85ff.
[3] Zu den Einzelheiten der Wechselsteuer vgl. das Wechselsteuergesetz i. d. F. vom 24. Juli 1959, BGBl. I S. 537.
[4] RG 124, 65.

den sich die gesicherte Forderung beläuft. Eine solche Angleichung macht jedoch Schwierigkeiten, wenn bei Ausstellung des Wechsels der Betrag der gesicherten Forderung ziffernmäßig noch nicht festliegt oder wenn er variabel ist. Hier besteht dann die Möglichkeit, die Wechselsumme so hoch anzusetzen, wie voraussichtlich die gesicherte Forderung auflaufen wird, oder aber die Wechselsumme zunächst überhaupt nicht im Wechseltext zu vermerken. Im letzteren Falle erhält der Aussteller ein „Blankoakzept" mit der Ermächtigung, die Urkunde, sobald sich die gesicherte Forderung endgültig beziffern läßt, durch Einsetzung einer entsprechenden Wechselsumme zu vervollständigen. Füllt der Aussteller den Wechsel mißbräuchlich mit einer höheren Wechselsumme aus, so kann ihm gegenüber[1] der Akzeptant den Einwand abredewidriger Ausfüllung geltend machen, zumal er ohnehin über den Betrag der gesicherten Forderung hinaus nicht haftet.

Der Einwand, es handele sich um einen Sicherungswechsel, ist nur dann beachtlich, wenn der Akzeptant nachweist, daß der Aussteller aus dem zu sichernden Grundgeschäft weder zur Zeit einen fälligen Anspruch hat noch für ihn künftig ein solcher Anspruch entstehen wird. Ein solcher Einwand ist dem Akzeptanten durch die Weitergabe des Wechsels nicht abgeschnitten, wenn der Aussteller durch die Einlösung und Rückübertragung des Wechsels wieder in seine ursprüngliche Rechtsstellung als erster Wechselnehmer eingerückt ist[2].

Der **rechtliche Bestand** der gesicherten Forderung ist von besonderer Bedeutung für den Wechselanspruch des Sicherungsnehmers aus dem Depotakzept.

1. Ist die gesicherte Forderung überhaupt nicht zur Entstehung gelangt, so ist der Aussteller (Sicherungsnehmer) verpflichtet, auf den Wechselanspruch zu verzichten oder ihn auf den Akzeptanten zu übertragen (vgl. Rdn. 196, 202).
2. Fällt die gesicherte Forderung nachträglich weg, dann ist der Aussteller ebenfalls verpflichtet, auf den Wechselanpruch zu verzichten oder ihn auf den Akzeptanten zu übertragen (s. Rdn. 197, 204). Ein Zurückbehaltungsrecht an der Wechselurkunde wegen anderweitiger Forderungen an den Akzeptanten hat der Aussteller nicht[3].

Im Insolvenzverfahren eines mit dem Schuldner der gesicherten Forderung nicht identischen Akzeptanten kann sich der Aussteller auch mit dem die gesicherte Forderung übersteigenden Teil der Wechselsumme solange am Verfahren beteiligen, bis die gesicherte Forderung aus der Konkurs- oder Vergleichsquote gedeckt ist; insoweit hat hier der Akzeptant die gleiche Stellung wie derjenige eines sicherungshalber indossierten Wechsels (s. Rdn. 663).

Der **Übergang der gesicherten Schuld** auf einen neuen Schuldner wie auch der Übergang der gesicherten Forderung auf einen anderen Gläubiger ändert an der

---

[1] Gegenüber einem gutgläubigen Indossator des Wechsels greift der Einwand abredewidriger Ausfüllung nicht durch (Art. 10 WG).
[2] BGH WM 76, 562.
[3] BGH WM 58, 1414.

Haftung des Akzeptanten nichts, wenn es sich jeweils um eine Gesamtnachfolge handelt[1].

Die isolierte Abtretung der gesicherten Forderung — also ohne Weitergabe des Depotakzepts an den neuen Gläubiger — hebt zwar die Identität zwischen Wechselgläubiger und Forderungsinhaber auf, jedoch wirkt sie sich für den Akzeptanten nicht nachteilig aus. Denn löst der Akzeptant zu gegebener Zeit sein Akzept beim Wechselgläubiger ein, so erlischt zugleich die gesicherte Forderung; wird andererseits die gesicherte Forderung an deren Zessionar bezahlt, so kann der Akzeptant (s. Rdn. 204) die Herausgabe des Wechsels vom Wechselgläubiger verlangen, ohne nochmals zur Zahlung der Wechselsumme verpflichtet zu sein.

V. Verwertung

437   Die Verwertung des Depotakzepts setzt die Fälligkeit der gesicherten Forderung voraus (s. Rdn. 235)[2]. Hierbei ist zu berücksichtigen, daß das Depotakzept eine **eigene Fälligkeit** hat, die mit der Fälligkeit der gesicherten Forderung nicht verwechselt werden darf. Die Parteien können aber auch als Verfalltag des Wechsels das Datum einsetzen, zu dem die gesicherte Forderung zahlbar ist. Diese Angleichung des Verfalltages an das Fälligkeitsdatum der gesicherten Forderung wirft jedoch Probleme auf, wenn bei Ausstellung des Wechsels der Zeitpunkt, zu dem der Kredit zurückgezahlt werden muß, noch nicht kalendermäßig feststeht. Dann bleibt, falls der Wechsel nicht als Sicht- oder Nachsichtwechsel ausgestellt werden kann, nichts anderes übrig, als den Verfalltag so weit hinauszusetzen, daß er dem äußersten Fälligkeitstermin der gesicherten Forderung entspricht. Es besteht aber auch die Möglichkeit, den Verfalltag zunächst überhaupt nicht im Depotakzept zu vermerken. Letzterenfalls erhält der Aussteller dann die Wechselurkunde mit der Ermächtigung, sie durch Einsetzung des Verfalltages zu vervollständigen sobald das Fälligkeitsdatum der Kreditforderung endgültig feststeht. Bei Fälligkeit kann der Sicherungsnehmer nach seiner Wahl entweder aus der gesicherten Forderung oder aus dem Wechsel vorgehen[3]. Die Einziehung der Wechselforderung ist dem Aussteller auch dann möglich, wenn zwischen den Parteien ein Kontokorrentverhältnis besteht[4].

Es besteht im Einzelfall aber durchaus auch die Möglichkeit, daß der Wechsel bereits verfällt, obwohl die gesicherte Forderung noch nicht fällig ist. Dann ist durch Auslegung des Vertrages zu ermitteln, ob der Aussteller vor Fälligkeit der gesicherten Forde-

---

[1] S. Rdn. 223; wegen des Überganges der gesicherten Schuld auf einen neuen Schuldner durch vertragliche Schuldübernahme wird auf die Ausführungen zu Rdn. 224, 226, verwiesen; wegen des Übergangs der gesicherten Forderung auf einen anderen Gläubiger durch Abtretung auf die Ausführungen zu Rdn. 227, 229, 230.
[2] BGH WM 76, 380.
[3] Baumbach-Hefermehl, Art. 17 WG Rdn. 86.
[4] BGH WM 62, 346.

Verwertung

rung überhaupt nicht aus dem Depotakzept vorgehen darf, oder ob es ihm etwa gestattet ist, wenigstens die Wechselsumme von dem Akzeptanten einzuziehen, um sie bis zur Fälligkeit der gesicherten Forderung als Barsicherheit zu verwenden (s. Rdn. 235). Keinesfalls ist er vorher zu einem Verkauf des Wechsels befugt, zumal schon die Kennzeichnung des Papiers als Depotakzept die Vereinbarung in sich schließt, daß der Wechsel erst nach Eintritt der Fälligkeit der gesicherten Forderung in Verkehr gebracht werden darf. Diese durch die Kennzeichnung des Wechsels sichtbar gemachte Abrede muß auch ein bösgläubiger Erwerber des Wechsels gegen sich gelten lassen.

Auf der anderen Seite ist nicht jedes Vorgehen des Ausstellers deshalb ausgeschlossen, weil die gesicherte Forderung, nicht jedoch der Wechselanspruch selbst fällig ist. Er ist dann zwar an einer Geltendmachung des Wechselanspruches gegen den Akzeptanten, nicht aber an einem Verkauf des Wechsels gehindert. Doch wird man, falls der Akzeptant mit dem Kreditschuldner identisch ist, im allgemeinen annehmen können, daß die Kreditforderung bis zum Verfalltag des Wechsels gestundet sein soll, und zwar auch dann, wenn das Depotakzept prolongiert wird. Von dieser Unterstellung aus ist dem Aussteller auch der Verkauf des Wechsels vor dessen Verfalltag verwehrt.

Das Depotakzept gehört zu den mittelbar und unmittelbar verwertbaren Sicherheiten (vgl. Rdn. 24—26). Daher wird der Wechselanspruch aufgegeben entweder durch vertraglichen Verzicht (s. dazu Rdn. 232, 233) oder durch Rückindossierung des Wechsels an den Akzeptanten (§ 11 WG) (s. Rdn. 234). Einer Realisierung der Sicherheit kann der Akzeptant durch freiwillige Zahlung vorbeugen (s. Rdn. 241, 242), und zwar Zug um Zug durch Aushändigung der Wechselurkunde (Art. 39 WG). Ob allerdings der mit dem Aussteller identische Schuldner auf die Wechselforderung oder ob er auf die gesicherte Forderung gezahlt hat, ist jeweils von Fall zu Fall festzustellen[1].

Praktisch ist der Unterschied gering. Die **Realisierung** selbst erfolgt, die Fälligkeit des Wechsels vorausgesetzt, durch Zwangsvollstreckung in das Vermögen des Akzeptanten (s. Rdn. 246, 247), sei es in sein bewegliches Vermögen, in seine Grundstücke oder Rechte (vgl. Rdn. 250—263). Der Aussteller kann aber auch den Wechsel als solchen durch Verkauf verwerten, was freilich praktische Bedeutung nur so lange hat, als der Wechsel noch nicht fällig ist (s. Rdn. 266—268). Der Kaufpreis bestimmt sich nach der Wechselsumme, dem üblichen Zinsfuß und dem Verfalltag des Wechsels. Der Käufer „diskontiert" den Wechsel, indem er den Wechselbetrag um einen gewissen Zwischenzins (Diskont) kürzt und den so errechneten Betrag als Kaufpreis an den Aussteller zahlt[2]. Da die Diskontsätze überall in der Bundesrepublik Deutschland die gleichen sind, ist der Aussteller dem Vorwurf, den Wechsel zu einem Schleuderpreis abgegeben zu haben, nicht ausgesetzt, so daß eine öffentliche Versteigerung von Wechseln nicht üblich ist[3].

---

[1] OLG Celle NJW 62, 745.
[2] RG 93, 23.
[3] Vgl. § 1228 BGB und §§ 821 ff. ZPO.

Depotakzept

Aufgrund des Verkaufes hat der Aussteller (Diskontant) dem Käufer des Papiers (Diskonteur) die Wechselrechte zu übertragen, was regelmäßig durch Indossierung des Papiers an den Diskonteur geschieht. Dem Diskonteur gegenüber wird der Akzeptant mit dem Einwand, daß er das Akzept nur sicherungshalber gegeben habe, nicht gehört, denn er würde ja auch dem Aussteller gegenüber zur Einlösung verpflichtet gewesen sein, falls dieser den Wechsel behalten hätte[1]. Folgerichtig müßte der Käufer des Wechsels die volle Wechselsumme auch dann vom Akzeptanten einziehen dürfen, wenn sie den Betrag der gesicherten Forderung überschreitet und der Diskonteur dies beim Einkauf des Papiers gewußt hat; man müßte es dem Akzeptanten überlassen dürfen, seine Interessen dadurch zu wahren, daß er von dem Diskontanten die Herausgabe des von diesem nicht zur Tilgung der gesicherten Forderung benötigten Teiles des Diskonterlöses verlangt. Indessen sind diese Folgerungen von der Rechtsprechung bisher nicht gezogen. Vielmehr ist die Kenntnis des Fehlens der gesicherten Forderung dem Diskonteur schädlich[2]. Zu dem gleichen Ergebnis gelangt man übrigens, wenn man annimmt, daß eine Depotklausel nur die Wirkung eines offenen Pfandindossamentes hat, also den Aussteller nur befähigt, zur Vollmacht weiter zu indossieren[3].

Gleichgültig, ob das Depotakzept durch Beitreibung der Wechselsumme in der Zwangsvollstreckung oder durch Diskontierung des Wechsels verwertet wird, stets ist in Höhe des Verwertungserlöses der Gläubiger der gesicherten Forderung befriedigt (s. Rdn. 263—272). Allerdings wird man im Fall der Diskontierung des Wechsels die Befriedigung des Gläubigers erst als endgültig ansehen können, wenn der Diskonteur seinerseits die Wechselsumme vom Akzeptanten eingezogen hat. Bleibt die Zahlung des Akzeptanten aus und hat der Aussteller im Wege des Regresses dem Diskonteur für die Wechselsumme aufzukommen, so muß er in der Lage sein, die gesicherte Forderung wieder geltend zu machen. Seine Befriedigung ist also auflösend bedingt durch die Regreßnahme des Diskonteurs gegen den Aussteller.

---

[1] RG JW 35, 1779; vgl. ferner BGH 60, 253, 255; Serick II § 29 III 5.
[2] KG JW 26, 607.
[3] Vgl. Baumbach-Hefermehl, Art. 17 WG Rdn. 87.

ZWEITER ABSCHNITT

Sachsicherheiten

I. Kapitel: Bewegliche Sachen als Sicherungsmittel

A. Pfandrecht

I. Begriff

Das Pfandrecht ist die zur Sicherung einer Forderung bestimmte Belastung einer beweglichen Sache, welche den Gläubiger der gesicherten Forderung berechtigt, seine Befriedigung aus der Sache zu suchen (§ 1204 BGB). Das sog. Sachpfandrecht ist ein akzessorisches Sicherungsrecht; ein Pfandrecht ohne Forderung gibt es deshalb nicht[1]. 438

Ein selbständiges Recht auf Befriedigung aus einer beweglichen Sache, wie es die Grundschuld als Form der Bodenverschuldung darstellt, ist vom Gesetz weder vorgesehen noch zugelassen.

Ist Sicherungsmittel ein im Schiffsregister eingetragenes **Schiff** oder ein im Schiffsbauregister eingetragenes **Schiffsbauwerk** oder **Schwimmdock,** so erscheint das Pfandrecht in der Form der Schiffshypothek (§§ 8, 76, 81a Schiffsgesetz). Wie schon der Name erkennen läßt und im folgenden noch deutlicher werden wird, richtet sich die Verpfändung eines solchen Schiffes weitestgehend nach liegenschaftsrechtlichen Grundsätzen. Das gilt insbesondere von dem sog. Bestimmtheitsgrundsatz, wonach die Haftung des Schiffes sich auf eine genau bestimmte, aus der Registereintragung ersichtliche und in einen Kapital- und einen Zinsbetrag zerlegte Summe, sei es auch nur im Sinn eines Höchstbetrages, beschränkt (§§ 24, 75 SchiffsG). 439

Die **liegenschaftsrechtlichen Grundsätze** finden auch hinsichtlich der Anpassung der Fälligkeitsbedingungen der gesicherten Forderung an die Besonderheiten des Sicherungsmittels insofern Anwendung, als vereinbarungsgemäß die Forderung außer durch Kündigung auch häufig „vorzeitig" durch den Eintritt bestimmter Tatsachen, wie z. B. die Veräußerung und Beschlagnahme des Schiffes, die Abtretung oder Verpfändung der Fracht-, Miet- oder Pachtzinsansprüche aus dem Schiff, die sicherheitsgefährdende Verschlechterung des Schiffes oder die Verlegung des Heimathafens des Schiffes in das Ausland, fällig wird.

---

[1] Zum Akzessorietätsprinzip vgl. Rdn. 8.

Entsprechende Regeln gelten für das Registerpfandrecht an einem Luftfahrzeug (§§ 24, 3 LRG)[1].

II. Personen

440 Zu den zur wirksamen Übereignung erforderlichen, in der Person der Parteien zu erfüllenden Voraussetzungen wie Geschäftsfähigkeit (s. Rdn. 37—39) und Willensmängel (s. Rdn. 40—47) s. o.; die Fragen der Vertretungsmacht sind ebenfalls bereits besprochen worden (s. Rdn. 50 ff.).

III. Sicherungsmittel

1. Allgemeines

441 Das Pfandrecht ist eine Sachsicherheit (vgl. Rdn. 12, 15). Als solche muß es nicht nur vom Sicherungsgeber (Verpfänder), sondern auch von jedem Dritten respektiert werden; wer es beeinträchtigt, kann nicht nur gem. §§ 1227, 985, 1004 BGB zivilrechtlich vom Sicherungsnehmer (Pfandgläubiger) auf Beseitigung der Beeinträchtigung bzw. auf Unterlassung, ggf. auf Herausgabe der Pfandsache, sondern bei rechtswidriger Wegnahme der verpfändeten Sache (Pfand) auch strafrechtlich belangt werden, mag er dabei auch nur zugunsten des Eigentümers des Pfandobjektes gehandelt haben (§ 289 StGB). In der Praxis ist das Pfandrecht an beweglichen Sachen selten.

442 Pfandobjekt kann außer der eigenen jede bewegliche Sache sein (vgl. Rn. 80). Ist Sicherungsmittel offenes Geld (**Barkaution**), so handelt es sich in aller Regel um eine sog. unregelmäßige Verpfändung, d. h. der Sicherungsnehmer wird, ähnlich wie bei der Sicherungsübereignung, Eigentümer des Sicherungsmittels, hier des Geldes, mit der Verpflichtung zur Erstattung, vereinbarungsgemäß auch zur Verzinsung mit der Befugnis, sich bei „Pfandreife" durch Aufrechnung zu befriedigen[2]. Es ist zu beachten, daß es sich bei einer unregelmäßigen Verpfändung häufig nicht um eine Verpfändung, sondern lediglich um eine Darlehensgewährung handelt[3].

443 Die **Sperrung eines Sparguthabens** führt nicht dazu, daß das Geld bzw. die Forderung aus dem Vermögen des Sicherungsgebers ausscheidet. Dritte können somit die

---

[1] I. es. finden die Ausführungen zu Rdn. 725 sinngemäß Anwendung.
[2] RG JW 31, 1247.
[3] OLG Hamm BB 63, 1117; wegen des echten Pfandrechtes an Geld siehe Rdn. 482; für Barguthaben auf Kautionskonten gilt das zu Rdn. 35 gesagte. Die Mietkaution ist „zu dem für Spareinlagen mit dreimonatiger Kündigungsfrist üblichen Zinssatz anzulegen" (§ 550b Abs. 2 BGB), sofern die Sicherheitenvereinbarung nach dem 1.7.93 getroffen worden ist. Für die davor abgeschlossenen Vereinbarungen gelten die bis dahin bestehenden Regelungen. Eine Ausnahme bildet § 550b Abs. 4 BGB.

Forderung bei der Bank für ihre eigenen Forderungen gegen den Kontoinhaber pfänden[1].

Das Pfandrecht erstreckt sich Kraft Gesetzes auf die getrennten Erzeugnisse der Pfandsache (§ 1212 BGB). Dagegen wird das Zubehör erst und nur dann von der Verpfändung erfaßt, wenn es besonders mitverpfändet wird. Die Bestimmung des § 314 BGB, wonach im Zweifel das Zubehör miterfaßt wird, bezieht sich nur auf den Verpflichtungsvertrag und nicht auf den dinglichen Rechtsakt.

Im Gegensatz hierzu unterfällt bei der Verpfändung eines im **Schiffsregister bzw. Schiffsbauregister** eingetragenen Schiffes oder Schiffsbauwerkes der Hypothek neben den Bestandteilen des Schiffes auch das dem Schiffseigentümer gehörige Zubehör des Schiffes. Zu diesem Haftverband gehören auch die Schiffsboote von Seeschiffen und die dem Eigentümer eines Schiffsbauwerkes gehörenden, auf der Bauwerft befindlichen und zum Einbau bestimmten Bauteile. Diese Haftung erlischt jedoch dann, wenn die Sachen vom Eigentümer weggeschafft werden, bevor der Gläubiger beschlagnahmt hat (§§ 31 SchiffsG, 478 HGB)[2]. **444**

Darüber hinaus umfaßt die Schiffshypothek auch die Versicherungsforderung aus einer vom Schiffseigentümer oder für seine Rechnung genommenen Versicherung des Schiffes, wobei die Ausführungen zu Rdn. 664 unter Anpassung an die besonderen Verhältnisse der Schiffskaskoversicherung[3] zur Anwendung kommen (§§ 32—38 SchiffsG).

In gleicher Weise erstreckt sich das **Registerpfandrecht an einem Luftfahrzeug** ohne weiteres auf das dem Eigentümer gehörige Zubehör des Luftfahrzeuges und auf die Versicherungsforderung aus einer vom Eigentümer oder für seine Rechnung genommenen Versicherung des Luftfahrzeuges (§§ 31—38 LRG)[4]. Durch besonderes Abkommen kann das Registerpfandrecht sogar erweitert werden auf die dem Eigentümer gehörigen Ersatzteile des Luftfahrzeuges, die in einem örtlich bezeichneten, bestimmten in- oder ausländischen Ersatzteillager jeweils lagern und dort zum Einbau als Ersatz entfernter Teile bereitgehalten werden, wie Triebwerke, Luftschrauben, Funkgeräte, Bordinstrumente und so weiter (§§ 68 f. LRG). **445**

Das **Inventarpfandrecht** (Rdn. 287) ergreift das gesamte gegenwärtige und künftige, dem Pächter gehörende Inventar, d. h. die Gesamtheit der zur landwirtschaftlichen Betriebsführung auf einem bestimmten Grundstück dienenden beweglichen Sachen[5], soweit nicht einzelne Inventarstücke besonders und ausdrücklich ausgenommen oder **446**

---

[1] OLG Koblenz BB 74, 199.
[2] Zur gleichen Rechtslage bei den Grundpfandrechten vgl. Rdn. 745 ff.
[3] Diese ist Transportversicherung und gesetzlich geregelt für Seeschiffe in den §§ 778 ff. HGB und für Binnenschiffe in den §§ 129 VVG. Ergänzend kommen für Seeschiffe die Allgemeinen Deutschen Seeversicherungsbedingungen zur Anwendung. Vgl. auch Ritter, Das Recht der Seeversicherung Bd. I, 1922, Vorbem. III Anm. 20.
[4] BGBl 59 II 129, 68 II 7; s. auch Abraham, Das Recht der Luftfahrt, 1960.
[5] RG 142, 202; BGH 41, 6; BGH WM 69, 27; NJW 70, 2212.

von dem Pächter vor der Beschlagnahme innerhalb der Grenzen einer ordnungsgemäßen Wirtschaft veräußert und von dem Grundstück entfernt worden sind (§§ 3, 5 Pachtkreditgesetz). Es ist unerheblich, ob das Darlehen für landwirtschaftliche Zwecke aufgenommen worden ist[1].

447   Das Pfandrecht an einer beweglichen Sache kann auch auf dessen **Nutzungen** erstreckt werden. Dieses sog. **Nutzungspfand** erstreckt sich dann auch auf Früchte und die sonstigen Vorteile, die der Gebrauch des Pfandgegenstandes gewährt. Bei einer derartigen umfassenden Verpfändung kann dennoch eine Vermögensübernahme gem. § 419 BGB nicht angenommen werden[2].

448   Die **Verpfändung mehrerer Sachen** für ein und dieselbe Forderung, auch wenn sie zu verschiedenen Zeiten, durch verschiedene Verpfänder und ohne deren Kenntnis von den anderen Verpfändungen erfolgt, führt zum sog. **Gesamtpfandrecht,** bei der Verpfändung von Schiffen oder Schiffsbauwerken der oben erwähnten Art zur Gesamtschiffshypothek, bei der Verpfändung von Luftfahrzeugen zum Gesamtregisterpfandrecht. Jede Sache haftet dann für die ganze Forderung, und es steht — was die AGB ausdrücklich betonen — im Belieben des Gläubigers, die Sache zu bestimmen, aus welcher er seine Befriedigung suchen will (§§ 1222, 1230 BGB, 28, 47 Abs. 2 LRG). Ein Ausgleich unter den mehreren Eigentümern findet grundsätzlich nicht statt.

2. Gutgläubiger Erwerb

449   Bei **Sachen, welche dem Verpfänder nicht gehören** (s. Rdn. 497 f.) entsteht das Pfandrecht nur dann, wenn entweder der wirkliche Eigentümer des Pfandobjektes der Verpfändung zustimmt (s. Rdn. 132) oder wenn der Pfandgläubiger in Ansehung des fremden Eigentumes gutgläubig ist (§ 1207 BGB) (s. Rdn. 497, 500, 502), ohne daß freilich der gute Glaube des Pfandgläubigers den Verpfänder vor der Bestrafung wegen Betruges beschützt[3].

450   Handelt es sich um die **Verpfändung von registrierten Schiffen oder Schiffsbauwerken,** so ist entgegen der für das Mobiliarpfandrecht geltenden Regel der gute Glaube des Sicherungsnehmers nicht schon dadurch zerstört, daß seine Unkenntnis auf grober Fahrlässigkeit beruht, sondern erst und nur dann, wenn ihm im Zeitpunkt der Stellung des Eintragungsantrages der Mangel des Eigentums des Verpfänders positiv bekannt ist oder sich aus dem Inhalt des Schiffsregisters ergibt[4].

451   Die entsprechende Regelung findet sich bei der Verpfändung von **Luftfahrzeugen** (§ 16 LRG). Dagegen gelten für die Verpfändung des **Inventars**[5] eines landwirtschaft-

---

[1] BGH WM 70, 125.
[2] BGH WM 70, 817.
[3] BGHSt 3, 370.
[4] Die Ausführungen zu Rdn. 761 gelten entsprechend; vgl. auch § 16 SchiffsG.
[5] Zum PachtkreditG s. Sichtermann, PachtKrG, 1954; Jacobi, ZKW, 1967, 488; Sparberg, Der zivilrechtliche Schutz der Pachtkreditinstitute bei Beeinträchtigung des Inventarpfandrechts, 1974.

lichen Pächters zugunsten eines „zugelassenen" Kreditinstitutes die allgemeinen Grundsätze, wonach schon grobe Fahrlässigkeit schädlich ist, wenn sie dem Pfandgläubiger bereits vor dem Zeitpunkt der Niederlegung des Pfandvertrages zur Last fällt (§ 4 Pachtkreditgesetz). Dritte genießen, solange der Vertrag niedergelegt ist, überhaupt keinen Schutz ihres guten Glaubens (§ 5 Pachtkreditgesetz). An nachträglich hinzugekommenen, nicht dem Pächter gehörenden Inventarstücken, verschafft dem Kreditinstitut auch der beste Glaube kein Pfandrecht[1].

3. Relatives oder absolutes Verfügungsverbot

Bei Sachen, welche durch ein **relatives oder absolutes Verfügungsverbot** der Verfügung des Pächters entzogen sind (s. Rdn. 130 ff.), ist auf die Ausführungen zu Rdn. 139 ff. zu verweisen. Hierher gehören 452

a) der Ehegatte (s. Rdn. 140)
b) der im Konkurs befindliche Gemeinschuldner (s. Rdn. 142)
c) der einer Nachlaßverwaltung unterliegende Erbe (s. Rdn. 143)
d) der einer Testamentsvollstreckung unterliegende Erbe (s. Rdn. 144)
e) der Vorerbe (s. Rdn. 145)

4. Verlust der Verkaufswertes oder der ursprünglichen Substanz

Bei Sachen, deren Tauglichkeit zu Sicherungszwecken aufgehoben oder gemindert 453 ist, weil sie **keinen Verkaufswert** haben oder weil sie ihre usprüngliche Substanz verlieren, wenn sie ihrer natürlichen Zweckbestimmung entsprechend verwendet werden, ist folgendes zu beachten:

Eine Verpfändung der zuletzt erwähnten Sachen ist schon insofern problematisch, weil der Verpfänder, will er sie bestimmungsmäßig verwenden, sie zunächst wieder in Besitz nehmen muß. Damit erlischt aber das Pfandrecht (§ 1253 BGB). Hiervon abgesehen, setzt sich im Fall der Verbindung oder Vermischung das Pfandrecht an dem etwaigen Miteigentumsanteil des Verpfänders fort (§ 949 BGB)[2], während es im Fall der Verarbeitung erlischt (§ 950 Abs. 2 BGB). Allerdings steht demjenigen, der durch die Verarbeitung eines Rechtsverlusts erleidet, eine Entschädigung zu (§ 951 BGB); es handelt sich dabei um einen schuldrechtlichen Ausgleich, der eine Eingriffskondiktion ausgleicht[3]. Im Konkurs gibt § 951 BGB nur eine einfache Konkursforderung[4], so daß der Ausgleichsanspruch wirtschaftlich gesehen im Ernstfall (der Insolvenz) nahezu wertlos ist (abhängig von der Quote für einfache Konkursforderungen). Außerdem gilt § 951 BGB dann nicht, wenn die Vermögensverschiebung im Rahmen eines bestehen-

---

[1] BGH 35, 53; wegen der Rechtslage in dem Fall, daß das Sicherungsmittel zugunsten eines Dritten vorbelastet ist, s. Rdn. 286.
[2] RG 67, 421.
[3] OLG Hamm NJW-RR 92, 1105.
[4] Kuhn/Uhlenbruck, § 43 Rdn. 30b.

den oder nur vermeintlichen Leistungsverpflichtung erfolgt (z. B. aus Werkvertrag). Im Falle der Verbindung von beweglichen mit einem Grundstück oder einer anderen beweglichen Sache (§§ 946, 947 BGB) steht demjenigen, der einen Rechtsverlust erlitten hat, ein Wegnahmerecht zu (§ 951 Abs. 2 S. 2 BGB)[1].

Meistens sind die jeweils vom Verpfänder zu entnehmenden Pfandstücke obendrein nur Teile eines größeren Bestandes gleichartiger Sachen, zum Beispiel eines Warenlagers; erhält vertraglich der Verpfänder die Möglichkeit, aus diesem Bestand die ihm genehmen Stücke auszuwählen, so bedeutet es eine — wenn auch nur vorübergehende — Rückgabe des Gesamtbestandes an den Verpfänder, mithin sogar den Untergang des Pfandrechts am Gesamtbestand.

Nun könnte freilich der Pfandgläubiger diesen Gefahren vorbeugen, indem er entweder selbst oder durch dritte Personen die Sachen bestimmungsgemäß verwendet, oder auch dafür sorgt, daß im Falle der Verpfändung eines größeren Bestandes der Verpfänder nicht selbst Zutritt zu dem Bestand hat, sondern sich jeweils die einzelnen Stücke aushändigen lassen muß. Indessen sind derartige Maßnahmen unpraktisch. Es kann zum Beispiel ein Pfandgläubiger nicht selbst den ihm verpfändeten Mehlbestand einer Bäckerei verbacken; er kann auch nicht immer zur Verfügung stehen, um dem Verpfänder die gerade benötigten Mehlmengen auszuhändigen. Daher zieht man die Sicherungsübereignung, welche alle jene Schwierigkeiten nicht kennt, einer Verpfändung vor.

IV. Sicherstellungsvertrag

1. Allgemeines

454   Das Pfandrecht wird durch einen die gesicherte Forderung festlegenden Vertrag zwischen dem Pfandgläubiger und dem Verpfänder begründet (s. Rdn. 106, 120). Bestimmter Worte brauchen sich die Parteien dabei nicht zu bedienen. Insbesondere kann statt des Ausdrucks „Verpfändung" auch eine gleichbedeutende Wendung, die den Vertragswillen erkennen läßt, gebraucht werden. Die Formulierung „Übergabe zu getreuen Händen" genügt im allgemeinen für eine Verpfändung nicht. Notwendig ist es, sich so klar auszudrücken, daß man unterscheiden kann, ob im Einzelfall eine bloße Verpfändung oder ob eine Sicherungsübereignung beabsichtigt war.

Im Geschäftsverkehr zwischen der Bank und ihrem Kunden ist diese „Einigung" über die Verpfändung bereits in den AGB (Nr. 14 Abs. 1 AGB der Banken) vorgenommen worden, was insbesondere bei der Hereingabe von Traditionspapieren praktisch wird. Im einzelnen siehe zur AGB-Pfandklausel Rdn. 589, 597, 618.

455   Im übrigen bedarf die Einigung keiner besonderen Form; sie kann auch mündlich, sogar stillschweigend, zustande kommen. Aus Beweisgründen ist es jedoch zweck-

---

[1] Baur/Stürner § 53c IV 3 Fn 1; Palandt/Bassenge, § 951 Rdn. 22.

mäßig, sich wenigstens der Schriftform zu bedienen. Dieses ist ausnahmsweise Kraft zwingender Gesetzesvorschriften stets erforderlich, wenn es sich um die Bestellung eines Pfandrechts an dem **Inventar eines landwirtschaftlichen Pächters** handelt (s. Rdn. 446).

Bei der Verpfändung eines **Schiffes oder Schiffsbauwerkes** ist erforderlich, daß die Erklärung des Eigentümers notariell beglaubigt wird, damit die **Schiffshypothek** in das Schiffsregister eingetragen wird. Außerdem muß das Einverständnis des Gläubigers unter allen Umständen gegeben sein, wenn die Schiffshypothek wirksam begründet werden soll. Entsprechendes gilt für die Bestellung des Registerpfandrechtes an einem Luftfahrzeug. 456

Bei der Schiffshypothek ist bis zur Aushändigung einer formgerechten Eintragungsbewilligung an die Gläubiger seitens des Verpfänders die Einigung der Parteien einseitig widerruflich (§§ 8, 3, Abs. 2 SchiffsG, § 5 Abs. 2 LRG).

Da das Pfandrecht eine Sachsicherheit ist, bedarf — außer bei der Verbodmung (s. Rdn. 466) — die Einigung der Parteien über die Verpfändung der Ergänzung duch einen Rechtsakt, welcher die Pfandbestellung offenkundig macht[1]. Im einzelnen gilt hierzu folgendes:

Im Regelfall vollendet sich der Erwerb des Pfandrechts dadurch, daß der Gläubiger Besitzer der Sache wird (§ 1205 BGB). Dabei ist gleichgültig, ob er den **unmittelbaren** oder ob er nun den **mittelbaren Besitz** erlangt, wenn nur der unmittelbare Besitz der Pfandsache nicht beim Verpfänder bleibt und dessen ausschließliche Verfügungsmacht über sie beseitigt wird[2]. Ist der Gläubiger bereits (unmittelbarer oder mittelbarer) Besitzer der zu verpfändeten Sache, so genügt zur Begründung des Pfandrechtes die bloße Einigung der Parteien (§ 1205 Abs. 1 S. 2 BGB) (s. Rdn. 407, 500, 502, 525).

Der Grundsatz, daß sich der Verpfänder unter allen Umständen des **unmittelbaren Besitzes** entäußern muß, ist vom Gesetz so streng durchgeführt, daß sogar der bloße äußere Vorgang der — auch nur vorübergehenden[3] — willentlichen Rückgabe der Pfandsache (oder des Traditionspapiers) an den Verpfänder oder Eigentümer oder einen von diesem benannten Dritten, ohne daß es einer zusätzlichen Erklärung des Gläubigers bedarf, zum Erlöschen des Pfandrechtes führt. Der Vorbehalt der Fortdauer des Pfandrechtes ist unwirksam (§ 1253 BGB). **Der Grund des Erlöschens ist nicht der Verzicht auf das Pfandrecht, sondern der Verzicht auf den Besitz**[4].

Es kann aber nach Lage der Sache in der alsbaldigen Rückgabe des Pfandobjektes an den Pfandgläubiger eine Neubestellung des Pfandrechtes gesehen werden[5]. Bei erneu-

---

[1] Zum Offenkundigkeitsprinzip vgl. Rdn. 493.
[2] RG 53, 218.
[3] RG JW 14, 681; s. aber RG 40, 216.
[4] RG 57, 325; RGSt 48, 244.
[5] Vgl. OLG Celle NJW 53, 1470.

ter Besitzerlangung infolge Verpfändung für andere Forderungen besteht keine Haftung für fortbestehende Forderungen[1].

457 Da nach diesen Grundsätzen der Gläubiger die Pfandsache in seine Hände bekommt, spricht man von einem „**Faustpfand**". Dieser Methode bedient sich vor allem das gesetzlich besonders geregelte Pfandleihgewerbe beim Pfandleih-(Versatz)-Geschäft.

Da der Verpfänder keinesfalls unmittelbar Besitzer der Pfandsache bleiben darf, ist die Begründung des mittelbaren Besitzes des Pfandgläubigers durch Vereinbarung eines Besitzmittlungsverhältnisses nicht geeignet, ein wirksames Pfandrecht entstehen zu lassen.

Daher kann A dem B seine Uhr nicht in der Weise verpfänden, daß er mit ihm vereinbart hat, er werde die Uhr nunmehr für ihn (B) als Pfandgläubiger verwahren.

Im Ausnahmefall kann eine solche (ungültige) Verpfändung entweder in die Einräumung eines Zurückbehaltungsrechts[2] oder in seltenen Fällen sogar in eine Sicherungsübereignung umgedeutet werden[3] ..., wenn die Eigentumsübertragung und das Besitzmittlungsverhältnis (§ 868 BGB; vgl. Rdn. 498) ernsthaft gewollt sind[4].

Eine Verpfändung durch Einräumung des **mittelbaren Besitzes** ist nur möglich, wenn der Verpfänder selbst nur mittelbarer Besitzer ist. Der Pfandgläubiger, dem der mittelbare Besitz der Pfandsache übertragen wird, erwirbt dann das Pfandrecht aber nur unter der weiteren Voraussetzung, daß die Verpfändung von dem Verpfänder oder dem von diesem ermächtigten Pfandgläubiger dem unmittelbaren Besitzer angezeigt wird (§ 1205 Abs. 2 BGB).

Will also A seine beim Uhrmacher zur Reparatur befindliche Uhr dem B verpfänden, so bedarf es dazu außer der Einigung und der Abtretung des Herausgabeanspruches noch der Benachrichtigung des Uhrmachers von der Pfandbestellung.

In den Fällen, in denen der Einigung die Abtretung des Herausgabeanspruches vorangegangen und somit der Pfandgläubiger bereits mittelbarer Besitzer ist (vgl. Rdn. 525), wird sich manchmal nur schwer feststellen lassen, ob die Abtretung Übergabeersatz sein soll und daher anzeigebedürftig ist, oder ob sie, sei es auch als stille Zession, aus anderen Gründen vorher erfolgt war und daher die bloße Einigung der Parteien zur Verpfändung genügt, mit anderen Worten, ob die Vorschrift des § 1205 Abs. 2 BGB oder ob der § 1205 Abs. 1 S. 2 BGB zum Zuge kommt.

458 Sollen Sachen, über die **Traditionspapiere** (z. B. Konossement, Lagerschein) ausgestellt worden sein, verpfändet werden, reicht es aus, wenn die Übergabe der Sache selbst durch Übergabe des Papiers gem. § 1205 Abs. 1 BGB oder Einräumung des qualifizier-

---

[1] BGH WM 83, 843 ff.
[2] RG 66, 24; OGHBZ 4, 138.
[3] BGH WM 56, 258; 59, 1313.
[4] Palandt/Bassenge, § 1205 Rdn. 1.

ten Mitbesitzes am Papier gem. 1206 1. Alternative BGB vorgenommen wird. Von dieser Verpfändung muß die Verpfändung der in dem Traditionspapier verkörperten Forderung unterschieden werden (s. Rdn. 507ff.). **Im Zweifel ist von einer Verpfändung der Ware auszugehen.** Urkunden, denen lediglich Beweisfunktion zukommt, wie etwa Namenslagerscheine, Inhaberlagerscheine, Quittungen, Frachtbriefe und Frachtbriefdoppel, Lieferscheine der Einlagerer, Holzabgabescheine, Kraftfahrzeugbriefe, berühren dagegen die Übergabemodalität nicht. Ihnen kommt nur insofern Bedeutung zu, als ohne Vorlage bzw. Übergabe der Papiere ein Gutglaubenserwerb in der Regel ausgeschlossen ist.

Beim **Warenlombardgeschäft,** also bei der Verpfändung marktgängiger, in Lagerhäusern eingelagerter Ware (Getreide, Zucker, Kaffee, Tabak, Baumwolle) für einen einmaligen, nicht variablen, kurzfristigen Kredit, vollzieht sich die Übergabe in der Regel dadurch, daß der Lagerhalter die Ware fortan für den Pfandgläubiger eingelagert hält. Wird ein Warenlager mit wechselndem Bestand verpfändet, so ist die Verpfändung auch auf die künftigen Zulagerungen zu erstrecken; sie treten in die Pfandhaft ein, sobald der Pfandgläubiger in der geschilderten Weise Besitz von ihnen ergriffen hat. 459

In allen Fällen der Verpfändung genügt es, wenn der Verpfänder dem Pfandgläubiger auch nur den (unmittelbaren oder mittelbaren) Mitbesitz an der Pfandsache einräumt (§ 1206 BGB), sofern dieser ein **„qualifizierter"** ist (s. Rdn. 496, 503). Die Einräumung des mittelbaren **Mitbesitzes** ist in ihrer Wirksamkeit nicht davon abhängig, daß der **„Pfandhalter"** sich bewußt ist, die Sache als Gegenstand eines Pfandrechtes zu verwahren; wesentlich ist allein, daß er kraft der Weisung der Verpfänders[1] als Treuhänder gebunden ist, sie nur an den Pfandgläubiger und Verpfänder gemeinschaftlich herauszugeben[2]. Der Pfandhalter darf aber nicht nur Besitzdiener sein[3].

Praktisch bedeutsam ist die Pfandbesellung durch Einräumung des Mitbesitzes bei der Verpfändung von Warenlagern, Weinkellern usw. An dem Inhalt eines **Schrankfaches** hat das Kreditinstitut weder Besitz noch Mitbesitz und daher auch nicht das in der Pfandklausel der AGB und AGSP ausbedungene Pfandrecht. Der Mitverschluß der Bank dient nur Kontrollzwecken und verschafft ihr keine Sachherrschaft über den Inhalt[4]. Erst wenn der Schrankfachinhalt zum Gegenstand eines besonderen Verpfändungsvertrages gemacht wird, erlangt der Mitverschluß der Bank zugleich eine den Mitbesitz vermittelnde Funktion. Bei Einräumung des Mitbesitzers greifen, soweit es sich bei dem Schrankfachinhalt um Wertpapiere handelt, die Verpflichtungen aus § 17 DepotG nicht ein[5]. 460

---

[1] RG 85, 431.
[2] RG JW 38, 367; RG 87, 41.
[3] RG 66, 261.
[4] RG 141, 99; LG Celle JW 27, 73.
[5] Opitz, DepotG, § 17, Anm. IV.

Befinden sich die Sachen in einem verschlossenen Raum, so erreicht die Übergabe des Schlüssels, wenn die Tür ohne den Schlüssel nicht bereits frei zu öffnen ist oder wenn der Verpfänder keine Schlüssel zurückbehält[1].

461 Bei verschlossenen Einlagen (**Verwahrstücke**) bedarf es einer besonderen Verpfändung des Inhalts der Einlage, wenn die Bank Pfandbesitz an ihm erlangen soll; erst dann ist zum Beispiel Papiergeld, welches der Bank im verschlossenen Briefumschlag zur Verwahrung anvertraut wurde, der Sachherrschaft des Hinterlegers in gleicher Weise entzogen, wie wenn der Bank das Geld offen zum Pfandbesitz übergeben und von ihr nachträglich in den Umschlag verschlossen worden wäre.

Die Verpfändung von Schrankfachinhalten und Verwahrstücken zugunsten eines dritten Gläubigers muß schon daran scheitern, daß nach den banküblichen Bedingungen für Schrankfach- und Verwahrverträge die Rechte aus diesen Verträgen nicht abtretbar sind.

462 Die bisherigen Ausführungen gelten auch für die Verpfändung eines schon bestehenden **Bruchteiles** (Miteigentumsanteiles); der Pfandgläubiger kann hier nach der Vorschrift des § 1258 BGB die Aufhebung der Bruchteilsgemeinschaft betreiben mit der Folge, daß er in Ansehung der Gegenstände, die bei der Auseinandersetzung dem Verpfänder zugeteilt werden, kraft Gesetzes ein Ersatzpfandrecht erlangt[2]. Der Alleineigentümer kann auch einen Bruchteil verpfänden[3]. In diesem Fall braucht der dem Pfandgläubiger einzuräumende Mitbesitz kein „qualifizierter" zu sein (s. Rdn. 496, 503).

2. Schiffe, Schiffsbauwerk

463 Ist das Pfandobjekt ein im **Schiffsregister** bzw. **Schiffsbauregister** eingetragenes fertiges oder auf einer Schiffswerft in Bau befindliches Schiff, oder ein Schwimmdock, so vollendet sich der Erwerb des Pfandrechtes, der Schiffshypothek, dadurch, daß die Schiffshypothek in das Register eingetragen wird (§§ 1, 8, 76, 81a SchiffsG)[4]. Eine **gesetzliche Definition des Schiffsbegriffs,** der für die Registrierung und damit auch für die Schiffshypothek vorausgesetzt wird, gibt es nicht. Die Literatur und die Rechtsprechung definieren das Schiff jedoch als einen schwimmfähigen Hohlkörper von nicht ganz unbedeutender Größe, der fähig und bestimmt ist, ausschließlich auf dem Wasser oder unter dem Wasser fortbewegt zu werden und dabei Personen oder Sachen zu tragen[5]. Nach der Verkehrsanschauung zählen nicht dazu kleinere Ruder- und Segelboote, Flöße, schwimmendes Hotel, Wohnboot, wohl dagegen ein schwimmen-

---

[1] Palandt-Bassenge, § 1205 Rdn. 5; die Einbringung in einen Raum, dessen Schlüssel vom Pfandgläubiger dem Eigentümer überlassen wird, ist nicht ausreichend, vgl. RG 67, 424.
[2] BGH 52, 99; a. H. RG 84, 395.
[3] A. A. Westermann, SachR, § 126 I 2.
[4] BGBl I 1959, 57.
[5] Abraham, Die Schiffshypothek im deutschen und ausländischen Recht, 118 f.; BGH NJW 52, 1135.

der Bagger[1]. Die Abgrenzung zwischen einem Schiff und einem Schiffsbauwerk (§ 76 SchiffsG) ist im übrigen schwierig. Man wird jedoch von einem Schiff erst nach endgültiger Fertigstellung sprechen können. Bis zu diesem Zeitpunkt ist das in Bau befindliche Schiff jedoch selbständig als Schiffsbauwerk belastbar. Zur Eintragungsvoraussetzung siehe § 66 SchiffsRegO.

Nicht registrierte Schiffe werden wie jede andere bewegliche Sache nach den allgemeinen Grundsätzen verpfändet, die Schiffspart nach §§ 1273 BGB, 503 Abs. 1 HGB. Davon zu unterscheiden sind die Schiffsgläubigerrechte als gesetzliche Pfandrechte an Schiffen (§ 754 HGB für Seerecht, § 102 BinnSchG für Binnenschiffahrtsrecht). Die Schiffsgläubigerrechte im Seerecht haben stets, die im Binnenschiffahrtsrecht nur teilweise Vorrang vor anderen Pfandrechten (§§ 761 HGB, 109 BinnSchG).

Das Register, in denen die Schiffshypothek eingetragen wird, wird als Seeschiffs-, Binnenschiffs- und Schiffsbauregister von dem Amtsgericht des Heimathafens bzw. des Bauortes des Schiffes geführt (§§ 1, 4, 65, 67 Schiffsregisterordnung). Die Register genießen öffentlichen Glauben. Jedes Schiff und Schiffsbauwerk erhält bei der Eintragung ein eigenes Registerblatt (§ 7 Schiffsregisterordnung). Durch Eintragung in das Registerblatt werden ersichtlich gemacht: **464**

a) gewisse tatsächliche Verhältnisse, z. B. Name, Heimathafen, Bauart, Nr. des Schiffes usw.,

b) die Eingetumsverhältnisse am Schiff und dessen dingliche Rechtslage, also die Schiffshypotheken, die Rechte an solchen und ein Nießbrauch am Schiff,

c) Vormerkungen und Widersprüche (§§ 10—14, 18—22 SchiffsG), (s. Rdn. 303, 304),

d) Verfügungsbeschränkungen in Ansehung eines eingetragenen Rechts (vgl. Rdn. 132),

e) Eintragungen im Register — als solche gilt nach dem Gesagten auch die der Aufhebung („Löschung") eines eingetragenen Rechts, erfordern den Antrag eines Beteiligten und die Zustimmung (Eintragungsbewilligung) desjenigen, dessen Recht von der Eintragung betroffen, insbesondere übertragen oder belastet wird, bzw. desjenigen, welcher über das betroffene Recht zu verfügen befugt ist (§§ 23, 29 Schiffsregisterordnung).

Die **Eintragungsbewilligung** bedarf der notarielle Beurkundung oder notariellen Beglaubigung; in „registermäßiger Form" müssen auch die Voraussetzungen nachgewiesen werden, von denen die Legitimation zur Abgabe der Bewilligungserklärung abhängt (§§ 37—44 Schiffsregisterordnung). Jede Eintragung ist auf dem zu diesem Zweck vorzulegenden Schiffszertifikat oder Schiffsbrief zu vermerken. Diese den vollständigen Inhalt der Eintragungen wiedergebende Urkunde, welche die Bezeichnung „Schiffszertifikat" bei Seeschiffen, die Bezeichnung „Schiffsbrief" bei Binnenschiffen **465**

---

[1] RG 51, 334.

führt, hat jedoch nicht den rechtlichen Charakter eines Hypothekenbriefes; insbesondere hängt der Erwerb der Schiffshypothek nicht von ihrem Besitz ab (§§ 60, 61 Schiffsregisterordnung).

Die Schiffshypothek hat die **Rechtsnatur einer Sicherungshypothek** (s. Rdn. 762), insofern sich auch bei ihr das Recht des Gläubigers nur nach der Forderung bestimmt (§ 8 SchiffsRG). Ebenso wie die liegenschaftsrechtliche Sicherungshypothek ist die Schiffshypothek stets eine Buchhypothek (§ 8 Abs. 1, 3 SchiffsG).

466 Eine besondere und seltene Art der Verpfändung von Schiff, Fracht und Ladung für ein während einer Seereise vom Schiffer aufgenommenes Darlehen ist die **Bodmerei**. Bei ihr kann sich der Bodmereigläubiger nur aus den verbodmeten Gegenständen befriedigen (§§ 679 ff. HGB).

Möglich und in der Praxis nicht selten ist auch die Eintragung von Schiffshypotheken **in ausländischer Währung** für Forderungen in ausländischer Währung. Dasselbe gilt für Eintragungen einer Schiffshypothek in das Schiffsbauregister[1]. Zu beachten ist, daß gemäß § 3 S. 1 des Währungsgesetzes für die Eintragung der Schiffshypotheken die Genehmigung der für die Erteilung von Devisengenehmigungen zuständigen Stelle erforderlich ist. Da es sich bei der Hypothekenbestellung um eine Maßnahme des Kapitalverkehrs handelt, muß der Antrag bei der Landeszentralbank am Registerort des zu belastenden Schiffes-, Schiffsbauwerkes eingereicht werden.

Nach § 49 AWG[2] gilt § 3 Währungsgesetz nicht für Rechtsgeschäfte zwischen Gebietsansässigen und Gebietsfremden. Für die Eintragung von Hypotheken in ausländischer Währung ist demnach unter der Voraussetzung des § 49 AWG eine Genehmigung zur Eintragung von Schiffshypotheken in ausländischer Währung nicht erforderlich[3]. In Zweifelsfällen ist jedoch die Einholung einer Unbedenklichkeitsbescheinigung zu empfehlen.

3. Luftfahrzeuge

467 Ist das Pfandobjekt ein in der Luftfahrzeugrolle des Luftfahrtbundesamtes eingetragenes **Luftfahrzeug,** so vollendet sich der Erwerb des Pfandrechts dadurch, daß es in das vom Amtsgericht Braunschweig geführte, öffentlichen Glauben genießende Register für Pfandrechte an Luftfahrzeugen eingetragen wird (§§ 1, 5, 6, 9 LRG)[4]. Bei Erweiterung des Registerpfandrechtes auf Ersatzteile von Luftfahrzeugen (§ 68 Abs. 2 LRG) ist auch diese einzutragen.

---

[1] Art. III des Gesetzes zur Änderung und Ergänzung des Schiffsbankgesetzes vom 8. 5. 1963 — BGBl I, 293.
[2] BGBl I 1964, 484.
[3] Prause-Weichert, Schiffssachenrecht und Schiffsregisterrecht, 1974, 106.
[4] Entsprechend bedarf nach dem Kabelpfandgesetz vom 31. 3. 1925 (RGBl S. 37) die Verpfändung eines für den Verkehr mit dem Ausland bestimmten Hochseekabels der Eintragung in das „Kabelbuch"; LuftfzG, BGBl 59 II 129, 68 II 7.

Dieses Registerpfandrecht ist der Schiffshypothek nachgebildet und hat wie sie die Rechtsnatur einer **Sicherungshypothek**[1]. Es ist deshalb auch die Bezeichnung „**Flugzeughypothek**" gebräuchlich. Das Eintragungsverfahren entspricht dem der Schiffshypothek (§§ 78 ff. LRG). Solange die gesicherte Forderung nicht besteht, entsteht keine dingliche Belastung.

Eine Verpfändung des registrierten Flugzeuges nach den entwickelten Regeln ist ausgeschlossen (§ 9 LRG). Für nicht eingetragene Luftfahrzeuge gelten §§ 1204 ff. BGB. Anderseits können die Ersatzteile des Flugzeuges nicht Gegenstand eines besonderen Registrierpfandrechtes sein, sondern für sich allein nur nach allgemeinen Normen verpfändet werden. Gleiches gilt für nicht registrierte Luftfahrzeuge, z. B. Segelflugzeuge, deren Verpfändung ebenfalls der Einigung und Besitzübertragung bedarf.

4. Inventarpfandrecht

Ist Pfandobjekt das gesamte **Inventar eines landwirtschaftlichen Pächters** in seinem wechselnden Bestand, so vollendet sich der Erwerb des Pfandrechtes (Inventarpfandrecht) dadurch, daß der (schriftliche) Verpfändungsvertrag zwischen dem Pächter und dem von einem Pachtkreditausschuß als Kreditgeber und Pfandgläubiger zugelassenen Kreditinstitut beim zuständigen Amtsgericht „niedergelegt" wird (§§ 2, 15 Pachtkreditgesetz)[2]. 468

„Zur Entschuldung und Umschuldung der Pachbetriebe und zur Beschaffung billiger und langfristiger Kredite für diese Betriebe hat man den Grundsatz des Bürgerlichen Gesetzbuches durchbrochen, daß an beweglichen Sachen ein Pfandrecht nur als Faustpfand und nur an bestimmten Einzelsachen bestellt werden kann, und hat eine „Mobiliarhypothek" am Pächterinventar zugelassen"[3]. § 1 Pachtkreditgesetz spricht von einem „Pfandrecht ohne Besitzübertragung".

V. Gesicherte Forderung

Die **Abgrenzung** der gesicherten Forderung gegenüber anderen, nicht pfandmäßig gesicherten Ansprüchen ist eine Frage der Zweckbestimmungserklärung (s. Rdn. 6, 164) Kraft Gesetzes haftet die Pfandsache auch ohne besondere Abrede für gewisse Nebenleistungen, insbesondere für die Kosten der Kündigung und der Rechtsverfolgung (auch der gesicherten Forderung) sowie für die Kosten der Pfandverwertung (§§ 1210 BGB, 29 SchiffsG, 29 LRG, 6 Pachtkreditgesetz). Anderseits läßt sich die Pfandhaftung vertraglich limitieren (s. Rdn. 180, 244). 469

Identität zwischen dem Schuldner der gesicherten Forderung und dem Verpfänder ist nicht erforderlich (s. Rdn. 172). Eine Ausnahme macht das sog. Inventarpfandrecht

---

[1] § 4 LRG.
[2] BGBl I 1951, S. 1954.
[3] RG 143, 10; BGH 54, 319.

(s. Rdn. 446), welches immer nur zur Sicherung der eigenen Kreditschuld des verpfändenden Pächters dienen kann.

Der Eigentümer des Pfandobjektes braucht auch nicht mit dem Verpfänder identisch zu sein (s. Rdn. 449). Einem und denselben Pfandrecht können zwar mehrere Forderungen desselben Gläubigers gegen denselben oder verschiedene Schuldner unterstellt werden (s. Rdn. 184), aber wegen seiner strengen Akzessorietät nicht die Forderungen mehrerer Gläubiger gegen denselben oder verschiedene Schuldner (s. Rdn. 189).

Das gleiche gilt auch für die **Schiffshypothek.** Doch kann im Wege der Forderungsauswechslung durch Einigung zwischen dem Schiffshypothekengläubiger und dem Eigentümer und Eintragung in dem Schiffsregister an die Stelle der gesicherten Forderung eine andere gesetzt werden, mag die neue Forderung auch einem anderen Gläubiger zustehen und sich gegen einen anderen Schuldner richten (§ 55 SchiffsG). Bei der Schiffshypothek wirkt sich außerdem aus, daß sie stets über eine ziffernmäßig bestimmte Haftungssummer lauten muß (s. Rdn. 438). Diese hat wegen der akzessorischen Natur der Schiffshypothek grundsätzlich mit dem Betrag der gesicherten Forderung übereinzustimmen.

Eine solche Angleichung der Haftungssumme an den Forderungsbetrag ist jedoch nicht möglich, wenn bei Abschluß des Pfandbetrages der Betrag der gesicherten Forderung ziffernmäßig noch nicht festliegt oder wenn er variabel ist. Das Gesetz ermöglicht hier die Verpfändung durch die Rechtsfigur des **Höchstbetragsschiffshypothek** (§ 75 SchiffsG). Sie ist eine Schiffshypothek, bei welcher nur der Höchstbetrag bestimmt wird, bis zu welchem das Schiff oder Schiffsbauwerk haften soll, während die Feststellung des Betrages der gesicherten Forderung späterer Zeit vorbehalten bleibt. In ihrer Ausgestaltung gleicht sie völlig der grundbuchlichen Höchstbetragshypothek (s. Rdn. 782). Zu beachten ist, daß die Zinsen der gesicherten Forderung nicht außerhalb des Höchstbetrages hypothekarisch gesichert werden können, weil das Gesetz zwingend vorschreibt, daß die Zinsen in den Höchstbetrag einzurechnen sind.

Die Höchstbetragsschiffshypothek eignet sich besonders zur Sicherung von Forderungen aus einer laufenden Geschäftsverbindung. Die Schiffshypothekenbanken lassen sich häufig neben einer normalen Schiffshypothek noch zusätzlich eine Höchstbetragshypothek in Höhe von 10% der Hauptforderung einräumen, um so eine ergänzende Sicherheit für die durch die Schiffshypothek nicht bedeckten Ansprüche zu erhalten.

470 Alles hier von der Schiffshypothek Gesagte gilt entsprechend für das **Registerpfandrecht an Luftfahrzeugen;** auch hier kennt das Gesetz das Höchstbetragspfandrecht und die Möglichkeit der Forderungsauswechslung (§§ 55, 3 LRG).

471 Das **Bestehen und Fortbestehen** des Pfandrechtes ist abhängig von der zu sichernden Forderung. Das Pfandrecht besteht deshalb nicht, wenn und solange die gesicherte Forderung nicht zur Entstehung gelangt ist, mag auch das Gesetz das Pfandrecht für zukünftige Forderungen aus Zweckmäßigkeitsgründen schon als solches bezeichnen und behandeln (§ 1209 BGB) (s. Rdn. 196, 200). Das gilt auch von dem Registerpfand-

recht an Luftfahrzeugen und von der Schiffshypothek; sie stehen dann nicht, wie die Hypothek im Liegenschaftsrecht, dem Eigentümer zu, vielmehr wahrt ihre Eintragung nur dem künftigen Recht den Rang. Steht fest, daß die (künftige) Forderung nicht mehr entstehen kann, ist der Pfandgläubiger zur Rückgabe der Pfandsache an den Verpfänder verpflichtet.

Die **Ermäßigung oder der Wegfall** der gesicherten Forderung führt grundsätzlich zu einer entsprechenden Ermäßigung oder zum Wegfall des Pfandrechtes mit der Folge, daß beim Erlöschen des Pfandrechtes der Pfandgläubiger zur Rückgabe der Pfandsache an den Verpfänder verpflichtet ist[1]. Vor seiner vollen Befriedigung ist der Pfandgläubiger aber zur Rückgabe nur verpflichtet, wenn seine Restforderung unverhältnismäßig gering und der Sicherungswert der einzubehaltenden Pfänder für ihn eindeutig erkennbar ist[2]. 472

Der Verpfänder seinerseits kann, sobald die gesicherte Forderung getilgt werden darf, Zug um Zug gegen Befriedigung des Gläubigers Pfandrückgabe verlangen (§ 1223 Abs. 2 BGB) und darüber hinaus im Falle erheblicher Verletzung seiner Rechte seitens des Pfandgläubigers, z. B. durch Vernachlässigung der Verwahrungspflicht (s. Rdn. 479) den Gläubiger sogar vorzeitig befriedigen (§ 1217 BGB). Ist der Pfandgläubiger durch sein Verschulden zur Rückgabe außer Stande, haftet er auf Schadensersatz; er hat beim Vorliegen der gesetzlichen Voraussetzungen ein Zurückbehaltungsrecht für seine nicht pfandgesicherten Forderungen[3].

Das Pfandrecht kennt kein Pfandrecht an eigener Sache. Auch die **Schiffshypothek** steht nach Erlöschen der gesicherten Forderung nicht, wie die Hypothek im Liegenschaftsrecht, dem Eigentümer zu. Dieser ist statt dessen, solange die Schiffshypothek nicht gelöscht ist, befugt, an ihrer Rangstelle und in ihrem Umfang eine neue Schiffshypothek zu begründen, bei nur teilweisem Erlöschen mit dem Rang nach dem dem Gläubiger verbliebene Teil (**Hypothekenerneuerungsrecht.** § 57 Abs. III SchiffsG). Daher kommt die freigewordene Rangstelle nicht ohne weiteres den nachgehenden Hypothekengläubigern zugute. Das Hypothekenerneuerungsrecht ist weder abtretbar noch verpfändbar. Der Eigentümer kann sich jedoch von vornherein verpflichten, die Schiffshypothek nach Erlöschen der gesicherten Forderung löschen zu lassen (§ 58 SchiffsG). Zur dinglichen Sicherungs dieses Anspruches kann eine Vormerkung in das Schiffsregister eingetragen werden. Das Registerpfandrecht **an Luftfahrzeugen** erlischt mit der gesicherten Forderung, so daß die nachrangigen Pfandgläubiger aufrücken (§ 57 LRG). 473

Der **Übergang der gesicherten Schuld** auf einen neuen Schuldner wie auch der Übergang der gesicherten Forderung auf einen anderen Gläubiger ändert an dem Pfandrecht nichts, wenn es sich jeweils um eine Gesamtnachfolge handelt (s. Rdn. 223). 474

---

[1] §§ 1223 Abs. 1, 1252 BGB, 57, 59 SchiffsG, 57, 59 LRG, 14 PachtKrG.
[2] BGH WM 66, 115.
[3] RG 117, 51.

Wegen des Überganges der gesicherten Schuld auf einen neuen Schuldner durch vertragliche Schuldübernahme wird auf die Ausführungen zu Rdn. 244 verwiesen. Der Übergang der gesicherten Forderung auf einen anderen Gläubiger durch Abtretungsvertrag läßt ohne weiteres das Pfandrecht ebenfalls auf den neuen Gläubiger übergehen (s. Rdn. 227, 228), der die Herausgabe der Pfandsache von dem bisherigen Gläubiger verlangen kann (§§ 1250, 1251 BGB). Bei teilweiser Abtretung steht das einheitliche Pfandrecht dem Zedenten und Zessionar gemeinsam zu.

475 Wird der **Übergang des Pfandrechts ausgeschlossen,** so erlischt es. Das gilt auch von der Höchstbetragsschiffshypothek (§ 75 SchiffsG) und dem Höchstbetragspfandrecht an Luftfahrzeugen (§ 3 LRG), während sonst der Übergang der Schiffshypothek oder des Registerpfandrechtes überhaupt nicht ausgeschlossen werden kann, wenn anders nicht die gesamte Abtretung nichtig sein soll (§§ 51 Abs. 2 SchiffsG, 51 Abs. 2 LRG). Handelt es sich bei der gesicherten Forderung um den Anspruch eines zugelassenen Kreditinstitutes gegen den Pächter eines landwirtschaftlichen Grundstückes nach den Vorschriften des Pachtkreditgesetzes, so kann die gesicherte Forderung nur an ein ebenfalls zugelassenes Kreditinstitut abgetreten werden (§ 13 Pachtkreditgesetz).

VI. Sicherungsziel

1. Allgemeines

476 Bis zum Eintritt der **Fälligkeit** der gesicherten Forderung ist dem Pfandgläubiger jeder Gebrauch der Pfandsache und jeder Zugriff auf sie verwehrt; eignet er sie sich rechtswidrig zu, macht er sich der Unterschlagung schuldig (§ 246 StGB). Auch die Nutzungen des Pfandes stehen ihm — unter Verrechnung ihres Reinertrages auf die gesicherte Forderung — nur zu, wenn dies vereinbart ist **(Nutzpfand).** Dieses ist im Zweifel bei der Verpfändung einer von Natur fruchttragenden Sache, z. B. einer Milchkuh, anzunehmen (§§ 1213, 1214 BGB) (s. Rdn. 85). In diesem Fall erwirbt der Pfandgläubiger entgegen der Regel des § 1212 BGB (s. Rdn. 443) das Eigentum an den Nutzungen.

477 Ausnahmsweise ist dem Pfandgläubiger im Falle einer Gefährdung seiner Sicherheit infolge eines Absinkens des Sicherungswertes des Pfandes durch Verderb oder Preisverfall ohne Rücksicht auf anderweitige Sicherheiten eine **vorzeitige Verwertung** gestattet mit der Maßgabe, daß der Erlös an die Stelle des Pfandes tritt (§§ 1219, 1220 BGB). Er muß aber die Verwertung dem Verpfänder vorher androhen und ihn vom Ergebnis unverzüglich benachrichtigen, außerdem hat der Verpfänder ein Austauschrecht (§ 1218 BGB).

478 Eine **Schiffshypothek** kann vorzeitig geltend gemacht werden, wenn infolge der Verschlechterung des Schiffes oder nur des Zubehörs, z. B. der Maschinen oder Kühlanlagen, ihre Sicherheit gefährdet ist, und der Eigentümer eine ihm vom Gläubiger gesetzte Frist zur Beseitigung der Gefährdung fruchtlos hat verstreichen lassen. Dagegen sind bei drohender Verschlechterung zunächst gerichtliche Sicherungsmaßnahmen zu

erwirken (§§ 39, 40 SchiffsG). Entsprechend ist die Rechtslage beim Registerpfandrecht an **Luftfahrzeugen** (§§ 39, 40 LRG).

Abgesehen hiervon hat sich, wie bemerkt, der Pfandgläubiger vor Eintritt der „Pfandreife" jeder Einwirkung auf das Pfand zu enthalten. Er ist Kraft gesetzlichen Schuldverhältnissen darüberhinaus verpflichtet, die Belange des Verpfänders in Ansehung des Pfandes zu schützen. So muß er die Pfandsache verwahren, ihrem etwaigen Verderb vorbeugen (§ 1215 BGB)[1]. 479

Eine **Verpflichtung des Pfandgläubigers,** das Pfand gegen etwaige Schäden **zu versichern,** oder überhaupt zwecks Erhaltung der Pfandsache Aufwendungen zu machen, besteht im allgemeinen nicht. Doch muß er verpfändetes Vieh füttern, auch Getreide umschaufeln und ähnliche unerläßliche Handlungen vornehmen. Eine Verletzung der Rechte des Verpfänders verpflichtet ihn u. U. zur Rückgabe des Pfandes gegen vorzeitige Schuldtilgung (s. Rdn. 472). Meistens wird aber die Versicherungspflicht ausdrücklich dem Verpfänder auferlegt; der Pfandgläubiger läßt sich dann in der Regel den Versicherungsanspruch abtreten. 480

Über die Erhaltung und Sicherung aller der Bank als Sicherheit dienenden Sachen hat der Kunde selbst zu wachen und die Bank entsprechend zu unterrichten. Außerdem ist die Bank verpflichtet, den Kunden über den Wert oder die Wertlosigkeit anvertrauter Gegenstände zu benachrichtigen. Insbesondere greift die Anzeigepflicht des § 1218 Abs. 2 BGB nicht bei Wertminderung[2]. Ein „drohender" Verderb des Pfandes, der den Pfandgläubiger nach § 1218 Abs. 2 BGB zur unverzüglichen Anzeige an den Verpfänder verpflichtet, wird bei einem Gegenstand, der einer Bank zum Pfand gegeben wird, i. d. R. nicht zu befürchten sein. Bei starken Kursschwankungen ausgesetzten Pfandsachen — wie Gold — wird sich der Pfandgeber selbst zu informieren haben (und i. d. R. auch informieren).

2. Verwertung

Das Pfandrecht gehört zu den mittelbar verwertbaren Sicherheiten (s. Rdn. 25). Daher wird es **aufgegeben** durch einseitige Verzichtserklärung des Pfandgläubigers gegenüber Verpfänder oder Eigentümer (s. Rdn. 226, 232), bei **Schiffshypotheken** auch gegenüber dem Registergericht, die hier in das Schiffs- oder Schiffsbauregister eingetragen werden muß (§§ 1255 BGB, 57 Abs. 2 SchiffsRG, 14 PachtKrG). Beim Registerpfandrecht an **Luftfahrzeugen** tritt an die Stelle des Verzichtes die der Eintragung bedürftige **Aufhebung** (Löschung) des Rechtes (§ 56 LRG). Eine derartige Aufhebung ist auch bei der Schiffshypothek möglich (§ 56 SchiffsG); hier bedarf es jedoch der Zustimmung des Eigentümers. 481

Im übrigen geht das Pfandrecht auch schon durch die bloße Rückgabe der Pfandsache an den Verpfänder unter (s. Rdn. 456).

---

[1] RG 117, 51.
[2] Palandt/Bassenge § 1218 Rdn. 2.

Die Verwertung des Pfandrechtes setzt die Fälligkeit der pfandgesicherten Forderung, die Pfandreife voraus. Dies erfordert und hindert aber die vorgängige oder gleichzeitige Geltendmachung eben dieser Forderung nicht (s. Rdn. 237). In der Formularpraxis wird häufig noch eine Fristandrohung vereinbart, um die Interessen des Pfandgebers zu schützen, insbesondere um ihm die Gelegenheit zur Abwendung der Verwertung zu geben.

Eine dem Verpfänder nicht zugute kommende **Einrede des persönlichen Schuldners**, also eine Einrede, die nur gegenüber der gesicherten Forderung besteht, ergibt sich aus § 777 ZPO; danach kann der Schuldner der Zwangsvollstreckung in sein übriges Vermögen widersprechen, soweit die Forderung den Gläubiger durch den Wert des Pfandrechtes gedeckt ist.

Bei einer auf Kündigung abgestellten **Schiffshypothek** und einem gleichgearteten Registerpfandrecht an Luftfahrzeugen wird, wenn der persönliche Schuldner nicht mit dem Eigentümer identisch ist, die Hypothek oder das Registerpfandrecht schon und erst fällig, wenn der Gläubiger dem Eigentümer oder der Eigentümer dem Gläubiger die Kündigung erklärt (§§ 42 SchiffsG, 42 LRG).

482 Die Verwertung der Pfandsache kann dadurch **verhindert** werden, daß der Verpfänder oder ein Dritter, der durch die Verwertung ein Recht an der Pfandsache verlieren würde, den Pfandgläubiger ablöst (s. Rdn. 241—245). Soweit der Ablösende nicht persönlicher Schuldner des Pfandgläubigers ist, geht die Forderung mit allen Sicherheiten auf ihn über. Löst der mit dem Verpfänder nicht identische Eigentümer der Pfandsache den Pfandgläubiger ab, so erlischt das Pfandrecht.

Bei der Ablösung einer Schiffshypothek oder eines Registerpfandrechtes an Luftfahrzeugen durch den Eigentümer kann dieser vom Gläubiger die Aushändigung der sog. Berichtigungsurkunden verlangen (§§ 1225, 1249 BGB, 43—45, 50 SchiffsG, 43—45 LRG).

Beim echten Pfandrecht an **barem Geld** hat der Pfandgläubiger nach Pfandreife das Recht, sich das Geld zu seiner Befriedigung anzueignen. Dieses Recht beruht unmittelbar auf dem Pfandrecht; einer Verfallklausel bedarf es nicht. Der über die gesicherte Forderung hinausgehende Betrag ist dann dem Verpfänder zurückzuzahlen.

Für das Realisierungsverfahren selbst kommen folgende Möglichkeiten in Betracht[1]:

a) Privatverkauf

483 Der Pfandgläubiger kann das Pfandrecht durch **Privatverkauf** der Pfandsache verwerten (§§ 1228 BGB, 10 PachtKrG). Das ist eine gesetzlich vorgesehene, bei registrierten Schiffen und Luftfahrzeugen ausgeschlossene, sonst aber zur Regel gemachte Aus-

---

[1] Wegen der Verfallklausel s. Rdn. 266.

nahme von dem Grundsatz, daß mittelbar verwertbare Sicherheiten nur in den Formen der Zwangsvollstreckung verwertet werden dürfen (vgl. Rdn. 248, 250). Sie ermöglicht dem Gläubiger ein beschleunigtes Verfahren und erspart dem Schuldner unnötige Gerichtskosten und Anwaltsgebühren.

Ist der Gläubiger, der das Pfand verkaufen will, nicht im Besitz oder Alleinbesitz des Pfandes, so kann er dessen **Herausgabe erzwingen** (§§ 1231 BGB, 10 PachtKrG)[1]. Befindet sich das Pfand aber im Besitz eines im Range vorgehenden Pfandgläubigers, der nicht verwerten will oder kann, so bleibt dem nachrangigen Pfandgläubiger nur die Möglichkeit der Ablösung (§ 1232 BGB) (s. Rdn. 482).

Der Pfandverkauf selbst ist vom Gesetz durch eine Reihe ins einzelne gehende Formvorschriften geregelt. Soll er „rechtmäßig" sein, so ist erforderlich (§ 1243 I BGB):

— daß er nicht vor der Pfandreife erfolgt (§ 1228 Abs. 2 BGB); ein Verzug des Schuldners ist nicht erforderlich (anders im VKG, wo Verzug gefordert wird, da § 12 VKG über § 1228 Abs. 2 S. 1 BGB hinausgeht),

— daß er in öffentlicher Versteigerung also durch einen befugten Gerichtsvollzieher oder zu Versteigerungen befugten anderen Beamten oder öffentlich angestellten Versteigerer bewirkt wird. Ein freihändiger Verkauf ist nur gestattet, wenn das Pfand einen Börsen- oder Marktpreis hat (§§ 1235, 1221, 383 Abs. 3 BGB).

Bei Gold- oder Silbersachen ist ein solcher freihändiger Verkauf unter den Voraussetzungen des § 1240 Abs. 2 BGB möglich,

— daß Zeit und Ort der Versteigerung öffentlich bekannt gemacht werden (§ 1237 BGB),

— daß Gold- und Silbersachen nicht unter dem Gold- und Silberwert (Metallwert) zugeschlagen werden (§ 1240 BGB),

— daß nur soviel Pfänder zum Verkauf gebracht werden, als zur Befriedigung des Gläubigers erforderlich sind (§ 1230 BGB).

Der Meistbietende — es kann dies auch der Pfandgläubiger oder Eigentümer, nicht aber der Versteigerer sein (§§ 1239, 456, 457 BGB) — erhält den im Belieben des Pfandgläubigers stehenden **Zuschlag**. Er wird dadurch — unter **Ausschluß jeglicher Sachmängelhaftung** des Pfandgläubigers (§ 461 BGB) — zum Ersteher der Pfandsache und erlangt weiterhin, wenn die Versteigerung rechtmäßig erfolgt ist, das Eigentum an ihr, wie wenn er sie vom Eigentümer selbst lastenfrei erworben hätte (§§ 156, 1242 BGB). Bei der Eigentumsübertragung verfügt also der Pfandgläubiger zwar als Nichteigentümer, aber bei rechtmäßiger Versteigerung mit Wirkung gegen den eigentlichen Eigentümer[2].

---

[1] RG JW 38, 867.
[2] RG 156, 398.

484 Sind dagegen die oben erwähnten **Formvorschriften verletzt** worden, so wird der Ersteher grundsätzlich nicht Eigentümer und er bleibt auf die schuldrechtlichen Ansprüche gegen den Pfandgläubiger als Verkäufer angewiesen. Doch wird in diesem Fall, sofern mindestens die Form der öffentlichen Versteigerung gewahrt ist, der etwaige **gute Glaube** des Erstehers an die Rechtmäßigkeitsvoraussetzungen in gewissem Umfange geschützt; er deckt sogar den Mangel eines Pfandrechtes (§ 1244 BGB).

Alle anderen gesetzlichen Formvorschriften des Verkaufsverfahrens sind **abdingbar** und ohne Einfluß auf den Eigentumserwerb des Erstehers; ihre Verletzung macht den Pfandverkauf zwar ordnungswidrig, aber nicht unrechtmäßig. So ist der Pfandgläubiger gehalten, dem Eigentümer der Pfandsache, als welcher zugunsten des gutgläubigen Pfandgläubigers der Verpfänder gilt (§ 1248 BGB), die Versteigerung anzudrohen, falls dies nicht untunlich erscheint. Er muß ferner zwischen **Androhung** und Versteigerung eine Frist von mindestens einem Monat, unter Kaufleuten von mindestens einer Woche, verstreichen lassen (§§ 1234 BGB, 368 HGB). Auch von **Zeit und Ort** der Versteigerung, der mit dem Ort der Pfandaufbewahrung identisch sein soll (§ 1236 BGB), hat er dem Eigentümer und Dritten, denen Rechte an dem Pfand zustehen, dem Eigentümer auch von dem Ergebnis des Verkaufs, besondere Nachricht zu geben (§§ 1237, 1241 BGB). Schließlich muß er beim Verkauf sofortige **Barzahlung** des Kaufpreises unter Vorbehalt der Rechtswirkung (Verwirkungsklausel) ausbedingen (§ 1238 BGB). Ein **schuldhafter Verstoß** gegen die hier erwähnten Vorschriften begründet aber lediglich eine Schadensersatzpflicht des Pfandgläubigers, läßt ihm also den Nachweis offen, daß die Gesetzesverletzung die Höhe des Verwertungserlöses nicht beeinflußt hat (§ 1243 Abs. 2 BGB)[1].

Gegen die Schadensersatzpflicht pflegen sich die Pfandgläubiger dadurch zu schützen, daß sie, soweit möglich, den **Ausschluß** der ihnen gesetzlich obliegenden Maßnahmen vereinbaren. Im Bankgewerbe waren bis zum 1. 1. 1993 Verwertungsregeln in den AGB-Banken enthalten. Nunmehr sind die wesentlichen Klauseln in die einzelnen Formularverträge übernommen, da eine dortige Regelung — abgestimmt auf die bestimmte Sicherheit — für den Sicherungsgeber transparenter ist (vgl. Anhang). In Nr. 17 AGB-Banken (so auch Nr. 21 AGB-Sparkassen, wo zusätzlich die Voraussetzungen der Verwertung geregelt werden) wird der Bank die Auswahl des zu verwertenden Pfandes oder der zu verwertenden Sicherheit überlassen (dabei handelt es sich nicht um ein Wahlrecht i. S. von § 262 BGB)[2]. Die Bank darf die Sicherheit wählen, die die leichteste und schnellste Befriedigung verspricht (§ 1230 BGB)[3].

Für die Bank ist es nicht zweckmäßig, sich mit dem Verkauf nicht auf einen bestimmten Termin festzulegen, weil ihr hieraus Schwierigkeiten erwachsen können. Im übrigen ist dem beteiligten Pfandgläubiger und Eigentümer im beiderseitigen Einverständ-

---

[1] RG JW 30, 134.
[2] Gößmann/Wagner-Widuwilt/Weber, AGB-Banken, 1/497.
[3] BGH BB 66, 179.

nis sogar eine von den gesetzlichen Vorschriften abweichende Art des Pfandverkaufes gestattet, insbesondere können sie, wenn auch erst nach Pfandreife, den **freihändigen Verkauf der Pfandsache** schlechthin vereinbaren. Die Nichtigkeit solcher Abrede kann zur Nichtigkeit der ganzen Verpfändung führen (§ 139 BGB)[1]. Kommt eine diesbezügliche Einigung zwischen dem Pfandgläubiger und dem — mit dem Verpfänder nicht notwendig identischen, aber zugunsten des gutgläubigen Pfandgläubigers als mit dem Verpfänder personengleich geltenden — Eigentümer der Pfandsache nicht zustande, so kann jeder Beteiligte eine Entscheidung des Amtsgerichtes des Aufbewahrungsortes herbeiführen (§§ 1245, 1246 BGB, 10 PachtKrG, 166 FGG).

b) Zwangsvollstreckung

Der Pfandgläubiger kann auch die **Pfandverwertung im Wege der Zwangsvollstreckung** aufgrund eines auf Duldung der Zwangsvollstreckung in das Pfand lautenden Titels gegen den Pfandeigentümer betreiben. Eine derartige Pfandverwertung kommt in der Praxis nur vor bei der Realisierung der Schiffshypothek und des Registerpfandrechtes und Luftfahrzeugen. Hier ist kraft ausdrücklicher gesetzlicher Vorschrift nur eine Verwertung im Wege der Zwangsvollstreckung möglich, und zwar auf Grund einer vollstreckbaren Urkunde (§§ 794 Ziff. 5, 800, 800a ZPO, 99 LRG). 485

Die Vollstreckung in das **Schiff oder Luftfahrzeug** wiederum richtet sich ausschließlich nach den Vorschriften über die Zwangsvollstreckung in das unbewegliche Vermögen (§§ 864 ZPO, 99 LRG). Sie ergreift mit dem Schiff und Luftfahrzeug auch das Zubehör, welches überhaupt nicht gesondert Gegenstand einer Mobiliarverpfändung sein kann (§§ 865 ZPO, 99 LRG), und erfolgt durch die Zwangsversteigerung (s. Rdn. 252) durch die Eintragung einer Zwangsschiffshypothek bzw. eines Zwangsregisterpfandrechts (s. Rdn. 317) niemals dagegen durch Zwangsverwaltung (§§ 870a ZPO, 99 LRG, 162ff, 171aff. ZVG). 486

In diesem Zusammenhang sei erwähnt, daß ein segelfertiges Schiff grundsätzlich überhaupt nicht versteigert werden kann (§ 482 HGB) und daß bei der Verteilung des Erlöses der Gläubiger sich in weitem Umfang das gesetzliche Pfandrecht der sog. Schiffsgläubiger (§§ 754, 755, 766 HGB) vorgehen lassen muß.

Die Zwangsvollstreckung in Ersatzteile, auf welche das Registerpfandrecht erweitert worden ist, erfolgt nach den Vorschriften über die Mobiliarvollstreckung (s. Rdn. 250) mit den sich aus § 100 LRG ergebenden Abweichungen.

c) Verwertungsfolgen

Mit der Realisierung des Pfandrechtes erlischt die gesicherte Forderung, sofern sie nicht kraft Gesetzes auf den mit dem Schuldner nicht identischen Verpfänder übergeht (s. Rdn. 269). Ist der Verpfänder seinerseits ausnahmsweise mit dem Eigentümer der 487

---

[1] RG 90, 225.

Pfandsache nicht identisch, so geht die Forderung nicht auf ihn, sondern auf den Eigentümer über, aus dessen Vermögen der Pfandgläubiger befriedigt worden ist (§§ 1225, 1247 BGB, 44 SchiffsG, 44 LRG). Beim Inventarpfandrecht kommt der Forderungsübergang allerdings nicht in Betracht, weil hier Verpfänder und Schuldner notwendig personengleich sind.

Ist der **Verwertungserlös höher als die gesicherte Forderung,** kann der Pfandgläubiger nur den auf ihn entfallenden Erlösanteil vereinnahmen, während er den Rest des Geldes so zu behandeln hat, wie er die Pfandsache hätte behandeln müssen, wenn die Verwertung nicht erfolgt wäre. Das Geld steht also im Eigentum des bisherigen Eigentümers der Pfandsache und ist an ihn herauszugeben, soweit es nicht von etwaigen anderweitigen Pfandrechten, die an der Pfandsache bestanden haben, erfaßt wird (§ 1247 BGB). Auch hier gilt für den gutgläubigen Pfandgläubiger der Verpfänder als Eigentümer (§ 1248 BGB).

Ist der Erlös des Pfandgegenstandes hinterlegt worden, weil der Pfandgläubiger und ein zeitlich nachfolgender Pfandgläubiger den vollen Betrag beanspruchen, dann ist der nachrangige Pfändungsgläubiger dem Pfandgläubiger zur Freigabe verpflichtet[1].

War gem. §§ 1245, 1246 BGB in Abweichung von der gesetzlichen Regelung Stundung des Kaufpreises vorgesehen, so bildet die Kaufpreisforderung gegen den Ersteher den Erlös; sie steht nach dem Gesagten entweder dem Pfandgläubiger allein oder ihm und dem früheren Eigentümer der Pfandsache als Mitgläubigern zu. Wenn aber unzulässigerweise gestundet wurde, ist im Verhältnis zum Eigentümer und persönlichen Schuldner der Kaufpreis als vom Pfandgläubiger empfangen anzusehen (§ 1238 BGB), und dieser hat ihn, soweit er ihm nicht gebührt, an den Eigentümer auszuzahlen.

Wird von der **Verwirkungsklausel** Gebrauch gemacht, kommt es infolge des Rücktritts des Pfandgläubigers (§ 360 BGB) zu einer erneuten Versteigerung; andererseits ist im Falle des freihändigen Verkaufes Rücktritt oder Wandlung des Käufers mit der Folge des Wiederauflebens von Pfandrecht und pfandgesicherter Forderung denkbar.

B. Sicherungseigentum

I. Begriff

1. Allgemeines

488   Das Sicherungseigentum ist das durch die Übereignung einer beweglichen Sache seitens des Sicherungsgebers (Veräußerers) an den Sicherungsnehmer (Erwerber) begründete und zur Sicherung einer Forderung bestimmte Eigentum an der Sache, welche der

---

[1] BGH, MDR 72, 593.

Erwerber zu verwerten berechtigt ist, um aus dem Erlös die gesicherte Forderung zu tilgen. Es ist grundsätzlich ein selbständiges, nicht akzessorisches Recht, jedoch kann sein rechtlicher Bestand durch Vereinbarung an die Entstehung und/oder Fortbestand der zu sichernden Forderung geknüpft werden (s. Rdn. 19). Ihre außerordentliche Verbreitung verdankt die Sicherungsübereignung dem Umstand, daß sie im Gegensatz zur Verpfändung zumeist auf das Publizitätserfordernis der unmittelbaren Besitzverschaffung verzichtet. In der Regel wird die unmittelbare Besitzverschaffung durch Vereinbarung eines Besitzkonstituts (§ 930 BGB) ersetzt. Dadurch wird dem Sicherungsgeber die Möglichkeit eröffnet, all jene Sachen zur Sicherungsdeckung bereitzustellen, deren Besitz ihm aus irgendwelchen Gründen unentbehrlich ist. Damit war dem kreditsuchenden Sicherungsgeber in Handel und Industrie der Weg eröffnet, die in seinen Rohstoffen, Fabrikaten und Waren steckenden Kapitalien zu mobilisieren und zur Kreditaufnahme zu verwenden.

Der gleiche Umstand war freilich auch die Quelle heftiger Angriffe, denen die Sicherungsübereignung von Anfang an ausgesetzt war. Man hat ihr vorgeworfen, sie sei ihrem Wesen nach nichts weiter als eine verschleierte Pfandbestellung[1] und somit ein Scheingeschäft, welches als solches nichtig sei. Desgleichen hat man sie im Hinblick auf die gesetzlichen Pfandrechtnormen als „rechtsgeschäftlichen Schleichweg" und unzulässige Umgehung des Gesetzes bezeichnet und daraus die Nichtigkeit des Übereignungsvertrages wegen Verstoßes gegen ein gesetzliches Verbot herzuleiten versucht. Schließlich hat man die Sicherungsübereignung für sittenwidrig erklärt, weil sie die wahre Vermögenslage des Veräußerers verheimliche und ihn nach außen als Herrn eines großen Inventars- oder Warenlagers erscheinen lasse, während in Wirklichkeit diese Betriebsmittel einem Dritten gehören, der den auf den Anschein der Kreditwürdigkeit des Veräußerers vertrauenden Gläubigern für ihre Forderung nicht hafte.

Der Gesetzgeber hat sich mit der Zulässigkeit des Sicherungseigentums, das mittels Besitzkonstitut verschafft wird, auseinandergesetzt. Die Mehrheit der 2. Kommission ist dabei zu folgendem Ergebnis gekommen:

> Es handelt sich bei den hier fraglichen Übereignungen keineswegs um illegitime Geschäfte. Vielmehr diene diese Rechtsform sehr häufig zur Befriedigung des Kreditbedürfnisses der kleinen Leute, welche dem Gläubiger allein mit ihrer beweglichen Habe Sicherheit zu gewähren imstande seien, aber den fortdauernden Besitz und Gebrauch derselben nicht entbehren und deshalb dem Gläubiger ihre Sachen nicht als Faustpfand übergeben könnten." (Protokolle Bd. 3, S. 201).

---

[1] S. dazu Reich, AcP 169, 247, der das Sicherungseigentum als vom Gesetz „bewußt toleriertes Mittel der Kreditsicherung" bezeichnet; vgl. auch Eberding, BuB 90, 4/250ff.; Capeller, Sparkasse 57, 199; Herget, Bank-Betrieb 68, 155; Reinhard-Erlinghagen, JUS 62, 41; Serick I, 1963; s. auch früher im § 128 Abs. 2 Nr. 6 AktG gleichstufig neben Begriff der „Pfandrechtsbestellung".

Die Frage in der Literatur, ob die Sicherungsübertragung ein Scheingeschäft ist, hat der Gesetzgeber somit eindeutig verneint. Dies wird auch aus der Regelung des Eigentumsvorbehalts in § 455 BGB sichtbar. Allerdings kann hier infolge des Abstraktionsgrundsatzes im BGB (Trennung der dinglichen Seite vom schuldrechtlichen Teil) der Vorbehalt im Rahmen der Geschäftsverbindung wesentlich erweitert werden. Die Frage, ob diese Möglichkeit, insbesondere durch die damit verbundene Privilegierung vom bestimmten Gläubigern im Konkurs des Sicherungsgebers, zu Konflikten mit Gläubigergruppen führt, die sich nicht der Sicherungsinstrumente bedienen können, muß im Rahmen der Darstellung in einem Handbuch für die Praxis unerörtert bleiben. Hingewiesen sei hier aber auf die erhebliche volkswirtschaftliche Bedeutung, die den sog. publizitätslosen Sicherungsrechten — wie Sicherungsübereignung und Sicherungsabtretung — zukommen. Eine wesentliche Veränderung unseres Sicherungssystems würde zu einer veränderten Kreditgewährungspraxis bei den Kreditinstituten führen. Wenn die Sicherungsrechte weniger „werthaltig" sind als nach dem derzeitigen Rechtszustand, wird es zu einer Einschränkung der Kreditvergabe kommen. Ob dies volkswirtschaftlich erwünscht ist, muß bezweifelt werden. Jedenfalls entspricht es nicht der Auffassung des historischen Gesetzgebers, wie aus dem zitierten Protokoll hervorgeht. Ausuferungen von Sicherungsinstrumenten durch schuldrechtliche Vereinbarungen — Erweiterungen in der Zweckbestimmungserklärung verlängerter Eingentumsvorbehalte — können unter dem AGB-Gesetz in den überwiegenden Fällen geprüft werden. Eine sozialstaatliche Auffassung kann hier durch die Gerichte durchgesetzt werden. Einer Reform des Sicherungssystems bedarf es dazu nicht. Dies gilt auch für den Insolvenzfall; hier wäre zu erwägen, z. B. dem Konkursverwalter bei der Verwertung (wieder) die Rechte zur Selbstverwertung unabdingbar zu geben (was in § 127 KO bereits geregelt ist, aber z. Z. meist abbedungen wird).

489 Auch heute ist das Institut der Sicherungsübereignung insbesondere im Zusammenhang mit der Harmonisierung der Rechtsvorschriften in den Ländern **der Europäischen Gemeinschaften** wieder in die Diskussion geraten.

Im romanischen Rechtskreis — also namentlich in **Frankreich, Italien, Belgien** und **Luxemburg** — ist die Sicherungsübereignung mittels Besitzkonstituts nicht bekannt[1]. In **Großbritannien** hingegen hatte sich unter dem Begriff ‚mortgage' ein der Sicherungsübereignung sehr ähnliches Institut entwickelt. Wegen der mangelnden Publizität und der damit möglichen Gefährdung Dritter ist jedoch eine Anmeldung und Eintragung in ein öffentliches Register erforderlich[2]. Das **niederländische** Recht kennt sogar die Sicherungsübereignung durch Besitzkonstitut, jedoch mit der Einschränkung, daß sie wegen der mangelnden Publizität Dritten gegenüber nur beschränkt wirksam ist und die Verwertung im Gegensatz zum deutschen Recht analog

---

[1] Vgl. für Frankreich: Art. 2092, 2093 Code civil; für Italien: Coing, ZfRV, 67, 77; für Belgien: Gravenhorst, Mobiliarsicherheiten für Darlehens- und Warenkredite in den sechs Ländern der Europäischen Gemeinschaft, 1972, Anm. C vor I; für Luxemburg: ders. a. a. O., Anm. D.
[2] Vgl. Heinrich, Einführung in das englische Privatrecht, Darmstadt 1971, 98 ff.

den Pfandrechtsvorschriften erfolgt[1]. In **Dänemark** wird von den Gerichten und der Lehre die Sicherungsübereignung grundsätzlich abgelehnt.

Die **Kommission der Europäischen Gemeinschaften** bemüht sich seit einiger Zeit um den Entwurf einer Richtlinie zur Harmonisierung dieses Rechtsproblems auf europäischer Ebene. Die Hauptschwierigkeiten bestehen dabei zum einen in der Publizitätsfrage und zum anderen darin, eine Lösung für die Frage des Rangs der Sicherheit und den sich daraus ergebenden Rechtsfolgen zu finden. Zur Zeit werden insbesondere drei Möglichkeiten als Lösung in Erwägung gezogen:

1. die Einrichtung nationaler Register
2. die Einrichtung eines europäischen Registers
3. die Einführung eines dem deutschen Kraftfahrzeugbrief vergleichbaren Dokuments, welches dem Sicherungsnehmer als äußeres Zeichen der Besitzverschaffung übergeben wird.

Letzterem Vorschlag werden zur Zeit die meisten Chancen eingeräumt. Es wird jedoch noch einige Zeit in Anspruch nehmen, bis der Richtlinienentwurf dem Rat zur Verabschiedung vorgelegt werden kann.

In Deutschland ist die Sicherungsübereignung aber seit Jahren ein gebräuchliches Sicherungsmittel[2] und ist auch von der Rechtsprechung[3] und auch gelegentlich vom Gesetz anerkannt worden (vgl. z. B. § 128 Abs. II Nr. 6 Aktiengesetz, § 11 Nr. 1 Steueranpassungsgesetz, § 6 Abs. 1 Satz 3 Vergleichsordnung). In der Tat kann jede Rechtsform zu beliebigen wirtschaftlichen Zwecken, die mit ihr erreichbar sind, verwendet werden. „Wer eine Sicherheit stellen will, kann die Sache, die zur Sicherung dienen soll, verkaufen, zu Eigentum übertragen, leihen usw. Unerlaubt ist ein solches Verfahren nur dann, wenn es sich zu dem Willen des Gesetzgebers in Gegensatz stellt, sei es z. B. daß der Gesetzgeber für die Erreichung des von den Parteien erstrebten Zwecks erklärte Formen ausschließlich vorgeschrieben hatte, oder daß er die Verwendung einer Rechtsform nur für bestimmte Zwecke erlauben wollte."[4].

Bei Grenzüberschreitung von Sicherungsgut ist aber zu beachten: Alle sachrechtlichen Tatbestände, also Erwerb, Verlust und Inhalt dinglicher Rechte an körperlichen Sachen sind nach dem Recht des Lageortes, also des Staates zu beurteilen, in dem sich die Sache zur Zeit des Eintritts des Tatbestandes befindet[5]. Während dieser Grundsatz in der Bundesrepublik Deutschland gewohnheitsrechtlich gewachsen ist, bestimmt das österreichische Kollisionsrecht in § 31 PRG ausdrücklich für den Fall, daß eine Sache

---

[1] Vgl. Gotzen, Eigentumsübertragung, Eigentumsvorbehalt und Sicherungsübereignung bei beweglichen Sachen in den Niederlanden und in der Bundesrepublik Deutschland, 1971, 157 ff.
[2] Die Umfrage in einer deutschen Großbank im Jahr 1978 ergab, daß etwa 12 % der Kreditengagements u. a. durch Sicherungsübereignungen gesichert werden.
[3] RG 59, 146; BGH WM 63, 506.
[4] RG 100, 212.
[5] Ganz überw. in- u. ausländische Länder., z. B. Palandt/Heldrich, Anm. 3 vor Art. 13.

ins Inland (hier: Österreich) gelangt, daß das im Ausland (hier: Bundesrepublik Deutschland) entstandene dingliche Recht hier nur dann dingliche Wirkungen entfaltet, wenn es mit der inländischen Sachenrechtsordnung vereinbar ist[1]. Der Grundsatz der Anerkennung im Ausland entstandener dinglicher Rechte gilt nämlich nicht ausnahmslos, insbesondere nicht bei besitzlosen Pfandrechten.

2. Rechtsstellung des Sicherungsnehmers

490   Das rechtmäßig erworbene Eigentum des Sicherungsnehmers ist **volles bürgerlichrechtliches Eigentum** mit genau derselben dinglichen Kraft wie jedes andere. Es hat keinen anderen Inhalt als das gewöhnliche Eigentum auch[2], mag auch dem Sicherungsgeber noch sog. „**wirtschaftliches Eigentum**" zuerkannt werden, falls — wie üblich — die Übereignung durch Besitzkonstitut erfolgt und sonach bei normalem Geschehensablauf die Befugnis zur Nutzung des Sicherungsgutes und zur Verfügung darüber (mittels § 185 BGB) für immer dem Sicherungsgeber verbleiben würde. Der Begriff des Sicherungseigentums im strafrechtlichen Einziehungsverfahren (s. Rdn. 89) ist kein anderer[3].

Das Sicherungseigentum schließt also die sachenrechtliche, lediglich schuldrechtlich beschränkte Vollgewalt in sich. Das zeigt sich nicht nur darin, daß der Erwerber Pfändungen dritter Gläubiger des Veräußerers mit der sogenannten Drittwiderspruchsklage (§ 771 ZPO) abwehren kann (s. Rdn. 147)[4], sondern auch darin, daß auf dem Gebiet der Schadensversicherung, wenn eine versicherte Sache sicherungshalber übereignet wird, der Erwerber mangels abweichender Vereinbarung nach § 69 VVG anstelle des Veräußerers in die Rechte und Pflichten des Versicherungsnehmers eintritt[5]. Gleiches dokumentiert sich darin, daß ein Spediteur-Pfandrecht am Sicherungsgut gemäß § 50a ADSp nur aus solchen Forderungen entstehen kann, die aus dem das Sicherungsgut betreffenden Beförderungsvertrag stammen. Ein solches Recht aus anderen Forderungen entsteht dagegen nur an den dem Auftraggeber (Versender) gehörenden Sicherungsgut. Dabei ist der Sicherungsnehmer mangels wirtschaftlicher Identifizierung mit dem sicherungsgebenden Versender auch bei umfassender Sicherung durch Sicherungsübereignung und Globalzession nicht mit einem Versender im Sinne des § 50a ADSp gleichzusetzen[6]. Die Eigenschaft des Sicherungseigentums als sachenrechtliches Vollrecht wird auch deutlich bei der Sicherungsübereignung von Gebäuden auf fremdem Grund und Boden, die als bewegliche Sachen zu gelten haben (vgl. s. Rdn. 80), bei denen nämlich die Grunderwerbssteuerpflicht ausgelöst wird, sofern die Übereignung nicht unter einer auflösenden Bedingung erfolgt (vgl. s. Rdn. 23, 102) — vgl. § 2 GrEStG —.[7]

---

[1] OGH Salzburg ZIP 84, 1330.
[2] RG 124, 73; BGH WM 92, 1379.
[3] BGH NJW 71, 2235.
[4] BGH 12, 234; OLG Karlsruhe WM 58, 1290.
[5] RG 117, 270; 144, 396.
[6] OLG Köln WM 85, 119.
[7] BGH BStBl 52 III 310; 56 III 93.

Obgleich also durch die Sicherungsübereignung das Eigentum mit voller dinglicher Wirkung auf den Erwerber übergeht, ist dennoch die ursprüngliche Zweckrichtung, nämlich eine von den Pfandrechtsnormen gelassene Lücke im Recht der Kreditsicherung auszufüllen, erkennbar. Das wird unter anderem darin deutlich, daß der Sicherungseigentümer im Konkurs des Sicherungsgebers einem Pfandgläubiger gleichkommt und nur ein Absonderungsrecht, kein Aussonderungsrecht erhält (s. Rdn. 910). Weiterhin zeigt es sich darin, daß der Sicherungsgeber, sobald der Sicherungszweck sich anderweitig erledigt hat, zur Erhebung der Drittwiderspruchsklage gegen pfändende Gläubiger des Sicherungseigentümers befugt ist (s. Rdn. 147) und unter gleichen Voraussetzungen im Konkurs des Sicherungseigentümers die übereignete Sache aussondern kann (s. Rdn. 910). Ein weiteres Indiz für die Verwandtschaft der Sicherungsübereignung mit dem Pfandrecht stellt § 283 StGB dar, der die Verheimlichung und Beiseiteschaffung von Vermögensstücken der Konkursmasse unter Strafe stellt und auch Sicherungsgut dem konkursbefangenen Vermögen des Sicherungsgebers zurechnet[1]. Auch im Rückerstattungsverfahren[2], im Entschädigungsverfahren nach dem LAG (§ 229 Abs. 2) und bei der Neuwert-Entschädigung von Kraftfahrzeugen nach § 13 Abs. 2 AKB[3] ist der Sicherungseigentümer einem Pfandgläubiger gleichgestellt worden, während im Wertpapierbereinigungsverfahren[4] und im Ablösungsverfahren anch dem AKG[5] der bürgerlich rechtliche Eigentumsbegriff maßgebend ist. Vor allem zeigt sich das pfandrechtliche Erbe der Sicherungsübereignung aber im steuerrechtlichen Bereich, wo auf dem Gebiet der Einkommens- und Vermögensbesteuerung das entscheidende Gewicht auf die wirtschaftliche Bedeutung eines Vorgangs gelegt wird (z. B. § 39 AO). Dies alles hat die Rechtsprechung veranlaßt, die Funktion des Sicherungseigentums dahin zu kennzeichnen, daß es „nicht nur wirtschaftlich, sondern auch rechtlich dem Pfandrecht erheblich näher steht, als dem Volleigentum"[6] und daß „die Sicherungsübereignung nur der Form nach Übereignung, der Sache nach aber bloße Sicherheit in Form eines von der Rechtsprechung zugelassenen besitzlosen Pfandrechts ist"[7].

II. Personen

Zu den zur wirksamen Übereignung erforderlichen, in der Person der Parteien zu erfüllenden Voraussetzungen wie Geschäftsfähigkeit (s. Rdn. 37, 38) und Willensmängel (s. Rdn. 44, 45) s. o.; die Fragen der Vertretungsmacht sind ebenfalls bereits besprochen worden (s. Rdn. 50). 491

---

[1] BGH NJW 54, 164.
[2] Hans. OLG Hamburg WM 55, 315.
[3] BGH WM 85, 400.
[4] BGH WM 58, 1044.
[5] OLG Celle WM 64, 862.
[6] BGH WM 59, 372.
[7] BGH WM 70, 817.

III. Sicherungsmittel

1. Allgemeines

492 Das Sicherungseigentum ist eine Sachsicherheit (s. Rdn. 15). Als solche muß es nicht nur von dem Sicherungsgeber, sondern auch von jedem Dritten respektiert werden. Wer es beeinträchtigt, kann vom Sicherungsnehmer ohne Rücksicht auf die Höhe der gesicherten Forderung auf Beseitigung der Beeinträchtigung bzw. auf Unterlassung, gegebenenfalls auf Herausgabe der Sache belangt (§§ 985, 1004 BGB)[1] oder auf Schadensersatz (§ 823 Abs. 1 BGB)[2] in Anspruch genommen werden. Ist der Dritte durch sein Verschulden zu einer Herausgabe außerstande, so ist er in dem Maße ersatzpflichtig, als der Gläubiger bei der Realisierung der gesicherten Forderung durch den Wegfall der Sicherheit schlechter gestellt ist[3]. Umgekehrt kann ein Dritter den Sicherungsnehmer nach § 1004 BGB belangen, wenn Sicherungsmittel eine Sache ist, die das Eigentum des Dritten stört und vom Sicherungsnehmer ausnahmsweise in unmittelbaren Besitz genommen worden ist[4].

Sicherungsmittel („Sicherungsgut") kann jede bewegliche Sache sein (s. Rdn. 91), auch Gebäude auf fremdem Grund und Boden, die als bewegliche Sachen zu gelten haben (s. Rdn. 101), ferner Schiffe und Schiffsbauwerk, insbesondere auch registrierte und daher der gewöhnlichen Verpfändung nicht zugängliche —, sowie Luftfahrzeuge jeder Art.

Problematisch ist die Sicherungsübereignung **unpfändbarer Gegenstände,** so z. B. wenn die Bank zur Sicherheit eine Wohnungseinrichtung übereignet erhält. Das OLG Frankfurt[5] hat entgegen einer Entscheidung des OLG Stuttgart[6] entschieden, daß die Sicherungsübereignung auch unpfändbarer Gegenstände zulässig ist, sofern nicht weitere Umstände hinzukommen, die die Sicherungsübereignung als sittenwidrig erscheinen lassen. Das Gericht stützt sich dabei darauf, daß der Sicherungsgeber bei der Sicherungsübereignung, bei der er den Sicherungsnehmer ja auch zum Eigentümer mache, nicht anders dastehen könne, als bei der Veräußerung. Eine Veräußerung unpfändbarer Sachen sei aber ohne jeden Zweifel zulässig. Daher könne von einem Verzicht auf Pfändungsschutz (der nach § 138 Abs. 1 BGB sittenwidrig sein könnte) nicht mehr die Rede sein, da der Sicherungsgeber gar nicht mehr Eigentümer sei[7].

Das Sicherungseigentum erstreckt sich kraft Gesetzes auch auf die **Erzeugnisse** des Sicherungsgutes (§§ 953 ff. BGB). Bei einer Sicherungsübereignung durch Besitzkonstitut ist jedoch anzunehmen, daß dem Sicherungsgeber für die Dauer des Besitzmitt-

---

[1] KG JW 34, 435.
[2] BGH WM 92, 1379.
[3] RG 143, 374.
[4] BGH NJW 64, 1794.
[5] NJW 73, 104; Serick I, § 12 IV 2; Reich, Die Sicherungsübereignung, 1970, S. 156.
[6] NJW 71, 50; Anm. Reich, NJW 71, 757; Trinkner, BB 71, 15.
[7] AG Köln MDR 73, 48; Reich, NJW 71, 758; Serick II, § 17 II 4.

lungsverhältnisses im Zweifel die Aneignung der Erzeugnisse stillschweigend gestattet ist (§ 956 BGB). Etwaiges **Zubehör** ergreift die Übereignung aber nur dann, wenn das Zubehör Sicherungsmittel ist und mitübereignet wird (vgl. § 4 SchiffsG), obwohl § 314 BGB als Auslegungsregel die schuldrechtliche Verpflichtung zur Erstreckung der Sicherungsübereignung auf das Zubehör vorsieht. Bei einer Sicherungsübereignung mittels Besitzkonstitut wird im Zweifel eine Mitübereignung des Zubehörs gewollt sein, sofern es sich nicht um fremdes Zubehör oder künftige Zusatzstücke handelt.

2. Dinglicher Tatbestand

Die auf den Parteierklärungen beruhende Willensübereinkuft reicht zur Begründung des Sicherungsrechts nur bei Personensicherheiten (Bürgschaft, Garantie u. a.) aus. 493

Zur Einigung über den Eigentumsübergang muß ein weiterer Rechtsakt hinzukommen: Die Sicherung ist durch einen äußeren Tatbestand offenkundig zu machen. Das Gesetz will das dingliche Recht, soweit möglich, für jedermann erkennbar machen (**Offenkundigkeit/Publizität** der dinglichen Rechtslage). Zu berücksichtigen ist dabei auch, daß eine erklärte Einigung über den Eigentumsübergang vor der Übergabe einer beweglichen Sache **nicht bindend** ist und daher vom Veräußerer jederzeit widerrufen werden kann. Allerdings muß der Wegfall der Einigung für den anderen Vertragsteil erkennbar sein[1]. **Handelt es sich um Sachsicherheiten, so muß zur wirksamen Bestellung der Sicherheit noch ein weiterer, der Vereinbarung gleichwertiger und den Sicherstellungsvertrag vollendender Rechtsakt hinzukommen;** die Sicherung ist durch einen äußeren Tatbestand offenkundig zu machen. Aus altdeutschem Rechtsdenken heraus will das Gesetz das dingliche Recht, soweit möglich, für jedermann erkennbar machen[2], wenngleich solche Offenkundigkeit (Publizität) der dinglichen Rechtslage nicht immer erreicht wird. Solange dieser Rechtsakt, der letzten Endes nicht nur über den Bestand, sondern auch über den Umfang und — bei Belastungen — über den Rang des Sicherungsrechts entscheidet, noch aussteht, können, vorbehaltlich einer im Zeitpunkt geringfügig abweichenden Regelung auf dem Gebiet des Grundbuchrechts, die Parteien ihre Einverständniserklärung zu der gesetzestechnisch als „**Einigung**" bezeichneten Übereinkunft widerrufen. Der Widerruf bewirkt, daß das Sicherungsrecht nicht mehr zur Entstehung gelangen kann; er ist auch dann möglich, wenn die Einigung als **unwiderrufliche** erklärt worden ist. Widerruft der Sicherungsgeber, obwohl er sich zur Bestellung der Sicherheit verpflichtet hat, so kann ihn zwar sein Vertragspartner auf nochmalige Abgabe der Bestellungserklärung verklagen, oder auch auf Schadensersatz in Anspruch nehmen. Aber das nützt dem Sicherungsnehmer wenig, wenn der Sicherungsgeber inzwischen in Konkurs gerät. Hieraus erwachsen besondere Risiken bei der Sicherungsübereignung, auf die an anderer Stelle (s. Rdn. 552) näher eingegangen wird. Bei akzessorischen Sicherheiten muß zu dem zusätzlichen Rechtsakt hinzukommen, daß die gesicherte Forderung ebenfalls entstanden ist (s. Rdn. 18). Von

---

[1] BGH NJW 78, 696.
[2] RG 77, 208.

da an ist der Widerruf der Einigung selbst dann ausgeschlossen, wenn die Einigung unter aufschiebender Bedingung erfolgte und die Bedingung noch nicht eingetreten ist[1]. **Den Inhalt des Sicherungsrechts aber bestimmt allein die Einigung;** sie entscheidet z. B. darüber, ob eine dem Sicherungsnehmer durch Aushändigung eines Konnossements übergebene Warenladung oder ein an ihn begebener, mit einem Vollindossament versehener Wechsel zu Sicherungseigentum übertragen oder nur verpfändet soll[2]. Im übrigen braucht die Einigung dem ergänzenden Rechtsakt nicht notwendig voranzugehen, sie kann ihm auch folgen. In letzterem Falle entsteht das Sicherungsrecht allerdings erst mit der Einigung. Im einzelnen gilt folgendes:

a) Besitzverschaffung

494   Ist Sicherungsmittel eine bewegliche Sache, sei es, daß sie verpfändet, sei es, daß sie sicherungshalber übereignet wird, so muß der Sicherungsnehmer, um das Sicherungsrecht zu erwerben, den Besitz an der Sache erlangen. Unter **Besitz** versteht man die tatsächliche Herrschaft einer Person über eine Sache: Wer die tatsächliche Gewalt über die Sache ausübt, ist Besitzer der Sache. Diese tatsächliche Gewalt, die der Besitzer hat, und die ihn überhaupt erst zum Besitzer macht, kann eine unmittelbare oder mittelbare sein. Daraus ergibt sich folgende Unterscheidung:

aa) Unmittelbarer Besitz

495   Der Erwerb des Sicherungsrechts vollendet sich dadurch, daß der Sicherungsnehmer den unmittelbaren Besitz an der Sache erlangt. **Der unmittelbare Besitz ist vorhanden, wenn der Besitzer die Möglichkeit jederzeitiger ungehinderter Einwirkung auf die Sache hat.** Ist der Sicherungsnehmer bei Abschluß des Sicherstellungsvertrages bereits im (unmittelbaren) Besitz der Sache, so ist für eine nochmalige Besitzerlangung kein Raum mehr. Hier genügt deshalb zum Erwerb des Sicherungsrechts die bloße Einigung der Parteien gemäß den Ausführungen zu Rdn. 509 (§§ 929, 1205 BGB). Will etwa A einen Kraftwagen, den er dem B geliehen hat und der sich deshalb im unmittelbaren Besitz befindet, diesem sicherungshalber übereignen, so ist hierzu die Einigung über den Eigentumsübergang ausreichend. In allen anderen Fällen muß der Besitz durch „**Übergabe**" der Sache auf den Sicherungsnehmer in der Weise übertragen werden, daß der Wechsel in der Person des unmittelbaren Besitzers nach außen für jeden, der darauf achtet, erkennbar ist (§§ 854, 929, 1205 BGB)[3].

Und zwar darf es sich nicht nur um eine **Scheinübergabe** handeln, insofern die Sache dem Sicherungsgeber sofort wieder zurückgegeben wird (s. Rdn. 43)[4]. Der Wechsel des Besitzers vollzieht sich, indem der Sicherungsgeber dem Sicherungsnehmer die

---

[1] BGH WM 60, 1033.
[2] BGH WM 61, 57.
[3] BGH WM 56, 1281.
[4] OLG Celle WM 57, 220; OLG München NJW 70, 667.

ungehinderte Möglichkeit der Gewaltausübung verschafft, sei es dadurch, daß er dem Sicherungsnehmer die Sache körperlich aushändigt, sei es dadurch, daß er ihn in die Lage versetzt, die Sache nach Belieben an sich zu nehmen, in dem er ihm z. B. den Schlüssel zu dem Aufbewahrungsort der Sache gibt — daß ein zweiter Schlüssel beim Sicherungsgeber verbleibt, ist unschädlich[1]. Ist der Ort, an dem das übergebende Sicherungsgut sich befindet nur mittels eines anderweitigen Schlüssels zugängig, z. B. ein Schuppen in einem verschließbaren Hofraum, ist eine Übergabe des Sicherungsgutes an den Sicherungsnehmer nur dann gegeben, wenn er außer dem Schlüssel zum Lagerraum auch den Schlüssel zu der betreffenden Örtlichkeit selbst, im Beispiel zum Hoftor, erhält. Der Sicherungsgeber muß eben willentlich jegliche Möglichkeit der Einwirkung auf die Sache verlieren[2]. Wegen der Übergabe vermittels Traditionspapieren s. Rdn. 504. Ist der Sicherungsnehmer ohne besondere Vorkehrungen in der Lage, sich der Sache jederzeit zu bemächtigen, so genügt zur Besitzübertragung die schlichte, formlose Einigung zwischen den Parteien über den Besitzübergang, die dann äußerlich regelmäßig mit der zu Rdn. 509 erwähnten Einigung über die Bestellung der Sicherheit zusammenfällt[3]. Auf diese Weise erlangt der Sicherungsnehmer z. B. den Besitz an Holzbeständen, die frei im Walde lagern, sofern der Sicherungsgeber seinerseits mit der Erteilung der Abfuhrerlaubnis Besitz (und Eigentum) daran erworben hatte[4]. Auch in Fällen solcher Art muß der Sicherungsgeber unter allen Umständen seine bisherige Gewalt über die Sache aufgeben[5]. Bloße Anbringung von Tafeln oder Marken[6] genügt als bloß symbolische Handlung ebensowenig wie gesonderte Stapelung des Sicherungsgutes, wohl aber reicht die Anbringung eines verschlossenen Zaunes aus[7]. **Bei der Besitzübertragung kann sowohl auf seiten des Sicherungsgebers als auch auf seiten des Sicherungsnehmers ein Mittelsmann (Geheißperson) auftreten**[8]. Daher genügt es, wenn der Sicherungsnehmer die Sache zwar nicht vom Sicherungsgeber selbst, wohl aber auf dessen Geheiß von einem Dritten, der die Sache in unmittelbarem Besitz hat, ausgehändigt erhält, wenn also z. B. A, welcher dem B sicherungshalber einen Kraftwagen übereignen will, den C, dem er den Kraftwagen geliehen hat, veranlaßt, den Wagen dem B zu übergeben[9]. Auf der anderen Seite genügt es, wenn die Sache zwar nicht dem Sicherungsnehmer selbst, wohl aber auf dessen Anweisung einem Dritten ausgehändigt wird, welcher für den Sicherungsnehmer den (unmittelbaren) Besitz in der Weise ergreift, daß der Sicherungsnehmer mit dem Erwerb durch den Dritten mittelbarer Besitzer (s. Rdn. 498) wird. Der Veräußerer kann den unmittelbaren Besitzer des Grundschuldbriefes anweisen, den Brief dem Erwerber zu übersenden, auch wenn der

---

[1] RG 66, 264.
[2] BGH WM 73, 1054.
[3] BGH WM 63, 125.
[4] BGH v. 9. 7. 1952 — II ZR 281/51.
[5] BGH 27, 360.
[6] RG 151, 184.
[7] RG 74, 146.
[8] RG 137, 25; MünchKomm/Quack, § 929 Rdn. 141 ff.
[9] BGH NJW 62, 299.

Veräußerer nicht mittelbarer Besitzer des Briefes ist. Nimmt der unmittelbare Besitzer (als Geheißperson) die Weisung an, so wird die Übersendung des Briefes an den Erwerber dem Veräußerer als Übergabe i. S. vom § 1154 Abs. 1 S. 1 Halbs. 1 BGB zugerechnet mit der Folge, daß auch auf diesem Wege die Grundschuld gutgläubig erworben werden kann (Str.)[1]. Letzten Endes genügt es zur Besitzübertragung, wenn der Sicherungsgeber den unmittelbaren Besitzer beauftragt, in Zukunft nicht mehr für ihn, sondern für den Sicherungsnehmer zu besitzen, und wenn der unmittelbare Besitzer daraufhin in ein Besitzmittlungsverhältnis zum Sicherungsnehmer tritt, im obigen Beispiel also A den C veranlaßt, nunmehr als Partner des B den Leihbesitz des Wagens zu behalten; sobald C angefangen hat, den Wagen ausschließlich für B zu besitzen, ist die Besitzübertragung vollzogen[2]. Die gleiche Rechtswirkung tritt ein, wenn der Sicherungsgeber, anstatt den Lagerschein über eine eingelagerte Ware an den Sicherungsnehmer zu indossieren, den Lagerhalter anweist, unmittelbar einen Lagerschein auf den Namen des Sicherungsnehmers auszustellen[3].

496 Es ist nicht immer notwendig, daß der Sicherungsnehmer den unmittelbaren Alleinbesitz der Sache erlangt; **mitunter (Rdn. 555, § 1206 BGB) reicht schon die Einräumung des unmittelbaren Mitbesitzes aus.** Solcher (schlichte) Mitbesitz liegt vor, wenn Sicherungsgeber und Sicherungsnehmer gleichzeitig unmittelbare Besitzer der Sache sind, z. B. jeder ohne den anderen Zutritt zum Weinkeller hat (§ 866 BGB). Der Mitbesitz ist ein **„qualifizierter"** (zur gesamten Hand), wenn die Sache derart unter den Mitverschluß des Sicherungsnehmers gebracht wird, daß der Verschluß ordnungsmäßig nicht mehr vom Sicherungsgeber allein, sondern nur noch unter gleichzeitiger Mitwirkung des Sicherungsnehmers geöffnet werden kann. Wo qualifizierter Mitbesitz erforderlich ist (s. Rdn. 503), genügt die bloße Aushändigung eines zweiten Schlüssels nicht; es müssen vielmehr beide Schlüssel so beschaffen sein, daß sie nur zusammen zur Öffnung des Verschlusses gebraucht werden können. Unschädlich ist daher, wenn der Sicherungsgeber ohne Wissen des Sicherungsnehmers einen zweiten Schlüssel zurückbehält[4]. Wegen der Übertragung von Mitbesitz in einem Sonderfall s. Rdn. 499.

497 Guter Glaube: Gehört in den zu Rdn. 495 erörterten Fällen das Sicherungsmittel nicht dem Sicherungsgeber oder ist es zur Zeit des Vertragsschlusses bereits belastet, so wird der **gute Glaube** des Sicherungsnehmers (s. Rdn. 500) mit der Erlangung des unmittelbaren Allein- bzw. Mitbesitzes geschützt; war jedoch der Sicherungsnehmer schon von vornherein im unmittelbaren Besitz der Sache, so genügt es, daß er den Besitz vom Sicherungsgeber selbst erlangt hatte (§§ 932 Abs. 1, 936, 1207 BGB). Dies gilt auch für Sachen, die unter Eigentumsvorbehalt stehen; es schadet dem Sicherungsnehmer nicht, wenn er nach der Besitzerlangung, aber noch vor Erlöschen des Eigentums-

---

[1] a. A. BGH WM 93, 285; wie hier Reinicke/Tiedtke, NJW 94, 345 ff.
[2] BGH WM 60, 1035.
[3] Vgl. auch Tiedke, WM 78, 446 f.
[4] RG 103, 100.

vorbehalts bösgläubig wird[1]. In den hier behandelten Fällen muß dem gutgläubigen Sicherungsnehmer die Sache in den Formen übergeben werden, die nach Rdn. 495 den Begriff der Übergabe erfüllen. Es genügt somit auch hier, daß der Sicherungsgeber auf Geheiß des Sicherungsnehmer den unmittelbaren Besitz der Sache auf einen Dritten überträgt, der den Besitz für den Sicherungsnehmer ergreift, oder daß ein Dritter, der die Sache in unmittelbarem Besitz hat, sie auf Geheiß des Sicherungsgebers dem Sicherungsnehmer aushändigt[2]. Letzten Endes kann der Sicherungsgeber den unmittelbaren Besitzer auch beauftragen, fortan nicht mehr für ihn, sondern für den Sicherungsnehmer zu besitzen, und wenn der unmittelbare Besitzer daraufhin in ein Besitzmittlungsverhältnis zum Sicherungsnehmer tritt, ist die Besitzübertragung vollzogen[3].

bb) Mittelbarer Besitz
aaa) Besitzmittlungsverhältnis mittels antizipierten Besitzkonstituts

Der Erwerb des Sicherungsrechts vollendet sich dadurch, daß der Sicherungsnehmer 498 den mittelbaren Besitz der Sache erlangt (Ersatzübergabe). **Der mittelbare Besitz ist eine Art gelockerter Sachherrschaft. Er ist gegeben, wenn dem mittelbaren Besitzer der Besitz durch einen anderen, den sog. Besitzmittler, vermittelt wird.** Der Besitzmittler hat dabei den unmittelbaren Besitz (s. Rdn. 495) und zwar auf Grund eines auf Nutzung oder Verwahrung der Sache gerichteten Rechtsverhältnisses, welches ihn gegenüber dem mittelbaren Besitzer auf Zeit zum Besitz berechtigt und verpflichtet (§§ 868, 930 BGB). **Man bezeichnet das Rechtsverhältnis, kraft dessen der Besitzmittler seinen unmittelbaren Besitz von dem mittelbaren Besitzer ableitet, als Besitzmittlungsverhältnis.** Vermietet jemand eine Sache, so ist der Mieter, dem das Mietobjekt übergeben worden ist, unmittelbarer, der Vermieter mittelbarer Besitzer der Sache. Es gehören hierher insbesondere die Rechtsverhältnisse der Pacht, Verwahrung, Leihe, Verkaufskommission[4], Spedition, des Auftrages, Werkvertrages, Frachtvertrages, Lagergeschäfts usw., ohne daß aber zur wirksamen Begründung eines Besitzmittlungsverhältnisses sämtliche gesetzlichen Begriffsmerkmale des von den genannten typisierten Rechtsverhältnissen jeweils vereinbarten gegeben sein müßten[5]. Ob bereits der Sicherungsvertrag (s. Rdn. 106) als solcher geeignet ist, ein Besitzmittlungsverhältnis zu begründen, war umstritten[6]. Inzwischen ist h. M., daß der Sicherstellungsvertrag i. S. vom § 868 BGB ausreichend ist[7]; das dadurch begründete Besitzmittlungsverhältnis hat Ähnlichkeit mit treuhänderischer Verwahrung (bei nicht zu benutzenden Sachen wie Umlaufvermögen) und Leihe (bei Betriebs-

---

[1] BGH 10, 69; 30, 374; OLG Karlsruhe NJW 66, 885.
[2] BGH 36, 56; WM 72, 1447.
[3] BGH NJW 59, 1536.
[4] RG 118, 361.
[5] RG 132, 183; JW 29, 2149.
[6] BGH WM 58, 71; 59, 1313; 62, 1194; OLG Hamm NJW 70, 2067; siehe MünchKomm/ Quack, Anh. §§ 929—936 Rdn. 25.
[7] BGH NJW 79, 2038.

vermögen)¹. Rechtswirksamkeit des Besitzmittlungsverhältnisses ist nicht Voraussetzung für den mittelbaren Besitz, wohl aber der entsprechende Wille des unmittelbaren Besitzers². Der mittelbare Besitz kann mehrstufig vorkommen. Wenn der Entleiher einer Sache diese einem Dritten in Verwahrung gibt, so ist der Verwahrer unmittelbarer Besitzer, der Entleiher mittelbarer Besitzer ersten Grades, der Verleiher mittelbarer Besitzer zweiten Grades, eine Stufenreihe, die man sich beliebig verlängert denken kann (§ 871 BGB). Die tatsächliche Gewalt des mittelbaren Besitzers erschöpft sich in einem gegen den unmittelbaren Besitzer gerichteten **Anspruch auf Herausgabe der Sache**, einem Anspruch, der als „persönlicher" (schuldrechtlicher) aus dem Besitzmittlungsverhältnis resultiert und auch als „dinglicher" auf dem Eigentum des mittelbaren Besitzers an der Sache beruhen kann (§ 985 BGB), dessen Geltendmachung aber in beiden Fällen durch das vertragliche Besitzrecht des unmittelbaren Besitzers beschränkt ist (§§ 404, 986 BGB). Wegen des Unterschiedes zwischen solchem Herausgabeanspruch und einem bloßen Lieferungsanspruch s. Rdn. 501. Auch auf der Erwerberseite kann ein Eigentumserwerb unter Einschaltung eines Besitzmittlers nach § 929 S. 1 BGB erfolgen³.

499 Ist der Sicherungsnehmer bei Abschluß des Sicherstellungsvertrages bereits im (mittelbaren) Besitz der Sache, so ist für eine nochmalige Besitzerlangung kein Raum mehr. Hier genügt deshalb zum Erwerb des Sicherungsrechts die bloße Einigung der Parteien gemäß den Ausführungen zu Rdn. 494 (§§ 929, 1205 BGB). **Sonst muß der Sicherungsgeber dem Sicherungsnehmer den mittelbaren Besitz dadurch verschaffen, daß er mit diesem ein der jeweiligen Sachlage angepaßtes Besitzmittlungsverhältnis der zu Rdn. 495 erwähnten Art vereinbart dergestalt, daß der Sicherungsgeber zum Besitzmittler, der Sicherungsnehmer zum mittelbaren Besitzer wird (§ 930 BGB; Besitzkonstitut, Besitzvorbehalt).** Will A einen in seinem unmittelbaren Besitz befindlichen Kraftwagen dem B sicherungshalber übereignen, so vereinbart er (neben der Einigung über den Eigentumsübergang) mit B, er (A) werde den Wagen nur noch als Verwahrer oder Mieter des B behalten. Übertragung von Mitbesitz bei fortbestehendem Mitbesitz beider Teile ist überhaupt nur derart möglich, daß der Sicherungsgeber den Mitbesitz als Besitzmittler für den Sicherungsnehmer ausübt, so z. B. bei der Übereignung von Hausrat seitens eines Ehegatten an den im Mitbesitz des Hausrats befindlichen anderen Ehegatten. Die Methode der Besitzverschaffung durch Neuschaffung von mittelbarem Besitz ist allerdings bei der Verpfändung nicht möglich; sie findet sich bei der Sicherungsübereignung⁴. Die Möglichkeit eines mehrstufigen mittelbaren Besitzes gestattet es dem Sicherungsgeber, durch Vereinbarung eines Besitzmittlungsverhältnisses soweit überhaupt eine Sicherstellung mit Hilfe des Besitzkonstitus wirksam erfolgen kann, den Sicherungsnehmer auch dann zum mittelbaren Besitzer zu machen,

---

[1] MünchKomm/Quack, Anh. §§ 929—936 Rdn. 26.
[2] BGH NJW 55, 499.
[3] BGH WM 76, 154; RG 127, 23.
[4] Wegen der Besitzübertragung durch Insichgeschäft s. Rdn. 553.

wenn er (Sicherungsgeber) von vornherein selbst nur den mittelbaren Besitz der Sache hat. Durch die Vereinbarung eines solchen Besitzkonstitus wird der Sicherungsnehmer mittelbarer Besitzer zweiten Grades, während der Sicherungsgeber im mittelbaren Besitz ersten Grades verbleibt. So kann z. B. A einen von ihm gemieteten Kraftwagen dem B in der Weise sicherungshalber übereignen, daß er vereinbarungsgemäß den Wagen nur noch als Verwahrer für B im (mittelbaren) Besitz behält; der Mieter braucht davon nicht unterrichtet zu werden[1]. **Das Besitzmittlungsverhältnis kann schon vereinbart werden, bevor überhaupt der Sicherungsgeber seinerseits den unmittelbaren Besitz der Sache erlangt hat,** so z. B. bezüglich einer Sache, die der Sicherungsgeber seinerseits erst erwerben will, ja, die vielleicht noch gar nicht existiert, sondern in Zukunft hergestellt werden soll. Es wird dann ausbedungen, daß er Sicherungsgeber die künftig von ihm anzuschaffende Sache von dem Augenblick seines eigenen Erwerbs an auf Grund des vereinbarten Besitzmittlungsverhältnisses (als Verwahrer, Entleiher usw.) für den Sicherungsnehmer in Besitz und Benutzung nehmen werde. Damit wird letzterer im Zeitpunkt des Erwerbs der Sache durch den Sicherungsgeber mittelbarer Besitzer der Sache. Man spricht hier von einem **vorweggenommenen (antizipierten) Besitzkonstitut**[2]. Auf ihm beruht die im Wirtschaftsleben so häufige Sicherungsübereignung der künftigen Ersatzstücke bei einem Warenlager mit wechselndem Bestand[3]. Allerdings muß hier der Sicherungsgeber in Bestätigung der antizipierten Einigung durch eine äußerliche Ausführungshandlung, z. B. durch Aufnahme der Waren in ein Verzeichnis oder Hereinnahme der Ersatzstücke in das Warenlager, dem Sicherungsnehmer (nicht notwendig auch Dritten) erkennbar machen, daß er die Sache für diesen zu besitzen gewillt ist[4]. **Den so begründeten mittelbaren Besitz kann der Sicherungsgeber durch eine einseitige Handlung wieder zerstören.** Dies Handlung muß aber, da die Fortdauer seines Besitzmittlungswillens zu vermuten ist, äußerlich feststellbar sein[5]. Geschieht dies, so fallen die künftigen Ersatzstücke nicht mehr in das Eigentum des Sicherungsnehmers, da es nunmehr an der Übergabe fehlt. So ist z. B. die Rechtslage, wenn der Sicherungsgeber die künftigen Ersatzstücke nachträglich zum Gegenstand eines neuen Besitzmittlungsverhältnisses zu Gunsten eines Dritten macht, indem er treuwidrig auch diesem das Warenlager in seinem wechselnden Bestand durch Besitzkonstitut übereignet. Damit endet der mittelbare Besitz des ersten Sicherungsnehmer in Ansehung der künftigen Ersatzstücke, ohne daß er etwas davon zu wissen braucht, und damit entfällt für ihn zugleich eine unentbehrliche Voraussetzung für den Erwerb des Eigentums an den weiteren Warenzugängen. Die Unredlichkeit des Sicherungsgebers kann den Sicherungsnehmer höchst unangenehm überraschen.

Guter Glaube: Ist der Sicherungsnehmer bei Abschluß des Sicherstellungsvertrages 500 bereits im (mittelbaren) Besitz der Sache gehört das Sicherungsmittel nicht dem Siche-

---

[1] BGH NJW 64, 398.
[2] MünchKomm/Quack, § 930 Rdn. 29 ff.
[3] RG JW 11, 762.
[4] RG 140, 230.
[5] RG JW 32, 1212, 3763; BGH WM 60, 1227; 65, 1254.

rungsgeber oder ist es zur Zeit des Vertragsschlusses bereits belastet, so nützt dem Sicherungsnehmer sein etwaiger **guter Glaube** (s. Rdn. 318) nichts, weil die Neuschaffung von mittelbarem Besitz durch Vereinbarung eines Besitzmittlungsverhältnisses nicht den Tatbestand der Besitzübertragung erfüllt. So wird er zwar mittelbarer Besitzer des Sicherungsgutes, und eine Sicherungsübereignung seinerseits an einen gutgläubigen Dritten im Wege der Abtretung des Herausgabeanspruchs nach Rdn. 501 wäre rechtswirksam[1], aber er selbst erwirbt kraft eigenen guten Glaubens die Sicherheit erst dann, wenn er aufgrund des Sicherstellungsvertrages den unmittelbaren Besitz der Sache vom Sicherungsgeber — oder dessen Konkursverwalter[2] — erlangt (§ 933 BGB)[3]. Entscheidend ist, daß der Erwerber den Besitz gerade vom Veräußerer mit dessen Willen in Vollziehung der Veräußerung/Sicherungsübereignung erhält[4]. Wegnahme durch den Sicherungsnehmer gegen den Willen des Sicherungsnehmers reicht nicht. Die hier erörterte Regelung ist von großer Bedeutung für die Sicherungsübereignung, denn diese kann — im Gegensatz zur Verpfändung — durch die Vereinbarung eines Besitzmittlungsverhältnisses vorgenommen werden und bevorzugt die Methode des Besitzkonstituts in einem Ausmaß, daß für die Praxis das Konstitut geradezu zum Begriff der Sicherungsübereignung gehört. **Daher genießt der gute Glaube des Sicherungseigentümers in aller Regel keinen Schutz.**

bbb) Abtretung des Herausgabeanspruchs

501   Hat der Sicherungsgeber bei Abschluß des Sicherstellungsvertrages seinerseits nur den mittelbaren Besitz der Sache, so ist Vereinbarung eines mehrstufigen Besitzmittlungsverhältnisses ein Weg, um auch den Sicherungsnehmer zum (mittelbaren) Besitzer zu machen (s. Rdn. 498). Eine andere Möglichkeit ist die zu Rdn. 495 behandelte Besitzübertragung, welche sich dadurch vollzieht, daß der unmittelbare Besitzer kraft Auftrags des Sicherungsgebers die Sache als Partner des Sicherungsnehmers behält. Am häufigsten wird der bereits bestehende mittelbare Besitz des Sicherungsgebers auf den Sicherungsnehmer übertragen, und zwar dadurch, daß diesem als „Ersatzübergabe" **der Anspruch auf Herausgabe der Sache gegen den Besitzmittler abgetreten** wird (§ 870 BGB). So kann z. B. A. einen von ihm vermieteten Kraftwagen dem B. in der Weise sicherungshalber übereignen, daß er seinen Anspruch auf Herausgabe des Wagens gegen den Mieter an B. zediert (§§ 931, 1205 BGB).

Abgetreten wird dabei der aus dem Besitzmittlungsverhältnis erwachsene schuldrechtliche Herausgabeanspruch[5]; doch muß er rechtlich existent sein[6], während das Recht des Besitzmittlers zur Verweigerung der Herausgabe solche Übereignung nicht

---

[1] BGH 50, 45.
[2] BGH NJW 59, 2206.
[3] BGH WM 69, 175; WM 77, 1353.
[4] BGH WM 70, 251; BGH 67, 207.
[5] BGH NJW 59, 1536.
[6] RG JW 34, 1484.

ausschließt. Mitunter (Rdn. 502) muß zu der Abtretung des Herausgabeanspruchs noch die Anzeige der Sicherheitsbestellung an den unmittelbaren Besitzer hinzukommen. Im übrigen ist die Abtretung **formlos,** sogar stillschweigend möglich[1]. Sie kann unter Umständen schon darin erblickt werden, daß der Sicherungsgeber bestimmte auf die Sache bezogene Urkunden dem Sicherungsnehmer aushändigt[2] oder ihm die Sache „zur Verfügung stellt"[3]; allerdings liegt in der bloßen Anweisung an den Sicherungsnehmer, die Sache bei dem Besitzmittler abzuholen, noch keine Abtretung des Herausgabeanspruchs. Dem Zessionar (Sicherungsnehmer) kann der Herausgabepflichtige nicht nur eigene dingliche Recht an der Sache, z. B. der Lagerhalter das **gesetzliche Pfandrecht** am Lagergut entgegensetzen, sondern auch alle sonstigen Einwendungen gegen den Anspruch sowie das kaufmännische **Zurückbehaltungsrecht des** § 369 HGB mit seiner pfandrechtsähnlichen Wirkung (§§ 404, 1227 BGB). Daher kann er auch geltend machen, er habe seinerseits die Sache dem Zedenten nur sicherungshalber übereignet und der Sicherungszweck sei bereits im Zeitpunkt der Abtretung erledigt gewesen (s. Rdn. 164). Die Abtretung des Herausgabeanspruchs ist hier lediglich Tatbestandselement der Sicherstellung vermittels einer beweglichen Sache. Er kann aber auch selbständig und für sich allein Sicherungsmittel sein, z. B. wenn nicht die beim Spediteur lagernde Ware, sondern nur der Herausgabeanspruch gegen den Spediteur verpfändet wird. Bei der Übergabe von **Dispositionspapieren** kann im allgemeinen davon ausgegangen werden, daß die Parteien die Ware selbst, nicht die im Papier verbriefte Forderung zum Sicherungsmittel machen wollen. Die selbständige Abtretbarkeit des dinglichen Herausgabeanspruchs ist streitig[4]; solche Abtretung kann jedoch in die Ermächtigung zur Geltendmachung des Anspruchs umgedeutet werden[5].

Ein „**Lieferungsanspruch**" (**Verschaffungsanspruch**)**, d. i. der Anspruch auf Übereignung einer Sache, wie er z. B. aus einen Kaufvertrag erwächst, steht dem Herausgabeanspruch schon aus dem Grunde nicht gleich, weil der Gläubiger weder Eigentümer noch mittelbarer Besitzer der zu liefernden Sache ist;** der Gläubiger kann zwar solchen Lieferungsanspruch sicherungshalber zedieren, ihn also als Sicherungsmittel einer Sicherungsabtretung verwenden (s. o.), nicht aber durch seine Abtretung das Eigentum an der zu liefernden Sache übertragen. Übereignet z. B. der Sicherungsgeber durch Abtretung des „Herausgabeanspruchs" eine Zuckerpartie, die er bei einer Zuckerfabrik gekauft hat, so wird sich der Sicherungsnehmer darüber klar sein müssen, daß sein Partner, mag er auch den Zucker bezahlt haben, solange lediglich einen Lieferungsanspruch gegen die Fabrik hat, bis diese ihm den Zucker geliefert, d. h. zu Eigentum übergeben oder separat bzw. als Bruchteil (s. Rdn. 519) für ihn eingelagert hat; erst kraft solcher Ersatzübergabe erwächst dem Sicherungsgeber ein Herausgabeanspruch gegen die Fabrik, und der vorangegangene Übereignungsvertrag wird dann

---

[1] RG 135, 85; BGH WM 59, 561.
[2] RG 135, 85.
[3] BGH WM 61, 888.
[4] Vgl. BGH WM 64, 426.
[5] LG Berlin WM 67, 1295.

Sicherungseigentum

nachträglich wirksam (s. Rdn. 510). Die Sicherungszession des Lieferungsanspruchs wird gern gekoppelt mit einem antizipierten Besitzkonstitut (s. Rdn. 498). Mit einer bereits gekauften und bezahlten, aber noch nicht gelieferten Ware bestellt nämlich der Sicherungsgeber häufig in der Art Sicherheit, daß er dem Sicherungsnehmer den Lieferungsanspruch und den Anspruch auf Rückzahlung des Kaufpreises für den Fall der Nichtlieferung (still) zediert und zugleich für den Fall der Lieferung die Ware mit der Abrede übereignet, daß er sie vom Augenblick der Lieferung an für den Sicherungsnehmer verwahren werde. Dann kann letzterer sich für jede Möglichkeit, mag geliefert werden oder nicht, als gesichert betrachten. Läßt sich der Herausgabeanspruch hinreichend genau bestimmen, insbesondere durch Bezeichnung des Besitzmittlers, so können die Parteien die Übertragung des mittelbaren Besitzes durch Abtretung des Herausgabeanspruchs sogar schon vereinbaren, wenn die Sache sich noch gar nicht im Besitz des Besitzmittler befindet, ja wenn sie sich überhaupt erst bilden soll. **Der Herausgabeanspruch wird dann als künftiger zediert,** was nach allgemeinen Regeln hinreichende Individualisierbarkeit des Anspruchs voraussetzt. Auf diesem Wege kann z. B. A. dem B. sicherungshalber einen Kraftwagen übereignen, den C. seinerseits erst für A. anschaffen und in Verwahrung nehmen soll, mit der Wirkung, daß B. im Zeitpunkt des Erwerbs des Wagens durch C. mittelbarer Besitzer und Eigentümer des Wagens wird.

502   Guter Glaube: Hat der Sicherungsgeber bei Abschluß des Sicherstellungsvertrages seinerseits nur den mittelbaren Besitz der Sache und gehört ihm das Sicherungsmittel nicht oder ist es zur Zeit des Vertragsabschlusses bereits belastet, so wird der **gute Glaube** des Sicherungsnehmers (s. Rdn. 525, 526) mit und kraft der Abtretung geschützt. Falls zur Abtretung die Anzeige an den unmittelbaren Besitzer hinzukommen muß, ist die Erstattung der Anzeige maßgebend und Gutgläubigkeit bis zu diesem Zeitpunkt erforderlich (§§ 934, 936, 1207 BGB). In Fällen dieser Art ist — im Gegensatz zur Sicherstellung durch Vereinbarung eines Besitzkonstituts (s. Rdn. 499) — der gute Glaube bereits mit Vertragsschluß schutzfähig, so daß der Sicherungsnehmer bei der Sicherstellung durch Verschaffung des mittelbaren Besitzes den Weg über die Abtretung des Herausgabeanspruchs vorziehen sollte. Ist allerdings die Sache bereits zu Gunsten dessen belastet, gegen den der Herausgabeanspruch sich richtet, z. B. mit dem gesetzlichen Pfandrecht des Lagerhalters, so nützt dem Sicherungsnehmer sein guter Glaube bezüglich der Vorbelastung nichts; das dingliche Recht des Dritten ist durch ausdrückliche Gesetzesvorschrift vor dem Erlöschen bewahrt, weil sonst derartige Rechte Dritter im wesentlichen wertlos sein würden (§§ 936 Abs. 3, 1208 BGB —; s. Rdn. 501). Übereignet A. dem C. sicherungshalber eine von B. entliehene Schreibmaschine, die er dem D. zur Reparatur überlassen hat, so wird der gutgläubige C. Sicherungseigentümer, wenn sich die Übereignung durch Abtretung des Herausgabeanspruchs gegen D. vollzieht. Es genügt, wenn (gemäß Rdn. 495) eine Übergabe der Maschine an C. in der Weise erfolgt, daß D. auf Anweisung des A. die Maschine in Zukunft für C. aufbewahrt. Das gesetzliche Pfandrecht des D. für seinen Anspruch auf den Reparaturlohn bleib auch dem C. gegenüber bestehen. **Unter allen Umständen muß aber zur Abtretung**

des Herausgabeanspruchs die Herausgabe der Sache hinzukommen, wenn der abgetretene Anspruch nicht existiert (zweite Fallgestaltung von § 934 BGB). In diesem Fall erwirbt der Sicherungsnehmer die Sicherheit kraft seines guten Glaubens erst und nur dann, wenn er den Besitz vom unmittelbaren Besitzer erlangt. Voraussetzung ist aber auch hier die Einigung und Abtretung eines angeblichen oder wirklichen Herausgabeanspruchs[1]; letzteres gilt dann, wenn der Herausgabeanspruch zwar besteht, der unmittelbare Besitzer aber die besitzrechtliche Unterwerfung verweigert[2]. Für den Fall, daß die Sicherungsübereignung gemäß §§ 929, 931, 934 BGB fehlschlägt, kann jedoch das dem Sicherungsgeber in aller Regel zustehende Anwartschaftsrecht übereignet werden[3]. Dabei kann (gemäß Rdn. 497) der Besitz auch durch einen Mittelsmann auf seiten des Sicherungsgebers oder Sicherungsnehmers erlangt werden[4]. Davon kann ausgegangen werden, wenn der unmittelbare Besitzer fortan den Weisungen des Sicherungsnehmers zu folgen bereit ist und folgt[5].

ccc) Einräumung des mittelbaren „qualifizierten" Mitbesitzes

Nicht immer muß der Sicherungsnehmer auf obige Weise den mittelbaren Alleinbesitz der Sache erlangen; **mitunter (Rdn. 496) reicht schon die Einräumung des mittelbaren „qualifizierten" Mitbesitzes aus (§ 1206 BGB).** Solcher Mitbesitz liegt vor, wenn Sicherungsgeber und Sicherungsnehmer gleichzeitig mittelbare Besitzer der Sache sind, also dem Besitzmittler aufgegeben ist, die Sache nur an den Sicherungsnehmer und Sicherungsgeber gemeinschaftlich bzw. an einen von ihnen nur mit Zustimmung des anderen herauszugeben. Der Besitzmittler wird damit zum Treuhänder („Pfandhalter") der Parteien. 503

ddd) Übergabe mittels Traditionspapier

Das Gesetz hat die Sicherstellung durch Abtretung des Herausgabeanspruchs mit der Sicherstellung durch körperliche Übergabe der Sache verkoppelt in den Fällen, in denen Sicherungsmittel eine Ware ist, über welche ausgestellt ist entweder 504

a) ein **Lagerschein,** das ist eine vom Lagerhalter ausgestellte Urkunde über den Empfang des Lagergutes und die Verpflichtung zur Auslieferung desselben, vorausgesetzt, daß der Lagerschein über genau bestimmte Gegenstände oder als Teillagerschein und Sammellagerschein über einen Bruchteil davon ausgestellt ist, durch Indossament übertragen werden kann, also Orderlagerschein ist und von einem zur Ausstellung von Orderlagerscheinen staatlich ermächtigten Lagerhalter herrührt; oder 505

---

[1] BGH NJW 59, 1536.
[2] MünchKomm/Quack, § 934 Rdn. 14.
[3] BGH WM 66, 94; BGHZ 20, 88; BGHZ 50, 45.
[4] RG 135, 75; JW 26, 800; 32, 3763.
[5] RG 119, 152.

506 b) ein **Ladeschein,** das ist eine vom Frachtführer oder Binnenschiffer hinsichtlich genau bestimmter Gegenstände ausgestellte Urkunde über den Empfang und die Verpflichtung zur Auslieferung des Gutes, im Verkehr nur als Ladeschein des Binnenschiffes (Flußkonnossement) gebräuchlich; oder

507 c) ein **Konnossement,** das ist eine vom Seeschiffer hinsichtlich genau bestimmter Gegenstände ausgestellte Urkunde über den Empfang und die Verpflichtung zur Auslieferung des Gutes.

Befindet sich nämlich die Ware im Besitz des Lagerhalters, Binnenschiffers oder Seeschiffers und händigt der Sicherungsgeber das über die Ware ausgefertigte Papier dem Sicherungsnehmer aus — mit seinem Indossament, falls das Papier, was beim Lagerschein Voraussetzung, bei den anderen Papieren die Regel ist, an Order lautet —, so hat die Übergabe des Papiers an den Sicherungsnehmer nicht bloß — wie ohne Inodssierung[1] — die Wirkung einer Abtretung des Herausgabeanspruchs, sondern sie steht der körperlichen Übergabe der Ware selbst gleich (§§ 424, 450, 647 HGB) und hat dieselben Wirkungen wie diese, solange der Aussteller der Urkunde das Gut in Besitz hat. Mit anderen Worten: **Die Übergabe der Ware wird durch die Übergabe des Papiers ersetzt.** Es knüpfen sich an solche Papierübergabe sämtliche Folgerungen, wie bei Verschaffung des unmittelbaren Besitzes (s. Rdn. 488), u.a. auch der Schutz des guten Glaubens des Sicherungsnehmers (s. Rdn. 497, 500, 525), und zwar auch dann, wenn das Papier gestohlen war, da die Ware selbst nicht gestohlen worden ist (s. Rdn. 525). Es ist nicht so, daß der gute Glaube des Sicherungsnehmers hier überhaupt keine Rolle spielt, vielmehr folgt nicht immer das Recht an der Ware dem Recht aus dem Papier, und es wird grundsätzlich auch hier der gute Glaube nur geschützt, wenn er nicht auf grober Fahrlässigkeit beruht. Das ist besonders bedeutsam bei der durch Übergabe des Papiers vollzogenen Sicherungsübereignung von Waren, die mit einem Eigentumsvorbehalt behaftet sind[2]. Mit Rücksicht auf diese weitgehenden Wirkungen der Übergabe bezeichnet man die betreffenden Urkunden („Dokumente") als **Traditionspapiere** (Dispositionspapiere). An diese Besonderheit der Traditionspapiere knüpft die Technik der Import- und Exportfinanzierung im Überseeverkehr an, die wegen der mangelnden direkten Zugriffsmöglichkeit auf die Ware ein hohes Maß an Vertrauen der Bank gegenüber ihren Kunden voraussetzt[3]. Die den Außenhandel ihres Kunden finanzierende Bank nimmt die Ware als Sicherungsmittel für ihren Kredit, indem sie je nach der Vereinbarung mit dem Kunden sich die Ware verpfänden oder sicherungshalber übereignen läßt. Dabei tritt an die Stelle der Übergabe der Ware die Übergabe des darüber ausgestellten Konossements. Bei der Exportfinanzierung

---

[1] RG 119, 217.
[2] BGH NJW 58, 1485.
[3] Zahn, Zahlung und Zahlungssicherung im Außenhandel, 5. Aufl., 1976, S. 177; s. a. Mauer, BB, 59, 872; ders., Sicherungseigentum und Konnossement, BB AWD 60, 256; Laue, NJW 50, 585; Kämmer, Die Technik der Außenhandelsfinanzierung, 2. Aufl. 1960; Pikart, WM 64, 338; Nielsen, BuB, 1979, Rdn. 5/75 ff.

Dinglicher Tatbestand

erhält die Bank das Papier vom deutschen Exporteur (Verkäufer) und gegen Auslieferung an den ausländischen Käufer den Warengegenwert, den sie zur Abdeckung des dem Exporteur gewährten Vorschusses verwenden kann. Bei der Importfinanzierung erhält die Bank das Papier vom ausländischen Verkäufer. Da sie im allgemeinen das Papier dem deutschen Importeuer (Käufer) aushändigen muß, damit er zwecks Tilgung seiner Kreditschuld über die Ware verfügen kann, wird sie je nach Lage der Sache dafür sorgen müssen, daß der Importeur die Ware gesondert für sie einlagert und — wo nur ein Pfandrecht der Bank bestand und durch Herausgabe des Papiers erloschen ist (Rdn. 483) — ihr nochmals sicherungshalber übereignet. Für den Fall des Verkaufs der übereigneten Importware kann dann an die Stelle des Sicherungsguts die Anschlußzession gemäß Rdn. 523 gesetzt werden. **Der Güterverkehr ist, sobald Traditionspapiere ausgestellt sind, so ausschließlich an deren Besitz gebunden, daß, mag auch eine Übereignung nach Rdn. 501 möglich sein, eine Abtretung des Anspruchs auf Herausgabe des Gutes ohne Übergabe des Papiers überhaupt keine dingliche Wirkung hat**[1].

Während früher nur die in § 363 HGB aufgeführten Order- und Traditionspapiere die Ware vertreten konnten und daher zu einer erleichterten Eigentumsübertragung führten (numerus clausus des § 363 HGB), werden heute mittels Analogie neugeschaffene Dokumente als Traditions-/Orderpapiere anerkannt, wenn sie dem Leitbild des Gesetzes entsprechen[2]. Dabei wird zunehmend auf eine funktionale Betrachtung abgestellt, d. h. welche Funktion die Papiere für die Durchführung des Transportes erfüllen[3].

Bei **Rektapapieren** wird das Sicherungsgut mittels § 931 BGH übereignet. Das Eigentum am Papier folgt dem Eigentum an der Sache; im übrigen wird das Papier zur Herausgabe des Sicherungsgutes benötigt[4]. Für sog. „**zivile Orderpapiere**"[5] (Dokumente des kombinierten Transports) gelten demgegenüber die Regeln für den Ladeschein und das Konnossement, da sie i. d. R. in negoziabler Form erstellt werden.

Werden Ladeschein, Lagerschein oder Konnossement ausnahmsweise als **Inhaberpapier** ausgestellt, erfolgt die Übertragung durch Übereignung nach § 931 BGB.

Probleme bereitet der Übergang des Sicherungsgutes in ein anderes **(Export-)land**, nach dessen Rechtsvorschriften sich die Rechtsbeständigkeit des Sicherungseigentums an der Ware richtet. Allerdings ist dies in der Praxis nicht von entscheidender Relevanz, da die Sicherungsübereignung regelmäßig durch Abtretung des Verkaufserlöses begleitet wird. Etwaige Divergenzen im Recht der Abtretung zwischen in- und ausländischem Recht spielen für den Fall des Konkurses des deutschen Exporteurs, dem die Bank Kredit gewährt hat, keine Rolle, da es nach deutschem Internationalen Privatrecht

508

---
[1] BGH 48, 160.
[2] Staub/Canaris, § 363 Rdn. 2ff.; Prüßmann/Rabe, Seehandelsrecht, 2. Aufl. 1983, Anh. § 656 HGB Anm. C2; Nielsen in BuB 5/80.
[3] Nielsen in BuB 5/79.
[4] BGH NJW 77, 499.
[5] vgl. Nielsen in BuB 5/183.

auf das Recht des Verkäufers (Exporteurs in Deutschland) ankommt. Nur für den Fall der gerichtlichen Geltendmachung der nach deutschen Rechtsvorschriften abgetretenen Kaufpreisforderung gegen den ausländischen Käufer (der im Ausland verklagt wird, um einen gegen ihn vollstreckbaren Titel zu erhalten), ist der ordre public des Auslandsrechts zu beachten.

b) Individualisierung — Bestimmtheit

509   Die Rechtswirksamkeit der Übereignung hängt in jedem Fall davon ab, daß die als Sicherungsmittel dienende Sache hinreichend „individualisiert", d. h. so gekennzeichnet wird, daß sie sich von allen anderen gleichartigen Sachen des Sicherungsgebers deutlich unterschieden läßt und aufgrund ihrer Beschreibung ihre Identität für jeden, der von dem Inhalt des Vertrages Kenntnis nimmt, zweifelsfrei ist[1].

Der betreffende Gegenstand muß sich also stets aus dem Vertrag heraus individualisieren, d. h. von allen gleichartigen unterscheiden lassen, da Bestimmtheit Voraussetzung jeder wirksamen Willenserklärung ist[2]. Diese Voraussetzung ist nur erfüllt, wenn auch für einen Dritten, der über den Inhalt des Vertrages unterrichtet wird, schon die vertraglichen Angaben genügen, um zu erkennen, welchen Gegenstand die Parteien gemeint haben[3].

Dieses Erfordernis der Bestimmtheit des Sicherungsmittels wird bei Mobilien um so häufiger übersehen, als bloße Bestimmbarkeit hier nicht genügt[4]. Wo schon die **gattungsmäßige Bezeichnung** der Sache nicht stimmt, kann von einer Individualisierung keine Rede sein. Bei der Sicherungsübereignung von „Herrenanzügen" z. B. werden die Parteien, wenn sie einem dritten Interessenten, etwa dem Konkursverwalter des Sicherungsgebers gegenüber geltend machen wollen, sie hätten unter diesem Ausdruck auch einen Posten Golfhosen verstanden, unter Umständen auf erhebliche Schwierigkeiten stoßen, die vermeidbar gewesen wären, wenn im Übereignungsvertrag statt von „Herrenanzügen" von „Herrenoberbekleidung" gesprochen worden wäre; hat der Sicherungsgeber gar im Rahmen der Übereignung künftiger Anzüge in einer späteren Anlage zum Übereignungsvertrag „Arbeitskittel" an Stelle inzwischen veräußerter Anzüge als übereignet aufgeführt, so wird ein Dritter, etwa ein Gläubiger, der die Arbeitskittel gepfändet hat, dies nur gegen sich gelten lassen, wenn ihm der (stillschweigende) Abschluß eines neuen, auf die Arbeitskittel bezüglichen Übereignungsvertrages einwandfrei nachgewiesen wird. Soll die Sicherheit nur vermittels eines realen Teiles einer Sachgesamtheit, z. B. nur vermittels eines Teilbestandes eines Warenlagers, einer Viehherde usw., bestellt werden, muß überdies der betreffende Teil abgesondert

---

[1] BGH WM 79, 557; BGH WM 91, 1273; 92, 398 m. w. N.; s. aber auch BGH WM 71, 441.
[2] BGH WM 62, 740; OLG Düsseldorf WM 90, 1190.
[3] A. M. BGH WM 71, 441.
[4] BGH 28, 16.

werden (s. auch e))¹. **Eine Individualisierung des Teilbestandes nach Menge oder Wert, Maß, Gewicht oder Anzahl der Stücke ist ausgeschlossen**². **Erst mit Vollzug der Sonderung wird die Sicherstellung wirksam**³. Wenn sie nicht möglich ist, kann bei Gleichartigkeit der Einzelstücke ein Bruchteil am Gesamtbestand neu gebildet werden und als Sicherungsmittel dienen.

Eine solche Individualisierung ergibt sich von selbst, wenn die Übereignung, gleich der Verpfändung, mit einer Übertragung des **unmittelbaren Besitzes** an den Sicherungsnehmer verbunden ist.

Problematisch kann die Frage der ausreichenden Individualisierung hingegen sowohl bei einer Sicherungsübereignung mittels Besitzkonstituts als auch bei der Sicherungsübereignung im Sinne von §§ 929, 931 BGB sein. Im Falle einer Ersatzübergabe durch Abtretung des Herausgabeanspruchs (§ 931 BGB) kann z. B. ein Teilbestand des beim unmittelbaren Besitzer lagernden Vorrats wirksam nur unter der Voraussetzung einwandfreier Individualisierung des Teilbestandes übereignet werden⁴. Die Frage, ob die folgenden Individualisierungsmethoden — sei es, daß es sich um eine Übereignung nach §§ 929, 930 BGB, sei es, daß es sich um eine Übereignung nach §§ 929, 931 BGB handelt — ausreichend berücksichtigt worden sind, ist in jedem Einzelfall zu untersuchen. 510

Besonders häufig laufen die Parteien Gefahr, das Erfordernis der Individualisierung zu übersehen, wenn für die Übereignung die Form des Besitzkonstituts gewählt wird. Die bloß **gattungsmäßig Bezeichnung** der zu übereignenden Sache reicht grundsätzlich nur aus, wenn bereits dadurch die Sache mit einer jeden Zweifel ausschließenden Genauigkeit bestimmt ist. Das trifft zu bei der Bezeichnung „meine deutsche Dogge" oder „meine Adlerschreibmaschine", vorausgesetzt, daß der Veräußerer nur diese eine besitzt. Aus dem gleichen Grunde ist das Erfordernis der Bestimmtheit des Sicherungsmittels erfüllt bei der Übereignung „sämtlicher Möbel eines bestimmten Salons". Ist der Veräußerer aber Eigentümer mehrerer Gegenstände gleicher Gattung, so kann man sich mit solcher bloß gattungsmäßigen Bezeichnung nur dann begnügen, wenn sich die Übereignung auf sämtliche Gegenstände der genannten Gattung erstreckt, immer vorausgesetzt, daß allein schon durch die Angabe der Gattung das Sicherungsgut hinreichend gekennzeichnet wird. 511

Daher ist die Übereignung von „15 000 kg Rohtabak" nur gültig, wenn nach dem Parteiwillen damit der **gesamte Bestand** an Rohtabak erfaßt sein sollte⁵. Besondere Vorsicht ist bei der Verwendung sogenannter Sammelbezeichnungen geboten. Umschreibungen des Sicherungsgutes als „Bibliothek", „Warenlager", „Maschinenpark", 512

---

¹ RG 52, 385.
² BGH WM 56, 919; vgl. Reich, Die Sicherungsübereignung, 1970, S. 21; Serick II. § 21 II 1.
³ RG JW 12, 797.
⁴ RG 103, 151.
⁵ RG 127, 337; vgl. auch BGH WM 67, 1248.

„Gemäldesammlung", „Briefmarkensammlung" und ähnliches werden in der Regel genügen, Ausdrücke wie „Inventar", „Rohmaterial"[1] oder „kaufmännische und technische Betriebseinrichtung" nur bei völliger Eindeutigkeit des Begriffsinhalts und Kollektivnamen wie „Zubehör des Grundstücks", „Hausrat" usw. nie[2]. Die **Sammelbezeichnung** „Hausinventar" des gemeinsam bewohnten Einfamilienhauses reicht aus, jedem Dritten, der die Abrede der Vertragspartner kannte, die Identifizierung eines jeden unter die Vereinbarung fallenden Objekts ohne weiteres zu ermöglichen. Dabei wird zwischen Bestimmtheit und Beweisbarkeit unterschieden. Spätere Ereignisse, die außerhalb des Vertrages liegen, können diesem nicht nachträglich seine Bestimmtheit nehmen. Ob ein Dritter die Sachen später noch identifizieren kann, nachdem weiterer Hausrat angeschafft worden war, ist für die Frage der Wirksamkeit unerheblich (dies wäre ein Problem der Beweisbarkeit, also der Durchsetzung des Eigentumsrechts, nicht der Existenz). Ebenso ausreichend ist die Übereignung „sämtlicher Gegenstände der Wohnungseinrichtung", dessen Bestimmtheit auch nicht dadurch in Frage gestellt wird, daß sich einige in dem Raum befindlichen Gegenstände nicht im Eigentum des Sicherungsgebers befinden. Dieser Umstand ist allenfalls für die Gutglaubensvorschriften (§§ 932 ff. BGB) bedeutsam[3]. Die Einigung über die Sicherungsübereignung von 75 Tieren, die sich mit gleichartigen Tieren auf dem Hof eines Dritten befinden, ist nur hinreichend bestimmt, wenn sie für jeden mit den Abmachungen Vertrauten erkennbar macht, daß sich die Vertragspartner über Merkmale geeinigt haben, die die Tiere zur Zeit der Einigung von den übrigen unterscheiden. Die nur tatsächliche, zwischen den Vertragspartnern nicht vereinbarte getrennte Unterbringung der Tiere reicht zur Wirksamkeit der Sicherungsübereignung nicht aus[4]. Es hätte ein neuer Sicherungsübereignungsvertrag mit hinreichenden Bestimmtheitskriterien geschlossen werden müssen.

513 Für die Übereignung von **Fahrniszubehör** wird in der Regel durch die Bezeichnung der Hauptsache eine hinreichende Individualisierung der unter dem Begriff „Zubehör" zusammengefaßten Sachen erreicht, es sei denn das Zubehör wird ausnahmsweise nicht mitübereignet, so daß unter diesen Umständen möglicherweise eine Grenzziehung zwischen Zubehör und rechtsnotwendig mitübereigneten wesentlichen Bestandteilen Schwierigkeiten bereiten kann (s. Rdn. 98, 100).

514 Soll nur ein **Teil mehrerer gleichartiger Gegenstände** übereignet werden, ist genaueste, nicht nur ziffernmäßige Abgrenzung von den der Übereignung nicht unterliegenden Stücken unerläßlich.

---

[1] RG JW 17, 217.
[2] Vgl. hierzu BGH WM 56, 1467; Hans. OLG Hamburg WM 55, 315. Zur mangelnden Bestimmtheit einer Einigung, in der die zu übereignenden Hausratsgegenstände zwar im einzelnen aufgelistet wurden, nach der ein Eigentumsübergang aber nur an den Sachen stattfinden soll, die nicht der Unpfändbarkeit unterliegen, vgl. BGH WM 88, 346.
[3] OLG München WM 86, 1521.
[4] BGH ZIP 84, 34.

Wer also ein Warenlager von gleichartigen Einzelstücken besitzt und davon einen realen Teil übereignen will, kann sich nicht darauf beschränken, im Vertrage die Hälfte des Lagers als übereignet zu benennen[1]. Genausowenig wäre es wirksam, wenn jemand „für DM 2000,- Zigarren aus seinen Zigarrenbeständen" oder „3000 Büchsen junger Erbsen aus einem Konservenlager[2]" oder „130 Schweine mit einem Durchschnittsgewicht von je zwei Zentnern aus seinem Schweinebestand[3]" oder „4000 Masthähnchen aus einem größeren Bestand[4]" übereignen würde.

Es genügt auch nicht, daß die Gattungsbezeichnung durch eine Eigentumsangabe ergänzt wird. Daher ist eine Übereignung sämtlicher, dem Veräußerer gehörenden Waren eines bestimmten Geschäfts nicht haltbar; es fehlt an der Möglichkeit, sie von den im fremden Eigentum stehenden zu unterscheiden[5]. Entsprechendes gilt von der Übereignung eines Warenlagers, „soweit es jeweils wertmäßig der zu sichernden Forderung entspricht" oder „soweit die Ware voll bezahlt ist". In dieser Hinsicht ist die häufige Klausel, daß das Sicherungsgut frei von Rechten Dritter sei, nicht ungefährlich. Sie soll in der Regel den guten Glauben des Sicherungsnehmers wahren (s. Rdn. 525). Wird sie aber dahin ausgelegt, daß die Übereignung als solche auf die freien Sachen beschränkt sein soll, so ist der Vertrag aus den vorstehend genannten Gründen unwirksam[6]. Eine Einigung, durch die eine Vielzahl aufgelisteter Hausratsgegenstände, soweit sie nicht unpfändbar sind, übereignet werden soll, ist mangels Bestimmtheit unwirksam[7].

Auch die Herkunft und der Verbleib des Sicherungsguts (die „von der Firma X stammende" oder „die für die Firma Y bestimmte" Ware) gibt sowenig wie die Charakterisierung des Sicherungsguts als „Austausch-" oder „Ersatzware"[8] ein ausreichendes Individualisierungsmerkmal ab.

Fraglich ist, ob die Angabe des technischen Verwendungszwecks genügt, so daß bei der Übereignung von „Füllmaterial für Polstermöbel" oder „sämtlicher Rohstoffe für die Fertigung von transportablen Kachelöfen"[9] das Sicherungsgut als hinreichend gekennzeichnet erscheint. Ein vom Sicherungsgeber geprägter und nur für ihn verständlicher Begriff („Handbibliothek Kunst") ist jedenfalls nicht dazu geeignet, Sicherungsgut hinreichend zu individualisieren[10]. **Die hiernach erforderliche Bestimmtheit des Sicherungsguts muß für den objektiven Beurteiler aus dem Vertrage selbst**

---

[1] BGH a. a. O.
[2] KG JW 31, 2579.
[3] RG JW 34, 223.
[4] BGH WM 59, 52.
[5] BGH WM 89, 1904; RG 129, 61; BGH WM 62, 740.
[6] BGH WM 62, 740.
[7] BGH WM 88, 346.
[8] BGH WM 63, 504.
[9] BGH WM 58, 673.
[10] BGH WM 92, 398 = WuB I F 5.—5.92/Ott.

hervorgehen. Sie fehlt, wenn erst außerhalb des Vertrages liegende Umstände (Fakturen oder Lagerbücher) herangezogen werden müssen[1]. Sie braucht aber nicht notwendig in der über das Sicherungsgeschäft aufgenommenen Urkunde vereinbart zu sein, sondern kann auch auf einem die Urkunde ergänzenden, mündlichen oder stillschweigenden Abkommen beruhen[2]. Von außerhalb des Vertrages liegenden Umständen kann man daher nicht sprechen, wenn die Individualisierung durch Bezugnahme auf die Urkunde erfolgt, in welcher das Sicherungsgut einwandfrei gekennzeichnet ist, sofern diese Urkunde, z.B. ein Verzeichnis oder das Lagerbuch, zum Bestandteil des Vertrages gemacht ist[3], oder wenn das Verzeichnis nur zu Informations- oder Beweiszwecken des Sicherungsnehmers dient[4]. Wenn auf Hefte über die Inventur zum 31. Dezember Bezug genommen worden ist und diese zum Bestandteil des Vertrages erklärt worden sind, ist dies ausreichend klar[5]. Ist nur ein Teil des Sicherungsguts ausreichend bestimmt, führt die Unbestimmtheit des anderen Teils nicht notwendig zur Unwirksamkeit des ganzen Vertrages[6].

Im einzelnen läßt sich die Bestimmtheit des Sicherungsguts mit Hilfe folgender Methoden erreichen, wobei es der Sicherungsgeber nicht in der Hand hat, das vertraglich vorgesehene Individualisierungsmittel einseitig durch ein anderes zu ersetzen:

aa) Merkmal

515   Haben die einzelnen aus einem größeren Bestand zu übereignenden Sachen ein **Merkmal** an sich, welches jede einzelne Sache für sich auszeichnet, so genügt die Angabe dieses Merkmals. Insbesondere lassen sich Maschinen gleicher Gattung, auch Kraftwagen, vielfach durch Angabe der Fabriknummer hinreichend unterscheiden. Da sich hier das Sicherungsgut listenmäßig erfassen läßt, spricht man gelegentlich von „Listenverträgen". Im einzelnen Fall kann die Liste konstitutive Bedeutung erlangen, sofern die Aufnahme in die Liste die Individualisierung des Sicherungsguts darstellen soll. Grundsätzlich aber ist die Liste für die Gültigkeit der Übereignung nicht nötig[7].

bb) Markierung

516   Fehlt es an solchen Merkmalen, so können die Sachen mit einem Kennzeichen versehen **(markiert)** werden[8]. Man pflegt dann an der zu übereignenden Sache ein Schild,

---

[1] RG 132, 187; BGH WM 58, 673; 62, 740; 86, 594 — Möschel in WuB I F 5. SÜ 1.86.; OLG Düsseldorf LM 90, 1190.
[2] BGH NJW 56, 1918; BGH WM 61, 431.
[3] BGH WM 60, 1226.
[4] BGH WM 61, 431; Serick II, § 21 III 2e; Klee, BB 52, 790.
[5] BGH WM 79, 301.
[6] OLG Stuttgart JW 31, 1978.
[7] RG JW 32, 1197.
[8] Vgl. Serick II, § 21 III 2b, der allerdings diese Individualisierungsmöglichkeit auf Warenlagen beschränken will.

einen Zettel, eine Aufschrift oder auch einen gemalten Buchstaben anzubringen und im Vertrage zu vermerken, daß aus dem Gesamtbestand alle so gekennzeichneten Sachen übereignet sein sollen[1]. So insbesondere bei Stapelware. Die Art der Kennzeichnung ist belanglos, sofern sie nur den Zweck einer eindeutigen Bestimmung der zu übereignenden Sachen zu erfüllen vermag. Dementsprechend können die Vertragspartner auch wahlweise entweder diejenigen Gegenstände markieren, die von der Eigentumsübertragung erfaßt werden sollen oder aber umgekehrt eine Kennzeichnung derjenigen Sachen vornehmen, auf die sich die Sicherungsübereignung gerade nicht erstrecken soll[2]. Ein nachträgliches Abhandenkommen des Kennzeichens, etwa durch böswillige Entfernung, berührt die Wirksamkeit der Übereignung nicht, kann aber zu erheblichen Beweisschwierigkeiten führen.

cc) Raumsicherung

Ist nach Lage der Umstände die Markierung der einzelnen zu übereignenden Sachen unzweckmäßig oder unmöglich, so läßt sich eine ausreichende Individualisierung durch eine **räumliche Absonderung des Sicherungsguts** unter Erstreckung der Übereignung auf sämtliche so abgesonderte Sachen erreichen (Bassinvertrag im engeren Sinne, **Raumsicherungsvertrag**)[3]. Diese Individualisierungsmethode kommt vor allem bei der Übereignung von Waren- und Materiallagern aus industrieller Massenanfertigung in Betracht. Ihre Ergebnisse schwanken innerhalb einer in sich widerspruchsvollen Rechtsprechung, die nach Großzügigkeit oder Engherzigkeit, mit welcher der einzelne Vertrag ausgelegt wurde, an die Voraussetzungen einer ausreichenden Separierung des Sicherungsguts unterschiedliche Anforderungen gestellt hat. 517

Nach herrschender Auffassung genügt es z. B. schon, wenn „sämtliche auf einem bestimmten Fabrikgelände vorhandenen Maschinen" als übereignet bezeichnet werden[4]. Bei einer solchen allumfassenden Sicherungsübereignung wird für jedermann erkennbar, welche Sachen von ihr erfaßt sind, so daß unter dieser Voraussetzung auch ein Grundstücke als „Raum" im Sinne des Raumsicherungsvertrages zu verstehen ist[5]. Auch hierbei bedarf es zur Wirksamkeit des Sicherungsvertrages keiner Übersendung von Bestandslisten (s. Rdn. 520). Desgleichen hat es der BGH ausreichen lassen, daß bei einem solchen Raumsicherungsvertrag, der auch künftiges Sicherungsgut erfaßte, die Parteien in erster Linie die Anwartschaft und außerdem die Sicherungsübereignung von schon im Lager befindlichen oder noch einzubringenden, dem Sicherungsgeber zu Eigentum gehörenden Gegenständen vereinbarten[6]. Ansonsten müssen die zu übereignenden Sachen aus dem Gesamtbestand herausgenommen und an einem besonderen Platz, in einem besonderen Raum oder in einem besonderen Regal usw.

---

[1] Zu Übergabe reicht die Markierung nicht aus (s. Rdn. 495).
[2] BGH WM 92, 398.
[3] Serick II, § 21 III 2 a.
[4] RG JW 32, 1197.
[5] OLG Köln WM 85, 119.
[6] BGH WM 62, 740; 63, 504; vgl. auch Serick II, § 21 IV 2b.

gelagert werden. Im Vertrag wird dann der Lagerort, evtl. unter Beifügung einer Lagerskizze, genau bezeichnet und vereinbart, daß sämtliche an der fraglichen Stelle, dem **„Sicherungsgebiet"**, befindlichen Sachen als übereignet gelten sollen, z. B. „sämtliche Zigarren in den Regalen an der Türwand eines bestimmten Raumes" oder „das gesamte Stofflager im 1. Stock eines bestimmten Lagergebäudes". Es genügt aber auch die Einigung der Parteien, daß diejenigen Sachen übereignet werden sollen, welche sich in einem vom Sicherungsgeber einseitig zu bestimmenden Sicherungsgebiet befinden[1].

Selbstverständlich darf bei einer räumlichen Absonderung die Übereignung nicht wiederum nur auf einen nicht näher, etwa nur nach Zahl, Wert oder Menge umschriebenen Teil des separat gelagerten Bestandes beschränkt werden, weil dies die Kennzeichnung des Sicherungsguts wieder beseitigen würde. Auch eine gattungsmäßige Einschränkung hebt die Funktion der Raumsicherung wieder auf und kann zu einer mangelnden Bestimmtheit führen, z. B. bei Angabe eines Raumes mit der Einschränkung auf Gegenstände einer Arztpraxis (was gehört zu „einer" Arztpraxis? Dies ist so unterschiedlich, daß damit keine Bestimmtheit gegeben ist). Ist jedoch ausnahmsweise eine solche Beschränkung gewollt, so muß die zur Übereignung bestimmte Menge ihrerseits individualisiert werden, dadurch, daß das Sicherungsgut seinerseits nochmals räumlich separiert wird, womit sich das Sicherungsgebiet entsprechend verkleinert. Es ist danach also bedenklich, im Anschluß an die Abrede der räumlichen Separierung des Sicherungsguts den abgesonderten Bestand zusätzlich noch ziffernmäßig zu umschreiben, wenn diese Ziffern nicht genau stimmen. Wird z. B. der in einem bestimmten Raum lagernde Gesamtbestand an Trikotagen und Strümpfen übereignet, so ist es zwar unschädlich, sogar zweckmäßig, wenn in einer Anlage zum Vertrage informatorisch oder zu Beweiszwecken[2] erwähnt wird, der gegenwärtige Bestand an übereigneten Strümpfen belaufe sich auf 675 Paar. Es kann aber die Wirksamkeit des ganzen Vertrages in Frage stellen, wenn als übereignet bezeichnet wird „die im Sicherungslager zur Zeit untergebrachten Strümpfe (675 Paar)"; denn falls diese Ziffer nicht stimmt, und de facto vielleicht 800 Paar im Sicherungslager vorhanden sind, können bereits rechtliche Schwierigkeiten wegen unzureichender Individualisierung der übereigneten Waren entstehen. Jedenfalls obliegt dem Sicherungsnehmer der Beweis, daß nach dem Parteiwillen der gesamte Bestand an Strümpfen erfaßt sein sollte.

518   Eine schädliche Beschränkung auf eine nur ziffernmäßige bestimmte Menge liegt jedoch nicht schon darin, daß die Parteien eine sogenannte **Bereithaltungsgrenze** vereinbaren, wonach der Sicherungsgeber sich verpflichtet, stets einen bestimmten, wertmäßig zumeist auf den jeweils in Anspruch genommenen Kredit abgestellten Bestand der übereigneten Warengattung im Sicherungsgebiet bereit zu halten[3]. Es sollte aber auch hier möglichst vermieden werden, für das durch das Sicherungsgebiet individuali-

---

[1] BGH WM 60, 1223.
[2] BGH WM 61, 431.
[3] RG 113, 57.

sierte Sicherungsgut zusätzlich noch eine Markierung zu vereinbaren[1]. Wer sich etwa „sämtliche in Halle I befindlichen und mit dem aufgemalten Buchstaben B versehenen Drehbänke" übereignen läßt, muß damit rechnen, daß diejenigen in Halle I befindlichen Drehbänke, welche (aus Versehen oder aus Nachlässigkeit) nicht den Buchstaben B tragen, nicht als übereignet betrachtet werden. Etwas anderes ist es, wenn das Sicherungsgebiet als solches vereinbarungsgemäß durch eine Markierung bestimmt wird, z. B. bei der Übereignung des gesamten Getreidebestandes in dem vereinbarungsgemäß beschilderten Teil des Lagerbodens.

Eine **nachträgliche Entfernung des Sicherungsguts** aus dem Sicherungsgebiet, insbesondere eine Umlagerung der übereigneten Ware, berührt die Wirksamkeit solcher Raumsicherungsverträge nicht[2]. Wer allerdings lediglich die an einem bestimmten Ständer hängenden Pelzmäntel oder den in einer bestimmten Schatulle befindlichen Schmuck sich übereignen läßt, nimmt im Falle der Entfernung von Teilen des Sicherungsguts unnötigerweise die Gefahr in Kauf, daß er die entfernten Objekte nicht mehr identifizieren und somit auch nicht wieder auffinden kann. Er sollte es vorziehen, das Sicherungsgut durch genaue Beschreibung der Einzelteile zu individualisieren oder zu markieren (vgl. Rdn. 509). Soll mit der Umlagerung jedoch eine Änderung oder Erweiterung des Sicherungsgebiets verbunden werden, so erfordert dies eine dahingehende besondere Vereinbarung der Parteien.

dd) Bruchteilsübereignung

Ist im einzelnen Fall eine räumliche Absonderung nicht möglich, wie etwa bei Waren, die in Tanks oder Silos aufbewahrt werden, muß entweder der Gesamtbestand übereignet oder der Weg der **Bruchteilsübereignung** bestritten werden. Auch bei der Übereignung eines Gesamtbestandes wird der Vertrag unwirksam, wenn nach den Erklärungen der Parteien nur diejenigen Teile übereignet sein sollen, die im Eigentum des Sicherungsgebers stehen. Ein derartiger Zusatz läßt das Sicherungsgut unbestimmt, weil es aus dem Vertrag heraus nicht möglich ist, die übereigneten Teile von den dem Sicherungsgeber nicht gehörenden zu unterscheiden. Wenn die Übereignung des Gesamtbestandes über das wirtschaftlich vertretbare Maß der Sicherung hinausgeht, läßt sich der Ausgleich durch die Vereinbarung erzielen, daß der Sicherungsgeber stets einen bestimmten Mindestbestand zu unterhalten hat, während er über den Mehrbestand jeweils frei verfügen darf (vgl. Nr. 2 des Mustervertrages).

519

Für die Bruchteilsübereignung genügt die Individualisierung des Gesamtbestandes; der Bruchteil als rein rechnungsmäßige Größe[3] ist von Natur aus bestimmt. So kann z. B. ein Lager von 1000 Sack Kaffee zu 1/5 übereignet werden mit der Folge, daß der Sicherungsnehmer mit Vertragsschluß zu 1/5 **Miteigentümer** des Lagers neben dem

---

[1] BGH WM 65, 1248; vgl. auch Mormann, WM 75, 582.
[2] BGH WM 60, 1223; Serick II, § 21 II 5; Eberding, BuB, 1980, 4/278.
[3] RG 112, 103.

Sicherungsgeber wird. Doch nur im Ausnahmefall läßt sich eine lediglich mengen- oder wertmäßige Kennzeichnung des zu übereignenden Teilbestandes („200 Sack Kaffee vom Gesamtlager") im Sinne einer bloßen Rechnungsgröße, eben im Sinne eines dieser Menge oder diesem Wert entsprechenden ideellen Anteils auslegen. Durch Auslegung des Vertrages sind auch etwaige Zweifel nach der Richtung zu beheben, ob im Fall einer Veränderung der Anfangsmenge der Bruchteil selbst oder ob dessen Wert konstant bleiben soll. Das letztere ist die Regel, so daß sich mit der Veränderung der Anfangsmenge der Bruchteil verschiebt. Die Sicherstellung vollzieht sich auch hier in den zu Rdn. 493 f. erörterten Formen; jedoch genügt die Einräumung von Mitbesitz. Im einzelnen läßt dieser Weg der Sicherung noch manche Frage offen, weswegen er in der Praxis nur selten beschritten wird.

ee) Warenlager — Inventar mit wechselndem Bestand[1]

520 Die obigen Ausführungen gelten im verstärkten Maße, wenn es sich um die Übereignung künftiger Sachen handelt, insbesondere bei Übereignung eines **Warenlagers oder Inventars mit wechselndem Bestand.** Hier soll sich nach dem Parteiwillen die Übereignung auf diejenige Sachen erstrecken, die der Sicherungsgeber anstelle der ursprünglich von ihm übereigneten, inzwischen aber kraft ihm erteilter Ermächtigung (s. Rdn. 128) verarbeiteten oder verkauften Gegenstände ersatzweise anschafft. Die Übereignung des „gesamten Bestandes" einer bestimmten Warengattung oder „sämtlicher Fertigwaren" umfaßt im Zweifel also sowohl das gegenwärtige Lager als auch spätere Zugänge[2]. **Die künftigen Sicherungsgüter müssen daher ebenfalls durch ein „einfaches, nach außen erkennbares Geschehen"**[3] **als übereignet kenntlich gemacht werden,** etwa durch Anzeichnung mit dem vertraglich vorgesehenen Merkmal oder durch Einlagerung an der vertraglich dafür vorgesehenen Stelle. Dem entspricht es, daß bei der Eigentumsübertragung von Lagergut durch Abtretung des künftigen Herausgabeanspruchs gegen den **Lagerhalter** das Lagergut nach Art und Menge und die Person des Lagerhalters vertraglich bestimmt sein müssen. Die bloße Bezugnahme auf die künftigen Lagerscheine enthält sonst vor der Einlagerung keine ausreichende Individualisierung[4]. Ist zusätzlich die Aufnahme in eine Liste vorgesehen, so genügt die Eintragung in das Verzeichnis. Der Eingang der abgeänderten Liste beim Sicherungsnehmer ist grundsätzlich ohne Bedeutung.

Als Sicherungsgebiet kann auch eine Fertigungsstätte in Frage kommen. In Fällen aber, in denen ein räumlich abgegrenztes Warenlager und die in dieses künftig einzubringenden Waren übereignet sind, können im Zweifel solche Sachen nicht als übereignet betrachtet werden, die lediglich im Produktionsgang das Sicherungsgebiet

---

[1] Melsheimer, Sicherungsübereignung oder Registerpfandrecht, 1967; Eberding, BuB, 1990, 4/279.
[2] BGH WM 59, 52.
[3] BGH WM 62, 740; 91, 1273.
[4] BGH WM 69, 242.

durchlaufen[1]. Soll der übereignete Warenbestand in einer Weise umgelagert werden, daß die Wirksamkeit der Übereignung davon unberührt bleibt (s. Rdn. 517), so werden die späteren Zugänge von der Übereignung nur dann erfaßt, wenn der neue Lagerort (Ausweichlager) durch gleichzeitige Vertragsänderung zum Sicherungsgebiet gemacht wird und der neue Sicherungsraum an die Stelle des alten oder neben diesen tritt. Die Umlagerung als solche schließt eine derartige Vertragsänderung nicht ein. Bei alledem ist eine Inventarisierung des Sicherungsguts weder erforderlich, sie würde aber auch nicht ausreichen. In der Praxis ist es allerdings üblich, daß sich der Sicherungsnehmer noch gewisse Kontrollmaßnahmen ausbedingt, um die Übersicht über den Umfang der jeweils übereigneten Bestände nicht zu verlieren. So pflegt er den Veräußerer zu verpflichten, ihm in regelmäßigen Zeitabschnitten eine Bestandsliste zu übergeben, für das Sicherungsgut ein besonderes Lagerbuch zu führen usw. Eine solche Bestandsliste dienst jedoch in aller Regel nur informatorischen Zwecken. Aus diesem Grunde ist die Wirksamkeit des Sicherungsvertrages auch nicht in Frage gestellt, wenn die Liste entgegen der Vereinbarung nicht übersandt wird[2]. Enthält eine solche Liste daher nur einen Teil des übereigneten Lagerbestandes, so kann dies unter Umständen insofern die Gültigkeit der Übereignung gefährden, als sich ein Anlaß ergibt, eine (stillschweigende) Änderung des Vertrages zu unterstellen und daraus eine Unwirksamkeit wegen der nunmehr eingetretenen Unbestimmtheit des Sicherungsgutes herzuleiten[3].

Unschädlich ist es, wenn die wirksam übereigneten Gegenstände nachträglich mit gleichartigen, nicht übereigneten Sachen vermischt werden. 521

„Denn außerhalb des Vertrages liegende Umstände, wie das Vorhandensein fremden Eigentums, dürfen nicht verwendet werden, um den Vertrag selbst als unklar, d. h. die übereigneten Sachen nur unbestimmt bezeichnet hinzustellen, und nachträgliche Ereignisse, die außerhalb des Vertrages liegen, z. B. die spätere Einlagerung fremder Warenbestände, können dem Vertrage nicht nachträglich seine Bestimmtheit rauben[4].

Die Folge nachträglicher Vermischung mit fremden Sachen kann also ebenfalls die Entstehung von Miteigentum der mehreren Berechtigten am Gesamtbestand sein. Um aber etwaigen Beweisschwierigkeiten nach Möglichkeit aus dem Wege zu gehen, pflegt man eben auch alle künftigen Sachen gleicher Gattung, welche der Sicherungsgeber dem vereinbarten Individualisierungsverfahren unterwirft, z. B. dem Sicherungslager beifügt, von vornherein in die Übereignung einzubeziehen (dabei ist allerdings eine unangemessene Übersicherung zu vermeiden, vgl. Rdn. 148d), so daß es zu einer Vermischung mit nicht übereigneten Gegenständen überhaupt nur dann kommen kann, wenn der Sicherungsgeber fremde, ihm nicht gehörende Sachen nachschiebt. Wird bei einer solchen Übereignung des jeweiligen Bestandes eines Sicherungs-

---

[1] BGH WM 58, 590.
[2] OLG Köln WM 85, 119.
[3] BGH WM 65, 1248.
[4] BGH WM 62, 740.

lagers dem Sicherungsgeber die Austauschbefugnis vertraglich zuerkannt, so führt dies zur **Mantelübereignung**.

522 Bis zur völligen Zahlung des Kaufpreises für die **Vorbehaltsware** bleibt es eine zuweilen schwer lösbare Beweisfrage, welcher Teil des **Warenlagers** im gegebenen Zeitpunkt als übereignet zu gelten hat. Aus diesem Grunde sollte ein solcher „Mischvertrag" tunlichst vermieden werden. Zumindest muß der Sicherungsnehmer bei der Ermittlung des Sicherungswertes des Lagers den ungefähren Prozentsatz des noch nicht bezahlten Teils der Ware absetzen. Die Festsetzung dieses Prozentsatzes wird erleichtert, wenn man die Übereignung eines mehrere Warengruppen umfassenden Lagers auf eine Gruppe beschränkt, z. B. aus einem mit Vorbehaltsware durchsetzten Eisenlager nur das Stabeisen oder aus einem mit Vorbehaltsware durchsetzten Holzlager nur das Eichenholz erfaßt. Ersichtlich ist es für die Parteien einfacher, den Kaufpreisrest für eine einzelne Gruppe als für das ganze Lager überschlägig zu ermitteln. Auf Grund der Anforderungen der Rechtsprechung an die Vermeidung von anfänglicher und nachträglicher Übersicherung muß ohnehin eine Bewertung des Sicherungsgutes vorgenommen werden (vgl. Rdn. 148 d ff.).

Wird dem Sicherungseigentümer Sicherungsgut entzogen, das wie bei der Übereignung als Warenlager mit wechselndem Bestand individuell nicht bestimmt ist, kann diesem zur Vorbereitung eines Schadensersatzverlangens ein Auskunftsanspruch gegen den Schädiger aus § 242 BGB oder unerlaubter Handlung zustehen. Voraussetzung hierfür ist, daß eine anderweitige Informationsmöglichkeit nicht besteht bzw. in vorwerfbarer Weise nicht genützt worden ist und der zum Schadensersatz Verpflichtete die Auskunft erteilen kann. Desweiteren muß der geschädigte Sicherungseigentümer die Eigentumsverletzung behaupten und beweisen. Für die Konkretisierung der Eigentumsverletzung genügt dabei die Angabe eines nach Gegenstand und Umfang konkreten Rahmens. Diese Beweiserleichterung rechtfertigt sich zum einen aus der Tatsache, daß dem Geschädigten eine genaue Bezeichnung der entzogenen Gegenstände gerade wegen des rechtswidrigen Verhaltens des Schädigers nicht möglich ist und zum anderen aus dem Normzweck des § 260 I BGB[1].

ff) Importsicherungsvertrag

Der Importsicherungsvertrag ist darauf zugeschnitten, daß der Importeur, der durch die Bank finanziert wird, das Eigentum an der Ware mittels Traditionspapieren oder sonstigen Warendokumtenten (vgl. Rdn. 504) erwirbt und der Bank mit Hilfe dieser Dokumente Sicherungseigentum verschafft. An die Veräußerung des so bestimmten Sicherungsgutes knüpft die Zession der Kaufpreisforderung an. Dabei handelt es sich um eine Anschlußzession, d. h. die Forderungsabtretung ist Äquivalent/Surrogat der zur Sicherung übereigneten Sache. Denkbar ist auch, den Sicherungsgeber zu befugen, das Sicherungsgut als Kommissionär zu veräußern. Dann steht der Bank — als Siche-

---

[1] BGH WM 90, 445.

Individualisierung/Bestimmtheit

rungseigentümer — die Kaufpreisforderung auch ohne ausdrückliche, vertragliche Abtretung zu (§ 392 HGB). Insbesondere mit Rücksicht auf die Regelung in der InsO, nach der Sicherheiten mit einem Kostenabschlag zu versehen sind, ist dieser Weg für die Bank zweckmäßig, da der Verkaufserlös einer Kommission nicht wie eine Sicherheitenbestellung zu werten ist. Mit Rücksicht darauf, daß beim Importsicherungsvertrag die Bank die Ware zu 100% bevorschußt, also keine Übersicherung möglich ist, erscheint dies auch ökonomisch gerechtfertigt. Die Bevorschussung von Importware zu 100% müßte sonst zum Erliegen kommen, da gerade Importgeschäft i. d. R. keine weiteren, außerhalb der Ware liegender Sicherheiten vorhanden sind, auf der anderen Seite die Bank aber immer mit dem nach der InsO vorgesehenen Kostenabzug (vgl. Rdn. 989) rechnen muß. Zur Anschlußzession siehe auch Rdn. 522[1].

Bei einer anderen Sachverhaltsgestaltung sind für die Handhabung des Importsicherungsvertrages Besonderheiten zu beachten, zum Beispiel bei folgendem Sachverhalt (Beispiel aus dem Getreide- und Futtermittelhandel):

1. Die Bank finanziert den deutschen Abnehmer des Importeurs. Der Abnehmer handelt als Zwischenhändler und nimmt selbst die Ware in einem ausländischen Bestimmungshafen, z. B. Rotterdam, ab und ist damit im Hinblick auf seine Endabnehmer im Inland auch selbst Importeur.

   Der ursprüngliche Importeur und Lieferant des Kunden (K) der Bank erwirbt Eigentum an der Ware mittels Konnossement (B/L). Gegen Rückgabe des Konnossements stellt der Verfrachter (oder sein Vertreter) dem Importeur einen Teilschein, d. h. eine Delivery Order (D/O ex B/L) über die an seine Abnehmer, u. a. K, verkauften Teilmengen aus. Der Importeur gibt die D/O an seinen Spediteur in dem ausländischen Abladehafen, z. B. Rotterdam, weiter mit dem Auftrag, die entsprechenden Teilmengen an die einzelnen Abnehmer auszuliefern bzw. entsprechend deren Weisungen zu verladen.

   Der Importeur verkauft an seine Abnehmer, u. a. K, Teilmengen, für die die D/O ausgestellt werden, nach den Bedingungen der GAFTA (The Grain And Feed Trade Association). Danach gilt englisches Recht. Die Abnehmer, u. a. K, erhalten grundsätzlich nur Kopien des D/O und zahlen auf Grundlage dieser Kopien und telefonischen oder FS-Avis des Spediteurs. Diese Zahlungen erfolgen in der Regel vor Ankunft des Schiffes in dem Bestimmungs- und Abladehafen. Zwischen Spediteur und Abnehmer (K) bestehen keine vertraglichen Beziehungen.

2. Es ergibt sich sodann folgende Rechtslage:

   a) Eigentumsübertragung auf K

   Der Eigentumsübergang vom Spediteur auf den Abnehmer (K) vollzieht sich nicht dokumentär, da die D/O kein Traditionspapier ist. Die Traditionswir-

---

[1] vgl. Nielsen, BuB 5/200.

kung des Konnossements ist mit dessen Rückgabe aufgehoben. Die D/O ist vielmehr lediglich ein „Lieferschein", der ein Auslieferungsversprechen des Verfrachters beinhaltet oder gleichermaßen den Herausgabeanspruch des Eigentümers verkörpert. Die Übereignung erfolgt daher nach allgemeinen rechtlichen Regeln durch die Einigung über den Eigentumsübergang der Teilmenge und Übergabe bzw. einen Übergabeersatz.

Die Einigung ist im Kaufvertrag zwischen Importeur und Abnehmer enthalten. Die Übergabe der D/O an den Abnehmer stellt in der Regel die Abtretung des Herausgabeanspruchs nach § 931 BGB dar. Da der Abnehmer (K) hier die D/O selbst nicht erhält, diese vielmehr bei dem Spediteur und damit im Bereich des Importeurs verbleibt, müßte die Übersendung einer Kopie an den Abnehmer bzw. die entsprechende Benachrichtigung als Abtretung des Herausgabeanspruchs ausgelegt werden können, um einen Eigentumsübergang — jedenfalls nach Bezahlung — zu bewirken. Nach gegenwärtigem Kenntnisstand kann dieses indessen nicht hinreichend beurteilt werden. Es besteht auch kein ausreichender rechtlicher Anhaltspunkt dafür, daß der Spediteur insoweit für die Abnehmer, also u. a. den K handelt, also ihnen Besitz mitteln könnte. Vielmehr muß davon ausgegangen werden, daß der Spediteur allein auftrags, im Interesse und als Erfüllungsgehilfe und Besitzdiener des Importeurs handelt. Dazu wäre auch das nach den GAFTA-Bedingungen maßgebliche englische Recht und u. U. wegen des Bestimmungshafens auch das entsprechende ausländische Recht und Handelsbrauch zu berücksichtigen.

Vorausgesetzt, daß der Eigentumsübergang auf die Abnehmer mit Erhalt der Kopie der D/O u. ä. und Bezahlung erfolgte, hätten diese damit in entsprechender Höhe Miteigentum an der gesamten noch schwimmenden Ladung.

Anderenfalls wird der Übergang des Eigentums auf die Abnehmer erst mit der tatsächlichen Übergabe der betreffenden Teilmenge erfolgen, da. h. in dem Augenblick, in dem die Umladung der betreffenden Menge durch den Spediteur entsprechend der Weisungen des Importeurs (gemäß D/O) auf ein vom Abnehmer (K) gestelltes oder beauftragtes Transportmittel (Binnenschiff, Lkw, Bahn) oder Lager erfolgt ist. Auch insoweit sind allerdings ggf. noch die Bedingungen des englischen und auch das Recht des Abladehafens zu beachten.

b) Sicherungsübereignung

Hat der K nach dem Vorstehenden bereits Miteigentum an der schwimmenden Ladung erworben, so käme grundsätzlich eine Sicherungsübereignung des Miteigentumsanteils in Betracht. Auch diese Sicherungsübereignung kann nicht dokumentär erfolgen, da Traditionspapiere ja nicht mehr vorhanden sind. Die Sicherungsübereignung muß also durch Einigung über den Übergang des Miteigentumsanteils an der Ladung und Abtretung des Herausgabeanspruchs gegen den Verlader vorgenommen werden. Die Identifikation des Miteigentumsanteils (Sicherungsgutes) könnte durch die Kopie der D/O oder —

falls nicht vorliegend — u. U. auch durch entsprechende genaue Angaben des K unter Bezugnahme auf den Kaufvertrag mit dem Importeur erfolgen. Zu berücksichtigen sind auch insoweit die Bedingungen englischen Rechts und ggf. des Rechts des Abladehafens.

Vorausgesetzt, daß die Sicherungsübereignung des Miteigentumsanteils nach Vorstehendem wirksam ist, geht das Eigentum indessen jedenfalls durch die Umladung der Ladung im Abladehafen und ggf. weiteren Umladungen praktisch wieder verloren. Rechtlich bliebe das Eigentum durch Umladungen zwar unberührt. Nach der Umladung der Teilmenge von dem Seeschiff, auf das allein sich die D/O und damit die Identifikationsmerkmale beziehen, beispielsweise auf ein Binnenschiff kann die Identität des Sicherungsgutes allein mit den bisherigen Angaben und mangels anderer Kennzeichen nicht mehr belegt werden. Das ergibt sich schon allein daraus, daß ja wenigstens das betreffende Binnenschiff selbst bestimmt sein müßte, um den Verbleib des Sicherungsgutes festzustellen und belegen zu können. Dabei ist auch zu berücksichtigen, daß die Teilmenge aus dem Seeschiff auch nach der Umladung in aller Regel wiederum nur der Teil einer größeren Ladung sein wird, nunmehr allerdings in einem anderen Verhältnis. Der K hat also auch dann nur einen Miteigentumsanteil an der Ladung des Binnenschiffes.

Entsprechendes gilt für einen weiteren Umschlag auf ein Zwischenlager und eine erneute Verladung auf weitere Transportmittel.

Um den Bestand der Sicherungsübereignung auch nach dem Zeitpunkt der Umladung von dem Seeschiff zu erhalten und sowohl den rechtlichen als auch den tatsächlichen Zugriff auf das Sicherungsgut zu ermöglichen, bleibt daher nicht anderes übrig, als den Weitertransport mit den jeweils geeigneten Dokumenten zu begleiten. Kann oder soll das nicht erfolgen, reduziert sich die Wirksamkeit der Sicherungsübereignung auf die Zeit bis zur Umladung des Sicherungsgutes von dem Seeschiff.

Ist der K noch nicht Miteigentümer der schwimmenden Ladung geworden, so ist eine „Voraus"-Sicherungsübereignung der ihm zustehenden Ware nach dem betreffenden ausländischen Recht des Abladehafens im Zweifel nicht wirksam und kann daher nicht in Betracht gezogen werden.

Wird der K erst mit Verladung auf das von ihm gestellte Binnenschiff Eigentümer der Teilmenge bzw. Miteigentümer der nunmehrigen Gesamtladung des Binnenschiffes, so kann eine Sicherungsübereignung daher erst mit diesem Zeitpunkt in Betracht kommen. Zur Bestimmung des Sicherungsgutes genügt dazu nach den vorstehenden Erwägungen aber auch nicht die Bezugnahme auf die D/O. Vielmehr könnte das Sicherungsgut nur durch genaue Bestimmung der jetzigen Identifikationsmerkmale, z. B. die Ladepapiere, erfolgen. Für weitere Umladungen und Lagerungen gilt sodann das vorstehend Gesagte.

Sicherungseigentum

Als Ergebnis ist festzuhalten, daß die Sicherungsübereignung ohne eine Weiterverfolgung der übereigneten Partien durch entsprechende Dokumente, Meldungen und Erklärungen gegenstandslos wird. Rechte sind daraus dann nicht mehr darzulegen, geschweige denn durchzusetzen. Die Sicherungsübereignung wird damit entweder gar nicht erst wirksam oder sogleich nach der Verladung wertlos. Damit wird auch der Wert der etwa wirksamen Sicherungsübereignung der schwimmenden Ware eingeschränkt, sofern es notfalls nicht gelingt, Zugriff auf diese zu nehmen, solange sie sich noch auf dem Seeschiff befindet.

523 Voraussetzung für die Wirksamkeit der im Importsicherungsvertrag enthaltenen **Anschlußzession** ist, daß die abgetretene Forderung durch die Anknüpfung an das Sicherungsgut zweifelsfrei bestimmt bzw. bestimmbar ist. Es ist damit erforderlich, daß eine wirksame Sicherungsübereignung der veräußerten Ware gegeben ist und die Identität zwischen Sicherungsgut und veräußerter Ware erwiesen und nachweisbar ist. Außerdem muß der Abnehmer der Ware als Schuldner der Kaufpreisforderung bestimmt sein.

Danach ist eine wirksame Anschlußzession nur darstellbar, wenn der K die Ware so weiterveräußert, wie er diese selbst von dem Importeur erhält, nämlich z. B. c.i.f. Rotterdam. Voraussetzung ist also u. U., daß eine wirksame Sicherungsübereignung bei der vorstehend unter Ziffer 2.b) Abs. 1 erörterten Alternative gegeben ist. Die Forderung aus dem Weiterverkauf dieses Sicherungsguts wäre dann ohne weiteres durch Bezug auf die entsprechende D/O und die entsprechenden Rechnungsunterlagen bestimmbar, so daß es weiterer Unterlagen für die Wirksamkeit der Zession nicht bedürfte.

Bei allen anderen erörterten Alternativen genügt für die Wirksamkeit der Anschlußzession die Bezugnahme auf die D/O und die Rechnung an die Endabnehmer nicht. Fakturiert K an seine Endabnehmer nicht ab Rotterdam, sondern ab bestimmten Umschlagplätzen, und ist das Sicherungseigentum mangels einer entsprechenden Weiterverfolgung durch Verladung und Weitertransport — wie oben dargelegt — gegenstandslos geworden, handelt es sich bei der später vom Endabnehmer veräußerten Ware nicht mehr um das Sicherungsgut, also nicht mehr um das Eigentum der Bank, sondern um das Eigentum des K (oder Dritter). Die Anschlußzession hat damit ihren Anknüpfungspunkt verloren und geht ins Leere.

Wenn eine Weiterverfolgung des Sicherungsguts nicht in Betracht gezogen werden soll, kann eine wirksame Abtretung der Forderung des K gegen seine Endabnehmer nur bei einer Lösung der Zession von der Sicherungsübereignung gewährleistet werden. In Frage kommt insoweit vor allem eine Mantelzession, zu der die jeweils durch Weiterverkauf begründeten Forderungen gemeldet und damit im einzelnen abgetreten werden oder u. U. auch eine Globalzession. Unter Umständen könnte auch eine Kombination von Anschluß- und Mantel- bzw. Globalzession miteinander zweckmäßig sein, falls angesichts der tatsächlichen Geschäftsabwicklung die Grundlage für wirksame Anschlußzessionen in hinreichenden Fällen gegeben ist.

gg) Exportsicherungsvertrag

Weniger problematisch stellt sich die Sicherungsübereignung und deren Bestand bei dem Exportsicherungsvertrag dar, der auf die Übereignung solcher Waren gerichtet ist, die der Kreditnehmer exportieren will. Dies liegt darin begründet, daß sich die Sicherungsübereignung im Inland direkt zwischen der Bank und dem Exporteur vollzieht. Da die Übereignung und Bestimmung des Sicherungsgutes hier in der Regel ebenso wie bei der Importsicherung mittels Traditionspapieren oder sonstigen Warendokumenten geschieht, erhält die Bank sie unmittelbar von dem Exporteur ausgehändigt (zum Traditionspapier siehe Rdn. 504). Ist den Parteien eine Übergabe der Dokumente zur Zeit nicht möglich, kann der Besitzerwerb auch dadurch ersetzt werden, daß sich der Exporteur dazu verpflichtet, die Dokumente für die Bank treuhänderisch zu verwahren und sie nach Beseitigung des Hindernisses unverzüglich weiterzuleiten, wodurch die Bank sodann mittelbarer Besitzer des Sicherungsgutes und der Dokumente wird.

Weil das Sicherungseigentum der Bank mit Übergabe der Dokumente an den ausländischen Verkäufer wieder erlischt, beinhaltet der Exportsicherungsvertrag zum Zwecke einer fortbestehenden Besicherung der Bank über die vorgemachte Sicherungsübereignung hinaus auch die Abtretung der Forderung aus dem Verkauf.

Hat der Verkäufer bzw. dessen Bank dem Exporteur mittels Akkreditiv oder Garantie eine Sicherheit für die Kaufpreiszahlung gegeben, so tritt der Exporteur zugleich auch die sich daraus ergebenden Rechte an seine Bank ab.

Es ist schließlich eine Frage der getroffenen Vereinbarung, wie die sicherungsnehmende Bank mit dem Warengegenwert verfährt, den sie gegen Aushändigung der Dokumente an den Käufer bzw. dessen Bank erhält. Zumeist wird sie ihn an den Exporteur weiterleiten und sich nur im Sicherungsfall daraus befriedigen. Möglich ist aber auch eine Vereinbarung dahingehend, daß das Geld zur Abdeckung des gewährten Krediets dienen soll und demnach nur der Restbetrag weiterzuleiten ist.

3. Hindernisse für die Sicherungsübereignung

a) Verfügungen des Sicherungsgebers über fremde oder belastete Sachen

Die Rechtslage erfordert die besondere Aufmerksamkeit des Sicherungsnehmers, **524** wenn den Gegenstand der Übereignung bilden:

Sachen, die dem Sicherungsgeber (Veräußerer) **nicht gehören oder bereits belastet, z. B. verpfändet sind.**

aa) Gutgläubiger Erwerb

525 Ist Sicherungsmittel eine bewegliche Sache, sei es, daß sie verpfändet, sei es, daß sie sicherungshalber übereignet wird, so ist der Sicherungsnehmer gutgläubig, wenn ihm der Mangel des Eigentums des Sicherungsgebers oder die vorgängige Belastung der Sache unbekannt ist und die Unkenntnis nicht auf grober Fahrlässigkeit beruht (§§ 932 Abs. 2, 932a, 1207 BGB). Er erwirbt dann durch Sicherungsübertragung das Eigentum[1] und zwar lastenfrei, durch Verpfändung das Pfandrecht mit dem Rang vor vorgängigen Belastungen zugunsten Dritter (s. Rdn. 318; wegen einer Ausnahme s. Rdn. 501). Voraussetzung ist, daß der den Rechtsschein des Eigentums erzeugende äußere Tatbestand der Besitzübertragung vom Sicherungsgeber auf den Sicherungsnehmer (s. Rdn. 497, 500, 502, 504) erfüllt wird und letzterer zu diesem Zeitpunkt noch in gutem Glauben ist[2]. **Da ihm schon die grobfahrlässige Unkenntnis schädlich ist, obliegt ihm eine gewisse Nachforschungspflicht**[3]. Er muß insbesondere, will er nicht als bösgläubig erscheinen, Zweifeln und Verdachtsgründen nachgehen und darf das nicht unbeachtet lassen, was im gegebenen Fall jedem einleuchten und jeden stutzig machen müßte[4]. Wer sich etwa eingebrachte Sachen eines Mieters sicherungshalber übereignen läßt, ist hinsichtlich des **Vermieterpfandrechts** in aller Regel bösgläubig[5]; er sollte sich vom Vermieter bestätigen lassen, daß das Pfandrecht nicht geltend gemacht wird. Ebenso muß damit gerechnet werden, daß Gastwirte Gartentische und -stühle oft von der Brauerei nur zur Leihe haben. Stets aber kommt es darauf an, ob nach der Gasamtlage der Umstände, insbesondere unter Berücksichtigung der wirtschaftlichen Situation des Sicherungsgebers, die Sorgfaltsverletzung als besonders schwer erscheint. Dabei kann Bösgläubigkeit auch dann bejaht werden, wenn der Sicherungsnehmer selbst bei gehöriger Nachforschung keine Gewißheit über die Sach- und Rechtslage erlangt haben würde; andererseits bewahrt ihm die Erfüllung seiner Prüfungspflicht den guten Glauben selbst dann, wenn er trotz der Prüfung den wahren Sachverhalt nicht erkannt hat[6]. Bei der hiernach gebotenen Nachforschung darf sich der Sicherungsnehmer auf die bloßen Angaben des Sicherungsgebers jedenfalls dann nicht verlassen, wenn er Anhaltspunkte dafür hat, daß dieser mit der Wahrheit zurückhält, etwa, weil ihm dessen finanzielle Schwierigkeiten bekannt sind[7]. Ist aber der gute Glaube an das Eigentum des Sicherungsgebers vorhanden, so schadet es nichts, wenn der Sicherungsnehmer von Tatsachen Kenntnis hat, die dem rechtsirrig unterstellten Eigentumserwerb des Sicherungsgebers zugrunde liegen[8]. Zu besonderer Sorgfalt

---

[1] RG 153, 370.
[2] BGHZ 86, 300. Trotzdem kann der Sicherungsgeber wegen Betruges, unter Umständen auch wegen Unterschlagung, belangt werden (§§ 246, 263 StGB; vgl. BGH NJW 53, 475).
[3] Zur Grenze dieser Pflicht s. Serick II. § 23 I 5.
[4] RG 141, 131; BGH 10, 14; OLG Nürnberg WM 62, 95; WM 56, 884; 69, 175; 65, 1136; 63, 1186; BGH NJW 66, 1959; 70, 120; BGH BB 70, 150; Serick II § 23 I 5.
[5] BGH NJW 72, 43; Serick II § 17 II 3 b.
[6] RG 143, 18; BGH WM 58, 754.
[7] BGH NJW 58, 1485; WM 62, 740.
[8] RG 74, 354; BGH WM 59, 1313; NJW 61, 777.

zwingt die Verbreitung und Üblichkeit des **Eigentumsvorbehalts**. Es gibt zahlreiche
Waren und deren Produkte, die in der Regel unter Eigentumsvorbehalt stehen; 526
hiermit muß der Sicherungsnehmer von vornherein rechnen und demgemäß in Fällen dieser Art — in erster Linie anhand der Unterlagen des Sicherungsgebers — untersuchen, ob ein Eigentumsvorbehalt, vielleicht sogar ein Kontokorrentvorbehalt, vereinbart ist[1]. Ermittelt hier die Bank nicht, so handelt sie grob fahrlässig mit der Folge, daß sie als bösgläubig anzusehen ist; dies gilt sowohl bezüglich des Mangels des Eigentums als auch bzgl. einer fehlenden Verfügungsbefugnis. Bei der Sicherstellung vermittels Kraftfahrzeugen ist der **Kraftfahrzeugbrief** im Rahmen der Nachforschungspflicht des Sicherungsnehmers von gewisser Bedeutung: das Fehlen des Briefes läßt auf 527
fehlendes Eigentum des Sicherungsgebers insbesondere dann schließen, wenn es sich um ein gebrauchtes Kraftfahrzeug handelt[2]. Aber auch das Vorhandensein des Briefes schließt Bösgläubigkeit nicht aus, wenn ein gebrauchtes Fahrzeug von einem Fahrzeughändler zur Beleihung angeboten wird[3], oder die Umstände der Veräußerung zweifelhaft sind[4].

Der Kraftfahrzeugbrief ist jedenfalls kein Traditionspapier; nach den Ausführungsanweisungen zu der Verordnung über den Kraftfahrzeugverkehr vom 11. April 1934 (RGBl I 303) sollte die Einführung des Kraftfahrzeugbriefs dazu dienen, Handhaben zur Sicherung des Eigentums am Kraftfahrzeug zu schaffen. Die privatrechtlichen Eigentums- und sonstigen Rechtsverhältnisse sollte durch die Zulassungsstelle nicht geprüft werden. Es bleibt Sache des rechtmäßigen Besitzers, seine Rechtsansprüche ggfs. mit Hilfe der Gerichte durchzusetzen. Dies entspricht heute § 25 Abs. 4 StVZO: die Eintragung von Eigentumsverhältnisse in Kraftfahrzeugbriefen ist unzulässig. Die Rechtsprechung kann den Kraftfahrzeugbrief auch nicht „rechtsfortbildend zum Traditionspapier machen"[5]. Der im Besitz des Briefes befindliche Sicherungseigentümer eines Kraftwagens hat die Möglichkeit, für die Dauer der Sicherstellung die rechtswidrige Veräußerung des Wagens durch den Sicherungsgeber an einen gutgläubigen Dritten zu erschweren, indem er die Sicherungsübereignung dem zuständigen Straßenverkehrsamt anzeigt und so die Ausstellung eines Ersatzbriefes für den Sicherungsgeber unterbindet[6]. Einen Erfahrungssatz des Inhalts, daß üblicherweise als Sicherungsmittel dienende Waren schon oder noch anderweitig als Kreditunterlage verwendet sind, gibt es nicht[7].

---

[1] RG 147, 331; BGH WM 67, 198; MünchKomm/Quack § 932 Rdn. 35; Palandt/Bassenge § 932 Rdn. 12.
[2] BGH 30, 374; WM 59, 138; 60, 397; 65, 196; NJW 70, 653; 91, 1415 m. w. N.; OLG Schleswig NJW 66, 70; BGH WM 63, 1186; WM 75, 362; Palandt/Bassenge, § 932 Rdn. 13; Münch Komm/Quack § 932 Rdn. 83ff.
[3] BGH WM 63, 1186.
[4] Z. B. besonders günstiger Preis bei Verkauf auf der Straße; vgl. BGH NJW 91, 1415ff.
[5] BGH WM 70, 251; WM 78, 901.
[6] Siehe auch BGH NJW 70, 653; Serick I, § 6 I 3 und II, § 22 II 4; Göller BB 52, 785; Schmidt, ZfgesK 55, 184, 250.
[7] BGH NJW 66, 59; WM 70, 120; s. aber BGH WM 69, 242; KG JW 31, 2513.

528   Unter Umständen schließt sogar die Kenntnis des Sicherungsnehmers von der Tatsache, daß das Sicherungsgut schon zuvor einem Dritten sicherungshalber übereignet worden ist, den guten Glauben des Sicherungsnehmers nicht aus[1]. Die häufig in Sicherstellungsverträge aufgenommene **Versicherungs** des Sicherungsgebers, daß er zur freien Verfügung über das Sicherungsmittel berechtigt sei und dieses insbesondere nicht dem Eigentumsvorbehalt eines Dritten unterliege, erspart keinesfalls jede weitere Prüfung[2]. Diese Versicherung beansprucht Glaubwürdigkeit, wenn sie im Rahmen eines Mantelvertrages (s. Rdn. 521) in bezug auf das künftig nachzuschiebende Sicherungsgut abgegeben wird und der Sicherungsgeber den Mantelvertrag ordnungsgemäß erfüllt; hier ist dem Sicherungsnehmer eine eigene Nachforschung hinsichtlich jeden neuen Warenpostens nicht ohne besonderen Anlaß zuzumuten. Auch ist der Besitz eines **Lagerscheins** ein so wesentliches Anzeichen für die unbeschränkte Verfügungsbefugnis seines Inhabers, daß der Sicherungsnehmer seiner Versicherung, er sei zur Sicherungsübereignung des Lagerguts berechtigt, regelmäßig Glauben schenken darf[3]. Wird eine bei einem Lagerhalter eingelagerte Ware durch Einigung und Abtretung des Herausgabeanspruchs übereignet, so schützt § 934 BGB nicht den guten Glauben daran, daß der abzutretende Herausgabeanspruch nicht in einem Namenslagerschein verbrieft und nicht eine die Abtretung erschwerende Vereinbarung getroffen worden ist[4].

529   Die Lage erleichtert sich für den Sicherungsnehmer, wenn der Sicherungsgeber **Kaufmann** im Sinne der §§ 1—3 HGB, auch Kleingewerbetreibender (§ 4 HGB), ist und den Sicherstellungsvertrag im Betrieb seines Handelsgewerbes, also nicht im Rahmen einer außergewerblichen, rein persönlichen Beziehungen schließt. Hier schadet es nämlich ausnahmsweise dem Sicherungsnehmer nicht, wenn er weiß, daß die Sache dem Sicherungsgeber nicht gehört oder belastet ist. **Vielmehr wird er schon als gutgläubig behandelt, wenn er ohne grobe Fahrlässigkeit angenommen hat, daß jener über die Sache als eine fremde oder ohne Vorbehalt der auf ihr ruhenden Belastung an Stelle des Eigentümers, sei es kraft Gesetzes, Vertretungsmacht oder Ermächtigung, zu Sicherungszwecken**[5] **zu verfügen berechtigt ist**[6]. Dabei wird vermutet, daß der Sicherungsgeber den Sicherstellungsvertrag im Betrieb seines Handelsgewerbes geschlossen hat (§§ 366, 344 HGB). Der Sicherungsnehmer kann also bezüglich des Eigentums des Sicherungsgebers bösgläubig sein, sofern er nur an dessen Verfügungsbefugnis glaubt[7]. Trotz Redlichkeit des Sicherungsnehmers kommt ein Erwerb der Sicherheit nicht in Frage in den Fällen, in denen als Sicherungsmittel Sachen dienen,

---

[1] BGH WM 59, 1313.
[2] BGH WM 73, 38.
[3] BGH WM 69, 242.
[4] BGH WM 79, 771.
[5] BGH WM 63, 1186; Schlegelberger/Hefermehl, Anh. zu § 368 Rdn. 162.
[6] Beachte aber Serick II, § 23 II 2.
[7] BGH NJW 59, 1080.

die dem Eigentümer oder seinem Besitzmittler **abhanden gekommen**[1], insbesondere gestohlen oder verlorengegangen sind (§§ 935 Abs. 1 1207 BGB) wobei ein ,,A b h a n d e n k o m m e n'' nicht schon dann angenommen werden kann, wenn der Sachbesitz infolge einer auf Irrtum, Drohung oder arglistigen Täuschung beruhenden Willensentschließung aufgegeben worden ist[2]. **Der auf abhanden gekommenen Sachen ruhende ,,Bann" hat immer und überall die Wirkung der Bösgläubigkeit** und kann bei gestohlenen Sachen sogar zu strafrechtlicher Verfolgung des Sicherungsnehmer wegen H e h l e r e i führen, wenn er weiß, daß die Sache gestohlen ist oder es nach Umständen wissen muß (§ 259 StGB). Zwar ist die Inpfandnahme einer solchen Sache nicht strafbar, wenn die Verpfändung Voraussetzung für die Darlehensgewährung war, mag auch der Sicherungswert des Pfandes höher sein als der Darlehensbetrag; soll aber durch die Verpfändung eine bisher ungesicherte Forderung nachträglich gesichert werden, so ist der objektive Tatbestand der Hehlerei erfüllt[3]. Anders ist die Rechtslage, wenn der Sicherungsgeber nicht das Sichrungsmittel selbst, sondern (nur) das zum Erwerb des Sicherungsmittels verwendete Geld durch eine von ihm begangene strafbare Handlung erlangt hat. Hier macht die Kenntnis des Sicherungsnehmers von der Herkunft des Geldes ihn weder wegen sog. Ersatzhehlerei strafbar noch wird das Sicherungsgeschäft generell sittenwidrig[4].

Handelt es sich um den Erwerb eines **im Schiffsregister eingetragenen Schiffs,** so ist der gute Glaube des Erwerbers entgegen der für die Mobiliarübereignung geltenden Regel sogar nicht schon dadurch zerstört, daß seine Unkenntnis auf grober Fahrlässigkeit beruht, sondern erst und nur dann, wenn im Zeitpunkt der Stellung des Eintragungsantrages der Mangel des Eigentums des Veräußerers oder die Belastung ihm positiv bekannt ist oder sich aus dem Inhalt des Schiffsregisters ergibt[5]. Andererseits bleibt bei dem Erwerb eines **Luftfahrzeuges** stets das aus dem Register für Pfandrechte an Luftfahrzeugen ersichtliche Pfandrecht bestehen (§ 98 LRG), während die etwaige Gutgläubigkeit des Erwerbers in bezug auf das Eigentum des Veräußerers nach allgemeinen Regeln (s. Rdn. 525) geschützt wird. 530

Der Schutz des guten Glaubens greift bei der Sicherungsübereignung nur selten ein, weil sie sich regelmäßig in der Form des Besitzkonstitus vollzieht; da hierbei der übereignete Gegenstand im Besitz des Veräußerers verbleibt, kommt ein gutgläubiger Erwerb des Sicherungsnehmers nur unter zusätzlichen engen Voraussetzungen zum Zuge[6], so muß der gute Glaube noch bei Erlangung des unmittelbaren

---

[1] RG 54, 68.
[2] BGH 4, 53. Der gutgläubige Erwerber von gestohlenen Traditionspapieren erlangt Eigentum am Gut, da dieses selbst nicht gestohlen ist; dagegen verschafft der Erwerb von Traditionspapieren kein Eigentum an gestohlenem Gut, auch wenn der Erwerber von dem Diebstahl nichts wußte.
[3] RGSt 51, 179; 54, 338.
[4] Mormann, WM 62, 2; Serick II, § 23.
[5] Die Ausführungen zu Rdn. 761 gelten entsprechend; vgl. auch § 16 SchiffsG.
[6] Dazu Palandt/Bassenge, § 933 Rdn. 5.

Besitzes durch Übergabe seitens des Veräußerers (Sicherungsgebers) vorhanden sein (§ 933 BGB; im einzelnen vgl. Rdn. 500). Hierin liegt eine der großen Gefahren der Sicherungsübereignung, und es muß daher besonders sorgfältig geprüft werden, ob und inwieweit im einzelnen Fall mit fremdem Eigentum oder einer Belastung der Sache zu rechnen ist.

bb) Sicherungsübereignung von Vorbehaltsware — Anwartschaftsrecht

531   **Besonders häufig ist die Sicherungsübereignung eines mit Vorbehaltswaren durchsetzten Warenlagers.** Sowenig die nachträgliche Vermischung des Sicherungsguts mit fremder Ware die Sicherungsübereignung unwirksam macht (s. Rdn. 520), sowenig schadet die gleichzeitige Mitübereignung fremder Ware, wenn die Parteien im übrigen gewillt sind, das fremde Eigentum zu achten. Insbesondere fehlt es nicht an der Individualisierung des Sicherungsguts, wenn dieses (einschließlich der Vorbehaltsware) als übereignet gekennzeichnet wird (s. Rdn. 515f.) und nicht etwa nur aus den dem Sicherungsgeber gehörenden Sachen bestehen soll, d. h. nicht nur dem Umfange nach durch das Eigentum des Sicherungsgebers bestimmt wird[1].

Dem Besitzkonstitut kann eine stärkere Wirkung hinsichtlich der Vorbehaltsware auch nicht dadurch verschafft werden, daß der Sicherungsgeber nicht das Eigentum an der Vorbehaltsware, sondern (nur) das ihm aus dem Verbehaltserwerb erwachsene **Anwartschaftsrecht** (s. Rdn. 531) auf den Sicherungsnehmer überträgt, also nicht über das fremde Eigentum des Lieferanten, sondern über ein eigenes Recht verfügt[2].

Das **Anwartschaftsrecht** gilt als Vorstufe zum Volleigentum, als ein wesensgleiches Minus[3]: es setzt eine innerhalb des mehraktigen Entstehungstatbestandes eines Rechts erlangte Rechtsposition voraus, die bereits so gesichert ist, daß der andere Vertragsteil sie nicht mehr durch einseitige Erklärung zerstören kann[4]. Der nur schuldrechtliche Anspruch auf Lieferung einer Sache begründet daher kein Anwartschaftsrecht, der Käufer muß Besitz erhalten (erst mit der Besitzerlangung erlangt er das quasi dingliche Anwartschaftsrecht; nach diesem Zeitpunkt kann er daher auch erst auf den Zessionar des Anwartschaftsrecht übergehen, selbst wenn die Übereignung/Übertragung dem Anwartschaftsrecht antizipiert vorgenommen worden ist. Hat der Sicherungsgeber erst einmal das Anwartschaftsrecht erlangt, so wird er bei Restzahlung des Kaufpreises direkt Eigentümer — sog. Direkterwerb; vgl. auch übernächsten Absatz). Das Anwartschaftsrecht wird aber als Sicherungsmittel nur dann interessant sein, wenn die Gewißheit besteht, daß es bald zum Vollrecht erstarkt. Das ist z. B. der Fall, wenn bei der Lieferung des Eigentums unter Eigentumsvorbehalt nur noch ein geringer Restkaufpreis aussteht (den der Sicherungsnehmer aber notfalls auch selbst aufbringen muß). Der

---

[1] RG 132, 187; BGH WM 58, 673.
[2] BGH WM 59, 813; s. dazu auch Herget, Bank-Betrieb 68, 155 ff.
[3] BGH 20, 88; 27, 360; 30, 374; 35, 85; Serick I, § 11 I 2.
[4] BGH 37, 321.

Zahlung des Restkaufpreises durch den Sicherungsnehmer kann der Sicherungsgeber aufgrund des § 267 Abs. 2 BGB nicht widersprechen[1]. Der Sicherungsnehmer kann aber das so erlangte Sicherungseigentum nur kraft einer besonderen Vereinbarung auch für den gezahlten Restkaufpreis in Anspruch nehmen. Zu beachten ist, daß möglicherweise die Zahlung des Sicherungsnehmers einen Dritten zum Eigentümer werden läßt, weil dieser schon früher das Anwartschaftsrecht vom Sicherungsgeber erworben hatte[2].

Im allgemeinen ist die Übereignung von Vorbehaltsgut sogar im Sinne der Übertragung des Anwartschaftsrechts **auszulegen**[3]. Daß hier der Sicherungsnehmer, soweit das Warenlager dem Sicherungsgeber gehört, das Eigentum an der Ware und, soweit es dem Lieferanten gehört, nur das Anwartschaftsrecht erlangt, ist hinsichtlich der erforderlichen Bestimmtheit unschädlich, sofern nur das mit der Vorbehaltsware durchsetzte Lager als solches hinreichend individualisiert ist[4].

Auch Anwartschaftsrechte werden von den gesetzlichen Pfandrechten erfaßt, so daß der Sicherungsnehmer sie bei deren Übertragung auch nur mit einer entsprechenden Belastung erwirbt[5]. In Frage kommt insbesondere eine grundpfandrechtliche Belastung von Anlagegütern, z. B. Maschinen, die als **Zubehör** des Grundstücks des Sicherungsgebers anzusehen sind, ferner belastet mit dem **Vermieter-** oder **Verpächterpfandrecht** sowie mit einem etwaigen Pfändungspfandrecht aus einer vor Erlöschen des Vorbehalts betriebenen Zwangsvollstreckung in die Vorbehaltssache[6]. Mit Erstarkung des Anwartschaftsrechts zum Vollrecht setzt sich das Pfandrecht am Anwartschaftsrecht — trotz des Direkterwerbs durch den Sicherungsnehmer — an der Sache selbst fort[7]. Vorstehendes gilt auch bezüglich der Sicherungsübereignung solcher Vorbehaltsware eines Warenlagers, die der Sicherungsgeber erst nach der Sicherungsübereignung erwirbt. Da die Besitzerlangung Voraussetzung für die Begründung und Übertragung des Anwartschaftsrechts ist (s. o.), geht es dinglich immer erst durch seine Person (sog. Durchgangserwerb), so daß das im voraus übertragene Anwartschaftsrecht in der „juristischen Sekunde" des Durchgangs von möglichen Pfandrechten ergriffen wird[8]. Jedoch hindert eine Pfändung nach der Übereignung den lastenfreien Erwerb des Sicherungsnehmers nicht, weil die spätere Bezahlung des Kaufpreises zunächst das Sicherungseigentum zur Entstehung bringt und daher eine zeitlich nachgehende Pfändung nicht mehr zum Zuge kommt (§ 185 Abs. 2 BGB). Eine Pfändung des bloßen Anwartschaftsrechts schadet dem Sicherungsnehmer selbst dann nicht, wenn sie vor Übereignung der Vorbehaltsware erfolgt ist, da sie mit der Zahlung des Kaufpreises,

532

---

[1] Derleder, BB 69, 727.
[2] BGH WM 57, 1057.
[3] BGH 20, 101.
[4] BGH 28, 16.
[5] BGHZ 35, 85 = WM 61, 668.
[6] RG 60, 70; BGH WM 56, 454; WM 68, 604; Pikart, WM 62, 1230.
[7] BGH WM 65, 701 = NJW 65, 1475.
[8] BGH WM 92, 600.

d. h. mit Erlöschen des Eigentumsvorbehalts, unwirksam wird.[1]. Ist das Anwartschaftsrecht auf den Sicherungsnehmer (dinglich) bereits übergegangen, ohne daß er mit der Zubehörhaftung oder dem Vermieter-/Verpächterpfandrecht belastet war, so erhält der Sicherungsnehmer auch das Vollrecht unbelastet.

533 Die Zulässigkeit der Übertragung von Anwartschaftsrechten ergibt sich aus zwei Gesichtspunkten: Zum einen wird grundsätzlich angenommen, daß auf Grund der Aushändigung des Kaufgegenstandes vom Verkäufer an den Käufer der Eigentumserwerb durch die vollständige Zahlung des Kaufpreises nur aufschiebend bedingt ist[2], zum anderen, daß der Sicherungsnehmer mit dem Erwerb des Anwartschaftsrechts ein „wesensgleiches Minus" erlange[3]. Die Übertragung des Anwartschaftsrechts vollzieht sich durch Einigung und Übergabe bzw. Vereinbarung eines konkreten Besitzmittlungsverhältnisses. Mit dem Eintritt der Bedingung, d. h. der vollständigen Zahlung des Kaufpreises, erstarkt das Anwartschaftsrecht zum Vollrecht[4]. Dabei ist sowohl eine etwaige Willensänderung einer der beteiligten Personen oder die Einschränkung ihrer Verfügungsbefugnis[5] als auch der zwischenzeitliche Besitzverlust des Sicherungsgebers für den Eigentumserwerb des Anwartschaftsberechtigten ohne Bedeutung[6].

534 Wie oben ausgeführt ist problematisch, ob der Sicherungsnehmer auch gegen die oben genannten Belastungen aus der Person des Sicherungsgebers abgeschirmt ist. Dieser Auffassung ist die Rechtsprechung nicht beigetreten. Sie hat vielmehr (siehe oben), sofern der Sicherungsnehmer das Anwartschaftsrecht nicht schon **vor der Entstehung** des belastenden Rechts erworben hatte[7], bereits das Anwartschaftsrecht selbst als von der etwaigen Belastung ergriffen betrachtet[8]. **Deshalb muß der Sicherungsnehmer diese auch dann gegen sich gelten lassen, wenn er nach Erlöschen des Vorbehalts das Eigentum unmittelbar vom Lieferanten erlangt**[9]. Soll er diesem Nachteil nicht ausgesetzt sein, so kommt eine Regelung dahingehend in Frage, daß der Vorbehaltsverkäufer angewiesen wird, überhaupt nicht (also auch nicht unter Eigentumsvorbehalt) an den Käufer (Sicherungsgeber), sondern von vornherein an den Sicherungsnehmer zu liefern — **Direktübereignung** —, der die Sache leihweise dem Sicherungsgeber überläßt und mit diesem vereinbart, daß er, der Sicherungsnehmer, das Eigentum zur Sicherung seiner Forderung erhalten hat und hält. Die Lieferung (Übereignung) an den Sicherungsnehmer muß also der Entstehung des Anwartschaftsrecht zuvorkommen.

---

[1] BGH NJW 54, 1325.
[2] BGH WM 69, 186; WM 56, 454; 68, 604.
[3] BGH WM 61, 668; Herget, Bank-Betrieb 68, 155; Serick II, § 11 I 2.
[4] BGH WM 60, 1032.
[5] BGH WM 56, 454.
[6] BGH WM 60, 1032.
[7] OLG Nürnberg WM 61, 550.
[8] Vgl. Serick I, 11 VI 3; II, § 17 II 3b.
[9] BGH 35, 85 = WM 61, 668; BGH NJW 65, 1475; vgl. aber auch Tiedtke, NJW 72, 1404 mit ablehnender Anm. zu OLG Braunschweig MDR 72, 57.

Der Übereignungsvertrag könnte lauten:

„Der Kreditnehmer hat vom Lieferanten laut Vertrag vom .... folgende Gegentände, die sich noch im Besitz des Lieferanten befinden, gekauft:

....

(genaue Bezeichnung der Gegenstände)

Der Lieferant überträgt im Auftrag des Kreditnehmers auf die Bank das Eigentum an den vorstehend aufgeführten Gegenständen. Die Übergabe wird dadurch ersetzt, daß der Lieferant die Gegenstände mit der Sorgfalt eines ordentlichen Kaufmannes unentgeltlich für die Bank verwahrt. Die Bank weist den Lieferanten an, den unmittelbaren Besitz an den Gegenständen auf den Kreditnehmer zu übertragen."

Diese Vereinbarung wäre vom Lieferanten, dem Kreditnehmer und der Bank zu unterzeichnen. Außerdem sollte der Sicherstellungsvertrag (der den Zweck der Übereignung sowie den Umfang der Sicherheit genau bezeichnet) getrennt von der Übereignung zwischen Bank und Kreditnehmer vereinbart werden. Hier kann auf die üblichen Formulierungen (mit Ausnahme der Übereignung selbst) der Sicherungsübereignungsverträge zurückgegriffen werden.

Insbesondere im **Teilzahlungsgeschäft,** wenn der Verkäufer wegen seiner Kaufpreisforderung aus dem von der Teilzahlungsbank zu gewährenden Darlehen sogleich voll befriedigt wird und das Kaufobjekt in das Sicherungseigentum der Bank übergehen soll[1], ist eine solche Vereinbarung zu empfehlen. Aber auch im sonstigen Kreditgewerbe bietet sich diese Lösung an, wenn die Bank den Erwerb des Gegenstandes finanziert und eine Sicherungsübereignung vor Verbringung des Gegenstandes auf das mit einem Grundpfandrecht eines Dritten belasteten Grundstücks wegen Vermeidung der Zubehörhaftung erforderlich ist.

Üblicherweise liefert nämlich der Verkäufer an den Käufer (Sicherungsgeber). Ein Erwerb lastenfreien Eigentums durch den Sicherungsnehmer ist unter diesen Umständen aber nur möglich, wenn die Sache dem Käufer zum Eigentum übergeben und von diesem auf den Sicherungsnehmer übertragen worden ist. Bei der Sicherungsübereignung von Grundstückszubehör (z. B. Maschinen) ist die Kaufsache daher dem Sicherungsgeber noch außerhalb des Grundstücks (s. Rdn. 93) zu übergeben und von diesem auf den Sicherungsnehmer zu übertragen, so daß bei Eintritt der Sache in den Pfandbereich dem Sicherungsgeber (Erstkäufer) weder mehr das Eigentum noch das Anwartschaftsrecht an dem sicherungsübereigneten Grundstückszubehör zusteht.

cc) Freistellung durch Berechtigten

Ist die Belastung mit dem Recht eines Dritten bereits entstanden, so hilft nur noch die Freistellungserklärung des Berechtigten. Dies gilt insbesondere für etwaige Pfandrechte des Vermieters, Verpfänders, Spediteurs, Lagerhalters usw., deren Verzicht nach den

535

---

[1] Vgl. hierzu BGH WM 69, 831.

§§ 1257, 1255 BGB dingliche Wirkung hat und damit also auch jedem Dritten gegenüber wirkt. Problematisch ist die Freistellungserklärung jedoch bei der in Rdn. 743 ff. beschriebenen Zubehörhaftung im Grundpfandrecht: da die Haftung des Zubehörs (vgl. zum Begriff des Zubehörs Rdn. 93) nach § 1120 ff. BGB kraft Gesetzes besteht und der Inhalt des Hypothekenrechts nicht anders geregelt werden kann, als gesetzlich bestimmt, wirkt der Verzicht (Freistellung) nur schuldrechtlich zwischen den an der Vereinbarung Beteiligten[1]. Nichtbeteiligten Grundschuldgläubigern gegenüber bleibt es bei dem Umfang der Haftung gemäß den §§ 1120—1122 BGB. Danach tritt eine Enthaftung des Zubehörs nur dann ein, wenn sie vor der Beschlagnahme des Grundstücks entweder veräußert und von dem Grundstück entfernt werden (§ 1121 I BGB) oder nur im Rahmen einer ordnungsgemäßen Wirtschaft dauerhaft von dem Grundstück entfernt werden (§ 1122 I BGB). Selbst einem späteren Abtretungsgläubiger des Grundpfandrechtsgläubigers der den Verzicht ausgesprochen hat, gegenüber stünde diese Abrede nicht entgegen[2]. Grundpfandrechtsgläubiger, die erst nach dem Verzicht (Freistellung) in das Grundbuch eingetragen worden sind, müssen sich den Verzicht insoweit entgegenhalten lassen, als sich das Zubehör für sie als „fremdes" (weil dem Sicherungsnehmer lastenfrei übereignet) Zubehör darstellt. Die **Freistellungserklärung** könnte lauten:

„Wir haben davon Kenntnis genommen, daß die Fa. .... Ihnen durch Vertrag vom .... (genaue Bezeichnung des übereigneten Gegenstands) sicherungsübereignet hat. Als Gläubigerin der im Grundbuch des Amtsgerichts .... von .... Band .... Blatt .... in Abt. III unter lfd.Nr. .... eingetragenen Grundschuld/Hypothek in Höhe von DM .... entlassen wir den oben bezeichneten Gegenstand aus der Zubehörhaftung für das genannte Grundpfandrecht. Hinsichtlich des freigegebenen Zubehörstückes bewilligen und beantragen wir hiermit bereits im voraus die Aufhebung einer eventuellen Zwangsversteigerung und/oder Zwangsverwaltung. Wir verpflichten uns, Ihnen unverzüglich Mitteilung zu machen, wenn wir von einem Antrag auf Zwangsversteigerung oder Zwangsverwaltung des belasteten Grundstücks Kenntnis erhalten."

Im Falle einer Zwangsversteigerung kann derjenige, der durch den Verzicht ein der Versteigerung entgegenstehendes Recht hat, die Freigabe des Gegenstandes nach § 37 Nr. 5 ZVG erwirken. Auf Antrag — hier insbesondere desjenigen Grundpfandgläubigers, der auf die Zubehörhaftung besteht — ist der Gegenstand nach § 65 ZVG abgesondert zu verwerten.

b) Relative oder absolute Verfügungsverbote

536 **Relative oder absolute Verfügungsverbote** können die Verfügung des Veräußerers (Sicherungsgebers) rechtsunwirksam sein lassen (s. Rdn. 130 ff.). Hierher gehören insbesondere (im einzelnen vgl. auch Rdn. 139)

---

[1] RGZ 125, 365; Serick II, § 17 II 3 b.
[2] RG 125, 365.

— der Ehegatte (s. Rdn. 140)
— der im Konkurs befindliche Gemeinschuldner (s. Rdn. 142),
— der einer Nachlaßverwaltung unterliegende Erbe (s. Rdn. 143),
— der einer Testamentsvollstreckung unterliegende Erbe (s. Rdn. 144),
— der Vorerbe (s. Rdn. 145).

c) Substanzverlust

Ungeeignet sind Sachen deren Tauglichkeit zu Sicherungszwecken aufgehoben oder gemindert ist, weil sie entweder wegen ihrer von vornherein geplanten Veräußerung **keinen Verkaufswert** haben oder weil sie ihre ursprüngliche **Substanz verlieren,** wenn sie ihrer natürlichen Zweckbestimmung entsprechend verwendet werden.

Ermächtigt der Sicherungsnehmer den Sicherungsgeber zu dieser Verwendung — sei es ausdrücklich, sei es stillschweigend —, so kann er die Ermächtigung bei Vorliegen eines wichtigen Grundes widerrufen, solange die Sache nicht in das Eigentum eines begünstigten Dritten (vgl. z. B. §§ 946 ff BGB) übergegangen ist[1].

Die gleiche Problematik trifft beim Eigentumsvorbehalt für den Lieferanten zu. Im einzelnen:

aa) Verbrauch oder Veräußerung

Werden Sachen übereignet, die ihrer Natur nach zum **Verbrauch oder zur Veräußerung** im Geschäftsbetrieb des Sicherungsgebers bestimmt sind (s. Rdn. 538), so pflegt der Sicherungsnehmer seine Belange dadurch zu wahren, daß er die Ermächtigung zum Weiterverkauf auf den Umsatz im ordnungsgemäßen Geschäftsverkehr beschränkt. Der Sicherungsgeber darf die Waren also nicht verschleudern, auch nicht zu Ausverkäufen bereitstellen — es sei denn es handelt sich um Saisonwaren, für die ein Saisonausverkauf für zulässig zu erachten ist —, und er darf sie nicht zur Sicherung übereignen[2]. Verkauf im ganzen, an ungewöhnliche Abnehmer und unter bedenklichen Vereinbarungen, können ebenfalls die Ordnungsmäßigkeit des Geschäfts in Frage stellen[3]. Jede nicht ordnungsgemäße Veräußerung des Sicherungsguts stellt eine **Unterschlagung** dar. Häufig wird in der Praxis vereinbart, daß dem Sicherungsnehmer die Kaufpreisforderung abgetreten wird (**Abschlußzession**)[4].

537

538

---

[1] BGH 14, 114; BGH NJW 69, 1171.
[2] BGH WM 66, 1327; Serick II, § 18 II 3.
[3] BGH WM 63, 1187; 69, 1452.
[4] Serick II, § 24 I 4; ders., Abschied von fragwürdigen Kommissionsklauseln, BB 74, 285; ders., Bemerkungen zu formularmäßig verbundenen Verlängerungs- und Erweiterungsformen beim Eigentumsvorbehalt und der Sicherungsübereignung, BB 74, 1.

539 Bei einer solchen Anschlußzession handelt es sich um die Abtretung künftiger Forderungen („verlängerte Sicherungsübereignung") (s. Rdn. 523). Der Wert einer derartigen Abtretung zukünftiger Forderungen, die zwar dem Sicherungsnehmer im Konkurs des Sicherungsgebers ein **Absonderungsrecht** hinsichtlich der Kaufpreisforderung verschafft, ist allerdings problematisch, da ihr Rechtsbestand je nach Lage des Falles von den Voraussetzungen des verlängerten Eigentumsvorbehalts (s. Rdn. 1024) abhängig ist. Die für die Formulierung eines solchen verlängerten Eigentumsvorbehalts erforderliche Sorgfalt wird jedoch, wenn es sich um eine Form der Anschlußzession handelt, in der Praxis häufig vernachlässigt. Gelegentlich findet sich auch die Klausel, daß der Sicherungsgeber die Sachen nur als Kommissionär des Sicherungsnehmers verkaufen dürfe. Dieses Verfahren macht zwar eine besondere Abtretung der Kaufpreisforderung entbehrlich, ist rechtlich aber nicht unbedenklich (vgl. auch Rdn. 1038).

540 Die Anschlußzession kann zu einer **Übersicherung** führen. In der Regel wird im Sicherstellungsvertrag vereinbart, daß der jeweilige Bestand des Sicherungsgutes der Gesamtforderung der Bank gegen den Kreditnehmer bezüglich einer bestimmten Marge entsprechen soll (zur formularmäßigen Regelung der Vermeidung von unangemessenen Übersicherungen vgl. Anhang). Erhält nun die Bank zusätzlich durch die Anschlußzession die Ansprüche aus dem Weiterverkauf, so kann dies dazu führen, daß der Gesamtwert der Sicherheiten — also Werte übereigneter Gegenstände zuzüglich Werte abgetretener Forderungen — erheblich über die jeweilige Höhe der Gesamtforderung der Bank gegen den Kreditnehmer liegt. Zur Vermeidung einer unzulässigen Übersicherung durch Freigabeklauseln vgl. Rdn. 148 d.

Um dem Vorwurf einer überraschenden Klausel (§ 3 AGB-G) auszuweichen, sollte der Sicherungsübereignungsvertrag in der Überschrift den Hinweis auf die Anschlußzession bereits enthalten. Die Anschlußzession hat den Vorteil, daß im **Konkurs** die Abtretung nicht in dem Maße anfechtbar ist, wie bei einer normalen Globalzession. Erhält die Bank Forderungen aufgrund eines Globalzessionvertrages, wird nämlich die Abtretung erst mit der Lieferung oder Leistung wirksam. Werden diese Rechtshandlungen erst nach der Zahlungseinstellung oder dem Antrag auf Eröffnung des Konkursverfahrens vollzogen und hatte die Bank von der Zahlungseinstellung oder dem Eröffnungsantrag Kenntnis, so wird die Abtretung anfechtbar (§ 30 Nr. 1 2. Hs. KO)[1]. Für den verlängerten Eigentumsvorbehalt hat demgegenüber der BGH entschieden, daß die Abtretung **nicht anfechtbar ist.** Dabei führt er es aus, daß die Lieferung nicht mit einem Vermögen des Schuldners gehörenden Gegenstand vollzogen worden sei, da dieser ja bereits vor der Zahlungseinstellung oder dem Eröffnungsantrag aus dem Vermögen des Gemeinschuldners ausgeschieden sei. Hier sei lediglich die unter Eigentumsvorbehalt gelieferte Ware gegen die Forderung ausgewechselt worden, die durch den Verkauf der Ware erworben worden sei. Überträgt man diese Gedanken auf die Sicherungsübereignung, so muß auch die Anschlußzession aus einem Sicherungs-

---

[1] BGH WM 59, 944; 75, 535.

übereignungsvertrag unter diesem Gesichtspunkt nicht anfechtbar sein. Auch wirtschaftliche Gesichtspunkte sprechen dafür, die Anschlußzession in dieser Weise zu bevorzugen, da die Banken bei der Bevorschussung von Außenständen wesentlich zurückhaltender sind als bei der Sicherungsübereignung mit nichtanfechtbarer Anschlußzession.

Bei Zusammentreffen von Globalzession und Sicherungsübereignung mit Anschluß- 541 zession muß es beim Prioritätsgrundsatz verbleiben: der zeitlich vorrangige Vertrag behält seinen Vorrang. Die Grundsätze der Vertragsbruchtheorie bei Kollision zwischen Globalzession und Eigentumsvorbehalt mit Vorausabtretung finden keine Anwendung, da deren Besonderheiten zwischen Banken als Sicherheitennehmer (nämlich eine Bank mit Globalzession, eine andere Bank mit Sicherungsübereignung/Anschlußzession) nicht vorliegen. Eine Sicherungsübereignung mit Anschlußzession kann daher eine frühere Globalzession nicht „überholen". Eine Erstbank, die ihrem Kunden Kredit gewährt und sich eine Globalzession geben läßt, muß nicht damit rechnen, daß später eine andere Bank sich für einen Kredit das Warenlager übereignen läßt mit Anschlußzession. Umgekehrt kann aber eine Bank, die eine Globalzession hereinnimmt, durchaus verpflichtet sein, nachzuforschen, ob nicht bereits eine Sicherungsübereignung mit Anschlußzession vorliegt[1].

bb) Verbindung mit Grundstück zum wesentlichen Bestandteil

Werden Sachen, die ihrer Natur nach dazu bestimmt sind, mit einem Grundstück 542 verbunden, insbesondere in das Grundstück eingebaut zu werden, z. B. Pflanzensamen, Baustoffe, Tankanlagen usw., zu Sicherungszwecken verwendet, so muß der Sicherungsnehmer damit rechnen, daß er durch die Verbindung seine Sicherheit verliert. Denn die Sachen werden durch die Verbindung regelmäßig wesentliche Bestandteile des Grundstücks und können daher nicht mehr Gegenstand besonderer Rechte sein (§ 946 BGB). Auch Vorbehaltssachen eines Unterlieferanten werden dann von einem auf dem Grundstück lastenden Grundpfandrecht ergriffen, ohne daß aber der Grundpfandgläubiger einen Ausgleich zu gewähren hätte[2]. Die Möglichkeit eines Ausgleichs besteht für den Fall, daß diese Sachen bestimmungsgemäß verwendet werden und die künftigen Ansprüche des Sicherungsgebers — z. B. als Bauunternehmer gegen den Grundstückseigentümer — an die Bank abgetreten werden. Es besteht hier jedoch mangels ausreichender Individualisierung der Ansprüche ein rechtliches Risiko (s. Rdn. 643), so daß sich derartige Sachen in der Regel nicht als Sicherungsmittel empfehlen.

cc) Vermischung, Verbindung

Werden Sachen, die dazu bestimmt sind, mit anderen beweglichen Sachen verbunden 543 oder vermischt zu werden,

---

[1] Vgl. auch Serick IV, § 50 IV 2; V 3.
[2] RG 63, 416; BGH NJW 54, 793; WM 71, 933.

"z. B. Röhren, welche mit anderen Röhren zusammengeschweißt, Gewürze, welche mit anderen Gewürzen zu einer Mischung vermengt, oder Flüssigkeiten, welche zusammengegossen werden sollen",

zu Sicherungszwecken verwendet, so muß der Sicherungsnehmer damit rechnen, daß sich zufolge der Verbindung oder Vermischung seine Sicherheit nur noch auf den entsprechenden Anteil an dem Gemenge oder der Mischung erstreckt (§§ 947, 948 BGB), wenn nicht überhaupt eine der anderen Sachen nach der Verkehrsanschauung als Hauptsache anzusehen ist (§ 947 Abs. 2 BGB)[1] und damit die Sicherheit an der Nebensache untergeht, wie z. B. beim Einbau einer Achse in einen Kraftwagen[2]. Diese gesetzlichen Rechtsfolgen treten unabdingbar dann ein, wenn im Falle der Vermischung eine Trennung nicht mehr möglich ist und im Falle der Verbindung die Sachen wesentliche Bestandteile (§ 93 BGB) einer einheitlichen Sache oder Hauptsache geworden sind (s. Rdn. 98/99); das ist der Fall, wenn bei späterer Trennung die Sachen, wenn auch nicht wertlos (Schrott), so aber jedenfalls nicht mehr in der bisherigen Art nutzbar sind[3]. Ob diese Voraussetzungen gegeben sind, muß sorgfältig geprüft werden. Die Frage ist zu bejahren, wenn bei technisch-wirtschaftlicher Betrachtung die Bestandteile ein eigenes Wesen nicht mehr haben, sondern im Zweck des Ganzen aufgegangen sind[4]:

"bei einem See- oder Motorschiff ist z. B. der Motor als wesentlicher Bestandteil des Schiffes anerkannt worden[5], die Räder, der serienmäßig hergestellte Motor eines Kraftfahrzeuges[6] oder die Kolben, Lager und Welle einer Planierraupe nicht."

544 Verliert der Sicherungsnehmer sein Eigentum in dieser Weise, so erhält er einen Ersatzanspruch aus **ungerechtfertigter Bereicherung** gegen den Eigentümer der Hauptsache (§ 951 BGB). Dieser Anspruch ist im Konkurs nur einfache Konkursforderung. Um ein weitergehendes Recht zu erhalten, besteht aber die Möglichkeit — wie bei Lieferung unter Eigentumsvorbehalt —, das Alleineigentum oder ein Miteigentumsanteil an der Einheitssache (antizipiert) auf den Sicherungsnehmer zu übertragen. Zumeist wird darüber hinaus auch noch das Produkt vom Sicherungsgeber veräußert, so daß der Sicherungsnehmer darauf angewiesen ist, sich den künftigen Anspruch des Sicherungsgebers aus der Weiterveräußerung abtreten zu lassen (s. Rdn. 522). Seine Rechtssituation ist danach u. U. zweifelhaft, insbesondere dann, wenn er seine Quote an dem Gemenge oder der Mischung nicht nachweisen kann, weil nämlich dann auch die Vorausabtretung des Anspruchs aus der Weiterveräußerung mangels Bestimmtheit unwirksam ist.

---

[1] BGH 20, 159; OGHBZ 2, 389; 3, 348.
[2] BGH WM 71, 71; Pikart, WM 71, 1526; ders., WM 75, 402; KG NJW 71, 1026.
[3] BGH WM 61, 443.
[4] BGH 20, 154.
[5] BGH 18, 226.
[6] RG 152, 91; BGH 26, 225.

Der Anteil des Sicherungsnehmers an der einheitlichen Sache oder dem Gemisch **545** bestimmt sich nach dem Verhältnis des Wertes, den die Sachen zur Zeit der Verbindung und der Vermischung haben. Die Feststellung der Wertverhältnisse kann viele Schwierigkeiten machen; zumindest muß der Beteiligte, der aus einer Beitragsleitung zu der Gesamtmenge ein Anteilsrecht herzuleiten versucht, den Beweis für die Höhe seiner Beitragsleistung führen (§§ 947, 948, 949 BGB)[1]. Auch die gelegentlich im Streit zwischen Sicherungseigentum und Eigentumsvorbehalt versuchte Umgehung des Beweises durch Übertragung der Anteile mehrerer Beteiligter gleichen rechtlichen Interesses auf einen von ihnen hat nur dann Erfolg, wenn die Anteile die Gesamtmenge erschöpfen. Das ist z. B. nicht der Fall, wenn der zu übertragende Miteigentumsanteil überhaupt nicht dem Übertragenden zusteht, so z. B., wenn mehrere Lieferanten einem Möbelfabrikanten — unter Vereinbarung der Verarbeitungsklausel — Schaumgummi geliefert haben und der Übertragende nicht beweisen kann, daß da eine Lieferung gerade für dasjenige Möbelstück verwendet worden ist, welches in das alleinige Eigentum eines der Lieferanten überführt werden sollte (vgl. zum Poolvertrag Rdn. 192—194).

dd) Verarbeitung

Werden Sachen, die ihrer Natur nach dazu bestimmt sind, verarbeitet und so zu einer **546** neuen Sache umgestaltet zu werden

„wie z. B. die Rohstoffe und Halbfabrikate, welche in Industrie und Handwerk dem sog. Veredelungsverkehr unterliegen",

zu Sicherungszwecken verwendet, so muß der Sicherungsnehmer damit rechnen — der ausdrückliche (§ 185 BGB) oder zu vermutende Parteiwille geht bei Sachen die zur Verarbeitung bestimmt sind dahin, daß sie auch weiterhin bestimmungsgemäß verwendet werden dürfen — daß er durch die **Verarbeitung** (Spezifikation) seine Sicherheit verliert (nicht schon mit Beginn der Verarbeitung); dies tritt nur dann nicht ein, wenn wie z. B. bei der Stahlveredelung oder der Herstellung von Leder aus Häuten, der Wert der Verarbeitung erheblich geringer ist, als der Wert des Stoffes. Der Wert der Verarbeitung ergibt sich daraus, daß der Wert des Stoffes von dem Wert der neuen Sache abgezogen wird[2]. Die neue Sache wird kraft Gesetzes Eigentum des Verarbeiters unter gleichzeitigem Erlöschen aller an dem Stoff bestehenden Rechte (§ 950 BGB). Treffen im einzelnen Fall die Tatbestände der Verarbeitung und der Verbindung (s. oben) zusammen, wie bei der Herstellung einer Konserve aus Dose und Füllung, so richtet sich die dingliche Rechtslage der mehreren Sachen in erster Linie nach den Grundsätzen der Verarbeitung und erst in zweiter Linie nach denen der Verbindung[3]. Man hat deshalb — in rechtlich zulässiger Weise[4] — die Erstreckung des Stoffeigentums auf das Arbeitspro-

---

[1] RG 112, 103; BGH NJW 58, 1534.
[2] RG 144, 240; BGH WM 71, 564; Palandt/Bassenge, § 950 Rdn. 11.
[3] RG 161, 113; OGHBZ 2, 389.
[4] RG JW 36, 2881; KG JW 32, 2634.

dukt vereinbart. Häufiger hat man allerdings erwogen, als Verarbeiter habe auch derjenige zu gelten, der vom Standpunkt eines objektiven Beobachters aus[1] die Verarbeitung für eigene Rechnung durch andere, unselbständige Hilfskräfte vornehmen lasse. So kam es zu der üblichen, als rechtswirksam anerkannten[2] Klausel, daß die Verarbeitung des Sicherungsgutes für Rechnung des Sicherungsnehmers unentgeltlich durch den Sicherungsgeber erfolgen solle, und daß der Sicherungsnehmer als Hersteller im Sinne des § 950 BGB anzusehen sei, also in jedem Stadium der Verarbeitung Eigentümer des Erzeugnisses bleibt. Diese Klausel wahrt dem Sicherungsnehmer das Eigentum ohne Rücksicht auf einen etwa entgegenstehenden Willen des Verarbeiters[3]. Es darf jedoch bei einer solchen Abmachung nicht übersehen werden, daß zur Herstellung der neuen Sache der Sicherungsgeber außer dem Sicherungsgut häufig auch Stoffe verwendet, die kraft Eigentumsvorbehalts seinen Lieferanten gehören und in Ansehung derer er zu den dritten Eigentümern vereinbarungsgemäß in dem gleichen Gehilfenverhältnis steht wie zum Sicherungsnehmer, z. B. bei der Herstellung von Brennstoffleitungen, bei welchen außer dem Gummischlauch auch verschiedene Metallteile und die zur Umflechtung des Schlauches benötigte Seide verwendet wird. In einem solchen Fall werden die verschiedenen Eigentümer der verarbeiteten Stoffe grundsätzlich Miteigentümer des Verarbeitungsprodukts[4], haben also möglicherweise mit unerfreulichen Auseinandersetzungen untereinander zu rechnen. Immerhin kann sich durch die Verarbeitungsklausel jeder Stoffeigentümer das Miteigentum am Produkt sichern[5]. Fehlt eine solche Klausel, so verliert der Stoffeigentümer sein Eigentum zugunsten dessen, der nach dem oben Gesagten als Hersteller im Sinne von § 950 BGB gilt; er ist dann auf den Anspruch aus ungerechtfertigter Bereicherung gegen diesen angewiesen (s. Rdn. 544).

547 Wenig empfehlenswert ist daher die Vereinbarung, daß der Sicherungsgeber nicht Eigentümer oder nicht Alleineigentümer des Arbeitsprodukts werden solle. Eine derartige Vereinbarung kann nämlich die Wirkung der Verarbeitungsklausel eines anderen beteiligten Stofflieferanten nicht beeinträchtigen und begründet im übrigen günstigstenfalls Miteigentum an der neuen Sache[6]. Wem die Vereinbarung einer Verarbeitungsklausel nicht ausreichend erscheint, um über die Klippe des § 950 BGB hinweg zu kommen, kann sich von vornherein das **Arbeitsprodukt** als solches nomals **besonders übereignen** lassen, sofern nicht die widerstreitenden Interessen der anderen Stoffeigentümer diese Möglichkeiten ausschließen. Dabei sollte man, da auch Halbfabrikate neue Sachen sein können, die Übereignung auf das Arbeitsprodukt im jeweilgen Herstellungsstadium erstrecken.

---

[1] BGH 20, 159.
[2] BGH 14, 114; Serick I, § 15 VII 2b, Bd. IV, § 44 III.
[3] BGH 20, 159.
[4] RG JW 36, 2881.
[5] BGH 46, 117; BGH WM 72, 188; Serick, BB 73, 1405ff.
[6] KG JW 30, 2798; OLG Neustadt NJW 64, 1802; Reich, Die Sicherungsübereignung, 70, 46; Serick II, § 21 IV 5.

Aber auch die **Vorausübereignung** des Arbeitsprodukts ist nicht ausreichend, wenn 548
dieses Sicherungsgut seinerseits nicht hinreichend, z. B. durch separate Lagerung, als
Eigentum des Sicherungsnehmers kenntlich gemacht ist, sondern mit Erzeugnissen
gleicher Art, die aus nicht übereignetem Material des Sicherungsgebers gefertigt sind,
vermischt wird, und die Höhe des Anteils des Sicherungsnehmers an der Gesamtmenge
nicht nachgewiesen werden kann. Vollends unübersichtlich wird die Lage, wenn bereits
im Arbeitsgang Material dritter Eigentümer mitverarbeitet und das Produkt danach
mit gleichartigen Erzeugnissen aus fremdem, nicht übereignetem Material vermischt
wird. Hier liegen die von der Natur des Sicherungsmittels bestimmten Grenzen der
Übereignung, über die sich jeder klar sein muß, der eine einwandfreie Sicherung des
Kredits erstrebt. Die zusätzliche Abtretung der künftigen Forderungen aus der Weiterveräußerung des Arbeitsprodukts ist üblich, kann aber ebenfalls manchen Schwierigkeiten begegnen (s. Rdn. 522, 523, 540).

Nicht zuletzt kann die „**Sogwirkung**" eine Vertrages, in welchem der Sicherungs- 549
nehmer nicht nur die gegenwärtige und künftige Rohware seines Vertragspartners, sondern auch deren Verarbeitungsprodukt und die aus dessen Verkauf erwachsenden Forderungen auf sich übertragen läßt, dazu führen, daß der Umfang der Sicherung im
Laufe der Zeit eine das erträglich Maß übersteigende Ausweitung erfährt, und damit die
Rechtswirksamkeit der ganzen Sicherung in Frage stellt (s. Rdn. 148 d).

IV. Sicherstellungsvertrag

1. Allgemeines

Das Sicherungseigentum wird durch Vertrag[1] zwischen dem Veräußerer und dem 550
Erwerber begründet. Dabei ist stets streng zu unterscheiden zwischen der schuldrechtlichen Vereinbarung, die den Sicherungsgeber zur Sicherungsübereignung verpflichtet, und dem Vertrag, der die Einigung zur Eigentumsübertragung im Sinne
von § 929 Satz 1 BGB beinhaltet. Äußerlich treten diese beiden Verträge zwar normalerweise nicht getrennt in Erscheinung, die strenge rechtliche Trennung ist jedoch
von entscheidender Wichtigkeit im Falle des Fehlschlagens eines oder beider Verträge, z. B. bei Nichtigkeit der schuldrechtlichen Verpflichtung, die ja die sachenrechtliche Einigung unberührt läßt. Zum Widerruf einer Einigung über Eigentumsübergang vgl. Rdn. 552. Im folgenden soll die sachenrechtliche Einigung näher erörtert
werden.

---

[1] „Für die Übereignung einer im Ausland belegenen Sache gilt die Rechtsordnung, in deren
Gebiet sich die Sache zur Zeit der Veräußerung befindet" BGH WM 67, 1198; vgl. auch Serick
III, S. 24. Nach Scheerer, Recht der Kreditsicherheiten in europäischen Ländern, Rdn. 245
bildet nicht die Sicherungsabrede oder der Sicherungsvertrag die causa für die Sicherungs-
übereignung, „sondern in ihr werden die Rechte und Pflichten von Sicherungsgeber und
Sicherungsnehmer festgelegt."

Die Abfassung dieses Vertrages wird von den Banken in aller Regel durch Formulare mit „allgemeinen Bedingungen" (die regelmäßig allgemeine Geschäftsbedingungen i. S. des AGB-Gesetzes sind — vgl. Rdn. 108 f.), d. h. mit ständig wiederkehrenden Absprachen und Klauseln vereinfacht. Bestimmter Worte brauchen sich die Parteien nicht zu bedienen. Notwendig ist jedoch, sich so klar auszudrücken, daß man unterscheiden kann, ob im einzelnen Fall bloß eine Verpfändung oder ob eine Sicherungsübereignung beabsichtigt war, wobei allerdings sogar der Ausdruck „Verpfändung" nicht notwendig die Annahme einer Übereignung ausschließt. Diese Unterscheidung wird besonders leicht übersehen bei der Übereignung von Waren, über welche Traditionspapiere (s. Rdn. 504) ausgestellt sind. Werden solche Papiere von einem Kunden seiner Bank ohne besondere Abrede hereingegeben, so hat das im Papier verbriefte Gut nach den AGB als verpfändet zu gelten. Soll es übereignet werden, muß der darauf gerichtete Parteiwille irgendwie zum Ausdruck gebracht werden. Die Einigung über die Übertragung von Alleineigentum schließt die Einigung über die Übertragung von etwaigem Miteigentum ein und auch umgekehrt, wenn die Auslegung des Vertrages ergibt, daß alle dem Veräußerer zustehenden Recht übertragen werden sollen.

Sicherungseigentum kann auch über die AGB der Banken z. B. an Schecks erworben werden (Nr. 15 AGB/Banken). Danach verbleiben der Bank die scheckrechtlichen Ansprüche auf Zahlung des vollen Betrages des Schecks gegen den Kunden und jeden aus dem Papier Verpflichteten bis zur vollen Abdeckung eines etwa vorhandenen Schuldsaldos[1] aus Kontokorrentkonten oder Rückbelastung nicht eingelöster Einzugspapiere oder diskontierter Wechsel (Nr. 15 Abs. 4 AGB/Banken). Eine individualvertragliche Erweiterung ist zulässig[2]. Werden der Bank allerdings **Einzugspapiere** mit der Maßgabe eingereicht, daß ihr Gegenwert nur für einen bestimmten Zweck verwendet werden darf, erstreckt sich die Sicherungsübereignung (sowie die dem Einzugspapier zugrundliegende Forderung, die ebenfalls nach Nr. 15 AGB/Banken abgetreten wird) nicht auf diese Papiere (Nr. 15 Abs. 3 AGB/Banken)[3].

Die in der Praxis häufige Vereinbarung des **Zeitpunktes des Eigentumsübergangs** ist, falls nicht ausnahmsweise der Übergang erst zu einem künftigen Termin (§ 163 BGB) erfolgen soll, entbehrlich und sogar irreführend, wenn sich im einzelnen Fall der vereinbarte Zeitpunkt nicht mit dem von Rechts wegen maßgeblichen deckt.

2. Form

551   Die Übereignung bedarf grundsätzlich **keiner besonderen Form.** Sie kann auch mündlich, sogar **stillschweigend**[4] zustande kommen. Es ist jedoch für alle Beteiligten — wollen sie sich für die Zukunft ein Beweismittel sichern — angebracht, sich zumin-

---

[1] BGH WM 74, 171;
[2] BGH WM 89, 1804.
[3] Zur Zweckbestimmung vgl. BGH WM 90, 6 = WuB I F.5—2.90 Ott.
[4] BGH WM 66, 113.

dest der Schriftform zu bedienen. Bei der Übereignung eines im Binnenschiffsregister eingetragenen **Schiffes oder Schiffsbauwerks** ergibt sich allerdings eine gewisse Formbedürftigkeit des Vertrages schon daraus, daß die Erklärung des Veräußerers in der registermäßigen Form, d. h. entweder notariell oder gerichtlich beurkundet oder notariell oder gerichtlich beglaubigt, vorliegen muß (§ 37 Schiffsregisterordnung).

Hiervon ist die Verpflichtung zur Bestellung einer Sicherheit — hier in Form einer Sicherungsübereignung — zu unterscheiden. Nach § 4 Abs. 1 S. 2 Nr. 1g VKG muß die zu bestellende Sicherheit in der (schriftformgebundenen) Vertragsurkunde des Darlehens aufgeführt werden. Damit ist nicht die Sicherheitenbestellung selbst gemeint. Fehlt die Angabe der zu bestellenden Sicherheiten, so ist zwar der Kreditvertrag wirksam, die Bank kann aber keine Sicherheiten verlangen (der Kredit ist blanko zu gewähren). Dies gilt aber nur für Kredite bis zum (NettoKredit-)Höchstbetrag von DM 100 000,-. Ist der Sicherungsgeber allerdings nicht gleichzeitig der Kreditnehmer, so findet das VKG auf diesen Dritten schon vom Anwendungsbereich her keine Anwendung.

3. Zusätzlicher Rechtsakt

Da das Sicherungseigentum eine Sachsicherheit ist, bedarf die Einigung der Parteien über die Übereignung der Ergänzung durch einen Rechtsakt, der die **Übereignung offenkundig macht** (s. Rdn. 493). Nur bei **registrierten Seeschiffen** bewirkt schon die (formlose) Einigung den Eigentumsübergang (§ 2 SchiffsG), desgleichen bei **nichteingetragenen Seeschiffen,** wenn der Eigentumsübergang sofort erfolgen soll (§ 929a BGB). **Solange der die Sicherungsübereignung publizierende Rechtsakt noch aussteht, kann die Einigung einseitig widerrufen werden**[1]. Dies kann dem Sicherungsnehmer gefährlich werden. Vollzieht sich nämlich die Übereignung durch Vereinbarung eines Besitzkonstituts oder Abtretung des Herausgabeanspruchs und erstreckt sich die Einigung auch auf die Übereignung zukünftiger Sachen, z. B. auf Zulagerung eines Warenlagers, so kann der Sicherungsnehmer diesen Teil seiner Sicherheit durch den Widerruf der Einigung seitens seines Vertragspartners verlieren, obwohl er vielleicht den Kredit gerade mit Rücksicht auf die Übereignung der künftigen Sachen gewährt hat[2]. Da allerdings für das Fortbestehen der Einigung eine **Vermutung** besteht, muß der Sicherungsgeber seine Willensänderung — soll sie rechtlich beachtlich sein — irgendwie nach außen hin verlautbaren, z. B. dem anderen Vertragsteil mitteilen, er beabsichtige, über die künftig anzuschaffenden Sachen anderweitig zu verfügen. Um nach Möglichkeit vor Überraschungen geschützt zu sein, pflegt sich der Sicherungsnehmer auszubedingen, daß der Sicherungsgeber von Zeit zu Zeit eine **Aufstellung** der im Rahmen des Übereignungsvertrages nachträglich übereigneten Sachen mit dem ausdrücklichen Vermerk, daß es sich bei diesen Sachen um Eigentum des Sicherungsnehmers handele, einzureichen habe. Darin liegt dann der ausreichende Beweis für die Tat-

552

---

[1] RG 135, 366; BGH WM 60, 1223; 65, 1248.
[2] RG 135, 367; RG JW 12, 144; BGH WM 66, 94.

sache, daß der Veräußerer jedenfalls in bezug auf die in der Aufstellung enthaltenen Sachen den **Übereignungswillen** nach wie vor gehabt hat.

553 Der Rechtsakt, der die Eigentumsübertragung vollendet, ist die **Erlangung des Besitzes** (s. Rdn. 494) am Sicherungsgut durch den Sicherungsnehmer. **Dies vollzieht sich in den allermeisten Fällen durch die Einräumung des mittelbaren Besitzes vom Veräußerer an den Erwerber** (s. Rdn. 498, 499, 501, 504). Erfahrungsgemäß lassen es die Parteien aber oft an der wünschenswerten Sorgfalt eines solchen Übergabeersatzes fehlen. Es ist indessen Großzügigkeit am Platze, wenn es um die Frage geht, ob die Voraussetzungen der Besitzverschaffung erfüllt sind. Nicht ausreichend ist es daher, daß das Sicherungsgut nach einer Hingabe sofort wieder zurückgegeben wird[1], oder lediglich als dem Sicherungsnehmer gehörend gekennzeichnet wird[2]. Man wird allerdings von den Parteien eine klare Vorstellung von den rein juristischen Erfordernissen der Übergabe bzw. des Übergabeersatzes nicht immer unbedingt erwarten können, zumal sie in aller Regel das Geschäft von der kaufmännischen Seite her sehen und es ihnen daher allein darauf ankommt, daß der Sicherungsnehmer überhaupt Eigentümer wird[3].

„Man wird im allgemeinen bei einem auf Eigentumsübertragung an beweglichen Sachen gerichteten Veräußerungsvertrag in der hier in Frage stehenden Beziehung möglichst geringe Anforderungen an den Vertrag zu stellen haben, da in der Regel der Wille der Beteiligten, sofern er überhaupt als alsbaldige Verwirklichung des Veräußerungsvertrages durch Eigentumsübertragung umfaßt, auch auf die Benutzung aller aus der Rechtslage sich ergebenden rechtlichen Möglichkeiten gerichtet sein wird[4]."

In jedem Fall jedoch müssen Tatumstände vorliegen, die den Schluß zulassen, daß die Parteien sich über einen Übergabeersatz geeinigt haben.

Dies gilt vor allem für den Regelfall des Übergabeersatzes mittels Besitzkonstituts. **Es ist in der Praxis üblich, daß unter Sicherungsübereignung in erster Linie die Übereignung durch Besitzkonstitut verstanden wird.** Mit ihr setzt der Sicherungsnehmer Vertrauen gegen Vertrauen. Wie ihm vom Sicherungsgeber das Eigentum als Sicherheit fiduziarisch übertragen wird, so beläßt er bis zur Verwertung das Sicherungsgut, die übereignete Sache, vertrauensvoll dem Sicherungsgeber zu vertraglich bestimmten Verwendung. Diese Sicherungsform ist somit in besonderem Maße auf die Redlichkeit des Sicherungsgebers abgestellt. Trotz dieses Risikos wird das beweglichere und zugleich diskretere Sicherungseigentum regelmäßig dem strengen Pfandrecht vorgezogen.

---

[1] RG 151, 184; OLG Celle WM 57, 220; OLG München WM 70, 667.
[2] BGH WM 76, 153.
[3] BGH WM 70, 1518.
[4] RG 135, 90; BGH WM 59, 561.

Das Reichsgericht hat für die Annahme eines Besitzmittlungsverhältnisses anerkannt, daß das zwischen den Vertragsteilen zu begründende Rechtsverhältnis in seiner Ausgestaltung nicht den gesetzlichen Begriffsmerkmalen eines gesetzlich geregelten Verhältnisses zu entsprechen braucht, sondern daß es vielmehr genügt, wenn ein bestimmtes Verhältnis beabsichtigt ist, aufgrund dessen der Erwerber den mittelbaren Besitz erlangt; dabei wird vorausgesetzt, daß der Anspruch des Erwerbers auf Herausgabe nicht für alle Zeit ausgeschlossen ist[1]. In der neueren Rechtsprechung der Oberlandesgerichte wird überwiegend angenommen, daß die Sicherungsabrede die Rechte und Pflichten des Sicherungsgebers hinsichtlich der Sache mit genügender Bestimmtheit vertraglich festlegen muß, um als ausreichende Vereinbarung eines Besitzmittlungsverhältnisses angesehen werden zu können[2]. Nach der Rechtsprechung des BGH reicht auch bei fehlender Angabe eines Besitzmittlungsverhältnisses im schriftlichen Vertrag die stillschweigende Abmachung, die sich aus den Umständen in Verbindung mit der Sicherungsabrede ergibt[3]. Die Meinungen im neueren Schrifttum streiten sich nur noch darum, ob die Sicherungsabrede allein zur Konkretisierung des Besitzmittlungsverhältnisses ausreicht oder ob und in welchem Umfang die Vertragsschließenden ihre Rechtsstellung hinsichtlich des Sicherungsgutes in der Sicherungsabrede noch spezifizieren müssen. Nach einer Meinung genügt die Sicherungsabrede allein[4]. Nach einer anderen Ansicht genügt die bloße Sicherungsabrede nicht, sondern es bedarf einer Abmachung über die Vermittlung des Besitzes am Sicherungsgut[5]. Inzwischen ist h. M., daß der Sicherstellungsvertrag i. S. vom § 868 BGB ausreichend ist[6]; das dadurch begründete Besitzmittlungsverhältnis hat Ähnlichkeit mit treuhänderischer Verwahrung und Leihe (vgl. Rdn. 498)[7].

554

Der Übereignung durch Vereinbarung eines Besitzmittlungsverhältnisses kommt außerdem zugute, daß sie es gestattet, auch künftige Sachen, insbesondere die in Zukunft erst vom Veräußerer anzuschaffenden Waren und von ihm herzustellenden Fabrikate oder künftige Zubehörstücke einer übereigneten Maschine, dem Sicherungszweck dienstbar zu machen. Die Zulässigkeit des **antizipierten** (vorweggenommenen) **Besitzkonstituts** war die Voraussetzung für die Sicherungsübereignung eines Warenlagers mit wechselndem Bestand, bei welchem im Wege des „Durchgangserwerbs" durch die Person des Sicherungsgebers von vornherein die Übereignung auf die später neu

---

[1] RG 132, 183 (186f.).
[2] OLG Celle MDR 66, 760; OLG Hamm NJW 70, 2067; OLG Stuttgart BB 75, 940.
[3] BGH WM 61, 1046; 62, 1194; vgl. auch: BGH WM 79, 759.
[4] Mühl in Soergel/Siebert, BGB, § 930 Rdn. 32; Palandt/Bassenge, BGB, § 930 Rdn. 7; Reich, NJW 71, 757; BGH WM 79, 759 m. w. Nachw.
[5] RGRK/Pikart, § 930 Rdn. 53; Baur, Lehrbuch des Sachenrechts, 9. Aufl., § 51 IV 2; Serick, Eigentumsvorbehalt und Sicherungsübereignung, 1965, Bd. II, 1 § 20 I 4; vgl. auch: BGH WM 79, 759 m. w. Nachw.
[6] BGH NJW 79, 2038.
[7] MünchKomm/Quack, Anhang §§ 929—936 Rdn. 26.

Sicherungseigentum

hinzukommenden Waren erstreckt wird[1]. **Entscheidend für den Erfolg einer solchen „Nachschubklausel" ist, daß der Sicherungsgeber weder die Einigung widerruft noch das Besitzmittlungsverhältnis einseitig löst** (s. Rdn. 550)[2]. Sowenig die bloße Rückgabe einer übereigneten Sache an den Sicherungsgeber das Eigentum des Sicherungsnehmers vernichtet, sowenig kann dieser nach Zerstörung des Besitzmittlungsverhältnisses noch das Eigentum an künftigen Sachen erwerben.

555 Als Ausnahmen von dem zuvor beschriebenen Normalfall des Übergabeersatzes durch konkretes Besitzmittlungsverhältnis sind zu beachten:

— Der **Erwerb von unmittelbarem Besitz** durch den Sicherungsnehmer, der keinerlei Probleme aufwirft, da der Sicherungsnehmer Besitzmittler des Sicherungsgebers wird[3]. Allenfalls ist auf die Obhutspflicht des Sicherungsnehmers hinzuweisen[4]. Von dieser Möglichkeit wird allerdings in der Praxis nur sehr selten Gebrauch gemacht, regelmäßig allerdings bei der Übereignung der Importware zur Sicherungs des Importkredits im Wege der Übergabe der über die Ware ausgefertigten Traditionspapiere (Dokumente) (vgl. Rdn. 504), wobei ergänzend zu bemerken ist, daß die im Geschäftsleben häufig unerläßliche alsbaldige Rückgabe der Papiere an den Sicherungsgeber das Eigentum des Sicherungsnehmers an der Ware nicht berührt. Zu beachten ist, daß der Sicherungsgeber bei einer Übereignung durch Einigung und Übergabe jeglichen Besitz verliert. Dies kann auch durch Übertragung an einen Dritten erfolgen, der dann den Besitz für den Sicherungsnehmer mittelt. Auch der Sicherungsnehmer kann einen Dritten (Geheißperson) für sich einschalten.

— Der **Erwerb schlichten Mitbesitzes**, z. B. bloßer Mitverschluß reicht zum Eigentumsübergang nicht aus (s. Rdn. 496), es sei denn, es handele sich um die Übertragung von Mieteigentum[5].

— Bei einer **Verwertung des Sicherungsguts** wird zu Gunsten des Sicherungsnehmers vermutet, daß er mit dem Besitz der Sache auch das Eigentum an ihr erlangt hat (§ 1006 BGB)[6].

---

[1] RG 12, 144; gelegentlich werden Ersatzstücke oder künftige Sachen auch ohne antizipiertes Besitzkonstitut durch **„Insichgeschäft"** des Sicherungsgebers übereignet, indem dieser als „stiller Stellvertreter" des Sicherungsnehmers mit dessen Vollmacht oder Genehmigung (§ 181 BGB) durch Verhandeln mit sich selbst das Besitzkonstitut zugunsten des Sicherungsnehmers begründet. Voraussetzung dabei ist, daß der Sicherungsgeber den Willen hat, das Eigentum für den Sicherungsnehmer zu erwerben und daß dieser Wille zumindest für einen mit den Verhältnissen Vertrauten erkennbar ist, z. B. infolge der Einverleibung der Ersatzstücke in das übereignete Warenlager (RG 139, 117; 140, 229).
[2] OLG Nürnberg, WM 58, 1485.
[3] BGH NJW 61, 777.
[4] BGH WM 67, 343.
[5] BGH WM 62, 818.
[6] BGH WM 60, 1223; 61, 777; 69, 656; BGH NJW 62, 102.

— Die **Übereignung von im Binnenschiffahrtsregister** eingetragenen Schiffen und Schiffsbauwerken, die erst und nur durch die Eintragung in das Binnenschiffahrtsregister wirksam wird (§ 2 SchiffsG).

Bei der Übereignung von **Luftfahrzeugen** — seien es registrierte oder nicht — ist hingegen die gesetzlich vorgeschriebene Eintragung des Sicherungseigentümers in die Luftfahrzeugrolle nicht Voraussetzung des Eigentumsübergangs.

Neben dem Übergabeersatz durch Besitzkonstitut und den zuvor erwähnten Sonderfällen kann die Besitzverschaffung noch durch **Abtretung des Herausgabeanspruchs erfolgen** (§ 931 BGB). Sie kann sich auch auf künftige Sachen, die bei Vertragsschluß noch gar nicht im Eigentum des Sicherungsgebers standen, erstreckt werden. Dies geschieht vor allem bei der Sicherungsübereignung von Warenlagern mit wechselndem Bestand[1]. 556

Die Wirksamkeit der **Übereignung mittels antizipierter Einigung und Abtretung des künftigen Herausgabeanspruchs** entscheidet sich aber, wenn der Sicherungsgeber das Sicherungsgut nacheinander mehreren Gläubigern (Sicherungsnehmern) übereignet, nicht nach der Zeitfolge der Abtretungen, wenn im Zeitpunkt der Entstehung des Anspruchs und damit der Besitzerlangung die Einigung zwischen Sicherungsgeber und Erstsicherungsnehmer bereits widerrufen war (s. Rdn. 552)[2].

Auch bewirkt die Übereignung künftiger Sachen nach allgemeiner Regel den Eigentumsübergang nur dann, wenn das Sicherungsgut individuell bestimmt ist; sonst kommt nur die Übertragung des dem Sicherungsgeber gehörenden Miteigentumsanteils am Gesamtbestand in Frage (s. Rdn. 91, 519, 521).

Im bankgeschäftlichen Verkehr findet sich eine solche Sicherungsmethode insbesondere dann, wenn es sich um die Beleihung rollender Güter handelt. Die Bank, die den Verkauf dieser Güter finanziert, läßt sich nicht nur die Kaufpreisforderung abtreten, sondern zu ihrer Sicherung auch die Güter selbst übereignen, indem sie sich den Herausgabeanspruch des Verkäufers gegen das die Güter befördernde Verkehrsunternehmen abtreten läßt. Im Auslandsverkehr hat dies zum sogenannten **Vinkulationsgeschäft**[3] geführt. Es wird wesentlich dadurch gekennzeichnet, daß die Bank (**Vinkulant**) die ihr im Rahmen der Finanzierung vom Verkäufer sicherungshalber übereignete Ware im Auftrag des Verkäufers dem Käufer zur Verfügung stellt. Dies geschieht jedoch nur unter der Auflage, daß der Käufer den Kaufpreis an die Bank zahlt, damit sie sich seinerseits aus dem Kaufpreis befriedigen kann, andererseits aber nicht in die Rechte und Pflichten des Verkäufers eintreten muß. Als Dokument wird ein sog. **Vinkulationsbrief** ausgestellt.

---

[1] Serick II, § 21; Bühring, NJW 59, 1067.
[2] BGH WM 69, 242.
[3] Koch, BankA. 1928, 222.

Besonders einfach vollzieht sich die Übereignung der Ware, wenn die Verladedokumente **Traditionspapiere** sind; denn dann steht die Übergabe der Papiere der Übergabe der Ware gleich, während die bloße Abtretung des Herausgabeanspruchs ohne Papierübergabe hier gar nicht zum Eigentumsübergang führen würde (s. Rdn. 504). Diese früher bedeutsame Geschäftspart spielt hingegen heute kaum mehr eine Rolle. Auf dieser Grundlage hat sich allerdings das **Remboursgeschäft** entwickelt. Es dient der Finanzierung des Überseehandels und ist eine im Anschluß an ein Bankakkreditiv zugunsten des Verkäufers (sog. **Dokumentenakkreditiv**) erfolgende Übereignung der Ware durch Übergabe der Schiffsdokumente (insbesondere des Konossements) seitens des Verkäufers an die Akkreditivbank. Die Akkreditivbank ihrerseits stellt dem Käufer die Dokumente und damit die Ware erst dann zur Verfügung, wenn sie wegen ihrer Finanzierungsansprüche gedeckt ist.

557 Hierher gehört auch die sog. **Abtretung des Eigentumsvorbehalts**[1]. Ist nämlich Sicherungsmittel ein Gegenstand, den der Sicherungsgeber seinerseits schon vor Bestellung der Sicherheit aufschiebend bedingt, z. B. unter Eigentumsvorbehalt, an einen Dritten veräußert hat, so hindert ihn dies nicht am Abschluß des Sicherstellungsvertrages mit dem Sicherungsnehmer. Denn bis zum Eintritt der Bedingung gehört der Gegenstand noch zu seinem Vermögen, mag auch der Eintritt der Bedingung zur Unwirksamkeit des Vertrages führen (§ 161 BGB). Im Geschäftsleben wird von dieser Sicherungsmöglichkeit durch Sicherungsübereignung, die sich durch Einigung der Parteien und Abtretung des Herausgabeanspruchs gegen den Käufer vollzieht, häufig Gebrauch gemacht; der Lieferant, der zur Sicherung seiner Kreditschuld eine Kaufpreisforderung abtritt, überträgt dem Sicherungsnehmer gleichzeitig auch das vorbehaltene Eigentum. Besondere praktische Bedeutung hat die hier erörterte Übertragung des vorbehaltenen Eigentums bei der Sicherstellung von Darlehnsforderungen im Rahmen der **Absatzfinanzierung** (s. Rdn. 1020).

Die Gefahr, daß die Übereignung unwirksam wird, ist durch die Koppelung mit der Sicherungszession ausgeglichen. Denn zahlt der Käufer den Kaufpreis, so entfällt zwar das Sicherungseigentum, die Bank erhält aber dafür wegen der Zession den Kaufpreis. Zahlt andererseits der Käufer den Kaufpreis nicht, so kann sich die Bank aus dem sicherungsübereigneten Gegenstand befriedigen.

Auch bei der **Kundenfinanzierung** (s. Rdn. 1019) kann es zu einer Abtretung des Eigentumsvorbehalts dann kommen, wenn der kraft Schuldbeitritts mithaftende Verkäufer sein Vorbehaltseigentum an der Kaufsache und der Darlehnsnehmer (Käufer) gleichzeitig sein Anwartschaftsrecht auf den Darlehnsgeber überträgt. Hier ist das Sicherungsverhältnis zwischen Verkäufer und Darlehnsgeber auflösend bedingt durch das Erlöschen des Eigentumsvorbehalts.

---

[1] RG 89, 193; 91, 277.

V. Gesicherte Forderung

Die Abgrenzung der gesicherten Forderung von anderen, nicht durch die Sicherungsübereignung gedeckten Verpflichtungen des Schuldners, ist Sache der Vereinbarung (s. Rdn. 164, 165, 170). Der Schuldner der Forderung braucht mit dem Sicherungsgeber nicht identisch zu sein (s. Rdn. 172). Es besteht auch die Möglichkeit einer vertraglichen Limitierung der Haftung des Sicherungsguts (im einzelnen s. Rdn. 179—183). Da das Sicherungseigentum zu den Treuhandsicherheiten (s. Rdn. 17, 19) gehört, kann es nicht nur **mehrere Forderungen desselben Gläubigers** gegen den — selben oder verschiedene Schuldner schützen (s. Rdn. 185), sondern auch die **Forderungen mehrerer Gläubiger** gegen den — selben oder **verschiedene Schuldner** (s. Rdn. 191). Nach allgemeinen Regeln ist der rechtliche Bestand der gesicherten Forderung insbesondere von Bedeutung, 558

1. wenn die gesicherte Forderung **überhaupt nicht zur Entstehung** gelangt, denn dann ist der Erwerber verpflichtet, sich entgültig jeder Verfügung über das Sicherungsgut zu enthalten, und es an den Veräußerer zurückzuübereignen (s. Rdn. 196, 202 f., 208, 210).

2. wenn die gesicherte Forderung **nachträglich wegfällt,** weil der Erwerber dann ebenfalls gehalten ist, das Sicherungsgut an den Veräußerer zurückzuübereignen (s. Rdn. 197, 204—210, 234).

Dabei haftet der Erwerber für schuldhafte Verletzung dieser Rückgewährverpflichtung. Durch die Sicherungszessin des Rückgewähranspruchs gegen den Erwerber kann der Sicherungsgeber eine bereits sicherungsübereignete Sache nochmals einem anderweitigen Sicherungszweck nutzbar machen, freilich nur mit der Wirkung, daß der „angehängte" **Sicherungszessionar** erst und nur zum Zuge kommt, wenn und insoweit der Sicherungseigentümer den Rückgewähranspruch zu erfüllen verpflichtet ist (s. Rdn. 210). Eine teilweise Rückgewährverpflichtung kommt bei einer sog. **Überdeckung** in Betracht, d. h. wenn der Sicherungswert der Sicherheit höher ist als die Forderung (s. Rdn. 281). Bei Pfändung und Überweisung des Rückgewähranspruchs hat in entsprechender Anwendung des § 848 Abs. 2 ZPO die Rückgewähr an einen vom Vollstreckungsgericht zu bestellenden Sequester zu erfolgen[1] (vgl. auch Rdn. 210).

Der Übergang der gesicherten Schuld auf einen neuen Schuldner wie auch der Übergang der gesicherten Forderung auf einen anderen Gläubiger ändert an der Haftung des Sicherungsguts nichts, wenn es sich jeweils um eine Gesamtnachfolge handelt (s. Rdn. 223; vgl. auch Nr. 1 des Mustervertrages). Bei Übergang der gesicherten Schuld auf einen neuen Schuldner durch vertragliche Schuldübernahme kommt es darauf an, ob der Vertrag zwischen dem Gläubiger und dem neuen Schuldner oder zwischen dem alten und dem neuen Schuldner abgeschlossen wird (s. Rdn. 224, 226). Bei Übergang der gesicherten Forderung auf einen anderen Gläubiger durch Abtretung der Forderung ist

---

[1] OLG Celle WM 55, 1659.

für das Schicksal der Sicherheit entscheidend, ob es sich um eine akzessorische oder um eine nichtakzessorische Sicherheit handelt (s. Rdn. 227, 230).

VI. Beiderseitige Rechte und Pflichten

1. Vertragswidrige Verfügungen des Sicherungsnehmers

559 Vor Eintritt der Fälligkeit der gesicherten Forderung ist dem Sicherungsnehmer der Zugriff auf das Sicherungsgut verwehrt (s. Rdn. 235). Da in der Regel das Sicherungsgut durch Besitzkonstitut veräußert und somit im unmittelbaren Besitz des Sicherungsgebers verbleibt, wird der Sicherungsnehmer auch nur schwer eine vertragswidrige Verfügung über den Gegenstand der Übereignung treffen können. Vielmehr ist er es, der im besonderen Maße von der Ehrlichkeit und Zuverlässigkeit seines Vertragspartners abhängig ist. Aus diesem Grunde werden in der Praxis überwiegend auch nur die dem Sicherungsgeber (Veräußerer) obliegenden **Pflichten** vertraglich festgehalten. Zu diesen Pflichten gehört es, daß der Sicherungsgeber die übereigneten Sachen sorgfältig verwahrt und pfleglich behandelt[1], sie nicht ohne Genehmigung des Sicherungsnehmers von dem derzeitigen Lagerort entfernt, nicht fremde gleichartige Güter mit dem Sicherungsgut vermengt, dem Sicherungsnehmer alle erforderlichen Auskünfte in bezug auf das Sicherungsgut erteil, insbesondere in regelmäßigen Zeitabständen zu Informationszwecken ein Verzeichnis des jeweiligen Warenbestandes übersendet, ihn von einer etwaigen Pfändung unverzüglich benachrichtigt usw.

2. Selbsthilfe

560 Nicht selten wird vereinbart, daß der Sicherungsgeber die Sache schon vor der Verwertungsreife auf Verlangen an den Sicherungsnehmer herauszugeben habe oder daß dieser sogar berechtigt sein solle, die Sache dem Sicherungsgeber wegzunehmen, ohne daß darin eine verbotene Eigenmacht liege (**Selbsthilfeklausel**). Eine solche Abrede ist nicht ohne weiteres sittenwidrig, jedenfalls dann nicht, wenn sie dahin auszulegen ist, daß der Sicherungsnehmer von seinem Recht nur aus wichtigem Grunde Gebrauch machen werde[2]. Auch darf die Wegnahme nicht gegen den wirklichen oder mutmaßlichen Willen des Sicherungsgebers erfolgen, obwohl in aller Regel daraus kein Schaden erwachsen kann, weil nämlich durch die Weganhme nur der vertragsgemäße Zustand hergestellt wird[3]. Allerdings kann dann trotz der Klausel im Vertrag verbotene Eigenmacht vorliegen. Die Herausgabe besonders pflegebedürftiger und leicht verderblicher Ware wird der Sicherungsnehmer wohl nur im äußersten Notfall erzwingen, da er damit die Verantwortung für die sachgemäße Behandlung der Ware übernimmt.

---

[1] OLG Frankfurt NJW 60, 827.
[2] BGH WM 55, 470; 58, 673; 61, 1297.
[3] RG 146, 182; BGH WM 58, 1481.

3. Vertragswidrige Verfügungen des Sicherungsgebers

Daß der Sicherungsgeber ohne Ermächtigung des Sicherungsnehmers nicht über das 561 Sicherungsgut verfügen darf, ist selbstverständlich. Tut er es dennoch, macht er sich nicht nur schadensersatzpflichtig, sondern möglicherweise auch wegen Unterschlagung oder Betruges strafbar (§§ 246, 263 StGB)[1]. Eine Verfügung liegt allerdings nicht darin, daß der Sicherungsgeber die Sache einem Unternehmer zur Reparatur übergibt, denn der Unternehmer erwirbt kein gesetzliches Pfandrecht (§ 647 BGB) an der Sache, selbst wenn er den Sicherungsgeber gutgläubig für den Eigentümer hält[2]. In diesem Zusammenhang sei bemerkt, daß sogar das Einverständnis des Sicherungsnehmers mit der Reparatur kein Pfandrecht des Unternehmers begründet[3]. Dieser kann sich also wegen seiner Werklohnforderung nur an den Sicherungsgeber als Besteller halten[4]. Ein Verwendungsersatzanspruch gegen den Sicherungseigentümer aus § 994 BGB scheitert an der hierfür vorausgesetzten Vindikationslage, da der Sicherungsgeber im Verhältnis zum Sicherungsnehmer dazu berechtigt ist, die Sache reparieren zu lassen und damit auch der Unternehmer rechtmäßiger Fremdbesitzer ist[5]. Sobald jedoch der Sicherungsnehmer vom Sicherungsgeber und damit vom Unternehmer die Herausgabe der Sache verlangen kann, erwächst diesem ein Anspruch auf Verwendungsersatz gegen den Sicherungsnehmer, und der Unternehmer darf die Sache nicht nur zurückhalten (§§ 994, 1000 BGB), sondern notfalls sich sogar gem. § 1003 BGB durch Verwertung nach pfandrechtlichen Vorschriften aus der Sache befriedigen[6]. **Die Rechtslage ist für den Unternehmer mithin unterschiedlich je nach dem, ob das Besitzmittlungsverhältnis zwischen Sicherungsgeber und Sicherungsnehmer gelöst ist oder nicht**[7]. Doch steht dem Unternehmer, der ein Fahrzeug ohne Bezahlung an den Besteller herausgegeben hatte und später erneut Besitz am Fahrzeug erlangt, kein Zurückbehaltungsrecht wegen der Kosten der früheren Reparaturen zu[8]. Ob der Sicherungsnehmer auch für den Anspruch dessen haftet, der im Auftrag der Polizei das beschädigte Sicherungsgut (Kraftfahrzeug) abschleppt, ist zweifelhaft[9].

Da die Rechtsprechung die Möglichkeit des Erwerbs eines Unternehmerpfandrechts an Besteller fremden Sachen verneint hat, ist die Branche dazu übergegangen, in ihren AGB ein vertragliches Pfandrecht zu begründen. Zweck dieses Pfandrechts ist es, dem Unternehmer auch dort ein Pfandrecht für seine Forderungen zu verschaffen, wo ihm das Gesetz keins gewährt. Der Rechtsprechung des BGH zufolge[10] steht dem Werk-

---

[1] BGHSt 1, 262; 15, 83; WM 77, 710; NJW 83, 2141.
[2] BGH 34, 153; BGH WM 1977, 710; 1987, 539; Palandt/Thomas, § 647 Rdn. 3.
[3] BGH 34, 122; OLG Köln NJW 68, 304.
[4] LG Berlin WM 73, 157.
[5] BGH WM 87, 539.
[6] BGH 27, 317; 34, 125 (str.).
[7] OLG Düsseldorf NJW 66, 2361.
[8] BGH 51, 250; NJW 83, 2141.
[9] S. aber LG Braunschweig NJW 66, 1820.
[10] BGH WM 87, 539; 83, 843; 77, 710.

unternehmer, der ein solches vertragliches Pfandrecht in seine Bedingungen aufgenommen hat, das Pfandrecht sogar dann zu, wenn er sich den Kraftfahrzeugbrief nicht hat vorlegen lassen und das Kraftfahrzeug einer Bank zur Sicherung übertragen worden war (str.)[1].

Geheimhaltung

562   Eine Verpflichtung zur Geheimhaltung der Übereignung sollte unter keinen Umständen vereinbart werden. Sie könnte, obwohl der Vertrag nicht für die Öffentlichkeit bestimmt ist, zu der Annahme verleiten, die Parteien verfolgten mit dem Vertrage die Absicht, andere Gläubiger des Sicherungsgebers zu benachteiligen, und damit den Vorwurf der Sittenwidrigkeit und damit der Nichtigkeit des Vertrages begründen[2]. Man wird sogar den Erwerber, wenn er auf seiten des Veräußerers das Bestreben erkennt, die Übereignung seinen übrigen Gläubigern zu verheimlichen, für berechtigt und verpflichtet halten müssen, den anderen Gläubigern auf deren Anfrage über das Bestehen der Sicherungsübereignung Auskunft zu geben[3].

5. Versicherung

563   Im allgemeinen wird auch die Verpflichtung, daß Sicherungsgut gegen etwaige Schäden zu versichern, dem Veräußerer auferlegt (vgl. Anhang)[4]. An einem solchen **Versicherungsschutz** hat der Erwerber ein um so größeres Interesse, wenn die Parteien von der Abrede, daß alle Gefahr hinsichtlich des Sicherungsgutes auch in Zukunft vom Sicherungsgeber (Veräußerer) zu tragen ist, absehen, weil sie — zu Unrecht — fürchten, daß aus dieser Klausel der Schluß auf die Scheinnatur des Übereignungsvertrages gezogen werden könnte. Ist die Sache zur Zeit der Übereignung bereits versichert, so muß, sofern der Veräußerer nicht von vornherein eine Versicherung „für Rechnung, wen es angeht", genommen hat, die Übereignung unverzüglich dem Versicherer angezeigt werden. Anderenfalls wird dieser von der Verpflichtung zur Leistung frei (§ 71 VVG). Etwas anderes gilt allerdings, wenn nach den Bedingungen des Versicherungsvertrages trotz des Eigentumsübergangs auf den Sicherungsnehmer das Sicherungsgut dennoch durch den Versicherungsschein des Sicherungsgebers versichert bleibt; dann nämlich sind weder § 69 noch § 71 VVG anwendbar und der Versicherer hat im Schadensfall trotz der Sicherungsübereignung Ersatz zu leisten[5]. Für den wichtigsten Versicherungsfall, die Feuer- und Einbruchsdiebstahlversicherung, hat die Vorschrift des § 71 VVG darüberhinaus wesentlich durch die diesbezüglichen allgemeinen

---

[1] Picker, NJW 78, 1417f.
[2] RG 118, 363.
[3] KG NJW 55, 1558.
[4] Blanck, DB 70, Beilage zu Heft 8, S. 12; Böhme, BB 57, 167; Koch, BB 50, 307; Richter, BB 50, 227; Roesch, DB 53, 99; Schultz, Zeitschrift für das Versicherungswesen 56, 780; Vassel, MDR 54, 710.
[5] Prölss-Martin, § 69, Anm. 1 C; Anm. 7 C b vor § 51; vgl. auch BGH 10, 376 ff.

Versicherungsbedingungen an Bedeutung verloren. In ihnen ist zu Lasten des Versicherers ausdrücklich bestimmt, daß außer den dem Sicherungsnehmer gehörenden Sachen auch diejenigen Sachen versichert sind, die er sicherungshalber übereignet hat und für die dem Erwerber ein Entschädigungsanspruch wegen unterlassener Anzeige nach § 71 VVG nicht zusteht[1]. Damit wird im Falle der unterlassenen Anzeige die Versicherung zu einer solchen für fremde Rechnung (§ 74 VVG), bei welcher der Veräußerer Versicherungsnehmer und der Erwerber der Versicherte ist[2].

Der vorsichtige Erwerber pflegt aber auch sonst nicht in den Versicherungsvertrag des Veräußerers einzutreten, sondern den Veräußerer zu veranlassen, dem Versicherer ausdrücklich mitzuteilen, daß für die Dauer der Sicherungsübereignung die Versicherung als für Rechnung des Erwerbers genommen gelten solle, soweit die Entschädigung die gesicherte Forderung nicht übersteige, ferner, daß er, der Veräußerer, dem Erwerber gegenüber auf eine Verfügung über die Rechte aus dem Versicherungsvertrag verzichtet habe, daß also letzterer allein zu einer solchen Verfügung befugt sei, und daß er, der Veräußerer, die Versicherung auch nicht ohne Einwilligung des Erwerbers aufgeben oder in ihrem Betrage vermindern dürfe. Der Erwerber erhält dann von dem Versicherer den sog. **Sicherungsschein** (Waren-, Maschinen-, Kraftfahrzeugsicherungsschein). Mit dem Sicherungsschein ist nicht der für Handelswaren jeder Art und Güte zugelassene sog. Versicherungsschein zu verwechseln, auf welchem von einer Generalpolice ein bestimmter Teilbetrag für eine gewisse Zeit, für die die Prämie im voraus entrichtet wurde, zugunsten der kreditgebenden Bank als Versicherungsnehmerin abgezweigt wird. Hinsichtlich des abgezweigten Teilbetrages gilt die Bank selbst als Versicherungsnehmer. Der Sicherungsschein ist eine Urkunde, in welcher der Versicherer alle Schutzvorschriften bestätigt, die er entsprechend der Mitteilung des Veräußerers dem Erwerber gegenüber einzuhalten sich verpflichtet bzw. gesetzlich verpflichtet ist[3]. Damit wird dieser — in Höhe der gesicherten Forderung und unter der auflösenden Bedingung der Tilgung der Forderung — in den Versicherungsvertrag als Versicherter, für dessen Rechnung fortan die Versicherung läuft, eingeschaltet[4], es bedarf nicht mehr der sonst üblichen Sicherungsabtretung oder Verpfändung der Versicherungsansprüche des Veräußerers. Im Schadensfall gehen gemäß § 67 Abs. 1 VVG etwaige Schadensersatzansprüche gegen Dritte auf die Versicherungsgesellschaft über. Das gilt auch dann, wenn die Versicherung nicht an den Versicherungsnehmer, sondern an die Bank zahlt und zwar unabhängig davon, ob die Bank Abtretungsgläubigerin des Anspruchs oder für fremde Rechnung Versicherte ist[5].

Die vorstehenden Erörterungen finden im Wesentlichen auch für die besonders wichtige **Kaskoversicherung von Kraftfahrzeugen** Anwendung, also für die Versicherung

---
[1] Prölss-Martin, Anm. 7 C b vor § 51.
[2] BGH 10, 376; Prölss-Martin, § 75, Anm. 1.
[3] Bonsmann, DB 73, Beilage 14, 16.
[4] BGH NJW 64, 654.
[5] Prölss-Martin, § 67 Anm. 3, 4 A.

gegen Beschädigung, Zerstörung und Verlust des Fahrzeugs. Jedoch gibt es hier eine den allgemeinen Feuer- und Einbruchsdiebstahlversicherungsbedingungen entsprechende Regelung nicht.

Die Bank sollte daher die Sicherungsübereignung dem Versicherer anzeigen, allerdings sollte eine unterlassene Anzeige nicht dazu führen, daß die Versicherer die Deckung ablehnen, da durch die Sicherungsübereignung keine Änderung in der Haltereigenschaft eingetreten ist. Die Ausstellung eines Sicherungsscheins sollte jedoch in jedem Falle gefordert werden (§ 69 Abs. 1 VVG). Zu beachten ist ferner, daß die Versicherer bei vorsätzlicher oder grob fahrlässiger Herbeiführung des Schadens (Trunkenheit des Versicherungsnehmers z. B.) nach § 61 VVG die Leistung ablehnen können. Dies gilt auch für vorsätzlich falsche Schadensangaben. Hat der Versicherer auf diese Möglichkeit der Leistungsfreiheit im Sicherungsschein nicht verzichtet[1], so kann die Bank dieses Risiko durch eine Zusatzprämie mit unter den Versicherungsschutz nehmen.

Andererseits können bei der Pflichthaftpflichtversicherung die nach § 158h VVG sinngemäß geltenden Vorschriften über die Veräußerung der versicherten Sache nicht dahin verstanden werden, daß der Erwerber des Fahrzeugs schon durch die Übereignung in den Haftpflichtversicherungsvertrag eintritt. Der Erwerber ist bei der Sicherungsübereignung normalerweise nicht Halter des Fahrzeugs[2]. Er hat also mit der Haftpflicht des Halters und somit auch mit dessen Haftpflichtversicherung nichts zu tun. Deshalb kann § 158h VVG nur den Sinn haben, daß der Erwerber in die Rechte und Pflichten des Veräußerers dann eintritt, wenn er ausnahmsweise im Zuge der Übereignung auch die Haltereigenschaft erwirbt[3]. Da der Erwerber aber nach § 6 des Pflichtversicherungsgesetzes vom 5. 4. 65 (BGBl 213) unter Umständen strafbar und schadensersatzpflichtig ist, weil das Kraftfahrzeug nicht haftpflichtversichert ist, und er gleichwohl den Gebrauch gestattet, ist es für den Erwerber ratsam, mit dem im unmittelbaren Besitz des Fahrzeugs verbleibenden Sicherungsgeber ausdrücklich zu vereinbaren, daß das Fahrzeug nicht benutzt werden darf, wenn der Schutz aus der Haftpflichtversicherung nicht oder nicht mehr vorhanden ist[4]. Zur Neuwert-Erstattung eines zur Sicherheit übereigneten Kraftfahrzeugs nach § 13 AKB unter gleichzeitiger Abtretung der Ansprüche aus der Kasko-Versicherung s. Rdn. 528, 563).

Die Bank sollte bei der Sicherungsübereignung eines Kraftfahrzeuges sich nicht nur den Brief übergeben lassen, sondern auch die Zulassungsstelle informieren, damit der Sicherungsgeber sich ohne Zustimmung keinen Ersatzbrief verschaffen kann (§ 25 Abs. 2 StVZO). In verschiedenen Bundesländern wird dem anzeigenden Sicherungsnehmer von der Zulassungsstelle eine Empfangsbestätigung übersandt. Wird

---

[1] Prölss-Martin, § 61 Anm. 8.
[2] RG 141, 404.
[3] str.; vgl. Koch, BB 50, 227.
[4] BGH vom 28. 5. 1953 — III ZR 90/52 —.

das Kraftfahrzeug zurückübereignet, ist dies ebenfalls der Zulassungsstelle anzuzeigen[1].

VII. Verwertung (einschl. Steuerfragen)

Das Sicherungseigentum gehört zu den **unmittelbar verwertbaren Sicherheiten** (s. Rdn. 24, 26); es wird daher aufgegeben durch Rückübereignung an den Sicherungsgeber (s. Rdn. 232, 234); u. U. kommt auch eine auflösend bedingte Sicherungsübereignung — z. B. bei der Übereignung von sog. Scheinbestandteilen (vgl. Rdn. 101) in Betracht. Seiner Verwertung setzt die Fälligkeit seiner gesicherten Forderung voraus, erfordert und hindert aber die vorherige oder gleichzeitige Geltendmachung eben dieser Forderung nicht (s. Rdn. 235, 239). Einer Realisierung kann der Sicherungsgeber durch Ablösung der Sicherheit vorbeugen, ebenso jeder Dritte, der durch die Veräußerung ein Recht am Sicherungsgut verlieren würde (s. Rdn. 241, 245).

565

Die **Realisierung** selbst erfolgt nach den getroffenen Vereinbarungen. Danach ist es möglich, daß dem Sicherungsnehmer nur die Stellung eines Pfandgläubigers zukommen soll, er also nach den Pfandrechtregeln verwerten muß. Mangels solcher Vereinbarung braucht er aber die pfandrechtlichen Formvorschriften nicht einzuhalten, denn in dem Abschluß des Übereignungsvertrages liegt keine stillschweigende Einigung über deren Anwendung[2]. Jedenfalls hat der Sicherungsnehmer die günstigste Verwertungsart zu wählen[3]. Nach dem Vertragsmuster ist auch der Sicherungsgeber verpflichtet, bei der Verwertung mitzuwirken (s. Rdn. 246, 266, 268). Ist der verwertungsberechtigte Sicherungsnehmer nicht im unmittelbaren Besitz des Sicherungsgutes, so wird er, wenn der Sicherungsgeber das Sicherungseigentum nicht freiwillig herausgibt, die Herausgabe erzwingen müssen. Dies ist mit Eintritt der Verwertungsreife und, da der Verwertungserlös ungewiß ist, auch über die betragsmäßige Deckung hinaus zulässig[4] und geschieht im Wege der Herausgabeklage[5].

Unter Umständen kommt der Sicherungsnehmer schneller zum Ziel, wenn er wegen der gesicherten Kreditforderung das Sicherungsgut pfänden und versteigern läßt (s. Rdn. 249). Er betreibt dann die Zwangsvollstreckung in sein eigenes Vermögen. Das ist zulässig und nicht ohne weiteres als Verzicht auf das Sicherungseigentum zu werten[6]. **Daher können auch Herausgabe- und Zahlungsanspruch nebeneinander geltend**

---

[1] Reich, Die Sicherungsübereignung, 70, 146ff.; Schütz, NJW 57, 1541ff.; Selb, Diss. Heidelberg 1964; Serick III §§ 37, 38; Trinkner, BB 62, 80; Wehrhahn: „Der notleidende Kredit", 1965.
[2] RG JW 14, 76.
[3] BGH WM 61, 235, 263.
[4] BGH WM 61, 243.
[5] Der Streitwert dieser Klage richtet sich nicht nach dem Wert des Sicherungsguts, sondern nach dem Betrag der gesicherten Forderung, wenn letzterer geringer ist als der Sachwert (OLG Celle NJW 57, 593).
[6] RG 79, 241; KG JW 31, 2138.

gemacht werden[1]. Dem Vollstreckungsschuldner, der sich gegenüber der Herausgabeklage auf die etwaige Unpfändbarkeit des Sicherungsgutes nicht berufen könnte[2], ist dieser Einwand gegenüber der Pfädnung aus einem Zahlungstitel gestattet, weil die Sicherungsübereignung als solche nicht den Verzicht auf die Schutzvorschrift des § 811 ZPO einschließt[3].

Die Verwertung des Sicherungsgutes durch Verkauf oder Übernahme an Zahlung statt löst mit der Herausgabe seitens des Sicherungsgebers unter den sonstigen Voraussetzungen des Umsatzsteuerrechts[4] eine doppelte Steuerpflicht aus[5]:

Es wird nunmehr die Sicherungsübereignung zu einer Lieferung im Sinne des **Umsatzsteuerrechts** und damit zu Lasten des Sicherungsgebers steuerpflichtig; zugleich erfolgt der Verwertungsakt zu Lasten des Sicherungsnehmers[6]. Dies gilt nach der Auffassung der Finanzverwaltung auch dann, wenn der Sicherungsnehmer den Verkauf nicht im eigenen Namen, sondern im Namen des Sicherungsgebers bewirkt. Daher nützt eine vom Sicherungsgeber erteilte Veräußerungsvollmacht umsatzsteuerrechtlich nichts, mag sie auch im Zweifel weder durch die Eröffnung des Konkurses über das Vermögen des Sicherungsgebers erlöschen noch von dessen Konkursverwalter widerrufen werden können.

Veräußert jedoch der Sicherungsgeber die noch in seinem Besitz befindlichen Sachen, so liegt lediglich ein nach § 1 Abs. 1 Nr. 1 UStG steuerpflichtiger Umsatz vor. Die Umsatzsteuer ist als Teil des Kaufpreises Teil des Erlöses und ist mit der Kreditforderung zu verrechnen[7].

Im Konkurs des Sicherungsgebers gehört die zu dessen Lasten anfallende Umsatzsteuer zu den Massekosten[8]. Eine Abwälzung der Steuer auf den Sicherungsnehmer ist grundsätzlich ausgeschlossen[9]. Andererseits darf dieser ohne besondere Abmachung (Rdn. 246) den von ihm vereinnahmten Verwertungserlös nicht um die Umsatzsteuer kürzen, wenn er ihn dem Schuldner gutschreibt. Der Kaufpreis für das Sicherungsgut (Verwertungserlös) versteht sich im Zweifel unter Anrechnung der Umsatzsteuer[10].

---

[1] BGH WM 61, 1046.
[2] BGH WM 61, 243; OLG Frankfurt NJW 73, 104; Serick II, § 17 II 4; a. A. OLG Stuttgart NJW 71, 757.
[3] KG NJW 60, 682; OLG Frankfurt NJW 53, 1835; a. A. Serick III, § 38 II 1c; I, § 12 IV 2; LG Bonn NJW 61, 367.
[4] Büttner, BB 70, 513; Holzheimer, Bank-Betrieb 68, 22; Wilke, UStR 71, 193.
[5] BGH WM 72, 473; BFH NJW 72, 1967; Derwein, NJW 72, 1321.
[6] RFH 47, 33; BFH BStBl 68 III 68.
[7] Eberding in BuB 4/505.
[8] BFH NJW 57, 1535; BFH BB 72, 1263; Knobbe-Keuck, BB 77, 762; BGH NJW 72, 874; Anm. dazu von Derwein, NJW 72, 1323. Zur Umsatzsteuer im Konkursverfahren s. auch Stellungnahme des Bundesministeriums für Wirtschaft und Finanzen, BStBl. 72, I 578 = BB 73, 183.
[9] BGH NJW 62, 46.
[10] OLG München v. 25. 6. 1970 — AZ 19 U 1018/70 —.

Der Sicherungsnehmer kann von seiner Umsatzsteuerschuld die Vorsteuer aus der angenommenen Lieferung des Konkursverwalters, die entweder von diesem nach § 14 UStG in Rechnung zu stellen oder vom Sicherungsnehmer gemäß § 5 der ersten UStDV in seiner Gutschrift auszuweisen ist, absetzen.

Die Rechnungserteilung (§ 14 UStG) kann in der dem Sicherungsgeber erteilten üblichen Gutschriftsanzeige gesehen werden (s. auch Nr. 17 Abs. 2 AGB-Banken). Der BFH hat entschieden, daß die unrichtige Versicherung eines Gutschriftempfängers, er sei zur Erteilung von Rechnungen mit offenem USt-Ausweis berechtigt, dem auf die Versicherung vertrauenden Gutschriftaussteller nicht zum Vorsteuerabzug berechtigt Beschluß vom 27. 3. 81 — VS 19/80 (UStR 81, S. 55). Im Ergebnis zahlt der Konkursverwalter die Umsatzsteuer. Einen zivilrechtlichen Ausgleich, nämlich den Sicherungsnehmer zur Erstattung der bei der Verwertung des Sicherungsgut anfallenden Umsatzsteuer an die Konkursmasse zu verpflichten, hat der BGH abgelehnt[1]. Die Belastung der Konkursmasse mit der Umsatzsteuer könnte aber im Einzelfall durch Freigabe des Sicherungsgutes aus dem Konkursbeschlag vermieden werden[2]. Dann liegt in der Verwertung durch den Sicherungsnehmer keine Verwertung eines Massegegenstandes, es kann also auch keine Umsatzsteuer als Massekosten anfallen. Die Freigabe selbst stellt ebenfalls keine umsatzsteuerpflichtige Lieferung dar[3]. Die Selbstverwaltung durch den Konkursverwalter nach § 127 Abs. 1 KO führt noch nicht zu einer anderen steuerrechtlichen Behandlung. Die Rechtsprechung der Zivilgerichte ist fast einheitlich der Auffassung, daß auch die Umsatzsteuer Teil des dem Sicherungsnehmer gebührenden Erlöses ist[4].

566

In einem vom BGH[5] entschiedenen Fall hatte der Konkursverwalter aufgrund von Absprachen mit der Sicherungsnehmerin Sicherungsgut freihändig veräußert. Im Sicherungsübereignungsvertrag war bestimmt, daß der Sicherungsgeber alles, was er bei der Verwertung des Sicherungsgutes erlangt, an die Bank herauszugeben hat. Der Konkursverwalter wollte den Umsatzsteueranteil, den er bereits an den Fiskus abgeführt hatte, der Bank nicht überweisen. Der BGH stellte entscheidend auf die **vertragliche Vereinbarung** der Bank mit der Sicherungsgeberin ab, wonach der gesamte erzielte Erlös ihr zufließen sollte, wobei der Umsatzsteueranteil Bestandteil des für das Sicherungsgut erzielten Preises war. Hinzu kommt, daß bei einer Veräußerung durch den Konkursverwalter direkt an Dritte lediglich bei dieser Lieferung Umsatzsteuer anfällt, die Sicherungsnehmerin aber keine Mehrwertsteuer zu entrichten hat.

Die Umsatzsteuer ist auch nicht zu den Verwertungskosten zu zählen; nach Ansicht des BGH sind die vertraglichen Vereinbarungen entscheidend. Da hier alles an die Sicherungsnehmerin herauszugeben war, was der Sicherungsgeber aus der Verwertung

567

---
[1] BGH NJW 72, 874.
[2] Knobbe-Keuck, BB 77, 762.
[3] FG Düsseldorf, KTS 62, 189; Knobbe-Keuck, BB 77, 762; a. A. Netzer, UStR 77, 68.
[4] BGH NJW 72, 874; Knobbe-Keuck, BB 77, 763 m. w. N.
[5] BGH ZIP 80, 520.

erlangte, konnte nicht gewollt sein, daß der Sicherungsnehmer die Umsatzsteuer als Teil der Verwertungskosten sogleich wieder an den Sicherungsgeber zurückgewähren müsse. Es liegt auch kein Verstoß gegen Treu und Glauben vor[1].

Im übrigen bedeutet die Belastung mit der Umsatzsteuer bei der Verwertung des Sicherungsgutes für den Sicherungsgeber lediglich eine Umschuldung. Denn wenn der Sicherungenehmerin auch die Umsatzsteuer als Teil des Verwertungserlöses zufließt, so vermindert sich in dieser Höhe die gesicherte Darlehensforderung gegen den Sicherungsgeber[2]. In einem vom BFH entschiedenen Fall hatte eine Bank mit ihrem Darlehensnehmer für den Sicherungsfall vereinbar, daß die Bank die Verwertung des Sicherungsgutes im Auftrag und für Rechnung des Darlehensnehmers vornehmen sollte. Der BFH entschied, daß unter diesen Umständen eine Lieferung im Sinne des Umsatzsteuerrechts der Sicherungsnehmerin an die Abnehmer anzunehmen sei, mit der Folge, daß bei ihr eine Umsatzsteuerschuld entstanden sei[3]. Bislang ging der BFH davon aus, daß die dabei anfallende Umsatzsteuer zu den Massekosten i. S. d. § 58 Nr. 2 KO zu rechnen sei. Zur Neuregelung nach der InsO vgl. Rdn. 989).

---

[1] Vgl. auch BFH BStBl 78 II, 684.
[2] Vgl. dazu kritische Anm. von Herickel, ZIP 80, 524.
[3] BFH ZIP 80, 791; vgl. auch Weiß, ZIP 80, 792.

2. Kapitel: Rechte als Sicherungsmittel

A. Pfandrecht an Rechten

I. Begriff

1. Allgemeines

Das Pfandrecht ist die zur Sicherung einer Forderung bestimmte Belastung eines Rechts, welche den Gläubiger der gesicherten Forderung berechtigt, seine Befriedigung aus dem Recht zu suchen (§§ 1204, 1273 BGB). Das Rechtspfand ist somit dem Pfandrecht einer beweglichen Sache wesensgleich und wird daher mit dem Sachpfand unter dem gemeinsamen Begriff des Fahrnispfandrechtes zusammengefaßt.

Die Verpfändung von Rechten hat im Bankverkehr eine außerordentlich große Bedeutung. Die Darlehensgewährung gegen Verpfändung von Wertpapieren haben die Kreditbanken sogar zu einem bevorzugten Zweig ihres Geschäftsbetriebes ausgestaltet.

Die **Sperre eines Guthabens** eines Bankkunden durch die Bank begründet noch kein Pfandrecht für einen Dritten. Da es die Rechtsfigur der „Sperre" nicht gibt, wird durch eine solche Abrede nur eine schuldrechtliche Verpflichtung unter den Beteiligten geschaffen und zwar die, nicht über die gesperrten Werte während der vereinbarten Dauer zu verfügen und sie ggfs. auch dem Begünstigten auszuhändigen[1]. Eine solche Sperre bietet jedoch keinen Schutz gegenüber Pfändungen dritter Gläubiger des Kontoinhabers oder im Konkurs, so daß sie für Sicherungszwecke grundsätzlich ungeeignet ist. Nach Auffassung des BGH[2] fallen Vereinbarungen hinsichtlich der Verfügungsbefugnis über ein Guthaben weder unter § 137 BGB noch unter § 399 BGB. Durch die Sperre wird die Befugnis zur Verfügung über ein Recht nicht ausgeschlossen oder beschränkt, sondern nur der zur Verfügung Berechtigte in besonderer Art bestimmt. Die Forderungen bleiben auch abtretbar. Es müssen lediglich zur Vornahme der Abtretung mehrere Personen zusammenwirken. Soll von einer ordnungsgemäßen Verpfändung abgesehen werden, so empfiehlt sich die Errichtung eines Gemeinschaftskontos. Allerdings kann, wenn der Eigentümer eines Wertpapierdepots dieses im Einverständnis mit dem Begünstigten sperrt und die Bank sich verpflichtet, eine Verfügung über das Depot nur mit dessen Zustimmung zuzulassen, darin eine Verpfändung im Wege der Einräumung des Mitbesitzes am Depot liegen. Die Bank muß sich dabei ihr eigenes Pfand- und Rückbehaltungsrecht vorbehalten, wenn sie sich nicht dem Einwand aussetzen will, auf dieses Recht verzichtet zu haben. Dies gilt insbesondere in den Fällen, in denen Wertpapiere zu Kautionszwecken bei der Bank deponiert werden (vgl. Kautionsdepot Rdn. 442).

---
[1] BGH WM 64, 349.
[2] BGH, a. a. O.

Nach LG Kassel ist die Kaution ein unregelmäßiges Nutzungspfandrecht; auch wenn eine Verzinsung nicht ausbedungen ist, ist die bar gezahlte Kaution vom Kautionsnehmer zu verzinsen[1] (vgl. Rdn. 442).

2. Rechtsstellung des Pfandnehmers

570   Als beschränkt dingliches Recht besteht das Pfandrecht mit dem gesetzmäßigen Inhalt: Es vermittelt dem Sicherungsnehmer nur die vom Gesetz umgrenzten Befugnisse, nicht die rechtliche Stellung eines Inhabers des verpfändeten Rechts. Demgemäß hat die **Verpfändung von Anteilen an Kapitalgesellschaften** (s. Rdn. 59, 61) nicht zur Folge, daß das Stimmrecht oder Bezugsrecht auf neue Aktien auf den Pfandgläubiger übergeht. Dies gilt selbst bei Vorliegen eines Nutzungspfand, da das Bezugsrecht keine Nutzung der Aktie darstellt[2]. Der Pfandgläubiger ist daher verpflichtet, das seinige zu tun, um dem Verpfänder die Ausübung des Bezugs- und Stimmrechts zu ermöglichen. So muß die Bank dem Verpfänder die Ausübung des Stimmrechts durch Hinterlegung und Verschaffung der Eintritts- und Stimmrechtskarten die Ausübung des Stimmrechtes ermöglichen[3].

571   Das schließt jedoch nicht aus, daß dem Pfandgläubiger auch das Stimmrecht durch die entsprechende Vereinbarung unter den Parteien übertragen wird. Die Übertragung muß jedoch im Verhältnis zur Gesellschaft bedingungslos und in vollem Umfange erfolgen, vorbehaltlich etwaiger Beschränkungen im Innenverhältnis zwischen Verpfänder und Pfandgläubiger[4]. Unterbleibt die Übertragung des Stimmrechts, so ist die Inpfandnahme von GmbH-Anteilen oder, was auf das Gleiche herauskommt[5], die Verpfändung des Anspruches auf das künftige Auseinandersetzungsguthaben, kein unbedenkliches Geschäft, weil der Anteil durch spätere Beschlüsse der Gesellschafter verschlechtert werden kann[6]. Hinsichtlich des Bezugsrechts auf neue Aktien gilt, daß es möglich ist, auch eine selbständige Verpfändung des Bezugsrechts vorzunehmen. Dadurch wird dem Aktionär zwar nicht die Ausübung des Bezugsrechts entzogen, es wird hierdurch jedoch sichergestellt, daß die bezogene Aktie oder der für einen Bezugsrechtsverkauf bezogener Erlös ohne weiteres durch das Pfandrecht erfaßt wird[7].

Bei der Verpfändung von **Anteilen an Personengesellschaften** (s. Rdn. 14), welche wie die Abtretung des Anteils (s. Rdn. 133) der Zustimmung der anderen Gesellschafter bedarf, ist die Übertragung des Stimmrechts an die Pfandgläubiger nicht möglich[8], aber die Erteilung einer Stimmrechtsvollmacht zulässig. Allerdings ist auch hierzu

---

[1] LG Kassel NJW 76, 1544.
[2] Zöllner/Lutter in Kölner Komm. z. AktG, § 186 Anm. 18.
[3] Liesecke, WM 69, 550.
[4] RG 57, 55.
[5] RG 67, 331.
[6] RG 139, 244; 157, 52.
[7] Zöllner/Lutter, a. a. O.
[8] BGH 3, 360.

die Zustimmung der Mitgesellschafter erforderlich[1]. Wird sie nicht gegeben, kommt nur eine Stimmrechtsbindung in Frage, die jedoch im Ernstfall wohl zu spät durchgesetzt werden kann, wenn der Verpfändete Gesellschafter sie nicht beachtet.

Eine Verpfändung von **Wertsachen auf einen falschen oder erdichteten Namen** ist 572 verboten (§ 154 AO). Der Börsenumsatzsteuer ist die Verpfändung nicht unterworfen. Im übrigen wird im Bereich des Steuerrechts bei der Verpfändung von Wertsachen (Wertpapieren, Geld und Kostbarkeiten) der Pfandgläubiger als Eigentümer behandelt, wenn er nicht nachweist, daß er lediglich Pfandgläubiger ist (§ 159 AO).

II. Personen

Zu den zur wirksamen Verpfändung erforderlichen, in der Person der Parteien zu 573 erfüllenden Voraussetzungen wie Geschäftsfähigkeit (s. Rdn. 37 ff.) und Willensmängel (s. Rdn. 41 ff.). Die Fragen der Vertretungsmacht sind ebenfalls bereits besprochen worden (s. Rdn. 50 ff.).

III. Sicherungsmittel

Das Pfandrecht ist eine **Sachsicherheit**. Als solche muß es nicht nur von dem Siche- 574 rungsgeber (Verpfänder), sondern auch von jedem Dritten respektiert werden. Eine Gefährdung durch Dritte ist freilich nur bei der Verpfändung solcher Rechte denkbar, bei denen, wie bei Wertpapieren, das Pfandrecht an dem Besitz einer Urkunde über das verpfändete Recht geknüpft ist. Insoweit stehen dem Pfandgläubiger dann auch Herausgabe- und Unterlassungsansprüche zu.

Pfandobjekt kann grundsätzlich jedes Recht sein. Besonders häufig ist die Verpfän- 575 dung von **Forderungen**.

Es sind dann mindestens drei Personen am Pfandrechtsverhältnis beteiligt, nämlich der Verpfänder, der Sicherungsnehmer (Pfandgläubiger) und der Schuldner der verpfändeten Forderung, der in der Praxis meistens als „Drittschuldner" bezeichnet wird.

Pfandgläubiger und Drittschuldner können sogar identisch sein. Der Verpfänder kann also einen Anspruch gegen den Pfandgläubiger als Sicherungsmittel verpfänden, z. B. ein Bankkunde der Bank seinen Anspruch auf Auszahlung seines Bankguthabens, auf Rückgewähr einer Sicherheit oder auf Übertragung von auf Wertpapierrechnung gutgeschriebenen Aktien für seine eigene oder Bankschuld eines Dritten verpfänden. Man spricht in solchem Falle von einem Pfandrecht an eigener Schuld[2].

Stets muß das verpfändete Recht **bestimmt oder wenigstens bestimmbar** sein. Es 576 gelten hier die gleichen Grundsätze wie bei einer Sicherungsabtretung. Es muß sich also im Zeitpunkt des Wirksamwerdens der Verpfändung ohne umständliches Verfahren ermitteln lassen, was verpfändet sein soll (vergl. Rdn. 643).

---

[1] Hadding, in Gesellschaftsanteile als Kreditsicherheit, S. 50.
[2] BGH WM 62, 183.

577 Nicht selten beschränken die Parteien die Verpfändung auf einen **Teil einer Forderung oder einer Grundschuld**. Sie werden dann zweckmäßig das Rangverhältnis zwischen dem verpfändeten und dem unbelastet gebliebenen Teil der Forderung oder der Grundschuld ausdrücklich regeln. Ist die gesicherte Forderung geringer als die verpfändete, so rechtfertigt aber dies alleine nicht den Schluß, daß diese nur zu einem der gesicherten Forderung entsprechenden Teil verpfändet sein soll.

578 Kraft Gesetzes erstreckt sich das Pfandrecht auf die für die Zeit nach Abschluß des Pfandvertrages geschuldeten **Zinsen** der Forderung oder der Grundschuld, sofern die Parteien nichts Gegenteiliges vereinbart haben (§§ 1289, 1291 BGB). Hat sich der Verpfänder die Zinsen bis zur Vollstreckung in das Pfand vorbehalten, so sind nur diejenigen Zinsen mitverpfändet, die vom Beginn der Pfandverwertung an fällig werden.

579 Bei der Verpfändung eines Wertpapiers ergreift das Pfandrecht auch die zum Wertpapier gehörenden **Zins-, Renten- und Gewinnanteilscheine**, sofern sie — wie üblich und für die Verkäuflichkeit des Papiers notwendig — dem Pfandgläubiger übergeben sind, auf die sich aber auch sonst entsprechend § 314 BGB im Zweifel der Vorvertrag erstreckt. Sie können aber auch selbständig verpfändet werden[1]. Der Zinserneuerungsschein (Talon) gilt zwar nicht ohne weiteres als mitverpfändet, doch wird der Wille der Parteien in der Regel auf seine Mitverpfändung gerichtet sein (§ 1296 BGB). Als Legitimationsurkunde kommt der Erneuerungsschein für eine selbständige Verpfändung nicht in Frage[2].

Auch Sammelbestandteile können, ebenso wie Bundesschuldbuchforderungen und Schuldbuchforderungen gegen die Länder verpfändet werden, obwohl sie in § 17 DepotG nicht genannt sind[3].

580 Mitverpfändet sind auch die **Zusatzaktien** (Berichtigungsaktien) bei der Kapitalerhöhung aus Gesellschaftsmitteln. Schließlich erstreckt sich bei der Verpfändung von Forderungen das Pfandrecht auch auf die Nebenrechte, insbesondere auf die Sicherheiten, welche für die verpfändete Forderung bestehen[4].

581 Bei der Verpfändung von Gesellschaftsanteilen erfaßt das Pfandrecht ohne weiteres den Anspruch auf den **Abfindungs- und Liquidationserlös**[5], nicht aber auch den Gewinnanspruch.

Die Mitgliedschaft in einer **OHG** oder **KG** ist verpfändbar. Entsprechend der Regelung für den Nießbrauch, bei dem der Nießbrauch an einem Vermögen als solcher an dem einzelnen Gegenständen angesehen wird (s. § 1085 S. 1 BGB), ist das Pfandrecht an

---

[1] Heinsius-Horn-Than, DepotG, § 17 Anm. 2.
[2] Heinsius-Horn-Than, DepotG, § 17 Anm. 2.
[3] Heinsius-Horn-Than, DepotG, § 17 Anm. 3.
[4] Sind die Sicherheiten ihrerseits Pfandrechte oder Hypotheken, so nennt man das Pfandrecht an der gesicherten Forderung Nachpfandrecht. Das Nachpfandrecht erstreckt sich kraft Gesetzes auch auf die Sicherungshypothek (s. Rdn. 286).
[5] RG 67, 331 ff.

Begriff

der Mitgliedschaft als Verpfändung der einzelnen übertragbaren Rechte aufzufassen[1]. Die Mitgliedschaft in einer **stillen Gesellschaft** kann nicht verpfändet werden. Wie bei OHG und KG ist sie in eine Verpfändung der einzelnen übertragbaren Vermögensrechte umzudeuten. Einer Zustimmung des Geschäftsinhabers bedarf es nicht, allerdings ist in jedem Fall eine Anzeige der Verpfändung gemäß § 1280 BGB erforderlich.

Die Mitgliedschaft an einer **Genossenschaft** ist kein Sicherungsmittel, da sie generell nicht Gegenstand rechtsgeschäftlicher Verfügungen sein kann[2]. Zur Sicherheit gegeben werden kann demgegenüber der Auseinandersetzungsanspruch (vgl. § 73 GenG). Übertragen werden kann auch das Geschäftsguthaben, allerdings verbunden mit dem Erwerb der Mitgliedschaft[3]. Der Anteil am Reinvermögen bei Auflösung kann ebenfalls zur Sicherheit gegeben werden.

Die Verpfändung mehrerer Rechte für eine und dieselbe Forderung begründet ein Gesamtpfandrecht. **582**

Auch **Investmentzertifikate**, die von Kapitalanlagegesellschaften (vgl. KAGG) herausgegeben worden sind, können als Kreditsicherheit verwendet werden. Dabei ist zu beachten, daß der Anteilsinhaber nicht etwa Gesellschafter der Investmentgesellschaft ist, sondern Rechte am Sondervermögen hat, das aus dem mit Geld angeschafften Vermögensgegenständen besteht. Die Depotbank verwahrt dies Sondervermögen. Die Anteilsscheine sind Wertpapiere[4]. In der Praxis sind sie meist als Inhaberpapiere ausgestaltet. Durch Übertragung des Anteilscheins gehen auch die verbrieften Rechte über.

Bei **Immobilienfonds** — auch hier ist nach dem Gesetz über Kapitalanlagegesellschaften ein Sondervermögen gegeben — gelten keine Besonderheiten (sog. offene Immobilienfonds). In der Praxis selten als Kreditsicherheit verwandt werden Anteile des sog. geschlossenen Immobilienfonds; sie können in verschiedenen Rechtsformen betrieben werden[5]. Am häufigsten wird die Rechtsform der KG gewählt. Die „Zeichner" sind nicht dinglich am Treugut berechtigt (das Treugut wird meist von einem Treuhandkommanditisten gehalten); Juristischer Eigentümer ist die Kommanditgesellschaft. Der Anteilschein („Haus-" oder **„Grundbesitzbrief"**) ist kein Wertpapier. Zur Sicherheit übertragen werden kann daher nur die Gesellschafterstellung. Die Fondsbedingungen sollten eingesehen werden, um die Form der Übertragung zu klären; ohne Regelung ist sie formfrei, allerdings sehen die meisten Fondsbedingungen eine bestimmte Form vor, z. B. Schriftform und/oder Eintragung in ein Register. Übertragen werden kann die gesamte Gesellschafterstellung oder aber auch nur einzelne Berechtigungen wie der Anspruch auf Gewinn oder Erlös bei Liquidation. Geschlossene Fonds mit Bruchteilseigentum sind selten. Auch hier ist die Rechtsstellung übertragbar

---

[1] Hadding, in Gesellschaftsanteile als Kreditsicherheit, S. 50.
[2] Müller, GenG I, § 18, Rdn. 66.
[3] Müller, in Gesellschaftsanteile als Kreditsicherheit I.
[4] Kreutz, Gesellschaftsanteile als Kreditsicherheit, S. 244.
[5] Vgl. dazu Pick, Gesellschaftsanteile als Kreditsicherheit, S. 260 ff.

(§ 747 BGB; Treuhandlösung). Die Fondsbedingungen sind wegen der Form der Übertragung einzusehen.

Die **Geschäftsanteile an einer GmbH** sind veräußerlich und vererbbar (§ 15 Abs. 1 GmbHG). Dies gilt auch dann, wenn die freie Veräußerbarkeit satzungsmäßig beschränkt wird (zur Zustimmung des anderen Gesellschafters siehe unten). Auch die **Verpfändung** des Anteils ist möglich. Sie bedarf allerdings im Gegensatz zur Verpfändung von Anteilen an Personengesellschaften der notariellen Beurkundung (§ 15 GmbHG). Die Beurkundungspflicht betrifft sowohl das Verpflichtungsgeschäft als auch das Verfügungsgeschäft. Dem Beurkundungszwang unterliegen auch Vertragsänderungen[1]. Wie die Abtretung kann auch die Verpfändung durch Gesellschaftsvertrag von der Zustimmung der **Mitgesellschafter** abhängig gemacht werden. Die Verpfändung kann auch von der Zustimmung der **Gesellschaft** abhängig gemacht werden (vinkulierter Geschäftsanteil). Die Verpfändung muß vom Verpfänder oder der Bank der Gesellschaft angezeigt und nachgewiesen werden (§§ 1274 Abs. 1 BGB, § 15 GmbHG), es sei denn, daß die Gesellschaft bereits zuverlässige Kenntnis von der Verpfändung hat, z. B. wenn der Verpfänder Alleingesellschafter ist[2]. Eine Teilverpfändung ist grundsätzlich nur mit Genehmigung der Gesellschaft möglich (§ 1274 Abs. 1 BGB, § 17 GmbHG). Das Stimmrecht bleibt beim Verpfänder[3]. In den Verpfändungsvordrucken des Kreditgewerbes ist häufig eine Klausel enthalten, derzufolge das **Stimmrecht** aber nur im Einvernehmen mit der Bank ausgeübt werden kann. Außerdem wird häufig die Ausübung des Kündigungsrechts und der Verkauf an die **Zustimmung der Bank** gebunden. Dies kann dazu führen, daß das durch die Verpfändung gesicherte Darlehen als Kapitalersatz angesehen wird (§ 32a GmbHG)[4]. Wenn sich die Bank eine Position einräumen läßt, die im wirtschaftlichen Ergebnis der Stellung eines Gesellschafters gleichkommt. Eine derartige atypische Ausgestaltung des Pfandrechts gleicht aus der Sicht des Eigenkapitalersatzrechts der eines atypischen stillen Gesellschafters. Daran ändert nichts, daß die Bank mit der ihr auf ihr Verlangen hin eingeräumten Stellung in der Gesellschaft keine unternehmerischen, sondern lediglich Sicherungsinteressen verfolgt[5]. Da Schwerpunkt der Begründung der Qualifizierung des Darlehens als **Eigenkapital** die Finanzierungsverantwortung der Bank ist, sollte lediglich das Verbot der Veräußerung des Geschäftsanteils ohne Zustimmung der Bank, das nur dem Sicherungsinteresse der Bank dient, keine Finanzierungsverantwortung entstehen und damit das Darlehen nicht zum Eigenkapitalersatz werden lassen. So wird eine Klausel für wirksam erachtet, die es dem Sicherungsgeber untersagt, einen Aufhebungsvertrag zu schließen, der dem abgetretenen Anspruch die Grundlagen nimmt[6].

---

[1] BGH BB 89, 372.
[2] RG 127, 236, 241; Baumbach/Hueck, § 16 Rdn. 2; zum Ganzen siehe Hadding-Schneider, Gesellschaftsanteile als Kreditsicherheit, 1978.
[3] RG 139, 224; Baumbach/Hueck, § 15 Rdn. 49.
[4] BGH WM 92, 1655 = WuB II C 32a GmbHG 1.93 / Michalski.
[5] BGH WM 89, 14 = WuB II C § 30 GmbHG 3.89/Westermann; OLG Hamburg WM 90, 1292 = WuB II H § 230 HGB 1.90 / Obermüller.
[6] BGH 111, 84.

Problematisch erscheint die Verwertung des Geschäftsanteils. § 1277 S. 1 BGB setzt voraus, daß die Verwertung des Pfandes nach den für die Zwangsvollstreckung geltenden Vorschriften erfolgt, d. h. der Pfandgläubiger muß zunächst einen vollstreckbaren Titel (auf Duldung) erwirken. Die Verwertung selbst erfolgt nach §§ 803—807, 828, 857, 806 ZPO[1]. Eine anderweitige Vereinbarung ist zulässig (§ 1277 BGB), allerdings muß die Verwertung in der Weise geregelt werden, daß dem Verpfänder die Geltendmachung von Einwendungen nicht abgeschnitten wird[2]. Eine AGB-Klausel, die einen freihändigen Verkauf des verpfändeten Anteils zuläßt, erscheint bedenklich, da nach § 1245 Abs. 2 BGB eine abweichende Vereinbarung § 1235 BGB, der den Verkauf im Wege öffentlicher Versteigerung vorsieht, nicht verdrängen darf, es sei denn, das Pfand hat einen Börsen- oder Marktpreis (was bei GmbH-Anteilen regelmäßig nicht gegeben sein wird).

IV. Sicherstellungsvertrag

1. Allgemeines

Das Pfandrecht wird durch Vertrag zwischen dem Pfandgläubiger und dem Verpfänder begründet (s. Rdn. 126—140); er muß die gesicherte Forderung festlegen. Die Form dieses Vertrages richtet sich nach den Regeln, welche für die Abtretung des betreffenden Rechts gelten (§ 1274 BGB). Bestimmter Worte brauchen sich die Parteien nicht zu bedienen. Es kann statt des Ausdrucks „verpfänden" auch eine gleichbedeutende Wendung, die den Verpfändungswillen erkennen läßt, gebraucht werden. Es genügt etwa, wenn der Verpfänder dem Sicherungsnehmer das Recht als „Deckung", „Kreditunterlage" oder „Einschuß" zur Verfügung stellt. Notwendig ist es, sich stets so klar auszudrücken, daß man unterscheiden kann, ob im Einzelfall eine bloße Verpfändung oder eine Sicherungsübertragung beabsichtigt ist.

583

Die Rechte eines **Gesellschafters** werden dabei als schuldrechtliche Ansprüche abgetreten. Für das Pfandrecht gilt die Einigung, wobei alle gegenwärtigen und künftigen übertragbaren Vermögensrechte aus dem Gesellschaftsverhältnis erfaßt werden, wenn sich die Verpfändung auf die „Mitgliedschaft" bezieht[3]. In der Praxis sollte in der Verpfändung auf den Gesellschaftsvertrag und die Eintragung der Gesellschaft im Handelsregister Bezug genommen werden. Aufgenommen werden sollte auch, daß der Pfandgläubiger die Nutzungen ziehen darf (Gewinnanteile; vgl. §§ 1273 Abs. 2, 1213 Abs. 1 BGB). Strittig ist, ob für die Verpfändung von Mitgliedschaftsrechten die **Zustimmung** der Mitgesellschafter erforderlich ist[4]. Zwar ist für die Übertragung der Mitgliedschaft die Zustimmung einzuholen, aber die Verpfändung hat eine wesentlich geringere Auswirkung als die Übertragung; bei ersterer findet kein Gesellschafterwechsel

---

[1] Vgl. Hadding-Schneider, Gesellschaftsanteile als Kreditsicherheit, 1978, S. 58, insbesondere zu § 135 HGB.
[2] BGH WM 92, 1359.
[3] Hadding in Gesellschaftsanteile als Kreditsicherheit, S. 44.
[4] Für Zustimmungserfordernis: Flume, Personengesellschaft, 1977, § 17 VII; a. A. Hadding, a. a. O., S. 45 f.

statt, es werden eben nur die einzelnen übertragbaren Vermögensrechte aus dem Gesellschaftsverhältnis belastet. Da aber diese Frage bislang noch nicht höchstrichterlich geklärt worden ist, sollte in der Praxis die Zustimmung auch zur Verpfändung beigezogen werden. Dies gilt auch dann, wenn im Gesellschaftsvertrag schon die Übertragung als zulässig — ohne weitere Zustimmung — vereinbart wird: die Verpfändung ist damit nicht gedeckt[1]. Eine Anzeige (§ 1280 BGB) ist dann nicht erforderlich, weil ja alle Gesellschafter qua Zustimmung mitgewirkt haben (sonst wäre sie erforderlich).

Wichtig ist, welche Rechte der Sicherungsnehmer hat, um zu verhindern, daß der Sicherungsgeber das verpfändete Recht **aushöhlt**. Nach § 1276 Abs. 1 S. 1 BGB kann ein verpfändetes Recht nur mit Zustimmung des Pfandgläubigers aufgehoben werden. Das gleiche gilt für eine Änderung des Rechts (§ 1276 Abs. 2 BGB). Wird nun der Anspruch auf das Auseinandersetzungsguthaben oder — sofern der Gewinn dem Pfandnehmer zustehen soll — der Gewinnanspruch durch Beschluß der Gesellschafterversammlung beeinträchtigt, so muß der Pfandgläubiger zustimmen, falls die Beschlußfassung gerade von der Stimmabgabe des Sicherungsgebers abhängt[2]. Für die Ausübung von Gestaltungsrechten — Kündigung der Gesellschaft oder Übernahme —, ist die Zustimmung des Pfandgläubigers nur dann erforderlich, wenn dadurch die Ansprüche des Sicherungsgebers beeinträchtigt werden. Werden Aktien ausländischer Emittenten nur im Ausland gehandelt und verwahrt, so müssen die rechtlichen Besonderheiten am Ort für die Sicherheitenstellung beachtet werden. Sicherungsmittel kann hier der Lieferungsanspruch sein[3].

2. Form

584 Der Abschluß eines Pfandvertrages bedarf im übrigen grundsätzlich **keiner besonderen Form**. Er kann auch mündlich, sogar stillschweigend, zustandekommen. Abgesehen jedoch davon, daß es für die Beteiligten, wollen sie sich für die Zukunft ein Beweismittel sichern, angebracht ist, sich wenigstens der Schriftform zu bedienen, gibt es eine Reihe von Ausnahmen, für die schon kraft Gesetzes Formzwang besteht.

Der **notariellen Beurkundung** bedürfen die beiderseitigen Erklärungen bei der Verpfändung von Geschäftsanteilen einer Gesellschaft mit beschränkter Haftung und von Erbanteilen und die Verpfändung des Anwartschaftsrechts auf Erwerb eines Grundstücks. Ein solches Anwartschaftsrecht besteht nach der Auflassung aber vor der vom Auflassungsempfänger beantragten Eintragung des Eigentumserwerbs.

Ob eine Verpfändung des Anspruchs auf Übereignung eines Grundstücks vor Erklärung der Auflassung notariell beurkundet werden muß, ist umstritten. Bis zur Neufassung des § 313 BGB mit Wirkung vom 1.7.1973 war die Verpfändung vor Auflassung formlos gültig[4]. Für die Zeit ab Neufassung des § 313 BGB wurde diese

---

[1] Hadding, a.a.O., S. 46.
[2] Hadding, a.a.O., S. 53.
[3] Meier, WM 61, 618 ff.
[4] BGH NJW 68, 493.

Frage strittig¹. Für die Formlosigkeit spricht, daß die neue Formvorschrift den Käufer eines Grundstücks, der früher sich formlos verpflichten konnte, Eigentum an einem Grundstück zu erwerben, schützen soll. Hat er aber das Grundstück gekauft (in der Form des § 313 BGB), so steht ihm ein Auflassungsanspruch gegen den Verkäufer zu, falls die Auflassung nicht bereits im Kaufvertrag vollzogen ist. Auflassungsansprüche werden aber in der Regel aufgrund von notariellen Kaufverträgen verpfändet. Daran hat sich auch nach dem neuen Rechtszustand nichts geändert. Die Übertragung — und damit die Verpfändung (§ 1274 BGB) — des Auflassungsanspruchs sollte daher formlos zulässig sein.

Die Umdeutung einer formungültigen Verpfändung in die Verpflichtung zur Pfandbestellung ist im Einzelfall möglich (s. Rdn. 27). Bei der Verpfändung von GmbH-Anteilen ist die Anmeldung der Verpfändung bei der Gesellschaft schon wegen der etwaigen Auszahlung des Auseinandersetzungsguthabens ratsam und bei der Verpfändung eines Erbanteils die Eintragung der Verpfändung im Grundbuch der Nachlaßgrundstücke². **585**

Der **notariellen Beglaubigung** bedarf die Erklärung des Verpfänders bei der Verpfändung von gebuchten Rechten oder Schiffsparten (§ 503 HGB), sofern sie in das betreffende Register eingetragen werden soll oder muß, so z. B. bei der Verpfändung einer Buchgrundschuld. Das gleiche gilt von der Verpfändung von Briefgrundpfandrechten, wenn sie zwar außerhalb des Grundbuches erfolgen, der Pfandgläubiger aber den Schutz des guten Glaubens genießen soll.

Die **reine Schriftform** ist erforderlich und ausreichend für die Erklärung des Verpfänders bei der Verpfändung von Briefrechten an Grundstücken, sofern sie nicht in das Grundbuch eingetragen werden soll und bei der Verpfändung von Kuxen (§ 108 BergG).

Der **Kuxschein** ist weder Träger des in ihm verbrieften Mitgliedschaftsrechts noch Inhaberpapier, sondern in erster Linie Beweisurkunde (RG 121, 48). Dennoch ist zur wirksamen Verpfändung eines Kuxes die **Übergabe des Kuxscheines**, sofern ein solcher vorhanden ist, an den Pfandgläubiger erforderlich (§ 108 BergG). Dabei ist auf Beifügung einer (Blanko-) Zessionserklärung des Verpfänders Wert zu legen; sie ist zwar nicht rechtlich erforderlich, aber praktisch Voraussetzung der Verwertbarkeit des Kuxes.

3. Zusätzlicher Rechtsakt

Obwohl das Pfandrecht eine Sachsicherheit ist, reicht die eben erörterte Einigung der Parteien über die Verwendung im allgemeinen aus, um das Pfandrecht wirksam zu begründen (s. Rdn. 704). Nur in wenigen, praktisch allerdings bedeutsamen Aus- **586**

---

¹ Für die Formpflicht: Huhn in Rpfleger, 74, 2; LG Kempten, Beschluß vom 17. 10. 75, Az. 4 T 163/75; gegen Formpflicht: Reiß, Mitt. BayNot. 74, 75.
² RG 90, 232.

nahmefällen muß sie noch durch einen Rechtsakt ergänzt werden, welcher die Pfandbestellung offenkundig macht. Im einzelnen:

a) bei Inhaber-, Orderpapieren

587 Zur wirksamen Verpfändung eines Rechts, welches in einem **Inhaber- oder Orderpapier** verkörpert ist, muß der Pfandgläubiger den Besitz des Papiers erlangen, sofern er nicht, wie häufig die Bank im Rahmen der Effekteneinkaufskommission, schon im Besitz des Papiers ist (§ 1293 BGB). Für die Besitzerlangung gelten die gleichen Grundsätze wie bei der Verpfändung beweglicher Sachen. Insbesondere führt hier auch der bloße äußere Vorgang der — wenn auch nur vorübergehenden — Rückgabe des Papieres an den Verpfänder kraft Gesetzes zum Erlöschen des Pfandrechts (§ 1278 BGB). Aus diesem Grunde ist in Nr. 14 Abs. 4 AGB-Banken ausdrücklich bestimmt, daß der Verpfänder nicht berechtigt ist, die Herausgabe von Zins- und Gewinnanteilsscheinen der als Pfand haftenden Wertpapiere zu verlangen. Die Bank darf vielmehr diese Scheine auch vor Fälligkeit ihrer Forderung verwerten und den Erlös als Sicherheit behandeln. Obgleich man in der Aushändigung des Papieres an den Verpfänder zum Zwecke der Ausübung des Stimm- oder Bezugsrechts keine Rückgabe im obigen Sinne wird erblicken können, ist es für den Pfandgläubiger doch ratsam, in Fällen dieser Art das Papier unmittelbar bei der zuständigen Stelle einzureichen.

Ein rechtlicher Streit besteht für den Fall, daß der Verpfänder nicht dem Pfandgläubiger den Herausgabeanspruch gegen einen Dritten gem. § 870 BGB abtritt, sondern der Besitzmittler angewiesen wird, die Wertpapiere von nun an für den Pfandgläubiger zu besitzen bei Vereinbarung eines Besitzmittlungsverhältnisses[1]. Als Besitzmittlungsverhältnis sollte ein Verwahrungsvertrag gewählt werden (vglbar der Drittverwahrung nach § 3 DepotG)[2].

Strittig ist, ob damit eine Verpfändung nach § 1205 Abs. 2 BGB oder nach § 1205 Abs. 1 BGB gegeben ist. In der Praxis ist dieser Streit aber ohne Bedeutung[3].

588 **Erneuerungsscheine** können dagegen, weil sie kein selbständiges Recht verkörpern, nicht selbständig verpfändet werden. Die Erneuerungsscheine sollten aber tunlichst im Rahmen der Verpfändung übergeben werden, da andernfalls die Gefahr besteht, daß sich die Verpfändung des Wertpapieres nicht automatisch auf den zugehörigen Erneuerungsschein erstreckt (§ 1296 S. 1 BGB). Nr. 14 Abs. 4 AGB macht stattdessen von der Dispositionsbefugnis des § 1296 S. 2 BGB Gebrauch und verhindert einen Herausgabeanspruch des Kunden über die Erneuerungsscheine, da sie mit den Zins- und Gewinnanteilsscheinen verbunden emittiert werden.

589 **Orderpapiere**, insbesondere Namensaktien, sollten, auch wenn sie als Teile eines Bankdepots verpfändet werden, im Interesse ihrer Verwertbarkeit **indossiert** werden.

---

[1] Palandt/Bassenge, § 1205 Rdn. 8; Heinsius-Horn-Than, DepotG, § 17 Anm. 9.
[2] Heinsius-Horn-Than, DepotG, § 17 Anm. 9.
[3] Heinsius-Horn-Than, DepotG, § 17 Anm. 2, 9.

Zur Erzielung wechselrechtlicher Wirkungen ist dieses sogar zwingend erforderlich. Das Indossament kann dabei eine Form erhalten, welche die Absicht der Verpfändung klarstellt. Es enthält dann den Vermerk „Wert zur Sicherheit", „Wert zum Pfande" oder „zum Depot", „als Pfand" u. ä. (offenes Pfandindossament). Als Rechtsfigur gibt es das offene Pfandindossament aber nur im Wechselrecht (Art. 19 WG).

Genausogut kann die Verpfändung durch ein Indossament bewirkt werden, welches nach außen hin als Vollindossament erscheint (verdecktes Pfandindossament); hier wird man jedoch im Bereich der AGB Sicherungseigentum der Bank anzunehmen haben.

Die Verpfändung ist aber auch nach den Vorschriften über die Verpfändung von Forderungen (§§ 1274, 398 BGB), d. h. ohne Indossament möglich. Die Kreditform des Pfandindossaments kommt selten vor und entbehrt beim Wechsel und Scheck des Garantieeffekts, führt also nicht zu der eigenen Haftung des Sicherungsgebers aus dem Papier[1].

Im bankgeschäftlichen Verkehr ist die Verpfändung von Wertpapieren alltäglich. So erfaßt schon die Regelung in Nr. 14 Abs. 1 AGB-Banken alle von Bankkunden unverschlossenen (offen) ins Depot gegebenen Wertpapiere. Ausgenommen hiervon sind **eigene Aktien** der Bank sowie im Ausland ruhende in- und ausländische Wertpapiere (Nr. 14 Abs. 3 S. 2 AGB-Banken). Bezüglich der letztgenannten Wertpapiere können aber die Lieferungs- und Herausgabeansprüche abgetreten werden. Hierzu ist dann eine gesonderte Verpfändung notwendig, da das AGB-Pfandrecht diese Ansprüche nicht erfaßt (s. Rdn. 618). Das AGB-Pfandrecht erstreckt sich auch auf die in einem Sonder-(Separat)Depot ruhenden Effekten, sofern nicht der Mangel des guten Glaubens des Kreditinstitutes entgegensteht, und ergreift bei der Einkaufskommission die angeschafften Wertpapiere spätestens mit der Absendung des in § 18 III DepG vorgesehenen Stückeverzeichnisses, welches das Eigentum an den darin verzeichneten Papieren auf den Kommittenten überträgt.

Bei Wertpapieren in einem **Gemeinschaftsdepot** mit Einzelverfügungsberechtigung 590 der Depot-Inhaber („Orderdepot"), welche für Verbindlichkeiten eines der Inhaber aus der „bankmäßigen Geschäftsverbindung" (Nr. 14 Abs. 2 AGB-Banken) haften sollen, ist ein besonderer Verpfändungsvertrag zu empfehlen, da nach den AGB nur die Bankwerte im Depot des Schuldners verpfändet sind, das Gemeinschaftsdepot aber nicht ein Depot nur des Schuldners ist. Eine derartige ausdrückliche Verpfändung kann auch von einem Depotinhaber vorgenommen werden, da jeder der beiden Inhaber die Wertpapiere übereignen kann, folglich auch eine Verpfändung als Minus zur Übereignung zulässig sein muß[2].

---

[1] RG 120, 210; KG 3 W 25, 1523; NJW 59, 2018.
[2] Liesecke, WM 69, 553.

Vollends unterliegen Wertpapiere in einem Gemeinschaftsdepot mit gemeinsamer Verfügungsberechtigung der Inhaber („Unddepot") nur kraft besonderer gemeinschaftlicher Verpfändung seitens aller Inhaber der Pfandhaft für die Bankschulden eines von ihnen. Auch bedarf es, wenn Wertpapiere für die Verbindlichkeit eines Dritten gegenüber der Depotstelle haften sollen, stets eines besonderen Verpfändungsvertrages.

591 Wenn die Bank aufgrund der Verpfändung börsengängiger Wertpapiere einen einmaligen, also nicht variablen, kurzfristigen Kredit gewährt, „beleiht" (**lombardiert**) sie die Effekten. Als „lombardfähig" werden diese Wertpapiere aber erst dann bezeichnet, wenn sie die Voraussetzungen erfüllen, unter denen sie von der Deutschen Bundesbank zum Pfand genommen werden. Es macht keinen Unterschied, ob das Kreditinstitut den Wertpapierbestand des Kunden in Streifbänden als Streifband-Depot, also getrennt von den eigenen Beständen dritter Kunden aufbewahrt oder ob die Wertpapiere des Verpfänders mit anderen gleichartigen Papieren vermischt werden. Im letztgenannten Fall ist es dabei möglich, daß die betreffende Bank die Wertpapiere selbst verwahrt (Haussammelverwahrung) oder die Wertpapiere einer Wertpapiersammelbank (Kassenverein) zur Sammelverwahrung (Sammeldepot) überläßt (Sammelbankverwahrung, Giroverwahrung).

592 Voraussetzung für eine wirksame Verpfändung ist, daß die Pfandstücke hinreichend **individualisiert** sind. Bei der Verpfändung von Inhaberpapieren, die sich in Depotverwahrung befinden, ergeben sich durch die verschiedenen Verwahrarten auch unterschiedliche Verpfändungsvoraussetzungen. Die Verpfändung von Sammeldepotanteilen ist grundsätzlich zulässig und folgt aus §§ 1292, 1293, 1258, 747 I BGB, 9 DepG. Soll der Depotbestand zugunsten der (zwischen-)verwahrenden Bank verpfändet werden, so genügt die Einigung zwischen Kunde und Bank für die Besitzerlangung nach § 1205 I 2 BGB[1]. Verpfändet der Bankkunde seinen Anteil einem Dritten, so ist neben der Übertragung des mittelbaren Besitzes auf den Pfandgläubiger auch die Anzeige der Verpfändung an den Besitzer erforderlich, §§ 1205 Abs. 2, 1206 BGB, s. Rdn. 501; die Anzeige muß durch den Eigentümer geschehen, der allerdings einen Dritten dazu bevollmächtigen kann. In der Praxis wird häufig eine vom Verpfänder unterzeichnete Kopie der Verpfändungserklärung direkt an die Depotbank gesandt[2]. Die erforderliche Anzeige der Verpfändung ist hierbei an die Bank zu richten, welcher der Verpfänder die Papiere ins Depot gegeben hat. In allen diesen Fällen erlangt der Pfandgläubiger Mitbesitz am Sammelbestand. Ist die Bank Zwischenverwahrerin, so wird neben der Pfandrechtsabrede für eine Verpfändung auch die Abtretung des Herausgabeanspruches gegenüber der zwischenverwahrenden Bank notwendig[3]. An einem Streifband-Depot kann der Pfandgläubiger auch Alleinbesitz erhalten, wenn es im Einverständnis der Parteien auf seinen Namen umgeschrieben wird. Ein Pfandrecht an Wertpapieren

---

[1] Heinsius-Horn-Than, DepotG, § 17 Anm. 12.
[2] Heinsius-Horn-Than, DepotG, § 6 Anm. 46.
[3] Kümpel in BuB 8/70 f.

in dem oben erörterten Sinne entsteht nicht bei der irregulären Verpfändung (uneigentlichen Lombardierung von Wertpapieren[1]. Eine solche liegt vor, wenn der Sicherungsgeber dem Sicherungsnehmer vertretbare Wertpapiere mit der — bei den depotrechtlich geschützten Wertpapieren (Rdn. 668) in der depotrechtlich vorgeschriebenen Form zu treffenden — Abrede übergibt, daß der Sicherungsnehmer, mag er vereinbarungsgemäß Eigentümer der Papiere werden oder nicht, dem Sicherungsgeber nicht dieselben Papiere, sondern nur Papiere gleicher Art, Güte und Menge zurückzugeben verpflichtet ist (§§ 700 BGB, 13, 15 DepG). Im Bankverkehr ist die übliche Verlautbarung für ein derartiges Abkommen die Verbuchung der Papiere auf „Stückekonto" oder auf „Wertpapierrechnung" (im Gegensatz zur Verbuchung auf „Depotkonto"). Selbst wenn man hier eine Verpfändung der Forderung des Hinterlegers gegen die Bank auf Rückpfändung gleichartiger Papiere unterstellen wollte, würden die Vorschriften über das Pfandrecht an Wertpapieren auf die uneigentliche Lombardierung nicht anwendbar sein. Die irreguläre Verpfändung ist börsenumsatzsteuerpflichtig (§ 27 KVStG)[2].

Wird bei einer Drittsammelverwahrung die **Wertpapiersammelbank** eingeschaltet, so erfolgt die Besitzübertragung in der Form, daß auf Anweisung des verpfändenden Kontoinhabers die Wertpapiersammelbank mit dem Pfandgläubiger durch Umbuchung auf ein „Pfandkonto" anstelle des bisherigen Besitzmittlungsverhältnisses ein neues begründet (unter Verwendung des „grünen Wertpapierschecks" gem. § 30 der Geschäftsbedingungen der Deutschen Kassenvereine (Wertpapiersammelbanken)[3].

Bei der Verpfändung von Depots, die nicht beim Sicherungsnehmer selbst ruhen, ist überdies zu beachten, daß der Depothalter ggf. das Recht behält, das Depot für seine eigenen Forderungen gegen den Depotinhaber in Anspruch zu nehmen. Wegen der Verpfändung von Wertpapieren im verschlossenen Depot s. Rdn. 460.

b) bei gebuchten Rechten

Zur wirksamen **Verpfändung eines gebuchten Rechtes**, insbesondere einer Hypothek oder einer Grundschuld, bedarf es der Eintragung der Verpfändung in dem betreffenden Register (Rdn. 779), bei Gesamtpfandrechten in allen betroffenen Registern. Der Verpfänder kann bis zur Aushändigung einer formgerechten Eintragungsbewilligung an dem Pfandgläubiger die Einigung der Parteien einseitig widerrufen (§§ 873 Abs. 2 BGB, 8, 3 Abs. 2 SchiffsG, 5 Abs. 2 LRG). Dies ist selbst dann möglich, wenn die Verpfändung „unwiderruflich" erklärt ist. Das kann dem Gläubiger ungeachtet seiner etwaigen Schadensersatzansprüche (Rdn. 69) gefährlich werden, wenn er schon vorher im Vertrauen auf die künftige Eintragung den durch das Pfandrecht zu sichernden Kredit gewährt hat. Aber selbst der Eintritt der Unwiderruflichkeit beseitigt nicht jedes

593

---
[1] RFH RStBl 37, 1163; RG 119, 57.
[2] RFH JW 38, 72.
[3] Es kann auch ein roter Wertpapierscheck gem. § 28 GBKV verwendet werden (s. Heinsius-Horn-Than, DepotG, § 17 Anm. 3).

Risiko, denn wenn, wie üblich, der Eintragungsantrag vom Verpfänder gestellt wird, kann dieser bis zur Eintragung den Antrag jederzeit zurücknehmen und damit die formellen Voraussetzungen für die Eintragung beseitigen. Der Gläubiger kann daher den Kredit erst dann mit Ruhe geben, wenn er zumindestens die Eintragungsbewilligung des Verpfänders in Verbindung mit seinem (des Gläubigers) Eintragungsantrag der Buchungsstelle eingereicht hat[1].

594 Ist über das zu verpfändende Recht ein **Brief** gebildet worden, so läßt sich die Eintragung dadurch ersetzen, daß der Verpfänder dem Pfandgläubiger eine schriftliche Verpfändungserklärung erteilt und ihm die Verfügungsgewalt über den Brief verschafft. Dies hat in gleicher Weise vor sich zu gehen, wie es im Verhältnis zwischen Gläubiger und Grundstückseigentümer für die Begründung der Briefhypothek vorgesehen ist (vgl. Rdn. 780). Ausgeschlossen ist jedoch entsprechend dem schon bei der Verpfändung beweglicher Sachen erörterten Faustpfandprinzip die Verschaffung des Briefbesitzes durch Besitzkonstitut. Eine Abtretung des Herausgabeanspruches genügt nur, wenn dadurch mittelbarer Besitz auf den Pfandgläubiger übertragen wird (s. Rdn. 286). Zur Nachverpfändung eines Grundstücks bei der Verpfändung einer Eigentümerbriefgrundschuld s. Rdn. 738.

Überhaupt gilt für die Erlangung des Briefbesitzes alles entsprechend, was über die Verpfändung beweglicher Sachen ausgeführt ist. Folgerichtig bewirkt auch hier der bloße äußere Vorgang der — wenn auch nur vorübergehenden — Rückgabe des Briefes an den Verpfänder kraft Gesetzes das Erlöschen des Pfandrechtes (§ 1278 BGB).

595 Bei der Übertragung des mittelbaren Briefbesitzes auf den Pfandgläubiger ist es unbedingt notwendig, dem (unmittelbaren) Drittbesitzer die Verpfändung anzuzeigen[2]. Es darf außerdem die Benachrichtigung des Grundbuchamtes nicht übersehen werden, wenn der Pfandgläubiger **ermächtigt** wird, sich den Brief unmittelbar vom **Grundbuchamt** aushändigen zu lassen.

Die Voraussetzungen für ein wirksames Pfandrecht an einer Briefhypothek oder Grundschuld können als erfüllt gelten, wenn die in den AGB und AGSp enthaltene Pfandklausel vom Bankkunden schriftlich anerkannt ist und der Kunde später der Bank den Brief übergibt. Indessen ist schon wegen des Mangels der Beglaubigung der Unterschrift des Verpfänders eine besondere Verpfändungserklärung vorzuziehen[3].

c) bei Forderungen

596 Zur wirksamen Verpfändung von **Forderungen**, zu deren Übertragung die schlichte Einigung genügt (Rdn. 675), bedarf es der **Anzeige** der Verpfändung an den Dritt-

---

[1] S. wegen der Kosten Rdn. 174.
[2] RG 85, 436.
[3] Wegen der Umdeutung einer aus Formgründen nichtigen Verpfändung eines Briefgrundpfandrechtes in ein Zurückbehaltungsrecht am Brief s. RG 66, 24 und wegen der wirtschaftlichen Gleichstellung des Pfandrechtes an einem Grundpfandrecht mit dem Grundpfandrecht selbst auf dem Gebiete des Lastenausgleichs s. BVG WM 62, 121.

schuldner (§ 1280 BGB)[1]. Die Anzeige muß vom Verpfänder ausgehen. Das schließt nicht aus, daß der Verpfänder den Pfandgläubiger ermächtigt, in seinem Namen die Anzeige zu bewirken. Sie kann, wenn ein Kunde sein Bankguthaben einem Dritten verpfändet, darin erblickt werden, daß der Verpfänder die Bank anweist, das Guthaben zwecks Verpfändung für den Begünstigten zu „sperren". Hieraus ergibt sich für die Bank die Notwendigkeit, sich dem Kunden und dem Pfandgläubiger gegenüber ihr eigenes Pfandrecht, ihre Aufrechnungsbefugnis und etwaige Zurückbehaltungsrechte ausdrücklich vorzubehalten, da in der vorbehaltlosen Vormerkung der Sperre unter Umständen ein Verzicht auf diese Rechte oder ein schuldrechtlicher Rangrücktritt mit ihrem Pfandrecht zu erblicken ist. (Vgl. Rdn. 569).

Eine anderweitige Kenntnisnahme des Drittschuldners von der Verpfändung genügt nicht. Das gilt auch bei der Verpfändung von Ansprüchen aus Rektapapieren, zumal von Forderungen aus Sparbüchern, ferner bei der Verpfändung von policenmäßig erfaßten Versicherungsansprüchen und auch dann, wenn die Forderungen kraft der Pfandklausel der AGB verpfändet und nicht, wie kraft der AGSp, sicherungshalber abgetreten werden. Wenn daher ein nicht zu den Traditionspapieren gehörendes Güterpapier oder eine der in Rdn. 507 genannten Urkunden in den Besitz der Bank gelangt und damit nach Lage der Sache der darin verbriefte Anspruch als der Bank verpfändet zu erachten ist, kommt das Pfandrecht erst mit der Anzeige an den Drittschuldner zur Entstehung.

Die Anzeige an den Drittschuldner ist entbehrlich bei den Forderungen, zu deren Übertragung mehr als bloße Einigung erforderlich ist z. B. bei den zu Rdn. 587—593 erwähnten Rechten und bei allen Rechten, die keine Forderungen sind, insbesondere beim Anwartschaftsrecht auf Erwerb eines Gegenstandes, bei Erbanteilen und Mitgliedschaftsrechten (§ 1258 III BGB)[2].

Es empfielt sich aber auch in diesen Fällen eine Anzeige, da etwa die nicht benachrichtigte Gesellschaft nach wie vor Vermögensbezüge mit befreiender Wirkung an den Verpfänder ausschütten darf. Die Verpfändung des Auseinandersetzungsguthabens ohne gleichzeitige Verpfändung des Gesellschaftsanteils erfordert aber die Anzeige an die Gesellschaft. Beim Pfandrecht an eigener Schuld (Rdn. 575) bedarf es keiner Anzeige[3]. Die Verpfändung (und Sicherungsübertragung) des **Auseinandersetzungsguthabens** wirft u. a. die Frage auf, ob das Recht des Sicherungsnehmers durch eine spätere Verpfändung oder Sicherungsübertragung des „Geschäftsanteils" erlischt.

Bei dem Anspruch auf das **Auseinandersetzungsguthaben** handelt es sich um einen künftigen Anspruch, der erst mit dem Ausscheiden des Gesellschafters entsteht. Die Vorausabtretung wird aber hinfällig, wenn der Gesellschafter seinen **Geschäftsanteil** an einen Dritten überträgt, bevor der Anspruch auf das Auseinandersetzungsguthaben

597

---

[1] RG 89, 289.
[2] RG 84, 398.
[3] RG 116, 207; BGH WM 56, 217.

entstanden ist. Der Dritte erwirbt dann nämlich als nunmehriger Inhaber des Geschäftsanteils den Anspruch[1]. Gleiches gilt, wenn Gläubiger des Gesellschafters dessen Geschäftsanteil nach § 857 ZPO pfänden und auf gerichtliche Anordnung hin entweder versteigern oder freihändig verkaufen lassen[2]. Der Zessionar des Abfindungsanspruchs hat also keine gesicherte Rechtsposition, weil der Gesellschafter sie ihm jederzeit entziehen kann, indem er den Geschäftsanteil an einen Dritten abtritt[3].

Im bankgeschäftlichen Kreditverkehr hat die Notwendigkeit der Anzeige dazu geführt, daß die Sicherungsabtretung einer Verpfändung vorgezogen wird, weil der Kreditnehmer die Anzeige in der Regel als kreditschädigend empfindet. Daher gibt es auch keine „Global-Verpfändung". Aus diesem Grunde werden vom AGB-Pfandrecht nach der Neugestaltung über Nr. 14 Abs. 1 S. 2 nur noch Ansprüche des Kunden gegen die Bank aus der bankmäßigen Geschäftsverbindung erfaßt. Hier bedarf es keiner Verpfändungsanzeige, da ein Pfandrecht an eigener Schuld vorliegt. Die generelle Formulierung aus Nr. 19 Abs. 2 AGB-Banken — alt —, wonach dem AGB-Pfandrecht alle Rechte „die in den Besitz oder die Verfügungsgewalt ... der Bank gelangen" unterfallen, wurde mangels praktischer Bedeutung fallengelassen.

Die besondere Aufmerksamkeit des Sicherungsnehmers erfordert die Rechtslage beim gutgläubigen Erwerb: **597a**

Bei Rechten, welche dem Verpfänder nicht zustehen, entsteht das Pfandrecht nur dann, wenn der wirkliche Inhaber des verpfändeten Rechts der Verpfändung zustimmt, oder wenn der Pfandgläubiger in Ansehung der fremden Berechtigung gutgläubig ist, und es sich um die Verpfändung von Inhaber- oder Orderpapieren oder von gebuchten Rechten handelt[4]

Bei der Verpfändung von **depotrechtlich geschützten Wertpapieren** (Rdn. 668) seitens eines Kaufmanns, zumal eines Bankiers, dem die Papiere im Betrieb seines Handelsgewerbes als offenes Depot zur Verwahrung oder als Pfand anvertraut sind, hat das Gesetz (§ 12 DepG) die Befugnis zur Verpfändung von erschwerten Voraussetzungen abhängig gemacht, vor allem Schriftlichkeit und Ausdrücklichkeit der Zustimmung des Hinterlegers vorgeschrieben, sofern dieser nicht selbst ein Bankgewerbe betreibt (§§ 16, 17 DepG). Grundsätzlich ist die Verpfändung nur zugunsten eines anderen depotrechtlichen Verwahrers und nur im Rahmen der Aufnahme eines Refinanzierungskredits (Rückkredites) zulässig. Die Ermächtigung muß daher ergeben, in welchem Ausmaß dem Zwischenverpfänder die Verpfändung gestattet sein soll, wobei je nach dem zu sichernden Forderungskreis zwischen der üblichen, der beschränkten und der unbeschränkten Verpfändung unterschieden wird. Die Ermächtigung schließt die

---

[1] BGH ZIP 83, 1326.
[2] BGH ZIP 88, 1546.
[3] Vgl. kritisch dazu Marotzke, ZIP 88, 1509 ff.
[4] Wegen der Rechtslage in dem Fall, daß das Sicherungsmittel zugunsten eines Dritten vorbelastet ist, s. Rdn. 286, 318.

Befugnis zu allen drei Arten der Verpfändung ein; dagegen reicht die allgemeine Ermächtigung zur Verfügung über die Wertpapiere nicht aus. Eine Verpfändung ohne die Ermächtigung in der vorgeschriebenen Form ist strafbar (§ 34 DepG).

Eine nicht angezeigte Verpfändung kann nur ausnahmsweise in eine Sicherungsabtretung **umgedeutet** werden[1]. Möglich ist es jedoch, eine unwirksame Verpfändung dahingehend auszulegen, daß der Verpfänder verpflichtet ist, die Verwertung des Sicherungsmittels durch seine Vertragspartner zu dulden[2]. Möglicherweise kann auch das Bestehen eines Zurückbehaltungsrechts angenommen werden[3].

V. Gesicherte Forderung

1. Zweckbestimmung

Die Abgrenzung der gesicherten Forderung gegenüber anderen, nicht pfandmäßig gesicherten Ansprüchen des Gläubigers ist Sache der Vereinbarung (Rdn. 164). Kraft Gesetzes haftet das gepfändete Recht auch ohne besondere Abrede für gewisse Nebenleistungen, so für die Kosten der Kündigung und Rechtsverfolgung (auch der gesicherten Forderung) sowie für die Kosten der Pfandverwertung (§§ 1210, 1273 BGB). Andererseits läßt sich die Pfandhaftung vertraglich limitieren (Rdn. 180—183). Identität zwischen dem Schuldner der gesicherten Forderung und dem Verpfänder ist nicht erforderlich (Rdn. 172). Einem und demselben Pfandrecht können zwar mehrere Forderungen desselben Gläubigers gegen denselben oder verschiedene Schuldner unterstellt werden (Rdn. 185), aber wegen seiner strengen Akzessorietät (Rdn. 17) nicht die Forderungen mehrerer Gläubiger gegen denselben oder verschiedene Schuldner (Rdn. 185). Zum Umfang vgl. Rdn. 6, 164. 598

2. Rechtlicher Bestand der Hauptforderung

Nach allgemeinen Regeln ist der rechtliche Bestand der gesicherten Forderung von schicksalhafter Bedeutung insofern, als

— das Pfandrecht überhaupt nicht vorhanden ist, wenn und soweit die gesicherte Forderung nicht zur Entstehung gelangt ist, mag auch das Gesetz das Pfandrecht für künftige Forderungen aus Zweckmäßigkeitsgründen schon als solches bezeichnen und behandeln (s. Rdn. 195).

— die Ermäßigung oder der Wegfall der gesicherten Forderung zu einer entsprechenden Ermäßigung oder zum Wegfall des Pfandrechts führt (Rdn. 196) mit der Folge, daß beim Erlöschen des Pfandrechts der Pfandgläubiger zur Rückgabe etwaiger ihm übergebener Urkunden verpflichtet ist (analog § 1223 I BGB).

---

[1] RG 79, 174.
[2] RG 51, 83.
[3] KG JW 19, 174.

Das sich aus der entsprechenden Anwendung des § 1223 II BGB (Rdn. 473) ergebende Befriedigungsrecht des Verpfänders ist ausübbar mit der Maßgabe, daß hier die Aufhebung des Pfandrechts verlangt werden kann.

599 Der **Übergang der gesicherten Schuld** auf einen neuen Schuldner wie auch der Übergang der gesicherten Forderung auf einen anderen Gläubiger berührt das Pfandrecht nicht, wenn es sich jeweils um eine Gesamtnachfolge handelt[1]. Der Übergang der gesicherten Forderung auf einen anderen Gläubiger durch Abtretungsvertrag läßt ohne weiteres das Pfandrecht ebenfalls auf den neuen Gläubiger übergehen (Rdn. 227). Dies auch dann, wenn es sich um das Pfandrecht an einem grundbuchlich eingetragenen Recht handelt, weil sich hier der Übergang des Pfandrechts außerhalb des Grundbuchs vollzieht und der Eintragung nicht bedarf. Wird der Übergang des Pfandrechts ausgeschlossen, so erlischt es.

VI. Beiderseitige Rechte und Pflichten

1. des Pfandnehmers

600 Vor Eintritt der Pfandreife ist dem Pfandgläubiger jeder Zugriff auf das verpfändete Recht verwehrt; verfügt er vorher darüber, macht er sich nicht nur schadensersatzpflichtig, sondern unter Umständen auch strafbar (§§ 246 StGB, 38 DepG), doch darf er die in Inhaber- und Orderpapieren verbriefte Forderung schon vor der Pfandreife selbständig und allein einziehen (§ 1294 BGB) (Rdn. 610). Er ist dann jedoch verpflichtet, den Erlös mündelsicher anzulegen (Rdn. 237).

601 Die **Nutzungen** des verpfändeten Rechts stehen dem Pfandgläubiger nur zu, wenn dies vereinbart ist. Dies gilt selbst dann, wenn das Recht von Natur aus fruchttragend ist (Rdn. 85). Dieser Grundsatz findet auch für den auf einen verpfändeten GmbH-Anteil entfallenden Gewinn Anwendung. Ist ein Nutzungspfandrecht bestellt worden, so hat der Pfandgläubiger Anspruch auf die Zinsen, als ob ihm diese abgetreten worden wären.

Bei der Verpfändung von Rechten, die in Urkunden verbrieft sind, ist der Pfandgläubiger verpflichtet, das Papier zu verwahren. Bei Wertpapieren hat er darüber hinaus einer **Wertminderung** durch Kursrückgang **vorzubeugen**, indem er dem Verpfänder entsprechende Anzeige macht und ihm so die Möglichkeit anderweitiger Sicherheitsleistung gibt. U. U. muß er sogar selbst mitwirken, um das notleidende Wertpapier durch ein anderes zu ersetzen (§§ 1218, 1273 BGB)[2].

602 Besonders schwerwiegend sind die Verpflichtungen des Pfandgläubigers bei der **Verpfändung von depotrechtlich geschützten Wertpapieren,** die ihm unverschlossen als

---

[1] S. Rdn. 223. Wegen des Überganges der gesicherten Schuld auf einen neuen Schuldner durch vertragliche Schuldübernahme wird auf die Ausführungen zu Rdn. 224, 225 verwiesen.
[2] RG 101, 49.

Pfand anvertraut werden. Hier hat er die Pflichten eines depotrechtlichen Verwahrers (§ 17 DepG).

§ 17 DepG lautet:

„Werden einem Kaufmann im Betrieb seines Handelsgewerbes Wertpapiere unverschlossen als Pfand anvertraut, so hat der Pfandgläubiger deie Pflichten und Befugnisse eines Verwahrers."

Er muß daher vor allem die Wertpapiere in der Verwahrungsart halten, die der Pfandbestellung entspricht, also effektive Stücke in Sonderverwahrung, Sammeldepotanteile in Sammelverwahrung, falls nicht in der depotrechtlich vorgeschriebenen Form ausdrücklich schriftlich etwas anderes, z. B. Tauschverwahrung, vereinbart ist (§§ 2, 5, 10 DepG); auch muß er die Papiere im Verwahrungsbuch (§ 14 DepG) eintragen.

Zu **Aufwendungen** irgendwelcher Art ist der Pfandgläubiger dagegen mangels besonderer Abrede nicht verpflichtet. Er braucht deshalb weder die Gebühren für ein verpfändetes Patent zu entrichten, noch etwaige Versicherungsprämien zu zahlen. Er darf dies vielmehr dem hierzu verpflichteten Verpfänder überlassen.

2. des Pfandgebers

Eine Schädigung des Pfandgläubigers durch den Verpfänder ist gesetzlich unterbunden, insofern **die Aufhebung oder eine das Pfandrecht beeinträchtigende Änderung des verpfändeten Rechts, auch die Aufgabe von Sicherheiten, die für dieses Recht bestehen, an die Zustimmung des Pfandgläubigers geknüpft ist** (§§ 876, 1276 BGB). Die Anwendbarkeit dieser Vorschrift bei der Verwendung von Gesellschaftsanteilen, wenn es sich um die Rechte des Pfandgläubigers schmälernde Änderung der Gesellschaftsverhältnisse geht, bedarf jeweils sorgfältiger Prüfung[1]. Bei der Verpfändung von Anteilen an Personengesellschaften ist, obwohl das Stimmrecht beim Verpfänder verbleibt, jedenfalls für Gesellschafterbeschlüsse, die das Auseinandersetzungsguthaben, oder die Gewinnquote des Verpfänders und damit das Pfandrecht mindern, die Zustimmung des Pfandgläubigers erforderlich, es sei denn, es handele sich um Mehrheitsbeschlüsse, deren Wirksamkeit nicht von der Zustimmung des Verpfänders abhängt.

Entsprechendes gilt für das Pfandrecht an einem **Erbteil**. Deshalb kann der verpfändende Miterbe, obwohl die einzelnen Nachlaßgegenstände nicht dem Pfandrecht unterliegen, ohne Zustimmung des Pfandgläubigers weder in Gemeinschaft mit den anderen Miterben frei über ein zum Nachlaß gehörendes Grundstück verfügen, noch über sonstige Nachlaßbestandteile, falls die Verfügung den verpfändeten Erbteil in seinem Bestand oder Wert beeinträchtigt[2]. Dieses gilt selbst dann, wenn die Verfügung zum Zwecke der Auseinandersetzung des Nachlasses erfolgt. Gehören Grundstücke zum

---

[1] Wegen der Anteile an Kapitalgesellschaften s. Rdn. 570, 571.
[2] BGH WM 68, 1645.

Nachlaß, kann der Pfandgläubiger sich gegen eine unrechtmäßige Verfügung der Erbengemeinschaft durch eine Grundbucheintragung abschirmen (Rdn. 311).

3. Rechte des Drittschuldners

605 Besonders geregelt sind die beiderseitigen Rechte und Pflichten bei der Verpfändung einer — sei es auf einem Wertpapier verkörperten oder hypothekarisch gesicherten — Forderung, **Grund- oder Rentenschuld**, also eines Rechts, daß auf eine Leistung geht (§§ 1279, 1291 BGB). Dem Drittschuldner darf die Verpfändung nicht nachteilig sein, ihm verbleiben[1] deshalb seine zur Zeit der Verpfändung begründeten Einwendungen. Auch sein guter Glaube an das Gläubigerrecht des Verpfänders wird geschützt (Rdn. 704 f.).

Er darf aber auch keine Vorteile aus der Tatsache der Verpfändung ziehen. Daher war es geboten, eine Regelung zu treffen, welche die Erfüllung der Verpflichtungen des Drittschuldners auch vor Eintritt der Pfandreife gewährleistet. Grundsätzlich sind Pfandgläubiger und Verpfänder zwecks Erreichung dieses Zieles zu gemeinschaftlichem Zusammenwirken verpflichtet. **Der Drittschuldner kann nur an beide gemeinschaftlich leisten.** Jeder von beiden kann verlangen, daß an sie gemeinschaftlich geleistet oder die geschuldete Sache für beide hinterlegt werde (Rdn. 235). Zur Kündigung bedarf der Verpfänder im allgemeinen der Zustimmung des Pfandgläubigers nicht. Die Einziehung der Forderung dagegen hat wieder gemeinschaftlich zu erfolgen (§§ 1281, 1283, 1285, 1286 BGB)[2].

In allen Fällen sind den Parteien **abweichende Vereinbarungen** gestattet (§ 1284 BGB). Bei verpfändeten Inhaber- und Orderpapieren ist schon kraft Gesetzes der Pfandgläubiger alleine und — vorbehaltlich der Einwendungen des Drittschuldners — ohne Rücksicht auf die Höhe der gesicherten Forderung zur Geltendmachung der im Papier verbrieften Forderung berechtigt und verpflichtet (§§ 1294, 1285 Abs. 2 BGB). Entsprechendes gilt für mitverpfändete Zinsen (§ 1289 BGB). Nach den AGB und AGSp darf die Bank schon vor Fälligkeit ihrer Forderung die ihr als Pfand haftenden Forderungen Grund- und Rentenschulden kündigen und einziehen, wenn dies zur Erhaltung der Sicherheit notwendig erscheint, auch verpfändete Zins- und Gewinnanteilscheine verwerten, während sonst (§ 1296 BGB) der Verpfänder deren Herausgabe verlangen kann.

606 Die **Einziehung** des verpfändeten Anspruchs **führt zu einem Pfandrecht des Pfandgläubigers an dem vom Drittschuldner geleisteten Gegenstandes**, ohne daß es eines nochmaligen Verpfändungsvertrages bedarf. So auch bei einem eingezogenen Geldbetrag; wird aber entsprechend der gesetzlichen Regelung (§ 1288 BGB) mündelsicher angelegt, so muß der Anspruch gegen die Hinterlegungsstelle durch besondere Abreden neu verpfändet werden. Dies gilt auch für den Erlös eines verpfändeten

---

[1] S. hierzu Rdn. 663–665.
[2] Vgl. hier BayOLG NJW 68, 705.

Grundpfandrechts, der vor der Pfandreife im Zuge einer von dritter Seite betriebenen Zwangsversteigerung des belasteten Grundstücks angefallen ist.

VII. Verwertung

1. Allgemeines

Das Pfandrecht gehört zu den **mittelbar verwertbaren Sicherheiten** (Rdn. 25). Daher wird es aufgegeben durch einseitige Verzichtserklärung des Pfandgläubigers (Rdn. 232, 233). Im Bankverkehr liegt die vorbehaltlose Umschreibung eines dem AGB-Pfandrecht unterliegenden Guthabens oder Depots auf einen anderen Bankkunden als Kontoinhaber den Schluß auf einen Pfandverzicht nahe. Wie bereits oben erwähnt (Rdn. 587) erlischt das Pfandrecht, wenn zu seiner Entstehung die Übergabe einer Urkunde an den Pfandgläubiger erforderlich ist, allein schon durch die bloße Rückgabe der Urkunde an den Verpfänder. Die Verwertung des Pfandrechts setzt die Fälligkeit der pfandgesicherten Forderung, die Pfandreife, voraus. Es ist jedoch möglich, daß bereits vor Pfandreife die durch das Pfandrecht gesicherte Forderung geltend gemacht wird (Rdn. 235, 239)[1].

607

Der Realisierung des Pfandrechtes kann der Verpfänder oder jeder andere, der durch die Realisierung ein Recht an dem verpfändeten Recht verlieren würde, durch **Befriedigung des Pfandgläubigers** vorbeugen. Dieses hat zur Folge, daß die gesicherte Forderung mit allen Sicherheiten auf ihn übergeht unter gleichzeitigem Erlöschen des Pfandrechts[2].

Die **Ablösung des Pfandrechts** ist zu unterscheiden von der **Ablösung des Rechts** für das als Sicherungsmittel dienende Recht, etwa eines verpfändeten Grundpfandrechts. Dessen Ablösung führt nicht zum Übergang der gesicherten Forderung auf den Ablösenden, sondern hat die Wirkung einer Befriedigung des Gläubigers aus dem Pfandobjekt. Daher bedeutet auch bei einem Nachpfandrecht (Rdn. 286) die Ablösung des zugunsten der verpfändeten Forderung bestehenden Pfandrechts nicht eine Ablösung des Nachpfandrechts selbst. Die durch das Nachpfandrecht gesicherte Forderung geht infolgedessen nicht auf den Ablösenden über.

Hat also A dem B zur Sicherung einer Forderung des B gegen C eine Forderung gegen D verpfändet, die ihrerseits durch eine Hypothek an dem Grundstück des E gesichert ist, und löst demnächst E die Hypothek ab, so geht auf ihn zwar die Forderung des A gegen D über, die Forderung des B gegen C aber auf A.

Für das Realisierungsverfahren selbst kommen folgende Möglichkeiten in Betracht:

---
[1] Bei der Verpfändung von Inhaberpapieren ergibt sich eine dem Verpfänder nicht zugute kommende Einrede des persönlichen Schuldners, also eine Einrede, die nur gegenüber der gesicherten Forderung besteht, aus der Vorschrift des § 777 ZPO.
[2] Wegen der Einzelheiten solcher Ablösungen vgl. Rdn. 241—244.

2. Zwangsvollstreckung

608 Der Pfandgläubiger betreibt die Verwertung in den Formen der **Zwangsvollstreckung** aufgrund eines auf Duldung der Zwangsvollstreckung in das verpfändete Recht lautenden Titels (s. Rdn. 248). Das ist bei der Verpfändung jeden Rechtes, auch bei der Verpfändung einer Forderung, zulässig (§§ 1277 S. 1, 1282 Abs. 2 BGB). Die Zwangsvollstreckung wird nach den Regeln der ZPO (§§ 829 ff. ZPO) durchgeführt (s. Rdn. 263), wobei das Amtsgericht als Vollstreckungsgericht das ohnehin haftende Recht nochmals durch den Pfändungsbeschluß mit Beschlag belegt[1]. Bei verpfändeten Geldforderungen erläßt das Vollstreckungsgericht einen Überweisungsbeschluß, bei anderen Rechten werden der Sachlage entsprechende Maßnahmen getroffen, insbesondere die Veräußerung des Rechts angeordnet.

Bei solcher Veräußerung erscheint der Pfandgläubiger als Veräußerer kraft eigenen Rechts; im Falle der Versteigerung ersetzt der Zuschlag die Abtretungserklärung. Rechte, die in Inhaber- oder Orderpapieren verkörpert sind, werden durch den Gerichtsvollzieher versteigert oder, wenn es sich um börsen- oder marktgängige Papiere handelt, freihändig verkauft.

Die Verwertung von Gesellschaftsrechten an OHG und KG erfolgt nach den für die Zwangsvollstreckung geltenden Vorschriften (§ 1277 S. 1 BGB). Der Gläubiger benötigt demzufolge einen Duldungstitel, der am besten schon bei Einräumung der Sicherheit in Form einer notariellen Unterwerfungsurkunde (§ 794 Abs. 2 ZPO) gegeben wird. Es können allerdings andere Vereinbarungen über die Verwertung getroffen werden (vgl. dazu AGB-Regelung). Zu beachten ist, daß — wenn der Gesellschaftsvertrag nicht die Übertragbarkeit vorsieht — die Zustimmung der Mitgesellschafter eingeholt werden muß. Auf die besonderen Vollstreckungsvoraussetzungen im Verfahren nach § 135 (§ 161 Abs. 2) HGB sollte verzichtet werden.

3. Privatverkauf

609 Soll von einer Zwangsvollstreckung in das verpfändete Recht abgesehen werden, so kann der Pfandgläubiger das Pfandrecht durch **Privatkauf** realisieren. Dazu bedarf es allerdings, falls es sich nicht um verpfändete Inhaberpapiere handelt, die stets wie bewegliche Sachen behandelt werden, der **Zustimmung des Verpfänders**. Auch bei der Verpfändung von Forderungen ist eine Vereinbarung des Privatverkaufs zwischen den Parteien statthaft (§§ 1277, 1284 BGB).

Damit ein derartiger Verkauf rechtmäßig ist, muß der Verkauf durch öffentliche Versteigerung und nach öffentlicher Bekanntmachung von Ort und Zeit der Versteigerung bewirkt werden. Der gute Glaube des Erstehers an das Vorliegen dieser Voraussetzungen wird auch hier geschützt. Für die Versteigerung ist u. a. auch der Gerichtsvollzieher zuständig; der Zuschlag ersetzt die Abtretungserklärung des Pfandgläubigers, der

---

[1] RGZ 103, 139.

dabei als Veräußerer (Zedent) kraft eigenen Rechts erscheint. Dem Pfandgläubiger steht die Befugnis zu, selbst mitzubieten.

Ein **Verkauf aus freier Hand** ist nur erlaubt, wenn er zwischen Pfandgläubiger und Verpfänder nach der Pfandreife vereinbart worden ist oder wenn es sich um verpfändete Inhaber- und Orderpapiere handelt, mögen letztere auch nur mit einem Pfandindossament versehen sein. Bei einem derartigen freihändigen Verkauf sind jedoch die bereits bei der Pfandverwertung von beweglichen Sachen erwähnten Ordnungsvorschriften zu beachten. Insbesondere muß ein Verkauf unter Einhaltung der gesetzlichen Wartefrist vorher angedroht werden (§§ 1293, 1295, 1221 BGB).

Der Verkauf aus freier Hand, soweit er nach dem Gesagten zulässig ist, erfolgt bei verpfändeten Orderpapieren im Wege der Indossierung an den Käufer. Eine solche „Diskontierung" von verpfändeten Wechseln ist unbeschränkt nur dem durch ein verdecktes Pfandindossament legitimierten Sicherungsnehmer möglich. Ein offenes Pfandindossament befähigt den Pfandgläubiger nur zur Vollmacht weiter zu indossieren, also nur das Pfandrecht, nicht das Eigentum am Wechsel zu übertragen. Auch beim verdeckten Pfandindossament erhält der „Erwerber" des Sicherungsnehmers lediglich ein Pfandrecht am Wechsel, wenn er weiß, daß sein „Veräußerer" nur Pfandgläubiger ist.

Ein Pfandverkauf **vinkulierter Mitgliedschaftsrechte** bedarf einer besonderen Genehmigung durch die Gesellschaft. Der Pfandverkauf ist nicht etwa durch eine erfolgte Genehmigung der Verpfändung der vinkulierten Mitgliedschaftsrechte gedeckt. Ist eine derartige besondere Genehmigung nicht zu erlangen, kann und muß der Pfandgläubiger den Weg der Zwangsvollstreckung beschreiten, denn der Zwangsverkauf ist durch den Mangel der vorgeschriebenen Genehmigung nicht gehindert.

Beim Verkauf durch einen **Nachpfandgläubiger** setzt sich das Pfandrecht der vorrangigen Gläubiger am Erlös fort.

Die gesetzliche Regelung sieht vor, daß zwar primärer **Verwertungsort** der Aufbewahrungsort ist, daß jedoch, falls keine angemessene Verwertung zu erwarten ist, die Verwertung an einem anderen Ort durchzuführen ist (§ 1236 S. 2 BGB). Die Entscheidung über den „anderen Ort" hat der Pfandgläubiger nach Maßgabe von § 242 BGB zu treffen[1]. In den AGB-Banken ist in Nr. 17 aufgenommen, daß sie bei der Verwertung der Sicherheit auf die berechtigten Belange des Kunden und eines dritten Sicherungsgebers Rücksicht nimmt, also das Verbot des Rechtsmißbrauchs beachtet[2]. Früher in den AGB enthaltene Regelungen über z. B. Zeit (Frist) und Ort der Verwertung werden in der Praxis heute in die Verpfändungsformulare aufgenommen.

---

[1] Kümpel, WM 78, 974.
[2] Gößmann/Wagner-Widuwilt/Weber, AGB-Banken, 1993, Rdn. 1/496.

4. Einziehung

610 Ist Sicherungsmittel eine — sei es auch in einem Wertpapier verkörperte oder hypothekarisch gesicherte — Forderung, eine **Grundschuld oder Rentenschuld**, so kann der Pfandgläubiger bei Fälligkeit sein Pfandrecht auch dadurch verwerten, daß er das verpfändete Recht einzieht. Dieses geschieht in der Weise, daß er den Anspruchsgegner auf Leistung belangt[1]. Bei einem Pfandrecht an eigener Geldschuld (s. Rdn. 575) vollzieht sich dies in der Regel durch einfache Aneignung des Geldbetrages. Der Verpfänder ist von dem Einziehungsergebnis umgehend zu benachrichtigen.

Bei der Einziehung eines Pfandrechtes an eigener Schuld, der Namensschuldverschreibung zu Grunde liegen, ist die einfache Aneignung nicht ausreichend. Die Einziehung soll unter den Voraussetzungen erfolgen, unter denen die Einziehung einer fremden Schuld vorgenommen wird. Die Pfandgläubigerin wird daher die Fälligkeit der Forderung herbeiführen müssen. Ist die vorzeitige ordentliche Kündigung der Forderung vertraglich ausgeschlossen, so wäre ein Aufhebungsvertrag über die Regelung notwendig. Die Berechtigung des Pfandgläubigers, einen solchen Vertrag mit sich selbst zu schließen, kann nicht aus § 1283 III BGB hergeleitet werden, da hier lediglich ein Kündigungsrecht normiert ist, nicht jedoch die Berechtigung, die Kündigungsvoraussetzungen auch auszugestalten. Zudem wird die Pfandgläubigerin zu berücksichtigen haben, ob der Schuldner wirksam eine separate Verpfändung der Zinsansprüche vorgenommen hat, die durch § 1289 BGB nicht ausgeschlossen wird[2].

Soweit der Pfandgläubiger berechtigt ist, die Forderung ohne Mitwirkung des Gläubigers einzuziehen, **ist er sogar zur ordnungsgemäßen Einziehung verpflichtet**, sofern ihm der Verpfänder die Kosten vorstreckt (§ 1285 II BGB). Zum Zwecke der Einziehung kann der Pfandgläubiger eine etwa erforderliche Kündigung aussprechen (§ 1283 BGB). Ist eine Geldforderung oder ein Grundpfandrecht verpfändet, so beschränkt sich das Einziehungsrecht auf den Betrag der gesicherten Forderung (s. Rdn. 246). In dieser Höhe kann der Pfandgläubiger auch die Abtretung der Geldforderung an Zahlungs Statt verlangen (§§ 1282, 1283, 1291 BGB). Nachpfandgläubiger haben das Einziehungsrecht nur zugunsten des erstrangigen Pfandgläubigers (§ 1290 BGB).

Kraft seines **Einziehungsrechts** kann der Pfandgläubiger gegen den Drittschuldner **im Wege der Klage** vorgehen, auch etwaige für die Forderung bestehende Sicherheiten realisieren, dem Drittschuldner Quittung, auch eine löschungsfähige[3], erteilen, im Konkurse des Drittschuldners die Dividende bis zur vollen Tilgung der gesicherten Forderung beanspruchen und vereinnahmen usw. Hatte der Verpfänder bereits einen vollstreckbaren Titel gegen den Drittschuldner in Händen, so kann der Pfandgläubiger als Rechtsnachfolger des Verpfänders weiterhin die Erteilung der Vollstreckungsklausel auf seinen Namen beantragen. Er muß dann die Tatsache der Verpfändung, die Pfand-

---

[1] RG 97, 39.
[2] OLG Düsseldorf WM 1992, 1937 — WuB I F 2-1.93/Rimmelspacher.
[3] KG JW 35, 1641.

reife und die Fälligkeit des verpfändeten Rechts in der gesetzlich vorgeschriebenen Form nachweisen (§ 727 ZPO)[1].

Auch auf das **Nichtbestehen** der gesicherten Forderung **kann sich der Drittschuldner berufen**, weil mangels einer Forderung auch das Pfandrecht nicht existiert und somit der Pfandgläubiger zur Geltendmachung der verpfändeten Forderung nicht legitimiert ist. Auf der gleichen Erwägung beruht es, daß der Pfandindossatar eines Wechsels gegen Einwendungen aus der Person des Indossanten insoweit nicht geschützt ist, als die Wechselsumme den Betrag der gesicherten Forderung übersteigt[2]. Das Gleiche gilt, wenn die sonstigen pfandrechtlichen Grundlagen nicht vorhanden sind, z. B. die gesicherte Forderung überhaupt nicht besteht.

Die **Einziehung des verpfändeten Anspruches führt zu einem Pfandrecht des Pfandgläubigers an dem vom Drittschuldner geleisteten und dem bisherigen Inhaber des Anspruches zu Eigentum zufallenden Gegenstand**. Dieses Pfandrecht darf der Pfandgläubiger sofort nach allgemeinen Regeln entsprechend der Natur des geleisteten Gegenstandes realisieren. Dies gilt auch dann, wenn der verpfändete Anspruch auf Verschaffung des Eigentums an einen Gegenstand gerichtet ist, wie dies z. B. bei der Verpfändung eines Rückgewähranspruches (s. Rdn. 208, 210) der Fall ist.

Der Pfandgläubiger handelt hier bei Entgegennahme der Leistung, also bei der Einigung über den Eigentumsübergang, als Vertreter des bisherigen Gläubigers kraft gesetzlicher Ermächtigung. Wenn eine Bank kraft ihrer AGB ein Pfandrecht an dem gegen sie gerichteten Rückgewähranspruch ihres Kunden, also ein Pfandrecht an eigener Schuld, hat, vollzieht sich die Eigentumsübertragung durch „Insich-Geschäft". Dieses ist ihr gestattet, da sie damit die Rückgewährverpflichtung erfüllt (§ 181 BGB).

Wird eine Grundschuld an den Pfandgläubiger des vom Grundstückseigentümer verpfändeten Anspruchs auf Rückgewähr der Grundschuld abgetreten, so entsteht eine **Eigentümergrundschuld** und gleichzeitig das Pfandrecht des Gläubigers an dieser. Die Realisierung des Pfandrechts an einem Anspruch auf Übereignung eines Grundstücks oder am Anwartschaftsrecht auf Erwerb eines Grundstücks läßt kraft Gesetzes eine Sicherungshypothek des Pfandgläubigers an dem vom Verpfänder zu Eigentum erworbenen Grundstück entstehen (Surrogat-Hypothek)[3]. Die Eintragung der Hypothek ist ein Akt der Grundbuchberichtigung. Entsprechendes gilt für das Pfandrecht an einem Anspruch auf Übereignung eines registrierten Schiffs oder Luftfahrzeuges (§§ 1287 BGB, 98 LRG).

611

Nur **bei der Verpfändung von Geldforderungen bewirkt der Eingang des eigezogenen Geldbetrages sofort die Befriedigung des Pfandgläubigers**. Hier darf dieser aber die Forderung auch nur insoweit einziehen, als es zu seiner Befriedigung erforder-

612

---
[1] Wegen der Einwendungen des Drittschuldners gegenüber dem Pfandgläubiger s. OLG Stuttgart WM 71 R 88.
[2] A. M. KG JW 25, 1523.
[3] BGH WM 68, 198; Bay OLG NJW 68, 705.

lich ist, was nicht ausschließt, daß er sie im Konkursverfahren über das Vermögen des Drittschuldners in voller Höhe geltend macht (§§ 1282 Abs. I, 1288 Abs. II BGB). Bei der Einziehung von Forderungen in fremder Währung erfolgt die Verrechnung des eingegangenen Erlöses zum Kurse des Eingangstages[1].

613 Schwierigkeiten können sich ergeben bei der Einziehung einer **verpfändeten Schuldbuchforderung**. Denn da dem Staat gegenüber die Verpfändung erst mit der Eintragung in das Schuldbuch Wirksamkeit erlangt, der Eintragungsantrag aber nur vom Verpfänder gestellt werden kann, muß der Pfandgläubiger, wenn der Verpfänder in der Folge die Stellung des Antrages verweigert, den Weg der Zwangsvollstreckung beschreiten.

614 Schwierigkeiten kann auch die **Einziehung einer verpfändeten Eigentümergrundschuld bereiten**. In der Rechtsprechung[2] und Literatur[3] ist es nämlich streitig, ob dem Eigentümer, der in diesem Fall mit dem Verpfänder identisch ist, der Einwand des § 1197 Abs. 1 BGB zugute kommt. Nach dieser Vorschrift kann der Inhaber der Eigentümergrundschuld nicht die Zwangsvollstreckung zum Zwecke seiner Befriedigung betreiben. Es wird deshalb vertreten, daß der Pfandgläubiger die Eigentümergrundschuld nur in dem gleichen Umfang geltend machen könne, wie der Eigentümer selbst. Diese Schwierigkeiten können jedoch dadurch ausgeräumt werden, daß die Eigentümergrundschuld zunächst in eine Fremdgrundschuld umgewandelt wird. Dieses geschieht in der Weise, daß sich der Pfandgläubiger die Grundschuld an Zahlungs Statt abtreten läßt (§§ 1282, 1291 BGB), oder er erwirbt einen Titel gem. § 1277 BGB und läßt die Eigentümergrundschuld pfänden und sich an Zahlungs Statt überweisen[4].

Mag man auch mit gutem Grunde vorbringen können, daß schon durch die Bestellung des Pfandrechtes die Vereinigung von Grundschuldgläubiger und Eigentümer in einer Person aufgehoben und daher die Vorschrift des § 1197 BGB unanwendbar geworden sei, so wird der vorsichtige Sicherungsnehmer doch von der Verpfändung einer Eigentümergrundschuld absehen und ihre Sicherungszession vorziehen.

Bei der Verpfändung eines Erbanteils entspricht der Einziehung die Geltendmachung des Auseinandersetzungsanspruches (§§ 1273 Abs. 2, 1258 BGB)[5].

615 Der Pfandgläubiger erlangt kraft Gesetzes ein **Ersatzpfandrecht** an den bei der Auseinandersetzung dem Verpfänder zugeteilten Gegenständen[6].

616 Dem Pfandgläubiger des Anteiles an einer **Personengesellschaft** ist das Recht zur **Kündigung der Mitgliedschaft** grundsätzlich versagt. Er kann aber durch eine

---

[1] RG 109, 35.
[2] RG 60, 359; OLG Düsseldorf NJW 60, 1723 gegen: OLG Köln NJW 59, 2167; LG Hof, Rpfleger, 65, 369.
[3] Palandt/Bassenge, § 1197 Rdn. 5; BGHZ 103, 30; Stöber, Forderungspfändung, 10. Aufl. 1993, Rdn. 1913 ff.; Schönke-Baur, § 30 IV 2c.
[4] KG JW 38, 2494.
[5] RG 83, 27.
[6] BGH 52, 99; a. M. RG 84, 395.

Zwangsvollstreckung in den Anteil sich die Kündigungsbefugnis und damit die Möglichkeit der Einziehung des Auseinandersetzungsguthabens verschaffen (vgl. §§ 725 BGB, 135 HGB, 859 ZPO).

Zu weiteren Verfügungen als zur Einziehung des verpfändeten Anspruches (einschließlich der Geltendmachung etwaiger Nebenrechte) ist mangels besonderer Abrede der Pfandgläubiger nicht berechtigt (§ 1282 Abs. 2 BGB). Daher kann bei der Verpfändung eines **Lebensversicherungsanspruches** der Pfandgläubiger die Versicherung nicht kündigen, um sich den Rückkaufswert der Versicherung zu verschaffen. Er darf mit dem Drittschuldner auch keinen Vergleich, auch keinen konkursrechtlichen Zwangsvergleich, abschließen oder eine andere Leistung an Erfüllungs Statt annehmen. Die Befugnis, mit der verpfändeten Forderung gegen eine eigene Schuld aufzurechnen, wird man ihm jedoch nicht versagen können[1].

Das Pfandrecht erlischt mit Beendigung des Realisierungsverfahrens. Mit Beendigung des Pfandrechts geht auch die gesicherte Forderung in Höhe des Verwertungserlöses unter, soweit sie nicht kraft Gesetzes auf den mit dem Schuldner nicht identischen Verpfänder übergeht. Ist der Verpfänder seinerseits ausnahmsweise mit dem wahren Inhaber des verpfändeten Rechts nicht personengleich, so wird man annehmen müssen, daß die Forderung nicht auf ihn, sondern auf den Inhaber des Rechts übergeht, weil aus dessen Vermögen der Pfandgläubiger befriedigt worden ist (vgl. § 1288 II BGB). 617

Im Falle der Verwertung eines **verpfändeten Wechsels** im Wege der Diskontierung kann man den Untergang der gesicherten Forderung im Verhältnis zwischen Gläubiger und Schuldner erst als endgültig ansehen, wenn der Diskonteur seinerseits die Wechselsumme eingezogen hat. Das Erlöschen der Forderung ist hier auflösend bedingt durch die Regreßnahme des Diskonteurs gegen den Pfandgläubiger[2].

Wenn der **Verwertungserlös höher** ist als die gesicherte Forderung, was bei einer verpfändeten Geldforderung in der Regel ausgeschlossen sein dürfte (s. Rdn. 610), kann der Pfandgläubiger nur den auf ihn entfallenden Erlösteil vereinnahmen, während er den Rest des Geldes so zu behandeln hat, wie er das verpfändete Recht hätte behandeln müssen, falls die Verwertung nicht erfolgt wäre. Das Geld steht also im Eigentum des bisherigen Inhabers des verpfändeten Rechts und ist an ihn herauszugeben, soweit es nicht von etwaigen anderweitigen Pfandrechten, die an dem verpfändeten Recht bestanden haben, erfaßt wird (§§ 1247 S. 2, 1273 BGB).

Zu beachten ist, daß eine **Beteiligung i. S. von § 12 S. 1 KWG** gegeben sein kann, wenn die Bank bei der Verwahrung der Anteile diese zur Rettung der Kreditforderung selbst erwirbt (str.)[3].

---

[1] RG 58, 105.
[2] RG 35, 197.
[3] Saage, DB 78, 358 ff. — geht vom Vorliegen einer Beteiligung aus; a. A.: Reischhauer-Kleinhans, KWG, 1963 ff., § 12 Anm. 9 — geht allerdings davon aus, daß die Absicht besteht, die Anteile alsbald wieder zu veräußern; so auch: Rümker-Franke, Gesellschaftsanteile als Kreditsicherheit, 1979, S. 22.

VIII. Das AGB-Pfandrecht

618 Die AGB/Banken (Nr. 14) und die AGB/Sparkassen (Nr. 21) enthalten die Vereinbarung eines Pfandrechts (AGB-Pfandrecht), um gewährte und noch zu gewährende Kredite zu sichern. Aufgrund dieses Pfandrechts kann der Kunde schnell und ohne zusätzliche Sicherheitenbestellung Kredit erhalten bzw. sein Konto überziehen oder auch mittels ec-Vordrucken unter der Garantiehaftung der Bank gegenüber dem Schecknehmer Schecks begeben.

Die bei Vereinbarung der AGB vorweggenommene Einigung über die Begründung des AGB-Pfandrechts läßt das Pfandrecht entstehen, sobald die Bank Besitz an der Pfandsache erhält (§ 1209 BGB). Es kommt nicht auf den Zeitpunkt an, in dem die durch das Pfandrecht zu sichernde Forderung entsteht[1]. Damit hat die Bank gegenüber späteren Pfändungspfandrechten den Vorrang[2]; dies gilt auch für die Inanspruchnahme zugesagter Kredite nach der Pfändung (§ 1210 BGB), während Forderungen, deren Rechtsgrund erst nach der Pfändung begründet wird, nicht mehr vom AGB-Pfandrecht gedeckt sind (das Pfändungspfandrecht geht dann vor). Dies ergibt sich aus § 357 HGB, wonach neue Schuldposten nach einer Pfändung nicht mehr in das Kontokorrent gestellt werden können.

Unabhängig von der Existenz des Pfandrechts ist die Bank verpflichtet, dem Kunden seine Werte herauszugeben, wenn sie **kein Sicherungsinteresse** hat (Nr. 16 Abs. 2 S. 2 AGB/Banken)[3].

Die Bank kann **gutgläubig** das AGB-Pfandrecht erwerben. Für Wertpapiere neben den §§ 4, 30 DepotG, die Möglichkeit einer Opposition einzubeziehen (§ 367 HGB), die Bank handelt grob fahrlässig, wenn sie beim Erwerb von Wertpapieren diese nicht auf eine mögliche Opposition überprüft[4]. Im Einzelfall kann dem Dritten, dessen Eigentum durch das Pfandrecht der Bank belastet ist, ein Schadensersatzanspruch zustehen (§ 826 BGB)[5].

Das Pfandrecht der Bank besteht unabhängig von **anderen Sicherheiten**[6], da die Bank keinen (wirtschaftlichen) Anlaß hat, auf ihr AGB-Pfandrecht zu verzichten. Dies gilt auch für Kredite, die dem VerbrKrG unterliegen. Zwar hat der Kreditvertrag alle zu bestellenden Sicherheiten aufzuführen (§ 4 VerbrKrG), aber bereits bestehende Sicherheiten werden davon nicht erfaßt[7]. In der Praxis wird allerdings i. d. R. ein pauschaler Hinweis im Kreditvertrag aufgenommen, daß das AGB-Pfandrecht besteht[8].

---

[1] BGH WM 83, 213; WM 85, 78 = WuB I A Nr. 19 AGB — 85/Stützle.
[2] Palandt/Bassenge, § 1209 Rdn. 1.
[3] BGH WM 83, 926; Gößmann in BuB 1/383.
[4] LG Wiesbaden, WM 90, 1538 = WuB IV A § 935 BGB 1.90/Lwowski; Schlegelberger, § 367 HGB Rdn. 7.
[5] BGH WM 90, 1954 = WuB I C 3.-4.91/Gößmann.
[6] BGH WM 83, 926.
[7] So die Gesetzesbegründung; s. dazu Seibert, VerbraucherkreditG, 1991, § 4 Rdn. 15.
[8] Bruchner/Ott/Wagner-Wieduwilt, VerbrKrG, 2. Aufl. 1994, § 4 Rdn. 73.

Das AGB-Pfandrecht beschränkt sich auf den Besitzerwerb — unmittelbarer und mittelbarer, wo er für ein Pfandrecht ausreicht (§§ 1205, 1206 BGB) — durch **inländische Filialen** der Bank (Art. 11 Abs. 5 EGBGB). Wird ein Pfandrechtsgut nach Entstehen des AGB-Pfandrechts (im Inland) ins Ausland verbracht (ohne, daß die Bank — als eine juristische Person — den Besitz aufgibt), bleibt das Pfandrecht bestehen[1].

Das AGB-Pfandrecht entsteht nur an Sachen, die die Bank „in **bankmäßiger Weise**" erwirbt[2].

Der Wille des Pfandgebers muß sich nicht auf einen bestimmten Gegenstand konkretisieren; der Besitzerwerb über einen Dritten reicht aus, wenn dieser für Rechnung des Kunden oder in seinem Auftrag handelt[3]. An Gegenständen, die nur **zufällig** in ihren Besitz fallen, erwirbt die Bank kein Pfandrecht[4]; gleiches gilt für Forderungen aus unerlaubter Handlung[5].

Die Bank erhält das Pfandrecht auch **an Rechten** (Nr. 14 Abs. 1 S. 2 AGB/Banken), die dem Kunden gegen die Bank aus der bankmäßigen Geschäftsverbindung zustehen[6]. Wegen der Personenidentität entfällt hier das Wirksamkeitserfordernis der Anzeige der Verpfändung (§ 1280 BGB)[7]. Erfaßt werden Ansprüche aus Guthaben, auf Herausgabe von Wertpapieren, auf Auszahlung aus einem Akkreditiv, auf den Diskonterlös sowie sonstige Ansprüche auf Herausgabe des im Rahmen der Geschäftsverbindung Erlangten[8].

Mit der Pfandrechtsbestellung wird in den AGB/Banken bzw. AGB/Sparkassen ein **weiter Sicherungszweck** vereinbart, d. h. gesichert werden alle bestehenden, künftigen und bedingten Ansprüche, die der Bank mit ihren sämtlichen in- und ausländischen Geschäftsstellen aus der bankmäßigen Geschäftsverbindung zustehen[9].

Nimmt ein Kunde der Bank Kredit gegen Sicherheiten bei einer Filiale auf, so liegt darin **kein Verzicht** auf das AGB-Pfandrecht an Werten, die bei einer anderen Filiale gehalten werden[10].

Eine besondere Regelung hat das AGB-Pfandrecht für den Fall erhalten, daß die Bank Forderungen gegen den Pfandgeber aus von ihm gegenüber der Bank übernommene **Bürgschaften** hat. Da die Bürgschaft Personalsicherheit ist, wäre es überraschend, die Bürgschaft sogleich mit ihrer Übernahme durch das AGB-Pfandrecht zu unterlegen. Aus diesem Grund wird beim AGB-Pfandrecht der Banken (Nr. 14 Abs. 2 S. 2

---

[1] Palandt/Heldrich, Anh. II zu Art. 38 EGBGB Rdn. 2.
[2] BGH WM 83, 926.
[3] BGH WM 88, 859; Gößmann in BuB, 1/392.
[4] Gößmann in BuB 1/392.
[5] BGH WM 85, 116.
[6] BGH WM 83, 926.
[7] MünchKomm/Damrau, § 1280 BGB Rdn. 7.
[8] Gößmann in BuB 1/393.
[9] BGH WM 81, 756; WM 80, 1255.
[10] BGH WM 83, 916; Gößmann in BuB 1/399.

AGB/Banken) die Sicherung der aus der Haftungsübernahme (insbesondere Bürgschaft) folgenden Schuld erst ab deren Fälligkeit vereinbart. Wenn und sobald die Fälligkeit der Hauptschuld eingetreten ist, muß der Bürge zahlen. Die Bank hat einen Anspruch gegen ihn. Zu diesem Zeitpunkt kann sie auf die bei der Bank liegenden (Pfand-)Werte des Bürgen zugreifen.

Rechtlich problematisch ist die Frage, wann das Pfandrecht in diesen Fällen entstanden ist. Die Beantwortung dieser Frage ist vor allem für die Verfügungsbefugnis des Bürgen über seine Werte und Pfändungsmaßnahmen Dritter in diese Werte wichtig. Ist das Pfandrecht schon (vollständig) entstanden mit Vereinbarung des AGB-Pfandrechts anläßlich der Vereinbarung der AGB bei Aufnahme der Geschäftsverbindung und Einbringung der Werte bei der Bank, so könnten Dritte auch schon dann nicht mehr in die Werte pfänden, wenn die durch die Bürgschaft gesicherte Hauptforderung und demzufolge auch die Bürgschaft noch gar nicht fällig ist. Die Regelung in den AGB/Banken enthielte dann nur eine schuldrechtliche (Selbst-)Bindung der Bank bei der Geltendmachung des Pfandrechts[1].

Denkbar ist aber auch, daß das Pfandrecht (endgültig) erst dann entstehen soll, wenn die Bürgschaftsschuld **fällig** ist. Die Formulierung in den Gründen des einschlägigen BGH-Urteils[2] läßt darauf schließen, daß das Pfandrecht noch nicht entstanden ist: „Demnach konnte Nr. 19 Abs. 2 der AGB ... nicht die — dem Recht der Bürgschaft (§§ 765 ff. BGB) fremde — Verpflichtung des Bürgen begründet werden, ein Pfandrecht der Klägerin an seinem Guthaben zu dulden ... Das Gesetz sah ein solches Pfandrecht nicht vor."[3] Wenn mit der Neufassung der AGB/Banken den Bedenken des BGH zur Unterlegung einer Bürgschaft durch eine Sachsicherheit Rechnung getragen werden soll, ist der Pfandrechtserwerb erst mit der **Fälligkeit** der Bürgschaftsschuld anzunehmen. Dritte können dann bis zu diesem Zeitpunkt Zugriff auf die Werte des Kunden nehmen, es sei denn, das AGB-Pfandrecht sichert auch noch andere Ansprüche der Bank[4].

Ausgenommen vom Pfandrecht sind Gelder oder andere Werte, die mit der Maßgabe in die Verfügungsgewalt der Bank gelangt sind, daß sie nur für einen bestimmten Zweck verwendet werden dürfen (Nr. 14 Abs. 3 AGB/Banken; Nr. 21 Abs. 2 AGB/Sparkassen). Dogmatisch führt diese Regelung zu einer individualvertraglichen Aufhebung oder einem Verzicht der Bank auf das Pfandrecht, indem die Bank die Wei-

---

[1] So Gößmann in BuB 1/402.
[2] BGH WM 89, 129.
[3] BGH WM 89, 129 = WuB I F 1a. Bürgschaft 18.89/Ott, der von der Möglichkeit, ein rangwahrendes dingliches Pfandrecht für eine künftige Bürgschaftsschuld zu vereinbaren, ausgeht; allerdings auf das Problem einer leitbildkonformen (schuld)rechtlichen Einschränkung, ohne die Pfandrechtswirkung gegenüber anderen Gläubigern zu gefährden, hinweist.
[4] A. A. Gößmann in BuB 1/402.

sung des Kunden widerspruchslos akzeptiert[1]. Die Bank muß aber aus der Weisung des Kunden unzweideutig entnehmen können, daß sie auf ihr Pfandrecht verzichten soll. Zweifel gehen zu Lasten des Kunden[2]. Typische Fälle sind die Erteilung von Überweisungsaufträgen bei gleichzeitiger Einzahlung des Gegenwertes[3] sowie Einbindung der Bank in Abreden und Zweckbestimmungen wie bei Buchung von Beträgen auf Sonderkonto mit Zusage, zu Lasten dieses Kontos Überweisungen an Dritte auszuführen (Vertrag mit Schutzwirkung zugunsten Dritter)[4].

Weitere Fälle, in denen das Pfandrecht ausgeschlossen ist, sind die **vorübergehende Verwahrung** (die Bank ist verpflichtet, die Sachen auf Verlangen jederzeit zurückzugeben)[5], die **offenen Treuhandkonten** (der Bank wird im Zeitpunkt der Kontoeröffnung offengelegt, daß die Werte dem Kunden nur als Treuhänder zustehen[6]; ein Zusatz bei der Kontobezeichnung wie „… wegen" oder „Mietekonto" reicht nicht aus, da es sich dabei auch lediglich um ein Unterscheidungsmerkmal handeln kann; andererseits muß bei der Eröffnung eines Kontos durch jemanden, zu dessen Aufgaben die Verwaltung fremden Vermögens gehört, das Konto nicht unbedingt als Treuhandkonto bezeichnet werden)[7], **der Wechseldiskonto**[8] (die Bank hat auch kein Zurückbehaltungsrecht; auch am Erlös steht der Bank kein Pfandrecht zu)[9]; schließlich kann ein Pfandrecht kraft Gesetzes ausgeschlossen sein[10]. Ausgeschlossen ist das AGB-Pfandrecht an eigenen Aktien der Bank, an Wertpapieren, die **im Ausland** ruhen, sowie an von der Bank selbst ausgegebenen **eigenen Genußrechten/Genußscheinen** und an verbrieften und nicht verbrieften **nachrangigen Verbindlichkeiten** der Bank (Nr. 14 Abs. 3 S. 2 u. 3 AGB/Banken).

Mit dem Ausschluß dieser Rechte vom AGB-Pfandrecht soll der Regelung in § 71 AktG Rechnung getragen werden[11], bei den im Ausland verwahrten Wertpapieren soll der Gefahr vorgebeugt werden, daß diese Papiere aufgrund einer Verpfändung dem Vermögen der Bank zugerechnet werden und daher dem Zugriff der Bankgläubiger unterliegen[12].

Die Inpfandnahme **eigener Werte** ist nach §§ 71e, 71d AktG nicht nur der Muttergesellschaft selbst, sondern ebenfalls den Tochtergesellschaften für die von der Mutter emittierten Werte verwehrt. Allerdings ist die Inpfandnahme von Aktien der Mutter-

---

[1] BGH WM 90, 1954 = WuB I C 3.-4.91/Gößmann.
[2] BGH WM 85, 688; KG WR 88, 1721.
[3] LG Zweibrücken WM 87, 1010 = WuB I D 1.-9.87/Gößmann; Gößmann in BuB 1/408.
[4] Gößmann in BuB 1/408.
[5] BGH WM 58, 1480.
[6] BGH WM 87, 922 = WuB I C 3.-4.87/Wolff.
[7] BGH WM 88, 1222; Gößmann in BuB 1/412.
[8] BGH WM 68, 695.
[9] BGH WM 84, 1391; Canaris, Bankvertragsrecht, Rdn. 1538.
[10] BGH WM 87, 1457 = WuB I A Nr. 19 AGB-1.88/Fischer für das „Gesetz über die Sicherung von **Baugeldforderungen**".
[11] Gößmann in BuB 1/417.
[12] Canaris, Bankvertragsrecht, Rdn. 2688.

gesellschaft durch Tochtergesellschaften im laufenden Geschäft bis zur Höchstgrenze von 10% des Grundkapitals zulässig. Für nachrangige Verbindlichkeiten und von Genußscheinen gilt bei der Inpfandnahme durch die Tochtergesellschaft eine Freigrenze von 3% (§ 10 Abs. 5 KWB). Dabei ist nicht die Summe aller Emissionen der Muttergesellschaft entscheidend, sondern die Grenze bezieht sich auf jede einzelne Emission (so die Auffassung des Bundesaufsichtsamtes für das Kreditwesen lt. Schreiben vom 5. Januar 1994 an den Bundesverband deutscher Banken). Es empfiehlt sich, daß Banken, die von einer derartigen Konstellation betroffen sein können, den AGB/**Pfandrechtsverzicht** auf die Inpfandnahme bei Töchtern ausweiten.

Nach AGB/Banken und Sparkassen entstehen Sicherungsrechte auch an **Einzugspapieren** und **diskontierten Wechseln** (vgl. Rdn. 670).

Beim Inkassoauftrag erteilt die Bank im Zeitpunkt der Einreichung die unter Vorbehalt stehende Gutschrift. Der Vorbehalt ist die Einlösung des Schecks. Dennoch lassen die Banken den Einreicher über den Betrag schon verfügen, so daß letzlich die Bank das Risiko einer Nichteinlösung trägt, wenn der Einreicher den Betrag verbraucht, ihn aber nicht zurückerstatten kann, wenn der Scheck uneingelöst zurückkommt.

Die Rechtsprechung hat allerdings einen Sicherungserwerb nur unter bestimmten Voraussetzungen zugelassen[1]. So darf der Sicherungszweck der Sicherungsübertragung des Schecks nur auf den Anspruch aus der Vorausverfügung über die Scheckgutschrift (unter Vorbehalt) erstreckt werden[2]. Dennoch wird aus dogmatischen Gründen — um dem sachenrechtlichen Bestimmtheitsgrundsatz zu genügen — eine uneingeschränkte Sicherungsübertragung vereinbart, aber der Sicherungszweck wird auf die Sicherung aller Ansprüche, die der Bank gegen den Kunden bei Einreichung aus seinen Kontokorrentkonten bei der Bank zustehen oder die infolge der Rückbelastung nicht eingelöster Einzugspapiere oder diskontierter Wechsel entstehen, beschränkt (Nr. 15 Abs. 3 AGB/Banken; AGB/Sparkassen Nr. 25).

Neben dem Erwerb des Sicherungseigentums nach Nr. 15 AGB/Banken bzw. Nr. 25 AGB/Sparkassen kann die Bank ein Pfandrecht nach Nr. 14 AGB/Banken erwerben (vgl. Rdn. 618)[3] oder eine Legitimationszession erhalten[4]. Das Sicherungseigentum nach AGB/Banken bzw. AGB/Sparkassen ist eine **eigennützige Treuhand**, die beim Erwerb des Sicherungseigentums vollendet (also nicht erst die Gutschrift des Betrages), da die Hereinnahme des Schecks der Bank bereits das Recht auf Befriedigung aus dem Scheck gewährt. Die Bank hat damit ein Recht auf abgesonderte Befriedigung aus dem Scheckgegenwert[5].

---

[1] BGH 5, 585; BGH WM 77, 49; OLG Düsseldorf WM 75, 18.
[2] Gößmann in BuB 1/426.
[3] Vgl. Gößmann in BuB 1/431.
[4] Gößmann in BuB 1/428.
[5] BGH WM 85, 1057 = WuB VI B § 15 KO-2.85/Obermüller; Menkhaus, ZIP 85, 1309.

Mit dem Erwerb des Eigentums an Schecks und Wechseln gehen auch die zugrundeliegenden Forderungen auf die Bank über (Nr. 15 Abs. 2 AGB/Banken; Nr. 25 Abs. 1 AGB/Sparkassen)[1]. Ein Forderungsübergang „findet ferner statt, wenn andere Papiere zum Einzug eingereicht werden (zum Beispiel Lastschriften, kaufmännische Handelspapiere)".

Mit der Forderung gehen akzessorische Sicherheiten über (§ 401 BGB), für die fiduziarischen Sicherheiten ist dies nicht vorgesehen[2].

B. Sicherungsabtretung

I. Begriff

1. Allgemeines

Neben der zuvor erörterten Verpfändung von Rechten zu Sicherungszwecken ist der praktisch wichtigere Bereich der **Übertragung von Rechten** zu behandeln. Dabei kommt insbesondere **der Abtretung von Forderungen** — sei es als Einzelabtretung, sei es als Mantel- oder Globalzession — eine besondere Bedeutung zu.   619

Der in diesem Zusammenhang häufig benutzte Ausdruck „Sicherungsabtretung" bezieht sich streng genommen nur auf die Übertragung einer Forderung vom sicherungsgebenden Zedenten (Altgläubiger) auf den sicherungsnehmenden Zessionar (Neugläubiger) zwecks Sicherung z. B. eines Kredits[3]. Er wird jedoch im juristischen Sprachgebrauch auch für die Zession von Rechten verwendet, obwohl bei diesen eigentlich von „Übertragung" gesprochen werden müßte (vgl. § 413 BGB).

Erheblich wird die Unterscheidung der Begriffe „Sicherungsabtretung" und „Sicherungsübertragung" allerdings bei der sicherungsweisen Übereignung von Inhaberpapieren und bei der Indossierung von Orderpapieren; in diesen Fällen wird zwar daher von einer „Sicherungsübertragung", nicht aber von einer Sicherungsabtretung gesprochen. Die Wirkung der Sicherungsübertragung besteht darin, daß der Sicherungsnehmer (Neugläubiger, Zessionar) durch den Abtretungsvertrag gemäß § 398 S. 2 BGB ex lege wahrer und alleiniger Inhaber des übertragenen Rechts wird und zwar unabhängig von einer etwaigen Sicherungsvereinbarung[4]. Die Berechtigung des Zessionars hat keinen anderen Inhalt als die eines gewöhnlichen Inhabers des Rechts auch[5]. Eine

---
[1] BGH WM 85, 1057; WM 90, 1910 = WuB I F 1a.-6.91/Ott.
[2] Gößmann in BuB 1/451.
[3] RG 57, 175; 143, 48; BGH 34, 191.
[4] BGH WM 76, 151.
[5] RG 123, 381.

Gesamtgläubigerschaft von Neu- und Altgläubiger ist daher ohne Mitwirkung des Schuldners vertraglich nicht begründbar[1].

2. Rechtsstellung des Sicherungsgebers

620 Besonders deutlich zeigt sich die Wirkung einer Sicherungsübertragung, wenn Forderungen sicherungshalber abgetreten werden. Dann erlangt der Zessionar nicht nur die Befugnis zur Geltendmachung der Forderung wie bei einer bloßen Inkassozession[2], sondern er ist, vorbehaltlich seiner internen Bindungen, auch zu jeder anderen Verfügung über sie legitimiert. Eine vertragliche Beschränkung seiner dinglichen Verfügungsbefugnis würde sogar gegen § 137 S. 1 BGB verstoßen, so daß gemäß § 139 BGB im Zweifel die gesamte Abtretung nichtig ist[3], z. B., wenn der Zessionar erst bei Zahlungseinstellung des Zedenten die volle Gläubigerstellung erhalten soll. Ferner gehen alle Nebenrechte, insbesondere alle Sicherheiten und konkursrechtlichen Vorzugsrechte, die für die abgetretene Forderung bestehen, auf ihn über, die akzessorischen Sicherheiten ohne weiteres[4], die fiduziarischen durch besonderen Vertrag in Erfüllung eines entsprechenden schuldrechtlichen Anspruchs, den der Zessionar gegen den Zedenten hat[5] (Rdn. 227 ff.). Diese sich bereits aus der Abtretung als solche ergebende Rechtsfolge wird häufig noch ausdrücklich in den Abtretungsvertrag eingebaut, indem die Parteien vereinbaren, daß alle für die abgetretene Forderung haftenden Sicherheiten, insbesondere auch Sicherungseigentum, auf den Zessionar übertragen wird und daß, soweit für die Übertragung von Sicherheiten besondere Erklärungen nötig sind, sich der Zedent unter Abtretung seiner Herausgabeansprüche gegen den etwaigen Drittbesitzer verpflichtet, diese auf Wunsch des Zessionars abzugeben.

621 Die Sicherungsabtretung ist von einer Anzahl ähnlicher Rechtsinstitute, die ebenfalls der Befriedigung der Gläubiger dienen sollen, zu unterscheiden. Merkmale für das Vorliegen einer Sicherungszession sind der sich aus dem Sicherungsvertrag (vgl. Rdn. 669) ergebende fiduziarische Charakter und der damit verbundene Nutzen des Sicherungsnehmers.

622 Bei einer Abtretung **an Erfüllungs Statt** (vgl. Rdn. 6) im Sinne des § 364 Abs. 1 BGB erlischt mit deren Annahme das Schuldverhältnis. Dies läuft der mit der Sicherungszession verfolgten Absicht gerade zuwider, denn bei ihr soll die ursprüngliche

---

[1] BGH NJW 75, 969.
[2] RG 99, 41; BGH WM 56, 946; Serick II, § 24 I 3.
[3] BGH WM 93, 738.
[4] § 1153 Abs. 1, Abs. 2 BGB für die Hypothek; § 51 Abs. 1, Abs. 2 SchiffsRegO; § 1250 Abs. 1 BGB für das Pfandrecht BGH 26, 142; BGH DB 75, 445 für die Bürgschaft; BGH WM 64, 61 für die Garantie; RG 142, 331; BGH 25, 16; OLG Nürnberg WM 69, 1427 für die Vormerkung; RG 60, 191 für den Wechsel; BGH NJW 72, 437 für die Erfüllungsübernahme.
[5] Vgl. dazu: BGH WM 67, 213; 69, 209; BGH NJW 74, 100; Weimar, MDR 74, 202; Serick II, § 26 V 3; entgegen der Ansicht von Scheerer in Recht der Kreditsicherheiten in europäischen Ländern I, Tz. 78 zu Rdn. 670.

Forderung gerade bestehen bleiben; die Sicherungsabtretung hat also nur eine Reservefunktion. Der Zeitpunkt der Erfüllungswirkung ist somit ein anderer.

Auch einer Abtretung **erfüllungshalber** (vgl. Rdn. 10)[1] kommt eine über die Sicherungsaufgabe hinausgehende Bedeutung zu. Im Gegensatz zu der Abtretung an Erfüllungs Statt tritt hier jedoch die Erfüllungswirkung erst bei tatsächlicher Zahlung ein. 623

Bei Vorliegen einer **Inkassozession** zieht der Zessionar die Forderung aus eigenem Recht und in eigenem Namen für Rechnung des Zedenten ein und liefert den so erhaltenen Betrag an diesen ab. Hier liegt im Gegensatz zu der Sicherungsabtretung nur eine uneigennützige Treuhandschaft vor. Gelegentlich kommt es allerdings vor, daß eine Inkassozession zusätzlich zu Sicherungszwecken erfolgt[2]. 624

Die **Einziehungsermächtigung** beinhaltet einen Fall der Einwilligung zur Verfügung über ein fremdes, dem Einwilligenden gehörendes Recht (§ 185 BGB)[3]; hier liegt also gar keine Abtretung vor. 625

Bei einem **Forderungskauf** in Verbindung mit der Zession der gekauften Forderung liegt keine fiduziarische Zession vor, weil dieser Verkauf nicht zu Sicherungszwecken erfolgt. Der Forderungskauf wird häufig im Rahmen des sogenannten Factoringgeschäfts durchgeführt.

II. Personen

Zu den zur wirksamen Abtretung erforderlichen, in der Person der Parteien zu erfüllenden Voraussetzungen wie Geschäftsfähigkeit (s. Rdn. 37 ff.) und Willensmängel (s. Rdn. 41 ff.) s. o.; die Fragen der Vertretungsmacht sind ebenfalls bereits besprochen worden (s. Rdn. 50 ff.). 626

III. Sicherungsmittel

1. Allgemeines

a) Abtretung von Forderungen

Als Sicherungsmittel kommen grundsätzlich **alle Forderungen und sonstigen Rechte** in Betracht, die nach den §§ 398, 413 BGB abtretbar sind. Voraussetzung ist lediglich, daß sie bestimmt oder hinreichend bestimmbar und abtretungsfähig (§§ 399, 400 BGB) sind. Ohne Bedeutung für die Übertragbarkeit ist der Rechtsgrund der Forderung, der Zeitpunkt ihrer Entstehung, ihre Fälligkeit sowie ihre Erzwingbarkeit[4]. 627

---
[1] BGH WM 69, 371.
[2] BGH WM 56, 946; Serick II, § 24 I 3; LG Berlin NJW 67, 397.
[3] BGH 4, 153, 164.
[4] Staudinger/Werner, § 398 Rdn. 1.

Die **Grundform der Sicherungsübertragung** bildet die Abtretung einer Forderung, die sog. Sicherungszession. Die für sie im folgenden angesprochenen allgemeinen Kriterien gelten auch für die Abtretung anderer Rechte sowie für die Mantel- und Globalzession.

Die Sicherungsabtretung gehört zu den abstrakten Rechtsgeschäften[1]. Daraus folgt, daß die abgetretene Forderung grundsätzlich unabhängig vom Bestehen des Kausalgeschäfts auf den Zessionar übergeht.

628 Besonders häufig ist die **Abtretung von Forderungen**, sei es gegenwärtiger, künftiger oder sämtlicher („jeweiliger"). Die Abtretbarkeit **künftiger** Forderungen ist anerkannt[2] und als sog. Vorausabtretung in der Praxis von besonderem Wert im Rahmen des verlängerten Eigentumsvorbehalts (vgl. Rdn. 1032 ff.), der verlängerten Sicherungsübereignung (vgl. Rdn. 538 ff.) und der Globalzession (vgl. Rdn. 698 ff.); doch ist wegen ihrer Konkursanfälligkeit (vgl. Rdn. 914) Vorsicht geboten. Um eine künftige Forderung handelt es sich nicht, wenn die Kaufpreisforderung aus einem vom Verkäufer noch nicht erfüllten Kaufvertrag oder die Werklohnforderung aus einem vom Unternehmer noch nicht erfüllten Werkvertrag abgetreten wird. In diesen Fällen entsteht nämlich die Forderung bereits mit voller Höhe mit dem Abschluß des Vertrages. Allerdings ist ihre Tauglichkeit gemindert, solange der Vertrag vom Verkäufer bzw. Unternehmer noch nicht erfüllt ist, denn so lange kann der Drittschuldner die Einrede des nicht erfüllten Vertrages erheben und die Zahlung nach § 320 BGB verweigern. Aus nach § 17 KO erfüllten Verträgen gebührt die Forderung der Konkursmasse[3]. Diese Rechtsansicht ist jedoch nicht unumstritten[4], da nicht einzusehen ist, warum die Rechtsstellung des Verwalters besser sein soll als die des Gemeinschuldners; diesem stand aber die Forderung nach ihrer Abtretung nicht mehr zu. Außerdem verhindert § 15 KO, auf dem der BGH seine Auffassung stützt, den Rechtserwerb durch den Zessionar auch nicht, da diese Norm nicht auf Rechtshandlungen des Verwalters anwendbar ist. Im übrigen erwirbt der Zessionar die Forderung nicht nach Konkurseröffnung; selbst wenn man von der Prämisse des BGH ausgeht, daß die abgetretene Forderung mit Konkurseröffnung untergehe und erst durch das Erfüllungsverlangen (§ 17 KO) des Verwalters neu begründet werde, ist diese „neue" Forderung mit der abgetretenen Forderung identisch[5]. Auch die Verweisung des BGH auf § 17 KO überzeugt nicht, da diese Regelung dem Verwalter zwar ermöglicht, für die Masse vorteilhafte Geschäfte zu realisieren, die Masse aber nicht davor schützt, daß der Verwalter sein Wahlrecht zu ihrem Nachteil ausübt.

629 Am Sicherungsrechtsverhältnis sind mindestens 3 Personen beteiligt, nämlich der Zedent, der Zessionar und der Schuldner der abgetretenen Forderung (in der Praxis

---

[1] RG 102, 385 (386); Staudinger/Werner, § 398 Rdn. II 3 b.
[2] Serick IV, S. 270; RG 55, 270; Herget, BuB, 1980, 4/566.
[3] BGH WM 89, 229.
[4] a. A. Marotzke, ZIP 87, 1294 ff.; Sundermann in WuB VI B. § 15 KO 1.89.
[5] Gerhardt, Festschrift für Franz Merz, 1992, 130.

meist als „Drittschuldner" bezeichnet). Die Sicherungszession einer Forderung gegen den Sicherungsnehmer selbst, z. B. die Abtretung eines **Bankguthabens** an die Bank, führt rechtlich zum Erlöschen der Forderung (im Beispiel des Guthabens); da das in der Wirkung über das von den Parteien Gewollte hinausgeht, wird man sie regelmäßig in eine Verpfändung (Pfandrecht an eigener Schuld) umdeuten dürfen. Es entsteht dann ein Pfandrecht an eigener Schuld[1]. Wenn eine Forderung, eine Grundschuld oder eine Rentenschuld sicherungshalber zediert wird, darf angenommen werden, daß die Abtretung sich auch auf die **laufenden und künftigen Zinsen** (nicht aber auf die Zinsrückstände) erstrecken soll[2]. Es sind also im Zweifel die Zinsen seit dem Fälligkeitstermin vor der Abtretung mitzediert. Die Abtretung der „eigetragenen" Zinsen umfaßt auch die **Zinsrückstände**[3]. Zinsen gelten im übrigen nicht als mit dem Hauptanspruch abgetreten, sondern sind vielmehr selbständig abtretbar[4]. Der Zedent kann sich den Zinsgenuß vorbehalten, andererseits kann er die Abtretung auf das Zinsrecht beschränken. Überhaupt wird häufig eine Forderung, eine Grund- oder Rentenschuld nur **zum Teil zediert**, was aber nicht besagt, daß ein gebuchtes Gesamtpfandrecht vervielfältigt werden kann. Mit der Abtretung wird der abgetretene Teil derart verselbständigt, daß in Zukunft mehrere selbständige, auf einen bestimmten Betrag lautende Ansprüche nebeneinander bestehen; der Sicherungsnehmer sollte im Interesse der Bonität seiner Sicherheiten nicht unterlassen, mit dem Sicherungsnehmer Vereinbarungen zu treffen, welche der ihm abgetretenen Teilforderungen eine Vorzugsstellung gegenüber der Stammforderung verschaffen. Bereits entstandene Schadensersatzforderungen sind nicht ohne weiteres mit-abgetreten[5].

Abgetreten werden kann auch der **Lieferungsanspruch aus einem Kaufvertrag** (s. Rdn. 499). Die Sicherungszession des Lieferungsanspruchs wird dann gern **gekoppelt mit einem antizipierten Besitzkonstitut** (Rdn. 499). Mit einer bereits gekauften und bezahlten, aber noch nicht gelieferten Ware bestellt nämlich der Sicherungsgeber häufig in der Art Sicherheit, daß er dem Sicherungsnehmer den Lieferungsanspruch und den Anspruch auf Rückzahlung des Kaufpreises für den Fall der Nichtlieferung (still) zediert und zugleich für den Fall der Lieferung die Ware mit der Abrede übereignet, daß er sie vom Augenblick der Lieferung an für den Sicherungsnehmer verwahren werde. Dann kann letzterer sich für jede Möglichkeit, mag geliefert werden oder nicht, als gesichert betrachten.

630

Die Abtretung von **Kommissionsforderungen** durch den Kommissionär an seine Gläubiger ist im Verhältnis zum Kommittenten unwirksam[6].

---

[1] Vgl. zu ihrer Wirkung s. Rdn. 610.
[2] BGH WM 72, 560; BGH Warn 71, 276; Scheerer, Recht der Kreditsicherheiten in europäischen Ländern I.
[3] KG JW 32, 3276.
[4] BGH WM 72, 560.
[5] RG 72, 141.
[6] BGH WM 88, 872 = WuB IV D. § 392 HGB 1.88/Emmerich.

631 Eine gewisse praktische Bedeutung hat die Abtretung von **Versicherungsansprüchen** erlangt (vgl. Rdn. 616). Für sie gelten grundsätzlich dieselben Vorschriften wie für andere Forderungen, über die eine Urkunde erstellt wurde. Die sich ergebenden Besonderheiten — z. B. Anzeigeverpflichtung der Abtretung — sind im allgemeinen aus den allgemeinen Versicherungsbedingungen ersichtlich. Eine neue Kreditsicherungsart ist es, das Kreditinstitut durch eine unwiderrufliche — das unwiderrufliche Bezugsrecht wird dem Sicherungsnehmer nur unter der Voraussetzung eingeräumt, daß der Versicherer auf Antrag des Versicherungsnehmers die unwiderrufliche Begünstigung angenommen und schriftlich bestätigt hat, daß der Widerruf ausgeschlossen ist — Bezugsberechtigung zu sichern. Die Abtretung von Rentenversicherungsansprüchen ist absolut unwirksam, solange der Versicherungsnehmer sie dem Versicherer nicht anzeigt. Die Anzeige durch den neuen Gläubiger reicht nicht aus[1]. Die Abtretung der Rechte aus einer **Lebensversicherung** hat nicht den endgültigen Widerruf einer etwaigen früheren Bezugsberechtigung zur Folge. Jedenfalls bei einer Sicherungsabtretung ist nicht davon auszugehen, daß der Versicherungsnehmer zugleich mit der Abtretung auch etwaige Bezugsrechte vollständig widerrufen will. Das berechtigte Interesse des Versicherungsnehmers ist gewöhnlich auf den vereinbarten Sicherungszweck begrenzt und beschränkt sich darauf, die von ihm früher benannten Bezugsberechtigten im Range hinter den Sicherungsnehmer zurückzuversetzen, nicht aber gänzlich auszuschließen[2].

Zu beachten sind die Pfändungsverbote z. B. für Kleinlebensversicherungen (§ 850 b Abs. 1 Nr. 4 ZPO), Lebensversicherungen von Handwerkern (§ 22 der 1. DVO HwVG).

632 Mit Steueränderungsgesetz von 1992 (BGBl. I 1992, S. 297 ff. = BStBl. I 1992, S. 146 ff.) ist aus **steuerrechtlicher Sicht** die Einsatzfähigkeit von Lebensversicherungsansprüchen in der genannten Weise eingeschränkt worden. Folglich können steuerliche Begünstigungen entfallen, wenn die Ansprüche aus der Lebensversicherung zur Darlehenssicherung oder -tilgung abgetreten werden. Grundlage der Einschränkung bildet § 10 Abs. 2, S. 2. EStG.

Im wesentlichen betroffen von dieser Änderung sind aus Sicht der Kreditwirtschaft Kapitallebensversicherungen mit einer Mindestlaufzeit von 12 Jahren. Die gezahlten Prämien können grundsätzlich als Sonderausgaben geltend gemacht werden (§ 10 Abs. 1 Nr. 2b, Abs. 3 EStG). Die (außer-)rechnungsmäßigen Zinsen auf die in den Prämien enthaltenen Sparanteile sind nach § 20 Abs. 1 Nr. 6 S. 2 EStG steuerfrei.

Bei Einsatz der Kapitallebensversicherung zur Darlehenssicherung/-tilgung kommt es zum rückwirkenden **Wegfall der Steuervergünstigungen** für die Versicherung auf die gesamte bisherige Laufzeit, wenn die Voraussetzungen von § 10 Abs. 2 S. 2 EStG vorliegen. Aus der Formulierung der Vorschrift ergeben sich für die Praxis eine Vielzahl

---

[1] BGH WM 91, 693; LG Hannover WM 92, 186.
[2] str., wie hier: OLG Oldenburg, WM 91, 1797 = WuB I F 4.-4./92/Lwowski; a. A. Prölss/Martin, VVG, 1988, § 15 ALB Anm. 2a.

Begriff

von Einzelfällen, die zur Steuerschädlichkeit einer Abtretung von Ansprüchen aus der Kapitallebensversicherung führen. Hier können daher nur Grundzüge der Gesetzesänderung aufgeführt werden. Gleichzeitig muß der Sicherungsnehmer immer wieder abschätzen, wer die Ansprüche aus der Kapitallebensversicherung zur Abtretung anbietet, um eine entsprechend weitgehende Beratung des Sicherungsgebers vorzunehmen, will er sich nicht Schadensersatzansprüchen wegen mangelnder Beratung aussetzen.

Als wesentlichster Gesichtspunkt der Steueränderung ist festzuhalten, daß eine doppelte Steuerbegünstigung nicht mehr möglich ist. Grundsätzlich soll eine Absetzung der Versicherungsprämien als Sonderausgaben bzw. eine Steuerfreiheit der Zinsen auf Sparanteile entfallen, wenn gleichzeitig die Finanzierungskosten (Schuldzinsen und Disagio) für das durch die Abtretung zu sichernde Darlehen Betriebsausgaben oder Werbungskosten darstellen, unabhängig davon, ob sie tatsächlich geltend gemacht werden[1].

Werden Ansprüche aus der Kapitallebensversicherung abgetreten, so ist der Stichtag der Abtretung für eine eventuelle Steuerschädlichkeit entscheidend, da eine rückwirkende unschädliche Abtretung ausgeschlossen ist.

Bei privat genutztem Wohneigentum kann es nur zu der beschriebenen Steuerschädlichkeit kommen, wenn im Objekt gleichzeitig ein steuerlich anerkennungsfähiges Arbeitszimmer enthalten ist. Die hierauf entfallenden anteiligen Finanzierungskosten sind, unabhängig von ihrer Geltendmachung, Betriebsausgaben oder Werbungskosten. Diese Wirkung wird vermieden, wenn die Besicherung durch die Kapitallebensversicherung auf die anteiligen Anschaffungs- oder Herstellungskosten für das Arbeitszimmer begrenzt wird (§ 10 Abs. 2 S. 2a EStG).

Auch für die Fälle, bei denen die bei dem besicherten Darlehen anfallenden Finanzierungskosten Werbungskosten oder Betriebsausgaben darstellen, kann ein Anspruch aus der Kapitallebensversicherung steuerunschädlich abgetreten werden, wie sich aus § 10 Abs. 2 S. 2a—c EStG ergibt.

Zum einen ist dies möglich, wenn die abgetretenen Ansprüche nicht die unmittelbar und ausschließlich mit dem Darlehen finanzierten Anschaffungs- oder Herstellungskosten eines Wirtschaftsgutes überschreiten, das dauernd zur Erzielung von Einkünften bestimmt ist und keine Forderung darstellt.

Zum anderen kann steuerunschädlich abgetreten werden, wenn bei betrieblich veranlaßten Darlehen die Ansprüche nicht länger als drei Jahre der Sicherung dienen, wobei sich die Unschädlichkeit aber nur auf den Zeitraum bezieht, der außerhalb der Drei-Jahres-Frist liegt und sowohl die Sonderausgaben als auch die Steuerfreiheit der Zinsen auf Sparanteile erfaßt.

Wird die Drei-Jahres-Frist auch nur um einen Tag überschritten, folgt hieraus eine Steuerschädlichkeit für die gesamte Laufzeit des Versicherungsvertrages.

---

[1] Scheurmann-Kettner/Broundrè, Einschränkungen beim Sonderausgabenabzug von Versicherungsbeiträgen, insbesondere Policendarlehen, DB 1993, 343, 345.

Von der Regelung nicht erfaßt werden Verträge zur Sicherung von Darlehen für Überschuß-Einkunftsarten (Einkünfte aus nichtselbständiger Arbeit, Kapitalvermögen, Vermietung und Verpachtung sowie sonstiger Einkünfte gemäß § 22 EStG). Jede noch so kurze schädliche Verwendung führt zum vollständigen Verlust der Steuervergünstigungen.

Verbunden mit der Abtretung der Lebensversicherungsansprüche ist der Abschluß einer Sicherungszweckerklärung. Die bisher übliche weite Sicherungsabrede, wonach die Abtretung von Ansprüchen auch zur Besicherung künftiger Forderungen diente, ist mit dem nunmehr geltenden Steuerrecht nicht mehr vereinbar. Die Beibehaltung des weiten Sicherungszweckes hätte zur Folge, daß mit der Abtretung hinzukommende Darlehen gesichert würden, die zu einer Steuerschädlichkeit des Versicherungsvertrages führen können. Bei Altfällen wurden Maßnahmen getroffen, die derartige negative Auswirkungen verhindern. Bei Neufällen verlangt die Finanzverwaltung nicht nur eine Begrenzung des Sicherungszweckes, aus der sich die Steuerschädlichkeit der Abtretung durch Spezifizierung des zu sichernden Darlehens ergibt. Gleichzeitig wird auch die Abgabe einer Verzichtserklärung gegenüber dem Versicherungsunternehmen gefordert, aus der ein Verzicht des Sicherungsnehmers auf die Ansprüche hervorgeht, die über den Sicherungsvertrag hinausgehen (Schreiben des Bundesministeriums der Finanzen vom 2. 11. 1993, in BStBl. I 1993, 901 ff.). Aus einer Pressemitteilung des Ministeriums vom 13. 10. 1993 Nr. 117/93 geht hervor, daß damit kein Verzicht im Rechtssinne gemeint sein soll, sondern lediglich für Steuerzwecke dokumentiert werden soll, „für welche Finanzierung der Darlehensnehmer seine Versicherungsansprüche konkret verwenden will".

Die Übergabe des **Versicherungsscheins** ist nicht unbedingt aus rechtlichen Gründen erforderlich[1], aber in der Praxis zweckmäßig, da sonst die Versicherungsgesellschaft nach §§ 4 VVG, 808 Abs. 1 S. 1 BGB befreiend an den Sicherungsgeber leisten kann. Gestaltungsrechtliche Kündigungen (§ 165 VVG), Bestimmung, Änderung oder Widerruf einer Bezugsberechtigung (§ 166 VVG) können vom Sicherungsnehmer ausgeübt werden.

633 Abtretbar sind grundsätzlich auch Ansprüche aus einer **Kreditversicherung**, obwohl ihre Zession häufig durch AGB eingeschränkt ist — dies ist nach § 187 Abs. 1 VVG möglich. Der Zweck dieser Versicherung liegt darin, daß sie den Versicherungsnehmer bei Zahlungsunfähigkeit des Schuldners schadlos halten soll. Sie wird im Exportgeschäft als „Ausfuhrkreditversicherung", im Inlandsgeschäft als „Inlandsdelkredere-Versicherung" bezeichnet. Mangels Akzessorietät gehen hier die Ansprüche nicht schon mit der Abtretung der Forderung (§ 401 BGB) auf den Zessionar über. Es ist hierfür vielmehr eine gesonderte Zession erforderlich, da sonst die Inhaberschaft des Versicherungsanspruchs und die Zessionarstellung der versicherten Forderung auseinanderfallen[2].

---

[1] LG Köln VersR 57, 21.
[2] Serick II, § 26 II 2; Scheerer, Recht der Kreditsicherheiten in europäischen Ländern I, Tz. 691.

Begriff

Die Sicherungszession der versicherten Forderung beseitigt nicht das Interesse des Zedenten an der Versicherung, sofern er mit dem Kreditnehmer identisch ist, weil er trotz der Abtretung letzten Endes für die Zahlung des Kreditbetrages aufkommen muß. Daher verbleibt ihm die Forderung aus dem Versicherungsvertrag, wenn er sie nicht besonders an den Sicherungsnehmer abtritt. Ist er allerdings nicht mit dem Kreditnehmer identisch, ist § 69 VVG entsprechend anwendbar, falls nicht der Übergang der Versicherung durch die Versicherungsbedingungen ausgeschlossen ist. In allen Fällen sollte vor Abtretung auf die Vorlage der Allgemeinen Geschäftsbedingungen der Kreditversicherer bestanden werden, um Besonderheiten festzustellen. So ist z. B. nach den Bedingungen der vom Bund gewährten Versicherungsdeckungen zur Abtretung die Zustimmung des Bundeswirtschaftsministeriums erforderlich[1]. Bei „Inlands-Delkredere-Versicherungen" ist in der Regel das schriftliche Einverständnis der Kreditversicherungsgesellschaft erforderlich[2].

Bei der Abtretung der **Rechte aus einem Bausparvertrag** wird in der Regel außer dem Anspruch auf Rückzahlung der Spareinlage zumeist auch der Anspruch auf Zuteilung und Auszahlung der Bausparsumme, die in Höhe des das Sparguthaben übersteigenden Betrages ein Darlehen der Bausparkasse darstellt, zediert; die Zession des Anspruchs auf Gewährung des Bauspardarlehens bedarf nach den Bausparbedingungen der Genehmigung der Bausparkasse[3]. 634

Bei vorzeitiger Kündigung und Rückzahlung der Bausparbeiträge kann eine prämienschädliche Verfügung vorliegen; in diesen Fällen wird dann das auszuzahlende Guthaben gemindert um die abzuführenden Beträge[4].

Der Auszahlungsanspruch bei Bankguthaben ist abtretbar[5]. Dabei geht es beim sog. gegenwärtigen oder kausalen Saldo um einen Anspruch gegen die Bank auf Ausgleich der nach Vergleich der beiden Kontokorrentposten etwa bestehenden Überschüsse[6]. Mit Beendigung des Kontokorrentvertrages wird der Anspruch sofort fällig[7]. Im Konkursfall bedeutet dies, daß der kausale Schuldsaldo nicht erst mit oder nach der Konkurseröffnung entstanden ist, sondern während der laufenden Rechnungsperiode. Der Rechtserwerb (des Anspruches bei Abtretung) scheitert daher nicht am § 15 KO.

Hierbei ist aber zu berücksichtigen, daß dies kaum eine zu bewertende Sicherheit darstellt, da der Zedent durch Verfügungen die Höhe bzw. den Bestand des festzustellenden Saldos beeinflussen kann.

---

[1] Scheerer, a. a. O., Tz. 691.
[2] Serick II, § 26 II 2, 355.
[3] Vgl. aber OLG Zweibrücken WM 75, 842, wonach die Abtretung nicht der Offenlegung bedarf; vgl. auch OLG Stuttgart BB 56, 1012.
[4] Die Bausparsumme ist ebenso wie das gewährleistete Darlehen zweckgebunden (OLG Stuttgart BB 56, 1012; OLG Bremen NJW 53, 1397).
[5] Vgl. Schlegelberger/Hefermehl, § 357 Rdn. 10; Eder BB 53, 191; Scheerer in Recht der Kreditsicherheiten in europäischen Ländern I, Tz. 656.
[6] RG 135, 139, 141; BGH WM 56, 1125.
[7] BGH 78, 137–139; Herget, ZIP 80, 594.

635 Bei einem Girokonto mit **Kontokorrentabrede** ist die Abtretung einer Einzelforderung nicht möglich, es kann aber vereinbart werden, daß an sich kontokorrentpflichtige Ansprüche aus der laufenden Rechnung herausgenommen werden sollen[1]. Die Abtretung des Anspruches auf die Versicherungssumme aus einer **Lebensversicherung** umfaßt auch den aus der dabei mit abgeschlossenen und zu ihr gehörenden Unfallzusatzversicherung.

Bei der sicherungsweisen Indossierung eines **Wechsels** gehen ausnahmsweise etwaige Sicherheiten, die der Hauptwechselschuldner bestellt hat, auf den Sicherungsnehmer (Indossatar) nur über, wenn sie den jeweiligen Wechselgläubiger sichern sollen[2]. Sonst verbleiben sie dem Sicherungsgeber (Indossant) zur Sicherung seines Anspruchs für den Fall der Wiedereinlösung des rückläufigen Wechsels. Sind die Sicherheiten überhaupt nur für die der Wechselziehung zugrundeliegenden Forderung bestellt worden, so können sie auch nur mit dieser Forderung auf den Sicherungsnehmer übergehen. Hierzu bedarf es einer besonderen Abtretung der Forderung.

636 Eine Sonderform der Sicherungsübertragung stellt die **Diskontierung von Buchforderungen** dar. Bei dieser Art der Sicherungszession richtet sich der Kredit der Bank nach der Höhe der übertragenen Forderung. Diese Sicherungsmethode ist allerdings recht selten und kommt überdies in der Regel nur bei solventen Schuldnern, die Inhaber bereits bestehender kurzfristig fällig werdender Forderungen aus Warenlieferungen sind, in Betracht. Der Beleihungswert der jeweiligen Forderung beläuft sich dann auf maximal — 80%[3].

637 Häufig werden auch **Grundpfandrechte** zur Sicherheit abgetreten. Dabei wird die Sicherungsgrundschuld einer Hypothek vorgezogen, weil erstere nicht akzessorisch zur Forderung und damit ein Austausch der gesicherten Forderung leichter möglich ist.

b) Übertragung von Gesellschaftsanteilen

638 Besondere Probleme ergeben sich bei der Sicherungszession von **Gesellschaftsanteilen**[4]. Ihr wird daher vielfach, aber mit zweifelhaftem Erfolg, die Verpfändung des betreffenden Gesellschaftsanteils vorgezogen, sofern man überhaupt trotz der besonders schwierigen Bewertungsfragen ein Mitgliedschaftsrecht als Sicherungsmittel akzeptiert.

Pfändungen dritter Gläubiger des Zedenten in das abgetretene Recht kann der — vom Zedenten zu benachrichtigende — Zessionar mit der **Drittwiderspruchsklage** (§ 771

---

[1] BGH WM 71, 178.
[2] RG 41, 172.
[3] Vgl. Serick II, S. 405 ff. m. w. N.; BGH WM 56, 946; Serick II § 24 I 3; LG Berlin NJW 67, 397.
[4] Der sicherungsweise Erwerb einer Aktie, eines GmbH-Anteils und eines Kuxes ist unter den Voraussetzungen des Kapitalverkehrssteuergesetzes erwiesenermaßen umsatzsteuerpflichtig; vgl. RFH 19, 14.

ZPO) abwehren[1]; dies gilt jedoch nicht bei Zwangsvollstreckung wegen Steuerforderungen (§ 293 AO).

Der Zessionar tritt nach außenhin voll und ganz in die Rechtsstellung seines Vorgängers ein. Er wird sich jedoch wegen der Verwandtschaft der Sicherungsabtretung mit der Sicherungsübereignung dort mit der Stellung eines bloßen Pfandgläubigers begnügen müssen, wo auch bei der Sicherungsabtretung der Erwerber lediglich als Pfandgläubiger behandelt wird. Das wird vor allem deutlich im Konkurs- und Vergleichsverfahren des Zedenten: der Zessionar erhält nur ein **Absonderungs-**, hingegen kein Aussonderungsrecht; der Zedent ist unter bestimmten Voraussetzungen zur Intervention gegenüber pfändenden Gläubigern des Zessionars befugt; die nach Eröffnung des Konkurses über das Vermögen des Drittschuldners erfolgende Rückgewähr einer sicherungshalber abgetretenen Forderung stellt trotz der Vorschriften des § 55 Ziff. 2 KO eine Aufrechnungslage her[2]. Die Steuerpraxis sieht in dem Zessionar weder einen Betriebsübernehmer im Sinne des § 45 Abs. 1 AO noch behandelt sie ihn als Verfügungsberechtigten im Sinne der §§ 34 Abs. 1, 35 AO[3].

Zu unterscheiden ist die Abtretung von Gesellschaftsanteilen von der Zession **vermögensrechtlicher Ansprüche der Gesellschafter gegen die Gesellschaft**. Soll das **Mitgliedschaftsrecht** als Sicherungsmittel dienen, so steht nicht nur das etwaige Recht zum Bezuge von neuen und Zusatzaktien, sondern vor allem das Stimmrecht (vorbehaltlich der intern mit dem Sicherungsgeber vereinbarten Beschränkungen) dem Sicherungsnehmer zu[4]. Bei der Sicherungszession eines **GmbH-Anteiles** kann der Sicherungsgeber nach wie vor das Stimmrecht ausüben, wenn er vom Sicherungsnehmer dazu bevollmächtigt oder ermächtigt wird oder die Parteien die Anmeldung der Abtretung bei der Gesellschaft unterlassen[5]. Auch bei einer **AG** ist eine Stimmrechtsvollmacht zulässig (§§ 134, 135 AktG), vgl. Rdn. 571. Die bloße Übertragung des Anspruchs auf **Zahlung** des Anteils am Reingewinn oder des künftigen **Auseinandersetzungsguthabens** gewähren dem Zessionar weder Einfluß auf das Schicksal der Gesellschaft und somit auf die Höhe des Gewinns oder Guthabens[6], noch erhält er die Befugnisse zur Kündigung der Gesellschaft, was ihn also zum Warten auf die Gewinnausschüttung oder Liquidation der Gesellschaft nötigt[7]. Andererseits gehen durch die Sicherungsübertragung des Mitgliedschaftsrechtes auch etwaige Verpflichtungen, die mit dem Mitgliedschaftsrecht verbunden sind, auf den Sicherungsnehmer über. Von Bedeutung ist dies insbesondere bei der Abtretung eines **Gesellschaftsanteiles an einer GmbH**. Der Sicherungsnehmer wird hier grundsätzlich vollberechtigter und -ver-

639

---

[1] RG 49, 347; 124, 73; vgl. auch BGH 20, 88; BGH 51, 72; Serick III, § 34 III 1, 2, der Bedenken äußert.
[2] RG 51, 394.
[3] Vgl. die entsprechend anwendbaren Ausführungen zu Rdn. 15.
[4] RG JW 34, 2906.
[5] RG JW 34, 2906.
[6] RG 60, 130; 95, 232.
[7] RG 90, 19; 98, 318.

Sicherungsabtretung

pflichteter Gesellschafter[1]. Er haftet der Gesellschaft gegenüber neben dem Zedenten nach Maßgabe des § 16 Abs. 3 GmbHG für rückständige Leistungen. Die Gesellschaft kann den Zessionar sowohl auf die von einem anderen Gesellschafter nicht beizutreibende Stammeinlage als auch auf etwaige Nachschüsse sowie wegen Erstattung unzulässiger Auszahlungen (§§ 16 Abs. 3, 24, 26, 30, 31 GmbHG) in Anspruch nehmen[2], es sei denn, daß der Sicherungszweck zum Nutzen und im Einvernehmen mit der Gesellschaft gesetzt worden ist[3]. **Einzelansprüche** des Gesellschafters gegen die Gesellschaft — Gewinnanteil (§ 29 GmbHG), künftige Liquidationsquote (§ 72 GmbHG), Forderungen aus einer Geschäftsführertätigkeit des Zessionars — werden wie jede andere Forderung abgetreten. Der „**Wiedereintritt**" des Zedenten bedarf wie jeder Eintritt eines neuen Gesellschafters der Zustimmung der übrigen Gesellschafter. Die Genehmigung einer treuhänderischen Sicherungsabtretung durch die Mitgesellschafter ist aber grundsätzlich bereits als die Einwilligung zur Rückübertragung zu sehen, sofern der Genehmigung zur Sicherungsabtretung kein Vorbehalt beigefügt worden ist. Diese vorherige Zustimmung ist nicht frei widerruflich[4].

640 Der Anteil des Gesellschafters einer **Personengesellschaft am Gesellschaftsvermögen** und damit seine Mitgliedschaft in der Gesellschaft ist zwar nach § 719 BGB nicht übertragbar, kann aber nach dem Gesellschaftsvertrag[5] oder bei Zustimmung aller Gesellschafter[6] abgetreten werden. Die gleichen Grundsätze gelten auch für die Sicherungszession eines derartigen Anteils[7]. Der Zessionar erwirbt dann die volle Rechtsstellung des Zedenten. Das hat zur Folge, daß er als Kommanditist — beschränkt auf die Höhe der Einlage — nach §§ 171, 173 HGB, als Komplementär nach §§ 128, 130 HGB unbeschränkt persönlich haftet.

Frei abtretbar und damit auch zur Sicherung übertragbar sind hingegen die nach § 717 S. 2 BGB dem Gesellschafter gegen die Gesellschaft zustehenden vermögensrechtlichen Ansprüche.

641 Nur selten erfolgt eine Abtretung von Ansprüchen aus **stillen Beteiligungen** und **partiarischen Darlehen**. Der Zessionar erlangt mit der Übertragung des Gewinnanspruches eines stillen Gesellschafters nicht die diesem nach § 338 HGB zustehenden Informations- und Überwachungsrechte, da sie nicht übertragbar sind; der Zessionar erhält somit keinen Einblick in die Bilanzen, Geschäftsbücher und Papiere der Gesellschaft[8].

---

[1] RG 138, 106 (108).
[2] Vgl. Serick II, § 29 IV 3.
[3] RG 131, 146; (str.); Einzelheiten hierzu bei Serick II, § 29 IV 3.
[4] BGH WM 80, 1082.
[5] BGH 44, 229 (231).
[6] BGH BB 58, 57.
[7] Serick II, § 29 V 1.
[8] BGH BB 76, 11.

c) Abtretung von Steuererstattungsansprüchen

Besonderheiten ergeben sich bei der Abtretung, Verpfändung und Pfändung von **Steuererstattungs- und Steuervergütungsansprüchen** (§ 46 AO in der Fassung 1977). Die gesetzliche Regelung lautet: 642

„Ansprüche auf Erstattung von Steuern, Haftungsbeträgen, steuerlichen Nebenleistungen und auf Steuervergütungen können abgetreten, verpfändet und gepfändet werden." (§ 46 Abs. 1 AO)

Nach Abs. 2 u. 6 des § 46 AO ist eine Abtretung, Verpfändung oder Pfändung eines Steuererstattungs- oder Steuervergütungsanspruchs erst nach Entstehung des Anspruchs zulässig. Damit sollen vor allem steuerlich unkundige Lohnsteuerpflichtige geschützt werden. Unseriöse Kreditgeber hatten sich in der Vergangenheit die Ansprüche aus dem Lohnsteuer-Jahresausgleich zu unangemessenen Bedingungen abtreten lassen. Gegenstand der Abtretung, Verpfändung oder Pfändung sind ausschließlich die Ansprüche des Steuerpflichtigen. Die Abtretung selbst ist ein öffentlich-rechtliches Rechtsgeschäft, das nach § 46 AO abzuwickeln ist. Es gelten eigene Regeln hinsichtlich der Übertragbarkeit und Übertragungsform. Die Vorschriften der §§ 398 f. BGB sind im Rahmen des § 46 AO unter Berücksichtigung der Besonderheiten des öffentlichen Rechts entsprechend anwendbar[1]. Voraussetzung eines rechtsgültigen Abtretungsvertrages ist die Anzeige des Gläubigers in vorgeschriebener Form an die zuständige Finanzbehörde. Der Eingang der Anzeige ist materielle Voraussetzung für die Wirksamkeit der Abtretung. Sie wirkt nicht auf den Zeitpunkt des Abtretungsvertrages zurück[2]. Das bedeutet, daß der Zedent hinsichtlich seines Erstattungsanspruchs steuerrechtlich unbeschränkt verfügungsbefugt bleibt, bis die formalisierte Abtretungsanzeige dem zuständigen Finanzamt zugegangen ist. Er kann also mit beliebig vielen Personen Abtretungsverträge über seinen Anspruch schließen; wirksam wird nur das Rechtsgeschäft, dessen formalisierte Anzeige zuerst beim zuständigen Finanzamt eingeht. Für die Anzeige müssen folgende Formerfordernisse beachtet werden: Die Anzeige muß schriftlich auf dem amtlich vorgeschriebenen Vordruck erfolgen; eine Anzeige auf Privatdrucken oder Ablichtungen ist nicht zulässig. Enthalten muß die Anzeige die Angabe des Abtretenden und des Abtretungsempfängers sowie deren Unterschriften, die Bezeichnung der Art des abgetretenen Anspruchs (z. B. Einkommensteuer 1976), die Höhe des Anspruchs, wobei dieser bestimmbar sein, aber nicht ziffernmäßig benannt werden muß, und die Nennung des Abtretungsgrundes (z. B. Erfüllung eines Darlehensvertrages)[3]. Zuständige Finanzbehörde ist nicht nur das Finanzamt, das für den Zedenten örtlich zuständig ist (Veranlagung), sondern z. B. für die Einfuhrumsatzsteuer das jeweils örtlich zuständige Hauptzollamt (§ 12 Abs. 2 Gesetz über die Finanzverwaltung). In diesem Zusammenhang soll nochmal betont

---

[1] Palandt/Heinrichs § 398 Rdn. 2; BSozG NJW 59, 2087; BFH WM 73, 1007; Hein, BB 77, 991 f.
[2] Vgl. Einführungserlaß zu AO, BStBl 76, I S. 576 (583, Ziff. 2 zu § 46).
[3] Einführungserlaß a. a. O., S. 583, Ziff. 3 zu § 46.

werden, daß die Abtretung nur zulässig ist, wenn der Anspruch bereits entstanden ist; vor Entstehung des Anspruchs bei der Finanzbehörde eingehende Anzeigen sind unbeachtlich, sie erlangen auch späterhin keine Rechtswirkung. Die Abtretung müßte in einem solchen Fall erneut der zuständigen Finanzbehörde angezeigt werden[1]. Anzuzeigen ist die Abtretung vom bisherigen Gläubiger[2]. Der Zedent kann den Zissionar allerdings zur Übermittlung der Anzeige bevollmächtigen. Die Wirkung der Abtretung ist gesetzlich nicht geregelt. Nach einer Entscheidung des Bundesfinanzhofes[3] ist nur der reine Zahlungsanspruch übertragbar. Dem Zessionar wird somit weder ein Steuerbescheid erteilt, noch hat er das Recht, Einspruch einzulegen oder Klage zu erheben. Lediglich bei Streitigkeiten über die Verwirklichung des Anspruchs soll ihm der Rechtsweg zustehen (§§ 218 Abs. 2, 348 Abs. 1 Nr. 9 AO)[4]. Der Zedent behält in jedem Fall seine Stellung im Steuerverfahren insoweit, als er noch Mitwirkungspflichten wie z. B. die Vorlageverpflichtung bezüglich Bücher und Aufzeichnungen, sowie Verpflichtung zur Abgabe von Steuerverpflichtungen oder Auskünften hat.

2. Individualisierung — Bestimmbarkeit

643   Für die Rechtswirksamkeit einer Abtretung ist entscheidend, daß das als Sicherungsmittel dienende Recht „**individualisiert**", also **hinreichend bestimmt** oder wenigstens **bestimmbar** ist (s. bereits Rdn. 104)[5]. **Es muß sich von allen gleichartigen Rechten unterscheiden lassen.**

Welche Anforderungen im einzelnen an die Individualisierung zu stellen sind, richtet sich nach den Besonderheiten des Falles. Grundsätzlich wird eine Forderung dadurch individualisiert, daß sie sowohl ihrem Gegenstand — Person des Drittschuldners und Rechtsgrund — als auch ihrem Umfang — ihrer Höhe — nach einwandfrei umschrieben ist[6]. Dabei können mehrere Forderungen unter einer Sammelbezeichnung, z. B. als Außenstände, zusammengefaßt werden. Die Anforderungen hinsichtlich des Gegenstandes sollten allerdings nicht überspannt werden.

644   Probleme hinsichtlich der Individualisierbarkeit können sich bei der Zession **künftiger** Rechte ergeben, weil hier häufig weder Drittschuldner noch der Rechtsgrund bekannt sind. Damit diese Abtretungen nicht mangels Bestimmbarkeit der zedierten Rechte unwirksam sind, sind diese im Vertrag so zu bezeichnen, daß es nur ihrer Entstehung bzw. ihres Erwerbs durch den Zedenten bedarf, um die Übertragung mit der Entstehung oder dem Erwerb ohne weiteres wirksam werden zu lassen[7]. Dabei genügt

---

[1] Einführungserlaß a. a. O., S. 583, Ziff. 4 zu § 46.
[2] Hein, BB 77, 992: str.; a. A. Tippke-Kruse I, § 46 Rdn. 4 h.
[3] BFH v. 21. 3. 1975 — VI R 238/71, WB 75, 999.
[4] BFH a. a. O.; Becker, Riewald, Koch, RAO, § 159 Anm. 5; a. A. Tippke-Kruse, a. a. O., Rdn. 10 zu § 46 AO.
[5] Vgl. auch BGH WM 61, 350 u. 601; WM 65, 1175; Serick II, § 24 II 2.
[6] RG 155, 26.
[7] RG JW 32, 3175; BGH WM 59, 432.

Bestimmbarkeit des Rechts im Zeitpunkt seiner Entstehung[1], spätestens in dem der Inanspruchnahme[2]. Das Fehlen eines Individualisierungsmerkmales schadet dann nicht, wenn die übrigen die Forderung zweifelsfrei in Gegenstand und Umfang kenntlich machen[3]. Die Bezugnahme auf eine dem Zessionar zu übergebende Urkunde reicht aus. Bei Übertragung eines Geschäfts auf einen Dritten sind die dort anfallenden Forderungen von der Zession nicht erfaßt[4]. Etwas anderes gilt aber dann, wenn es sich um eine Gesamtrechtsnachfolge handelt und die Rechtsnachfolger (z. B. die Erben) den Betrieb fortsetzen; sie übernehmen dann sämtliche Verpflichtungen des Zedenten, so daß ihnen gegenüber auch die Zession wirksam bleibt[5]. Bei mangelnder Bestimmbarkeit der abgetretenen Forderung führt auch eine Bestätigung durch den Schuldner nicht zur Wirksamkeit[6].

Auch der **Umfang** der zedierten Forderung muß genauestens vereinbart werden. Er muß sich im Zeitpunkt der Wirksamkeit der Abtretung ohne umständliches Verfahren ermitteln lassen; die Zuhilfenahme außervertraglicher Umstände ist zulässig. **645**

Der BGH hat beispielsweise bei einer allgemeinen Gehaltsabtretung aus den Begleitumständen beim Zustandekommen des Abtretungsvertrages geschlossen, daß die Eheleute bei natürlicher Betrachtung unter den Worten „Einkommen aus der Tätigkeit als Lehrer" alle mit dem Arbeitsverhältnis zusammenhängenden Ansprüche und damit auch etwaige Lohnerstattungsansprüche verstanden habe[7].

Hinreichend **individualisiert** ist nach der Rechtsprechung die Abtretung „aller **646** künftigen, in einem bestimmten Geschäftsbetrieb entstehenden Forderungen"[8], „eines künftigen Geschäftsanteils an einer GmbH"[9], „der Mietforderung aus der künftigen Vermietung einer bisher noch nicht vermieteten Wohnung"[10], „künftiger Lohnforderungen aus noch nicht bestehenden Arbeitsverhältnissen"[11], oder die Zession aller gegenwärtigen und künftigen Forderungen aus gleichem Rechtsgrund, z. B. alle Forderungen aus Lieferungs- und Dienstleistungsgeschäften[12]. Dies gilt auch für die Abtretung „aller gegenwärtigen und künftigen Forderungen aus der Lieferung von Waren einer bestimmten Gattung gegen deren Abnehmer"[13] oder für eine Abtretung „entsprechend dem Wert unserer Lieferung"[14]. Als nicht genügend bestimmt angese-

---

[1] BGH WM 61, 350.
[2] BGH WM 66, 13; WM 76, 151.
[3] RG 136, 100, 103.
[4] BGH WM 73, 489.
[5] BGH 32, 367.
[6] BGH WM 70, 848.
[7] BGH ZIP 80, 693.
[8] RG JW 32, 3761.
[9] BGH 21, 242, 245.
[10] RG 135, 139, 141.
[11] BAG WM 68, 1047.
[12] Vgl. Globalzession Rdn. 698—703.
[13] BGH 30, 149, 151.
[14] Vgl. BGH WM 68, 644, 645.

Sicherungsabtretung

hen wird hingegen die Abtretung „aller künftigen Einnahmen", die „jeweils aus den Handelsbüchern ersichtlichen Außenstände", die „gesamten aus den Handelsbüchern ersichtlichen Buchforderungen"[1], die „auf solche Art erworbenen Forderungen des Zedenten"[2] oder „sämtliche Ansprüche aus jedem irgendwie gearteten Rechtsgrund"[3].

Es können auch Forderungen von einer **ziffernmäßigen Höhe** an — z. B. alle über DM 1000,— abgetreten werden. Voraussetzung für die Wirksamkeit einer derartigen Zession ist jedoch, daß der Zeitpunkt angegeben wird, der für die Feststellung des abgetretenen Forderungskreises maßgebend sein soll.

647 Häufig ist die Abtretung **künftiger Fälligkeiten** aus bestehenden Ansprüchen, z. B. die Zession künftiger Lohn- und Gehaltsteile[4], auch für den Fall des Arbeitsplatzwechsels[5]. Dabei wird sich die Zession regelmäßig auf den pfändbaren Teil des Lohnes bzw. Gehaltes beziehen. Die Zulässigkeit einer derartigen Zession ist allgemein anerkannt[6]. Für die Bestimmbarkeit des Umfanges solcher Ansprüche ist es erforderlich, daß sich — zumindest im Wege der Auslegung — eine Begrenzung der abgetretenen Fälligkeiten nach Zeit oder Betrag aus der Höhe und Tilgungsweise der gesicherten Forderung herleiten läßt[7]. Zur betragsmäßigen Begrenzung der Abtretung von Lohn- und Gehaltsansprüchen vgl. Anhang.

648 Eine **Überdeckung**[8] liegt dann im allgemeinen nicht vor, vorausgesetzt die Abtretung enthält auch für die (evtl.) nachträgliche (planmäßige) Übersicherung eine den Grundsätzen des BGH entsprechende Freigabeklausel vor (vgl. Rdn. 148 d). Außerdem liegt eine Überdeckung dann nicht vor, wenn die Vertragsauslegung ergibt, daß die Abtretung durch die Tilgung der gesicherten Forderungen auflösend bedingt sein soll.

649 Die Zession der **Mieterträgnisse** eines Hauses, auch der aus erst künftig mit bisher noch unbekannten Personen abzuschließenden Mietverträgen, begegnet unter dem Gesichtspunkt der Bestimmbarkeit keinerlei Bedenken. Unschädlich ist auch die Vereinbarung, daß bestimmte einzelne Ansprüche nicht unter die Abtretung fallen[9].

650 Eine **Teilabtretung** ist zulässig, wenn die Forderung ihrem Gegenstande nach teilbar ist[10] und der Drittschuldner hierdurch nicht in unbilliger Weise beschwert wird[11].

---

[1] Soergel/Schmidt, 10. Aufl., § 398 Rdn. 9; RG 155, 26.
[2] RG 140, 250.
[3] Vgl. BGH 13, 42.
[4] Vgl. BGH WM 76, 151; WM 76, 470.
[5] Beachte aber: BayOLG in DNotZ 72, 233; Baumgärtel, AcP 156, 265.
[6] BGH WM 76, 151; hinsichtlich der Zumutbarkeit für den Arbeitgeber wegen der mit der Zession für ihn verbundenen Mehrarbeit vgl. BGH 23, 53.
[7] RArbG DR 39, 1691; 41, 1795; BArbG NJW 67, 751.
[8] Vgl. Rdn. 282.
[9] BGH WM 66, 13.
[10] Serick II, § 24 II 3; Beeser AcP 156, 414.
[11] RG 146, 399, 402.

Eine solche Unbilligkeit liegt z. B. nicht vor, wenn dem Arbeitgeber durch eine Teilabtretung von Lohnforderungen nur eine geringe Mehrarbeit erwächst[1]. Die nur teilweise Abtretung einer Forderung muß eindeutig erkennen lassen, was von ihr abgetreten sein soll[2]. Der abgetretene Teil der Forderung muß ziffernmäßig bestimmt sein. Ist nur ein „Circa"-Betrag angegeben, so reicht dies nur, wenn es sich um eine vorläufig-überschlägige Bezifferung handelt, die nach dem Willen der Parteien noch durch eine endgültige Feststellung der Forderungshöhe ersetzt werden soll[3].

In dem häufigen Fall, daß ein derartiges Recht nur teilweise als Sicherheit dient, pflegt der Sicherungsgeber den Rang des Teilrechts von vornherein dadurch zu verbessern, daß er das Teilrecht mit dem Rang vor dem Rest oder, anders ausgedrückt, als „erstrangiges" verpfändet oder abtritt. **Zu beachten ist aber bei der Verpfändung oder Abtretung des Arbeitslohnes, daß er kraft Gesetzes zu einem erstrangigen Teil unpfändbar (s. Rdn. 82) und insoweit weder verpfändbar noch abtretbar ist (s. Rdn. 133) und der Arbeitgeber zunächst diesen Teil zu tilgen hat.** Im übrigen läßt sich ein „erstrangiges" Teilrecht mit dinglicher Wirkung nur bei den gebuchten Rechten darstellen. Zu solcher Rangänderung bedarf es nicht der Zustimmung des Eigentümers des Sicherungsmittels, selbst wenn die Rangänderung erst nach erfolgter Teilung vereinbart wird (§§ 1151 BGB, 26 SchiffsG, 26 LRG). Damit liegt dann zwar die Reihenfolge der Berechtigten bei der Erlösverteilung im Fall einer künftigen Vollstreckung in das Grundstück fest, der Eigentümer kann aber frei bestimmen, welchem Teilrecht er seine freiwilligen Tilgungsleistungen in erster Linie zukommen lassen will. Will sich der Zessionar einer nicht hypothekarisch gesicherten Teilforderung das Vorrecht dahin sichern, daß der über den ihm abgetretenen Forderungsteil hinausgehende Betrag erst nach seiner (des Zessionars) Befriedigung getilgt werden darf, so muß er sich, wenn sich der Forderungsteil nicht als vertraglich festliegende Rate eines Abzahlungskapitals bestimmen läßt, den zuerst zahlbaren — meistens, aber ungenau als erstrangig bezeichneten — Teil der Forderung abtreten lassen[4]. Selbst das ist von zweifelhaftem Wert, wenn der Sicherungsgeber später die Stammforderung oder einen Teil davon an einen Dritten abtritt. Denn auf der einen Seite begründet die nur zeitlich frühere Abtretung die soeben erörterte Vorzugsstellung des einen Teils der Forderung vor dem anderen nicht[5], auf der anderen Seite ist nur der Sicherungsgeber an jene Abmachung gebunden, und sie versagt gegenüber dem Sicherungsnehmer der Stammforderung jedenfalls solange, als die beabsichtigte Tilgungsfolge nicht durch Zustimmung des Drittschuldners zum Bestandteil des Forderungsverhältnisses gemacht worden ist. Zediert also A. von seiner in monatlichen Raten zahlbaren Forderung gegen Z. zunächst einen Teil von DM 3000,— sicherungshalber an B. und demnächst den Rest von DM 7000,— an C., so kann B. nicht ohne weiteres Z. zwingen, die fällig werden-

---

[1] BGH 23, 53.
[2] RG 64, 120; BGH WM 70, 848; Beeser, AcP 156, 414; RG 146, 96.
[3] RG v. 23. 6. 36 — II 51, 36 —.
[4] Serick II, § 24 II 3a.
[5] RG 149, 98.

den Raten solange ausschließlich an ihn (B.) zu entrichten, bis die an B. abgetretenen DM 3000,— getilgt sind; vielmehr tilgt mangels anderweitiger Bestimmung des Z. jede Zahlung an C. ohne weiteres auch die gleichrangige Teilforderung des B. verhältnismäßig[1]. Einen Vorrang würde B. nur dann genießen, wenn ihm die DM 3000,— als erstrangig abgetreten wären und Z. noch vor der Zession der Restforderung an C. hiervon zustimmend Kenntnis genommen hätte, und auch solche Regelung schirmt bei einem Zwangsvergleich des Z. den B. nicht gegen die Konkurrenz des C. ab[2]. Sind aber B. und C. über die zeitliche Folge ihrer Befriedigung einig, so kann A. die Forderung gegen Z. sogar an B. und C. gemeinschaftlich zur sukzessiven Befriedigung gemäß der internen Abrede zwischen B. und C. abtreten[3].

651 **Nicht möglich ist eine Verkoppelung des Umfangs der Abtretung mit der jeweiligen Höhe der gesicherten Forderung**[4]. Eine Forderung kann also nicht insoweit zediert werden, als jeweils Kredit in Anspruch genommen wird[5].

Eine Abtretung „von Kundenforderungen in Höhe von DM 125 000,—" mangelt der erforderlichen Bestimmtheit bzw. Bestimmbarkeit, wenn nicht erkennbar ist, aus welchen Forderungen oder Teilen von Forderungen dieser Betrag sich zusammensetzt[6]. Nicht genügend bestimmt ist auch die Zession von Ansprüchen in Höhe „unserer noch offenen Forderung" oder „des jeweiligen Schuldsaldos bei der Bank"[7]. Zulässig ist hingegen die Abtretung des „pfändbaren Teils des Arbeitslohns"[8].

652 Handelt es sich um den Anspruch aus einer **künftigen Veräußerung** einer bestimmten Sache, so bereitet es oft erhebliche Schwierigkeiten, schon im voraus einwandfrei den Fällen Rechnung zu tragen, daß die betreffende Sache (Ware) nur mit anderen zu einem Gesamtpreis oder erst nach Verbindung, Vermischung oder Verarbeitung mit anderen veräußert wird. Ein ähnliches Problem stellt sich bei der Zession der Forderung aus dem künftigen Verkauf eines bestimmten Grundstücks, wenn der Zedent das Grundstück parzelliert und so mehrere Forderungen gegen die Käufer der verschiedenen Parzellen entstehen; in diesem Fall muß dem Vertrag zu entnehmen sein, welche dieser Forderungen und in welcher Höhe sie abgetreten sein sollen[9]. Nicht abtretbar sind ferner „**die jeweils jüngsten**" Forderungen des Zedenten[10]. Von einer **in Raten**
653 **zu tilgenden Forderung** läßt sich zwar eine bestimmte Rate abtreten, nicht aber der „jeweils erstrangige" Teil, da hier die Abtretung im Nachhinein immer wieder andere

---

[1] BGH 46, 242.
[2] BGH WM 65, 1175.
[3] RG v. 3. 6. 1904 — III 106/04 —.
[4] BGH NJW 65, 2197; BAG NJW 68, 2078; a. M. anscheinend BAG WM 67, 305; OLG Celle WM 67, 265; LAG Tübingen NJW 70, 349.
[5] RG 92, 238.
[6] BGH BB 68, 810.
[7] BGH WM 65, 1049; RG 149, 96 (100).
[8] BGH WM 76, 151; BAG WM 68, 1047; BAG DB 73, 2307.
[9] BGH WM 55, 338.
[10] RG 90, 248.

Forderungsteile ergreifen soll. (Vgl. auch Rdn. 319 a. E.) Will sich der Sicherungsnehmer nicht die ganze Forderung abtreten lassen, gleichwohl aber bis zu ihrer endgültigen Tilgung eine Sicherheit an ihr erlangen, so muß er sich einen entsprechenden **letztrangigen Teil** rediren lassen und dabei in Kauf nehmen, daß dieser aus irgendwelchen Gründen ausbleibt; den Parteien ist es aber unbenommen, im Rahmen einer Mantelzession (vgl. Rdn. 694 ff.) zunächst einen summenmäßig bestimmten erstfälligen Teil abzutreten und in der Folge jeweils weitere bezifferte Teilbeträge nach Maßgabe ihrer Fälligkeit als Ersatzzession zu behandeln. Man begegnet diesem Problem bei der Zession von Werklohnforderungen, wenn dem Kreditgeber, der das Werk finanziert, nur ein Teil der Werklohnforderung, dieser aber bis zur Vollendung des Werks als Sicherheit dienen soll. Bei einer teilweisen Abtretung einer Werklohnforderung kann der minderungsberechtigte Besteller die Minderung grundsätzlich nur gegenüber jeder der Teilforderungen im Verhältnis ihrer Höhe verlangen[1]. Ähnlich ist die Rechtslage bei der Abtretung eines summenmäßig bestimmten Teils von mehreren selbständigen Forderungen; auch sie ist unwirksam, wenn nicht vorher die Verteilung des zedierten Betrages auf die verschiedenen Forderungen erfolgt[2].

Hinsichtlich des **Gegenstandes** der Abtretung reicht es aus, wenn anhand anderer 654 Merkmale die eindeutige Individualisierung der Forderung möglich ist (vgl. Rdn. 643). Kann einmal der Drittschuldner noch nicht genannt werden, so genügt es, daß **sämtliche Forderungen aus genau bestimmten Geschäften zediert werden**, z. B. aus einer Lieferung von Waren einer speziellen Gattung[3], aus einem bestimmten Geschäftsbetrieb oder einer bestimmten Art von Rechtsgeschäften[4]. Das Fehlen des Rechtsgrundes schadet dann nicht, wenn alle Forderungen gegen den im Vertrag konkret angegebenen Drittschuldner zediert werden[5]. Die Anforderungen, die an die Bestimmtheit des **Umfanges** gestellt werden, bleiben hingegen streng (vgl. Rdn. 650).

Diese Art der Sicherungsabtretung ist aber für den Sicherungsnehmer nicht unge- 655 fährlich. Es kann sich daraus leicht eine **übermäßige Sicherung** ergeben. Diese liegt z. B. dann vor, wenn sie über das erforderliche Maß hinaus zum Nachteil anderer Gläubiger des Zedenten erstreckt wird. In einem derartigen Falle wird in der Regel ein Verstoß gegen die guten Sitten vorliegen, der nach § 138 BGB die Nichtigkeit des Abtretungsvertrages zur Folge hat oder aber — soweit es sich um einen formularmäßigen Vertrag handelt — nach § 9 AGB-G unwirksam sein.

3. Hindernisse für die Sicherungsabtretung

Der Sicherungsnehmer muß die ihm zur Sicherheit abgetretenen Rechte einer kriti- 656 schen Bewertung unterziehen. Häufig nämlich sind sie wegen eines in der Person des

---

[1] Vgl. BGH 46, 242.
[2] RG 98, 200; BGH WM 65, 562; 68, 1054; DB 75, 442; Serick II, § 27 III 2 m. w. N.
[3] BGH NJW 59, 1533.
[4] BGH WM 61, 350; RG 155, 26, 30.
[5] Gördel, Bankbetriebl. Informationen, 72, 263.

Sicherungsgebers oder in dem zedierten Recht bestehenden Umstandes als Sicherungsmittel nur wenig geeignet.

a) Verfügung des Sicherungsgebers über fremde oder belastete Rechte

657 Dies gilt zunächst einmal dann, wenn Rechte zediert wurden, die dem Sicherungsgeber **nicht zustehen oder die bereits belastet, z. B. verpfändet, sind** (vgl. Rdn. 126). Hieraus ergeben sich für den Sicherungsnehmer nachteilige Folgen. Fremde Rechte erwirbt er überhaupt nicht, belastete Rechte nur beschwert mit der Belastung. Der Zweitzessionar kann jedoch dann das (unbelastete) Recht erwerben, wenn der neue Rechtsinhaber zustimmt (vgl. Rdn. 172). Liegt hingegen eine nur teilweise **Doppelabtretung** vor, so erwirbt der Zweitzessionar den von der ersten Zession nicht umfaßten Teil ohne weiteres Zutun des Erstzessionars.

658 Die beiden o. g. Fälle der mangelnden Rechtsinhaberschaft des Zedenten treten in der Praxis verhältnismäßig häufig auf. Nicht selten nämmlich kommt es vor, daß ein Kaufmann eine Forderung gegenüber seinem Kunden der Bank zur Sicherheit zediert, obwohl diese Forderung bereits mit dem verlängerten Eigentumsvorbehalt seines Lieferanten belastet ist, d. h. dem Lieferanten ist die Forderung aus dem Verkauf seiner Sache im voraus abgetreten worden (vgl. zum Eigentumsvorbehalt auch Rdn. 1014 ff., 1032 ff.). Dem Zedenten ist in diesem Falle die Verfügungsbefugnis über die Forderung gegen den Zweitabnehmer genommen. Verfügt er dennoch, so geht das nicht zu Lasten des Vorbehaltslieferanten. Hinsichtlich des Forderungserwerbes entscheidet nämlich grundsätzlich die zeitliche **Priorität**[1], so daß die Bank als Zweitzessionar ihre Ansprüche nicht mehr durchsetzen kann. — Eine Aufteilung der Forderung auf Bank und Lieferant[2] lehnt der BGH[3] ab. — Der Grundsatz der zeitlichen Priorität bleibt auch dann erhalten, wenn der Vertrag mit der Vorausabtretung **vor der Zweitzession** (an die Bank), die Lieferung der Vorbehaltsware erst nach der Abtretung an den Zweitzessionar erfolgt. Hat der Zweitzessionar den Forderungsbetrag bereits bei dem Drittschuldner eingezogen, so kann der Erstzessionar diesen Betrag nach den Grundsätzen der Vorschriften über die ungerechtfertigte Bereicherung vom Zweitzessionar herausverlangen, da dieser Nichtberechtigter i. S. des § 816 BGB war. Dies gilt nicht, wenn die Bank nur **Zahl**stelle war. Den Geldkreditgebern bleibt in derartigen Fällen nur die Möglichkeit, sich vom Zedenten den Anspruch gegen den Vorbehaltsverkäufer auf Rückzession der Forderung bzw. auf Auszahlung des Überschusses zur Sicherheit zedieren zu lassen. Letzteres ist jedoch keine ausreichende Sicherheit, da wegen der vorrangigen Befriedigung des Vorbehaltsverkäufers in der Regel für den Geldkreditgeber nur noch ein verhältnismäßig geringer Betrag verbleibt. Dieses Risiko kann der Sicherungsnehmer dann vermeiden, wenn er den wirklichen Inhaber des abgetretenen oder belasteten Rechts

---

[1] BGH WM 76, 151; WM 70, 900; BGH 30, 149, 151; 32, 367, 369; Hans. OLG Hamburg NJW 59, 102.
[2] So Esser, JZ 68, 281 und 529.
[3] BGH 32, 361, 362.

veranlaßt, der Zession zuzustimmen (vgl. Rdn. 129). Zum Problem der Globalzession, die der Vorausabtretung an den Lieferanten zeitlich vorrangig ist, vgl. Rdn. 701 ff.

Der Zweitzessionar erleidet auch dann keinen Nachteil, wenn er bezüglich der fremden Berechtigung oder der Belastung gutgläubig ist und ihm **Inhaber- oder Orderpapiere** (vgl. Rdn. 666—668) oder **gebuchte Rechte** (vgl. Rdn. 663/762) zur Sicherheit übertragen werden: Der Sicherungsnehmer wird hier vollberechtigter Inhaber des Rechtes, die etwaige Vorbelastung erlischt (vgl. Rdn. 665). Die Gefährdung des Sicherungsnehmers ist somit bei der stillen Zession von schlichten Forderungen am größten, da hier sein guter Glaube grundsätzlich nicht geschützt wird; Gewißheit über eine Vorabtretung- oder Belastung kann er nur durch Offenlegung der Zession erlangen (vgl. Rdn. 675 und auch Rdn. 663), wobei aber in der Praxis bei der Offenlegung Vorsicht geboten ist, da die stille Zession gerade deswegen den Vorzug vor der Verpfändung erhält, weil sie dem Drittschuldner nicht bekannt wird.

Im Einzelfall kann die Erstzession jedoch wegen Verstoßes gegen § 138 BGB nichtig sein, wenn sie **eine Einschränkung der wirtschaftlichen Entschließungs- oder Handlungsfreiheit** des Zedenten oder eine **Gefährdung der Gläubiger** darstellt[1]. Dabei reicht das Fehlen einer Befristung für die vereinbarte Sicherungsabtretung für sich allein für die Annahme einer Sittenwidrigkeit nicht aus, da den übrigen Gläubigern immer noch die Möglichkeit bleibt, sich den Anspruch des Schuldners auf Rückabtretung der zur Sicherheit abgetretenen Forderung pfänden und sich zur Einziehung überweisen zu lassen[2]. **659**

Das Problem der Zweitabtretung einer Forderung wird in der Praxis besonders bedeutsam, wenn eine **Vorausabtretung in Form der Globalzession und ein verlängerter Eigentumsvorbehalt** aufeinandertreffen (s. Rdn. 701 ff.). **660**

b) Relative oder absolute Verfügungsverbote

Dem Zedenten kann wegen eines bestehenden relativen oder absoluten Verfügungsverbotes (vgl. Rdn. 130, 133, 134) die **Verfügung über das Recht entzogen sein**. Unter das **absolute Verfügungsverbot** fällt die Übertragung vinkulierter Gesellschaftsanteile (§ 68 Abs. 2 AktG; § 15 Abs. 5 GmbHG). Hierzu gehört auch das Abtretungsverbot unpfändbarer Forderungen (§ 400 BGB) und die Abtretungsverbote nach § 399 BGB. Die Freigabe gegenüber einer Person hat nicht zugleich die Freigabe gegenüber einem weiteren Abtretungsgläubiger zur Folge[4]. Nach § 354a HGB ist eine Abtretung einer Forderung aus einem Handelsgeschäft trotz Abtretungsverbot wirksam (seit 26. 7. 1994), allerdings kann der Schuldner mit befreiender Wirkung an den bisherigen Gläubiger leisten; vgl. Rdn. 1040. Eine Abtretung von Rentenversicherungsansprüchen ist **661**

---

[1] Vgl. BGH DB 76, 382, 383; WM 76, 151.
[2] BGH a. a. O. zu dem Fall einer unbefristeten Vorausabtretung zukünftiger Lohnforderungen.
[3] BGH NJW 80, 2247; WM 86, 1081; 91, 554.
[4] OLG Koblenz WM 92, 73 = WuB I F 4.-5.92/Sundermann; MünchKomm/Roth, § 399 Rdn. 113; vgl. aber auch Hadding/van Look, WM 88, S Beil. 7, S. 10.

absolut unwirksam, solange der Berechtigte (Vers.nehmer) sie dem Versicherer nicht schriftlich nach § 13 AV BRV anzeigt[1]. Unpfändbare **Rentenansprüche** können an denjenigen abgetreten werden, der dem Rentner ohne Rechtspflicht laufend Bezüge zum jeweiligen Fälligkeitstermin in Höhe der jeweils fällig gewordenen abgetretenen Ansprüche gewährt, wenn der Rentenberechtigte vorher den vollen Gegenwert erhalten hat oder wenn die Abtretung durch die jeweils termingemäß zu leistenden Zahlungen bedingt ist; Sinn und Zweck der Vorschrift (§ 400 BGB) lassen eine Einschränkung des Abtretungsverbots nämlich insoweit zu, als der Rentenberechtigte den vollen Gegenwert für die abgetretenen Rentenbeträge erhält (vgl. BGH 4, 153 f.).

662 Dient das Veräußerungsverbot hingegen nur dem Interesse bestimmter Dritter, so handelt es sich um ein **relatives Abtretungsverbot** i. S. der §§ 135, 136 BGB (vgl. Rdn. 130). Es ist dann nur im Verhältnis zu diesen Dritten unwirksam und hindert nicht einen Gutglaubenserwerb anderer Personen (§ 135 Abs. 2 BGB).

Eine Beschränkung der Verfügungsbefugnis des Zedenten kann sich aus verschiedenen Gründen ergeben. Über diese und den infragekommenden Personenkreis wurden bereits an anderer Stelle (vgl. Rdn. 139—145) nähere Ausführungen gemacht.

c) Minderung der Tauglichkeit/Einwendungen

663 Bedenken gegen die Eignung als Sicherungsmittel bestehen auch gegen Rechte, deren **Existenz zweifelhaft** oder deren **Tauglichkeit** sonstwie **gemindert** ist, wozu insbesondere **einredebehaftete Ansprüche** zählen.

Im Zessionsrecht kann der Schuldner einer abgetretenen Forderung nach **§ 404 BGB** dem Gläubiger alle Einwendungen entgegenhalten, die zur Zeit der Abtretung dem bisherigen Gläubiger gegenüber „**begründet**" waren, wobei es ausreicht, wenn sie im Zeitpunkt der Abtretung ihre Grundlage (ihren Rechtsgrund) in dem Schuldverhältnis gehabt haben, aus dem die abgetretene Forderung erwachsen ist. Es kommt nicht darauf an, ob die den Einwand letzlich auslösende Tatsache schon vor oder erst nach der Abtretung eingetreten ist[2]. Im Gegensatz dazu steht dem Eigentümer eine Einrede i. S. der §§ 1192 Abs. 1, 1157 BGB nur dann zu, wenn im Zeitpunkt der Grundschuldabtretung bereits der gesamte Einredetatbestand verwirklicht gewesen ist. Für Einwendungen gegen die Grundschulden, die in diesem Sinne erst nach der Abtretung entstehen, gelten §§ 1192, 1156 BGB mit der Folge, daß der Abtretungsempfänger bei einer Klage aus der Grundschuld sich solche Einwendungen nicht entgegen zu halten lassen braucht.

In einem vom BGH[3] entschiedenen Fall fehlte zwischen der abtretenden Bank und dem Sicherungsgeber eine **Sicherungsabrede**. Diese Einrede war zwar im Zeitpunkt der Grundschuldabtretung bereits entstanden, der Abtretungsempfängerin konnte

---

[1] LG Hannover WM 92, 186 = WuB I F 4.-6.92/van Look.
[2] BGH WM 57, 1126; WM 83, 174.
[3] BGH WM 83, 174.

sie aber nicht entgegengesetzt werden, weil ihr das Fehlen weder bekannt war, noch aus dem Grundbuch ersichtlich gewesen ist (§§ 1192 Abs. 1, 1157, 892 Abs. 1 Satz 1 BGB).

Bei allen solchen Rechten als Sicherungsmitteln, die auf eine Leistung gehen, ist die Bewertung im besonderen davon abhängig, ob dem Anspruch des Sicherungsgebers **Einwendungen des Anspruchsgegners** entgegenstehen, welche die Durchsetzung des Rechtes zweifelhaft machen. Derartige Einwendungen können nämlich auch noch nach Offenlegung der Zession dem Sicherungsnehmer gegenüber geltend gemacht werden, wobei es genügt, daß der Rechtsgrund für die einzelnen Einwendungen schon bei Abschluß des Sicherstellungsvertrages vorhanden war, mag die Einwendung selbst auch erst später aus diesem Rechtsgrund erwachsen sein. Wird z. B. eine Kaufpreisforderung sicherungshalber abgetreten, so kann der Käufer auch dem Zessionar gegenüber geltend machen, er sei zur Zahlung nicht verpflichtet, weil ihm die gekaufte Ware überhaupt noch nicht oder nur unvollständig oder nur mangelhaft geliefert worden sei, die Forderung verjährt, der Kaufvertrag von ihm wegen Irrtums angefochten sei usw. (§§ 404, 1275 BGB). Er kann grundsätzlich sogar mit einer ihm gegen den Zedenten zustehenden Forderung auch dem Sicherungszessionar gegenüber aufrechnen, sofern nicht zu dessen Gunsten die **Aufrechnung** nach § 406 BGB ausgeschlossen ist[1]. Eine Aufrechnung ist trotz eines vertraglichen Aufrechnungsverbots nach Treu und Glauben zulässig, wenn sonst die Durchsetzung einer mit der Forderung des Gläubigers zusammenhängenden Geldforderung des Schuldners — etwa bei einem nachträglichen Vermögensverfall des Gläubigers — vereitelt würde[2]. Im ganzen bedeutet es für den Sicherungsnehmer eine erhebliche Belastung, daß er erst über die Einwendungen gegen das als Sicherungsmittel dienende Recht Klarheit gewinnen muß, um seine Sicherheit bewerten zu können (s. Rdn. 665). In zwei Ausnahmefällen wird ihm allerdings diese Prüfungslast erleichtert:

a) Wird auf Einwendungen, welche dem sicherungshalber abgetretenen Recht entgegenstehen, **verzichtet**, sei es auf Einwendungen gegen das Recht selbst oder auch gegen die Wirksamkeit der Abtretung, so wird insoweit die Sicherheit vollwertig. **Ein solcher Verzicht liegt vor, wenn der Anspruchsgegner dem Sicherungsnehmer gegenüber die Verpfändung oder Abtretung vorbehaltlos anerkennt.** Dies jedenfalls dann, wenn er weiß, daß der Sicherungsnehmer sich auf die Erklärung verläßt und sein Handeln danach einrichtet[3]. Erklärt der Anspruchsgegner dem Sicherungsnehmer, er werde unmittelbar an ihn zahlen, so wird darin im Zweifel nicht nur ein Anerkenntnis der Gültigkeit der Verpfändung oder Abtretung, sondern darüber hinaus ein bindender Verzicht auf etwaige vor Abgabe des Anerkenntnisses bekannt gewordene Einwendungen zu erblicken sein[4]. Im übrigen ist es eine Frage der Vertragsauslegung, ob in der

---
[1] BGH WM 63, 287; 75, 852.
[2] BGH WM 75, 614.
[3] BGH WM 56, 1211; 59, 406; 62, 742.
[4] RG JW 38, 1247; BGH WM 70, 848.

bloßen „**Bestätigung**" oder „Annahme" der Abtretung ein Verzicht auf die bereits bestehenden Einwendungen gegen den abgetretenen Anspruch liegt[1].

Erkennt ein Käufer auf dem Formular einer Bank, an die der Verkäufer die Kaufpreisforderung abgetreten hat, die Abtretung mit der Maßgabe an, daß „Rechte Dritter an der Forderung oder eigene zur Aufrechnung geeignete Gegenansprüche nicht bestehen", so liegt darin grundsätzlich **kein Verzicht** auf Rechte aus einer Leistungsstörung, die erst nach dem Anerkenntnis beim Verkäufer eintritt[2]. Die Bestätigung enthält aber in jedem Fall die Genehmigung einer verbotswidrigen Abtretung im Sinne des § 399 BGB (s. Rdn. 134). Im übrigen ist nach der neueren Rechtsprechung[3] davon auszugehen, daß der Schuldner regelmäßig nur bereit ist, auf Einwendungen zu verzichten, die er kennt oder mit denen er rechnet, wenn er die Schuld nur im Interesse von Alt- und Neugläubiger bestätigen soll[4]. Auf Einwendungen, die z. B. nur durch Hinzuziehung eines Sachverständigen geklärt werden können, verzichtet er im Zweifel nur, wenn er ein eigenes Interesse am Kredit des alten und der Sicherung des Neugläubigers hat[5]. Es handelt sich somit um eine bloße Wissenserklärung, bei deren Widerruf es zu einer Umkehr der Beweislast kommen kann[6]. Bei einer nicht umfassenden Auskunft über den Stand der Forderung steht der Bank ein Anspruch weder aus Vertrag noch aus vorvertraglicher Haftung zu[7].

b) Weiß der Sicherungsnehmer beim Erwerb der Sicherheit nicht, daß dem verpfändeten oder sicherungshalber abgetretene Recht **Einwendungen** entgegenstehen, so wird sein **guter Glaube** in aller Regel nicht geschützt, und das gefährdet den Sicherungsnehmer insbesondere bei der stillen Zession von schlichten Forderungen, wo Gewißheit über etwaige Einwendungen des Drittschuldners nur durch Offenlegung der Zession erlangt werden kann (s. Rdn. 689/690). In den Fällen jedoch, in denen der Erwerb der Sicherheit an den äußeren Tatbestand des Besitzes oder der registerlichen Eintragung geknüpft ist, wird die Sicherheit kraft des guten Glaubens vollwertig, denn der redliche Sicherungsnehmer braucht die Einwendungen nicht gegen sich gelten zu lassen. Im einzelnen:

Ist Sicherungsmittel ein Recht, welches in einem **Inhaber- oder Orderpapier** verkörpert ist, so ist der Sicherungsnehmer gegen alle Einwendungen geschützt, die sich auf die unmittelbaren Beziehungen zwischen Sicherungsgeber und Drittschuldner gründen, sofern nicht im Verhältnis zum Drittschuldner der Erwerb der Sicherheit unredlich erscheint. Gerade bei den vorerwähnten Wertpapieren war solche Regelung mit Rücksicht auf ihre Umlauffähigkeit unerläßlich. Demgemäß können dem Sicherungs-

---

[1] BGH WM 56, 221; 57, 1432; 61, 823; 65, 232.
[2] BGH WM 72, 1398.
[3] BGH WM 73, 840.
[4] BGH WM 62, 742.
[5] BGH WM 73, 840.
[6] BGH WM 85, 1177 = WuB I F 4.-1.85/Emmerich.
[7] BGH WM 85, 1466 = WuB I F 4.-1.86/Emmerich.

nehmer bei Inhaberpapieren (Schuldverschreibungen auf den Inhaber, Inhaberschecks usw.) nur solche Einwendungen entgegengesetzt werden, welche die Gültigkeit der verbrieften Leistungspflicht betreffen oder sich unmittelbar aus der Urkunde ergeben (§ 796 BGB). Entsprechendes gilt bei Orderpapieren (Wechsel, Scheck, kaufmännische Anweisungen, Verpflichtungsscheine usw.), vorausgesetzt, daß die Bestellung der Sicherheit im Wege der **Indossierung** des Papiers vom Sicherungsgeber an den Sicherungsnehmer erfolgt ist (Art. 17 WG, 22 ScheckG, §§ 363, 364, Abs. 2 HGB). Danach muß der redliche Sicherungsnehmer z. B. zwar den Einwand, daß die Unterschrift des Ausstellers einer solchen Urkunde gefälscht sei, gegen sich gelten lassen, nicht aber auch den Einwand, daß der Aussteller mit dem Sicherungsgeber eine (aus der Urkunde nicht ersichtliche) Stundung vereinbart habe, daß er die urkundlich verbriefte Verpflichtung erfüllt, eine Quittung auf der Urkunde aber versehentlich nicht erhalten habe, daß das von ihm (Sicherungsnehmer) erworbene Wechselblankett abredewidrig ausgefüllt worden sei (Art. 10 WG)[1] usw. Vor allen Dingen können dem gutgläubigen Sicherungsnehmer, der den Anspruch aus dem Papier geltend macht, keine Einwendungen aus dem sog. **Grundgeschäft** entgegengesetzt werden, selbst wenn ihm die Forderung aus dem Grundgeschäft mit abgetreten wird[2]. Das ist besonders wichtig beim **Wechsel und Scheck.** Giriert z. B. der Sicherungsgeber einen von einem Dritten akzeptierten Wechsel sicherungshalber an den Sicherungsnehmer, so ist dem von diesem auf Zahlung in Anspruch genommenen Akzeptanten der Einwand versagt, er habe den Wechsel nur zahlungshalber auf eine Kaufpreisforderung gegeben, der die Einrede des nicht erfüllten Vertrages entgegenstünde, oder er habe den Wechsel ebenfalls nur zu **Sicherungszwecken** akzeptiert und der Girant habe das Papier in Verkehr gebracht, obwohl die durch den Wechsel gesicherte Forderung noch nicht fällig sei. Daß der Wechsel schon in den Händen des Sicherungsgebers ein Sicherungswechsel war, verschafft aber dem Akzeptanten einen Einwand dann, wenn dem Sicherungsnehmer beim Erwerb des Wechsels nicht nur dessen Sicherungsfunktion, sondern darüber hinaus auch das Nichtbestehen der durch den Wechsel gesicherten Forderung des Sicherungsgebers bekannt war (Rdn. 437). Der Schutz des Sicherungsnehmers gegen die Einwendungen des Akzeptanten reicht aber nur soweit, als die Wechselsumme die gesicherte Forderung nicht übersteigt und die Sicherheit in Unkenntnis der Einwendungen erworben und valutiert worden ist[3]. In Höhe des übersteigenden Betrages muß der Sicherungsnehmer alle Einwendungen aus den unmittelbaren Beziehungen des Zahlungspflichtigen zum Sicherungsgeber gegen sich gelten lassen[4]. Wo ausnahmsweise der Sicherungsnehmer auf den die gesicherte Forderung übersteigenden Teil der Wechsel- oder Schecksumme angewiesen ist, um die gesicherte Forderung voll zur Deckung zu bringen, gilt der Einredeausschluß zu Lasten des Akzeptanten auch über den Betrag der gesicherten Forderung hinaus. So darf z. B. im Konkurse des Akzeptan-

---

[1] BGH 54, 1.
[2] RG 166, 306; BGH NJW 53, 219.
[3] BGH 5, 285; KG NJW 59, 2018.
[4] A. M. KG JW 25, 1523.

ten ein wegen DM 500,— verpfändeter Wechselanspruch von DM 1000,— solange in voller Höhe angemeldet werden, als die Konkursquote 50% nicht überschreitet. Ebenso schadet Bösgläubigkeit nicht, wenn es sich um den Einwand des **Gefälligkeitsakzeptes** handelt, denn es ist ja gerade Zweck der Gefälligkeit, den Kreditwert des Wechsels zu erhöhen[1]. Andererseits wird der Gefälligkeitsakzeptant durch etwaige Zahlungen des Ausstellers befreit, weil es hier natürlich ist, daß der Aussteller in erster Linie die Akzeptschuld beseitigt[2]. Bösgläubigkeit in bezug auf die Garantiefunktion der Wechselunterschrift ist dem Sicherungsnehmer unschädlich auch in allen anderen Fällen einer wechselmäßigen Interzession, kraft welcher der Schuldhelfer durch seine Wechselunterschrift ohne Rücksicht auf seine internen Beziehungen zum Schuldner für dessen (durch die Indossierung des Wechsels an den Gläubiger zu sichernde) Verbindlichkeit eintritt (Garantiewechsel)[3]. Auch hier kann aber sich der Interzedent dem Wechselanspruch des Gläubigers gegenüber auf das Erlöschen der durch die Interzession gesicherten Forderung berufen, wenn der Gläubiger hinsichtlich des Erlöschens nicht gutgläubig ist.

Ist Sicherungsmittel ein **gebuchtes Recht**, so wird der Sicherungsnehmer gegen alle dem dinglichen Anspruch entgegenstehenden Einwendungen geschützt, die ihm beim Erwerb der Sicherheit unbekannt waren, z. B. gegen die Berufung auf die Unwirksamkeit des Sicherstellungsvertrages, auf ein (nicht eingetragenes) Abtretungsverbot, auf eine Stundung des dinglichen Anspruchs usw. (§§ 1157 BGB, 52 SchiffsG, 52 LRG), wobei allerdings zu betonen ist, daß der **gute Glaube** überall da ausgeschlossen ist, wo die Einwendung aus dem Register oder bei Rechten, über die ein Brief ausgestellt ist, auch nur aus dem Brief ersichtlich ist. Grobfahrlässige Unkenntnis steht der Kenntnis nicht gleich. Verpfändet also B. dem C. eine auf dem Grundstück des A. lastende Darlehenshypothek, die nach den internen Vereinbarungen zwischen A. und B. noch nicht fällig ist, und ist C. bezüglich der — im Grundbuch nicht vermerkten — Fälligkeitsbedingungen gutgläubig, so kann er die Hypothek nach Maßgabe der gesetzlichen Fälligkeitsregelung (§ 609 BGB) gegen A. geltend machen. Tritt B. eine Grundschuld, die ihm A. zur Sicherung einer Forderung an seinem Grundbesitz bestellt hat, sicherungshalber an C. ab, so schadet dem C. (nicht schon die Kenntnis, daß B. seinerseits die Grundschuld nur sicherungshalber erworben hatte, sondern) nur die Kenntnis, daß B. die durch die Grundschuld gesicherte Forderung gegen A. nicht (mehr) hat oder daß dem A. zur Zeit der Abtretung bereits eine andere im Sicherungszweck wurzelnde Einrede (z. B. die Einrede der mangelnden Fälligkeit der gesicherten Forderung) gegen den Anspruch aus der Grundschuld erwachsen war[4]. Daraus folgt: Erwirbt C. die Grundschuld vor Tilgung jener Forderung, so wird sein Gläubigerrecht durch eine nachfolgende Tilgung der Forderung selbst dann nicht berührt, wenn er beim Erwerb der Grundschuld das Sicherungsverhältnis zwischen A. und B. kannte. Die ältere Recht-

---

[1] RG 117, 76; JW 28, 231.
[2] RG 120, 205.
[3] Vgl. RG 94, 85; 96, 139; BGH 13, 87.
[4] OLG Köln JW 32, 1577.

sprechung¹ vertrat demgegenüber die Auffassung, daß schon die Kenntnis der Sicherungsfunktion der Grundschuld den Sicherungsnehmer bösgläubig mache. Deswegen hat in der Praxis die Sicherungsgrundschuld kein geeignetes Sicherungsmittel für eine Verpfändung oder Sicherungszession abgegeben. **Der BGH² hat den Sicherungsnehmer nur dann nicht geschützt, wenn er beim Erwerb der Grundschuld nicht nur den Sicherungscharakter des Grundpfandrechts, sondern auch die Nichtvalutierung kannte**³. Gleiches gilt für die Einwendung, daß eine Grundschuld laut Vertrag zwischen Eigentümer und Grundschuldgläubiger überhaupt nicht oder nur zur Sicherung eines Kredits in bestimmter Höhe verpfändet oder abgetreten werden durfte⁴. Selbst wenn im obigen Beispiel A. als Kredithelfer (Rdn. 187) der Verwendung der Grundschuld zur Sicherung eigener Verbindlichkeiten des B. zugestimmt hätte, könnte er dem mit der Sachlage bekannten C. grundsätzlich entgegenhalten, daß die Haftung der Grundschuld dem Umfang nach durch die Höhe der Schuld, die er (A.) gegenüber B. habe, begrenzt bleibe⁵. Und auch der gutgläubige Sicherungsnehmer ist nicht über sein Sicherungsinteresse hinaus geschützt, d. h. sein Schutz gegen die Einwendungen des Eigentümers reicht nur so weit, als der Sicherungswert der Grundschuld die gesicherte Forderung nicht übersteigt; in Höhe des übersteigenden Betrages muß der Sicherungsnehmer alle Einwendungen aus den Beziehungen des Eigentümers zum Sicherungsgeber gegen sich gelten lassen (str.), wobei im Fall der Sicherung künftiger Forderungen das Interesse des Sicherungsnehmers mangels Einigung der Parteien durch die Höhe der gesicherten Forderung im Zeitpunkt der Urteilsfällung begrenzt wird⁶. Andererseits hat auch ein **Rechtsnachfolger** des gutgläubigen Sicherungsnehmers, dem dieser das Sicherungsrecht weiterzediert, Anspruch auf den Schutz gegen die etwaigen Einwendungen des Sicherungsgebers, und zwar selbst dann, wenn der Rechtsnachfolger in Ansehung ihrer bösgläubig war. Mit anderen Worten, der Ausschluß der Einwendungen, der durch die Gutgläubigkeit des Sicherungsnehmers herbeigeführt wurde, wirkt auch zu Gunsten der weiteren Rechtsnachfolger⁷. Bösgläubigkeit schadet nicht, wenn der Eigentümer als Kredithelfer eine nicht valutierte Hypothek bestellt, damit der Gläubiger als nachmaliger Sicherungsgeber sie als valutiert zu Sicherungszwecken verwende: Der Eigentümer kann also dem Sicherungsnehmer nicht entgegensetzen, er (Sicherungsnehmer) habe die Nichtvalutierung gekannt. Das folgt aus dem Gefälligkeitscharakter des Geschäfts.

Der oben behandelte gute Glaube des Sicherungsnehmers findet Schutz immer nur in Ansehung des dinglichen Rechts selbst. Sichert dieses — wie begrifflich die Hypothek — seinerseits eine Forderung, so kann es, wenn nicht der hypothekarische

---

¹ RG 91, 225.
² BGH 59, 1; WM 67, 566; 68, 404.
³ BGH WM 72, 853.
⁴ RG 135, 364; BGH WM 69, 810.
⁵ RG v. 5. 7. 33 — V 98/33 —.
⁶ Obergericht Danzig v. 27. 10. 27 — 2 W 137/27 —.
⁷ RG 135, 362.

Anspruch, sondern die gesicherte Forderung geltend gemacht wird, der Drittschuldner grundsätzlich alle ihm zustehenden Einwendungen erheben. Darüber hinaus ist der Erwerber einer Sicherungshypothek, einer Schiffshypothek oder eines Registerpfandrechts an Luftfahrzeugen, auch wenn er nur das dingliche Recht geltend macht, trotz guten Glaubens den Einwendungen ausgesetzt, die gegenüber der gesicherten Forderung zulässig sind, während das Gesetz den gutgläubigen Erwerber einer Verkehrshypothek (Rdn. 782) auch gegen diese Einwendungen schützt (§§ 1138, 892 BGB) und insoweit die Akzessorietät der Hypothek genauso durchbricht wie nach den Ausführungen zu Rdn. 762 bezüglich des rechtlichen Bestandes der hypothekarisch gesicherten Forderung.

665 Als **Vorbelastungen** kommen bei Rechten nur in Betracht der Nießbrauch (Rdn. 296; § 1068 BGB) und das Pfandrecht (§ 1273 BGB), bei gebuchten Rechten auch „vorläufige Eintragungen" der zu Rdn. 302 ff. erörterten Art. **Die Rangfolge bestimmt sich grundsätzlich nach der Bestellung des Rechts:** Das zeitlich frühere, für dessen Rang der Zeitpunkt seiner Bestellung auch dann maßgebend ist, wenn es eine künftige oder bedingte Forderung sichern soll, hat den Vorrang vor dem später bestellten. Das gilt zumal vom Pfandrecht der AGB und AGSp. Die **Vorrangseinräumung** hat hier nur schuldrechtliche Wirkung dahin, daß sie den Vorberechtigten verpflichtet, im Fall einer Verwertung des belasteten Gegenstandes die Befriedigung des Sicherungsnehmers aus dem Verwertungserlös im Range vor der eigenen Befriedigung zu dulden. Wegen der Voraussetzungen und Folgen des Schutzes des guten Glaubens des Sicherungsnehmers wird auf die folgenden Ausführungen sowie zu Rdn. 762/763 verwiesen. **Hiernach wird der Sicherungsnehmer in seinem guten Glauben an die Lastenfreiheit des Rechts grundsätzlich überhaupt nicht geschützt,** und er muß sonach eine etwaige Vorbelastung auch dann gegen sich gelten lassen, wenn er sie nicht gekannt hat; nur wo als Sicherungsmittel ein Recht, welches in einem Inhaber- oder Orderpapier verkörpert ist, oder ein gebuchtes Recht dient, erhält kraft seines guten Glaubens sein Sicherungsrecht den Rang vor der Vorbelastung. Wer sich also in Unkenntnis einer bereits erfolgten Verpfändung eine Grundschuld nochmals verpfänden läßt, verdrängt kraft seines guten Glaubens das erste Pfandrecht aus seiner Rangstellung, in dessen dadurch frei gewordenen Platz das zweite (später begründete) Pfandrecht einrückt.

665 a *d) Gutgläubiger Erwerb*

Ist Sicherungsmittel ein Recht, sei es, daß es verpfändet, sei es, daß es sicherungshalber übertragen wird, so wird ein etwaiger guter Glaube des Sicherungsnehmers im allgemeinen nicht geschützt[1]. Ist also der Sicherungsgeber nicht Inhaber des Rechts, so erwirbt der Sicherungsnehmer die Sicherheit auch dann nicht, wenn er den Sicherungsgeber im guten Glauben für den Inhaber gehalten hat, und ebensowenig wird sein guter Glaube an die Lastenfreiheit des Rechts geschützt (s. Rdn. 665). Er muß

---

[1] Eine Ausnahme bildet der Schutz des guten Glaubens beim Erwerb des Rechts von einem durch Erbschein legitimierten Rechtsvorgänger (§ 2366 i. V. m. § 2365 BGB).

deshalb stets genauestens prüfen, ob das als Sicherungsmittel dienende Recht auch wirklich dem Sicherungsgeber zusteht bzw. nicht vorbelastet ist. Mehr noch: Er muß sich auch vergewissern, ob das Recht überhaupt existiert, und ob nicht etwa, wenn es sich um eine Forderung handelt, ihrer Geltendmachung begründete Einwendungen des Drittschuldners entgegenstehen. Ist aber der Bestand des Rechts festgestellt, ergibt sich z. B. die verpfändete Kaufpreisforderung aus einem vorliegenden Kaufvertrag, so ist die Sicherheit, im Beispiel das Pfandrecht an der Forderung, dennoch nicht entstanden, wenn der Sicherungsgeber bereits anderweitig darüber verfügt, z. B. die Kaufpreisforderung schon früher — etwa kraft verlängerten Eigentumsvorbehalts (Rdn. 1032) — an einen Dritten zediert hatte. Die Versicherung des Sicherungsgebers, daß er Verfügungen über das Recht bislang nicht getroffen habe, vermag an dem Ergebnis nichts zu ändern; ist die Versicherung unrichtig, so geht dies zu Lasten des Sicherungsnehmers. Dies erklärt sich daraus, daß Rechte unkörperliche Gegenstände sind, die der gedachten Welt angehören; bei ihnen kann der Verkehr nicht „vertrauensvoll anknüpfen an die sinnfälligen Tatsachen, daß der oder jener besitzt und der oder jener im Grundbuch eingetragen ist". Wo aber ausnahmsweise der Erwerb einer Sicherheit von dem äußeren Tatbestand des Besitzes oder der grundbuchlichen Eintragung abhängt, tritt sogleich auch der Schutz des guten Glaubens ein. Danach wird der Grundsatz, daß die Bestellung von Sicherheiten vermittels eines Rechts nicht unter dem Schutz des guten Glaubens steht, von folgenden Ausnahmen durchbrochen:

Ist Sicherungsmittel ein Recht, welches in einem Inhaber- oder Orderpapier **666** verkörpert ist, sei es, daß es verpfändet, sei es, daß es sicherungshalber übertragen wird, so kann sich der Sicherungsnehmer in vollem Umfang auf seinen etwaigen guten Glauben berufen (§ 794 I BGB)[1]. Er erwirbt dann durch Sicherungsübertragung das im Wertpapier verkörperte Recht und zwar lastenfrei, durch Verpfändung das Pfandrecht am Recht, sofern der Pfandgläubiger bis zu einer nachfolgenden Valutierung gutgläubig war mit dem Rang vor vorgängigen Belastungen zugunsten Dritter (s. Rdn. 665). Gerade bei diesen Wertpapieren war solche Ausnahme unerläßlich, weil der Schutz des guten Glaubens die Umlauffähigkeit des Papiers ungemein erhöht, wenn nicht überhaupt erst schafft. Die **Inhaberpapiere** — hierzu rechnen die meisten börsengängigen Wertpapiere, die auf den Inhaber gestellten Aktien, Schuldverschreibungen (Obligationen), Zinsscheine, Rentenscheine, Dividendenscheine, Inhaberschecks, Investmentzertifikate, Lotterielose u. a. m.[2] —, gelten auf dem Gebiet des Sicherungsrechts als bewegliche Sachen, weshalb sich die Verpfändung und Übertragung der Urkunde selbst nach sachenrechtlichen Vorschriften bestimmt[3]. Deshalb finden hier die Ausführungen zu Rdn. 498, 500, 502 ohne weiteres Anwendung. So

---

[1] Die Vorschrift muß dabei einschränkend dahin ausgelegt werden, daß die Verpflichtung aus dem Papier nur gegenüber dem redlichen Erwerber besteht; vgl. MünchKomm/Hüffner, § 794 Rdn. 3 f. und § 793 Rdn. 15.
[2] Vgl. Palandt/Thomas, § 793 Rdn. 5; MünchKomm/Hüffner, vor § 793 Rdn. 14.
[3] Vgl. Palandt/Thomas, Einf. v. § 793 Rdn. 3; MünchKomm/Hüffner, § 793 Rdn. 17 ff.

kann sich z. B. eine Bank in Ansehung der in einem **Sonderdepot** (Separatdepot) ruhenden Wertpapiere ihres Kunden nicht auf die **Pfandklausel** ihrer Allgemeinen Geschäftsbedingungen berufen[1], wenn sie aus der Sonderbezeichnung des Depots hätte erkennen müssen, daß es sich um Wertpapiere handelt, die dem Kunden nicht gehören; das Unterlassen ausreichender Aufklärung des Sachverhalts schließt den guten Glauben der Bank aus. Die Pfandklausel muß auch dann versagen, wenn ein Kunde fremde Effekten, um sie dem geschäftsbedingungsmäßigen Pfandrecht zu unterwerfen, seinem Depot beifügt mit der Behauptung, der Eigentümer der Papiere sei mit der Verpfändung einverstanden, und sich demnächst die Unrichtigkeit dieser Behauptung herausstellt. Besondere Vorsicht ist geboten, wenn Mäntel ohne Zins- und Erneuerungsscheine als Sicherungsmittel[2] oder wenn die Papiere von einer als unredlich bekannten Person[3] angeboten werden. Hervorzuheben ist, daß bei Inhaberpapieren der gute Glaube auch dann durchgreift, wenn es sich um abhanden gekommene Papiere handelt (§§ 935, Abs. 2, 1207 BGB)[4]. Ist allerdings der Sicherungsnehmer ein **Bankkaufmann**, so obliegt ihm eine besonders weitgehende Kontrollpflicht. Er gilt nämlich grundsätzlich als bösgläubig, wenn bei Abschluß des Sicherstellungsvertrages der Verlust des Papiers im Bundesanzeiger veröffentlicht und seit der Veröffentlichung noch nicht mehr als ein Jahr verstrichen ist; der gute Glaube des Sicherungsnehmers wird durch diese Veröffentlichung nur dann nicht ausgeschlossen, wenn er beweist, daß er die Veröffentlichung infolge besonderer Umstände weder kannte noch kennen mußte (§ 367 HGB). Unberührt bleibt die Möglichkeit, dem Bankier auf andere Weise die Bösgläubigkeit nachzuweisen, sollte auch eine Bekanntmachung des Verlustes im Bundesanzeiger nicht erfolgt sein. Wegen des Schutzes gegen Einwendungen des Papierausstellers s. Rdn. 663.

667 Bei den **Orderpapieren** (Wechsel, Scheck, Namensaktie, Zwischenschein, kaufmännischen Anweisungen und Verpflichtungsscheinen, Bodmereibrief, auch den zu Rdn. 504 genannten, auf Order lautenden Traditionspapieren usw.) darf der Sicherungsnehmer darauf vertrauen, daß derjenige, der entweder die im Papier als erster Berechtigter angegebene Person oder durch eine zusammenhängende, äußerlich ordnungsmäßige Kette von Indossamenten mit dem ersten aus dem Papier ersichtlichen Berechtigten verknüpft ist, rechtmäßiger Inhaber des Papiers und zur unbeschränkten Verfügung über dieses befugt ist (Art. 16 Abs. 1 WG, 19 ScheckG, §§ 363, 365 HGB). Ist danach der Sicherungsnehmer in Unkenntnis über den wahren Sachverhalt und beruht diese Unkenntnis auch nicht auf grober Fahrlässigkeit[5], so wird er in seinem guten Glauben geschützt, vorausgesetzt, daß die Bestellung der Sicherheit im Wege der Indossierung des Papiers an ihn erfolgt und er den Besitz am Papier erlangt. Gleichgültig ist, ob das Orderpapier dem Berechtigten abhanden gekommen ist (Art. 16 Abs. 2 WG, 21

---

[1] BGH WM 85, 688 = WuB I. A. Nr. 19 AGB-Banken 3.85/Fischer.
[2] RG 58, 162.
[3] BGH WM 69, 1233.
[4] MünchKomm/Hüffner, § 793 Rdn. 14, 17 und § 794 Rdn. 3.
[5] Vgl. hierzu BGH WM 60, 1298; 68, 4.

ScheckG)[1]. In allen Fällen genügt es, daß der Sicherungsnehmer nur an die Befugnis seines Vertragspartners, über das im Papier verbriefte Recht als fremdes zu verfügen, geglaubt hat. Die zu Rdn. 666 erörterte Sonderregelung der Gut- und Bösgläubigkeit eines Bankkaufmanns beim Erwerb von Sicherungsrechten an abhanden gekommenen Papieren gilt auch in bezug auf blanko indossierte Orderpapiere gewisser Arten (§ 367 Abs. 1 S. 2 HGB). Wegen des Schutzes gegen Einwendungen des Wechselzeichners s. Rdn. 663.

Besonders geregelt ist der Schutz des guten Glaubens bei **depotrechtlich geschützten** 668 **Wertpapieren**. Das sind alle vertretbaren Wertpapiere: Aktien, Kuxe, Zwischenscheine, Erneuerungsscheine, Zinsscheine, Gewinnanteilscheine, Inhaber- und Orderschuldverschreibungen sowie die Anteile am Sammeldepot (§ 1 Abs. 1 DepotG). Werden solche Wertpapiere von einem bankgewerblichen Verwahrer als Sicherungsmittel verwendet, so wird der Sicherungsnehmer, sofern er seinerseits bankgewerblicher Verwahrer ist, kraft Gesetzes als bösgläubig behandelt (§ 4 Abs. 1 Satz 1 DepotG), es sei denn, der Sicherungsgeber schlösse die gesetzliche Fremdvermutung dadurch aus, daß er die sog. Eigenanzeige erstattet, d. h. dem Sicherungsnehmer ausdrücklich und schriftlich mitteilt, daß er Eigentümer der Wertpapiere sei (§ 4 Abs. 2 DepotG); eine wahrheitswidrige Eigenanzeige ist strafbar (§ 35 DepotG). Betreibt der Sicherungsgeber nicht Bankgeschäfte, so greift die Fremdvermutung nicht Platz, doch ist er von vornherein zur Vermeidung strafrechtlicher Verfolgung verpflichtet, dem Sicherungsnehmer Mitteilung zu machen, wenn ihm die Wertpapiere nicht gehören (Fremdanzeige gemäß § 4 Abs. 3 DepotG). Soweit hiernach dem Sicherungsnehmer die Kenntnis des fremdem Eigentums zugerechnet wird, kann er aber im Rahmen der allgemeinen Vorschriften, welche den guten Glauben an die Verfügungsbefugnis des Sicherungsgebers schützen, insbesondere auf Grund des § 366 HGB, dennoch die Sicherheit — allerdings auch nach Maßgabe des § 4 Abs. 1 S. 2 DepotG beschränkt — erwerben[2]. Hierzu genügt es, daß er von dem Sicherungsgeber eine verläßliche Erklärung dahin erhält, daß dieser — z. B. im Sinne von Rdn. 597 — ermächtigt sei, über die Papiere, wie geschehen, zu verfügen; dagegen muß er die erforderlichen Nachforschungen anstellen, wenn er Gründe hat, der Erklärung seines Vertragspartners zu mißtrauen, sonst fällt ihm grobe Fahrlässigkeit zur Last, die den Schutz des guten Glaubens ausschließt (§§ 4, 9, 17, 35 DepG)[3].

IV. Sicherstellungsvertrag

1. Allgemeines

Die Sicherungsabtretung stellt sich dar als Vertrag zwischen dem Zedenten und Zes- 669 sionar (vgl. Rdn. 106—124). Grundsätzlich sind dazu die übereinstimmenden — im

---

[1] RG 103, 87.
[2] RG 117, 95; Heinsius/Horn/Than, § 4 DepotG Rdn. 7 und 19.
[3] RG 164, 292.

allgemeinen formfreien[1] — Willenserklärungen der beiden Vertragsteile erforderlich und ausreichend (§§ 398, 413 BGB), die sich auch aus konkludentem Verhalten ergeben können[2]. Zu den Voraussetzungen für die Vereinbarung von Vertragsklauseln, die Allgemeine Geschäftsbedingungen i. S. des AGB-Gesetzes (§ 1) sind, siehe Rdn. 108 f. **Entbehrlich** ist nach der Verkehrssitte (§ 151 BGB) sogar die **Annahme des Abtretungsgebotes**, wenn eine Forderung an den Gläubiger des Zedenten zahlungshalber abgetreten wird, wie es bei der Sicherungszession grundsätzlich der Fall ist[3]. Die Parteien brauchen sich bestimmter Worte nicht zu bedienen. Notwendig ist nur, sich so klar auszudrücken, daß man unterscheiden kann, ob im einzelnen Falle eine bloße Verpfändung oder ob eine Sicherungsabtretung beabsichtigt war. Für diese Klarstellung empfiehlt sich die Aufnahme eines Zweckreverses bei der Übertragung von Wertpapieren zu Sicherungszwecken, da auch ein Vollindossament eines Orderpapiers nicht die notwendige Klärung zu verschaffen vermag; bei gebuchten Rechten ist dies deshalb angebracht, weil die für die Buchungsstelle bestimmten Unterlagen nicht mit für die Eintragung bedeutungsloser Erklärungen belastet werden sollten. Bisweilen pflegen die Parteien zu vereinbaren, daß aus einem bestimmt bezeichneten künftigen Verhalten auf den Abtretungswillen geschlossen werden solle. Dies gilt insbesondere bei der **Mantelzession**; der Vertrag kommt hier mit der Hereingabe bestimmter Urkunden an den Sicherungsnehmer zustande[4].

2. Übertragung von Einzugspapieren nach AGB/Banken und Sparkassen

670   Nach den **AGB/Banken/Sparkassen** gehen bei der Hereinnahme von Wechseln die Forderungen aus dem Grundgeschäft auf die Bank über (Nr. 15 Abs. 2 AGB/Banken). Werden allerdings der Bank **Einzugspapiere** (Scheck, Wechsel) mit der Maßgabe eingereicht, daß ihr Gegenwert nur für einen bestimmten Zweck verwendet werden darf, so erstrecken sich die in Nr. 15 AGB/Banken vereinbarte Sicherungsübereignung und Sicherungsabtretung nicht auf diese Papiere (Nr. 15 Abs. 3 AGB/Banken). Greifen die Sicherungsrechte der Regelung von Nr. 15 AGB/Banken, ist der eingeschränkte Sicherungszweck zu beachten, d. h. diese Sicherheiten dienen nur der Sicherung aller Ansprüche, die der Bank gegen den Kunden bei Einreichung von Einzugspapieren aus seinem Kontokorrent zustehen oder die infolge der Rückbelastung nicht eingelöster Einzugspapiere oder diskontierter Wechsel entstehen (ähnlich Nr. 25 AGB/Sparkassen). Bereits die alte AGB/Banken-Regelung, die der Bank beim Inkassoauftrag Sicherungsrechte gewährte, ist von der Rechtsprechung als wirksam angesehen worden[5]. Erfaßt werden von der Sicherungsübereignung/Sicherungsabtretung Wertpapiere und zugrunde liegende Kausalforderung bzw. bei Einzugspapieren ohne wertpapierrecht-

---

[1] S. zu den Formvorschriften noch Rdn. 124.
[2] BGH WM 68, 775.
[3] BGH WM 64, 1270; Serick II, § 24 I 1; Staudinger/Kaduk, 11. Aufl. 1978, § 398 Rdn. 100.
[4] BGH WM 57, 1009.
[5] Vgl. Nachweise Duden/Hopt, 28. Aufl. 1989, Nr. 42 AGB Anm. 5; BGH WM 85, 1057 = WuB VI § 15 KO/2.85 — Obermüller; WM 90, 1910 = WuB I F 1a/6.91 — Ott.

liche Verpflichtung (z. B. Lastschrift) (nur) die Kausalforderung. Gerade bei der Lastschrift wird die Angemessenheit der Sicherungsabtretung in der AGB deutlich: bei Einreichung erteilt die Bank i. d. R. eine Vorbehaltsgutschrift (Nr. 9 Abs. 1 AGB/Banken), läßt aber den Kunden sofort verfügen. Kommt die Lastschrift zurück, so trägt die Bank das Insolvenzrisiko des Einreichers. Durch die Abtretung der der Lastschrift zugrundeliegenden Forderung aus dem Grundgeschäft erhält die Bank eine Sicherheit. Mit der **Grund-/Kausalforderung** gehen für sie bestellte Sicherheiten, sofern sie akzessorisch sind (§ 401 BGB), über. Fiduziarische Sicherheiten gehen nicht (automatisch) über. Im Gegensatz zu der Fassung der AGB/Banken vor dem 1. 1. 1993 wird der Übergang der fiduziarischen Sicherheiten in der Neufassung der AGB/Banken (1. 1. 1993) nicht mehr vorgesehen[1]. Für eine etwaige Übersicherung (zur generellen Problematik der Übersicherung vgl. Rdn. 148 d) enthält Nr. 15 Abs. 4 AGB/Banken eine **Freigabeklausel**. Anders gefaßt ist die Systematik in Nr. 25 Abs. 1 AGB/Sparkassen: da der Erwerb des Sicherungsrechts an die Bedingungen der Nichteinlösung und Vorausverfügung geknüpft ist, war eine Freigaberegelung entbehrlich (zum Ganzen vgl. auch Rdn. 148 d).

3. Form

Der Abtretungsvertrag bedarf im allgemeinen **keiner Form**, insbesondere nicht derjenigen, die für die Begründung der Forderung erforderlich ist[2]. Ist sie jedoch vorgeschrieben und wird sie nicht eingehalten, so ist das Rechtsgeschäft nach § 125 BGB nichtig. In einem derartigen Fall kann aber aus dem der Abtretung zugrundeliegendem Geschäft die Verpflichtung zur Nachholung der vorgeschriebenen Formen und Handlungen folgen[3].

671

Ob und welcher besonderen Form die Einigung der Parteien im einzelnen Falle bedarf, hängt von der Art des Sicherungsmittels ab. Schreibt das Gesetz nichts Gegenteiliges vor, so kann sie mündlich, sogar stillschweigend, erfolgen und unter Umständen schon in der Übergabe der Urkunde über ein verbrieftes Recht gesehen werden. Für die Erteilung einer Abtretungserklärung nach § 1154 Abs. 1 BGB genügt es, daß der Erklärende dem Erklärungsempfänger die Verfügung über das Schriftstück ermöglicht; eine unmittelbare Aushändigung ist nicht erforderlich[4].

Grundsätzlich erscheint es jedoch angebracht, sich aus Beweisgründen der Schriftform zu bedienen. In einigen Fällen ist die Einhaltung einer besonderen Form gesetzlich vorgeschrieben.

1. Der **notariellen Beurkundung** bedürfen die beiderseitigen Erklärungen bei der Abtretung von Geschäftsanteilen einer **GmbH** durch einen Gesellschaf-

---

[1] Vgl. Gößmann/Wagner/Wieduwilt/Weber, AGB der Banken, 1993, Rdn. 1/451.
[2] RG 148, 105 (108).
[3] RG 87, 68 (71).
[4] BGH WM 65, 664.

ter¹. Die Abtretung des Anspruchs auf den Gewinnanteil und auf Ausschüttung des Auseinandersetzungsguthabens kann hingegen formfrei erfolgen², so daß sich unter Umständen eine wegen Verletzung der Formvorschriften unwirksame Abtretung des Geschäftsanteils als Abtretung der vorerwähnten vermögensrechtlichen Ansprüche aufrechterhalten läßt. Im Gesellschaftsvertrag können weitere Voraussetzungen für die Abtretung vereinbart werden, z. B. kann diese von der **Genehmigung** der Gesellschaft abhängig gemacht werden (§ 15 Abs. 5 GmbHG); gegebenenfalls ist im Zweifel die Genehmigung des Geschäftsführers ausreichend³. Die Genehmigung erstreckt sich dabei unter bestimmten Voraussetzungen auch auf die Rückabtretung⁴. Die Anmeldung der Abtretung des Geschäftsanteils bei der Gesellschaft ist zweckmäßig, weil sonst Vermögensbezüge nach wie vor an den Sicherungsgeber ausgeschüttet werden, denn nicht der Übergang des Mitgliedschaftsrechts, sondern dessen Ausübung ist von der Anmeldung abhängig⁵. Für die Veräußerung von Teilen eines Geschäftsanteils ist die Genehmigung der Gesellschaft zwingend vorgeschrieben (§ 17 GmbHG).

Auch die Abtretung des **Anspruches auf Übertragung** eines Geschäftsanteils fällt unter die **strenge** Form des § 15 Abs. 3 GmbHG⁶.

672 Beurkundungspflichtig ist ferner die Abtretung eines **Erbanteils** (§ 2033 BGB) und — nach der besonderen Vorschrift des § 16 Abs. 1 der Postsparkassenordnung⁷ — die Abtretung der Postspareinlage. Die Abtretung des Auflassungsanspruchs ist nicht beurkundungspflichtig.

673 2. Der **notariellen Beglaubigung** bedarf bei der Abtretung von **Briefgrundpfandrechten** die Erklärung des Zedenten, wenn entweder die Abtretung in das Grundbuch eingetragen werden oder zwar außerhalb des Grundbuches erfolgen, der Zessionar aber den Schutz des guten Glaubens genießen soll (§ 1155 BGB). Bei gebuchten Rechten und **Schiffsparten** (§ 503 HGB) ergibt sich die Notwendigkeit der Beglaubigung für die Erklärung des Zedenten im übrigen daraus, daß ohne die Beglaubigung die Abtretung nicht, wie erforderlich, in das betreffende Register eingetragen wird. Die Abtretung einer Forderung, für welche eine grundpfandrechtlich gesicherte Forderung verpfändet ist, bedarf keiner Form. Die Abtretung (und Pfändung) des auf das Grundpfandrecht entfallenden

---

¹ Auch der Vorvertrag über die Abtretung eines GmbH- oder Erbanteils ist nur gültig, wenn er notariell beurkundet wird (§§ 15 IV GmbHG, 2371, 2385, 1922 II BGB). Die Verpflichtung zur Rückabtretung ist hingegen formfrei.
² RG 82, 167.
³ Vgl. Zimmermann, BB 66, 1171; Kuhn, WM 66, 1118, 1123; einschränkend Serick, GmbH-Rundschau 67, 133, 135.
⁴ BGH WM 65, 472 = ZIP 80, 771.
⁵ BGH NJW 60, 628.
⁶ BGH BB 80, 278.
⁷ KG NJW 70, 332.

künftigen **Versteigerungserlösanteils** ist überhaupt erst nach dem Zuschlag zulässig[1].

3. Der **reinen Schriftform** bedarf die Erklärung des Zedenten bei der Übertragung der Rechte aus einer Anweisung, insbesondere aus einem **Wechsel**, ferner bei der Abtretung eines **Kuxes**, die meistens im Wege der Blankozession erfolgt (§ 105 BergG). Das gilt auch für die Abtretung von **Briefgrundpfandrechten außerhalb des Grundbuches**; der gute Glaube des Zessionars ist dann jedoch mangels Vorliegen der Voraussetzungen des § 1155 BGB nicht geschützt (s. o.).

674

Die Forderung aus einem Wechsel wird grundsätzlich nicht durch Abtretung der Forderung gemäß § 398 BGB, sondern nach sachrechtlichen Grundsätzen (§§ 929 ff. BGB) durch Übergabe des Wechsels und Indossaments (Art. 11 GG) übertragen, jedoch ist auch Abtretung nach § 398 BGB möglich; hier ist dann ebenfalls die Übergabe des Wechsels erforderlich. Bei der Abtretung nach § 398 BGB gilt allerdings weder der Gutglaubensschutz nach Art. 16 WG, § 365 HGB, noch die Beschränkung der Einwendungen des Schuldners nach Art. 17 WG, § 364 II HGB.

4. Zusätzlicher Rechtsakt

Grundsätzlich reicht somit bei einer Sicherungsabtretung die Einigung der Parteien aus, um den Sicherungsnehmer zum Inhaber des abgetretenen Rechtes zu machen (vgl. Rdn. 704). In einigen Fällen ist jedoch noch ein **zusätzlicher Rechtsakt**, der die Zession offenkundig macht, notwendig und zweckmäßig:

675

a) Urkunden

Dies gilt zunächst einmal für die **Zession von Rechten, die in einer Urkunde verkörpert sind.** Die Übertragung eines in einem Inhaber- oder Orderpapier verkörperten Rechtes erfolgt grundsätzlich nach den sachenrechtlichen Vorschriften der §§ 929 ff. BGB[2]. Im Einzelfall kann die Forderung aus einem Wechsel auch nach § 398 BGB abgetreten werden (vgl. auch Rdn. 674). Ähnliches gilt für die Abtretung der Forderung aus einem an Order lautenden Konnossement oder Ladeschein[3], nicht hingegen für Inhaberpapiere. Hier ist eine Abtretung der darin verbrieften Forderung nach § 398 BGB nicht möglich[4]. In einem Namenspapier (Rektapapier) verkörperte Rechte werden hingegen nach § 398 BGB übertragen[5]. Dabei ist in den Fällen, in denen die Rechtsübertragung nach § 398 BGB erfolgt, eine Übergabe des Papieres erforderlich,

676

---

[1] RG 75, 316.
[2] Vgl. RGRK/Weber, § 398 Rdn. 27.
[3] RG 119, 215, 217.
[4] Vgl. Palandt/Thomas, vor § 793 Rdn. 3.
[5] Palandt/Thomas, vor § 793 Rdn. 2.

d. h. der Erwerber muß Besitz daran erlangen[1] [2]. Befinden sich die Wertpapiere, die zur Sicherheit übertragen werden sollen, bereits bei der Bank, so erlangt diese Besitz nach § 929 Satz 2 BGB; bei Abtretung an Dritte gelten hinsichtlich der Besitzerlangung die §§ 930, 931 BGB. Bei einer dann erfolgenden Umschreibung des Depots auf den Dritten ist die Möglichkeit des darin enthaltenen Verzichtes auf das AGB-Pfandrecht zu bedenken. Die Übertragung einer Aktie, über die keine Urkunde ausgestellt ist, erfolgt jedoch abweichend von obigen Grundsätzen nach § 413 BGB[3].

Im **Bankverkehr** ist die Sicherungsübertragung von Rechten aus Wertpapieren nicht so häufig wie die Verpfändung, weil die AGB/Banken und AGB/Sparkassen lediglich die Verpfändung des Bankdepots der Kundschaft vorsehen. Grundsätzlich ist es eine Frage der Vertragsauslegung, ob eine Sicherungsübereignung oder eine Verpfändung vorliegt[4]. Nehmen die Banken mit Vollindossament versehene Inkassowechsel und Schecks herein, so haben sie Sicherungseigentum hieran erworben[5] (vgl. auch Rdn. 669/670).

Das **Wechseldiskontgeschäft** der Bank ist nach h. A. nicht Darlehensgewährung an den Kunden unter Sicherstellung des Wechsels, sondern Ankauf des Wechsels durch die Bank (Kauf mit Rücktrittsvorbehalt). Der Wechsel geht in das unbedingte Eigentum der Bank über (s. Nr. 15 Abs. 1 AGB/Banken), zugleich erhält die Bank die zugrundeliegende Kausalforderung (vgl. Rdn. 669/670). Auch das **Reportgeschäft** (Prolongationsgeschäft, Kostgeschäft), kraft dessen der auf Termin spekulierende Kunde seiner Bank die von ihm per Termin gekauften Wertpapiere, deren Gegenwert er aus irgendwelchen Gründen noch nicht anschafft, gegen Zahlung eines bestimmten Betrages hereingibt, mit der Abrede, daß er sie zum nächsten Ultimo gegen Rückzahlung des erwähnten Betrages zzgl. eines besonderen Aufschlages (Report) wieder abnahmen werde, ist nach § 28 KVStG Kauf der Wertpapiere in Verbindung mit gleichzeitigem Rückkauf, nicht dagegen Darlehensgewährung an den Kunden unter Sicherstellung vermittels der Wertpapiere.

677 Bei der Sicherungsübereignung eines Depots ist es für die Frage der Form der Übertragung ohne Bedeutung, ob es sich um ein **Streifbanddepot oder ein Sammeldepotanteil** handelt[6]. Unerläßlich für die Wirksamkeit ist aber auch hier die hinreichende Individualisierung des übertragenen Gegenstandes (vgl. Rdn. 592).

---

[1] Vgl. Rdn. 707, 708; bei Namenspapieren ist eine Übergabe der Papiere für den Rechtserwerb nicht erforderlich; beachte aber § 1154 BGB; zur Geltendmachung des Rechts ist jedoch Vorlegung der Papiere notwendig (RGRK/Kuhn, Vorbem. zu 793 Anm. 1); vgl. zur Besitzerlangung auch Rdn. 704 f.
[2] Wegen des Kuxscheines vgl. Rdn. 585. Zur Übertragung des Kuxes bedarf es jedoch der Übergabe des Kuxscheines nicht (§ 105 BergG).
[3] RG 86, 154.
[4] Vgl. BGH WM 61, 57.
[5] BGH 5, 293; OLG Stuttgart WM 71, 288.
[6] BGH WM 67, 902.

Werden der Bank **depotrechtlich geschützte unverschlossene Wertpapiere** zur Ver- 678
wahrung überlassen und sicherungsübereignet, so muß die Erklärung des Hinterlegers
(Veräußerers) in der depotrechtlichen Form — insbesondere schriftlich und ausdrücklich — erfolgen, falls der Erwerber (Sicherungsnehmer) nicht dieselben Papiere, sondern nur Papiere gleicher Art, Güte und Menge zurückzugeben verpflichtet sein soll
(§§ 13, 15 DepG); die Vereinbarung ist dann auf eine sog. „irreguläre Verpfändung"
(vgl. Rdn. 592) gerichtet.

Im Export-Geschäft, bei dem in der Regel das sog. **Dokumenteninkassoverfahren** 679
angewandt wird, kann sich die Bank von dem Exporteur die Kaufpreisforderung abtreten lassen. Zur wirksamen Zession bedarf es dann der Übergabe der über das Export-
Geschäft ausgestellten Dokumente an die Bank. Gemäß Nr. 15 AGB/Banken (vgl. Rdn.
669/670) erwirbt die Bank dann neben dem Sicherungseigentum an der Ware auch die
Kaufpreisforderung[1]. Probleme hinsichtlich der Abtretung der Forderung ergeben
sich hier jedoch insofern, als in diesen Fällen aufgrund des deutschen Internationalen
Privatrechts das sog. „Schuldstatut", also das am Wohnsitz des Schuldners geltende
Recht, anzuwenden ist[2], so daß für die Wirksamkeit der Abtretung das ausländische
Recht zu beachten ist. Weitere Sicherungsmöglichkeiten der Bank im Exportgeschäft
bilden auch hier die Sicherungsübereignung der Ware sowie die Bestellung eines Pfandrechts an der Ware[3]; aber auch stellt sich das Problem, daß das Sicherungseigentum
mit Verbringung der Sache in das Ausland untergeht, wenn die ausländische Rechtsordnung Sicherungseigentum nicht vorsieht. Außerdem kann sich die Bank den Herausgabeanspruch, den der Exporteur gegen seine Hausbank aus dem Geschäftsbesorgungs-
vertrag hat, abtreten lassen. Der Hausbank stehen nämlich gegen die ausländische
Inkassobank aus dem Geschäft Ansprüche aus Zahlung des Kaufpreises zu. Hierauf
erstreckt sich dann der Herausgabeanspruch des Exporteurs gegen seine Hausbank. Bei
Identität von kreditgebender Bank und Hausbank besteht für die Bank mangels Gleichartigkeit der Forderungen zwar kein Aufrechnungsrecht, sie kann aber bei Konkurs des
Exporteurs aufgrund des nach Nr. 14 AGB/Banken vor Konkurseröffnung erworbenen Pfandrechts verhindern, daß der Inkassogegenwert in die Konkursmasse fällt. Die
Bank könnte ihr Pfandrecht gem. § 1282 BGB realisieren, indem sie Leistung an sich
selbst fordert; im übrigen hätte sie gegenüber dem Konkursverwalter ein Leistungsverweigerungsrecht.

b) Gebuchte Rechte

Ein besonderer Rechtsakt ist auch für die wirksame Abtretung eines **gebuchten** 680
Rechtes erforderlich. Hier ist neben der Einigung die **Eintragung** der Abtretung in
das betreffende Register erforderlich[4]; erst mit der Eintragung vollendet sich der

---

[1] Obermüller, Festschrift für Bärmann, S. 789.
[2] Vgl. BGH WM 57, 1574; wegen der Einzelheiten s. Obermüller, a. a. O., S. 712.
[3] Obermüller, a. a. O.
[4] Vgl. Rdn. 705; s. auch BGH NJW 72, 44.

Rechtsakt. Ist über das abzutretende Recht ein Brief ausgestellt, so kann die Eintragung dadurch ersetzt werden, daß der Zedent dem Zessionar eine **schriftliche Abtretungserklärung** erteilt und ihm den **Brief übergibt**[1]. Zur Auslegung der Abtretungserklärung darf auf Umstände, die außerhalb der Urkunde liegen und nicht jedem Leser ohne weiteres erkennbar sind, nicht zurückgegriffen werden, da die Abtretungserklärung die Grundbucheintragung ersetzt[2]. Bis zur Aushändigung einer formgerechten Eintragungsbewilligung an den Zessionar seitens des Zedenten ist die Einigung der Parteien einseitig widerruflich (§§ 873 II BGB; 51 III SchiffsG; 51 III LRG), auch wenn die Abtretung „unwiderruflich" erklärt ist. Im übrigen kann der Zedent, der in der Regel den Eintragungsantrag stellt, diesen jederzeit bis zur Eintragung zurücknehmen. Es empfiehlt sich für den Zessionar, nach Erhalt der Eintragungsbewilligung selbst den Eintragungsantrag zu stellen: er erlangt dann eine gesicherte Rechtsposition, die auch vom Zedenten nicht mehr widerrufen werden kann[3]. Vorher — im Vertrauen auf die künftige Eintragung der Abtretung — sollte der Zessionar daher den Kredit nicht gewähren. Nach der Eintragung kann sich der Eigentümer bezüglich einer Zahlung an den Zedenten gegenüber dem Zessionar nicht mehr auf seine Unkenntnis berufen (§ 1156 BGB).

681 In der Praxis häufig ist die Abtretung einer **Eigentümerbriefgrundschuld** zu Sicherungszwecken, da der Kreditnehmer diese außerhalb des Grundbuches zedieren kann [140], er somit als Inhaber der Eigentümergrundschuld im Grundbuch eingetragen bleibt. Dabei sollte das Risiko, daß die Haftung des Versicherers aus einer Gebäudeversicherung dem Zessionar infolge Verschweigens (§ 1128 I BGB) erlischt, nicht übersehen werden. Als „**Sicherungsgrundschuld**" bezeichnet man nur die sicherungshalber bestellte Grundschuld, nicht die sicherungshalber abgetretene. Zwar ist hier wie dort dser Sicherungsnehmer Gläubiger einer ihm als Sicherheit dienenden Grundschuld, aber Sicherungsgeber ist im ersten Fall der Grundstückseigentümer, im letzten der Zedent. Ersichtlich hat jedoch der Sicherungszessionar einer Eigentümerschuld die gleiche Rechtsstellung wie der Gläubiger einer zu Sicherungszwecken bestellten Grundschuld (s. Rdn. 838). Zur Sicherungszession einer Sicherungsgrundschuld vgl. im übrigen Rdn. 637, 680.

Die Zession erfolgt durch Übergabe des Briefes und der Abtretungsurkunde. **Bei Verfügungen über das Recht**[4] **kann der Zessionar dem Eigentümer den Brief überlassen.** Dieser kann dann **mit Genehmigung** des Berechtigten (s. Rdn. 129) die erforderlichen Bewilligungen im eigenen Namen abgeben. Nicht immer ist dieser Weg gangbar. So kann die in § 91 Abs. 2 ZVG vorgesehene Erklärung des Grundpfandgläubigers über das Bestehenbleiben seines Rechtes (Rdn. 258) nicht durch den Eigentümer abgegeben werden, weil dieser eben nicht der Berechtigte ist. Ebenso versagt die

---

[1] S. §§ 1154 I, 1117 BGB für die Briefhypothek.
[2] BGH WM 91, 1872.
[3] Vgl. BGH 49, 197, 201 f.
[4] Z. B. einer Vorrangseinräumung (Rdn. 313) oder einer Pfandentlassung (Rdn. 878).

im Text erörterte Methode bei der häufigen **Nachverpfändung** einer Parzelle (Rdn. 740). Denn es läuft auf eine unzulässige Vervielfältigung der Gesamtgrundschuld hinaus, wenn nicht der Zessionar der Eigentümergrundschuld, sondern der Eigentümer im eigenen Namen, wenn auch mit Zustimmung des Zessionars, die Nachverpfändung veranlaßt. Dann erscheint nämlich zwangsläufig entgegen § 1115 BGB nicht der Zessionar, sondern der Eigentümer im Grundbuch als Gläubiger des aus der Nachbelastung erwachsenen Rechts und das Recht seinerseits nicht als eine dem Zessionar zustehende Fremdgrundschuld, sondern als Eigentümergrundschuld. Der Gläubiger (Zessionar) sollte daher vor der Nachverpfändung die Grundschuld an den Eigentümer, sei es auch nur privatschriftlich **zurückabtreten** und sich nach erfolgter Nachverpfändung die nunmehrige Gesamtgrundschuld als solche vom Eigentümer abtreten lassen, oder es sollte überhaupt statt der Nachverpfändung der Eigentümer eine neue selbständige Eigentümergrundschuld an der nachträglich zu verhaftenden Parzelle zu einem dem Sicherungswert der Parzelle entsprechenden Betrag bestellen und diese als Zusatzsicherheit an den Gläubiger abtreten; nach Befinden genügt auch die Zuschreibung der Parzelle gemäß Rdn. 740, um die Erstreckung der abgetretenen Grundschuld auf die Parzelle zu erreichen[1].

Die Rückgewähr erfolgt nach den gleichen Grundsätzen wie die Bestellung. **Ihr kommt jedoch nicht die Bedeutung einer Rückabtretung zu**, so daß die Grundschuld nicht auf den Eigentümer übergeht, und sie jederzeit wieder zu Sicherungszwecken gegenüber dem gleichen Zessionar verwendet werden kann. Das gilt nicht, wenn das der „Rückgewähr" beigefügte Schreiben eine Rückabtretungserklärung beinhaltet; hier bedarf es dann für einen neuen Kredit auch einer Neuvornahme der Zession. Wenn der Eigentümer bei der Bestellung der abgetretenen Eigentümergrundschuld eine Garantie für den Eingang des Grundschuldbetrages übernimmt oder eine durch Vormerkung gesicherte Löschungsverpflichtung eingeht, so ist dies als Angebot einer entsprechenden Vereinbarung zu werten, welches der Zessionar der Grundschuld mit der Abtretung stillschweigend annimmt[2]. Entsprechendes gilt für die Abtretung des Anspruchs des Eigentümers auf Rückgewähr vorgehender Sicherungsgrundschulden die manchmal dem „jeweiligen" Zessionar der Eigentümergrundschuld angeboten wird im Hinblick darauf, daß die Weiterübertragung dieser Grundschuld auf einen Dritten nicht ohne weiteres auch die Weiterabtretung des Rückgewährsanspruches einschließt. 682

Die vorstehenden Grundsätze finden auch auf die **Sicherungszession von Eigentümergrundschulden, die sich aus einer Fremdhypothek entwickelt haben** (vgl. Rdn. 805), Anwendung.

Splittert sich eine **Amortisationshypothek** durch mehrfachen Eigentümerwechsel in mehrere Eigentümergrundschulden auf (vgl. Rdn. 799), so wird im allgemeinen mit der Veräußerung des Grundstückes auch die Eigentümergrundschuld abgetreten. Eine 683

---
[1] Lwowski, DNotZ 79, 328 ff.
[2] BGH WM 58, 1194.

Eintragung des jeweiligen Erwerbers und Übergabe des Teilbriefes wird man vorerst als entbehrlich ansehen können, weil man in der jeweiligen Abtretung die Ermächtigung (vgl. Rdn. 129) zur Verfügung über die Eigentümergrundschulden des Vorgängers erblickt; es genügt somit, wenn dies der letzte Eigentümer bewirkt. Der Eigentümer kann die (verdeckte) Eigentümergrundschuld auch als Hypothek abtreten, wenn er sich mit dem Zessionar über die Umwandlung in eine Hypothek durch Unterlegung der zu sichernden Kreditforderung einigt.

Am besten wird er freilich, soweit möglich, die Entstehung der Eigentümergrundschuld überhaupt vermeiden, indem er den Kreditnehmer veranlaßt, sich unmittelbar von dem bisherigen Hypothekengläubiger gegen Zahlung des Hypothekenbetrages die Hypothek abtreten zu lassen. Der neue Gläubiger kauft in diesem Fall dem alten Gläubiger die hypothekarische Forderung ab, was weniger umständlich ist, als wenn er dem Eigentümer das Geld zur Befriedigung des bisherigen Hypothekengläubigers darlehensweise zur Verfügung stellt.

684 Es werden auch **vorläufige Eigentümergrundschulden** zur Kreditsicherung verwendet, insbesondere zur Sicherung eines dem Bauherrn kurzfristig gewährten **Zwischenkredits**. Der Bauherr tritt dabei seinen Anspruch auf Auszahlung der Darlehns-Valuta gegenüber der Hypthekenbank und die mangels Valutierung noch als vorläufige Eigentümergrundschuld bestehende Hypothek an den Zwischenkreditgeber ab.

Dies verschafft letzterem jedoch **keine einwandfreie Sicherung**, da die Hypothek von Gesetzes wegen mit einem durch Vormerkung gesicherten Löschungsanspruch zugunsten der Hypothekenbank (§ 1179b BGB) und der gleich- und nachrangigen Grundpfandgläubiger (§ 1179a BGB) beschwert ist. Um den Löschungsanspruch auszuschließen ist die Zustimmung der Löschungsberechtigten zur Abtretung der vorläufigen Eigentümergrundschuld einzuholen[1].

Bei einer **Briefhypothek** wird dabei die **Übergabe** des Briefes dadurch ersetzt, daß der nach § 952 BGB Eigentümer gewordene Zedent den Anspruch auf Herausgabe des Briefes gegen die Hypothekenbank ebenfalls zediert, wobei es rechtlich belanglos ist, ob die Hypothekenbank den Brief demnächst herausgibt, oder ob sie bis zur endgültigen Ablehnung des beantragten Baugeldes die Herausgabe verweigert. **Durch eine nachträgliche Teilvalutierung seitens des Endkreditgebers wird dieser zwar Miteigentümer des Briefes, die Wirkung der vorausgegangenen Abtretung des Herausgabeanspruches an den Zwischenkreditgeber aber nicht hinfällig**[2]. Bei nur teilweiser Nichtvalutierung versagt die Abtretung des Herausgabeanspruches, weil dann die vorläufige Eigentümergrundschuld nur zu einem entsprechenden Teil entstanden und an den Zwischenkreditgeber abgetreten ist. Der Grundstückseigentümer könnte

---

[1] Auch ist wegen des Ranges der vorläufigen Eigentümergrundschuld in den zu Rdn. 314 erwähnten Fall Vorsicht bei der Kreditgewährung geboten.
[2] BGH 53, 60.

dann allenfalls den Auseinandersetzungsanspruch (vgl. Rdn. 809) gegen die Hypothekenbank an den Zwischenkreditgeber zedieren. Dieser Anspruch eignet sich aber nicht als Übergabeersatz[1]. **Der Zwischenkreditgeber sollte sich daher entweder einen Teilbrief oder den Stammbrief zum unmittelbaren oder mittelbaren Besitz oder Alleinbesitz[2] übergeben lassen.** Es genügt dazu nicht, daß die Hypothekenbank auf Geheiß des Eigentümers erklärt, den Brief fortan zugleich für den Zwischenkreditgeber in Höhe des Betrages der diesem abgetretenen Eigentümergrundschuld zu verwahren (vgl. Rdn. 780). Die Übergabe des Briefes an den Zwischenkreditgeber erübrigt sich, wenn von vornherein die vorläufige Eigentümergrundschuld an die Hypothekenbank als Treuhänderin für den Zwischenkreditgeber zediert wird. Eine Buchhypothek ist dabei in eine Briefhypothek umzuwandeln, da eine Eintragung in das Grundbuch wegen der vorübergehenden Natur des Rechts unzulässig ist[3]. **Durch die Abtretung der vorläufigen Eigentümergrundschuld an den Zwischenkreditgeber wird die Anwartschaft der Hypothekenbank auf den Erwerb der Hypothek nicht beeinträchtigt.** Es bedarf daher keiner Vereinbarung, daß die Abtretung an den Zwischenkreditgeber nur unter der auflösenden Bedingung der Valutierung oder der aufschiebenden Bedingung der Nichtvalutierung erfolgen soll.

685

Hat sich die Hypothekenbank nicht eine Hypothek, sondern eine (Brief-) **Grundschuld** bestellen lassen, so entsteht trotz Nichtvalutierung keine vorläufige Eigentümergrundschuld. Für den Zwischenkreditgeber empfiehlt es sich dann, sich entweder mit Zustimmung des Eigentümers die Grundschuld von der Hypothekenbank abtreten zu lassen, oder mit der Hypothekenbank zu vereinbaren, daß diese die Grundschuld treuhänderisch für ihn halten soll. Das Risiko der zweckfremden Verwendung verbleibt jedoch in jedem Fall beim Zwischenkreditgeber[4].

Bei Umschuldungen bzw. Teilablösungen werden häufig **Teile von Grundschulden** an eine andere Bank abgetreten. Nicht zuletzt aus Kostengründen werden in diesen Fällen die Grundschulden nicht geteilt, also **keine Teilgrundschuldbriefe** gebildet. „Bei der Abtretung eines Teils einer Briefgrundschuld kann die Übergabe des Grundschuldbriefes nicht dadurch ersetzt werden, daß der Abtretende den — ungeteilten — Grundschuldbrief zugleich als Eigenbesitzer für sich selbst und als Fremdbesitzer für den Abtretungsempfänger besitzt."[5] Im entschiedenen Fall hatte die abtretende Bank bestätigt, bis zu einer eventuellen Eintragung der Teilabtretung im Grundbuch die Grundschuld einschließlich Grundschuldbrief treuhänderisch für die andere Bank zu verwahren und zu verwalten. Die Abtretung der Grundschuld wurde aber weder in das Grundbuch eingetragen, noch wurde ein Teilgrundschuldbrief gebildet. Der BGH führt in den Gründen aus, daß das Verwahrungsverhältnis sich also auf einen ideellen

---

[1] RG 69, 36.
[2] RG 75, 223.
[3] RG 97, 227.
[4] Vgl. BGH WM 73, 485; Teilabtretung vgl. BGH WM 82, 1431; vgl. auch Rdn. 142.
[5] BGH ZIP 83, 41.

Teil des Grundschuldbriefes beschränken sollte. Eine solche Beschränkung der Besitzübertragung (-mittlung) auf einen ideellen Teil einer Sache ist aber nicht möglich, weil der Besitz als (tatsächliche oder vergeistigte) Sachherrschaft sich auf die Sache selbst — nicht nur auf den ideellen Bruchteil eines Rechts an ihr — beziehen muß. Der Fall wäre auch dann nicht anders beurteilt worden, wenn die Bank den Besitz an dem gesamten Stammbrief zugleich als Eigenbesitzer und als Fremdbesitzer für die andere Bank hätte ausüben wollen. Im Schrifttum ist strittig, ob eine solche Einräumung ungleichstufigen Mitbesitzes möglich ist[1]. Der BGH lehnt diese Möglichkeit ab[2], da sich Eigen- und Fremdbesitzwille nicht gleichzeitig verwirklichen lassen. In der Praxis wird diskutiert, ob es ausreicht, wenn der Zedent den Brief unter **Aufgabe des unmittelbaren** wie mittelbaren Eigenbesitzes nur noch als Fremdbesitzer für den Zessionar als dem alleinigen mittelbaren Eigenbesitzer verwahrt. Diese Lösung bedingt aber jedenfalls, daß in der Vertragsgestaltung klargestellt werden muß, daß die Willenserklärung des Zedenten darauf gerichtet ist, den Besitz nur noch für den Zessionar zu halten. Rechtlich unbedenklich ist es, wenn der Brief einem (Dritten) Treuhänder ausgehändigt wird und dieser unmittelbarer Fremdbesitzer wird, während der Zedent und der Zessionar den unmittelbaren Eigenbesitz erwerben. Schließlich kann die Sicherungszweckerklärung um die Forderung des zweiten Kreditgebers erweitert werden. Nach Treu und Glauben muß die Abtretung nachgeholt werden[3].

5. Stille/offene Zession

686   Eine **stille Zession** liegt vor, wenn die Abtretung dem Drittschuldner nicht angezeigt wird, und der Zedent bis zu einer entsprechenden Anweisung durch den Zessionar zur eigenen wirtschaftlichen Verwaltung und Verwertung der abgetretenen Forderung berechtigt bleibt[4]. Die Zulässigkeit und Wirksamkeit einer stillen Zession sind allgemein anerkannt[5]. Zwar wird die Abtretungsanzeige im Gesetz erwähnt (z. B. in §§ 409, 410 Abs. 2, 411 BGB), sie bildet aber keine Voraussetzung für die Wirksamkeit einer Abtretung.

Die Benachrichtigungspflicht nach § 26 **BDSG** steht dem nicht entgegen, da diese aus fehlendem Schutzinteresse des Drittschuldners bei der stillen Zession nicht erforderlich ist.

Grundsätzlich genügt für die Wirksamkeit der Abtretung einer Forderung die schlichte Einigung der Parteien[6]. Bei den Banken ist dieses Verfahren durch Formulare mit „Allgemeinen Bedingungen" vereinfacht. Die Einigung bewirkt, daß eine im vor-

---

[1] Soergel/Baur, § 1154 BGB Rdn. 21; a. A. MünchKomm/Eickmann, § 1154 Rdn. 20.
[2] ZIP 83, 41; OLG Hamm WM 91, 1612.
[3] BGH WM 91, 1872 = WuB I F 3.-4.92/Heymanns.
[4] Vgl. BGH 26, 175, 191; BGH WM 58, 252; RG 133, 234, 242.
[5] RG 136, 100, 102; OLG Zweibrücken WM 75, 842, 846; Weber, Sicherungsgeschäfte, S. 203.
[6] Vgl. Rdn. 704 ff., s. wegen bes. Formerfordernisse Rdn. 671 ff.; s. wegen zusätzl. Rechtsakte Rdn. 675 ff.

aus abgetretene künftige Forderung unmittelbar in der Person des Zessionars entsteht (also nicht erst „Durchgangserwerb")[1]. Gegenüber der Verpfändung besteht ein Vorteil insofern, als eine **Anzeige der Abtretung an den Drittschuldner nicht notwendig ist**[2]. Diesem Vorteil stehen aber gewichtige Nachteile gegenüber[3]. In der Praxis herrscht die stille Zession vor, weil der Zedent häufig die Offenlegung als abträglich für sein Geschäft empfindet. Die stille Zession ist bei der Mantelzession (s. noch Rdn. 694) und bei der Globalzession (s. noch Rdn. 698) üblich (so auch die stille Zession von Bausparverträgen)[4].

Die Parteien müssen sich vor der Gefahr hüten, daß die Abtretung den Charakter eines **Scheingeschäfts** erhält. Deshalb darf der Zedent, dem die Einziehungsbefugnis belassen worden ist, nicht darüber hinaus ermächtigt werden, auch noch in anderer Weise über die abgetretene Forderung zu verfügen[5]. Der Zessionar darf sich auch nicht verpflichten, die Abtretung gegen jedermann geheimzuhalten oder die Anzeige an den Drittschuldner schlechthin zu unterlassen[6]. Eine vertragliche Beschränkung der dinglichen Verfügungsbefugnis verstößt gegen § 137 S. 1 BGB mit der Folge, daß die Abtretung im Zweifel nichtig ist[7]. Eine zeitliche Beschränkung kann unter Umständen den Sinn einer aufschiebenden Bedingung der Abtretung haben, ist dann aber gemäß § 31 KO anfechtbar[8]. Das **Einziehungsrecht des Zessionars** darf allerdings in keinem Falle dauernd ausgeschlossen sein[9]. Diese Voraussetzung ist noch dann als erfüllt anzusehen, wenn das Recht zur Ausübung der Einziehungsbefugnis unter einer aufschiebenden Bedingung vereinbart wird; sie ist hingegen dann nicht gewahrt, wenn die Abtretung nur dazu dienen soll, den Zugriff anderer Gläubiger abzuwehren[10]. Das Recht des Zessionars zur Benachrichtigung des Drittschuldners und zur Einziehung der Forderung darf somit nicht lediglich auf den Fall der Zwangsvollstreckung von seiten Dritter in das Vermögen des Zedenten oder auf die Eröffnung des Konkursverfahrens über dessen Vermögen abgestellt sein[11]. Da die Befugnis zur Anzeige der Abtretung in der Regel das Recht zur Einziehung der abgetretenen Forderung einschließt[12], pflegt sich der Zessionar bei der stillen Zession das Recht, den Drittschuldner **zu benachrichtigen**, vorzubehalten (dabei muß der Zessionar bezüglich einer evtl. zu

687

---

[1] BGH WM 60, 395; vgl. aber auch Soergel/Schmidt, § 398 Rdn. 11; Schlegelberger/Hefermehl, Anh. § 365 Rdn. 234; BGH NJW 69, 276 m. krit. Anm. von Medicus, JuS 67, 385; BGH 32, 367; BGH WM 73, 498.
[2] Vgl. für die Verpfändung § 1280 BGB.
[3] Diese ergeben sich insbesondere aus den Schuldnerschutzvorschriften der §§ 404, 406—408 BGB; s. hierzu noch weiter unten.
[4] OLG Zweibrücken WM 75, 842.
[5] RG JW 36, 1953; BGH WM 60, 1407.
[6] RG 92, 108.
[7] BGH WM 93, 738.
[8] BGH WM 93, 738.
[9] RG 90, 293; 133, 242; vgl. aber auch Liesecke, WM 69, 546 ff.
[10] RG JW 38, 2350.
[11] BGH 26, 192.
[12] RG JW 38, 2350.

setzenden Frist die Interessen des Zedenten berücksichtigen; vgl. Rdn. 148 d f.). Solange jedoch der Drittschuldner die Abtretung nicht kennt (wobei kennen müssen der Kenntnis nicht gleichzusetzen ist, der Zugang einer Mitteilung allein genügt daher nicht), darf er mit befreiender Wirkung an den Zedenten zahlen (§ 407 BGB) (s. Rdn. 704). Der Zedent kann (davon zu trennen ist, ob er darf) auch jedes sonstige, die Stellung des Drittschuldners nicht **verschlechternde**[1] **Rechtsgeschäft** in Ansehung der Forderung mit Wirkung gegenüber dem Zessionar vornehmen, z. B. Stundung oder Preisnachlaß gewähren, sogar nachträglich den Ausschluß der Abtretbarkeit vereinbaren[2].

688 Der Zessionar muß außerdem die schon zur Zeit der Abtretung begründeten **Einwendungen** des Drittschuldners gegen sich gelten lassen (§ 404 BGB) (s. Rdn. 663). Hat der Drittschuldner in Unkenntnis der Zession an den Zedenten gezahlt, kann sich der Zessionar nur noch an den Zedenten halten und von ihm die Herausgabe des gezahlten Betrages verlangen (§§ 812, 816 Abs. 2 BGB). Dies gilt auch dann, wenn der Drittschuldner auf das Bankkonto des Zedenten gezahlt und die Bank den eingegangenen Betrag zur Verrechnung mit dem Debetsaldo des Zedenten vereinnahmt hat. Die Bank ist in diesem Falle nicht bereichert, weil sie lediglich als **Zahlstelle** des Zedenten tätig geworden ist (Rdn. 703)[3]. Solange der Zedent zahlungsfähig ist, wird der Erstzessionar gleichwohl zu seinem Geld kommen, sonst hat er das Nachsehen, selbst wenn sich im einzelnen Fall der Zedent durch die Entgegennahme der Zahlung des Drittschuldners einer positiven Forderungsverletzung schuldig oder gar wegen Untreue strafbar gemacht haben sollte[4]. Verwendet jedoch der Zedent solche Eingänge in größerem Umfang zur Abdeckung seiner Schulden bei einem Dritten, der die Sachlage kennt und gewissenlos die Schädigung des Zessionars in Kauf nimmt, kann dies zu einer Schadensersatzpflicht des Dritten führen[5].

Eine ohne Kenntnis der Abtretung vom Drittschuldner an den Zedenten geleistete Zahlung kann der Drittschuldner seinerseits vom Empfänger zurückverlangen, und er wird dies tun, wenn er ein besonderes Interesse daran hat, an den Zessionar zu zahlen. Andererseits muß, auch wenn der Drittschuldner in Kenntnis der Abtretung gezahlt hat, seine nochmalige Inanspruchnahme durch den Zessionar entfallen, sobald dieser zunächst die Herausgabe des gezahlten Betrages vom Zedenten begehrt und damit nach den Umständen des Falles die Zahlung genehmigt hat (§ 362 II BGB).

Bei der stillen Sicherungszession ist der Zedent auch regelmäßig befugt, die abgetretene Forderung einzuziehen und Zahlung an sich zu verlangen. Für die Verjährungsunterbrechung hat dies zur Folge, daß sie auch dann eintritt, wenn die Sicherungszession nicht offengelegt wird, falls die Einziehung der abgetretenen Forderung durch

---

[1] BGH NJW 69, 1479.
[2] BGH WM 56, 1125.
[3] BGH 53, 139; KG WM 62, 1384; OLG Hamm WM 64, 259.
[4] BGH NJW 54, 202.
[5] BGH WM 63, 1054.

Klageerhebung oder Zustellung eines Mahnbescheides erfolgt[1]. Diese **Einziehungsermächtigung** berechtigt ihn auch zur nochmaligen Abtretung, wenn er dafür den ungeschmälerten Gegenwert der Forderung (bezogen auf den Zeitpunkt der Abtretung) endgültig erhält, z. B. im Rahmen von **Factoring**. Mit dem Verkauf der Forderung erhält der Zedent den (wegen späterer Fälligkeit) abgezinsten Kaufpreis. Diese Abzinsung bzw. Vorverlegung der Fälligkeit stellt noch keine Benachteiligung des Kreditgebers dar. Will der Zessionar (Bank) die Veräußerung der Forderung im Rahmen von Factoring verhindern, so muß er die **Einziehungsermächtigung beschränken**.

Im Zusammenhang mit der Einzugsermächtigung und der Zahlstellenklausel wird regelmäßig der Zedent im Zessionsvertrag verpflichtet, eingehende **Schecks** an die Bank **weiterzuleiten**. In dieser Übersendung des Schecks an die Bank liegt eine **anfechtbare Rechtshandlung**, wenn der Bank bei Entgegennahme des Schecks die Konkursantragstellung bekannt gewesen ist. Eine unmittelbare Übertragung des Eigentums am Scheck vom Kunden auf den Zessionar (Bank) aufgrund einer Übereignung „an den, den es angeht", scheidet aus, da es dem Kunden nicht gleichgültig ist, an wen er den Scheck übereignet[2].

Eine stille Zession kann durch Offenlegung zu einer offenen Zession werden. 689
Eine Abrede, die dem entgegensteht, ist unwirksam[3]. Andererseits steht die Offenlegung nicht vollkommen im Ermessen des Zessionars[4], er darf dies nach Treu und Glauben nämlich erst bei Vorliegen eines wichtigen Grundes tun[23]. Grundsätzlich ist der äußerste Termin, bis zu dem der Zessionar die Abtretung als stille behandeln muß, dadurch bestimmt, daß die gesicherte **Forderung notleidend** wird. Mit Rücksicht darauf, daß die Offenlegung der Zession durch die Bank gegenüber den Drittschuldnern häufig dazu führt, daß der Sicherungsgeber keine Aufträge mehr bekommt, da damit seine Zahlungsschwierigkeiten bekannt werden, empfiehlt es sich, dem Sicherungsgeber vor Offenlegung eine Frist zu setzen, während der er seiner Zahlungsverpflichtung nachkommen kann und eine Rufschädigung vermeidet (wegen der in der Praxis vereinbarten Frist vgl. Anhang). Dies ist aber dann nicht erforderlich, wenn der Zessionar eine eigene Schädigung durch vertragswidriges, die Sicherheit beeinträchtigendes Verhalten des Zedenten befürchten muß[5]. Nach der Offenlegung ist die vormals stille Zession dann wie eine offene zu behandeln. Um die finanzielle Krise des Kreditnehmers nicht publik werden zu lassen, wird häufig auf die Anzeige verzichtet. Die Drittschuldner zahlen dann nicht an die Bank als Zessionarin sondern an den Kreditnehmer. Die Bank ist nur Zahlstelle. Im anschließenden Konkurs kann der Konkursverwalter diese Eingänge nicht anfechten[6].

---

[1] RG 133, 234; BGH NJW 78, 698.
[2] OLG Stuttgart ZIP 80, 860.
[3] BGH DB 63, 574.
[4] BGH WM 63, 962.
[5] BGH WM 63, 507.
[6] OLG Koblenz ZIP 84, 1378 gegen OLG Hamm ZIP 82, 1343; vgl. auch BGH ZIP 83, 864.

690   Von einer **offenen Zession** spricht man, wenn der Drittschuldner von Anfang an durch eine entsprechende Anzeige von der Sicherungsabtretung in Kenntnis gesetzt wird. Es genügt dazu, daß der Drittschuldner — auch ohne förmliche Anzeige — eine glaubhafte Mitteilung von der Abtretung erhält. Jede Art der Kenntnisvermittlung wird im Rahmen des § 407 BGB für ausreichend angesehen, selbst eine bloße Mitteilung durch den Gläubiger kann genügen, wenn es sich bei diesem um eine vertrauenswürdige Person handelt[1]. Eine telefonische Anzeige ist ausreichend[2]. Äußert der Drittschuldner jedoch vernünftige Zweifel und kündigt der Zessionar daraufhin die Übersendung einer schriftlichen Abtretungserklärung an, so erlangt der Drittschuldner Kenntnis im Sinne von § 407 BGB erst mit dem Zeitpunkt deren Eingangs. Die Übersendung einer Fotokopie der Abtretungsurkunde ist ausreichend[3]. Handelt es sich um eine Vielzahl von Drittschuldnern, so reicht bereits die faksimilierte Unterschrift des Zedenten auf der vervielfältigten Anzeige aus[4].

Unter allen Umständen darf der Drittschuldner eine entsprechende Mitteilung des Zedenten gegen sich gelten lassen (§ 409 BGB). Nach h. M. kann sich der Schuldner auch dann auf die Abtretung berufen, wenn er weiß, daß die Abtretung **unwirksam** ist[5]. Daher läßt sich der Zessionar, mag er die Benachrichtigung sofort oder erst später bewirken wollen, von vornherein je nach der Zahl der Drittschuldner ein oder mehrere vom Zedenten unterzeichnete Mitteilungsschreiben aushändigen. Dabei empfiehlt es sich für den Zessionar, sich schon bei der Abtretungsvereinbarung von Sicherungsgeber **Blankoanzeigen** in genügender Zahl geben zu lassen. Diese sind sodann im Zeitpunkt der Benachrichtigung mit dem Namen des Drittschuldners auszufüllen.

Weist sich jemand dem Schuldner gegenüber aufgrund einer Abtretung als neuer Rechtsinhaber aus, kann der Schuldner an ihn befreiend leisten, und zwar auch dann, wenn wegen einer dem Schuldner **nicht bekannten Vorabtretung** der zweite Zessionar nicht Forderungsberechtigter geworden sein kann. Kennt der Schuldner die erste Abtretung nicht, muß er den die zweite —unwirksame— Abtretung offenlegenden Zessionar als Gläubiger ansehen. Positive Kenntnis des Schuldners von der Abtretung gem. § 407 BGB liegt nicht immer schon dann vor, wenn der Zessionar die Abtretung dem Schuldner anzeigt[6]. Bei begründeten Zweifeln kann der Schuldner die Vorlage des Abtretungsvertrages verlangen.

Bei der Abtretung von **Beamtengehältern** ist das Mitteilungsschreiben öffentlich zu beglaubigen, da sonst die an sich wirksame Abtretung nicht realisierbar ist (§ 411 BGB).

---

[1] OLG Düsseldorf WM 75, 397.
[2] OLG Braunschweig Nds. Rechtspflege 72, 60.
[3] OLG Düsseldorf a. a. O.; BAG DB 68, 812 = BB 68, 1040; vgl. auch BGH NJW 71, 1812.
[4] Vgl. OLG Stuttgart NJW 76, 1905 (f. Bußgeldbescheid).
[5] BGHZ 59, 431; Staudinger/Kaduk, § 409 Rdn. 15; a. A. MünchKomm/Roth, § 409 Rdn. 2; vgl. auch BAG WM 91, 1971.
[6] BGH WM 89, 267; Soergel/Zeiss, § 407 Rdn. 4.

Ist eine dem Schuldner angezeigte Zession unwirksam und wird er daraufhin von dem Gläubiger auf Zahlung in Anspruch genommen, so kann der Schuldner, wenn die Unwirksamkeit feststeht, die Leistung, auch bei Fehlen der Zustimmungserklärung des Scheinzessionars zur Rücknahme der Anzeige, nicht verweigern[1].

Wird eine zunächst stille Zession durch die Benachrichtigung des Drittschuldners zu einer offenen, so wird der Drittschuldner nicht mehr durch Zahlung an den Zedenten befreit. Hat er in einem Fall Zweifel an der Gültigkeit der Abtretungsanzeige, hält er z. B. die Unterschrift des Zedenten für gefälscht, so kann er den Betrag nach § 372 BGB beim Amtsgericht hinterlegen.

Bei der offenen Zession werden in der Regel auch die **Einwendungen des Drittschuldners** ersichtlich. Eine vollkommene Sicherheit kann indes auch die offene Zession nicht gewährleisten. Der Zedent kann nämlich die Forderung bereits vorher still abgetreten haben. Hat dann der Drittschuldner auf Anforderung durch den zweiten Zessionar an diesen — und zwar befreiend nach § 408 BGB — gezahlt, so ist letzterer 30 Jahre lang den Bereicherungsansprüchen des Erst-Zessionars gemäß § 816 Abs. 2 BGB ausgesetzt (zum Wegfall der Bereicherung s. u.); dies gilt auch dann, wenn der Zweitzessionar eine über die Forderung ausgestellte Urkunde in Händen hält[2]. Kreditinstitute versuchen in der Regel, sich durch Fragen nach Vorausverfügungen zu schützen; dies wird allerdings bei einem böswilligen Zedenten zwecklos sein. Das Kreditinstitut hat als Zessionar bei einer schuldhaft unrichtigen Auskunft des Schuldners einen Anspruch auf Ersatz des **Vertrauensschadens**[3]. Zur Abtretungsbestätigung auf einem Formular der Bank durch den Drittschuldner vgl. Rdn. 663. Die §§ 407, 408 BGB sind im übrigen auch dann anzuwenden, wenn Zedent und Zessionar eine zweite Abtretung von der Bedingung abhängig machen, daß nicht bereits eine erste Abtretung vorausgegangen ist[4].

691

Hat der Drittschuldner zugleich auch auf eine anderweitige, vom Zweitzessionar wirksam erworbene Forderung gezahlt, so ist für die Aufteilung des Zessionserlöses § 366 Abs. 2 BGB maßgebend, so daß sich die Herausgabepflicht des Zweitzessionars unter Umständen auf eine dem Verhältnis der Forderungsbeträge entsprechende Quote beschränkt[5]. Im übrigen haftet er nur in den Grenzen der **Bereicherung** (§ 818 BGB); er kann sich daher darauf berufen, daß seine Bereicherung durch Aufwendungen gemindert oder weggefallen ist, welche im Hinblick auf die Zahlung des Drittschuldners gemacht worden sind.

Hat z. B. A seiner Bank eine — bereits vorher still zedierte — Forderung abgetreten, und die Bank daraufhin nach Offenlegung der Zession den Forderungsbetrag

---

[1] Vgl. BGH NJW 78, 2025 f.
[2] BGH WM 66, 1237.
[3] Vgl. Marburger, DB 73, 2130.
[4] BGH WM 89, 267 = WuB I F 4.-1.89/Christoffel.
[5] BGH 47, 168.

vom Drittschuldner eingezogen, so schützt zwar die bloße Gutschrift des Betrages auf dem Konto des A die Bank nicht vor dem Herausgabeanspruch des B[1]. Hat aber A über den gutgeschriebenen Betrag durch Abhebung oder in anderer Weise verfügt, kann sich die Bank auf den Wegfall ihrer Bereicherung berufen[2]; dies gilt auch dann, wenn sie im Hinblick auf die Gutschrift ihre Forderung gegen A nicht weiter verfolgt, insbesondere anderweitige Sicherheiten für diese Forderung freigegeben und die Forderung sich in der Folge als uneinbringlich erwiesen hätte.

692 Das Risiko der Bank ist besonders groß, wenn sie Forderungen eingezogen hat, die ihr im Rahmen einer **nichtigen Globalzession** (s. Rdn. 148 d f.) abgetreten waren, denn dann ist ihr auch die etwaige Berufung auf den Wegfall der Bereicherung versagt[3]. Gegen ein unredliches Verhalten des Zedenten schützt nicht einmal die **bestätigte Zession**. Eine solche liegt vor, wenn der Drittschuldner bestätigt, daß die abgetretene Forderung in Ordnung ist und er damit auf etwa ihm zustehende Einwendungen (s. Rdn. 663) verzichtet. Sie nützt dem Zweitzessionar nichts, weil der Drittschuldner, wenn er erfährt, daß die Forderung schon früher anderweitig abgetreten war, sein in der Bestätigung liegendes Anerkenntnis – wiederum aus dem Gesichtspunkt der ungerechtfertigten Bereicherung – rückgängig machen kann[4].

Für die Frage, ob mit einer Zessionsbestätigung das Bestehen einer Schuld anerkannt werden soll, ist vor allem der Wortlaut der Erklärung und die Interessenlage der Beteiligten, nämlich des Schuldners, des Zedenten und des Zessionars maßgeblich. Häufig soll ein bestätigendes Anerkenntnis die den Schuldgrund betreffenden Beweisfragen klären. Dann wird es als kausal wirkender Feststellungsvertrag zu werten sein[5]. Entscheidend ist die Frage, ob die Erklärung nach ihrem für alle Beteiligten erkennbaren Zweck und Inhalt darauf gerichtet sein soll, Zweifel und Unklarheiten gerade über das Bestehen der Schuld zu beseitigen und in dieser Hinsicht den neuen Gläubiger in eine bessere Rechtstellung zu bringen. Dafür ist von Bedeutung ein eindeutiger Satz, in dem die angebliche Forderung nach Grund und Höhe anerkannt wird. Erst dann handelt es sich um eine Willenserklärung und nicht nur um eine Wissenserklärung

6. Mantelzession, Globalzession

693 Die Technik der Sicherstellung durch eine stille Zession hat im Bankverkehr zur Ausbildung der sogenannten **Mantelabtretung (Mantelzession)** und der **Globalzession** geführt. Aus praktischen Gründen sind jedoch Rechte, deren Abtretung einer Form bedarf, denen ein Abtretungsverbot entgegensteht oder deren Abtretung von einer

---

[1] BGH 26, 185; 32, 357.
[2] BGH WM 59, 373.
[3] BGH WM 71, 740 (741 f.).
[4] RG 83, 184.
[5] BGH WM 85, 1177.

Mitwirkung des Drittschuldners abhängig ist, für die Mantel- und Globalzession nur wenig geeignet.

Da bei diesen beiden Arten der Zession die Abtretung einer Vielheit von Forderungen erfolgt, ergibt sich nicht immer ohne weiteres, welche Art der Zession gewollt ist. Es empfiehlt sich daher für die Vertragspartner, ihre Vereinbarungen so deutlich zu formulieren, daß keinerlei Zweifel aufkommen können. Sollte der Parteienwille dennoch einmal nicht klar zum Ausdruck kommen, ist er durch Auslegung zu ermitteln[1]. Auslegungsprobleme können sich insbesondere bei der Übersendung eines Drittschuldnerverzeichnisses ergeben: Diese kann sowohl die — konstitutive — Abtretung (Mantelzession) beinhalten als auch die bloße Klarstellung, welche Forderung kraft der Globalzession zur Zeit der Aufstellung abgetreten wird.

a) Mantelzession

Auch die **Mantelzession**[2] erfolgt durch Vertrag. Der Zedent tritt hier eine bestimmte Anzahl gegenwärtiger Forderungen gegen Drittschuldner an den Zessionar ab und verpflichtet sich, fortlaufend künftige Forderungen nach deren Entstehung auf diesen zu übertragen. Zweck der Zessionen ist dabei die Sicherung eines — im Laufe der Zeit sich betragsmäßig ändernden — Kredits. 694

Im Gegensatz zur Abtretung gegenwärtiger Forderung erfolgt bei künftigen Forderungen die Zession nicht schon bei Vertragsschluß, sondern erst dann, wenn die Forderung entstanden ist[3]. Der Abtretungsvertrag ist somit in bezug auf die zukünftigen Forderungen lediglich **obligatorischer Art**[4]. Die Zession erfolgt dann durch die Übersendung von Rechnungsdurchschriften, Schuldneraufstellungen oder durch Verbuchung auf einem für den Zessionar geführten Sonderkonto[5]; **diesem Verhalten des Zedenten kommt somit konstitutiver Charakter zu**[6]. Dieses Konto wird in der Regel als Zessionskonto bezeichnet. Die Verbuchung auf diesem Konto bedeutet demnach eine Abdeckung des von der Bank gewährten Kredits. Da die Abdeckung eine vorzeitige ist, erklärt sich die Bank gleichzeitig bereit, ihrem Kunden auf Wunsch den auf dem Zessionskonto stehenden Betrag freizugeben, worin die Gewährung eines neuen, wiederum durch die Mantelzession gesicherten Kredits an den Kunden liegt. Über die Führung des Kontos hinaus behalten sich die Banken weitgehende Kontrollmaßnahmen (periodische Prüfung der Bücher des Zedenten und ähnliches) vor. Dadurch erhält die Bank einen Überblick über Güte und Bestand der Forderungen. 695

---

[1] Vgl. LG Frankfurt WM 57, 495; s. auch BGH NJW 55, 544.
[2] Vgl. allg. hierzu: Serick II, S. 274; BGH DB 70, 821; BGH BB 63, 1075; RGRK/Weber, § 398 Rdn. 20.
[3] BGH WM 57, 1099 (1100); BB 70, 821; Serick, BB 60, 141 (142); Serick II, S. 169, 274.
[4] RGRK/Weber, § 398 Rdn. 20.
[5] BGH WM 63, 748.
[6] BGH WM 57, 1099.

696 Der Zessionar ist gegen Verfügungen des Zedenten über die künftigen, noch nicht konstitutiv abgetretenen, Forderungen nicht gesichert. Dies gilt auch bei Verfügungen durch den Konkursverwalter, dritter Gläubiger oder sonstiger Verfügungen im Wege der Zwangsvollstreckung[1]. Er kann sich bei Anfechtung der Zession durch den vorgenannten Personenkreis lediglich darauf berufen, daß ihm aufgrund der Mantelzession der Anspruch auf die Zession zugestanden habe[2].

697 Bei einem Zusammentreffen von verlängertem **Eigentumsvorbehalt** des Lieferanten mit der **Mantelzession** wird der Geldkreditgeber wegen des herrschenden Prioritätsprinzips[3] regelmäßig die ungünstigere Position innehaben, da die Vorausabtretung zugunsten des Lieferanten sich **zeitlich vor** dem Forderungsübergang aufgrund der Mantelzession vollzieht. Die Frage, ob bei einem Zusammentreffen von Mantelzession und verlängertem Eigentumsvorbehalt erstere sittenwidrig (§ 138 BGB) ist, wird man in der Regel anders zu beantworten haben als bei der Globalzession. Dieses Problem ist bisher auch nur verhältnismäßig selten aufgetreten[4]. Im Gegensatz zur Globalzession braucht der Zedent bei der Mantelzession nämlich nicht alle Forderungen an seinen Kreditgeber abzugeben. Er kann vielmehr hiervon solche Forderungen aufsparen, die noch mit dem verlängerten Eigentumsvorbehalt des Lieferanten behaftet sind[5]. Angesichts dieser Möglichkeit wird man nur schwer davon reden können, daß er (der Zedent) „notwendig gedrängt" worden sei, seinem Lieferanten die Zession an die Bank zu verschweigen. Da der Bank in der Regel der Nachweis gelingen dürfte, daß der Zedent aufgrund der Mantelzession nicht verpflichtet sein sollte, noch mit verlängertem Eigentumsvorbehalt belastete Forderungen an die Bank abzutreten, liegt hier **kein Verstoß gegen die guten Sitten** (§ 138 BGB) vor[6]. Es genügt dabei, daß sich diese Beschränkung aus dem übereinstimmenden Willen der Bank und des Schuldners ergibt[7]. Dieser Wille muß allerdings schon bei Abschluß des Mantelzessionsvertrages vorgelegen haben.

b) Globalzession

698 Erstrebt der Sicherungsnehmer eine Sicherung eines Kredits durch eine Vielzahl von Forderungen, hält er aber die Mantelzession für ungeeignet, weil ihm die Rechtzeitigkeit der Auffüllung der zedierten Forderungen nicht gewährleistet erscheint,

---

[1] RGRK/Weber, § 398 Rdn. 20.
[2] BGH 19, 12, 16; BGH WM 59, 115, 117.
[3] Vgl. BGH WM 70, 900, 901 m. w. N.
[4] Vgl. z. B. BGH WM 66, 13.
[5] BGH WM 72, 683, 684.
[6] RGRK/Weber, § 398 Rdn. 90.
[7] Vgl. BGH NJW 74, 942, 943 f. d. ähnlich gelagerten Fall des Zusammentreffens von verl. Eigentumsvorbehalten und Globalzessionen.

so wird er eine **Globalzession** wählen[1]. Der Globalzessionsvertrag beinhaltet, daß der Zedent seine sämtlichen gegenwärtigen und vor allem auch die zukünftigen Forderungen aus bestimmten Rechtsgeschäften oder gegen bestimmte Drittschuldner an den Sicherungsnehmer zur Sicherheit abtritt[2]. Im Unterschied zur Mantelzession gehen bei der Globalzession auch die **künftigen Forderungen** nicht erst mit Hereingabe irgendwelcher Aufstellungen, sondern bereits **mit ihrer Entstehung auf die Bank als Zessionarin über** (s. Rdn. 104). Der Übersendung dieser Liste kommt somit lediglich **deklaratorischer Charakter** zu; sie ist ohne Einfluß auf die Forderungsabtretung und hat nur eine Kontrollfunktion. Die Abtretung wird also bereits mit der Entstehung der Forderung wirksam. Der Frage, ob hier ein sog. Durchgangserwerb des Zedenten[3] oder Direkterwerb des Zessionars[4] vorliegt, kommt in dem hier zu erörternden Rahmen keine besondere Bedeutung zu. Der **Erlös** aus vom Konkursverwalter nach § 17 KO erfüllten Verträgen gebührt allerdings der Masse und nicht dem Zessionar[5].

Die Anforderungen, die an die Bestimmbarkeit der — zukünftigen — Forderungen gestellt werden, sind im Rahmen der Globalzession nicht so streng; eine **hinreichende Individualisierung** genügt hier bereits[6]. Das gilt insbesondere in bezug auf den Gegenstand. Werden Forderungen aus bestimmten Geschäften, z. B. dem Verkauf einer näher beschriebenen Ware[7] abgetreten, so ist die Angabe des Drittschuldners entbehrlich. Dementsprechend wird eine hinreichende Bestimmbarkeit dann bejaht, wenn von der Zession die Forderungen gegen bestimmte Drittschuldner erfaßt werden sollen, ohne daß der Rechtsgrund genannt wird. Werden die Forderungen gegen die Abnehmer mit Namen der Anfangsbuchstaben A — H oder alle in den Orten A, B abgetreten, so sind sie ebenfalls hinreichend individualisiert[8]. Der Umfang der zedierten Forderungen ist hingegen genauer zu bezeichnen. Er muß zweifelsfrei festgestellt werden können. Allerdings wird es im allgemeinen als ausreichend angesehen, wenn „sämtliche

---

[1] Vgl. OLG Stuttgart NJW 64, 666; s. auch allgemein zur Globalzession: Erman, Die Globalzession in ihrem Verhältnis zum verlängerten Eigentumsvorbehalt, 1960; Fischer, Kollision des verlängerten Eigentumsvorbehalts der Warenlieferanten mit den Sicherungsmitteln der Geldkreditgeber, Diss. 1956; Kötter, Die Tauglichkeit der Vorausabtretung als Sicherungsmittel des Geld- und Warenkredits, Bd. I, 1960; Serick/Mezger/Riesenfeld, Kollisionen zwischen der dinglichen Sicherung von Lieferantenkredit und Bankkredit, 1964; Westermann, Gesetzliche Regelung der Sicherungsübereignung und des Eigentumsvorbehalts?, 1956; Westermann, Interessenkollisionen und ihre richterliche Wertung bei den Sicherungsrechten an Fahrnis und Forderung, 1954; Wetekam, Die Kollision der Vorausabtretung aufgrund verlängertem Eigentumsvorbehalts mit der Globalzession im Interessenkonflikt zwischen Geld- und Warenkreditgeber, Diss. 1964.
[2] RGRK/Weber, § 398 Rdn. 19, 74 ff.
[3] So: Schlegelberger/Hefermehl, Anh. § 365 Rdn. 234; Erman/Westermann, § 398 Rdn. 12.
[4] So: Staudinger/Weber, § 398 Anm. I 2.
[5] BGH WM 89, 229.
[6] BGH WM 76, 151.
[7] BGH 30, 149 (151).
[8] Vgl. RGRK/Weber, § 398 Rdn. 80.

gegenwärtigen und künftigen Forderungen aus Warenlieferungen und Leistungen" abgetreten werden[1].

699 Zur Überwachung des Bestandes der ihm zedierten Forderungen wird der Zessionar sich periodisch eine Liste mit Namen und Adressen der Drittschuldner sowie dem jeweiligen Betrag vom Zedenten geben lassen. Im Großkreditgeschäft kann die Zahl der Drittschuldner so hoch sein, daß die rechtzeitige Feststellung von Namen und Adressen und damit der Offenlegung der Zession außerordentliche, unter Umständen unüberwindliche Schwierigkeiten bereitet, wodurch der Wert solcher Globalzessionen von vornherein problematisch ist. Besondere Probleme ergeben sich dann, wenn der Zedent mit einer **EDV-Anlage** arbeitet[2]. Bezüglich eines auf die Herausgabe der Datenträger gerichteten Anspruches des Zessionars gilt es zu beachten, daß diese Teile die Handelsbücher des Zedenten sind[3].

Da die Bank über Namen und Adressen der Drittschuldner informiert sein muß, um ihre Rechte geltend machen zu können, sollte der Sicherungsgeber verpflichtet werden, die mittels EDV gefertigten **Listen** über Drittschuldner und offene Posten (z. B. quartalsmäßig) hereinzugeben. Die genaue Form wird vom Auswertungsprogramm der EDV-Anlage sowie von der Geräteausstattung abhängen. Problematisch ist hier, wie im Insolvenzfall sich der Sicherungsgeber diese Unterlagen möglichst schnell beschaffen kann, wenn die Buchungsarbeiten nicht beim Sicherungsgeber selbst, sondern bei beauftragten Datenverarbeitungsunternehmen vorgenommen werden. Zu erwägen wäre hier die Abtretung der Ansprüche auf Auskunft und Herausgabe der Unterlagen, die der Sicherungsgeber gegen den Auftragnehmer besitzt. Verwendet der Sicherungsgeber eine eigene Datenverarbeitungsanlage, so sollte er verpflichtet werden, die gespeicherten Daten sämtlicher auf die Abtretung bezogenen Buchungsvorgänge auf erstes Anfordern zur Verfügung zu stellen. Denkbar wäre auch eine Sicherungsübereignung der nach Vereinbarung markierten Datenträger. Dabei muß das **Datenschutzgesetz** beachtet werden. Das Bundesdatenschutzgesetz hindert jedenfalls eine Sicherungsübereignung nicht. Die Übermittlung der die Drittschuldner betreffenden Daten an die Bank ist von § 24 Abs. 1 BDSG gedeckt. Die Zession dient dem berechtigten Interesse der Vertragsparteien. Mit Rücksicht darauf, daß die Datenträger Teile der Handelsbücher des Zedenten sind und somit gemäß § 93 BGB wesentliche Bestandteile darstellen und daher nicht Gegenstand besonderer Rechte sein können, sollte angestrebt werden, daß die als Information für den Sicherungsnehmer zu übereignenden Datenträger neben den Handelsbüchern, also gesondert, angefertigt werden. Ob dies in der Praxis immer durchführbar ist, muß allerdings bezweifelt werden, da in diesen Fällen doppelte Datenträger erstellt werden müßten.

---

[1] BGH WM 60, 395 und 838.
[2] Vgl. hierzu Loewenheim, BB 67, 593.
[3] Vgl. hierzu BFM in BB 73, 274; KG BB 72, 983; Palandt/Heinrichs § 93 Rdn. 2, 6; Schlegelberger/Hildebrandt, § 38 Rdn. 19.

Aus dem fiduziarischen Charakter der Sicherungsabtretung folgt für den Zessionar die Verpflichtung, **Rücksicht auf die Interessen des Zedenten** zu nehmen. Diesem muß die zur Fortführung seines Betriebes nötige Bewegungsfreiheit und die Möglichkeit der Einziehung der Forderung gelassen werden. Keine Bedenken unter diesem Gesichtspunkt bestehen dann, wenn wegen der Globalzession die Forderungen zwar zunächst anderen Gläubigern entzogen werden, der Zessionar die eingegangenen Beträge dem Zedenten jedoch wieder kreditweise zur Verfügung stellt[1].

Werden diese Grundsätze bzw. Grenzen nicht eingehalten, so kann es leicht zu einer **700 Sittenwidrigkeit** der Globalzession nach § 138 BGB kommen. Gründe für die Sittenwidrigkeit können dabei zum einen die „**Knebelung**" des Zedenten, zum anderen die „**Kredittäuschung**" der übrigen Gläubiger sein. Die Nichtigkeit der Zession kann sich im übrigen auch aus dem Gedanken des § 310 BGB[2] ergeben. Darüber hinaus kann sich der Zessionar gegenüber anderen Gläubigern des Zedenten schadensersatzpflichtig nach § 826 BGB machen. Entscheidendes Merkmal für die Begründung eines derartigen Anspruches ist dabei das Vorliegen eines sittenwidrigen Verhaltens des Zessionars; dies unterliegt dabei der gleichen Beurteilung, wie die Frage der Sittenwidrigkeit nach § 138 BGB. So ist eine Globalzession einer **Konzerntochtergesellschaft** sittenwidrig, wenn andere Gläubiger der kreditnehmenden Konzerngesellschaft so stark gefährdet werden, daß sie praktisch nur geringe Chancen haben, ihre Forderungen realisieren zu können[3].

Besondere Probleme ergeben sich, wenn im Einzelfall **die Globalzession mit einem 701 verlängerten Eigentumsvorbehalt kollidiert**[4]. Hier stellt sich zunächst die Frage, ob die Globalzession überhaupt wirksam entstanden ist. Nach allgemeiner Ansicht[5] gilt in einem derartigen Fall das sogenannte **Prioritäts- oder Präventionsprinzip**, wonach bei mehrfacher Abtretung einer Forderung grundsätzlich die zeitlich frühere wirksam ist. Da die Globalzession bereits im Zeitpunkt des Vertragsschlusses wirksam

---

[1] Vgl. BGH 10, 228; 20, 43; BGH WM 74, 389; BGH NJW 59, 1533.
[2] RG 67, 166.
[3] LG Stuttgart WM 92, 982 = WuB I F 4.-9.92/Eichholz.
[4] Vgl. zu diesem Problem allgemein: Beeser, ZKW 68, 1031; Bennat, NJW 76, 790; Beuthien, BB 71, 375; Blomeyer, JZ 59, 601 (Anm. zum Urteil v. 30. 4. 1959); Erman, BB 59, 1109; Esser, JZ 68, 281; ders. ZHR 71, 320; Finger, JZ 70, 642; Gördel, Bankbetriebliche Information 69, 154; Hellner, Bank-Betrieb 69, 50; Herget, Bank-Betrieb 66, 282, 286 ff.; Kaduk, JR 71, 221; ders., Festschrift für Karl Larenz, 73, S. 683; Klaas, NJW 68, 1502; Nebelung, NJW 60, 510; Nirk, NJW 71, 1913; Scherner, BB 68, 1267; Schmitt, ZKW 68, 666; Schwerdtner, NJW 74, 1785; Serick, BB 60, 141; ders. BB 74, 845; Werhahn, NJW 68, 1516 (Anm. zum BGH-Urteil v. 24. 4. 1968); ders. NJW 69, 652 (Anm. zum BGH-Urteil v. 6. 11. 1968); RGRK/Weber, § 398 Rdn. 74 ff.; Palandt/Heinrichs, § 398 Rdn. 24 ff.; Soergel/Schmidt, § 398 Rdn. 10; Erman/Westermann I, § 398 Rdn. 19 ff.; Weber, Sicherungsgeschäfte, S. 207 ff.; sowie aus der Rechtsprechung: BGH, WM 60, 395; BGH 32, 361 = WM 1960, 838; WM 1962, 13; WM 1968, 644; WM 69, 18; BGHZ 51, 113 = WM 69, 114; WM 1969, 1072 = WM 70, 900, BGHZ 55, 34 = WM 71, 69 WM 74, 368; WM 74, 389, sowie OLG Düsseldorf, WM 77, 404; OLG Stuttgart, WM 76, 700; LG Berlin WM 76, 1021 f.; BGH WM 79, 11.
[5] BGH WM 59, 964; WM 76, 151 m. w. N.; Serick, BB 74, 845 u. 853.

wird, liegt sie somit zeitlich vor dem verlängerten Eigentumsvorbehalt. Abgelehnt wurde die Ansicht, daß dem Warenkreditgeber der Vorrang gebühre, weil er „näher dran sei"[1] oder die Forderung aus dem Weiterverkauf nur das Surrogat der Ware sei (**Näher-, Surrogationsprinzip**) ebenso wie das von der Literatur[2] befürwortete **Teilungsprinzip**[3], wonach die Forderung aus dem Weiterverkauf zwischen der Bank und dem Warenkreditgeber entsprechend der Höhe ihrer Forderung geteilt werden sollte.

Der Geldkreditgeber hat damit jedoch nur einen scheinbaren Erfolg errungen. Die Rechtsprechung geht nämlich schon seit längerer Zeit[4] davon aus, daß eine Globalzession künftiger Kundenforderungen an eine Bank sittenwidrig (§ 138 BGB) ist, wenn und soweit sie auch Forderungen erfassen soll, die der Schuldner seinem Lieferanten aufgrund des verlängerten Eigentumsvorbehalts künftig jeweils abtreten muß und abtritt[5]. Der Zedent sei gezwungen, seinem Vorbehaltslieferanten die Globalzession zu verschweigen, um weiter beliefert zu werden. Da jedoch wegen des Prioritätsprinzips die Globalzession vorrangig sei, werde dem Lieferanten die Forderung aus dem Weiterverkauf nicht verschafft, so daß der Zedent zur Aufrechterhaltung seines Betriebes gezwungen sei, fortgesetzt grobe Vertragsverletzungen, wenn nicht gar strafbare Handlungen, zu begehen. Bei der Frage, ob das Verhalten des Zessionars als sittenwidrig anzusehen ist, sind alle Umstände in objektiver und subjektiver Hinsicht zu berücksichtigen[6]. Es ist nämlich nicht jede Globalzession schon an sich sittenwidrig; entscheidend ist vielmehr, ob dem Zessionar eine subjektiv zu mißbilligende Gesinnung[7] vorgeworfen werden kann. Dies wird man dann zu bejahen haben, wenn die Zessionarin gewußt oder damit gerechnet hat, daß der Zedent Waren unter verlängertem Eigentumsvorbehalt bezieht; sie beteiligt sich dann an dem sittenwidrigen Verhalten des Zedenten, zu dem diesen die Globalzession notwendig drängt[8]. — Dabei kann sich die Zessionarin allerdings nicht darauf berufen, daß der Kredit letzten Endes überhaupt Voraussetzung für die Tätigkeit des Warengeschäftes war[9]. — Ob jedoch eine **Sittenwidrigkeit** vorliegt, ist je nach Lage des Falles zu entscheiden. Es kommt hierfür letztlich auf den Geist an, in welchem der Zessionar die ihm günstigen Vertragsklauseln handhaben darf und handhabt[10]. So hat der BGH[11] eine Sittenwidrigkeit der Zession dann nicht angenommen, wenn der (gesicherte) aufgenommene Kredit der Befriedi-

---

[1] BGH 30, 149; BGH DB 66, 2017.
[2] Vgl. Esser, JZ 68, 281 u. 259; Erman, DB 59, 1109; Flume, NJW 59, 913; Beuthien, BB 71, 375 ff.
[3] Vgl. BGH 32, 361, 362.
[4] Erstmals wohl in BGH 30, 149.
[5] BGH 30, 149, 153; BGH NJW 74, 942, BGH WM 79, 981, 984.
[6] BGH WM 71, 69, 71; beachte auch BGH NJW 71, 1311.
[7] Vgl. BGH 55, 34, 35; BGH WM 62, 13, 14.
[8] BGH 55, 34, 36.
[9] BGH DB 70, 821, 822; NJW 74, 942.
[10] BGH WM 74, 389, 390.
[11] NJW 60, 1003, 1004.

gung des Vorbehaltsverkäufers dienen sollte. In einem anderen Falle hat er die Zession als wirksam angesehen[1], weil die Bank darauf vertraut hat, daß ihr Schuldner keine mit einem verlängerten Eigentumsvorbehalt belasteten Waren bezieht. Dies waren aber Ausnahmen, wie der BHG später[2] ausdrücklich klargestellt hat, weil es hier nämlich an der notwendigen verwerflichen Gesinnung der Bank gefehlt habe. So hat er[3] später eine Sittenwidrigkeit auch in dem Fall angenommen, in dem die Bank sich vom Schuldner hat versprechen lassen, den Kredit primär zur Ausräumung des verlängerten Eigentumsvorbehaltes zu verwenden; in diesem in Krisenzeiten praktisch wertlosem Versprechen liegt keine angemessene Berücksichtigung der Interessen des Lieferanten[4].

In der vorstehend wiedergegebenen Rechtsprechung läßt sich die Tendenz erkennen, eine Sittenwidrigkeit nur dann nicht anzunehmen, wenn auf die Belange des Vorbehaltslieferanten genügend Rücksicht genommen wird[5]. Das kann z. B. durch die Vereinbarung geschehen, daß solche Forderungen, die einem verlängerten Eigentumsvorbehalt unterliegen, gar nicht unter die Globalzession fallen sollen[6], oder der verlängerte Eigentumsvorbehalt nach dem Willen der Vertragsparteien Vorrang haben soll[7].

Die Banken haben sich seit Beginn der für sie ungünstigen Rechtsprechung des BGH 702 bemüht, ihre Klauseln in den Sicherungsverträgen so abzuändern, daß sie den von der Judikatur aufgestellten Anforderungen gerecht würden und nahmen als Konsequenz eine sogenannte **Verpflichtungsklausel** in ihre AGB auf. Danach sollten nur solche Forderungen unter die Globalzession fallen, die nicht mit einem verlängerten Eigentumsvorbehalt belastet waren. Gleichzeitig sollte der Kreditnehmer seine Lieferanten auf die Globalzession hinweisen. Mit dieser Klausel sollte der Vorwurf der Knebelung und der Kredittäuschung ausgeräumt werden. Die Klausel erschien dem BGH jedoch als unzureichend[8]; die Belange des Warenkreditgebers schienen ihm damit noch nicht ausreichend gesichert[9]. Gleichzeitig läßt der BGH[10] erkennen, unter welchen Gesichtspunkten er das Vorliegen der Sittenwidrigkeit der Globalzession verneinen würde:

„Eine Globalzession, in der auf die schutzwerten Belange des Lieferanten in der Weise Rücksicht genommen wird, daß deren Ansprüche aus einem verlängerten Eigentumsvorbehalt der Globalabtretung auf jeden Fall vorgehen, ist rechtlich nicht zu beanstanden. Sie bewahrt den Kreditnehmer gerade davor, ständig Vertragsverletzungen oder

---

[1] BGH WM 62, 13, 14.
[2] BGH 55, 34, 35 f. = WM 71, 69; vgl. auch NJW 74, 942.
[3] NJW 68, 1560; vgl. auch NJW 69, 318, 320; WM 74, 368.
[4] Anders noch: BGH WM 60, 395; OLG Stuttgart WM 68, 717 f.
[5] BGH WM 74, 389, 390; WM 74, 368, 369.
[6] BGH WM 74, 389, 390.
[7] BGH WM 79, 981, 984.
[8] BGH WM 68, 644; WM 69, 18.
[9] Vgl. BGH WM 74, 368.
[10] BGH WM 74, 368, 369.

gar strafbare Handlungen gegenüber seinen Lieferanten gehen zu müssen, wenn er auf Lieferung unter verlängertem Eigentumsvorbehalt angewiesen ist."

Diese Voraussetzung sah der BGH[1] wohl dann als erfüllt an, wenn die Globalabtretung von vornherein Kundenforderungen des Zedenten insoweit nicht erfassen soll, als sie anderen Lieferanten aus einem verlängerten Eigentumsvorbehalt zustehen, denn dann wäre dem Anspruch des Vorbehaltslieferanten aus dem verlängerten Eigentumsvorbehalt Vorrang gegenüber der Globalzession eingeräumt.

Die Rechtsprechung hält aber auch die schuldrechtliche Teilverzichtsklausel zugunsten der Warenlieferanten für nicht ausreichend[2]. Es ist nach den Urteilsgründen nicht ausreichend, daß der Lieferant gegenüber der Bank lediglich schuldrechtliche Ansprüche (aus Vertrag zugunsten Dritter) erhält. Hingewiesen wird auf die Gefahr der Insolvenz einer Bank. Darüber hinaus werde dem Lieferanten aber auch die Durchsetzung seiner ursprünglichen Rechte aus dem verlängerten Eigentumsvorbehalt erschwert: er kenne seinen Schuldner, die Bank, gar nicht, da ihm die Globalzession verschwiegen werde, seine Rechte gegenüber den Drittschuldnern seien erschwert, wenn nicht er, sondern die Bank Forderungsinhaber sei, die Interessen Bank — Lieferant seien nicht gleichgelagert. Trotz dieser Beurteilung kommt das Gericht aber zu dem Ergebnis, daß damit nicht die Globalabtretung insgesamt nichtig ist, weil im Globalzessionsvertrag die Klausel enthalten war:

„Sollten Vereinbarungen, die in diesem Vertrag getroffen sind, ganz oder teilweise unwirksam sein, so wird die Wirksamkeit der Vereinbarung im übrigen hiervon nicht berührt; — das gilt insbesondere, wenn die Unwirksamkeit sich nur auf einzelne Forderungen oder Forderungsteile bezieht."

Es sollten damit also dennoch die Forderungen abgetreten bleiben, die nicht Gegenstand eines verlängerten Eigentumsvorbehalts waren oder sind. „Das führt zu einem angemessenen Ausgleich aller beteiligten Interessen." Das Gericht erzielt dieses Ergebnis im Wege der Auslegung.

„Beschränkt sich die Globalabtretung nur auf die Forderungen, die einem verlängerten Eigentumsvorbehalt nicht unterliegen, so haftet ihr der Makel der Sittenwidrigkeit nicht an."

Der Vorrang der Warenkreditgläubiger kann auch auf Fälle des **branchenüblichen Vorbehalts** beschränkt werden[3].

703   Die Banken sind inzwischen überwiegend dazu übergegangen, „**dingliche Verzichtsklauseln**"[4] in ihren AGB aufzunehmen, da der BGH[5] für diesen Fall das Vorliegen einer Sittenwidrigkeit nach § 138 BGB verneint hat.

---

[1] BGH WM 74, 368.
[2] BGH WM 79, 11; vgl. aber BGH WM 85, 605 — Westermann in WuB IV B, § 9 AGB-G 6.86.
[3] BGH WM 86, 1545 = WuB IV B, § 9 AGBG — 1.87/Emmerich.
[4] Einzelheiten zu einer dinglichen Verzichtsklausel vgl. Serick WM 74, 845 ff.
[5] BGH WM 74, 368.

Nach Treu und Glauben darf sich die Bank nicht darauf berufen, daß sie lediglich als Zahlstelle fungiert hat, wenn die Ausgestaltung des Zessionsvertrages darauf gerichtet ist, der Bank es zu ermöglichen, durch „das Auftreten als bloße Zahlstelle nach außenhin die von der Rechtsprechung an eine Globalabtretung..." gestellten Anforderungen zu unterlaufen[1]. Das ist z. B dann der Fall, wenn der Sicherungsgeber auf seinen Rechnungen an die Drittschuldner kenntlich machen muß, daß diese ausschließlich auf sein Konto bei der Bank (Sicherungsnehmer) zu zahlen haben. Im zitierten Fall kam hinzu, daß die Bank sich die freie eigene Verfügung über die eingehenden Gelder vorbehalten hatte. Damit war sie auf eine Offenlegung der Globalabtretung nicht mehr angewiesen. Zwar hat der BGH die Zahlstellenklausel nur in Verbindung mit einer nichtigen schuldrechtlichen Teilverzichtsklausel beurteilt[2]. Offen ist aber die Frage, wie die Zahlstellenklausel in Verbindung mit einer wirksamen dinglichen Teilverzichtsklausel zu sehen ist[3]. Die Berufung auf eine Zahlstellenklausel bzw. Funktion der Bank als Zahlstelle wurde in Verbindung mit einer Mantelzession bereits als Verstoß gegen Treu und Glauben angesehen[4], da die Bank mit der Zahlstellenklausel die rechtliche Rangreihenfolge der Zession in unzulässiger Weise zu umgehen versuche. Dem Urteil ist nicht zuzustimmen, da die Vertragsbruchstheorie nicht greift: es fehlen die subjektiven Momente. Die Zahlstellenklausel ist der Ausgleich dafür, daß der Schuldner/Sicherungsgeber die Einziehungsbefugnis bezüglich der Außenstände behält, die Bank aber andererseits einen Überblick über die Zahlungsfähigkeit des Kreditnehmers/Sicherungsgebers behalten muß.

Den Warenlieferanten steht gegen die Bank, der alle Außenstände abgetreten worden sind, kein unmittelbar gesetzlicher **Auskunftsanspruch** zu, weil keiner der gesetzlich normierten Auskunftstatbestände eingreift.

7. Zusätzlicher Tatbestand bei Rechten

Ist Sicherungsmittel ein **Recht**, sei es, daß es verpfändet, sei es, daß es sicherungshalber übertragen wird, so ist angesichts der fehlenden Verkörperung des Rechts ein Mittel, die Sicherstellung offenkundig zu machen, in der Regel nicht gegeben. **Daher vollzieht sich hier der Abschluß des Sicherstellungsvertrages durch die bloße Einigung der Vertragsteile** (nach Maßgabe der Ausführungen zu Rdn. 106, 120 ff.), wohinzu mitunter (Rdn. 596) noch die **Anzeige** der Sicherheitsbestellung an einen etwaigen Drittschuldner kommen muß. Dies gilt auch dann, wenn im einzelnen Fall das als Sicherungsmittel dienende Recht in einer Urkunde niedergelegt ist. Eine solche Urkunde ist für den Abschluß des Sicherstellungsvertrages selbst da ohne Bedeutung, wo die Urkunde nicht lediglich zu Beweiszwecken errichtet worden ist, sondern zur wirk-

704

---
[1] BGH WM 79, 13; OLG Frankfurt WM 81, 972; vgl. LG Berlin ZIP 83, 1324.
[2] Vgl. auch OLG Frankfurt, WM 81, 972.
[3] Nach Herget, ZIP 80, 594 ist es nicht „vorstellbar", daß dann eine Zahlstellenklausel rechtsmißbräuchlich sein kann.
[4] LG Berlin ZIP 83, 1324.

Sicherungsabtretung

samen Begründung des Rechts erforderlich war, wie z. B. bei der Kaufpreisforderung aus dem Verkauf eines Grundstücks, die nach § 313 BGB nur aus einem gerichtlich oder notariell beurkundeten Vertrage erwachsen kann. Die Urkunde ist eben nichts weiter als „Zubehör" des in ihr verbrieften Rechts, und deshalb teilt sie ohne weiteres das Schicksal des Rechts, nicht aber umgekehrt das Recht das Schicksal der Urkunde. Will z. B. A. sicherungshalber seinen Kaufpreisanspruch aus einem notariell beurkundeten Grundstückskaufvertrag oder seinen Anteil an einer durch notariellen Vertrag begründeten GmbH an B. abtreten, so genügt hierzu die Einigung der Parteien in der gesetzlich vorgeschriebenen Form, ohne daß B. in den Besitz der Urkunde zu gelangen

705 braucht. Auch wenn die Urkunde sich als sog. **qualifiziertes Legitimationspapier** (auch hinkendes Inhaberpapier genannt) darstellt, bleibt die Rechtslage die gleiche. Es handelt sich dabei um Urkunden, in denen die verbriefte Leistung an eine bestimmte Person mit der Maßgabe versprochen ist, daß die Leistung an jeden Inhaber des Papiers bewirkt werden kann. Hierher gehören insbesondere die Sparbücher, Versicherungspolicen, Leihhausscheine, Erneuerungsscheine usw. Auch bei ihnen folgt gemäß Rdn. 284 das Recht am Papier dem Recht aus dem Papier (obwohl in der Übergabe eines Sparbuches in der Regel die Abtretung des Anspruchs auf das Sparguthaben zu sehen ist[1].

706 Dasselbe gilt für alle **Rektapapiere (Namenspapiere)**, d. s. Wertpapiere, nach deren Inhalt das in ihnen verbriefte Recht einer bestimmten, in der Urkunde genannten Person zusteht (Wechsel und Schecks mit negativer Orderklausel, die nichtindossabel gemachten Namensaktien usw.). **Soweit es sich aber bei den Rektapapieren um Wertpapiere handelt, deren Geltendmachung an den Besitz der Urkunde gebunden ist, muß freilich, soll der Sicherstellungsakt praktisch sinnvoll sein, die Einigung der Parteien noch dadurch ergänzt werden, daß dem Sicherungsnehmer der (unmittelbare) Besitz des Papiers verschafft wird.** Insofern eine Leistung an den Inhaber des als Sicherungsmittel dienenden Rechts in Frage kommt, braucht der Verpflichtete, solange er von dem Abschluß des Sicherstellungsvertrages keine sichere Kenntnis hat, den Gläubigerwechsel grundsätzlich nicht gegen sich gelten zu lassen; das ergibt sich bei den qualifizierten Legitimationspapieren bereits aus ihrem Begriff, insofern der Schuldner mit befreiender Wirkung an jeden Inhaber des Papiers leisten kann, solange er damit nicht wider Treu und Glauben handelt (§ 808 BGB). Daher ist auch bei diesen Papieren der Besitz der Urkunde für den Sicherungsnehmer wichtig, wenn auch nicht zum Erwerb des Sicherungsrechts, so doch zur Erhaltung der Tauglichkeit der Sicherheit; denn abgesehen davon, daß der Schuldner sich ohne Aushändigung des Papiers kaum zur Zahlung bereitfinden wird, läuft der Sicherungsnehmer Gefahr, daß der Inhaber der Urkunde die Forderung einzieht, z. B. das Sparguthaben abhebt, solange der Sparkasse die Nichtberechtigung des Inhabers unbekannt ist. Im übrigen s. über den Einfluß des guten Glaubens des Sicherungsnehmers auf den Erwerb des Sicherungsrechts Rdn. 664 und auf die dem Drittschuldner zustehenden Einwendungen Rdn. 663. Diese

707 Regelung wird von folgenden wichtigen Ausnahmen durchbrochen: Ist Sicherungsmittel ein — zu verpfändendes oder sicherungshalber zu übertragendes — Recht, wel-

---

[1] BGH WM 62, 487; WM 72, 381.

ches in einem Inhaber- oder Orderpapier verkörpert ist, sei es ein die Forderung gegen eine bestimmte Person verbriefendes Forderungspapier oder ein die Mitgliedschaft in einem Personenverband verbriefendes Papier, so vollendet sich der Erwerb des Sicherungsrechts dadurch, daß der Sicherungsnehmer den Besitz des Papiers erlangt (nach Rdn. 495, 499, 501). Was im einzelnen zunächst die **Inhaberpapiere** anbelangt — z. B. die meisten börsengängigen Wertpapiere, die auf den Inhaber gestellten Aktien, Schuldverschreibungen (Obligationen), Zinsscheine, Rentenscheine, Dividendenscheine, Investmentzertifikate, die in der Praxis üblichen Inhaberschecks u. a. m. —, so gelten sie auf dem Gebiet des Sicherungsrechts als bewegliche Sachen. Das Recht aus dem Inhaberpapier ist so untrennbar mit dem Recht an dem Papier verbunden, daß das rechtliche Schicksal beider stets dasselbe sein muß, und steht demjenigen zu, dem das Papier gehört. **Daher erfolgt die Sicherstellung so, als ob das Papier selbst und nicht das in ihm verkörperte Recht Sicherungsmittel wäre**[1].

Bei den **Orderpapieren** (Wechsel, Scheck, Namensaktie, Zwischenschein, kaufmännischen Anweisungen und Verpflichtungsscheinen, Bodmereibrief, auch den zu Rdn. 504 genannten, auf Order lautenden Traditionspapieren usw.) ist zwar der Abschluß eines Sicherstellungsvertrages durch Einigung und Verschaffung des Besitzes an dem nicht indossierten Papier — die Besitzverschaffung ist unerläßlich und Tatbestandselement des Vertrages[2] — denkbar, es kommt aber meist nur vor im Rahmen der Pfandklausel in den AGB und AGSp. Das normale, allgemein gebräuchliche Verfahren besteht darin, daß sich die Parteien über die Bestellung der Sicherheit einigen (sog. Begebungsvertrag)[3] und der Sicherungsgeber dem Sicherungsnehmer den Besitz des Papieres verschafft, nachdem er vorher das Papier an diesen indossiert, d. h. mit dem Übertragungsvermerk zu Gunsten des Sicherungsnehmers auf der Rückseite des Papiers versehen hat (Art. 11, 13 WG, 14, 16 ScheckG, § 363 HGB). **Dann gehen allerdings infolge der Indossierung die Wirkungen dieses Vertrages über die einer bloßen Übertragung des in dem Orderpapier verkörperten Rechts hinaus.** Der Sicherungsnehmer rückt nämlich nicht bloß in die Rechtsstellung des Sicherungsgebers ein, vielmehr „bedeutet die Übergabe eines indossierten Orderpapiers etwas anderes als eine Abtretung, indem sie die Entstehung eines neuen selbständigen Rechts aus dem Orderpapier vermittelt"[4]. Der Sicherungsnehmer erwirbt die Sicherheit am verbrieften Recht in der Gestalt, wie es sich nach dem Inhalt der Urkunde darstellt (Transportfunktion des Indossaments); außerdem wird beim Wechsel und Scheck durch das Indossament regelmäßig der Sicherungsgeber selbst dem Sicherungsnehmer aus dem Papier haftbar (Garantiefunktion des Indossaments) (Art. 14, 15 WG 17, 18 ScheckG, § 364 HGB). Das Indossament ist im übrigen auch deshalb erforderlich, weil es praktisch das Orderpapier erst verwertbar macht. Da jedoch das „offene Vollmachtindossament" (Art. 18 WG, 23 ScheckG) weder die Transport- noch die Garantiefunktion besitzt, steht ein mit

708

---

[1] RG 58, 8.
[2] RG 160, 341; JW 32, 2599; BGH NJW 58, 302.
[3] RG 117, 71.
[4] RG 83, 101.

solchem Indossament versehenes Papier sicherungsrechtlich einem nicht indossierten gleich. Der Schuldner einer im Papier verbrieften Forderung (z. B. der Akzeptant eines Wechsels) braucht, solange er den Abschluß des Sicherstellungsvertrages nicht kennt und die Unkenntnis nicht mindestens auf grober Fahrlässigkeit beruht, den Rechtserwerb des Sicherungsnehmers nicht gegen sich gelten zu lassen (Art. 40 Abs. 3 WG, §§ 363, 365 HGB); durch die Leistung an denjenigen, der aus dem Papier formell legitimiert erscheint, wird er befreit.

Im übrigen s. über den Einfluß des guten Glaubens des Sicherungsnehmers auf den Erwerb des Sicherungsrechts Rdn. 667, 668 und auf die dem Drittschuldner zustehenden Einwendungen Rdn. 663.

V. Gesicherte Forderung

709   Die gesicherte Forderung ist gegenüber anderen, von der Sicherung nicht umfaßten Forderungen, **abzugrenzen**. Dies erfolgt in der Regel durch eine entsprechende Vereinbarung zwischen den Parteien (vgl. Rdn. 643). Werden Wertpapiere oder gebuchte Rechte sicherungsweise übertragen, so erfolgt die Abgrenzung bereits im Zweckrevers. Zur Vermeidung von Beweisschwierigkeiten empfiehlt sich aber auch bei allen anderen zu sichernden Forderungen eine entsprechende Zweckvereinbarung. Sie kann formlos erolgen[1], aus Beweisgründen ist allerdings Schriftform zu empfehlen.

Der Schuldner braucht mit der gesicherten Forderung nicht identisch zu sein (s. Rdn. 172). Es kann eine **Limitierung** der Haftung des Sicherungsrechts vereinbart werden (s. Rdn. 180—183). Der fiduziarische Charakter der Sicherungsabtretung läßt es zu, daß sowohl mehrere Forderungen desselben Gläubigers gegen denselben oder verschiedene Schuldner als auch die Forderungen mehrerer Gläubiger gegen denselben oder verschiedene Schuldner gesichert werden können (s. Rdn. 191). Der rechtliche Bestand der gesicherten Forderung ist insofern von Bedeutung, als der Sicherungsnehmer das abgetretene Recht auch dann an den Zedenten zurückübertragen muß, wenn entweder die gesicherte Forderung überhaupt nicht entstanden (s. Rdn. 196, 202, 208, 210) oder nachträglich weggefallen ist (s. Rdn. 197, 204—208). Weder ein Wechsel auf der Schuldner- noch ein solcher auf der Gläubigerseite berühren bei einer Gesamtnachfolge die Sicherheit (s. Rdn. 223). Die Übertragung der gesicherten Schuld kann dabei durch vertragliche Schuldübernahme (s. Rdn. 224, 226), die der gesicherten Forderung durch Abtretung (s. Rdn. 230) erfolgen.

VI. Beiderseitige Rechte und Pflichten

Ziel der Abtretung ist die Sicherung einer Forderung oder eines Rechts. Der genaue Zweck wird dabei in der Regel zwischen den Parteien durch eine sogenannte Zweck-

---

[1] BGH WM 62, 383.

vereinbarung festgelegt. Rechte und Pflichten der Parteien ergeben sich zum einen aus den Treuhandcharakter der Sicherungsabtretung, zum anderen aus den zwischen ihnen getroffenen Vereinbarungen.

Es ist die grundlegende Pflicht des Zessionars und Treuhänders, die Rechte des Zedenten (Treugebers) zu wahren und mit ihnen nur nach Maßgabe des Sicherungszweckes zu verfahren. Der Zessionar darf grundsätzlich vor Eintritt der Fälligkeit nicht über das abgetretene Recht verfügen. Ein gegenteiliges Verhalten kann eine Schadensersatzpflicht des Zessionars zur Folge haben; unter Umständen kann er sich sogar strafbar machen. Bei in Urkunden verbrieften Rechten ist der Zessionar außerdem verpflichtet, das Papier zu verwahren. Werden Wertpapiere übertragen, so hat der Zessionar den Zedenten von Wertminderungen durch Kursrückgänge rechtzeitig zu informieren. Der Sicherungsnehmer muß das Bezugsrecht ausüben, wenn er von dem Sicherungsgeber den Bezugspreis für die jungen Aktien erhält. Auf ein etwaiges Umtauschangebot des Sicherungsgebers[1] braucht sich der Sicherungsnehmer jedoch nicht einzulassen[2]. 710

Der Zessionar ist aus der Sicherungsabrede heraus zur **Einziehung** der Forderung befugt, wenn der Zedent seinen Verpflichtungen nicht mehr nachkommt und z. B. wegen Ausbleiben der Zahlungen in Verzug gerät[3]. Wegen der Frist vor Offenlegung der Abtretung gegenüber dem Drittschuldner vgl. Anhang. Der Sicherungsnehmer hat den Erlös, soweit er die gesicherte Forderung überschreitet, an den Zedenten herauszugeben[4]. Er ist verpflichtet, die zedierte Forderung zurückzuübertragen, sobald die gesicherte Forderung getilgt ist oder der Sicherungszweck sich sonst erledigt hat[5]. Der Zessionar kann die zedierte Forderung weiterübertragen[6] [7]. 711

Er darf die Beitreibung nicht wider Treu und Glauben **verzögern** oder unterlassen, sonst macht er sich dem Zedenten gegenüber schadensersatzpflichtig. Ein Schaden kann z. B. dadurch entstehen, daß die Zinsen des abgetretenen Anspruches verjähren. 712

Der Sicherungsnehmer darf dem Drittschuldner Nachlaß gewähren, wenn er dadurch eine schnellere Tilgung der Forderung erreichen kann[8].

Ein besonderer Prozeß gegen den Drittschuldner bleibt dem Zessionar erspart, wenn er aufrechnen kann, oder wenn der Zedent bereits einen vollstreckbaren Titel gegen den Drittschuldner besitzt; im letzteren Falle kann der Zessionar vom Zedenten die 713

---

[1] Vgl. § 235 BGB.
[2] BGH WM 58, 1103.
[3] RG 142, 139, 141.
[4] RG 116, 330, 331 f.; BGH WM 66, 1037, 1038; BGH 32, 67, 70 m. w. N.
[5] RGRK/Weber, § 398 Rdn. 131 m. w. N.
[6] RG 95, 244.
[7] Ist jedoch das Rechtsgeschäft, aus dem die zu sichernde Forderung erwachsen ist, nichtig, so ist auch die Weiterübertragung der zur Sicherung abgetretenen Forderungen nichtig (RG 95, 244, 245).
[8] BGH WM 56, 1353.

Herausgabe des Titels verlangen, die Vollstreckungsklausel auf sich umschreiben lassen (§ 727 ZPO) und dann selbst gegen den Drittschuldner vorgehen. Der Drittschuldner braucht die Zahlung nur Zug um Zug gegen eine vom Zedenten ausgestellte Abtretungsurkunde zu leisten; diese kann der Zessionar jederzeit vom Zedenten verlangen (§§ 410, 403 BGB).

714 Bei der Zession ist es im allgemeinen Sache des Zedenten, für die Einziehung der Forderung und grundsätzlich — bei entsprechender Vereinbarung — auch für die Abführung des Erlöses an den Zessionar zu sorgen (§ 667 BGB)[1]. **Der Sicherungsgeber ist kraft der in der stillen Zession enthaltenen Ermächtigung des Zessionars (§ 185 BGB) zur Einziehung auch befugt.** Dies gilt in der Regel solange, wie der Schuldner der gesicherten Forderung seinen Verpflichtungen nachkommt[2]. Die Einziehungsermächtigung schließt jedoch nicht das Recht zur nochmaligen Abtretung der Forderung an einen Dritten ein[3]. Eine **weitere Abtretung** an eine Bank gegen Einräumung eines Kredits ist daher nicht zulässig[4], wohl aber im Rahmen eines echten Factoring.

715 **Der Zedent hat bei der offenen Zession alle Maßnahmen, die ihm offenstehen, selbst zu treffen; insoweit ist ein Tätigwerden des Zessionars nicht erforderlich.** Der Zedent kann daher auch Leistung an sich selbst verlangen[5]. Wo der Zedent, z. B. bei gebuchten Rechten, nicht ohne weiteres gegen Drittschuldner vorgehen kann, hat der Zessionar für die ordnungsgemäße Beitreibung zu sorgen.

716 Ist die Forderung in einer Urkunde verkörpert und verbleibt die **Urkunde** im Besitz des Sicherungsgebers, so darf dieser keine Handlungen vornehmen, die nachteilige Folgen für das Recht des Sicherungsnehmers haben könnten. Der Zedent hat das Papier also sorgfältig aufzubewahren und es auf Antrag an den Zessionar herauszugeben. Der Sicherungsgeber darf nicht über das abgetretene Recht verfügen; er kann sich dadurch schadensersatzpflichtig, unter Umständen sogar strafbar machen[6]. Der Zedent ist verpflichtet, dem Zessionar jede zur Geltendmachung des Rechts gewünschte Auskunft und Hilfe zu geben (§§ 402, 413 BGB).

717 Auch für den **Drittschuldner** darf die Abtretung nicht nachteilhaft sein. Ihm verbleiben seine zur Zeit der Abtretung begründeten **Einwendungen**; sein guter Glaube an das Bestehen des Gläubigerrechts des Sicherungsgebers wird geschützt. Will der Drittschuldner bei Inanspruchnahme durch den Zessionar eine Aufrechnung mit einer Gegenforderung gegenüber den Zedenten geltend machen, so kann er auf diese Aufrechnungsmöglichkeit gem. § 406 BGB dann nicht vertrauen, wenn er von der Abtretung Kenntnis hatte oder wenn seine Forderung später fällig wurde als die abgetretene

---

[1] BGH WM 63, 1054.
[2] BGH 26, 192; WM 67, 826.
[3] BGH 32, 357; BGH WM 60, 1467.
[4] BGH WM 58, 252, 255; a. A. Dempewolf, DB 58, 1091.
[5] BGH 32, 67; BGH WM 67, 88.
[6] Vgl. BGH WM 55, 204; WM 63, 1054.

Forderung des Zedenten. Dies gilt auch bei Vorausabtretungen[1]. **Auf das Nichtbestehen der gesicherten Forderung kann sich der Drittschuldner allerdings nicht berufen; es handelt sich hierbei nämlich um eine in der Person des Zedenten liegende Einwendung**[2]. Der Drittschuldner hat auch keine Einwendungen, die sich auf den Inhalt des der Abtretung zugrundeliegenden Vertrages beziehen[3]. Demjenigen, der den Anspruch aus einem ihm sicherungsübereigneten Wechsel oder Scheck geltend macht, kann somit nicht entgegengehalten werden, daß sich das Sicherungsverhältnis erledigt habe[4]. **Erkennt der Drittschuldner** in der Erklärung gem. § 840 ZPO die Forderung **an**, so werden hierdurch alle Einreden ausgeschlossen, die sich nicht aus der Erklärung selbst ergeben, die der Drittschuldner aber kannte oder mit denen er rechnen mußte[5]. Der Drittschuldner darf aber auch **keine Vorteile** aus der Tatsache der Abtretung ziehen. Daher ist der Zessionar nicht nur berechtigt, sondern auch verpflichtet, bei Fälligkeit des abgetretenen Anspruchs gegen den Drittschuldner vorzugehen[6]; der Abtretung wird damit der Charakter einer Hingabe „erfüllungshalber" verliehen[7]. Haftet der Drittschuldner aus einem **doppelten Rechtsgrunde**, weil er auf seine Schuld erfüllungshalber einen **Wechsel** hingegeben hat, und ist dem Sicherungsnehmer nur der Wechsel sicherungshalber übertragen, nicht auch die Forderung aus dem Grundgeschäft, so ist im Konkurse des Drittschuldners nur der Sicherungsnehmer als Inhaber des Wechsels teilnahmeberechtigt; der Inhaber der Grundforderung kann nicht neben ihm die Konkursquote beanspruchen, weil der Drittschuldner nur einmal zu zahlen braucht. 718

VII. Verwertung und Rückübertragung

1. Verwertung

Die Sicherungsübertragung gehört zu den unmittelbar verwertbaren Sicherheiten. Die **Verwertung** durch den Sicherungsnehmer setzt grundsätzlich **Verwertungsreife** — d. h. Fälligkeit — der gesicherten Forderung voraus[8]. Verzug ist nicht erforderlich (vgl. § 1228 Abs. 2 S. 1 BGB als Grundgedanke für die Verwertung eines Pfandes). Etwas anderes gilt nach dem **VerbrkrG**: die Regelung in § 12 VerbrkrG geht über § 1228 BGB hinaus, d. h. dem Kreditnehmer/Sicherungsgeber muß vor der Kündigung des Kredits 719

---

[1] BGH WM 76, 665 f.
[2] RG 102, 387.
[3] BGH NJW 74, 185, 186 m. w. N.; einschränkend Willoweit, NJW 74, 974 ff.
[4] RG 134, 292.
[5] Emmerich in WuB I F 4 — 1.85; OLG München NJW 75, 174 ff.; vgl. BGH WM 77, 1027; a. A. Benöhr, NJW 76, 164 f., der einen Einredeverzicht im Rahmen des § 840 ZPO ablehnt, jedoch eine Schadensersatzpflicht für den Fall anerkennt, daß der Drittschuldner schuldhafterweise nicht auf bestehende oder möglich erscheinende Einwendungen, Einreden hinweist.
[6] Wegen der Folgen s. Rdn. 235.
[7] RG 116, 331.
[8] Vgl. Nr. 17 Abs. 1 AGB.

durch Abmahnschreiben eine mindestens zweiwöchige Frist gesetzt werden mit einem Rechtsfolgenhinweis, der auch die Sicherheitenverwertung beinhaltet[1].

Liegen die Voraussetzungen für eine vorzeitige Realisierung der Sicherheiten nicht vor, so macht sich der Sicherungsnehmer gegenüber dem Sicherungsgeber schadensersatzpflichtig[2]. Eine Schadensersatzpflicht besteht aber dann nicht, wenn der Kreditgeber die sicherungshalber zedierte Forderung schon vor Fälligkeit der gesicherten Forderung kündigen und einziehen darf[3]; dies kommt insbesondere in Betracht, um einer Gefährdung der zedierten Forderung wegen Zahlungsschwierigkeiten des Drittschuldners zuvorzukommen.

Der Sicherungsnehmer hat bei der Realisierung die berechtigten Belange des Sicherungsgebers zu beachten[4]. Er hat die dem Sicherungsgeber günstigste Form der Verwertung zu wählen. Handelt er entgegen dieser Maxime, so setzt er sich Schadensersatzansprüchen des Zedenten aus; so z. B., wenn er mehr Sicherungsgut verwertet, als er zu seiner Befriedigung benötigt[5] oder in sonstiger Weise zum Nachteil des Zedenten handelt[6].

Verwertet die Bank als Sicherungsnehmerin ihre abgetretenen Forderungen, so verbleiben dabei entstehende Unterlagen bei der Bank. Ein Herausgabeanspruch des Sicherungsgebers besteht nicht[7]. Ihm muß aber über das Ergebnis der Verwertung Auskunft erteilt werden[8].

Der Verwertung des Sicherungsgutes kann der Sicherungsgeber durch **Ablösung** vorbeugen, ebenso jeder Dritte, der durch die Realisierung ein Recht am Sicherungsrecht verlieren würde (s. Rdn. 241, 245). Zu differenzieren ist zwischen der Ablösung der Sicherheit und der Ablösung des als Sicherungsmittel dienenden Rechts. Ist ein Wechsel sicherungshalber indossiert, so ist eine Ablösung der Sicherheit durch den Indossanten als Sicherungsgeber insofern denkbar, als dieser wegen des Indossaments für den Eingang der Wechselsumme haftet (Art. 15 WG). Die Zahlung des Wechselbetrages an den Indossator hat nicht den Übergang von Sicherheiten, welche dem Indossator vom Akzeptanten des Wechsels bestellt waren, auf den zahlenden Indossanten zur Folge, denn dieser tritt nach den Vorschriften des Wechselrechts nicht in die Rechte des Indossators, sondern in ein eigenes Wechselrecht ein.

Der Sicherungsnehmer kann das übertragene Recht an einen Dritten **verkaufen**[9]. Diese Art der Realisierung wird vorzugsweise dann gewählt, wenn ein Wertpapier oder

---

[1] Lwowski/Peters/Gößmann, VerbraucherkreditG, 1993, S. 170.
[2] Serick, BB 70, 541, 543.
[3] Vgl. dazu Nr. 21 Abs. 2 S. 1 AGB; Liesecke, WM 69, 546, 557.
[4] BGH WM 62, 373; s. auch Rdn. 246.
[5] Serick III, § 38 I 2b.
[6] BGH WM 61, 243; OLG Düsseldorf WM 72, 1438; Serick III, § 38 II 3.
[7] LG Hamburg MDR 78, 51.
[8] BGH WM 66, 1037.
[9] Vgl. wegen der Einzelheiten Rdn. 266—268.

ein Anteil an einer Kapitalgesellschaft das Sicherungsmittel bildet, aber auch eine Grundschuld kann verkauft werden (isolierte Verwertung; vgl. Rdn. 892). Dabei sind die für die Veräußerung bestehenden Formvorschriften zu beachten. Allerdings wird diese Möglichkeit wegen des von vornherein begrenzten Interessentenkreises — ähnliches dürfte auch für den Erbanteil gelten — nicht immer den gewünschten Erfolg haben. Wenn der Verkauf im Wege der Versteigerung[1] erfolgt, so bewirkt der Zuschlag gemäß § 156 BGB das Zustandekommen des Vertrages und ersetzt gleichzeitig die zur Übertragung des verkauften Rechts an den Ersteher notwendigen Erklärungen des Sicherungsnehmers.

Die Banken hatten sich in den AGB (bis 31. 12. 1992) die Verwertung nach bestem Ermessen, insbesondere auch den freihändigen Verkauf, ausdrücklich vorbehalten. Nur der freihändige Verkauf von sicherungshalber abgetretenen Grund- und Rentenschulden war beim Fehlen der Zustimmung des Zedenten gänzlich ausgeschlossen. **Grundschuld bzw. Rentenschuld** waren nur zusammen mit der gesicherten Forderung und nur in einer im Verhältnis zu ihr angemessenen Höhe zu verkaufen (vgl. Nr. 21 Abs. 3 AGB/Banken [alt]). Das ist freilich kein Akt der Verwertung mehr[2]. 720

Die Normalform der Verwertung ist die **Einziehung des zur Sicherheit abgetretenen Rechts**[3]. Voraussetzung hierfür ist, daß dieses Recht auf eine Leistung geht, es sich also um eine Forderung, Grundschuld, Rentenschuld oder ähnliches handelt. Grundsätzlich müssen sowohl das abgetretene als das gesicherte Recht fällig sein. Allerdings kann die Realisierung u. U. schon vor Verwertungsreife der gesicherten Forderung erfolgen (vgl. Rdn. 719). Die zedierte Forderung hingegen muß **fällig** sein; ihre Fälligkeit kann jedoch durch Kündigung des Sicherungsnehmers, die dieser im Rahmen seiner Treuhänderpflichten aussprechen darf[4], herbeigeführt werden (vgl. Rdn. 235). Ob der Sicherungsnehmer eine schlichte Geldforderung wie bei der Verpfändung (s. Rdn. 438) nur bis zur Höhe der gesicherten Forderung oder ohne Rücksicht auf diese voll einziehen darf, ist Sache des Parteiwillens (s. Rdn. 610). Man wird im Zweifel die Befugnis zur Volleinziehung bejahen können, wenn der Zedent, wie im Regelfall, mit der Offenlegung der Abtretung einverstanden war. Der Einziehung entspricht bei der Sicherungsübertragung von Anteilen an Personengesellschaften die **Kündigung der Mitgliedschaft** durch den Sicherungsnehmer zwecks Realisierung des Auseinandersetzungsguthabens und bei der Sicherungsübereignung eines Erbanteils das Verlangen nach Auseinandersetzung der Erbengemeinschaft; doch gibt das Befriedigungsbedürfnis des Sicherungsnehmers nicht immer einen wichtigen Grund ab, welcher entgegen einem **Teilungsverbot** des Erblassers dieses Verlangen rechtfertigen könnte (§ 2044 BGB)[5]. 721

---

[1] Das RG (RG 107, 334) hat bei dem Verkauf einer sicherungshalber übertragenen Kuxe die Anwendung der Pfandrechtsvorschriften als handelsüblich angesehen.
[2] Vgl. hierzu die Ausführungen zu Rdn. 242.
[3] Vgl. hierzu RG 97, 34, 39, wo es um eine durch ein Pfandrecht gesicherte Forderung ging.
[4] BGH NJW 73, 1793, 1794.
[5] Hans. OLG Hamburg NJW 61, 610.

722 Sofern der Sicherungsvertrag nichts Gegenteiliges bestimmt, kann der Sicherungsnehmer sich auch durch **Weiterübertragung** der ihm zedierten Forderung befriedigen[1]. Voraussetzung ist allerdings, daß die Abtretung nicht nach § 399 BGB auf Grund einer Vereinbarung mit dem Schuldner ausgeschlossen ist. Grundsätzlich wird man diese Form der Verwertung jedoch nur dann anwenden dürfen, wenn der Sicherungsgeber durch Säumigkeit in der Erfüllung seiner Zahlungsverpflichtung dem Sicherungsnehmer hierzu einen Anlaß gibt[2]. Nachteile, die sich aus der Weiterübertragung ergeben, hat der Sicherungsnehmer selbst zu tragen, wenn diese bei einer Einziehung beim Drittschuldner nicht eingetreten wären. Bei einer derartigen Weiterübertragung erwirbt wegen des lediglich schuldrechtlichen Charakters (§ 137 BGB) der treuhänderischen Bindung der Dritte die Forderung unbelastet von Verpflichtungen aus diesem Treueverhältnis; dies gilt allerdings nicht, wenn eine Schuldübernahme stattgefunden hat[3].

Mit der Verwertung **verliert** der Sicherungsnehmer die Sicherheit. Die gesicherte Forderung erlischt in Höhe des Verwertungserlöses (s. Rdn. 269, 272). Dabei wirkt sich eine Vorteilsausgleichung im Verhältnis zwischen Sicherungsnehmer und Drittschuldner auch zwischen Sicherungsnehmer und Sicherungsgeber aus: Übersteigt der Erlös die gesicherte Forderung, so ist der Differenzbetrag an den Sicherungsgeber auszuzahlen; dabei ist der fiktive Erlösanteil auf die gesicherte Forderung anzurechnen.

War der Anspruch auf Herausgabe oder Verschaffung eines Gegenstandes sicherungshalber zediert, so sichert der eingezogene Gegenstand bis zu seiner Verwertung die Kreditforderung. Ein in Erfüllung eines abgetretenen Rückgewähranspruches (s. Rdn. 210) zurückgegebener Gegenstand wird damit Sicherungsmittel; so sichert eine bisher dem Rückgewährverpflichteten dienende Sicherungsgrundschuld nunmehr die Forderung des Zessionars gegen den Zedenten. Wird ein sicherungshalber übertragener Wechsel durch Verkauf im Wege der Diskontierung verwertet, so ist die gesicherte Forderung im Verhältnis zwischen Gläubiger und Schuldner erst dann endgültig untergegangen, wenn der Diskonteur seinerseits die Wechselsumme eingezogen hat; das Erlöschen der Forderung ist auflösend bedingt durch die Regreßnahme des Diskonteurs gegen den Diskontanten[4].

Auch bei offenen Sicherungszessionen ist der Zedent aufgrund der Sicherungsabtretung **konkludent ermächtigt**, auf Leistung an den Zessionar oder Feststellung der Leistungspflicht diesem gegenüber zu klagen (gewillkürte Prozeßstandschaft)[5]. Dies gilt auch, wenn der Zedent in Konkurs gegangen ist: Nach der Interessenlage kann ohne

---

[1] RG 95, 244; Pirkart, WM 58, 2, 5; nach BGH WM 67, 611, ist dieses Einverständnis bei einem Bankkunden i. d. R. nicht ohne weiteres anzunehmen.
[2] RG 142, 139; BGH 26, 185, 193.
[3] BGH 11, 37, 43.
[4] RG 35, 197.
[5] OLG Hamm WM 92, 1649.

weiteres angenommen werden, daß die Zessionare mit einer Feststellungsklage auch im Konkursfall einverstanden sind, wenn diese Klage zunächst lediglich den Zweck hat, die Verjährung zu unterbrechen und ausdrücklich angekündigt wird, daß der Klagantrag auf Zahlung an denjenigen, der sich demnächst als der Berechtigte herausstellen wird[1].

2. Rückübertragung

In der Regel erledigt sich die Sicherung dadurch, daß der **Zweck entfällt**. Dies kann auf folgende Weise geschehen: Die gesicherte Forderung wird getilgt, fällt nachträglich weg (s. Rdn. 197, 204—210) oder ist gar nicht erst entstanden (s. Rdn. 196, 202, 208, 210). Dann ist der Sicherungsnehmer verpflichtet, das Sicherungsmittel auf den Sicherungsgeber zurückzuübertragen und zwar mit allen Nebenrechten und Urkunden[2]. Die Rückübertragung beinhaltet zwangsläufig die Aufgabe des Sicherungsmittels. Die Rückübertragung erfolgt — genauso wie die Übertragung — durch Vertrag[3]. Sie hat demgemäß auch in der gleichen Form zu erfolgen[4]. Bestehen für die Rückübertragung keine Formvorschriften, so kann sie auch durch **schlüssige Handlungen** erfolgen, z. B. durch Rückgabe (und Annahme) der Abtretungsurkunde[5]. Ein einfacher Verzicht des Sicherungsnehmers auf seine Rechte beinhaltet hingegen nicht notwendig auch eine Rückabtretung. Nimmt der Zessionar mit der vollen, bisher durch die Abtretung gesicherten Forderung im Konkurs- oder Vergleichsverfahren des Zedenten teil, so kann auch hierin eine Rückübertragung gesehen werden[6]. Eine teilweise Rückgewähr kann bei einer Übersicherung in Frage kommen. Die Rückgabe des Briefes und der Abtretungsurkunde kann zwar die Rückgewähr des Grundpfandrechts an den Eigentümer bewirken, beinhaltet jedoch noch keine Rückübertragung (vgl. Rdn. 681). Sieht der Sicherungsvertrag eine wertmäßige Beschränkung des Sicherungsmittels auf die Höhe der zu sichernden Forderung vor, so kann der Sicherungsnehmer bei einer Änderung der Kreditsumme zu einer teilweisen Rückübertragung an den Sicherungsgeber verpflichtet sein. Grundsätzlich gilt jedoch, daß die Pflicht zur Übertragung das völlige Erlöschen des gesicherten Anspruches erfordert; eine Teilzahlung berechtigt den Sicherungsgeber daher nicht, teilweise Rückübertragung der zedierten Forderung (als Singularsicherheit) verlangen zu dürfen[7]. Etwas anderes gilt bei Globalsicherheiten/Globalzession: hier ist ein Teil der (vielen) zedierten Forderungen zurückzuübertragen. Der Sicherungsnehmer haftet dem Sicherungsgeber für schuldhafte Verletzung der Rückgewährverpflichtung. Bei der Rückgewähr einer Eigentümergrundschuld kann der

723

---

[1] BGH WM 90, 655; 90, 657; 81, 62.
[2] RG 999, 142; 148, 202, 206.
[3] RGRK/Weber, § 398 Rdn. 132.
[4] Weber, a. a. O.; vgl. auch BGH WM 71, 410; s. zu den Formvorschriften Rdn. 120 ff.
[5] RG JW 29, 182; vgl. auch Rdn. 232, 234.
[6] RG JW 10, 29 Nr. 53; HRR 1928 Nr. 1796.
[7] RG JW 12, 135 Nr. 7.

Zedent den Verzicht auf die Grundschuld (§ 1169 BGB) oder die Erteilung einer Löschungsbewilligung verlangen[1].

Eines besonderen Vertrages für die Rückübertragung bedarf es dann nicht, wenn der Sicherungsvertrag selbst bereits eine entsprechende Regelung enthält. So kann z. B. vereinbart werden, daß die Abtretung unter der auflösenden Bedingung der anderweitigen Befriedigung des Zessionars oder des sonstigen Wegfalles des Sicherungszweckes erfolgt mit der Folge, daß bei Eintritt der Bedingung das zedierte Recht an den Sicherungsgeber (Zedenten) zurückfällt[2]. Im Bankverkehr erfolgt eine Abtretung unter einer auflösenden Bedingung aus praktischen Gründen jedoch nur selten (vgl. dazu Rdn. 18). Der BGH[3] hat — gerade unter dem Aspekt der Knebelung und der Gläubigergefährdung — gegen eine normale Rückabtretungsklausel keine durchgreifenden Bedenken gesehen.

Anhang: Der Forderungsrücktritt

724 Zwischen zwei Gläubigern, die unabhängig voneinander gegen den selben Schuldner jeweils eine eigene Forderung haben, kann vereinbart werden, daß der eine seinen Anspruch erst dann geltend macht, wenn der andere wegen seiner Kreditforderung befriedigt ist. Hierbei handelt es sich um einen sog. **Forderungsrücktritt**. Die Vereinbarung ist schuldrechtlicher Art. Die zurücktretende Forderung ist näher zu konkretisieren.

Praktische Bedeutung erlangt der Forderungsrücktritt in den Fällen, in denen aus bestimmten Gründen eine Verpfändung oder Abtretung der Forderung nicht opportun erscheint. Das gilt beispielsweise für Forderungen aus einem Beteiligungsverhältnis, auf welches der Forderungsinhaber seinen alleinigen Einfluß durch Dritte nicht beeinträchtigen lassen will.

Wirksamkeit kann der Forderungsrücktritt entsprechend seinem Zweck erst dann entfalten, wenn der Schuldner nicht mehr seine gesamten Verpflichtungen erfüllen kann. Sinn des Forderungsrücktritts ist praktisch allein die Begünstigung eines bestimmten Kreditgebers. Ein gänzlicher Verzicht auf die Geltendmachung der Forderung würde aber auch anderen Gläubigern zugute kommen. Um dieses — nicht gewollte — Ergebnis zu vermeiden, empfiehlt sich eine Präzisierung des Forderungsrücktritts: Der Rücktrittsverpflichtete soll seine Forderung geltend machen dürfen, den eventuellen Erlös aber an den Kreditgeber abführen müssen. Eine spätere Erhöhung der eigenen Forderung des Rücktrittsverpflichteten berührt die Vereinbarung insoweit nicht. Der Rücktrittsverpflichtete hat noch eine Anzahl von Zusagen verschie-

---

[1] RG 91, 218, 226; vgl. Petri, Die Grundschuld als Sicherungsmittel für Bankkredite — Zweckerklärung und Rückgewähranspruch, Diss. Münster 1975, S. 125.
[2] RG 102, 385, 386; RG HRR 1930, Nr. 2145; OLG Düsseldorf DB 67, 1760; vgl. auch BGH WM 60, 1407.
[3] DB 76, 382.

denster Art abzugeben. Er verpflichtet sich, im Fall der Zahlungseinstellung des Schuldners seine Forderung selbst einzuziehen und den Erlös — auch aus eventuell bestehenden Sicherheiten — bis zur vollen Befriedigung des Kreditgebers an diesen abzuführen. Ferner sagt er zu, über seine Forderung nicht ohne Zustimmung des Kreditgebers zu verfügen, insbesondere sie nicht hinter Forderungen anderer Gläubiger zurücksetzen zu lassen. Am günstigsten ist es jedoch für den Kreditgeber, wenn sich der Rücktrittsverpflichtete zusätzlich verpflichtet, die Forderung an jenen abzutreten. Vor der Zession unterliegt die Forderung nämlich voll dem Zugriff der Gläubiger des Rücktrittsverpflichteten. Sie können sie daher pfänden und selbst geltend machen. Im Konkurs des Rücktrittverpflichteten würde die Forderung in die Konkursmasse fallen (§§ 1, 61 Abs. 1 Ziff. 6 KO).

Vom Forderungsrücktritt gegenüber der Bank (s. Formular) ist der Forderungsrücktritt zu unterscheiden, der eine „Konkursabwendung" bezweckt. Dieser Forderungsrücktritt muß — worauf Serick ausdrücklich verweist[1] auf dinglicher Ebene als modifizierter Erlaßvertrag erfolgen und zwar dergestalt, daß die bislang unbedingte Forderung des Nichtgesellschafters zu einer aufschiebend bedingten umgestaltet wird. Nicht ausreichend ist es zu vereinbaren, daß die Forderung nicht geltend gemacht wird (pactum de non petendo). Außerdem muß der Forderungsrücktritt endgültig sein, d. h. er darf nicht wieder wegfallen, falls die Krise nicht überwunden werden kann und deshalb doch das Konkursverfahren eröffnet wird[2].

---

[1] Serick, ZIP 80, S. 9 ff.; Priester, DB 77, 2429.
[2] Serick, a. a. O.

3. Kapitel Unbewegliche Sachen als Sicherungsmittel[1]

A. Hypothek

I. Begriff

1. Allgemeines

725 Die Hypothek wird zur Sicherung einer Forderung an einem Grundstück oder an einem grundstücksgleichen Recht bestellt. Der Gläubiger wird durch die Hypothek berechtigt, zum Zwecke seiner Befriedigung Zahlung einer bestimmten Geldsumme aus dem belasteten Grundstück, d. h. aus dessen Substanz oder Nutzung oder einem grundstücksgleichen Recht zu verlangen (§ 1113 Abs. 1 BGB), ohne daß der Eigentümer Besitz- und Nutzungsrechte bis zu einer evtl. Verwertung entbehren muß. Nach dieser Definition ist die Belastung eines Grundstücks mit einer Hypothek vergleichbar der einer beweglichen Sache mit einem Pfandrecht[2]. Obwohl das BGB den Ausdruck vermeidet, kann die Hypothek als Grundpfandrecht bezeichnet werden. Wie das Mobiliarpfandrecht ist auch die **Hypothek ein Nebenrecht der Forderung** (vgl. § 401 BGB)[3].

726 Die hypothekarische Belastung von Grund und Boden ist jedoch in jeder Beziehung von größerer Bedeutung und Tragweite als die Verpfändung irgendwelcher anderer Gegenstände; ihr gegenüber tritt die gesicherte Forderung praktisch in den Hintergrund. Das kommt rein sprachlich schon dadurch zum Ausdruck, daß von der „Hypothek" schlechthin auch dort gesprochen wird, wo gar nicht das Grundpfandrecht als solches, sondern vielmehr die hypothekarisch gesicherte Forderung gemeint ist.

Die wirtschaftliche Bedeutung des Realkredits als langfristige Beleihung von (Wohn-) Grundstücken, wie er insbesondere durch Hypothekenbanken und öffentlich rechtliche Realkreditinstitute unter Beschaffung der Beleihungsmittel durch Ausgabe von Schuldverschreibungen (Pfandbriefe) in gesetzlich normiertem Umfang praktiziert wird, beruht hauptsächlich auf der Tatsache, daß bei der Darlehensvergabe zum überwiegenden Teil die Bonität der für den Kredit zu bestellenden Hypothek entscheidend ist, während die persönliche Kreditwürdigkeit des Schuldners nur eine untergeordnete Rolle spielt. Beim echten Realkredit, für den das Grundstück mehr Befriedigungs- als Sicherungsmittel ist, weil Verzinsung und Rückzahlung des Kredits aus dem Grundstück gewährleistet sein müssen (Objektkredit), liegt nicht nur der für das Schuld- und Währungsstatut maßgebende Schwerpunkt des Schuldverhältnisses am Ort des

---

[1] Mattern, WM 77, 1074 ff.
[2] KG JW 33, 3131.
[3] RG 81, 266, 268 f.

Grundstücks[1], sondern es ist auch die im internationalen Enteignungsrecht bedeutsame Frage nach der Belegenheit der gesicherten Forderung dahin zu beantworten, daß die Forderung nicht am Wohnsitz des Schuldners, sondern am Ort des belasteten Grundstücks zu lokalisieren ist[2].

Da die Hypothek gegenüber der Forderung wirtschaftlich im Vordergrund steht, gelten bei der Bestellung der Forderung die für die Hypothek maßgebenden Vorschriften aus dem Sachenrecht nach Umfang und Inhalt. So kann nach dem im Sachenrecht geltenden Bestimmtheitsgrundsatz (Spezialitätsgrundsatz) an dem Grundstück nur für die Zahlung einer[3], sei es auch nur im Sinne eines Höchstbetrages (§ 1190 BGB) genau bestimmten, in Deutscher Mark angegebenen Forderung, die sich aus der Grundbucheintragung ergeben muß, eine hypothekarische Haftung begründet werden[4]. Der Eintragung einer Hypothek für eine **Valutaschuld** in dem Sinn, daß das Grundstück für Zahlung des Schuldbetrages in ausländischer Währung haftet (**Valutahypothek**), steht die Ordnungsvorschrift des § 28 S. 2 GBO entgegen[5]. Eine Verletzung dieser Ordnungsvorschrift macht die Eintragung nicht unwirksam, jedoch ist nach § 3 S. 1 Währungsgesetz eine Devisengenehmigung einzuholen[6].

Umwandlung eines auf DM-lautenden Grundpfandrechts in ein auf ausländische Währung lautendes dürfte wegen des Bestimmtheitsgrundsatzes eine Neubegründung des Rechts darstellen mit der Folge eines möglichen Rangverlustes[7].

Sogenannte **wertbeständige Hypotheken** läßt das BGB nicht zu, da § 1113 BGB 727 Zahlung einer bestimmten Geldsumme verlangt. Ermöglicht wurden sie jedoch durch Gesetz vom 23. 6. 1923[8]. Obwohl die Vorschriften nie formell aufgehoben wurden, dürfte die Begründung einer wertbeständigen Hypothek gem. § 3 S. 2 WährG nur mit devisenrechtlicher Genehmigung gelingen. Forderungen mit zulässiger bzw. genehmigter Wertsicherungsklausel können durch Hypothek wegen § 1113 BGB nur in Form der Höchstbetragshypothek (§ 1190 BGB) gesichert werden[9].

2. Haftungssumme 728

a) Kapital und Nebenleistung

Die Haftungssumme selbst kann in einen Kapitalbetrag und in Beträge für **Neben-** 729 **leistungen** zerlegt werden, jedoch müssen die Nebenleistungen ziffernmäßig genau

---

[1] BGH 17, 89, 94
[2] BGH WM 59, 199 ff.
[3] Vgl. RG 126, 278; Sicherung mehrerer Forderungen ausnahmsweise zulässig, vgl. Baur, SachR, § 37 II 1, S. 329 f.
[4] Palandt/Bassenge, § 1113 Rdn. 8.
[5] Horber, GBO, § 28 Anm. 5a.
[6] Palandt/Bassenge, vor § 1113 Rdn. 7.
[7] Vgl. Horber, GBO, § 28 Anm. 5; RG 106, 78 ff.; 152, 216 ff.; 157, 123.
[8] RGBl 1923, 407.
[9] Baur, a. a. O., 332 unter bb).

bestimmt sein; die Nebenleistung kann entweder in einem Prozentsatz vom Kapital oder in einem festen Betrag angegeben werden. Die Bezeichnung Nebenleistung reicht aus[1] (vgl. Rdn. 783). Nebenleistung in diesem Sinne ist jede Geldleistung, die nach dem Willen der Parteien nicht Hauptleistung sein soll und in einem gewissen Abhängigkeitsverhältnis zur Hauptleistung steht[2], z. B. Verwaltungskostenbeiträge, Vertragsstrafen, Mahngebühren, Strafprozente und vor allem Zinsen[3], dagegen nicht Tilgungsraten[4], weil es sich bei ihnen um Kapitalteile handelt. Dabei kann für **Verzinsung** statt eines ziffernmäßig feststehenden gleichbleibenden Zinssatzes (vgl. § 1115 BGB) auch ein gleitender oder veränderlicher bestimmt und eingetragen werden[5], sofern ein Höchstzinssatz vereinbart sowie in das Grundbuch eingetragen wird und die jeweilige Änderung der Zinshöhe von jederzeit feststellbaren objektiven Umständen — die in der Eintragungsbewilligung vorher bezeichnet sein müssen —, also nicht allein vom Willen des Gläubigers, abhängt[6]. So kann die Höhe der geschuldeten Zinsen an den jeweiligen Zinssatz einer öffentlich-rechtlichen Kreditanstalt geknüpft werden, z. B. eine Verzinsung zum jeweiligen Diskont- oder Lombardzinssatz der Bundesbank ausbedungen werden[7]. Ferner kann ein Kreditinstitut als Gläubigerin den jeweiligen Tageszins nach Maßgabe ihrer eigenen, allgemein festgesetzten Hypothekenzinsen bestimmen. Im Grundbuch selbst genügt jeweils die Eintragung des Höchstzinses[8]. Der Zinsbeginn kann vor oder nach der Eintragung der Hypothek liegen, insbesondere kann auch auf den Tag der Auszahlung des Darlehens abgestellt werden[9]. Haben die Parteien den Beginn der Zinspflicht nicht vereinbart, ist er im Wege der Auslegung zu ermitteln[10], am nächsten liegt die Annahme, daß der Zinsbeginn mangels einer ausdrücklichen anderen Abrede mit dem Eintragungstag zusammenfällt[11]. Das Zinsende fällt, wenn nichts anderes eingetragen, mit dem Erlöschen der Forderung zusammen[12], denn mit dem Erlöschen der Hauptforderung können Nebenleistungen nicht mehr entstehen. Eine **rückwirkende Zinsabtretung** ist wirksam und eintragungsfähig[13]. Ersatzansprüche wegen Nichtabnahme eines Darlehens sind — sofern nicht ausdrücklich vereinbart — nicht gesichert[14].

---

[1] LG Berlin WM 85, 49 = WuB I F3 — 2.85/Lwowski; OLG Stuttgart WM 86, 1184.
[2] Palandt/Bassenge, § 1115 Rdn. 9.
[3] KG JW 37, 2973.
[4] RG 104, 72.
[5] Die Vereinbarung eines geltenden Zinssatzes ist die Regel geworden.
[6] BGH NJW 75, 1314; BGH 35, 22; BGH WM 63, 29; BayObLG NJW 75, 1365.
[7] Vgl. KG JW 38, 1257.
[8] BayObLG NJW 75, 1365.
[9] KG HRR 30, 1457.
[10] LG Köln NJW 60, 110 (für die Grundschuld).
[11] RG 136, 232.
[12] Vgl. dazu allg. Haegele, Rpfleger 71, 237.
[13] BGH WM 85, 1453 = WuB I F 3.-6.86/Voltz.
[14] OLG Celle WM 87, 1484.

b) Fälligkeitshypothek

Die Fälligkeitsbedingungen pflegt man ebenfalls den besonderen Gegebenheiten des Grundbuchverkehrs anzupassen. Hiernach kann das Kapital vereinbarungsgemäß zu einem im voraus bestimmten Zeitpunkt fällig gestellt werden (**Fälligkeitshypothek**). Werden hingegen jährlich oder sonst in gleichen Zeiträumen im voraus bestimmte (gleich hohe) Teile des Kapitals fällig und sind daneben noch die Zinsen des jeweiligen Restkapitals zu entrichten, spricht man von einer **Abzahlungshypothek**. 730

c) Amortisationshypothek

Eine Parallele zur Abzahlungshypothek bildet die — häufig begründete — **Amortisationshypothek** (auch **Tilgungshypothek,** Annuitätenkapital); für sie gelten die allgemeinen gesetzlichen Regelungen[1]. 731

Dies ergibt sich zunächst aus dem Wortlaut des § 1177 I 2 BGB. Nicht nur bei der Tilgungshypothek, sondern auch bei anderen Hypotheken hat die teilweise Tilgung der Hypothekenforderung und die dadurch verursachte Entstehung einer Eigentümergrundschuld zur Folge, daß die Grundstückslast außer der Verzinsung und Tilgung des noch nicht getilgten Hypothekenteils in zusätzlicher Verzinsungs- und Tilgungslast besteht, nämlich bezüglich dieser Eigentümergrundschuld (soweit nicht § 1197 II BGB eingreift). Zwar kann rechtsgeschäftlich bestimmt werden, daß das Grundpfandrecht als durch die Teiltilgung entstandene Eigentümergrundschuld nicht mehr verzinslich sein soll, aber wenn dies nicht ausdrücklich geschieht, müßten schon besondere Gründe vorliegen um eine stillschweigende rechtsgeschäftliche Bestimmung dieser Art anzunehmen. Gegenüber den übrigen gleich- oder nachrangigen Hypothekengläubigern wird dadurch der Haftungsumfang des Grundstücks hinsichtlich des Grundpfandrechts auch nicht rechtlich erweitert, sondern nur so, wie er eben von vornherein als Möglichkeit bestand, zur Geltung gebracht. 732

Für die Kündigung dieser Grundschulden sind gemäß § 1177 I 2 BGB die für die ursprüngliche Forderung getroffenen Vereinbarungen maßgebend. Daß Grundschulden durch teilweise Umwandlung von Tilgunghypotheken entstehen, steht dem nicht entgegen. Der Gesetzgeber hat eben für die Tilgungshypothek keine Sonderbestimmungen getroffen; im übrigen besteht kein Grund, § 1177 Abs. I S. 2 BGB hinsichtlich der Kündigung nicht anzuwenden[2].

Bei der Amortisationshypothek handelt es sich nach der gesetzlichen Bestimmung um eine Hypothek, die durch gleichbleibende Jahresleistungen in der Weise verzinst und getilgt wird, daß die bei fortschreitender Kapitaltilgung ersparten Zinsen der Tilgung zuwachsen. Es verschiebt sich also das Verhältnis zwischen Zins- und Kapitalanteil in der Weise, daß der Zinsanteil der Jahresleistung ständig sinkt, der Kapitalanteil

---
[1] BGH WM 76, 1314.
[2] BGH NJW 78, 1579.

hingegen ständig steigt. Mit jeder Leistung einer Tilgungsrate entsteht zugunsten des Eigentümers eine Eigentümergrundschuld im Rang nach der Hypothek, bei jedem Eigentümerwechsel werden die bisherigen Eigentümergrundschulden Fremdgrundschulden (gegebenenfalls in der Hand verschiedener Gläubiger). Bei einer Grundstückszwangsversteigerung gilt folgendes: Bleibt die Tilgungshypothek bestehen, weil sie nicht ins geringste Gebot fällt, so werden die verbliebenen Eigentümergrundschulden ebenfalls Fremdgrundschulden (in der Hand des Versteigerungsschuldners). Während sie als Eigentümergrundschulden unverzinslich waren (§ 1197 Abs. 2 BGB), sind sie von da an als Fremdgrundschulden mit dem für die Tilgungshypothek vereinbarten Zinssatz verzinslich[1].

Eine Ausnahme besteht jedoch nach § 17 Abs. 2 S. 2 Reichsheimstättengesetz: Die geleistete Tilgungsrate läßt die Hypothek in gleicher Höhe erlöschen (**Abgeltungshypothek**). Die Tilgungszeit einer Amortisationshypothek ist in der Regel länger als die einer entsprechenden Abzahlungshypothek.

Die Tilgungshypothek wird für den Eigentümer in der Regel schon deswegen vorteilhaft sein, weil er mit der Fälligkeit des gesamten Kapitals und demzufolge mit der Notwendigkeit anderweitiger Beschaffung des Kapitals durch neue hypothekarische Belastung des Grundstücks (Umschuldung) nicht zu rechnen braucht. Sie ist die regelmäßige Beleihungsform der das langfristige Kreditgeschäft pflegenden Realkreditinstitute. Private Kreditgeber bevorzugen die Kündigungshypothek. Dabei wird häufig die Unkündbarkeit des Kapitals bis zu einem gewissen Zeitraum ausbedungen: Das Kapital wird „festgeschrieben". Die Kündigungsabrede wird ebenso häufig ergänzt durch die Vereinbarung einer Reihe von außerordentlichen Fälligkeits- und Kündigungsgründen (kassatorische Klauseln), z. B. für den Fall der Zahlungssäumnis, der Wertminderung des Grundstücks, des Mangels ausreichender Versicherung, des Vermögensverfalls des Eigentümers, des Eigentumswechsels, der Zwangsvollstreckung von dritter Seite in das Grundstück usw.

d) Änderung der Zins- und Zahlungsbedingungen

733 Jede **nachträgliche Änderung der Zins- und Zahlungsbedingungen** erfordert als inhaltliche Änderung der Hypothek die Einigung der Parteien und die Eintragung im Grundbuch (§§ 877, 873, 876 BGB); eine nachträgliche Erhöhung der Haftungssumme ist Begründung einer neuen Hypothek[2] und infolgedessen nur möglich im Range nach inzwischen eingetragenen Grundstücksbelastungen.

Eine Ausnahmeregelung dazu enthält § 1119 BGB. War die Forderung unverzinslich oder der Zinssatz niedriger als 5 %, so kann die Hypothek ohne Zustimmung der im

---

[1] BGH WM 76, 1314, str., die h. M im Schrifttum hat Bedenken dagegen wegen der dadurch für das Grundpfandrecht eintretenden Belastungserhöhung; s. auch Jochemczyk, DNotZ, 66, 276 ff.
[2] RG 143, 426.

Range gleich- und nachstehenden Berechtigten dahin erweitert werden, daß das Grundstück für Zinsen bis zu 5% haftet. Bei einer Höchstbetragshypothek ist die Erhöhung jedoch nur im Rahmen des Höchstbetrages zulässig.

II. Personen

Zu den zur wirksamen Hypothekenbestellung erforderlichen, in der Person der Parteien zu erfüllenden Voraussetzungen wie Geschäftsfähigkeit (s. Rdn. 38, 39) und Willensmängel s. Rdn. 41 ff.; die Fragen der Vertretungsmacht sind ebenfalls bereits besprochen worden s. Rdn. 50 ff. 734

III. Sicherungsmittel

Die Hypothek ist eine **Sachsicherheit**. Sie bewirkt eine dingliche Haftung des belasteten Grundstücks für eine Forderung (s. Rdn. 13, 15). Wie bereits ausgeführt (s. Rdn. 96), können außer Grundstücken auch als unbewegliche Sachen geltende Rechte, z. B. das Erbbaurecht zum Sicherungsmittel gemacht werden. Die **Untersicherung** der Hypothek durch eine andere Sicherheit ist nicht denkbar (RG 93, 234). Es kann höchstens der Eingang des Hypothekenkapitals durch eine Garantie gewährleistet werden (vgl. Rdn. 14), die, wenn die Hypothek für fremde Schuld bestellt wird (s. Rdn. 172) und der Grundstückseigentümer die Garantie übernimmt, wirtschaftlich einer Bürgschaft des Eigentümers nahekommt. Eine solche Garantie ist nicht zu verwechseln mit der Ausbietungsgarantie (s. Rdn. 256); sie kann im übrigen, je nachdem, ob der Garant für den Ausfall aufzukommen hat, den der Gläubiger bei der Realisierung der Hypothek erleidet, eine Ausfall oder Vollgarantie sein. 735

1. Vereinigung und Zuschreibung, Gesamthypothek

Bei **Vereinigung** (§ 830 Abs. 1 BGB) und **Zuschreibung** (§ 890 Abs. 2 BGB) von Grundstücken erstrecken sich grundsätzlich die bisherigen Belastungen des einen Bestandteils nicht auf den anderen. § 1131 BGB schafft für § 890 Abs. 2 BGB aber insofern eine Ausnahmeregelung, als sich die Hypothek stets auf diejenigen Erweiterungen des Grundstücks erstreckt, die nach der Bestellung der Hypothek dem belasteten Grundstück derart zugeschrieben werden, daß sie zusammen im Bestandsverzeichnis des Grundbuches unter einer gemeinsamen Nummer geführt werden (s. Rdn. 773). 736

Mehrere Grundstücke oder mehrere bereits bestehende Miteigentumsanteile (Bruchteile) an einem Grundstück[1] können mit einer einzigen artgleichen[2] (Mischformen wie hier Brief- dort Buchhypothek sind unzulässig) Hypothek für dieselbe Forderung

---
[1] KG JW 29, 748.
[2] BayObLG NJW 62, 1725; Palandt/Bassenge, § 1132 Rdn. 7.

belastet werden (vgl. §§ 1132, 1114 BGB). Auf diese Weise entsteht kraft Gesetzes die
737 **Gesamthypothek** (Korreal- oder Solidarhypothek). Dies gilt auch dann, wenn die mehreren für dieselbe Forderung haftenden Grundstücke verschiedenen Eigentümern gehören, in verschiedenen Grundbuchbezirken liegen oder nacheinander belastet werden
738 (**Nachverpfändung**), weiter auch dann, wenn die Eigentümer eines Grundstücks, denen das Grundstück zu Bruchteilen gehört, nicht die einzelnen Miteigentumsanteile gesondert mit der gleichen Hypothek belasten, sondern eine Hypothek am ganzen Grundstück bestellen[1]. Eine Gesamthypothek entsteht auch dann, wenn der Eigentümer eines mit einer Hypothek belasteten Grundstücks dessen Teilung nach § 8 WEG erklärt[2]. Die Entstehung einer Gesamthypothek birgt für den Käufer von Wohnungseigentum erhebliche Gefahren. Daher sollte er auf einer **Aufteilungsverpflichtung**
739 (§ 1132 Abs. 2 BGB) oder **Lastenfreistellungsverpflichtung** des Verkäufers dringen[3]. Die Eintragung einer Gesamtzwangshypothek ist jedoch nicht möglich[4].

Ist bei der Bestellung einer Gesamthypothek die Erklärung des einen Grundstückseigentümers unwirksam, dann ist zwar am Grundstück (Miteigentumsanteil) dieses Erklärenden kein Grundpfandrecht entstanden; dies hat aber nicht unbedingt zur Folge, daß auch die Hypothek am Grundstück des anderen Eigentümers unwirksam ist. Hier greift § 1139 BGB ein: Entscheidend ist, ob die eine Hypothek auch ohne die andere bestellt worden wäre[5].

740 Eine **Ausgleichung unter mehreren Eigentümern** findet ohne besondere Rechtsgrundlage nicht statt. Die Gesamthypothek kann nur einheitlich übertragen und belastet werden[6], da eine Vervielfältigung des Gesamtpfandrechts ausgeschlossen ist. Der Gläubiger kann auch nicht eine unwirksame Nachverpfändung dadurch wirksam machen, daß er sich vom Eigentümer das diesem aus der Nachverpfändung vermeindlich erwachsene Recht abtreten läßt[7].

Zulässig ist dagegen eine Änderung des Ranges der Gesamthypothek auf einzelnen Grundstücken, da der Rang auf den einzelnen Grundstücken auch von vornherein verschieden sein darf.

Kraft der Gesamthypothek hat der Gläubiger das freie Wahlrecht, ob er seine **Befriedigung** nur aus einem der mehreren Grundstücke oder ob er sie aus sämtlichen suchen will. Die Möglichkeit, das Grundstück zu bestimmen, aus welchem er seinen Anspruch gedeckt sehen will, hat er sogar noch im Verteilungstermin des Zwangs-

---

[1] BGH 40, 120 (Totalhypothek); RG 146, 365.
[2] Vgl. BGH NJW 76, 2132.
[3] Vgl. Schöner, DNotZ 74, 324.
[4] Vgl. § 867 Abs. II ZPO; BGH BB 61, 654.
[5] BGH WM 74, 972.
[6] Palandt/Bassenge, § 1132 Rdn. 9.
[7] Rdn. 593; vgl. zur „verdeckten" Nachverpfändung; Willke, WM 80, 859; Gaberdiel, Kreditsicherung durch Grundschulden, 5. Aufl., S. 148; Lwowski, DNotZ 79, 328 ff.; Bock, NJW 70, 1781 f.; a. A. Westermann, NJW 70, 1023; vgl. Rdn. 853.

versteigerungsverfahrens¹ (§ 122 ZVG). Der zu seiner Verteilungserklärung entsprechende Grundbucheintrag (Teillöschung) muß noch hinzukommen. Dies gilt auch dann, wenn die gesamte Hypothek zur Gesamt-Eigentümergrundschuld geworden ist, etwa weil der Gläubiger selbst das Grundstück erstanden hat².

Diese Möglichkeit des Gläubigers kann den Eigentümer erheblich in der normalen Ausnutzung seines Realkredites hindern, denn jeder dem Gesamthypothekengläubiger im Range nachgehende Grundpfandgläubiger muß damit rechnen, daß die Gesamthypothek gerade aus dem für ihn mithaftenden Grundstück zur Deckung gebracht wird.

Aus der Rechtsfigur der Gesamthypothek folgt, daß für ein und dieselbe Forderung nicht mehrere selbständige Hypotheken bestellt werden können³. Wollen die Parteien mehrere Grundstücke haften lassen, aber aus irgendwelchen Gründen eine **Gesamthypothek ausschließen,** so müssen sie die Forderung in ziffernmäßig bestimmte Teile zerlegen und für jeden dieser Teile eines der zur Verfügung stehenden Grundstücke belasten⁴. Ausgeschlossen ist auch die mehrfache hypothekarische Belastung eines und desselben Grundstücks für dieselbe Forderung. Möglich ist nur die Eintragung mehrerer Hypotheken derart, daß jede Hypothek einen bestimmten abgegrenzten Teil der Forderung sichert⁵. Das gilt auch für die Höchstbetragshypothek. Ist bereits die Gesamtheit der Forderung aus einem Kreditverhältnis durch eine solche Höchstbetragshypothek gesichert, kann derselbe Forderungskreis nicht noch durch eine weitere Höchstbetragshypothek an dem gleichen Grundstück gesichert werden. Wenn daher eine hypothekarische Sicherheit für denjenigen Forderungsteil geschaffen werden soll, der den ursprünglich gesicherten Betrag übersteigt, müssen die Parteien bei der zweiten Höchstbetragshypothek deutlich zum Ausdruck bringen, daß die Hypothek nur diejenigen Ansprüche decken soll, die über den Betrag der ersten Hypothek hinausgehen⁶. Eine weitere Möglichkeit bietet die Bereitstellung einer aufschiebend bedingten Ausfallsicherheitshypothek (s. Rdn. 787—789).

741

Durch die Teilung entstehen dann mehrere rechtlich selbständige Forderungen, von denen jede samt der dazugehörigen Hypothek ihren eigenen Weg geht. So läßt sich auch das künftige Schlußguthaben aus einem bestimmten Kontokorrentverhältnis derart hypothekarisch sichern, daß von vornherein die künftige, z. Zt. in ihrer Höhe noch nicht feststellbare Forderung in einen Grundbetrag X und den diesen übersteigenden Rest geteilt und bestimmt wird, daß bis zur Höhe X das Grundstück A, für den Rest bis zum Höchstbetrag Y das Grundstück B haften soll⁷. Dem entspricht die dem

---

1 § 122 ZVG; s. Rdn. 258; vgl. dazu BGH WM 76, 585.
2 BGH WM 76, 585.
3 Palandt/Bassenge, § 1132 Rdn. 1, 2.
4 Palandt/Bassenge, § 1132 Rdn. 11.
5 RG 113, 123.
6 RG 118, 164; 131, 16.
7 RG 131, 22.

Gläubiger jederzeit zustehende Befugnis, die ursprüngliche Gesamthypothek nachträglich in Einzelhypotheken aufzuteilen[1]. Die Aufteilung bedarf der hierauf gerichteten Erklärung des Gläubigers in grundbuchmäßiger Form (§ 29 GBO) sowie der Eintragung in das Grundbuch, nicht aber der Zustimmung des Grundstückseigentümers[2]; sie ist nach dem Zuschlag im Zwangsversteigerungsverfahren nicht mehr möglich (§ 1132 BGB).

742 Bei den sog. „Globalhypotheken" (oder Globalgrundschulden), die Baugesellschaften zur Finanzierung des Vorratbaues von Kaufeigenheimen aufzunehmen pflegen und nach Fertigstellung der Gebäude und Verkauf der einzelnen Objekte auf diese verteilen müssen, ist die Aufteilung in Einzelhypotheken zumeist mit erheblichem Prüfungs- und Verwaltungsaufwand verbunden. Da jedes unter besonderer laufender Nummer des Bestandsverzeichnisses gebuchte Flurstück als Grundstück im Rechtssinne gilt, sind Hypotheken auf mehreren Grundstücken, die als selbständig auf einem gemeinschaftlichen Grundbuchblatt gebucht sind, stets Gesamthypotheken; wenn verschiedene Grundbuchblätter berührt werden, wird auf jedem Blatt die Mitbelastung der übrigen Grundstücke durch einen Mithaftvermerk von Amts wegen erkennbar gemacht (§ 48 GBO). Dieser Mithaftungsvermerk deckt auch die Unterwerfung unter die sofortige Zwangsvollstreckung, sofern sie auch für ein nachverpfändetes Grundstück vereinbart ist[3].

Die Kreditgeber verpflichten sich in der Regel von vornherein, die einzelnen Eigentumswohnungen unter bestimmten Voraussetzungen aus der Grundpfandhaftung zu entlassen. Derartige „Freigabeerklärungen" wirken auch zugunsten späterer Wohnungseigentumserwerber[4].

Der BGH hat in einer neueren Entscheidung ausgeführt, daß die Freigabeerklärung so auszulegen ist, wie diejenigen, für die sie bestimmt ist, nämlich die Erwerber, sie verstehen dürfen und müssen[5].

Fordert die Freistellungserklärung eindeutig die Zahlung auf ein bestimmtes Bankkonto des Veräußerers, so muß der Erwerber, falls er nicht auf das angegebene Konto zahlt, unter Umständen noch einmal zahlen, um das Grundstück von der Globalgrundschuld freizubekommen. Der Gläubiger hat insoweit auch keine Aufklärungspflicht gegenüber dem Erwerber hinsichtlich der Bedeutung des Zahlungsweges[6].

2. Umfang der hypothekarischen Haftung

743 Die Haftung des belasteten Grundstücks für die Hypothek beschränkt sich nicht nur auf den **Grund und Boden und seine Bestandteile** (s. Rdn. 98—100) mit Ausnahme

---

[1] Palandt/Bassenge, § 1132 Rdn. 11.
[2] RG 70, 91.
[3] BGH 26, 344, 347.
[4] BGH WM 76, 845.
[5] BGH WM 76, 845.
[6] BGH WM 76, 1165.

der „Scheinbestandteile" (s. Rdn. 101), auch wenn der Gläubiger sie nicht als solche erkannt hat, sondern es sind ihr darüber hinaus, um die wirtschaftliche Einheit der Liegenschaft nicht zu zerstören, noch eine **Reihe beweglicher Sachen und Rechte** verhaftet. Da jedoch bis zur Beschlagnahme im Interesse einer geordneten Wirtschaftsführung dem Eigentümer das Verfügungsrecht über diese Sachen und die meisten Rechte verbleiben muß[1], kann er deren Haftung jederzeit beseitigen, solange der Hypothekengläubiger sie nicht beschlagnahmt hat.

Will der Gläubiger aus der **Enthaftung** keinen Schaden erleiden, muß er sich die gefährdeten Gegenstände zusätzlich sicherungshalber übertragen, z. B. das Zubehör übereignen oder die Forderung aus der Versicherung des Zubehörs verpfänden lassen, was aber wegen der ohnehin bestehenden hypothekarischen Haftung dieser Gegenstände die Sicherung nur dann verstärkt, wenn die Hypothek schon im Sicherungswert vom Grund und Boden volle Deckung findet und andere Belastungen nicht bestehen[2]. **744**

Dem Grundschuldgläubiger steht bei wertmindernden Veränderungen im tatsächlichen Zustand des Grundstücks neben der Möglichkeit vorzeitiger Befriedigung nach Fristsetzung (§ 1133 BGB) die Klage auf Unterlassung oder Duldung von gefahrabwendenden Maßregeln zu (§ 1134 BGB). Es können auch deliktische Schadensansprüche gegen den schuldhaft Handelnden begründet werden, da § 1134 BGB Schutzgesetz im Sinne von § 823 Abs. 2 BGB ist[3].

Im einzelnen ist folgendes zu bemerken:

a) Zubehör

Von der **hypothekarischen Haftung,** im Zweifel schon vom Vorvertrag (§ 314 BGB), wird das Zubehör des Grundstücks wie auch das Anwartschaftsrecht auf Erwerb des Eigentums an einem Zubehörstück ergriffen[4]. Der Begriff des Grundstückszubehörs wurde bereits definiert (s. Rdn. 93—95), wobei insbesondere zu beachten ist, daß durch eine nur vorübergehende Widmung einer Sache für die Zwecke des Grundstücks die Zubehöreigenschaft nicht begründet wird (§ 97 Abs. 2 S. 1 BGB), ebensowenig wie sie durch eine vorübergehende Trennung nicht aufgehoben wird (§ 97 Abs. 2 S. 2 BGB). Auch erfährt das Recht zur Befriedigung aus dem Zubehör keine Einschränkung durch § 811 ZPO[5]. **745**

---

[1] Über das Wesen der Beschlagnahme vgl. Rdn. 250, 252, 260, 263.
[2] Wegen der Haftung der Entschädigungsansprüche bei Enteignung und Bergschäden s. Rdn. 89. An dem Entschädigungsanspruch hat der Hypothekengläubiger die gleichen Rechte, die ihm im Fall des Erlöschens der Hypothek durch Zwangsversteigerung an dem Versteigerungserlös zustehen (Art. 35 AGZVG).
[3] BGH WM 75, 283.
[4] S. Rdn. 525; RG 125, 365; BGH 35, 85; Palandt/Bassenge, § 1120 Rdn. 8.
[5] Soergel-Baur, § 1120 Rdn. 8.

In der Praxis spielt die Haftung des Zubehörs eine große Rolle, da das Zubehör mitunter fast so wertvoll sein kann wie der Grund und Boden selbst, etwa die Maschineneinrichtung einer Fabrik. Allerdings haften der Hypothek nur diejenigen Zubehörstücke, die in das Eigentum des Grundstückseigentümers gelangt sind. Eine Vereinbarung, daß auch fremdes Zubehör der hypothekarischen Haftung unterfallen solle, hat **ebensowenig dingliche Kraft wie eine Vereinbarung, die die Haftung des im Eigentum des Grundstückeigentümers stehenden Zubehörs ausschließt oder einschränkt;**[1] mit schuldrechtlicher Wirkung ist eine solche Freistellungserklärung (s. Rdn. 535) des Grundstückseigentümers jedoch denkbar.

Es spielt daher keine Rolle, ob eine dem Grundstückseigentümer gehörende Sache erst nach der Bestellung der Hypothek zum Zubehör wird, ob ein Zubehörstück erst nachher, vielleicht sogar erst nach Eröffnung des Konkurses über das Vermögen des Grundstückseigentümers[2] in dessen Eigentum gelangt oder ob der Eigentümer des Zubehörs erst nachträglich das Grundstück erwirbt. Jedoch geht im letzteren Falle dann ein schon bestehendes Pfandrecht der hypothekarischen Haftung vor. Hat aber der Grundstückseigentümer ein Zubehörstück schon vor der Bestellung der Hypothek — durch Besitzkonstitut (§ 930 BGB) — veräußert, so ergreift die hypothekarische Haftung dieses Zubehörstück sowenig wie eine andere fremde Sache, z. B. eine unter Eigentumsvorbehalt erworbene Maschine, die nach der Hypothekenbestellung in den Kreis des Zubehörs eintritt[3]; jedoch fällt in diesem Falle das Anwartschaftsrecht unter die hypothekarische Haftung.

746 Ein etwaiger **guter Glaube** des Hypothekengläubigers wird nicht geschützt (§ 1120 BGB)[4], weil das Grundbuch über das Eigentum am Zubehör nichts aussagt. Die Beweislast für die fehlende Zubehöreigenschaft hat derjenige, der die hypothekarische Haftung bestreitet[5].

747 Die Rechtslage wird unterschiedlich beurteilt, wenn sich in der Person des Grundstückseigentümers das Eigentum am Zubehör und das Grundstückseigentum nur teilweise decken, d. h., bei einer **Mehrheit von Beteiligten** die Grundstückseigentümer nur zum Teil mit den Eigentümern des Zubehörs identisch sind und umgekehrt. Steht beispielsweise das Grundstück im Miteigentum von A, B und C, das Zubehör aber im Eigentum einer offenen Handelsgesellschaft, die das Grundstück nutzt und deren Gesellschafter nur A und B sind, oder ist Zubehöreigentümerin eine Kommanditgesellschaft mit den Gesellschaftern A, B und C, Grundstückseigentümerin aber eine Erbengemeinschaft mit den Miterben A und B, so läßt sich im Grundsatz dazu folgendes sagen, wobei zwischen Miteigentum am Grundstück (a) und solchem am Zubehör (b) zu differenzieren ist:

---

[1] RG 125, 362; Serick II, § 17 II 3a; Staudinger/Scherübl, § 1120 Rdn. 45; Soergel-Baur, § 1120 Rdn. 8.
[2] RG 53, 350; Soergel-Baur, § 1120 Rdn. 8.
[3] OLG Zweibrücken OLGZ 77, 212.
[4] Palandt/Bassenge, § 1120 Rdn. 7.
[5] BGH DB 70, 1216; RG JW 11, 707; Staudinger/Scherübl, § 1120 Rdn. 20.

a) **Gehört das belastete Grundstück mehreren Personen** zu Miteigentum oder zur gesamten Hand (etwa als Gesellschaftern einer Personengesellschaft oder als Mitgliedern einer Erbengemeinschaft) so haftet das Zubehör, wenn es seinerseits entweder im Bruchteilseigentum oder im Gesamthandseigentum der vorerwähnten Personen steht oder auch nur einigen oder gar nur einer von ihnen allein gehört[1]. Das Zubehör haftet nicht, wenn jemand am Zubehöreigentum beteiligt ist, der nicht zu den Grundstückseigentümern gehört oder wenn beim Vorliegen einer Bruchteilsgemeinschaft nur diejenigen Grundstückseigentümer zugleich Miteigentümer des Zubehörs sind, deren Grundstücksanteile nicht belastet sind oder wenn das Grundstück einer Personengesellschaft gehört, das Zubehör aber einer juristischen Person (z. B. AG, GmbH), die das Grundstück z. B. aufgrund eines Pachtvertrages nutzt. Das muß auch dann gelten, wenn die Gesellschafter der juristischen Person zugleich Gesellschafter der Personengesellschaft sind.

b) **Gehört das Zubehör mehreren Personen** zu Miteigentum nach Bruchteilen oder zur gesamten Hand, so haftet es, wenn auch am Eigentum des belasteten Grundstücks sämtliche vorerwähnten Personen beteiligt sind. Es haftet nicht, wenn das Grundstück nur einigen oder einem von ihnen allein gehört oder wenn bei Vorliegen einer Bruchteilsgemeinschaft nur die Grundstücksanteile derjenigen Grundstückseigentümer belastet sind, die nicht zugleich Miteigentümer des Zubehörs sind.

c) Immerhin soll in den Fällen zu a) und b) nach verbreiteter Ansicht wenigstens der **Miteigentumsanteil** (Bruchteil) dessen am Zubehör haften, der zugleich am Eigentum des belasteten Grundstücks beteiligt ist[2].

Die Rechtslage im Beispiel der Fabrikmaschinen läßt sonach drei Möglichkeiten offen:

aa) Sind die Maschinen (wesentliche) Bestandteile des Grundstücks (§ 94 BGB), so gehören sie unabdingbar dem Grundstückseigentümer und unterliegen damit der hypothekarischen Haftung.

bb) Sind die Maschinen nur Zubehör des Grundstücks, gehören sie aber dem Grundstückseigentümer, so werden sie ebenfalls von der hypothekarischen Haftung erfaßt.

cc) Sind die Maschinen Grundstückszubehör, aber nicht Eigentum des Grundstückseigentümers, haften sie dem Hypothekengläubiger nicht. Dies gilt insbesondere von denjenigen Maschinen, die der Grundstückseigentümer unter Eigentumsvorbehalt des Lieferanten erworben hat, solange der Vorbehalt noch nicht erloschen ist. Die hypothekarische Haftung erstreckt sich nach herrschender Meinung jedoch auf das Anwartschaftsrecht am Zubehör[3].

---

[1] RG 132, 321, 325; Palandt/Bassenge, § 1120 Rdn. 6; Soergel-Baur, § 1120 Rdn. 10.
[2] Einschränkend Wolff-Raiser, 1957, § 135, Anm. 4.
[3] Grundlegend BGH 35, 85; Möschel, BB 70, 237 ff.

748 Mitversteigert werden aber auch solche fremden Zubehörstücke, die der Grundstückseigentümer als **tatsächliches Zubehör**" im Besitz hat, wenn ihr Eigentümer nicht rechtzeitig Aufhebung oder Einstellung des Verfahrens hinsichtlich dieses Zubehörs erwirkt (§ 55 ZVG)[1]. Veranlaßt er nur die Einstellung des Verfahrens, bleibt nach der Versteigerung des Grundstückes das nicht versteigerte Zubehör mit einer Art Mobiliarhypothek belastet, bis sie entweder aufgehoben oder nachträglich verwertet wird. Ist aber das fremde Zubehör mitversteigert worden, so hat sein ehemaliger Eigentümer nur noch einen Anspruch aus ungerechtfertigter Bereicherung gegen den an letzter Rangstelle befriedigten Gläubiger[2] in Höhe des auf das Zubehörstück entfallenen Erlöses[3], nicht jedoch auf Herausgabe des tatsächlichen Wertes.

Sachen, die überhaupt kein Zubehör sind, werden von der Zwangsversteigerung nicht ergriffen, selbst, wenn sie für mitversteigert erklärt werden, wie umgekehrt sich die Versteigerung von selbst auf alle wesentlichen Bestandteile des Grundstücks erstreckt und zwar auch dann, wenn ein wesentlicher Bestandteil versehentlich von der Versteigerung ausgenommen worden ist. Für die Frage, ob eine Sache von der Zwangsversteigerung des haftenden Grundstücks erfaßt wird, ist also entscheidend auf die Begriffsbestimmung abzustellen (s. Rdn. 93–101). Eine Sache unterliegt dann nicht der **Zubehörhaftung,** wenn sie vor Erlangung der Zubehöreigenschaft an den Hypothekengläubiger (als zusätzliche) Sicherheit **fiduziarisch übereignet** wird. Dies kann vor allem in den Fällen praktisch werden, in denen der Eigentümer des belasteten Grundstücks wertvolle Anlagegüter z. B. Maschinen anschaffen will. Der Hypothekengläubiger läßt sich dann die Machinen vom Lieferanten direkt, **ohne Durchgangserwerb** des Grundstückseigentümers, übereignen. Das kann zum einen dadurch geschehen, daß der Lieferant dem Eigentümer die Sache übergibt und dem Gläubiger bei Einigung über den Eigentumsübergang den Herausgabeanspruch nach § 931 BGB gegen den Eigentümer abtritt. Gleichzeitig schließen Eigentümer und Gläubiger einen Sicherungsvertrag[4].

Andererseits kann die Übereignung dadurch erfolgen, daß sich Lieferant und Gläubiger über den Eigentumserwerb des Gläubigers einigen und der Lieferant den Gegenstand **auf Geheiß** des Gläubigers an den Kreditnehmer aushändigt[5].

749 Werden die Zubehörstücke vom Grundstückseigentümer, sei es auch außerhalb der Grenzen einer ordnungsgemäßen Wirtschaft oder kraft staatlichen Zwanges, **veräußert**[6] und von dem Grundstück auf Dauer **entfernt, bevor der Hypothekengläubiger sie beschlagnahmt,** erlischt ihre Haftung selbst dann, wenn der Erwerber beim

---

[1] RG 127, 272; Soergel-Baur, § 1120 Rdn. 12; vgl. zur Stellung eines Vorbehaltsverkäufers in der Zwangsversteigerung, Möschel, a. a. O., BB 70, 237 ff.
[2] RG 125, 362.
[3] RG 88, 351; Staudinger/Scherübl, § 1120 Rdn. 18 b.
[4] Vgl. dazu Serick II, § 19 II 2.
[5] Vgl. zur Konstruktion BGH NJW 73, 141 ff.
[6] Ausführlich Plander, JuS 75, 345 ff.

Erwerb von der hypothekarischen Belastung gewußt hat (§ 1121 BGB). Entfernung bedeutet hier eine im Zusammenhang mit der Veräußerung stehende, dauernde Loslösung vom Grundstück[1]. Die Entfernung auf Grund einer Sicherungsübereignung läßt sich dann nicht als endgültig ansehen, wenn sie nicht zum Zwecke der Verwertung des Sicherungsgutes erfolgt[2]. Im übrigen kann dem Grundpfandgläubiger ein Schadensersatzanspruch zustehen wegen Verletzung seines Grundpfandrechts durch Entfernung von Zubehörstücken[3].

§ 1121 BGB ermöglicht auch dem **Konkursverwalter** die lastenfreie Veräußerung. Erfolgt die Veräußerung in den Grenzen ordnungsgemäßer Wirtschaft (§ 1122 BGB), so fällt der Erlös in die Masse, anderenfalls gebührt er dem Grundpfandgläubiger (Argumentum: § 1135 BGB in Verbindung mit § 6 Abs. 2 KO)[4].

Der Erwerber kann sich jedoch dann nicht darauf berufen, in Unkenntnis der hypothekarischen Haftung gehandelt zu haben, wenn das Zubehör im Zeitpunkt der Beschlagnahme zwar schon an ihn veräußert, nicht jedoch vom Grundstück entfernt worden war. Dann muß er die Beschlagnahme gegen sich gelten lassen. Nur wenn die Sachen demnächst doch noch vom Grundstück entfernt werden und der Erwerber noch bei der Entfernung in Ansehung der Beschlagnahme gutgläubig ist, geht sein Recht der Beschlagnahme vor (§ 1121 BGB). Allerdings gilt nach § 23 Abs. 2 ZVG die Beschlagnahme bereits als bekannt, sobald der Versteigerungsvermerk in das Grundbuch eingetragen ist[5]. Jedoch auch die Beschlagnahme durch eine Anordnung der Zwangsversteigerung hindert den Eigentümer nicht, innerhalb der Grenzen einer **ordnungsmäßigen Wirtschaft** weiterhin über einzelne Zubehörstücke zu verfügen (§ 23 ZVG).

Ferner bewirkt auch ohne Veräußerung und Entfernung die Aufhebung der Zubehöreigenschaft vor der Beschlagnahme das **Erlöschen der hypothekarischen Haftung,** wenn die Aufhebung innerhalb der Grenzen einer ordnungsmäßigen Wirtschaft erfolgt, so z. B. im Falle des Ausrangierens einer veralteten Maschine oder bei Änderung der wirtschaftlichen Verwendungsart des Grundstücks. Das gleiche gilt für die dauernde Stillegung eines einzelnen Erzeugungszweiges des Betriebes, jedoch nicht für den Fall, daß, etwa im Konkurs[6], die wirtschaftliche Benutzung des Grundstücks überhaupt aufgegeben wird (§ 1122 Abs. 2 BGB). Die Veräußerung einer einem Dritten zur Sicherung übereigneten Zubehörsache durch den Konkursverwalter nach Stillegung des Betriebs führt also nicht zur Enthaftung des Zubehörerlöses. Der Erlös gebührt folglich dem Grundpfandgläubiger[7].

---

[1] RG 143, 246; 144, 152.
[2] OLG Königsberg HRR 34, 1113; ferner Soergel-Baur, § 1121 Rdn. 6.
[3] BGH WM 91, 92.
[4] BGH 60, 267; krit. Schmidt, NJW 73, 611.
[5] S. Rdn. 252; wegen des sog. kalten Abbrennens vgl. ferner Rdn. 877.
[6] Vgl. BGH WM 71, 941.
[7] BGH WM 73, 554.

751 Ein **Einzelzugriff** dritter Gläubiger des Grundstückseigentümers auf das haftende Zubehör ist auch dann ausgeschlossen, wenn das Grundstück hypothekenfrei ist (s. § 865 Abs. 2 S. 1 ZPO). Aber auch der Hypothekengläubiger selbst kann das Zubehör nicht durch Pfändung, sondern nur im Wege des Zwangsversteigerungs- oder Zwangsverwaltungsverfahrens beschlagnahmen[1].

b) Erzeugnisse und Bestandteile

752 Ebenfalls von der hypothekarischen Haftung werden die von dem Grundstück **getrennten Erzeugnisse und Bestandteile,** z. B. die geernteten Früchte, auch abgebauter Ton oder Kies und etwaiges Abbruchmaterial, ergriffen, auch wenn sie nicht nach der Trennung als Zubehör des Grundstücks zu gelten haben. Trennung bedeutet in diesem Zusammenhang Loslösung von Grund und Boden.

Voraussetzung der Haftung ist, daß die getrennten Erzeugnisse und sonstigen Bestandteile mit der Trennung Eigentum des Grundstückseigentümers und nicht etwa Eigentum eines dem Hypothekengläubiger im Range vorgehenden Nießbrauches oder Pächters[2] (vgl. §§ 954 — 957 BGB) werden und ferner, daß sie schon vor der Trennung als Grundstücksbestandteile für die Hypothek hafteten, was nach bergrechtlichen Normen bei Kohlen und anderen Mineralien nicht der Fall ist (§ 1120 BGB)[3].

753 Die **Haftung** der getrennten Erzeugnisse und Bestandteile **erlischt,** wenn sie vom Grundstückseigentümer veräußert und von dem Grundstück auf Dauer entfernt worden sind, bevor der Hypothekengläubiger sie beschlagnahmt hat. Es gilt hier das bezüglich des Zubehörs Ausgeführte (§ 1121 BGB) (vgl. Rdn. 745). Auch ohne Veräußerung bewirkt schon die bloße dauernde Entfernung vom Grundstück vor ihrer Beschlagnahme das Erlöschen der hypothekarischen Haftung, wenn die Trennung vom Grund und Boden innerhalb der Grenzen einer ordnungsgemäßen Wirtschaft, also nicht z. B. durch Raubbau, erfolgt ist (§ 1122 Abs. 1 BGB).

Da im Gegensatz zum Zubehör die getrennten Erzeugnisse und sonstigen Bestandteile pfändbar sind[4], kann die Entfernung auch durch einen Gerichtsvollzieher bewirkt werden, der die Sachen nach der Pfändung für einen dritten Gläubiger des Grundstückseigentümers zum Zwecke der Verwertung fortschafft; auch diese Entfernung beseitigt die hypothekarische Haftung, es sei denn, sie ist ausnahmsweise deshalb nur vorübergehender Natur, weil der Eigentümer in der Lage ist, die Pfandstücke wieder einzulösen[5]. Schafft der Gerichtsvollzieher die Pfandsachen nicht fort, so erlischt

---

[1] S. Rdn. 251; vgl. ausführlich Baur, SachR, § 39 IV 2, S. 386 f.
[2] Das gilt auch dann, wenn die Hypothek dem Aneignungsberechtigten im Range vorgeht; Palandt/Bassenge, § 1120 Rdn. 4; Staudinger/Scherübl, § 1120 Rdn. 21.
[3] RG 135, 197.
[4] Und zwar regelwidrig die Früchte schon vor ihrer Trennung vom Boden (Früchte auf dem Halm, stehende Früchte), obwohl sie zu diesem Zeitpunkt noch Grundstücksbestandteil sind (§ 810 ZPO), i. ü. vgl. § 865 Abs. II Satz 1 ZPO.
[5] RG 143, 249; sehr str.; vgl. die Nachweise bei Erman-Räfle II, § 1122 Rdn. 1.

die hypothekarische Haftung erst durch die Versteigerung. Eine vorher erfolgte Beschlagnahme seitens des Hypothekengläubigers geht daher dem Recht des Pfändungsgläubigers vor, es sei denn, die Pfändung wird von einem Gläubiger betrieben, der dem Hypothekengläubiger nach § 10 ZVG im Range vorgeht (vgl. Rdn. 252).

c) Forderungen aus Vermietung und Verpachtung

Ferner unterliegen der hypothekarischen Haftung in einem noch näher zu erläuternden Umfang Forderungen, die dem Eigentümer aus einer **Vermietung oder Verpachtung** des belasteten Grundstückes oder des haftenden Grundstückszubehörs erwachsen (§§ 1123 ff. BGB), ferner die Forderung auf Entgelt für die Bestellung eines der Hypothek im Range nachgehenden oder gleichstehenden **Dauerwohnrechts** (§ 40 WEG) für die Zeit nach Bestellung der Hypothek sowie die bereits erwähnten (s. Rdn. 773) subjektiv dinglichen Reallasten (§ 126 BGB). In der Praxis spielt die Haftung der Miet- und Pachtzinsforderung eine nicht unerhebliche Rolle, weil sie häufig den hauptsächlichen Vermögenswert darstellt, der im Falle einer Beschlagnahme des Grundstücks einen Erlös bringt (s. Rdn. 260). Die **Beschlagnahme** erfolgt entweder durch Anordnung der Zwangsverwaltung (§ 148 Abs. 1 S 1 ZVG) oder durch Mobiliarzwangsvollstreckung, in Form der Pfändung der Miet- und Pachtzinsforderung aufgrund des dinglichen Titels durch einen Pfändungsbeschluß des Vollstreckungsgerichts (§ 829 ZPO)[1]. 754

755

Da nach § 21 Abs. 2 ZVG die Beschlagnahme durch Anordnung der Zwangsversteigerung die Miet- und Pachtzinsforderung überhaupt nicht erfaßt, muß der sogar rangbessere Gläubiger, falls er nur die Zwangsversteigerung betreibt, weichen, wenn ein anderer Gläubiger die Miet- und Pachtzinsforderungen durch Anordnung der Zwangsverwaltung beschlagnahmt, mag dieser auch nur ein persönlicher Gläubiger ohne irgendwelche dingliche Berechtigung sein.

Durch Zeitablauf, nämlich ein Jahr nach Fälligkeit, tritt, falls nicht vorher die Beschlagnahme zugunsten des Hypothekengläubigers erfolgt, die Miet- oder Pachtzinsforderung aus der hypothekarischen Haftung heraus, allerdings nur insoweit, als in dem fälligen Betrag nicht der Zins für eine spätere Zeit als den z. Zt. der Beschlagnahme laufenden und unter Umständen folgenden Kalendermonat enthalten ist (§ 1123 BGB). Der Eigentümer als Inhaber der Miet- und Pachtzinsforderung ist trotz der grundsätzlichen hypothekarischen Haftung nicht gehindert, über sie zu verfügen, solange der Hypothekengläubiger sie nicht beschlagnahmt hat. Erfolgt die Beschlagnahme, so macht sie nicht nur weitere Verfügungen des Eigentümers unwirksam, sondern auch solche Verfügungen, die der Eigentümer bereits vor der Beschlagnahme getroffen hat, soweit diese sich auf den Miet- oder Pachtzins für eine spätere Zeit als den z. Zt. der Beschlagnahme laufenden, unter Umständen auch den im folgenden Kalendermonat beziehen (vgl. dazu im einzelnen § 1124 BGB). In diesem Rahmen braucht also der Hypothekengläubiger eine schon vor der Beschlagnahme erfolgte Einziehung, Abtre-

---

[1] Baur, SachR, § 39 V 2, S 387 f.; Staudinger/Scherübl, § 1123 Rdn. 17.

Hypothek

tung oder Verpfändung der Forderung — die Aufgabe einer für die Forderung bestehenden Sicherheit, z. B. einer Bürgschaft, gehört nicht hierher[1] — nicht gegen sich gelten zu lassen. Aus diesem Grunde eigenen sich Mietzinsforderungen nicht als Sicherungsmittel für langfristige Kredite[2].

Für den Mieter oder Pächter kann diese Regelung zu großen Härten führen, denn er riskiert, nach erfolgter Beschlagnahme den bereits an den Eigentümer gezahlten Zins insoweit nochmals an den Hypothekengläubiger zahlen zu müssen, als die Vorausverfügung dem Hypothekengläubiger gegenüber unwirksam ist. Allerdings läßt sich von einer **Vorausverfügung** in diesem Sinne überhaupt dann nicht sprechen, sondern nur von einer Bestimmung des Mietzinsumfanges, wenn der Zins in Gemäßheit des ursprünglichen Miet- oder Pachtvertrages für die gesamte Vertragszeit oder für einen Teil davon in bar oder durch Verrechnung vorauszuzahlen war oder vorausbezahlt worden ist[3]. Dabei handelt es sich um eine Vertragsgestaltung, die grundsätzlich die Garantie des Vermieters einschließt, dem Mieter nicht die Möglichkeit zu nehmen, die Vorauszahlung während der vorgesehenen Dauer auf den jeweils fälligen Mietzins zu verrechnen[4].

756 Leistet der Mieter Vorauszahlungen in Form von **Baukostenzuschüssen,** die kraft Vereinbarung (sog. **Abwohnklausel**) auf die zukünftige Miete angerechnet werden, so ist nach der Rechtsprechung des BGH der Baukostenzuschuß auch den beschlagnahmenden Hypothekengläubigern gegenüber unter der Voraussetzung, daß durch den Baukostenzuschuß ein sachlicher Wert geschaffen wurde, der eine mindestens sich später auswirkende Besserstellung des Grundpfandgläubigers herbeiführt[5], selbst dann wirksam, wenn der Baukostenvorschuß irreführend als Darlehen des Mieters an den Vermieter bezeichnet wird[6] und die Klausel im ursprünglichen Mietvertrag nicht enthalten ist, jedoch später vereinbart wurde[7]. Nach dem BGH trägt der Mieter die Beweislast dafür, daß der Baukostenvorschuß für das Bauvorhaben verwendet wurde[8].

Die spätere Beschlagnahme des Mietzinses durch einen Grundpfandgläubiger läßt daher die Abwohnklausel unberührt. Ihre Wirksamkeit besteht auch gegenüber dem Zwangsverwalter[9], gegenüber dem Konkursverwalter[10] und vor allem gegenüber

---

[1] RG 151, 381.
[2] RG JW 32, 2538.
[3] Std. Rspr.: vgl. RG 136, 407, 413; 144, 196; BGH 6, 203; BGH Rpfleger 54, 373.
[4] BGH NJW 66, 1703; ausführlich dazu Baur, SachR, § 39 V 3b, S. 389 ff.; Soergel/Baur, § 1124 Rdn. 5.
[5] BGH 15, 296; einschränkend Palandt/Bassenge, § 1124 Rdn. 4; LG Köln MDR 61, 59; a. A. Erman/Räfle II, § 1124 Rdn. 3 in Hinblick auf § 57c ZVG.
[6] BGH NJW 54, 673; 70, 1124.
[7] BGH 15, 296, 303.
[8] BGH NJW 59, 380; a. A. Palandt/Bassenge, § 1124 Rdn. 4.
[9] BGH NJW 53, 1182.
[10] BGH 6, 202.

einem Ersteher des Grundstückes[1] mit der Folge, daß der kündigende Ersteher zur Erstattung des zu Errichtung des Gebäudes verwendeten, aber nicht abgewohnten Teiles des Baukostenzuschusses verpflichtet ist[2].

Eine entgegenstehende Vereinbarung ist bei Mietverhältnissen über Wohnraum unwirksam[3] (§ 557a BGB). Da ferner in Fällen dieser Art das gesetzliche Kündigungsrecht des Erstehers erheblich eingeschränkt ist (vgl. dazu § 57c ZVG), ergibt sich eine beachtliche Beeinträchtigung der Verkäuflichkeit des Grundstücks.

Die vorstehenden Ausführungen beantworten zugleich die Frage, ob und inwieweit eine **Beschlagnahme** der Miet- und Pachtzinsforderung **durch dritte Gläubiger** des Eigentümers dem Hypothekengläubiger gegenüber wirkt. 757

Als „Verfügungen" des Eigentümers im Sinne des § 1124 BGB gelten auch die Zwangsverfügungen, die seine Gläubiger im Vollstreckungswege treffen. Daher kann der Hypothekengläubiger durch die Beschlagnahme der Miet- oder Pachtzinsforderungen die Pfändungen dritter Gläubiger in dem geschilderten Rahmen beseitigen, es sei denn, die Pfändung wird von einem Gläubiger erwirkt, der nach § 10 ZVG (vgl. Rdn. 252) dem Hypothekengläubiger im Range vorgeht[4]. Aber auch eine solche Pfändung wird wie jede Vorausverfügung des Eigentümers unwirksam, sobald der nachrangige Hypothekengläubiger die Beschlagnahme im Wege des Zwangsverwaltungsverfahrens erwirkt[5]. Die Anordnung der Zwangsverwaltung hat diese Wirkung selbst dann, wenn sie nur durch einen persönlichen Gläubiger des Grundstückseigentümers oder durch einen Grundpfandgläubiger veranlaßt wird, der lediglich einen persönlichen Teil zur Vollstreckung bringt[6].

Vereinbarungen zwischen Mieter und Vermieter, die darauf abzielen, die Regelung des § 1124 zu umgehen, sind unwirksam, denn § 1124 BGB dient dem Schutz des Hypothekengläubigers[7].

d) Versicherungsforderungen

Von der hypothekarischen Haftung werden ferner die **Versicherungsforderungen** ergriffen, die anstelle von der Hypothekenhaftung unterlegenen, aber untergegangenen oder beschädigten Sachen getreten sind (dingliche Surrogation), gleichgültig, gegen welche Risiken die Versicherung genommen ist oder ob der Versicherungsvertrag vor oder 758

---

[1] BGH 15, 296; 37, 346.
[2] BGH 16, 31; BGH NJW 59, 380.
[3] BGH NJW 70, 93 m. w. N.
[4] RG 103, 137; die Pfändung der Miet- und Pachtzinsforderung wegen einer öffentlichen Grundstückslast wirkt gegenüber einer Pfändung durch den Hypothekengläubiger nur insoweit, als sie wegen des zuletzt fällig gewordenen Teilbetrages der öffentlichen Last ausgebracht ist (MietPfändG).
[5] OLG Frankfurt JW 27, 861.
[6] RG JW 33, 1658.
[7] Staudinger/Scherübl, § 1124 Rdn. 28.

nach der Bestellung der Hypothek zum Abschluß kommt (§ 1127 Abs. 1 BGB). Ersatzansprüche anderer Art haften mit Ausnahme des ErbbRVO 29 für die Hypothek nicht.

Der Umfang der Haftung bestimmt sich nach der Höhe der gesicherten Forderung im Zeitpunkt des Versicherungsfalls. Die **Haftung** der Versicherungsforderung, auch der aus § 102 VVG[1], **erlischt durch Wiederherstellung bzw. Neuanschaffung** des versicherten Gegenstandes und ferner in gleicher Weise wie die Haftung der Miet- oder Pachtzinsforderung durch Zeitablauf, falls nicht vorher die Beschlagnahme zugunsten der Hypothekengläubiger erfolgt (§§ 1127, Abs. 2, 1129 BGB). Auch ist der Eigentümer als Inhaber der Versicherungsforderung nicht gehindert, über sie zu verfügen, insbesondere sie einzuziehen, solange der Hypothekengläubiger sie nicht beschlagnahmt oder besonders hat verpfänden lassen[2].

759   Eine wichtige Ausnahme besteht für die **Gebäudeversicherung,** die übrigens auch Maschinen als Grundstücksbestandteile oder -zubehör mitumfaßt, wenn diese in den Gebäudeversicherungsvertrag einbezogen sind[3], denn die hypothekarische Haftung der Forderung aus einer Gebäudeversicherung wird durch Zeitablauf insoweit nicht berührt. Der Hypothekengläubiger ist hier zudem so gestellt, als wäre ihm **von vornherein** die Versicherungsforderung **verpfändet** (§ 1128 Abs. 3 BGB). Das bedeutet, daß auch ohne Beschlagnahme der jeweilige Versicherer nicht an den Eigentümer allein zahlen darf und der Eigentümer auch nicht in anderer Weise ohne Zustimmung des Hypothekengläubigers zu dessen Nachteil über die Forderung verfügen, insbesondere nicht auf sie verzichten darf, und daß er sie nur mit der Hypothek belastet abtreten kann. Dem Versicherer wird jedoch insofern eine Erleichterung gewährt, als das Gesetz nach einmonatigem Stillschweigen des Hypothekengläubigers auf die Anzeige vom Eintritt des Schadens seine Zustimmung zur Zahlung der Versicherungssumme an den Eigentümer unterstellt (§ 1128 Abs. 1 S. 1 BGB).

In allen Versicherungsfällen, nicht nur bei der Gebäudeversicherung, ist überdies die Zahlung an den Eigentümer dem Hypothekengläubiger gegenüber stets wirksam, wenn — wie bei der Gebäudeversicherung durchweg üblich — nach den Versicherungsbedingungen die Versicherungssumme **nur zur Wiederherstellung des versicherten Gegenstandes zu zahlen ist.** Es geht aber bei einer solchen Klausel in den Versicherungsbedingungen nicht zu Lasten des Versicherers, wenn nach erfolgter Zahlung der Eigentümer den gezahlten Betrag nicht bestimmungsgemäß verwendet (§ 1130 BGB). Bei der Gebäudefeuerversicherung als der wichtigsten Versicherungsart sieht deshalb das Gesetz vor, daß die bestimmungsgemäße Verwendung des Geldes gewährleistet sein muß (§§ 97, 99 VVG).

---

[1] RG 102, 352; der Hypothekengläubiger kann nach Herstellung die vom Versicherer noch nicht gezahlte Entschädigungssumme von diesem nicht verlangen, RG 133, 119.
[2] RG 64, 28.
[3] RG 157, 316.

Für die Vollstreckung in ein Grundstück ergibt sich daraus, daß bei einer Zwangsverwaltung der Zwangsverwalter die Versicherungsforderung einziehen und für den Wiederaufbau Sorge tragen muß; ist dieses nicht mehr möglich, hat er die Versicherungsforderung zur Befriedigung der Hypothekengläubiger zu verwenden[1].

Im Falle der Zwangsversteigerung kann der Hypothekengläubiger jedoch nicht Zahlung der Entschädigung an sich verlangen, vielmehr **wird der Anspruch auf sie mitversteigert** (§§ 55 Abs. 1 ZVG) und geht auf den Ersteher über mit der Folge, daß der Versicherer an diesen zum Zwecke des Wiederaufbaues zu zahlen hat. Eine **Pfändung** der Versicherungsforderung durch den Gläubiger **scheidet** wegen ihrer Zweckgebundenheit **aus**[2]. Die eingeschränkte Verfügungsbefugnis des Eigentümers über die Versicherungsforderung bestimmt zugleich das Ausmaß, in dem eine Beschlagnahme der Versicherungsforderung durch andere Gläubiger des Eigentümers dem Hypothekengläubiger gegenüber wirkt. Denn als „Verfügungen" des Eigentümers gelten auch die Zwangsverfügungen, welche seine Gläubiger im Vollstreckungswege treffen. Hiernach muß der Hypothekengläubiger, dessen Beschlagnahme ja keine rückwirkende Kraft hat, eine vorher erfolgte Beschlagnahme eines Dritten gegen sich gelten lassen. Da er jedoch hinsichtlich des Anspruchs aus der Gebäudeversicherung die Stellung eines Pfandgläubigers hat, kann er bei dieser Versicherung, auch ohne eigene Beschlagnahme der Versicherungsforderung, den Zugriff eines Dritten auf die Forderung abwehren, es sei denn, es handelt sich bei dem Dritten um einen Gläubiger, der ihm nach § 10 ZVG (vgl. Rdn. 252) im Range vorgeht.

Sonstigen, seinen Interessen zuwiderlaufenden Einwirkungen des Eigentümers auf die Versicherungsforderung kann der Hypothekengläubiger mit Hilfe einiger Sondervorschriften des Gesetzes für die Gebäudeversicherung entgegentreten. So kann sich der Hypothekengläubiger durch Anmeldung seiner Hypothek beim Versicherer davor schützen, daß der Versicherer infolge des unzweckmäßigen Verhaltens des Eigentümers, z. B. Einstellen der Prämienzahlung, Doppelversicherung, etc. von seiner Zahlungsverpflichtung befreit wird (§§ 100 ff VVG). Ist die Leistungspflicht der Versicherung gegenüber dem Grundstückseigentümer nicht gegeben (z. B. bei grobfahrlässigem Verhalten des Versicherungsnehmers), gibt § 102 VVG dem Grundpfandrechtsgläubiger dennoch den Leistungsanspruch. Bei mehreren Grundpfandrechtsgläubigern wird die Versicherungssumme dem Range der Rechte entsprechend gezahlt. Eine Rangänderung bzw. ein Rangverzicht ist möglich[3].

Ein **Sicherungsschein** wird im allgemeinen nur noch in Ansehung der mithaftenden, als bewegliche Sachen versicherten **Zubehörstücke** (z. B. Maschinen) ausgestellt.

760

---

[1] RG HRR 36, 594.
[2] Staudinger/Scherübl, § 1130 Rdn. 10.
[3] BGH WM 81, 849; s. auch Räfle, WM 83, 810; Gaberdiel, Kreditsicherung durch Grundschulden, 5. Aufl., S. 416.

Dieser Zubehörsicherungsschein setzt jedoch voraus, daß die Forderung aus der Zubehörversicherung dem Gläubiger besonders verpfändet wird, da sonst der Eigentümer bis zur Beschlagnahme zur beliebigen Verfügung über diese Forderung befugt bleibt (§ 1129 BGB).

IV. Hindernisse/gutgläubiger Erwerb

761 **Ist Sicherungsmittel ein Grundstück, so ist der Sicherungsnehmer gutgläubig, wenn ihm der Mangel des Eigentums des Sicherungsgebers oder die vorgängige Belastung der Sache unbekannt ist,** wobei der Inhalt des Grundbuchs (s. Rdn. 288) oder der Grundakten (s. Rdn. 771), soweit im Eintragungsvermerk auf sie Bezug genommen ist, als bekannt vorausgesetzt wird. Er erwirbt dann das Sicherungsrecht, z. B. die zu seinen Grunsten bestellte Grundschuld, unter der weiteren Voraussetzung, daß zu Gunsten des Sicherungsgebers der den Rechtsschein des Eigentums erzeugende Eigentumsvermerk (s. Rdn. 120) im Grundbuch steht und der gute Glaube des Sicherungsnehmers zu dem Zeitpunkt, zu welchem der Antrag auf Eintragung der Sicherheit im Grundbuch gestellt wird, noch vorhanden ist (§ 892 BGB); sind nach gestelltem Antrag außer der Eintragung noch weitere Erwerbsvoraussetzungen unerfüllt, deren Herbeiführung in die Hand des Sicherungsnehmers gelegt ist, so muß bis zu deren Eintritt seine Gutgläubigkeit andauern; handelt es sich bei der Sicherheit um ein Recht, über welches ein Brief erteilt wird (Briefgrundpfandrecht), entscheidet der Zeitpunkt, zu welchem der Sicherungsnehmer nach Rdn. 764 und 851 die Verfügungsmacht über den Brief erlangt. Außerdem muß er bei Hypotheken noch bis zu einer nachfolgenden Valutierung gutgläubig sein, da er die Hypothek erst im Augenblick der Entstehung der gesicherten Forderung, d. h. im Zeitpunkt der Auszahlung, erwirbt (§ 1163 Abs. 1 S. 1 BGB) und der maßgebende Zeitpunkt für seine Gutgläubigkeit beim Erwerb von der Stellung des Eintragungsantrags auf die Entstehung der hypothekarisch gesicherten Forderung ausgedehnt wird[1]. Beim Erwerb von Grundschulden kommt es auf seine Gutgläubigkeit zum Zeitpunkt der Valutierung nicht mehr an, da die Grundschuld als nichtakzessorisches Recht von der Entstehung einer Forderung unabhängig ist. Gemäß § 892 Abs. 2 BGB bedeutet dies für die Grundschuld, daß wenn die dingliche Einigung geschlossen und der Eintragungsantrag beim Grundbuchamt gestellt ist, der Erwerber gutgläubig erwerben kann, auch wenn er noch vor seiner Eintragung positiv von der Unrichtigkeit des Grundbuchs Kenntnis erhält. Der maßgebende Zeitpunkt für die Gutgläubigkeit ist also hier bei der Grundschuld die Stellung des Eintragungsantrags und nicht die Valutierung. Kraft seines guten Glaubens erwirbt er die Sicherheit ggf. ungeachtet einer bestehenden, aber nicht eingetragenen relativen Verfügungsbeschrän-

---

[1] RGZ 128, 276, 278 f., 141, 379, 382; BGH-RGRK/Augustin Rdn. 121 zu § 892 BGB; Erman/Hagen Rz. 18 zu § 892 BGB; Palandt/Bassenge, § 892 BGB Rdn. 24; MünchKomm/Wache § 892 BGB Rdn. 56; Lutter AcP 164, 121, 168; Imhof JW 1935, 1195 f.; OLG Kassel JW 1935, 1195.

kung des Eigentümers im Sinne von Rdn. 305 und gemäß Rdn. 318 mit dem Rang vor fälschlich nicht (mehr) eingetragenen Vorlasten. Hat er aber bis zu dem maßgebenden Zeitpunkt positiv erfahren, daß das Grundbuch unrichtig ist, weil ihm die die Unrichtigkeit begründeten Tatsachen bekanntgeworden sind, oder ist ein dem Erwerb des Sicherungsrechts entgegenstehender Widerspruch (s. Rdn. 304) gegen die Richtigkeit des Grundbuchs eingetragen worden, so kommt ein Schutz des guten Glaubens nicht mehr in Betracht. Immerhin ist der Sicherungsnehmer nicht schon deshalb bösgläubig, weil seine Unkenntnis auf grober Fahrlässigkeit beruht. Daher erwirbt er die für ihn bestellte Grundschuld auch dann, wenn er bei etwas größerer Aufmerksamkeit unschwer hätte feststellen können, daß das Grundstück dem Sicherungsgeber nicht gehört. Wegen der Rechtslage bei Schiffen und Luftfahrzeugen als Sicherungsmitteln s. Rdn. 444 f.

Ist Sicherungsmittel ein gebuchtes Recht, sei es, daß es verpfändet, sei es, daß es sicherungshalber übertragen wird, so ist der Sicherungsnehmer gutgläubig, wenn ihm der Mangel der Berechtigung des Sicherungsgebers oder die vorgängige Belastung des Rechts unbekannt ist, wobei der Inhalt des betreffenden Registers als bekannt vorausgesetzt wird. Er erwirbt dann durch Sicherungsübertragung das gebuchte Recht und zwar lastenfrei, durch Verpfändung das Pfandrecht am Recht mit dem Rang vor vorgängigen Belastungen zugunsten Dritter (s. Rdn. 665), wenn sein guter Glaube zu dem Zeitpunkt, zu welchem der Antrag auf Eintragung des Sicherungsrechts gestellt wird, noch vorhanden ist (§ 892 II BGB). Hat er jedoch bis dahin positiv erfahren, daß das Register unrichtig ist, weil ihm die die Unrichtigkeit begründenden Tatsachen bekannt sind, oder ist ein Widerspruch (s. Rdn. 304) gegen die Richtigkeit des Registers eingetragen worden, kommt ein Schutz des guten Glaubens nicht mehr in Betracht (§§ 892 BGB, 16, 77 SchiffsG, 16 LRG). Immerhin ist der Sicherungsnehmer nicht schon deshalb bösgläubig, weil seine Unkenntnis auf grober Fahrlässigkeit beruht. Daher erwirbt er das ihm bestellte Pfandrecht an einer Grundschuld auch dann, wenn er bei etwas größerer Aufmerksamkeit unschwer hätte feststellen können, daß die Grundschuld dem Sicherungsgeber nicht zusteht. Dies alles wird besonders praktisch, wenn **Hypotheken** (genauer: hypothekarisch gesicherte Forderungen) **oder Grundschulden** verpfändet oder sicherungshalber abgetreten werden. **Dabei darf jedoch nicht übersehen werden, daß der gute Glaube nur in Ansehung des dinglichen Rechts selbst geschützt wird.** Sichert dieses — wie begrifflich und von Natur aus die Hypothek — seinerseits eine Forderung, so wird diese Forderung, insoweit sie für sich allein in Betracht kommt, nicht von dem öffentlichen Glauben des Registers getragen[1]. Verpfändet z. B. A dem B eine Darlehenshypothek auf dem Grundbesitz des C, so erwirbt B kraft guten Glaubens ein Pfandrecht an der Hypothek selbst dann, wenn sich später herausstellen sollte, daß der als Gläubiger der Hypothek im Grundbuch eingetragene A in Wirklichkeit gar nicht mehr Inhaber der Hypothek war, sondern das die Hypothek durch Zahlung seitens des C schon vor der Verpfändung zur Eigentümer-

762

---

[1] RG JW 34, 3054; Münchkomm./Eickmann § 1138 Rdn. 3 u. 15 f.

grundschuld geworden war. Ein Pfandrecht an der Darlehensforderung erlangt B dagegen nicht. Er kann deshalb auch nicht die Zahlung des Darlehensbetrages vom Drittschuldner verlangen, sondern nur die Zwangsvollstreckung in das belastete Grundstück betreiben. Die dogmatische Schwierigkeit, die sich hierbei aus dem Charakter der Hypothek als einer akzessorischen Sicherheit insofern ergeben könnte, als Voraussetzung für die Geltendmachung der Hypothek der rechtliche Bestand der hypothekarisch gesicherten Forderung ist, hat das Gesetz selbst behoben. **Es behandelt nämlich um der Hypothek willen die gesicherte Forderung als dem Sicherungsnehmer zustehend, obwohl er, wie erwähnt, die Forderung als solche nicht geltend machen kann;** mit anderen Worten, der redliche Sicherungsnehmer erlangt die Sicherheit so, wie wenn die gesicherte Forderung zu Recht bestünde und von dem Abkommen mit erfaßt wäre; ihm kann der Eigentümer nicht das Fehlen des Gläubigerrechts entgegenhalten (§ 1138 BGB)[1]. Hier liegt eine der zahlreichen Durchbrechungen der Akzessorietät der Hypothek vor, durch die das Gesetz die Hypothek verkehrsfähig gemacht hat. Die Rechtsprechung ist dabei so weit gegangen, daß sie dem Sicherungsnehmer die Sicherheit auch dann zuerkannt hat, wenn — wie bei der Amortisationshypothek/Tilgungshypothek — der Sicherungsnehmer die planmäßig vorgesehene Verringerung der hypothekarischen Forderung nach dem Grundbuchinhalt kannte, sofern ihm nur die tatsächliche Verringerung unbekannt und sie auch noch nicht im Grundbuch ausgewiesen war[2]. Einen gutgläubigen Hypothekenerwerb hat die Rechtsprechung sogar für möglich gehalten, wenn der Erwerber von der Nichtzahlung des Darlehens wußte; selbst ein erfahrener Kaufmann müsse nicht zwingend wissen, daß hier eine Darlehenshypothek nicht entstanden sei[3]. **Die Sicherungshypothek** (s. Rdn. 782), welche sich dadurch auszeichnet, daß sie ihren akzessorischen Charakter rein bewahrt hat, bildet folgerichtig auch für den hier erörterten Schutz des guten Glaubens eine Ausnahme. Bei ihr tritt nicht die gesicherte Forderung für das eingetragene dingliche Recht unter den öffentlichen Glauben des Grundbuches, vielmehr steht dem Sicherungsnehmer die Hypothek nur zu, wenn und insoweit die gesicherte Forderung auch wirklich besteht oder unbelastet ist, so daß der Sicherungsnehmer stets das Entstehen und Bestehen der Forderung bzw. ihre Lastenfreiheit nachweisen muß (§§ 1185 Abs. 2 BGB)[4]. Wäre also im obigen Beispiel die verpfändete Hypothek eine Sicherungshypothek, so würde B das Pfandrecht nicht erworben haben. Dagegen kann sich der Gläubiger auch bei der Sicherungshypothek insoweit auf das Grundbuch berufen, als er auf den Bestand des dinglichen Rechts als solches (bei bestehender Forderung!) vertraut hat, also z. B. bei einem Mangel bei der dinglichen Einigung[5]. Was hier von der Sicherungshypothek gesagt ist, gilt entsprechend für die Schiffshypothek (§ 8 SchiffsG) und für das Regi-

---

[1] RG 137, 95; MünchKomm/Eickmann § 1138 Rdn. 15 f.
[2] RG JW 1934, 1043; so auch MünchKomm/Eickmann § 1138 Rdn. 18; Palandt/Bassenge § 1138 Rdn. 4.
[3] RG JW 1936, 804; MünchKomm./Eickmann § 1138 Rdn. 52.
[4] Vgl. hierzu MünchKomm/Eickmann, § 1185 Rdn. 6 ff.
[5] MünchKomm/Eickmann, § 1185, Rdn. 7 f.

sterpfandrecht an Luftfahrzeugen (§ 4 LRG); beide Pfandrechte haben die Rechtsnatur einer Sicherungshypothek (s. Rdn. 463, 467). Wegen des Schutzes gegen Einwendungen des Eigentümers des Pfandobjekts s. Rdn. 663.

Besonders geregelt ist der Fall, daß über das Grundpfandrecht ein Brief gebildet ist, 763 wie dies bei den **Briefhypotheken, Briefgrundschulden und Briefrentenschulden** geschieht. Zunächst ist hier für den guten Glauben des Sicherungsnehmers nicht der Zeitpunkt der Stellung des Eintragungsantrages maßgebend, sondern der Zeitpunkt der Übergabe des Briefes, wenn dieser später liegt als jener; erfolgt, wie in den meisten Fällen, die Sicherstellung überhaupt außerhalb des Grundbuches durch schriftliche Erklärung des Sicherungsgebers und Briefbesitzverschaffung (s. Rdn. 781), so entscheidet allein der Zeitpunkt des Erwerbs der Sicherheit[1]. Sodann darf sich der Sicherungsnehmer nicht ausschließlich auf den Inhalt des Grundbuchs verlassen, sondern er muß auch den Inhalt des Briefes berücksichtigen. Der Inhalt des Briefes oder ein auf ihm stehender Vermerk, sei er auch privater[2], nicht amtlicher Natur, wie z. B. die Quittung über eine Teilzahlung, zerstört den öffentlichen Glauben des Grundbuches: „Der richtige Brief geht dem unrichtigen Grundbuch vor" (§ 1140 BGB). Dennoch ersetzt der Brief das Grundbuch nicht; ist er also unrichtig oder unvollständig, so ist der richtige Inhalt des Grundbuches ausschlaggebend. Mit anderen Worten, **der Sicherungsnehmer wird in seinem guten Glauben nur geschützt, wenn Grundbuch- und Briefinhalt sich decken**[3]. Das ist die Regel, denn für die Wahrung der Übereinstimmung zwischen Grundbuch und Brief ist durch die Vorschrift Vorsorge getroffen, daß das Grundbuchamt bei einem Briefrecht eine Eintragung nur vornehmen darf, wenn der Brief vorgelegt wird (s. Rdn. 797, 851). Nun wird aber das Grundbuch zwangsläufig dadurch unrichtig, daß das Briefrecht auch außerhalb des Grundbuches durch Übergabe des Briefes und Erteilung der Erkärung des Sicherungsgebers in schriftlicher Form abgetreten oder verpfändet werden kann (§ 1154 Abs. 1 BGB). Würde hier der formelle Inhalt des Grundbuches maßgebend sein, so würde der Sicherungsnehmer sich nirgends auf seinen guten Glauben berufen können, wo der Sicherungsgeber nicht selbst als Gläubiger des Briefrechts im Grundbuch eingetragen steht. Er müßte also stets die Gültigkeit der Übertragungen bis zu einem eingetragenen Vormann zurück nachprüfen. Diese Lücke füllt das Gesetz aus, indem es dem Besitzer des Briefes die rechtliche Stellung eines eingetragenen Gläubigers auch ohne grundbuchliche Eintragung dann zuerkennt, wenn sich sein Gläubigerrecht aus einer zusammenhängenden Reihe von — sei es auch gefälschten[4] — Erwerbsurkunden ergibt, die bis auf einen im Grundbuch eingetragenen Gläubiger zurückführen und wenn außerdem die Urkunden und die etwa erforderlichen Legitimationsnachweise[5] sämtlich öffentlich beglaubigt sind

---

[1] RG 140, 35.
[2] Palandt/Bassenge, § 1140 Rdn. 2.
[3] Palandt/Bassenge, § 1140 Rdn. 1.
[4] RG 85, 60; MünchKomm/Eickmann, § 1155 Rdn. 12.
[5] RG 151, 78.

(§ 1155 BGB)[1]. Unter dieser Voraussetzung wird also B, dem A durch schriftliche Verpfändungserklärung und Briefübergabe eine Hypothek verpfändet hat, vollberechtigter Pfandgläubiger, selbst wenn A, dem seinerseits die Hypothek in gleicher Form von dem grundbuchlich eingetragenen C abgetreten worden war, inzwischen die Hypothekensumme vom Grundstückseigentümer erhalten und dadurch das Gläubigerrecht zufolge Umwandlung der Hypothek in eine Eigentümergrundschuld verloren hatte. Der öffentlich beglaubigten Abtretungserklärung steht gleich das öffentlich beglaubigte Anerkenntnis einer kraft Gesetzes erfolgten Übertragung der hypothekarisch gesicherten Forderung (§ 1154 Satz 2 BGB); eine löschungsfähige Quittung reicht nicht aus, noch weniger eine bloße Löschungsbewilligung[2].

V. Sicherstellungsvertrag

1. Buchhypothek

764 Die Hypothek wird durch Vertrag zwischen dem Sicherungsnehmer (Gläubiger) und dem Eigentümer des belasteten Grundstücks als Sicherungsgeber bestellt (s. Rdn. 106—124); der Vertrag muß auch die gesicherte Forderung festlegen (s. Rdn. 4). Die Vertragsparteien müssen sich über die Bestellung der Hypothek „einigen". Diese **Einigung** bedarf, obwohl sonst nicht formbedürftig, gerade im Hinblick auf die Eintragung in das Grundbuch der grundbuchmäßigen Form, also entweder der Beurkundung oder der Beglaubigung durch Notar oder Gericht (s. Rdn. 777). Mag auch die Einigungserklärung des Gläubigers im allgemeinen nicht besonders verlautbar werden, so ist doch sein Einverständnis unter allen Umständen erforderlich (§ 873 Abs. 1 BGB). Das Beurkundungsgesetz (1. 1. 1970) hat das Beurkundungsverfahren vereinfacht: bei der Bestellung (nicht Eintragung) kann auf Anlagen verwiesen werden, die nicht verlesen werden müssen. Es können auch in die Anlagen Erklärungen aufgenommen werden, die nicht im Grundbuch eingetragen werden müssen, auf die aber im Grundbuch Bezug genommen werden kann, es muß nur ein unmittelbarer Bezug zur Bestellung gegeben sein[3]. Da die Hypothek eine Sachsicherheit ist, muß die Einigung der Parteien ergänzt werden durch einen Rechtsakt, der die Hypothekenbestellung offenkundig macht. Dieser Rechtsakt ist die **Eintragung** der Hypothek in das Grundbuch des zu belastenden Grundstücks, bei Gesamthypotheken aller Grundstücke[4], wobei der Gläubiger, der Geldbetrag der Forderung[5], der Zinssatz und der Geldbetrag etwaiger anderer Nebenleistungen im Inhalt der Eintragung anzugeben sind (§§ 874, 1115 BGB), während der Schuldner nicht ausdrücklich bezeichnet zu werden braucht, wenn er

---

[1] BGH WM 93, 285 = WuB I F 3.-2.93/Rimmelspacher.
[2] MünchKomm/Eickmann, § 1155 Rdn. 19.
[3] BayObLG DNotZ 74, 376.
[4] OLG Düsseldorf WM 73, 793.
[5] KG Berlin, WM 92, 1786: in DM.

zugleich Besteller der Hypothek ist[1]. Bei einem **Einzelkaufmann** als Gläubiger wird die Hypothek nur unter seinem bürgerlichen Namen, nicht unter der Firmenbezeichnung bestellt und bei Gesamthandsgemeinschaften als Gläubiger ist, mit Ausnahme der Handelsgesellschaften (offene Handelsgesellschaft und Kommanditgesellschaft), die Bestellung nur zugunsten der einzelnen Verbandsangehörigen unter Angabe der für die Gemeinschaft maßgebenden Rechtsverhältnisse (§ 47 GBO), nicht auf die Bezeichnung der betreffenden Gemeinschaft als solcher, also z. B. nicht auf den Namen eines nicht eingetragenen Vereins oder einer Erbengemeinschaft möglich[2]. Auf den Namen der **Zweigniederlassung** einer Handelsgesellschaft kann die Hypothek nur dann bestellt werden, wenn die Zweigniederlassung eine besondere, von der Hauptniederlassung abweichende Firma hat[3].

Einigung und Eintragung müssen sich decken; wird ein höherer Betrag eingetragen, als die Parteien gewollt haben, ist in Höhe des Mehrbetrages die Hypothek nicht entstanden. Gelingt es, die Bedingungen der Hypothek mit denen von schon früher auf demselben Grundstück eingetragenen, im Range unmittelbar vorangegangenen Hypotheken derselben Art und desselben Gläubigers auf einen einheitlichen Nenner zu bringen, so kann die Hypothek mit den anderen zu einem einheitlichen Grundpfandrecht vereinigt und unter Zusammenfassung der bisher selbständigen Einzelrechte als sog. Einheitshypothek eingetragen werden[4].

Bis zur Aushändigung einer formgerechten Eintragungsbewilligung an den Gläubiger seitens des Eigentümers ist die **Einigung** der Parteien **einseitig widerruflich,** auch wenn die Bestellung der Hypothek als „unwiderruflich" bezeichnet ist[5]. Das kann dem Gläubiger unbeschadet seiner etwaigen Schadensersatzansprüche (s. Rdn. 493) gefährlich werden, wenn er schon vorher im Vertrauen auf die künftige Eintragung den durch die Hypothek zu sichernden Kredit gewährt hat.

Der Widerruf ist aber dann nicht mehr möglich, wenn die Einigungserklärungen notariell beurkundet oder vor dem Grundbuchamt abgegeben oder bei diesem eingereicht sind (§ 873 Abs. 2 BGB in Verbindung mit dem Beurkundungsgesetz vom 28. Aug. 1969). Trotzdem beseitigt diese Unwiderruflichkeit nicht jedes Risiko für den Gläubiger, da es dem Eigentümer unbenommen bleibt, Verfügungen über das Grundstück zugunsten Dritter zu treffen, da die Bindungswirkung nach § 873 Abs. 2 BGB nur zwischen den Parteien besteht, und wenn, wie üblich der **Eintragungsantrag** vom Eigentümer gestellt wird, kann dieser bis zur Eintragung den **Antrag zurücknehmen** und damit die formellen Voraussetzungen für die Eintragung beseitigen.

Ausdrücklich zu warnen ist vor der nicht einmal seltenen Methode, daß der Gläubiger sich mit dem Besitz der Eintragungsbewilligung des Eigentümers begnügt und

765

---
[1] RG 136, 80.
[2] RG 127, 312.
[3] RG 62, 7.
[4] RG 145, 49.
[5] Pikart, WM 73, 830 ff.

wegen der Kosten von der tatsächlichen Eintragung bis auf weiteres absieht. Das mag steuerrechtlich (§ 49 Abs. 1 Ziffer 5c EStG) als eine „mittelbare" Sicherung gewertet werden[1]; bürgerlich rechtlich ist entscheidend, daß die Hypothek erst mit der Eintragung selbst erworben wird, so daß der Gläubiger die vor der Eintragung erfolgten, zwischenzeitlichen Belastungen oder gar die Veräußerung des Grundstücks gegen sich gelten lassen muß. Ist der Erwerber sogar durch eine Auflassungsvormerkung gesichert, so ist ihm gegenüber die nachfolgende Eintragung des Grundpfandrechts relativ unwirksam (§ 883 Abs. 2 BGB). Der Gläubiger kann somit den Kredit mit ruhigem Gewissen erst dann gewähren, wenn er mindestens die Eintragungsbewilligung des Eigentümers in Verbindung mit seinem (des Gläubigers) Eintragungsantrag[2] dem Grundbuchamt eingereicht hat[3].

2. Briefhypothek

766 Man bezeichnet die auf dem geschilderten Wege durch Einigung und Eintragung begründete Hypothek als **Buchhypothek**. Dieser Ausdruck soll den Gegensatz zu der **Briefhypothek** kennzeichnen. Bei der Briefhypothek genügt zur wirksamen Entstehung des Grundpfandrechts die Einigung und Eintragung nicht, vielmehr ist als weitere Voraussetzung erforderlich, daß der Gläubiger mit Zustimmung des Eigentümers die Verfügungsmacht über den Hypothekenbrief erlangt.

Der Hypothekenbrief ist eine die Hypothek betreffende, einen Auszug aus dem Grundbuch enthaltende Urkunde, die das Grundbuchamt ausfertigt, wenn ihm der Antrag auf Eintragung einer Hypothek vorliegt (§§ 1116 Abs. 1 BGB, 56 – 59 GBO alter Fassung)[4]; bei einer Gesamthypothek erscheint sie in der Form des Gesamthypothekenbriefes (§§ 59, 64 GBO).

Der Inhalt des Briefes ist verschieden, je nach dem, ob er für eine Hypothek ausgestellt wird, deren Eintragungsantrag beim Grundbuchamt vor oder nach dem 1. Januar 1978 gestellt wurde. Die älteren Hypothekenbriefe enthalten einen Auszug aus dem Grundbuch. Die Übereinstimmung des Briefinhaltes mit dem Inhalt des Grundbuches wird für die Zukunft dadurch gewährleistet, daß das Grundbuchamt bei der Briefhypothek eine Eintragung nur vornimmt, wenn ihm der Brief vorgelegt wird, so daß es die Eintragung sogleich auf dem Brief vermerken kann. Zur Vorlegung kann der Besitzer des Briefes mit den Zwangsmitteln der freiwilligen Gerichtsbarkeit angehalten werden (§§ 41, 62 GBO).

Als Urkunde eigener Art verbrieft er nicht die Hypothek als solche, sie verkörpert sich also nicht in ihm. Der Brief hat aber dennoch **wertpapierähnlichen Charakter** insofern, als die Übertragung, Belastung, zum Teil auch die Geltendmachung der

---

[1] BFH BStBl. 61 III, 161.
[2] S. aber wegen der Kosten Rdn. 773.
[3] Vgl. BGH WM 70, 710.
[4] Vgl. für Brief an Erbbaurecht ErbbRVO § 14.

Hypothek gegenüber dem Eigentümer, an den Besitz des Briefes gebunden sind. Jedoch kann an dem Brief kein besonderes dingliches Recht entstehen[1], wohl aber ein persönliches Zurückbehaltungsrecht[2].

Der Briefinhalt für diejenigen Hypotheken, für die ein **Eintragungsantrag nach dem 1. Januar 1978** gestellt worden ist, ist erheblich vereinfacht (vgl. § 57 GBO neuer Fassung). Der Brief enthält nur noch die Nummer des Grundbuchblattes und den Inhalt der die Hypothek betreffenden Eintragung. Ferner wird das belastete Grundstück mit der laufenden Nummer bezeichnet, unter der es im Bestandsverzeichnis des Grundbuches verzeichnet ist. Damit entfallen insbesondere die nähere Bezeichnung des belasteten Grundstückes sowie die Bezeichnung des Eigentümers und der vorrangigen und der gleichrangigen Rechte. Der Brief verliert somit seine Funktion, über den Stand des Grundbuches und damit über die Sicherheit des Grundpfandrechts umfassend Auskunft zu geben. Zur Ermittlung des Sicherungswertes einer nach dem 1. Januar 1978 zur Eintragung beantragten Hypothek reichen daher die Angaben im Grundpfandrechtsbrief nicht mehr aus. **Es ist aus diesem Grunde zu empfehlen — wie bisher schon bei den Buchrechten — sich einen aktuellen Grundbuchauszug zu verschaffen.**

Ein **abhandengekommener Brief** wird in gleicher Weise ersetzt wie ein Wertpapier, nämlich durch Kraftloserklärung im Wege des Aufgebotsverfahrens und der Ausstellung eines neuen Briefes gegen Vorlegung des Ausschlußurteils (§§ 1162 BGB, 67 GBO, 1003 ff. ZPO)[3].

Die **Verfügungsgewalt** über den Brief kann dem Gläubiger folgendermaßen verschafft werden:

a) Briefübergabe

Der Eigentümer, dem der Brief vom Grundbuchamt ausgehändigt wird (§ 60 GBO), **übergibt** ihn dem Gläubiger[4], wobei die bloße Einigung der Parteien genügt, falls sich der Gläubiger bereits in dem unmittelbaren Besitz des Briefes befindet, weil ihm etwa das Grundbuchamt irrtümlich den Brief direkt zugeschickt hat. Oder aber der Gläubiger wird mittelbarer Besitzer des Briefes (s. Rdn. 498, 501) durch Vereinbarung eines Besitzkonstituts mit dem Eigentümer oder durch Abtretung des Herausgabeanspruchs gegen einen dritten Besitzer des Briefes, falls etwa das Grundbuchamt den Brief irrtümlich dem Dritten zugeschickt hat (§ 1117 Abs. 1 BGB). Solange hier nach der Gläubiger den Besitz des Briefes nicht vom Eigentümer erlangt hat, steht ihm die Hypothek nicht zu, mag er auch den zu sichernden Kredit bereits gewährt haben. Vielmehr besteht bis dahin die Hypothek als „vorläufige" Grundschuld des Eigen-

767

---

[1] RG 148, 203.
[2] RG 91, 158.
[3] Die durch Kriegseinwirkung vernichteten Briefe werden in einem abgekürzten Verfahren wiederhergestellt (§ 26 Gesetz vom 20. 12. 1963 — BGBl. 986).
[4] Vgl. die Ausführungen zu Rdn. 495.

tümers¹ mit der Folge, daß der Gläubiger keine Anwartschaft auf Erwerb der Hypothek hat und daher eine Verfügung des Eigentümers über die vorläufige Grundschuld dem nachträglichen Erwerb durch den eingetragenen Gläubiger entgegensteht (§ 1163 Abs. 2 1172 Abs. 1 BGB). Ist der Gläubiger im Besitz des Hypothekenbriefes, so wird **vermutet**, daß er ihm vom Eigentümer übergeben worden ist (§ 1117 Abs. 3 BGB). Der Eigentümer trägt die Beweislast für das behauptete Gegenteil (§ 292 ZPO). Es genügt, wenn dem Sicherungsnehmer nur der durch einen für beide Parteien tätigen Treuhänder vermittelte **Mitbesitz** am Brief eingeräumt wird². Wenn sich der Brief im unmittelbaren Besitz eines Dritten befindet, kann die Übergabe somit dadurch ersetzt werden, daß der Dritte auf Geheiß des Sicherungsgebers dem Sicherungsnehmer den unmittelbaren Mitbesitz am Brief verschafft, indem er den Brief als Treuhänder zu Gunsten des Sicherungsgebers und Sicherungsnehmers im Gewahrsam hält³.

768   Dagegen ist es ausgeschlossen, **daß der im unmittelbaren Besitz des Briefes befindliche Sicherungsgeber den Sicherungsnehmer zum Mitbesitzer durch die bloße Erklärung macht, er werde den Brief für beide verwahren,** denn ein auf einen ideellen Teil einer beweglichen Sache beschränkter Besitz ist nicht möglich⁴. Es ist den Parteien jedoch unbenommen, durch das Gericht oder einen Notar einen Teilbrief bilden zu lassen und sich auf die Übergabe dieses Teilbriefes an den Sicherungsnehmer zu beschränken, während der Stammbrief beim Sicherungsgeber verbleibt; einer Eintragung der Teilung in das Grundbuch bedarf es nicht. Der Teilbrief tritt dann für das abgetretene oder verpfändete Teilrecht an die Stelle des Stammbriefes (§§ 1152 BGB, 61 GBO). **Während die Verfügungsgewalt des Sicherungsnehmers über den Brief eine conditio sine qua non der Sicherstellung ist, kann so die grundbuchliche Eintragung des Sicherungsrechts unterbleiben, wenn der Sicherungsgeber die Sicherstellungserklärung in schriftlicher Form erteilt** (s. Rdn. 124)⁵. Will z. B. A. eine Briefgrundschuld an dem Grundstück eines Dritten dem B. verpfänden und hat er sich darüber mit B. geeinigt, so kann er entweder B. den Brief übergeben und die Verpfändung in das Grundbuch eintragen lassen oder ihm den Brief sowie eine schriftliche Verpfändungserklärung aushändigen (§§ 1154, 1117, 1192, 1274 BGB). Wenn in der schriftlichen Erklärung lediglich von einer Abtretung oder Verpfändung des „Briefes" die Rede ist, wird man dies in der Regel als ein Vergreifen im Ausdruck, also im Sinne einer Abtretung oder Verpfändung des Grundpfandrechts selbst und nicht nur des Briefes zu verstehen haben⁶. Die Existenz dieses Briefes außerhalb des Grundbuches ist einer der wesentlichen Vorteile des Briefgrundpfandrechts. **Dabei ist**
769   **auch eine Blankoverpfändung oder -abtretung, in der der Name des Sicherungsnehmers offen bleibt, grundsätzlich wirksam, allerdings erst vom Augenblick der**

---

¹ Wegen dieser Eigentümergrundschuld vgl. i. e. Rdn. 794, 797.
² RG JW 28, 2782.
³ OLG Köln NJW 57, 104.
⁴ BGH WM 82, 1431 m. w. N.
⁵ BGH NJW 65, 664.
⁶ RG 149, 93; s. aber BGH WM 69, 863.

Ausfüllung der Erklärung ab[1]. Die Ausfüllung kann der Sicherungsgeber dem Sicherungsnehmer überlassen, der dann kraft der ihm erteilten Ermächtigung seinen Namen an der dafür offengelassenen Stelle einsetzt[2]; wird aber das Grundpfandrecht vor der Ausfüllung von dritter Seite beschlagnahmt oder verfügt der Sicherungsgeber in der Zwischenzeit anderweitig darüber, so hat der Sicherungsnehmer das Nachsehen. Keinesfalls darf bei dem hier erörterten Verfahren auf die Erteilung der Abtretungserklärung gänzlich verzichtet werden (vgl. Rdn. 902). Es ist daher bedenklich, wenn in der Bankpraxis gelegentlich eine durch formgerechte Abtretung an den Eigentümer zurückgewährte Sicherungsgrundschuld im Falle erneuter Kreditaufnahme beim bisherigen, fälschlich noch eingetragenen Gläubiger dem neuen Sicherungszweck durch einfache Rückgabe der Abtretungserklärung und des Briefes wieder zur Verfügung gestellt wird; die darin möglicherweise zu erblickende Zustimmung des Eigentümers zur Verfügung über seine Eigentümergrundschuld (§ 185 BGB) ist keine Sicherung im Sinne von Rdn. 2[3]. Die Sicherstellung mittels eines Briefrechts außerhalb des Grundbuches spielt in der Bankpraxis eine sehr große Rolle, denn sie vermeidet das umständliche und kostspielige Eintragungsverfahren. Freilich hat sie auf der anderen Seite den Nachteil, daß der Sicherungsnehmer wegen der mangelnden Eintragung nichts von einem Eigentumswechsel (s. Rdn. 777) und auch nichts von einer Anordnung der Zwangsversteigerung oder Zwangsverwaltung des belasteten Grundstücks (§§ 41, 9 ZVG) erfährt. Er kann so mangels der zu Rdn. 32 erwähnten Kontrolle mit seinem Recht ausgefallen sein, ohne daß er es weiß. Aus diesem Grunde muß er entweder dafür sorgen, daß der Sicherungsgeber das Grundbuchamt ersucht, sämtliche Benachrichtigungen ab sofort nur noch ihm (dem Sicherungsnehmer) zu erteilen, oder er muß sich durch öffentliche **Beglaubigung** der Sicherstellungserklärung die Möglichkeit offenhalten, jederzeit die Eintragung nachzuholen. Diese stellt dann eine Berichtigung des Grundbuchs dar, welches durch die Verpfändung oder Abtretung außerhalb des Grundbuchs unrichtig geworden ist. **Voraussetzung für die Realisierung des Briefpfandrechts durch Vollstreckung in das belastete Grundstück ist die Eintragung aber nicht.** Gegenüber dem Verlangen, die Abtretungserklärung öffentlich beglaubigen zu lassen, kann nach der Natur dieses Anspruchs in der Regel ein Zurückbehaltungsrecht nicht geltend gemacht werden[4]. Für die Vollstreckung (Rdn. 665) und ebenso für den Schutz des guten Glaubens (s. Rdn. 763) ist die Beglaubigung der Sicherstellungserklärung von erheblicher Bedeutung[5]. Fehlt sie, kann sogar die Geltend-

---

[1] RG JW 28, 175; 30, 61; BGH 22, 128.
[2] BGH NJW 57, 137.
[3] Wegen der gegenteiligen Möglichkeit im Fall der Rückgewähr einer sicherungshalber abgetretenen Eigentümergrundschuld s. Rdn. 685. Die Rechtslage ist hiernach unterschiedlich je nachdem, ob im Zeitpunkt der Revalutierung die Rückabtretung vom Sicherungsnehmer an den Sicherungsgeber oder ob dessen Rückabtretung an den Sicherungsnehmer der vorgeschriebenen Form ermangelt.
[4] BGH WM 72, 618.
[5] Auch für die Umschreibung der Vollstreckungsklausel gemäß § 727 ZPO ist die Beglaubigung erforderlich.

machung des Grundpfandrechts scheitern, denn wenn der Eigentümer, wozu er nach § 1160 BGB berechtigt ist, die Vorlegung der beglaubigten Erklärung verlangt und der Sicherungsnehmer hierzu nicht in der Lage ist, muß seine dingliche Klage gegen den Eigentümer abgewiesen werden[1] mit der weiteren Folge, daß der Eigentümer zu gegebener Zeit das Aufgebotsverfahren nach §§ 1170 BGB, 982 ZPO gegen den Gläubiger einleiten kann[2]. Die Beglaubigung kann zwar der Sicherungsnehmer und jeder seiner Rechtsnachfolger erzwingen (§ 1154 BGB)[3], aber der Anspruch auf Nachholung der Beglaubigung geht ins Leere, wenn der Unterzeichner der Erklärung nicht mehr zu erreichen ist. So bleibt u. U. dem Sicherungsnehmer nichts übrig, als zunächst den eingetragenen Gläubiger auf Zustimmung zur Berichtigung des Grundbuchs durch Eintragung seines (des Sicherungsnehmers) Gläubigerrechts zu belangen (s. Rdn. 304). **Praktisch macht also erst die Beglaubigung die Sicherung voll wirksam und vollwertig;** ferner liegt es ersichtlich im besonderen Interesse des Zessionars, sich vor einem Verlust der „Erwerbsurkunden" zu schützen, zumal es ein Aufgebot einer solchen Urkunde nicht gibt und auch ein Duplikat nachträglich nicht immer zu erlangen ist (vgl. § 46 BeurkG). Der Eigentümer des belasteten Grundstücks muß, selbst wenn er von dem Abschluß des Sicherstellungsvertrages keine positive Kenntnis hat, den Gläubigerwechsel insofern gegen sich gelten lassen, als er den Briefbesitzer, dessen Gläubigerrecht sich aus einer zusammenhängenden, auf einen eingetragenen Gläubiger zurückführenden Reihe von öffentlich beglaubigten Erwerbsurkunden ergibt, so anzusehen hat, als wäre dieser im Grundbuch eingetragen (§ 1155 BGB); folgerichtig wird er in seinem guten Glauben nicht mehr geschützt, wenn sich das Gläubigerrecht des Sicherungsnehmers (aus dem Inhalt des Grundbuches oder) auch nur aus dem Besitz des Briefes in Verbindung mit der fortlaufenden Kette beglaubigter Erklärungen ergibt. Gelegentlich kann eine Erklärung zu zwei solcher Ketten gehören, denn es kommt vor, daß in einer und derselben Urkunde zwei Grundpfandrechte übertragen werden, die später verschiedene Wege gehen; in diesem Fall läßt sich die Originalurkunde durch eine beglaubigte Abschrift für die eine oder andere Kette ersetzen. Im übrigen s. über den Einfluß des guten Glaubens des Sicherungsnehmers auf den Erwerb des Sicherungsrechts Rdn. 763 und auf die dem Eigentümer zustehenden Einwendungen Rdn. 663.

b) Aushändigungsabrede

770   Die Parteien vereinbaren, daß der Gläubiger berechtigt sein soll, sich den Brief vom Grundbuchamt aushändigen zu lassen (**„Aushändigungsabrede"**). Die Vereinbarung, die nach Lage der Sache auch in der Abtretung des Anspruchs des Eigentümers gegen das Grundbuchamt auf Aushändigung des Briefes an den Gläubiger erblickt werden kann (§ 1117 Abs. 2 BGB ist kein Fall des § 931 BGB)[4], hat zur Folge, daß der Gläubi-

---

[1] RG 55, 224.
[2] KG WM 70, 334.
[3] RG 115, 304.
[4] BGH v. 5. 5. 1972 — V ZR 27/70 —.

ger die Hypothek, ihre Valutierung unterstellt, schon vor dem Empfang des Briefes, nämlich wie eine Buchhypothek schon mit ihrer Eintragung erwirbt und mit der Hergabe des Hypothekenkapitals nicht zu warten braucht, bis er den Brief in Händen hat (§ 1117 Abs. 2 BGB). Daher wird in der Praxis von dieser Möglichkeit weitestgehend Gebrauch gemacht. Dieses Verfahren ist jedoch nicht ohne Gefahr für den Eigentümer, wenn die Zahlung des Hypothekenkapitals nicht vorher erfolgt oder sonstwie gewährleistet ist. **Das Grundbuchamt nimmt von der Vereinbarung der Aushändigungsabrede nur Kenntnis, wenn sie in öffentlicher oder öffentlich beglaubigter Urkunde vorliegt** (§ 29 Abs. 1 GBO); dabei genügt es, wenn in der Urkunde nur die Erklärung des Eigentümers enthalten ist (§ 60 Abs. 2 GBO).

Die **Briefaushändigungsvereinbarung** nach § 1117 Abs. 2 BGB kann auch stillschweigend getroffen werden; bei einer Bank als Gläubiger ist dies jedoch nicht üblich. Nicht genügen zum Nachweis einer Briefaushändigungsvereinbarung die unwiderrufliche „Bestellung" der Gläubigerbank zum Zustellungsbevollmächtigten hinsichtlich der Grundschuld oder die „Ermächtigung" der Bank zur Empfangnahme der die Grundschuld betreffenden Zustellungen oder der „unwiderrufliche Antrag" an das Grundbuchamt, den Grundschuldbrief an den Notar zu übersenden oder der Auftrag an den Notar, der Bank Abtretungserklärung und Grundschuldbrief nach Grundbucheintragung auszuhändigen[1].

Eine Verfügungsbeschränkung des Eigentümers nach Vereinbarung der Aushändigungsabrede ist unschädlich, wenn die Voraussetzungen des § 878 BGB vorliegen und die Vereinbarung vorher dem Grundbuchamt eingegangen ist[2]. Selbstverständlich kann der Eigentümer ohne besondere Vereinbarung mit dem Gläubiger das Grundbuchamt einseitig ermächtigen (§ 60 Abs. 2 GBO), den Brief dem Gläubiger auszuhändigen oder zuzusenden. Eine solche **einseitige Anweisung** hat aber nicht die Wirkung der oben erörterten Vereinbarung, verschafft also dem Gläubiger die Hypothek nicht schon mit der Eintragung, sondern erst mit der Aushändigung des Briefes[3].

c) Vorteile der Briefhypothek

Nach allgemeinen Regeln müßte die Buchhypothek den Normalfall darstellen, denn ihre Bestellung vollzieht sich in den Formen, die generell für die Begründung dinglicher Rechte an Grundstücken vorgesehen sind. Indessen behandelt das Gesetz die **Buchhypothek als Ausnahme.** Sie gilt nur als gewünscht, wenn die Parteien dies klar verlautbaren, d. h. die Erteilung eines Briefes ausdrücklich ausschließen, was im Grundbuch vermerkt wird. Tun sie das nicht, so wird die Hypothek als **Briefhypothek** begründet. Man pflegt die Briefhypothek überall da vorzuziehen, wo man wie bei der Vor- und Zwischenfinanzierung im Bankgeschäft auf eine **erleichterte Übertragbarkeit** der Hypothek sieht, denn darin liegt einer der wesentlichen Vorteile dieser Hy-

---

[1] Palandt/Bassenge, § 1117 Rdn. 3.
[2] KG NJW 75, 878.
[3] Palandt/Bassenge, § 1117 Rdn. 3.

pothekenform. Ihre Nachteile zeigen sich in der durch die Briefbildung bedingten Verzögerung des Hypothekenerwerbs (s. hierzu Rdn. 766 a. E.), in der Verteuerung, die die Briefbildung mit sich bringt, in der Notwendigkeit, den Brief sorgfältig aufzubewahren und — für einen späteren Inhaber der Hypothek — darin, daß dieser nicht immer aus dem Grundbuch ersichtlich ist, so daß er u. U. von der drohenden Zwangsversteigerung des Grundstücks nicht amtlich unterrichtet wird und so vielleicht die Wahrnehmung seiner Rechte im Versteigerungsverfahren versäumt (s. Rdn. 781). Nachteile ergeben sich ferner daraus, daß die auf Grund eines nach dem 1. Januar 1978 gestellten Eintragungsantrages erstellten Hypothekenbriefe einen stark reduzierten Inhalt haben (vgl. Rdn. 766).

Wer die Nachteile der Briefhypothek vermeiden will, wird sich für die **Buchhypothek** entschließen und deren schwerfälligere Übertragbarkeit in Kauf nehmen müssen. Immerhin handelt es sich bei der Buch- und bei der Briefhypothek um wesensgleiche Pfandrechte, und daher kann jederzeit, auch nachträglich, durch Vereinbarung zwischen Gläubiger und Eigentümer in grundbuchmäßiger Form und Eintragung im Grundbuch eine Briefhypothek — unter Vernichtung des Hypothekenbriefes — in eine Buchhypothek und umgekehrt eine Buchhypothek in eine Briefhypothek **umgewandelt** (§ 1116 Abs. 2 u. 3 BGB) werden.

3. Eintragung

772   Ist Sicherungsmittel ein **Grundstück** — wegen der ähnlichen Rechtslage bei Schiffen und Luftfahrzeugen als Sicherungsmittel s. Rdn. 463, 467 —, so muß der Sicherungsnehmer, um das Sicherungsrecht zu erwerben, die **Eintragung der Sicherheit im Grundbuch** erwirken (§ 873 BGB). **Erst mit der Eintragung vollendet sich der Erwerbsakt.** Wenn die Sicherheit ein Recht ist, über welches ein Brief erteilt wird (Briefgrundpfandrecht), muß zur Eintragung noch hinzukommen, daß der Sicherungsnehmer die Verfügungsmacht über den Brief erlangt; wegen der Einzelheiten s. Rdn. 761. Über den Einfluß des guten Glaubens des Sicherungsnehmers auf den Erwerb des Sicherungsrechts s. Rdn. 761.

Zum Verständnis der Wirkungen der grundbuchlichen Eintragung sowie überhaupt des Liegenschaftsrechts ist eine nähere Kenntnis der Einrichtung des Grundbuchs unentbehrlich. Das **Grundbuch** dient zum Nachweis der sämtlichen Liegenschaften eines bestimmten Bezirks, des Eigentums daran und ihrer Belastungen. Der Kreis der eintragungsfähigen Tatsachen und Rechte ist gesetzlich begrenzt. Es können nur eingetragen werden:

a) diejenigen die Grundstücke betreffenden tatsächlichen Angaben, deren Eintragung das Gesetz ausdrücklich gestattet,

b) Erwerb, Änderung und Verlust des Eigentums und der dinglichen Rechte am Grundstück, soweit sie nicht auch ohne Eintragung mit Wirkung gegen jedermann bestehen; wegen der einzelnen eintragungsfähigen Rechte vgl. Rdn. 293—301,

c) die Vormerkungen und Widersprüche; vgl. über deren Begriff und Inhalt Rdn. 303, 304,

d) Verfügungsbeschränkungen in Ansehung eines eingetragenen Rechts, soweit solche nicht im öffentlichen Interesse verhängt sind oder auf Rechtsgeschäft oder persönliche Eigenschaften des beschränkt Verfügungsberechtigten beruhen; wegen der Einzelheiten vgl. Rdn. 305.

Die Grundbücher werden im allgemeinen von den Amtsgerichten als „Grundbuchämter" geführt (§§ 1, 2 GBO). Je nach Größe des Bezirks setzt sich das „Grundbuch" eines Grundbuchamtes aus einer mehr oder weniger großen Reihe von Bänden zusammen. Innerhalb eines dieser Bände hat jedes Grundstück seine besondere Stelle, das sog. **Grundbuchblatt.** Mehrere Grundstücke desselben Eigentümers haben ein gemeinschaftliches Blatt (§§ 3, 4 GBO). Das Grundbuchblatt eines Grundstücks beginnt mit der Aufschrift, d. i. die Angabe des Amtsgerichts, Grundbuch-(Gemeinde)-Bezirks, der Nummer des Bandes und des Grundbuchblattes. Ihr folgt das Bestandsverzeichnis, das die einzelnen in das Grundbuch gehörenden selbständigen Grundstücke unter fortlaufenden Nummern nach ihrer katastermäßigen Bezeichnung, Wirtschaftsart, Lage, Größe, usw. aufführt. Bei dieser Art der Grundstücksbezeichnung ist die in mehrere Kartenblätter zerfallende Gemarkungskarte zugrunde gelegt, auf welcher unter fortlaufender Numerierung jedes Blattes der Karte die einzelnen Flächenabschnitte (Flurstücke, Parzellen) verzeichnet sind. Auch die Parzellen sind fortlaufend numeriert. Bei der Bildung neuer Parzellen innerhalb einer Gemarkungskarte, etwa durch Teilung einer Parzelle, erfolgt die Neunumerierung in Gestalt eines Bruches, dessen Zähler die fortlaufende Nummer, dessen Nenner die Nummer der Urparzelle ist. Die katastermäßige Bezeichnung ist aber nicht entscheidend für den Begriff des Grundstücks. **Grundstück im Rechtssinn ist vielmehr jeder begrenzte Teil der Erdoberfläche, der ein eigenes Grundbuchblatt hat oder im Bestandsverzeichnis eines gemeinschaftlichen Grundbuchblattes unter besonderer laufender Nummer gebucht ist,** also auch aus mehreren, vielleicht sogar räumlich voneinander getrennten Katasterparzellen bestehen kann. Durch **Zuschreibung,** d. h. Verbuchung unter der gleichen Nummer, kann ein bisher selbständiges Grundstück zum Bestandteil eines anderen gemacht werden (§ 890 BGB). Wegen der sog. Vereinigung mehrerer Grundstücke s. Rdn. 736. Andererseits muß, soll nur ein realer Teil eines Grundstücks als Sicherungsmittel belastet werden, das Trennstück durch „Abschreibung" von dem bisherigen Grundstück und Eintragung unter einer neuen Nummer des Bestandsverzeichnisses verselbständigt werden (§ 7 GBO). Außerdem enthält das Bestandsverzeichnis die subjektiv/dinglichen, d. h. dem jeweiligen Eigentümer zustehenden und daher mit dem Eigentum verbundenen Rechte; sie gelten als Bestandteile des Grundstücks (§ 96 BGB): Grunddienstbarkeiten, Reallasten, Vorkaufsrechte an fremden Grundstücken. Den Sicherungsnehmer interessieren diese Rechte allenfalls bei der Bewertung des Sicherungsmittels, so z. B. wenn ein Wegerecht den Zugang zu dem zu beleihenden Grundstück sichert.

Auf das Bestandsverzeichnis folgt die „Erste Abteilung" des Grundbuches. Sie bringt unter fortlaufender Numerierung die Namen der jeweiligen Eigentümer und die Angaben der Grundlagen des Eigentumsvermerks. Die anschließende „Zweite Abteilung" enthält alle das Grundstück betreffenden, buchungsfähigen belastenden Eintragungen mit Ausnahme der Hypotheken, Grundschulden und Rentenschulden und mit Ausnahme der sich auf diese Belastungen beziehenden Vormerkungen, Widersprüche und Verfügungsbeschränkungen. Für deren Eintragung ist die „Dritte Abteilung" des Grundbuches vorbehalten. Die Eintragungen in Abteilungen II und III erfolgen wiederum unter fortlaufenden Nummern. Beide Abteilungen zerfallen in je drei Hauptspalten, in deren ersten das dingliche Recht selbst, in deren zweiten etwaige Veränderungen des Rechts und in deren dritten der Untergang des Rechts vermerkt werden.

777 Soll nun irgendeine Eintragung — dazu gehört auch die Aufhebung („**Löschung**") eines eingetragenen Rechts — erwirkt werden, so erfordert dies den vorbehaltlosen Antrag eines als Verlierer oder Gewinner Beteiligten und die vorbehaltlose Zustimmung (**Eintragungsbewilligung**) desjenigen, dessen dingliche Rechtslage beeinträchtigt oder — in der gesetzlichen Ausdrucksweise — dessen Recht von der Eintragung betroffen, insbesondere übertragen, belastet oder inhaltlich geändert wird, in der Regel also des Sicherungsgebers (§§ 13, 16, 19, 27 GBO)[1]. Wegen der Ausnahme bei Eintragung der Abtretung oder Verpfändung eines Briefgrundpfandrechts s. Rdn. 781. Der Eintragungsbewilligung des Sicherungsgebers steht gleich die Eintragungsbewilligung dessen, der anstelle des Rechtsinhabers oder in seinem Namen über das betreffende Recht zu verfügen befugt ist (s. Rdn. 50, 139). Die Eintragungsbewilligung soll notariell oder gerichtlich beurkundet sein oder in beglaubigter Form vorgelegt werden, der Antrag nur, wenn er seinem sachlichen Gehalt nach eine Eintragungsbewilligung enthält, wie z. B. der Löschungsantrag des Eigentümers (Rdn. 797). In dieser „grundbuchmäßigen" Form muß der Bewilligende, soweit erforderlich, auch seine Legitimation zur Abgabe der Zustimmungserklärung oder der an seiner Stelle Verfügungsberechtigte seine Verfügungsmacht oder ein Vertreter des Betroffenen seine Vertretungsmacht nachweisen. Entsprechendes gilt von der etwaigen Zustimmung Dritter oder von behördlichen Genehmigungen (§ 29 bis 35 GBO). Schließlich soll die Person, deren Recht von der Eintragung betroffen wird, zuvor als der Berechtigte eingetragen sein, falls sie sich nicht durch öffentliche Urkunden als Gesamtrechtsnachfolgerin des zuletzt Eingetragenen ausweisen kann (§§ 39, 40 GBO). Doch gilt bei Verfügungen über eine aus einer Fremdhypothek erwachsene Eigentümergrundschuld (Rdn. 799) der Grundstückseigentümer als eingetragener Gläubiger der Eigentümergrundschuld[2]. Diese formalen Bestimmungen des Gesetzes bedingen zwangsläufig die Formbedürftigkeit jeder Sicherstellung durch Grundstücke, sie sind aber bloße Ordnungs-, keine Formvorschriften im Sinne von Rdn. 120[3]. Wegen der weiteren Notwendigkeit, bei allen ein Briefgrundpfandrecht betreffenden Eintragungen den über die Post erteilten Brief vorzulegen, s. Rdn. 764. Sind die gesetzlichen Voraussetzungen erfüllt, so „ver-

---

[1] RG JW 34, 282.
[2] KG JW 33, 2010.
[3] BGH WM 63, 217.

fügt" der Grundbuchrichter die Eintragung, wobei er zur Verkürzung des Einschreibungsvermerks in weitem Umfang auf den Inhalt von Urkunden Bezug nehmen darf (§ 874 BGB). Wenn es sich dabei um eine Löschung handelt, so wird nicht nur der Löschungsvermerk (§ 46 GBO) eingetragen, sondern gleichzeitig auch die gelöschte Eintragung und jeder andere ausschließlich die gelöschte Eintragung betreffende Vermerk rot unterstrichen, so daß durch dieses buchungstechnische Hilfsmittel die „geröteten" Buchungen im Grundbuch ohne weiteres als erledigt bzw. gegenstandslos kenntlich sind. Ob einer Eintragungsbewilligung eine Einigung im Sinne von Rdn. 493 zugrunde liegt, prüft der Grundbuchrichter grundsätzlich nicht; fehlt sie, so wird das Grundbuch durch die Eintragung unrichtig und damit berichtigungsbedürftig (s. Rdn. 798). **Die Zeitfolge der Anträge entscheidet über die Reihenfolge der Eintragungen,** wenn mehrere Anträge eingehen, welche dasselbe Recht betreffen oder auf Eintragungen in einer und derselben Abteilung des Grundbuchs gerichtet sind (§§ 17, 45 GBO). So wird den einzutragenden Rechten der richtige Rang gewährleistet (s. Rdn. 318). Sind die Anträge gleichzeitig gestellt, so wird vermerkt, daß die Eintragungen gleichen Rang haben. Für die gerichtlichen Kosten der Eintragung haftet unbeschadet einer Vereinbarung gemäß Rdn. 120 stets der Antragsteller, auch wenn es der Sicherungsnehmer ist. Wird vor Vollendung der Eintragung der Antrag zurückgenommen, unterbleibt die Eintragung. Zur Zurücknahme ist der Antragsteller bis zur Eintragung jederzeit befugt, mag er auch seinem Partner gegenüber vertragsbrüchig werden. Allerdings bedarf die Rücknahmeerklärung der gerichtlichen oder notariellen Beurkundung oder Beglaubigung (§ 31 GBO). Von der Eintragung werden die Beteiligten und der Grundstückseigentümer benachrichtigt, von der Eintragung eines Eigentumswechsels auch die eingetragenen Grundpfandgläubiger (§ 55 GBO). Die Eintragungs- bzw. Löschungsunterlagen werden in den „G r u n d a k t e n" gesammelt; sie enthalten zugleich eine für den inneren Geschäftsbetrieb als Ersatzmittel des Grundbuchs dienende, mit dem betreffenden Grundbuchblatt wörtlich übereinstimmende „Tabelle" (§ 10 GBO). Die Einsichtnahme in Grundbuch und Grundakten setzt die Darlegung eines berechtigten Interesses voraus (§ 12 GBO); ein solches Interesse ist grundsätzlich auch dem Kreditgeber des Grundstückseigentümers zuzuerkennen. 778

Das Erfordernis der Eintragung bezieht sich immer nur auf das dingliche Recht selbst. Sichert dieses — wie begrifflich die Hypothek — seinerseits eine Forderung, so bedarf es zur Verpfändung und Abtretung dieser Forderung, insoweit sie für sich allein in Betracht komt, nicht die Eintragung. Dieser Fall wird allerdings bei der Hypothek, Schiffshypothek und dem Registerpfandrecht an Luftfahrzeugen kaum eintreten, denn g r u n d s ä t z l i c h k a n n d i e F o r d e r u n g n i c h t o h n e d i e H y p o t h e k a b g e t r e t e n u n d s o n a c h a u c h n i c h t o h n e d i e H y p o t h e k v e r p f ä n d e t w e r d e n (§§ 1153 Abs. 2 BGB, 51 Abs. 2 SchiffsG, 51 Abs. 2 LRG); solche Abtretung oder Verpfändung ist nichtig. Nur für die durch eine Höchstbetragshypothek, Höchstbetragsschiffshypothek und ein Höchstbetragspfandrecht an Luftfahrzeugen gesicherte Forderung besteht eine Ausnahme (§§ 1190 Abs. 4 BGB, 75 Abs. 3 SchiffsG, 51 Abs. 4 LRG). Hier können die Parteien die Mitabtretung bzw. Mitverpfändung der Hypothek ausschlie- 779 ßen mit der Wirkung, daß die Hypothek am Grundstück Eigentümergrundschuld wird. Einer vorherigen Feststellung der gesicherten Forderung bedarf es nicht. Haben freilich die Parteien die Mitabtretung bzw. Mitverpfändung der Hypothek beabsichtigt, so können sie, wenn sie die Eintragung nicht erwirkt haben, sich später nicht auf den Standpunkt stellen, daß der Sicherstellungsvertrag zum mindesten in Ansehung der gesicherten Forderung als solcher wirksam sein müsse[1]. Wird nur ein Teil der gesicherten Forderung unter Vorbehalt der ganzen Hypothek für den Sicherungsgeber zum Sicherungsmittel gemacht, so verbleibt dem Sicherungsgeber die ganze Hypothek für den restlichen Forderungskreis.

780 Das Formerfordernis der Eintragung kann nicht dadurch umgangen werden, daß der Anspruch auf den künftigen Versteigerungserlös formlos verpfändet oder abgetreten wird[2]. **Erst nach dem Zuschlag kann über das Befriedigungsrecht am Versteigerungserlös formlos verfügt werden.** Die Parteien können die Verpfändung oder Abtretung auf einen Teil des Grundpfandrechts beschränken. Das Grundpfandrecht wird dann in mehrere Teile aufgeteilt, die mangels anderweitiger Bestimmung (vgl. Rdn. 319) gleichen Rang haben. Eine solche Teilung liegt auch vor, wenn nur das Zinsrecht eines Grundpfandrechts Sicherungsmittel ist oder der Sicherungsgeber sich im Sicherstellungsvertrag das Zinsgenußrecht vorbehält; daß das Zinsrecht nur ein Nebenrecht ist, hat lediglich zur Folge, daß nach dem Wegfall des Hauptrechts Zinsen nicht mehr zur Entstehung gelangen[3] und mit dem Erlöschen des Hauptrechts auch die Hypothek für die Zinsen untergeht[4]. Auch die Abtrennung des Zinsrechts zu Sicherungszwecken wird erst wirksam durch die grundbuchliche Eintragung[5].

781 **Besonders geregelt ist der Fall, daß über das Grundpfandrecht ein Brief gebildet ist,** wie dies bei den Briefhypotheken, Briefgrundschulden und Briefrentenschulden geschieht. Hier ist die grundbuchliche Eintragung des Sicherungsrechts weder erforderlich noch ausreichend. Ausreichend ist sie insofern nicht, als zur wirksamen Sicherstellung weiterhin notwendig ist, daß der Sicherungsnehmer den Besitz des Briefes vom Grundstückseigentümer (nach Maßgabe der Ausführungen zu Rdn. 494, 499, 501) — und zwar nicht nur vorübergehend[6] — erlangt (vergl. im übrigen Rdn. 767).

---

[1] RG 133, 90.
[2] RG JW 33, 2764; BGH NJW 64, 813.
[3] RG 86, 219.
[4] KG JW 38, 2406. Die Abtretung des Zinsgenußrechts braucht nicht notwendig eine Trennung des Zinsrechts von dem Hauptrecht einzuschließen. Der Wille der Parteien kann gelegentlich auch dahin gehen, das Stammrecht mit einem Nießbrauch zugunsten des Zinsberechtigten zu belasten, in welchem Fall zur Löschung des Stammrechts die Zustimmung des Nießbrauchers erforderlich ist (§ 876 BGB).
[5] Da die Einzelleistungen einer Reallast wie Hypothekenzinsen behandelt werden (§ 1107 BGB) bedarf auch die Sicherungszession künftiger Einzelleistungen der Eintragung.
[6] RG 75, 221.

VI. Gesicherte Forderung

1. Verkehrshypothek — Sicherungshypothek

Die Hypothek ist eine akzessorische Sicherheit (s. Rdn. 17, 18). Das ist bisweilen insbesondere im Hinblick darauf geleugnet worden, daß die Hypothek kraft guten Glaubens erworben werden kann, ohne daß gleichzeitig auch die gesicherte Forderung auf den Erwerber übergeht (s. Rdn. 762), die Hypothek mithin auch ohne die gesicherte Forderung bestehen kann. Indessen macht die gesetzliche Ausgestaltung der Hypothek deutlich, daß das Gesetz sie als akzessorische Sicherheit betrachtet wissen will, mag auch eine gewisse Auflockerung des Akzessorietätsprinzips bei ihr unverkennbar sein. 782

Unbestritten ist die **akzessorische Natur bei der sog. Sicherungshypothek**. Es handelt sich hierbei um eine Hypothekengattung, die nach der gesetzlichen Definition (§ 1184 Abs. 1 BGB) dadurch gekennzeichnet ist, daß „das Recht des Gläubigers aus der Hypothek sich nur nach der Forderung bestimmt und der Gläubiger sich zum Beweise der Forderung nicht auf die Eintragung berufen kann". Der Ausdruck „Sicherungshypothek" besagt also nicht, daß sie nur zur Sicherstellung von Forderungen bestimmt ist — diesem Zweck dient auch jede andere Hypothek —, sondern es soll durch jene Bezeichnung die für diese Hypothekenart charakteristische, streng akzessorische Verknüpfung mit der gesicherten Forderung betont werden, eine Verknüpfung, die in der Hauptsache im Bereich der Vorschriften über den Schutz des guten Glaubens bei der Abtretung oder Verpfändung der Hypothek bedeutsam wird (s. Rdn. 762, 704, 663). Die Sicherungshypothek als urtümlichste Hypothekenart kann folgerichtig auch nur in der Urform der Grundstücksbelastung, nämlich als Buchhypothek, bestellt werden (§ 1185 Abs. 1 BGB). Der Ausschluß des Briefes wird gar nicht erst in das Grundbuch eingetragen. Das Gesetz behandelt die Sicherungshypothek, die nicht zum Umlauf geeignet ist und im allgemeinen nur bei privaten Geldgebern Verwendung findet (vgl. auch § 1187 BGB), als Ausnahme. Infolgedessen ist — abgesehen von den Fällen der „notwendigen" Sicherungshypothek, insbesondere der Höchstbetragshypothek (s. Rdn. 198) und der Zwangssicherungshypothek (s. Rdn. 317, 262) sowie der Hypothek kraft Gesetzes[1] — eine Hypothek Sicherungshypothek nur dann, wenn sie ausdrücklich **als solche bestellt und im Grundbuch bezeichnet wird** (§ 1184 Abs. 2 BGB). Immerhin ist auch die Sicherungshypothek eine Hypothek und daher ihrem rechtlichen Wesen nach nichts anderes als die — unter der Bezeichnung **„Verkehrshypothek"** bekannte — Normalhypothek[2]. Daher kann sie durch Vereinbarung zwischen Sicherungsnehmer und -geber — die Zustimmung des mit diesem nicht identischen Kreditnehmers ist nicht erforderlich — und Eintragung im Grundbuch jederzeit in eine Verkehrshypothek umgewandelt werden, wie umgekehrt eine Verkehrshypothek jederzeit — unter Vernichtung eines etwaigen Hypothekenbriefes — in eine Sicherungs-

---

[1] Vgl. Palandt/Bassenge, § 1113 Rdn. 7.
[2] RG 123, 169.

hypothek umgewandelt werden kann (§§ 1186, 877 BGB). Beide, Verkehrs- und Sicherungshypothek, sind für alle Forderungen geeignet.

2. Abgrenzung der zu sichernden Forderung (Höchstbetragshypothek)

783 Die **Abgrenzung der zu sichernden Forderung** gegenüber anderen, nicht hypothekarisch gesicherten Ansprüchen ist Sache der Vereinbarung. Doch trifft dies wegen des Spezialitätsprinzips (vgl. Rdn. 725) nur in beschränktem Umfang zu (vgl. Rdn. 164, 165). Kraft Gesetzes haftet das Grundstück auch ohne besondere Abrede für gewisse **Nebenleistungen,** so für die Kosten der Kündigung und Realisierung der Sicherheit (§ 1118 BGB). Bei der Bestellung von Grundschulden wird häufig auch eine „**Nebenleistung**" vereinbart (vgl. Rdn. 729). Auch die eintragungsfähigen Nebenleistungen der Grundschuld, § 1191 Abs. 2 BGB, stellen ein rein dingliches Grundpfandrecht dar. Den Beteiligten steht es frei, schuldrechtlich verschiedene Zwecke dieses Grundpfandrechtes zu vereinbaren. Wenn nicht besondere Umstände des Einzelfalles dagegen sprechen, muß die Bezeichnung als „Nebenleistung" ausreichen, um das vom Gesetz geforderte Abhängigkeitsverhältnis zwischen dieser Nebenleistung und dem Kapitalbetrag der Grundschuld zum Ausdruck zu bringen[1]. Eine 10%ige Nebenleistung kann eingetragen werden[2].

784 Obwohl die Hypothek stets über eine ziffernmäßig bestimmte Haftsumme zu lauten hat, der der Betrag der gesicherten Forderung angeglichen sein muß, läßt sich auch in Fällen, in denen bei Bestellung der Hypothek die Höhe der zu sichernden Forderung oder ihrer Zinsen noch nicht feststeht oder in denen sie variabel ist, die hypothekarische Sicherung mit Hilfe der **Höchstbetragshypothek** (Maximal-, Ultimat- oder Kautionshypothek) ermöglichen. Bei dieser Hypothek wird nur der Höchstbetrag bestimmt, bis zu dem das Grundstück haften soll, während die Feststellung des Betrags der gesicherten Forderung späterer Zeit vorbehalten bleibt. Ihre besondere Bedeutung hatte diese Hypothek für die Sicherung des im Bankverkehr üblichen variablen Kontokorrentkredits. **Die Höchstbetragshypothek ist notwendig Sicherungshypothek** (§ 1190 Abs. 3 BGB mithin auch stets Buchhypothek); man bezeichnet sie daher im Verkehr vielfach, indem man nur diese eine Seite ihrer Rechtsnatur hervorhebt, als „**Sicherungshypothek**" schlechthin.

Nach der Rechtsprechung[3] kann eine ihrer Höhe nach unbestimmte und wechselnde Forderung aus einem **Kontokorrentverhältnis** auch durch eine Verkehrshypothek derart gesichert werden, daß die Hypothek als eine gewöhnliche Darlehenshypothek bezeichnet wird, in Wirklichkeit aber keine bar Darlehensvaluta gegeben, sondern der Hypothekenbetrag als bloßer Haftungsrahmen für eben jene variable Forderung behandelt wird (verdeckte Höchstbetragshypothek). Es handelt sich also um die Ein-

---

[1] LG Oldenburg ZIP 80, 1079; so auch LG Osnabrück, Rpfleger 73, 247; Soergel/Baur § 1115 Rdn. 22; a. A. OLG Schleswig, SCHLHA 68, 260; Stöber ZIP 80, 613.
[2] LG Berlin WM 85, 49; WuB I F 3–2.85, Lwowski.
[3] RG 152, 219; BayObLG 54, 203.

tragung einer festen Hypothek in Verbindung mit einer (nicht eintragbaren) Zweckvereinbarung, wonach der Hypothekenbetrag nur die Höchsthaftungssumme des Grundstücks bezeichnen und Rückschlüsse auf die wirkliche Höhe der gesicherten Forderung nicht zulassen soll. Zu empfehlen ist dieses Verfahren nicht, da die konstruktive Möglichkeit solcher Hypothekenbestellung bestritten und zweifelhaft ist, ob eine solche Hypothek beim Fehlen der gesicherten Forderung Eigentümergrundschuld ist oder wird und nur nach Abtretung sowie gem. § 1180 BGB wieder Fremdhypothek werden kann[1].

Bei der Höchstbetragshypothek können die **Zinsen** der Forderung nicht außerhalb des Höchstbetrages hypothekarisch gesichert werden, denn das Gesetz schreibt zwingend vor, daß die Zinsen in den Höchstbetrag einzurechnen sind (§ 1190 Abs. 2 BGB), trotzdem bleiben die Zinsen, auch die gesetzlichen, Nebenforderungen[2]. Dagegen können **Kosten** (§ 1118 BGB) neben dem Höchstbetrag geltend gemacht werden. Andererseits kann aus eben diesem Grunde für die Forderung ein Zinssatz vereinbart werden, welcher ziffernmäßig nicht bestimmt ist (§ 1190 BGB). Ist die Höchstbetragshypothek voll valutiert, muß der Gläubiger berechtigt sein, **Verzugszins** in Höhe von 4% des Höchstbetrages aus dem Grundstück zu verlangen. Das folgt aus der Vorschrift des auf alle Hypothekenarten anzuwendenden § 1146 BGB. In der Praxis wird freilich von dieser Möglichkeit kaum Gebrauch gemacht; vgl. auch § 46 SchiffsG, 46 LRG. 785

Der Mangel eigener Verzinslichkeit hat zur Folge, daß die Höchstbetragshypothek in der Zwangsverwaltung, sofern nur die laufenden wiederkehrenden Leistungen der eingetragenen Rechte zur Verteilung kommen, gänzlich unberücksichtigt bleibt (s. Rdn. 000). Es ist den Parteien jedoch jederzeit unbenommen, sie in eine gewöhnliche Sicherungs- oder Verkehrshypothek **umzuwandeln** (§ 1186 BGB) und dabei mit einem Zinsrecht auszustatten, wozu es der Zustimmung der im Range gleich- oder nachstehenden Berechtigten nicht bedarf, wenn für die umgewandelte Hypothek keine höheren Zinsen als 5% jährlich seit dem Tage der Eintragung der Umwandlung im Grundbuch ausbedungen werden (s. Rdn. 725 ff.). Und zwar ist die Vereinbarung der Verzinslichkeit auch dann zulässig, wenn die Kapitalsumme der umgewandelten Hypothek sich mit dem bisherigen Höchstbetrage deckt. Die Umwandlung ist sogar noch im Laufe eines Zwangsverwaltungsverfahrens möglich, allerdings nur mit der Maßgabe, daß der die Zwangsverwaltung betreibende Gläubiger die Umwandlung nicht gegen sich gelten zu lassen braucht (s. Rdn. 310). 786

Sie erfolgt durch Vertrag zwischen Gläubiger und Eigentümer, in welchem die Parteien u. a. die endgültige Höhe der durch die Höchstbetragshypothek gesicherten Forderung festzustellen haben. Der vorsichtige Gläubiger verpflichtet vielfach schon bei Bestellung der Höchstbetragshypothek den Eigentümer, **auf Anforderung** in die Umwandlung einzuwilligen, und läßt sich bisweilen auch diesen schuldrechtlichen Anspruch auf Umwandlung durch eine Vormerkung sichern.

---

[1] Palandt/Bassenge, § 1190 Rdn. 1.
[2] RG 131, 295.

787 Ist bei Realisierung der Höchstbetragshypothek **streitig, in welcher Höhe die gesicherte Forderung endgültig entstanden ist,** muß die Höhe der Forderung im Prozeß des Gläubigers gegen den Eigentümer festgestellt werden[1]. Solche Feststellung wirkt aber nicht zwischen dem Gläubiger und dem mit dem Eigentümer nicht identischen Schuldner der gesicherten Forderung; es bedarf sonach u. U. einer weiteren Klage des Gläubigers, wenn er die gesicherte Forderung geltend machen will.

788 Da jede Ausfallforderung von Natur aus unbestimmt ist, kann auch die Hypothek, wenn, wie üblich, die zu sichernde Ausfallforderung zum eingetragenen Inhalt der
789 Hypothek selbst gemacht wird, nur in der Form der Höchstbetragshypothek erscheinen. Nicht zu verwechseln mit solcher **Ausfallhypothek** ist die Hypothek, die nur für den Fall bestellt wird, daß der Gläubiger einen Ausfall erleidet, die also durch die Entstehung des Ausfalls aufschiebend bedingt ist **(bedingte Ausfallhypothek)** (s. Rdn. 182 a. E.). Sie kommt als Grundpfandrecht erst zur Entstehung, wenn der Ausfall eingetreten ist[2]; eine (vorläufige) Eigentümergrundschuld gibt es also nicht (vgl. Rdn. 794).

790 Auch ist es möglich, die Grundstückshaftung **zeitlich** zu begrenzen (s. Rdn. 183). Wird die Befristung zum Inhalt der Hypothek selbst gemacht, geht mit dem Ablauf der Frist die hypothekarische Grundstücksbelastung genauso unter wie eine auflösend bedingte Hypothek mit Eintritt der Bedingung (vgl. Rdn. 2).

791 **Identität** zwischen dem Schuldner der gesicherten Forderung und dem Grundstückseigentümer ist nicht erforderlich (vgl. Rdn. 172). Nach allgemeinen Regeln (s. Rdn. 185) können einer und derselben Hypothek zwar **mehrere Forderungen desselben Gläubigers** gegen denselben oder verschiedene Schuldner unterstellt werden[3], nicht aber die Forderungen mehrerer nicht in Rechtsgemeinschaft stehender Gläubiger[4] gegen denselben oder verschiedene Schuldner (Doppelhypothek). Das gilt auch für die sog. **Alternativhypothek,** die entweder dem einen oder dem anderen Gläubiger zustehen soll, z. B. dem einen oder dem anderen von zwei Bürgen zur Sicherung der für einen von ihnen aus der Bürgschaft gegenüber demselben Schuldner zur Entstehung gelangenden Regreßforderung, während die Konjunktiv- oder Successivhypothek bisweilen in Form einer Höchstbetragshypothek derart zugelassen wird, daß sie für die Forderung des zweiten Gläubigers erst und nur dann haften soll, wenn und insoweit der Höchstbetrag die Forderung des ersten Gläubigers übersteigt[5]. Indessen
792 gestattet das Gesetz (§ 1180 BGB) eine **Forderungsauswechslung** dergestalt, daß anstelle der ursprünglich gesicherten Forderung bis zu deren Höhe[6] eine andere der Hypothek unterstellt wird, selbst wenn es sich um die Forderung eines neuen Gläubigers gegen den bisherigen oder gar gegen einen neuen Schuldner handelt. Erforderlich

---

[1] RG JW 30, 3474.
[2] RG 122, 331.
[3] RG 126, 279.
[4] KG JW 26, 2547; BayObLG NJW 58, 1917.
[5] S. Rdn. 189.
[6] RG JW 34, 479.

ist hierzu die Einigung der Parteien und die Eintragung der Forderungsauswechslung im Grundbuch. Man kann also auf diesem Wege unter Durchbrechung ihres akzessorischen Gefüges (s. Rdn. 169) eine bereits bestehende Hypothek sogar dem Kreditverhältnis ganz anderer Parteien nutzbar machen.

Durch bloße Abtretung einer nicht voll valutierten Höchstbetragshypothek läßt sich das gleiche Ziel nicht erreichen. Die Abtretung bewirkt für sich allein keine Erweiterung des geschützten Kreditverhältnisses, ändert also nichts an der gesicherten Forderung und hat auch nicht zur Folge, daß neben oder gar anstelle der bisher gesicherten Forderung des alten Gläubigers nunmehr die künftigen Forderungen des neuen Gläubigers durch die Hypothek gesichert werden[1].

Vereinbaren die Parteien eine **Vorfälligkeitsentschädigung** für den Fall, daß der Eigentümer ein ihm zu einem Zinssatz von mehr als 6% gewährtes Hypothekendarlehen kündigt, so verstößt dies gegen § 247 Abs. 1 Satz 2 BGB und ist demzufolge nichtig[2].

3. Rechtlicher Bestand der zu sichernden Forderung

Der **rechtliche Bestand** der gesicherten Forderung ist von entscheidender Bedeutung für die Hypothek (vgl. die Ausführungen zu Rdn. 195 ff.). Allerdings gilt dies nur in dem Sinne, daß beim gänzlichen oder teilweisen Ausbleiben oder Erlöschen der Forderung insoweit auch das hypothekarische Sicherungsrecht des Gläubigers entfällt, d. h., daß die dingliche Haftung des Grundstücks ungeachtet der grundbuchlich vermerkten Haftungssumme prinzipiell (s. Rdn. 18) nicht über den Betrag der gesicherten Forderung hinaus besteht. Weil jedoch die Hypothek von Natur aus ein Verwertungsrecht ist (s. Rdn. 15), wird sie durch das Fehlen einer gesicherten Forderung nicht berührt. In den hier erörterten Fällen ist sie also nur (noch) Verwertungsrecht, und zwar in Gestalt einer **Grundschuld des Grundstückseigentümers** (vgl. unten Rdn. 805), dem durch diese gesetzliche Regelung der wirtschaftliche Wert der für die Hypothek bestimmten Rangstelle reserviert ist (zum Löschungsanspruch nach- oder gleichrangiger Gläubiger s. Rdn. 812 ff.). Im einzelnen: 793

a) Nichtentstehen der Forderung

Ist die **gesicherte Forderung überhaupt nicht oder nur teilweise entstanden**, z. B. der zu sichernde Kredit nicht oder nur teilweise gewährt, so hat der Gläubiger auch die Hypothek überhaupt nicht oder nur zu einem entsprechenden Teil erworben[3]. Macht der Gläubiger bei Auszahlung des Darlehens einen Kapitalabzug, um sich auf diese Weise noch eine besondere Vergütung (Provision) für die Kreditgewährung zu verschaffen, so ist gleichwohl die gesicherte Forderung in voller Höhe entstanden. Daher 794

---

[1] RG 125, 140.
[2] BGH WM 81, 222.
[3] S. Rdn. 196, 200.

erwirbt hier der Gläubiger die Hypothek auch in Höhe des nicht zur Auszahlung gelangten Teilbetrages (**Damnohypothek**)[1]. Wird in Höhe des Kapitalabzuges ein Zusatzdarlehen gewährt und hypothekarisch gesichert, so spricht man von einer **Disagiohypothek.**

Die Hypothek steht in diesem Fall, obwohl der Gläubiger schon als Inhaber der Hypothek im Grundbuch verzeichnet ist, dem im Zeitpunkt der Entstehung des Grundpfandrechts[2] rechtmäßigen **Eigentümer als Grundschuld am eigenen Grundstück** zu. Handelt es sich um eine Gesamthypothek, so gehört die aus ihr erwachsene Grundschuld den mehreren Eigentümern der belasteten Grundstücke in Bruchteilsgemeinschaft[3] (§§ 1163 Abs. 1 S. 1, 1172, 741 BGB).

795 Zur sog. „**Aufrechnungsvalutierung eines Darlehens**" hat der BGH ausgeführt, daß der Vertragszweck regelmäßig verbiete, daß der Kreditgeber aufrechne gegen den Darlehensauszahlungsanspruch des Kreditnehmers. Er begründet dies damit, daß das Interesse eines Kreditnehmers üblicherweise dahingehe, das Darlehen zu eigener freier Verfügung zu erhalten. Auch mit einer nur teilweisen Darlehensauszahlung sei dem Kreditnehmer in der Regel nicht gedient. Einer Bank stehe es daher eben nicht frei, das Darlehen — trotz der nach ihrer Auffassung fehlenden Auszahlungsvoraussetzungen — im Wege der Verrechnung teilweise zu gewähren[4].

796 Gegen die Gefahr, daß der eingetragene (Schein-)Gläubiger einer Buchhypothek die aus dem öffentlichen Glauben des Grundbuches fließende Möglichkeit zur Verfügung über das Grundpfandrecht mißbräuchlich ausnutzt, kann sich der Eigentümer durch Eintragung eines **Widerspruches** in das Grundbuch schützen[5], wozu beim Ausbleiben des durch die Hypothek zu sichernden Darlehens im Rahmen des § 1139 BGB[6] schon sein einseitiger Antrag genügt. Hinsichtlich der Eigentümergrundschuld wird auf die unten stehenden Ausführungen verwiesen. Ergänzend dazu ist zu bemerken, daß der Eigentümer bei der Hypothek für eine künftige, aufschiebend bedingte oder von einem Anfangstermin abhängig gemachte Forderung, solange die Entstehung der Forderung noch möglich ist, die Grundschuld nur als vorläufige[7] erwirbt, weil sie durch das Entstehen der Forderung auflösend bedingt ist. Solange die Höhe der durch eine Höchstbetragshypothek gesicherten Forderung noch nicht feststeht[8], steht auch hier die nach Feststellung der Forderung als nicht ausgefüllter Teil der Hypothek verbleibende Grundschuld nicht dem Eigentümer zu, dem das Grundstück, z. Zt. der Feststellung, sondern dem, dem es z. Zt. der Entstehung des Grundpfandrechts gehört (vgl. auch Rdn. 767).

---

[1] RG HRR 32, 235.
[2] RG 80, 320; Palandt/Bassenge, § 1163 Rdn. 3.
[3] RG JW 139, 3237.
[4] BGH WM 78, 318.
[5] S. Rdn. 328; davon wird selten Gebrauch gemacht.
[6] Entgegen den Ausführungen zu Rdn. 777.
[7] So daß der gesetzliche Löschungsanspruch nach § 1179b n. F. BGB noch nicht gegeben ist.
[8] RG 125, 136.

Über die **vorläufige Eigentümergrundschuld** kann der Eigentümer nur beschränkt 797
verfügen, denn er kann weder sich als Inhaber des Rechts im Grundbuch eintragen lassen, noch — abgesehen von dem Fall des § 1163 Abs. 2 BGB (s. Rdn. 767) — durch eine Abtretung oder Verpfändung des Rechts oder durch eine Veräußerung des Grundstücks die Anwartschaft des Gläubigers auf den Erwerb der Hypothek beeinträchtigen[1]. **Der Gläubiger erwibt also ungeachtet etwaiger Verfügungen des Eigentümers die Hypothek** (vgl. § 161 BGB) in dem gleichen Augenblick, in dem die gesicherte Forderung zur Entstehung gelangt, z. B. das hypothekarische Darlehen gewährt wird[2]. Die Hypothek entsteht auch für den Zessionar, wenn der Besteller und der als Hypothekar Eingetragene einig sind, daß die Valutierung erst durch den Zessionar erfolgen soll und auch geschieht[3]. Dies muß auch dann gelten, wenn die Abtretung an einen anderen als den ursprünglich Vorgesehenen erfolgt ist. Entsteht die Forderung im Konkurs des Eigentümers, so entsteht die Hypothek, wenn die Voraussetzungen des § 15 KO vorliegen[4].

In der Praxis wird seitens des Eigentümers relativ häufig von dieser, wenn auch 798
beschränkten Verfügungsmöglichkeit Gebrauch gemacht, und zwar bei der **Bauzwischenfinanzierung** (vgl. hierüber Rdn. 685). Folgerichtig hindert weder eine Beschlagnahme des belasteten Grundstücks noch eine Pfändung der vorliegenden Eigentümergrundschuld, soweit solche Pfändung überhaupt wirksam erfolgen kann, die Umwandlung der letzteren in die Hypothek des Gläubigers, so daß die erwähnten Zwangsmaßnahmen der weiteren Ausfüllung einer Höchstbetragshypothek durch Forderungen, die ihr unterfallen, nicht entgegenstehen[5]. Kann die Forderung dagegen nicht mehr entstehen, etwa weil der Darlehensvertrag erlischt, so wird die vorläufige Eigentümergrundschuld zur endgültigen. Der Eigentümer hat dann gegen den eingetragenen „Gläubiger" einen Grundbuchberichtigungsanspruch (§ 894 BGB). Der Eingetragene hat einen Löschungsanspruch nach § 1179b BGB, wenn der Eintragungsantrag für die Hypothek nach dem 1. Januar 1978 beim Grundbuchamt gestellt worden ist (vgl. Rdn. 812 ff.). Anders ist die Rechtslage, wenn die Parteien die Entstehung der gesicherten Kreditforderung zur aufschiebenden Bedingung für die Hypothek selbst gemacht haben. So insbesondere bei der Hypothek für **Strafzinsen**, die für den Fall des Zahlungsverzuges oder des vorzeitigen Fälligwerdens des Kapitals versprochen werden und ihrem Wesen nach eine aufschiebend bedingte Sonderentschädigung darstellen[6]. Hier entsteht die hypothekarische Grundstücksbelastung überhaupt erst mit dem Eintritt der Bedingung, mithin vorher auch keine (vorläufige) Eigentümergrundschuld.

---

[1] RG 153, 169.
[2] BGH 36, 84; BayObLG WM 70, 48.
[3] BGH 36, 84, 89; a. A. Westermann JZ 62, 302; Soergel/Baur, § 1163, Rdn. 7.
[4] Vgl. hierzu Jäger/Henkel, § 15 Anm. 33, Kuhn/Uhlenbruck, § 15 Rdn. 9, ferner Wörbelauer, DNotZ 65, 580.
[5] RG JW 35, 2554.
[6] RG 136, 77; Palandt/Bassenge, § 1163 Rdn. 3.

b) Erlöschen der Forderung

799 **Erlischt die gesicherte Forderung** ganz oder teilweise, so hat die Ermäßigung oder der Wegfall der Forderung auch eine entsprechende Ermäßigung oder den Wegfall der Gläubigerhypothek zur Folge (s. Rdn. 197, 200). Diese Wirkung ist unabdingbar. Aber: „Die Forderung vergeht, das Pfandrecht besteht." Und zwar steht die Hypothek in diesem Fall, mag auch der Gläubiger nach wie vor als Inhaber der Hypothek im Grundbuch verzeichnet sein, **dem Eigentümer** (zwar nicht als „Pfandrecht", aber) **als Grundschuld** am eigenen Grundstück zu; nur die Hypothek für Rückstände von Nebenleistungen, insbesondere von Zinsen, erlischt in Fällen dieser Art gänzlich (§ 1178 BGB). Erlischt die Forderung erst, nachdem die Hypothek ihrerseits durch den Zuschlag in der Zwangsversteigerung erloschen ist, so tritt der letzte Eigentümer vor dem Zuschlag in das Recht des Gläubigers auf Beteiligung am Versteigerungserlös ein[1]. Im Falle der **Tilgung** der gesicherten Forderung **nach Eröffnung des Konkursverfahrens** über das Vermögen des Eigentümers hängt die Entscheidung der Frage, ob die Grundschuld Neuerwerb des Gemeinschuldners ist oder ob sie zur Konkursmasse gehört, davon ab, ob die Tilgung mit konkursfreien Mitteln des Gemeinschuldners oder ob sie mit Mitteln der Masse erfolgt ist (s. Rdn. 142).

800 Wird eine Forderung getilgt, die durch eine **Gesamthypothek** gesichert ist, so gehört die aus ihr erwachsene Grundschuld dem einzigen Eigentümer der belasteten Grundstücke bzw. den mehreren Eigentümern in Bruchteilsgemeinschaft (§§ 1163 Abs. 1 S. 2, 1172, 741 BGB), letzteres aber im Falle des Erlöschens der Forderung nur dann, wenn die Befriedigung durch die als Schuldner haftenden und zahlenden Eigentümer der belasteten Grundstücke gemeinschaftlich erfolgt ist. Zahlt dagegen nur einer der mehreren Schuldner, so wird die Hypothek an seinem Grundstück Eigentümergrundschuld, und an den übrigen erlischt sie (§ 1173 Abs. 1 S. 1 BGB).

Durch diese Regelung

„sollte verhindert werden, daß der den Gesamthypothekengläubiger abfindende Eigentümer die Hypothek auf seinem Grundstück löschen ließe und an einem der anderen Grundstücke mit der Folge geltend machte, daß, wenn er von dem Eigentümer dieses Grundstücks befriedigt würde, der Vorgang sich entsprechend wiederholen und so schließlich der Erfolg eintreten könnte, daß der zuletzt belangte Eigentümer den ganzen Betrag der Gesamthypothek bezahlen müßte"[2].

Das Erlöschen der Gesamthypothek auf den Grundstücken der übrigen Schuldner kennzeichnet ihre Regreßlosigkeit (vgl. Rdn. 184). Kann allerdings im Einzelfall der zahlende Schuldner aus einem besonderen Rechtsgrund, insbesondere aus Vertrag, gegen alle oder einige Eigentümer der anderen mithaftenden Grundstücke Rückgriff gegen nehmen, geht die Hypothek an den Grundstücken der Ersatzpflichtigen unter

---

[1] S. Rdn. 258; RG 88, 300; Palandt/Bassenge, § 1163 Rdn. 13; vgl. ferner RG 127, 353.
[2] RG 157, 303.

Eintritt des Ersatzanspruches in die hypothekarische Sicherung kraft gesetzlicher Forderungsauswechslung auf den Zahlenden über; nunmehr deckt sie als sog. **Ersatz-** **hypothek** die Regreßforderung (§ 1173 Abs. 2 BGB). 801

Soweit nach alledem das Erlöschen der gesicherten Forderung zur Umwandlung der Hypothek in eine Eigentümergrundschuld führt, erwirbt sie derjenige, der im Zeitpunkt des Erlöschens Eigentümer des Grundstücks ist[1], was bei Amortisationshypotheken beträchtliche Beweisschwierigkeiten mit sich bringen kann, wenn während ihrer langen Laufzeit der Eigentümer mehrfach gewechselt hat und festgestellt werden soll, wem die aus den einzelnen Amortisationsraten erwachsenen Eigentümergrundschulden zustehen. Diese Schwierigkeiten lassen sich vermeiden, wenn statt der Amortisationshypothek eine Sicherungsgrundschuld gewählt wird (s. auch Rdn. 812 ff.).

Eine durch Tilgung der gesicherten Forderung entstandene **Eigentümergrund-** 802 **schuld fällt nicht automatisch wieder als Hypothek an den Gläubiger zurück,** wenn dieser in der Folgezeit erneut Kredit gewährt. Die Eigentümergrundschuld kann ihm lediglich sicherungshalber abgetreten werden[2]. Dies gilt auch bei Höchstbetragshypotheken für diejenigen Forderungsteile, die nach der endgültigen Feststellung der gesicherten Forderung erlöschen; bis dahin führen die Zwischenzahlungen, die bei Fortbestehen des Kreditverhältnisses auf die Forderung geleistet werden, nur zu auflösend bedingten Eigentümergrundschulden, die sich mit der Entstehung neuer Forderungen wieder in die Hypothek des Gläubigers umwandeln[3]. Die Parteien können ferner nicht mit dinglicher Wirkung vereinbaren, daß im Falle der Tilgung der gesicherten Forderung die **Hypothek erst dann auf den Eigentümer übergehen solle, wenn die Zahlungen eine bestimmte Höhe erreicht haben**[4], es sei denn, die Zahlung würde von vornherein nur unter einer aufschiebenden Bedingung und Befristung geleistet und damit der Erwerb der Eigentümergrundschuld bis zum Eintritt der Bedingung oder des Termins hinausgeschoben[5].

Ausnahmsweise ist es gewissen Kreditanstalten gestattet, mit dem Schuldner zu vereinbaren, daß die Zahlung der Tilgungsbeiträge einer Amortisationshypothek nicht sofort zur Tilgung der Forderung führt, sondern daß die gezahlten Beträge als besondere Guthaben des Schuldners bis zur Erreichung des ganzen Kapitals **anzusammeln** sind und erst, wenn das Guthaben zu der betreffenden Höhe gelangt ist, die Tilgung der hypothekarisch gesicherten Forderung im Wege der Aufrechnung oder Verrechnung eintreten soll **(Tilgungshypothek)**. Hier erwirbt dann der im Zeitpunkt der vollständigen Schuldtilgung vorhandene Eigentümer die Eigentümergrundschuld. Noch anders ist die Rechtslage, wenn die Parteien das Erlöschen der gesicherten Kreditforderung zur auflösenden Bedingung für die Hypothek selbst gemacht

---

[1] Palandt/Bassenge, § 1163 Rdn. 15.
[2] Vgl. die Ausführungen zur Eigentümergrundschuld Rdn. 794, 797.
[3] RG JW 34, 1780; 35, 2554.
[4] RG 104, 73; 142, 156.
[5] RG 143, 70.

haben. Dann geht zufolge des Eintritts der Bedingung die hypothekarische Grundstücksbelastung überhaupt unter, so daß für das Entstehen einer Eigentümergrundschuld kein Raum ist.

803 Eine weitere, gesetzliche Ausnahme von dem Grundsatz, daß bei Zusammenfließen von Grundpfandrecht mit dem Eigentum eine Eigentümergrundschuld entsteht, ist der Fall, daß die Befriedigung des Gläubigers durch den nicht mit dem Eigentümer identischen Schuldner der gesicherten Forderung erfolgt, und der **Schuldner gegen den Eigentümer einen Erstattungsanspruch** hat. Dann entsteht keine Eigentümergrundschuld, vielmehr geht die Hypothek auf den Zahlenden über, indem im Wege gesetzlicher Forderungsauswechslung an die Stelle der bisher gesicherten Forderung nunmehr die Regreßforderung des Schuldners gegen den Eigentümer als neue Forderung tritt[1]. Deshalb kann der Eigentümer, wenn er vor dem erstattungsberechtigten Schuldner den Gläubiger befriedigt, sich nicht beim Schuldner erholen[2]. Entsprechendes gilt, wenn ein Grundstückskäufer in Anrechnung auf den Kaufpreis eine Hypothek übernimmt und der Hypothekengläubiger diese **Schuldübernahme nicht genehmigt.** Dann kann der Verkäufer den Gläubiger befriedigen mit der Folge, daß er nun gegen den Käufer eine Erstattungsforderung hat[3]. Der persönliche, rückforderungsberechtigte Schuldner einer durch eine **Gesamthypothek** gesicherten Forderung hat einen hypothekarisch gesicherten Erstattungsanspruch gegen alle Eigentümer der mit einer Gesamthypothek belasteten Grundstücke, wenn er den Gläubiger befriedigt, während, wenn ihm nur der Eigentümer eines der Grundstücke ersatzpflichtig ist, die Hypothek nur am Grundstück des Ersatzpflichtigen auf ihn übergeht und an den übrigen Grundstücken erlischt (§ 1174 BGB).

Der **Subsidiarität der hypothekarischen Haftung** für die Ersatzforderung des persönlichen Schuldners in Fällen der hier erörterten Art entspricht es, daß es nicht im Belieben des Gläubigers steht, die Hypothek oder die im Zwangsversteigerungsverfah-
804 ren auf sie entfallenden Erlösanteile[4] **in ihrem Bestande,** zum Beispiel durch Verzicht, oder in ihrer Bonität, z. B. durch Rangrücktritt, **zu beeinträchtigen;** tut er dies, so wird der persönliche Schuldner insoweit frei, als er nach den Vorschriften der §§ 1164, 1174 BGB aus der Hypothek hätte Ersatz verlangen können (§ 1165 BGB). Aus dem gleichen Grunde **muß der Gläubiger den persönlichen Schuldner unterrichten, wenn er das Zwangsversteigerungsverfahren einleitet (§ 1166 BGB).**

Das dingliche Recht des Eigentümers, in das sich in den gesetzlich vorgeschriebenen Fällen (vgl. Rdn. 767, 794, 826, 831) und unter der weiteren Voraussetzung, daß der Sicherstellungsvertrag als solcher wirksam ist[5], die Hypothek verwandelt, wird auch als
805 **Eigentümerhypothek** bezeichnet, um den Gegensatz zur Hypothek des Gläubigers

---

[1] RG 81, 71.
[2] RG 143, 278.
[3] RG 131, 157.
[4] RG 58, 425.
[5] RG 70, 353; 106, 139.

als Fremdhypothek zu betonen. **Erwirbt der Eigentümer bereits mit der Bestellung der Hypothek eine Anwartschaft auf die Eigentümerhypothek (s. Rdn. 799, 831),** steht sie ihm insofern als eine künftige (latente) zu; eine Verfügung darüber, auch eine solche im Wege der Zwangsvollstreckung, ist aber — unbeschadet der Wirksamkeit einer entsprechenden schuldrechtlichen Verpflichtung — rechtlich unzulässig[1]. Umstritten ist aber, ob eine **Pfändung** des künftigen Eigentümerrechts möglich ist[2]. Eine Eintragung der Pfändung in das Grundbuch ist nach überwiegender Meinung unzulässig[3]. Eine dennoch vor Zuschlag erfolgte Pfändung wird durch Zustellung des Pfändungsbeschlusses nach dem Zuschlag wirksam[4]. Bei nur teilweiser Umwandlung der Hypothek in eine Eigentümerhypothek hat diese den dinglichen Rang nach der Resthypothek des Gläubigers (§ 1176 BGB)[5], jedoch steht sie im Rang nicht auch nach mit der Gläubigerhypothek gleichrangigen anderen Grundpfandrechten. Umstritten ist, wie eine **Eigentümergrundschuld gepfändet** wird. Nach der herrschenden Meinung ist neben dem Pfändungsbeschluß erforderlich, daß der Gläubiger den Besitz des Briefes erlangt. Besitzt ein nicht herausgabebereiter Dritter den Brief, muß der Gläubiger den Herausgabeanspruch des Schuldners pfänden und sich überweisen lassen[6] und gegebenenfalls gerichtlich durchsetzen. Andere halten die bloße Zustellung des Pfändungsbeschlusses an den Grundschuldinhaber für ausreichend[7].

Die Eigentümerhypothek besagt schon ihrem Namen nach, daß sich Eigentum und Hypothek in einer Person vereinigt haben. Wird die Vereinigung später durch Veräußerung des belasteten Grundstücks wieder aufgehoben, so verwandelt sich die Eigentümerhypothek, da sie nicht ohne weiteres auf den Grundstückserwerber übergeht, sondern beim Veräußerer bleibt, genauso wieder in ein Fremdgrundpfandrecht[8], wie wenn sie an einen Dritten abgetreten wird.

Vom rechtlichen Standpunkt aus ist die **Eigentümerhypothek** regelmäßig keine Hypothek, sondern „forderungsentkleidet" und daher eine mit den Zins- und Zahlungsbedingungen der bisherigen Fremdhypothek ausgestattete **Grundschuld,** wobei es sich je nach Art der früheren Hypothek um eine Brief- oder Buchgrundschuld handelt. Die aus einer Amortisationshypothek gem. Rdn. 794, 797 erwachsene Eigentümergrundschuld ist, auch wenn sie zur Fremdgrundschuld z. B. abgetreten wird, bis zur völligen Abtragung des Hypothekenbetrages weder verzinslich noch tilgbar[9]. 806

Diese Umwandlung der Hypothek in eine Grundschuld wird vom Gesetz ausdrücklich erklärt (§ 1177 BGB). Zutreffend bezeichnet man daher das Eigentümerpfandrecht

---

[1] RG 145, 345; BGH 53, 60; Palandt/Bassenge, § 1163 Rdn. 17.
[2] Vgl. dazu RG 97, 223; 145, 354; OLG Frankfurt NJW 62, 640.
[3] RG 145, 356; Stöber, Forderungspfändung, 10. Aufl. 1993, Rdn. 1951, 1952.
[4] Stöber, Forderungspfändung, 10. Aufl. 1993, Rdn. 1952.
[5] RG 131, 326.
[6] Vgl. BGH WM 79, 730 m. w. N.
[7] Stein-Jonas-Münzberg ZPO, 20. Aufl. 1986, § 857 II 6, Rdn. 6₁; Schönke-Baur, § 30 IV 2a.
[8] BGH WM 62, 163; RG 129, 30.
[9] KG DR 44, 39.

als („verdeckte") Eigentümergrundschuld. Vom rein rechtlichen Standpunkt aus läßt sich diese Bezeichnung dann beanstanden, wenn das Eigentümerpfandrecht ausnahmsweise den ursprünglichen Zweck, nämlich der Sicherung der jetzt dem Eigentümer zustehenden Forderung, dient und damit nach wie vor „forderungsbekleidet" ist (vgl. Rdn. 831, 832). Doch auch in einem solchen Fall gibt die „Eigentümerhypothek" dem Eigentümer nur die Rechte einer Eigentümergrundschuld im Sinne der folgenden Ausführungen (§ 1177 Abs. 2 BGB).

Die **Eigentümergrundschuld verhindert** als selbständige Belastung des Grundstückes einerseits **das Aufrücken der nachgehenden Berechtigten,** denen folglich die freigewordene Hypothekenrangstelle nicht zugute kommt. Auf der anderen Seite hat sie für den Eigentümer einen erheblichen **Vermögenswert,** weil er, falls sie nicht nur eine vorläufige ist (vgl. oben Rdn. 794), nach Belieben über sie verfügen kann, wovon in der Praxis auch weitestgehend Gebrauch gemacht wird (vgl. aber wegen Löschungsanspruch 812).

807 Der Eigentümer kann zunächst das Grundbuch, in dem noch der ehemalige Hypothekengläubiger eingetragen ist, dahin berichtigen lassen, daß er als Inhaber der Grundschuld eingetragen wird. **Mit der Berichtigung wird die „verdeckte" zur „offenen" Eigentümergrundschuld.** Ferner kann der Eigentümer — ohne vorherige Grundbuchberichtigung[1] — die Eigentümergrundschuld abtreten, verpfänden, bei einer von dritter Seite betriebenen Zwangsversteigerung des Grundstückes geltend machen oder sie im Grundbuch löschen lassen. Die Grundschuld kann auch, was trotz der damit verbundenen formalen Schwierigkeiten (vgl. Rdn. 263) häufig geschieht, von den Gläubigern des Eigentümers gepfändet werden.

Jedoch ist dem Eigentümer verwert, die Zwangsvollstreckung aus der Grundschuld in sein eigenes Grundstück zu betreiben, oder, falls die Grundschuld verzinslich ist, außerhalb der von einem anderen betriebenen Zwangsververwaltung die Zinsen auf seinem eigenen Grundstück zu erheben (§ 1197 BGB).

808 Zum **Nachweis einer Verfügungsmacht** über die Grundschuld bedarf der Eigentümer einer entsprechenden Bescheinigung des bisher eingetragenen Hyptothekengläubigers in öffentlicher oder öffentlich beglaubigter Form (wegen § 29 GBO), sei es in Form eines **Anerkenntnisses,** daß die gesicherte Forderung nicht entstanden sei, sei es — wie in dem häufigen Falle der Zahlung — einer **löschungsfähigen Quittung,** in der der Gläubiger u. a. anzugeben hat, wer die Zahlung geleistet hat, da nicht jede Zahlung zum Übergang der Hypothek auf den Eigentümer führt. Hat der Hypothekengläubiger eine löschungsfähige Quittung erteilt, so kann das Grundbuchamt regelmäßig davon ausgehen, daß er später nicht mehr über das Recht durch Abtretung zu verfügen vermag[2]. Sollte es dem Eigentümer einmal nicht gelingen, die Entstehung der Eigentümergrundschuld nachzuweisen, bleibt ihm der Weg des **Aufgebotsverfahrens** nach

---

[1] BGH WM 64, 267.
[2] KG NJW 75, 57.

den §§ 1170 BGB, 982 ZPO. Das Prozeßrisiko für einen verloren gegangenen Grundschuldbrief trägt der Grundschuldseigentümer[1].

Will der Eigentümer die Eigentümergrundschuld alsbald löschen lassen, genügt auch eine **reine Löschungsbewilligung des Gläubigers**, die in Verbindung mit dem als Zustimmung im Sinne von § 1183 BGB geltenden Lösungsantrag des Eigentümers das Löschungsbegehren rechtfertigt (s. Rdn. 826); die zumeist in der löschungsfähigen Quittung zusätzlich enthaltene Löschungsbewilligung ist im Grunde bedeutungslos und überflüssig, weil der Gläubiger durch eben seine Quittung seine Legitimation zur Abgabe der Löschungsbewilligung selbst verneint. Auf die Löschungsbewilligung hat der Eigentümer gleichwohl Anspruch, und der bisherige Hypothekengläubiger wird durch die in der Erhebung dieses Anspruches liegende Zustimmung des Eigentümers für die Erteilung der Bewilligung legitimiert (§ 185 BGB)[2]. Die löschungsfähige Quittung hat gewöhnlich folgenden Wortlaut: 809

„Im Grundbuch des Amtsgerichts .... vom .... Band .... Blatt .... ist in Abt. III unter der Nr. .... für mich, den Unterzeichneten .... eine Hypothek von DM .... eingetragen. Ich bekenne hiermit, wegen der vorbezeichneten Post von dem Grundstückseigentümer befriedigt zu sein, erkenne den kraft Gesetzes erfolgenden Übergang der Hypothek auf den Eigentümer an und bewillige die Löschung der Post im Grundbuch auf Kosten des Grundstückseigentümers."

Bei Briefhypotheken ist überdies der Brief dem Eigentümer auszuhändigen.

Im Falle **teilweiser Valutierung oder teilweiser Befriedigung** des Gläubigers ist dieser jedoch nur verpflichtet, den Brief, der dann zwei verschiedene Grundpfandrechte (Hypothek und Eigentümergrundschuld) verbrieft[3] dem Grundbuchamt zum Zwecke der Herstellung eines Teilbriefes vorzulegen, der für die Eigentümergrundschuld an die Stelle des Stammbriefes tritt. Der Grundstückseigentümer hat also, obwohl er Miteigentümer des Biefes ist (§ 952 BGB), gegen den Gläubiger keinen Anspruch auf Einräumung des Mitbesitzes, sondern nur den Anspruch auf Aufhebung der Gemeinschaft im Wege der Teilung durch Herstellung des Teilbriefes[4]. 810

Die **Kosten** der Herstellung und Aushändigung aller oben erwähnten „Berichtigungsurkunden" gehen im Zweifel zu Lasten des Eigentümers (§§ 1174, 1145, 369 BGB). 811

---

[1] LG Düsseldorf, WM 93, 1388 = WuB I F 3.—7.93/Langenfeld.
[2] RG 101, 231.
[3] KG DR 40, 1575.
[4] RG 69, 36; 75, 222; Soergel/Baur, § 1163 Rdn. 18.

812 c) Rechte gleich- und nachrangiger Gläubiger

aa) Regelung bis 31. 12. 1977

813 Für nachrangige Gläubiger ist naturgemäß die Belastung des Grundstückes mit einer Eigentümergrundschuld, obwohl sie von vornherein mit ihr rechnen müssen, im höchsten Maße unerwünscht, zumal in Zwangsversteigerungsverfahren das durch den Zuschlag an die Stelle der Eigentümergrundschuld getretene Recht auf Befriedigung aus dem Versteigerungserlös dem Eigentümer zusteht[1]. Bis zum 31. 12. 1977 trafen sie aus diesem Grunde häufig, im Bankenverkehr geradezu gewohnheitsmäßig, mit dem Eigentümer entsprechende, auf Beseitigung der Eigentümergrundschuld abzielende Vereinbarungen. War die Grundschuld bereits endgültig entstanden, hatte es der Eigentümer ohnehin in der Hand, die Grundschuld einem rangschlechteren Gläubiger zu Gefallen löschen zu lassen oder an ihn sicherungshalber abzutreten.

Übernahm der Eigentümer aus irgendeinem Grunde zunächst nur die schuldrechtliche Verpflichtung zur Löschung, so konnte der Gläubiger einer etwaigen Vertragsverletzung seitens des Eigentümers durch Eintragung einer Vormerkung (vgl. Rdn. 303) vorbeugen. War aber zur Zeit der Vereinbarung die Entstehung der Eigentümergrundschuld noch ungewiß, gab das Gesetz selbst dem Inhaber des nachgehenden Rechts, aber auch jedem anderen Interessenten eine gleiche Möglichkeit:

814 Der Eigentümer konnte sich ihm gegenüber im voraus verpflichten, die noch nicht entstandene(n) Eigentümergrundschuld(en) nach ihrer Entstehung ganz oder zum Teil **löschen zu lassen** und er konnte zur Sicherung dieses Löschungsanspruches eine Vormerkung, die sog. **Löschungsvormerkung,** bei der betreffenden Hypothek mit der bereits erörterten (vgl. Rdn. 303) Wirkung eintragen lassen (§ 1179 BGB alter Fassung). Der Gläubiger konnte dann zu gegebener Zeit vom Eigentümer die Löschung und von einem etwaigen Zessionar oder Pfandgläubiger der Grundschuld die Zustimmung zur Lösung verlangen, letzteres auch dann, wenn der noch eingetragene ehemalige Hypothekengläubiger zugunsten eines gutgläubigen Dritten über das noch als Hypothek erscheinende Grundpfandrecht verfügt hätte[2].

815 Ist die Löschungsvormerkung zugunsten eines rangschlechteren Grundfpandrechts bei Hypotheken eingetragen, wenn und soweit sie sich mit dem Eigentum in einer Person vereinigen oder vereinigen werden, oder soweit eine Forderung nicht zur Entstehung gelangt, **erstreckt die Löschungsvormerkung sich auf die Eigentümergrundschuld, die an einen Zwischenfinanzier abgetreten worden ist**[3]. Dagegen erstreckt sich eine Löschungsvormerkung zugunsten der zurücktretenden bei der vortretenden Post, „wenn und soweit sie auf den Eigentümer übergeht (§§ 1179, 1163 a. F. BGB)", auf jene Eigentümergrundschuld in der Regel nicht. Ferner ergibt sich von der Interessen-

---

[1] Vgl. Rdn. 799; RG 88, 300.
[2] RG 93, 117; a. A. Pal./Bassenge, § 1179 Rdn. 13.
[3] BGH WM 73, 488.

lage und der Verkehrssitte her bei der Bauzwischenfinanzierung, daß die Löschungsvormerkung sich nicht auf den Fall der endgültigen Nichtvalutierung seitens des eingetragenen Hypothekars erstreckt[1]. Im Falle eines Wechsels des Grundstückseigentümers, kann der vormerkungsberechtigte Gläubiger die Zustimmung zur Löschung der Eigentümergrundschuld begehren, auch wenn sich die Vereinigung von Hypothek und Eigentum erst nach dem Eigentumswechsel vollzogen hat.

Die Eintragung der Löschungsvormerkung stieß bisweilen deshalb auf Schwierigkeiten, weil der derzeitige Gläubiger des löschungspflichtigen Rechts, obwohl seine Interessen eigentlich in keiner Weise berührt werden, dennoch dadurch mitwirken mußte, daß er den etwaigen Hypothekenbrief dem Grundbuchamt vorlegte, damit diese die Vormerkung auch auf dem Brief vermerken konnte (vgl. Rdn. 764). Weigerte sich der Gläubiger, den Hypothekenbrief vorzulegen, war es streitig, im Ergebnis aber wohl doch zu bejahen, daß er zur Vorlegung des Briefes gezwungen werden konnte.

bb) Regelung ab 1. 1. 1978[2]

Dem geschilderten Anliegen der Grundpfandgläubiger hat der Gesetzgeber durch **816** eine **Neugestaltung des § 1179 BGB** und durch die Einfügung der §§ 1179a und 1179b in das Bürgerliche Gesetzbuch Rechnung getragen. Nach § 1179a BGB steht dem Gläubiger einer Hypothek, für die ein **Eintragungsantrag nach dem 1. 1. 1978** gestellt wird[3], kraft Gesetzes ein Löschungsanspruch gegenüber dem Eigentümer des belasteten Grundstückes hinsichtlich solcher gleich- oder vorrangiger Grundpfandrechte zu, die letzterer erwirbt. Der — nunmehr **gesetzliche** — **Löschungsanspruch** gilt durch gesetzliche Fiktion als **mit einer Vormerkung gesichert** (§ 1179a Abs. 1 S. 3 BGB) und steht damit von der Sicherungsfunktion her der bisherigen Löschungsvormerkung gleich, die, soweit ihre Eintragung vor dem 1. 1. 1978 beantragt wurde, Gültigkeit behält. **Beim Erwerb eines Grundpfandrechtes ist darauf zu achten, daß die gesetzlichen Löschungsansprüche zugunsten nach- und gleichrangiger Grundpfandgläubiger gemäß § 1179a Abs. 5 BGB ausgeschlossen sein müssen, anderenfalls das zur Sicherheit abgetretene Recht zur Löschung kommen kann.** Der Ausschluß des Löschungsanspruchs (vgl. auch Rdn. 822) muß, um Wirksamkeit gegen jedermann zu entfalten, in das Grundbuch eingetragen werden. Im Verkehr mit anderen Geldinstituten braucht nicht auf der erforderlichen Eintragung des Ausschlusses des Löschungsanspruches bestanden zu werden, wenn der Gläubiger des löschungsbegünstigten Rechts auf seinen Löschungsanspruch verzichtet und versichert, im Falle der Abtretung seines Rechts den künftigen Zessionar zu binden[4]. Ferner steht dem etwaigen noch eingetragenen Hypothekengläubiger nach § 1179b BGB ebenfalls ein Löschungsanspruch zu,

---

[1] BGH WM 73, 485.
[2] Vgl. auch Wilke, WM 78, 2 f.
[3] Abzustellen ist auf den Eingang des Eintragungsantrages beim Grundbuchamt, Hörber, GBO, § 13 Anm. 3 A; OLG Hamm Rpfleger 73, 305.
[4] Vgl. Gaberdiel, „Die Sparkasse" 77, 282.

jedoch dürfte in der Erteilung einer Abtretungserklärung oder löschungsfähigen Quittung ein wirksamer Verzicht auf seinen Löschungsanspruch liegen. **Bis in ferne Zukunft wird somit ein Nebeneinander von vertraglich vereinbarter Löschungsvormerkung und gesetzlichem Löschungsanspruch bestehen.**

cc) Allgemeines

817   Wenn später die Eigentümergrundschuld, die mit einem gesetzlichen oder vertraglichen Löschungsanspruch belastet ist, im Zwangsversteigerungsverfahren nicht in das geringste Gebot fällt, mithin durch den Zuschlag erlischt, oder wenn erst nach dem Zuschlag, z. B. durch Verzicht des Gläubigers (vgl. Rdn. 826) ein Ereignis eintritt, das vor dem Zuschlag die den Löschungsanspruch auslösende Vereinigung des Grundpfandrechts mit dem Eigentum in einer Person herbeigeführt hätte, so gibt die Löschungsvormerkung nach altem und neuem Recht dem Vormerkungsberechtigten den **Anspruch auf Überlassung des an sich dem früheren Grundstückseigentümers zustehenden Erlösanteiles** insoweit, als er den Vormerkungsberechtigten zustehen würde, wenn die Löschung der Eigentümergrundschuld schon vor dem Zuschlag erfolgt wäre[1]. Dies gilt auch für den Fall, daß zwischen den beiden Grundpfandrechten weitere Grundpfandrechte („Zwischenrechte") eingetragen sind, mögen sie auch nach altem Recht nicht durch eine eigene Löschungsvormerkung begünstigt sein. Diese Zwischenrechte werden durch die Geltendmachung der Löschungsvormerkung überhaupt nicht berührt[2], sie gehen also rechnerisch dem Vormerkungsberechtigten vor, ohne aber an dem auf die frühere Eigentümergrundschuld entfallenden Erlösanteil zu partizipieren.

Der dem Vormerkungsberechtigten nicht gebührende Erlösanteil fällt an den früheren Eigentümer des Grundstücks, nicht an Grundpfandgläubiger, die den Vormerkungsberechtigten im Range nachgehen[3]. Der Vormerkungsberechtigte kann sich aber auch diesen Erlösanteil dadurch sichern, daß er rechtzeitig durch eine neben der Löschungsvormerkung nach altem Recht bzw. dem gesetzlichen Löschungsanspruch einhergehende Zusatzvereinbarung den Grundstückseigentümer schuldrechtlich verpflichtet, die **künftige Eigentümergrundschuld an ihn abzutreten**[4] oder ihm den Anspruch auf den auf die löschungspflichtige Eigentümergrundschuld entfallenden Erlösanteil in voller Höhe **zu übertragen**[5], womit die Vereinbarung wie ein
818   **schuldrechtlicher Rangrücktritt der Eigentümergrundschuld** wirkt. Die Erfüllung dieser Verpflichtung, die, soweit es sich um den Anspruch auf den Erlösanteil handelt, erst nach dem Zuschlag[6] rechtswirksam erfolgen kann, verschafft dann dem Berechtigten die Berücksichtigung im Teilungsplan.

---

[1] Vgl. dazu BGH 39, 242; BGH WM 57, 979; krit. Stöber, Rpfleger 63, 234.
[2] BGH 25, 382; 39, 242.
[3] RG JW 30, 3220.
[4] RG 145, 352; RG JW 33, 2764.
[5] RG 65, 62; BGH 25, 388.
[6] Vgl. die Ausführungen zu Rdn. 780.

Eine Löschungsvormerkung, die für einen nachstehenden Grundpfandgläubiger eingetragen ist, gilt im Zweifel als mit dessen Grundpfandrecht zusammen an den Zessionar des Grundpfandrechts **abgetreten**, sofern nicht überhaupt, wie in der Regel, der Wille der Parteien dahin geht, daß die Vormerkung **dem jeweiligen Inhaber des Grundpfandrechts** zustehen solle[1]; bei teilweiser Abtretung des Grundpfandrechts kann sie von jedem der mehreren Gläubiger geltend gemacht werden. Der gesetzliche Löschungsanspruch nach § 1179a BGB steht immer dem jeweiligen Inhaber des Grundpfandrechts zu, es sei denn, er ist vertraglich ausgeschlossen. 819

Eine bloße **Vorrangeinräumung** hat nicht den Übergang der Löschungsvormerkung auf den vortretenden Gläubiger zur Folge. § 1179a Abs. 4 BGB n. F. bestimmt vielmehr, daß bei Rangrücktritten von Grundpfandrechten für das rücktretende Recht ein Löschungsanspruch mit dem Zeitpunkt der Eintragung der Rangänderung entsteht. Diese Bestimmung gilt jedoch für die Rechte, deren Eintragungsantrag nach dem 1. 1. 1978 gestellt worden ist[2]. **Bei nach dem 1. 1. 1978 erfolgenden Rangrücktritten von „Altrechten" muß ggfs. nach wie vor die Eintragung einer Löschungsvormerkung vereinbart und eingetragen werden.** 820

821

Die Frage, ob für Altrechte im Falle ihres Rangrücktritts nach dem 1. 1. 1978 ein gesetzlicher Löschungsanspruch gem. § 1179a Abs. 4 BGB zusteht, wird in der Rechtsprechung bisher einhellig verneint[3]. Auch der überwiegende Teil der Literatur vertritt diese Auffassung[4]. Die Rechtsprechung führt aus, daß kein Anspruch nach § 1179a BGB für die Rechte besteht, die vor Inkrafttreten des Gesetzes (1. 1. 1978) im Grundbuch eingetragen sind. Für den Fall des Rücktritts derartiger am 1. 1. 1978 eingetragener Rechte („Altrechte") sähe die Übergangsregelung in Art. 8 § 1 keine Ausnahme vor. Daher gelte für alle Fälle der Rechtsänderungen für derartige Altrechte, auch den Rangrücktritt, daß der Berechtigte einen Löschungsanspruch nicht schon kraft Gesetzes erwerbe, sondern ihn (auf dem Wege des Art. 8 § 1 Abs. 3 S. 2 des Gesetzes vom 22. 6. 1977) vormerken lassen müsse[5]. Aus der Fassung des § 1179a Abs. 4 BGB lasse sich nicht herleiten, daß für Eintragungsanträge ab 1. 1. 1978 im Zusammenhang mit Rangänderungen eine Löschungsvormerkung durch § 1179a Abs. 1 BGB überflüssig geworden seien. Wenn mit einem vor dem 1. 1. 1978 eingetragenem Grundpfandrecht nach dem 1. Januar 1978 ein weiteres Grundstück belastet wird, kann eine Löschungsvormerkung nach § 1179 BGB in Verbindung mit Art. 8 § 1 Abs. 3 ÄndG 1977 eingetragen werden[6].

Selbst der Gläubiger der löschungspflichtigen Hypothek kann an einer **Löschungsvormerkung zu seinen eigenen Gunsten** Interesse haben, etwa wenn er mit einer 822

---

[1] RG 143, 73; RG JW 38, 3166.
[2] So Stöber, Rpfleger 77, 425, 432; Wilke, WM 78, 2 ff.; Gaberdiel, „Die Sparkasse" 77, 285.
[3] BayOLG, WM 79, 844 (845) m. w. Nachw.
[4] Palandt/Bassenge, § 1179a, Rdn. 16; Stöber, Rpfleger 78, 165; Jerschke, DNotZ 78, 65; Wilke, WM 78, 2.
[5] LG Detmold, WM 78, 1114; Stöber, Rpfleger 77, 432; Jerschke, DNotZ 78, 65.
[6] OLG Düsseldorf, WM 79, 874; OLG Köln WM 79, 875.

weiteren Hypothek hinter dem löschungspflichtigen Recht rangiert oder er als Inhaber einer Amortisationshypothek den Schwierigkeiten im Falle mehrfachem Eigentumswechsels aus dem Wege gehen will. § 1179b BGB n. F. gewährt daher dem Gläubiger den gesetzlichen Löschungsanspruch auch hinsichtlich des **eigenen Rechts,** wenn für dieses Recht ein Eintragungsantrag nach dem 1. 1. 1978 gestellt wurde.

Der Gläubiger kann nach § 1179b Abs. 2 in Verbindung mit § 1179a Abs. 2 BGB auf den Löschungsanspruch verzichten, z. B. um eine erneute Abtretung und Valutierung des Grundpfandrechtes zu ermöglichen. Der Verzicht bedarf keiner Form und kann konkludent erfolgen. Er wird regelmäßig in der Abgabe einer Abtretungserklärung oder einer löschungsfähigen Quittung seitens des Grundpfandgläubigers zu sehen sein, da dieser damit dokumentiert, daß er von seinem Löschungsanspruch keinen Gebrauch machen will.

Das Löschungsinteresse eines nachrangigen Hypothekengläubigers mit vertraglich vereinbarter Löschungsvormerkung entfällt normalerweise, wenn er wegen seiner Hypothek befriedigt wird. Ist aber die Löschungsverpflichtung ausdrücklich gegenüber dem „jeweiligen" Gläubiger der nachrangigen Hypothek oder auch nur gegenüber dem Inhaber „in seiner Eigenschaft als Gläubiger der Hypothek" eingegangen, so ist der Löschungsanspruch nach § 1179 a. F. BGB auch rechtlich an den Bestand dieser Hypothek geknüpft[1].

Aus dem Vorstehenden ergibt sich somit folgendes:

Wird auf dem Grundstück des A im Range hinter einer Darlehenshypothek des C von DM 20 000.— eine Grundschuld zugunsten des B bestellt, so konnte sich A gegenüber B verpflichten, die Hypothek des C löschen zu lassen, wenn sie sich mit dem Eigentum in einer Person vereinigt, und er konnte weiterhin zur Sicherung dieses Anspruchs eine Löschungsvormerkung zugunsten des B nach **§ 1179 a. F. BGB** bewilligen und eintragen lassen, wozu u. a. erforderlich war, daß C seinen Hypothekenbrief dem Grundbuchamt vorlegt. Solange C das Darlehen nicht gewährt hat, steht die vorher bestellte Hypothek dem A zu, aber als vorläufige Eigentümergrundschuld, die im Augenblick der Darlehenshingabe zur Fremdhypothek, nämlich zur Hypothek des C, wird. Es ist den Parteien unbenommen, den Fall, daß die Hypothek wegen endgültigen Ausbleibens des Darlehens Eigentümergrundschuld des A bleibt, in die vorgemerkte Löschungsverpflichtung einzubeziehen[2]. Doch ist im Zweifel ein solcher Wille der Parteien nicht zu unterstellen[3]. Wird in der Folge eine solche Eigentümergrundschuld im Rahmen eines Zwischenkredits an das zwischenfinanzierende Kreditinstitut sicherungshalber abgetreten, ist dieses dem Vormerkungsberechtigten gegenüber verpflichtet, so daß es grundsätzlich von dessen Entschließung abhängt, ob bei endgültiger

---

[1] Vgl. RG 63, 152.
[2] RG 93, 114.
[3] BGH WM 73, 485; s. dagegen KG JW 34, 1860; OLG Bremen NJW 57, 1284.

Nichtvalutierung dem Kreditinstitut der Vorrang vor dem Vormerkungsberechtigten zusteht[1].

§ 1179a n. F. BGB gewährt dem B als gesetzlichen Bestandteil seiner Grundschuld einen durch Vormerkung gesicherten Löschungsanspruch bezüglich der vorrangigen Hypothek, wenn sie sich mit dem Eigentum am Grundstück in einer Person vereinigt. Nach § 1179a Abs. 2 S. 1 BGB besteht der Löschungsanspruch auch dann, wenn die Hypothek mangels Forderung nicht mehr entstehen kann. Ferner steht in diesem Fall dem bereits eingetragenen C ein Löschungsanspruch nach § 1179b BGB zu, **und zwar auch, wenn die Eigentümergrundschuld an ein zwischenfinanzierendes Kreditinstitut als Sicherheit abgetreten ist.**

Aus diesem Grunde eignet sich eine von der Löschungsvormerkung nach § 1179 a. F. BGB bzw. § 1179a und b BGB n. F. erfaßte Eigentümergrundschuld, auch wenn sie nur eine vorläufige ist, grundsätzlich nicht als Sicherungsmittel, es sei denn, der Vormerkungsberechtigte verzichtet dem Zwischenkreditgeber gegenüber auf die Geltendmachung des Löschungsanspruches, was nach § 1179a Abs. 5 BGB ausdrücklich gestattet ist.

Der Ausschluß des Löschungsanspruchs (vgl. auch Rdn. 816) muß im Grundbuch bei dem Recht, das ohne den Löschungsanspruch bleiben soll, eingetragen werden, um die dingliche Wirkung gegenüber Dritten zu erlangen. Ein nichteingetragener schuldrechtlicher Verzicht bindet nur den derzeitigen Inhaber des begünstigten Rechts, nicht aber spätere Erwerber. Zu beachten ist, daß die Eintragung des Ausschlusses des gesetzlichen Löschungsanspruchs Notariats- und Grundbuchkosten auslöst. Im Geschäftsverkehr zwischen Kreditinstituten sollte erwogen werden, auf die Eintragung im Grundbuch zu verzichten, wenn das durch den Löschungsanspruch nach § 1179a BGB begünstigte Institut auf die Geltendmachung dieses Anspruchs verzichtet und sich gleichzeitig verpflichtet, Zessionare ggfs. in entsprechender Weise zu binden.

Befriedigt im obigen Beispiel später A den C wegen des gewährten Darlehens zu einem Teilbetrage von DM 5000.—, so erwirbt er in dieser Höhe erneut die Eigentümergrundschuld mit dem Rang hinter der Resthypothek des C von DM 15 000.—. B und nach neuem Recht auch C (§ 1179b BGB n. F.) aber können nunmehr von A, ebenso von jedem, der etwa in der Zwischenzeit von A die Grundschuld selbst oder Rechte an ihr erworben hat oder infolge der Löschungsvormerkung sich B (und auch C) gegenüber auf diesen Erwerb nicht berufen kann, Löschung der Teilpost von DM 5000.— verlangen und ihn notfalls auf Abgabe der entsprechenden Erklärungen verklagen.

Handelte es sich bei der Hypothek des C um eine **Gesamthypothek** und wären die DM 5000.— von dem Eigentümer eines der anderen mitbelasteten Grundstücke als persönlichem Schuldner gezahlt worden, so wäre die Eigentümergrundschuld zugunsten

---

[1] BGH WM 73, 488.

des A überhaupt nicht entstanden, vielmehr die Hypothek des C in Höhe des gezahlten Teilbetrages kraft Gesetzes erloschen, so daß B ohne weiteres in die freigewordene Rangstelle eingerückt wäre.

Ist aber die **Abtretung** der vorläufigen Eigentümergrundschuld an den Zwischenkreditgeber erfolgt, **bevor** ein weiteres Grundpfandrecht eingetragen worden ist, so erwirbt der Zwischen-Kreditgeber die vorläufige Eigentümergrundschuld als Fremdgrundschuld; der Löschungsanspruch des nachrangigen Grundpfandgläubigers kann nicht wirksam werden. Anders bei der **Abtretung nach oder gleichrangig** mit einem weiteren Grundpfandrecht (s. o.): Scheitert die Gewährung des Hypothekenkredits, so steht fest, daß der gesetzliche Löschungsanspruch die nunmehr endgültige Eigentümergrundschuld seit dem Zeitpunkt der Eintragung des begünstigten Grundpfandrechts erfaßt hat.

823 Beim Erwerb einer „ursprünglichen" Eigentümergrundschuld ist zu beachten, daß der gesetzliche Löschungsanspruch zwar erst dann entsteht, wenn die ursprüngliche Eigentümergrundschuld bereits einmal Fremdrecht war und anschließend wieder zum Eigentümerrecht geworden ist, im Rahmen einer verdeckten Kreditsicherung aber die Eigentümergrundschuld unter Umständen bereits außerhalb des Grundbuches abgetreten worden war (und später wieder an den Eigentümer zurückgefallen ist). Hier ist der „zweite Erwerber" der Eigentümergrundschuld (gleich, ob der Erwerb durch Eintragung im Grundbuch oder außerhalb des Grundbuchs erfolgt) dem Löschungsanspruch der zu diesem Zeitpunkt bereits eingetragenen gleich- oder nachrangigen Grundpfandgläubigern ausgesetzt.

d) Übergang der gesicherten Forderung

824 Der **Übergang der gesicherten Schuld** auf einen neuen Schuldner wie auch der Übergang der gesicherten Forderung auf einen anderen Gläubiger berührt die Hypothek nicht, wenn es sich jeweils um eine Gesamtnachfolge handelt[1]. Für den Sonderfall einer **mit dem Erwerb des belasteten Grundstücks verbundenen Schuldübernahme**, z. B. der Übernahme der Schuld in Anrechnung auf den Kaufpreis des Grundstücks, hat das Gesetz dem bisherigen Schuldner die Befreiung von der persönlichen Haftung erleichtert, indem es — unbeschadet des gewöhnlichen Verfahrens, in dem der Gläubiger seine Zustimmung erklären kann — unter gewissen Voraussetzungen die stillschweigende Zustimmung des Gläubigers unterstellt (§ 416 BGB). Grundsätzlich schließt die Übernahme einer Hypothek in Anrechnung auf den Kaufpreis die Vereinbarung einer solchen Schuldübernahme ein, sofern der Veräußerer des Grundstücks mit dem persönlichen Schuldner identisch ist[2]. Nicht aber liegt die Zustimmung des Gläubigers zum Ausscheiden des bisherigen Schuldners aus dem Schuldverhältnis

---

[1] S. Rdn. 223; wegen des Übergangs der gesicherten Schuld auf einen neuen Schuldner durch vertragliche Schuldübernahme wird auf die Ausführungen zu Rdn. 224, 225 verwiesen.
[2] BGH WM 61, 503.

schon darin, daß er mit dem Erwerber des Grundstückes über eine Änderung der Modalitäten der Hypothek verhandelt[1].

Der Wechsel des Gläubigers durch **Abtretung der gesicherten Forderung** an einen Dritten läßt kraft Gesetzes die Hypothek, gegebenenfalls sogar den auf sie entfallen Versteigerungserlös[2], ebenfalls auf den Dritten übergehen (s. Rdn. 227, 228). Der Übergang der Hypothek kann vertraglich überhaupt nicht ausgeschlossen werden, weil sonst die ganze Abtretung nichtig ist (§ 1153 BGB); nur bei Höchstbetragshypotheken ist dies möglich mit der Wirkung, daß bei der (formlosen) Abtretung aller gesicherten Forderungen die der Forderung entkleidete Hypothek zum Eigentümerpfandrecht wird, bei Abtretung nur eines Teils der Forderungen aber dem bisherigen Gläubiger als Höchstbetragshypothek für seine übrigen Forderungen verbleibt (§ 1190 Abs. 4 BGB).[3].

VII. Verwertung

Bis zum Eintritt der **Fälligkeit** der hypothekarisch gesicherten Forderung ist dem Hypothekengläubiger jeder Zugriff auf das belastete Grundstück verwehrt. Auch ein Besitz- und Nutzungsrecht am Grundstück hat er nicht. Ausnahmsweise kann er die Hypothek schon **vor Fälligkeit** im Wege der sog. Devastationsklage realisieren, wenn infolge einer Verschlechterung des Grundstücks aus irgendeinem, sei es auch nicht verschuldetem Grunde oder infolge einer Verschlechterung oder ordnungswidrigen Entfernung von Zubehörstücken **die Bonität der Hypothek gefährdet** ist und der Eigentümer eine ihm vom Gläubiger gesetzte angemessene Frist zur Beseitigung der Gefährdung durch entsprechende Verbesserung des Grundstücks oder Zubehörs oder durch anderweitige Hypothekenbestellungen fruchtlos hat verstreichen lasen (§§ 1133, 1135 BGB). Eine Verschlechterung des Grundstücks liegt aber nicht schon in der nachträglichen Erweiterung des Siherungszweckes einer vorrangigen Grundschuld[4] oder in der Veräußerung oder weiteren Belastung des Pfandgrundstücks.

825

Die Vertragsparteien können aber vereinbaren, daß die **Eigentumsübertragung ohne Zustimmung** des Kreditgebers zur **Kündigung** des Kredits berechtige. Von einer Überraschungsklausel, mit der der Darlehensnehmer nicht zu rechnen braucht, kann nicht die Rede sein. Die Vereinbarung ist auch nicht unangemessen oder unbillig. Auch der Realkredit kann im Vertrauen in die Person des das Grundstück bewirtschaftenden Eigentümers begründet sein, von dessen Wirtschaftsweise der Erhaltungszustand insbesondere der Gebäude weitgehend abhängt. Es bestehen auch keine Bedenken aus § 1136 BGB. Zwar ist diese Vorschrift, nach der eine Vereinbarung nichtig ist, durch die sich der Eigentümer dem Gläubiger gegenüber verpflichtet, das mit dem Grundpfand-

---

[1] RG JW 19, 237.
[2] RG 65, 414.
[3] S. hierzu Rdn. 780; vgl. ferner § 1159 BGB für Nebenleistungen.
[4] BGH WM 64, 677.

recht belastete Grundstück nicht zu veräußern oder nicht weiter zu belasten, auch auf das Verhältnis zwischen Eigentümer und Grundpfandrechtsgläubiger anzuwenden. Sie trifft aber nicht direkt zu, da die Darlehensbedingung hier nicht die Veräußerung überhaupt untersagt, sondern lediglich an die Veräußerung ohne Zustimmung des Darlehensgebers eine besondere Folge knüpft. Es handelt sich also nur um eine vertragliche Folgeregelung, die in Rechtsprechung und Literatur allgemein für zulässig gehalten wird[1].

Ist aber die Gefährdung der Bonität noch nicht eingetreten, sondern infolge eines ordnungswidrigen Verhaltens des Eigentümers oder eines Dritten erst zu befürchten — das Verhalten kann auch im Unterlassen notwendiger Sicherungsmaßnahmen, etwa der Feuerversicherung, bestehen — so hat der Gläubiger ein vorzeitiges Verwertungsrecht nicht; er kann aber auf Unterlassung klagen oder gerichtliche Schutzmaßnahmen durch Urteil oder einstweilige Verfügung erwirken, z. B. ein Verfügungsverbot gegen den Eigentümer ausbringen oder eine Sequestration anordnen lassen; auf die letztere kann das Gericht die Vorschriften des ZVG für sinngemäß anwendbar erklären (§ 1134 BGB).

Darüber hinaus erwachsen dem Gläubiger bei schuldhafter Beeinträchtigung der Hypothek Schadensersatzansprüche, so z. B. bei einer den wirtschaftlichen Bestand des Grundstücks zerstörenden Entfernung von Zubehörstücken (kaltes Abbrennen) der Anspruch auf Rückbeschaffung der Sachen auf das Grundstück[2]. Einen stärkeren Schutz gegen schädigende Maßnahmen des Eigentümers pflegt sich der Gläubiger dadurch zu verschaffen, daß er solche Maßnahmen **vertraglich zum außerordentlichen Fälligkeitsgrund** für die gesicherte Forderung erhebt. Das gilt insbesondere von dem Unterlassen ausreichender Versicherung. Eine Verpflichtung, das Grundstück nicht zu veräußern und nicht weiter zu belasten, kann der Eigentümer dem Gläubiger gegenüber jedoch nicht wirksam übernehmen (s. Rdn. 130) (§ 1136 BGB); nur durch gesetzliche Vorschrift kann eine Verschuldungsgrenze festgesetzt werden, über die hinaus eine Belastung des Grundstücks unzulässig ist. Eine in den Bedingungen festgelegte Berechtigung des Hypothekengläubigers, im Falle der **Grundstücksveräußerung fristlos kündigen** zu können, ist gemäß § 9 AGBG unwirksam, da sie mit dem Grundgedanken des § 1136 BGB nicht vereinbar ist[3]. Im Rahmen des pflichtgemäßen Ermessens kann dies auch das Grundbuchamt prüfen.

1. Verzicht auf Aufhebung

826   Die Hypothek gehört zu den **mittelbar verwertbaren Sicherheiten** (vgl. Rdn. 24, 25). Daher wird sie aufgegeben, indem der Gläubiger (s. dazu Rdn. 232, 233) durch einseitige Erklärung gegenüber dem Eigentümer oder dem Grundbuchamt und **Eintra-**

---

[1] BGH WM 50, 672; OLG Frankfurt WM 77, 1291; Staudinger/Scherübl, § 1136 Rdn. 4.
[2] RG 73,333.
[3] OLG Celle, Rpfleger 79, 261.

gung des Verzichts im Grundbuch (§ 1168 BGB) auf sie verzichtet. Die Forderung verbleibt dann dem Gläubiger als nunmehr ungesicherte, doch wird im Fall der Personengleichheit von Eigentümer und Schuldner der Verzicht auf die „Hypothek" häufig dahin ausgelegt werden können, daß zugleich die gesicherte Forderung und das dingliche Recht aufgegeben werden sollen[1]. Der Verzicht bewirkt aber nicht den völligen Wegfall der Hypothek, sondern nur den Übergang des Grundpfandrechts auf den derzeitigen Eigentümer als **Eigentümergrundschuld**. Im Falle des Verzichts nach Eröffnung des Konkursverfahrens über das Vermögen des Eigentümers hängt die Entscheidung der Frage, ob die Eigentümergrundschuld Neuerwerb des Gemeinschuldners ist oder ob sie zur Konkursmasse gehört, davon ab, ob der Gläubiger zugunsten des Gemeinschuldners oder zugunsten der Masse verzichtet[2].

Auch bei der Gesamthypothek führt der Verzicht des Gläubigers zu einer Eigentümergrundschuld, die den Eigentümern der belasteten Grundstücke in Bruchteilsgemeinschaft zusteht; bezieht sich der Verzicht jedoch nur auf eines der mehreren Grundstücke, so erlischt die Hypothek an diesem, ohne daß eine Eigentümergrundschuld entsteht (§ 1175 BGB). Dadurch verwischt sich in diesem Fall der Unterschied zwischen einem Verzicht auf die Hypothek und ihrer gänzlichen Aufhebung. Der Gläubiger kann nämlich jede Hypothek, ohne daß eine Eigentümergrundschuld anfällt, aufheben, d. h. völlig beseitigen[3]. Ob das eine oder andere geschehen soll, hängt letzten Endes von seiner Willensrichtung ab[4]. Nur ist zur Aufhebung der Hypothek außer der dem Eigentümer oder dem Grundbuchamt gegenüber abzugebenden Erklärung („Löschungsbewilligung") des Gläubigers und der Löschung der Hypothek im Grundbuch (§ 875 BGB) — unter Vernichtung des etwaigen Hypothekenbriefes (§ 69 GBO) — noch die Zustimmung eines etwaigen Pfandgläubigers (s. Rdn. 600) und stets auch diejenige des Eigentümers erforderlich, da in der Aufhebung eine Verfügung des Eigentümers über die Anwartschaft auf die Eigentümergrundschuld liegt (§§ 1183 BGB, 27 GBO). Die Zustimmung liegt zumeist darin, daß der Eigentümer die Löschung beantragt, so daß die **Löschungsbewilligung** in der Regel folgenden Wortlaut hat: 827

„Im Grundbuch des Amtsgerichts .... von .... Band .... Blatt .... ist in Abt. III unter Nr. .... für mich, dem Unterzeichneten ...., eine Hypothek von DM .... eingetragen. Ich bewillige hiermit die Löschung der vorbezeichneten Post nebst Zinsen im Grundbuch.

Ich, der Grundstückseigentümer, beantrage die Löschung und trage die Kosten[5]."

---

[1] Daß der Verzicht des Gläubigers auf die gesicherte Forderung die Hypothek zum Eigentümerpfandrecht macht, ergibt sich aus Rdn. 799.
[2] Kilger/Schmidt, § 47 Anm. 3; wegen der Eigentümergrundschuld und des Einflusses einer Löschungsvormerkung auf den an die Stelle der Eigentümergrundschuld getretenen Versteigerungserlöses s. Rdn. 800, 801.
[3] Nicht zu verwechseln mit dem Löschungsanspruch nach § 1179b BGB; vgl. Rdn. 812 ff.
[4] OLG Schleswig NJW 64, 2022.
[5] Wegen der grundbuchmäßigen Form der Löschungsbewilligung s. Rdn. 777.

828 **Zinsherabsetzung** ist teilweise Aufhebung der Hypothek[1]. In der Praxis wird der Unterschied zwischen **Aufhebung und Verzicht** besonders bei der Entpfändung (Pfandfreigabe, Pfandentlassung) eines Grundstücksteils wichtig. Nach richtiger Auffassung wird man hierin nicht eine Aufhebung der Hypothek, sondern einen Verzicht auf sie erblicken müssen, der in entsprechender Anwendung der Vorschriften über die Gesamthypothek kraft Gesetzes das Erlöschen der Hypothek an dem frei-
829 gegebenen Trennstück zur Folge hat[2]. Daher bedarf eine solche „**pfandfreie Abschreibung**" einer grundbuchmäßig zu verselbständigen Parzelle (§ 46 Abs. 2 GBO) nicht der Zustimmung des Eigentümers. In gewissen Fällen können die zur Aufhebung erforderlichen Erklärungen der Berechtigten überhaupt durch ein behördliches
830 Unschädlichkeitszeugnis (**Unschädlichkeitsattest**) ersetzt werden (Art. 120 EGBGB, 20 AGGBO).

Ist die Hypothek durch Zuschlag in der Zwangsversteigerung erloschen, genügt zum Verzicht des Gläubigers auf den an die Stelle der Hypothek getretenen Erlösanteil die einseitige formlose Erklärung des Gläubigers gegenüber dem Vollstreckungsschuldner oder -gericht. Eine Eintragung des Verzichts im Grundbuch ist hier nicht erforderlich[3]. Durch den Verzicht wird der Erlös von dem Recht des Gläubigers frei, so daß er dem Vollstreckungsschuldner (früheren Eigentümer) zufällt[4].

2. Ablösung und Verkauf der Forderung

831 Der **Realisierung** kann der Eigentümer und jeder andere, der durch die Realisierung der Hypothek ein Recht an dem Grundstück verlieren würde — insbesondere ein im Range nachgehender Grundpfandgläubiger, weil er außerhalb des geringsten Gebotes stehen würde[5] — durch **Befriedigung des Hypothekengläubigers** vorbeugen mit der Wirkung, daß die gesicherte Forderung mit allen Sicherheiten auf ihn übergeht. Für den Eigentümer gilt dies freilich nur dann, wenn er nicht zugleich Schuldner der gesicherten Forderung ist. Zu beachten ist aber, daß der **Zahlende ein Ablösungsrecht** im Sinne des § 268 BGB hat. Ansonsten ist der **Verkauf der Forderung nebst Hypothek** vorzuziehen[6]. Die Einzelheiten einer solchen Ablösung sind bereits dargestellt worden (s. Rdn. 241—244). Sie gelten hier entsprechend, allerdings mit der Maßgabe, daß von Beginn der Versteigerung an die Ablösung auch durch Zahlung an das Gericht erfolgen kann (vgl. Rdn. 256); dagegen ist sie nicht mehr möglich, sobald die Hypothek durch den Zuschlag in der Zwangsversteigerung erloschen ist und der Berechtigte nur noch den Anspruch auf den Versteigerungserlös geltend machen kann[7].

---

[1] RG 72, 362.
[2] KG JW 34, 2243.
[3] RG JW 31, 2734.
[4] BGH 39, 242, 245; Palandt/Bassenge, § 1168 Rdn. 5; a. A. RG 60, 251; der Erlös falle dem nachstehenden Berechtigten zu.
[5] Vgl. KG JW 34, 2793.
[6] S. dazu KG NJW 73, 56 ff.
[7] RG 123, 340.

Verwertung

Da mit der gesicherten Forderung auch die abgelöste Hypothek selbst auf den ablösenden Eigentümer übergeht, wird sie zu einem Eigentümerpfandrecht[1]. Es entsteht auch dann, wenn die Ablösung mit Mitteln erfolgt, die sich der Eigentümer durch freiwillige Veräußerung (vgl. Rdn. 246) des belasteten Grundstücks oder mithaftender Gegenstände verschafft hat. Da das Eigentümerpfandrecht die auf den Eigentümer übergehende Forderung gegen den persönlichen Schuldner sichert, stellt es sich als eine wahre Hypothek des Eigentümers dar, aus der er allerdings nicht mehr Befugnisse herleiten kann, als sie eine Eigentümergrundschuld gewährt (s. hierzu Rdn. 805) (§§ 1143, 1177 Abs. 2 BGB). Zum Verkauf der Forderung vgl. auch Rdn. 894.

Daß die Befriedigung des Gläubigers durch den mit dem persönlichen Schuldner identischen Eigentümer die Hypothek zum Eigentümerpfandrecht macht, ergibt sich aus Rdn. 799. Ein Eigentümerpfandrecht entsteht gleichfalls, wenn der Grundstückskäufer ohne Genehmigung des Gläubigers eine Hypothek in Anrechnung auf den Kaufpreis übernommen hat und demnächst den Gläubiger befriedigt (§ 415 Abs. 3 BGB); hier zahlt er im Zweifel für Rechnungen des persönlichen Schuldners (Verkäufers), also nicht mit der Folge, des Forderungsüberganges im Sinne des § 1143 BGB; vgl. wegen dieses Eigentümerpfandrechts Rdn. 805.

Bei der **Ablösung einer Gesamthypothek** durch den einzigen Eigentümer der belasteten Grundstücke oder, falls es sich um mehrere handelt, durch diese gemeinschaftlich, gilt dies entsprechend. Im letzteren Falle erwerben sie das Eigentümerpfandrecht in Bruchteilsgemeinschaft. Zahlt dagegen nur einer der mehreren Eigentümer die Ablösungssumme, so wird nur die Hypothek an seinem Grundstück zum Eigentümerpfandrecht und bildet zusammen mit der gleichzeitig auf ihn übergehenden Hypothek am Grundstück eines ihm rückgriffspflichtigen anderen Eigentümers eine nunmehr den Erstattungsanspruch sichernde Gesamthypothek, während sie an den übrigen Grundstücken erlischt (§ 1173 BGB). Die hier behandelte Regelung wird vor allem im Fall einer Interzession praktisch; doch ergibt sich bei Identität von zahlendem Eigentümer und Schuldner die gleiche Rechtslage (vgl. dazu die Ausführungen zu Rdn. 799). Im Rahmen der Ablösung kann der ablösende Eigentümer von dem Gläubiger Zug um Zug die Herausgabe der bereits erwähnten Berichtigungsurkunden (s. dazu Rdn. 805) anstatt erst nach erfolgter Ablösung die Bestätigung (s. dazu Rdn. 243) über den Forderungsübergang verlangen (§ 1144 BGB).

Löst ein nachrangiger Grundpfandgläubiger den die Zwangsversteigerung betreibenden Gläubiger ab, so geht dessen Grundpfandrecht auf ihn kraft Gesetzes über; ein gutgläubiger Erwerb frei von Einreden, die der Eigentümer dem bisherigen Gläubiger entgegensetzen konnte, scheidet dann aus[2].

---

[1] RG 143, 287.
[2] BGH WM 86, 293; a. A. Rimmelspacher WuB I F 3.—5.86.

3. Zwangsvollstreckung

832 Die **Verwertung der Hypothek** setzt die Fälligkeit der hypothekarisch gesicherten Forderung voraus. Insbesondere muß der Gläubiger dem persönlichen Schuldner in der vertraglich vorgesehenen Form gekündigt haben. Es ist jedoch eine wichtige Ausnahme zu beachten: Ist bei einer auf Kündigung abgestellten Verkehrshypothek der **persönliche Schuldner nicht mit dem Grundstückseigentümer identisch**, so ist die Hypothek schon und erst fällig, wenn der Gläubiger dem eingetragenen Eigentümer oder der Eigentümer dem Gläubiger form- und fristgerecht die Kündigung erklärt hat; hier wird die Hypothek im Widerspruch zu ihrer akzessorischen Natur für sich allein und unabhängig von der gesicherten Forderung verwertungsreif[1] (§ 1141 BGB). Nach § 1160 BGB muß sich der Gläubiger zudem, soweit es sich nicht nur um die Geltendmachung von Zinsen handelt, auf Verlangen durch Vorlegung des Briefes, gegebenenfalls auch der bereits erwähnten Erwerbsurkunden (vgl. Rdn. 781) als Inhaber der Hypothek ausweisen, sonst kann der Eigentümer die Kündigung sofort zurückweisen, **es sei denn, er hat — wie häufig in der Praxis — im voraus mit dinglicher Wirkung auf die Vorlegung verzichtet**[2]. **Der Verzicht auf Vorlegung ist eintragbar**[3], sofern er sich nicht ausdrücklich auf die Person des Vorlegenden beschränkt[4].

833 Die Realisierung der Hypothek erfolgt nach Eintritt der Verwertungsreife (s. Rdn. 235) in den Formen der Zwangsvollstreckung (§ 1147 BGB), und zwar aufgrund eines auf Duldung der Zwangsvollstreckung in das belastete Grundstück lautenden

834 **Titels** gegen den Eigentümer[5]. Die Rechtsverfolgung wird dem Hypothekengläubiger infolge des auch insoweit bestehenden öffentlichen Glaubens einmal kraft der unwiderleglichen Vermutung erleichtert, daß derjenige Eigentümer des belasteten Grundstücks ist, der im Grundbuch als Eigentümer eingetragen ist (§§ 1141, 1148 BGB)[6], und zum anderen, falls der Gläubiger seinerseits eingetragen ist oder sein Gläubigerrecht durch den Besitz des Briefes und der bereits erwähnten Erwerbsurkunden (vgl. Rdn. 781) nachweisen kann, kraft der widerleglichen, im übrigen für die Sicherungshypothek nicht geltenden (§ 1184 BGB) Vermutung, daß die Hypothek und die gesicherte Forderung ihm zusteht und besteht (§§ 891, 1138, 1155 BGB).

Auch wenn der Eigentümer zugleich Schuldner der gesicherten Forderung ist, kann der Gläubiger, will er in das belastete Grundstück vollstrecken, nur in seltenen Fällen auf einen **Duldungstitel** verzichten und sich auf den Titel wegen der persönlichen Forderung beschränken, denn ein Vorgehen nur aufgrund der Forderung, deren Geltendmachung dem Gläubiger neben der Hypothekenklage freisteht (s. Rdn. 239), ist keine

---

[1] RG 104, 357.
[2] RG 57, 342.
[3] OLG Frankfurt DNotZ 77, 112.
[4] Köln Rpfleger, 56, 340.
[5] S. Rdn. 247; wegen der Verfallklausel s. Rdn. 247 und RG 92, 101.
[6] RG 94, 55, 57; doch kann der Gläubiger auch den wahren Eigentümer verklagen und dessen Eintragung nach § 14 GBO herbeiführen, Palandt/Bassenge, § 1148 Rdn. 1.

Realisierung der Hypothek und läßt eine Zwangsversteigerung des Grundstückes nur im Rang der fünften Klasse[1] (§ 10 ZVG) zu mit der Folge, daß sämtliche dinglichen Rechte, auch die Hypothek des Gläubigers, am Grundstück in das geringste Gebot fallen. Für die Klage, die auch im Urkundenprozeß (§ 529 ff. ZPO) erhoben werden kann, ist in einem ausschließlichen, sog. dinglichen Gerichtsstand das Gericht der belegenen Sache zuständig, dieses fakultativ zugleich auch für die Klage aus der gesicherten Forderung, falls der Schuldner mit dem Grundstückseigentümer identisch ist (§§ 24, 25 ZPO).

Sofern eine Veräußerung des Grundstückes nach Eintritt der Rechtshängigkeit dem Erwerber nicht überhaupt die Rolle des Beklagten aufbürdet (§ 266 ZPO), **wirkt das zugunsten des Gläubigers ergangene Urteil grundsätzlich auch gegen den Erwerber des Grundstückes,** und zwar selbst dann, wenn dieser die Rechtshängigkeit nicht gekannt hat (§ 325 Abs. 3 ZPO).

Kreditinstitute lassen sich regelmäßig von dem Eigentümer des als Sicherheit dienenden Grundstückes eine **vollstreckbare Urkunde** geben, um sich im Falle der erforderlich werdenden Vollstreckung den dinglichen Titel nicht erst — zeitraubend — im Wege der Klage beschaffen zu müssen. Die vollstreckbare Urkunde kann auch für eine Eigentümergrundschuld bestellt werden[2]. Zwar verteuert sie wegen der erforderlichen öffentlichen Beurkundung der Bestellungsurkunde das Sicherungsgeschäft, gewährt dem Gläubiger im Falle einer Zwangsversteigerung aber Zeit- und Kostenvorteile und zwar um so mehr, als sich der Eigentümer von vornherein der Vollstreckung auch mit Wirkung gegenüber einem Rechtsnachfolger in das Grundstückseigentum unterwerfen kann. In diesem Fall bedarf die Unterwerfungsklausel allerdings der Eintragung in das Grundbuch (§ 800 ZPO). Die Klausel lautet[3] etwa folgendermaßen:

835

„Wegen der Ansprüche aus der Hypothek und der Zinsen unterwirft sich der Besteller der sofortigen Zwangsvollstreckung in dem belasteten Grundbesitz in der Weise, daß die Zwangsvollstreckung aus dieser Urkunde gegen den jeweiligen Eigentümer zulässig ist. Der Eigentümer bewilligt und beantragt die Eintragung im Grundbuch."

Zu beachten ist, daß der Anspruch, wegen dessen sich der Schuldner in einer notariellen Urkunde der sofortigen Zwangsvollstreckung unterwirft, in der Urkunde selbst so vollständig bezeichnet werden muß, daß sich aus der Urkunde selbst ergibt, in welcher Höhe der Gläubiger vollstrecken darf. Es genügt nicht, daß der Anspruch nur bestimmbar ist, auch wenn er sich aus anderen privaten oder öffentlichen Urkunden oder aus dem Gesetz ergibt. Bezüglich des Beginns der Verzinsung des Anspruchs gilt dies auch dann, wenn er sich unmittelbar aus dem Grundbuch ergibt[4]. Nach Meinung

---

[1] S. Rdn. 252; die Rangfolge ergibt sich aus § 10 ZVG.
[2] BGH NJW 75, 1356.
[3] Unter Berücksichtigung der Ausführungen zu Rdn. 247.
[4] LG Stuttgart BWNotZ 72, 90; BGH DNotZ 71, 233; BGH 22,54.

des BGH[1] ist eine wirksame Vollstreckungsunterwerfung wegen schwankender Zinsansprüche nur in der Weise möglich, daß der Schuldner eine Verpflichtung in Höhe der Obergrenze schlechthin bekennt und die Geltendmachung von Einwendungen wegen der tatsächlich geringeren Höhe der Schuld einer Vollstreckungsgegenklage vorbehalten wird (vgl. auch Rdn. 104).

Für den Gläubiger besteht ferner die Möglichkeit, sich einen Titel noch **nachträglich in Form der vollstreckbaren Urkunde zu verschaffen.** Dies ist für ihn nach Änderung der Vorschriften des Mahnverfahrens besonders wichtig, wenn ihm ein Grundpfandrecht als Sicherheit abgetreten wird, das noch nicht mit einer Unterwerfungserklärung ausgestattet ist. Die Unterwerfungserklärung nebst Eintragungsbewilligung kann nachträglich in einer öffentlichen Urkunde unter Bezugnahme auf das bereits im Grundbuch eingetragene Grundpfandrecht abgegeben werden. Eine erneute öffentliche Beurkundung der Eintragungsbewilligung bezüglich des bereits eingetragenen Grundpfandrechts ist nicht erforderlich[2].

Für **Höchstbetragshypotheken** kommt die Erteilung einer vollstreckbaren Urkunde nur in Betracht, **wenn innerhalb des Höchstbetrages ein Teilbetrag der Forderung bereits endgültig festgestellt (s. Rdn. 783) und somit bestimmt ist**[3].

In der Regel erfolgt die Zwangsvollstreckung in den haftenden Grund und Boden und in die mithaftenden beweglichen Sachen und Rechte (s. dazu Rdn. 252—258). Sie erfolgt entweder durch **Zwangsversteigerung** (s. Rdn. 252—258), wobei der Gläubiger in der vierten Klasse zum Zuge kommt, oder durch **Zwangsverwaltung** (s. Rdn. 260). Der Gläubiger kann aber auch die Zwangsvollstreckung auf die mithaftenden beweglichen Sachen und Rechte beschränken, **von der Vollstreckung in den Grund und Boden also absehen.** Von dieser Möglichkeit wird er Gebrauch machen, wenn nur ein geringfügiger Betrag, etwa ein Zinsrückstand, beigetrieben werden soll. **Die Vollstreckung in die mithaftenden beweglichen Sachen — Zubehörstücke scheiden aus, weil in sie überhaupt nicht gesondert vollstreckt werden kann (s. Rdn. 251) — vollzieht sich durch Pfändung und Versteigerung (s. Rdn. 250),** die Vollstreckung in die mithaftenden Rechte, insbesondere in die Miet- und Pachtzinsforderung, durch gerichtlichen Pfändungs- und Überweisungsbeschluß (s. Rdn. 263).

Soll aber dieser Zwangszugriff die Wirkung einer Beschlagnahme (i. S. von Rdn. 743) haben, so ist Voraussetzung, daß aus einem dinglichen Titel vollstreckt wird[4]. Die Mobiliarpfändung aufgrund eines solchen Duldungstitels ist hier ausnahmsweise nicht nur möglich, sondern sogar zweckmäßig und geboten.

Mit der Realisierung der Hypothek erlischt die gesicherte Forderung, soweit sie nicht kraft Gesetzes auf den mit dem Schuldner nicht personengleichen Eigentümer

---

[1] BGH DNotZ 71, 233.
[2] Vgl. dazu OLG München HRR 41, Nr. 268; BayObLG Rpfleger 73, 361; ergänzend dazu BayObLG Rpfleger 74, 159; ferner LG Stade Rpfleger 77, 261.
[3] BayObLG NJW 54, 1808.
[4] RG 76, 116; 103, 137.

übergeht (s. Rdn. 269, 272). Zugleich erlischt die Hypothek selbst. Auch eine Zwangsverwertung der Mietzinsforderung führt zum Wegfall der Hypothek in Höhe des beigetriebenen Betrages, wenn die Pfändung auf einem dinglichen Titel beruhte, **während hingegen insoweit eine Eigentümergrundschuld entsteht,** falls die Vollstreckung auf Ggrund eines **persönlichen Titels,** d. h. wegen der gesicherten Forderung, durchgeführt worden ist (s. Rdn. 799).

Bei der Verwertung der Hypothek ist die Entstehung eines Eigentümergrundpfandrechtes, anders als im Falle der freiwilligen Befriedigung des Gläubigers im Wege der Ablösung der Hypothek (s. Rdn. 831), ausgeschlossen, gleichgültig, ob die Vollstreckung in das Grundstück zur Befriedigung des Gläubigers geführt hat oder ob der Gläubiger — in der Zwangsversteigerung — mit der Hypothek ganz oder teilweise ausgefallen ist (§ 1181 BGB).

Das gilt auch bei der Verwertung einer **Gesamthypothek.** Wenn jedoch der Eigentümer des in Anspruch genommenen Grundstückes gegen Eigentümer der anderen Grundstücke oder einzelne von ihnen Rückgriff zu nehmen berechtigt ist, geht die Hypothek an den Grundstücken der Ersatzpflichtigen unter Eintritt des Ersatzanspruches in die hypothekarische Sicherung kraft gesetzlicher Forderungsauswechslung auf ihn über und deckt nunmehr als Ersatzhypothek die Erstattungsforderung[1], während die ursprünglich gesicherte, auf den rückgriffsberechtigten Eigentümer übergehende Forderung in der Folge ungesichert bleibt (§ 1182 BGB).

B. Sicherungsgrundschuld

I. Begriff

1. Allgemeines

Die Sicherungsgrundschuld ist die zur Sicherung einer Forderung begründete **Bela-** 838 **stung eines Grundstücks** (genauer: einer unbeweglichen Sache), **die den Gläubiger berechtigt, die Befriedigung wegen der gesicherten Forderung durch Hebung einer bestimmten Geldsumme aus dem Grundstück,** d. h. aus dessen Substanzen oder Nutzungen, **zu suchen.** Dem äußeren Anschein nach deckt sich der Begriff der Sicherungsgrundschuld mit dem bereits entwickelten Betriff der Hypothek (vgl. Rdn. 725). Jedoch besteht zwischen beiden ein tiefgreifender Unterschied: Die Hypothek ist eine „geborene", die Sicherungsgrundschuld ist eine „**gekorene" Sicherheit.** Das bedeutet: Die Grundschuld setzt, anders als die Hypothek, von Natur aus eine gesicherte Forderung nicht voraus. Die gesetzliche Definition der Grundschuld geht folglich auch mit keinem Wort auf die Forderung ein, um derentwillen sich der Grund-

---

[1] RG 81, 75.

schuldgläubiger aus dem Grundstück soll befriedigen dürfen. Es heißt in § 1191 BGB lediglich:

„Ein Grundstück kann in der Weise belastet werden, daß an denjenigen, zu dessen Gunsten die Belastung erfolgt, eine bestimmte Geldsumme aus dem Grundstück zu zahlen ist (Grundschuld)."

Nach dem Willen des Gesetzes dient also die Grundschuld, kraft Gesetzes die einfachste und klarste Form der Grundstücksbelastung, zur Sicherung einer Forderung überhaupt nur dann, **wenn die Parteien sie zu solchem Sicherungszweck vertraglich verwenden.** Wird sie, ohne eine Forderung zu sichern, begründet, so kann sie selbstverständlich nicht als Sicherungsgrundschuld bezeichnet werden. Es kann etwa der Eigentümer, um sich Mittel zu verschaffen, eine Grundschuld verkaufen, indem er zu Gunsten des Käufers gegen die Entrichtung des Kaufpreises sein Grundstück mit einer Grundschuld in der vereinbarten Höhe belastet. Die Sach- und Rechtslage entspricht dann völlig dem Abkommen, durch das der Eigentümer eine Sache oder ein sonstiges Vermögensstück veräußert. Oder er kann, wenn er sein Grundstück verkauft, die Eintragung einer Grundschuld am Kaufgrundstück zu seinen Gunsten „in Anrechnung auf den Kaufpreis" mit dem Käufer vereinbaren. Auch in diesem Fall soll die Grundschuld nicht die Kaufpreisforderung sichern, sondern ihre Bestellung ist im Zweifel ein Teil der vom Käufer geschuldeten Leistung, und in Höhe der Grundschuld entsteht überhaupt keine Geldforderung des Verkäufers[1]. Die Grundschuld besteht auch hier nicht um einer Forderung willen, sondern selbständig.

Auf die Grundschuld finden die Vorschriften des BGB über die Hypothek entsprechende Anwendung, soweit sich nicht daraus ein anderes ergibt, daß die Grundschuld (im Gegensatz zur akzessorischen Hypothek) keine Forderung voraussetzt (§ 1192 Abs. 1 BGB). Im einzelnen: anwendbar sind §§ 1114, 1115 (der Grundschuldbetrag wird eingetragen; Nebenleistungen des gesicherten Kredits sind nicht eintragungsfähig[2]), 1116 bis 1127, 1128 (Versicherer kann nicht die Nichtvalutierung der Grundschuld einwenden, da Bestand von Grundschuld und Pfandrecht unberührt bleiben), 1129 bis 1136, 1140, 1142 (Befriedigungsrecht des Eigentümers nicht bei Fälligkeit nur der gesicherten Forderung[3]; eine Aufrechnung des Eigentümers mit persönlichen Forderungen gegen den Gläubiger ist zulässig), 1144 – 1152, 1154 bis 1162, 1163 Abs. 2, 1168 bis 1171, 1173, 1175, 1176, 1178 bis 1179b, 1181 bis 1183. Die vorstehenden Ausführungen zur Hypothek gelten insoweit auch für die Grundschuld.

2. Eigentümergrundschuld — Fremdgrundschuld

839   Auf dieser begrifflichen Selbständigkeit der Grundschuld beruht es, daß der Eigentümer von vornherein eine (gemeinhin als „offene" **Eigentümergrundschuld** be-

---

[1] RG 120, 166; BGH WM 61, 555.
[2] Stöber, ZIP 80, 613.
[3] Palandt/Bassenge, § 1142 Rdn. 4.

zeichnete) Grundschuld an seinem Grundstück für sich selbst — und zwar sogar in vollstreckbarer Urkunde —[1] nach § 1196 BGB bestellen kann, wenn auch mit schwächeren Befugnissen, als sie sonst einem Grundschuldgläubiger zustehen, denn er kann nicht in sein eigenes Grundstück die Zwangsvollstreckung aus der Grundschuld betreiben oder, falls die Grundschuld verzinslich ist, nicht die Zinsen aus seinem eigenen Grundstück erheben, mithin auch das Zinsrecht nicht selbständig abtreten (§§ 1196, 1197 BGB). Eine Eigentümergrundschuld kann mit einem Zinsbeginn vor ihrer Eintragung im Grundbuch eingetragen werden[2].

Eine Eigentümergrundschuld wird häufig bestellt mit dem Ziel, sie zum Sicherungsmittel durch Verpfändung oder Sicherungszession zu machen; mit der Abtretung an den Sicherungsnehmer wird diese Grundschuld unter Wegfall der vorgenannten Realisierungsbeschränkungen zur **„Fremdgrundschuld"** des Zessionars[3].

Die Grundschuld kann auch für mehrere Gläubiger als Gesamtberechtigte im Sinne 840 von § 428 BGB bestellt werden; sofern diese Gläubiger Miteigentümer des Grundstücks sind; ist diese Grundschuld teilweise Eigentümergrundschuld — nämlich am eigenen Miteigentumsanteil —, teilweise Fremdgrundschuld — nämlich am Miteigentumsteil des anderen. Mangels anderweitiger Vereinbarung kann dabei davon ausgegangen werden, daß die Grundschuld den Gesamtberechtigten in ihrem Verhältnis zueinander zu gleichen Anteilen zusteht[4].

3. Sicherungsgrundschuld

Der Ausdruck „Sicherungsgrundschuld" entspricht dem Ausdruck „Sicherungs- 841 eigentum". Es betont den Gegensatz einer zur Sicherung einer Forderung bestellten Grundschuld zu den Grundschulden, die nicht Sicherungszwecken dienen, also „isoliert" sind. Hier wird wiederum der Unterschied zwischen Grundschuld und Hypothek deutlich. Die Hypothek wird stets um einer Forderung willen begründet; die Bezeichnung „Sicherungshypothek"[5] hat daher einen ganz anderen Sinn und Inhalt als die Bezeichnung „Sicherungsgrundschuld", weil erstere lediglich den höheren Grad der Akzessorietät einer gewissen Hypothekenart kennzeichnen soll. Man pflegt dennoch die Grundschuld mit der Hypothek unter der einheitlichen Bezeichnung eines Grundpfandrechts zusammenzufassen. Versteht man aber unter einem „Pfandrecht" nur dasjenige Verwertungsrecht, das dem Pfandgläubiger zur Befriedigung wegen einer Forderung eingeräumt ist, so wird man sich darüber klar sein müssen, daß als Grundpfandrecht allenfalls die Sicherungsgrundschuld, nicht aber die Grundschuld schlechthin bezeichnet werden dürfte; **selbst bei der Sicherungsgrundschuld**

---

[1] BGH NJW 75, 1356; KG, HRR 28, Nr. 2313; KGJ 37, 239, 294.
[2] BayObLG WM 78, 1024. BGH WM 85, 1453 — Voltz in WuB IV A, § 1197 II BGB 1.86.
[3] Zur Verpfändung s. Rdn. 610—612.
[4] BGH WM 75, 135.
[5] Vgl. zur Rechtsnatur der Sicherungshypothek RG 123, 170; Palandt/Bassenge, § 1184, Rdn. 1.

ist nicht zu übersehen, daß ihr die dem Mobiliarpfandrecht eigene Abhängigkeit von der gesicherten Forderung fehlt.

Immerhin ist die Verwandtschaft zwischen Hypothek und Grundschuld groß, denn es handelt sich bei beiden um eine nach Inhalt und Struktur gleiche, auf Hebung einer bestimmten Geldsumme aus dem Grundstück abzielende Belastung: **Die Grundschuld ist eine „Hypothek ohne Forderung".** Daher finden auf die Grundschuld die Vorschriften über die Hypothek entsprechend Anwendung, soweit sich nicht eben daraus ein anderes ergibt, daß die Grundschuld keine Forderung voraussetzt (§ 1192 BGB). Nicht anwendbar sind also (nur) die Vorschriften, in denen der akzessorische Charakter der Hypothek zum Ausdruck kommt (vgl. Rdn. 838). So wird verständlich, daß nicht nur die Hypothek in gewissen Fällen kraft Gesetzes zu einer Grundschuld des Eigentümers wird, sondern, daß darüber hinaus jede Hypothek nach dem Willen der Parteien jederzeit in eine Grundschuld, die Grundschuld jederzeit in eine Hypothek

842 umgewandelt werden kann. Zu der **Umwandlung** bedarf es der Einigung der Parteien und der Eintragung im Grundbuch (§ 1198 BGB); bei der Umwandlung einer Grundschuld in eine Hypothek muß überdies der Hypothek eine Forderung unterlegt werden, so bei der häufigen Umwandlung einer Eigentümergrundschuld in eine Hypothek unter vorheriger oder gleichzeitiger Abtretung der Eigentümergrundschuld an den neuen Gläubiger[1]. Die Umwandlung einer Hypothek in eine Grundschuld läßt die gesicherte Forderung nicht erlöschen, es sei denn, die Grundschuld würde vom Gläubiger an Erfüllungs Statt übernommen.

Wird eine Hypothek in eine (Sicherungs-)Grundschuld für dieselbe gesicherte Forderung umgewandelt, so erhält die Forderung damit statt einer geborenen eine gekorene und statt einer akzessorischen eine fiduziarische Sicherheit, ohne daß diese sich inhaltlich ändert. Das wirkt sich dann vor allem dahin aus, daß der Einfluß der gesicherten Forderung auf das Grundpfandrecht überall da, wo er bei der Hypothek dingliche Wirkung äußert, sich nunmehr in rein schuldrechtlichen Beziehungen erschöpft, so z. B. beim Ausbleiben oder Wegfall der Forderung (s. Rdn. 793, 859 oder beim Wechsel ihres Schuldners und Gläubigers s. Rdn. 824, 871).

843 Ob sich die Parteien, die eine Forderung vermittels eines Grundstücks sichern wollen, für die Hypothek oder ob sie sich für die Grundschuld entscheiden, hängt von den Umständen des Einzelfalles ab. Aus den folgenden Darlegungen wird sich ergeben, daß **die Grundschuld im allgemeinen für den Gläubiger vorteilhafter ist** als die Hypothek, z. B. deshalb, weil der Kreis der gesicherten Forderungen bei der Grundschuld in einfacherer Weise ausgewechselt oder erweitert, auch durch mehrere selbständige Grundschulden gesichert werden kann, oder deshalb, weil die Grundschuld leichter verwertbar ist als die Hypothek. Der bisweilen erhobene Einwand, es fehle bei der Grundschuld an einer persönlichen Haftung des Eigentümers, geht an der Sache vorbei. Ist nämlich der Eigentümer zugleich Schuldner der gesicherten Forderung, so ist

---

[1] KG JW 35, 2646; BGH WM 64, 677; BGH NJW 68, 1674.

bei der Grundschuld wie bei der Hypothek die persönliche Haftung des Eigentümers gegeben; ist dagegen der Eigentümer mit dem Schuldner der gesicherten Forderung nicht identisch, so besteht eine persönliche Haftbarkeit des Eigentümers bei der Hypothek genausowenig wie bei der Grundschuld.

Die Sicherungsgrundschuld erfreut sich zunehmend großer Beliebtheit und hat im Bankverkehr, wo es sich zumeist um die Sicherstellung von ziffermäßig unbestimmten oder wechselnden Forderungen handelt, die früher übliche Höchstbetragshypothek geradezu verdrängt, zumal sie dieser noch im besonderen dadurch überlegen ist, daß sie von vornherein in vollstreckbarer Urkunde bestellt, auch als verzinsliche eingetragen werden kann und daß der Grundschuldgläubiger in der Liegenschaftsvollstreckung wegen der Selbständigkeit der Grundschuld nicht genötigt ist, Bestand und Höhe der gesicherten Forderung zu beweisen, um den auf die Grundschuld entfallenden Versteigerungserlös liquidieren zu können. Dieser Beliebtheit der Sicherungsgrundschuld in der Praxis haben auch die schon angedeuteten Schwierigkeiten (s. dazu Rdn. 19), die sich aus ihrer Rechtsnatur ergeben, keinen Abbruch getan.

4. Selbständigkeit der Grundschuld

Die **Selbständigkeit der Grundschuld,** ihre begriffliche Unabhängigkeit von einer zu sichernden Forderung, macht es verständlich, daß sie über einen (Grundschuld-)Betrag mit eigenen Zins- und Fälligkeitsbedingungen lautet, die mit denen der gesicherten Forderung nicht verwechselt werden dürfen; bei der sicherungsrechtlich unpraktikablen **Rentenschuld,** einer Unterart der Grundschuld, sind als Grundschuldkapital Einzelgeldleistungen zu regelmäßig wiederkehrenden Terminen zu entrichten, die durch eine Ablösungssumme abgegolten werden können (§ 1199 BGB). Es ist mit der Natur der Grundschuld nicht vereinbar und daher unzulässig, ihren Inhalt mit dem der gesicherten Forderung derart zu verkoppeln, daß der Gläubiger Haupt- oder Nebenleistungen aus der Grundschuld nur soll geltend machen dürfen, wenn und soweit die entsprechenden Leistungen aufgrund des gesicherten Rechtsverhältnisses geschuldet werden, d. h. **die Eintragung des Sicherungszwecks im Grundbuch ist ausgeschlossen**[1], während eine schuldrechtliche Limitierung der Grundstückshaftung denkbar ist. Daher kann die Verzinsung oder Fälligkeit der Grundschuld auch nicht von Veränderungen der gesicherten Forderung abhängig gemacht werden.

844

845

Die Selbständigkeit der Grundschuld kann durchbrochen werden: So ist die Bestellung für ein wegen Wuchers nichtigen Darlehen unwirksam[2]; sichert die Grundschuld allerdings „sämtliche bestehenden und künftigen Forderungen aus allen Schuldgründen", sichert die Grundschuld auch den Anspruch aus § 852 BGB auf Rückzahlung des Kapitals nach Ablauf der dafür vorgesehenen Zeit[3].

---

[1] Palandt/Bassenge, § 1191 Rdn. 13; vgl. ferner RG 145, 155.
[2] BGH WM 82, 1050.
[3] BGH WM 82, 1050.

Hat ein **Dritter** das Grundpfandrecht zur Sicherung einer fremden Schuld bestellt und stehen der Bank noch weitere ungesicherte Forderungen gegen den persönlichen Schuldner zu, so ist die Bank gegenüber dem Besteller aus der Sicherungsabrede nicht ohne weiteres verpflichtet, **eingehende Zahlungen des Schuldners** (statt nach § 366 Abs. 2 BGB auf die ungesicherten Forderungen) auf die grundschuldgesicherte Forderung zu verrechnen. Die Umstände des Einzelfalles entscheiden, ob allerdings die Bank dem Sicherungsgeber Kenntnis geben muß, wenn geschuldete Zahlungen auf die Grundschuldvaluta ausbleiben[1].

5. Bestimmtheitsgrundsatz

846   Etwas anderes ist es, wenn der rechtliche Bestand der Grundschuld an den Bestand der Forderung geknüpft wird. Für den Grundschuldbetrag gilt wie im Hypothekenrecht der sog. **Bestimmtheitsgrundsatz,** nach welchem das Grundstück nur für die Zahlung einer genau bestimmten, in Deutscher Mark angegebenen Summe, die sich aus der Grundbucheintragung ergeben muß, verhaftet werden kann[2]. Danach kann sie auch in einen Kapital- und einen Zinsbetrag mit festem oder gleitendem Zinssatz[3] zerlegt werden (§§ 1191 Abs. 2, 1191 Abs. 2 BGB).

Die Eintragung nur des Höchstzinssatzes (als variabler Zinssatz) ohne weitere Verlautbarung über den Mindestzinssatz im Grundbucheintrag genügt dem das Sachenrecht beherrschenden Bestimmtheitsgrundsatz[4], wenn u. a. die Bedingung, bei deren Vorliegen der Zinssatz variieren kann, sich aus dem Eintragungsvermerk oder aus der in bezug genommenen Eintragungsbewilligung ergibt. Fehlt es daran und wird nicht auf ein in der Eintragungsbewilligung enthaltenen Mindest- oder Normalzinssatz hingewiesen, so ist die Eintragung nur eines **Höchstzinssatzes** unwirksam. In der Kreditsicherungspraxis ist diese Entscheidung nicht von großer Bedeutung, da die Geschäftsbanken bei der Bestellung von Grundschulden zu ihren Gunsten regelmäßig einen festen Zinssatz vereinbaren. Lediglich in älteren Grundschuldbestellungsverträgen ist gelegentlich noch die Eintragung eines Höchstzinssatzes enthalten, doch ist dort meist auch ein Mindestzinssatz angegeben. Die Kreditinstitute sollten aber dies sorgfältig prüfen, wenn sie Grundschulden, auf deren Bestellung sie keinen Einfluß nehmen konnten, zu Sicherungszwecken von Dritten hereinnehmen[5].

Die **Grundschuldzinsen** sind abstrakt und unabhängig vom Schicksal der gesicherten Forderung und deren Zinsen. Sie verjähren entgegen § 1192 BGB solange nicht, als die Einrede des mangelnden Sicherungsfalles gegeben ist[6].

---

[1] BGH WM 75, 1206.
[2] Auf die Haftungssumme sind die zu Rdn. 728 ff. Ausführungen entsprechend anzuwenden.
[3] BGH WM 63, 29.
[4] BGH WM 75, 596.
[5] S. auch Beschluß des BayOLG NJW 75, 1365.
[6] OLG Koblenz WM 93, 1033; a. A. Blaschczok in WuB I F 3.—6.93; LG Bückeburg WM 94, 202 = WuB IV A. § 202 BGB 1.94.

Auch **Strafzinsen** (i. S. von Rdn. 797) können ausbedungen werden[1]. Der Beginn des Zinsenlaufes kann vor den Zeitpunkt der Eintragung der Grundschuld verlegt werden; im Zweifel fällt jener mit diesem zusammen[2].

Zinsen auf die Grundschuld können auch zur Deckung der Hauptschuld verwendet werden[3].

6. Fälligkeitsgrundschuld — Kündigungsgrundschuld

Nach dem Zeitpunkt der Fälligkeit unterscheidet man die **Fälligkeitsgrundschuld,** 847 insbesondere die Abzahlungs- und Amortisationsgrundschuld, und die **Kündigungsgrundschuld.** Häufig wird aber die Grundschuld als sofort oder jederzeit fällig bestellt. Die Zwangsvollstreckung aus der Grundschuld setzt aber auch die Fälligkeit der gesicherten Forderung voraus. Auch insoweit gelten die Ausführungen zur Hypothek (s. Rdn. 725) sinngemäß. Mangels besonderer Vereinbarung ist die Grundschuld erst nach vorgängiger Kündigung fällig; die abdingbare Kündigungsfrist beträgt 6 Monate (§ 1193 BGB). Ist über die Fälligkeit der etwaigen Grundschuldzinsen nichts abgesprochen, wird man auf jährliche Zinszahlungstermine schließen dürfen.

Die **Fälligkeit der Zinsen** wirkt sich in der Zwangsversteigerung insoweit aus, als im 848 Range der Grundschuld nur die laufenden Zinsen und die für zwei Jahre rückständigen Zinsen geltend gemacht werden können (§ 10 Abs. 1 Nr. 4 ZVG). Die älteren Zinsen werden erst nach allen anderen Rechten berücksichtigt (wenn noch Masse aus dem Versteigerungserlös vorhanden ist). Bei Zinsfälligkeit 31. 12. 1994 würde dies bedeuten: Ausgehend von einer Beschlagnahme Mitte 1995 wären die Zinsen für 1994, die am 31. 12. 1994 fällig geworden sind („jährlich nachträglich"), die zuletzt fällig gewordenen (laufenden Zinsen; die später fällig werdenden Zinsen kommen bis zum Ende des Versteigerungsverfahrens hinzu, § 13 Abs. 1 ZVG); die Zinsen für 1993 und 1992 zählen zu den rückständigen Zinsen. Unter Berücksichtigung einer Dauer des Verfahrens von (nur) einem Jahr (also bis Mitte 1996) können insgesamt Zinsen für die Zeit von 1992 bis 1996, also 4½ Jahre im Range der Grundschuld geltend gemacht werden (genauer Zeitpunkt: einschließlich des Tages vor der Ausführung des Teilungsplanes[4]).

II. Personen

Die zur wirksamen Hypothekenbestellung erforderlichen, in der Person der Parteien 849 zu erfüllenden Voraussetzungen gelten für die Bestellung einer Grundschuld entsprechend. Gleiches gilt für die Vertretungsmacht, ihre Voraussetzungen sowie die Folgen ihres Mißbrauchs[5].

---

[1] Vgl. OLG München WM 66, 666.
[2] RG 136, 232; OLG Köln NJW 60, 1108.
[3] BGH WM 82, 841.
[4] Zeller/Stöber, ZVG, 13. Auflage, § 114 Rdn. 5.30.
[5] Vgl. dazu Rdn. 34 ff.

III. Sicherungsmittel

850 Die Sicherungsgrundschuld ist eine **Sachsicherheit,** und zwar eine Belastung des verpfändeten Grundstückes, kraft der das Grundstück dinglich für den Grundschuldbetrag haftet (vgl. Rdn. 13, 15). Die Ausführungen zur Hypothek hinsichtlich des Gegenstandes der Haftung, der Erstreckung der Haftung über den Grund und Boden hinaus auf das Zubehör, die getrennten Erzeugnisse und Bestandteile, die Miet- und Pachtzinsforderungen und den Versicherungsanspruch gelten hier entsprechend (§ 1192 BGB). Aus der **Versicherungssumme** kann der Gläubiger auch dann den vollen Grundschuldbetrag beanspruchen, wenn die Grundschuld erst nach dem Versicherungsfall valutiert wurde[1]. Die Belastung mehrerer Grundstücke mit einer und derselben Grundschuld läßt eine **Gesamtgrundschuld** entstehen, die der Gesamthypothek entspricht (vgl. Rdn. 735). Sie entsteht erst, wenn sie auf allen Grundstücken eingetragen ist, es sei denn die Grundschuldbestellung sieht vor, daß mit der Eintragung auf einem Grundstück (vorübergehend) eine Einzelgrundschuld entstehen soll. Dies ist vor allem im Hinblick auf einen evtl. vor Eintragung der Gesamtschuld auf dem letzten Grundstück eintretenden Konkurs bedeutsam. Fehlt nämlich die Vereinbarung einer (vorübergehenden) Einzelgrundschuld, so ist der Erwerb auch bezüglich der Grundstücke anfechtbar, auf denen das Gesamtrecht bereits eingetragen war[2]. Bei Verkauf von Teilgrundstücken wird dem Erwerber von dem Grundpfandrechtsgläubiger häufig ein Freistellungsanspruch gegeben, demzufolge er entweder Verzicht auf die den Kaufpreis übersteigenden Grundschulden oder Aufhebung oder Übertragung verlangen kann. An diese Freistellungsverpflichtung bleibt der Gläubiger auch dann gebunden, wenn der Käufer die Zahlung zu Unrecht verweigert[3]. Doch können zur Sicherung einer und derselben Forderung auch mehrere selbständige Grundschulden an verschiedenen Grundstücken bestellt werden, selbst mehrere selbständige Grundschulden an einem und demselben Grundstück; sogar die Bestellung einer Hypothek und einer Grundschuld an dem gleichen Grundstück zur Sicherung derselben Forderung ist genauso möglich, wie etwa zur Sicherung einer Forderung das Sicherungseigentum neben der Hypothek bestehen kann[4].

Nicht selten besteht jedoch ein Interesse einzelner oder aller Beteiligter daran, den Gläubiger nicht in einer Grundbucheintragung erscheinen zu lassen. Dazu bedient man sich der Abtretung (§ 1154 BGB) einer gem. § 1196 BGB auf bloße Erklärung des Eigentümers dem Grundbuchamt gegenüber **eingetragenen Eigentümerbriefgrundschuld.**

---

[1] RG 124, 91.
[2] OLG München DNotZ 66, 371; OLG Düsseldorf WM 73, 794.
[3] BGH WM 92, 605.
[4] RG 132, 136.

IV. Sicherstellungsvertrag

Die Sicherungsgrundschuld wird durch Vertrag zwischen dem Sicherungsnehmer 851 (Gläubiger) und dem Eigentümer des zu belastenden Grundstückes als Sicherungsgeber bestellt. Die Ausführung bei der Hypothek zur „Einigung" und zu dem Erfordernis der Eintragung gelten bei der Grundschuld entsprechend (§ 1192 BGB). Der durch Einigung und Eintragung begründeten **Buchgrundschuld** steht die vom Gesetz als Normalfall behandelte **Briefgrundschuld** gegenüber. Die Voraussetzungen für die Begründung der Briefgrundschuld sowie das Wesen und der Inhalt des Grundschuldbriefes gleichen dem Hypothekenbrief, so daß auf die Ausführung dort verwiesen werden kann. Das gleiche gilt für den Vorlegungszwang (§ 42 GBO). Doch wird der Brief mit der Eintragungsbewilligung nicht nach § 70 GBO verbunden, wenn das Dokument zugleich ein Anerkenntnis der gesicherten Forderung enthält[1].

Eine Grundschuld kann auch durch **Abtretung** erworben werden (§ 1154 BGB) 852 und zwar — bei einer Eigentümergrundschuld — auch mit rückwirkendem Zinsbeginn (str.)[2]. Dabei ist zu beachten, daß in der Abtretungsurkunde die abzutretende Grundschuld ausreichend bezeichnet wird. Es ist unzulässig, daß zur Auslegung der Abtretungserklärung auf Umstände zurückgegriffen wird, die außerhalb der Abtretungsurkunde liegen und nicht für jeden Leser — als am Rechtsverkehr beteiligten Dritten — ohne weiteres erkennbar sind. Auf eine etwaige Willensrichtung der Beteiligten, die in der Vertragsurkunde keinen Niederschlag gefunden hat, kommt es nicht an[3]. Die Abtretungserklärung muß im Falle ihrer öffentlichen Beglaubigung geeignet sein, den öffentlichen Glauben des Grundbuchs zu ersetzen (§ 1155 S. 1 BGB); diese Eignung kommt ihr jedoch nur zu, wenn in der Erklärung das belastete Grundstück und die Rangstelle des übertragenen Pfandrechts bezeichnet ist. An den Inhalt der schriftlichen und der öffentlich beglaubigten Abtretungserklärung können dabei nicht unterschiedliche Anforderungen gestellt werden; das ergibt sich schon daraus, daß der bisherige Gläubiger auf Verlangen des neuen Gläubigers verpflichtet ist, die schriftlich erteilte Abtretungserklärung auf seine Kosten öffentlich beglaubigen zu lassen (§ 1154 Abs. 1 BGB). Eine Bezugnahme auf den Grundschuldbrief genügt nicht, weil sich dann ein Teil der erforderlichen schriftlichen Erklärung nur aus dem Brief entnehmen läßt und beide Urkunden nicht zu einer einheitlichen Urkunde zusammengefaßt sind[4]. Statt der Aufnahme der Rangstelle kann auch auf die Nummer der Urkundenrolle des Notars zurückgegriffen werden; dies ist insbesondere dann erforderlich, wenn die Rangstelle (vor Eintragung im Grundbuch) noch nicht bekannt ist.

Die Abtretung eines Teils einer Briefgrundschuld ist unwirksam, wenn der Abtretende den Eigenbesitz an dem Grundschuldbrief nicht aufgibt, sondern den Besitz am

---

[1] OLG Düsseldorf NJW 61, 2263.
[2] OLG Celle, WM 89, 890 = WuB I F 3. — 10.89/E. Schneider; a. A. BayObLG, Rpfleger 76, 181; F 9., 100; vgl. aber neuerdings BGH WM 85, 1453 = WuB I F 3.—6.86/Voltz.
[3] BGH WM 77, 905, vgl. dazu Kohler, WM 75, 438; Häsemeyer, MDR 75, 531; LG Stuttgart WM 76, 1346.
[4] BGH 40, 255, 262; BGH WM 74, 905.

ungeteilten Brief zugleich als Eigenbesitz und als Fremdbesitz für den Zessionar ausüben will[1]. Eine Rangbestimmung kann zugleich mit der Abtretung außerhalb des Grundbuchs wirksam werden[2]. Für die Besitzverschaffung genügt ein vom Veräußerer befugter Dritter (Geheißperson), gleiches gilt für die Erwerberseite (Besitzhalter), auch wenn dieser nicht als Besitzdiener anzusehen ist[3].

853 Ein besonderes Problem ergibt sich bei der **verdeckten Nachverpfändung** von Eigentümerbriefgrundschulden. Bei der Absicherung von Krediten durch Grundpfandrechte wird häufig der Grundpfandrechtsgläubiger nicht im Grundbuch eingetragen, sofern eine Eigentümerbriefgrundschuld gebildet worden ist. Problematisch ist nun, wie ein weiteres Grundstück mitbelastet werden soll. Dabei ist davon auszugehen, daß die Begründung von Grundstücksrechten grundsätzlich durch Einigung und Eintragung erfolgt. Dieser Grundsatz gilt auch für die nachträgliche Ausdehnung eines schon bestehenden Grundpfandrechts auf ein weiteres Grundstück. Nach § 1196 BGB entsteht eine Eigentümergrundschuld durch Erklärung des Eigentümers gegenüber dem Grundbuchamt und die darauf erfolgende Eintragung. Daraus folgt, daß eine Eigentümerbriefgrundschuld nachträglich durch einseitige Erklärung des Eigentümers, daß ein weiteres Grundstück mithaften solle und durch die Eintragung dieser Mitbelastung die Nachverpfändung vorgenommen werden kann. Bei der „verdeckten Nachverpfändung" einigt sich nun der Eigentümer mit dem Gläubiger über die Ausdehnung des bestehenden Grundpfandrechts auf ein mitzubelastendes Grundstück. Der Eigentümer erwirkt aber nun nicht eine der materiell-rechtlichen Einigung entsprechende Eintragung des Gläubigers in das Grundbuch, sondern er faßt die Eintragungsbewilligung in der Form, daß das Grundbuchamt die Mitbelastung für ihn selbst einträgt. Es ergibt sich daraus eine Divergenz wischen der dem Grundbuchamt gegenüber abgegebenen Erklärung und der Eintragung einerseits und den Inhalt des materiell-rechtlichen Rechtsgeschäft zwischen Eigentümer und Gläubiger andererseits. Diese Divergenz führt dazu, daß das von den Parteien gewollte Recht zugunsten des Gläubigers nicht entsteht. In der Rechtswissenschaft werden verschiedene Wege vorgeschlagen, auf die hier aber nicht weiter eingegangen werden soll. Dogmatisch einwandfrei kann die Nachverpfändung ohne Eintragung des Gläubigers im Grundbuch wohl nur dadurch erreicht werden, daß der Gläubiger die schon bestehende Grundschuld an den Eigentümer fiduziarisch zurückzediert. Damit wird dieser nach außen Vollberechtigter und kann die Mitbelastung rechtswirksam herbeiführen, um anschließend das neu entstandene Gesamtgrundpfandrecht wieder an den Gläubiger abzutreten[4].

---

[1] BGH WM 86, 23 = WuB I F 3.-2.86/Westermann.
[2] OLG Hamm WM 88, 112.
[3] BGH WM 93, 285 = WuB I F 3.—2.93 Rimmelspacher a. A. Reinicke/Tiedtke, Geheißerwerb von Briefgrundschulden, NJW 94, 345 ff.
[4] S. dazu Lwowski, DNotZ 79, 328 ff.; Gaberdiel, Kreditsicherung durch Grundschulden, 5. Auflage, 8.2.2; siehe auch OLG Frankfurt, WM 89, 864 = WuB I F 3.—12.89/Gößmann.

Ist ein Minderjähriger Grundstückseigentümer, so gehört die Belastung zu den genehmigungspflichtigen Rechtsgeschäften. Die Zweckerklärung bedarf demgegenüber nicht der Genehmigung des § 1810 Nr. 10 BGB[1].

V. Gesicherte Forderung

1. Zweckvereinbarung

Die Abgrenzung der gesicherten Forderung gegenüber anderen, nicht durch die Grundschuld geschützten Verpflichtungen des Schuldners ist Sache der Vereinbarung (s. dazu Rdn. 164, 165, 170), die stets außerhalb der Grundschuldbestellungsurkunde in der **Zweckvereinbarung** getroffen wird. Kraft Gesetzes haftet das Grundstück auch ohne besondere Abrede für gewisse Nebenleistungen, insbesondere für die Kosten der Kündigung und Realisierung der Sicherheit (§§ 1118, 1192 BGB), nicht aber für Ersatzansprüche aus Nichtabnahme des Darlehens[2]. Andererseits läßt sich die Haftung des Grundstücks vertraglich limitieren (s. Rdn. 180—183). Identität zwischen dem Schuldner der gesicherten Forderung und dem Grundstückseigentümer ist nicht erforderlich. Wegen der Einschränkungen des Sicherungszweckes, die sich aus der höchstrichterlichen Rechtsprechung ergeben s. Rdn. 164.

854

2. Haftungssumme

Da die Grundschuld zu den **Treuhandsicherheiten** (s. Rdn. 17, 19) gehört, kann sie nicht nur **mehrere Forderungen desselben Gläubigers gegen denselben** und **verschiedene Schuldner** (s. Rdn. 185), sondern auch die **Forderungen mehrerer Gläubiger gegen denselben oder verschiedene Schuldner schützen** (s. Rdn. 191). Stets lautet sie aber über eine eigene, ziffernmäßig bestimmte Haftungssumme, die mit dem Betrag der gesicherten Forderung nicht verwechselt werden darf. Die Haftungssumme braucht sich nicht mit dem Betrag der gesicherten Forderung zu decken. So kann etwa die Grundschuld mit 5% verzinslich sein, während die gesicherte Forderung mit 8% zu verzinsen ist. Es sind dann aber nicht die Kreditzinsen in Höhe von 3% ungesichert, denn die **Kreditzinsen** werden nicht nur durch die Grundschuldzinsen, sondern **auch durch das Grundschuldkapital** gesichert, wie umgekehrt das Kapital der Kreditforderung nicht nur das Grundschuldkapital, sondern auch durch die Grundschuldzinsen gedeckt ist, die sich gem. § 13 ZVG in den Teil der Zwangsversteigerung als eine beachtliche „Marge" erweisen können (sog. Zinsanhang)[3] (vgl. Rdn. 847/848).

855

Weil die Grundschuldzinsen ihrem Wesen nach ein Teil der Grundschuldsicherheit sind, werden sie in der Regel erst zusammen mit dem Grundschuldkapital beigetrieben;

---

[1] BayObLG WM 86, 774 = WuB I F 3.—9.86/Aepfelbach.
[2] OLG Celle WM 87, 1484.
[3] BGH WM 82, 841; vgl. aber BGH WM 65, 1198; Huber Die Sicherungsgrundschuld, S. 103; BGH NJW 74, 185; Storz ZIP 80, 506 ff.; Vollkommen NJW 80, 1052.

Sicherungsgrundschuld

856 bei der Beurteilung des Sicherungswerts ist zu berücksichtigen, daß im Zwangsversteigerungsverfahren nur die **Zinsrückstände aus den letzten zwei Jahren vor der Beschlagnahme des Grundstücks** (s. Rdn. 252) (§ 10 Abs. 1 Ziff. 4 ZVG) **und die laufenden Zinsbeträge im Range des Kapitals** liquidiert werden können[1] (vgl. Rechenbeispiel Rdn. 848).

Selbstverständlich ist es den Parteien unbenommen, die Haftungssumme der Grundschuld auf den gleichen Betrag zu bestimmen, auf den sich die gesicherte Forderung beläuft. Eine solche Angleichung macht jedoch Schwierigkeiten, wenn bei Bestellung der Grundschuld der Betrag der gesicherten Forderung ziffernmäßig noch nicht feststeht oder wenn er variabel ist. Eine Höchstbetragsgrundschuld im Sinne der bereits erörterten Höchstbetragshypothek (vgl. Rdn. 783 ff.) gibt es nicht und kann es nicht geben, weil der Grundschuld von Natur aus die Beziehung zu einer zu sichernden Forderung fehlt. Auf der anderen Seite kann wegen des Bestimmtheitsgrundsatzes (s. Rdn. 846) keine Grundschuld in unbestimmter Höhe bestellt werden. Die Parteien müssen daher von vornherein die Haftungssumme der Grundschuld an der voraussichtlichen Höhe der zu sichernden Forderung ausrichten, wobei nach den obigen Ausführungen nicht übersehen werden sollte, daß zu der Haftungssumme nicht nur das Grundschuldkapital, sondern auch die vereinbarten Grundschuldzinsen (mit der sich aus § 10 Ziffer 4 ZVG ergebenden zeitlichen Beschränkungen) gehören. Der Grundschuldbetrag erscheint dann lediglich als Haftungsrahmen für die gesicherte Forderung. Diese Regelung entspricht zwar im Endergebnis der Bestellung einer Höchstbetragshypothek, so daß die Grundschuld in Fällen dieser Art gelegentlich auch rechtlich einer Höchstbetragshypothek gleichgestellt worden ist[2] (§ 2 Ziffer 2 der 40. DVO/UG). Dennoch unterscheidet sich diese von jener vor allem dadurch, daß der Gläubiger die Höchstbetragshypothek nur in Höhe der endgültig festgestellten Forderung erwirbt, während der Grundschuldgläubiger — vorbehaltlich seiner Rückgewährpflicht — stets Inhaber der Grundschuld in voller Höhe ist, mag auch die gesicherte Forderung später den Grundschuldbetrag nicht erreichen.

857 Gleiches gilt, wenn die Sicherung vereinbarungsgemäß auf den **Ausfall** beschränkt wird, den der Gläubiger an der gesicherten Forderung erleidet (s. Rdn. 182). Der Grundschuldbetrag stellt dann den Haftungsrahmen für die Ausfallforderung dar[3]. Die **Ausfallgrundschuld**, deren Fälligkeit begrifflich nicht vor der endgültigen Feststellung des Ausfalls eintreten kann, darf nicht mit der Grundschuld verwechselt werden, die nur für den Fall bestellt wird, daß der Gläubiger einen Ausfall erleidet, also aufschiebend bedingt durch den Eintritt des Ausfalls. Für die Befristung dieser Grundschuld gelten die Ausführungen zur bedingten Ausfallhypothek entsprechend (vgl. Rdn. 790).

---

[1] Für die Berechnung vgl. den Wortlaut der §§ 13, Abs. 1, 47 ZVG.
[2] BGH 37, 246.
[3] BGH WM 59, 202.

3. Rechtlicher Bestand der zu sichernden Forderung 858

a) Rückgewähranspruch

Der **rechtliche Bestand der gesicherten Forderung** ist insofern von Bedeutung, als 859 das Ausbleiben oder Erlöschen der Forderung im Gegensatz zur Hypothek nicht „automatisch" zur Entstehung einer Eigentümergrundschuld führt, sondern ein **Rückgewähranspruch zugunsten des Grundstückseigentümers** — bei Gesamtgrundschulden gegebenenfalls zugunsten der mehreren Eigentümer in Gläubigergemeinschaft nach § 432 BGB — gegen den Grundschuldgläubiger (bei Abtretung der Grundschuld steht dem Grundschuldbesteller die Einrede aus §§ 1192, 1169 BGB unter den Voraussetzungen der §§ 1192, 1157 BGB zu)[1]; Sicherungsgeber kann auch der mit dem Eigentümer nicht identische Kreditnehmer sein[2] — auslöst. Dieser Anspruch ist bei der Grundschuld wirtschaftlich von weit größerem Gewicht als bei jeder anderen Treuhandsicherheit. Denn wenn ein Kreditinstitut seinen Kredit durch ein Grundpfandrecht sichern läßt, pflegt es sich fast immer den Anspruch auf Rückgewähr sämtlicher vor- und gleichrangiger Sicherungsgrundschulden gegen die dritten Sicherungsnehmer vom Eigentümer abtreten zu lassen. Dabei ist es für den Zessionar von besonderem Vorteil, wenn er vom rückgewährpflichtigen Gläubiger die Zusage erhalten kann, daß dieser seine auch für künftige Forderungen bestellte Grundschuld nur einmal valutieren werde. **Der Zessionar betrachtet die Abtretung der Rückgewähransprüche häufig nicht nur als willkommene, sondern geradezu als notwendige Verstärkung** 860 **seiner Sicherheit,** indem er glaubt, bonitätsmäßige Mängel des eigenen Grundpfandrechts durch den Erwerb des Rückgewähranspruchs ausgleichen zu können. Wenn bei der Abtretung des Rückgewähranspruches vereinbart, kann das daraufhin abgetretene Recht auch eine zusätzliche (also nicht nur rangbessernde) Sicherheit sein. Da überwiegend davon ausgegangen wird[3], daß die Abtretung von Rückgewähransprüchen nur der (rangmäßigen) Verstärkung des eigenen Rechts dient, muß die Vereinbarung, daß das in Erfüllung des Rückgewähranspruchs abgetretene Recht eine weitere (zusätzliche) Sicherheit sein soll, dies klar zum Ausdruck bringen (vgl. Rdn. 208). Zu beachten ist, daß die Ansprüche auf Rückgewähr vorrangiger Grundschulden keine Nebenrechte des nach §§ 1192 Abs. 2, 1150, 268 Abs. 1, 3 BGB abgelösten Grundpfandrechts sind und daher nicht nach §§ 401 Abs. 1, 412 BGB auf den Ablösenden übergehen[4].

Der Rückgewähranspruch fällt weg, wenn der Inhaber einer Sicherungsgrundschuld diese nach dem Sicherungsvertrag ordnungsgemäß zu Verwertungszwecken veräußert;

---

[1] BGH WM 85, 12 = WuB I F 3.–1.85/Westermann.
[2] BGH WM 89, 210 = WuB I F 3.–6.89/Bülow.
[3] BGH WM, 345; MünchKomm/Eickmann, § 1191 Rdn. 95; a. A. Clemente, Die Sicherungsgrundschuld in der Bankpraxis, 1985, Rdn. 177; Reithmann, WM 85, 445; Gaberdiel, Kreditsicherung durch Grundschulden, 5. Auflage, 14.2.4.
[4] BGH WM 88, 564.

dies gilt auch dann, wenn der Sicherungsnehmer später diese Grundschuld zurückerwirbt; der Rückgewähranspurch lebt dann nicht wieder auf[1].

Der Rückgewähranspruch erstreckt sich auf einen entsprechenden Teil des Kaufpreiserlöses, wenn der Gemeinschuldner vor Konkurseröffnung den Rückgewähranspruch an einen Dritten abgetreten hat und das belastete Grundstück freihändig veräußert wird[2]. Übernimmt ein Erwerber eines Grundstücks ein dem Verkäufer von dritter Seite gewährtes Grundschulddarlehen in Anrechnung auf den Kaufpreis, so ist darin die stillschweigende Abtretung des Rückgewähranspruchs an den Erwerber enthalten[3].

Da die Sicherungsgrundschuld sowohl zu den mittelbar als auch zu den unmittelbar verwertbaren Sicherheiten gehört, kann hier der Rückgewähranspruch, der nach Valutierung der Grundschuld als durch das Erlöschen der gesicherten Forderung **aufschiebend bedingt** erscheint[4] und sich im Falle der Abtretung ungehindert durch § 15 KO **auch noch nach Konkurseröffnung** über das Vermögen des Grundstückseigentümers in der Person des Erwerbers **vollenden kann**[5], in dreifacher Weise erfüllt werden. Zum einen kann der Gläubiger eine bloße **Löschungsbewilligung erteilen, die es dem Eigentümer ermöglicht, die Grundschuld aufzuheben oder im Grundbuch löschen zu lassen.** Zum anderen kann der Gläubiger auf sie **Verzicht** leisten, der nicht nur aufgrund des Sicherstellungsvertrages, sondern auch nach den §§ 1169, 1192 BGB vom Eigentümer verlangt werden kann. Der Verzicht läßt eine Eigentümergrundschuld entstehen, die bei nur teilweisem Verzicht den Rang nach der Restgrundschuld des Gläubigers hat. Hinterlegt der Inhaber einer zurückzugewährenden Sicherungsgrundschuld den Grundschuldbrief zu treuen Händen bei einem Notar, so erfüllt der Grundschuldinhaber seine Rückgewährpflicht nicht schon durch die Übersendung des Briefes an den Notar, sondern er muß auch die Abtretung erklären (§§ 1192 I, 1154 I, II BGB) oder die Löschung bewilligen[6].

861 Ferner kann der Rückgewähranspruch durch **Abtretung der Grundschuld** an den Eigentümer erfüllt werden. Die Abtretung läßt ebenfalls eine Eigentümergrundschuld entstehen, die aber bei nur teilweiser Abtretung mangels besonderer Vereinbarung gleichrangig mit der Restgrundschuld des Gläubigers ist. Der Rückgewähranspruch stellt somit ein **Wahlschuldverhältnis mit Wahlrecht des Eigentümers** dar (§§ 262 ff. BGB), das im Fall nicht rechtzeitiger Ausübung auf den Grundschuldgläubiger übergeht (§ 264 BGB).

In der Praxis wird der Inhalt des Rückgewähranspruches allerdings zum Teil durch entsprechende Vereinbarungen eingeschränkt (**Ausschluß der Abtretung**, vgl.

---

[1] BGH NJW 79, 717.
[2] BGH MDR 77, 301.
[3] BGH WM 91, 723.
[4] BGH WM 57, 1448; s. aber Rdn. 204; MünchKomm/Eickmann, § 1191 Rdn. 88.
[5] RG 143, 113, 116; BGH WM 77, 17.
[6] BGH WM 87, 378.

Rdn. 866). Danach steht dem Eigentümer häufig lediglich der Anspruch auf Erteilung einer Löschungsbewilligung zu oder daneben auch der Anspruch auf Verzicht, **während der Anspruch auf Abtretung der Grundschuld jedenfalls ausgeschlossen wird** (die Abtretung wird wirksam, wenn und sobald der Grundschuldgläubiger — Schuldner bezüglich des Rückgewähranspruchs — zustimmt). Ein die Abtretung des Rückgewähranspruchs betreffender Zustimmungsvorbehalt ist jedenfalls dann wirksam, wenn das Grundpfandrecht nicht von dem Grundstückseigentümer gegeben wurde[1]. Daneben behält sich in solchen Vereinbarungen der Grundschuldgläubiger auch das Wahlrecht vor, entweder die Löschung zu bewilligen oder auf die Grundschuld zu verzichten. Ist der Rückgewähranspruch in vorstehender Weise eingeschränkt, so erwirbt der Zessionar durch Abtretung der Rückgewähransprüche nicht das Recht, die Abtretung der Grundschuld an sich zu verlangen. Vielmehr kann er nur verlangen, daß der bisherige Grundschuldgläubiger dem Eigentümer die Löschungsbewilligung erteilt oder — sofern diese Alternative gegeben ist — auf die Grundschuld verzichtet. Steht vereinbarungsgemäß jedoch dem Grundschuldgläubiger das Wahlrecht zu, so muß der Zessionar der Rückgewähransprüche die jeweilige Entscheidung des Grundschuldgläubigers grundsätzlich gegen sich gelten lassen. Der formularmäßige Ausschluß des Rückübertragungsanspruches ist unwirksam, wenn dies nicht für den Fall ausgeschlossen ist, daß im Zeitpunkt der Rückgewähr das Eigentum an dem belasteten Grundstück durch Zuschlag in der Zwangsversteigerung gewechselt hat[2].

Wenn der Grundschuldgläubiger **Löschungsbewilligung** erteilt, rückt der Zessionar der Rückgewähransprüche — wenn er zugleich gleich- oder nachrangiger Grundpfandgläubiger ist — ebenso wie alle anderen gleich- und nachrangigen Grundpfandgläubiger nach entsprechender Löschung auf.

Wenn der Grundschuldgläubiger hingegen den **Verzicht auf die Grundschuld (oder ist der Rückgewähranspurch darauf beschränkt),** so entsteht gem. § 1168 BGB eine Eigentümergrundschuld, die den Rang der bisherigen Grundschuld des Gläubigers hat. Damit hat eine Vereinigung der Grundschuld mit dem Eigentum am Grundstück in einer Person stattgefunden. **Die nach- oder gleichrangigen Grundpfandrechtsgläubiger haben gemäß §§ 179a, 1196 Abs. 3 BGB einen Löschungsanspruch** (bzw. nach altem Recht einen Löschungsanspruch, wenn entsprechende Vormerkung besteht). Für die gleich- und nachrangigen Grundschuldgläubiger besteht also im Ergebnis die gleiche Situation wie bei Erteilung einer Löschungsbewilligung.

Ist der Zessionar der Rückgewähransprüche jedoch nicht auch gleichzeitig ein gleich- oder nachrangiger Grundpfandgläubiger, so ergeben sich in beiden Fällen für ihn jedoch keine Vorteile aus der Löschung der Grundschuld.

**Die Geltendmachung des Anspruches auf Verzicht oder Erteilung der Löschungsbewilligung ist allerdings nicht mehr sinnvoll, wenn der Eigentümer den

---

[1] BGH WM 90, 464; Hadding/van Look; WM 88 Sonderbeil. Nr.17 S.5 (Fn. 36) = WuB I F 3.—7.90/Beckers.
[2] BGH WM 89, 490 = WuB I F 3.—9.89/Rimmelspacher.

Rückgewähranspruch abgetreten oder, ohne dem Erwerber des Grundstückes zugleich den Rückgewähranspruch zu zedieren, das belastete Grundstück veräußert hat. Diese Möglichkeiten kämen dann nur dem Erwerber zugute und nicht dem Rückgewährberechtigten, so daß es für Letzteren in Fällen dieser Art vorteilhafter ist, das Wahlrecht im Sinne der Übertragung der Grundschuld auszuüben. Deren Abtretung kann dann notfalls mit einer Klage, für die der dingliche Gerichtsstand des § 24 ZPO nicht gegeben ist[1], erzwungen werden.

Zwar bedarf es im Fall der Abtretung oder der Erteilung der Löschungsbewilligung einer Mitwirkung (Zustimmung) des Eigentümers, um die Rückgewähr durch Beseitigung des Gläubigerrechts zu vollenden, bei der Abtretung einer Buchgrundschuld oder ihrer Löschung sogar darüber hinaus noch der Eintragung im Grundbuch. Jedoch hat der Rückgewährverpflichtete mit der Erteilung seiner formgerechten Erklärung die geschuldete Leistung bewirkt, mag auch der Leistungserfolg noch nicht eingetreten sein[2].

862 Sofern der Rückgewährberechtigte die Löschung der Grundschuld wünscht, tritt in der Praxis durch Parteivereinbarung an die Stelle der Löschungsbewilligung häufig eine **löschungsfähige Quittung,** auch wenn nicht auf die Grundschuld selbst, sondern auf die gesicherte Forderung gezahlt worden ist. Die sachlich unrichtige, aber unschädliche Quittung hält dem Eigentümer die Möglichkeit offen, anderweitig über die Grundschuld zu verfügen, statt sie löschen zu lassen. Dabei verzichtet man freilich auf einen Vorzug der bloßen Löschungsbewilligung, der darin besteht, daß im Fall einer erneuten Kreditaufnahme beim bisherigen Gläubiger die Grundschuld dem neueren Sicherungszweck durch einfache Rückgabe oder Vernichtung der Löschungsbewilligung wieder dienstbar gemacht werden kann.

863 Tritt mit dem **Zuschlag im Zwangsversteigerungsverfahren** an die Stelle der rückgewährpflichtigen Grundschuld deren Versteigerungserlös, so hat der Eigentümer kraft des Sicherungsvertrages **Anspruch auf den vom Gläubiger nicht benötigten Erlösanteil**[3]. Für den Gläubiger erwächst daraus aber nicht dem Eigentümer gegenüber die Verpflichtung, den Übererlös im Versteigerungsverfahren zu liquidieren. **Denn jeder von einem Berechtigten nicht beanspruchte Erlösanteil fällt kraft des Verzichts ohnehin an den Eigentümer**[4], auch kann der Eigentümer schon innerhalb des Verfahrens die Zuteilung des dem Gläubiger nicht gebührenden Erlösanteils an sich selbst durchsetzen, es sei denn, daß es sich um Zinsen der Grundschuld handelt (§ 1187 Abs. 2).

Tritt an Stelle des Darlehensschuldners und Bestellers einer Grundschuld ein Dritter nach Erwerb des belasteten Grundstücks mit Zustimmung des Gläubigers in das

---

[1] BGH 54, 201.
[2] Vgl. BGH 2, 369.
[3] BGH WM 92, 566 = WuB I F 3.—9.92/Bruchner/Ott; RG 78, 60; BGH NJW 77, 245.
[4] Rdn. 878; vgl. dagegen Rdn. 865, 866 für den Fall der Abtretung des Rückgewährungsanspruches.

Kreditverhältnis ein, so wird er nicht nur alleiniger persönlicher Schuldner, sondern er erwirbt auch den durch den Wegfall des Sicherungszwecks aufschiebend bedingten Anspruch auf Rückgewähr der Grundschuld. Hinsichtlich des nicht mehr valutierten Teils einer Grundschuld entfällt der Sicherungszweck, es entsteht dann der Anspruch auf Rückgewähr eines entsprechenden rangletzten Teils der Grundschuld, wenn das Kreditverhältnis wirksam gekündigt worden ist[1].

Der Rückgewähranspruch kann durch eine **Vormerkung** (s. dazu Rdn. 303) gesichert werden. Dies hat, wenn die Vormerkung nicht auf einer einstweiligen Verfügung beruht (§ 885 BGB), zur Voraussetzung, daß der Grundschuldgläubiger sie bewilligt, wozu er rechtlich nicht verpflichtet und selten bereit ist[2]. Wenn aber vor Eintragung einer solchen Vormerkung der Gläubiger unter Verletzung seiner Rückgewährpflicht über die Grundschuld zugunsten eines Dritten verfügt, der von dem Rückgewähranspruch nichts weiß, so versagt der Anspruch dem Dritten gegenüber. **Nur wenn dem Dritten beim Erwerb der Grundschuld bekannt ist, daß die gesicherte Forderung nicht (mehr) besteht, kann er die Grundschuld nicht nur nicht gegen den Eigentümer geltend machen** (s. Rdn. 663), sondern er ist darüber hinaus dem Eigentümer (zwar nicht zur Übertragung der Grundschuld, wohl aber) **zum Verzicht auf sie bzw. auf ihren Versteigerungserlös oder zur Erteilung einer Löschungsbewilligung verpflichtet**[3] (§§ 1157, 1169, 1192 BGB). 864

Für das bereits angeschnittene Problem der **teilweisen Rückgewähr** (s. Rdn. 204) ist bei der Sicherungsgrundschuld bedeutsam, daß hier ersichtlich nur das Verhältnis zwischen Grundschuldbetrag und Höhe der gesicherten Forderung, nicht aber der Sicherungswert der Grundschuld eine Rolle spielt. Wenn also mit einer künftigen Erhöhung der gesicherten Forderung, etwa durch Zinsenlauf, nicht (mehr) zu rechnen ist, bedarf der Sicherungsnehmer keiner Marge. Daher hat er nach Treu und Glauben den nicht (mehr) benötigten (rangletzten) Teil der Grundschuld zurückzugewähren, wenn und sobald dieser Teil groß genug ist, um dem Sicherungsnehmer die Erstellung der zur Rückgewähr erforderlichen Urkunden und gegebenenfalls die Mitwirkung bei der Bildung eines **Teilbriefes** zumuten zu können[4]. Solange aber die Höhe der gesicherten Forderung nicht endgültig feststeht, kann der Sicherungsgeber eine Teilrückgewähr nur verlangen, wenn eine **unangemessene Überdeckung** eingetreten ist (s. Rdn. 282). Bis dahin hat derjenige, der mehrere Grundschulden zur Sicherung derselben Forderung bestellt hat, keinen Anspruch auf Rückgewähr einer bestimmten der mehreren Grundschulden, die sich betragsmäßig mit einer Teilrückzahlung deckt[5]. 865

Die teilweise Tilgung der gesicherten Forderung läßt allerdings, wenn damit der Sicherungszweck endgültig entfällt, einen Anspruch auf Rückgewähr eines entspre-

---

[1] BGH WM 86, 763.
[2] OLG Düsseldorf NJW 57, 1282; OLG Celle NJW 57, 1481.
[3] BGH WM 64, 268.
[4] Vgl. BGH WM 67, 566.
[5] LG Ravensburg WM 71, 266.

Sicherungsgrundschuld

866 chendes Teiles der Grundschuld aus[1]. Die **Abtretung des Rückgewähranspruches,** die als solche übrigens den Zessionar im Rahmen des Abtretungsvertrages nicht mit dinglicher Kraft auf eine der drei Wahlleistungen (s. oben Rdn. 859) beschränken kann, ist im bankgeschäftlichen Verkehr ein alltäglicher Vorgang (vgl. dazu Rdn. 210). Sie kann allerdings daran scheitern, daß der Anspruch, wie so häufig, bereits anderweitig abgetreten ist oder daß er durch Vertrag zwischen Gläubiger und Eigentümer gemäß § 399 BGB unabtretbar gemacht (vgl. Rdn. 134)[2] oder vor der Abtretung wirksam auf die Erteilung der Löschungsbewilligung beschränkt wird, an der ein Zessionar normalerweise kein Interesse hat. Sollte letzteres ausnahmsweise doch einmal der Fall sein, ist dem Zessionar zu empfehlen, sich schon im Abtretungsvertrag vom Eigentümer ermächtigen zu lassen, die zur Löschung erforderliche Erklärung des Eigentümers in dessen Namen abzugeben. Neuerdings wird in der Praxis die Abtretung häufig von der Zustimmung des Rückgewährschuldners abhängig gemacht. Bis zur Erteilung der Genehmigung kann der Rückgewähranspruch von einem Dritten gepfändet werden (ein mit einem **Abtretungsverbot** versehenes Recht kann gepfändet werden) mit der Konsequenz, daß mit Genehmigung der Abtretung der Zessionar zwar den Rückgewähranspruch erhält, aber belastet mit dem Pfändungspfandrecht. Der Rückübertragungsanspruch kann im voraus abgetreten werden[3].

Mit der Abtretung geht das Wahlrecht in der Regel auf den Zessionar über, der es durch Erklärung gegenüber dem Rückgewährpflichtigen ausübt. Darin, daß der Zessionar des Rückgewähranspruchs sein eigenes Grundpfandrecht auf einen Dritten überträgt, liegt noch keine Weiterabtretung des Rückgewähranspruches, wohl aber in der Rückübertragung des Grundpfandrechts auf den Eigentümer. Die **Veräußerung des Grundstücks** schließt die Abtretung des Rückgewähranspruches selbst dann nicht ein, wenn der Erwerber die Grundschuld übernimmt[4]. Doch kann ihm der Anspruch gesondert, auch stillschweigend übertragen werden. **Man wird im allgemeinen solche Übertragung als vom Parteiwillen umfaßt unterstellen dürfen, wenn der Grundstückserwerber die durch die Grundschuld gesicherte Verbindlichkeit übernommen hat,** mag sie auch geringer sein als der Grundschuldbetrag. Denn tilgt der Erwerber die Verbindlichkeit, muß er in aller Regel auch Anspruch auf Rückgewähr der Grundschuld haben. Das gleiche ist anzunehmen, wenn weder die Verbindlichkeit vom Grundstückserwerber übernommen noch die Grundschuld auf den Kaufpreis angerechnet worden ist. **In diesem Fall muß dem Erwerber, da er den vollen Kaufpreis entrichtet hat, die Grundschuld gebühren, wenn und sobald die gesicherte Forderung erlischt.** Nur wenn ausnahmsweise die gesicherte Verbindlichkeit beim Verkäufer geblieben und gleichwohl die Grundschuld auf den Kaufpreis angerechnet worden ist, hat im Zweifel der Veräußerer nach wie vor den Rückgewährspurch, so daß er, wenn er die gesicherte Forderung getilgt hat, mit

---

[1] BGH WM 90, 423.
[2] Als Verfügungsbeschränkung eintragbar, Palandt/Bassenge, § 1191 Rdn. 25.
[3] BGH WM 85, 12; OLG Schleswig WM 85, 700.
[4] BGH WM 58, 932.

Hilfe der Grundschuld den verrechneten Kaufpreisteil vom Erwerber wieder vereinnahmen kann. Solange aber der Erwerber des Grundstückes nach dem Gesagten nicht auch den Rückgewähranspruch erlangt hat, kann er aus dessen Bestehen dem jeweiligen Grundschuldgläubiger gegenüber keine Einwendungen herleiten, weil das dingliche Recht des Gläubigers von einem Schuldverhältnis zwischen ihm und einem Dritten nicht berührt wird.

Während also derjenige, der sich vom Grundstückserwerber den Rückgewähranspruch abtreten läßt, das Gläubigerrecht des Zedenten nach Maßgabe vorstehender Ausführungen sorgfältig prüfen muß, bleibt dem rückgewährpflichtigen Grundschuldgläubiger die Prüfung der Rechtslage regelmäßig erspart: **Er braucht erst und nur dann an den Grundstückserwerber zurückzugewähren, wenn er ausreichend über die Berechtigung des Erwerbers, die Rückgewähr zu verlangen, informiert worden ist (§ 407 BGB).** Nach **Kenntnis von der Abtretung** freilich darf er nach allgemeinen Grundsätzen den Anspruch nicht mehr beeinträchtigen. Daher darf er auch wie bei jeder offenen Zession des Rückgewähranspruches weder auf die Grundschuld selbst noch im Zwangsversteigerungsverfahren, gleichgültig wer es betreibt oder wer Schuldner der gesicherten Forderung ist, auf den Erlös verzichten, der auf den nichtvalutierten Teil der Grundschuld entfällt, denn der Verzicht läßt Grundschuld und Erlös an den Eigentümer (Zedenten) fallen und macht den Grundschuldgläubiger gegenüber dem Zessionar schadensersatzpflichtig. Der rückgewährpflichtige Gläubiger muß also den Erlös in voller Höhe liquidieren, mag auch die gesicherte Forderung streitig oder geringer sein als der Erlös, und darf auch **Zinsansprüche** nicht verfallen lassen[1]. Doch stellt seine Erklärung, den auf die Grundschuld entfallenden Erlösanteil nicht beanspruchen zu wollen, noch keinen Verzicht im Rechtssinne dar. Sie hat nur zur Folge, daß der Erlös für den Gläubiger **hinterlegt** wird[2]. Der **Hinterlegung** kann der Zessionar des Rückgewähranspruches durch Widerspruch gegen den Teilungsplan entgegentreten[3].

867

868

Haben die Parteien keinen Hebungsverzicht vereinbart, wird in der Rechtssprechung und Literatur auf die **Treue- und Interessenwahrungspflicht** des Grundschuldgläubigers hingewiesen[4]. Strittig ist aber, ob aufgrund der Treue- und Interessenwahrungspflicht für den Grundschuldgläubiger die Verpflichtung besteht, nicht benötigte „Altzinsen" anzumelden[5]. Zu unterscheiden ist, ob die **Rückgewähransprüche** an einen Dritten abgetreten worden waren oder nicht. Da der Eigentümer (nach Verzicht oder Abtretung) aus einer Eigentümergrundschuld selbst keine Zinsen verlangen kann

---

[1] A. A. NJW 80, 1051; OLG München — wonach Zinsen nicht liquidiert werden müssen —; vgl. auch Stor ZIP 80, 512; Lwowski, Akutelle Probleme des Kreditsicherungsrechts, RWS-Skript 133, 1985, S. 154.
[2] RG 78, 60; RG JW 31, 2733; 32, 1551; BGH WM 60, 1092; Storz, ZIP 80, 512.
[3] LG Berlin JW 35, 2079; str.
[4] Vgl. RGZ 76, 345; BGH WM 62, 183; Storz, ZIP 80, 512.
[5] OLG München, Urteil v. 10.7.79 — 27 U 220/79; Dassler-Schiffhauer-Gerhardt, § 14 Anm. 6 lehnen die Anmeldungspflicht ab; a. A. Eckelt WM 80, 454.

(§§ 1178 Abs. 1, 1197 Abs. 2 BGB), kann er keinen Schadensersatz verlangen, wenn nicht benötigte Zinsen nicht angemeldet werden. Sind demgegenüber die Rückgewähransprüche abgetreten, macht sich der Grundschuldgläubiger unter Umständen schadensersatzpflichtig, wenn er die Zinsen nicht anmeldet, wobei die entsprechenden Ansprüche mit den Rückgewähransprüchen dem Zessionar zustehen. Allerdings kann der Grundschuldgläubiger seine Treue- bzw. Interessenwahrnehmungspflicht dadurch erfüllen, daß er gegenüber dem Vollstreckungsgericht einen Hebungsverzicht ausspricht und dem Eigentümer oder den Zessionar der Rückgewähransprüche über den Versteigerungstermin, den Umfang seines dinglichen Rechts und die Höhe des frei gewordenen Erlösanteils unterrichtet. Der Rückgewährberechtigte kann sich dann um die eigene Einziehung kümmern. Diese Auffassung wird auch durch das Reichsgericht[1] gestützt, das dem Sicherungszessionar einer Hypothek nur die Pflicht auferlegt hat, dem Zedenten die Einziehung zu ermöglichen[2]. Nach dieser Auffassung kann der Grundschuldgläubiger vom Zuschlag an seinen Erlösanspruch willentlich aufgeben (durch Abtretung, Verzicht oder Aufhebung). Bis zu diesem Zeitpunkt bleibt aber der Grundschuldgläubiger Berechtigter des Erlösanspruches. Er kann deshalb auch nicht den auf seine Grundschuld entfallenden Versteigerungserlös dem Vollstreckungsgericht zur Verfügung stellen mit der Folge, daß dieses dem Gläubiger des Rückgewähranspruches ermittelt.

869 Auf der anderen Seite macht sich der Eigentümer als Zedent des Rückgewähranspruches schadensersatzpflichtig, wenn er die Rückgewähr an den Zessionar dadurch vereitelt, daß er die Grundschuld durch Ablösung (nach Rdn. 879) zur Eigentümergrundschuld werden läßt (beachte aber den gesetzlichen Löschungsanspruch Rdn. 871 ff.) oder mit dem von der Abtretung nicht benachrichtigten Grundschuldgläubiger nachträglich eine Revalutierung oder die Umwandlung der Grundschuld in eine Hypothek vereinbart. **Eine von vornherein vertraglich vorgesehene Revalutierung der Grundschuld bleibt dem Eigentümer unbenommen** (s. Rdn. 204).

870 Beispiel:
Hat A dem B eine Sicherungsgrundschuld bestellt, so kann sich A nicht nur gegenüber B, sondern im Falle einer mißbräuchlichen Zession der Grundschuld von B an C auch gegenüber C auf das etwaige Erlöschen der gesicherten Forderung berufen, sofern C beim Erwerb der Grundschuld das Erlöschen kannte, also bösgläubig war. A kann dann von C sogar den Verzicht auf die Grundschuld verlangen (s. Rdn. 663). Veräußert A das belastete Grundstück an D, so kann sich D weder gegenüber B noch — nach erfolgter Abtretung der Grundschuld an C — gegenüber C, mach dieser gutgläubig oder bösgläubig sein, auf das Erlöschen der Forderung berufen, es sei denn, A habe seinen Anspruch gegen B auf Rückgewähr der Grundschuld ebenfalls auf D übertragen. Fehlt es hieran, so ist D, wenn er auf den vollen Grundschuldbetrag in Anspruch genommen wird, auf seinen etwaigen

---
[1] RGZ 76, 347.
[2] Vgl. Storz ZIP 80, 514; diese Auffassung ist nicht unumstritten, vgl. Stöber, ZIP 80, 833.

internen Regreßanspruch gegen A beschränkt; A seinerseits kann infolge der Veräußerung des Grundstücks an D die Rückgewähr der Grundschuld von B bzw. C nicht mehr in der Form des Verzichts auf sie, sondern nur noch in der Form der Rückabtretung verlangen, denn der Verzicht würde die Grundschuld nicht ihm (A), sondern dem D als derzeitigem Grundstückseigentümer verschaffen. Entsprechendes muß gelten, wenn der Besteller der Grundschuld von vornherein nicht mit dem Grundstückseigentümer identisch war, also ein fremdes Grundstück (s. dazu Rdn. 761)[1] belastet hat.

Der Anspruch des Eigentümers auf Verzicht oder Aufhebung der Sicherungsgrundschuld richtet sich zunächst nur gegen den Grundschuldgläubiger, mit dem die Sicherungsabrede getroffen worden war. Mit der Abtretung der Grundschuld wird nicht stillschweigend auch die Verpflichtung aus der Sicherungsabrede übernommen. Allerdings kann der Grundschuldbesteller die Einrede aus §§ 1102, 1169 BGB unter den Voraussetzungen der §§ 1192, 1157 BGB auch gegenüber dem Erwerber geltend machen[2].

Ein **gesetzlicher Übergang des Rückgewähranspruches** oder gar der Grundschuld selbst auf den mit dem Eigentümer nicht identischen persönlichen Schuldner, der die gesicherte Forderung tilgt oder gegen den Eigentümer einen Erstattungsanspruch hat, findet anders als im Hypothekenrecht[3] nicht statt. Da nach geltendem Recht auch eine Verpflichtung des Eigentümers, ihm den Rückgewähranspruch abzutreten, nicht zu begründen sein dürfte[4], sichert der Rückgewähranspruch die Regreßforderung des persönlichen Schuldners nur in dem oben erwähnten Ausnahmefall, daß der persönliche Schuldner ursprünglich Eigentümer d. h. Sicherungsgeber war, und bei der Veräußerung des Grundstücks den Rückgewähranspruch behalten hat.

Aus dem Vorstehenden ergibt sich, daß ein nachgehender Gläubiger sich für den Fall des Erlöschens der gesicherten Forderung die Rangstelle der Grundschuld nicht durch eine **Löschungsvormerkung**, sei es nun eine vertraglich vereinbarte (§ 1179 BGB alter Fassung) oder eine kraft Gesetzes entstandene (§ 1179a BGB neuer Fassung i. V. m. § 1196 Abs. 3 BGB), sichern kann, **denn es findet hier eine Vereinigung der Grundschuld mit dem Eigentum am Grundstück einer Person vorerst nicht statt.** Ein Löschungsanspruch würde dem Berechtigten nichts nützen, da er den Eigentümer nicht zwingen kann, seinerseits den vorgehenden Gläubiger zur Aufgabe der Grundschuld zu veranlassen und diese dadurch zur Eigentümergrundschuld zu machen. Er hat allenfalls einen Schadensersatzanspruch, wenn der Eigentümer seine Löschungsverpflichtung verletzt, indem er den Gläubiger dazu veranlaßt, die Grundschuld an einen Dritten zu zedieren oder indem er seinerseits den Rückgewähranspruch an den Dritten abtritt; eine **Ersatzpflicht des Dritten** kommt nur bei sittenwidrigem Zusammenwirken zwischen ihm und dem Eigentümer zum Nachteil des durch den Löschungs-

871

---
[1] Wegen der Pfändung des Rückgewährsanspruches s. Rdn. 210.
[2] BGH WM 85, 12; WuB I F 3.—1.85/Westermann.
[3] Palandt/Bassenge, § 1191 Rdn. 35.
[4] Vgl. aber Soergel-Baur, § 1191 Rdn. 7.

anspruch Begünstigten in Frage[1]. Hiernach muß der Sicherungsnehmer, wenn nicht der Sachverhalt im einzelnen Fall Veranlassung dazu gibt, die Abrede zwischen dem nachrangigen Gläubiger und dem Eigentümer dahin auslegen, daß dieser beim Wegfall der gesicherten Forderung zur Löschung — und nur zur Löschung — der vorgehenden Grundschuld verpflichtet sein soll[2], und seine Interessen dadurch wahren, daß er sich von vornherein den Anspruch des Eigentümers gegen den Gläubiger der vorrangigen Grundschuld auf Rückgewähr dieser Grundschuld zedieren läßt.

Der **Pfändungsgläubiger** des Rückgewähranspruches des Eigentümers gegen den erstrangigen Grundschuldgläubiger wegen Nichtvalutierung hat einen besseren Rang mit seinem Pfändungspfandrecht bei der Erlösverteilung der Grundstückszwangsversteigerung als ein zweitrangiger Grundschuldgläubiger, auch wenn diesem eine Löschungsvormerkung gegenüber der erstrangigen Grundschuld zusteht. Der Löschungsanspruch gibt nämlich dem Vormerkungsgläubiger wegen der Abstraktheit der Grundschuld kein Recht auf den überschießenden Erlös. Der zweitrangige Grundschuldgläubiger muß sich zum Schutz gegen eine solche Pfändung den Rückgewähranspruch des Eigentümers (vor der Pfändung) abtreten und durch Vormerkung sichern lassen[3].

872 **Anzeige der Zession** an den Grundschuldgläubiger als Drittschuldner ist zweckmäßig (§ 407 BGB) und die Sicherung des Anspruchs durch eine Vormerkung erwünscht, aber in der Praxis, u. a. wegen des damit verbundenen hohen Arbeitsaufwandes für den Drittschuldner, nicht immer durchsetzbar. Mit Rücksicht darauf, daß immer mehr die Abtretung vertraglich ausgeschlossen (§ 399 BGB) oder an die Zustimmung gebunden wird, sollte die Abtretung angezeigt werden, um Klarheit oder die Zustimmung zu erhalten.

873 Auf Grund der Abtretung kann der Zessionar zu gegebener Zeit den Drittschuldner zwingen, die Grundschuld — auch als „angehängte" Sicherheit (s. Rdn. 210) — auf ihn zu übertragen oder den in der Zwangsversteigerung des belasteten Grundstückes liquidierten, aber nicht benötigten Erlösanteil an ihn (Zessionar) auszukehren (vgl. Rdn. 865). Die Abtretung des Rückgewähranspruches führt, auch wenn es sich um mehrere Grundschulden handelt, **nicht zu einer Überdeckung (i. S. v. Rdn. 281)**, da in der Regel z. Zt. der Abtretung noch ungewiß ist, ob es zur Rückgewähr kommen
874 wird; **erst nach erfolgter Rückgewähr an den Zessionar finden die für die Überdeckung entwickelten Grundsätze (vgl. Rdn. 865) Anwendung.**

Anstelle der Abtretung der Grundschuld an den Zessionar kann auch eine **Treuhandvereinbarung** geschlossen werden, nach der die Grundschuld auch für die Forderungen des anderen Gläubigers (Zessionar) dient und der Grundschuldgläubiger die Grundschuld auch für diesen treuhänderisch hält. Eine solche Treuhandvereinbarung

---

[1] BGH WM 55, 912; 57, 979.
[2] RG 85, 89.
[3] BGH WM 75, 385.

wird häufig dann geschlossen, wenn sich nach Anzeige der Abtretung der Rückgewähransprüche erweist, daß diese Abtretung wegen des Ausschlusses der Abtretung der Grundschuld ins Leere geht. Grundsätzlich ergeben sich dabei keine Schwierigkeiten, wenn der Grundstückseigentümer bei Abschluß der Treuhandvereinbarung mitwirkt. Die Rückgewähransprüche werden dann erst fällig, wenn auch die Forderungen des Treunehmers befriedigt sind.

Anderes gilt jedoch, wenn vor Abschluß der Treuhandvereinbarung einem anderen Gläubiger ebenfalls die Rückgewähransprüche abgetreten worden sind und dieser die Zession angezeigt hat. Denn durch die spätere Treuhandvereinbarung, die die Fälligkeit der Rückgewähransprüche hinausschiebt, kann diesem seine durch die angezeigte Zession erworbene Rechtsstellung (Aufrücken nach Lösung) nicht beeinträchtigt werden. Der Schuldner der Rückgewähransprüche würde sich diesem Zessionar zudem schadensersatzpflichtig machen, wenn er dessen Rechtsstellung nach Zessionsanzeige durch Abschluß einer Treuhandvereinbarung mit einem anderen Gläubiger beeinträchtigen würde. Eine solche Treuhandvereinbarung bedarf daher — jedenfalls aus Sicht des Grundschuldgläubigers — der Zustimmung des anderen Gläubigers aus einer Zession, die vor Abschluß der Treuhandvereinbarung angezeigt worden ist. Dies gilt auch dann, wenn die Treuhandvereinbarung dazu bestimmt ist, eine der anderen Abtretung gegenüber vorrangige, aber unter obigen Voraussetzungen ins Leere gegangenen Zession der Rückgewähransprüche zu „heilen". Denn beide Zessionen kollidieren tatsächlich nicht, wie im Fall der Abtretung der Ansprüche auf Abtretung der Grundschuld, sondern gehen auf das gleiche: die Löschung der Grundschuld und damit das Aufrücken der jeweiligen Grundpfandrechte unter Beibehaltung ihres Rangverhältnisses untereinander. Ungeachtet der Frage der Priorität dieser Zession kommt es für obige Frage daher nur darauf an, ob die Zession des anderen Gläubigers vor Abschluß der Treuhandvereinbarung dem Grundschuldgläubiger angezeigt worden ist. Unabhängig von dem Tatbestand der Anzeige der Zession stellt sich zwar auch die Frage, ob der Eigentümer und Zedent dem Zessionar der Rückgewähransprüche gegenüber berechtigt ist, zugunsten eines anderen Gläubigers eine entsprechende Treuhandvereinbarung über die Grundschuld abzuschließen. Daraus ergeben sich jedoch lediglich Regreßansprüche des Zessionars gegenüber dem Eigentümer und Zedenten, die hier außer acht gelassen werden können.

Die **Rechte** des Grundschuldgläubigers werden durch die Abtretung des gegen ihn gerichteten Rückgewähranspruchs **nicht beeinträchtigt.** Bei weiterer Zweckerklärung kann auch revalutiert werden, sofern zum Zeitpunkt der Neukreditgewährung die Rückgewährreife noch nicht eingetreten ist (d. h. noch eine zu sichernde Forderung besteht). Das dem Sicherungsgeber zuständige **Recht auf Kündigung** der (weiteren) Sicherungszweckvereinbarung steht nicht dem Rückgewährzessionar zu[1]. Auch eine

---
[1] Scholz in Festschrift für Möhring, 1965, S. 438; s. auch Gaberdiel, Kreditsicherung durch Grundschulden, 5. Aufl., 14.4.3., der allerdings auch dem Sicherungsgeber — zu Unrecht — nur ein Kündigungsrecht aus wichtigem Grund zubilligt.

völlige **Neuvalutierung** ist zulässig, wenn der Grundschuldgläubiger von der Abtretung der Rückgewähransprüche nichts weiß (§ 407 BGB).

b) Übergang der gesicherten Forderung

875 Der **Übergang der gesicherten Schuld** auf einen neuen Schuldner wie auch der Übergang der gesicherten Forderung auf einen anderen Gläubiger berühren die Grundschuld nicht, wenn es sich jeweils um eine Gesamtnachfolge handelt[1]. Eine Schuldübernahme jedoch, der der Inhaber des Rückgewähranspruches nicht zugestimmt hat, löst nur dessen Rückgewähranspruch aus; sie hat nicht entsprechend § 148 BGB (s. Rdn. 225) die Fiktion eines Verzichts auf die Grundschuld zur Folge[2], gibt aber bei einer Gesamtgrundschuld dem Eigentümer eines der belasteten Grundstücke in Ermangelung seiner Zustimmung den Anspruch, daß ihm die Grundschuld durch Verzicht auf sie an seinem Grundstück zurückgewährt werde. Andererseits kann sich der Gläubiger, der die gesicherte Forderung mit der Grundschuld an einen Dritten abtritt, gegen das Risiko der Weiterhaftung (vgl. dazu Rdn. 230) für den Rückgewähranspruch dadurch abschirmen, daß er gem. § 328 BGB den Zessionar zur Rückgewähr gegenüber dem Grundstückseigentümer verpflichtet und ihn veranlaßt, diese Verpflichtung durch eine Vormerkung zu sichern. Für den Sonderfall einer mit dem Erwerb des belasteten Grundstücks verbundenen Schuldübernahme gilt § 416 BGB entsprechend (vgl. dazu Rdn. 832).

876 **VI. Verwertung**

1. Allgemeines

877 Bis zur **Verwertungsreife** ist dem Grundschuldgläubiger jeder Zugriff auf das belastete Grundstück verwehrt, es sei denn, daß eine Verschlechterung des Grundstückes oder des haftenden Zubehörs die Bonität der Grundschuld gefährdet. In dem Fall finden die diesbezüglichen Ausführungen zur Hypothek entsprechende Anwendung (vgl. Rdn. 825). Ebensowenig ist dem Gläubiger die unmittelbare Verwertung des Sicherungsrechts durch Veräußerung (Abtretung) der Grundschuld an einen Dritten erlaubt. Da aber solches Vorgehen dem Gläubiger, wenn auch unter Verletzung seiner Treuhandpflichten, rechtlich jederzeit möglich ist (s. Rdn. 19), sieht sich der Eigentümer mitunter veranlaßt, sich gegen das Risiko einer **treuwidrigen Abtretung** abzuschirmen. Er kann sich zu diesem Zweck zunächst seinen Rückgewähranspruch durch eine Vormerkung sichern lassen[3]. **Er kann aber auch die Grundschuld durch Ver-**

---

[1] S. Rdn. 223; wegen der Übernahme der Schuld durch einen neuen Schuldner im Wege der vertraglichen Schuldübernahme wird auf die Ausführungen zu Rdn. 224, 226 verwiesen; wegen des Übertragens der Forderung auf einen anderen Gläubiger durch Abtretung der Forderung auf die Ausführungen zu Rdn. 227, 229, 230.
[2] A. A. BGH WM 66, 577.
[3] Vgl. dazu Palandt/Bassenge, § 1191 Rdn. 25 m. w. N.

trag mit dem Gläubiger gem. §§ 399, 413 BGB unabtretbar machen (s. Rdn. 134); wird diese Vereinbarung im Grundbuch eingetragen, wirkt der Ausschluß der Abtretbarkeit jedem Erwerber der Grundschuld gegenüber[1].

Der Eigentümer kann schließlich mit dem Gläubiger vereinbaren, daß die Grundschuld durch Veräußerung vor Verwertungsreife **auflösend bedingt** sein soll, so daß die Grundschuld mit dem Eintritt der Bedingung erlischt; auch diese Vereinbarung kann durch Eintragung im Grundbuch **verdinglicht werden**. Dagegen ist es rechtlich nicht möglich, die sog. Einrede der Nichtvalutierung zum Inhalt der Grundschuld zu machen, also die Grundschuld mit der Maßgabe zu bestellen, daß der Eigentümer aus dem Grundstück nur zu zahlen brauche, was auf Grund der gesicherten Forderung geschuldet werde, denn die Forderung gehört nicht zum Rechtsinhalt der Grundschuld[2]. Eine Abrede, daß die Grundschuld nur zusammen mit der gesicherten Forderung abgetreten werden dürfe, ist zulässig, aber nicht eintragungsfähig und daher gegenüber einem gutgläubigen Erwerber einer Grundschuld ohne Wirkung[3]. Von der Verwertung der Grundschuld ist die (z. B. durch den Konkursverwalter vorgenommene) freihändige Verwertung[4] zu unterscheiden. Zu beachten ist auch die Tilgungsreihenfolge bei mehreren Krediten und mehreren Grundschulden[5].

Die Bank ist auch zum **freihändigen Verkauf** der Grundschuld berechtigt, wenn sie die gesicherte Forderung gegen ihren Kunden mitverkauft, so daß also die Grundschuld auf den Erwerber nur als Sicherung für die verkaufte Forderung übergeht. Die Bank sollte zur Vorsicht das Grundpfandrecht nur zu einem Nennbetrag der gesicherten Forderung auf den Käufer übertragen; den Rest der Grundschuld hat sie an den Sicherheitenbesteller zurückzutreten oder löschen zu lassen, es sei denn, die Rückgewähransprüche stehen einem Dritten zu. Strittig ist, ob die Bank das Grundpfandrecht zuzüglich einer angemessenen Marge übertragen darf. Nach Huber[6] ist dies unzulässig, da die Übersicherung bei Sicherungsgeschäften nur dazu diene, den Sicherungsnehmer davor zu schützen, daß die Sicherheit sich bei der Verwertung als zu niedrig erweise. Soweit aber die Sicherheit nicht mehr als Deckung für die Forderung benötigt werde, müsse sie dem Sicherungsgeber zurückgewährt werden. Eine Weitergabe der „Übersicherungsmarge", die ihr selbst eingeräumt worden sei, an den Erwerber, sei nicht zulässig. Zu beachten ist ferner in diesem Zusammenhang, daß bei Verkauf der Grundschuld und Forderung zusammen ein etwaiger Ausfall vom Sicherungsnehmer getragen werden muß, da er ja sowohl die Grundschuld als auch die Forderung verloren hat[7] (vgl. auch Rdn. 892).

---

[1] OLG Hamm NJW 68, 1289.
[2] KG JW 32, 1759; Palandt/Bassenge, § 1191 Rdn. 18.
[3] Vgl. Palandt/Bassenge, § 1191 Rdn. 19 i. V. m. 13.
[4] BGH WM 87, 853 zur Frage der Mehrwertsteuer.
[5] BGH WM 87, 1213.
[6] Huber, Sicherungsgrundschuld, Abhandlung zum Arbeits- und Wirtschaftsrecht, Bd. 15, S. 244.
[7] Huber, a. a. O.; vgl. auch BGH WM 86, 1386.

Von dem Verkauf von Forderung und Grundschuld zusammen, ist der Verkauf nur der Grundschuld zu unterscheiden. Dazu wird der Gläubiger nur berechtigt sein, wenn der Sicherungsgeber zustimmt, da dem Sicherungsgeber Nachteile drohen[1].

Erklären sich Grundpfandgläubiger mit der **Verwertung** des Zubehörs einverstanden, so liegt darin kein Verzicht auf das dem Gläubiger zustehende Absonderungsrecht[2].

2. Verzicht und Abtretung

878 Die Sicherungsgrundschuld gehört sowohl zu den **mittelbar als auch zu den unmittelbar verwertbaren Sicherheiten** (vgl. Rdn. 24—26). Daher kann der Gläubiger sie zum einen aufgeben, indem er durch einseitige Erklärung dem Eigentümer oder Grundbuchamt gegenüber auf sie verzichtet, und der **Verzicht** eingetragen wird (s. Rdn. 232, 233). Die Grundschuld geht dann als Eigentümergrundschuld auf den Eigentümer über (§§ 1168, 1192 BGB), bei nur teilweisem Verzicht gem. § 1176 BGB mit dem Rang nach der Restgrundschuld des Gläubigers. Er kann sie aber auch dadurch **zurückgeben,** daß er sie an den Eigentümer abtritt (s. Rdn. 232, 234), bei teilweiser Abtretung mangels besonderer Abrede zu gleichem Rang mit der Restgrundschuld. Im Falle des Verzichts **nach Eröffnung des Konkursverfahrens** über das Vermögen des Eigentümers hängt die Entscheidung der Frage, ob das Eigentümerpfandrecht Neuerwerb des Gemeinschuldners ist, oder ob es zur Konkursmasse gehört, davon ab, ob der Gläubiger zugunsten des Gemeinschuldners oder ob er zugunsten der Masse verzichtet.

Der nach dem Zuschlag im Zwangsversteigerungsverfahren formlos zulässige Verzicht auf das Recht der Beteiligung am Versteigerungserlös hat zur Folge, daß dieses Recht auf den letzten Eigentümer vor dem Zuschlag übergeht, sofern es sich um einen echten Verzicht und nicht nur um eine zur Hinterlegung führende Erklärung handelt[3].

Der Einfluß einer **Löschungsvormerkung** bzw. des gesetzlichen Löschungsanspruches auf die Eigentümergrundschuld und auf den an die Stelle der Eigentümergrundschuld getretenen Versteigerungserlös ist bereits dargestellt worden (s. dazu Rdn. 809, 812). Hinsichtlich der Rechtslage bei einer Gesamtgrundschuld und des auch hier vorhandenen Unterschiedes zwischen einem Verzicht auf die Grundschuld und ihrer gänzlichen Aufhebung, insbesondere der pfandfreien Abschreibung eines Trennstücks, wird auf die entsprechend anwendbaren Ausführungen zu Rdn. 826 verwiesen[4]; jedoch findet bei Mithaftverzicht in bezug auf nur eines von mehreren mit einer Gesamtgrundschuld belasteten Grundstücke der § 1165 BGB (s. Rdn. 794, 797) keine analoge Anwendung[5].

---

[1] Gaberdiel, Kreditsicherung durch Grundschulden, 5. Aufl., 27.2; Serick, Bd. III, S. 524; a. A. MünchKomm/Eickmann, § 1191 Rdn. 59.
[2] BGH WM 80, 1383.
[3] Vgl. Rdn. 750, 751; BGH 39, 242.
[4] BGH WM 66, 577.
[5] BGH 52, 93; str.

3. Ablösung

Der Realisierung der Grundschuld kann der Eigentümer und jeder andere, der durch die Realisierung ein Recht an dem Grundstück verlieren würde, durch **Befriedigung des Grundschuldgläubigers**, sei es auch nur in Höhe eines der geringeren Forderung entsprechenden Betrages, vorbeugen. Der Eigentümer, der zugleich persönlicher Schuldner ist, kann bei ablösender Zahlung, die auch noch im Zwangsversteigerungsverfahren an das Gericht erfolgen kann (s. Rdn. 256), **jedoch nicht mehr nach Zuschlag** im Verteilungsverfahren, Zug um Zug Herausgabe einer löschungsfähigen Quittung verlangen (vgl. dazu Rdn. 805, ferner Rdn. 241, 242). In diesem Falle der Ablösung durch den Eigentümer geht die Grundschuld in Höhe der Ablösung als Eigentümergrundschuld auf den Ablösenden über[1], die persönliche Forderung erlischt[2]. **Löst ein Dritter** bzw. der mit dem Schuldner nicht identische Eigentümer **ab**, so erwirbt er mit der Grundschuld einen Anspruch auf Abtretung der gesicherten Forderung[3]; für den Eigentümer soll dies jedenfalls dann gelten, wenn er einen Rückgriffsanspruch gegen den Schuldner hat[4]. Löst ein nachrangiger Grundpfandrechtsgläubiger ab (§ 268 BGB), geht das Grundpfandrecht kraft Gesetzes über (§§ 268, 1150, 1157, 1192 BGB); ein gutgläubiger Erwerb frei von Einreden, die der Eigentümer dem bisherigen Gläubiger entgegensetzen konnte, scheidet aus[5].

Die obigen Ausführungen gelten auch für die **Ablösung einer Gesamtgrundschuld** mit der Maßgabe, daß, wenn nur einer der mehreren Eigentümer der belasteten Grundstücke die Ablösungssumme zahlt, die Grundschuld an seinem Grundstück zur Eigentümergrundschuld wird, während sie an den übrigen Grundstücken erlischt, wenn nicht der zahlende Eigentümer gegen den Eigentümer eines der anderen Grundstücke einen vertraglichen Ersatzanspruch hat[6].

Stets ist die Ablösung der Grundschuld selbst scharf zu trennen von der Befriedigung des Gläubigers der gesicherten Forderung. Die Tilgungsbestimmung des Grundstückseigentümers ist für die Erfüllungswirkung auch dann maßgebend, wenn die Grundschuld Forderungen gegen verschiedene Schuldner sichert[7].

Die **Tilgung der gesicherten Forderung** hat eine wesentlich andere Rechtswirkung als **die Ablösung der Grundschuld, denn im letzteren Fall entsteht eine Eigentümergrundschuld, im ersteren dagegen nicht**[8], sondern ein Anspruch auf Rück-

---

[1] KG JW 38, 1257; BGH NJW 76, 2340; zur Eigentümergrundschuld vgl. Rdn. 794, 797, ferner RG 78, 68.
[2] Str., vgl. Palandt/Bassenge, § 1191 Rdn. 32 m. w. N.
[3] S. Rdn. 245; h. M.; BGH WM 86, 288; RG 150, 374; BayObLG 73, 143.
[4] Vereinzelt wird auch ein gesetzlicher Forderungsübertrag analog § 426 Abs. 2 BGB angenommen, vgl. Palandt/Bassenge, § 1191 Rdn. 33 m. w. N. Rehbein WuB I F 3.–4.86.
[5] BGH WM 86, 293; Rehbein in WuB I F 3.–8.89; Reinicke/Tiedtke, WM 86, 813; a. A. Rimmelspacher, WM 86, 809; Canaris NJW 86, 1488.
[6] Insoweit sind die Ausführungen zu Rdn. 831 entsprechend anwendbar.
[7] BGH WM 89, 1208, 87, 1213; 83, 953.
[8] BGH WM 67, 955; Palandt/Bassenge, § 1191 Rdn. 32.

Sicherungsgrundschuld

gewähr der Grundschuld. Um eine **Ablösung** der Grundschuld (vgl. § 1142 BGB) wird es sich in aller Regel handeln, **wenn der zahlende Eigentümer nicht zugleich persönlicher Schuldner ist,** es sei denn, daß seine Zahlungen kraft besonderer Abrede bis zur völligen Befriedigung des Sicherungsnehmers überhaupt nur als bloße Sicherheitsleistungen gelten sollen. Dagegen bedarf es, **wenn der Eigentümer zugleich persönlicher Schuldner ist,** jeweils der Klärung, ob der zahlende Eigentümer die gesicherte Forderung tilgen oder ob er die Grundschuld als solche ablösen wollte[1]. Das hat erhebliche praktische Bedeutung:

Hat z. B. ein Gläubiger des Eigentümers dessen Anspruch auf Rückgewähr der Grundschuld für den Fall der Erledigung des Sicherungszweckes gepfändet, löst aber der Eigentümer demnächst die Grundschuld ab, so entsteht eine Eigentümergrundschuld, auf die sich die Pfändung nicht bezieht, und die damit ins Leere geht; hat andererseits der Gläubiger seine Pfändung auf die angebliche, durch die Zahlung seines Schuldners entstandene Eigentümergrundschuld gerichtet, stellt sich aber heraus, daß der Schuldner nicht die Grundschuld abgelöst, sondern lediglich den gesicherten Anspruch erfüllt hat, so erweist sich die Pfändung wiederum als gegenstandslos.

Ein weiteres Beispiel:

Besteht für einen nachgehenden Grundpfandgläubiger bei der Grundschuld ein **gesetzlicher Löschungsanspruch nach § 1179a BGB neuer Fassung oder** hat er sich eine **Löschungsvormerkung nach § 1179 a. F. BGB** eintragen lassen, tilgt aber der Eigentümer demnächst nur die gesicherte Forderung, so kommt dem Vormerkungsberechtigten die Zahlung nicht zugute, da eine Vereinigung der Grundschuld mit dem Eigentum am Grundstück in einer Person nicht stattfindet[2]. Will also der nachgehende Gläubiger sich zuverlässig den Vorzug der vorgehenden Rangstelle sichern, muß er sich nicht nur die Löschungsvormerkung bewilligen, sondern auch den Rückgewähranspruch (s. dazu Rdn. 865, 871) zedieren lassen, wenn sich nicht der Einfachheit halber der Gläubiger der vorgehenden Grundschuld mit Zustimmung des Grundstückseigentümers als Sicherungsgeber bereit findet, seine Grundschuld nunmehr treuhänderisch als Sicherheit auch für den nachgehenden Gläubiger zu halten mit der Maßgabe, daß er sich aus der Grundschuld in erster Linie befriedigen darf (vgl. Rdn. 191).

Die Parteien können häufig jede Streitigkeit von vornherein dadurch vermeiden, daß sie — mit schuldrechtlicher Wirkung[3] — vereinbaren, **es soll die Zahlungen** — im Zweifel ohne schlechthin — **nicht auf die Grundschuld selbst, sondern in erster Linie auf die gesicherte Forderung verrechnet werden (Anrechnungsvereinbarung,** Zweckbindungsklausel). Eine der Anrechnungsvereinbarung zuwiderlaufende

---

[1] BGH WM 88, 1259; WM 64, 677; vgl. BGH NJW 76, 2340.
[2] BGH WM 57, 979; vgl. BGH NJW 76, 2340.
[3] KG JW 33, 64; vgl. ferner RG 66, 54 und BGH WM 66, 337.

Ablösung

Zahlung braucht der Sicherungsnehmer nicht anzunehmen. Ist nichts bestimmt, so wird man davon ausgehen dürfen, daß der Eigentümer auf die gesicherte Forderung zahlen will, wie dies auch für die Hypothek anerkannt ist[1]. Dies gilt grundsätzlich auch, wenn die Zahlung vor Fälligkeit der Grundschuld geleistet wird oder wenn Grundschuld und Forderung unterschiedlich hoch sind und genau der Forderungsbetrag gezahlt wird. Teilzahlungen werden im Zweifel der gesicherten Forderung gelten, ebenso diejenigen Zahlungen, die in Fällen der Sicherung von Forderungen aus laufender Geschäftsverbindung bewirkt werden[2]; doch kann im Einzelfall die vollständige Tilgung des Kontokorrentkredites auch als Ablösung der Grundschuld gewertet werden[3]. Auch bei Teilzahlungen Zug um Zug gegen Entpfändung eines Grundstücksteils oder eines von mehreren gesamtbelasteten Grundstücken liegt die Annahme näher, daß sie auf die gesicherte Forderung erfolgen, weil im allgemeinen die Absicht der Parteien dahin gehen wird, die Grundschuld auf dem Restgrundstück dem Gläubiger in der vollen ursprünglichen Höhe zu belassen. **Erfolgt aber die Zahlung im Zuge der Veräußerung eines mitbelasteten Objektes aus dem Veräußerungsentgelt, so ist dies in der Regel als Ablösung der Grundschuld anzusehen**[4]. Schließlich wird man im Zweifel diejenigen Zahlungen als auf die Grundschuld geleistet zu betrachten haben, die erfolgen, nachdem der Gläubiger den Anspruch aus der Grundschuld geltend gemacht hat; insoweit ist der Sicherungsgeber zufolge des eigenen Verlangens des Gläubigers sogar von einer etwaigen Anrechnungsvereinbarung entbunden[5]. Zahlt der nicht persönlich schuldende Eigentümer (Sicherungsgeber) auf die Grundschuld, so geht die gesicherte Forderung nicht kraft Gesetzes auf ihn über[6], wohl aber die Grundschuld selbst. Zahlt der mit dem Sicherungsgeber und persönlichen Schuldner **nicht identische Eigentümer** nur auf die Grundschuld, so erlischt die gesicherte Forderung nicht[7]. Dadurch entsteht die Gefahr der Doppelleistung für den Schuldner[8].

Bei Einverständnis der Beteiligten kann aber ein zunächst auf die Forderung gezahlter Betrag noch nachträglich und vor Fälligkeit der Grundschuld zugleich auf diese als Ablösungssumme angerechnet werden[9]. Auch dann, wenn es sich bei der Ablösung nur um die Zinsen handelt, ist die hier erörterte Frage von Interesse. Haben nämlich die Grundschuldzinsen als getilgt zu gelten, so ist insoweit die Grundstücksbelastung weggefallen und damit der Anspruch auf die Zinsen der gesicherten Forderung[10]. Das Ergebnis ähnelt dann dem einer **Zinsaufrechnungsvereinbarung**[11]; sind dagegen nur

882

---

[1] BGH 7, 126; vgl. Palandt/Bassenge, § 1191 Rdn. 36/37.
[2] BGH WM 60, 1092; WM 69, 208; vgl. Palandt/Bassenge, § 1191 Rdn. 36/37.
[3] BGH WM 55,912.
[4] Vgl. BGH WM 70, 1516.
[5] Str.; vgl. Haegele, Rpfleger 63, 199 m. w. N.
[6] BGH WM 88, 1259 = WuB I F 3.—12.88/Rimmelspacher.
[7] BGH WM 87, 202.
[8] Bülow; WuB I F 3.—5.87.
[9] BGH NJW 69, 2237.
[10] Das ergibt sich aus der in Rdn. 197 dargestellten Verrechnungsregel.
[11] Vgl. BGH WM 69, 404.

die Zinsen der gesicherten Forderung gezahlt, so kann der Gläubiger die Grundschuldzinsen nach wie vor fordern und zur teilweisen Tilgung der ihm verbliebenen Hauptforderung verwenden. **Doppelte Zinsen erhält der Gläubiger damit nicht, denn die Grundschuldszinsen stehen ihm eben nur zu Anrechnung auf die gesicherte Forderung zu**[1].

Wird ein im Zwangsversteigerungsverfahren geltend gemachter Teil einer Grundschuld abgelöst, so geht dieser dem nicht abgelösten Teil im Range nach[2]. Bestehen mehrere Sicherheiten gleichstufig nebeneinander, so sind die Sicherungsgeber untereinander ausgleichspflichtig, vorbehaltlich, es ist nichts anderes vereinbart worden, wobei diese Vereinbarung auch zwischen einem Sicherungsgeber und dem Sicherungsnehmer getroffen werden kann[3].

4. Zwangsvollstreckung

883 Voraussetzung für die **Realisierung der Grundschuld ist die Verwertungsreife.** Dazu gehört in erster Linie die Fälligkeit der gesicherten Forderung. Denn mag auch die Grundschuld ihre eigene Fälligkeit haben, die mit der Fälligkeit der gesicherten Forderung nicht verwechselt (s. Rdn. 235) und dinglich mit dieser nicht verknüpft werden darf (s. Rdn. 844), so sind die Parteien doch **schuldrechtlich verpflichtet, die Grundschuld nicht zur Unzeit fällig zu stellen.** Dies ist wichtig, eben weil sich die Fälligkeit der Grundschuld nicht mit der Fälligkeit der gesicherten Forderung zu

884 decken braucht. So kann z. B. eine **Kündigungsgrundschuld** bestellt werden zur Sicherung einer Forderung, die nach dem Kalendertag fällig wird, und es kann umgekehrt eine nach Kündigung fällige Forderung durch eine **Fälligkeitsgrundschuld** gesichert sein[4].

Natürlich ist es den Parteien unbenommen, als Verfalltag der Grundschuld das Datum zu bestimmen, zu dem der gesicherte Kredit rückzahlbar ist. Es besteht aber im einzelnen Falle die Möglichkeit, **daß die Grundschuld bereits fällig ist, obwohl die**

885 **Fälligkeit der gesicherten Forderung noch aussteht.** Dann ist der Sicherungsnehmer grundsätzlich an der Geltendmachung der Grundschuld gegenüber dem Eigentümer bis zum Eintritt der Fälligkeit der Forderung gehindert[5], doch darf er in einem von dritter Seite betriebenen Zwangsversteigerungsverfahren den auf die Grundschuld entfallenden Erlös[6] vereinnahmen, auch wenn die gesicherte Forderung noch nicht fällig ist. **Vor Fälligkeit der gesicherten Forderung jedoch ist dem Grundschuldgläubiger ein Realisierungsverkauf der Grundschuld verwehrt.**

---

[1] BGH WM 65, 1197.
[2] BGH WM 90, 862; OLG Celle, WM 90, 860.
[3] BGH WM 90, 1956 mit krit. Anm. v. Rimmelspacher in WuB I F 3.—2.91.
[4] Wegen einer Vorlegung des Grundschuldbriefes bei der Kündigung einer Briefgrundschuld vgl. die entsprechend anwendbaren Ausführungen zu Rdn. 832.
[5] Wie dies bereits zu Rdn. 235 des näheren erörtert ist.
[6] Vgl. die Ausführungen zu Rdn. 235.

Andererseits schließt die Tatsache, daß zwar die gesicherte Forderung, nicht aber die Grundschuld selbst fällig ist, ein Vorgehen des Grundschuldgläubigers nicht schlechthin aus. Ist er auch bis zur Fälligkeit der Grundschuld an ihrer Geltendmachung gegenüber dem Eigentümer gehindert, so hat er in diesem Fall doch das Recht, **die Grundschuld verwertungshalber zu veräußern** (s. Rdn. 892). Meistens werden aber die Grundschuldzinsen fällig sein, so daß die Gläubiger wegen dieser Zinsen auch die Möglichkeit einer Zwangsvollstreckung in das Grundstück haben.

886 Hinsichtlich eines **eigenen Kündigungsrechts** hat der **Grundstückseigentümer** auch den Sinn und Zweck des Sicherstellungsvertrages zu respektieren, d. h. seine Kündigung darf weder zur Unzeit erfolgen noch dem Gläubiger die vereinbarte Kreditunterlage entziehen. Davon hängt es ab, ob die Verwertungsreife dem Eigentümer die Kündigung zum Zwecke der Ablösung der Grundschuld auch dann gestattet, wenn die gesicherte Forderung höher ist als der Grundschuldbetrag. Diese Frage ist z. B. zu verneinen, wenn die Grundschuld den „letztrangigen" Teil der Forderung zu sichern bestimmt ist (s. Rdn. 197) oder mehrere Forderungen gesichert sind, die in ihrer Gesamtheit den Grundschuldbetrag übersteigen und unter denen sich eine künftige befindet. Die Parteien können sogar nach ihrem Belieben — mit schuldrechtlicher Wirkung — die Befugnisse des Eigentümers zur Kündigung der Grundschuld von der restlosen Tilgung der gesicherten Forderung abhängig machen.

887 Der Gläubiger hat nach Eintritt der **Verwertungsreife** bei der Realisierung der Grundschuld, die im übrigen die Geltendmachung der gesicherten Forderung weder hindert noch voraussetzt (s. Rdn. 239), **die Wahl:** Er kann zum einen entsprechend den Ausführungen zur Hypothek (s. Rdn. 832) den Grundschuldbetrag im Wege der **Zwangsvollstreckung** (s. Rdn. 247) aus dem Grundstück betreiben. Dabei steht es auch hier in seinem Belieben, ob in den haftenden **Grund und Boden und die mithaftenden** (vgl. Rdn. 745) **beweglichen Sachen und Rechte** durch **Zwangsversteigerung** oder **Zwangsverwaltung** vollstreckt **oder ob die Vollstreckung auf die mithaftenden beweglichen Sachen und Rechte** beschränkt werden soll. Lasten zugunsten des Gläubigers mehrere verwertungsreife Grundschulden auf demselben Grundstück und will er im Kosteninteresse nicht alle gleichzeitig geltend machen, geht er zweckmäßig aus der bestrangigen vor, damit im Zwangsversteigerungsverfahren die anderen Grundschulden außerhalb des geringsten Gebots stehen, denn der Geläubiger, der deshalb in das Grundstück vollstreckt, weil er zu seinem Gelde kommen will, erreicht dieses Ziel nur unvollkommen, wenn er aus einer nachrangigen Grundschuld das Verfahren betreibt, weil dann die vorrangige nicht am Versteigerungserlös teilnimmt, sondern als vom geringsten Gebot umfaßt vom Ersteher übernommen wird. **Übersteigt der Grundschuldbetrag die gesicherte Forderung, wird der Gläubiger die Grundschuld zwar nur in angemessener Höhe einklagen und nicht über den Forderungsbetrag hinaus geltend machen dürfen**[1], aber er muß sie im Zwangsversteigerungsverfahren **in vollem Umfang,** insbesondere also auch hinsichtlich der rückständigen

---

[1] BGH WM 68, 404.

Zinsen, zur Berücksichtigung bei der Verteilung des Versteigerungserlöses **anmelden** (§ 37 Ziff. 4 ZVG), **wenn der von ihm nicht benötigte Mehrerlös dem mit dem Eigentümer nicht identischen Rückgewährberechtigten zugute kommt** (vgl. dazu Rdn. 865).

888 Rechtsunsicherheit[1] besteht bezüglich der Frage, ob bei einer nicht vollvalutierten Sicherungsgrundschuld die Bank auch die **Grundschuldzinsen** in der Zwangsversteigerung **anmelden** müsse. Der Grundschuldgläubiger ist zwar im Rahmen seiner Interessenwahrungspflicht gegenüber dem Grundstückseigentümer bzw. dem Zessionar von **Rückgewähransprüchen** gehalten, die Grundschuld anzumelden und den Übererlös auszukehren, er muß jedoch nicht die Grundschuldzinsen anmelden, weil diese dem Grundstückseigentümer gem. § 1197 Abs. 2 BGB nicht zustehen, und er sie daher auch nicht abtreten kann[2]. Der Gläubiger ist aber jedenfalls **berechtigt**, rückständige Zinsen auch dann anzumelden, wenn er sie zur Abdeckung seiner persönlichen Forderung nicht benötigt[3].

Die **Vollstreckung** aus einer Grundschuld ist auch dann nicht rechtsmißbräuchlich, wenn sie als zusätzliche Sicherung in einem **Liquidationsvergleichsverfahren** bestellt worden ist[4]. Im bloßen Beitritt zum Liquidationsvergleich liegt noch kein Verzicht auf die Geltendmachung einer Grundschuld.

Nur wenn sich der Sicherungsnehmer verpflichtet, aus der Grundschuld mit Rücksicht auf das Liquidationsvergleichsverfahren nicht vorzugehen, wäre Rechtsmißbrauch zu bejahen. In der Praxis sollte vorsichtshalber immer klargestellt werden, daß mit der Zustimmung zu einem Liquidationsvergleichsverfahren die Frage der Geltendmachung von Sicherheiten abhängig ist.

889 Das Betreiben der Zwangsversteigerung wird durch eine vom Sicherungsgeber abzugebende **Unterwerfungsklausel** unter die sofortige Zwangsvollstreckung erleichtert (vgl. Rdn. 249). Die Unterwerfungsklausel gilt nicht nur gegenüber der Entgläubigerin (Bank), sondern auch gegenüber Rechtsnachfolgern. Eine klarstellende Formulierung in der Unterwerfungsklausel ist angebracht (statt „Bank" , „Gläubiger"). Unterwirft sich der Eigentümer in einer nach § 794 Abs. 1 Nr. 5 ZPO aufgenommenen vollstreckbaren Urkunde der sofortigen Zwangsvollstreckung, so setzt die Eintragung der Unterwerfung in das Grundbuch nicht voraus, daß die Bestellung des aufgrund öffentlich beglaubigter Urkunden eingetragenen Grundpfandrechts nunmehr öffentlich beurkundet wird[5]. Die bewilligende Person braucht auch noch nicht im Grundbuch eingetragen zu sein, wenn im Grundbuch eine Auflassungsvormerkung eingetragen ist; in der Auflassungserklärung liegt die Einwilligung des Veräußeres (§ 185 Abs. 1 BGB) in

---

[1] Vgl. Lwowski, Aktuelle Probleme des Kreditsicherungsrechts, RWS-Skript 133, 1985, S. 154 ff.
[2] OLG München, Urteil v. 10. 7. 79 — 27 U 220/79.
[3] BGH Rpfleger 81, 292.
[4] BGH WM 80, 341.
[5] BGH WM 79, 278.

weitere Verfügungen[1]. In der Unterwerfung kann im Einzelfall im Wege der Auslegung zugleich die Begründung eines **abstrakten Schuldversprechens** i. S. von § 780 BGB gesehen werden[2].

Im Zusammenhang mit der Grundschuldbestellung übernimmt regelmäßig der Grundschuldbesteller für die Zahlung eines Geldbetrages in Höhe des Grundschuldbetrages und der Zinsen die **persönliche Haftung,** aus der der Gläubiger ihn schon vor der **Vollstreckung** in den Grundbesitz in Anspruch nehmen kann[3].

Die **persönliche Verpflichtungserklärung** ist ein abstraktes Schuldanerkenntnis i. S. 890 von § 780 BGB[4]. Unklarheiten über den Inhalt gehen zu Lasten der Bank[5]. Ob Rechtsgrund des Schuldversprechens die Grundschuld oder auch die Kreditforderung ist, ist umstritten[6]. Die Übernahme der persönlichen Haftung bleibt auch dann bestehen, wenn die Grundschuld in der Zwangsversteigerung gem. § 91 ZVG erloschen ist, der Gläubiger aber keine Befriedigung aus dem Erlös erlangt hat[7]. Im Zweifel kann der Gläubiger den Betrag in Höhe der Grundschuld aber nur einmal verlangen. Eine **betragsmäßige Verdopplung** der Sicherheit tritt damit nicht ein[8]. Offen ist allerdings, ob nicht bei besonders deutlicher Formulargestaltung auch eine Vollstreckung in doppelter Höhe vereinbart werden kann[9].

Die **persönliche Haftungsübernahme** ist formularmäßig unzulässig (§ 9 AGB G), 891 wenn sie von einem an dem Kreditverhältnis unbeteiligten Dritten übernommen wird. Insoweit ist nur die dingliche Vollstreckungsunterwerfung wirksam[10]. Die persönliche Haftungsübernahme „für den Betrag der Grundschuld" sowie die Unterwerfung unter die sofortige Zwangsvollstreckung in das gesamte Vermögen bleibt auch dann zulässig, wenn mit einer Eintragung der Grundschuld nicht mehr zu rechnen ist[11]. Dabei kommt es nicht auf die Verbindung von Grundschuldbestellung und abstraktem Schuldversprechen in der gleichen Urkunde an, sondern darauf, ob diese Sicherungen für eigene oder fremde Verbindlichkeiten gegeben werden. Die persönliche Haftung kann auch bei einer Eigentümergrundschuld übernommen werden[12]. Die Unterwerfung kann auch wegen eines „zuletzt zu zahlenden Teilbetrages" erfolgen[13]. Damit

---

[1] RG 129, 153; 135, 382.
[2] BGH WM 76, 254.
[3] Vgl. BGH WM 90, 304; 87, 228; OLG München WM 82, 834; OLG Oldenburg WM 85, 728; WM 79, 866.
[4] Vgl. Wolfsteiner, Die vollstreckbare Urkunde, S. 180; BGH NJW 76, 567.
[5] OLG Celle, WM 85, 1313 = WuB I F 3.-1.86/Aepfelbach.
[6] OLG Celle, WM 89, 1870 = WuB I F 3.-3.90/E. Schneider m. krit. Anm.; vgl. auch BGH WM 90 1927.
[7] BGH WM 90, 1927.
[8] BGH WM 87, 228; 88, 109.
[9] Vgl. auch Bülow, WuB I F 3.-6.88.
[10] BGH WM 91, 758 = WuB I F 3.-8.91.
[11] BGH WM 92, 132 = WuB I F 3.-5.92/Reithmann.
[12] BGH Rpfleger 76, 125.
[13] BGH WM 89, 1760.

wird kein Rangverhältnis zwischen dem einzelnen Teilbetrag hergestellt mit der Folge, daß etwa erst vollstreckt werden darf, wenn der zuerst zu zahlende voll bezahlt ist[1].

Unklarheiten über den Inhalt eines **abstrakten Schuldversprechens** im Rahmen einer Grundschuldbestellung gehen zu Lasten des Kreditinstituts[2]. Wird in der Bestellungsurkunde formuliert, daß für die Zahlung „des Grundschuldbetrages nebst Nebenleistungen" die persönliche Haftung übernommen werde, bestehen Zweifel hinsichtlich der Auslegung: Es ist denkbar, daß die Erklärung lediglich für den Fall der Vollstreckung des Grundpfandrechtes gedacht ist und zwar in der Weise, daß die Grundschuld bezüglich des Zugriffsgegenstandes ausgedehnt wird, um der Bank die Rechtsverfolgung zu erleichtern. Mit dem Erlöschen der Grundschuld würde dann auch das abstrakte Schuldversprechen wegfallen. Die Erklärung könnte andererseits auch bedeuten, daß für die Zahlung des Grundschuldbetrages die persönliche Haftung übernommen werden sollte, daß also der Versprechende in jedem Fall haften wolle. Bei obiger Formulierung liegt die Annahme nahe, das abstrakte Schuldversprechen solle lediglich die Rechtsverfolgung aus der Grundschuld erleichtern, nicht aber unabhängig von der Grundschuld gelten. Dieses ergibt sich aus der Formulierung „des Grundschuldbetrages". Eine Abstraktheit hätte nahegelegt, den geschuldeten Betrag ohne Verweisung auf die Grundschuld ziffernmäßig anzugeben. In der Praxis ist daher darauf zu achten, die Formulierung unabhängig von der Grundschuld zu wählen. Damit tritt allerdings eine betragsmäßige Verdoppelung der Haftung ein[3]. Dies kann aber überraschend und unangemessen sein (§§ 3, 9 AGB G). Der BGH weist allerdings darauf hin, daß eine solche Regelung nicht überraschend ist, weil der Notar den Grundschuldbesteller über die rechtliche Bedeutung der Klausel zu belehren hat[4]. Offengelassen hat der BGH dies für die Drittsicherheit[5].

5. Verkauf der Grundschuld und der Forderung

892 Statt der Vollstreckung in das Sicherungsmittel kann der Gläubiger aber auch die Grundschuld als solche verwerten, indem er sie **an einen Dritten verkauft** (s. Rdn. 266, 268). Diese Art der Verwertung hat für den Gläubiger den Vorteil, daß er schnell und bequem zu seinem Geld kommt. Für den Verkauf steht ihm nicht zuletzt der Weg der Versteigerung der Grundschuld offen. in diesem Fall bringt der Zuschlag nicht nur den Kaufvertrag mit dem Ersteher zum Abschluß, sondern ersetzt gleichzeitig auch die zur Abtretung der Grundschuld an den Ersteher erforderlichen Erklärungen des Gläubigers. Hinsichtlich des freihändigen Verkaufes hat die Rechtsprechung gelegentlich[6] die besondere Zustimmung des Grundschuldbestellers zu solchem Ver-

---

[1] Rehbein in WuB I F 3.—5.90.
[2] OLG Celle WM 85, 1313. BGH WM 87, 1213; WM 76, 567; OLG Hamm WM 87, 1064.
[3] BGH WM 87, 228.
[4] BGH WM 87, 228 = WuB I F 3.—6.87/Obermüller.
[5] dafür OLG Düsseldorf WM 87, 717; OLG Hamm WM 87, 1064; vgl. auch Schröter in WuB I F 3.—1.88; dagegen OLG Oldenburg WM 85, 728; OLG Karlsruhe WM 86, 548.
[6] Vgl. RG 143, 116 im Gegensatz zu den in Rdn. 266 entwickelten Grundsätzen.

kauf für erforderlich erklärt. Der vorsichtige Sicherungsnehmer wird sich deshalb schon bei der Bestellung der Grundschuld die Befugnis zu ihrer Verwertung durch freihändigen Verkauf ausdrücklich ausbedingen. Ein solches Abkommen entbindet ihn aber nicht ohne weiteres von der Verpflichtung, die Veräußerung der Grundschuld gegebenenfalls auf einen zur Tilgung der gesicherten Forderung ausreichenden Teilbetrag zu beschränken (vgl. Rdn. 246). Doch müßte man in jedem Fall bei vollständiger Beachtung der allgemeinen Verwertungsregeln dem Erwerber das Recht zusprechen, das erworbene Grundpfandrecht auch dann in voller Höhe gegenüber dem Eigentümer geltend zu machen, wenn dieses Grundpfandrecht nicht voll valutiert war und der Erwerber dies gewußt hat. Denn es liegt im Wesen der Verwertung einer Treuhandsicherheit, daß derjenige, der das Sicherungsrecht erwirbt, an die internen Abmachungen zwischen Sicherungsgeber und Sicherungsnehmer nicht gebunden ist (s. Rdn. 268).

Der Sicherungsgeber muß und kann seine Rechte nur dadurch wahren, daß er vom Sicherungsnehmer die Herausgabe des von diesem nicht benötigten Teils des Verwertungserlöses verlangt. Die Rechtsprechung hat diese Folgerung in der Tat gezogen, allerdings nur für den Fall, daß es dem Sicherungsnehmer vertraglich gestattet war, ohne Rücksicht auf die Höhe der gesicherten Forderung die ganze Grundschuld zu verkaufen. Beim Fehlen einer entsprechenden Abrede soll es Sache des Sicherungsnehmers sein, dafür zu sorgen, **daß der Erwerber der Grundschuld den Eigentümer nur in Höhe der gesicherten Forderung in Anspruch nehmen kann**[1]. Dabei bleibt die Frage unbeantwortet, ob der Sicherungsnehmer dem Erwerber bei der Veräußerung der Grundschuld eine entsprechende Auflage zu machen hat, die freilich nur schuldrechtliche Wirkung hätte, oder ob er zur Vermeidung von Schadensersatzansprüchen die Veräußerung des nicht valutierten Teils der Grundschuld überhaupt unterlassen muß[2]. Gelegentlich hat die Rechtsprechung[3] eine solche **Unterlassungspflicht** schon als **stillschweigend** vereinbart angesehen, wenn eine Grundschuld als Sicherheit für eine Forderung gewährt wurde, die ihrem Betrage nach hinter der Höhe der Grundschuld zurückblieb. Diese Annahme der Rechtsprechung kann mitunter dazu führen, daß der Gläubiger nicht den vollen Betrag der Forderung erlöst, sofern nämlich der Erwerber einen niedrigeren Preis als den Nennbetrag des veräußerten Grundschuldteils zahlt.

Der Gläubiger wird daher angesichts solcher Zweifelhaftigkeit der Rechtslage guttun, sich stets die Befugnis zur Veräußerung der Grundschuld in voller Höhe ohne Rücksicht auf die Höhe der gesicherten Forderung ausdrücklich zusichern zu lassen. Grundsätzlich erlischt die gesicherte Forderung in Höhe des erzielten Entgeltes, wenn die Grundschuld zum Zweck der Verwertung übertragen wird[4]. Eine solche Verwertung

---

[1] RG JW 36, 2310.
[2] Vgl. RG JW 28, 2784.
[3] Vgl. Obertribunal Kaunas JW 32, 1613.
[4] BGH WM 82, 840; Serick III, § 39 II 3b.

liegt nicht vor, wenn die Bank Grundschulden nur auf Weisung auf eine andere Bank überträgt, um einen von dieser Bank gewährten Kredit abzusichern.

Durch die im Vorstehenden erörterte Realisierung verliert der Gläubiger die Grundschuld, die im Falle der Beitreibung durch Zwangsvollstreckung genauso erlischt, wie die Hypothek (s. Rdn. 832). Zugleich ist er in Höhe des Verwertungserlöses wegen der gesicherten Forderung befriedigt (s. Rdn. 269, 272)[1].

894 Vom Verkauf der Grundschuld ist die **Übertragung der Forderung** (Verkauf der Forderung) zu unterscheiden. Grundsätzlich kann die Forderung isoliert (von der Grundschuld) übertragen werden. Die Sicherungsabrede enthält kein Abtretungsverbot (str.)[2]; sie beschränkt sich darauf, die Zweckbindung der Grundschuld zu erhalten[3]. Ist der Sicherungsgeber mit der Übertragung von Forderung und Grundschuld einverstanden, so ist der Eintritt des Abtretungsempfängers in die Sicherungszweckvereinbarung zu vermuten[4].

6. Übernahme einer Verbindlichkeit

895 Beim Verkauf von Grundstücken/Eigentumswohnungen übernimmt der Käufer häufig die Verbindlichkeiten des Verkäufers, die durch eine Grundschuld gesichert ist. Geht dieser Grundschuld eine andere im Range nach und waren dem Gläubiger dieses Rechts die Rückgewähransprüche abgetreten worden, so bedarf es zur Vermeidung einer entsprechenden Anwendung des § 418 Abs. 1 S. 2 BGB nur der Einwilligung des Eigentümers und nicht auch der Zustimmung des Zessionars[5].

C. Anwendungsbereich und Zweck der Grundstücksverkehrsordnung (GVO)

1. Hintergrund und Zweck der GVO

896 In der früheren DDR war die Übertragung von Grundstücken (insbesondere auch durch Kauf) sowie die Begründung und Abtretung von Grundpfandrechten nach der damaligen Grundstücksverkehrsverordnung (GVO) genehmigungspflichtig. Der Einigungsvertrag hatte für den Bereich der neuen Bundesländer die GVO und daraus folgend auch die Grundstücksverkehrsgenehmigung — mit weitreichenden Veränderungen — übernommen. So war z. B. die Bestellung bzw. Abtretung von

---

[1] BGH WM 82, 839.
[2] A. A. MünchKomm/Eickmann, § 1191 BGB Rdn. 56.
[3] BGH WM 86, 1386 sowie Rehbein in WuB I F 3.–6.91.
[4] BGH WM 91, 86 = WuB I F 3.–6.91/Rehbein.
[5] BGH WM 91, 2019 = WuB I F 3.-3.92/Reithmann.

Anwendungsbereich und Zweck der Grundstücksverkehrsordnung (GVO)

Grundpfandrechten nicht mehr genehmigungspflichtig. Durch das „Registerverfahrensbeschleunigungsgesetz" (dort in Art. 15) ist die GVO und der Anwendungsbereich der Grundstücksverkehrsgenehmigung noch einmal erheblich geändert worden[1].

Ausschließlicher Zweck der Grundstücksverkehrsgenehmigung nach der GVO ist seit der Vereinigung nur noch die Sicherung von Rückübertragungsansprüchen, die früheren Eigentümern (= Alteigentümer) aufgrund von Enteignungen oder enteignenden Maßnahmen in der DDR nunmehr nach dem „Vermögensgesetz" zustehen können. Durch die Genehmigung sollen Verfügungen über Immobilien verhindert werden, die einen Rückübertragungsanspruch zunichte machen würden, weil das im Vermögensgesetz enthaltene Verfügungsverbot des derzeitigen Eigentümers nur gegenüber dem früheren Alteigentümer und nicht gegenüber möglichen Erwerbern wirkt. Bei der Grundstücksverkehrsgenehmigung handelt es sich eigentlich um eine Art Negativattest. Die Behörde ist bei Beantragung der Grundstücksverkehrsgenehmigung nämlich gehalten, zu überprüfen, ob vermögensrechtliche Ansprüche auf Rückübertragung hinsichtlich der betroffenen Immobilie angemeldet worden sind. Bei Nichtvorliegen solcher Ansprüche kann dann die Genehmigung sofort erteilt werden, ansonsten muß erst über die Ansprüche auf Rückübertragung entschieden werden.

Bedeutung für die Kreditsicherungspraxis der Bank erlangt die Genehmigung vor allem bei der Finanzierung des Kaufpreises für eine Immobilie, wenn der Käufer der Immobilie noch nicht als Eigentümer im Grundbuch eingetragen ist (= **Erwerberfinanzierung**) und der Bank — aufgrund einer **Belastungsvollmacht des Verkäufers** — zur Sicherung der Kaufpreisfinanzierung eine Grundschuld bestellt werden soll. Vorsicht ist insbesondere dann geboten, wenn dem Käufer ein **Investitionsvorrangbescheid** erteilt worden ist. Dieser Investitionsvorrangbescheid macht zwar einerseits die Grundstücksverkehrsgenehmigung entbehrlich, andererseits bedeutet er, daß ein Alteigentümer Rückübertragungsansprüche angemeldet hat, die aufgrund der vom Käufer auf dem zu erwerbenden Grundstück geplanten Investition durch den Investitionsvorrangbescheid „zurückgestellt" worden sind. Der Alteigentümer kann diesen Investitionsvorrangbescheid auf dem Rechtsweg anfechten mit der Folge, daß er rückwirkend wieder aufgehoben wird. Dieser Fall steht der nachträglichen Aufhebung der Grundstücksverkehrsgenehmigung gleich (hierzu siehe unter 3.). 897

Auch wenn die Bestellung der Grundschuld selbst nicht mehr genehmigungspflichtig ist, kann die von vornherein versagte oder nachträglich wieder aufgehobene Grundstücksverkehrsgenehmigung erhebliche Auswirkungen auf den rechtlichen und wirtschaftlichen Bestand der Grundschuld haben.

In der GVO wird zwischen **genehmigungspflichtigen** und **genehmigungsfreien** Rechtsgeschäften unterschieden. 898

---

[1] Vgl. Horn, Das Zivil- und Wirtschaftsrecht im neuen Bundesgebiet, 2. Aufl. 1993.

Danach sind **genehmigungspflichtig** (Ausnahmen in der Anlage):

— die Auflassung eines Grundstücks oder Gebäudes,

— die Bestellung und Übertragung eines Erbbaurechts,

— die Einräumung oder die Auflassung eines Miteigentumsanteils an einem Grundstück,

— die Auflassung von Teil- und Wohnungseigentum,

— sowie jeweils der schuldrechtliche Vertrag — in der Regel ein Kaufvertrag — hierüber.

Genehmigungsfrei (Gesamtdarstellung siehe 8.), d. h. nicht genehmigungspflichtig, ist der Erwerb einer Immobilie durch Gesetz oder Hoheitsakt, wie z. B. durch Zuschlag in der Zwangsversteigerung, Erbfall, Rückübertragungsbescheid nach dem Vermögensgesetz, etc.

Die Eintragung einer Auflassungsvormerkung bedarf ebenfalls nicht der Grundstücksverkehrsgenehmigung. **Eine eingetragene Vormerkung ist deshalb weder Beweis noch Indiz für das Vorliegen der Grundstücksverkehrsgenehmigung oder für ein genehmigungsfreies Geschäft.**

Wie eingangs bereits festgehalten, ist die bloße Belastung einer Immobilie mit Grundpfandrechten nicht genehmigungspflichtig.

Genehmigungsfrei ist insbesondere ein Rechtsgeschäft zwischen dem derzeitig eingetragenen Eigentümer (z. B. als Verkäufer) und einem Käufer, wenn der als Eigentümer eingetragene Verkäufer aufgrund einer nach dem 28. 9. 1990 erteilten Grundstücksverkehrsgenehmigung das Grundstück erworben hat und im Grundbuch eingetragen worden ist.

Genehmigungsfrei ist unter anderem auch ein Kaufvertrag einschließlich Auflassung über ein Grundstück, dessen Verkäufer oder die Person, von der der Verkäufer geerbt hat, seit dem 29. 1. 1933 ununterbrochen im Grundbuch eingetragen ist.

Nach dem Sinn der GVO ist eine hierauf aufbauende Weiterveräußerung ebenfalls genehmigungsfrei.

2. Nichterteilung der Genehmigung bei einem genehmigungspflichtigen Rechtsgeschäft

899 Bis zur Entscheidung über die Genehmigung ist der auf die Übertragung der Immobilie bzw. von Rechten an der Immobilie zielende Vertrag (in der Regel ein Kaufvertrag) schwebend unwirksam. Wird die Genehmigung endgültig nicht erteilt, ist z. B. der Kaufvertrag und sein dinglicher Vollzug unwirksam und müssen auf Verlangen rückabgewickelt werden. Die in dem Kaufvertrag enthaltene Belastungsvollmacht wird von der Rechtsunwirksamkeit mit umfaßt. Die Folge ist, daß eine in der Eintragung befind-

liche oder bereits eingetragene Grundschuld mangels wirksamer Vollmacht keinen rechtlichen Bestand hat und gelöscht werden muß.

3. Nachträgliche Aufhebung einer bereits erteilten Genehmigung

Die nachträgliche Aufhebung einer Grundstücksverkehrsgenehmigung kann durch die jeweilige Verwaltungsbehörde innerhalb eines Jahres nach Erteilung der Genehmigung erfolgen. Daneben kommt die Aufhebung der Genehmigung auch durch Gerichtsentscheid in Betracht. Hierfür besteht keine Fristbegrenzung. Die Verwaltungsbehörde wird eine Grundstücksverkehrsgenehmigung nachträglich wieder aufheben, wenn angemeldete Rückübertragungsansprüche (Ausschlußfrist: 31.12.1992) von Alteigentümern zwar innerhalb der Ausschlußfrist gestellt, aber der Behörde erst nachträglich bekannt geworden sind (Arbeitsstau). Eine Gerichtsentscheidung, die zur Aufhebung einer Grundstücksverkehrsgenehmigung führt, wird stets auf der Klage eines Alteigentümers gegen die Erteilung einer Grundstücksverkehrsgenehmigung beruhen.

Die Aufhebung der Genehmigung erfolgt entweder nur mit Wirkung für die Zukunft oder mit Wirkung auch für die Vergangenheit (= rückwirkende Aufhebung). Ein Risiko für die der Bank bestellte Grundschuld besteht vor allem im Fall der rückwirkenden Aufhebung. Da jedoch nicht im voraus beurteilt werden kann, ob nur eine zukünftige oder auch eine rückwirkende Aufhebung in Betracht kommt, muß unter Risikogesichtspunkten von der Möglichkeit einer rückwirkenden Aufhebung der Grundstücksverkehrsgenehmigung ausgegangen werden.

Das genehmigungspflichtige Rechtsgeschäft, z. B. der Kaufvertrag, ist in jedem Fall **900** zunächst wirksam, wenn die Eigentumsumschreibung auf den Käufer im Grundbuch zum Zeitpunkt der Aufhebung der Genehmigung bereits vollzogen ist (§ 7 Abs. 1 GVO). Der Käufer hat dann wirksam Eigentum erworben (das er allerdings später wieder herausgeben muß, hierzu siehe unter 5.). Die Bank hat in diesem Fall eine ihr bestellte Grundschuld, auch wenn diese noch nicht eingetragen ist, rechtswirksam erworben. Auch bei einer Rückgabe des Grundstücks durch den Käufer bleibt die Bank Inhaberin der Grundschuld.

Sofern im Zeitpunkt der Aufhebung der Genehmigung die Eigentumsumschreibung **901** zugunsten des Käufers im Grundbuch **noch nicht erfolgt ist,** besteht für die der Bank bestellte Grundschuld bei der (rückwirkenden) Aufhebung der Genehmigung ein erhebliches Risiko.

Wird nämlich die bisherige Praxis beim Grundstücksverkehr beibehalten, wonach die Fälligkeit des Kaufpreises eintritt, wenn insbesondere die Grundstücksverkehrsgenehmigung vorliegt, die Auflassungsvormerkung für den Erwerber im Grundbuch eingetragen ist und dem Erwerber im Kaufvertrag die Vollmacht erteilt wird, im Zuge der Kaufpreisfinanzierung die Immobilie mit der Grundschuld zu belasten (Belastungsvollmacht), besteht wegen der Möglichkeit der rückwirkenden Aufhebung der Genehmigung eines Risiko hinsichtlich der Rechtsbeständigkeit der Grundschuld. Da die

Genehmigung nämlich in diesem Fall von Anfang an (rückwirkend) entfällt, wird in dem Kaufvertrag auch die seinerzeit erteilte Belastungsvollmacht unwirksam, so daß also eine Vollmacht des Verkäufers zur Eintragung einer Grundschuld von Anfang an nicht vorgelegen hat. Die aufgrund dieser entfallenden Vollmacht bestellte Grundschuld ist nicht rechtsbeständig und muß auf Verlangen gelöscht werden. Etwas anderes gilt nur, wenn die Belastungsvollmacht ausdrücklich auch im Falle der Aufhebung der Grundstücksverkehrsgenehmigung weiter gelten soll (hierzu siehe unter 4.).

Wird die Genehmigung nur mit **Wirkung für die Zukunft** aufgehoben, kann nach derzeitigen Erkenntnissen davon ausgegangen werden, daß die der Bank bestellte Grundschuld rechtlichen Bestand hat, da die Belastungsvollmacht nicht rückwirkend entfällt.

Hat demgegenüber der Käufer — unmittelbar ohne Belastungsvollmacht des Verkäufers — zusammen mit dem Eintragungsantrag der Bank eine Grundschuld bestellt, wird ein rechtswirksamer Erwerb dieser Grundschuld durch die Bank nicht mehr möglich sein.

4. Lösungsmöglichkeiten

Die vorstehend dargestellten Risiken können auf verschiedene Weise vermieden werden:

a) Bestellung der Grundschuld durch den Verkäufer

Die Bank kann die vorerwähnten Risiken dadurch ausschalten, daß sie sich die Grundschuld unmittelbar vom im Grundbuch eingetragenen Verkäufer bestellen läßt. In diesem Fall sollte in der Sicherungsvereinbarung zur Grundschuld ein enger Sicherungszweck vereinbart werden. Auch scheidet die Übernahme der persönlichen Haftung durch den Grundschuldbesteller aus.

b) Valutierung nach Eigentumsumschreibung

Weiterhin ergeben sich für die Bank keine Probleme hinsichtlich der vom Erwerber aufgrund einer Belastungsvollmacht bestellten Grundschuld, wenn das Darlehen erst nach Eigentumsumschreibung im Grundbuch ausgezahlt wird. Das kommt aber nur dann in Betracht, wenn im Grundstückskaufvertrag eine entsprechende Kaufpreisfälligkeit vereinbart worden ist, was oftmals nicht der Fall sein wird.

c) Bestellung aufgrund „isolierter" Belastungsvollmacht

Im Falle der Aufhebung der Grundstücksverkehrsgenehmigung von Anfang an (rückwirkende Aufhebung) ist, wie bereits unter 2.b. ausgeführt, der schuldrechtliche Vertrag und ggf. auch die Auflassung unwirksam. Die im schuldrechtlichen (Kauf-)Vertrag enthaltene Belastungsvollmacht des Verkäufers ist gleichfalls unwirksam. Um eine solche „Infizierung" der Belastungsvollmacht des Verkäufers aufgrund der rückwirkenden Aufhebung der Grundstücksverkehrsverordnung zu vermeiden, sollte erreicht werden, daß der Verkäufer selbst oder ein von ihm unabhängig vom Kaufvertrag Bevollmächtigter die Grundschuld bestellt oder dem Erwerber bzw. dem Notariatsangestellten im Kaufvertrag eine Belastungsvollmacht erteilt wird, die ausdrücklich unabhängig von der Wirksamkeit des Kaufvertrages, d. h. unabhängig von der Genehmigung nach der Grundstücksverkehrsverordnung oder vom Bestand eines Investitionsvorrangbescheides, gelten soll.

5. Wirtschaftliche Folgen der Aufhebung einer Grundstücksverkehrsgenehmigung

Jede Aufhebung einer Grundstücksverkehrsgenehmigung hat zur Folge, daß der im Grundbuch bereits neu eingetragene oder noch einzutragende Käufer das betroffene Grundstück wieder herausgeben muß (§ 7 Abs. 2 GVO). Vereinfacht läßt sich sagen, daß der Käufer nach den allgemeinen zivilrechtlichen Regelungen in Verbindung mit der GVO in bestimmten Fällen zunächst wirksam Eigentum am Grundstück erwirbt, er dieses jedoch in jedem Fall bei der Aufhebung der Grundstücksverkehrsgenehmigung wieder herausgeben muß (in der Regel an den Alteigentümer oder an den Voreigentümer). Für die mit einer Grundschuld gesicherte Bank bedeutet dies, daß die Grundschuld zwar in bestimmten Fällen rechtsbeständig ist, Kreditnehmer und Grundstückseigentümer jedoch nachträglich auseinanderfallen. Der Käufer kann somit ein eventuell geplantes Vorhaben nicht mehr in der gewünschten Form verwirklichen. Er hat lediglich die nicht immer zu realisierende Möglichkeit, die Immobilie zu mieten oder zu pachten (Zusatzkosten!).

Der wirtschaftliche Wert einer aus rechtlicher Sicht bestandssicheren Grundschuld ist im Falle der Aufhebung der Grundstücksverkehrsgenehmigung unter Umständen erheblich reduziert.

6. Altfälle

Die neuen Regelungen der GVO — insbesondere über die Genehmigungspflicht/Genehmigungsfreiheit und Aufhebung — gelten mit Erlaß der geänderten GVO für sämtliche Genehmigungen, die zwar vor dem 25. 12. 1993 beantragt, aber erst nach dem 25. 12. 1993 erteilt worden sind (= **laufende Genehmigungsverfahren, Altfälle**). Für Genehmigungen, die vor dem 25. 12. 1993 sowohl beantragt als auch erteilt worden sind, gilt das neue Recht der geänderten GVO nicht (= abgeschlossene Genehmigungsverfahren).

Aufgrund der Neuregelung der GVO kann in einem laufenden Genehmigungsverfahren nunmehr die Genehmigungspflicht entfallen, so daß eine Genehmigung nicht mehr erteilt werden muß. Das Genehmigungsverfahren wird in diesem Fall eingestellt. Wurde in einem Kreditvertrag als Voraussetzung für die Auszahlung des Kredits die Erteilung der Grundstücksverkehrsgenehmigung vereinbart, muß diese Voraussetzung nunmehr als erfüllt angesehen werden.

Im Hinblick auf die Rechtsbeständigkeit einer Grundschuld sind die Fälle problematisch, in denen die Genehmigung für einen **genehmigungspflichtigen Erwerb** vor dem 25. 12. 1993 lediglich beantragt wurde und die Bank nach dem Kreditvertrag verpflichtet ist, den Kredit auszuzahlen, wenn die vom Käufer aufgrund einer Belastungsvollmacht bestellte Grundschuld im Grundbuch eingetragen oder deren Eintragung sichergestellt ist, ohne daß eine Eigentumsumschreibung bereits vollzogen sein muß. Da beide Parteien bei Abschluß des Kreditvertrages davon ausgehen, daß bei Kreditvalutierung die Rechtsbeständigkeit der Grundschuldsicherheit nicht mehr in Frage steht, kann die Bank wegen der eingetretenen Gesetzesänderung die Anpassung des Kreditvertrages im Hinblick auf den Auszahlungszeitpunkt oder die Wiederherstellung der Rechtsbeständigkeit der Grundschuld verlangen.

Folgende Lösungen bieten sich an, wobei zunächst in jedem Fall zu prüfen ist, ob überhaupt noch eine Genehmigungspflicht gegeben ist.

— Die Grundschuld ist schon bestellt, aber noch nicht eingetragen:
   Der Verkäufer genehmigt nachträglich — in notariell beglaubigter Form — die Grundschuldbestellung des Käufers (auch und gerade bei der Belastungsvollmacht).

— Der Kaufvertrag ist in notariell beurkundeter Form geschlossen, die Grundschuld ist noch nicht bestellt:
   Es sollte eine neue separate Belastungsvollmacht (entsprechend 4. c) des Verkäufers zur Grundschuldbestellung durch den Käufer in notariell beurkundeter Form ausgestellt werden. Daneben kommt natürlich auch die Bestellung der Grundschuld durch den Verkäufer unmittelbar (ohne jede Belastungsvollmacht) in Betracht.

Für den Fall, daß der Verkäufer eine Kommune oder die Treuhandanstalt ist, bietet es sich auch an, anstelle der zuvor dargestellten Lösungen die Abtretung auf Rückzahlung des Kaufpreises im Falle der Rückabwicklung des Kaufvertrages aufgrund einer Aufhebung der Grundstücksverkehrsgenehmigung hereinzunehmen (Einmalige Abtretung A mit sofortiger Offenlegung). Diese Abtretung kann nur den Ankaufspreis, der von der Bank finanziert worden ist, sichern. Sofern auf dem erworbenen Grundstück Bauvorhaben bzw. überhaupt Investitionen getroffen worden sind, genügt diese Sicherung nicht mehr.

7. Einzelheiten zu den genehmigungsfreien Rechtsgeschäften[1]

Ab dem 25. 12. 1993 ist eine Grundstücksverkehrsgenehmigung in folgenden Fällen nicht mehr erforderlich:

Bereits der Veräußerer oder Erbbaurechtsbesteller wurde

— aufgrund einer nach dem 28. 9. 1990 erteilten Grundstücksverkehrsgenehmigung
— oder aufgrund einer Investitionsbeschreibung nach dem zwischenzeitlich aufgehobenen Investitionsgesetz

---

[1] BT-Drucksache 12/5553, S. 157.

— oder aufgrund einer Entscheidung nach dem ebenfalls aufgehobenen § 3a VermG
— oder aufgrund eines Investitionsvorrangbescheides nach dem Investitionsvorranggesetz
— oder aufgrund eines genehmigungsfreien Erwerbs — die Genehmigungsfreiheit beruht z. B. darauf, daß der Voreigentümer des Veräußerers bereits aufgrund einer Grundstücksverkehrsgenehmigung erworben hat —

im Grundbuch eingetragen.

Bei einem Investitionsvorrangverfahren hat die zuständige Stelle nach § 13 Abs. 2 Investitionsvorranggesetz unanfechtbar festgestellt, daß der Investor das Investitionsvorhaben durchgeführt hat. Das Eigentum an der Immobilie ist dann nicht mehr an einen etwaigen Alteigentümer zurückzugeben.

Der Veräußerer wurde aufgrund eines Bescheides des Amtes oder des Landesamtes zur Regelung offener Vermögensfragen im Grundbuch eingetragen — in der Regel Rückübertragung auf den Alteigentümer —.

Der Veräußerer oder die Person, von der der Veräußerer die Immobilie geerbt hat, ist seit dem 29. 1. 1933 unterbrochen als Eigentümer im Grundbuch eingetragen. Ansprüche nach dem Vermögensgesetz sind dann nicht denkbar.

Soweit die Treuhandanstalt oder ein Treuhandunternehmen über eine zu veräußernde Immobilie verfügungsbefugt ist, wird die Grundstücksverkehrsgenehmigung von der Präsidentin der Treuhandanstalt erteilt. Die Zuständigkeit der Präsidentin der Treuhandanstalt entfällt nicht dadurch, daß Anteile an Treuhandunternehmen auf Dritte übertragen werden.

DRITTER TEIL

Die Sicherheit im Insolvenzverfahren

ERSTER ABSCHNITT

Die Sicherheit im Konkursverfahren

1. Kapitel   Die Geltendmachung der Sicherheit im Konkurs

Vorab muß darauf hingewiesen werden, daß das zwischen einer Bank und ihren Kunden bestehende, mit einem Girovertrag verbundene Kontokorrentverhältnis durch die Eröffnung des Konkurses über das Vermögen des Kunden endet[1]. Sodann ist zunächst festzustellen, daß eine Sicherheit im Konkurs nur dann Bestand hat, wenn sie vor Konkurseröffnung rechtswirksam **bestellt** worden ist. Dafür reicht beispielsweise nicht aus, daß sich der Kunde der Bank gegenüber verpflichtet, nach Zahlungseinstellung oder Konkursantrag eine Sicherheit zu bestellen. Dies ist sittenwidrig und damit nichtig[2]. Unwirksam ist auch die Sicherheitenbestellung lediglich mit Wirkung für den Konkurs; da sie nur dazu dient, einem Gläubiger zum Schaden anderer Gläubiger eine besondere Sicherung zu geben, steht sie dem Sinn und Zweck des Konkursverfahrens entgegen[3]. Als nichtig ist auch die Vereinbarung verurteilt worden, nach der die Sicherheit zwar vor Konkursantrag bzw. Zahlungseinstellung bestellt worden ist, die Bank sich aber verpflichtete, erst im Insolvenzfall die Sicherheit zu verwerten. Eine derartige Abrede verfolgt allein den Zweck, die Konkurrenz anderer Gläubiger im Insolvenzfall abzuwehren[4].

902

Der Schuldner bzw. ein Dritter kann sich auch verpflichten, eine Sicherheit zu bestellen. Dabei ist zu beachten, daß die Verpflichtung so eindeutig abgefaßt wird, daß im Falle der Nichterfüllung die Bank ihren Anspruch klageweise geltend machen kann, d. h. einen Klageantrag genau zu formulieren in der Lage ist. Ein Klageantrag könnte sich beispielsweise auf die Abgabe einer Willenserklärung, wie sie die Bewilligung eines Grundpfandrechts oder die Abgabe einer Bürgschaftserklärung darstellt, lauten. Mit der rechtskräftigen Verurteilung gilt dann die betreffende Erklärung als abgegeben (§ 894 ZPO).

Mit der Klage auf Bestellung der Sicherheit kann verbunden werden der Klageantrag auf Verwertung. Im Konkurs ist dieser Anspruch allerdings nicht mehr durchsetzbar, an seine Stelle tritt ein Schadensersatzanspruch, dessen Höhe geschätzt werden muß. Fraglich ist, ob für diese Schadensersatzforderung Sicherheiten nach AGB Pfandrecht

---

[1] BGH NJW 78, 538 m. w. N.; NJW 79, 1658; WM 1972, 309; 1979, 720.
[2] RG 138, 93.
[3] BGH 26, 193; Serick II, S. 330.
[4] BGH 26, 193.

(Nr. 14 II AGB der Banken) haften. Wirtschaftlich dürfte diese Frage nicht sehr bedeutsam sein, da die Bank, wenn sie eine zu sichernde Kreditforderung hat, die sie ja ohnehin unter das AGB-Pfandrecht nehmen kann, so daß der Anspruch auf Bestellung der Sicherheit nicht mehr von Bedeutung ist. Rechtlich ist kein Grund zu erkennen, warum Nr. 14 II AGB der Banken hier nicht eingreifen soll. Es handelt sich um eine Forderung der Bank gegen den Kunden. Der Umstand, daß sich der Anspruch erst infolge des Verzugs bezüglich der Sicherheitenbestellung in einen Geldanspruch umgewandelt hat, ist ohne Bedeutung.

903 Zwischen dem Blankokredit und dem ausschließlich auf der Sicherheit beruhenden Kredit liegen die unterschiedlichsten Möglichkeiten einer ursächlichen Verknüpfung von Sicherung und Kredit, deren Stufenfolge von dem Sicherungsbedürfnis des einzelnen Kredits bestimmt wird. In der Regel wird die Sicherung nicht in dem Sinne ausschlaggebend für die Kreditgewährung sein, daß der Kreditgeber von vornherein nur in der Sicherheit und ihrer künftigen Realisierung die Gewähr für die Rückführung des Kredits sieht. Im Einzelfall kann freilich der Kreditnehmer schon bei der Kreditgewährung oder der Sicherung des Kredits finanziell so schwach sein, daß die spätere Inanspruchnahme der Sicherheit als notwendig vorauszusehen ist. Solche Kreditgeschäfte können leicht als eine Benachteiligung der anderen Gläubiger des Kreditnehmers erscheinen. Grundsätzlich verstößt jedoch die Sicherung des Kredits durch den in ungünstiger Vermögenslage befindlichen Schuldner nicht gegen die guten Sitten, mag auch die Sicherung erst nachträglich gewährt werden oder in ein fremdes Sicherungsinteresse eingreifen[1]. Denn die Interessen der anderen Gläubiger werden bereits durch die Vorschriften über die Anfechtung innerhalb und außerhalb des Konkursverfahrens weitgehend geschützt[2]. Zudem sind, wie gesagt, solche Fälle nicht die Regel. Meistens werden die wirtschaftlich einwandfreien Verhältnisse des Schuldners eine Inanspruchnahme der Sicherheit als vermeidbar erscheinen lassen; die Sicherheit steht also bis auf weiteres im Hintergrund. Nicht selten liegt der Fall sogar so, daß nicht nur der Schuldner, sondern auch der Kreditgeber selbst die Sicherung als einen Akt übertriebener Vorsicht empfindet. Das verleitet diesen dann dazu, die im Rahmen der Sicherheitenkontrolle (s. Rdn. 32) liegenden Maßnahmen nicht genau genug zu nehmen und bewußt sogar rechtliche Mängel des Sicherungsvertrages zu vernachlässigen, wenn persönliche oder geschäftliche Rücksichten auf seinen Vertragspartner es ihm erschweren, jene Maßnahmen mit der gebotenen Sorgfalt durchzusetzen. Dann begnügt er sich z. B. mit der bloßen Übergabe eines Grundpfandbriefes und verzichtet auf die für die Sicherungsabtretung des Grundpfandrechts erforderliche formgerechte Zessionserklärung[3], oder er läßt sich sicherungshalber Forderungen abtreten, von denen er weiß, daß ihre Abtretbarkeit durch Vertrag zwischen Zedenten und Drittschuldner ausgeschlossen ist

---

[1] BGH WM 60, 1223; 64, 671; vgl. aber auch OLG Hamm BB 72, 128; BGH BB 74, 1181; BGH WM 74, 944; BGH Betrieb 70, 342.
[2] BGH WM 65, 84; 71, 441.
[3] RG JW 31, 2695.

(s. Rdn. 134). Es kommt nicht darauf an, ob die Wahrscheinlichkeit, daß auf die Sicherheit zurückgegriffen werden muß, mehr oder weniger groß ist, sondern allein darauf, ob der Kredit als ein ungesicherter (blanko) oder ob er als ein gesicherter gegeben wird. Wird aber eine Sicherheit bestellt, so muß sie stets auf die Notwendigkeit ihrer Realisierung ausgerichtet sein. Sie kann ihren Zweck nur erfüllen, wenn sie wirklich „hieb- und stichfest" und dem Zugriff anderer Gläubiger entzogen ist. Mit diesem Zugriff ist immer zu rechnen, wenn es zum wirtschaftlichen Zusammenbruch, zum Konkurs des anderen Vertragsteils, kommt. Den Konkurs herbeizuführen, ist zwar der Gläubiger auch dann nicht genötigt, wenn er die Konkursreife des Schuldners kennt[1]. Er handelt aber verwerflich, wenn er um eigener Vorteile willen den Zusammenbruch des Schuldners hinauszuschieben versucht und sich damit der Konkursverschleppung schuldig macht[2]. Ist der Konkurs eröffnet, so unterbricht er die natürliche Entwicklung, die auf eine Lösung des Sicherungsverhältnisses durch Befriedigung des Gläubigers unter tunlicher Schonung der Sicherheit drängt. Die Sicherheit steht vor ihrer entscheidenden Bewährungsprobe. Den Parteien des Sicherstellungsvertrages ist nunmehr der gemeinsame Einfluß auf das Schicksal der Sicherheit genommen und der Konkursverwalter im Interesse der Gesamtheit der Konkursgläubiger berechtigt und verpflichtet, die Unwirksamkeit der Sicherung geltend zu machen, wo immer die Verhältnisse dies rechtfertigen. Dabei dient ihm die Anfechtung der Sicherung als wichtiges zusätzliches Mittel zur Durchsetzung seiner Ziele. Die Konkurseröffnung hat auf Inhalt und Tauglichkeit der Sicherheit unterschiedliche Auswirkungen, je nachdem, ob der Schuldner der gesicherten Forderung Gemeinschuldner im Konkurs ist oder aber ob der Sicherungsgeber Gemeinschuldner ist. Vor allem gewinnt hier die Aufteilung in Personen- und Sachsicherheiten eine größere Bedeutung als irgendwo sonst auf dem Gebiet des Sicherungsrechts. Im einzelnen:

A. Personensicherheit

Bei der **Personensicherheit** (s. Rdn. 13, 14) steht der Sicherungsnehmer mit seiner Forderung in **Konkurrenz mit allen anderen persönlichen Gläubigern** des Sicherungsgebers. Diese Konkurrenz besteht im Konkurs des Sicherungsgebers fort. Das im Zeitpunkt der Eröffnung des Konkurses vorhandene, der Zwangsvollstreckung unterliegende Vermögen des Schuldners wird zur Konkursmasse (§ 1 KO), und der Sicherungsnehmer hat nun die Stellung eines Konkursgläubigers (§ 3 KO). Das bedeutet: Er muß sich mit der anteilmäßigen (prozentualen) Befriedigung seiner Forderung aus der

904

---
[1] BGH WM 64, 671; 70, 399.
[2] BGH WM 1965, 919; BGH 10, 34; OLG Düsseldorf ZIP 83, 786; OLG Zweibrücken WM 85, 86 — Obermüller, WuB IV A § 826 BGB 1.85; Rümker, WM 82, 25; Lwowski, Insolvenzpraxis für Banken, 1983, RWS-Skript, S. 45; Obermüller/Uhlenbruck, Insolvenzrecht und Praxis für die Kreditwirtschaft, 1985, WM-Skript, S. 18 ff.

Konkursmasse begnügen, wenn die Konkursmasse zur Vollbefriedigung sämtlicher Konkursgläubiger nicht ausreicht. Er kann Befriedigung nur nach Maßgabe der Vorschriften für das Konkursverfahren suchen und verliert jede Möglichkeit, seine Sicherheit gesondert zu realisieren (§ 12 KO). Hatte der Sicherungsnehmer im Zeitpunkt der Konkurseröffnung mit der Realisierung seiner Sicherheit bereits begonnen und im Wege der Zwangsvollstreckung schon Vermögensgegenstände des Sicherungsgebers beschlagnahmt, so wird ihm die hierdurch erlangte Rechtsstellung vom Gesetz gewährleistet, denn das Pfändungspfandrecht berechtigt ihn zur abgesonderten Befriedigung (§ 49 Ziffer 2 KO). Jedoch wird mit der Eröffnung des sog. Anschlußkonkurses jedes Pfändungspfandrecht unwirksam, welches innerhalb der gewährten 30tägigen Sperrfrist begründet worden ist (§ 104 VglO). Demgemäß ist er darauf beschränkt, die ihm zustehende Forderung unter Angabe von Grund und Betrag mit den bis zur Eröffnung des Verfahrens (im Anschlußkonkurs bis zur Rechtskraft des Eröffnungsbeschlusses) erwachsenen Zinsen und Kosten beim Konkursgericht anzumelden; die Anmeldung in einem vorausgegangenen Vergleichsverfahren erspart nicht die nochmalige Berechnung und Anmeldung im Konkurs. Das die Sicherheit noch nicht fällig ist, steht ihrer Anmeldung nicht entgegen, weil sie für die konkursmäßige Rechtsverfolgung kraft Gesetzes als fällig gilt. Das gilt auch von der Forderung gegen einen Bürgen, der die Einrede der Vorausklage nicht hat und vor Fälligkeit der Hauptschuld in Konkurs gerät (§§ 62, 63, 65, 139 KO). Auch diejenige Forderung, die unter einer auflösenden oder aufschiebenden Bedingung steht, ist anmeldefähig. So kann der Gläubiger im Konkurse eines Ausfallbürgen oder eines Bürgen, der die Einrede der Vorausklage erheben kann, seinen Bürgschaftsanspruch anmelden, bevor noch der Gläubiger den Ausfall ermittelt oder gegen den Hauptschuldner vorgehen konnte. Seine Forderung wird dann berücksichtigt als durch den Ausfall aufschiebend bedingt: Der Gläubiger hat im Zweifel nur das ihm vom Konkursgericht ausdrücklich zugestandene Stimmrecht und muß sich mit der Hinterlegung seiner Konkursdividende zufrieden geben, falls bis zur Verteilung der Dividende die Bedingung noch nicht eingetreten sein sollte (§§ 66, 67, 96, 154, 168 KO). Allerdings werden die durch eine Kreditbürgschaft gedeckten Forderungen im Bürgenkonkurs nicht berücksichtigt, sofern sie erst nach Eröffnung des Konkursverfahrens über das Vermögen des Bürgen entstehen[1]. Die **verbürgten Zinsen** des noch vor Konkurseröffnung gewährten Kredites können, auch soweit sie nach Eröffnung des Bürgenkonkurses anfallen, in diesem Konkurs angemeldet werden. Sie bilden einen Teil der schon vor Konkurseröffnung begründeten Forderung; § 63 Ziff. 1 KO schließt nur die Geltendmachung der nach Konkurseröffnung laufenden Zinsen im Konkursverfahren des Kreditnehmers als Zinsschuldner aus[2]. Aus den gleichen Erwägungen berechtigt eine Garantie zur Teilnahme im Konkurs des Garanten auch dann, wenn der Garantieausfall erst nach Konkurseröffnung eingetreten ist. Was oben von der Bürgschaft gesagt ist, gilt entsprechend im Konkurse dessen, der seinem Gläubiger erfüllungshalber Wechsel gegeben oder eine andere Leistung erbracht hat, wenn

---

[1] RG JW 11, 447.
[2] Vgl. RG 92, 192; Kuhn/Uhlenbruck, § 63 Rdn. 2.

zur Zeit der Konkurseröffnung der Gläubiger den erfüllungshalber empfangenen Gegenstand noch nicht realisiert hat. **Die angemeldete Forderung wird vom Gericht in die Konkurstabelle eingetragen**(§ 140 KO). Der Tabelleneintrag wiederum bildet die Grundlage für die konkursrechtliche Prüfung der Forderung. Diese Prüfung in einem vom Konkursgericht anberaumten Prüfungstermin hat die „Feststellung" der Forderung zur Folge, wenn gegen die Forderung weder vom Konkursverwalter noch von einem Konkursgläubiger Widerspruch erhoben wird oder ein erhobener Widerspruch — notfalls im Wege der Klage — beseitigt und die Tabelle entsprechend berichtigt ist (§§ 141—147 KO). Die Eintragung der Feststellung in die Konkurstabelle hat die Wirkung eines — jeden etwaigen früheren Titel aufzehrenden — **rechtskräftigen Urteils**[1], aufgrund einer vollstreckbaren Ausfertigung der Tabelle kann der Gläubiger, wenn er im Konkurs nicht voll befriedigt worden ist, nach Aufhebung des Verfahrens die Zwangsvollstreckung gegen den früheren Gemeinschuldner betreiben, es sei denn, daß dieser die Forderung bei der konkursrechtlichen Prüfung ausdrücklich bestritten hat oder ein Zwangsvergleich auf der Grundlage eines Verzichts der Gläubiger zustande gekommen ist (§ 164 KO). Die festgestellte Forderung bestimmt im weiteren Konkursverlauf den Maßstab für die Beteiligung des Gläubigers am Verfahren, vor allem sein Stimmrecht in den Gläubigerversammlungen und seine Konkursquote.

905

Von besonderem Interesse sind die konkursrechtlichen Wechselwirkungen zwischen der **Personensicherheit** und der gesicherten Forderung.

Ist der Sicherungsgeber mit dem Schuldner der gesicherten Forderung identisch, schließt die Geltendmachung der gesicherten Forderung im Konkurs aus, daß daneben noch die Sicherheit verfolgt wird. Anderseits verbietet sich die Anmeldung der gesicherten Forderung, wenn die Sicherheit im Konkurs geltend gemacht wird, was bis zur vollen Höhe der Sicherheit zulässig ist, selbst wenn die gesicherte Forderung geringer ist.

906

Es kann z. B. nicht neben der Forderung aus dem vom Schuldner gegebenen Depotakzept noch die gesicherte Kreditforderung im Konkurs Berücksichtigung finden und zwar dann nicht, wenn das Depotakzept von einem Indossatar des ursprünglichen Gläubigers angemeldet wird. Denn trotz der doppelten Forderung besteht nur eine einmalige Haftung des Schuldners.

Wenn aber die gesicherte Forderung zusätzlich durch eine Sachsicherheit aus dem Vermögen des Schuldners gedeckt ist, kann der ursprüngliche Gläubiger sein Absonderungsrecht gegenüber der Masse geltend machen; allerdings nicht über den Betrag hinaus, den er aufgrund seiner Regreßpflicht dem Indossatar zu zahlen hat[2]. Richtiger Ansicht nach wird in diesem Fall das Absonderungsrecht für Rechnung des Indossatars verfolgt, der insofern dem Ausfallgrundsatz des § 64 KO (s. Rdn. 924) unterliegt.

---

[1] RG 112, 300.
[2] RG 85, 53.

Wenn der ursprüngliche Gläubiger selbst die Forderung aus dem Depotakzept angemeldet hat, äußert sich vollends die Wirkung der Sachsicherheit: Die Forderung darf nur mit der gleichen Beschränkung berücksichtigt werden, die sich für die durch die Sachsicherheit geschützte Forderung aus § 64 KO ergeben würde, d. h. nur in Höhe des Ausfalls.

907 Ist dagegen der **Sicherungsgeber nicht mit dem Schuldner der gesicherten Forderung personengleich,** handelt es sich mithin um eine Interzession (s. Rdn. 704), so gilt folgendes:

1. Konkurs des Sicherungsgebers

908 Ist nur der **Sicherungsgeber im Konkurs,** nicht auch der Schuldner der gesicherten Forderung, z. B. bei einer Bürgschaft nur der Bürge, nicht auch der Hauptschuldner, muß der Sicherungsnehmer seine Forderung gegen den Sicherungsgeber als Konkursgläubiger anmelden; falls der Sicherungsgeber mehrere Personensicherheiten bestellt, z. B. ein Depotakzept gegeben und sich außerdem verbürgt hat, gelten die Ausführungen zu Rdn. 906 entsprechend. Die gesicherte Forderung wird davon nicht berührt. Ihre Geltendmachung gegenüber dem Schuldner hat mit dem Konkurs des Sicherungsgebers nichts zu tun. Wichtig ist aber, daß eine Zahlung des Schuldners, die der Sicherungsnehmer nach Konkurseröffnung vereinnahmt, grundsätzlich für die Berechnung der Konkursdividende oder Zwangsvergleichsquote im Konkurs des Sicherungsgebers außer Betracht bleibt, solange die Zahlung nicht den Betrag erreicht, bis zu welchem Sicherungsgeber und Schuldner nebeneinander haften. Nach § 68 KO bleibt nämlich eine Ermäßigung der Forderung, die im Laufe des Verfahrens dadurch eintritt, daß nach Konkurseröffnung ein mithaftender Dritter den Gläubiger befriedigt, gänzlich unberücksichtigt, gleichviel, ob sich der mithaftende Dritte seinerseits im Konkurs befindet oder nicht. Der Gläubiger kann also seine Konkursforderung zu dem ursprünglich festgestellten Betrage weiterhin geltend machen, bis er — auch wegen der Zinsen — insoweit befriedigt ist, als die beiderseitigen Haftungsbeträge sich decken. Dies gilt aber nur für diejenige Zahlung, die der Gläubiger von einem Dritten erhält, welcher als Mitverpflichteter neben dem im Konkurs befindlichen Sicherungsgeber steht. Eine solche Mithaft besteht oft, aber durchaus nicht immer im Verhältnis zwischen Sicherungsgeber und Schuldner.

Gerät der Bürge B in Konkurs und wird in diesem Konkursverfahren die von dem Gläubiger G angemeldete Bürgschaftsforderung von DM 10000,— zur Tabelle festgestellt, so kann G falls B selbstschuldnerisch neben dem Hauptschuldner F haftet, die Konkursdividende auf jene DM 10000,— auch dann verlangen, wenn nach Konkurseröffnung F eine Zahlung in Höhe von DM 8000,— leistet. Steht dem Bürgen B indessen die Einrede der **Vorausklage** zu oder ist er Ausfallbürge, so haftet er **nicht neben, sondern nach dem Hauptschuldner,** und jede Zahlung des Hauptschuldners mindert die nach Rdn. 904 als aufschiebend bedingt angemeldete Forderung des Gläubigers G im Konkurs des B. Dabei ist von Interesse, daß nach § 773 Abs. 1 Nr. 3 BGB die **Einrede** der Vorausklage entfällt, wenn über das Vermögen des Hauptschuldners der **Konkurs eröffnet** ist. Sobald daher auch F in Konkurs gerät, ist die Rechtsstellung des G im Konkurs des B die gleiche, wie wenn B von vornherein selbstschuldnerischer Bürge gewesen wäre. **Es kann daher, sobald erst einmal über das Vermögen des F das Konkursverfahren eröffnet ist, im Interesse des G liegen, daß auch B alsbald in Konkurs geht, sofern nicht seine Zahlungsfähigkeit außer Zweifel steht. Denn fällt B erst in Konkurs, nachdem G am Konkurs des F eine Quote erhalten hat, so kann G im Konkurs des B nur die um diese Quote verminderte Forderung anmelden.** Der Grundsatz des § 68 KO kommt eben nur zur Geltung bei Zahlungen, die erst nach Konkurseröffnung geleistet werden. Wird in beiden Konkursen eine Quote von je 50% gezahlt, so wird G voll befriedigt, wenn die Konkurse gleichzeitig eröffnet werden; wird dagegen der Bürgenkonkurs erst eröffnet, nachdem die 50%ige Konkursdividende im Konkurs des F gezahlt ist, kann G von vornherein im Bürgenkonkurs nur seine Restforderung geltend machen, fällt also bei der oben angegebenen Quote mit 25% seiner Forderung aus. Alle diese Ausführungen finden auch dann Anwendung, wenn sich der Bürge nur bis zu einem bestimmten Höchstbetrag für die Hauptschuld verbürgt, seine Haftung also limitiert hat. Zahlt während des Bürgenkonkurses der Hauptschuldner F auf seine insgesamt DM 10000,— betragende Verbindlichkeit, für welche der spätere Gemeinschuldner B bis zum Höchstbetrag von DM 6000,— gebürgt hat, einen Teilbetrag von TDM 7, so ist dies im Verhältnis zwischen dem Gläubiger G und B eine Teilleistung von DM 3000,—, da die Zahlung des F nach den Ausführungen zu Rdn. 197 zunächst auf den die Höchsthaftungsgrenze der Bürgschaft überschreitenden Teil der Schuld angerechnet wird. Der Gläubiger G darf also ungeachtet der Zahlung des F seine Forderung in Höhe von DM 6000,— im Bürgenkonkurs weiterhin geltend machen, und er erleidet keinen Ausfall, wenn demnächst eine Quote von 50% ausgeschüttet wird, denn er hat dann insgesamt vereinnahmt DM 7000,— (als Zahlung des F) plus DM 3000,— (50% Quote auf DM 6000,—) gleich TDM 10. Wiederum anders ist die Rechtslage, wenn überhaupt nur ein bestimmt abgemessener **Teil der Kreditforderung**, z. B nur der Zinsanspruch, verbürgt ist und der Hauptschuldner nach Eröffnung des Konkursverfahrens über das Vermögen des Bürgen diese Teilforderung tilgt. **Hier ist dann der § 68 KO überhaupt nicht mehr anwendbar**, weil der vom Schuldner und Bürgen gemeinschaftlich geschuldete Forderungsteil erledigt ist und der Gläubiger damit aus dem Bürgenkonkurs ausscheidet. So auch bei der Kundenfinanzierung im Teilzahlungsgeschäft, wenn erst nach Eröffnung des Konkurses über das Vermögen des Verkäufers, der die Bürgschaft für die seinen Kunden gewährten Darlehen übernommen hatte, mehrere Kunden die ihnen gewährten Darlehen völlig zurückzahlen. Die Zahlung mindert die Konkursforderung des Darlehensgebers, obwohl einzelne Kunden ihr Darlehen noch schuldig bleiben, denn jeder Kunde haftet — neben dem Gemeinschuldner als Bürgen — lediglich für seine eigene Darlehensschuld und beendet durch deren Tilgung die in § 68 KO vorausgesetzte Mithaftung und damit dessen Anwendbarkeit[1].

---

[1] BGH NJW 69, 776; Kuhn/Uhlenbruck, § 68 Rdn. 1.

2. Konkurs des Schuldners der gesicherten Forderung

909 Ist nur der **Schuldner der gesicherten Forderung im Konkurs,** nicht auch der Sicherungsgeber, z. B. bei der Bürgschaft nur der Hauptschuldner, nicht auch der Bürge, so kann der Gläubiger die gesicherte Forderung im Konkurs seines Schuldners anmelden. **Die Sicherheit wird davon nicht berührt.** Zeit und Umfang ihrer Verwertung haben mit dem Konkurs des Schuldners überhaupt nichts zu tun, werden auch nicht dadurch beeinflußt, daß die gesicherte Forderung, wenn sie betagt ist, im Schuldnerkonkurs als fällig gilt[1], oder daß nach § 63 Ziff. 1 KO in diesem Konkurs die seit der Eröffnung des Verfahrens laufenden Zinsen nicht geltend gemacht werden können; selbst ein Zwangserlaß der gesicherten Forderung durch konkursrechtlichen Zwangsvergleich vermag die Sicherheit nicht zu beeinträchtigen (s. Rdn. 179). Anders ist die Rechtslage, wenn nach den getroffenen Abmachungen die Sicherheit, z. B. der Bürgschaftsanspruch, fällig werden soll, sobald der Schuldner der gesicherten Forderung in Konkurs gerät. Dann tritt mit der Konkurseröffnung die Fälligkeit auch zu Lasten des Sicherungsgebers, z. B. des Bürgen ein. Wichtig ist aber, daß **der Sicherheitenerlös, den der Gläubiger nach der Konkurseröffnung vereinnahmt, für die Berechnung seiner Quote im Konkurs des Schuldners außer Betracht bleibt, solange er nicht wegen der gesicherten Forderung insoweit, als die beiderseitigen Haftungsbeträge sich decken, befriedigt ist.** Der Gläubiger kann verlangen, daß ungeachtet der etwaigen Teilbefriedigung, die er durch die Ablösung oder Realisierung der Sicherheit nach Konkurseröffnung erlangt, seine Stimm- und Quotenberechtigung im Schuldnerkonkurs nach dem Betrag bemessen wird, den er zur Zeit der Eröffnung des Konkursverfahrens zu fordern hat. Es finden hier die Ausführungen zu Rdn. 908 über die Haftung des Sicherungsgebers und Schuldners entsprechende Anwendung. Wegen der Ablösung und Realisierung vor Konkurseröffnung (s. Rdn. 241–245, 151). Ist also die Forderung des Gläubigers G im Konkurs seines Schuldners F in Höhe von DM 10000,– zur Tabelle festgestellt worden, so steht G die Konkursdividende auf jene TDM 10 auch dann zu, wenn nach Konkurseröffnung der selbstschuldnerische Bürge B eine Zahlung in Höhe von DM 8000,– leistet. Allerdings kann G die Konkursquote, wenn und insoweit diese den Satz von 20 % überschreitet, nicht beanspruchen, weil er sonst mehr vereinnahmen würde, als er überhaupt zu fordern hat[2]. Verwickelt wird die Rechtslage, wenn sich der **Bürge** nur bis zu einem bestimmten Höchstbetrag für die Hauptschuld verbürgt, **seine Haftung also limitiert hat.** Zahlt der Bürge B, welcher sich für die Schuld des F von DM 10000,– gegenüber G bis zum Höchstbetrag von DM 6000,– verbürgt hat, während des Konkurses F die ganze Bürgschaftssumme, so ist der vom Schuldner und Bürgen gemeinschaftlich geschuldete Forderungsteil erledigt. **Der § 68 KO ist nicht mehr anwendbar**[3] und der Gläubiger erhält im Schuldnerkonkurs nur

---

[1] RG 88, 375.
[2] Kuhn/Uhlenbruck, § 68 Rdn. 1.
[3] Kuhn/Uhlenbruck, a. a. O.

noch die Quote auf den von F allein geschuldeten Mehrbetrag von TDM 4, er hat somit ein Interesse daran, den Bürgen, falls dessen Bonität einwandfrei ist, erst nach Beendigung des Konkurses in Anspruch zu nehmen. Zahlt B dagegen von der Bürgschaftssumme nur **einen Teilbetrag** von DM 5000,—, verbleibt es zunächst bei der Regelung des § 68 KO. G kann also nach wie vor die Konkursdividende auf seine volle Forderung von DM 10 000,— verlangen. Nun dient aber die Dividende, soweit sie über die auf den gemeinschaftlich geschuldeten Forderungsteil entfallende Quote hinausgeht, ausschließlich der konkursmäßigen Befriedigung des von F allein geschuldeten Mehrbetrages. Daher darf, wenn man im obigen Beispiel die Konkursdividende mit 25% annimmt, G zwar von der Gesamtquote von DM 2500,— (gleich 25% von DM 10 000,—) die am gemeinschaftlich geschuldeten Forderungsteil noch fehlenden DM 1000,— vereinnahmen, nicht aber die restlichen DM 1500,— zur Verrechnung auf den von F allein geschuldeten Forderungsteil liquidieren; denn da insoweit § 68 KO nicht gilt, hat G nur Anspruch auf die Quote dieses Forderungsteils, d. h. auf 25% von DM 4000,— gleich DM 1000,—. G erlöst mithin im Konkurs F nur insgesamt DM 2000,— und wird bei Berücksichtigung der Zahlung des B nur in Höhe von insgesamt DM 7000,— befriedigt, so daß er mit DM 3000,— ausfällt. Entsprechend ist die Rechtslage, wenn **überhaupt nur ein bestimmt abgemessener Teil der Kreditforderung**, z. B. nur der Zinsanspruch, verbürgt ist und der Bürge nach Eröffnung des Konkursverfahrens übe das Vermögen des Hauptschuldners die volle Bürgschaftssumme zahlt. Hier ist der § 68 KO überhaupt nicht mehr anwendbar, weil der vom Schuldner und Bürgen gemeinschaftlich geschuldete Forderungsteil erledigt ist und der Gläubiger diesen nicht mehr im Schuldnerkonkurs geltend machen kann. Von vornherein unanwendbar ist § 68 KO auch da, wo der Sicherungsgeber nicht als Mitverpflichteter neben dem Schuldner steht, sondern vorrangig haftet[1] (s. Rdn. 239). Hier wird jede Zahlung des Sicherungsgebers, auch soweit sie erst nach Konkurseröffnung erfolgt, auf die Forderung des Gläubigers im Schuldnerkonkurs angerechnet. Erst recht entfällt die Anwendbarkeit des § 68 KO in den Fällen, in denen die Prinzipalhaftung darauf beruht, daß der außer dem Gemeinschuldner Verpflichtete erfüllungshalber zu zahlen hat[2]. Dagegen findet § 68 KO auf den aus einer „harten" Patronatserklärung folgenden Schadensersatzanspruch Anwendung, da der Patron in diesem Fall gleichrangig, d. h. neben und nicht erst nach dem Schuldner, für den die Erklärung abgegeben wurde, haftet[3].

Unter Umständen kann auch der **Sicherungsgeber** im Konkurs des Schuldners **als** 910 **Konkursgläubiger** teilnehmen, und zwar mit dem Anspruch, der ihm entweder aus dem zwischen beiden bestehenden Innenverhältnis (s. Rdn. 174) oder auch aus dem Forderungsübergang bei der Ablösung oder Verwertung der Sicherheiten (s. Rdn. 243, 245, 269) erwächst. Der Sicherungsgeber nimmt mangels abweichender Vereinbarung (s. Rdn. 244) gleich jedem anderen Gläubiger insoweit am Schuldnerkonkurs teil, als

---
[1] Kuhn/Uhlenbruck, § 68 Rdn. 2.
[2] RG 153, 179.
[3] BGH ZIP 1992, 338, 341.

er vor Eröffnung des Konkursverfahrens den Sicherungsnehmer befriedigt hat. Dabei beschränkt sich das Teilnahmerecht des Sicherungsgebers auf den Betrag, den er zur Befriedigung des Gläubigers tatsächlich aufgewendet hat, ggfs. also auf die Quote, die im eigenen Konkurs des Sicherungsgebers an den Gläubiger ausgeschüttet worden ist. Weniger günstig ist die Rechtslage für den Sicherungsgeber, wenn er den Gläubiger erst nach der Konkurseröffnung befriedigt. **Wird freilich der Gläubiger voll befriedigt, so scheidet er aus dem Konkurs aus, und der Sicherungsgeber kann dann ungehindert seine Forderung im Schuldnerkonkurs verfolgen**[1]. Erhält der Gläubiger jedoch während des Konkurses nur eine **Teilzahlung**, so braucht er sich im Hinblick auf die zu Rdn. 909 behandelte Vorschrift des § 68 KO vom Sicherungsgeber nicht verdrängen zu lassen. Da die Konkursquote nur einmal zu zahlen ist, bleibt dem Sicherungsgeber zwar nicht die Anmeldung seiner Forderung, aber die Teilnahme am Konkurs verwehrt; er wird eben immer nur anstelle des Gläubigers, nicht neben und nicht nach ihm berücksichtigt[2]. Erst wenn der Gläubiger mit Hilfe der Konkursquote volle Befriedigung gefunden hat, gebührt ein etwaiger Quotenüberschuß dem Sicherungsgeber auf seine Forderung. Mit anderen Worten: Beide zusammen erhalten die Quote, die sich nach der Forderung des Gläubigers bemißt, und zwar dann, wenn, wie meist bei der Bürgschaft, im Verhältnis zwischen Sicherungsgeber und Schuldner der Schuldner allein haftet; ist jedoch im Innenverhältnis der Sicherungsgeber an der Haftung beteiligt, so mindert sich je nach der Höhe des Haftungsanteils seine quotenberechtigte Forderung und damit die auf sie entfallende Dividende selbst. Dies gilt übrigens nur insoweit, als der Sicherungsgeber im Schuldnerkonkurs als gewöhnlicher Konkursgläubiger in Betracht kommt; ist ihm für seine Forderung vom Schuldner eine **zur Absonderung (s. Rdn. 912) berechtigende Sicherheit** bestellt, so ist er trotz der Teilnahme des Gläubigers am Konkurs nicht gehindert, das Absonderungsrecht geltend zu machen, da sonst jene Sicherheit ihren Zweck verfehlen würde; doch darf das Absonderungsrecht nicht zu einer Bereicherung des Berechtigten führen, mithin nicht über den Betrag hinaus beansprucht werden, den der Sicherungsgeber aufgrund der Sicherheit dem Gläubiger zu zahlen hat[3]. **Eine die Anwendung des § 68 KO beendende Vollbefriedigung des Gläubigers liegt vor, wenn der Sicherungsgeber nur bis zu einem bestimmten Höchstbetrag oder nur für einen bestimmt abgemessenen Teil der Kreditforderung neben dem Schuldner haftet und nach Konkurseröffnung die ganze Haftungssumme zahlt**[4]. Durch solche Vollbefriedigung verdrängt der Sicherungsgeber den Gläubiger in Höhe der Zahlung aus seiner Stellung als Konkursgläubiger und nimmt ihm zugleich die Möglichkeit, bei Ausfall im Konkurs sich aus der Sicherheit zu befriedigen. Insofern ist die „Ausfallqualität" einer solchen Sicherheit problematisch, **es sei denn**, daß der Gläubiger die Notwendigkeit der **Verrechnung des Sicherheitenerlöses auf die gesicherte Forderung** dadurch ausschließt, daß

---

[1] BGH 39, 327; Kuhn/Uhlenbruck, § 68 Rdn. 1 f.
[2] RG 14, 172; JW 36, 3126; BGH 27, 54.
[3] RG 85, 58.
[4] Kuhn/Uhlenbruck, § 68 Rdn. 1.

er die zu Rdn. 252 erwähnte Klausel in den Sicherstellungsvertrag aufnimmt[1]. Von vornherein ist dem Sicherungsgeber jegliche Beteiligung am Schuldnerkonkurs da versagt, wo er nur aufgrund einer echten **Ausfallsicherheit** (s. Rdn. 182) haftet und als Ausfall die nach Durchführung des Schuldnerkonkurses verbleibende Restforderung vereinbart ist. Denn die auf die Schuldsumme entfallende Dividende ist nur einmal zu zahlen und bereits vom Gläubiger abgeschöpft.

3. Konkurs des Schuldners und des Sicherungsgebers

Ist sowohl der **Sicherungsgeber als auch der Schuldner** der gesicherten Forderung **im Konkurs**, z. B. bei der Bürgschaft sowohl der Bürge als auch der Hauptschuldner, so ergibt sich die Rechtslage aus der Zusammenfassung der zu Rdn. 908, 909 entwickelten Regeln. **Der Gläubiger kann an jedem Verfahren mit dem Betrage teilnehmen, der ihm zur Zeit der Eröffnung des Konkurses von seiner Forderung noch zusteht**[2]. Daraus folgt, daß er von seiner Forderung im zweiten Konkurs die Dividende abziehen muß, die er vor Eröffnung des zweiten Konkurses bei der Durchführung des zuerst eröffneten Konkurses vereinnahmt hat, genauso, wie er sich Beträge anrechnen lassen muß, die er nach Eröffnung des ersten, aber vor Eröffnung des zweiten Konkurses von anderer Seite auf seine Forderung erhalten hat. Anrechnungspflichtig sind aber die tatsächlich gezahlten Beträge, daher auch nur die vor Eröffnung des zweiten Konkurses tatsächlich vereinnahmten Vergleichsraten und **nicht schon der Zwangserlaß** als solcher, wenn der Gläubiger kraft eines im ersten Konkurs zustandegekommenen Zwangsvergleichs gegen Zusage einer Vergleichsquote einen Teil seiner Forderung erlassen hat. Darüber hinaus wird sein Teilnahmerecht durch die Gleichzeitigkeit der Konkurse nicht beschränkt; ist er in dem einen Konkurs absonderungsberechtigt (s. Rdn. 924); d. h. nur mit seinem Ausfall an der Quote beteiligt, so berührt dies seine Stellung in dem anderen Konkurs nicht, daher auch nicht sein Recht, in diesem Konkurs die Quote auf seine volle Forderung zu verlangen[3], er braucht sich also für die Berechnung der Konkursquote hier bis zu seiner vollen Befriedigung das nicht abziehen zu lassen, was er dort kraft seines Absonderungsrechts vereinnahmt[4]. Der Umstand, daß er im Konkurs des Hauptschuldners die seit der Eröffnung des Verfahrens **laufenden Zinsen** nicht geltend machen kann (§ 63 Ziff 1 KO), hindert ihn nicht, diese Zinsen im Bürgenkonkurs (s. Rdn. 904) unbeschränkt selbst dann anzumelden, wenn es im Konkurs des Hauptschuldners zu einem Zwangsvergleich gekommen ist. Im Verhältnis der verschiedenen Konkursmassen untereinander findet eine Ausgleichung nicht statt[5], solange der Gläubiger seine Forderung geltend macht, so daß diejenige Masse am besten abschneidet, welche die Quote zuletzt ausschüttet.

911

---

[1] Vgl. hierzu auch Rdn. 239.
[2] Vgl. aber die zu Rdn. 909 a. E. behandelte Entscheidung RG 153, 179.
[3] RG 92, 192.
[4] RG 52, 169.
[5] Vgl. Kuhn/Uhlenbruck, § 68 Rdn. 13; s. auch RG 14, 172; 42, 35; JW 1900, 184.

B. Sachsicherheit

912 Die **Sachsicherheit** wird von dem Konkurs des Sicherungsgebers nur beeinflußt, wenn das Sicherungsmittel einen Teil der Konkursmasse, also des im Zeitpunkt der Konkurseröffnung dem Sicherungsgeber gehörenden und der Zwangsvollstreckung unterliegenden Vermögens bildet. Das wird in der Regel der Fall sein, wenn der spätere Gemeinschuldner als Sicherungsgeber erscheint. Hat er aber seinen Vertragspartner aus dem **konkursfreien Vermögen** gesichert, z. B. eine unpfändbare Sache sicherungshalber übereignet, oder über einen ihm nicht gehörenden Gegenstand als Sicherungsmittel wirksam verfügt, sei es kraft Zustimmung des wirklichen Eigentümers, sei es kraft des guten Glaubens des Sicherungsnehmers, so hat die Sicherheit mit dem Konkursverfahren sowenig zu tun, wie wenn der Sicherungsgeber überhaupt nicht im Konkurs wäre. Allerdings ist ein Sicherungsmittel nicht deswegen konkursfrei, weil ein Dritter als Sicherungsgeber darüber wirksam verfügt hat, sei es kraft Zustimmung des späteren Gemeinschuldners, sei es kraft guten Glaubens des Sicherungsnehmers. Daraus ergibt sich, daß nicht alle die vom späteren Gemeinschuldner bestellten Sicherheiten notwendig Bestandteil der Konkursmasse sind und daß die Sicherheiten nicht unbedingt vom späteren Gemeinschuldner bestellt sein müssen. Wo die Sicherheiten zur Konkursmasse gehören, wird das Recht des Sicherungsnehmers auf den vollen Verwertungserlös grundsätzlich auch im Konkurs vom Gesetz anerkannt. Hier wirkt sich die **dingliche Kraft der Sachsicherung** besonders einschneidend aus. **Sie reserviert ungeachtet des**

913 **konkursrechtlichen Grundsatzes der gleichmäßigen Befriedigung aller Gläubiger den gesicherten Gläubigern einen großen Teil der Masse zum Nachteil der nichtgesicherten Gläubiger**, die eine entsprechende Kürzung ihrer Konkursquote hinnehmen müssen. Das Gesetz bevorzugt also den Inhaber einer Sachsicherheit erheblich und bezeichnet dieses Vorzugsrecht als **Absonderungsrecht** (§§ 47, 48 KO). Das Absonderungsrecht setzt voraus, daß das Sicherungsmittel bei Eröffnung des Konkursverfahrens sich noch in der Masse befindet; ist dieses schon vorher vom späteren Gemeinschuldner veräußert worden, wird der Sicherungsnehmer gewöhnlicher Konkursgläubiger, sofern ihm nicht im einzelnen Fall die Möglichkeit der **Ersatzaussonderung** offensteht (§ 46 KO). Da die Absonderungsberechtigung des Sicherungsnehmers begrifflich die Zugehörigkeit ihres Gegenstands zur Konkursmasse voraussetzt, könnte sie da zweifelhaft erscheinen, wo die Sicherstellung in der Übertragung eines Sicherungsrechts auf den Sicherungsnehmer, also in einer **Sicherungsübereignung** oder **Sicherungsabtretung**, besteht. Denn rechtlich gehört hier das Sicherungsmittel nicht mehr zur Konkursmasse, sondern zum Vermögen des Sicherungsnehmers. Dennoch ist es gesichertes Ergebnis der Rechtsprechung, daß auch in solchen Fällen der **Sicherungsnehmer (nur) absonderungsberechtigt ist**[30]. Dabei ist eine noch nicht genügend geklärte aber wohl zu bejahende Frage, ob das Absonderungsrecht auch an den aufgrund der **Bearbeitungsklausel** vor Konkurseröffnung neu hergestellten Sachen für den „Hersteller"

---

[1] RG 118, 209; 124, 75; BGH WM 59, 372; 65, 84; NJW 71, 799; Kuhn/Uhlenbruck, § 43 Rdn. 16; Serick III, § 35 I 1b; Kilger/Schmidt, § 43 Anm. 9.

entsteht[1]. Das bedeutet für den Sicherungsnehmer kaum einen Nachteil. So kann er zwar z. B. nicht einen in Besitz des späteren Gemeinschuldners belassenen, sicherungshalber übereigneten Lastkraftwagen oder eine sicherungshalber abgetretene Forderung wegen Nichtzugehörigkeit zur Konkursmasse aussondern, sondern eben nur abgesonderte Befriedigung verlangen, aber praktisch sind für ihn Aussonderung und Absonderung gleichwertig, sofern man das der Absonderung eigene Verfahren außer Betracht läßt. Das hier behandelte Absonderungsrecht erwächst nur aus einer bereits vor Konkurseröffnung wirksam bestellten Sicherheit. **Nach Konkurseröffnung** können, abgesehen von einigen Ausnahmen im Grundbuchbereich, die der Konkursverwalter im Wege der Anfechtung zu bereinigen bestrebt sein wird, **Absonderungsrechte an Gegenständen der Konkursmasse nicht mehr mit Wirksamkeit gegenüber den Konkursgläubigern erworben werden.** Sogar ein bereits vor Konkursbeginn eingeleiteter Erwerbsakt begründet kein Absonderungsrecht mehr, wenn erst nach Konkurseröffnung sein **restlicher Entstehungstatbestand** erfüllt wird (§ 15 KO)[2]. Daher ist die Sicherungsabtretung künftiger Forderungen im Konkurs des Sicherungsgebers unwirksam, insoweit die Forderungen erst nach Konkurseröffnung zur Entstehung gelangen, vorausgesetzt, daß die Forderungen ohne die Abtretung zur Konkursmasse gehören würden[3]. Die Blankettabtretung einer Grundschuld ist nach § 7 AO unwirksam, wenn die Blankettausfüllung erst nach Konkurseröffnung erfolgt. Dabei ist unerheblich, ob die Blanketterklärung und der Grundschuldbrief schon vorher an den Zessionar übergeben worden sind[4]. Nach bislang herrschender Meinung muß der Konkursverwalter, wenn er vor Konkurseröffnung abgeschlossene Verträge erfüllt, den Gewinn aus der Erfüllung dieser Verträge an den Gläubiger abführen, der die Kaufpreisforderung vor Konkurseröffnung gepfändet hat, oder dem die Forderung vom Gemeinschuldner zur Sicherung von Forderungen vor Konkurseröffnung abgetreten worden war[5]. Hiernach muß der Konkursverwalter eine vor Konkurseröffnung vorgenommende Abtretung oder Pfändung des Anspruchs auf die Gegenleistung gegen sich gelten lassen[6]. Demgegenüber vertritt der BGH neuerdings die Ansicht, daß die gegenseitigen Erfüllungsansprüche automatisch mit Konkurseröffnung erlöschen und erst durch das Erfüllungsverlangen des Konkursverwalters neu entstehen[7]. Dies hat zur Folge, daß die Gegenleistung auch dann der Masse zugute kommt, wenn die Forderung zuvor abgetreten oder verpfändet war, da eine vor Konkurseröffnung erfolgte Abtretung oder Pfändung nach § 15 KO unwirksam ist[8]. Dies bedeutet für die Insol-

914

---

[1] LG Hildesheim, NJW 58, 1499; Obermüller/Uhlenbruck, Insolvenzrecht und Praxis für die Kreditwirtschaft, WM-Skript, 1985, S. 115.
[2] LG Hildesheim, NJW 58, 1499.
[3] RG JW 37, 1645; BGH 27, 360; NJW 55, 544.
[4] BGH WM 77, 453.
[5] RGZ 11, 49; OLG Hamm WM 85, 841; Kuhn/Uhlenbruck, § 17 Rdn. 34; Obermüller in WuB VI B. § 15 1.85.
[6] RGZ 11, 49; Kuhn/Uhlenbruck, § 17 Rdn. 34.
[7] BGH WM 87, 380 = WuB VI B. § 17 1.87; BGH 103, 250; BGH 106, 236, 241.
[8] BGH 106, 236, 241 = WM 89, 229 ff. = WuB VI B. § 15 1.89.

venzpraxis eine erhebliche Stärkung der Konkursmasse, da der Konkursverwalter die Erfüllung eines noch nicht vollständig erfüllten Vertrages in Zukunft nicht mehr wegen der Befürchtung ablehnen muß, daß die Erlöse doch nicht bei der Masse verbleiben, sondern an die Gläubiger auszukehren sind[1]. Den Kreditinstituten wird es nach dieser Entscheidung dagegen praktisch nicht mehr möglich sein, konkursfeste Sicherungen an Forderungen aus bei Konkurseröffnung noch nicht vollständig erfüllten Verträgen zu erlangen[2]; vgl. auch Rdn. 628.

Rechtsprechung und Literatur sehen in der Verwertung der unter Eigentumsvorbehalt gelieferten Waren durch Veräußerung oder Verarbeitung die **Ausübung der Befugnisse** des Konkursverwalters, **nach § 17 KO** Erfüllung der Verträge zu verlangen; er trete stillschweigend in die Kaufverträge ein[3]. Dies hat zur Folge, daß der Konkursverwalter nach § 59 Abs. 1 Nr. 2 KO in Verbindung mit § 433 Abs. 2 BGB zur Zahlung des gesamten Kaufpreises verpflichtet ist. Für die Konkursverwaltung ist diese Entscheidung von erheblicher, nachteiliger Wirkung. Sie hat zur Konsequenz, daß der Verwalter durch seine Weiterverarbeitung aus den vorgefundenen Beständen eine Masseforderung in Höhe des gesamten offenen Lieferantensaldos begründet, obwohl am Inventurstichtag Material nur im Wert eines Bruchteils des Lieferantensaldos vorhanden war[4]. Dem Lieferanten steht an der weiterverarbeiteten und anschließend weiterveräußerten Ware auch dann kein Ersatzaussonderungsanspruch gem. § 46 KO zu, wenn zwischen ihm und dem nachmaligen Gemeinschuldner ein Verarbeitungsverbot vereinbart war[5].

915 Zu bemerken ist, daß der **Rückgewähranspruch** bereits mit Abschluß des Sicherstellungsvertrages als gegenseitiger besteht und daher ein vor Konkurseröffnung an ihm begründetes Absonderungsrecht nicht dadurch berührt wird, daß die Voraussetzungen seiner Geltendmachung erst nach der Konkurseröffnung eintreten. Unwirksamkeit liegt ferner vor, wenn die notwendige **Anzeige** einer Verpfändung erst nach Konkursbeginn erstattet wird[6] oder die erforderliche **Übergabe** des Grundpfandbriefes erst nach Konkurseröffnung erfolgt[7], und ferner, wenn das Einverständnis des Dritt-
916 schuldners mit der Sicherungszession einer gemäß § 399 BGB **unabtretbaren Forderung erst nach der Eröffnung** des Konkursverfahrens über das Vermögen des Zedenten erklärt wird. Grundsätzlich muß an § 15 KO auch die nach der Konkurseröffnung versuchte Valutierung einer akzessorischen Sicherheit scheitern, denn die Sicherheit

---

[1] Sundermann in WuB VI B. § 15 1.89.
[2] Sundermann in WuB VI B. § 15 1.89.
[3] OLG Celle WM 85, 926; OLG Celle ZIP 88, 384, 385; Kilger/Schmidt, § 17 Anm. 4a; Kuhn/Uhlenbruck, § 82 Rdn. 7e; Serick, ZIP 82, 507, 515; Uhlenbruck in WuB VI B. § 46 2.89.
[4] Steinfeld in WuB VI B. § 17 KO 2.85.
[5] BGH WM 89, 1342 = WuB VI B. § 46 2.89; zustimmend Uhlenbruck in WuB VI B. § 46 2.89.
[6] Kuhn/Uhlenbruck, § 48 Rdn. 20.
[7] Kuhn/Uhlenbruck, a. a. O.

wird vom Sicherungsnehmer erst mit der Valutierung erworben. Soll eine Grundschuld auch Forderungen sichern, die durch Abtretung erworben werden, so entsteht ein Absonderungsrecht nicht, soweit ungesicherte Forderungen Dritter erst nach Konkurseröffnung abgetreten werden[1]. Durch Vertrag **aufschiebend bedingte Sicherungen**[2] und **Anwartschaften**[3] erstarken jedoch zur vollen Wirksamkeit, selbst, wenn die Voraussetzung hierfür erst während des Konkurses des Sicherungsgebers eintritt; gleiches gilt, wenn die **Genehmigung des Berechtigten**[4] (§ 185 AGB) erst während des Konkurses erteilt wird oder wenn der **Drittschuldner** eines verpfändeten oder sicherungshalber zedierten Anspruchs auf Herausgabe oder Verschaffung eines Gegenstandes die **Leistung erst nach Eröffnung des Konkurses** über das Vermögen des Verpfänders bzw. Zedenten erbringt und daher das Absonderungsrecht des Sicherungsnehmers an den geleisteten Gegenstand erst nach Konkurseröffnung entsteht. Ebenso steht der § 15 KO einer rechtsnotwendigen Erweiterung der bereits vor dem Konkurs bestellten Sicherheit nicht entgegen. So erstreckt sich z. B. eine Hypothek nach § 1120 BGB auch auf solche **Zubehörstücke**, die, weil erst vom Konkursverwalter erworben, erst nach Konkurseröffnung Zubehör des haftenden Grundstücks werden[5]; auch hindert § 15 KO nicht eine **Erweiterung des Absonderungsrechts durch Vebindung, Vermischung oder Verarbeitung**[6]. 917

Verwertet der Vorbehaltsverkäufer Grundstückszubehör, das er unter Eigentumsvorbehalt geliefert hatte, zur Tilgung der restlichen Kaufpreisforderung, nachdem zunächst für das Grundstück Zwangsverwaltung angeordnet und dann das Konkursverfahren über das Vermögen des Grundstückseigentümers eröffnet worden ist, so geht zwar sein Anwartschaftsrecht unter, der Erlös — sofern er nicht zur Tilgung des Restkaufpreises herangezogen werden muß — gebührt den Realgläubigern[7].

Eine **Pool-Vereinbarung** zur Durchsetzung von Aus- oder Absonderungsrechten im Konkurs ist jedenfalls dann als unwirksam anzusehen, wenn sie sich auf Sicherungsrechte bezieht, die im Falle ihrer individuellen Geltendmachung deshalb nicht durchsetzbar wären, weil es an den rechtlichen Voraussetzungen der genügenden Bestimmbarkeit der Sicherungsrechte fehlt; die Pool-Vereinbarung nur zum Zwecke der Ausräumung tatsächlicher Beweisschwierigkeiten erscheint dagegen rechtlich unbedenklich[8]. Die Frage, in welchem Umfang der einzelne Gläubiger aufgrund seines Sicherungsrechts Befriedigung erlangt, wird durch eine solche Vereinbarung zwar nicht aus der Welt geschafft, sie wird jedoch in das Innenverhältnis unter den mehreren Gläubigern verlagert; dort läßt sich aber eine Einigung in der Regel leichter erzielen, als 918

---

[1] BGH WM 74, 1218.
[2] RG JW 37, 1645.
[3] BGH 27, 360; Kuhn/Uhlenbruck, § 15 Rdn. 9.
[4] Kuhn/Uhlenbruck, § 15 Rdn. 12.
[5] RG 53, 353.
[6] RG 53, 353; Kuhn/Uhlenbruck, § 15 Rdn. 14.
[7] Kuhn/Uhlenbruck, § 47 Rdn. 11; a. A. OLG Bamberg JZ 64, 518.
[8] OLG Karlsruhe DB 78, 1636; Marx, NJW 78, 246 ff.; Reinicke-Tiedtke, WM 79, 186 ff.

wenn jeder Gläubiger im Außenverhältnis zum Konkursverwalter den Beweis für die Bestimmbarkeit und den Umfang seines Sicherungsrechts zu erbringen hätte. Ein Verstoß gegen zwingende Normen des Konkursrechts ist darin nicht zu sehen. Zum Poolvertrag (s. auch Rdn. 192 ff.).

Löst der Konkursverwalter einen Scheck ein, der dem Gemeinschuldner vor Konkurseröffnung vom Drittschuldner zur Tilgung einer abgetretenen Forderung übergeben wurde, so steht der Bank als Zessionarin an der Schecksumme kein Ersatzaussonderungsrecht zu, sofern dem Drittschuldner die Abtretung der Forderung nicht bekannt war[1]. Wird die Abtretung der Forderung dem Drittschuldner gegenüber nicht offengelegt, so wird dieser mit Übergabe des Schecks an den späteren Gemeinschuldner nach § 407 Abs. 1 BGB von seiner Leistungspflicht gegenüber der Bank als Zessionarin frei. Denkbar ist jedoch, daß sich das Sicherungsrecht an den Schecks fortsetzt[2].

919 Dem Konkursverwalter **die Kenntnis** von dem Bestehen eines Absonderungsrechts zu vermitteln, ist Sache des Sicherungsnehmers. Er ist hierzu sogar verpflichtet, wenn Sicherungsmittel eine in seinem Besitz befindliche Sache, auch ein Wertpapier, ist (§§ 118–120 KO). Der Konkursverwalter muß alle ihm bekannt gewordenen Absonderungsrechte respektieren, notfalls auch Auskunft über ihren Bestand und Umfang erteilen; er ist für ihre schuldhafte Beeinträchtigung gemäß § 82 KO verantwortlich, sofern der Absonderungsberechtigte, sei es auch nur formlos, das Absonderungsrecht geltend gemacht hat[3]. Will der Konkursverwalter das Absonderungsrecht anerkennen, so hat er die **Genehmigung** eines etwaigen **Gläubigerausschusses** einzuholen (§ 133 KO). Aber auch bei Zustimmung des Gläubigerausschusses bringt das Anerkenntnis des Konkursverwalters ein nicht bestehendes Absonderungsrecht nicht zur Entstehung[4].

In den Fällen, in denen nach gesetzlicher Vorschrift der Sicherungsgeber befugt gewesen wäre, in die Rechte des Sicherungsnehmers einzugreifen, darf dies auch sein Konkursverwalter. **Er darf also solange der Sicherungsnehmer nicht die Beschlagnahme ausgebracht hat, über die einem Grundpfandrecht haftenden beweglichen Sachen und Rechte, insbesondere über den Miet- und Pachtzins des verpfändeten Grundstücks[5] mit Wirkung gegenüber dem Sicherungsnehmer verfügen und die diesem übereigneten Sachen entschädigungslos nutzen,** solange der Sicherungsnehmer nicht deren Herausgabe fordert. Veräußert der Konkursverwalter aber Zubehörstücke, so bleibt der Anspruch des Sicherungsnehmers auf den Erlös bestehen, da es nicht Aufgabe des Konkursverwalters ist, die Masse auf Kosten des Absonderungsbe-

---

[1] BGH WM 90, 1883 = WuB VI B. § 46 1.91.
[2] Uhlenbruck in WuB VI B. § 46 1.91.
[3] RG 144, 179; JW 36, 2406; 39, 434.
[4] BGH WM 68, 242.
[5] RG 52, 140.

rechtigten zu vermehren (str.)¹. Veräußert der Konkursverwalter Zubehör nicht im Rahmen ordnungsmäßiger Wirtschaft und wird das Zubehör vom Grundstück entfernt, so führt dies nach herrschender Meinung gemäß § 59 Abs. 1 Nr. 1, 4 in Höhe des Veräußerungserlöses zu einer Massenschuldforderung². Bei Schaden und Verschulden kann ein Anspruch nach § 82 KO entstehen. Nach der Rechtsprechung kommt es zu einer Pfandbefreiung über § 1121 BGB, falls der Konkursverwalter Sachen veräußert, die bei Konkurseröffnung Grundstückszubehör waren, bis zur Veräußerung aber diese Eigenschaft verloren haben³. Hierbei ist zu berücksichtigen, daß durch eine Betriebsstillegung Sachen, die bis dahin Zubehör waren, diese Eigenschaft verlieren⁴, da sie dadurch aufhören, dem wirtschaftlichen Zweck der Hauptsache zu dienen. Vollends muß der Konkursverwalter Sicherheitenerlöse, insbesondere aus still abgetretenen Forderungen, die nach Konkurseröffnung zur Masse eingehen, nach den Grundsätzen der **Ersatzaussonderung** (entsprechend § 46 KO) oder als Masseschuld (§ 59 Ziff. 1, 3 KO) an den Absonderungsberechtigten herausgeben⁵. Da der Absonderungsberechtigte als solcher kein Konkursgläubiger ist, darf er sein Recht unabhängig vom Konkursverfahren nach den Regeln über die **Verwertung** der betreffenden Sicherheit verfolgen (§ 4 Abs. 2 KO). Hier geht es um die inhaltliche Ausschöpfung des Sicherungsrechts; Gegenstand des Absonderungsstreits ist das Sicherungsmittel. Wird dagegen um den rechtlichen Bestand des Sicherungsrechts gestritten, so will der Sicherungsnehmer das Sicherungsrecht ausgesondert wissen: Die Sicherheit ist als solche Gegenstand der Aussonderung. Darauf beruht es, daß § 46 KO auf die Verteilung des Absonderungsrechts durch unbefugte Verfügung des Schuldners Anwendung findet; im Rahmen dieser Vorschrift ist der Sicherungsnehmer zur Ersatzaussonderung berechtigt. Zieht der Konkursverwalter eine **abgetretene Forderung** ein, so gilt folgendes: Ersatzaussonderung (§ 46 KO) kann nicht verlangt werden, wenn rechtmäßig d. h. mit Einwilligung des Eigentümers (§ 185 BGB) veräußert wird⁶. In den Sicherungsverträgen ist regelmäßig eine Klausel enthalten, nach der die Veräußerungsbefugnis (§ 185 BGB) des Sicherungsgebers im Falle der Konkurseröffnung erlischt⁷. Um jeden Zweifel auszuschließen, sollte aber in der Praxis dem Konkursverwalter gegenüber diese Einwilligung ausdrücklich widerrufen werden. Dennoch kann eine Ersatzaussonderung scheitern, da sie voraussetzt, daß sich die Gegenleistung noch unterscheidbar in der Masse befindet⁸. Eine solche **Unterscheidbarkeit** ist dann anzunehmen, wenn der Konkursverwalter die Gegenleistung, ohne diese zuvor mit dem Vermögen der Konkursmasse zu vermengen, auf ein

920

---

¹ RG 69, 90; a. A. Kuhn/Uhlenbruck, § 4 Rdn. 8 für Zubehör, das noch nicht nach § 20 ZVG beschlagnahmt ist.
² Vgl. dazu auch BGH 60, 267, 273.
³ BGH 60, 267; a. A. Kuhn/Uhlenbruck, § 4 Rdn. 8: Es entsteht danach nur ein Masseanspruch nach § 59 Abs. 1 Nr. 1, 4.
⁴ BGH 56, 298, 299.
⁵ RG JW 39, 434; BGH WM 65, 84; 71, 71.
⁶ BGH NJW 53, 217; Kuhn/Uhlenbruck, § 46 Rdn. 10.
⁷ Vgl. OLG Köln, ZIP 80, 857; Serick V, § 62 III 1.
⁸ BGH NJW 58, 1825.

Sonderkonto nimmt[1] oder wenn die Gegenleistung auf das Konto des Gemeinschuldners gelangt. Bei Beträgen, die vom Leistenden unmittelbar auf ein Bankkonto des Konkursverwalters oder ein seiner Verfügung unterstehendes Konto des Gemeinschuldners gelangen, ist die Sonderfähigkeit (Unterscheidbarkeit) zwar durch die einzelnen Buchungen gegeben[2], dies muß aber im Rechtsstreit vorgetragen werden.

Ist keine Ersatzaussonderung gegeben, so kann ein **Masseanspruch** nach § 59 Abs. 1 Nr. 1 KO gegeben sein. Strittig ist allerdings, ob es sich um einen Masseanspruch aus § 59 Abs. 1 Nr. 1 oder nicht vielmehr aus Nr. 3 bzw. jetzt Nr. 4 KO handelt[3]. Nach einer Entscheidung des OLG Köln[4] liegt eine Masseschuld nach § 59 Abs. 1 Nr. 1 KO vor.

Verarbeitet der Konkursverwalter unter Verwendung von eigenem Material des Gemeinschuldners das Sicherungsgut, so entsteht Miteigentum. Der Konkursverwalter braucht dann das Produkt nicht herauszugeben; die Teilung erfolgt nach § 16 KO. Entsteht kein Miteigentum des Gemeinschuldners — weil kein eigenes Material verwendet wurde — so muß der Konkursverwalter die Sache an alle gemeinsam oder an einen Empfangsberechtigten übergeben.

Zugunsten der Verwertungsreife gilt die gesicherte Konkursforderung nach § 65 KO als fällig, wenn sie betagt ist[5]. In allen den Fällen, in denen er sich sonst mit dem Sicherungsgeber in Verbindung gesetzt hätte, muß der Sicherungsnehmer sich nunmehr an den Konkursverwalter wenden. Insbesondere muß er bei mittelbar verwertbaren Sicherheiten seinen Anspruch gegen den Konkursverwalter geltend machen und bei den unmittelbar verwertbaren vom Konkursverwalter die Herausgabe des etwa in dessen Besitz befindlichen Sicherungsmittels zum Zwecke der abgesonderten Befriedigung verlangen[6]. Einen vor Konkurseröffnung erwirkten **Titel** kann er gegen den Konkursverwalter verwenden, doch muß zuvor die Vollstreckungsklausel auf den Namen des Konkursverwalters **umgeschrieben werden**[7]. Indessen braucht der Konkursverwalter solches Vorgehen des Absonderungsberechtigten nicht abzuwarten. Er darf ihn auch durch freiwillige Verwertung befriedigen, sei es durch Veräußerung des Sicherungsmittels[8], sei es durch Abführung der Nutzungen des Sicherungsmittels an den Absonderungsberechtigten[9]. Noch anders ist die Rechtslage, wenn der Konkursverwalter das Sicherungsmittel freigibt, d. h. aus dem Konkursbeschlag entläßt. Die **Freigabe** erfolgt durch formlose Erklärung des Konkursverwalters gegenüber dem

---

[1] BGH NJW 53, 825.
[2] Kuhn/Uhlenbruck, § 46 Rdn. 14; Serick V, § 62 IV 3b.
[3] Kuhn/Uhlenbruck, § 46 Rdn. 13: Masseanspruch nach Nr. 4; vgl. aber auch RGZ 41, 3; 64, 338; 98, 149; 94, 25.
[4] ZIP 80, 857.
[5] BGH 31, 337.
[6] RG 157, 45.
[7] OLG Stuttgart NJW 58, 1353.
[8] RG JW 38, 892.
[9] RG 35, 108.

Gemeinschuldner. Sie liegt im Ermessen des Verwalters, und er wird sie aussprechen, wenn unter Berücksichtigung der an dem Gegenstand bestehenden Absonderungsrechte, die Verwertung einen Überschuß für die Masse nicht erwarten läßt. **Mit der Freigabe fällt der Gegenstand in das konkursfreie Vermögen des Gemeinschuldners**, so daß der Sicherungsnehmer nunmehr die Verwertung wieder gegenüber dem Gemeinschuldner und nicht mehr gegenüber dem Verwalter zu betreiben hat. Gibt der Konkursverwalter ein Grundstück frei, so bedeutet dies nicht zugleich die Freigabe eines zu diesem Zeitpunkt bestehenden Anspruchs auf Verzicht auf eine nicht mehr valutierte Grundschuld[1]. Damit nun der Absonderungsberechtigte die Verwertung nicht zum Schaden der Konkursmasse verschleppt, gibt das Gesetz dem Konkursverwalter die Möglichkeit, neben dem Berechtigten, unter Umständen sogar **an seiner Stelle, die Verwertung zu betreiben**. Im einzelnen: 921

1. Liegenschaftsvollstreckung

Soweit für die Verwertung die **Liegenschaftsvollstreckung** vorgesehen ist — so nicht nur bei den **unbeweglichen Sachen**, sondern auch bei den **eingetragenen Schiffen und registrierten Luftfahrzeugen** —, ist der Konkursverwalter von vornherein berechtigt, wenn auch nicht verpflichtet, die Zwangsverwaltung oder die Zwangsversteigerung zu betreiben (§ 126 KO). **Diese Befugnis**, welche die freihändige Veräußerung des Sicherungsmittels nicht ausschließt, **hat er neben dem Sicherungsnehmer**, nicht an dessen Stelle. Wenn er es ablehnt, von ihr Gebrauch zu machen, bekundet er damit keine Freigabe des Sicherungsmittels. Er kann aber auch dem bereits vom Sicherungsnehmer eingeleiteten Zwangsvollstreckungsverfahren beitreten (§ 27 ZVG) oder entgegentreten (§ 30c ZVG), wie umgekehrt der Sicherungsnehmer befugt ist, dem vom Konkursverwalter betriebenen Verfahren beizutreten. Hieran mag der Sicherungsnehmer ein Interesse haben, weil in dem vom Konkursverwalter betriebenen Zwangsversteigerungsverfahren der Verwalter nur im Range eines nicht dinglich gesicherten Gläubigers steht. Es fallen daher die Rechte sämtlicher Absonderungsberechtigten ins geringste Gebot, und dieses wird häufig so hoch, daß sich kein Bieter findet. Der Sicherungsnehmer kann indessen, wenn das Sicherungsmittel zur Konkursmasse des Schuldners der gesicherten Forderung gehört, seine Interessen auch anders wahren. Er kann nämlich ein besonderes Ausgebot dahin verlangen, daß bei der Feststellung des geringsten Gebots nur die seinem Absonderungsrecht vorgehenden Ansprüche berücksichtigt werden (§§ 172, 174 ZVG). So kommt es dann zu einem Doppelausgebot. Wird für jede der beiden Ausbietungen ein Gebot abgegeben, so ist der Zuschlag dem Meistgebot zu erteilen, welches auf die vom Sicherungsnehmer beantragte Ausbietung erfolgt ist. In jedem Fall hat der Konkursverwalter nur Anspruch auf den Überschuß, der sich nach Deckung sämtlicher im Zwangsversteigerungs- oder Zwangsverwaltungsverfahren zu befriedigenden Sicherungsnehmer ergibt. Weil das Recht am Erlös noch das Absonderungsrecht selbst ist, bleibt es zugunsten der Sicherungsnehmer auch dann 922

---

[1] BGH WM 78, 986.

2. Mobiliarvollstreckung

923 Handelt es sich bei dem Sicherungsmittel um die der **Mobiliarzwangsvollstreckung** zugänglichen beweglichen Sachen und Rechte, so kann der Sicherungsnehmer sich im Normalfall trotz der Konkurseröffnung aus dem Gegenstand ohne gerichtliche Verfahren befriedigen. Er braucht hier eine Zwangsverwertung durch den Konkursverwalter zunächst nicht zu dulden, kann ihn vielmehr zur Herausgabe zwecks eigener Verwertung zwingen (§ 16 KO).

Zur Verwertung der Sicherheit ist an sich gemäß § 127 Abs. 1 KO der Konkursverwalter berechtigt; in der Regel wird aber im Sicherstellungsvertrag dem Sicherungsnehmer das Recht zur **Selbstverwertung** gegeben (§ 127 Abs. 2 KO)[2]. Abgetretene Forderungen kann der Sicherungsnehmer selbst einziehen[3], Sicherungseigentum kann er vom Konkursverwalter zum Zwecke der Verwertung herausverlangen. Diesen Anspruch kann er sogar mit einstweiliger Verfügung geltend machen[4].

Ebenso gilt dies nach herrschender Ansicht bei einem vom Inhaber einer Personensicherheit vor Konkurseröffnung durch Fahrnispfändung erwirkten Pfandrecht[5]. In allen diesen Fällen kann der Konkursverwalter dem Sicherungsnehmer durch das Konkursgericht eine **Frist bestimmen lassen, innerhalb welcher er seine Sicherheit zu realisieren hat.** Nach Fristablauf verliert der Sicherungsnehmer zwar nicht die Befugnis zur Verwertung der Sicherheit; er kann aber keinen Widerspruch erheben, wenn nunmehr der Konkursverwalter seinerseits die Verwertung in die Hand nimmt. Ist gar der Sicherungsnehmer überhaupt nicht befugt, sich aus dem Gegenstand seines Absonderungsrechts ohne gerichtliches Verfahren zu befriedigen, so darf der Konkursverwalter auch ohne Fristsetzung verwerten. Die Verwertung durch den Verwalter vollzieht sich entweder nach den Vorschriften über die Zwangsvollstreckung, so daß es keiner vorgängigen Pfändung des Gegenstandes bedarf, weil die gesetzlichen Regeln über die Zwangsvollstreckung nur bezüglich der Wertung selbst in Betracht kommen nicht aber bezüglich des bei Zwangsvollstreckung der Verwertung vorausgehenden Verfahrens, oder nach den Vorschriften über den Zwangsverkauf. Dem Sicherungsnehmer, dem so durch den Verwalter die Verwertung aus der Hand genommen wird, verbleiben nur seine Rechte auf den Verwertungserlös. Diesen Erlös, über welchen der Konkursverwalter Rechnung zu legen verpflichtet ist[6], muß er gesondert für den Sicherungsnehmer bereit halten (§ 127 KO).

---

[1] RG JW 32, 1557.
[2] In jedem Fall ist die Umsatzsteuer von der Konkursmasse zu begleichen, der Verwertungserlös gebührt in voller Höhe dem Sicherungsnehmer, vgl. BGH WM 72, 473.
[3] Jaeger/Weber, KO, § 127 Anm. 8.
[4] Kuhn/Uhlenbruck, § 127 Rdn. 3.
[5] OLG Schleswig NJW 67, 988; a. M. OLG München NJW 54, 887.
[6] RG 98, 302.

Von besonderem Interesse sind die **konkursrechtlichen Wechselwirkungen zwi-** 924
schen der Sachsicherheit und der gesicherten Forderung. Gerät der Schuldner der
gesicherten Forderung in Konkurs und bildet das Sicherungsmittel im Zeitpunkt der
Konkurseröffnung einen Teil der Konkursmasse, so schließt zwar die Geltendmachung
des dem Sicherungsnehmer zustehenden Absonderungsrechts die Berücksichtigung
der gesicherten Forderung im Konkurs nicht aus; sie kann also angemeldet werden
(s. Rdn. 904). Aber der Gläubiger darf ihretwegen nur insoweit aus der Masse Befriedigung suchen, als er bis zur Verteilung der Dividende auf sein Absonderungsrecht,
d. h. auf seine Sicherheit, **verzichtet hat** oder bei der Verwertung der Sicherheit mit der
gesicherten Forderung **ausgefallen ist.** Mit anderen Worten: Der Gläubiger muß
zunächst seine Sicherheit in der einen oder anderen Weise erledigen, um dann für den
nicht getilgten Rest der gesicherten Forderung die Konkursmasse in Anspruch zu nehmen; mag auch das Sicherungsmittel demnächst vom Konkursverwalter freigegeben
und aus der Masse entlassen worden sein[1]. Der Gläubiger darf umgekehrt nicht
zunächst aus der Masse Zahlung verlangen, um sich wegen des Restes seiner Forderung
an der Sicherheit zu erholen. **Es ist also die „Ausfallqualität" der vom Schuldner
selbst stammenden Sicherheit in seinem Konkurs beseitigt.** Dieser Grundsatz ist
zwingenden Rechts und kann nicht durch eine Vereinbarung der Parteien dahin ausge-
schaltet werden, daß der Gläubiger zunächst die Konkursmasse in Anspruch nehmen
dürfe und dann erst wegen seiner Restforderung auf die Sicherheit oder deren Erlös
zurückzugreifen brauche. Eine vom Schuldner stammende Sicherheit liegt aber nicht
vor, wenn der Gesellschafter einer offenen Handelsgesellschaft aus seinem Vermögen
Sicherheit für eine Gesellschaftsschuld bestellt, z. B. sein Grundstück belastet. Der
Gesellschafter ist hier Dritter, auch wenn er selbst in Konkurs gefallen ist[2]. Es gelten
daher die Vorschriften des § 68 KO. Der Grundsatz der **Ausfallhaftung** geht davon aus,
daß der Sicherungszweck, welcher das Absonderungsrecht mit der Forderung verknüpft, wie immer bei Sicherstellungsverträgen durch Vereinbarung zwischen dem
Sicherungsnehmer und dem Sicherungsgeber gesetzt worden ist. Wenn daher dem
Sicherungsnehmer zur Sicherung seiner Forderung gegen den nachmaligen Gemeinschuldner von einem Dritten als Sicherungsgeber ein Recht abgetreten worden ist, welches sich inhaltlich als pfandrechtliche Belastung eines Masseteils darstellt, z. B. eine
Grundschuld an einem zur Masse gehörenden Grundstück, so muß die gesicherte For-
derung trotz der gleichzeitigen Absonderungsberechtigung des Gläubigers jedenfalls
dann in voller Höhe quotenberechtigt sein, wenn auch ohne die Sicherungszession
Absonderungsrecht und Forderung je in vollem Umfang hätten geltend gemacht werden können. Die Vorschrift des § 64 KO kann nicht dazu führen, daß die Masse aus dem
Abkommen zwischen Sicherungsnehmer und -geber Vorteile zieht, die sie ohne dieses
Abkommen nicht gehabt hätte[3]. Außerdem ist der Sicherungsnehmer, wenn ihm zur
Sicherung seiner Forderung gegen den späteren Gemeinschuldner von dritter Seite eine

---

[1] OLG Kiel, JW 35, 721.
[2] RG 92, 192.
[3] A. A. OLG Kiel JW 35, 721.

Forderung gegen denselben Schuldner zediert oder ein Akzept des Schuldners indossiert wird, im Konkurs des Schuldners wegen beider Forderungen in ihrer vollen Höhe teilnahme- und quotenberechtigt.

Dies gilt nach Sinn und Zweck der gesetzlichen Regelung auch gegenüber einem Gläubiger, dem der Sicherungsgeber Sicherheit bestellt hat vermittels eines Gegenstandes, der ihm vom späteren Gemeinschuldner nur treuhänderisch anvertraut war[1]. Dies gilt auch gegenüber einem Gläubiger, dessen Forderung durch einen zur Konkursmasse gehörenden Gegenstandes dergestalt gesichert ist, daß die Sicherheit nicht ihm selbst, sondern einem Dritten als Treuhänder bestellt ist. Der Gläubiger nimmt also mit seiner vollen Forderung am Konkurs teil, wird aber bei der Schlußverteilung wie beim Zwangsvergleich nur mit dem Betrage des **wirklichen Ausfalls** oder des Verzichts berücksichtigt.

„Es ist dem Gläubiger, der abgesonderte Befriedigung beansprucht, unbenommen, seine Forderung zwar als Ausfallforderung, aber doch zum vollen Betrage im Konkurs anzumelden. Steht noch nicht fest, zu welchem Betrage er bei der abgesonderten Befriedigung Zahlung empfängt, so muß er sogar die Forderung zum vollen Betrage anmelden, wenn er nicht in seinem Recht, Befriedigung in Höhe seines etwaigen Ausfalls aus der Konkursmasse zu erlangen, verkürzt werden will. Beschränkt er dagegen seine Anmeldung auf einen Teil seiner Forderung, weil er für den Rest im Wege der abgesonderten Befriedigung Deckung zu erlangen glaubt, so muß er allerdings, soweit er diese Befriedigung nicht erlangt, auch den Rest, mit dem er ausgefallen ist, zur Konkurstabelle anmelden. Hat der Gläubiger aber keine solche Beschränkung vorgenommen, sondern die ganze Forderung angemeldet, so wird sie auch als ganze geprüft und, sofern sie nicht bestritten wird, festgestellt; allerdings nur als Konkursforderung für den Ausfall. Die zusätzliche Beschränkung „als Ausfallforderung" hat nicht die Bedeutung, daß die Forderung nur in Höhe des etwaigen späteren Ausfalls festgestellt wäre, sondern sie gilt lediglich der Konkursforderung[2]."

925 Daraus folgt, daß der Gläubiger durch die Feststellung zur Tabelle auch den **vollstreckbaren Titel aus § 164 KO erhält**; sein **Stimmrecht** wird in Höhe des mutmaßlichen Ausfalles vom Gericht festgesetzt (§ 96 KO). Wenn er aber die Zahlung der Konkursdividende oder einer Zwangsvergleichsquote[3] begehrt, muß er zuvor

926 — entweder auf sein **Absonderungsrecht verzichten**, d. h. seine Sicherheit (s. Rdn. 232—234) aufgeben. Wo die Aufgabe einer besonderen Form nicht bedarf, läßt sich unter Umständen aus dem Verhalten des Gläubigers auf seinen Verzichtswillen schließen. Wenn etwa der Gläubiger sich die Quote für die ganze gesicherte Forderung vorbehaltlos auszahlen läßt, wird er sich grundsätzlich

---

[1] RG 91, 15.
[2] RG 139, 85.
[3] RG 78, 71; 92, 181.

damit abfinden müssen, daß darin der Verzicht auf seine Sicherheit erblickt wird. Aber auch da, wo, wie im Grundbuchrecht, eine formfreie Verzichterklärung des Gläubigers nicht genügt, kann in seinem Verhalten immerhin die Übernahme der schuldrechtlichen Verpflichtung zur Aufgabe der Sicherheit liegen. Die Anmeldung der ganzen gesicherten Forderung zur Tabelle rechtfertigt nach den früheren Ausführungen nicht ohne weiteres den Schluß auf den Verzichtswillen des Gläubigers. Doch pflegen vorsichtige Gläubiger, um jeden Zweifel auszuschließen, in der Anmeldung ausdrücklich hervorzuheben, welche **aus dem Vermögen des Gemeinschuldners stammende Sicherheiten** sie für die gesicherte Forderung in Anspruch zu nehmen beabsichtigen,

oder

— die **Sicherheit verwerten**, um festzustellen, zu welchem Betrage die gesicherte Forderung ungedeckt bleibt. Zwar genügt zur Berücksichtigung bei einer Abschlagsverteilung im Sinne einer Reservierung der Quote die Glaubhaftmachung des mutmaßlichen Ausfalls; die Teilnahme an der Schlußverteilung und die endgültige Auszahlung der reservierten Beträge ist jedoch von dem Nachweis des Ausfalls abhängig (§§ 153, 156, 168 KO). Diese Beweisführung ist für den Gläubiger nicht immer einfach, zumal wenn er ein Gesamtgrundpfandrecht an einem zur Masse gehörenden und einem massefremden Grundstück oder Grundstücksbruchteil hat. Es kann sogar, insbesondere bei der Sicherungsabtretung langfristiger Forderungen, vorkommen, daß ihm aus irgendwelchen Gründen die rechtzeitige Verwertung der Sicherheit überhaupt nicht möglich ist, obwohl zugunsten der Verwertungsreife die gesicherte Konkursforderung, wenn sie betagt ist, nach § 65 KO als fällig gilt. Dann bleibt ihm nur, seinen künftigen Ausfall zu veranschlagen und in Höhe dieses geschätzten Betrages **vorbehaltlos auf seine Sicherheit zu verzichten**. Durch den Beweis, daß der Wert des Sicherungsmittels eine gewisse Höhe nicht überschreitet, kann die Tatsache des wirklichen Ausfalls nicht ersetzt werden[1]. Bisweilen einigt sich der Gläubiger mit dem Konkursverwalter über die Höhe der Ausfallforderung. Das ist zulässig, weil ja der Gläubiger darüber bestimmen darf, zu welchem Teil seiner Forderung er aus der Sicherheit und zu welchem Teil er als Konkursgläubiger Befriedigung suchen will. Aber dann muß er sich darüber klar sein, daß diese Einigung für ihn genauso bindend ist, wie ein Verzicht auf die Sicherheit und daß er, wenn er sich verrechnet hat, den nicht getilgten Teil seiner Forderung selbst dann nicht aus der Sicherheit mehr decken kann, wenn deren spätere Verwertung einen Überschuß ergibt. Bei der Feststellung des Ausfalls muß der Gläubiger bedenken, daß er aus dem Sicherheitenerlös vorweg auch diejenigen **Zinsen decken darf, die nach der Konkurseröffnung erwachsen und daher gemäß § 63 Ziff. 1 KO als Konkursforderung nicht geltend gemacht werden können.** Denn die abgesonderte Befriedigung vollzieht sich unab-

---

[1] RG 64, 427.

hängig vom Konkursverfahren[1]. **Der Zinsenlauf endigt spätestens im Zeitpunkt der Verwertung der Sicherheit; mit diesem Zeitpunkt steht der Ausfall fest,** der die Konkursforderung des Gläubigers bildet und auf welchen Zinsen innerhalb des Konkursverfahrens nicht mehr beansprucht werden können. Bis dahin aber können aus dem Sicherheitenerlös sogar **auch die laufenden Zinsen** desjenigen Forderungsteils gedeckt werden, der über den Wert der Sicherheit oder bei einer limitierten Sicherheit über die Höchsthaftungssumme hinausgeht. Dies deshalb, weil dem Gläubiger die Sicherheit für jeden Teil seiner Forderung zusteht. So darf z. B. der Verwertungserlös einer Höchstbetragshypothek in erster Linie auf die seit der Konkurseröffnung aufgelaufenen Zinsen der gesicherten Forderung verrechnet werden, und zwar auch insoweit, als die Forderung den Betrag der Hypothek überschreitet[2]. Die Höhe der Zinsen ergibt sich aus den Vereinbarungen zwischen Gläubiger und Schuldner. Doch können — vorbehaltlich der sich aus dem Gesichtspunkt des Verzuges ergebenden Schadensersatzansprüche — kontokorrentmäßige Staffelzinsen für die Zeit nach der Konkurseröffnung nicht mehr berechnet werden, sondern nur noch **einfache Zinsen von dem Schuldsaldo, weil mit der Konkurseröffnung die laufende Rechnung erlischt**[3]. Nach alledem darf der Gläubiger den Sicherheitenerlös derart verteilen, daß er aus ihm zuerst die Kosten, sodann die Zinsen bis zur Verwertung der Sicherheit entnimmt und nur den Resterlös auf das Kapital der gesicherten Forderung verrechnet, gleichviel, ob die Verwertung vom Gläubiger selbst oder ob sie vom Konkursverwalter durchgeführt wurde (§§ 48 KO, 12 ZVG). Daher verbuchen die Banken Sicherheitenerlöse solange auf einem „**Sicherheitenerlöskonto**", bis die Sicherheiten restlos verwertet sind; erst dann wird das Guthaben auf diesem Konto mit der gesicherten Forderung verrechnet, und zwar zunächst mit den Zinsen seit Konkurseröffnung, dann mit der Restforderung. **Das Sicherheitenerlöskonto ist hier nur ein buchungstechnisches Hilfsmittel,** welches die richtige Verrechnung des Verwertungserlöses ermöglichen soll. **Ein Aufschub der Tilgungswirkung ist mit Errichtung diese Kontos nicht verbunden. Daher kommen für die abgesonderte Befriedigung nur noch die Zinsen für den um den vereinnahmten Erlösteil gekürzten Restbetrag der Hauptforderung in Betracht**[4].

Die vorstehenden Ausführungen lassen sich im Rahmen eines Beispiels, wie folgt, deutlich machen:

> Hat G gegen S eine Forderung von DM 10000,—, die durch eine Sicherungsgrundschuld an dem Grundbesitz des S und durch eine Bürgschaft des B gesichert ist, und wird demnächst über das Vermögen des S das Konkursverfahren eröffnet, so darf G die Forderung von DM 10000,— mit den Zinsen bis zum Tage

---

[1] RG 92, 186.
[2] RG JW 38, 892.
[3] RG 149, 24; BGH 58, 108.
[4] Wegen der Aufrechnung des Sicherungsnehmers gegen den Anspruch des Konkursverwalters auf Auszahlung eines etwaigen Mehrerlöses s. Rdn. 272.

der Konkurseröffnung dem angenommenen Betrage von DM 1000,—, insgesamt also DM 11000,— zur Konkurstabelle anmelden. Die Forderung wird im Prüfungstermin „in Höhe des Ausfalls" festgestellt. Die Konkursquote kann G aber nur verlangen, wenn er rechtzeitig die Sicherungsgrundschuld verwertet hat. Unterstellt man, daß sich der Kostenaufwand des G für das Verwertungsverfahren auf DM 500,— beläuft, daß die Zinsen der Forderung von der Konkurseröffnung bis zum Tage der Grundschuldverwertung DM 750,— betragen und daß ein Verwertungserlös von DM 8000,— erzielt wird, so errechnet sich die quotenberechtigte Ausfallforderung des G auf DM 11000,— (DM 8000,— — DM 1250,—) = DM 4250,—. Beläuft sich die Konkursquote auf 50% so fällt G mit DM 2125,— aus. Wegen dieser DM 2125,— kann er sich bei dem Bürgen B erholen.

Im Endergebnis wirkt die gesetzliche Regelung wie eine Vereinbarung, welche die 930 Haftung der Sicherheit zu einer prinzipalen macht, insbesondere wie eine Hingabe „erfüllungshalber". Hier kann die gesicherte Forderung überhaupt nur als durch die Verwertung der Sicherheit oder den Verzicht auf die Verwertung aufschiebend bedingt angemeldet werden; auch hier ist der Gläubiger nur in Höhe seines Ausfalls quotenberechtigt. Hat z. B. der Schuldner und spätere Gemeinschuldner einen Kundenwechsel an den Gläubiger zahlungshalber indossiert, so muß der Gläubiger, um im Konkurs des Indossanten berücksichtigt zu werden, den Ausfall nachweisen, den er bei der Einziehung der Wechselforderung erlitten hat; was er auf den Wechsel vereinnahmt, wird von seiner Konkursforderung abgesetzt[1]. Daß er im übrigen die eigene Haftung des Indossanten aus dem Wechsel nicht benutzen kann, um aufgrund der Konkurrenz von Wechselanspruch und gesicherter Forderung im Konkurs doppelt zu liquidieren, ergibt sich aus der Erwägung, daß der Schuldner trotz doppelter Leistungspflicht nur in Höhe der gesicherten Schuld haftet (s. Rdn. 865).

Der Sicherungseigentümer, der kraft der Sicherungsvereinbarung berechtigt ist, sich aus dem Sicherungsgut zu befriedigen, kann vom Konkursverwalter als Besitzer des Sicherungsgutes Herausgabe zum Zwecke der abgesonderten Befriedigung aufgrund seines dinglichen Rechts verlangen. Er ist ebenso wie der Inhaber eines rechtsgeschäftlich bestellten Pfandrechts dazu berechtigt, im Konkursfalle sich ohne gerichtliches Verfahren aus der Verwertung des Sicherungsgutes zu befriedigen. Der Sicherungsnehmer muß lediglich einen etwaigen Überschuß nach Bereicherungsgrundsätzen an die Konkursmasse auszahlen[2].

In der Insolvenz ist zwischen dem Insolvenzverwalter und dem Sicherungsnehmer häufig streitig, ob und inwieweit der Verwalter **Aufwendungsersatz** für seine Tätigkeit z. B. im Rahmen der Aussonderung von Sicherungsgut verlangen kann. Der Vorbehaltskäufer (Sicherungsgeber) ist verpflichtet, die unter Eigentumsvorbe-

---

[1] RG 153, 182.
[2] BGH WM 77, 1422.

halt stehende Ware sorgfältig zu behandeln und zu bewahren, sie gegen Verlust zu schützen, insbesondere auch die verbotene Eigenmacht Dritter abzuwehren. Die gleiche Verpflichtung trifft auch den an seine Stelle tretenden Konkursverwalter. Nach § 683 Satz 1 BGB kann der Geschäftsführer aber grundsätzlich nur dann Ersatz seiner Aufwendungen verlangen, wenn die Übernahme der Geschäftsführung dem Interesse und dem wirklichen oder dem mutmaßlichen Willen des Geschäftsherrn entspricht[1].

Legt der Sicherungsnehmer ersichtlich keinen Wert auf eine sichernde Tätigkeit, liegt dieses Interesse nicht vor. Für die Kreditinstitute ist der Hinweis des BGH wichtig, daß auch dann, wenn die Voraussetzungen des § 683 Satz 1 BGB vorliegen, der Geschäftsführer die Übernahme der Geschäftsführung, sobald dies tunlich ist, dem Geschäftsherrn anzeigen und, wenn nicht mit einem Aufschub Gefahr verbunden ist, dessen Entschließung abwarten muß (§ 681 Satz 1 BGB). Er darf also, solange die Entscheidung des Geschäftsherrn nicht bei ihm eingeht, zu dessen Lasten grundsätzlich nur unaufschiebbare Handlungen vornehmen[2].

Einen **Verwendungsersatzanspruch** lehnt der BGH ab, da eine Verwendung auf die Sache grundsätzlich nicht in deren Verwaltung liegen könne. Der Umfang der Auskunftspflicht bemißt sich nach deren Zumutbarkeit (§ 242 BGB) und damit nach seiner sinnvollen Relation nach Arbeits- und Zeitaufwand und dem schutzwürdigen Interesse auf seiten des Auskunftsberechtigten. Das gilt in besonderem Maße bei der Auskunftspflicht des Konkursverwalters, der im Interesse aller am Konkurs Beteiligten auf eine zügige Verfahrensabwicklung bedacht sein muß[3].

C. Dritter als Sicherungsgeber

931 Die für den Fall entwickelte Rechtslage, daß der Gegenstand des Absonderungsrechts ein Teil des dem Schuldner der gesicherten Forderung gehörenden Vermögens bildet, ändert sich wesentlich, wenn das **Sicherungsmittel** im Zeitpunkt der Eröffnung des Konkursverfahrens **einem Dritten gehört**. Diese Voraussetzung ist in der Regel, aber nicht nur und nicht immer bei der Interzession erfüllt. Nicht immer, weil der Interzedent auch an einem Vermögensgegenstand des Schuldners wirksam Sicherheit zu bestellen vermag, sei es kraft Zustimmung des Schuldners, sei es kraft guten Glaubens des Sicherungsnehmers; nicht nur, weil auch der Schuldner selbst in gleicher Weise einen ihm nicht gehörenden Gegenstand als Sicherungsmittel verwenden kann. Im einzelnen:

---

[1] BGH WM 83, 679.
[2] BGH a. a. O.
[3] BGH WM 78, 137.

1. Konkurs des Sicherungsgebers

Ist das Sicherungsmittel **Teil der Konkursmasse eines Dritten**, der **Schuldner** der gesicherten Forderung aber selbst **nicht im Konkurs**, so kann der Sicherungsnehmer sein Absonderungsrecht im Konkurs des Dritten geltend machen (nach Maßgabe Rdn. 918), ohne daß es einer Konkursanmeldung (i. S. von Rdn. 904) bedarf. Zur Konkursmasse gehören auch die vom Gemeinschuldner zur Sicherung übertragenen Gegenstände (s. Rdn. 912). Da die abgesonderte Befriedigung unabhängig vom Konkursverfahren erfolgt (§ 4 KO), nimmt hier der Sicherungsnehmer am Konkursverfahren überhaupt nicht teil. Die gesicherte Forderung wird von alledem nicht berührt. Ihre Verfolgung gegenüber dem Schuldner hat mit dem Konkursverfahren nicht zu tun. Der Gläubiger kann also zunächst die Verwertung der Sicherheit durchführen und erst nach Empfang des Erlöses sich wegen des Restes seiner Forderung an den Schuldner halten.

932

2. Konkurs des Schuldners der gesicherten Forderung

Ist der **Schuldner der gesicherten Forderung im Konkurs**, gehört aber das **Sicherungsmittel einem Dritten**, so mag der Gläubiger die gesicherte Forderung nach den für die Personensicherheit entwickelten Regeln im Schuldnerkonkurs anmelden. Die Sicherheit wird davon nicht berührt; sie begründet kein bloßes Absonderungsrecht und hat **uneingeschränkte Ausfallqualität**, und zwar auch gegenüber einem Zwangsvergleich im Schuldnerkonkurs. Zeit und Umfang ihrer Verwertung haben daher mit dem Konkurs des Schuldners überhaupt nichts zu tun, werden auch nicht dadurch beeinflußt, daß in diesem Konkurs die seit der Eröffnung des Verfahrens laufenden Zinsen nicht geltend gemacht werden können; selbst ein Zwangserlaß der gesicherten Forderung durch konkursrechtlichen Zwangsvergleich vermag die Sicherheit nicht zu beeinträchtigen. **Wichtig ist aber, daß der Sicherheitenerlös, den der Gläubiger nach der Konkurseröffnung vereinnahmt, für die Berechnung seiner Quote im Konkurs des Schuldners außer Betracht bleibt**, solange er nicht wegen der gesicherten Forderung insoweit befriedigt, als Schuld und Sachmithaftung sich decken. Der Gläubiger kann verlangen, daß ungeachtet der etwaigen Teilbefriedigung, die er durch die Ablösung oder Realisierung der Sicherheit nach Konkurseröffnung erlangt, seine Stimm- und Quotenberechtigung im Schuldnerkonkurs nach dem Betrag bemessen wird, den er zur Zeit der Eröffnung des Konkursverfahrens zu fordern hat. Das folgt aus der entsprechend anwendbaren Vorschrift des § 68 KO. Was in dieser Hinsicht über die persönliche Mithaftung ausgeführt ist, gilt auch von der Sachmithaftung[1]. Die Rechtslage ist anders, **wenn der Gläubiger verpflichtet ist**, sich zunächst aus einer ihm bestellten **Sicherungsgrundschuld zu befriedigen**. Dann haftet die Sicherheit nicht neben, sondern vor dem Schuldner der gesicherten Forderung; § 68 KO kommt nicht zum Zuge. Vielmehr muß sich der Gläubiger dann jeden Erlös, auch insoweit er ihn

933

---

[1] RG 156, 278; wegen der Ablösung und Realisierung vor Konkurseröffnung s. Rdn. 241—245.

nach Konkurseröffnung vereinnahmt, auf seine Forderung im Schuldnerkonkurs anrechnen lassen. Der Konkursverwalter kann aber ein solches Ergebnis nicht dadurch erzwingen, daß er nach Konkursbeginn das Sicherungsmittel, z. B. das belastete Grundstück, für die Konkursmasse erwirbt, um den Gläubiger auf die erörterte Ausfallforderung zu beschränken[1]. Auch hier ist der § 68 KO nicht anwendbar. Besteht mithin die Sachmithaftung nur bis zu einem bestimmten Höchstbetrag oder nur für einen bestimmt abgemessenen Teil der Kreditforderung und erlangt der Gläubiger für den gesicherten Teil volle Befriedigung, so verliert er dadurch in bezug auf diesen Forderungsteil das Recht auf Teilnahme am Konkursverfahren. In Fällen dieser Art ist in der Regel nicht von vornherein erkennbar, inwieweit sich die Haftungsbeträge decken. Denn das richtet sich nach dem effektiven Sicherungswert der Sachsicherung, wie er sich bei der Verwertung ergibt. Daher **ermäßigt sich** nach vollständiger Verwertung **die quotenberechtigte Forderung** des Gläubigers **um den Verwertungserlös**; dann wird deutlich, daß die Sachmithaftung nur auf einen Teil der Forderung beschränkt war. Die Rechtslage ist anders, wenn der Gläubiger die Notwendigkeit der Verrechnung des Sicherheitenerlöses auf die gesicherte Forderung durch Aufnahme der zu Rdn. 269 erwähnten Klausel in dem Sicherstellungsvertrag im voraus ausgeschlossen hat (vgl. hierzu Rdn. 239).

3. Konkurs des Schuldners und des Sicherungsgebers

934   Ist sowohl der **Schuldner** der gesicherten Forderung als auch der **Dritte**, zu dessen Vermögen das Sicherungsmittel gehört, **im Konkurs**, so ergibt sich die Rechtslage aus der Zusammenfassung der zu Rdn. 932, 933 entwickelten Regeln. Der Gläubiger kann also im Konkurs des Dritten sein Absonderungsrecht geltend machen, **braucht aber im Schuldnerkonkurs den Erlös, den er erst nach dessen Eröffnung vereinnahmt, nicht zu berücksichtigen, solange er nicht wegen der gesicherten Forderung voll befriedigt ist**[2]; seine Stimm- und Quotenberechtigung bemißt sich nach wie vor nach dem Betrage, den er zur Zeit der Eröffnung des Schuldnerkonkurses zu fordern hat.

D. Steuer bei der Verwertung von Sicherungsgut

935   Verwertet die Bank das Sicherungsgut, so werden damit zwei steuerrechtliche Umsatzsteuertatbestände geschaffen: Die Lieferung vom Sicherungsgeber an den Sicherungsnehmer (die Bank) und vom Sicherungsnehmer an den Erwerber[3]; nach derzeitiger Auffassung der Finanzverwaltung ändert daran auch nichts, wenn der Konkursver-

---

[1] RG 59, 367; wegen der Einzelheiten und auch wegen der Geltendmachung der etwaigen Regreßforderung des Eigentümers des Sicherungsmittels im Schuldnerkonkurs kann auf die sinngemäß anzuwendenden Ausführungen zu Rdn. 954 verwiesen werden.
[2] RG 52, 170.
[3] BGH BB 72, 512; BFH BStBl. II 68, 68; BGH ZIP 87, 1134 = WM 87, 1181.

walter die Bank ermächtigt, das Sicherungsgut im Namen des Sicherungsgebers zu verwerten[1]. Man muß also zur Zeit davon ausgehen, daß die Umsatzsteuer entsteht, gleich, ob der Konkursverwalter oder der Sicherungsnehmer selbst verwertet, und zwar zu Lasten der Konkursmasse[2]. Die Bank kann von der durch die Verwertung des Sicherungsgutes entstandenen Umsatzsteuer als Vorsteuerbeträge die Beträge abziehen, über die sie als Sicherungsnehmer dem Sicherungsgeber Gutschriften erteilt hat. In diesem Zusammenhang ist in Nr. 17 Abs. 2 der AGB der Banken zu sehen, in dem es heißt:

„Wenn der Verwertungsvorgang der Umsatzsteuer unterliegt, wird die Bank dem Kunden über den Erlös eine Gutschrift erteilen, die als Rechnung für die Lieferung des Sicherungsgutes gilt und den Voraussetzungen des Umsatzsteuerrechtes entspricht."[3]

Nach inzwischen gefestigter Rechtsprechung des Bundesfinanzhofes sind für den Fall der Verwertung von Sicherungsgut nach Konkurseröffnung des Schuldners die Umsatzsteuer als öffentliche Abgaben, die aus der Verwertung der Masse herrühren, den Massekosten i. S. v. § 58 Nr. 2 KO zuzurechnen[4].

Ersteigert die Bank, die Gläubigerin einer vollvalutierten Grundschuld war, das ihrem Schuldner gehörende Grundstück mit einem Meistgebot, welches unter der 7/10. Grenze des § 74a Abs. 1 S. 1 ZVG liegt, so wird für die Berechnung der Grunderwerbsteuer als Gegenleistung neben dem Meistgebot auch die ausfallende Forderung bis zu 7/10 des vom Vollstreckungsgericht festgesetzten Verkehrswertes berücksichtigt; so die Auffassung des BFH[5].

Der erkennende Senat des BFH hat durch Urteil vom 16. 10. 1985 dazu ausgeführt, daß es keinen Unterschied mache, ob der Erwerber eines Grundstückes neben dem Kaufpreis eine zusätzliche Leistung erbringe oder ob der Erwerber in der Zwangsversteigerung einer solchen zusätzlichen Leistung aufgrund einer gesetzlichen Vorschrift (hier: § 114a ZVG) unterworfen werde. In beiden Fällen trete der Leistungserfolg ein.

Da gegen die o. g. Entscheidung verfassungsrechtliche Bedenken bestehen[6], das BVerfG jedoch bislang noch nicht angerufen worden ist, muß also für die Berechnung der GrESt zunächst von der Rechtsprechung des BFH ausgegangen werden.

---

[1] Erlaß des Niedersächsischen Ministers für Finanzen vom 23. 6. 71, S. 7100/31/32 Punkt umstritten ist, ob der zweimalige Anfall der Umsatzsteuer dann vermieden werden kann, wenn die Bank das Sicherungsgut als „Vermittlerin" des Sicherungsgebers veräußert (so Grabower-Schwarz, in Hübschmann-Grabower-Beck-v. Wallis-Schwarz, USt 67, § 3 Anm. 45; a. A. Wilcke, Umsatzsteuer-Rundschau 71, 196).

[2] BGH NJW 57, 135; BGH NJW 62, 46; BGH WM 72, 473.

[3] S. zur Rechnung beim Verkauf von Sicherungsgut durch die Bank auch OLG München, DB 70, 1480.

[4] BFH BStBl 72 II, 809 = BB 72, 1263; std. Rspr. BFH BStBl 78, 684 = BB 79, 509; BFH ZIP 87, 1134 = WM 87, 1181; BFH ZIP 93, 1247; OLG Köln WM 93, 1525; a. A. Kuhn/Uhlenbruck, § 58 Rdn. 10e; zwischenzeitl. zweifelnd BFH ZIP 83, 1120.

[5] BFH-Urteil vom 16. 10. 85 — II R 99/85, DB 86, 309 ff.

[6] Vgl. insoweit Anmerkung zum BFH-Urteil DB 86, 310 f.

E. Sicherheitenbestellung nach Konkurseröffnung

935a Unter Sicherheit i. S. v. A—D ist niemals die Sicherheit zu verstehen, die erst nach der Eröffnung des Konkurses bestellt wird, sondern immer nur die Sicherheit, die zur Zeit der Eröffnung bereits bestellt war. Die erst nach Konkurseröffnung bestellte Sicherheit ist, sofern sie nicht überhaupt an der Schranke des § 15 KO scheitert, gemäß § 181 KO nichtig, wenn sie unter heimlicher Bevorzugung eines Konkursgläubigers im Hinblick auf einen erstrebten Zwangsvergleich gewährt wird und der Vergleich tatsächlich zustande kommt. Sie hat also neben dem Vergleich keinen Bestand. Dies auch dann, wenn der begünstigte Gläubiger auf ein etwaiges Absonderungsrecht verzichtet hat oder die Sicherung von dritter Seite, z. B. in Form einer Bürgschaft, und ohne Kenntnis des Gemeinschuldners gewährt wird. Erfüllt die Sicherung den Tatbestand des (strafbaren) Stimmenkaufs (§ 243 KO), so ist sie auch dann nichtig, wenn der Vergleich nicht zustande kommt.

Für die konkursrechtliche Behandlung des Anspruchs aus einem Vorvertrag (Rdn. 27) ist der Unterschied gering. Denn der aus einem Vorvertrag Berechtigte ist grundsätzlich gewöhnlicher Konkursgläubiger, und zwar nach § 69 KO mit einer Geldforderung in Höhe des Schätzungswertes seines Anspruchs (§ 12 KO); der Konkursverwalter, der es ablehnt, die vom späteren Gemeinschuldner versprochene Sicherung zu gewähren, handelt nicht arglistig. Nur dann, wenn der Anspruch aus dem Vorvertrag auf Abschluß eines Sicherstellungsvertrages gerichtet ist, dessen Sicherungsmittel in Grundstücken, eingetragenen Schiffen und registrierten Luftfahrzeugen oder in Rechten an solchen besteht, und wenn dieser Anspruch durch eine in dem betreffenden Register eingetragene Vormerkung gesichert ist, kann der Berechtigte vom Konkursverwalter die Bestellung der Sicherheit erzwingen und sich damit ein Absonderungsrecht verschaffen, sofern der Konkursverwalter die Vormerkung nicht durch Anfechtung beseitigen kann (§§ 24 KO; 98 LRG). Davon zu unterscheiden ist die vom Konkursverwalter für einen Neu- (Masse-)kredit gewährte Sicherheit. Sie ist nicht anfechtbar, der Konkursverwalter muß aber für ihre Bestellung die Genehmigung des Gläubigerausschusses einholen (§ 134 Nr. 2 KO). Die Bestellung selbst ist allerdings von der Genehmigung in ihrer Wirksamkeit nicht abhängig[1].

Für den Kredit ist zu beachten, daß die Kreditforderung zwar Masseforderung wird, aber mit anderen Masseforderungen konkurriert (§§ 60 I Nr. 1, 59 I Nr. 1, 2 KO). Ein Privileg gibt es nicht (daher ist die Absicherung wichtig)[2].

---

[1] Zur Kreditaufnahme vgl. OLG Koblenz KTS 62, 123.
[2] BGH ZIP 84, 612; Obermüller/Uhlenbruck, Insolvenzrecht und Praxis, WM-Skript, 1985, S. 41.

F. Konkurs des Sicherungsnehmers

Der Konkurs auf seiten des Sicherungsnehmers oder Gläubigers ist sicherungsrecht- **935b** lich ohne besonderes Interesse. Es tritt lediglich mit der Konkurseröffnung der Konkursverwalter an die Stelle des Gemeinschuldners mit den gleichen Rechten und Pflichten, die dieser gehabt hätte, wenn es nicht zum Konkurs gekommen wäre. Sonach richten sich die Ansprüche des Sicherungsgebers auf Herausgabe eines verpfändeten Gegenstandes oder auf Rückgewähr einer Treuhandsicherheit nach Erledigung des Sicherungszwecks gegen den Konkursverwalter des Sicherungsnehmers. Der Sicherungsgeber (und sein Zessionar) ist insoweit „aussonderungsberechtigt", d. h. er kann mit der Feststellung, daß der beanspruchte Gegenstand nicht zum Vermögen des Sicherungsnehmers und somit nicht zur Konkursmasse gehöre, ihn — gegen Tilgung der gesicherten Forderung, die eine Laufzeit über die Schlußverteilung hinaus haben kann, aber dennoch nur kraft Vereinbarung vorzeitig zurückzahlbar ist — herausverlangen, „**aussondern**" (43 KO). Das mag bei den fiduziarischen Sicherungsrechten, die ja formell im Eigentum des Sicherungsnehmers stehen, nicht ganz folgerichtig erscheinen, ist aber gesichertes Ergebnis der Rechtsprechung[1]. Ist der spätere Gemeinschuldner als Nehmer einer Treuhandsicherheit gleichzeitig (uneigennütziger) Treuhänder des Gläubigers i. S. v. Rdn. 190, kann schon vor Erledigung des Sicherungszwecks der Gläubiger seinerseits aussondern, selbst wenn die Sicherheit unmittelbar vom Sicherungsgeber dem Sicherungsnehmer bestellt und nicht erst vom Gläubiger auf den Treuhänder übertragen worden ist[2]. Das gilt aber nur, wenn das Treuhandverhältnis nach außen hin erkennbar war; hat der Sicherungsnehmer als „stiller Stellvertreter" des Treugebers auch das Darlehen gewährt, welches ihm sichergestellt ist, so ist der Treugeber überhaupt nicht aussonderungsberechtigt[3]. Wenn das Sicherungsrecht im Wege der Kredithilfe (s. Rdn. 187) dem späteren Gemeinschuldner zur Verfügung gestellt worden ist, so ist der Kredithelfer aussonderungsberechtigt, sobald es nach Erledigung des Sicherungszwecks dem Gemeinschuldner wieder zur Verfügung steht. Ist ein nach alledem aussonderungsfähiger Gegenstand vom Treuhänder (Sicherungsnehmer) unrechtmäßig veräußert oder belastet worden, wozu auch die Einziehung einer fremden Forderung gehört[4], kann der Treugeber (Sicherungsgeber) den noch ausstehenden Anspruch auf die Gegenleistung im Wege der sog. Ersatzaussonderung nach § 46 KO an sich ziehen; bei einer Verfügung des ersteren über den Gegenstand zu Sicherungszwecken kommt als Gegenleistung allenfalls die Gewährung des zugesagten Kredites in Betracht. Wenn die Gegenleistung nach Konkurseröffnung eingegangen, aber noch unterscheidbar, z. B. als Bankguthaben, in der Masse vorhanden ist, erstreckt sich die Ersatzaussonderung auf eben diese Gegenleistung; jedoch ist die vor Konkurseröffnung in das Vermögen des nachmaligen

---

[1] RG 91, 14; 94, 305; BGH NJW 59, 1223 BGH WM 64, 179
[2] LG Hamburg v. 5. 2. 57 — 26 O 190/56 —; str.
[3] RG 133, 84
[4] RG 98, 143; 141, 92; s. auch BGH WM 67, 1213

Gemeinschuldners gelangte Gegenleistung nicht aussonderungsfähig[1]. — Wer Sicherheit mittels **depotrechtlich geschützter Wertpapiere (s. Rdn. 668)** bestellt hat und durch eine rechtswidrige Verfügung des Sicherungsnehmers über die Wertpapiere in seinen konkursmäßigen Rechten beeinträchtigt worden ist, hat im Rahmen des § 32 DepG im Konkurs des Sicherungsnehmers ein gegenständlich beschränktes Vorrecht auf Befriedigung aus einer Sondermasse, die aus den in der Konkursmasse vorhandenen Wertpapieren derselben Art und aus den Ansprüchen auf Lieferung solcher Wertpapiere gebildet wird.

---

[1] BGH 23, 307

2. Kapitel Die Anfechtung der Sicherheit im Konkurs

Der Sicherungsnehmer kann im Konkurs des Sicherungsgebers die Sicherheit nur   936
dann zur Geltung bringen, wenn der vor Konkurseröffnung geschlossene Sicherstellungsvertrag rechtlich einwandfrei ist. Das bedarf keiner besonderen Betonung, denn der Konkursverwalter darf etwaige Mängel des Vertrages genauso rügen, wie es der Sicherungsgeber gekonnt hätte, falls es nicht zum Konkurs gekommen wäre. In diesem Zusammenhang ist zu beachten, daß nach § 15 KO Rechte an den zur Konkursmasse gehörenden Gegenständen nach der Eröffnung des Konkursverfahrens nicht mehr mit Wirksamkeit gegenüber den Konkursgläubigern erworben werden. Die **Vorausabtretung** eines erst nach der Konkurseröffnung entstehenden Anspruchs ist daher den Konkursgläubigern gegenüber unwirksam[1]. Bei einem abgetretenen kausalen Saldoanspruch trifft dies nicht zu, da er keine neue, vom Schuldgrund der Einzelposten losgelöste Forderung auf den Überschuß darstellt. Der **kausale Saldo** ist die Zusammenfassung der während der Verrechnungsperiode in das Kontokorrent eingestellten Einzelforderungen[2]. Aber auch eine im übrigen einwandfrei begründete Sicherheit kann im Konkurs versagen, wenn der Sicherstellungsvertrag „anfechtbar" ist[3]. Ist er nicht anfechtbar, so werden auch die später zwischen dem Sicherungsnehmer als Absonderungsberechtigten und dem Sicherungsgeber getätigten Rechtsgeschäfte, zumal die Ablösung der Sicherheit, der Anfechtung entzogen. Diese Anfechtung hat nichts zu tun mit der Anfechtung des Vertrages wegen Irrtums, Täuschung oder Drohung, die ggfs. auch vom Konkursverwalter erklärt werden kann[4]. Vielmehr bedeutet die konkursmäßige Anfechtung der Sicherstellung lediglich, daß der Sicherungsnehmer verpflichtet ist, die Sicherstellung rückgängig zu machen und seine Sicherheit im Verhältnis zur Konkursmasse wieder aufzugeben. Die Wirksamkeit der Sicherstellung Dritten gegenüber, wird durch die Anfechtung grundsätzlich nicht berührt, da das Vorhandensein von Anfechtungsgründen ein Geschäft nicht notwendig sittenwidrig macht[5]. Das schließt indessen nicht aus, daß der Konkursverwalter häufig die Anfechtung einer Sicherungsübertragung mit der Geltendmachung ihrer Nichtigkeit wegen sittenwidriger Unangemessenheit oder Übermäßigkeit verbindet oder ein Scheingeschäft sowohl als nichtig angreift als auch anficht[6]. Die Kehrseite jener Verpflichtung, die Sicherstellung rückgängig zu machen, ist der **schuldrechtliche Anspruch** des Konkursverwalters gegen den Sicherungsnehmer **auf Aufgabe der Sicherheit**. Dieser Anspruch entsteht nicht erst als Folge einer vorausgegangenen Anfechtungserklärung, sondern schon dann, wenn einer der gesetzlichen Anfechtungstatbestände sich verwirklicht

---

[1] Vgl. Kuhn, WM 76, 230 (231); Kilger/Schmidt, § 15 Anm. 4c; Kuhn/Uhlenbruck, § 15 Rdn. 9 h.
[2] BGH WM 78, 137 (140).
[3] RG 90, 69; vgl. Rdn. 1.
[4] RG 58, 45.
[5] RG 170, 332; BGH WM 63, 526; 68, 1057.
[6] Vgl. BGH 27, 365 m. w. N.

hat[1]. Daher erfolgt auch die konkursmäßige Anfechtung nicht durch Erklärung gegenüber dem Sicherungsnehmer, sondern, wenn der Anfechtungsgegner den Anspruch des Konkursverwalters nicht freiwillig erfüllt, durch gerichtliche Geltendmachung des Anspruchs im Wege der Klage oder durch Einrede. Beides, **Klage und Einrede, steht nur dem Konkursverwalter zu.** Die Konkursgläubiger haben also kein Anfechtungsrecht. Absonderungsberechtigte können zugunsten ihres Absonderungsrechts unter den Voraussetzungen des Anfechtungsgesetzes (Rdn. 981 ff.) unbeachtet und außerhalb des Konkurses die Anfechtungsklage erheben[2]. **Streitwert** im Prozeß ist der Wert des Gegenstandes, auf welchen sich die Anfechtung bezieht, abzüglich etwaiger Belastungen[3]. Handelt es sich um eine Personensicherheit, so wird der Konkursverwalter die Anfechtung in der Regel durch Einrede gegenüber dem Zahlungsbegehren des Gläubigers geltend machen und demgemäß die Zahlung verweigern. Handelt es sich dagegen um eine Sachsicherheit, so geht sein Anspruch auf Rückgabe all dessen, was infolge der Sicherstellung aus dem Vermögen des Gemeinschuldners herausgenommen wurde, wobei sich die Anfechtung auf eine einzelne von mehreren global bestellten Sicherheiten beschränken kann. Der Sicherungsnehmer hat durch Aufgabe der Sicherheit den Verlust, den die Masse erlitten hat, wieder auszugleichen; **soweit Rückgewähr in Natur nicht möglich ist, hat er Wertersatz in Geld zu leisten.** Dabei kommt es nicht darauf an, was er inzwischen für die anfechtbar hingegebene Sicherheit erlöst hat, sondern ausschließlich auf den **tatsächlichen Wert** der den Konkursgläubigern entgangenen Gegenstände[4]. Bei entgeltlicher Sicherstellung kann der Sicherungsnehmer die Berücksichtigung seiner Gegenleistung in Höhe der Bereicherung der Masse verlangen; doch ist hier daran festzuhalten, daß das **Darlehen,** für welches die Sicherheit bestellt worden ist, **grundsätzlich nicht als Gegenleistung** angesehen werden kann (§§ 37, 38 KO). Die **Forderung** des Sicherungsnehmers **lebt** mit etwaigen anderweitigen Sicherheiten wieder auf, wenn sie durch Verwertung der angefochtenen Sicherheit bereits getilgt war (§ 39 KO). Dritte Interessenten dürfen keine Vorteile aus der Anfechtung ziehen. Daher darf die Anfechtung einer von mehreren im Range sich folgenden Belastungen nicht zum Aufrücken nachgehender Realgläubiger führen. Die Stelle des angefochtenen Rechts nimmt vielmehr der Konkursverwalter für die Konkursmasse in Anspruch[5]. Auch gegenüber einem Rechtsnachfolger des Sicherungsnehmers greift die Anfechtung durch, und zwar gegenüber einem Gesamtnachfolger in jedem Fall, gegenüber einem Sondernachfolger nur, wenn ihm zur Zeit eines Erwerbes die Umstände, welche die Anfechtbarkeit des Erwerbes seines Rechtsvorgängers begründen, bekannt waren oder wenn ihm das Erlangte unentgeltlich zugewendet worden ist (§ 40 KO); auch beseitigt eine sicherungsweise Übertragung des anfechtbar erworbenen auf einen Dritten die Anfechtbarkeit insofern nicht, als im Zeitpunkt der Rückgewähr

---

[1] RG 133, 48; 162, 220.
[2] RG 123, 242.
[3] RG 151, 319.
[4] RG 114, 211; BGH WM 70, 44.
[5] RG 91, 370.

der Sicherheit an den Anfechtungsgegner der Anfechtungstatbestand wieder wirksam wird[1]. Immerhin ist dem Anfechtungsbegehren des Konkursverwalters eine zeitliche Grenze gesetzt: **Sein Anspruch** — nicht das Einrederecht[2] — erlischt nämlich, wenn die Klage nicht innerhalb einer **Ausschlußfrist von einem Jahr seit der Eröffnung des Konkursverfahrens** erhoben worden ist[3]. Ist die Bestellung einer Personensicherheit nicht anfechtbar, so kann gleichwohl die vor Konkurseröffnung erwirkte, den ersten Akt der Verwertung bildende Beschlagnahme des schuldnerischen Vermögens durch den Sicherungsnehmer, die diesem im Konkurs die Stellung eines Absonderungsberechtigten verschafft, selbständig anfechtbar sein, nämlich dann, wenn die Vollstreckung als eigene Rechtshandlung des Gemeinschuldners erscheint. So insbesondere, wenn der Sicherungsgeber zur Vollstreckung beigetragen hat, indem er abredegemäß Versäumnisurteil gegen sich hat ergehen lassen oder sich in notarieller Urkunde der Zwangsvollstreckung unterworfen oder heimlich Vermögensstücke für den Zugriff des Sicherungsnehmers bereitgestellt hat[4]. Mit der im vorstehenden geschilderten Wirkung kann die Bestellung oder Valutierung[5] der Sicherheit vom Konkursverwalter angefochten werden, wenn folgende Voraussetzungen erfüllt sind:

937

1. In objektiver Hinsicht

a) Gläubigerbenachteiligung

Voraussetzung einer jeden Konkursanfechtung ist eine objektive Benachteiligung der Konkursgläubiger. In objektiver Hinsicht müssen die Gläubiger des Sicherungsgebers daher in ihrer Gesamtheit durch die Bestellung der Sicherheit **benachteiligt** sein, sei es durch Verminderung des Aktivvermögens[6], sei es durch Vermehrung der Schuldenmasse des Konkurses[7], sei es durch eine **Erschwerung** der **Zugriffsmöglichkeit**[8] oder durch eine Erschwerung oder Verkürzung der **Verwertbarkeit**[9]. Danach kann sogar der aus der Gebrauchsleihe erwachsene Anspruch des Eigentümers eine Benachteiligung der Konkursgläubiger des Sicherungsgebers bedeuten und somit die Anfechtbarkeit des Sicherstellungsvertrages rechtfertigen[10]. Ob eine Benachteiligung der Gläubigerschaft vorliegt, ist nicht immer leicht zu entscheiden. Die Rechtsprechung hat die Benachteiligung verneint, wenn der Wert des Sicherungsmittels einer Sachsicherheit durch vorhergehende Belastungen bereits erschöpft war[11] oder wenn statt der unan-

938

---

[1] RG 145, 193.
[2] BGH 30, 248; WM 70, 756.
[3] § 41 KO mit BGH WM 65, 84, WM 72, 1427.
[4] § 35 KO; vgl. auch RG 126, 304.
[5] RG 81, 144.
[6] RG 10, 9; 36, 166; 81, 145; Kuhn/Uhlenbruck, § 29 Rdn. 25; Kilger/Schmidt, § 29 Anm. 13.
[7] RG 27, 133; 36, 166; 81, 145.
[8] BGH 12, 238, 240.
[9] Kuhn/Uhlenbruck, § 29 Rdn. 25a m. w. N.
[10] RG 36, 161.
[11] RG 64, 339; Kuhn/Uhlenbruck, § 29 Rdn. 30.

fechtbar vereinbarten Verpfändung eines Gegenstandes dessen Sicherungsübereignung gewählt wurde; ebenso bei der Verfügung über Miet- und Pachtzinsen zugunsten von Grundpfandgläubigern, denen der Zins schon kraft Gesetzes haftete, ferner bei Verwendung von Sicherungsmitteln, die nicht oder nicht mehr zum konkursbefangenen Vermögen des nachmaligen Gemeinschuldners gehörten, so z. B. bei der Sicherungsübereignung unpfändbarer Sachen[1]. Bei der **Vorausabtretung** einer Forderung ist zu unterscheiden: eine Benachteiligung der Konkursgläubiger liegt nicht vor, wenn beim verlängerten Eigentumsvorbehalt die Vorausabtretung sich auf die mit der Vorbehaltsware erlangte Forderung beschränkt[2]. Dagegen ist eine Gläubigerbenachteiligung bei sonstiger Vorausabtretung künftiger Forderungen zu bejahen, falls die Forderung erst nach Zahlungseinstellung oder Stellung des Konkursantrages entstanden ist[3]. Die **langfristige Veleihung** einer zur Masse gehörenden Sache kann ebenfalls zu einer Gläubigerbenachteiligung führen, weil dadurch dem Konkursverwalter für die Dauer der Leihe der Zugriff auf die Sache verwehrt wird[4]. Auch wenn der nachmalige Gemeinschuldner einem Dritten ein Darlehen zu einem geringeren als dem marktüblichen Zinssatz gewährt, führt das grundsätzlich zu einer Gläubigerbenachteiligung, da ihm dadurch für die Laufzeit des Darlehens der übliche Zins entgeht[5]. Da solche Rechtshandlungen, welche ausschließlich fremdes Vermögen betreffen, nicht anfechtbar sind, insbesondere also Verfügungen über Gegenstände, welche im Konkurs ausgesondert werden können[6], fehlt es auch bei einer Tilgung einer Verbindlichkeit mit fremden Mitteln an einer Gläubigerbenachteiligung, wenn die zur Tilgung verwendeten Mittel in keinem Augenblick zum Vermögen des nachmaligen Gemeinschuldners gehörten[7].

939 In der Regel genügt zur Anfechung schon eine **mittelbare Gläubigerbenachteiligung** (§§ 30 Nr. 1 2. Fall 2; 30 Nr. 2; 31 Nr. 1). Hierbei ist es nicht erforderlich, daß die Gläubigerbenachteiligung schon durch das angefochtene Geschäft selbst verursacht wird, sondern es ist ausreichend, wenn sich diese durch den Hinzutritt weiterer Umstände verwirklicht[8]. In den Fällen mittelbarer Gläubigerbenachteiligung muß die Benachteiligung im Zeitpunkt der letzten mündlichen Verhandlung vorliegen[9]. Die Regelungen des § 30 Nr. 1 1. Fall, § 31 Nr. 2 KO setzen dagegen eine unmittelbare Gläubigerbenachteiligung voraus, d. h. die Benachteiligung muß die unmittelbare Folge der Rechtshandlung sein. In diesen Fällen kommt es für die Beurteilung der Gläubigerbenachteiligung auf den Zeitpunkt der Vornahme des Rechts-

---

[1] BGH WM 64, 505; Kuhn/Uhlenbruck, § 29 Rdn. 31.
[2] BGH 64, 312; Kuhn/Uhlenbruck, § 29 Rdn. 19.
[3] BGH 64, 312; BGH 30, 238.
[4] Jaeger/Lent, § 29 Anm. 22.
[5] BGH ZIP 88, 725.
[6] Kuhn/Uhlenbruck, § 29 Rdn. 27.
[7] Kilger/Schmidt, § 29 Anm. 15.
[8] RG 117, 87; Kuhn/Uhlenbruck, § 29 Rdn. 24.
[9] BGH NJW-RR 93, 235 = ZIP 93, 271; Kuhn/Uhlenbruck, § 29 Rdn. 24a; Kilger/Schmidt, § 29 Anm. 19a.

geschäfts an¹. Etwas anderes gilt jedoch bei einem mehraktigen Rechtsgeschäft. Besteht das Rechtsgeschäft aus mehreren Akten — z. B beim Grundstückskauf aus Auflassung und Eintragung — und fallen diese Akte auseinander, so kommt es nicht auf den Zeitpunkt des das Geschäft vollendenden Aktes an. Der gesamte rechtsgeschäftliche Vorgang ist vielmehr als einheitliches Ganzes zu betrachten. Das ist z. B. der Fall, wenn gegen eine Grundpfandrechtsbestellung die Darlehensvaluta vor Eintragung ausgezahlt wird. Es kommt hier nicht auf den Zeitpunkt der Vollziehung des dinglichen Rechtsgeschäfts im Grundbuch, sondern darauf an, daß die Zahlung auf dem Vertragsschluß beruhte und beides zu der dinglichen Rechtsänderung geführt hat². Wo das Gesetz eine unmittelbare Gläubigerbenachteiligung verlangt, schließt die Gleichwertigkeit der Gegenleistung die Annahme einer Benachteiligung aus. Eine Gläubigerbenachteiligung liegt daher nicht vor, wenn der Gemeinschuldner für seine Leistung eine **gleichwertige Gegenleistung** erhält, und zwar ohne Rücksicht darauf, ob die Gegenleistung zur Zeit der Konkurseröffnung vorhanden war oder nicht³.

b) Bargeschäft/Bardeckung

Mangels Gläubigerbenachteiligung sind auch sog. Bargeschäfte/Bardeckungen der Anfechtung nach § 30 KO entzogen. Hierbei handelt es sich um Geschäfte, bei denen Leistung und Gegenleistung Zug um Zug ausgetauscht werden⁴. Der Rechtsgrund für die anfechtungsrechtliche Begünstigung von Bargeschäften liegt darin, daß keine Vermögensverschiebung zu Lasten des Gemeinschuldners, sondern eine **bloße Vermögensumschichtung** vorliegt, da dem Vermögen des Gemeinschuldners beim Austausch gleichwertiger Leistungen ein entsprechender Gegenwert zufließt⁵. Ohne die Begünstigung würde ein Schuldner in der wirtschaftlichen Krise praktisch von allen — auch verkehrsüblichen — Umsatzgeschäften ausgeschlossen. Es entspricht jedoch nicht dem Sinn des § 30 KO, alle Geschäfte des Gemeinschuldners mit der Zahlungseinstellung oder dem Eröffnungsantrag zu unterbinden⁶. Da durch solche Bargeschäfte die Konkursgläubiger nicht benachteiligt werden, findet auch auf eine vor oder bei der Begründung der Konkursforderung gewährte Sicherheit oder Befriedigung § 30 Nr. 1 2. Fall keine Anwendung⁷.

Der Begriff des Bargeschäfts/der Bardeckung darf nicht zu eng aufgefaßt werden; insbesondere verliert eine Sicherung oder Befriedigung den Charakter einer Bardeckung

940

---

¹ Kuhn/Uhlenbruck, § 29 Rdn. 23; Kilger/Schmidt, § 29 Anm. 19b.
² Kuhn/Uhlenbruck, § 29 Rdn. 23.
³ Kuhn/Uhlenbruck, § 29 Rdn. 22; Kilger/Schmidt, § 29 Anm. 17.
⁴ BGH WM 93, 2099, 2101 = WuB VI B § 30 Nr. 1 KO 1.94; Kuhn/Uhlenbruck, § 30 Rdn. 23; Kilger/Schmidt, § 30 Anm. 8.
⁵ BGH WM 93, 2099, 2100 = WuB IV B § 30 Nr. 1 KO 1.94 m. w. N.
⁶ BGH WM 93, 2099, 2100 = WuB VI B § 30 Nr. 1 KO 1.94; Kuhn/Uhlenbruck, § 30 Rdn. 23.
⁷ BGH WM 78, 135; BGH WM 92, 2099, 2100 = WuB VI B. § 30 Nr. 1 KO 1.92; Kuhn/Uhlenbruck, § 30 Rdn. 23b; Kilger/Schmidt, § 30 Anm. 14, 20a. E.

(Bargeschäft) nicht schon dadurch, daß zwischen der Leistung des Konkursgläubigers und der Gegenleistung des Gemeinschuldners (Sicherung oder Befriedigung) eine kurze Zeitspanne liegt[1]. Eine geringfügige Verzögerung der bei der Kreditgewährung zugesagten alsbaldigen Bestellung der Sicherheit ist daher unschädlich[2]. Vor allem bei der Bestellung eines Grundpfandrechts läßt sich eine feste Zeitspanne nicht bestimmen[3].

941   So kann es sich bei der Bestellung einer Grundschuld gegen Gewährung eines Darlehens auch dann noch um eine der Anfechtung nach § 30 KO entzogene Bardeckung handeln, wenn sich die Grundschulderlangung wegen **späteren Grundbuchvollzuges** — hier bis 2 1/2 Monate nach Darlehensgewährung — verzögert, vorausgesetzt, der Darlehensnehmer und spätere Gemeinschuldner haben die zum Grundbuchvollzug nötigen Erklärungen alsbald abgegeben[4]. Einem die Konkursgläubiger nicht benachteiligenden Bargeschäft steht nicht entgegen, wenn die Bestellung eines Grundpfandrechtes zur Sicherung eines dem Gemeinschuldner im Gegenzug gewährten Kredites erst etwa vier Monate später zugunsten des Kreditgebers im Grundbuch eingetragen wird, sofern die Beteiligten diese Verzögerung nicht zu vertreten haben. Bei Grundstücksgeschäften, zu deren Vollziehung es einer konstitutiv wirkenden Grundbucheintragung bedarf, ist die konkursrechtlich relevante Rechtshandlung erst mit der Eintragung vollbracht. Damit ist auch der für das Eingreifen eines der Tatbestände in § 30 Nr. 1 oder Nr. 2 KO maßgebliche Zeitpunkt der Kenntnis des Leistungsempfängers von der Zahlungseinstellung oder vom Konkurseröffnungsantrag derjenige der Eintragung[5].

942   Auch **Sicherheiten**, die in der Krise für einen neu gewährten Kredit gestellt werden, fallen unter die Bardeckung[6]. Dagegen liegt eine Bardeckung nicht vor, wenn der Neukredit und die Neubesicherung des Kredits im Schuldnervermögen nur dazu dient, nicht oder nicht genügend abgesicherte Altkredite des Kreditgebers abzulösen[7]. Soll eine vom Schuldner in der kritischen Zeit bestellte Sicherheit für einen im Gegenzuge gewährten Kredit auch früher entstandener Kreditschulden absichern, so fehlt es an einer Gläubigerbenachteiligung, wenn die Sicherheit für die Altkredite nachrangig nach der Absicherung des neuen Kredites haftet und der Wert der Sicherheit nicht ausreicht, aus dem Verwertungserlös die Altkredite zurückzuführen[8]. Allerdings muß die Haftung für die Altkredite und Neukredite abzugrenzen sein[9]. Haftet eine vom Schuldner in der kritischen Zeit bestellte Sicherheit nicht unterscheidbar sowohl für

---

[1] Kuhn/Uhlenbruck, § 30 Rdn. 23; Kilger/Schmidt, § 30 Anm. 8, 14.
[2] BGH WM 55, 404; NJW 55, 709.
[3] BGH WM 77, 1254, 1255.
[4] BGH WM 77, 1254, 1255.
[5] BGH WM 64, 196; OLG Hamburg WM 84, 1616.
[6] BGH NJW 77, 718.
[7] Kuhn/Uhlenbruck, § 30 Rdn. 23a.
[8] OLG Hamburg WM 84, 1616.
[9] OLG Hamburg WM 84, 1616.

einen im Gegenzug gewährten Kredit (Bargeschäft) als auch für frühere Kreditschulden, so handelt es um eine inkongruente Sicherung i. S. von § 30 Nr. 2 KO, sofern nicht der Kreditgeber einen Anspruch auf Einräumung gerade dieser Sicherheit zwecks Absicherung der früheren Kreditschulden hatte[1].

Der Begriff des Bargeschäfts und der Bardeckung gewinnt auch im Rahmen von **Sanierungsaktionen** Bedeutung. Sind bei einer Bardeckung Kreditgewährung und Kreditsicherung gleichwertig, so kann die Sicherung nicht angefochten werden[2]. Dies ist wichtig für Sanierungsaktionen[3], bei denen, falls sie im Wege solcher Bardeckung gesucht werden, selbst das Scheitern der Sanierung die Sicherung nicht anfechtbar macht, auch wenn im Zeitpunkt der Konkurseröffnung der Darlehensbetrag nicht mehr vorhanden ist. Denn der Anfechtungstatbestand wird hier nur durch eine unmittelbare Gläubigerbenachteiligung erfüllt. Es liegt auch keine anfechtbare Rechtshandlung vor, wenn ein Bankkunde im Rahmen seines Kreditlimites Gutschriften im Lastschriftverfahren erhält und über diese Beträge sofort wieder verfügt[4].

943

Dennoch darf nicht der Eindruck entstehen, daß Bardeckungen schlechthin der Anfechtung entzogen sind. Bargeschäft ist nur ein solches Geschäft, bei dem dem Vermögen des späteren Gemeinschuldners ein entsprechender Gegenwert zufließt[5]. Daher ist die Anfechtung nach § 30 KO bei solchen Geschäften nicht ausgeschlossen, bei denen der Gemeinschuldner keine gleichwertige Leistung erhält. Entscheidend ist hierbei allein die **objektive wirtschaftliche Gleichwertigkeit**[6].

Nicht mehr unumstritten ist, ob Bargeschäfte auch der Anfechtung nach § 30 Nr. 2 KO entzogen sind. Die (noch) herrschende Lehre geht davon aus, daß Bargeschäfte allgemein nicht der Anfechtung als inkongruente Deckungen unterliegen[7]. Dieser Auffassung tritt der BGH in einer neueren Entscheidung entgegen[8].

Von einer Bardeckung (Bargeschäft) könne dann nicht gesprochen werden, wenn der Gemeinschuldner eine zwar gleichwertige, aber **andersartige Leistung** erbringt als vereinbart[9]. Durch die Worte „für die" werde ausgedrückt, daß eine Bardeckung nur vorliege, wenn Leistung und Gegenleistung durch Parteivereinbarung miteinander verknüpft seien. Eine Leistung, die nicht der Parteivereinbarung entspreche, stelle daher keine Bardeckung dar[68]. Es bestehe weder rechtlich noch wirtschaftlich ein Anlaß, Umsatzgeschäfte des Gemeinschuldners in der Krise zu begünstigen, soweit sie anders

---

[1] OLG Hamburg WM 84, 1616.
[2] RG 100, 62; 136, 154; OLG Köln MDR 62, 997.
[3] Kuhn/Uhlenbruck, § 30 Rdn. 23 d, 41.
[4] BGH WM 78, 133, 135.
[5] BGH WM 78, 133, 135; 77, 254.
[6] Kuhn/Uhlenbruck, § 30 Rdn. 23 a.
[7] So Kuhn/Uhlenbruck, § 30 Rdn. 23 b; Kilger/Schmidt, § 30 Anm. 20 a E.
[8] BGH WM 93, 2099 = WuB VI B. § 30 Nr. 1 KO 1.94.
[9] BGH WM 93, 2099 = WuB VI B. § 30 Nr. 1 KO 1.94.
[10] BGH WM 93, 2099, 2101 = WuB VI B. § 30 Nr. 1 KO 1.94.

abgewickelt würden als vereinbart. Dies hat zur Konsequenz, daß eine der Art nach inkongruente Deckungshandlung in aller Regel keine Bardeckung darstellt. Die weitere Entwicklung bleibt abzuwarten.

944 Nicht ausgeschlossen ist auch die Anfechtung eines Bargeschäfts/einer Bardeckung unter den Voraussetzungen der **Absichtsanfechtung** gem. § 31 Nr. 1 KO[1].

2. In subjektiver Hinsicht

945 In subjektiver Hinsicht müssen entweder beide Parteien des Sicherstellungsvertrages oder auch nur die eine oder andere von ihnen[2] in einer bestimmten Absicht oder in Kenntnis gewisser Umstände gehandelt haben. Dabei kann hinsichtlich der Beweislast für diese Absicht oder Kenntnis die Rechtslage unterschiedlich sein: Je nachdem, ob

a) der Sicherungsnehmer auf die Sicherstellung so, wie sie gewährt wurde, **Anspruch** hatte, sei es kraft Vorvertrages, sei es kraft Gesetzes, oder

b) ob er die Sicherstellung **nicht** oder **nicht in der Art** oder **nicht zu der Zeit** verlangen konnte.

Im ersten Fall a) nennt man die Sicherung eine konkruente (ebenmäßige), im zweiten Fall b) eine inkongruente (unebenmäßige) Deckung[3].

Für die zur Erfüllung des inneren Tatbestandes erforderliche Absicht oder Kenntnis ist stets abzustellen auf den Zeitpunkt der Vollendung des **Abschlußtatbestandes** der Sicherstellung. Er bestimmt sich nicht ausschließlich nach der Sicherungsvereinbarung der Parteien, sondern bei mehraktigen Rechtsgeschäften nach dem letzten zum Erwerb der Sicherheit notwendigen Rechtsakt, z. B. bei der Belastung eines Grundstücks mit einem Grundpfandrecht nicht nach der Einigung der Parteien über die Bestellung des Grundpfandrechts, sondern nach dessen Eintragung[4] oder bei der Abtretung einer Briefhypothek nach der Übergabe des Briefes, wenn diese später erfolgt als die Erteilung der Abtretungserklärung. Der Zeitpunkt der Wirksamkeit des Sicherungsgeschäftes ist insbesondere maßgebend in den bereits im Rahmen des § 15 KO behandelten Fällen, so z. B., wenn sie privatrechtlich noch von einem weiteren Rechtsakt, etwa einer Genehmigung oder bei der Abtretung einer künftigen Forderung von deren Entstehung abhängt. Diese Maßgeblichkeit des zeitlich letzten Rechtsakts kann sich für den Sicherungsnehmer höchst nachteilig auswirken, falls nämlich der Rechtsakt ungebührlich lange auf sich warten läßt und der Sicherungsnehmer inzwischen die ihm schädliche Kenntnis erlangt, z. B. wenn er noch vor der Eintragung einer Sicherungsgrundschuld von der ihm z. Zt. der Einreichung des Eintragungsantrages unbekannten Zah-

---

[1] BGH WM 93, 2099.
[2] RG 72, 133.
[3] Kuhn/Uhlenbruck, § 30 Rdn. 42 bis 51.
[4] BGH 41, 17; BB 55, 236; WM 61, 1371, WM 83, 62; OLG München DNotZ 66, 371.

lungseinstellung des Grundstückseigentümers erfährt. Die Rückdatierung einer für den Bestellungsakt wesentlichen privatschriftlichen Urkunde ist stets geeignet, Zweifel hinsichtlich des Zeitpunktes zu erwecken, in welchem der subjektive Tatbestand „Kenntnis" eingetreten ist.

Zu den einzelnen Anfechtungstatbeständen im einzelnen:

a) Besondere Konkursanfechtung (§ 30 KO)

Die auf § 30 KO gestützte Anfechtung, die als besondere Konkursanfechtung bezeichnet wird, da sie außerhalb des Konkursverfahrens keine Parallele hat, ist die im Konkurs häufigste Anfechtung. Kennzeichen der besonderen Konkursanfechtung nach § 30 KO ist es, daß im Zeitraum der Vornahme der nun anzufechtenden Rechtshandlung schon Vorboten des Konkurses aufgetreten waren, nämlich Zahlungseinstellung oder Eröffnungsantrag. Die Anfechtung nach § 30 KO greift durch, wenn die Sicherstellung nach der Zahlungseinstellung des Sicherungsgebers oder dem Antrag auf Eröffnung des Konkursverfahrens über dessen Vermögen erfolgt ist und der Sicherungsnehmer im Zeitpunkt des Vollzuges der Sicherung die Zahlungseinstellung oder den Konkursantrag positiv gekannt hat. Es bedeutet für den Gläubiger ein erhebliches Risiko, wenn er die Sicherheit schon vor dem hiernach maßgebenden Zeitpunkt, also während einer Krise in den Vermögensverhältnissen des Schuldners valutiert. Denn erwirbt er noch bis zu jenem Zeitpunkt die ihm schädliche Kenntnis, ist trotz der Valutierung die Sicherung anfechtbar und der Anspruch auf Rückzahlung der Valuta gewöhnliche Konkursforderung, vorausgesetzt, daß die Anfechtung Erfolg hatte. Fahrlässige Unkenntnis schadet dem Sicherungsnehmer nicht, selbst wenn es sich um grobe Fahrlässigkeit handelt, daher nicht einmal die Überzeugung von einer bevorstehenden Zahlungseinstellung und noch weniger die bloße Kenntnis von der finanziellen Notlage des Sicherungsgebers[1].

Entscheidender Zeitpunkt für die Beurteilung der Anfechtbarkeit eines Rechtsgeschäfts bzw. der Gewährung einer Sicherung oder Befriedigung ist der Zeitpunkt der Zahlungseinstellung oder des Konkurseröffnungsantrages.

Eine **Bareinzahlung** vor Zahlungseinstellung ist nicht anfechtbar, selbst wenn die Buchung der Bank erst nach Zahlungseinstellung erfolgt[2]. Folgt die Einzahlung allerdings mit einer besonderen Zweckbestimmung — z. B. Ausführung eines Überweisungsauftrages — entfällt eine Verrechnung gegen einen bestehenden Debetsaldo, wenn der Auftrag infolge plötzlicher Zahlungseinstellung nicht mehr ausgeführt werden kann[3].

Bei der Hingabe von **Kundenschecks** zum Einzug ist zwischen zwei zeitlich auseinanderfallenden Rechtsgeschäften zu unterscheiden: Die Hereinnahme eines Inkasso-

946

947

948

---
[1] Kuhn/Uhlenbruck, § 30 Rdn. 28; RG 95, 153.
[2] BGH WM 79, 533.
[3] BGH WM 79, 534.

schecks kann nach § 30 Nr. 2 KO anfechtbar sein. Die Bank erwirbt an dem Scheck Sicherungseigentum in Höhe des Schuldsaldos ihres Kunden und damit ein Absonderungsrecht gem. § 48 KO. Für die Anfechtung des Erwerbs dieser Sicherung ist auf den Zeitpunkt der Scheckeinreichung abzustellen[1]. Soweit sich die Bank durch Verrechnung befriedigt, kommt eine Anfechtung nach § 30 Nr. 1 2. Fall KO in Betracht. Für die Anfechtbarkeit der Verrechnung ist der Zeitpunkt der Entstehung der Verrechnungslage maßgebend[2].

So leicht im allgemeinen die Feststellung ist, ob die Sicherung nach Stellung des Eröffnungsantrages gewährt worden ist, so schwierig ist mitunter die Entscheidung der Frage, ob der Sicherungsgeber bei Bestellung der Sicherheit bereits seine Zahlungen eingestellt hatte.

Zahlungseinstellung

949 „Unter Zahlungseinstellung ist die objektiv nach außen erkennbar gewordene Tatsache der allgemeinen Nichterfüllung der fälligen Geldschulden wegen voraussichtlich dauernden Mangels an Zahlungsmitteln zu verstehen[3]. Ein besonderes Verhalten des Schuldners, vor allem eine ausdrückliche Erklärung seiner Zahlungsunfähigkeit, ist nach der Rechtssprechung des Reichsgerichts für den Begriff der Zahlungseinstellung nicht erforderlich; es genügt, daß die vorhandene Zahlungsunfähigkeit innerhalb der beteiligten Geschäftskreise in die äußere Erscheinung getreten ist; es kommt lediglich darauf an, ob die vorliegenden Tatsachen den Schluß rechtfertigen, daß die Zahlungen eingestellt sind. Die Zahlungseinstellung kann abgesehen von ausdrücklichen Erklärungen des Schuldners, Zwangsvollstreckung und Wechselprotesten, Akkordierungsversuchen und Stundungsgesuchens, auch in anderen Umständen, z. B. in der Flucht des Schuldners oder in der Schließung des Geschäfts, zutage treten, wobei es im einzelnen Fall im allgemeinen eine Frage tatsächlicher Natur ist, ob die angegebenen Tatsachen die Annahme der Zahlungseinstellung begründen[4]."

Die Zahlungseinstellung setzt also eine **objektive Zahlungsunfähigkeit** sowie deren Kundgabe nach außen voraus. Zahlungsunfähigkeit liegt vor, wenn der Gemeinschuldner wegen eines nicht nur vorübergehenden Mangels an Zahlungsmitteln nicht in der Lage ist und andauernd aufhört, seine fälligen Geldschulden im allgemeinen zu erfüllen[5]. Es wird nicht gefordert, daß der Gemeinschuldner alle Zahlungen eingestellt hat. Zahlungsunfähigkeit liegt auch vor, wenn noch geringe Zahlungen geleistet werden, der Schuldner aber einem Großgläubiger, der die wirtschaftlichen Verhältnisse

---

[1] BGH WM 92, 1083, 1085 = WuB VI B. § 30 Nr. 1 KO 1.92.
[2] BGH WM 92, 1083, 1085 = WuB VI B. § 30 Nr. 1 KO 1.92; a. A. BGH WM 78, 133. Hier wird bereits auf die Gutschrift als Rechtshandlung abgestellt.
[3] BGH WM 75, 6 m. w. N.
[4] RG vom 13. 10. 1922 — VII 790/21 —
[5] RG 100, 65; BGH KTS 60, 38; WM 69, 100; WM 86, 749; WM 91, 152; Kuhn/Uhlenbruck, § 30 Rdn. 30; Kilger/Schmidt, § 30 Anm. 5.

kennt, erklärt, daß er dessen ernsthaft angeforderte, einen wesentlichen Teil seiner fälligen Verpflichtungen bildende Forderung auch nicht teilweise mehr erfüllen kann[1]. Es steht der Annahme der Zahlungseinstellung nämlich nicht entgegen, daß der Schuldner überhaupt noch Zahlungen leistet; es genügt, daß das Unvermögen zur Zahlung den wesentlichen Teil der ernsthaft angeforderten Verbindlichkeiten des Schuldners betrifft[2]. Entscheidend ist das Verhältnis der bezahlten zu den unbezahlten Verbindlichkeiten eines Schuldners; im Einzelfall ist zu fragen, ob die Zahlung oder die Nichtzahlung die Regel oder die Ausnahme ist[3]. In der Literatur werden Werte in Spannen von 10% bis 25% genannt[4].

Nicht in jedem Ausdruck der Zahlungsunfähigkeit muß zugleich eine Zahlungseinstellung liegen. Von der auf einem dauernden Mangel an Zahlungsmitteln beruhenden Zahlungsunfähigkeit zu unterscheiden ist die bloße **Zahlungsstockung**, die nur vorübergehender Natur ist, so z. B. wenn fällige Außenstände nicht pünktlich eingehen oder unerwartet größere Zahlungen zu leisten sind, der Schuldner aber in Kürze ausreichende Barmittel flüssig machen kann[5]. Auch wenn der Mangel kan Zahlungsmitteln voraussichtlich andauert, muß geprüft werden, ob die Nichterfüllung der fälligen Geldschulden eine Ausnahme oder die Regel ist, d. h. den wesentllichen Teil der Schulden betrifft[6]. Im letzteren Fall ist die Zahlungseinstellung selbst dann zu bejahen, wenn eine Überschuldung nicht vorliegt; im ersteren Fall ist sie selbst dann zu verneinen, wenn sich der Sicherungsgeber die Mittel zur Bezahlung seiner Schulden nur durch Ausnutzung eines ihm von dritter Seite gewährten Kredites zu beschaffen vermochte. Jedenfalls lehrt die Erfahrung, daß die Ablehnung gewohnheitsmäßiger Überschreitung der vereinbarten Kreditgrenze durch Nichteinlösung von Schecks und Wechseln seitens der bezogenen Bank durchaus nicht zwangsläufig die Zahlungseinstellung des betroffenen Kunden auslöst. Ein wesentlicher Teil der Zahlung wird noch geleistet, wenn der Schuldner seine Gläubiger durch Teilzahlungen rückhält, aber bei Protesten von Schecks und Wechseln Zahlung in vielen Fällen nachholt sowie AOK und Finanzamt zumindest teilweise befriedigt, so daß diese von Zwangsmaßnahmen absehen[7]. Die Einleitung und Durchführung des gerichtlichen Vergleichsverfahrens kann die Zahlungseinstellung beseitigen, wenn nämlich die fälligen Verbindlichkeiten infolge Wiederaufstiegs des Geschäfts wieder im allgemeinen erfüllt werden; wenn es sich dagegen durch die sehr bald nachfolgende Konkurseröffnung zeigt, daß das Vergleichsverfahren nur ein mißlungener Versuch war, den Schuldner wieder zahlungsfähig zu machen, kommt ein Wegfall der Zahlungseinstellung und ihrer Wirkungen nicht in

950

---

[1] BGH WM 85, 396; Uhlenbruck in WuB VI B. § 30 KO 2.85.
[2] BGH KTS 60, 38; BGH WM 85, 396.
[3] Uhlenbruck in WuB VI B. § 30 KO 2.85.
[4] Papke, DB 69, 736; Veit, ZIP 82, 278; Schedlbauer, DB 84, 2205.
[5] Kilger/Schmidt, § 30 Anm. 5.
[6] BGH WM 59, 891; 69, 98, 100; Kuhn/Uhlenbruck, § 30 Rdn. 3; Uhlenbruck in WuB VI B. § 30 KO 2.85.
[7] OLG Hamburg MDR 72, 959.

Frage¹. Dagegen beseitigt der **Zwangsvergleich** den Zustand der Zahlungsunfähigkeit und der Zahlungseinstellung nicht². Auch durch eine allgemeine Stundung der Verbindlichkeiten wird die Zahlungseinstellung erst wieder beseitigt, wenn es mit Hilfe der Stundung zu einer allgemeinen Wiederaufnahme der Zahlungen, sei es auch zunächst nur durch Ratenzahlungen, kommt³. Dem Antrag auf Eröffnung des Konkursverfahrens als anfechtungsbegründenden Tatbestandsmerkmal steht im sog. Anschlußkonkurs (wegen des Begriffs s. Rdn. 952, 904) der Antrag auf Eröffnung des Vergleichsverfahrens gleich (§ 107 Abs. 1 VerglO). Jedoch ist die Sicherstellung eines Darlehens, welches im Rahmen des § 106 VerglO⁴ zur Fortführung des Geschäfts aufgenommen worden ist, nicht anfechtbar.

951 Die Zahlungseinstellung setzt weiter voraus, daß die Zahlungsunfähigkeit nach außen in Erscheinung getreten, nämlich den beteiligten Vekehrskreisen, zumindest aber dem Anfechtungsgegner erkennbar geworden ist⁵. Eine ausdrückliche Erklärung des nachmaligen Gemeinschuldners hinsichtlich der Zahlungsunfähigkeit wird nicht verlangt⁶. Die Zahlungseinstellung als erkennbar nach außen gewordene Leistungsunfähigkeit setzt auch weder eine Erfüllungsverweigerung noch ein sonstiges Verhalten des Gemeinschuldners voraus, das seine Zahlungsfähigkeit dokumentiert⁷. Der Entschluß eines Kreditinstitutes, dem Kreditnehmer ab sofort keinen Kredit mehr zu gewähren, hat nicht automatisch die Zahlungseinstellung zur Folge, solange es sich bei diesem Entschluß um einen internen Vorgang bei der Bank handelt, der den beteiligten Geschäftskreisen solange verborgen bleiben muß, als die Schuld nicht ernsthaft eingefordert wird. Erst wenn die Bank ihren Beschluß verlautbart und die Schulden ernsthaft einfordert, wird die tatsächlich vorliegende Zahlungsunfähigkeit nach außen erkennbar und führt zur Zahlungseinstellung⁸. Interne Vorgänge zwischen Bank und Kunden vermögen diese Außenwirkung nicht zu begründen⁹.

952 Für den **Anschlußkonkurs** gilt nach § 107 Abs. 1 VerglO der Zeitpunkt der Stellung des Vergleichsantrages als der für die Anfechtbarkeit von Rechtshandlungen nach Maßgabe des § 30 KO entscheidende Zeitpunkt¹⁰.

aa) Kongruente Sicherung (§ 30 Nr. 1 2. Fall KO)

953 Nach § 30 Nr. 1 2. Fall KO ist eine kongruente Sicherung, die der Sicherungsgeber gewährt hat, zur Deckung der Forderung eines Konkursgläubigers, die aus der Zeit vor

---

[1] RG 127, 61; 136, 155.
[2] Kilger/Schmidt, § 30 Anm. 6a.
[3] RG 136, 152.
[4] S. hierzu BGH 32, 268.
[5] BGH WM 84, 1309; WM 85, 396; 1991, 150, 151.
[6] BGH WM 91, 150.
[7] BGH WM 91, 152 = WuB VI B. § 30 Nr. 2 KO 3.91.
[8] BGH WM 92, 1083 = WuB VI B. § 30 Nr. 1 KO 1.92.
[9] Uhlenbruck in WuB VI B. § 30 Nr. 1 KO 1.92.
[10] Jaeger/Henckel, § 30 Anm. 48.

dem Abschluß des Sicherstellungsvertrages stammt[1], anfechtbar, wenn der Konkursverwalter beweist, daß dem Sicherungsnehmer im Zeitpunkt des Erwerbs der Sicherheit die Zahlungseinstellung oder der Eröffnungsantrag bekannt war. Eine kongruente Deckung liegt vor, wenn der Sicherungsnehmer genau die Sicherung erhalten hat, die ihm zusteht[2]. Wer eine vertraglich geschuldete Leistung erhalten hat, muß grundsätzlich auch für den Konkurs seines Vertragspartners darauf vertrauen können, daß er die ihm zustehende Leistung behalten darf — dieses Vertrauen verdient nur dann keinen Schutz, wenn der Sicherungsnehmer Kenntnis von der Krise hatte[3]. Die hier erörterte Anfechtung bezieht sich nur auf Sicherungen, die nicht früher als 6 Monate vor der Eröffnung des Konkursverfahrens gewährt worden sind; im sogenannten Anschlußkonkurs wird die Frist vom Tage der Eröffnung des Vergleichsverfahrens zurückgerechnet. Dies gilt nur für Sicherungen, die sich als kongruente Deckungen darstellen. Dabei genügt es, wenn die tatsächlich gewährte Sicherung der vereinbarten **wirtschaftlich gleichwertig** ist. Beim Vorliegen eines Vorvertrages ist die Deckung in aller Regel kongruent[4]. Kongruent ist stets auch die Auffüllung von Mantelzessionen und der Austausch von Sicherungsgütern aufgrund einer Mantelübereignung. Daß der Vorvertrag mit einem Treuhänder (s. Rdn. 190) geschlossen wurde, macht die Deckung nicht inkongruent, wenn der Vertrag als zugunsten des Gläubigers abgeschlossen zu gelten hat (§ 328 BGB) und somit dieser unmittelbar den Anspruch auf Sicherstellung erhielt. Bei der Abtretung **künftiger Forderungen**, die insbesondere im Rahmen einer Globalzession erfolgt, hat die Rechtsprechung die Entstehung der künftigen Forderung zum maßgebenden Zeitpunkt für die Kenntnis der Zahlungseinstellung erklärt[5]. Wird das Konkursverfahren zwar nach Abtretung, aber vor der Entstehung der Forderung eröffnet, so scheitert der Rechtserwerb des Zessionars an § 15 KO[6] (vgl. Rdn. 914). Denn der Zessionar erwirbt die Forderung nicht im Zeitpunkt der Abtretung, sondern erst im Zeitpunkt ihres Entstehens. Entsteht die Forderung erst, nach dem der Sicherungsnehmer Kenntnis von der Zahlungseinstellung erlangt hat, so ist die Abtretung der Forderung unter denselben Voraussetzungen anfechtbar, wie es die Ersatzforderungen sind, die erst nach Erlangung der Kenntnis von der Zahlungseinstellung zur Auffüllung einer Mantelzession abgetreten werden. Anfechtbar ist auch die **Gutschrift** von überwiesenen Beträgen auf dem Girokonto des späteren Gemeinschuldners, sofern der Bank bekannt war, daß der spätere Gemeinschuldner seine Zahlungen eingestellt hat[7].

---

[1] RG 114, 209.
[2] Kuhn/Uhlenbruck, § 30 Rdn. 42.
[3] Kuhn/Uhlenbruck, § 30 Rdn. 42.
[4] BGH WM 65, 84.
[5] BGH 30, 238.
[6] Kilger/Schmidt, § 15 Anm. 4c; Kuhn/Uhlenbruck, § 15 Rdn. 9h m. w. N.
[7] BGH 58, 108.

bb) Inkongruente Sicherung (§ 30 Nr. 2 KO)

954   Eine inkongruente Sicherung, die der Sicherungsgeber gewährt hat zur Deckung der Forderung eines Konkursgläubigers, die aus der Zeit vor Abschluß des Sicherstellungsvertrages stammt[1], ist anfechtbar, ohne daß der Konkursverwalter dem Sicherungsnehmer die Kenntnis der Zahlungseinstellung und des Eröffnungsantrages nachzuweisen hätte. Die Anfechtbarkeit wird auch dadurch nicht beseitigt, daß die nicht vereinbarungsgemäß gewährte Sicherung geringwertiger ist als die vertraglich vorgesehene. Die Anfechtung greift nicht nur durch gegenüber einer Sicherung aus der Zeit nach der Zahlungseinstellung oder dem Eröffnungsantrag. Nach dieser Vorschrift unterliegen vielmehr auch die in den letzten zehn Tagen vor Ausbruch der Krise (Zahlungseinstellung oder Eröffnungsantrag) vorgenommenen Rechtshandlung der Anfechtung.

Nur insoweit unterliegt ein schon vor der Zahlungseinstellung geschlossener Sicherstellungsvertrag der besonderen Konkursanfechtung; für die kongruente Deckung gibt es eine entsprechende Regelung nicht, so daß kongruente Deckungen unanfechtbar sein können, selbst wenn sie kurz vor der Zahlungseinstellung gewährt wurden. Die Frist wird nach § 187 Abs. 1 BGB berechnet. Der der Zahlungseinstellung oder dem Konkurseröffnungsantrag vorhergehende Tag ist der erste Tag der 10-Tages-Frist. Besonders wichtig ist aber, daß die Kenntnis des Sicherungsnehmers von der Zahlungseinstellung oder dem Eröffnungsantrag gesetzlich vermutet wird und daher zum Nachteil des Sicherungsnehmers die **Beweislast verschoben ist.** Der Sicherungsnehmer kann der Anfechtung daher nur entgehen, wenn er seinerseits beweist, daß ihm zur Zeit des Erwerbs der Sicherheit weder die Zahlungseinstellung noch der Eröffnungsantrag noch eine Absicht des Sicherungsgebers, ihn vor den übrigen Gläubigern zu begünstigen, bekannt war[2]. Der Beweis ist im allgemeinen sehr schwer zu führen, da die Rechtsprechung an ihn strenge Anforderungen stellt. Bei Deckungsgeschäften, die in die letzten zehn Tage vor der Zahlungseinstellung fallen, braucht der Sicherungsnehmer nur zu beweisen, daß ihm Begünstigungsabsicht des nachmaligen Gemeinschuldners nicht bekannt war[3]. Aber auch dieses Beweises ist er enthoben, wenn feststeht, daß jener solche Absicht überhaupt nicht gehabt hat. **Zahlungseingänge** sind dabei aus diesem Grunde nicht anfechtbar, weil die Zahlung regelmäßig aufgrund der Angabe der Bankverbindung erfolgt und nicht, um diese Bank zu begünstigen. Die 10-Tages-Frist ist daher für Zahlungseingänge auf dem Konto ohne Bedeutung. Sofern das Deckungsgeschäft in die 10-Tages-Frist vor Konkursantrag fällt, aber nach der Zahlungseinstellung des Gemeinschuldners erfolgt ist, muß der Sicherungsnehmer auch beweisen, daß ihm die Zahlungseinstellung nicht bekannt war[4].

955   Die auf seiten des Gemeinschuldners erforderliche **Begünstigungsabsicht** liegt vor, wenn dieser den Willen hat, einen der Gläubiger durch Gewährung einer inkongruen-

---

[1] RG 114, 209.
[2] RG 78, 331.
[3] Kilger/Schmidt, § 30 Anm. 23.
[4] OLG Celle KTS 63, 50; LG Stuttgart ZIP 92, 1161.

ten Deckung zu bevorzugen, mag hierin auch nicht der ausschließliche Zweck der Rechtshandlung bestanden haben[1]. Ausgeschlossen ist die Begünstigungsabsicht, wenn der Schuldner die volle Überzeugung hat, daß er in absehbarer Zeit aus seinem Vermögen oder anderweitig Mittel erhalten werde, die ihm volle Befriedigung seiner Gläubiger gestatten[2]. Die Hoffnung, ein Konkursverfahren werde sich vermeiden lassen, genügt nicht[3].

„Aber der bloße Glaube, daß die Beschaffung eines dieser Befriedigung ermöglichenden Darlehens gelingen werde, schließt begrifflich nicht aus, daß der Schuldner mit der Möglichkeit rechne, daß das Darlehen nicht zustande kommt, die Befriedigung der Gläubiger mithin unmöglich bleibt, der Konkurs daher unvermeidlich wird. Mit dem Bewußtsein, daß es zum Konkurse kommen könnte, ist aber das Bewußtsein notwendigerweise verbunden, daß der Gläubiger, dem eine von ihm nicht zu beanspruchende Sicherung gewährt wird, in diesem Fall vor den anderen Gläubigern begünstigt sein werde, und schon dieses Bewußtsein genügt zur Begünstigungsabsicht, deren Nichtvorhandensein oder Nichtkenntnis zu beweisen dem Anfechtungsgegner im Falle des § 30 Nr. 2 KO obliegt[4]."

Der Beweis der Unkenntnis der Zahlungseinstellung kann als erbracht gelten, wenn der Sicherungsnehmer dartut, daß er die Tatsache der Zahlungseinstellung nicht zweifelsfrei erkannt hatte, denn wenn und solange man Zweifel über das Bestehen einer Tatsache hegt, kennt man sie nicht. Im übrigen bezieht sich die hier erörterte Anfechtung nur auf Sicherungen, die nicht früher als sechs Monate vor der Eröffnung des Konkursverfahrens, gewährt worden sind; im sogenannten Anschlußkonkurs wird die Frist vom Tage der Eröffnung des Vergleichsverfahrens zurückgerechnet.

Inkongruent i. S. v. § 30 Nr. 2 KO ist **956**

— eine Sicherung oder Befriedigung, die der Gläubiger nicht zu beanspruchen hatte,
— eine Sicherung oder Befriedigung, die der Gläubiger nicht in der Art zu beanspruchen hatte,
— eine Sicherung oder Befriedigung, die der Gläubiger nicht zu der Zeit zu beanspruchen hatte.

Hiernach ist nach der Auffassung des BGH die Klausel der **AGB**, wonach die Bank ihrem Kunden gegenüber jederzeit Anspruch auf die Bestellung bankmäßiger Sicherheiten für ihre Forderungen hat, nicht geeignet, die Kongruenz solcher Deckung zu begründen[5]; denn dem Schuldner bleibt die Wahl, welche Sicherheit er bestellen will, so daß die dann gegebene Sicherung nicht auch geschuldet ist. Der Befriedigungsan-

---

[1] BGH WM 59, 470; Kilger/Schmidt, § 30 Anm. 21.
[2] RG 78, 331; BGH WM 61, 1371; BGH WM 77, 539.
[3] BGH WM 77, 539.
[4] RG vom 24. 9. 1926 — VI 185/26 —.
[5] BGH 33, 389; NJW 69, 1718; WM 69, 968; WM 81, 150; WM 93, 270, 272.

spruch gibt keinen Anspruch auf Sicherung. Die Sicherheitenbestellung in der Krise für einen früher gewährten Kredit ist also, wenn sie auf den in den AGB vereinbarten Anspruch auf Sicherheitenbestellung und Verstärkung gestützt wird, als inkongruente Deckung anfechtbar. Kongruenz wäre dagegen, wenn im Kreditbestätigungsschreiben schon die spätere Bestellung einer bestimmten Sicherheit aufgenommen worden ist. Die gegenständlich gänzlich unbestimmte Zusage, die Forderung in „ausreichend" zu sichern, macht die darauf gewährte Deckung nicht kongruent[1]. Der Begriff „Sicherung oder Befriedigung dieser Art" ist im Interesse der Konkursgläubiger eng auszulegen[2]. Auch das Auffüllen von Sicherheiten stellt eine inkongruente Deckung dar, so z. B. eine Sicherheitenbestellung, die eine Bank dadurch erlangt hat, daß sie sich während der kritischen Phase von einem anderen Konkursgläubiger eine bis dahin ungesicherte Forderung gegen den Gemeinschuldner abtreten ließ, die nach der zwischen der Bank kund dem Gemeinschuldner bestehenden Sicherungsabrede in den Deckungsbereich der Sicherung fällt[3].

957

Auch die durch **Arrest- oder Zwangsvollstreckung** erlangten Sicherheiten sind inkongruente Deckungen, weil trotz des Titels materiell-rechtlich kein Anspruch auf eine solche Sicherung bestand[4]. Inkongruent ist auch die Valutierung einer Grundschuld durch eine Wechseldiskontierung erst in der kritischen Phase[5].

958 Eine inkongruente Sicherung liegt auch dann vor, wenn die Besicherungsabrede der früheren Kreditgewährungen den Schuldner verpflichtete, sein „gesamtes Grundstücksvermögen" als Sicherheit zur Verfügung zu stellen[6].

959 Inkongruent kann auch die **Werterhöhung** sein, die das Sicherungsgut durch Verarbeitung im konkursreifen Betrieb des Schuldners erhält, wenn der Sicherungsnehmer die Verarbeitung dadurch finanziert, daß er die (bevorrechtigten) Lohnforderungen aufkauft[7]. Der **Aufkauf** als solcher, wenn er nur die vorübergehende Fortführung des Betriebes finanzieren soll, ist nicht anfechtbar. Die Inkongruenz der Deckung entfällt nicht deshalb, weil der Sicherungsnehmer eine sicherungsbedürftige Forderung oder für diese einen vollstreckbaren Titel hat. Ein vollstreckbarer Titel, auch wenn er vor der kritischen Zeit erlangt worden ist, gewährt nur die Möglichkeit der Vollstreckung, aber keinen Anspruch auf solche Zwangssicherung[8]. Der Anspruch auf Sicherung ist so wenig in dem Anspruch auf Befriedigung enthalten[9], wie der Anspruch auf eine Leistung erfüllungshalber[10]. Auch macht ein erst in der kritischen Zeit abgeschlossener

---

[1] BGH WM 68, 683.
[2] BGH 33, 393; Obermüller, DB 76, 901.
[3] BGH 59, 230; BGH WM 74, 1218; BGH WM 75, 947.
[4] BGH 34, 256; Kuhn/Uhlenbruck, § 30 Rdn. 52; Kilger/Schmidt, § 30 Anm. 20 m. w. N.
[5] BGH WM 75, 947.
[6] OLG Hamburg WM 84, 1616.
[7] BAG vom 24. 1. 1964 – S AZR 258/63 –; vgl. hierzu auch Uhlenbruck, KTS 80, 81 f.
[8] Vgl. BGH WM 75, 6.
[9] BGH 34, 254.
[10] BGH WM 68, 684; vgl. OLG Hamburg WM 84, 1616; Serick Band III, § 35 IV. 3 b.

Vorvertrag, aus welchem dem Sicherungsnehmer ein Anspruch auf die Sicherstellung erwuchs, die Sicherung nicht kongruent. Bisweilen verquicken die Parteien die inkongruente Deckung mit einer kongruenten, indem sie einer Sicherheit, die sich der Sicherungsnehmer für eine gleichzeitig neu zu begründende Darlehensforderung ausbedingt, zugleich dessen bereits früher begründete Forderung unterstellen. Die Deckung ist dann insoweit nicht inkongruent als sie für das neue Darlehen gewährt wird[1]. Denn dieses ist nur gegen die Verpflichtung zur Sicherung bewilligt, und der Sicherungsnehmer hat daher auf die insoweit bewirkte Sicherstellung einen Rechtsanspruch. Ein inkongruentes und daher anfechtbares Deckungsgeschäft liegt dagegen vor, wenn für einen Kredit eine Sicherung gegeben worden ist, die zugleich den im Gegenzug gewährten Kredit als **auch frühere Kreditschulden** des Gläubigers abdecken soll und sich nicht feststellen läßt, ob und in welchem Umfang die Sicherheit für die alten, bereits vorher begründeten Verbindlichkeiten und inwieweit sie für den neuen Kredit gegeben worden ist[2]. Wiederum anders gestaltet sich die Rechtslage, wenn nach dem Parteiwillen die Sicherheit in erster Linie den neuen Kredit schützen sollte.

„Denn wenn diese Abrede den Sinn hatte, daß die übereigneten Werte zur Sicherung der alten Verbindlichkeiten nur soweit dienen sollten, als nach Deckung der neuen Forderung noch etwas übrig bliebe, dann wären sie für die alten Forderungen nur beschränkt und einer Form gegeben, in der sie von der Sicherung für die neuen Kredite streng und leicht getrennt werden konnten. In solchem Fall scheitert die Anfechtung, wenn vom Erlös aus den Sicherheiten auf die alten Verbindlichkeiten nichts entfallen ist. Denn diese Sicherung hat dann die Konkursgläubiger nicht benachteiligt, weil mit ihr nichts anderes eingetreten ist als was auch ohne sie geschehen wäre[3]."

Eine inkongruente Deckung liegt demgegenüber nicht vor, wenn der Gläubiger eine Leistung annimmt, die zwar nicht die geschuldete ist, durch die sich der Schuldner aber auch von seiner Schuld befreien kann. Das ist z. B. der Fall, wenn Wechsel hereingegeben werden, aus denen der Schuldner forderungsberechtigt ist[4]. Gleiches gilt, wenn eine Bank aufgrund einer Inkassovereinbarung verpflichtet ist, Forderungen für ihren Kunden einzuziehen und den Einzugsbetrag dem debitorischen Konto gutschreibt. Der Kunde erbringt zwar keine geschuldete Leistung, aber die Bank muß diese Leistung annehmen[5].

960

Die Sicherheitenbestellung ist als Sicherung, die der Gläubiger nicht in der Art zu beanspruchen hatte, jedoch dann inkongruent, wenn der Sicherungsgeber eine **andere Sicherheit** leistet, als er vertraglich schuldet. Insoweit stellt die Abtretung einer Forde-

961

---
[1] RG JW 37, 3241.
[2] OLG Hamburg WM 84, 1616; BGH WM 93, 270, 272.
[3] RG 114, 211.
[4] BGH WM 78, 133.
[5] BGH, ebenda.

rung statt Zahlung an die inkongruente Deckung i. S. d. § 30 Nr. 2 KO dar[1]. Unter diesem Gesichtspunkt kann auch die Hereinnahme eines **Inkassoschecks** durch die Bank als inkongruente Deckung nach § 30 Nr. 2 KO anfechtbar sein. Die Bank erwirbt an dem Scheck Sicherungseigentum in Höhe des Schuldsaldos ihres Kunden und damit ein Absonderungsrecht gemäß § 48 KO. Dieses Sicherungs- und Absonderungsrecht der Bank stellt eine inkongruente Deckung dar, weil die Bank zwar einen Anspruch gegen ihren Schuldner auf Zahlung hat, nicht aber einen Anspruch gegen den Kunden, der den Scheck ausgestellt hat. Die Gewährung von Kundenschecks — im Gegensatz zu eigenen Schecks — ist daher regelmäßig eine inkongruente Erfüllungshandlung[2]. Wegen der Inkongruenz der Deckung kommt es nach § 30 Nr. 2 KO darauf an, ob der Gemeinschuldner die Bank vor den übrigen Gläubigern begünstigen wollte und ob die Bank bei Hereinnahme der Schecks diese Begünstigungsabsicht gekannt hat[3].

962 Im Zusammenhang mit der Anfechtung der Zustimmung des Gemeinschuldners zu einem **Sicherheitenpool** (vgl. Rdn. 192 ff.) der Banken, in dem auch die Sicherungsvereinbarung enthalten war, hatte der BGH die Frage zu entscheiden, ob bereits zeitlich vor der Krise eine der später schriftlich getroffenen Poolvereinbarung entsprechende Abrede mündlich zwischen den Beteiligten wirksam getroffen werden konnte[4]. Eine inkongruente Deckung entfällt, wenn der Anspruch auf sie außerhalb der kritischen Zeit begründet worden ist. Ist der Vertrag, aus dem sich die Verpflichtung ergibt, hingegen erst während der Krise schriftlich ausformuliert worden, so kann eine inkongruente Deckung vorliegen[5]. Es kommt darauf an, ob § 154 Abs. 2 BGB eingreift, oder ob was der Anfechtungsgegner zu beweisen hat, die Beurkundung nach dem Willen beider Parteien nur Beweiszwecken dienen sollte[6].

963 Eine inkongruente Deckung ist auch da anzunehmen, wo der Sicherungsnehmer die Hergabe neuen Kredits von vornherein von der **Besicherung seiner bereits früher** begründeten Forderungen abhängig macht. Diskontiert die Bank in der kritischen Phase einen auf den Gemeinschuldner gezogenen Wechsel und valutiert dadurch eine bereits früher — unanfechtbar — bestellte Grundschuld, so ist die insoweit erworbene Sicherung inkongruent und nach § 30 Nr. 2 KO anfechtbar, weil der bisherige Wechselinhaber keinen Anspruch auf eine derartige Sicherung der Wechselforderung hatte[7]. Der Sicherungsgeber kann sich u. U. durch die Gewährung einer inkongruenten Deckung (§ 241 KO)[8], der Sicherungsnehmer bei Kenntnis aller Umstände der Beihilfe strafbar machen[9].

---

[1] OLG Zweibrücken WM 85, 295; Obermüller in WuB VI B. § 30 1.85.
[2] BGH ST 16, 279; BGH WM 92, 1083, 1085; BGH WM 93, 2099, 2100; Kuhn/Uhlenbruck, § 30, Rdn. 48c.
[3] BGH WM 92, 1083, 1085.
[4] BGH ZIP 93, 271 = WuB VI. B. § 30 Nr. 2 KO 1.93.
[5] BGH ZIP 93, 271, 272 = WuB VI. B. § 30 Nr. 2 KO 1.93.
[6] BGH ZIP 93, 271, 272/273 = WuB VI. B. § 30 Nr. 2 KO 1.93.
[7] BGH WM 75, 947
[8] BGH NJW 55, 1446
[9] OLG Düsseldorf ZIP 83, 786; Tiedemann ZIP 83, 513.

Die den inneren Tatbestand der Anfechtbarkeit erfüllenden Voraussetzungen las- 964
sen sich im Rahmen eines Beispiels wie folgt deutlich machen:

Das Bankhaus G hat seinem Kunden Kredit gewährt. Der Kredit ist gesichert durch eine Grundschuld auf dem Grundbesitz des S und durch eine Bürgschaft des B, welche durch eine Maschinenübereignung untergesichert ist. Im Konkurs des S kann der Konkursverwalter die Grundschuldbestellung durch Klage gegen die Bank anfechten, wenn er zu beweisen vermag, daß S bei Abschluß des Sicherstellungsvertrages in der Absicht der Gläubigerbenachteiligung gehandelt die Bank von dieser Absicht Kenntnis gehabt hat. Ist die Grundschuld erst nach der Zahlungseinstellung des S begründet worden, und zwar entweder gleichzeitig mit der Kredithergabe oder in Erfüllung eines Anspruchs auf Sicherung, so reicht es zur Anfechtung aus, wenn der Konkursverwalter beweist, daß die Bank die Zahlungseinstellung gekannt hat. Wenn gar die Grundschuld nach der Zahlungseinstellung des S als Sicherheit für einen bereits vorher gewährten Kredit bestellt worden ist, ohne daß es hierzu verpflichtet war, so obliegt es der Bank darzutun, daß sie weder die Zahlungseinstellung noch eine Begünstigungsabsicht des S gekannt hat. Im Konkurs des Bürgen B ist die Bürgschaft ebenfalls anfechtbar, wenn der Konkursverwalter zu beweisen vermag, daß B in der Absicht der Gläubigerbenachteiligung gebürgt und die Bank diese Absicht gekannt hat, oder, daß im Verhältnis zwischen Bank und Bürgen die Bürgschaft ein unentgeltliches Rechtsgeschäft aus dem letzten Jahr vor der Konkurseröffnung war. Dagegen greift die Anfechtungseinrede des Konkursverwalters gegenüber dem Anspruch der Bank aus einer nach der Zahlungseinstellung des S übernommenen Bürgschaft schon dann durch, wenn er beweist, daß die Bank die Zahlungseinstellung gekannt hat. War die Bürgschaft vor der kritischen Zeit unanfechtbar übernommen, so kann gleichwohl die Untersicherung der Bürgschaft selbständig anfechtbar sein, und zwar unter den gleichen Voraussetzungen, wie die Grundschuldbestellung im Konkurs des S. Hat z. B. B, ohne dazu verpflichtet zu sein, die früher übernommene Bürgschaft erst nach seiner Zahlungseinstellung oder noch in den letzten 10 Tagen davor durch die Sicherungsübereignung untergesichert, so kann die Bank ihren Prozeß nur gewinnen, wenn sie ihrerseits beweist, daß sie weder die Zahlungseinstellung noch eine Begünstigungsabsicht des B gekannt hat; im Fall der Sicherstellung innerhalb der letzten 10 Tage vor der Zahlungseinstellung genügt der Beweis, daß der Bank eine Begünstigungsabsicht des B unbekannt war. Nach den Regeln der Bardeckung und der kongruenten oder inkongruenten Deckung wäre der Sachverhalt auch dann zu beurteilen, wenn B — nach seiner Zahlungseinstellung — durch die Maschinenübereignung nicht seine eigene Bürgschaftsschuld, sondern unmittelbar die Kreditverbindlichkeit des S gegenüber dem Bankhaus G gesichert hätte, mithin zweimal, nämlich durch Bürgschaft und Sicherungsübereignung, für S eingetreten wäre, denn daß sich dann die durch die Übereignung gesicherte Forderung nicht gegen den nachmaligen Gemeinschuldner B selbst richtet, kann nichts an der Tatsache ändern, daß das Bankhaus G wegen der Bürgschaft zu den Konkursgläubigern im Konkurs des B gehört[1].

---
[1] Vgl. RG 152, 321.

b) Absichtsanfechtung (§ 31 Nr. 1 KO)

965 Die Anfechtung greift durch, wenn der Sicherungsgeber in der Absicht, seine Gläubiger zu benachteiligen, die Sicherheit bestellt hat und der Sicherungsnehmer von dieser Absicht seines Vertragspartners positiv Kenntnis hatte. Fahrlässige Unkenntnis schadet dem Sicherungsnehmer nicht, selbst wenn es sich um grobe Fahrlässigkeit handelt; es genügt daher nicht, daß ihm die wirtschaftlichen Schwierigkeiten des Schuldners bekannt waren oder daß er sogar dessen Konkurs befürchten mußte.

Absicht i. S. v. § 31 Nr. 1 KO heißt **Erfolgswille**[1]. Auch wenn der Gemeinschuldner der Auffassung ist, daß seine Aktiven die Passiven übersteigen, kann dieser Wille vorliegen[2]. Beides muß der anfechtende Konkursverwalter beweisen. Steht fest, daß dem Sicherungsgeber die Benachteiligungsabsicht gefehlt hat, so kommt es natürlich auf eine etwaige Kenntnis des Sicherungsnehmers nicht weiter an. Ein besonders arglistiges oder betrügerisches Verhalten des Sicherungsgebers braucht nicht vorzuliegen, vielmehr ist die Benachteiligungsabsicht schon gegeben, wenn der Sicherungsgeber die Benachteiligung **als Erfolg seiner Handlung** gewollt hat. Dies gilt selbst dann, wenn er bei Abschluß des Vertrages noch andere Ziele, z. B. die Begünstigung des Sicherungsnehmers, verfolgt hat. Immerhin aber setzt Absicht ein Wollen, nicht ein bloßes Wissen voraus[3]. Daher kann die Benachteiligungsabsicht nicht schon aus der Tatsache hergeleitet werden, daß sich der Sicherungsgeber bei Abschluß des Vertrages seiner Zahlungsunfähigkeit oder Vermögensunzulänglichkeit bewußt war. Ob auf eine solche Absicht des Sicherungsgebers geschlossen werden kann, wenn er bei Vertragsschluß sich dessen bewußt war, daß notwendig oder doch nach dem gewöhnlichen Lauf der Dinge seine Gläubiger benachteiligt würden, ist eine stets sorgfältig zu prüfende Tatfrage. Es kommt hierbei auf die gesamten Umstände des Einzelfalles an. Aus einer objektiven Benachteiligung der Gläubiger durch eine Rechtshandlung kann noch nicht auf die subjektive Seite geschlossen werden. Es findet auch **keine Beweislastumkehr** statt[4]. Handelt es sich um eine kongruente Deckung, so reicht das Bewußtsein des Schuldners, daß seine Handlung für die übrigen Gläubiger nachteilig sein könnte, in der Regel noch nicht aus, um die Annahme einer Benachteiligungsabsicht zu begründen[5].

„Bei einem kongruenten Deckungsgeschäft genügt das Bewußtsein des Schuldners, daß seine Handlung nachteilig für die übrigen Gläubiger wirke, regelmäßig nicht, um die Annahme einer Benachteiligungsabsicht i. S. d. § 31 KO zu rechtfertigen. Vielmehr ist bei einem solchen Geschäft die Annahme die nächstliegende, daß es dem Schuldner wesentlich auf die Erfüllung seiner Vertragspflicht ankam, nicht aber auf die Vereitelung der Ansprüche anderer Gläubiger[6]."

---

[1] BGH WM 60, 546; 61, 388; 65, 14; Kuhn/Uhlenbruck, § 31 Rdn. 7.
[2] BGH WM 61, 388.
[3] RG 162, 297.
[4] Obermüller in WuB VI B. § 31 KO 1.85.
[5] BGH WM 79, 1070; OLG Düsseldorf ZIP 83, 786; Obermüller in WuB VI B. § 31 KO 1.85; Kilger/Schmidt, § 31 Anm. 4.
[6] RG JW 38, 1536; DR 40, 872.

Gewährt der Schuldner dem Anfechtungsgegner dagegen eine inkongruente 966
Deckung, so ist eine Benachteiligungsabsicht schon dann gegeben, wenn der Handelnde die Benachteiligung anderer Gläubiger als notwendige Folge seines Handelns erkennt[1]. Die Gewährung einer inkongruenten Deckung ist somit ein starkes Beweiszeichen für eine Benachteiligungsabsicht des Sicherungsgebers[2]. Der Gläubiger muß entweder diese Einstellung des Handelnden (Schuldners) gekannt haben oder er muß sie zumindest im allgemeinen durchschauen[3]. Der Schluß von der Gewährung einer inkongruenten Deckung darauf, daß der Sicherungsgeber eine Benachteiligung seiner Gläubiger jedenfalls billigend in Kauf genommen hat, kann jedoch durch die Umstände des Einzelfalles ausgeschlossen sein, wenn diese ergeben, daß die angefochtene Rechtshandlung von einem anderen, anfechtungsrechtlich unbedenklichen Willen geleitet war und das Bewußtsein der Benachteiligung anderer Gläubiger infolgedessen in den Hintergrund getreten ist[4]. Das in der Gewährung der inkongruenten Sicherung liegende Beweisanzeichen für eine Benachteiligungsabsicht des Sicherungsgebers ist insbesondere dann entkräftet, wenn die angefochtene Rechtshandlung in unmittelbarem Zusammenhang mit einem **Sanierungskonzept** stand, das mindestens in den Anfängen schon in die Tat umgesetzt war und ernsthafte Aussicht auf Erfolg begründete[5]. Die Hoffnung des Sicherungsgebers, auf diese Weise sein Unternehmen retten zu können, genügt allerdings grundsätzlich nicht, wenn die dazu erforderlichen Bemühungen über die Entwicklung von Plänen und die Erörterung von Hilfsmöglichkeiten nicht hinausgekommen sind. Vielmehr ist ein in sich schlüssiges Konzept zu fordern, das in den Anfängen schon in die Tat umgesetzt ist und daher auf seiten des Sicherungsgebers z. Zt. der angefochtenen Rechtshandlung ernsthafte und begründete Aussichten auf Erfolg rechtfertigt[6]. Umstände, die die Überzeugung rechtfertigen, die Sanierung werde gelingen, sind nicht erforderlich, um das in der Inkongruenz der Sicherung liegende Beweisanzeichen für eine Benachteiligungsabsicht des Sicherungsgebers zu entkräften. Vielmehr reicht es aus, wenn Umstände feststehen, die den Benachteiligungswillen in Frage stellen[7]. Die Bedeutung des Beweisanzeichens richtet sich auch nach dem Ausmaß der Inkongruenz[8]. Das in der Gewährung einer inkongruenten Deckung liegende Beweisanzeichen für eine Benachteiligungsabsicht ist schon als solches in seiner Bedeutung wesentlich herabgesetzt, wenn die Inkongruenz nur gering ist[9]. Hat der Schuldner Forderungen befriedigt, auf deren Erfüllung der Anfechtungsgegner Anspruch hatte, oder Leistungen erbracht, zu denen er sich aufgrund einer vor der kritischen Zeit vereinbarten, ehrlich für wirksam erachteten Sicherungs-

---
[1] OLG Düsseldorf WM 88, 1861.
[2] BGH WM 61, 387; WM 65, 85; 69, 375; WM 84, 625; WM 85, 295; WM 90, 649.
[3] Westermann, KTS 82, 165; Obermüller in WuB VI B. § 31 KO 1.85.
[4] Jaeger/Henckel, § 31 Anm. 14 m. w. N.
[5] BGH WM 93, 270 = WuB VI B. § 31 Nr. 1 KO 1.93.
[6] BGH WM 84, 625; BGH WM 93, 270, 273 = WuB VI B. § 31 Nr. 1 KO 1.93.
[7] BGH WM 93, 270, 273/274 = WuB VI B. § 31 Nr. 1 KO 1.93.
[8] BGH WM 93, 270.
[9] BGH WM 93, 270 = WuB VI B. § 31 Nr. 1 KO 1.93.

abrede für verpflichtet hielt, sind an den Nachweis einer Benachteiligungsabsicht hohe Anforderungen zu stellen[1].

967 Die Voraussicht einer **nur wahrscheinlichen Verkürzung der Masse** rechtfertigt nicht den Schluß vom Bewußtsein des schädigenden Erfolges auf den Benachteiligungswillen, wenn der Sicherungsgeber erkennbar die Hoffnung gehabt hat, seine Gläubiger würden nicht benachteiligt werden; dies zumal in Fällen, in denen andere Gläubiger zur Zeit des Vertragsschlusses überhaupt nicht vorhanden waren[2]. Stellt sich der Schuldner die Benachteiligung nur als möglich vor, so muß unterschieden werden, ob er erwartet und wünscht, daß sie nicht eintrete, oder ob er sie in Kauf nimmt, ohne sich dadurch von dem Geschäft abhalten zu lassen. Im ersten Fall liegt kein Benachteiligungswille vor, wohl dagegen im zweiten Fall[3]. Das Bewußtsein einer nur möglichen Benachteiligung reicht somit aus, wenn der Sicherungsgeber für einen bestimmten, wenigstens als möglich vorhergesehenen Fall, z. B. für den Fall des Scheiterns einer geplanten Sanierung, den Benachteiligungserfolg gebilligt und in seinen Willen aufgenommen hat[4]. Ausreichend ist also das eventuelle Wollen der als mögliche Folge erkannten Gläubigerbenachteiligung (dolus eventualis)[5].

Steht die Benachteiligungsabsicht fest, so ist es Sache des Konkursverwalters, darüber hinaus die Kenntnis des Sicherungsnehmers von dieser Absicht, nicht nur von der Tatsache der Gläubigerbenachteiligung, zu beweisen, doch kann die Kenntnis von der Inkongruenz der Deckung einen Anhaltspunkt für das Bewußtsein des Sicherungsnehmers abgeben, daß der Sicherungsgeber die Verkürzung der Masse in Kauf zu nehmen bereit war[6]. Steht die Kenntnis des Sicherungsnehmers von der Benachteiligungsabsicht des Schuldners fest, so greift die Anfechtung durch, gleichviel, wieweit der angefochtene Sicherungsvertrag zeitlich zurückliegt.

968 Ausnahmsweise liegt die Beweislast für die subjektiven Voraussetzungen der Anfechtung nicht beim Konkursverwalter, wenn als Sicherungsnehmer der Ehegatte oder gewisse **nahe Verwandte**, insbesondere Eltern und Kinder des Sicherungsgebers erscheinen. Hier wird die unredliche Absicht des Sicherungsgebers und ihre Kenntnis bei dem anderen Teil gesetzlich vermutet und es ist hier Sache des Sicherungsnehmers, darzutun, daß ihm die Benachteiligungsabsicht nicht bekannt war oder dem Sicherungsgeber diese Absicht überhaupt gefehlt hat. Demgegenüber wird hier aber der Anfechtungstatbestand nur durch eine unmittelbare Gläubigerbenachteiligung erfüllt, d. h. die Benachteiligung muß unmittelbar durch den Abschluß des Sicherstellungsvertrages eingetreten sein; tritt eine Verkürzung der Konkursmasse erst durch spätere Umstände in der Zeit zwischen dem Vertragsabschluß und der Konkurseröffnung ein, so kann sich der Konkursverwalter nicht auf die Umkehrung der Beweislast berufen.

---

[1] BGH WM 91, 1273.
[2] S. aber BGH WM 64, 1166.
[3] BGH LM, § 31 KO Nr. 3.
[4] RG JW 37, 2214; BGH WM 69, 374.
[5] Kilger/Schmidt, § 31 Anm. 4.
[6] BGH WM 61, 387; WM 65, 84.

Schenkungsanfechtung

Überdies bezieht sich diese Ausnahmeregelung nur auf die im letzten Jahr vor der Konkurseröffnung geschlossenen entgeltlichen Sicherstellungsverträge; im sog. Anschlußkonkurs, d. h. in dem Konkurs, der im Falle der Ablehnung oder Einstellung eines vom Sicherungsgeber beantragten gerichtlichen Vergleichsverfahrens oder im Falle der Versagung der Vergleichsbestätigung von Amts wegen eröffnet wird, wird die Frist vom Tage der Eröffnung des Vergleichsverfahrens zurückgerechnet (§§ 31 Nr. 2 KO, 107 Abs. 2 VglO).

Der Sicherungsgeber läuft im übrigen Gefahr, sich wegen Gläubigerbegünstigung **strafbar** zu machen (§ 283c StGB). Mitarbeiter der Bank können sich der Anstiftung oder Beihilfe schuldig machen[1].

c) Schenkungsanfechtung (§ 32 KO)

Mit der Schenkungsanfechtung können vom späteren Gemeinschuldner vorgenommene unentgeltliche Verfügungen angefochten werden — dem Konkursverwalter soll aus Billigkeitsgründen die Möglichkeit gegeben werden, freigiebige Zuwendungen des Gemeinschuldners dem Interesse der Konkursgläubiger rückgängig zu machen[2]. 969

Die Schenkungsanfechtung greift durch, wenn es nach der Auffassung der Beteiligten an einem ausreichenden, vom Sicherungsnehmer zu erbringenden[3] Gegenwert für die Sicherstellung gefehlt hat, wenn dieser also als ein unentgeltliches Rechtsgeschäft erscheint. Für die Frage, ob es an einem Gegenwert fehlt, ist der objektive Sachverhalt maßgebend. Die Frage nach der Entgeltlichkeit beantwortet sich aber nicht so sehr nach dem Verhältnis der objektiven Werte von Leistung und Gegenleistung, sondern vielmehr nach der Parteiauffassung, also danach, ob die Beteiligten den Gegenwert als Entgelt angesehen haben[4]. Die bloße Tatsache der Unentgeltlichkeit begründet die Anfechtbarkeit (wegen der Frage der Entgeltlichkeit oder Unentgeltlichkeit eines Sicherstellungsvertrages wird im einzelnen auf die Ausführungen zu Rdn. 29 verwiesen.

Eine für die Schenkungsanfechtung tatbestandlich erforderliche Vermögensverminderung fehlt, wenn ein **Entgelt** in das Vermögen des Verfügenden fließt. Für die Anfechtung einer nachträglichen Besicherung einer schon früher begründeten Forderung muß unterschieden werden zwischen der Bestellung von Sicherheiten für eigene und der für fremde Schulden sowie zwischen der Bestellung aufgrund bestehender Bindung und der ohne entsprechende Verpflichtung[5]. Die Bestellung einer Sicherheit für eine eigene, durch eine entgeltliche Gegenleistung begründete Verbindlichkeit ist nicht 970

---
[1] OLG Düsseldorf ZIP 1983, 786; Tiedemann, ZIP 1983, 513.
[2] BGHZ 58, 240, 243.
[3] BGH WM 64, 590.
[4] RG 62, 44; 81, 365; 165, 234.
[5] Obermüller in WuB VI B. § 32 Nr. 1 KO 2.90.

als unentgeltliche Verfügung anfechtbar[1]. Dies gilt unabhängig davon, ob der Sicherungsnehmer aufgrund der AGB Banken einen Anspruch auf Bestellung oder Verstärkung bankmäßiger Sicherheiten hat oder ob die nachträgliche Sicherung einer eigenen Schuld ohne entsprechende Sicherungsverpflichtung erfolgt[2]. Die nachträgliche Sicherung einer fremden Schuld geschieht nicht unentgeltlich, so daß eine Anfechtung dieser Sicherheitenbestellung nach § 32 KO ausscheidet. Diese ist lediglich an §§ 30, 31 KO zu messen[3]. Dagegen stellt die nachträgliche Sicherung einer fremden Schuld ohne rechtliche Verpflichtung und ohne einen Gegenwert zu erlangen, eine unentgeltliche Zuwendung des Sicherungsgebers dar. Anfechtungsgegner ist in diesem Fall jedoch nicht der Sicherungsnehmer, sondern dessen Schuldner, der durch die Leistung des Sicherungsgebers von einer Verbindlichkeit nämlich der Pflicht zur Sicherheitenbestellung befreit wird[4]. Die Erfüllung einer eigenen, rechtsbeständigen, infolge einer entgeltlichen Gegenleistung begründeten Verbindlichkeit stellt eine entgeltliche Verfügung i. S. v. § 32 KO dar, weil der Schuldner mit der Leistung von der getilgten Schuld befreit wird[5]. Die Anerkennung einer bestehenden Schuld führt nicht zu einer Vermögensminderung[6]. Der Erwerb einer Sicherung, die sich die Bank gutgläubig und damit nach § 30 Nr. 2 KO unanfechtbar hat bestellen lassen, ist nicht nach § 32 KO anfechtbar: Die „besondere Konkursanfechtung" des § 30 KO regelt die Verschaffung einer Sicherung durch einen Konkursgläubiger im Verhältnis zu § 32 KO abschließend[7].

971 Bei einer **gemischten Schenkung**, die also aus einem unentgeltlichen und einem entgeltlichen Teil besteht, ist die Anfechtung möglich, wenn der Hauptzweck des Geschäfts auf Freigiebigkeit gerichtet ist, also insbesondere wenn Leistung und Gegenleistung in einem krassen Mißverhältnis zueinander stehen[8]. Der Rückgewähranspruch richtet sich in diesen Fällen auf den unentgeltlichen Teil, sofern es sich um untrennbare Gegenstände handelt auf den gesamten Gegenstand, wenn der unentgeltliche Charakter des Geschäfts überwiegt[9].

Die Schenkungsanfechtung ergreift allerdings nur die im letzten Jahr vor der Konkurseröffnung geschlossenen unentgeltlichen Sicherstellungsverträge; wenn als Siche-

---

[1] BGH WM 90, 1588 = WuB VI B. § 32 Nr. 1 KO 2.90.
[2] Obermüller in WuB VI B. § 32 Nr. 1 KO 2.90.
[3] Obermüller in WuB VI B. § 32 Nr. 1 KO 2.90.
[4] BGH KTS 64, 182; Obermüller in WuB VI B. § 32 Nr. 1 KO 2.90.
[5] RGZ 50, 134, 136; RG JW 1888, 103 Nr. 22; JW 1897, 189 f.; Jaeger/Lent, § 32 Rdn. 6; Kuhn/Uhlenbruck, § 32 Rdn. 4.
[6] RG 62, 45; Kuhn/Uhlenbruck, § 32 Rdn. 4 für Unterlassen eines Widerspruchs gegen einen Mahnbescheid, Nichtunterbrechung der Verjährungs-, Eintretungs- oder Anschlußfrist aber BGH WM 75, 1182.
[7] BGH 58, 240, 245; BGH WM 90, 1588, 1589 = WuB VI B. § 32 Nr. 1 KO 2.90.
[8] BGH NJW 72, 49; zur Unentgeltlichkeit der Verfügung bei grobem Mißverhältnis zwischen Leistung und Gegenleistung s. auch BGH WM 93, 1801 = WuB VI B. § 32 Nr. 1 KO 1.94.
[9] BGH 30, 120.

rungsnehmer der Ehegatte des Sicherungsgebers auftritt, verlängert sich diese Frist auf zwei Jahre. Die Fristen beginnen mit Abschluß der Zuwendung, bei unbeweglichen Sachen mit Eintragung des Eigentumsübergangs im Grundbuch[1]. Im sog. Anschlußkonkurs wird die Frist vom Tage der Eröffnung des Vergleichsverfahrens zurückgerechnet[2].

3. Gesamtvollstreckungsordnung

Die Anfechtungstatbestände der Gesamtvollstreckungsordnung sind in § 10 Abs. 1 GesO geregelt, wobei die Gesamtvollstreckungsordnung im wesentlichen die Anfechtungstatbestände der Konkursordnung übernimmt. In § 10 Abs. 1 Nr. 1 und 2 GesO wird die in § 31 KO geregelte Absichtsanfechtung übernommen, so daß auf die oben unter Rdn. 965 bis 968 dargestellten Ausführungen verwiesen werden kann. Im Gegensatz zum Tatbestand der Absichtsanfechtung nach § 31 Nr. 2 KO wird jedoch in § 10 Abs. 1 Nr. 2 GesO die Anfechtungsmöglichkeit auf alle dem Schuldner „nahestehende Personen" ausgedehnt. Hierzu zählen insbesondere persönlich nahestehende Personen, gesellschaftsrechtlich verbundene Dritte, sonstige durch rechtliche oder freundschaftliche Partnerschaft dem Schuldner verbundene Dritte, die aufgrund dieser Partnerschaft über die wirtschaftlichen Verhältnisse unterrichtet sind[3]. § 10 Abs. 1 Nr. 3 GesO entspricht der in § 32 KO geregelten Schenkungsanfechtung (vgl. Rdn. 969–971). Zu beachten ist jedoch, daß die Zwei-Jahres-Frist gegenüber allen dem Schuldner nahestehende Personen gilt. In § 10 Abs. 1 Nr. 4 GesO werden die verschiedenen Tatbestände der besonderen Konkursanfechtung (§ 30 KO) im wesentlichen übernommen. Hiernach können Rechtshandlungen angefochten werden, die nach der Zahlungseinstellung oder dem Eröffnungsantrag gegenüber Personen vorgenommen wurden, denen die Zahlungsunfähigkeit oder der Eröffnungsantrag bekannt war oder den Umständen nach bekannt sein mußte. Hinsichtlich der Voraussetzungen geht die besondere Anfechtung nach § 10 Abs. 1 Nr. 4 GesO insofern über den Anfechtungstatbestand des § 30 KO hinaus, als sie in subjektiver Hinsicht das „Kennenmüssen" der positiven Kenntnis gleichstellt. Zweifelhaft ist, ob in diesem Fall bereits leicht fahrlässige Unkenntnis der Zahlungsunfähigkeit oder des Eröffnungsantrages schadet[4]. Andererseits setzt die besondere Anfechtung nach § 10 Abs. 1 Nr. 4 GesO erst ab Zahlungseinstellung oder Eröffnungsantrag ein und erstreckt sich daher bei inkongruenten Deckungen im Gegensatz zu § 30 Nr. 2 KO nicht auf Rechtshandlungen, die innerhalb der letzten zehn Tage vor der Zahlungseinstellung oder dem Eröffnungsantrag vorgenommen worden sind. In diesen Fällen hilft nur der Rückgriff auf die Absichtsanfechtung nach § 10 Abs. 1 Nr. 1 oder 2 GesO, so daß die in dieser Zeit erfolgte Krediteinräumung gegen gleichzeitige Sicherheitengestellung sowie die Kreditrückzahlung nur unter den Voraussetzungen der Absichtsanfechtung (vgl. Rdn. 965–968) angefochten werden können.

971a

---

[1] BGH WM 72, 369.
[2] §§ 32 KO, 107 Abs. 2 VglO.
[3] Kilger/Schmidt, § 10 GesO Anm. 2b.
[4] Zweifelnd Kilger/Schmidt, § 10 GesO Anm. 2d.

3. Kapitel   Die Sicherheit zwischen Konkursantrag und Konkurseröffnung

972   Der Rechtszustand im **Zeitraum zwischen Konkursantrag und Konkurseröffnung** fand bisher wenig Beachtung. Während dieser Zeit wird regelmäßig der Massewert ermittelt, um festzustellen, ob hinreichend Deckung für die Massekosten vorhanden ist, § 107 KO. Diese Bestandsaufnahme kann geraume Zeit in Anspruch nehmen, währenddessen das Vermögen des Schuldners grundsätzlich noch dem Individualzugriff der Gläubiger ausgesetzt ist. Denn die Beschlagnahme des Vermögens erfolgt erst zum Zeitpunkt der Konkurseröffnung, § 108 KO.

Um einer Auszehrung der künftigen Konkursmasse entgegenzuwirken, kann das Gericht für diese Zeit **Sicherheitsmaßregeln** anordnen. Insbesondere kann es als wirksamste Maßnahme ein allgemeines Veräußerungsverbot an den Schuldner erlassen, § 106 KO. Auch die Verwaltung des Schuldnervermögens durch einen **Sequester** kann angeordnet werden. Durch die Verbindung beider Anordnungen kann schon vor Konkurseröffnung die Geschäftsführung des Schuldners durch die eines Vertrauensmannes mit einer im praktischen Ergebnis den Konkursbeschlag vorwegnehmenden Wirkung abgelöst werden.

973   Das Veräußerungsverbot dient dem Schutz der Gläubigergemeinschaft. Es kommt auch denjenigen zugute, die erst zwischen dem Erlaß des Veräußerungsverbots und der Konkurseröffnung Gläubiger werden. Das Verbot steht einem gesetzlichen Veräußerungsverbot der in § 135 BGB bezeichneten Art gleich, mit der Wirkung, daß die dennoch vorgenommene Verfügung den Konkursgläubigern gegenüber realtiv unwirksam ist. Dies trifft zu auf alle rechtsgeschäftlichen Verfügungen des Schuldners, die sich auf Vermögensgegenstände beziehen, die zur Masse gehören würden. Auch die Zahlung von Schulden gelten als solche Verfügungen. Ferner sind auch Zwangsvollstreckungen und Arrestvollziehungen unwirksam, die ein Gläubiger ins Vermögen des Schuldners vornimmt; eine Forderungspfändung auch dann, wenn deren Ankündigung bereits vor Erlaß des Veräußerungsverbots erfolgt war[1].

Für den Sicherungsnehmer bedeutet dies im einzelnen: Wird ihm die Sachsicherheit nach Erlaß des Veräußerungsverbots bestellt, so ist der zugrundeliegende Sicherungsvertrag und das dingliche Rechtsgeschäft nicht nur anfechtbar, sondern gegenüber der Gläubigergemeinschaft unwirksam.

Die Verwertung einer bereits vorhandenen Sicherheit ist wesentlich erschwert, wenn sie z. B. die Herausgabe der Sache durch den Sicherungsgeber voraussetzt. Denn die Herausgabe einer sicherungsübereigneten Sache ist als Verfügung im Sinne des § 106 KO zu werten, falls der Sicherungsgeber noch ein Recht zum Besitz oder ein Zurückbehaltungsrecht hat. Allerdings darf die Wirkung des Veräußerungsverbots und die

---

[1] RG 26, 425, 366.

Rechtsmacht eines etwaigen Sequesters nicht weitergehen, als die der Konkursbeschlagnahme bzw. als die Rechtsmacht des Konkursverwalters[1].

Die sichernden Maßnahmen im Rahmen des § 106 KO haben nur den Zweck, die künftige Konkursmasse zu erhalten. Wer nach Konkurseröffnung ohnehin Aussonderungs- bzw. Absonderungsberechtigter ist, muß auch schon in der Zeit zwischen Konkursantrag und Konkurseröffnung trotz Sicherheitsmaßnahmen die Herausgabe der Sache zur Befriedigung betreiben dürfen.

Bei Gewährung von **Krediten** in der Sequestrationsphase sowie der Besicherung muß folgendes beachtet werden: Im Anschlußkonkurs sind die während des Vergleichsverfahrens mit Zustimmung des Vergleichsverwalters bzw. vor Eröffnung des Vergleichsverfahrens mit Zustimmung des mit den Befugnissen des § 57 VerglO ausgestatteten vorläufigen Vergleichsverwalters aufgenommenen Sanierungsdarlehen als Masseschulden im Range des § 59 Abs. 1 Nr. 1 KO vorweg zu befriedigen[2]. Voraussetzungen für eine spätere Masseforderung im Anschlußkonkurs ist nicht, daß der vorläufige Vergleichsverwalter vorher zustimmt. Es genügt die nachträgliche Genehmigung. Zu beachten ist, daß der Gläubiger bei Geltendmachung seines Masseanspruches beweisen muß, daß das Darlehen mit Zustimmung des Vergleichsverwalters zu einem in § 106 VerglO bezeichneten Zweck aufgenommen worden ist (Fortführung des Schuldnergeschäftes im Interesse des Zustandekommens des Vergleichs oder dessen Ausführung). Dabei genügt i. d. R. die Erklärung dieser Zweckbestimmung seitens des Vergleichsverwalters gegenüber dem Darlehensgeber, d. h. der Darlehensgeber braucht nicht zu beweisen, daß das Darlehen zu diesen Zwecken auch wirklich verwandt worden ist, weil ihm jede Kontrollmöglichkeit insoweit fehlt[3]. Weder die Darlehensaufnahme, noch die Rückerstattung des Darlehens unterliegen der **Anfechtungsmöglichkeit** nach §§ 29 ff. KO[4]. Dies gilt aber nur für einen Anschlußkonkurs. Wird das Konkursverfahren erst nach Aufhebung des Vergleichsverfahrens eröffnet (sog. selbständiger Konkurs), gehören die Ansprüche nicht zu den Masseschulden in einem Konkurs[5]. Darlehen, die der Sequester bzw. der Gemeinschuldner mit Zustimmung des Sequesters während der Sequestration aufnimmt, sind nach nunmehr h. M. in einem nachfolgenden Konkurs keine Masseschulden, sondern einfache Konkursforderungen[6]. Bürgschaften, die die Bank im Auftrage des Schuldners (mit Zustimmung des Verwalters) herausgibt, können nicht unter § 106 VerglO fallen, da nach dem Gesetzeswortlaut nur Darlehen erfaßt werden. Hier bietet sich als Lösung lediglich an, die Bürgschaft gegen Sicherheitenstellung herauszulegen. Die Bestellung dieser Sicherheit kann ebenfalls

974

---
[1] JW 25, 2383.
[2] Kuhn/Uhlenbruck, § 59 Rdn. 8; Kilger/Schmidt, § 59 Anm. 1d aa; BGH 32, 268.
[3] Kuhn/Uhlenbruck, § 59 Rdn. 8.
[4] Kuhn/Uhlenbruck a. a. O.; Kübler ZGR 82, 498; BGH WM 78, 133; ZIP 80, 518; OLG Düsseldorf ZIP 82, 860; Hans. OLG Hamburg ZIP 84, 1373.
[5] BGHZ 59, 356.
[6] BGH 97, 87 = WM 86, 433; OLG Düsseldorf ZIP 84, 728 m. krit. Anm. Eickmann; Kuhn/Uhlenbruck, § 106 Rdn. 15a; Kilger/Schmidt, § 106 Anm. 4; Gerhardt, ZIP 82, 1, 8.

nicht nach §§ 29ff. KO angefochten werden[1]. Ein besonderes Problem bieten die
Negativerklärungen: Der Kreditnehmer verpflichtet sich in derartigen Erklärungen
gegenüber der Bank, auch Dritten keine Sicherheiten zu gewähren. Diese Verpflichtung
stellt lediglich eine schuldrechtliche Vereinbarung dar. Zwar erlischt diese Verpflichtung nicht durch Anordnung von Verfügungsbeschränkungen, aber ihr Zweck endet
mit der Sequestration. Mit der Negativerklärung will der Gläubiger dem Schuldner
entgegenkommen, in dem er die Lastenfreiheit der Vermögenswerte erhält, auf der
anderen Seite aber sich auch die Werthaltigkeit des Schuldnervermögens bewahren[2].
Die Bevorzugung anderer Gläubiger bei der Bestellung dinglicher Sicherheiten soll vermieden werden. Wird Sequestration angeordnet mit dem Ziel, die Masse zu sichern, so
fallen die Motive für die Abgabe einer Negativerklärung weg: Der Sequester hat im
Interesse aller Gläubiger das Vermögen zu sichern. Er sorgt somit für die gleichmäßige
Behandlung aller Gläubiger. Daraus ergibt sich, daß die Negativerklärung die Bestellung von Sicherheiten in diesem Stadium nicht hindert.

Kredite ohne Zustimmung des Verwalters sind in einem Anschlußkonkurs nicht
Masseforderung, sondern nur einfache Konkursforderung. Bei der heutigen Massearmut von Konkursen kann die Bank in diesen Fällen nur selten mit einer Quote rechnen.

976 Problematisch ist die Behandlung von Zessionen in der Sequestrationsphase. Häufig
wird die Bank die Abtretung nicht offenlegen, damit die Drittschuldner (noch) ungestört zahlen. Derartige Zahlungseingänge sind anfechtungsrechtlich wie offen gelegte
Zessionen zu behandeln. Häufig erhält aber nicht die Bank, sondern der Sequester das
Geld. Dann kommt es darauf an, ob die Forderung während der Sequestration oder vor
der Sequestration entstanden ist. Ist sie während der Sequestration entstanden, so unterliegt die Forderung der Sequestration. Hierbei ist zu berücksichtigen, daß eine Forderung bereits dann entsteht (begründet wird), wenn der Kaufvertrag, aus dem die Forderung resultiert, geschlossen worden ist.

Ist die Forderung vor Sequestration entstanden und ist keine Konkursanfechtung
möglich (vgl. dort), hat der Sicherungsnehmer (die Bank) Anspruch aus Bereicherungsrecht (§ 816 Abs. 2 BGB) gegen die Konkursmasse. Fraglich ist, ob insoweit Ersatzaussonderung gegeben ist: Hat der Gemeinschuldner vor der Konkurseröffnung eine ihm
nicht zustehende Forderung eingezogen, und ist der Schuldner nach § 407 BGB befreit,
so ist keine Ersatzaussonderung (§ 46 Satz 1 KO) im folgenden Konkurs gegeben[3].

---

[1] Obermüller, ZIP 83, 17 ff.; Kuhn/Uhlenbruck a. a. O.
[2] Vgl. Rdn. 146.
[3] Kuhn/Uhlenbruck, § 46 Rdn. 2; BGHZ 23, 307, 317; str., a. A. Gerhardt, Die systematische Einordnung der Gläubigeranfechtung, 1969, S. 247 f.

ZWEITER ABSCHNITT

Die Sicherheit im gerichtlichen Vergleichsverfahren

Die Rechtslage im Vergleichsverfahren entspricht im wesentlichen der im Konkurs. **977**
Das Vergleichsverfahren auf seiten des Sicherungsnehmers oder Gläubigers kann außer Betracht bleiben, da die Eröffnung des Verfahrens auf die Befugnis des Betroffenen zur Verwaltung seines Vermögens und zur Verfügung darüber im allgemeinen ohne Einfluß ist; der Vergleichsverwalter (§§ 38, 39 VglO) ist lediglich eine Aufsichtsperson, welche die Aufgabe hat, den Vergleichsschuldner zu überwachen und ihn an Maßnahmen zu hindern, welche die Durchführung des Vergleichsvorschlags gefährden können.

Eine Anfechtung von Sicherungen ist innerhalb des Vergleichsverfahrens ausgeschlossen. Weder können die Vergleichsgläubiger (§ 25 Abs. 1 VglO) Einzelanfechtungen, wie sie im Anfechtungsgesetz vorgesehen sind, durchführen — dem steht das Vollstreckungsverbot des § 47 VglO entgegen[1] —, noch ist der Vergleichsverwalter befugt, Verkürzungen der Vergleichsmasse wieder zu beseitigen, wie es der Konkursverwalter kann und muß. Daher spielt im Vergleichsverfahren der Zeitpunkt der Zahlungseinstellung oder des Antrages auf Eröffnung des Verfahrens keine hier interessierende Rolle; das ändert sich erst, wenn es zum Anschlußkonkurs[2] kommt, aber dann ist es die konkursmäßige Anfechtung, in deren Rahmen jener Zeitpunkt Gewicht erhält. Auf die erst nach der Eröffnung des Verfahrens bestellte Sicherheit, die neben dem Vergleich gelten soll, finden die Ausführungen zu Rdn. 902 entsprechende Anwendung (§ 8 Abs. 3 VglO). Für den Anspruch aus einem Vorvertrag gilt Rdn. 902 entsprechend (§§ 26, 34 VglO). Dies alles schließt freilich nicht aus, daß die Aufdeckung von Sicherstellungen, welche im Konkurs anfechtbar wären, die Einstellung der Vergleichsgläubiger zum Vergleichsvorschlag beeinflußt und sie gegen den Vergleich stimmen läßt, weil ihnen im Hinblick auf die im Konkurs mögliche Anfechtung der Konkurs vorteilhafter erscheint. Im übrigen ist ergänzend zu den im Vergleichsverfahren entsprechend anwendbaren Konkursregeln folgendes hervorzuheben:

1. Personensicherheit

Die **Personensicherheit** gewährt dem Sicherungsnehmer im Vergleichsverfahren des **978**
Sicherungsgebers nur Anspruch auf anteilmäßige (prozentuale) Befriedigung nach Maßgabe des Vergleichs. Eine als Untersicherung dienende Bürgschaftsverpflichtung eines Dritten bleibt hingegen — trotz des Grundsatzes der Akzessorietät — unberührt[3]

---
[1] RG 139, 48.
[2] Wegen des Begriffes s. Rdn. 952, 904.
[3] BGH MDR 79, 489.

(siehe dazu auch unter Rdn. 322, 361). Hatte der Sicherungsnehmer im Zeitpunkt der Eröffnung des Verfahrens mit der Realisierung seiner Sicherheit bereits begonnen, und im Wege der Zwangsvollstreckung bestimmte Vermögensgegenstände des Sicherungsgebers bereits wirksam beschlagnahmt, so wird ihm die hierdurch erlangte Rechtsstellung vom Gesetz gewährleistet, denn das Pfändungspfandrecht berechtigt ihn zur abgesonderten Befriedigung nach den Ausführungen zu Rdn. 979. Ist aber die Beschlagnahme erst später als am 30. Tage vor der Stellung des Eröffnungsantrages erfolgt, so bleibt das Pfandrecht für das Vergleichsverfahren außer Betracht (RG 151, 269) und der Sicherungsnehmer als Vergleichsgläubiger am Verfahren beteiligt (§§ 28, 87 VglO). Diese sog. „Rückschlagsperre" zieht also die Unwirksamkeit des Pfandrechts nach sich, sobald der Vergleich gerichtlich bestätigt wird, und die gleiche Folge tritt mit Eröffnung des Anschlußkonkurses ein. Eine Zwangsvollstreckung, die bei Eröffnung des Verfahrens noch nicht zu einem rechtsbeständigen Absonderungsrecht geführt hat, kann nicht mehr fortgesetzt werden (§§ 47, 48 VglO).

Eine aktive Teilnahme des Sicherungsnehmers als Vergleichsgläubiger im Verfahren ist nicht erforderlich; selbst diejenigen Gläubiger, die gegen den Vergleich stimmen, werden von ihm betroffen, falls der Vergleich wirksam zustande kommt (§ 82 VglO). Daher braucht der beteiligte Sicherungsnehmer seine Forderung nicht notwendig anzumelden, vielmehr ist es Sache des Sicherungsgebers als Vergleichsschuldner, die Forderung in das von ihm mit dem Eröffnungsantrag dem Gericht einzureichende Gläubigerverzeichnis, welches auch die Sicherheiten vermerken muß, aufzunehmen. Wenn freilich der Sicherungsnehmer Wert darauf legt, bei der Abstimmung berücksichtigt zu werden, muß er anmelden, da er nicht stimmberechtigt ist, wenn seine Forderung aus irgendeinem Grunde in dem Gläubigerverzeichnis nicht enthalten ist (§§ 6, 67 VglO). Das Gläubigerverzeichnis, berichtigt im Sinne der nachträglichen Anmeldungen, bildet im Vergleichstermin die Grundlage für die Abstimmung über den Vergleichsvorschlag des Schuldners. Die Prüfung der Forderungen beschränkt sich auf die Feststellung ihres Stimmrechts; in Streit- und Zweifelsfällen entscheidet das Vergleichsgericht (§§ 66, 70, 71 VglO). Der angenommene und vom Gericht bestätigte Vergleich, der wie der konkursrechtliche Zwangsvergleich auch für und gegen die überstimmte Minderheit der Gläubiger wirkt, bestimmt die auf die Vergleichsforderungen entfallende Quote und ihre Zahlungsmodalitäten und hat die Wirkung eines rechtskräftigen Urteils (§ 85 VglO)[1].

2. Sachsicherheit

979   Die **Sachsicherheit** gewährt im Vergleichsverfahren ein **Absonderungsrecht** (§§ 26, 27 VglO). Doch gibt es im Vergleichsverfahren die Schranke nicht, die im Konkurs durch § 15 KO gesetzt ist. Daher kann, vorbehaltlich der Vorschrift des § 8 Abs. 3 VglO,

---

[1] Vgl. die sinngemäß anwendbaren Ausführungen (§§ 32, 33, 82, VglO; BGH 55, 117) wegen der vergleichsrechtlichen Wechselwirkung zwischen der Personensicherheit und der gesicherten Forderung.

im Ausnahmefall auch noch nach Eröffnung des Verfahrens eine Sachsicherheit und damit ein Absonderungsrecht erworben werden. So z. B., wenn Sicherungsmittel einer vor Vergleichseröffnung vorgenommenen Abtretung eine durch Vertrag nach § 399 BGB unabtretbar gemachte Forderung war und der Drittschuldner nach Vergleichseröffnung die Abtretung genehmigt (sonst ist während des Vergleichsverfahrens der Erwerb von Absonderungsrechten von der Zustimmung des Vergleichsverwalters abhängig, wenn das Gericht ein Einzelverfügungsverbot mit der aus Rdn. 130 ersichtlichen Wirkung oder gar ein allgemeines Veräußerungsverbot, welches für den Vergleichsschuldner ähnliche Rechtsnachteile mit sich bringt wie die Konkurseröffnung und auch das nach Erlaß des Verbotes erworbene Vermögen ergreift, erlassen hat, §§ 58—64 VglO), oder eine sicherungshalber abgetretene künftige Forderung erst nach Vergleichseröffnung zur Entstehung gelangt. So erworbene Absonderungsrechte entfallen allerdings wieder, wenn es zum Anschlußkonkurs kommt, und damit § 15 KO rückwirkend in Kraft tritt. Wie im Konkurs kann auch im Vergleichsverfahren der Sicherungsnehmer sein Absonderungsrecht, die Verwertungsreife der Sicherheit unterstellt, so geltend machen, wie wenn das Verfahren überhaupt nicht schwebte. Vor allem nimmt ein Absonderungsberechtigter, dem der Schuldner auch persönlich haftet, nur insoweit am Vergleich teil, als er auf sein Absonderungsrecht, d. h. auf seine Sachsicherheit, verzichtet hat oder bei der Verwertung der Sicherheit mit der gesicherten Forderung ausgefallen ist[1]. Dabei ist bemerkenswert, daß die ausdrückliche Vorschrift des § 83 Abs. 2 VglO, wonach die von der Eröffnung des Verfahrens laufenden Zinsen im Zweifel mit der Bestätigung des Vergleichs als erlassen gelten, den Sicherungsnehmer nicht hindert, auch die vorerwähnten Zinsen vorab aus dem Sicherheitenerlös zu decken[2]. Im übrigen hat hier der Vergleichsschuldner, zu dessen Vermögen der Gegenstand des Absonderungsrechts gehört, den Sicherungsnehmer bei der Vergleichserfüllung in jedem Fall mit dem mutmaßlichen Ausfall zu berücksichtigen, solange dessen Ausfall nicht feststeht. Der Sicherungsnehmer braucht also nicht wie im Konkurs den tatsächlichen Ausfall innerhalb bestimmter Frist zu ermitteln, vielmehr kann er sich mit der Verwertung der Sicherheit Zeit lassen. Hat das Vergleichsgericht für den Sicherungsnehmer das Stimmrecht festgesetzt, so gilt diese Entscheidung zugleich als eine Entscheidung über den mutmaßlichen Ausfall; ist jedoch über das Stimmrecht befunden worden, hat das Gericht auf Antrag des Vergleichsschuldners oder des Sicherungsnehmers den mutmaßlichen Ausfall in besonderer, unanfechtbarer Entscheidung festzustellen. Wenn der Gläubiger voll gesichert ist, kann hiernach seine Stimm- und Quotenberechtigung gänzlich verneint werden, bis ein Ausfall tatsächlich eingetreten ist[3]. Nach Feststellung des endgültigen Ausfalls hat der Vergleichsschuldner das Fehlende nachzuzahlen; hat er zuviel bezahlt, darf der Sicherungsnehmer den Mehrbetrag als Vorausabzahlung auf die noch weiter fällig werdenden Vergleichsraten behalten (§ 97 VglO), und er muß ihn zurückerstatten, soweit er die Vergleichsquote übersteigt.

---

[1] RG 155, 95.
[2] BGH NJW 56, 1594.
[3] BGH 31, 174.

Die Ermittlung des Ausfalls bei der Verwertung der Sicherheit ist im übrigen ausschließlich Sache des Sicherungsnehmers; der Vergleichsverwalter kann keinen Einfluß darauf nehmen.

Ein Zwangsvergleich im Konkurs begrenzt zwar die Durchsetzbarkeit der von ihm betroffenen Forderungen, die dingliche Haftung aus einem Grundpfandrecht bleibt aber bestehen (§ 193 S. 2 KO). Beim Konkurs der offenen Handelsgesellschaft gilt dies auch für ein Grundpfandrecht, das am Grundstück eines Gesellschafters bestellt worden ist, und zwar auch dann, wenn es sich um eine Zwangshypothek handelt und der Gläubiger ihre Eintragung erst nach Konkurseröffnung erwirkt hatte[1].

3. Pfändungs- und Vollstreckungssperre

980   Gem. § 47 VerglO können die Vergleichsgläubiger sowie Gläubiger von Forderungen, die im Vergleichsverfahren nach Maßgabe des § 29 VerglO nicht geltend gemacht werden können, nach der Eröffnung des Vergleichsverfahrens bis zur Rechtskraft der Entscheidung, die das Verfahren abschließt, keine Zwangsvollstreckungen in den Gemeinschuldner vornehmen. Auch absonderungsberechtigte Gläubiger (z. B. die Bank, der ein Sicherungsrecht zusteht) können während des Vergleichsverfahrens nicht in das sonstige Vermögen des Schuldners vollstrecken. Die **Verwertung des Sicherungsrechts** wird jedoch durch die Vollstreckungssperre des § 47 VerglO nicht ausgeschlossen. Von § 47 VerglO sind betroffen: Pfändung, Versteigerung, Forderungsüberweisung, Eintragung einer Sicherungshypothek sowie die Ladung zur Abgabe einer eidesstattlichen Versicherung. Zu beachten ist das Verhältnis zwischen § 28 VerglO zu § 47 VerglO: ist z. B. eine Sache vor Eröffnung des Vergleichsverfahrens, aber innerhalb der Sperrfrist des § 28 VerglO gepfändet worden, so findet für eine unzulässigerweise vorgenommene Versteigerung nicht § 47, sondern § 48 Abs. 1 VerglO Anwendung, d. h. die anhängige Vollstreckungsmaßnahme ist bis zur Rechtskraft der Entscheidung, die das Vergleichsverfahren abschließt, kraft Gesetzes einstweilen einzustellen. Gläubiger, welche von der Vollstreckungssperre nicht erfaßt werden, können unbeschränkt in das Vermögen des Schuldners vollstrecken.

In § 28 VerglO ist eine sog. „**Sperrfrist**" angeordnet worden: Gläubiger, die durch eine Zwangsvollstreckungsmaßnahme eine Sicherung erlangt haben, bleiben Vergleichsgläubiger, wenn sie diese Sicherung später als am 30. Tag vor der Stellung des Eröffnungsantrages erworben haben. Dies gilt entsprechend auch für Gläubiger, die durch Zwangsvollstreckung befriedigt worden sind, und zwar auch dann, wenn aus Vergleichen oder vollstreckbaren Urkunden vollstreckt worden ist[2]. Zu den Sicherungen i. S. des § 28 VerglO zählen in erster Linie das Pfändungspfandrecht an beweglichen Sachen sowie an Forderungen und anderen Vermögensrechten, die Sicherungshypothek, die Arresthypothek. Erfaßt wird auch die Beschlagnahme zum Zwecke der

---

[1] BGH WM 74, 59.
[2] Böhle-Stamschräder/Kilger, § 28 Anm. 1.

Zwangsversteigerung und der Zwangsverwaltung. Vertragliche — freiwillige — Sicherungen werden von § 28 VerglO nicht betroffen.

Fällt eine **Sicherung oder Befriedigung** unter die Sperrfrist, so ist sie damit nicht insgesamt unwirksam. Lediglich für das Vergleichsverfahren wirkt sich die Sperre aus mit der Folge, daß der Gläubiger ohne Rücksicht auf die Sicherung oder Befriedigung in voller Höhe seiner Forderung am Vergleichsverfahren teilnimmt. Kommt es zum Vergleich oder zum Anschlußkonkurs, wird die Zwangssicherung allerdings endgültig unwirksam (§§ 78, 87, 104 VerglO). Kommt es nicht zum Vergleich oder zum Anschlußkonkurs, sind die Sicherungen und Befriedigungen, die innerhalb der Sperrfrist erlangt wurden, wirksam.

DRITTER ABSCHNITT

Die Anfechtung außerhalb des Konkursverfahrens

981 Eine im übrigen einwandfrei begründete Sicherheit kann versagen, wenn der Sicherstellungsvertrag „anfechtbar" ist. Die hier in Rede stehende Anfechtung stellt eine Parallele dar zu der konkursrechtlichen Anfechtung. Nichts zu tun hat sie mit der Anfechtung des Vertrages wegen Irrtums, Täuschung oder Drohung, von der sie sowohl in den Voraussetzungen wie in der Wirkung völlig verschieden ist[1]. Die sog. **Gläubi-**
982 **geranfechtung** bedeutet lediglich, daß die Sicherung dem anfechtenden Gläubiger gegenüber unwirksam und der Sicherungsnehmer unter gewissen Voraussetzungen verpflichtet ist, den **Zugriff** des Anfechtenden auf das Sicherungsmittel zu **dulden**. So, wie der anfechtende Gläubiger sich aus dem Sicherungsmittel im Wege der Zwangsvollstreckung hätte befriedigen können, wenn der Sicherstellungsvertrag nicht getätigt worden wäre, so hat der Sicherungsnehmer auch die Zwangsvollstreckung in den betreffenden Gegenstand zwecks Befriedigung des anfechtenden Gläubigers hinzunehmen. Ist dies nicht mehr möglich, weil etwa der Sicherungsnehmer die Sicherheit bereits verwertet hat, muß er **Wertersatz** leisten in Höhe des Erlöses, den der anfechtende Gläubiger in der Zwangsvollstreckung erzielt haben würde, wenn er nicht an der Vollstreckung gehindert worden wäre[2]. Der Gläubiger kann eine Rückübertragung des anfechtbar Weggegebenen in das Vermögen des Sicherungsgebers außerhalb des Konkursverfahrens nicht fordern[3], denn das bloße Vorhandensein von Anfechtungsgründen macht das Geschäft nicht sittenwidrig[4]. Daraus ergibt sich zugleich, daß die Gläubigeranfechtung nur bei der Bestellung oder Valutierung von Sachsicherheiten, also bei einer Minderung des Aktivvermögens des Sicherungsgebers, in Frage kommt. Die Kehrseite der Duldungspflicht des Sicherungsnehmers ist der Anspruch des Anfechtenden auf diese Duldung, auf „**Wiedererschließung der vereitelten Zugriffsmöglichkeit**"[5]. Ein Anspruch, der nicht erst als Folge einer vorausgegangenen Anfechtungserklärung, sondern unmittelbar aus dem gesetzlichen Tatbestand erwächst. Daher erfolgt auch die Anfechtung nicht durch Erklärung gegenüber dem Sicherungsnehmer, sondern, wenn dieser den Anspruch des Anfechtenden nicht freiwillig erfüllt, durch **gerichtliche Geltendmachung** des Anspruchs im Wege der Klage oder durch Einrede. Streitwert im Prozeß ist der Wert des Gegenstandes, auf welchen sich die Anfechtung bezieht, abzüglich etwaiger Belastungen; jedoch ist der Betrag der Forderung des Anfechtenden maßgebend, wenn dieser geringer ist, als der Gegenstandswert[6].

---

[1] RG 70, 113.
[2] Vgl. BGH WM 72, 365.
[3] RG 71, 176.
[4] BGH WM 58, 1278.
[5] RG 162, 222.
[6] RG 151, 167.

Nach alledem wird der anfechtende Gläubiger, wenn er eine Sicherungsübereignung oder Sicherungsabtretung anficht, dahin zu klagen haben, daß der Sicherungsnehmer verurteilt werde, die Zwangsvollstreckung in das Sicherungsmittel zu dulden oder eine bestimmte Geldsumme als Wertersatz zu zahlen. Er wird, wenn er eine sicherungshalber erfolgte Belastung des Sicherungsmittels, insbesondere einer Belastung mit einem Mobiliar- oder Grundpfandrecht, anficht, dahin klagen müssen, daß der Sicherungsnehmer von seiner Sicherheit gegenüber dem Anfechtenden keinen Gebrauch machen darf und in die Auszahlung des Verwertungserlöses an den Anfechtenden bis zum Betrage seiner Forderung einzuwilligen hat[1]. Die Verpflichtung zur Erstattung einer etwaigen Gegenleistung des Sicherungsnehmers ist dem Anfechtenden nicht auferlegt (§ 8 AnfG); insoweit kann jeder sich nur an seinen Schuldner halten. Doch lebt nach erfolgreicher Anfechtung die **frühere Forderung** des Anfechtungsgegners gegen den Schuldner mit ihren etwaigen anderweitigen Sicherheiten wieder auf, wenn zur Zeit der Anfechtung die angefochtene Sicherheit schon verwertet, die durch sie gesicherte Forderung also schon getilgt war[2].

Zur Anfechtung berechtigt ist jeder Gläubiger des Sicherungsgebers, der wegen eines vor oder nach dem angefochtenen Sicherungsvertrag entstandenen Geldanspruchs einen vollstreckbaren Titel erlangt und durch Zwangsvollstreckung in das sonstige Vermögen des Sicherungsgebers sich nicht voll befriedigen kann[3]. Auch derjenige Gläubiger, der kraft dinglichen Rechts Zahlung einer Geldsumme aus einem belasteten Grundstück zu verlangen berechtigt ist, also der Grundpfand- und Reallastgläubiger, ist zur Anfechtung von Rechtshandlungen des Eigentümers befugt, durch welche die Möglichkeit seiner Befriedigung aus dem verhafteten Grundstück beeinträchtigt wird (§§ 1, 2, 7 AnfG)[4]. Im Verhältnis zwischen **mehreren Anfechtungsberechtigten** 983 sichert sich der **früher** zugreifende Gläubiger den Vorrang vor den anderen, säumigeren oder nachsichtigeren Gläubigern, und zwar gilt der Grundsatz: „Wer zuerst kommt, mahlt zuerst", auch dann, wenn der Anfechtungsgegner den Anspruch des zuerst Anfechtenden freiwillig erfüllt hat[5]; doch die Sicherung oder Befriedigung, die ein Gläubiger durch die Anfechtung erlangt, kann im nachfolgenden Konkurs des Anfechtungsgegners unter den Voraussetzungen des § 30 Ziff. 1 KO wiederum vom Konkursverwalter angefochten werden (§ 13 AnfG). Auch gegenüber einem **Rechtsnachfolger des** 984 **Sicherungsnehmers** greift die Anfechtung durch, und zwar gegenüber einem Gesamtnachfolger in jedem Fall, gegenüber einem Sondernachfolger nur, wenn ihm zur Zeit seines Erwerbs die Umstände, welche die Anfechtbarkeit des Erwerbs seines Rechtsvorgängers begründen, bekannt waren oder wenn ihm das Erlangte unentgeltlich zugewendet worden ist (§ 11 AnfG). Mit der im vorstehenden geschilderten Wirkung kann die Bestellung der Sicherheit angefochten werden, wenn im übrigen folgende Voraussetzungen erfüllt sind:

---

[1] RG 131, 340; JW 28, 1345; BGH 29, 230; WM 58, 178; 60, 18.
[2] RG 86, 99.
[3] BGH WM 66, 140.
[4] RG 123, 243.
[5] RG 24, 98; BGH 29, 230.

1. In objektiver Hinsicht

985 In **objektiver Hinsicht** muß der Gläubiger des Sicherungsgebers durch die Bestellung der Sicherheit benachteiligt sein. Er muß nachweisen, daß und inwieweit er ohne die angefochtene Sicherung in höheren Maßen oder leichter Befriedigung hätte. Es finden insoweit die Ausführungen zu Rdn. 938 entsprechende Anwendung mit der Maßgabe, daß auch hier mittelbare Benachteiligung des anfechtenden Gläubigers genügt[1].

2. In subjektiver Hinsicht

986 In **subjektiver Hinsicht** müssen entweder beide Parteien des Sicherstellungsvertrages oder auch nur die eine oder andere von ihnen in einer bestimmten Absicht oder in Kenntnis gewisser Umstände gehandelt haben. Es handelt sich hier um die gleichen Tatbestände, wie sie der Anfechtung im Konkurs zugrundeliegen (s. Rdn. 945 ff.); doch fehlt eine der besonderen Konkursanfechtung (s. Rdn. 946 ff.) entsprechende Regelung, weil die Gläubigeranfechtung nur auf das gegenwärtige Zahlungsunvermögen des Schuldners abgestellt ist und nicht auf seine allgemeine Zahlungsunfähigkeit, deren Ausdruck die Zahlungseinstellung ist. Auch hier spielt die Frage, ob die gewährte Deckung kongruent oder inkongruent ist, eine Rolle; auch hier bestimmt sich der für die Absicht oder Kenntnis maßgebende Zeitpunkt nach dem letzten zum Erwerb der Sicherheit notwendigen Rechtsakt[2]. Im einzelnen:

a) Absichtsanfechtung

987 Die Anfechtung greift durch, wenn der Sicherungsgeber in der **Absicht, seine Gläubiger zu benachteiligen,** die Sicherheit bestellt hat und der Sicherungsnehmer von dieser Absicht seines **Vertragspartners positive Kenntnis** hatte. Voraussetzungen, die unter Umständen auch gegeben sein können, wenn der Sicherungsgeber im Zeitpunkt des Vertragsabschlusses überhaupt keinen Gläubiger hatte (Absichtsanfechtung)[3]. Die Beweislast trifft in vollem Umfang den anfechtenden Gläubiger. Es wird hierzu auf die entsprechend anwendbaren Ausführungen zu Rdn. 965 ff. verwiesen. Danach macht sich gerade hier der Unterschied zwischen der kongruenten und der inkongruenten Deckung bemerkbar. Denn nur in Ausnahmefällen wird die Bestellung einer Sicherheit, auf welche der Sicherungsnehmer so, wie sie gewährt wurde, Anspruch hatte, angefochten werden können. Insbesondere rechtfertigt bei solchem kongruenten Deckungsgeschäft das etwa vorhandene Bewußtsein des Sicherungsgebers, die Vertragserfüllung benachteilige die übrigen Gläubiger, noch nicht den Schluß, daß er die Benachteiligung beabsichtigt habe. Diese Absicht kann vielmehr erst angenommen werden, wenn es dem Handelnden nicht auf die Vertragserfüllung als vielmehr gerade

---

[1] Wegen einer Ausnahme s. Rdn. 987 a. E.
[2] RG JW 38, 464; BGH WM 63, 269; 72, 363.
[3] BGH WM 64, 1166; WM 71, 1436.

darauf ankam, seine übrigen Gläubiger zu benachteiligen[1]. Ein Schuldner, der seine Verpflichtung gemäß einem Sicherungsanspruch seines Gläubigers erfüllt, begeht dadurch keinen rechtswidrigen Eingriff in das Befriedigungsrecht anderer Gläubiger, und zwar selbst dann nicht, wenn er weiß, daß seine übrigen Mittel zur Befriedigung dieser Gläubiger nicht ausreichen. Ein wesentlich strengerer Maßstab ist an die inkongruenten Deckungsgeschäfte zu legen. Hier ist die Benachteiligungsabsicht in der Regel schon dann zu bejahen, wenn der Sicherungsgeber die Benachteiligung anderer Gläubiger als notwendige Folge der Sicherstellung erkannt hat. Sogar schon das Bewußtsein des Sicherungsgebers, das nach dem gewöhnlichen Lauf der Dinge eine Gläubigerbenachteiligung eintreten werde, läßt bei inkongruenter Deckung den Schluß zu, daß der Sicherungsgeber die von ihm als wahrscheinlich vorgesehene Schädigung in Kauf genommen hat[2]. Das Bewußtsein einer nur möglichen Benachteiligung der Gläubiger kommt hingegen als Anfechtungstatbestand nur in Frage, wenn der Sicherungsgeber erkennbar diese Benachteiligung wenigstens bedingt, z. B. für den Fall des Scheiterns von Sanierungsverhandlungen, gebilligt hat. Aber auch bei inkongruenter Deckung setzt „Kenntnis" des Sicherungsnehmers von der Benachteiligungsabsicht seines Vertragspartners nicht voraus, daß der Sicherungsnehmer seinerseits die Notwendigkeit oder Wahrscheinlichkeit der Minderung der Zugriffsmasse erkannt hat. Ihm muß vielmehr bewußt sein, daß dies dem Sicherungsgeber bekannt gewesen und von ihm gebilligt worden ist[3]. Dem Anfechtungsbegehren ist eine zeitliche Grenze gesetzt: Die Absichtsanfechtung unterliegt einer Ausschlußfrist von zehn Jahren (§ 12 AnfG). Die Ausnahmeregelung für den Fall, daß als Sicherungsnehmer der Ehegatte oder gewisse nahe Verwandte des Sicherungsgebers, insbesondere Eltern und Kinder, erscheinen, gilt auch hier und zwar in Annäherung der im letzten Jahr vor der Anfechtung geschlossenen entgeltlichen Sicherstellungsverträge (§ 3 Ziff. 2 AnfG); hier wie dort wird der Anfechtungstatbestand nur durch eine unmittelbare Benachteiligung des anfechtenden Gläubigers erfüllt, und es obliegt dem Anfechtungsgegner, die gesetzliche Vermutung zu widerlegen, daß der Sicherungsgeber in der Absicht der Gläubigerbenachteiligung gehandelt und der Sicherungsnehmer diese Absicht gekannt hat.

b) Schenkungsanfechtung

Die Anfechtung greift durch, wenn es nach der Auffassung der Beteiligten an einem ausreichenden, vom Sicherungsnehmer zu **erbringenden Gegenwert für die Sicherstellung gefehlt hat** und diese also als ein unentgeltliches Rechtsgeschäft erscheint (Schenkungsanfechtung), vgl. hierzu Rdn. 969 ff. Die Schenkungsanfechtung ergreift allerdings nur die im letzten Jahr vor der Anfechtung geschlossenen unentgeltlichen Sicherstellungsverträge (§ 3 Ziff. 3 u. 4 AnfG). Wenn als Sicherungsnehmer der Ehegatte des Sicherungsgebers auftritt, solche die in den letzten zwei Jahren vor der Anfechtung geschlossen wurden. 988

---

[1] RG JW 38, 2842; BGH 12, 232.
[2] BGH WM 61, 671.
[3] BGH WM 57, 902; 61, 387.

VIERTER ABSCHNITT

Das neue Insolvenzrecht

1. Einführung

989　Das bisher geltende zweigleisige Konkurs- und Vergleichsverfahren hat im Laufe der Jahre weitgehend seine Funktionsfähigkeit verloren. 75% aller Konkursanträge werden mangels Masse abgewiesen, Vergleichsverfahren finden kaum noch statt[1]. Zu den Mängeln des geltenden Insolvenzrechts zählen u. a.: eine schlechte Verzahnung von Vergleichs- und Konkursverfahren, die Schwächen der Vergleichsordnung (z. B. Vergleichswürdigkeitsprüfung, Fristen, Fehlen einer Vergleichsanfechtung), Schwächen des Konkursanfechtungsrechts, mangelnde Gleichbehandlung der Gläubiger durch die bestehenden Konkursvorrechte[2].

Der Bundestag hat daher nach jahrelangen, kontrovers geführten[3] Reformbemühungen am 21. April 1994 die neue Insolvenzordnung verabschiedet, die gegenüber dem ursprünglichen Regierungsentwurf zahlreiche Änderungen des Rechtsausschusses beinhaltet und voraussichtlich am 1. 1. 1999 in Kraft tritt. Das zweigleisige Konkurs- und Vergleichsverfahren wird dann durch ein einheitliches Insolvenzverfahren abgelöst, das die Funktionen des bisherigen Konkurs- und Vergleichsrechts in sich vereint und nunmehr die Liquidation und die Sanierung des Schuldnervermögens gleichrangig behandelt. Im Gegensatz zum geltenden Recht, bei dem die Entscheidung über Konkurs oder Vergleich in einem Zeitpunkt getroffen werden muß, in dem die Sanierungschancen noch nicht beurteilt werden können, fällt im neuen Insolvenzrecht die Entscheidung über Sanierung oder Liquidation erst im Laufe des Verfahrens. Für Sanierungen steht das neue Instrument des Insolvenzplans zur Verfügung. Hierbei steht jedoch nicht die Sanierung um jeden Preis im Vordergrund. Unter marktwirtschaftlichen Bedingungen wird ein Unternehmen saniert, wenn seine Fortführung vorteilhafter ist als seine Liquidation; ist der Liquidationswert höher als der Fortführungswert, kommt es dagegen zur Liquidation[4].

Ferner wird das Instrument der Restschuldbefreiung in das neue Insolvenzverfahren eingeführt sowie ein neues Verbraucherinsolvenzverfahren geschaffen.

---

[1] BT-Drucksache 12/2443, S. 72.
[2] Kilger/Schmidt, Einleitung Anm. V 2.
[3] Vgl. zu den kritischen Stellungnahmen aus dem neueren Schrifttum nur: Gravenbrucher Kreis, ZIP 92, 657; ZIP 94, 585; Grub, ZIP 93, 393 ff.; Pape, ZRP 93, 285 ff.
[4] BT-Drucksache 12/2443, S. 76.

2. Ziele und Grundzüge des neuen Insolvenzverfahrens

Das Ziel eines einheitlichen Insolvenzverfahrens besteht in der gemeinschaftlichen 990
Gläubigerbefriedigung. Dieses Ziel kann herbeigeführt werden, indem das Schuldnervermögen verwertet und der Erlös verteilt wird (Liquidation) oder auf der Grundlage eines Insolvenzplans eine abweichende Regelung insbesondere zur Erhaltung von Unternehmen (Sanierung) getroffen wird. Ferner soll dem redlichen Schuldner Gelegenheit gegeben werden, sich nach einer Wohlverhaltensperiode von seinen restlichen Schulden befreien zu können (Restschuldbefreiung) (vgl. § 1 InsO).

Die wichtigsten Grundzüge des neuen Insolvenzrechts sind:
— Erleichterung der Verfahrenseröffnung
— Verschärfung des Anfechtungsrechts
— Anpassung des Mobiliarsicherheitenrechts an die Bedürfnisse des Insolvenzverfahrens durch Einbeziehung der „besitzlosen Mobiliarsicherheiten" in das Verfahren
— Abbau der Konkursvorrechte
— Restschuldbefreiung: Schuldbefreiungsmöglichkeit für den redlichen Schuldner (Verbraucher oder persönlich haftender Unternehmer)
— Einführung eines Verbraucherinsolvenzverfahrens

Die folgende Darstellung beschränkt sich auf die Darstellung der für das Kreditsicherungsrecht wichtigsten Änderungen gegenüber dem geltenden Recht:

3. Erleichterung der Verfahrenseröffnung:

Die Verfahrenseröffnung soll gegenüber dem geltenden Recht erleichtert werden. 991
Während nach geltendem Recht gem. § 107 Abs. 1 KO der Eröffnungsantrag abzuweisen ist, wenn eine die Kosten des Verfahrens deckende Masse nicht vorhanden ist, wobei in die Massekosten gem. § 58 Nr. 1 KO und Nr. 2 KO die Masseschulden gem. § 59 Abs. 1 Nr. 1 und Nr. 2 KO einzubeziehen sind, wird nach dem neuen Recht das Insolvenzverfahren bereits dann eröffnet, wenn das Schuldnervermögen ausreicht, um die Kosten des Gesamtverfahrens zu decken (§ 30 Abs. 1 InsO).

Für das einheitliche Insolvenzverfahren werden die bisherigen **Eröffnungsgründe** der Zahlungsunfähigkeit und der Überschuldung beibehalten. Als weiteren Eröffnungsgrund sieht die neue Insolvenzordnung die **drohende Zahlungsunfähigkeit** 992
(§ 22 InsO) vor, der jedoch auf den Fall beschränkt ist, daß der Schuldner die Verfahrenseröffnung beantragt (§ 22 Abs. 1 InsO). Danach liegt Zahlungsunfähigkeit auch vor, wenn der Schuldner voraussichtlich nicht in der Lage sein wird, bereits bestehende, aber noch nicht fällige Forderungen im Zeitpunkt der Fälligkeit zu erfüllen (§ 22 Abs. 2 InsO). Hierdurch können bei einer sich deutlich abzeichnenden Insolvenz bereits vor ihrem Eintritt verfahrensrechtliche Gegenmaßnahmen eingeleitet werden[1]. Anders

---
[1] BT-Drucksache 12/2443, S. 114.

als bei der eingetretenen Zahlungsunfähigkeit werden bei der drohenden Zahlungsunfähigkeit auch solche Zahlungsverpflichtungen des Schuldners in die Betrachtung einbezogen, die zwar schon bestehen, aber noch nicht fällig sind. Dieser neu eingeführte Eröffnungsgrund liegt vor, wenn damit zu rechnen ist, daß der Schuldner im Zeitpunkt der Fälligkeit dieser Verbindlichkeiten nicht in der Lage sein wird, diese zu erfüllen. Hierbei muß die gesamte Finanzlage des Schuldners bis zur Fälligkeit aller bestehenden Verbindlichkeiten einbezogen werden, wobei der Eintritt der Zahlungsunfähigkeit wahrscheinlicher sein muß, als deren Vermeidung[1].

993 Da die Feststellung des Eröffnungsgrundes und der Kostendeckung eine gewisse Zeit in Anspruch nehmen kann, hat das Gericht die Möglichkeit, **Sicherungsmaßnahmen** zur Vermeidung einer zwischenzeitlichen Vermögensverschlechterung des Schuldners anzuordnen (§ 25 Abs. 1 InsO). Hierzu zählen insbesondere, anknüpfend an die Sicherungsmaßnahmen im geltenden Konkurs- und Vergleichsrecht (§§ 106 Abs. 1 S. 2, 3 KO, 11–13 VerglO), die Bestellung eines vorläufigen Insolvenzverwalters, die Auferlegung eines allgemeinen Veräußerungsverbots sowie die Untersagung bzw. einstweiligen Einstellung von Zwangsvollstreckungsmaßnahmen gegen den Schuldner (§ 25 Abs. 2 InsO) zum Schutz vor dem Zugriff einzelner Gläubiger. Hierzu zählt auch, daß ein Unternehmen des Schuldners vorläufig fortgeführt werden soll (§ 26 Abs. 1 S. 2 Nr. 2 InsO). Die Entscheidung, ob das Unternehmen des Schuldners erhalten werden kann oder liquidiert werden muß, soll erst nach der Verfahrenseröffnung getroffen werden und noch nicht im Eröffnungsverfahren vorweggenommen werden[2]. Es wird jedoch die Möglichkeit geschaffen, schon vor der Eröffnung die Chancen für die Sanierung eines insolventen Unternehmens durch den vorläufigen Insolvenzverwalter prüfen zu lassen (§ 26 InsO).

4. Begriff der Insolvenzmasse

994 Gegenüber dem geltenden Recht wird der Begriff der Insolvenzmasse in § 42 InsO neu definiert. Im Gegensatz zum geltenden Konkursrecht erfaßt das Insolvenzverfahren nicht mehr nur das Vermögen des Schuldners, welches ihm zur Zeit der Eröffnung des Verfahrens gehört (vgl. § 1 Abs. 1 KO). Vielmehr wird auch das Vermögen, das der Schuldner während der Dauer des Insolvenzverfahrens neu erwirbt, in die Insolvenzmasse einbezogen (§ 42 InsO).

5. Abschaffung der Konkursvorrechte

995 Die Insolvenzmasse soll zur Befriedigung aller persönlichen Gläubiger dienen, die einen zur Zeit der Eröffnung des Verfahrens begründeten Vermögensanspruch gegen den Schuldner haben (§ 45 InsO). Nach geltendem Konkursrecht wird der Grundsatz der gemeinschaftlichen und gleichmäßigen Befriedigung aller Gläubiger durch die

---

[1] BT-Drucksache 12/2443, S. 115.
[2] BT-Drucksache 12/2443, S. 116.

Gewährung von Befriedigungsvorrechten für bestimmte Ansprüche gewisser Konkursgläubigergruppen durchbrochen (vgl. § 61 KO). Die Reihenfolge der Vorrechte bedingt, daß erst bei voller Befriedigung aller Gläubiger der vorhergehenden Rangklasse die Gläubiger der nachfolgenden Rangklasse berücksichtigt werden. Innerhalb der jeweiligen Rangklasse gilt dann der Grundsatz gleichmäßiger Befriedigung. Dies hat nicht selten zur Folge, daß die sonstigen Konkursgläubiger i. S. d. § 61 Nr. 6 KO mit ihren Konkursforderungen mangels einer verteilungsfähigen Masse ausfallen.

Um eine gleichmäßige Befriedigung aller Gläubiger zu erreichen, werden daher im neuen einheitlichen Insolvenzverfahren die bisher in § 61 KO geregelten Konkursvorrechte aufgegeben. Hierdurch soll erreicht werden, daß sich die durchschnittlichen Quoten der einfachen Insolvenzgläubiger gegenüber dem gegenwärtigen Rechtszustand erhöhen und diese Gläubiger wieder stärker am Ablauf des Insolvenzverfahrens interessiert werden[1].

6. Verschärfung des Anfechtungsrechts

Zur Bekämpfung gläubigerschädigender Manipulationen wird das Anfechtungsrecht **996** (§§ 144—166 InsO) verschärft. Hierdurch soll eine beträchtliche Anreicherung der Insolvenzmasse erzielt werden. Im heutigen zweispurigen Insolvenzrecht ist die Beseitigung von Gläubigerbenachteiligungen durch das Institut der Anfechtung lediglich im Konkursverfahren vorgesehen (§§ 29ff. KO), während eine Anfechtung im Vergleichsverfahren nicht möglich ist. Das Vergleichsverfahren kennt lediglich die Rückschlagsperre nach § 28 Abs. 1 VerglO, welche zwangsvollstreckungsrechtlich erlangte Sicherungen beseitigt, die ein Gläubiger später als am 30. Tag vor der Stellung des Eröffnungsantrages erlangt hat.

Durch die Einführung des Instituts der Konkursanfechtung in das einheitliche Insolvenzverfahren wird also der Anwendungsbereich des Anfechtungsrechts im Vergleich zum geltenden Recht erweitert. Gläubigerbenachteiligende Handlungen können unabhängig davon rückgängig gemacht werden, ob das Vermögen des Schuldners liquidiert oder saniert wird, ob eine konkursmäßige Zwangsverwertung erfolgt oder das Insolvenzverfahren auf der Grundlage eines Plans abgewickelt wird[2].

Die vier Haupttatbestände der geltenden Konkursanfechtung werden im Grundsatz beibehalten. Dabei entsprechen

— §§ 145—147 der besonderen Konkursanfechtung (§ 30 KO)
— § 148 der Absichtsanfechtung (§ 31 KO)
— § 149 der Schenkungsanfechtung (§ 32 KO)
— § 150 der Sicherung oder Befriedigung des Gläubigers eines kapitalersetzenden Darlehens (§ 32a KO).

---
[1] BT-Drucksache 12/2443, S. 90.
[2] BT-Drucksache 12/2443, S. 82.

Der Anwendungsbereich der Insolvenzanfechtung erfaßt nach § 144 InsO grundsätzlich nur Rechtshandlungen, die vor Eröffnung des Verfahrens wirksam vorgenommen worden sind. Grundvoraussetzung einer jeden Anfechtbarkeit ist wie im geltenden Recht das Vorliegen einer **objektiven Gläubigerbenachteiligung**, wobei eine mittelbare Beeinträchtigung ausreicht, sofern nicht im Gesetz ausdrücklich eine unmittelbare Gläubigerbenachteiligung (§§ 147, 148 Abs. 2 InsO) gefordert wird. Neu im Recht der Insolvenzanfechtung ist die Regelung, wonach **Unterlassungen einer Rechtshandlung** gleichstehen. Hiermit trägt das neue Anfechtungsrecht der von Rechtsprechung und Schrifttum vertretenen Auffassung Rechnung, daß eine Gleichstellung von Unterlassungen mit positiven Handlungen gerechtfertigt sei, da sie die gleichen gläubigerbenachteiligenden Wirkungen haben können wie positive Handlungen[1].

Eine Reihe von Vorschriften des neuen Anfechtungsrechts enthält den Begriff der „**nahestehenden Personen**" (§§ 145 Abs. 3, 146 Abs. 2 S. 2, 147 Abs. 3 i. V. m. 145 Abs. 3). Hierbei handelt es sich um Personen, die zur Zeit der anfechtbaren Rechtshandlung aus persönlichen, gesellschaftsrechtlichen oder ähnlichen Gründen eine besondere Informationsmöglichkeit über die wirtschaftlichen Verhältnisse des Schuldners hatten. Der Begriff ersetzt und erweitert den des „nahen Angehörigen" i. S. d. § 31 Nr. 2 KO, § 4 Abs. 2, § 108 Abs. 2 VerglO. Der Begriff des „nahen Angehörigen" wird in § 153 InsO näher konkretisiert. Sofern der Schuldner eine natürliche Person ist, zählen zu den nahestehenden Personen der Ehegatte, Verwandte des Schuldners oder dessen Ehegatten in auf- oder absteigender Linie sowie voll- und halbbürtige Geschwister des Schuldners oder dessen Ehegatten. Ferner werden unter den Begriff der nahestehenden Person auch solche Personen gefaßt, die mit dem Schuldner in häuslicher Gemeinschaft leben oder im letzten Jahr vor der anfechtbaren Handlung in häuslicher Gemeinschaft gelebt haben (z. B. Partner einer nichtehelichen Lebensgemeinschaft) (§ 153 Abs. 1 Nr. 1—3 InsO). Ist der Schuldner eine **juristische Person** oder eine **Gesellschaft** ohne Rechtspersönlichkeit, sind nahestehende Personen, insbesondere die Mitglieder des Vertretungs- oder Aufsichtsorgans und persönlich haftende Gesellschafter sowie Personen, die zu mehr als einem Viertel an dem Schuldner beteiligt sind. Ferner werden als nahestehende Personen auch eine Person oder eine Gesellschaft bezeichnet, die aufgrund einer vergleichbaren gesellschaftsrechtlichen oder dienstvertraglichen Verbindung zum Schuldner die Möglichkeit haben, sich über die wirtschaftlichen Verhältnisse des Schuldners zu informieren. Gemeint sind insbesondere Prokuristen und Unternehmen, die im Verhältnis eines herrschenden zu einem abhängigen Unternehmen stehen (§ 153 Abs. 2 Nr. 1—3 InsO). Darüber hinaus findet in das neue Insolvenzrecht auch der bisher ungeschriebene Grundsatz Eingang, daß es bei mehraktigen

997 Rechtsgeschäften in der Regel auf den das Rechtsgeschäft **vollendenden Akt** ankommt. Nach § 159 Abs. 1 InsO gilt eine Rechtshandlung in dem Zeitpunkt als vorgenommen, in dem ihre rechtlichen Wirkungen eintreten. So ist ein Rechtsgeschäft, dessen Wirksamkeit von der Zustimmung eines Dritten abhängig ist, erst dann vorgenommen,

---

[1] BT-Drucksache 12/2443, S. 157.

wenn die Zustimmung vorliegt. Die Abtretung einer künftigen Forderung ist erst mit der Entstehung dieser Forderung vorgenommen[1]. Dies gilt jedoch nicht für mehraktige Rechtsgeschäfte, für deren Wirksamkeit es auf die Eintragung im Grundbuch oder einem vergleichbaren Register ankommt. In diesen Fällen kommt es entgegen der bisher für das geltende Recht von Rechtsprechung und Schrifttum vertretenen Auffassung nicht auf die Eintragung als Zeitpunkt der Vornahme des Rechtsgeschäfts an. Vielmehr gilt das Rechtsgeschäft bereits dann als vorgenommen, wenn die übrigen Voraussetzungen für das Wirksamwerden erfüllt sind, die Einigungserklärung des Schuldners für ihn bindend geworden ist und der andere Teil den Eintragungsantrag gestellt hat (§ 159 Abs. 2 S. 1 InsO). Der Antrag auf Eintragung einer **Vormerkung** ist ausreichend (§ 159 Abs. 2 S. 2 InsO). Dieser in § 159 InsO geregelte Zeitpunkt der Vornahme der Rechtshandlung ist maßgebend für das Vorliegen der subjektiven Voraussetzungen der einzelnen Anfechtungstatbestände.

Die **Durchsetzbarkeit** des Anfechtungsanspruchs wird dadurch verbessert, daß die bisherige Ausschlußfrist von einem Jahr seit Konkurseröffnung für die Geltendmachung von Anfechtungsansprüchen in § 41 Abs. 1 S. 1 KO durch eine zweijährige Verjährungsfrist ersetzt wird (§ 165 Abs. 1 InsO). Desweiteren werden subjektive Tatbestandsvoraussetzungen z. T. beseitigt bzw. ihr Nachweis durch die Gleichstellung der „Kenntnis von Umständen, die zwingend auf die Zahlungsunfähigkeit oder den Eröffnungsantrag schließen lassen" mit der positiven Kenntnis dieser Krisentatsachen oder durch eine Umkehr der Beweislast zu ungunsten des Anfechtungsgegners erleichtert. Insbesondere sind Beweiserleichterungen in den Fällen vorgesehen, in denen der Anfechtungsgegner eine dem Schuldner nahestehende Person ist.

998

Zu den Anfechtungstatbeständen im einzelnen:

Die Anfechtung von Rechtshandlungen, die einem Gläubiger eine **kongruente Deckung** gewähren oder **ermöglichen** (§ 145 InsO) setzt, sofern diese in den letzten drei Monaten vor dem Eröffnungsantrag vorgenommen worden ist, voraus, daß der Schuldner zur Zeit der Handlung zahlungsunfähig war und der Gläubiger zu dieser Zeit die Zahlungsunfähigkeit kannte (§ 145 Abs. 1 Nr. 1 InsO). Bei Vornahme der Rechtshandlung nach dem Eröffnungsantrag ist erforderlich, daß der Anfechtungsgegner zur Zeit der Handlung die Zahlungsunfähigkeit oder den Eröffnungsantrag kannte. In Abweichung zu § 30 Nr. 1 2. Fall KO werden auch Rechtshandlungen einbezogen, die eine Deckung „ermöglichen". Dabei ist insbesondere an Prozeßhandlungen (z. B. Anerkenntnis) gedacht, die zwar selbst keine Deckung gewähren, jedoch zu einer solchen führen können. Ferner wird — anders als bei § 30 Nr. 1 2. Fall KO — nicht auf den Zeitpunkt der Zahlungseinstellung, sondern auf den Zeitpunkt der Zahlungsunfähigkeit abgestellt. Hinsichtlich der subjektiven Voraussetzungen wird einerseits an dem Erfordernis der positiven Kenntnis des Anfechtungsgegners von der Zahlungsunfähigkeit oder dem Eröffnungsantrag festgehalten. Der Kenntnis steht darüber hin-

---

[1] BT-Drucksache 12/2443, S. 166.

aus jedoch die Kenntnis von Umständen gleich, die zwingend auf die Zahlungsunfähigkeit oder den Eröffnungsantrag schließen lassen (§ 145 Abs. 2 InsO). Ursprünglich war vorgesehen, daß dem Anfechtungsgegner auch bereits „grob fahrlässige Unkenntnis" schaden sollte. Nur beim Erwerb von Grundpfandrechten sollte es bei der subjektiven Voraussetzung der „positiven Kenntnis" bleiben. Dieses Vorhaben wurde jedoch mit der Begründung aufgegeben, daß die Anfechtbarkeit von Geschäften, bei denen der Vertragspartner nichts anderes als die geschuldete Leistung erhalte, im Interesse der Rechtssicherheit nicht zu weit ausgedehnt werden solle[1]. Die Beweislast bei der Anfechtung kongruenter Deckungen obliegt grundsätzlich dem Insolvenzverwalter. Bei der Anfechtung gegenüber nahestehenden Personen des Schuldners i. S. d. § 153 InsO findet jedoch eine Beweislastumkehr für die subjektive Voraussetzung der Kenntnis statt. Hier wird vermutet, daß diese Personen die Zahlungsunfähigkeit oder den Eröffnungsantrag kannten (§ 145 Abs. 3 InsO). Der Beweis des Gegenteils obliegt dann dem Anfechtungsgegner.

In Anlehnung an das geltende Konkursrecht (§ 30 Nr. 2 KO) behandelt § 146 InsO die Anfechtbarkeit **inkongruenter Deckungen.** Bei inkongruenten Deckungen, die innerhalb eines Monats vor dem Eröffnungsantrag oder nach diesem vorgenommen wurden, wird auf die subjektiven Voraussetzungen in der Person des Anfechtungsgegners und den tatsächlichen Eintritt der Zahlungsunfähigkeit ganz verzichtet. Die Krise sowie das Vorliegen der subjektiven Voraussetzungen in der Person des Anfechtungsgegners werden unwiderleglich vermutet (§ 146 Abs. 1 Nr. 1 InsO). Im Vergleich zu der Anfechtung inkongruenter Deckungen nach der geltenden Konkursordnung ist also durch § 146 Abs. 1 Nr. 1 InsO die in § 30 Nr. 2 KO enthaltene 10-Tage-Frist nicht nur auf **einen Monat** ausgedehnt worden, sondern auch der **Entlastungsbeweis** des Anfechtungsgegners **ausgeschlossen** worden. Für den Zeitraum des zweiten und dritten Monats vor dem Eröffnungsantrag sieht § 146 Abs. 1 Nr. 2 InsO das objektive Tatbestandsmerkmal der **Zahlungsunfähigkeit** des Schuldners im Zeitpunkt der Gewährung der inkongruenten Deckung vor, die der Insolvenzverwalter **beweisen** muß. Die **Kenntnis** des Anfechtungsgegners von der Zahlungsunfähigkeit wird dagegen unwiderleglich vermutet. § 147 Abs. 1 Nr. 3 InsO regelt die Anfechtung von inkongruenten Rechtshandlungen, die mit dem Vorsatz der Benachteiligungsabsicht der anderen Gläubiger vorgenommen wurden: Hier wird bei inkongruenten Deckungen, die innerhalb des **zweiten** oder **dritten Monats** vor dem Eröffnungsantrag vorgenommen sind, auf die objektive Voraussetzung der Zahlungsunfähigkeit ganz verzichtet. Als **subjektive Voraussetzung** in der Person des Anfechtungsgegners wird jedoch verlangt, daß ihm die Benachteiligung der anderen Gläubiger bekannt war. Der Kenntnis des Anfechtungsgegners von der Benachteiligung steht die Kenntnis von Umständen gleich, die zwingend auf die Benachteiligung schließen lassen (§ 146 Abs. 2 S. 1 InsO). Hierbei handelt es sich um einen auf inkongruente Deckungen bezogenen Sonderfall der Anfechtung wegen vorsätzlicher Benachteiligung (bisher noch Absichtsanfechtung

---

[1] Beschlußempfehlung des Rechtsausschusses v. 13. 4. 1994, S. 228.

nach § 31 KO)¹. Der **Benachteiligungsvorsatz** des Schuldners wird wegen der zeitlichen Nähe zum Eröffnungsantrag unwiderleglich vermutet. Der Insolvenzverwalter muß lediglich beweisen, daß der Anfechtungsgegner Kenntnis von der Benachteiligung oder von solchen Umständen hatte, die zwingend auf die Benachteiligung schließen lassen. Lediglich bei dem Schuldner nahestehenden Personen wird widerleglich vermutet, daß sie die Benachteiligung der Insolvenzgläubiger kannten (§ 146 Abs. 2 S. 2 InsO). Es ist Sache der nahestehenden Personen, diese Vermutung im Einzelfall zu widerlegen².

Die Anfechtung von **unmittelbar** die Insolvenzgläubiger **benachteiligenden** **Rechtshandlungen** (bisher § 30 Nr. 1 1. Fall KO) ist durch § 147 InsO beschrieben. Erfaßt werden Rechtsgeschäfte des Schuldners, durch deren Vornahme die Insolvenzgläubiger unmittelbar benachteiligt werden. Ebenso wie § 30 Nr. 1 1. Fall KO erfordert diese Vorschrift eine unmittelbare Gläubigerbenachteiligung, d. h. die Benachteiligung muß unmittelbar durch die Vornahme des Rechtsgeschäfts eingetreten sein. Im Gegensatz zu § 30 Nr. 1 1. Fall KO heißt es in § 147 InsO jedoch nicht mehr „eingegangenes", sondern „vorgenommenes" Rechtsgeschäft. Hierdurch werden von dieser Vorschrift nunmehr auch einseitige Rechtsgeschäfte wie die Kündigung erfaßt³. In seinen Tatbestandsvoraussetzungen stimmt die Regelung des § 147 InsO weitgehend mit § 145 InsO überein. Im Gegensatz zu §§ 145, 146 InsO kommt es in diesen Fällen jedoch nur auf die Kenntnis des Anfechtungsgegners von der Zahlungsunfähigkeit oder dem Eröffnungsantrag an. Eine Gleichstellung der Kenntnis von Umständen, die zwingend auf die Zahlungsunfähigkeit oder den Eröffnungsantrag schließen lassen, wie sie in § 145 Abs. 2 geregelt ist, ist bei § 147 InsO nicht vorgesehen. § 147 Abs. 2 InsO regelt einen Auffangtatbestand für solche die Gläubiger benachteiligende Rechtshandlungen, die weder der Deckungsanfechtung nach §§ 145, 146 InsO unterliegen, noch von der Anfechtung unmittelbar benachteiligender Rechtshandlungen i. S. d. § 147 Abs. 1 InsO erfaßt werden. Hierdurch soll eine Regelungslücke geschlossen werden, die im geltenden Konkursrecht bei der Anfechtung von Unterlassungen im Bereich der besonderen Konkursanfechtung bestehen, so daß diese Regelung auch im wesentlichen auf Unterlassungen zugeschnitten ist⁴. Für den Fall der Unterlassung „verliert der Schuldner ein Recht", wenn er den nach Wechselrecht erforderlichen Protest unterläßt und daher Rechte verliert, die den Protest voraussetzen. Der Schuldner „kann ein Recht nicht mehr geltend machen", wenn er es unterläßt, Rechtsmittel oder -behelfe einzulegen. Ein Anspruch gegen den Schuldner wird „erhalten oder durchsetzbar", wenn er im ersten Fall z. B. eine rechtzeitige Irrtumsanfechtung nach §§ 119 ff. BGB unterläßt oder im zweiten Fall z. B. die Einrede der Verjährung in einem Passivprozeß nicht erhebt⁵.

999

---

1 BT-Drucksache 12/2443, S. 159.
2 BT-Drucksache 12/2443, S. 159.
3 BT-Drucksache 12/2443, S. 159.
4 BT-Drucksache 12/2443, S. 159.
5 BT-Drucksache 12/2443, S. 160.

1000 Die Vorschrift des § 148 InsO („**Vorsätzliche Benachteiligung**") ersetzt die bisher in § 31 KO geregelte **Absichtsanfechtung**. An die Stelle der 30-Jahre-Frist des § 41 Abs. 1 S. 3 KO tritt in § 148 Abs. 1 InsO eine Frist von zehn Jahren, die nicht an die Ausübung des Anfechtungsrechts, sondern an den Eröffnungsantrag anknüpft. Eine längere Frist wird nicht mehr als zeitgemäß angesehen[1]. Die materiellen Voraussetzungen des § 31 Nr. 1 KO werden beibehalten. Wie im geltenden Recht hat der Insolvenzverwalter den Benachteiligungsvorsatz des Schuldners zu beweisen. Dagegen wird die Kenntnis des Anfechtungsgegners von diesem Benachteiligungsvorsatz vermutet, wenn dieser wußte, daß die Zahlungsunfähigkeit des Schuldners drohte (vgl. § 22 Abs. 2 InsO) und daß die Handlung die Gläubiger benachteiligte (§ 148 Abs. 1 S. 2 InsO). Es obliegt dem Anfechtungsgegner, diese Vermutung zu widerlegen.

§ 148 Abs. 2 InsO verschärft die bisher in § 31 Nr. 2 KO geregelte Rechtslage: Die **Beweislast** wird nicht nur für die Kenntnis der nahestehenden Person von dem Benachteiligungsvorsatz des Schuldners, sondern auch für den Zeitpunkt umgekehrt, in dem der Vertrag abgeschlossen wurde. Hierdurch soll der Gefahr betrügerischer Rückdatierungen begegnet werden. Der Kreis der beweisbelasteten Parteien wird gegenüber der geltenden Regelung des § 31 Nr. 2 KO erweitert. Erfaßt werden nicht mehr nur die „nahen Angehörigen" i. S. d. § 31 Nr. 2 KO, sondern alle Personen, die dem Schuldner aus persönlichen, gesellschaftsrechtlichen oder sonstigen Gründen (vgl. § 153 InsO) nahestanden[2].

1001 Bei der in § 149 InsO geregelten Anfechtbarkeit **unentgeltlicher Leistungen** wird die bisher in § 32 KO normierte Schenkungsanfechtung behandelt. Im Gegensatz zu der Vorschrift des geltenden Konkursrechts wird der Anfechtungszeitraum auf **vier Jahre** erweitert, maßgeblicher Zeitpunkt für die Rückrechnung ist ebenso wie bei den anderen Anfechtungstatbeständen der Eröffnungsantrag. Desweiteren ist eine Beweislastumkehr für den Zeitpunkt des Rechtserwerbs vorgesehen, um betrügerischen Rückdatierungen zu begegnen[3]. Die bislang für Ehegatten des Schuldners getroffene Sonderregelung des § 32 Nr. 2 KO wird aufgrund des verlängerten, nunmehr einheitlichen Anfechtungszeitraums aufgehoben.

Die Vorschrift des § 150 InsO paßt § 32a KO der Konzeption an, den Anfechtungszeitraum einheitlich an den Antrag auf Eröffnung des Insolvenzverfahrens zu knüpfen. Für die Anfechtung von Sicherungen gilt anstelle der 30-Jahre-Frist des § 41 Abs. 1 S. 3 KO, daß die Handlung in den letzten zehn Jahren vor dem Eröffnungsantrag vorgenommen sein muß. Für den Fall der Gewährung einer Befriedigung gilt weiterhin die Einjahresfrist.

1002 In § 161 InsO wird nunmehr ausdrücklich die Anfechtbarkeit von **Bargeschäften** geregelt. Eine Leistung des Schuldners, für die unmittelbar eine gleichwertige Gegen-

---

[1] BT-Drucksache 12/2443, S. 160.
[2] BT-Drucksache 12/2443, S. 160.
[3] BT-Drucksache 12/2443, S. 161.

leistung in sein Vermögen gelangt, ist nur unter den Voraussetzungen der „vorsätzlichen Benachteiligung" gem. § 148 InsO anfechtbar. Dies stellt keine Abweichung gegenüber dem geltenden Recht dar, da die Anfechtung von Bargeschäften innerhalb der Absichtsanfechtung möglich ist[1]. Zur Begründung dieser Ausnahmeregelung wird darauf verwiesen, daß ein Schuldner praktisch vom Geschäftsverkehr ausgeschlossen werde, wenn selbst die von ihm abgeschlossenen wertäquivalenten Bargeschäfte der Anfechtung unterlägen[2]. Durch die Formulierung „für die" wird zum Ausdruck gebracht, daß die Vorschrift nur zur Anwendung kommt, wenn Leistung und Gegenleistung durch Parteienvereinbarung miteinander verknüpft sind[3]. Hieraus wird bereits für das geltende Recht gefolgert, daß eine Leistung, die nicht der Parteivereinbarung entspreche, keine Bardeckung darstelle, mit der Folge, daß eine der Art nach inkongruente Deckungshandlung in aller Regel keine Bardeckung darstelle[4].

Es wird angezweifelt, daß mit der Verschärfung der Anfechtung eine Erhöhung der Konkursmasse durchzusetzen ist, da den Insolvenzverwaltern weiterhin die notwendigen Mittel zur Durchführung des notwendigen Rechtsstreits fehlen. Die Möglichkeit zur Gewährung von Prozeßkostenhilfe ist in der neuen Insolvenzordnung nicht vorgesehen[5].

7. Einbeziehung der gesicherten Gläubiger:

Die neue Insolvenzordnung regelt in den Vorschriften der §§ 54ff. InsO die **Aus- und Absonderungsrechte**, wobei das geltende Konkursrecht der §§ 43ff. KO weitgehend übernommen worden ist. Es wird auch in der neuen Insolvenzordnung davon abgesehen, parallel zu einem Ersatzaussonderungsrecht das Ersatzabsonderungsrecht ausdrücklich zu regeln. Auch nach geltendem Recht ist ein Ersatzabsonderungsrecht ohne ausdrückliche Regelung gleichwohl in analoger Anwendung des § 46 KO anerkannt. Ebenso wie für die Konkursordnung erscheint die analoge Anwendung der Vorschriften über die Ersatzaussonderung ein praktikabler Lösungsweg. Dagegen werden im Gegensatz zum geltenden Recht die Sicherungsübereignung und die Sicherungszession als Absonderungsrechte ausdrücklich gesetzlich normiert (§ 58 Nr. 1 InsO). Hierdurch trägt das neue Insolvenzrecht der Tatsache Rechnung, daß diese Sicherungsarten insbesondere in der Kreditwirtschaft in den letzten Jahren immer größere Bedeutung erlangt haben und insofern ein Bedürfnis für eine gesetzliche Regelung unabweisbar ist.

1003

Im Hinblick auf eine bessere Abstimmung von Insolvenz- und Kreditsicherungsrecht sieht das neue Insolvenzrecht die Einbindung der **dinglich gesicherten Gläubiger** in das Insolvenzverfahren vor.

---

[1] Vgl. BGH WM 93, 2099 = WuB VI B § 30 Nr. 1 KO 1.94.
[2] BT-Drucksache 12/2443, S. 167.
[3] BT-Drucksache 12/2443, S. 167.
[4] BGH WM 93, 2099, 2101 = WuB VI B § 30 Nr. 1 KO 1.94; vgl. hierzu schon Rdn. 943.
[5] Gravenbrucher Kreis, ZIP 90, 476, 477 zum Referentenentwurf; Hess, ZKW 93, 390, 392.

Nach **geltendem** Konkursrecht können Rechte aus Kreditsicherheiten, insbesondere aus Mobiliarsicherheiten, ohne Rücksicht auf die Bedürfnisse einer wirtschaftlich sinnvollen Verfahrensabwicklung ausgeübt und dadurch anderen Verfahrensbeteiligten Schaden zugefügt werden. Der Verwalter ist nur in Ausnahmefällen berechtigt, bewegliche Gegenstände, an denen ein Absonderungsrecht besteht, zu verwerten (§ 127 KO). In der Regel ist der Gläubiger verwertungsberechtigt, so daß er den Gegenstand, an dem sein Absonderungsrecht besteht, bei Eintritt der Verwertungsreife an sich ziehen kann, ohne auf die Interessen anderer Gläubiger Rücksicht nehmen zu müssen. Dies stellt eine erhebliche Behinderung der Masseverwertung dar. Es entspricht daher dem Grundgedanken der **Neuregelung**, den Individualzugriff der Sicherungsgläubiger zu beschränken und diese für die dadurch erlittenen Einbußen angemessen zu entschädigen[1].

1004 Die Einbeziehung der Inhaber dinglicher Kreditsicherheiten ist für die verschiedenen Arten von Sicherheiten unterschiedlich ausgestaltet. Hinsichtlich des **einfachen Eigentumsvorbehalts** bleibt es bei der bisherigen Rechtslage, daß der Verkäufer im Konkurs des Käufers die gelieferte Sache **aussondern** kann, sofern nicht der Konkursverwalter des Käufers die Erfüllung des Kaufvertrages wählt. Etwas anderes gilt zukünftig für die **Sicherungsübereignung**, die offengelegte oder stille **Sicherungszession** von Forderungen sowie die **Verlängerungs- und Erweiterungsformen des Eigentumsvorbehalts**. Nach § 191 InsO darf der Insolvenzverwalter eine bewegliche Sache, an der ein Absonderungsrecht besteht, freihändig verwerten, wenn er die Sache in seinem Besitz hat (Abs. 1), sowie eine Forderung, die der Schuldner zur Sicherung eines Anspruchs abgetreten hat, einziehen oder in anderer Weise verwerten (Abs. 2). Diese Arten von Sicherheiten unterliegen somit mit der Verfahrenseröffnung einem **automatischen Verwertungsstopp**. Die ursprünglich im Regierungsentwurf vorgesehene Regelung, das Einziehungsrecht des Insolvenzverwalters nur auf solche zur Sicherheit abgetretenen Forderungen zu beschränken, deren Abtretung dem Drittschuldner gegenüber nicht angezeigt worden ist, wurde nicht übernommen. Die Abgrenzung zwischen angezeigter Forderung und Forderungsverpfändung, die nicht zu einem Verwertungsrecht des Verwalters führt, soll der Rechtsprechung überlassen bleiben[2].

Der Sinn dieser neuen Vorschrift besteht darin, den Sicherungsgläubigern den Zugriff auf die wirtschaftliche Einheit des schuldnerischen Unternehmens zu verwehren und dadurch vorhandene Chancen für eine zeitweilige oder dauernde Fortführung des Unternehmens zu erhalten. Ferner besteht die Möglichkeit, durch eine gemeinsame Verwertung zusammengehöriger, aber für unterschiedliche Gläubiger belasteter Gegenstände einen höheren Verwertungserlös zu erzielen[3]. Unter dem Gesichtspunkt der Erhaltung der **Fortführungs- und Veräußerungschancen** ist zwar die Ver-

---

[1] BT-Drucksache 12/2443, S. 87.
[2] Beschlußempfehlung des Rechtsausschusses v. 13. 4. 1994, S. 237.
[3] BT-Drucksache 12/2443, S. 178.

wertung von sicherungshalber abgetretenen Forderungen durch den Verwalter nicht zwingend geboten, aber zweckmäßig[1]. Für Gläubiger mit Absonderungsrechten an **Grundstücken** oder **grundstücksgleichen Rechten**, insbesondere Grundpfandgläubiger, gilt die Regelung des automatischen Verwertungsverbots nicht, da die Zwangsverwertung von Grundstücken anders als die Verwertung beweglicher Sachen oder Forderungen ein langwieriges Verfahren voraussetzt, welches die Verwertung der Insolvenzmasse erst dann zu stören vermag, wenn der endgültige Verlust des Grundstücks durch Versteigerung droht[2]. Ein Verwertungsrecht des Insolvenzverwalters besteht ebenfalls nicht an beweglichen Gegenständen, die der Schuldner vor Verfahrenseröffnung rechtsgeschäftlich verpfändet hat sowie für Forderungen, die nach den Vorschriften des BGB verpfändet worden sind[3]. In diesen Fällen bleibt das Zugriffs- und Verwertungsrecht des Gläubigers unberührt (§ 200 InsO).

1005

Um zu verhindern, daß die Übertragung des Verwertungsrechts auf den Insolvenzverwalter dazu führt, daß günstigere Verwertungsmöglichkeiten des absonderungsberechtigten Gläubigers nicht genutzt werden und der Gläubiger dadurch Schaden erleidet, muß der Verwalter dem Gläubiger vor der Veräußerung mitteilen, auf welche Weise der Gegenstand veräußert werden soll und ihm Gelegenheit zu geben, auf für den Gläubiger **günstigere Verwertungsmöglichkeiten** hinzuweisen (§ 193 Abs. 1 InsO). Der dingliche Sicherungsgläubiger ist nach der Verwertung der Sache oder Forderung aus dem Verwertungserlös nach Abzug eines **Kostenbeitrages** für die Feststellung und der Verwertung des Gegenstandes „unverzüglich" zu befriedigen (§ 195 Abs. 1 InsO). Die Formulierung „unverzüglich" wird man i. S. d. § 121 BGB als „ohne schuldhaftes Zögern" auslegen können. Bei der Überlassung des Gegenstandes an den Sicherungsgläubiger zum Zwecke der Verwertung hat dieser aus dem erzielten Verwertungserlös einen entsprechenden Kostenbeitrag vorweg an die Masse abzuführen. Der Abzug vom **Verwertungserlös** für die **Feststellungskosten** wird auf 4% festgelegt (§§ 195, 196 InsO).

Darüber hinaus ist der Insolvenzverwalter befugt, bewegliche Sachen, zu deren Verwertung er nach § 191 InsO berechtigt ist, für die Insolvenzmasse zu **benutzen**. Der Sicherungsgläubiger ist für den durch die Nutzung entstehenden Wertverlust durch laufende Zahlungen zu entschädigen, sofern dieser die Sicherung des absonderungsberechtigten Gläubigers beeinträchtigt. Der Insolvenzverwalter ist auch zur Verbindung, Vermischung und Verarbeitung der Sache berechtigt, soweit dadurch die Sicherung des absonderungsberechtigten Gläubigers nicht beeinträchtigt wird (§ 197 InsO).

1006

Es bleibt abzuwarten, ob angesichts dieses Entzuges der Sicherheiten die Beteiligung der Kreditinstitute zur Sanierung eines insolventen Unternehmens abnehmen wird.

---

[1] BT-Drucksache 12/2443, S. 178.
[2] BT-Drucksache 12/2443, S. 88.
[3] BT-Drucksache 12/2443, S. 178.

8. Der Insolvenzplan als Instrument zur Unternehmenssanierung

1007 Die Schaffung eines einheitlichen Insolvenzverfahrens, welches die Elemente des bisherigen Konkurs- und Vergleichsrechts in sich vereint, dient auch dem Erhalt zwar notleidender, aber dennoch sanierungswürdiger und sanierungsfähiger Unternehmen. Damit sollen die mit einem Konkursverfahren einhergehenden Unternehmenszerschlagungen und die damit verbundenen volkswirtschaftlichen Schäden verringert werden. Die Zulässigkeit einer Sanierung wird nicht von der subjektiven Würdigkeit des Schuldners, wie sie das geltende Vergleichsrecht vorsieht, oder von einer bestimmten Vermögenslage abhängig gemacht. Auch bei Masseunzulänglichkeit kann die Sanierung wirtschaftlicher sein als eine Liquidation[1].

Mit der Eröffnung des Verfahrens ist noch keine Vorentscheidung hinsichtlich einer Liquidation des schuldnerischen Unternehmens getroffen. Nach § 176 InsO beschließt die Gläubigerversammlung im Berichtstermin, ob das Unternehmen des Schuldners stillgelegt oder fortgeführt werden soll. Sie kann den Verwalter beauftragen, einen Insolvenzplan auszuarbeiten und ihm das Ziel des Plans vorgeben.

Das Institut des Insolvenzplans ist eine der bedeutsamsten Neuerungen des einheitlichen Insolvenzverfahrens. Der Gesetzgeber umschreibt den Insolvenzplan als die „privatautonome, den gesetzlichen Vorschriften entsprechende Übereinkunft der mitspracheberechtigten Beteiligten über die Verwertung des haftenden Schuldnervermögens unter voller Garantie des Werts des Beteiligtenrechts"[2]. Der Insolvenzplan ersetzt das bisherige gerichtliche Vergleichsverfahren und den Zwangsvergleich und dient als flexibles Instrument für Sanierungen oder sonstige von der gesetzlich geregelten Liquidation abweichende Verfahrensgestaltungen. Als ein Instrument zur Überwindung der Insolvenz und der Wiederherstellung der Ertragfähigkeit kann er somit als Sanierungs- oder Liquidationsplan ausgestaltet sein: Als **Sanierungsplan** kann der Plan die Wiederherstellung der Ertragskraft des schuldnerischen Unternehmens und die Befriedigung der Gläubiger aus den Erträgen des Unternehmens zum Gegenstand haben. Mit diesem Ziel kann vorgesehen werden, daß der Schuldner das Unternehmen fortführen und die langfristig gestundeten Insolvenzforderungen im Laufe der Jahre berichtigen soll. Als **Liquidationsplan** kann sich der Plan auch darauf beschränken, die Verwertung der Insolvenzmasse und die Befriedigung der beteiligten Gläubiger abweichend von den gesetzlichen Vorschriften zu gestalten[3].

Aufstellung, Niederlegung, Annahme, Bestätigung, Durchführung und Überwachung des Planes sind im 6. Teil in den §§ 253—316 InsO geregelt.

1008 Das Recht zur Vorlage eines Insolvenzplans ist entgegen dem ursprünglichen Regierungsentwurf, der auch die Gläubiger als vorlageberechtigt ansah, auf den Insolvenzverwalter und den Schuldner beschränkt (§ 254 Abs. 1 InsO). Hierdurch wird dem

---

[1] BT-Drucksache 12/2443, S. 78.
[2] BT-Drucksache 12/2443, S. 91.
[3] BT-Drucksache 12/2443, S. 195.

Umstand Rechnung getragen, daß das Insolvenzverfahren insgesamt vereinfacht und beschleunigt werden soll. Bei einer Vielzahl von Vorlageberechtigten besteht jedoch die Gefahr, daß durch die Vorlage mehrerer Pläne, insbesondere bei konkurrierenden Plänen von Gläubigergruppen, eine Entscheidung verzögert wird.

Der Plan gliedert sich in einen **darstellenden** und in einen **gestaltenden Teil** (§ 257 InsO). Im darstellenden Teil des Insolvenzplanes wird beschrieben, welche Maßnahmen nach der Eröffnung des Insolvenzverfahrens getroffen worden sind oder noch getroffen werden sollen, um die Grundlage für die geplante Gestaltung der Rechte der Beteiligten zu schaffen (§ 258 Abs. 1 InsO). Dieser Teil soll alle Angaben zu den Grundlagen und Auswirkungen des Plans enthalten, die für die Entscheidung der Gläubiger und die gerichtliche Bestätigung erforderlich sind (§ 258 Abs. 2 InsO). Bei einer beabsichtigten Unternehmenssanierung sind insoweit alle geplanten Eingriffe in die Vermögens-, Finanz- und Ertragssituation und die zu erwartenden Auswirkungen dieser Eingriffe darzustellen, da sich nur so die Sanierungsfähigkeit des Unternehmens und damit die Erfüllbarkeit des Insolvenzplans beurteilen lassen[1]. Im Gegensatz zum darstellenden Teil wird im gestaltenden Teil festgelegt, wie die Rechtsstellung der Beteiligten geändert werden soll (§ 264 InsO). Bei der Feststellung der Rechte der Beteiligten besteht eine Pflicht zur Bildung von Gläubigergruppen nur, wenn Gläubiger mit unterschiedlicher Rechtsstellung betroffen werden (§ 265 Abs. 1 InsO). Zu unterscheiden ist zwischen den absonderungsberechtigten, den nicht nachrangigen und den nachrangigen Insolvenzgläubigern (§ 265 Abs. 2 InsO), sofern bei letzteren die Forderungen nicht wegen Fehlens einer abweichenden Regelung als erlassen gelten (§ 268 Abs. 1 InsO). Unterschiedliche wirtschaftliche Interessen der betroffenen Gläubiger verpflichten dagegen nicht zur Gruppenbildung. Eine Gleichbehandlung muß nur innerhalb der gleichen Gruppe erfolgen (§ 269 Abs. 1 InsO). Der Schuldner wird mit der im gestaltenden Teil vorgesehenen Befriedigung der Insolvenzgläubiger nur dann von seinen restlichen Verbindlichkeiten befreit, wenn der Plan insoweit keine abweichende Regelung enthält (§ 270 Abs. 1 InsO). Sieht z. B. der Plan lediglich vor, daß die Forderungen der Insolvenzgläubiger innerhalb eines Jahres in Höhe von 50% zu erfüllen sind, so folgt aus der Vorschrift des § 270 Abs. 1 InsO, daß die restlichen 50% erlassen sein sollen[2].

Die Gläubiger müssen den Insolvenzplan in einem einheitlichen Termin **erörtern** und über ihn **abstimmen** (Erörterungs- und Abstimmungstermin, § 279 InsO). Nur ausnahmsweise kann das Insolvenzgericht einen gesonderten Abstimmungstermin bestimmen (§ 285 InsO). Die Abstimmung erfolgt gruppenweise (§ 288 InsO). In **jeder Gruppe** muß eine Mehrheit der abstimmenden Gläubiger zustandekommen (§ 288 Abs. 1 Nr. 1 InsO). Darüber hinaus fordert § 288 Abs. 1 Nr. 2 InsO, daß die **Summe der Ansprüche** der zustimmenden Gläubiger mehr als die Hälfte der Ansprüche der abstimmenden Gläubiger beträgt. Stimmt z. B. zwar eine Mehrheit der Gläubiger für

1009

---

[1] BT-Drucksache 12/2443, S. 197.
[2] BT-Drucksache 12/2443, S. 202.

den Plan, so kann der Plan trotzdem an der erforderlichen Mehrheit scheitern, wenn die verbleibende Minderheit der nicht zustimmenden Gläubiger die Mehrheit der Anspruchssumme hat. Ausnahmsweise gilt die Zustimmung einer den Plan ablehnenden Abstimmungsgruppe als erteilt, wenn die Mehrheit der anderen Gruppen dem Plan zugestimmt hat und die Gläubiger der ablehnenden Abstimmungsgruppe durch den Plan nicht schlechter gestellt werden, als sie ohne diesen stünden und sie angemessen beteiligt werden (sog. „Obstruktionsverbot", § 290 InsO). Der Insolvenzplan bedarf schließlich der **gerichtlichen Bestätigung** (§ 295 InsO). Mit Eintritt der Rechtskraft dieser Bestätigung wird das Insolvenzverfahren aufgehoben (§ 305 Abs. 1 InsO).

Die u. U. im gestaltenden Teil vorgesehene Überwachung der Planerfüllung nach Aufhebung des Insolvenzverfahrens obliegt dem Insolvenzverwalter (§§ 307, 308 InsO), dessen Ämter im übrigen mit der Aufhebung des Verfahrens erlöschen (§ 306 Abs. 1 InsO).

Aus dem rechtskräftig bestätigten Insolvenzplan in Verbindung mit der Eintragung in die Tabelle kann die Zwangsvollstreckung gegen den Schuldner betrieben werden (§ 304 InsO). Der rechtskräftig bestätigte Insolvenzplan hat also die Wirkung eines vollstreckbaren Urteils.

9. Restschuldbefreiung:

1010 Das geltende Recht sieht für die Gläubiger des Gemeinschuldners das Recht der freien Nachforderung vor (§ 164 Abs. 1 KO). Die festgestellten Forderungen verjähren in 30 Jahren (§ 218 Abs. 1 BGB i. V. m. § 145 Abs. 2 KO), wobei Vollstreckungshandlungen die Verjährung unterbrechen (§ 209 Abs. 2 Nr. 5 BGB). De facto erlangt das unbegrenzte Nachforderungsrecht nur Bedeutung, wenn das Konkursverfahren eine natürliche Person betrifft oder wenn nach einem Konkursverfahren über das Vermögen einer Gesellschaft natürliche Personen für die Verbindlichkeiten der Gesellschaft weiterhaften. Bei juristischen Personen führt das Konkursverfahren dagegen zur Auflösung und zur Löschung der Gesellschaft im Handelsregister. Auch bei einer offenen Handelsgesellschaft oder einer Kommanditgesellschaft haftet den Gläubigern nur ein beschränktes Vermögen, wenn kein persönlich haftender Gesellschafter eine natürliche Person ist. Das Nachforderungsrecht hindert den Gemeinschuldner an einem wirtschaftlichen Neubeginn. Häufig muß er sein Leben lang mit dem pfändungsfreien Teil seines Einkommens auskommen.

Die für die neuen Bundesländer und Ost-Berlin geltende **Gesamtvollstreckungsordnung** hat dem bereits Rechnung getragen, indem nach einem abgeschlossenen Gesamtvollstreckungsverfahren aus Altforderungen nur insoweit vollstreckt werden kann, als der Schuldner über ein angemessenes Einkommen zu neuem Vermögen gelangt, es sei denn, der Schuldner hat seine Gläubiger vorsätzlich oder grob fahrlässig geschädigt (§ 18 GesO).

Durch die Aufnahme der Restschuldbefreiung, die sowohl für den Verbraucher als auch für den persönlich haftenden Gesellschafter Bedeutung erlangt, in das einheitliche

Insolvenzverfahren soll nunmehr eine endgültige Regulierung der Verbindlichkeiten des Schuldners möglich sein. Der **redliche Schuldner**, der ein Insolvenzverfahren (auch ein abgekürztes Verbraucherinsolvenzverfahren gem. §§ 357a ff. InsO) durchlaufen hat, sich vor der Eröffnung des Verfahrens korrekt verhalten und während des Verfahrens seine Mitwirkungspflichten erfüllt hat, soll sich nach Ablauf einer „**Wohlverhaltensperiode**" von **sieben Jahren**, während der er sein pfändbares Einkommen den Gläubigern zur Verfügung stellen muß, von seinen restlichen Verbindlichkeiten befreien können (§§ 346a—346r InsO). Die Restschuldbefreiung bietet zum einen dem Schuldner einen Ausweg aus der lebenslangen Schuldenhaftung, zum anderen sollen die strengen Anforderungen an die Restschuldbefreiung gewährleisten, daß die Gläubiger wirtschaftlich nicht schlechter gestellt werden als im geltenden Recht[1]. Der Anregung des Bundesrates, „zu prüfen, ob das Institut der Restschuldbefreiung nicht in einem selbständigen Verfahren außerhalb der Insolvenzordnung geregelt werden sollte"[2], wurde nicht entsprochen.

Im einzelnen:

Nur **natürliche Personen** können in den Genuß der Restschuldbefreiung gelangen. 1011 Personen, die kraft Gesetzes oder aufgrund einer vertraglichen Verpflichtung für die Verbindlichkeiten des Hauptschuldners mithaften, werden nicht automatisch nach Durchführung eines Insolvenzverfahrens über dessen Vermögen von ihren Verbindlichkeiten befreit. Für den persönlich haftenden Gesellschafter bedeutet dies, daß er nur durch ein Insolvenzverfahren über sein eigenes Vermögen von seiner Mithaftung für die Gesellschaftsverbindlichkeiten befreit werden kann. Auch die Ehefrau eines insolventen Unternehmers wird nur dann von einer z. B. durch Bürgschaft übernommenen Mithaftung befreit, wenn zuvor ein gesondertes Insolvenzverfahren über ihr Vermögen durchgeführt worden ist[3].

Die Restschuldbefreiung setzt einen **Antrag des Schuldners** voraus, über den das Insolvenzgericht nach Anhörung der Insolvenzgläubiger und des Insolvenzverwalters durch Beschluß entscheidet (§§ 346b, 346d Abs. 1 InsO). Der Schuldner hat dem Antrag die Erklärung beizufügen, daß er sein pfändbares Arbeitseinkommen oder seine vergleichbaren Bezüge während einer Wohlverhaltensperiode von sieben Jahren nach der Aufhebung des Insolvenzverfahrens an einen Treuhänder abtritt (§ 346b Abs. 2 InsO), dem die gleichmäßige Befriedigung der Insolvenzgläubiger obliegt.

Nur der redliche Schuldner, der sich seinen Gläubigern gegenüber nichts hat zuschulden kommen lassen, soll in den Genuß der Restschuldbefreiung kommen[4]. § 346e InsO listet daher einzelne unredliche Verhaltensweisen auf, die zur Versagung der Rest-

---

[1] Beschlußempfehlung d. Rechtsausschusses v. 13. 4. 1994, S. 174.
[2] BT-Drucksache 12/2443, S. 255.
[3] BT-Drucksache 12/2443, S. 189.
[4] BT-Drucksache 12/2443, S. 190.

schuldbefreiung führen, noch bevor es zur Aufhebung des Insolvenzverfahrens kommt. Der Gesetzgeber hat bewußt im Interesse der Rechtssicherheit davon abgesehen, die Versagungsgründe durch eine Generalklausel auszugestalten. Schuldner und Gläubiger sollen von vornherein wissen, unter welchen Voraussetzungen die Restschuldbefreiung erteilt oder versagt werden kann[1]. Auf Antrag eines Gläubigers wird die **Restschuldbefreiung versagt**, wenn der Schuldner wegen einer Konkursstraftat rechtskräftig verurteilt worden ist (Nr. 1), wenn er in einem bestimmten Zeitraum vor der Eröffnung des Insolvenzverfahrens oder nach dem Eröffnungsantrag vorsätzlich oder grob fahrlässig schriftlich falsche Angaben über seine Vermögensverhältnisse gemacht hat, um einen Kredit zu erhalten (Nr. 2) oder durch vorsätzliches oder grob fahrlässiges Verhalten die Befriedigungsaussichten der Insolvenzgläubiger durch die Begründung unangemessener Verbindlichkeiten oder Vermögensverschwendung beeinträchtigt hat (Nr. 4). Hierher gehören Luxusaufwendungen sowie die Begründung von Schadensersatzforderungen durch vorsätzliche unerlaubte Handlungen[2]. Ferner ist die Restschuldbefreiung bereits von vornherein zu versagen, wenn dem Schuldner in den letzten zehn Jahren vor oder nach dem Eröffnungsantrag Restschuldbefreiung erteilt oder bereits wegen einer Obliegenheitsverletzung oder wegen der Verurteilung wegen einer Konkursstraftat versagt worden ist (Nr. 3). Der Schuldner erlangt auch dann keine Restschuldbefreiung, wenn er während des Insolvenzverfahrens seine Mitwirkungs- und Auskunftspflichten schuldhaft verletzt oder schuldhaft unrichtige oder unvollständige Angaben in dem von ihm vorzulegenden Vermögensverzeichnis gemacht hat (Nr. 5, 6). Liegen diese Versagungsgründe nicht vor oder wird die Versagung der Restschuldbefreiung von keinem Insolvenzgläubiger beantragt, spricht das Gericht die Ankündigung der Restschuldbefreiung aus (§ 346f. InsO).

1012 Nach Abschluß des Insolvenzverfahrens muß der Schuldner während einer **Wohlverhaltensperiode von sieben Jahren** den pfändbaren Teil seines Einkommens an einen Treuhänder abführen. Als zusätzlichen Anreiz für den Schuldner, diese siebenjährige Wohlverhaltensperiode durchzustehen, hat der Treuhänder von den Beträgen, die er durch die Abtretung erlangt, an den Schuldner nach Ablauf von vier Jahren zunächst 10%, nach fünf Jahren 15% und schließlich nach Ablauf von sechs Jahren 20% abzuführen (§ 346g Abs. 1 S. 2 InsO).

Die 7-Jahres-Frist wird im Schrifttum z. T. als zu kurz[3], z. T. als zu lang angesehen[4]. Eine möglichst lange Periode scheint im Interesse der Gläubiger zu liegen, da hiervon das Gesamtvolumen der durch die Einkommensabtretung zu erhaltenden Beträge abhängt. Andererseits würde sich eine zu lange Sanierungsphase auch nachteilig auf die Motivation des Schuldners auswirken, während dieses Zeitraums für seine Gläubiger zu arbeiten[5]. Der Schuldner muß irgendwann einmal „Licht am Ende des Tun-

---

[1] BT-Drucksache 12/2443, S. 190.
[2] BT-Drucksache 12/2443, S. 190.
[3] Bruchner, WM 92, 1268.
[4] Hörmann, WM 92, 1223.
[5] Scholz, BB 92, 2236.

nels" sehen[1]. Eine zu kurze Wohlverhaltensperiode könnte für den Schuldner mit zu geringen Entbehrungen verbunden sein, so daß sich die Gefahr des Mißbrauchs der Restschuldbefreiung erhöhen würde[2]. Die vorgesehene siebenjährige Wohlverhaltensperiode erscheint daher als tragfähiger Kompromiß zwischen den Interessen der Gläubiger und denen des Schuldners.

Um eine Gleichbehandlung der Insolvenzgläubiger zu gewährleisten, sind mit Beginn des Insolvenzverfahrens bis zum Abschluß der Wohlverhaltensperiode **Zwangsvollstreckungsmaßnahmen** einzelner Gläubiger unzulässig (§§ 100, 346i Abs. 1 InsO). Damit die Abtretung des künftigen pfändbaren Einkommens des Schuldners an den Treuhänder zum Zwecke der Befriedigung der Gläubiger nicht ins Leere geht, sieht § 132 Abs. 1 InsO vor, daß **frühere Abtretungen** von Lohnansprüchen oder ähnlichen Bezügen **drei Jahre** nach Eröffnung des Insolvenzverfahrens hinfällig werden. Im Schrifttum wird diese Regelung teilweise als Bankenprivileg angesehen, da insbesondere die Kreditinstitute im Besitz dieser Abtretungen sein werden, und andere Gläubiger während der Wohlverhaltensperiode bis zu drei Jahren leer ausgehen[3]. Die drei Jahre während Abtretung stellt für den Zessionar einen nicht unerheblichen Wert dar, da der Schuldner, der zu einer Erwerbstätigkeit verpflichtet ist, bemüht sein wird, einer Arbeit nachzugehen und seine Gläubiger korrekt zu befriedigen[4]. Die Schlechterstellung gegenüber anderen Sicherheiten, die durch die Restschuldbefreiung unberührt bleiben (§ 346p Abs. 2 InsO), läßt sich damit rechtfertigen, daß der Wert der Abtretung von vornherein mit vielen Unsicherheitsfaktoren belastet ist, zumal er entscheidend von der Mitwirkung des Schuldners abhängt[5]. Ein willkürlicher Verstoß gegen das Prinzip der Gleichheit der Sicherheiten liegt daher nicht vor. Die z. T. geforderte vollständige Unwirksamkeit der Abtretungen mit Verfahrenseröffnung erscheint nicht sachgerecht, da andernfalls die Lohnabtretung als Kreditsicherheit an Wert verliert. Dies führt zu einer Erschwerung der Vergabe von Konsumentenkrediten und damit der Kreditmöglichkeiten des Verbrauchers[6].

Die **Pfändung von Arbeitseinkommen** und vergleichbaren Bezügen werden mit der Eröffnung des Insolvenzverfahrens unwirksam (§ 132 Abs. 3 InsO). Diese Ungleichbehandlung gegenüber Lohnabtretungen findet ihre Rechtfertigung darin, daß die Lohnpfändung nicht auf einer rechtsgeschäftlichen Abrede, sondern allein auf der mehr oder weniger zufälligen zeitlichen Priorität beruht[7].

Nach Ablauf der siebenjährigen Wohlverhaltensperiode erläßt das Gericht die Restverbindlichkeiten, sofern der Schuldner während dieser Zeit nicht schuldhaft seine

---

[1] Hörmann, WM 92, 1223.
[2] Scholz, ZIP 88, 1163.
[3] Hörmann, WM 92, 1223.
[4] BT-Drucksache 12/2443, S. 101.
[5] Scholz, BB 92, 2235.
[6] Scholz, BB 92, 2235; Bruchner, WM 92, 1268.
[7] BT-Drucksache 12/2443, S. 101.

Obliegenheiten verletzt hat. Vom Schuldner wird unter anderem verlangt, daß er während dieser Zeit eine angemessene Erwerbstätigkeit ausübt, und, falls er ohne Arbeit ist, eine zumutbare Arbeit annimmt. An die Zumutbarkeit sind strenge Anforderungen zu stellen. Hierzu zählt auch eine berufsfremde Arbeit, eine auswärtige Arbeit, notfalls auch eine Aushilfs- oder Gelegenheitsarbeit[1]. Der Schuldner ist ferner verpflichtet, jeden Arbeitsplatz- und Wohnsitzwechsel zu melden, Vermögen, das er durch Erbschaft oder mit Rücksicht auf ein künftiges Erbrecht erwirbt, herauszugeben und nicht zu verheimlichen und Zahlungen zur Befriedigung der Insolvenzgläubiger nur an den Treuhänder zu leisten (§ 346j Abs. 1 InsO). Bezieht der Schuldner während der Wohlverhaltensperiode, z. B. als Unternehmer oder als Freiberufler, keine pfändbaren Einkünfte, so ist er verpflichtet, seine Gläubiger so zu stellen, wie wenn er ein angemessenes Arbeitsverhältnis eingegangen wäre und laufend Arbeitseinkünfte erzielt hätte (§ 346j Abs. 2 InsO). Von Verbindlichkeiten aus unerlaubten Handlungen, Geldstrafen, Geldbußen sowie Zwangs- und Ordnungsgeldern ist eine Befreiung nicht möglich (§ 346g InsO). Die Restschuldbefreiung wird auch dann versagt, wenn der Schuldner vor Aufhebung des Insolvenzverfahrens oder während der Wohlverhaltensperiode wegen einer Konkursstraftat rechtskräftig verurteilt worden ist (§ 346l InsO).

Nach § 346p InsO wirkt die Restschuldbefreiung gegen alle Gläubiger, auch wenn die entsprechenden Forderungen nicht oder nicht rechtzeitig angemeldet worden sind. Rechte aus einer Vormerkung und aus Sicherheiten, die zur abgesonderten Befriedigung berechtigen, werden von der Restschuldbefreiung nicht erfaßt (§ 346p Abs. 2 InsO). Stellt sich nach Abschluß der Wohlverhaltensperiode eine frühere Obliegenheitsverletzung heraus, so sieht § 346r InsO die Widerrufsmöglichkeit der Restschuldbefreiung vor.

10. Einführung eines Verbraucherinsolvenzverfahrens:

1013   Einerseits hat in den letzten Jahren die Zahl der Verbraucherverschuldung erheblich zugenommen, andererseits sind Konkurs- und Vergleichsverfahren privaten Verbrauchern und Arbeitnehmern praktisch kaum zugänglich. Aus diesem Grund wird in das neue Insolvenzrecht ein Verbraucherinsolvenzverfahren eingeführt (§§ 357a ff. InsO). Hierdurch soll den besonderen Bedürfnissen des Verbrauchers Rechnung getragen und gleichzeitig eine Entlastung der Gerichte herbeigeführt werden[2]. Voraussetzung für die Durchführung dieses Verfahrens ist, daß der Schuldner eine natürliche Person ist, die keine oder nur eine geringe selbständige wirtschaftliche Tätigkeit ausübt (§ 357a InsO).

Das neue Verbraucherinsolvenzverfahren verläuft in drei Stufen:

Zunächst soll mit Unterstützung z. B. einer Schuldnerberatungsstelle eine außergerichtliche Einigung des insolventen Verbrauchers mit den Gläubigern versucht werden.

---

[1] BT-Drucksache 12/2443, S. 192.
[2] Beschlußempfehlung d. Rechtsausschusses v. 13. 4. 1994, S. 175.

Gelingt dies nicht, so kann der Verbraucher beim Insolvenzgericht unter Beifügung eines Gläubiger-, Vermögens- und Forderungsverzeichnisses sowie eines Schuldenbereinigungsplans die Eröffnung des Insolvenzverfahrens beantragen (§ 357b InsO). Die betroffenen Gläubiger müssen innerhalb einer Notfrist von einem Monat zu diesem Schuldenbereinigungsplan Stellung nehmen (§ 357d Abs. 1 InsO). Sofern ein Gläubiger während dieser Frist keine Stellungnahme abgibt, so gilt dies als Einverständnis mit dem Schuldenbereinigungsplan (§ 357d Abs. 2 InsO). Der Schuldenbereinigungsplan gilt als angenommen, wenn kein Gläubiger Einwendungen gegen ihn erhebt (§ 357e Abs. 1 S. 1 InsO). Er hat die Wirkungen eines Vergleichs i. S. d. § 794 Abs. 1 Nr. 1 ZPO (§ 357e Abs. 1 S. 2 InsO). Das Gericht hat die Möglichkeit, auf Antrag eines Gläubigers oder des Schuldners die Zustimmung der übrigen Gläubiger zu ersetzen, wenn die Mehrheit der Gläubiger dem Schuldenbereinigungsplan zugestimmt hat und dieser inhaltlich angemessen ist. Dies ist nicht der Fall, wenn die widersprechenden Gläubiger nicht angemessen beteiligt werden oder schlechter gestellt werden, als sie bei Durchführung eines Insolvenzverfahrens mit anschließender Restschuldbefreiung stünden (§ 357f InsO).

Bleibt auch dieses Verfahren erfolglos, so kann ein verkürztes Verbraucherinsolvenzverfahren eröffnet werden. Dieses wird entweder mit nur einem Termin oder im schriftlichen Verfahren durchgeführt. Ein Treuhänder übernimmt die Aufgaben des Insolvenzverwalters. Dieses Verfahren kann nach der siebenjährigen Wohlverhaltensperiode des Schuldners mit der gesetzlichen Restschuldbefreiung enden.

VIERTER TEIL

Der Eigentumsvorbehalt

I. Einordnung in das Kreditsicherungssystem

Der Eigentumsvorbehalt ist die Sicherung dessen, der einem anderen eine bewegliche **1014** Sache, insbesondere eine Ware, auf Kredit, d. h. gegen Stundung des Kaufpreises, liefert. „Der Eigentumsvorbehalt bildet im heutigen Wirtschaftsleben bis zu einer anderweitigen gesetzlichen Regelung das kaum zu entbehrende Sicherungsmittel des Warengläubigers gegen das Überhandnehmen der Sicherungsübereignung, durch die sich der Geldkreditgeber, häufig zum Nachteil des Warenlieferers, vor den Folgen der wirtschaftlichen Leistungsunfähigkeit des Kreditnehmers zu schützen sucht"[1]. Wegen des sog. uneigentlichen Eigentumsvorbehalts (s. Rdn. 130). Der Eigentumsvorbehalt ist so zu dem am häufigsten verwandten Kreditsicherungsmittel des **Warenkreditgebers** geworden. Es gibt heute kaum noch einen Kaufvertrag zwischen Wirtschaftsunternehmen, bei dem sich nicht der Verkäufer der Waren das Eigentum an den von ihm gelieferten Waren bis zur vollständigen Bezahlung des Kaufpreises vorbehält. Untersuchungen haben ergeben, daß der Eigentumsvorbehalt bei Formularverträgen in 95 bis 100% der Fälle vereinbart wird[2]. Ein echtes Zug-um-Zug-Geschäft, d. h. sofortige Barzahlung, kommt in der Industrie, im Großhandel und im Einzelhandel mit hochwertigen Waren fast kaum noch vor.

Eine derartige Ausdehnung des Eigentumsvorbehalts dürfte im wesentlichen zwei Ursachen haben. Die eine Ursache liegt in der Entwicklung des Handels überhaupt, in der immer mehr zunehmenden Erweiterung und Vergrößerung der Absatzgebiete[3]. Eine für einen Blankokredit oder auch einen Personalkredit wesentliche Orientierung über die Zahlungsfähigkeit und Zahlungsbereitschaft des Kunden ist — auch bei einem guten Auskunftswesen — durch die erwähnte Entwicklung erschwert. Die zweite Ursache für ein Erstarken des Eigentumsvorbehalts nach dem Zweiten Weltkrieg ist auf die damalige Kapitalknappheit zurückzuführen[4]. Die Banken waren damals nicht in der Lage, den Kreditbedarf der Wirtschaft zu befriedigen. Deshalb mußte der Lieferantenkredit ausgedehnt und nach Möglichkeit auch abgesichert werden[5].

Hierzu boten sich die verschiedenen Formen des Eigentumsvorbehalts an. Daneben muß eine Ausdehnung des Eigentumsvorbehalts auch mit einer Gegenwehr der Wirtschaft gegen die Konkursvorrechte der öffentlichen Hand begründet werden[6].

---

[1] RG 147, 325; vgl. auch Serick I—VI; Graf Lambsdorff, Handbuch des Eigentumsvorbehalts.
[2] S. hierzu die umfangreichen statistischen Erhebungen bei K. F. Hagenmüller. Die wirtschaftlichen Auswirkungen einer etwaigen Reform der mobilen Kreditsicherheiten, Gutachten im Auftrage der BMW, 1963/64, Anhang.
[3] F. A. Stachelin, Probleme aus dem Gebiete des Eigentumsvorbehalts, Basel 1937, S. 65 f.
[4] Vgl. hierzu H. Westermann, Referat vor dem 41. DJT (1955) über die „Gesetzliche Regelung der Sicherungsübereignung und des Eigentumsvorbehaltes?", in Bd. II der Sitzungsberichte, Tübingen 1956, S. F 4.
[5] Fischer, NJW 59, 366.
[6] Hinüber, Verhandlungen des 41. DJT, Sitzungsberichte, a. a. O., S. FN 50.

1015 In das System des Kreditsicherungsrechts läßt sich der Eigentumsvorbehalt auf den ersten Blick nicht einordnen. Den anderen Sicherungsmitteln ist gemein, daß sie dem Sicherungsnehmer bei Nichtzahlung die Möglichkeit geben, auf fremde Vermögenswerte zurückzugreifen. Dieses gilt auch für die Sicherungsübereignung und die Sicherungsabtretung, da es sich auch hier ursprünglich für den Gläubiger um fremde Rechte handelt, die er erst durch das Sicherungsgeschäft erwirbt. Im Gegensatz dazu stehen dem Gläubiger beim Eigentumsvorbehalt keine fremden Vermögenswerte zu seiner Befriedigung zur Verfügung, sondern er sichert sich dadurch, daß er sein Eigentum nur bedingt überträgt[1].

Es darf jedoch nicht übersehen werden, daß zumindest wirtschaftlich die Vorbehaltsware bereits dem Vermögen des Kreditnehmers zuzurechnen ist. Er nimmt die Vorbehaltssache in Besitz; er darf in seinem ordnungsgemäßen Geschäftsbetrieb über die Sache verfügen, sie im eigenen Namen verkaufen und veräußern. Daneben erhält er ein vom Willen des Gläubigers unabhängiges Anwartschaftsrecht auf Erwerb des Eigentums an der Vorbehaltssache. In praktischer Hinsicht kommt der Eigentumsvorbehalt also der Sicherungsübereignung gleich[2]. Die bestehende innere Verwandtschaft zwischen dem Eigentumsvorbehalt und der Sicherungsübereignung tritt insbesondere dann hervor, wenn bei der Sicherungsübereignung die Tilgung der gesicherten Forderung zur auflösenden Bedingung für das Sicherungseigentum gemacht ist. Hier wie dort ist der Kreditgeber zu einem „pfandähnlichen Sicherungszweck"[3] Eigentümer einer im unmittelbaren Besitz des Schuldners befindlichen Sache, um sich, falls die gesicherte Forderung notleidet, an der Sache schadlos zu halten. Hier wie dort ergeben sich mithin die gleichen grundsätzlichen Fragen, aber auch die gleichen Bedenken gegen die Sicherungsmethode. Nachdem der Eigentumsvorbehalt als Kampfmaßnahme gegen die Sicherungsübereignung eine nie geahnte Bedeutung erlangt hat, war auch er den Angriffen ausgesetzt, welche man gegen die Sicherungsübereignung aus dem Mangel der Publizität hergeleitet hat (s. Rdn. 488)[4]. Die Rechtsprechung hat jedoch seine Zulässigkeit schon um dessentwillen nie bezweifelt, weil er vom Gesetz selbst vorgesehen ist. Im einzelnen:

II. Begriff

1016 Begrifflich ist der (einfache) Eigentumsvorbehalt eine Vereinbarung zwischen Gläubiger und Schuldner, welche dem Gläubiger gestattet, dem Schuldner eine von diesem gekaufte bewegliche Sache nur unter der aufschiebenden Bedingung zu übereignen, daß die Forderung vollständig bezahlt wird (§ 455 BGB).

---

[1] A. Härtl, Die Rechtsunsicherheit bei Forderungsabtretungen im Rahmen des verlängerten Eigentumsvorbehalts, Diss., Frankfurt a. M. 1959, S. 11.
[2] Wolff-Raiser III, § 179 II; H. Rühl, Eigentumsvorbehalt und Abzahlungsgeschäft, 1930, S. 9.
[3] BGH 34, 199.
[4] Flume, NJW 59, S. 922 „Der verlängerte Eigentumsvorbehalt ist wie alle Sicherungen ohne Publizität, wie die Sicherungszession und die Sicherungsübereignung, ein Übel".

Begriff

Diese Bedingung für die Übereignung kann auch ohne Vereinbarung, also einseitig, vom Gläubiger bei der Lieferung der Kaufsache gesetzt werden. Das berechtigt dann aber den Käufer, die Annahme der bedingt übereigneten Sachen abzulehnen und dadurch in Lieferungsverzug zu setzen, wenn er zur Zahlung des Kaufpreises Zug-um-Zug bereit und in der Lage ist. Auch zur Aufgabe des Eigentumsvorbehalts genügt die einseitige Erklärung des Gläubigers[1]. Der Verkäufer behält kraft des Vorbehalts bis zum Eintritt der Bedingung das (auflösend bedingte) Eigentum und den (mittelbaren) Besitz an der dem Käufer gelieferten Sache.

Mag auch steuer- und bilanzrechtlich die Sache regelmäßig dem Käufer zugerechnet und der Verkäufer in die Rolle eines bloßen Pfandgläubigers gedrängt werden, so ist er doch auf allen übrigen Rechtsgebieten in seiner Stellung als Eigentümer anerkannt. Er kann daher die Zwangsvollstreckung eines Gläubigers des Käufers in die Sache — auch wenn die Steuerbehörde als Vollstreckungsgläubiger erscheint — mit Hilfe der Drittwiderspruchsklage abwehren[2] und im Konkurs des Käufers die Vorbehaltssache aussondern, sofern nicht der Konkursverwalter in den Kaufvertrag eintritt und ihn erfüllt. Statt des Aussonderungsrechts hat der Verkäufer ein Absonderungsrecht, wenn beim Kontokorrentvorbehalt die Vorbehaltssache bereits voll bezahlt wurde[3]. Nach richtiger Ansicht steht dem Verkäufer und bei den verschiedenen Verlängerungsformen des Eigentumsvorbehalts nur ein Absonderungsrecht zu[4]. Die Aussonderungsbefugnis erstreckt sich auch auf die Forderung aus einem dem Käufer nicht gestatteten und daher unrechtmäßigen Weiterverkauf der Sache[5], wobei die Weiterveräußerung auch im Rahmen eines Werkvertrages denkbar ist. Hierbei wird gegebenenfalls eine Feststellung des Verhältnisses notwendig, in welchem der Wert des veräußerten Materials einerseits, der Wert der Arbeitsleistung andererseits zum Betrag der Werklohnforderung stehen[6]. Für die Unrechtmäßigkeit der Weiterveräußerung sind die Abmachungen zwischen Erstverkäufer und Käufer maßgebend. War diesem die Veräußerung nur im normalen Geschäftsverkehr (s. Rdn. 538) gestattet, so kann die Unrechtmäßigkeit auch darauf beruhen, daß der Einzelhändler an Wiederverkäufer[7] oder nur unter Verrechnung der Kaufpreisforderung mit einer alten Schuld gegenüber dem Zweitkäufer[8] veräußert oder daß die Veräußerung durch den Konkursverwalter des Käufers erfolgt[9]. Veräußeung via "Sale-and-lease-Back" ist unzulässig[9a]

1017

Auch aus den Bedingungen des Weiterverkaufs kann sie sich ergeben, so z. B. wenn die Abtretbarkeit der Forderung aus dem Weiterverkauf ausgeschlossen worden ist,

---

[1] BGH NJW 58, 1231.
[2] BGH 54, 218.
[3] BGH NJW 71, 799.
[4] Vgl. BGH WM 71, 72; Kuhn WM 72, 208 m. w. N.
[5] RG 133, 40.
[6] BGH 26, 178; 30, 176.
[7] OLG Celle NJW 59, 1686.
[8] BGH WM 66, 924.
[9] BGH NJW 53, 217.
[9a] BGH WM 88, 740 = WuB IV A, § 455 — 1.88 / Emmerich.

obwohl der Erstverkäufer seine Verkaufserlaubnis nur unter der Voraussetzung der Abtretung der Forderung an ihn erteilt hatte[1]. Hatte freilich der Käufer zulässigerweise weiterverkauft, so ist weder mehr die Vorbehaltssache selbst noch die Forderung aus dem Weiterverkauf aussonderungsfähig[2] und eine auf den Konkursfall abgestellte Verpflichtung des Käufers zur Abtretung (Ersatzaussonderung) der Forderung unbeachtlich[3]. Eine Pflicht zur Weiterleitung von Kontokorrentvorbehalt ist unwirksam[3a]

1018 Als Eigentümer der Vorbehaltssache kann der Verkäufer weiterhin zu gegebener Zeit deren Herausgabe im Wege der Klage erzwingen oder durch Abtretung des Herausgabeanspruchs über sie verfügen (vgl. hierzu Rdn. 556). Der Käufer seinerseits hat mangels abweichender Vereinbarung ein derartiges Verfügungsrecht nicht und verschafft im Fall einer unerlaubten Weiterveräußerung der Vorbehaltssache dem Zweitabnehmer das Eigentum nur dann, wenn dieser hinsichtlich des Eigentumsvorbehalts gutgläubig ist. Der gute Glaube kann schon dann fehlen, wenn der Zweitabnehmer die Verkaufserlaubnis des Erstkäufers nicht auf die Möglichkeit einer Kollision zwischen Abtretungsverbot und verlängertem Eigentumsvorbehalt des Erstverkäufers hinreichend überprüft hat[3b].

Die unerlaubte Weiterveräußerung setzt den Käufer einer strafrechtlichen Verfolgung wegen Unterschlagung aus[4] und einen bösgläubigen Abnehmer obendrein der Haftung aus § 826 BGB wegen sittenwidriger Schädigung des Erstverkäufers[5]. Dagegen kann der Käufer das ihm zustehende Anwartschaftsrecht auf einen Dritten übertragen (s. Rdn. 525), selbst wenn er sich ausdrücklich verpflichtet hat, über die Kaufsache nicht, auch nicht zu Sicherungszwecken, zu verfügen (s. Rdn. 130), und er kann auch auf Grund eben des Anwartschaftsrechts der Zwangsvollstreckung eines Gläubigers des Verkäufers in die Kaufsache mit der Drittwiderspruchsklage entgegentreten[6].

1019 Bei der **Kundenfinanzierung im Teilzahlungsgeschäft** wird jedoch im allgemeinen[7] der Kaufpreis durch Auszahlung des dem Käufer gewährten Darlehens an den Verkäufer getilgt. Die Sicherung des Darlehensgebers, welcher dem Käufer durch die Darlehensgewährung den Kauf ermöglicht, vollzieht sich dadurch, daß der Käufer ihm im vorhinein die Kaufsache zur Deckung der Darlehensforderung, ggf. auch aller sonstigen Ansprüche gegen den Käufer[8] übereignet. Wird dabei der Finanzierungsvertrag mit dem Teilzahlungskauf in der Weise verbunden, daß beide Verträge bei wirtschaftlicher Betrachtungsweise sich zu einer Einheit ergänzen, so ist das Verbraucherkreditgesetz auch auf diese Fälle anzuwenden, selbst wenn eine wirt-

---

[1] BGH WM 86, 1081; BGH 27, 306; BGH WM 70, 286.
[2] RG 115, 263.
[3] RG 138, 89.
[3a] BGH 91, 960 = WuB IV a. § 455 — 2.91 / Emmerich.
[3b] BGH WM 86, 1081; der Geschäftsführer kann deliktisch haften, BGH WM 90, 108.
[4] BGH NJW 62, 116.
[5] OLG Stuttgart JW 31, 84.
[6] BGH 55, 20.
[7] Wegen einer Ausnahme s. OLG München NJW 56, 1204.
[8] BGH WM 69, 489.

schaftliche Abhängigkeit zwischen dem finanzierenden Dritten und dem Verkäufer nicht besteht[1].

Das hat zur Folge, daß ein als privater Verbraucher agierender Käufer im Fall des Rücktritts des anderen Teils vom Vertrage den Kaufgegenstand, also das Sicherungsgut des finanzierenden Dritten, nur Zug-um-Zug gegen Erstattung der bis dahin von ihm entrichteten Darlehensraten und an den Verkäufer geleisteten Anzahlung[2] abzüglich etwaiger Aufwendungen, zu denen die Darlehenssumme selbst nicht gehört[3], und des Wertes der tatsächlich gezogenen Nutzungen, § 13 II VerbrKrG, herauszugeben braucht und der restlichen Darlehensschuld ledig wird[4].

Der Rücktritt gilt schon dann als erklärt, wenn der Kaufgegenstand von dem Verkäufer oder dem Dritten, der dazu vermöge des ihm zustehenden Eigentums berechtigt ist, in Anspruch genommen wird[5] § 13 III VerbrKrG, sei es auch nur dadurch, daß der Dritte des Kaufgegenstand auf Grund der ausstehenden Darlehensforderung pfändet und ihn demnächst selbst ersteigert oder sich gemäß § 825 ZPO zuweisen läßt[6]. Auch die Ansteigerung der Kaufsache durch einen anderen in dem vom Darlehensgeber betriebenen Zwangsvollstreckungsverfahren kann die Wirkung des Rücktritts haben[7], jedoch nicht schon die Pfändung als solche[8].

Durch den Rücktritt werden zugleich andere Sicherheiten frei[9], und zwar auch solche, die der Käufer für die Ansprüche des Darlehensgebers gegen den Verkäufer als Mitdarlehensnehmer bestellt hat[10]. Der Darlehensgeber kann auch nicht ohne weiteres davon ausgehen, daß eine Sicherheit, die er für den Verbraucherkredit erhalten hat, sich auf seine durch den Rücktritt vom Vertrage ausgelösten Ansprüche, etwa aus § 13 II 2 VerbrKrG oder der Gebrauchsüberlassung erstreckt[11]. Der mithaftende Verkäufer kann sich jedoch auf den Rücktritt nicht berufen[12]. Die Abgrenzung der hier behandelten Teilzahlungsfinanzierung von den zu Rdn. 131 erwähnten Klein- und Anschaffungskrediten ist flüssig; auch auf diese „Direktkredite" finden die obigen Ausführungen Anwendung, wenn ein „innerer Zusammenhang" zwischen Abzahlungskauf und Kreditgewährung besteht, § 9 VerbrKrG[13]. Im Breitengeschäft (Programmkredite) bereitet immer wieder der Einwendungsdurchgriff beim **finanzierten Kauf** den Banken rechtliche Schwierigkeiten. Der BGH hat diese mit seiner Entscheidung vom 25. 3. 1982

---

[1] BGH 3, 257; 47, 253; BGH WM 71, 1297.
[2] BGH 47, 241; OLG Stuttgart NJW 77, 1244.
[3] BGH 47, 246.
[4] BGH v. 27. 3. 52 — IV ZR 188/51 —.
[5] BGH NJW 65, 2376.
[6] BGH 15, 171, 241.
[7] BGH 22, 123; 55, 59.
[8] BGH 39, 97; BGH WM 62, 1263.
[9] KG NJW 58, 27.
[10] OLG Köln NJW 66, 454.
[11] BGH 51, 69; Hans. OLG Hamburg v. 28. 11. 63 — 7 U 188/63 —.
[12] BGH 47, 248.
[13] Vgl. hierzu BGH 47, 253; BGH NJW 70, 701; OLG Stuttgart NJW 67, 2016; NJW 77, 1926.

bedauerlicherweise nicht gelöst[1]. Zwar wird immer noch von der rechtlichen Trennung der beiden Verträge — Darlehensvertrag und Kaufvertrag — ausgegangen, aber dem Kunden werden doch aus dem Kaufvertrag stammende Einwendungen im Darlehensverhältnis zugebilligt. Dieses Recht zur Leistungsverweigerung ergab sich aus der Natur des konkreten Darlehensvertrages, die geprägt sei durch den Zweck, dem Darlehensnehmer den Erwerb der Kaufsache im Wege eines finanzierten Kaufes zu ermöglichen. Dieser Vertragszweck sei gefährdet, wenn dem Darlehensnehmer sein Einwendungsrecht durch eine AGB-Klausel genommen werde. Wenn die individuell vereinbarte Eigenart eines finanzierten Kaufes es gem. § 242 BGB gebiete, nicht den Käufer, sondern den Kreditgeber mit dem Risiko einer Insolvenz des Verkäufers zu belasten, so verändere eine anderweitige Risikoverteilung die Natur dieses Vertrages. Voraussetzung sei allerdings, daß der Verkäufer in Konkurs gefallen sei.

Der BGH nimmt dann zu der Frage Stellung, ob ein **Hinweis der Bank** den Einwendungsdurchgriff beseitigen könne, läßt dies aber letztlich in der Entscheidung offen: Möglicherweise könne ein Kreditgeber sein Ziel der völligen Unabhängigkeit des Darlehensvertrages nur dadurch erreichen, daß er alle objektiven Verbindungselemente vermeide. Der BGH deutet damit an, daß er Hinweise möglicherweise überhaupt nicht für geeignet hält, um die „Einheit" auszuschließen. Darauf weisen auch die weiteren Entscheidungsgründe hin. Obwohl der Hinweis dick gedruckt und mit dem Wort „Achtung" eingeleitet wurde, hielt der BGH ein Übersehen nicht für ausgeschlossen, weil dieser Hinweis unmittelbar an die umfangreichen Darlehensbedingungen der Klägerin anschloß, von denen mehrere ebenfalls durch unterschiedliche Druckstärke oder Umrandung hervorgehoben waren; dadurch werde die Wirkung der einzelnen Hervorhebungen realtiviert und geschmälert. Außerdem folge dem Hinweis noch die Belehrung des Kreditnehmers über das Widerrufsrecht; sie ziehe seine Aufmerksamkeit in stärkerem Maße auf sich, weil sie unmittelbar über seiner Unterschrift stehe und ebenfalls durch eine zusätzliche Umrandung besonders hervorgehoben werde.

Es bleibt abzuwarten, ob die Rechtsprechung je einen Hinweis für ausreichend hält, den subjektiven Eindruck einer „wirtschaftlichen Einheit" zu vermeiden. Nach § 9 VerbrKG reicht es, wenn sich der Kreditgeber des Verkäufers bedient. Ein irgendwie gearteter Hinweis kann die dann gegebene „wirtschaftliche Einheit" nicht beseitigen[2].

III. Vertragsschluß

1020   Eine besondere Form ist für den Eigentumsvorbehalt nicht vorgeschrieben; er wird mündlich, unter Umständen sogar stillschweigend, besser aber schriftlich vereinbart. Am häufigsten findet er sich als Klausel in den Allgemeinen Lieferbedingungen

---

[1] BGH NJW 82, 1694.
[2] Bruchner/Ott/Wagner-Wieduwilt, VerbrKrG, 2. Aufl. 1994, § 9 Rdn. 17 ff.

des Verkäufers[1] und er ist dann nur wirksam, wenn diese Lieferungsbedingungen Vertragsbestandteil geworden sind.

Hierbei ist insbesondere auf die Einbeziehungsregel des § 2 AGBG zu achten. Danach ist es erforderlich, daß der Verwender von Allgemeinen Geschäftsbedingungen den Kunden auf die AGB hinweist, ihm die Möglichkeit verschafft, in zumutbarer Weise von ihrem Inhalt Kenntnis zu nehmen und der Kunde schließlich mit der Geltung der AGB einverstanden ist[2]. § 2 AGBG findet jedoch keine Anwendung auf Handelsgeschäfte unter Kaufleuten (Voll- u. Minderkaufleute) sowie auf Rechtsgeschäfte, die auf seiten des Kunden Handelsgeschäfte sind[3]. Hinsichtlich solcher Geschäfte verbleibt es somit bei den allgemeinen Regeln.

Dabei gilt Schweigen des Käufers auf ein Bestätigungsschreiben des Verkäufers, welches sich, auf die Lieferungsbedingungen des Verkäufers bezugnehmend, über die vorausgegangenen Verkaufsverhandlungen verhält, grundsätzlich als Zustimmung[4], nicht aber auch Schweigen gegenüber einer nur die Annahme einer Bestellung enthaltenden sog. Auftragsbestätigung, sofern diese unter Abänderungen der Bestellung erfolgt (§ 150 Abs. 2 BGB)[5]. Erklärt jedoch der Käufer schon bei der Bestellung, daß nur seine Einkaufsbedingungen gelten sollen, so muß der Verkäufer eine unmißverständliche Gegenerklärung abgeben, wenn er vom Vertragswillen des Käufers abweichen will. Gleiches gilt, wenn der Käufer von vornherein erklärt, daß die Lieferungsbedingungen des Verkäufers, soweit sie von seinen (des Käufers) Einkaufsbedingungen abweichen, nur gelten sollen, wenn sie von ihm (Käufer) schriftlich anerkannt werden[6]. Die Theorie des letzten Wortes gilt nicht mehr.[6a]

Gibt der Verkäufer jene Erklärung ab und nimmt der Käufer gleichwohl die Lieferung widerspruchslos an, so gelten die Bedingungen des Verkäufers[7]. Bei kollidierenden Allgemeinen Geschäftsbedingungen — der Käufer bestellt aufgrund seiner Einkaufsbedingungen mit Abwehrklausel, der Verkäufer bezieht sich auf seine eigenen AGB — stellt der BGH allein auf den sachenrechtlichen Vorgang der Übereignung ab, unabhänigig von der schuldrechtlichen Problematik, die sich aus der Kollision von Verkaufs- und Einkaufsbedingungen ergibt. Es kommt nach der Auffassung des BGH auch nicht darauf an, ob die Verkaufsbedingungen und damit der Eigentumsvorbehalt Vertragsbestandteil geworden ist[8]. Die Übereignung scheitert bereits an der nach § 929 BGB notwendigen Einigung z. Zt. der Eigentumsübertragung. Für die Zumutbarkeit der Kenntnisnahme reicht es aus, daß der Lieferant im Stadium des Vertragsschlus-

1021

---

[1] BGH WM 64, 814.
[2] Vgl. die einschlägigen Kommentare zu § 2 AGBG.
[3] Ulmer in Brandner/Ulmer/Hensen, § 2 Rdn. 79.
[4] BGH 7, 187; WM 69, 142; s. aber BGH NJW 70, 2104.
[5] BGH NJW 55, 1974.
[6] BGH NJW 52, 499; vgl. auch WM 70, 1314.
[6a] BGH WM 85, 694.
[7] BGH v. 17. 9. 54 — I ZR 18/53 —.
[8] Vgl. BGH WM 82, 764 = ZIP 82, 845; BGH NJW 82, 1750; de Lousanoff, NJW 82, 1728.

ses in seiner Auftragsbestätigung auf die Verkaufsbedingungen Bezug genommen hat. Im Grundsatz läßt sich sagen, daß derjenige im Nachteil ist, welcher als Verkäufer vorbehaltlos liefert oder als Käufer die Lieferung vorbehaltlos annnimmt, sowohl sein Kontrahent als letzter von beiden auf Maßgeblichkeit seiner eigenen Bedingungen bestanden hat[1]. Ist aber keine Partei den Bedingungen der anderen unterworfen, so sind, soweit sich die Bedingungen widersprechen, weder die der einen noch die der anderen Partei Vertragsbestandteil[2]. Stets muß der (einfache) Eigentumsvorbehalt bis zur Lieferung der Sache an den Käufer erklärt werden. Die bereits gelieferte Ware kann nicht nachträglich einem Eigentumsvorbehalt unterworfen werden, vielmehr hilft dann nur eine regelrechte sicherungsweise Rückübereignung an den Verkäufer[3], die allerdings in der nachträglichen Vereinbarung „Eigentumsvorbehalt" gefunden werden kann[4]. Der Eigentumsvorbehalt auf dem Lieferschein hindert nach dem Gesagten den Eigentumsübergang nur, wenn der Käufer den Vorbehalt noch vor oder bei der Übergabe der Kaufsache zur Kenntnis nimmt. Sonst ist der Vorbehalt, der auf dem Lieferschein nicht zu vermuten ist, wirkungslos[5].

Entscheidend kommt es jedoch darauf an, daß dem Käufer ein derartiger nachträglicher Eigentumsvorbehalt auch zugegangen ist. Der Zugang kann nur dann angenommen werden, wenn es dem Käufer unter Berücksichtigung aller Umstände des Einzelfalles, insbesondere auch der Ausgestaltung der Geschäftsbeziehungen, zumutbar war, von dem in dieser Form erklärten Eigentumsvorbehalt Kenntnis zu nehmen. Bei dieser Prüfung sind strenge Maßstäbe anzulegen[6].

Vollends zweifelhaft ist außerhalb einer ständigen Geschäftsverbindung[7] die Wirksamkeit eines Vermerks des Vorbehalts auf der Rechnung (Faktura). Geht die Rechnung erst später als die Ware beim Käufer ein, so ist der Vorbehalt nicht rechtzeitig erklärt; erhält der Käufer die Rechnung noch vor der Ware, liest er aber den auf ihr vermerkten Vorbehalt nicht, wird wiederum von einem Zugang der Vorbehaltserklärung an den Käufer nicht gesprochen werden können, weil im allgemeinen ein solcher Vermerk in die Rechnung nicht hineingehört und in ihr daher auch nicht erwartet werden kann[8]. Doch kann nach Lage der Sache der Rechnungsvermerk als einseitig vom Verkäufer gesetzte Bedingung den Eigentumsübergang verhindern[9].

---

[1] S. auch BGH WM 63, 528.
[2] BGH WM 57, 1064; 51 BGH WM 82, 764 = NJW 82, 1751.
[3] RG 54, 396.
[4] Str.; vgl. BGH NJW 53, 217.
[5] BGH NJW 53, 217; vgl. aber OLG Celle NJW 60, 870.
[6] Vgl. BGH WM 78, 1322; Braun, BB 78, 22.
[7] BGH WM 64, 814.
[8] Str., OLG Stuttgart JW 31, 550; OLG München JW 32, 1668.
[9] KG JW 29, 2164; OLG Düsseldorf JW 31, 2580.

IV. Formen des Eigentumsvorbehalts

1. Allgemeines

Im Gesetz ist nur der Kauf unter Eigentumsvorbehalt geregelt (sog. einfacher Eigentumsvorbehalt). In der Praxis haben sich daneben eine Fülle von sog. Erweiterungs- und Verlängerungsformen herausgebildet[1]. Was die Vorbehaltssache als solche anbelangt, so gilt hier sinngemäß, was zu Rdn. 537 ff. für die Sicherungsübereignung ausgeführt worden ist. Es reicht nicht aus, einen „verlängerten Eigentumsvorbehalt" zu vereinbaren, da über die einzelnen Bezeichnungen in Rechtsprechung und Lehre eine „seltene Begriffsverwirrung" herrscht. Allgemein können die verschiedenen Formen des Eigentumsvorbehalts folgendermaßen eingeteilt werden:

Bei den Erweiterungen des Eigentumsvorbehalts sind zwei Grundrichtungen zu unterscheiden: Erweiterungen in vertikaler Richtung und Erweiterungen in horizontaler Richtung. Unter Erweiterungen in **vertikaler** Richtung versteht man Vereinbarungen, bei denen die gelieferte Sache oder deren Surrogate vom Eigentumsvorbehalt erfaßt werden. Eigentumsvorbehalte in **horizontaler Richtung** erstrecken sich auch auf andere Forderungen als den Kaufpreis der gelieferten Sache[2].

Bei der Erweiterung des Eigentumsvorbehalts in vertikaler Richtung gibt es drei Möglichkeiten: Die **Verarbeitungsklausel**, die **Vorausabtretungsklausel**, die **Weiterleitungsklausel**. Der vertikale Eigentumsvorbehalt wird auch als verlängerter Eigentumsvorbehalt bezeichnet.

In horizontaler Richtung unterscheidet man den **Kontokorrentvorbehalt** und den **Konzernvorbehalt**.

Nach Verabschiedung des AGB-Gesetzes ist die Frage aufgetaucht, ob die Erweiterungen des Eigentumvorbehaltes wegen Gesetzesverstoßes als unwirksam zu betrachten sind[3]. Als Ansatzpunkt ergeben sich hier, ob bestimmte Erweiterungsformen als überraschend anzusehen sind (§ 3 AGBG), sie gegen individuelle Vereinbarungen verstoßen (§ 4 AGBG) oder als unangemessene Benachteiligung des Käufers (§ 9 II AGBG) einzustufen sind.

Erweiterungsformen in **vertikaler** Richtung dürften von vornherein hierbei ausscheiden, da sie wegen ihres hohen Bekanntheitsgrades und der weiten Verbreitung weder ungewöhnlich noch überraschend sind[4]. Eine Interessenabwägung ergibt außerdem, daß diese Klauseln auch nicht unangemessen sind, da der Käufer den Besitz an der Ware erlangt und befugt ist, sie zu verarbeiten und weiterzuveräußern[5].

---

[1] Ausführlich zu den verschiedenen Formen des Eigentumsvorbehalts S. Serick, BB 71, 2 ff.
[2] Vgl. zu dieser Einteilung Serick IV § 40, V §§ 56 f.; MünchKomm/Westermann § 455 Rdn. 86 ff.; Soergel-Mühl § 929 Rdn. 21; Eberding, BuB 1980, 4/347; Staudinger/Honsell, II. Aufl., § 455 Rdn. 26a.
[3] Vgl. zum Meinungsstand Graf v. Westphalen, DB 77, 1637 ff. u. 1685 ff.
[4] Löwe/Graf v. Westphalen/Trinkner, AGB-G, § 3 Rdn. 27.
[5] Brandner in Ulmer/Brandner/Hensen, Anh. §§ 9–11, Rdn. 656.

Problematischer erscheinen dagegen die Erweiterungsformen in **horizontaler** Richtung. Bei einem **Kontokorrentvorbehalt** vereinbaren die Vertragsparteien, daß der Eigentumsvorbehalt bis zur vollständigen Abdeckung aller Verbindlichkeiten des Käufers bestehen bleiben soll. Dabei kann ein Kontokorrentvorbehalt selbst dann vereinbart werden, wenn zwischen den Parteien tatsächlich ein Kontokorrentverhältnis gar nicht besteht[1]. Nur für den letzteren Fall dürfte ein Kontokorrentvorbehalt im Hinblick auf § 3 ABGB nicht ganz unproblematisch sein[2], da bei einem Nichtbestehen eines Kontokorrentverhältnisses der Käufer auch nicht mit einem Kontokorrentvorbehalt zu rechnen hat. Der vorsichtige Sicherungsnehmer wird eine derartige Klausel daher drucktechnisch hervorheben oder ausdrücklich den Käufer hierüber belehren.

Dagegen dürften keine Bedenken im Hinblick auf § 4 AGBG bestehen[3], da Eigentumsvorbehalte ja gerade Bestandteile von Allgemeinen Geschäftsbedingungen sind, es also Individual-Abreden nicht gibt[4].

In der Regel wird auch § 9 AGBG nicht zur Anwendung kommen können, was nicht ausschließt, daß bei Übertreibungen im Einzelfall Klauseln als unwirksam anzusehen sind[5].

Bei einem **Konzernvorbehalt** behält sich der Verkäufer das Eigentums an der verkauften Sache vor, bis der Käufer seine Verbindlichkeiten nicht nur gegenüber dem Verkäufer, sondern auch gegenüber allen dem Konzern des Lieferanten angehörenden Firmen erfüllt hat. In der Literatur wird die Wirksamkeit einer derartigen Klausel teilweise danach beurteilt, ob es sich um einen echten Konzern handelt, oder ob die Konzernfirmen im einzelnen aufgeführt worden sind[6]. Dieses Unterscheidungsmerkmal erscheint nicht unbedingt geeignet, die Problematik zu lösen, da für die Wirksamkeit einer Klausel nach § 3 AGBG auf den Erfahrungs- und Erkenntnisstand des einzelnen Kunden abzustellen ist[7]. Um den Überraschungseffekt zu beseitigen, sollte daher auch der Konzernvorbehalt drucktechnisch hervorgehoben oder der Käufer hierauf ausdrücklich hingewiesen werden. Bei sehr weitgehenden Konzernklauseln, etwa wenn die Unternehmen nicht ersichtlich verbunden sind, ist auch die Gefahr eines Verstoßes gegen § 9 II AGBG nicht auszuschließen[8].

Soll der Käufer nach seinen Einkaufsbedingungen berechtigt sein, gegen die Forderungen des Verkäufers auch mit Forderungen aufzurechnen, die bestimmten in der

---

[1] BGH WM 69, 1072.
[2] Vgl. Graf v. Westphalen; DB 77, 1639; a. A. Thamm, BB 78, 22.
[3] A. A. Graf v. Westphalen, BB 78, 282.
[4] Vgl. Thamm, BB 78, 21.
[5] Zur Unwirksamkeit des Kontokorrentvorbehalts gegenüber Letztverbrauchern vgl. OLG Frankfurt, NJW 81, 130 m. w. N.
[6] Schlosser in Schlosser/Coester-Waltjen/Graba, AGB-G 1977, § 3 Rdn. 25; Brandner in Ulmer-Brandner-Hensen, Anh. 9—11, Rdn. 657; Schlegelberger/Hefermehl, Anh. § 382, Rdn. 120.
[7] Graf v. Westphalen in: DB 77, 1639.
[8] Vgl. Brandner in Ulmer/Brandner/Hensen, Anh. §§ 9—11, Rdn. 657.

Klausel aufgeführten Gesellschaften zustehen, hängt die Wirksamkeit dieser Einkaufsbedingungen davon ab, ob die Gegenseitigkeit von Forderungen und Verbindlichkeiten, die nach § 387 BGB Voraussetzung einer wirksamen Aufrechnung ist, abbedungen werden kann. Während nach allgemeiner Ansicht im Rahmen von Individualabreden das Erfordernis der Gegenseitigkeit im Wege eines sog. Aufrechnungsvertrages im voraus abbedungen werden kann, werden Konzernverrechnungsklauseln als Bestandteil von Allgemeinen Einkaufsbedingungen wegen des entgegenstehenden Schutzinteresses der Konkursgläubiger nach § 55 KO vom BGH für unwirksam gehalten[1].

2. Verarbeitungsklauseln

Der Warenkreditgeber mußte zu den Verlängerungs- und Erweiterungsformen greifen, da der einfache Eigentumsvorbehalt nur einen unvollkommenen Schutz gewährt. Dies gilt insbesondere beim Verkauf von Sachen, die zur Verarbeitung bestimmt sind, da hier der § 950 BGB den Anwendungsbereich des einfachen Eigentumsvorbehalts erheblich einschränkt. Nach dieser Vorschrift erwirbt der Käufer bei Herstellung einer neuen Sache das Eigentum hieran, sofern der wirtschaftliche Wert der Verarbeitung nicht erheblich geringer ist als der Wert des Rohstoffes, § 950 Abs. 1 BGB. Bezüglich der Bestimmbarkeit der Vorausabtretung künftiger Forderungen sind Verarbeitungsklauseln daher grundsätzlich unbedenklich[2]. Mit dem Erwerb des Eigentums an der neuen Sache durch den Hersteller erlöschen die an dem Stoff bis dahin bestehenden Rechte, § 950 Abs. 2 BGB, also auch der Eigentumsvorbehalt des Verkäufers. Die Rechtsfolge tritt dabei unabhängig vom Willen[3] oder der Gut- oder Bösgläubigkeit[4] des Herstellers ein. Es bedeutet keinen Ausweg, wenn der Warenkreditgeber seinen Abnehmern verböte, eine Verarbeitung bis zur vollständigen Zahlung des Kaufpreises zu unterlassen. Es liegt vielmehr im Interesse des Warenkreditgebers, den Käufern eine Verarbeitung zu gestatten, denn nur so sind diese in der Lage, ihre Geschäftsbetriebe aufrechtzuerhalten und die geschuldeten Beträge zurückzuerstatten. Das beiderseitige Interesse an einer Verarbeitung und das Interesse des Warenkreditgebers an einer Erhaltung seiner Sicherheit soll mit Hilfe sog. Verarbeitungsklauseln gewahrt werden. Der Warenkreditgeber nimmt eine Verarbeitungsklausel in seinen Lieferungsbedingungen auf, die erreichen soll, daß sein Recht an der Sache sich als Eigentum oder zumindest als Miteigentum an den verarbeiteten Produkten fortsetzt. Rechtstechnisch hat man dieses Ziel hauptsächlich auf drei Arten zu erreichen versucht: Erstens durch einen vertraglichen Ausschluß des § 950 BGB, zweitens durch eine vertragliche Vereinbarung, derzufolge der Kreditnehmer die Ware „für" den Kreditgeber verarbeitet, so daß dieser als „Hersteller" im Sinne des § 950 BGB anzusehen ist und drittens durch eine Sicherungsübereignung der neuen Sache in Form des antizipierten Besitzkonstitutes.

1024

---

[1] Vgl. Joussen, ZIP 82, 279; BGH NJW 81, 2257.
[2] Vgl. v. Westphalen, ZIP 80, 727; Serick IV, S. 115 ff.
[3] Hans. OLG Hamburg in SeuffArch 71, Nr. 225; KG in: JW 30, 2798.
[4] Staudinger/Berg, § 950 Rdn. 4; Wolff-Raiser V, § 73 II; Westermann, SachR, § 53 II 4.

1025 Der einfachste Weg, um dem Warenkreditgeber sein Eigentum an der Ware zu erhalten, scheint der vertragliche Ausschluß des § 950 BGB zu sein. Bei einer derartigen Lösung[1], die von der Dispositivität des § 950 BGB ausgeht, wird jedoch außer acht gelassen, daß § 950 BGB als einer der Erwerbsgründe des Eigentums an beweglichen Sachen mit dem Zweck aufgeführt ist, daß die neue Sache keinen Augenblick subjektlos innerhalb der Güterwelt stehen soll. § 950 BGB ist ein typisches sachenrechtliches Institut und damit als eine zwingende Vorschrift anzusehen. Klauseln, die einen Weg außerhalb des § 950 BGB (etwa „Der Eigentumsvorbehalt erstreckt sich auch auf die durch die Verarbeitung entstandene neue Sache") anbieten, dürften deshalb keine Wirkungen entfalten.

Die Tatsache, daß § 950 BGB zwingendes Recht enthält, besagt aber nur, daß auf Grund der Spezifikation neues Eigentum entsteht. Dadurch werden aber keineswegs von vornherein Vertragsabreden ausgeschlossen, wonach jemand „für" einen anderen herstellen soll. Schon bei der Abfassung des BGB war man sich einig, daß nicht unbedingt der tatsächlich mit dem Arbeitsvorgang beschäftigte Hersteller im Sinne des § 950 zu sein braucht. Einen Antrag, bei § 950 BGB den Zusatz einzufügen, daß auch der Eigentümer werde, der „herstellen läßt", wurde als „Selbstverständlichkeit" zurückgewiesen[2]. So ist man sich heute darüber einig, daß nicht der Arbeiter oder Angestellte, der faktisch die Verarbeitung vornimmt, sondern der Unternehmer als Hersteller anzusehen ist[3].

Aus der Gleichwertigkeit von „herstellen" und „herstellen lassen" und dem berechtigten Sicherungsbedürfnis des Warenkreditgebers ist mit der Rechtsprechung und einem großen Teil der Lehre[4] davon auszugehen, daß den Parteien gestattet werden muß, den Begriff des Herstellers nach ihren wirtschaftlichen Verhältnissen auszurichten. Der Ausgangspunkt hierfür ist dieser: Der Vorbehaltsverkäufer wird gemäß § 950 BGB unmittelbar Eigentümer der neuen Sache, wenn der Vorbehaltskäufer für ihn herstellt. Aus der Verarbeitungsklausel muß ein mit den Verhältnissen vertrauter Beurteiler den Vorbehaltsverkäufer als Hersteller i. S. d. § 950 BGB erkennen können[5]. Aus dem Hinweis auf die Verkehrsanschauung muß aber gefolgert werden, daß der gewillkürte Hersteller in einem rechtlichen Verhältnis zu dem verarbeiteten Stoff stehen

---

[1] Für eine Abdingbarkeit haben sich u. a. ausgesprochen: Baur, SachR, § 53 b I 3; Flume, NJW 50, 843; Soergel/Mühl, § 950, Rdn. 3; Stulz, der Eigentumsvorbehalt im in- und ausländischen Recht, 1931, S. 23; Laufke; Festschrift A. Hueck, München und Berlin 1959, S. 72 ff.; F. A. Staehelin, a. a. O., S. 104 f.; W. Ludewig, DB 51, 932.
[2] Protokoll für die zweite Lesung des Entwurfs eines bürgerlichen Gesetzbuches. Berlin 1899, Bd. III, S. 242 f.
[3] BGH NJW 52, 662; Wolff-Raiser, § 73 III; Westermann, SachR, § 53 III 2b und c; Staudinger/Wiegand § 950 Rdn. 27.
[4] Für eine derartige Lösung haben sich u. a. ausgesprochen: RG 138, 88; BGH 14, 117; 20, 163; 46, 117; Wolff-Raiser, § 73 IV; Staudinger/Wiegand § 950 Rdn. 23; RGRK/Mezger, § 455 Rdn. 17, 29; RGRK/Pikart, § 950 Rdn. 23; Krückmann, JhJ 65, 209 ff.; Serick IV 1. Teil, § 44 III 6b, S. 154.
[5] BGH 14, 117 ff.; 20, 159 ff.; 46, 117.

muß. Es kann also nur derjenige Dritte als Hersteller angesehen werden, der Eigentümer an der verarbeiteten Ware und gleichzeitig mittelbarer Besitzer ist[1]. Die Verarbeitungsklausel hätte etwa folgenden Inhalt:

„Eine Verarbeitung der Vorbehaltsware erfolgt stets in unserem Auftrag."
oder
„Eine Verarbeitung vor vollständiger Bezahlung der Vorbehaltsware wird von unserem Abnehmer für uns vorgenommen."

Gilt auf Grund einer solchen Verarbeitungsklausel der Warenkreditgeber als Hersteller i. S. des § 950 BGB und erwirbt er daher das Eigentum am Produkt, so bleibt die Frage, welcher Rechtsnatur die Positionen von Warenkreditgeber und Produzent nach erfolgter Verarbeitung sind. Entweder bleibt der Warenkreditgeber Vorbehaltseigentümer des Produktes, so daß ihm lediglich ein durch die vollständige Zahlung des Kaufpreises auflösend bedingtes Eigentum und dem Produzenten ein Anwartschaftsrecht aus bedingter Übereignung zusteht oder aber der Warenkreditgeber erwirbt allein nach § 950 BGB das Eigentum, unbelastet vom Anwartschaftsrecht des Produzenten. Während nach herrschender Meinung das Anwartschaftsrecht des Vorbehaltskäufers und Produzenten erlischt, da der Warenkreditgeber auf Grund des originären Eigentumserwerbs (§ 950 BGB) neues Eigentum erhält, lehnen andere[2] diese „Wortlaut-These" ab. Unter Anwendung der Rechtsgrundsätze der falsa demonstratio, der ergänzenden Vertragsauslegung und § 157 BGB, soll der Warenkreditgeber beim verlängerten Eigentumsvorbehalt zunächst „für eine juristische Sekunde" unbelastetes Eigentum erwerben. Dieses Eigentum wird dem Produzenten und Vorbehaltskäufer durch antizipierte Einigung (§ 929 Satz 1 BGB) aufschiebend bedingt übertragen. Mit dieser Lösung soll der typischen Interessenlage entsprochen werden, da der Produzent ein Interesse daran habe, auch nach der Spezifikation noch Inhaber des Anwartschaftsrechts zu sein, während der Warenkreditgeber kein berechtigtes Interesse daran habe, auf Grund der Sicherungsabrede nach der Spezifikation mehr an Rechtsposition zu haben als vorher.

Nach dem zuletzt aufgezeigten und in der Praxis allgemein üblichen Weg, einen Eigentumsvorbehalt mit Verarbeitungsklausel zu vereinbaren, besteht noch eine weitere Möglichkeit, nämlich in der Vereinbarung eines antizipierten Besitzkonstitutes[3].

Das antizipierte Besitzkonstitut läßt zunächst das Eigentum an der neuen Sache in der Hand des verarbeitenden Unternehmers entstehen. Dieser ist dann verpflichtet, das Eigentum als Sicherungseigentum auf den Kreditgeber zu übertragen. Die Einigung über den Eigentumsübergang und die Vereinbarung eines Besitzmittlungsverhältnisses gemäß §§ 868, 930 BGB werden im voraus vorgenommen.

---

[1] Möhring, NJW 60, 698; vgl. Staudinger/Wiegand, § 950 Rdn. 24; Serick IV 1. Teil, § 44 III 6 b.
[2] Vgl. Nierwethberg, NJW 83, 2235 f. mit Nachweisen auch zur h. M.
[3] Vgl. Westermann SachR, § 53 III 2e, S. 261.

Als Verarbeitungsklausel käme etwa in Betracht:

„Wird die Ware vom Käufer gemäß § 950 BGB verarbeitet, so überträgt der Käufer dem Verkäufer zur Sicherung schon jetzt das Eigentum an den neuen Sachen; diese werden vom Käufer für den Verkäufer verwahrt."

Diese auf den ersten Blick bestechend erscheinende Lösung — da mit ihr die Schwierigkeiten hinsichtlich einer Vereinbarung im Rahmen des § 950 BGB umgangen werden — scheitert aber an mehreren Voraussetzungen, die sie für die Praxis nur bedingt tauglich macht. Das Interesse des Warenkreditgebers geht auf eine unveränderte Fortsetzung seiner Sicherheit. Beim antizipierten Besitzkonstitut ergibt sich jedoch ein Durchgangserwerb des Kreditnehmers. Mit dem Erwerb des Kreditnehmers besteht jedoch die Gefahr, daß die entstandenen neuen Sachen von einem gesetzlichen Pfandrecht — etwa einem Vermieter- oder Verpächterpfandrecht — ergriffen werden, daß Pfändungspfandrechte wirksam werden oder daß die neue Sache in einem Hypothekenhaftverband nach §§ 1120 ff. BGB eintritt. Zum anderen muß der Übertragungswille des Kreditnehmers noch im Zeitpunkt der Entstehung der neuen Sache vorhanden sein[1]. Dieses Erfordernis birgt aber eine erhebliche Ungewißheit über die Eigentumsverhältnisse in sich, da der Eigentumserwerb des Warenkreditgebers allein von der Vertragstreue des Kreditnehmers abhängig ist. Eine Vereinbarung des Eigentumsvorbehalts mit Verarbeitungsklausel über das antizipierte Besitzkonstitut wird daher weitgehend entwertet.

1027 Auf Grund der Verarbeitungsklausel steht dem Warenkreditgeber als Sicherungsobjekt nicht nur der Wert des von ihm gelieferten Stoffes zu, sondern er erhält auch den Verarbeitungswert. Eine derartige Übersicherung ist jedoch grundsätzlich nicht zu beanstanden, da die Realisierung jeder Sicherheit mit Risiken und Kosten verbunden ist. Eine nach § 138 BGB zu beanstandende Übersicherung könnte erst dann gegeben sein, wenn die Sicherheit zur Schuld des Warenkreditnehmers außer Verhältnis stünde[2].

Die durch die Verarbeitung erfolgte Wertsteigerung des Stoffes ist zweifelsfrei das Ergebnis der von dem Verarbeiter aufgewandten Arbeitsleistung. Flume[3] schlägt daher vor, dem Rohstofflieferanten nur den Wert zukommen zu lassen, der ihm zur Sicherung seiner Rohstofflieferung gebührt. Nach Flume hat die Vereinbarung einer Verarbeitungsklausel die Wirkung, daß der Vorbehaltsverkäufer Eigentümer der neuen Sache wird, diese ihm aber nur in Höhe des Stoffwertes der Vorbehaltsware zur Sicherung dient. Er meint, bei Würdigung des Wesens der Eigentumsvorbehaltssicherung sei die Entstehung von Miteigentum zwischen Vorbehaltskäufer und Vorbehaltsverkäufer im Verhältnis von Stoffwert und Verarbeitungswert anzunehmen.

---

[1] H. M.: BGH 7, 115; Staudinger/Berg, § 930 Rdn. 6; Palandt/Bassenge, § 930 Rdn. 10.
[2] OLG München NJW 59, 1542.
[3] Flume, NJW 59, 913.

Die von Flume vorgeschlagene Beschränkung des Eigentumserwerbs in der Höhe des Stoffwertes führt zu dem erstrebenswerten Ergebnis, daß eine Übersicherung des Warenkreditgebers und Kollisionen mit anderen Rohstofflieferanten vermieden werden.

Eine derartige Beschränkung kann aber nicht allein aus der Vereinbarung einer Verarbeitungsklausel gefolgert werden, die lediglich vorsieht, daß die Verarbeitung für den Warenkreditgeber zu erfolgen habe. Durch eine derartige Klausel wird der Warenkreditgeber grundsätzlich Eigentum ohne Beschränkungen erwerben. Es ist nicht zutreffend, diesen Klauseln zusätzlich noch die stillschweigende Beschränkung auf den Stoffwert zu entnehmen.

Eine Beschränkung des vorbehaltenen Eigentums auf den Stoffwert läßt sich aber durch eine ausdrückliche Hinzufügung einer Einschränkung in der Verarbeitungsklausel erreichen. Aufgrund einer solchen Vereinbarung steht dem Warenkreditgeber und dem Warenkreditnehmer das Eigentum an der neuen Sache gemeinschaftlich zu. Da ihnen das Eigentum an der neuen Sache in bestimmten Bruchteilen zusteht, erwerben sie Miteigentum gemäß § 1008 BGB.

Da das deutsche Recht eine Aufteilung nach absolut bestimmten Wertteilen zwar für Forderungen, aber nicht für das Eigentum kennt, müssen Beschränkungen in Verarbeitungsklauseln genau gefaßte Bruchteile erkennen lassen[1]. Anhaltspunkte bieten hierfür die verschiedenen Verhältnisse des Wertes des gelieferten Rohstoffes und des Verarbeitungswertes, zu dem Wert des Fertigfabrikates.

Der Bundesgerichtshof hat in seiner grundlegenden Entscheidung zu den Erwerbsbeschränkungen in Verarbeitungsklauseln vom 19. Oktober 1966[2] allgemeine Maßstäbe für die Zumessung der Eigentumsanteile aufgestellt: Im Interesse der Sicherheit des Rechtsverkehrs seien bei einer Verarbeitungsklausel hinsichtlich der Bestimmtheit und Eindeutigkeit die gleichen Maßstäbe wie bei einer Sicherungsübereignung anzuwenden. Im Zeitpunkt des Eigentumsübergangs müsse deshalb für einen mit den Verhältnissen vertrauten Beobachter ohne weiteres ersichtlich sein, welche individuell bestimmten Sachen von der Übereignung erfaßt würden. An dieser Voraussetzung fehle es, wenn außerhalb des Vertrages liegende Umstände heranzuziehen seien oder noch weitere Ermittlungen aufgestellt werden müßten.

Unproblematisch ist eine Klausel, wonach der Miteigentumsanteil nach dem Verhältnis des Wertes der Vorbehaltsware zum Wert des Fertigfabrikates zu bestimmen ist:

„Der Vorbehaltslieferant erwirbt das Miteigentum an dem Fertigfabrikat zu dem Anteil, der sich aus dem Verhältnis des Wertes der von ihm gelieferten Vorbehaltsware zum Wert des Fertigfabrikates ergibt." In diesem Fall erwirbt der Warenkreditgeber

---

[1] Serick IV 1. Teil, S. 213 ff., ders., BB 72, 278.
[2] BGH 46, 117 ff.

genau jenen Anteil am Fertigfabrikat, den er durch die Lieferung des Rohstoffes wertmäßig zu dem Fertigfabrikat beigetragen hat. Anerkannt ist auch eine Klausel, bei der der Vorbehaltslieferant seinem gelieferten Rohstoff entsprechend auch den Verarbeitungswert ergreift:

„Der Vorbehaltslieferant erwirbt das Eigentum an dem Fertigfabrikat zu dem Anteil, der sich aus dem Verhältnis des von ihm gelieferten Rohstoffes und des Verarbeitungswertes zu dem Wert des Fertigfabrikates ergibt."

Bedenken hinsichtlich der Zulässigkeit ergeben sich aber, wenn nicht der Verarbeitungswert, sondern Lohnaufwand und Betriebskosten als Bemessungsgrundlage herangezogen werden[1].

Besondere Probleme tauchen auf, wenn der Warenkreditnehmer Stoffe verschiedener Lieferanten zu einer neuen Sache verarbeitet.

Hat ein Lieferant unter einfachem Eigentumsvorbehalt geliefert, ein anderer sich aber durch eine Verarbeitungsklausel gesichert, so verliert der unter dem einfachen Eigentumsvorbehalt liefernde Warenkreditgeber sein Eigentum im Falle einer Verarbeitung[2].

1029 Bei der Konkurrenz von Verarbeitungsklauseln sind Kollisionen nur dann zu vermeiden, wenn jeder Lieferant seinen Eigentumserwerb an der neuen Sache vertraglich beschränkt. Konflikte treten dann nicht auf, wenn die durch die verschiedenen Verarbeitungsklauseln beanspruchten Miteigentumsanteile zusammen das ganze Eigentumsrecht am Fertigprodukt erfassen oder wenn noch freie Bruchteile bis zur ganzen Berechtigung am Fertigprodukt verbleiben.

Es entsteht daher kein Konflikt, wenn alle Rohstofflieferanten nur mit dem Bruchteil berechtigt sein wollen, der sich aus dem Verhältnis des Wertes des Fertigfabrikates ergibt. In diesem Fall erhalten alle Lieferanten einen Miteigentumsanteil, der wertmäßig ihren erbrachten Leistungen entspricht. Hat der Verarbeiter eigene Stoffe mitverarbeitet, so erhält er ebenfalls einen dem Wert dieser Stoffe entsprechenden Miteigentumsanteil.

Die Summe aller dieser Bruchteile erfaßt jedoch nicht das volle Eigentumsrecht, da der Wert des Fertigproduktes um den Verarbeitungswert höher ist als der Gesamtbetrag des Wertes aller Rohstoffe. Der Verarbeitungswert kommt infolge der Erwerbsbeschränkungen dem Verarbeiter als Miteigentumsanteil zugute.

Häufig sind die Warenkreditgeber jedoch darauf bedacht, einen größeren Anteil an dem Fertigprodukt zu erhalten. Eine Ausdehnung auf den Verarbeitungswert ist konfliktlos nur durch Vereinbarungen zu erreichen, wonach jeder Warenkreditgeber am Fertigprodukt mit dem Bruchteil beteiligt ist, der sich aus dem Verhältnis des Wertes seines Materials zu dem Wert der anderen Stoffe ergibt. Jeder Warenkreditgeber erhält

---

[1] BGH 46, 123.
[2] LG Braunschweig MDR 59, 738.

hier seinem Stoffwert gemäß einen Anteil am Verarbeitungswert. In diesem Fall ergibt die Summe aller Bruchteile die volle Berechtigung. Der BGH hat eine solche Beschränkung als zulässig anerkannt[1].

Eine Kollision von Verarbeitungsklauseln tritt auf, wenn mehrere Vorbehaltslieferanten Alleineigentum beanspruchen oder wenn die Vorbehaltslieferanten alle zusammen Miteigentumsquoten erstreben, die mehr als das ganze Eigentumsrecht am Fertigprodukt ausmachen. Ausgangspunkt für eine Lösung der Konkurrenzen gibt auch hier das Prioritätsprinzip. Das bedeutet aber, daß bei mehreren unbeschränkten Verarbeitungsklauseln grundsätzlich nur derjenige Warenkreditgeber als Hersteller anzusehen ist und das Eigentum an der neuen Sache erwirbt, dessen Vereinbarung die Priorität besitzt.

Dieses Ergebnis vermag jedoch nicht zu befriedigen, da der Eigentumserwerb eines einzigen Kreditgebers unter Ausschluß der übrigen Beteiligten der Interessenlage im modernen Wirtschaftsleben nicht gerecht wird. Bei einem Sicherungsgeschäft wird man nach Treu und Glauben davon ausgehen können, daß der Kreditgeber in erster Linie auf die Erhaltung seiner Sicherheit und nicht auf die Erlangung einer höherwertigen Sicherheit zielt. Daher wird ein verständiger Warenkreditgeber damit einverstanden sein, wenn er nur in der Höhe des seiner Leistung entsprechenden Anteils am Fertigprodukt gesichert ist[2].

Es müssen sich für eine derartige Auslegung nach § 157 BGB aber irgendwelche Anhaltspunkte aus dem Vertrag ergeben. Ist dem Vertrag eindeutig zu entnehmen, daß der Warenkreditgeber seine Sicherheit auf den gesamten Verarbeitungswert oder das gesamte Fertigprodukt erstrecken will, kann seinem Erwerb in diesem vollen Umfang durch eine Auslegung nach § 157 BGB nicht begegnet werden.

3. Verbindungsklauseln

In der Praxis machen Warenkreditgeber, die sich durch eine Verarbeitungsklausel 1030 gesichert haben, häufig die leidvolle Erfahrung, daß ihre Sicherheit durch Arbeitsvorgänge entwertet ist oder sie ihr Eigentum sogar ersatzlos verloren haben. Die Verarbeitungsklauseln sind nämlich nur geeignet, die zu mißbilligenden Rechtsfolgen bei gemäß § 950 BGB zu beurteilenden Arbeitsvorgängen zu beseitigen; sie versagen jedoch bei Vermischungs- bzw. Verbindungsvorgängen[3]. Bei derartigen Vorgängen ist die Rechtsfolge aus § 947 BGB zu entnehmen[4]. Nach der zwingenden Vorschrift des § 947 BGB werden die Sacheigentümer Miteigentümer der neu hergestellten Sache im Verhältnis des Wertes der verarbeiteten Stoffe zueinander. Hierbei muß jeder Miteigentümer seinen Anteil beweisen[5]. Diese Grundsätze gelten nicht, wenn eine der verbun-

---
[1] BGH BB 63, 1354.
[2] Vgl. Serick IV 1. Teil, S. 235; Möhring, NJW 60, 701.
[3] Vgl. auch Serick, BB 73, 1405.
[4] Palandt/Bassenge § 947 Rdn. 2; RGRK/Pikart, § 947 Rdn. 10, 32.
[5] RG 112, 103.

denen Sachen als Hauptsache anzusehen ist. In diesem Fall erwirbt der Eigentümer der Hauptsache Alleineigentum an der neu hergestellten Sache, und das Eigentum der übrigen geht unter. Die übrigen Lieferanten sind auf einen Ersatzanspruch gem. §§ 951, 812 ff. BGB gegen den Alleineigentümer der neu hergestellten Sache angewiesen. Der Warenkreditgeber muß deshalb den Fabrikationsvorgang im Betrieb des Kreditnehmers genau beobachten, um das richtige Kreditsicherungsmittel zu wählen. Im Einzelfall wird es dabei sehr schwierig sein, eine Verarbeitung im Sinne des § 950 BGB von einer Verbindung gem. § 947 BGB abzugrenzen.

Problematisch ist insbesondere das Verhältnis von § 947 Abs. 1 BGB zu § 950 BGB, da die „einheitliche Sache" in § 947 BGB dem Begriff der „neuen Sache" in § 950 entspricht.

Nach der herrschenden Meinung[1] kommt § 950 BGB bei Verbindungen, in denen gleichzeitig einer Verarbeitung liegt, vorrangig zur Anwendung, wenn der Schwerpunkt auf dem Verarbeitungswert liegt. Hierbei ist es unwesentlich, wie der Arbeitsvorgang im einzelnen abgelaufen ist. Dagegen greift § 947 BGB ein, wenn bei einer Verbindung der Verarbeitungswert ganz im Hintergrund steht[2]. Im wesentlichen unproblematisch ist dagegen das Verhältnis von § 947 Abs. 2 BGB zu § 950 BGB, da bei einer Verbindung nach § 947 Abs. 2 BGB eine Wesensveränderung hinsichtlich der Hauptsache nicht erfolgt, es entsteht also — im Gegensatz zu § 950 BGB — keine neue Sache[3].

Bei einer Beurteilung des Arbeitsvorganges ist also zunächst zu fragen, ob eine neue Sache entstanden ist. Wenn dieses zutrifft, so scheidet eine Anwendung des § 947 Abs. 2 BGB aus. Ferner muß eine Abwägung zwischen dem Verarbeitungswert und dem Stoffwert erfolgen. Liegt hierbei der Verarbeitungswert nicht erheblich unter dem Stoffwert, so ist eine Verarbeitung im Sinne des § 950 BGB gegeben. Nur für diesen Fall kann sich der Warenkreditgeber durch eine Verarbeitungsklausel vor dem Verlust seiner Sicherheit schützen.

Bei einem nach § 947 Abs. 1 BGB zu beurteilenden Arbeitsvorgang wird der Kreditgeber kraft Gesetzes durch Gewährung eines Miteigentumsanteils geschützt. Eine Gefährdung seiner Sicherheit ergibt sich jedoch, wenn seine Vorbehaltsware bei einem Verbindungs- oder Vermischungsvorgang als eine Nebensache zu beurteilen ist. Der Warenkreditgeber kann sich in diesem Fall aber durch eine Verbindungsklausel absichern. Konstruktiv ist dies aber nur durch ein antizipiertes Besitzkonstitut möglich, wobei sich der frühere Eigentümer der Nebensache für den Fall seiner Verbindung schon im voraus das Alleineigentum oder einen Miteigentumsanteil an der verbundenen Sache übereignen läßt.

---

[1] Palandt/Bassenge, § 947 Rdn. 1; vgl. auch OLG Karlsruhe WM 79, 346; Serick, BB 73, 1406.
[2] BGH BB 72, 197 f.; BGH 18, 226 ff.
[3] Serick, BB 73, 1406.

Eine derartige Klausel könnte etwa folgenden Inhalt haben[1]:

„Wird eine von uns gelieferte Sache durch Verbindung wesentlicher Bestandteile einer anderen Sache als Hauptsache, so besteht darüber Einigkeit, daß auf uns das Miteigentum an der Hauptsache im Verhältnis des Fakturenwertes unserer Sache zum Fakturenwert oder mangels Fakturenwert zum Zeitwert der Hauptsache übergeht. Insoweit wird die Hauptsache von dem Besteller kostenlos mit verkehrsüblicher Sorgfalt für uns verwahrt."

Auf die Gefahren, die bei einer Sicherung durch ein antizipiertes Besitzkonstitut auftreten können, ist schon bei der Konstruktion der Verarbeitungsklausel hingewiesen worden. Diese Verbindungsklausel setzt außerdem voraus, daß der Warenkreditnehmer der Eigentümer der Hauptsache ist, sie versagt, wenn ein Dritter Eigentümer der Hauptsache ist.

Eine rechtsgeschäftliche Abänderung der Rechtsfolgen des § 947 Abs. 2 BGB ist wegen der zwingenden Natur dieser Vorschrift nicht möglich[2].

4. Weiterleitungsklauseln

Beim Verkauf von Sachen, die zum Umsatz im Geschäft des Käufers bestimmt sind (Zwischenhandel), sichert sich der Verkäufer dadurch, daß er die Ermächtigung zur Weiterveräußerung auf den Weiterverkauf im ordnungsmäßigen Geschäftsverkehr beschränkt. Ist die Existenz des Käufers von dem Umsatz der Ware abhängig, wird man mangels ausdrücklichen Verbots den Käufer grundsätzlich als zur Weiterveräußerung befugt betrachten dürfen[3]. Daneben dürfte eine ordnungsgemäße Veräußerung auch dann vorliegen, wenn nach der Natur des Geschäfts die Sache zur Weiterveräußerung bestimmt ist[4]. Zusätzlich kann solche Vereinbarung verbunden werden mit einer — durch Tilgung der Kaufpreisforderung auflösend bedingten — Sicherungsübereignung von gleichwertigen Ersatzwaren durch antizipiertes Besitzkonstitut. Mitunter verpflichtet der Verkäufer den Käufer auch, dem Zweitabnehmer seinerseits einen Eigentumsvorbehalt aufzubürden. Es ist dann Auslegungsfrage, ob die Weiterveräußerung mit solchem „weitergeleiteten" Eigentumsvorbehalt den Vorbehalt des Erstverkäufers gegenstandslos macht und nur das Eigentum zugunsten des Zweitverkäufers aufrechterhält („nachgeschalteter" Eigentumsvorbehalt) oder ob sich der weitergeleitete Eigentumsvorbehalt auch auf das Eigentum des Erstverkäufers bezieht, ob also der Zweitkäufer das Eigentum erst nach Vollbefriedigung (auch) des Erstverkäufers erwerben soll[5].

1031

---

[1] Allg. Verkaufsbedingungen der A., Heidelberg, Nr. 4b, zitiert bei Serick, BB 73, 1407 Fn. 16.
[2] Ganz h. M.: Palandt/Bassenge, § 947 Rdn. 4; RGRK/Pikart, § 947 Rdn. 17; Staudinger/Berg, § 947 Rdn. 8.
[3] OLG Celle JW 26, 2102.
[4] Graf Lambsdorff, Handbuch des Eigentumsvorbehalts, S. 84; vgl. auch OLG Celle NJW 59, 1686.
[5] BGH 56, 34.

5. Vorausabtretungsklauseln

1032 Vor allem pflegt sich der Verkäufer für den Fall der Weiterveräußerung der Vorbehaltssache oder des Arbeitsproduktes schon im voraus die Forderung gegen den Zweitkäufer oder Besteller[1] im Wege der „Anschlußzession" sicherungshalber abtreten zu lassen. Diese Form des verlängerten Eigentumsvorbehalts stellt sich dar als ein Vertrag, durch welchen eine künftige Forderung sicherungshalber still zediert wird. Für ihn gilt allgemeines Zessionsrecht. Er kann daher nicht durch einseitige Erklärung des Verkäufers begründet werden[2] und ergreift eine gemäß § 399 BGB unabtretbar gemachte Forderung selbst dann nicht, wenn er zeitlich vor der Entstehung der Forderung vereinbart war[3].

Genehmigt der Verkäufer nachträglich die erfolgte Abtretung, so wirkt diese Genehmigung nur ex nunc, also nur für die Zukunft. Von einer Rückwirkung der Genehmigung kann nur dann ausgegangen werden, wenn in der Ausschließungsabrede die Abtretbarkeit von der Zustimmung des Schuldners abhängig gemacht worden ist[4].

1033 Der Käufer, der ungeachtet der Zession die Kaufpreisforderung einzieht und den Erlös für sich verbraucht, setzt sich der Gefahr strafrechtlicher Verfolgung wegen Untreue aus, falls die Zession nicht mehr eine stille und daher der Käufer nicht mehr zur Einziehung ermächtigt ist (s. Rdn. 719); auch kann ein dritter Gläubiger des Käufers, der in Kenntnis der Situation sich den Erlös zwecks Tilgung seiner Forderung auszahlen läßt und dabei die Schädigung des leer ausgehenden Verkäufers bewußt in Kauf nimmt, wegen Verstoßes gegen die guten Sitten nach § 826 BGB haftbar werden[5].

1034 Selbst die dem Vorbehaltskäufer in AGB erteilte Ermächtigung, den Kaufpreis für die unter verlängertem Eigentumsvorbehalt gelieferte und weiterveräußerte Ware einzuziehen, berechtigt ihn nicht, die Forderungen aus dem Weiterverkauf — nochmals — im Rahmen unechten Factorings an einen Factor zu verkaufen oder abzutreten[6]. Haben sich mehrere Verkäufer die gleiche Kaufpreisforderung im voraus abtreten lassen, so entscheidet die zeitliche Priorität, sofern jede Abtretung die volle Kaufpreisforderung umfaßt. Dies auch dann, wenn die abgetretene Forderung der Gegenwert für die vom Zweitzessionar unter Eigentumsvorbehalt gelieferte Ware ist[7]. Bei bloßer Teilabtretung wird es in aller Regel an der zu Rdn. 1035 erörterten Bestimmbarkeit der Teilforderungen fehlen. Der verlängerte Eigentumsvorbehalt entbehrt der Wirksamkeit, wenn er zu einer sittenwidrigen Übersicherung des Verkäufers führt — was insbesondere bei einer Koppelung des einfachen mit dem erstreckten und ver-

---

[1] BGH 26, 178.
[2] OLG München NJW 59, 1541.
[3] BGH WM 71, 71; Serick IV, S. 493; a. M. BGH WM 67, 213; vgl. a. BGH WM 78, 267.
[4] BGH 55, 37.
[5] BGH WM 63, 1054; 70, 245.
[6] BGH WM 81, 1350 = NJW 82, 164; vgl. aber BGH NJW 78, 1872.
[7] BGH WM 66, 1327.

längerten Eigentumsvorbehalt[1] oder bei einer Vertragsgestaltung mit der Wirkung einer Globalzession[2] geschehen kann —, oder wenn der Vorbehalt nur für den Fall der Zahlungsunfähigkeit oder Zahlungseinstellung des Käufers gelten soll. Daher ist auch hier die „Übersicherungsklausel" (s. Rdn. 281) üblich. Nach a. A.[3] soll bei Mehrfachabtretungen die Ermächtigung entscheidend sein. Wird eine Ermächtigung (§ 185 BGB) erteilt, so ist die Verfügung wirksam; Fragen der Priorität oder Sittenwidrigkeit entfallen. Wegen der Kollision des verlängerten Eigentumsvorbehalts mit einem zwischen Vorbehaltskäufer und Zweitabnehmer vereinbarten Abtretungsverbot s. Rdn. 1032 und einer zwischen Vorbehaltskäufer und Geldkreditgeber vereinbarten Globalzession s. Rdn. 701 ff.

In den letzten Jahren ist es zu einer lebhaften Diskussion über die Frage gekommen, ob die vom Bundesgerichtshof aufgestellten Grundsätze zur Kollision von Globalzessionen mit Eigentumsvorbehalten mit Vorausabtretung auch auf des Zession im Rahmen eines Factoring-Vertrages Anwendung finden. Die zu diesem Problem bisher veröffentlichten Entscheidungen und ein Teil der Literatur sind dabei zu dem Ergebnis gekommen, daß die Grundsätze zur Globalzession auf das Factoring keine Anwendung finden. Bei den gegebenen Begründungen fällt jedoch auf, daß — mit Ausnahme von Serick nicht zwischen echtem und unechtem Factoring unterschieden wird bzw. dadurch, daß das unechte Factoring gar nicht erwähnt wird, wodurch der Eindruck erweckt wird, das Factoring unterfalle nicht diesen Grundsätzen. Der BGH[4] hat bisher lediglich zum echten Factoring Stellung genommen und insoweit die von ihm aufgestellten Grundsätze zur Kollision von Globalzessionen mit verlängertem Eigentumsvorbehalt für nicht anwendbar erklärt. Unter Berufung auf Serick gibt der BGH die überzeugende Begründung, daß es sich beim echten Factoring um einen Forderungskauf handle und der Vorbehaltsverkäufer jetzt genau die Stellung erhalte, die ihm zukäme, wenn er die abgetretene Forderung — erlaubterweise — dadurch zum Untergang brächte, daß er den Wert der Kaufpreisforderung vom Zweitkäufer der Vorbehaltsware in bar entgegengenommen hätte.

Beim unechten Factoring wird man aber nicht von einem Forderungskauf sprechen können. Es ist nämlich zu berücksichtigen, daß der Factor auch in den Fällen, in denen er die Forderung aufgrund der Haftungsregelungen nicht bevorschußt, die Forderungen als Sicherheit für die anderen bevorschußten Forderungen ansieht. Hier führt die Zweckbindung der Globalzession im Factoringvertrag in ihrem weitgehenden Umfang dazu, daß von vornherein die Sicherung des Vorschusses durch die Zessionen im Vordergrund steht. Wirtschaftlich und rechtlich wird hier nur Geld zur Verfügung gestellt gegen Berechnung von Zinsen und Gebühren. Die gleichgelagerten wirtschaftlichen Interessen und überwiegend auch rechtliche Ausgestaltung des unechten Factorings

---

[1] OLG Stuttgart NJW 58, 1875.
[2] BGH 26, 185; WM 69, 1072.
[3] Bettee/Marwede, Die Bank 82, 135.
[4] WM 77, 1198.

und der Globalzession rechtfertigen daher eine Gleichbehandlung beider Finanzierungsformen. Die Grundsätze des BGH zur Kollision von Globalzessionen mit Vorausabtretungen aus verlängerten Eigentumsvorbehalten sind daher für die Fälle des unechten Factorings als anwendbar anzusehen[1]. Für den Fall der Kollision einer Globalvorausabtretung zu Gunsten eines Factors im Rahmen unechten Factorings mit Zession zugunsten von Warenlieferanten aufgrund verlängerten Eigentumsvorbehalts, gelten die gleichen Grundsätze wie in Kollisionsfällen zwischen der globalen Vorausabtretung zugunsten einer Bank (Globalzession) und Zession zugunsten des Warenkreditgebers[2].

1035 In der Praxis gewinnt außerordentliche Bedeutung der Grundsatz, daß eine Abtretung nur bei hinreichender Bestimmbarkeit der zedierten Forderung wirksam ist, einer Bestimmbarkeit, die bei der Abtretung künftiger Forderungen erst im Zeitpunkt der Entstehung der Forderungen gegeben zu sein braucht. Der verlängerte Eigentumsvorbehalt wird nämlich fast durchgängig als generell gemeinte Abrede in die Allgemeinen Lieferungsbedingungen der Warenlieferanten eingebaut. Sie lautet in einfachster Form etwa folgendermaßen:

„Die Ware bleibt bis zur vollständigen Bezahlung Eigentum des Verkäufers; der Käufer tritt die ihm aus dem Weiterverkauf der Ware erwachsende Forderung schon hiermit sicherungshalber an den Verkäufer ab."

Bei dem Erfordernis der Individualisierung der zedierten Forderung geht es letztlich darum, ob die in den Lieferungsbedingungen enthaltene Zession so formuliert ist, daß die abgetretene Forderung, obwohl sie sich nur durch die Anknüpfung an ein künftig von Zedenten zu veräußerndes Wirtschaftsgut bestimmt, nach Gegenstand und Umfang genügend individualisiert ist. Es genügt, wenn nach der objektiv ausgelegten Abtretungsklausel die vom Abtretungsempfänger im Einzelfall in Anspruch genommene Forderung genügend bestimmbar ist[3]. So muß sich gegenständlich aus der Zessionsvereinbarung zunächst Rechtsgrund und Drittschuldner der Forderung zweifelsfrei ergeben. Die Bestimmbarkeit künftig entstehender Forderungen bei Vorausabtretungsklauseln bereitet in der Praxis kaum Schwierigkeiten, auch wenn zwischen dem Vorbehaltskäufer/AGB-Kunden einerseits und dessen Abkäufer andererseits ein Kontokorrentverhältnis besteht. In diesem Fall ist jedoch zu beachten, daß die Vorausabtretungsklausel eindeutig festlegen muß, daß sich die Abtretung nicht auf die einzelne Kontokorrentforderung, sondern auf die Kontokorrentsaldoforderung erstreckt[4]. Es empfiehlt sich, klarzustellen, ob die Vorausabtretung im Falle des „anerkannten Saldos" im Sinne des § 355 HGB nur den abstrakten Schlußsaldo oder auch den kausalen Saldo erfaßt[5].

---

[1] Vgl. auch BGH WM 78, 787.
[2] S. BGH WM 81, 1350 = NJW 82, 164; vgl. auch BGH NJW 77, 2207.
[3] BGH NJW 81, 817.
[4] Vgl. v. Westphalen, ZIP 80, 726.
[5] Vgl. v. Westphalen, a. a. O.

Im einfachsten Fall wird sich die Forderung gegen denjenigen richten, der die vom   1036
Vorbehaltskäufer erworbene Sache so, wie sie diesem geliefert wurde, seinerseits käuflich erwirbt; die hierauf abgestellte Formulierung des verlängerten Eigentumsvorbehalts (s. obiges Beispiel) genügt bei Geschäften, welche unveränderliche Fertigwaren wie Kraftwagen, Möbel, Klaviere usw. („Großstücke") zum Gegenstand haben.

Schwierigkeiten in dieser Hinsicht werden sich, wie erwähnt, vor allem da ergeben, wo der Erstabnehmer gleichartige Ware von mehreren Lieferanten bezieht und unterschiedlos an eine Vielzahl von Zweitabnehmern weiterveräußert. Nicht minder wichtig ist sodann, daß der Umfang der abgetretenen Forderung einwandfrei zu ermitteln ist. Daran fehlt es häufig in den soeben erwähnten Fällen[1]. Keinesfalls aber kann die Forderung nur insoweit zediert werden, als sie den Gegenwert für das vom Vorbehaltskäufer gelieferte Material darstellt, oder nur insoweit, als jeweils der Kaufpreis kreditiert ist. Ebensowenig kann sie auf den Teilbetrag beschränkt werden, welcher dem Verhältnis des Wertes der Vorbehaltsware zur gesamten Forderung aus der Weiterveräußerung entspricht, mag der Teilbetrag die Verdienstspanne des Zweitverkäufers einschließen sollen oder nicht. So wird der Zuckerlieferant wohl kaum den für die Gültigkeit seines verlängerten Eigentumsvorbehalts maßgebenden Zuckeranteil an der vom Käufer hergestellten und an die Zweitabnehmer verkauften Marmelade nachweisen können[2]. Wird demgegenüber im verlängerten Eigentumsvorbehalt der abzutretende Teil der Forderung von vornherein ziffernmäßig oder nach den Fakturenpreisen der Ware bestimmt[3] oder läßt der Lieferant sich denjenigen Teil zedieren, welcher dem Betrage seiner im Zeitpunkt der Weiterveräußerung noch offenstehenden Forderung gegen den Erstabnehmer entspricht — es genügt, wenn die im Augenblick der Abtretungserklärung in den Lieferungsbedingungen niemals feststehende Höhe der offenen Forderung gegen den Erstabnehmer im Augenblick der Wirksamkeit der Abtretung bestimmt werden kann — so mag damit auch der Umfang der zedierten Forderung im einzelnen Fall feststehen. Machen die Lieferungen des Vorbehaltskäufers nur einen geringen Bruchteil des Wertes der Leistung aus, die der Vorbehaltskäufer an seine Kunden erbringt, so werden die Lieferbedingungen dahingehend ausgelegt, daß die Abtretung des gesamten Vergütungsanspruches nicht gewollt sein kann; in solchen Fällen sollen Vorausabtretungsklauseln dahin zu verstehen sein, daß nur ein Teil der Kundenforderung abgetreten wird[4]. Allgemeine Geschäftsbedingungen sind allgemein, also nach ihrem typischen Sinn, auszulegen; ausreichend ist beispielsweise die Abgrenzung einer Teilabtretung „in Höhe des Wertes der Vorbehaltsware" oder „entsprechend dem Wert unserer Lieferung"[5]. Unter mehreren Auslegungsmöglichkeiten soll derjenigen der Vorzug gegeben werden, die am wenigsten gefährdet ist, von der Rechtsprechung wegen mangelnder Bestimmbarkeit der abgetretenen Teilforderung verworfen

---

[1] BGH WM 67, 1213.
[2] OLG Frankfurt WM 57, 495.
[3] RG 136, 100; 142, 142; DR 40, 581; BGH NJW 78, 538; vgl. auch Serick II, S. 278.
[4] BGH NJW 81, 817 = DB 81, 634 m. w. N.
[5] BGH NJW 81, 817 = DB 81, 635 m. w. N.

zu werden¹, beachtet werden muß aber das Verbot der geltungserhaltenden Reduktion² nach AGBG. Fraglich ist, inwieweit Zahlungen des Drittschuldners an den Kreditnehmer auf die Forderung des Lieferanten angerechnet werden, wenn dieser sich die zukünftige Forderung seines Kunden gegen Dritte nur in Höhe des Rechnungsbetrages hat abtreten lassen. Hier ist durch Auslegung des Vertrages insbesondere der Allgemeinen Geschäftsbedingungen des Lieferanten, zu ermitteln, ob die Zahlungen des Drittschuldners auf die Tilgung des Forderungsteils des Lieferanten erstrangig, letztrangig oder aber anteilig mit anderen Forderungsteilen angerechnet werden³.

In der Mehrzahl der Fälle wird aber der verlängerte Eigentumsvorbehalt die Forderung des Vorbehaltskäufers nur erfassen, wenn er bei objektiver Auslegung die Möglichkeit einschließt, daß der Zweitabnehmer die Ware nicht (nur) im Rahmen eines Kaufvertrages, sondern (auch) eines Werklieferantenvertrages oder eines reinen Werkvertrages erwirbt⁴ oder daß die Vorbehaltsware nicht in ihrer ursprünglichen Gestalt, sondern erst nach Vermischung oder Vermengung mit gleichartigen Waren bzw. nach Verarbeitung zu einer neuen Sache und/oder zusammen mit anderen Sachen verschiedener Herkunft nicht nur unter einheitlicher Rechnung, sondern auch zu einem Einheitspreis veräußert wird. Dabei ist stets Voraussetzung, daß der Lieferant zu beweisen vermag, daß die von ihm stammende Vorbehaltsware auch tatsächlich an den zutreffenden Zweitabnehmer veräußert worden ist; sonst kommt der verlängerte Eigentumsvorbehalt von vornherein nicht zum Zuge⁵.

1037   Je nach Lage der Sache muß aber die Fassung des verlängerten Eigentumsvorbehalts auch noch die weitere Frage beantworten, ob bei einer Veräußerung der Vorbehaltsware an eine Mehrzahl von Zweitabnehmern die Forderung an die verschiedenen Zweitabnehmer jedesmal in voller Höhe des abgetretenen Forderungsteils übergehen soll, so daß der Lieferant zur Sicherung seiner einen Kaufpreisforderung mehrere Forderungen gleicher oder verschiedener Höhe erwürbe, oder ob der abgetretene Forderungsteil auf die Forderungen gegen die mehreren Weiterabnehmer in dem Verhältnis verteilt werden soll, in welchem das gekaufte Material für die Weiterabnehmer verwendet worden ist, so daß von jeder Forderung gegen einen Weiterabnehmer immer nur ein diesem Verhältnis entsprechender Teil abgetreten wäre⁶. Würde aber der Lieferant sich kurzerhand sämtliche in Frage kommenden Forderungen gegen die Zweitabnehmer in voller Höhe abtreten lassen und beweisen können, daß sein Material wenigstens teilweise in den an die Zweitabnehmer veräußerten Produkten steckt, so würde er letzten Endes den Vorwurf sittenwidrigen Verhaltens riskieren⁷. Dies zum mindesten dann, wenn

---

¹ BGH a. a. O.
² Vgl. BGH 106, 267; zum kfm. Verkehr BGH 92, 315; a. A. MünchKomm/Kötz, § 6 AGB-G Rdn. 8 ff.
³ OLG Karlsruhe ZIP 84, 609.
⁴ BGH WM 62, 1384.
⁵ BGH NJW 64, 149; 68, 1516; WM 67, 1213.
⁶ RG 149, 101.
⁷ RG 155, 26.

die von ihm gelieferte Ware nur einen geringen Bruchteil des Produktes ausmachte, wie es bei den Rohstofflieferanten im Baugewerbe oftmals vorkommt[1]. Die Rechtsprechung geht daher in solchen Fällen bei der Auslegung des verlängerten Eigentumsvorbehalts regelmäßig davon aus, daß es nicht der Wille der Parteien sein kann, den gesamten Vergütungsanspruch des Bauunternehmers gegen den oder die Bauherren an den Lieferanten bestimmter Baumaterialien abzutreten. Damit erhebt sich freilich zugleich die Frage, auf welchen Teilbetrag der Gesamtforderung sich dann der verlängerte Eigentumsvorbehalt beziehen soll, eine Frage, die sich zumeist nicht eindeutig beantworten läßt und sonach zur Feststellung der Unwirksamkeit des verlängerten Eigentumsvorbehalts führt[2].

Man hat versucht, allen Schwierigkeiten dadurch auszuweichen, daß sich der Erstabnehmer dem Lieferanten gegenüber verpflichtete, die Ware nur als Kommissionär des Lieferanten weiterzuveräußern. Beim Vorliegen eines Kommissionsverhältnisses bedarf es nämlich einer besonderen Abtretung der Forderung an den Lieferanten als Kommittenten überhaupt nicht. Vielmehr ergibt sich das Gläubigerrecht des Kommittenten schon aus dem Gesetz, insofern Forderungen aus einem Geschäft, welches der Kommissionär abgeschlossen hat, im Verhältnis zwischen dem Kommittenten und den Gläubigern des Kommissionärs als Forderungen des Kommittenten gelten, woraus folgt, daß der Kommissionär solche Forderungen nicht mit Wirkung gegenüber den Kommittenten seinen Gläubigern sicherungshalber zedieren kann[3]. Indessen wahrt eine solche Vereinbarung die Interessen des Lieferanten nicht, wenn die Parteien Verkäufe, die eine von ihnen für eigene Rechnung tätigen will, nicht wirksam der gesetzlichen Behandlung des Verkaufs für fremde Rechnung unterstellen[4]. 1038

Es nützt schließlich auch nichts, wenn die mehreren Lieferanten, deren verlängerte Eigentumsvorbehalte am Mangel der Individualisierbarkeit des abgetretenen Forderungsteils scheitern, dazu übergehen, die Teilforderungen treuhänderisch auf einen einzigen von ihnen zu übertragen, damit sich in seiner Person die Gesamtforderung vereinige[5]; denn die Unwirksamkeit des verlängerten Eigentumsvorbehalts wird nicht dadurch beseitigt, daß die unwirksam abgetretene Forderung auf einen Dritten weiter übertragen wird[6]. 1039

Graf Lambsdorff[7] anerkennt solchen Poolbildungen die Wirksamkeit, bei denen Vorbehaltslieferanten, die alle als Miteigentümer an der verarbeiteten Vorbehaltssache beteiligt waren, diese Anteile und damit den daraus resultierenden Teil der Weiterver-

---

[1] OLG Celle NJW 52, 306.
[2] BGH 26, 178, 185; WM 59, 432; 60, 1063; 69, 1072; OLG Neustadt WM 58, 1141.
[3] § 392 HGB; RG 148, 191.
[4] OLG Karlsruhe JW 44, 2157.
[5] Anders bei Individualisierbarkeit, von der der BGH in seiner Entscheidung WM 91, 1728 offenbar ausging.
[6] Vgl. Marx, NJW 78, 246 ff.; Reinicke/Tiedtke, WM 79, 186.
[7] Graf Lambsdorff, Handbuch des Eigentumsvorbehalts, 1974, S. 195; vgl. auch OLG Karlsruhe WM 73, 343.

kaufsforderung auf einen Dritten übertragen. Hieraus wird deutlich, daß aus der Formulierung der Verarbeitungsklauseln sich ein Miteigentumsanteil ergeben muß. Bei unbeschränkten — und daher sittenwidrigen Klauseln — gelangt man zu einem Miteigentumsanteil über eine Teilnichtigkeit über § 139 BGB.

Es kann bei der Poolbildung jedoch nicht auf durchschnittliche Materialanteile abgestellt werden. Der sachenrechtliche Bestimmtheitsgrundsatz erfordert eine genaue Festlegung der einzelnen Materialanteile. Diese müssen anhand der Produktionsunterlagen ermittelt werden.

1040 Die reichsgerichtliche Rechtsprechung hatte eine rechtlich einwandfreie Formulierung des verlängerten Eigentumsvorbehalts in den Lieferungsbedingungen praktisch dadurch ausgeschlossen, daß sie aus der Eigenschaft der Lieferungsbedingungen als „typische" Urkunden folgerte, sie müßten stets für jede mögliche Geschäftsgestaltung anwendbar, mithin so gefaßt sein, daß kein Fall denkbar wäre, in welchem die Bezeichnung der abgetretenen Forderung zu Zweifeln über den Umfang der Abtretung Anlaß gäbe[1]. Dieser Rechtsprechung ist der BGH nicht gefolgt. Er fordert lediglich, daß die Angaben im verlängerten Eigentumsvorbehalt im konkreten Fall zur Individualisierung ausreichen; ein nicht gegebener, nur denkbarer Sachverhalt soll außer Betracht bleiben[2]. Dennoch bedarf die Rechtslage da, wo es sich um Rohstoffe und Halbfabrikate handelt, die erst nach Verarbeitung oder Vermischung und Vermengung, vielleicht sogar an eine Mehrzahl von Zweitabnehmern, veräußert werden, immer einer genauen Prüfung im Hinblick auf das Erfordernis der nach Gegenstand und Umfang genügenden Individualisierung der Forderung.

Ein Lieferant z. B., von welchem ein Klempner Bleche bezieht, um aus ihnen und den Blechen verschiedener anderer Lieferanten Dachrinnen herzustellen und diese in unterschiedlichen Quantitäten an den Gebäuden einer Mehrzahl von Grundstückseigentümern anzubringen, muß schon erhebliche Sorgfalt aufwenden, will er seinen Lieferungsbedingungen denjenigen Inhalt geben, der eine rechtswirksame Vorauszession der Forderung des Klempners aus der Weiterveräußerung der Bleche begründet.

Hinzuweisen ist noch, daß eine Forderungsabtretung im Rahmen eines verlängerten Eigentumsvorbehaltes dann unwirksam ist, wenn die Forderung aus der Weiterveräußerung der Vorbehaltsware in ein Kontokorrent eingestellt wird[3]. Fällt der Vorbehaltskäufer jedoch in Konkurs, so wird das Kontokorrent beendet mit der Folge, daß der dann ergebende Saldo unbeschränkt abtretbar ist und deshalb auch von dem verlängerten Eigentumsvorbehalt erfaßt werden kann[4].

Problematisch ist die Beurteilung der Rechtslage, wenn dem verlängerten Eigentumsvorbehalt des Verkäufers ein Abtretungsverbot in den Einkaufsbedingungen des

---

[1] RG JW 39, 563.
[2] BGH 7, 365.
[3] OLG Köln WM 78, 146; OLG Stuttgart WM 78, 149.
[4] BGH BB 78, 222.

Käufers gegenübersteht und ein Zwischenhändler dennoch die unter verlängertem Eigentumsvorbehalt stehenden Waren unter Abtretung des Kaufpreises an den Verkäufer weiterveräußert. Nach § 354a HGB ist eine Abtretung einer Forderung aus einem Handelsgeschäft trotz Abtretungsverbot wirksam (seit 26. 7. 1994). Problematisch ist jedoch, daß der Schuldner der Zahlungsforderung trotz einer ihm gegenüber offengelegten Abtretung weiterhin an den bisherigen Gläubiger mit befreiender Wirkung zahlen kann.

Der formularmäßige Ausschluß des Eigentumsvorbehalts stellt insbesondere keine gegen Treu und Glauben verstoßende unangemessene Benachteiligung des Lieferanten i. S. des § 9 Abs. 1 AGB-Gesetz dar[1]. Anders ist die Lage zu beurteilen, wenn im nichtkaufmännischen Verkehr die Allgemeinen Geschäftsbedingungen eines Lieferanten z. B. eine Klausel enthalten, wonach die gelieferten Waren bis zur vollständigen Begleichung aller Forderungen aus den gesamten künftigen Geschäftsbedingungen Eigentum des Lieferanten bleiben. Eine solche Klausel ist unwirksam, da sie für den Lieferanten nicht geboten ist und zudem die Verwendung der Klausel zu einer unangemessenen Benachteiligung des Kunden führt, weil der Eigentumsübertragungstatbestand auf unbestimmte Zeit hinausgeschoben und durch den Vertragszweck nicht bedingt ist[2].

Findet sich aber ein Abtretungsverbot in den Einkaufsbedingungen des Käufers, ist der Zwischenhändler nicht ermächtigt, das Eigentum zu übertragen, so daß der Käufer die Waren lediglich gutgläubig nach § 932 BGB bzw. § 366 HGB erwerben könnte. Das Verhalten des Käufers gilt aber schon dann als grob fahrlässig und deshalb bösgläubig, wenn er in seinen Allgemeinen Geschäftsbedingungen ein Abtretungsverbot aufgenommen hat, obwohl er weiß, daß der Verkäufer ein Verarbeitungsbetrieb ist, bei dem man regelmäßig mit einem Eigentumsvorbehalt oder einem verlängerten Eigentumsvorbehalt rechnen muß, und es dennoch unterläßt, entsprechende Erkundigungen über dessen Eigentumsverhältnisse vorzunehmen. In diesem Fall nimmt er in Kauf, den verlängerten Eigentumsvorbehalt zu vereiteln[3]. In einem anderen Fall hingegen, in dem der Verkäufer erst im sachenrechtlichen Vollzugsgeschäft den Versuch unternahm, einen Eigentumsvorbehalt in den Vertrag einzubeziehen, hat der BGH[4] entschieden, daß neben den Allgemeinen Einkaufs- und Zahlungsbedingungen des Käufers, nach denen ausschließlich die eigenen Bedingungen gelten sollten und Abweichungen hiervon schriftlich mit bestimmten, namentlich aufgeführten Herren der Geschäftsleitung des Käufers vereinbart sein mußten, für Bedingungen des Lieferanten kein Raum mehr sein. Es sei daher unerheblich, ob die in den Einkaufsbedingungen abgedruckten Allgemeinen Geschäftsbedingungen des Verkäufers einen Eigentumsvorbehalt vorsahen und der Käufer diesem nicht widersprach, denn der Verkäufer hatte die in den Allgemeinen Einkaufs- und Zahlungsbedingungen enthaltene Regelung anerkannt, daß ein Schwei-

---
[1] BGH WM 81, 60 = ZIP 80, 1090 f.; OLG Koblenz WM 92, 73; vgl. auch v. Westphalen, ZIP 80, 727, Nr. 5.
[2] Vgl. OLG Frankfurt, NJW 81, 130 = ZIP 81, 70.
[3] BGH NJW 80, 2247.
[4] Vgl. BGH BB 80, 1010 f.

gen des Käufers auf Auftragsbestätigungen mit anders lautenden Bedingungen des Lieferanten nicht als Einverständnis hiermit anzusehen sei. Somit sei der nicht vereinbarte, aber in den Allgemeinen Geschäftsbedingungen des Verkäufers enthaltene Eigentumsvorbehalt vertragswidrig. Ein solcher nachträglicher, vertragswidriger Eigentumsvorbehalt bei der Besitzübergabe könne jedoch nur wirksam sein, wenn er dem Käufer im Rechtssinne zugegangen sei. Hier hätte also einer der in den Allgemeinen Geschäftsbedingungen aufgeführten Herren vom Eigentumsvorbehalt des Verkäufers Kenntnis nehmen müssen. Sei jedoch die Erklärung des Eigentumsvorbehalts dem Käufer nicht wirksam zugegangen, so habe dieser bedingungsloses Eigentum erworben. Diese Rechtsprechung soll dazu beitragen, die Diskrepanz zwischen den durch das Verpflichtungsgeschäft konkretisierten Erwartungen des AGB-Kunden einerseits — nämlich einen Vertrag ohne Eigentumsvorbehalt zu schließen — und dem Versuch des Lieferanten als AGB-Verwender andererseits, im Rahmen des Vollzugsgeschäfts einen Eigentumsvorbehalt zu vereinbaren, zu überbrücken. Da der Besteller nämlich hiermit i. d. R. nicht zu rechnen braucht, sondern gestützt auf seine durch das Verpflichtungsgeschäft konkretisierten Erwartungen davon ausgehen darf, daß gerade kein Eigentumsvorbehalt vereinbar wird, ist die Vereinbarung eines nachträglichen, auf Lieferscheinen vermerkten Eigentumsvorbehaltes nicht nur „vertragswidrig", sondern auch eine überraschende Klausel (§ 3 AGBG)[1]. Die Grundsätze der Sittenwidrigkeit finden auch beim Eigentumsvorbehalt Anwendung (vgl. Rdn. 148 ff.).

V. Die gesicherte Forderung

1041 Die Forderung, welche durch den Eigentumsvorbehalt gesichert werden soll, bestimmt sich nach den Parteivereinbarungen, die bis zum Eintritt der Bedingung abänderbar sind. „In der Regel wird er der Sicherung der Forderung aus dem zugrunde liegenden Schuldverhältnis dienen, beim Kauf einer beweglichen Sache also der Sicherung des Anspruchs auf die Zahlung des Kaufpreises. In seinen Bereich kann aber auch die Sicherung von Ansprüchen fallen, die ihren Entstehungsgrund in anderen Rechtsgeschäften der Vertragsschließenden haben ... Die Vertragschließenden sind also bei der Vereinbarung des Eigentumsvorbehalts in der Bestimmung der Tatsache, von deren Eintritt das Erlöschen des Vorbehalts abhängig sein soll, grundsätzlich frei[2]. Und nicht nur bis zur Befriedigung anderweitiger, mit dem jeweiligen Veräußerungsgeschäft in keinem Zusammenhang stehender, sei es gegenwärtiger, sei es künftiger Forderungen, insbesondere bis zur Befriedigung der Ansprüche aus der laufenden Geschäftsverbindung oder aus sämtlichen zwischen den Parteien geschlossenen Geschäften, kann sich der Verkäufer das Eigentum vorbehalten (Kontokorrentvorbehalt, Saldovorbehalt), sondern sogar bis zur Befriedigung der Forderungen anderer Gläubiger gegen den Schuldner, insbesondere der Forderungen aller dem Konzern des Lieferanten angehörenden Firmen (Konzernvorbehalt). Man pflegt alle diese Fälle unter dem Begriff

---

[1] Vgl. v. Westphalen, BB 80, 1406 m. w. N.
[2] RG 147, 325; BGH 42, 53.

Die gesicherte Forderung

des erweiterten Eigentumsvorbehalts zusammenzufassen. Welche Forderungen im einzelnen Fall durch den erweiterten Eigentumsvorbehalt gesichert werden sollen, ist der Fassung des Vorbehalts zu entnehmen und manchmal nur durch Auslegung der Vorbehaltsabrede zu ermitteln[1].

Mit der Tilgung der hiernach gesicherten Forderungen geht der einfache und erstreckte Eigentumsvorbehalt unter (s. hierzu auch Rdn. 1017). Sichert er auch künftige Forderungen, so entfällt er, wenn zu irgendeinem Zeitpunkt einmal alle gesicherten Forderungen getilgt sind. Ein Wiederaufleben des Vorbehalts als Folge der Entstehung neuer Forderungen kommt ohne eine entsprechende Einigung der Beteiligten (Sicherungsübereignung) nicht in Frage[2].

Die Begleichung der gesicherten Forderung kann auch durch einen Dritten erfolgen; hat der Dritte das Anwartschaftsrecht des Käufers gepfändet oder erworben, so muß der Verkäufer die Zahlung des Dritten auch gegen den Widerspruch des Käufers annehmen (vgl. Rdn. 91). Dritter in diesem Sinne ist nicht, wer, wie der Bürge, mit der Zahlung eine eigene, dem Verkäufer gegenüber bestehende Schuld tilgt; für solche Zahlung gelten die Ausführungen zu Rdn. 241 ff.[3]. Auf den Eigentumsvorbehalt hat es keinen Einfluß, wenn die gesicherte Forderung verjährt[4] oder wenn ihr Untergang lediglich auf einem Saldoanerkenntnis innerhalb des Kontokorrentverkehrs zwischen Käufer und Verkäufer beruht oder die Folge eines Erlasses durch Zwangsvergleich innerhalb eines gerichtlichen Vergleichs- oder Konkursverfahrens ist. Ein Wechsel des Gläubigers durch Abtretung der gesicherten Forderung an einen Dritten hat nicht ohne weiteres auch den Übergang des vorbehaltenen Eigentums auf den Dritten zur Folge, vielmehr muß ihm das Eigentum durch Abtretung des Herausgabeanspruchs gegen den Käufer besonders übertragen werden[5]. Solche Übertragung der Kaufpreisforderung mit dem vorbehaltenen Eigentum ist der Weg, auf welchem sich bei der Absatzfinanzierung der Darlehensgeber sichert, der dem Verkäufer durch die Darlehensgewährung die hier erörterten Umsatzgeschäfte ermöglicht.

---

[1] BGH NJW 68, 885; WM 69, 1702.
[2] RG 147, 327.
[3] BGH 42, 53.
[4] BGH 42, 52; vgl. aber auch BGH WM 78, 122.
[5] BGH 42, 53.

Anhang

Selbstschuldnerische Höchstbetragsbürgschaft

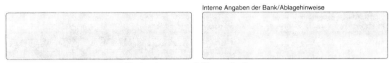

Interne Angaben der Bank/Ablagehinweise

Selbstschuldnerische Höchstbetragsbürgschaft
zur Sicherung aller Ansprüche aus der Geschäftsverbindung

Name und Anschrift des/der Bürgen

Ich/Wir (nachstehend „**der** Bürge" genannt) übernehme(n) hiermit

die selbstschuldnerische Bürgschaft bis zum Höchstbetrage von

DM | in Worten: Deutsche Mark

für alle bestehenden, künftigen und bedingten Ansprüche, die der Bank mit ihren sämtlichen in- und ausländischen Geschäftsstellen aus der bankmäßigen Geschäftsverbindung gegen

Name und Anschrift des Hauptschuldners

– bei mehreren Hauptschuldnern auch gegen jeden einzelnen von ihnen – zustehen.

1. Umfang der Bürgschaft
Der Bürge haftet aus dieser Bürgschaft insgesamt nur bis zum oben genannten Höchstbetrag, und zwar auch dann, wenn er die Bürgschaft für mehrere Hauptschuldner übernimmt.

2. Fortbestand der Bürgschaft
Die Bürgschaft bleibt über eine Beendigung der Geschäftsverbindung hinaus solange bestehen, bis alle durch diese Bürgschaft gesicherten Ansprüche der Bank endgültig erfüllt sind; sie erlischt insbesondere nicht, wenn der Hauptschuldner die durch die Bürgschaft gesicherten Ansprüche vorübergehend zurückführt.

3. Inanspruchnahme aus der Bürgschaft, Verzicht auf Einreden
(1) Sind die durch die Bürgschaft gesicherten Ansprüche der Bank fällig und erfüllt der Hauptschuldner diese Ansprüche nicht, kann sich die Bank an den Bürgen wenden, der dann aufgrund seiner Haftung als Selbstschuldner nach Aufforderung durch die Bank Zahlung zu leisten hat. Die Bank ist nicht verpflichtet, zunächst gegen den Hauptschuldner gerichtlich vorzugehen oder ihr gestellte Sicherheiten zu verwerten.

(2) Die Zahlungsverpflichtung des Bürgen besteht auch dann, wenn der Hauptschuldner das Geschäft, das seiner Verbindlichkeit zugrunde liegt, anfechten kann (Verzicht auf die dem Bürgen nach § 770 Abs.1 BGB zustehende Einrede der Anfechtbarkeit der Hauptschuld). Ferner kann sich der Bürge nicht darauf berufen, daß die Bank ihre Ansprüche durch Aufrechnung gegen eine fällige Forderung des Hauptschuldners befriedigen kann (Verzicht auf die dem Bürgen nach § 770 Abs. 2 BGB zustehende Einrede der Aufrechenbarkeit).

4. Übergang von Sicherheiten
(1) Vor vollständiger Erfüllung der Bürgschaftsschuld hat der Bürge keinen Anspruch auf Übertragung von Sicherheiten, die der Bank zur Sicherung der verbürgten Ansprüche bestellt worden sind.

(2) Hat der Bürge seine Bürgschaftsschuld vollständig erfüllt und hat die Bank nach den Sicherungsvereinbarungen Sicherheiten freizugeben, so wird sie Sicherheiten, die ihr vom Hauptschuldner bestellt worden sind — gegebenenfalls anteilig — auf den Bürgen übertragen; Sicherheiten, die von Dritten bestellt worden sind, wird die Bank an den jeweiligen Sicherungsgeber zurückübertragen, falls mit diesen nichts anderes vereinbart worden ist.

(3) Soweit Sicherheiten kraft Gesetzes auf den Bürgen übergehen (z.B. Pfandrechte), bleibt es jedoch bei der gesetzlichen Regelung. Wenn die Ansprüche der Bank aus dem oben genannten Höchstbetrag übersteigen und die kraft Gesetzes auf den Bürgen übergehenden Sicherheiten auch zur Sicherung des nicht verbürgten Teils der Ansprüche dienen, so steht hierfür der Bank gegenüber dem Bürgen ein vorrangiges Befriedigungsrecht.

(4) Etwaige Ansprüche des Bürgen gegen andere Sicherungsgeber auf Ausgleich und Übertragung von Sicherheiten werden durch die vorstehenden Regelungen nicht berührt.

5. Anrechnung von Zahlungseingängen
Die Bank darf den Erlös aus der Verwertung von Sicherheiten, die ihr der Hauptschuldner oder ein anderer Dritter bestellt hat, zunächst auf den Teil ihrer Ansprüche anrechnen, der den oben genannten verbürgten Höchstbetrag übersteigt. Dies gilt auch für Sicherheiten, die der Bürge zur zusätzlichen Sicherung der Ansprüche gegen den Hauptschuldner bestellt hat, es sei denn, daß diese zur Unterlegung der Bürgschaft bestimmt waren. In derselben Weise – nämlich vorrangig mit dem nicht verbürgten Teil ihrer Ansprüche – darf die Bank alle vom Hauptschuldner oder für dessen Rechnung geleisteten Zahlungen verrechnen.

6. Haftung mehrerer Bürgen
(1) Haben sich mehrere Bürgen in gesonderten Bürgschaftsurkunden für dieselben Verbindlichkeiten des Hauptschuldners verbürgt, haftet jeder einzelne Bürge – im Verhältnis zur Bank unter Ausschluß eines Gesamtschuldverhältnisses – ungeachtet etwaiger Zahlungen eines anderen Bürgen auf den vollen Betrag der von ihm übernommenen Bürgschaft, und zwar solange, bis alle von ihm verbürgten Ansprüche der Bank vollständig erfüllt sind.

(2) Haben sich mehrere Bürgen in dieser Urkunde verbürgt, haften sie gegenüber der Bank als Gesamtschuldner. Dies bedeutet, daß die Bank den oben vereinbarten Höchstbetrag von jedem einzelnen Bürgen ganz oder teilweise fordern kann, insgesamt jedoch nicht mehr als diesen Betrag.

(3) Ausgleichsansprüche des in Anspruch genommenen Bürgen gegen die anderen Bürgen werden durch die vorstehende Regelung nicht berührt.

© 1993 Bank-Verlag Köln 42.146 (09/93)

Anhang

7. Zusätzliche Bürgschaftserklärungen

Die Bürgschaft gilt zusätzlich zu etwaigen weiteren vom Bürgen abgegebenen Bürgschaftserklärungen.

8. Stundung und Freigabe von Sicherheiten

Der Bürge wird von seiner Bürgschaftsverpflichtung nicht frei, wenn die Bank dem Hauptschuldner Stundung gewährt, andere Bürgen aus der Haftung entläßt oder sonstige Sicherheiten freigibt, insbesondere, wenn die Bank Verfügungen über Gegenstände zuläßt, die dem Pfandrecht der Bank unterliegen und dies im Rahmen der ordnungsgemäßen Durchführung und Abwicklung der Geschäftsverbindung zum Hauptschuldner oder zur Wahrung berechtigter Belange des Hauptschuldners oder der Bank geschieht. Der Bürge wird ebenfalls nicht frei, wenn die Bank Sicherheiten aufgibt, um eine sich aus anderen Sicherungsverträgen ergebende Freigabeverpflichtung zu erfüllen.

9. Recht des Bürgen zur Kündigung der Bürgschaft

(1) Der Bürge kann die Bürgschaft – sofern sie nicht zeitlich befristet ist – nach Ablauf eines Jahres ab dem Zeitpunkt ihrer Übernahme schriftlich kündigen. Die Kündigung wird mit einer Frist von drei Monaten nach dem Eingang bei der Bank wirksam. Das Recht auf Kündigung aus wichtigem Grund bleibt unberührt.

(2) Die Haftung des Bürgen besteht auch nach Wirksamwerden der Kündigung fort, beschränkt sich jedoch auf den Bestand der verbürgten Ansprüche, der zum Zeitpunkt der Kündigungswirkung vorhanden war. Die Regelungen dieser Bürgschaft gelten bis zum vollständigen Ausgleich der verbürgten Verbindlichkeiten des Hauptschuldners weiter. Alle Zahlungen – gleich welcher Art –, die zugunsten des Hauptschuldners nach Wirksamwerden der Kündigung eingehen, werden zunächst auf denjenigen Teil der Ansprüche angerechnet, der bei Wirksamwerden der Kündigung nicht durch die Bürgschaft gesichert ist. Weitere Zahlungseingänge führen zu einer Ermäßigung der Bürgschaftsschuld.

(3) Bis zum Wirksamwerden der Kündigung können vor Eingang der Kündigung zugesagte Kredite vom Hauptschuldner in Anspruch genommen werden.

(4) Der Bürge haftet nach Wirksamwerden der Kündigung auch für solche Ansprüche der Bank gegen den Hauptschuldner, die dadurch sich entstehen, daß die Bank sich im Auftrage des Hauptschuldners Dritten gegenüber – zum Beispiel durch Übernahme einer Bürgschaft oder einer Garantie – verpflichtet hat, für Verbindlichkeiten des Hauptschuldners einzustehen.

10. Anwendbares Recht

Für das Bürgschaftsverhältnis gilt deutsches Recht.

Ort, Datum, Unterschrift des/der Bürgen

Bearbeitungsvermerke der Bank
Legitimation

Eingetragen im Register beim Amtsgericht	unter der Nummer	begl. Registerauszug liegt vor vom

Name	Ausweis (Art des Dokuments, ausgestellt von, am, Nr.)		Geburtsdatum
	☐ pers. bek.		
	☐ pers. bek.		
	☐ pers. bek.		

	bestätigt am	Unterschrift des Sachbearbeiters
☐ Die Bürgschaft wurde persönlich vom Bürgen (unter Vollziehung der Unterschrift) überreicht.		
☐ Die Bürgschaft wurde nicht vom Bürgen überreicht. Sie wurde dem Bürgen durch Einschreibebrief gegen Rückschein – eigenhändig bestätigt.		

Selbstschuldnerische Höchstbetragsbürgschaft

Interne Angaben der Bank/Ablagehinweise

Selbstschuldnerische Höchstbetragsbürgschaft
zur Sicherung bestimmter Forderungen der Bank

Name und Anschrift des/der Bürgen

Ich/Wir (nachstehend „der Bürge" genannt) übernehme(n) hiermit

die selbstschuldnerische Bürgschaft bis zum Höchstbetrage von

DM	in Worten: Deutsche Mark

für sämtliche Ansprüche, die der Bank aus

Bezeichnung der Forderung der Bank

gegen

Name und Anschrift des Hauptschuldners

– bei mehreren Hauptschuldnern auch gegen jeden einzelnen von ihnen – zustehen,

1. Umfang der Bürgschaft
Der Bürge haftet aus dieser Bürgschaft insgesamt nur bis zum oben genannten Höchstbetrag, und zwar auch dann, wenn er die Bürgschaft für mehrere Hauptschuldner übernimmt.

2. Fortbestand der Bürgschaft
Sichert die Bürgschaft Ansprüche aus einem Kreditvertrag, so bleibt sie unverändert bestehen, wenn der gesicherte Kredit prolongiert oder der Zinssatz geändert wird.

3. Inanspruchnahme aus der Bürgschaft, Verzicht auf Einreden
(1) Sind die durch die Bürgschaft gesicherten Ansprüche der Bank fällig und erfüllt der Hauptschuldner diese Ansprüche nicht, kann sich die Bank an den Bürgen wenden, der dann aufgrund seiner Haftung als Selbstschuldner nach Aufforderung durch die Bank Zahlung zu leisten hat. Die Bank ist nicht verpflichtet, zunächst gegen den Hauptschuldner gerichtlich vorzugehen oder ihr gestellte Sicherheiten zu verwerten.

(2) Die Zahlungsverpflichtung des Bürgen besteht auch dann, wenn der Hauptschuldner das Geschäft, das seiner Verbindlichkeit zugrunde liegt, anfechten kann (Verzicht auf die dem Bürgen nach § 770 Abs. 2 BGB zustehende Einrede der Anfechtbarkeit der Hauptschuld). Ferner kann sich der Bürge nicht darauf berufen, daß die Bank ihre Ansprüche durch Aufrechnung gegen eine fällige Forderung des Hauptschuldners befriedigen kann (Verzicht auf die dem Bürgen nach § 770 Abs. 2 BGB zustehende Einrede der Aufrechenbarkeit).

4. Übergang von Sicherheiten
(1) Vor vollständiger Erfüllung der Bürgschaftsschuld hat der Bürge keinen Anspruch auf Übertragung von Sicherheiten, die der Bank zur Sicherung der verbürgten Ansprüche bestellt worden sind.

(2) Soweit Sicherheiten kraft Gesetzes auf den Bürgen übergehen (z.B. Pfandrechte), bleibt es jedoch bei der gesetzlichen Regelung. Wenn die Ansprüche aus der Bürgschaft den Höchstbetrag übersteigen und die kraft Gesetzes auf den Bürgen übergehenden Sicherheiten auch zur Sicherung der nicht verbürgten Teils der Ansprüche dienen, so steht hierfür der Bank gegenüber dem Bürgen ein vorrangiges Befriedigungsrecht zu.

(3) Hat der Bürge seine Bürgschaftsschuld vollständig erfüllt und hat die Bank nach den Sicherungsvereinbarungen Sicherheiten freizugeben, so wird sie Sicherheiten, die ihr vom Hauptschuldner bestellt worden sind — gegebenenfalls anteilig – auf den Bürgen übertragen; Sicherheiten, die von Dritten bestellt worden sind, wird die Bank an den jeweiligen Sicherungsgeber zurückübertragen, falls mit diesen nichts anderes vereinbart worden ist.

(4) Etwaige Ansprüche des Bürgen gegen andere Sicherungsgeber auf Ausgleich und Übertragung von Sicherheiten werden durch die vorstehenden Regelungen nicht berührt.

5. Anrechnung von Zahlungseingängen
Die Bank darf den Erlös aus der Verwertung von Sicherheiten, die ihr der Hauptschuldner oder ein anderer Dritter bestellt hat, zunächst auf den Teil ihrer Ansprüche anrechnen, der den oben genannten verbürgten Höchstbetrag übersteigt. Dies gilt auch für Sicherheiten, die der Bürge zur zusätzlichen Sicherung der Ansprüche gegen den Hauptschuldner bestellt hat, es sei denn, daß diese zur Unterlegung der Bürgschaft bestimmt waren. In derselben Weise – nämlich vorrangig mit dem hier nicht verbürgten Teil ihrer Ansprüche – darf die Bank alle vom Hauptschuldner oder für dessen Rechnung geleisteten Zahlungen verrechnen.

6. Haftung mehrerer Bürgen
(1) Haben sich mehrere Bürgen in gesonderten Bürgschaftsurkunden für dieselben Verbindlichkeiten des Hauptschuldners verbürgt, haftet jeder einzelne Bürge – im Verhältnis zur Bank unter Ausschluß eines Gesamtschuldverhältnisses – ungeachtet etwaiger Zahlungen eines anderen Bürgen auf den vollen Betrag der von ihm übernommenen Bürgschaft, und zwar solange, bis alle von ihm verbürgten Ansprüche der Bank vollständig erfüllt sind.

(2) Haben sich mehrere Bürgen in dieser Urkunde verbürgt, haften sie gegenüber der Bank als Gesamtschuldner. Dies bedeutet, daß die Bank den oben vereinbarten Höchstbetrag von jedem einzelnen Bürgen ganz oder teilweise fordern kann, insgesamt jedoch nicht mehr als diesen Betrag.

(3) Ausgleichsansprüche des in Anspruch genommenen Bürgen gegen die anderen Bürgen werden durch die vorstehende Regelung nicht berührt.

© 1993 Bank-Verlag Köln 42.145 (01/93) I

Anhang

7. Zusätzliche Bürgschaftserklärungen

Die Bürgschaft gilt zusätzlich zu etwaigen weiteren vom Bürgen abgegebenen Bürgschaftserklärungen.

8. Stundung und Freigabe von Sicherheiten

Der Bürge wird von seiner Bürgschaftsverpflichtung nicht frei, wenn die Bank dem Hauptschuldner Stundung gewährt, andere Bürgen aus der Haftung entläßt oder sonstige Sicherheiten freigibt, insbesondere, wenn die Bank Verfügungen über Gegenstände zuläßt, die dem Pfandrecht der Bank unterliegen und dies im Rahmen der ordnungsgemäßen Durchführung und Abwicklung der Geschäftsverbindung zum Hauptschuldner oder zur Wahrung berechtigter Belange des Hauptschuldners oder der Bank geschieht. Der Bürge wird ebenfalls nicht frei, wenn die Bank Sicherheiten aufgibt, um eine sich aus anderen Sicherungsverträgen ergebende Freigabeverpflichtung zu erfüllen.

9. Recht des Bürgen zur Kündigung der Bürgschaft

(1) Der Bürge kann die Bürgschaft nach Ablauf eines Jahres ab dem Zeitpunkt ihrer Übernahme schriftlich kündigen. Die Kündigung wird mit einer Frist von drei Monaten nach dem Eingang bei der Bank wirksam.

(2) Dieses Kündigungsrecht besteht nicht für zeitlich befristete Bürgschaften und für Bürgschaften für Kredite mit fest vereinbarter Laufzeit. Bei Krediten in laufender Rechnung mit fest vereinbarter Laufzeit kann der Bürge im Falle der Prolongation des Kredits die Bürgschaft mit einer Kündigungsfrist von drei Monaten zum Ende der jeweiligen Laufzeit kündigen.

(3) Das Recht auf Kündigung aus wichtigem Grund bleibt unberührt.

(4) Die Haftung des Bürgen besteht auch nach Wirksamwerden der Kündigung fort, beschränkt sich jedoch auf den Bestand der verbürgten Ansprüche, der zum Zeitpunkt der Kündigungswirkung vorhanden war. Die Regelungen dieser Bürgschaft gelten bis zum vollständigen Ausgleich der verbürgten Verbindlichkeiten des Hauptschuldners weiter. Alle Zahlungen – gleich welcher Art –, die zugunsten des Hauptschuldners nach Wirksamwerden der Kündigung eingehen, werden zunächst auf denjenigen Teil der Ansprüche angerechnet, der bei Wirksamwerden der Kündigung nicht durch die Bürgschaft gesichert ist. Weitere Zahlungseingänge führen zu einer Ermäßigung der Bürgschaftsschuld.

(5) Handelt es sich bei dem verbürgten Kredit um einen solchen in laufender Rechnung (Kontokorrentkredit), können bis zum Wirksamwerden der Kündigung Kreditlinien, die vor Eingang der Kündigung zugesagt wurden, vom Hauptschuldner in Anspruch genommen werden.

(6) Der Bürge haftet nach Wirksamwerden der Kündigung auch für solche Ansprüche der Bank gegen den Hauptschuldner, die dadurch entstehen, daß die Bank sich im Auftrage des Hauptschuldners Dritten gegenüber – zum Beispiel durch Übernahme einer Bürgschaft oder einer Garantie – verpflichtet hat, für Verbindlichkeiten des Hauptschuldners einzustehen. Dies gilt jedoch nur dann, wenn der durch die Bürgschaft gesicherte Kredit vom Hauptschuldner in dieser Weise in Anspruch genommen werden kann.

10. Anwendbares Recht

Für das Bürgschaftsverhältnis gilt deutsches Recht.

Ort, Datum, Unterschrift(en) des/der Bürgen

Bearbeitungsvermerke der Bank
Legitimation

Eingetragen im Register beim Amtsgericht	unter der Nummer	begl. Registerauszug liegt vor vom
Name	Ausweis (Art des Dokuments, ausgestellt von, am, Nr.)	Geburtsdatum
	☐ pers. bek. ☐ pers. bek. ☐ pers. bek.	
☐ Die Bürgschaft wurde persönlich vom Bürgen (unter Vollziehung der Unterschrift) überreicht. ☐ Die Bürgschaft wurde nicht vom Bürgen überreicht. Sie wurde dem Bürgen durch Einschreibebrief gegen Rückschein – eigenhändig bestätigt.	bestätigt am	Unterschrift des Sachbearbeiters

Auftrag zur Erstellung einer Garantie/Bürgschaft

Auftraggeber (Name und Anschrift)		
Telefon	Ref./Sachbearbeiter	Konto-Nummer

Auftrag zur Erstellung einer Garantie/Bürgschaft

Wir bitten Sie, in unserem Auftrag und für unsere Rechnung eine Garantie bzw. Bürgschaft — im folgenden einheitlich »Aval« genannt — zu den nachstehenden Bedingungen zu erstellen/erstellen zu lassen:

☐ brieflich   ☐ per Telekommunikation

Begünstigter (Name und Anschrift)	
Betrag/Verfalldatum	Betrag (= % des Gesamtpreises) Verfalldatum
Art des Avals	☐ Bietung Ausschreibungs-Nr. u. -Datum Angebots-Nr. u. -Datum Bietschluß
	Gegenstand des Angebots
	☐ Lieferung ☐ Leistung ☐ Anzahlung ☐ Vertragserfüllung ☐ Gewährleistung
	Vertrags-Nr. und -Datum Gesamtpreis Lieferzeit/-termin
	Gegenstand der Lieferung oder Leistung
	☐ Kreditsicherung ☐ einschließlich Zinsen ☐ zuzüglich Zinsen
	Kreditnehmer/Kreditlaufzeit
	☐ Sonstiges Aval
	Einzelheiten:
Wortlaut der Avalurkunde	☐ Garantie ☐ Bürgschaft „auf erstes Anfordern" ☐ Text gemäß Sonderweisung/Anlage
	(Nur bei Avalen gegenüber inländischen Begünstigten)
	(Soweit nicht „Text gemäß Sonderweisung/Anlage" Ihr Text oder Text Ihres Korrespondenten)
Avalerstellende Bank	☐ Sie gegenüber dem Begünstigten (direktes Aval) ☐ Korrespondenzbank Ihrer Wahl (indirektes Aval)
	☐ folgende Korrespondenzbank (indirektes Aval)
	Bei Fehlen einer Weisung dürfen Sie die avalerstellende Bank gemäß Nr. 1 der umseitigen Bedingungen für das Avalgeschäft festlegen.
Aushändigung der Avalurkunde an	☐ uns ☐ Begünstigten
	☐ folgende Adresse (Name und Anschrift):
Besonderheiten/ Sonderweisungen	

Für diesen Auftrag gelten die umseitigen Bedingungen für das Avalgeschäft. Ergänzend gelten die Allgemeinen Geschäftsbedingungen der Bank, die in jeder Geschäftsstelle eingesehen werden können und die auf Wunsch zugesandt werden.

Ort, Datum, Stempel, Unterschrift des Auftraggebers

Anhang

Bedingungen für das Avalgeschäft

Aufträge zur Erstellung von Garantien und/oder Bürgschaften („Avale") gegenüber Dritten („Begünstigter") nimmt die Bank von Kunden („Auftraggeber") unter folgenden Bedingungen entgegen:

1. Die Bank darf das Aval selbst übernehmen („direktes Aval") oder — mangels ausdrücklicher anderer Weisung des Auftraggebers — eine andere Bank („Zweitbank") beauftragen, das Aval im eigenen Namen zu übernehmen („indirektes Aval").

2. Mit Aushändigung/Absendung ihres Avals oder Avalauftrages wird die Bank den Auftraggeber mit dem Avalbetrag auf Avalkonto belasten und ihm die Avalprovision sowie das Entgelt für die Ausfertigung in Rechnung stellen.

3. Bei formal ordnungsgemäßer Inanspruchnahme ist die Bank nicht nur bei Garantien, sondern auch bei Bürgschaften auf erstes Anfordern des Begünstigten zur Zahlung zu Lasten des Auftraggebers berechtigt; sie ist nicht verpflichtet, dem Auftraggeber möglicherweise zustehende Einreden oder Einwendungen zu erheben oder ein gerichtliches Verfahren durchzuführen.
Entsprechendes gilt bei Zahlungsaufforderung durch die Zweitbank.

4. Hat die Bank im Zusammenhang mit Avalen Erklärungen und/oder Dokumente entgegenzunehmen, so wird sie mit angemessener Sorgfalt prüfen, ob diese der äußeren Aufmachung nach den Bedingungen des Avals entsprechen; sie ist berechtigt, per Telekommunikation übermittelte Erklärungen und Dokumente als ordnungsgemäß anzuerkennen. Der Bank obliegen keine weiteren Prüfungspflichten für Form, Vollständigkeit, Genauigkeit, Echtheit, Verfälschung oder Rechtswirksamkeit von Erklärungen und/oder Dokumenten oder für allgemeine und/oder besondere Bedingungen, die in den Erklärungen und/oder Dokumenten angegeben oder denselben hinzugefügt sind.
Im übrigen haftet die Bank bei der Abwicklung des Avalauftrages nur für grobes Verschulden.

5. Der Auftraggeber ist verpflichtet, die Rückgabe der Avalurkunde (einschließlich aller Nachträge) an die avalierende Bank — hilfsweise ihre Haftungsentlassung — zu gegebener Zeit herbeizuführen.

6. Bei direkten Avalen, die nicht ausdrücklich ausländischem Recht unterstellt sind und die nach ihrem Wortlaut zweifelsfrei erlöschen, wenn vor Ablauf eines bestimmten Verfalltages keine Inanspruchnahme bei der Bank eingeht, wird die Bank die Belastung auf Avalkonto nach Ablauf des Verfalltages ausbuchen und die Berechnung der Avalprovision einstellen. Sollte die Bank danach noch aus dem Aval in Anspruch genommen werden, so wird sie grundsätzlich nur zahlen, wenn eine Ermächtigung des Auftraggebers zur Zahlung oder eine im Entscheidungsland vollstreckbare Entscheidung auf Zahlung vorliegt. In diesem Fall ist die Avalprovision bis zum Tag der Zahlung nachzuentrichten.
In allen anderen Fällen wird die Bank erst dann die Belastung auf Avalkonto ausbuchen und die Berechnung der Avalprovision einstellen, wenn ihr die Avalurkunde (einschließlich aller Nachträge) zur Entlastung zurückgegeben oder sie von dem Begünstigten bzw. der Zweitbank bedingungslos aus der Haftung entlassen worden ist.
Im Falle einer Prozeßbürgschaft muß der Bank, sofern ihr die Urkunde nicht von dem Begünstigten selbst zurückgegeben wird, dessen Zustimmung zur Rückgabe nachgewiesen werden.

7. Bei Reduzierungen eines direkten Avals wird die Bank das Avalkonto entsprechend entlasten und dies bei der Provisionsberechnung berücksichtigen, sofern die Bedingungen der Reduzierungsklausel in dem Aval erfüllt sind oder der Bank bedingungslose Teilentlastung erteilt worden ist. Bei indirekten Avalen gilt diese Regelung, wenn der Bank eine Teilentlastung der Zweitbank vorliegt.

8. Der Auftraggeber wird der Bank alle Aufwendungen ersetzen, die ihr im Zusammenhang mit der Ausführung seines Avalauftrages, gegebenenfalls auch nach Ausbuchung des Avals und/oder im Zusammenhang mit einer außergerichtlichen und gerichtlichen Rechtsverfolgung im In- und Ausland entstehen.
Der Auftraggeber wird der Bank — unbeschadet der Regelung in Nr. 6 Absatz 1 Satz 3 — für den Zeitraum bis zur Ausbuchung Avalprovision zahlen.
Auf Verlangen der Bank wird der Auftraggeber jederzeit einen entsprechenden Geldbetrag bei ihr hinterlegen oder ihr bankmäßige Sicherheiten stellen oder sie von ihrer Haftung befreien, die für sie infolge der Ausführung des Avalauftrags entsteht.

Verpfändung von beweglichen Sachen

Interne Angaben/Ablagehinweise

Verpfändung von beweglichen Sachen

Zwischen (nachstehend „Verpfänder" genannt)

Name und Anschrift des Verpfänders

und dem obengenannten Kreditinstitut (nachstehend „Bank" genannt) **wird folgendes vereinbart:**

1. Gegenstand der Verpfändung
Der Verpfänder verpfändet der Bank unter gleichzeitiger Übergabe die nachstehend/in der **Anlage** aufgeführten Sachen:

Verpfändete Sachen

2. Sicherungszweck
Die Verpfändung erfolgt

☐ **zur Sicherung der Ansprüche,** die der Bank **aus dem nachstehend bezeichneten Kredit** zustehen, und zwar auch dann, wenn die vereinbarte Laufzeit verlängert wird

Bezeichnung des Kredits, ggf. Name des Kreditnehmers, falls mit dem Verpfänder nicht identisch

☐ **zur Sicherung aller bestehenden, künftigen und bedingten Ansprüche,** die der Bank mit ihren sämtlichen in- und ausländischen Geschäftsstellen **aus der bankmäßigen Geschäftsverbindung** gegen den Verpfänder zustehen. Hat dieser die Haftung für Verbindlichkeiten eines anderen Kunden der Bank übernommen (z. B. als Bürge), so sichert die Verpfändung die aus der Haftungsübernahme folgende Schuld erst ab deren Fälligkeit.

3. Versicherung der Pfandgegenstände
Die Pfandgegenstände sind versichert bei

Name und Anschrift der Versicherungsgesellschaft

gegen (versicherte Risiken)

Die dem Verpfänder zustehenden Ansprüche aus dieser Versicherung werden hiermit bei gleichzeitiger Übergabe des Versicherungsscheins

Nummer des Versicherungsscheins

verpfändet, und zwar für denselben, oben genannten Sicherungszweck, dem die Pfandgegenstände dienen. Der Verpfänder verpflichtet sich, die Verpfändung dieser Ansprüche unverzüglich der Versicherungsgesellschaft mit der Bitte anzuzeigen, der Bank den Erhalt der Anzeige zu bestätigen. Zugleich bevollmächtigt der Verpfänder jedoch auch die Bank zur Anzeige in seinem Namen. Der Verpfänder verpflichtet sich, die Versicherung ordnungsgemäß aufrechtzuerhalten und insbesondere pünktlich die Prämie zu zahlen.

4. Verwertungsrecht der Bank
(1) Die Bank ist berechtigt, die Pfandgegenstände zu verwerten, wenn der Kreditnehmer mit fälligen Zahlungen auf die durch diesen Vertrag gesicherten Forderungen in Verzug ist. Die Bank wird die Pfandgegenstände nur in dem Umfange verwerten, als dies zur Erfüllung der rückständigen Forderungen erforderlich ist.
(2) Die Bank wird die Verwertung der Pfandgegenstände dem Verpfänder unter Fristsetzung schriftlich androhen. Stellt der Abschluß dieses Vertrages für den Verpfänder ein Handelsgeschäft dar, beträgt die Frist mindestens eine Woche. In allen übrigen Fällen beträgt sie einen Monat.
(3) Nach Verwertung der Pfandgegenstände wird die Bank den Erlös zur Befriedigung der gesicherten Ansprüche verwenden. Wenn der Verwertungsvorgang der Umsatzsteuer unterliegt, wird die Bank eine Gutschrift erteilen, die als Rechnung für die Lieferung der als Sicherheit dienenden Sache gilt und den Voraussetzungen des Umsatzsteuerrechts entspricht.

5. Rückgabe, Sicherheitenfreigabe
(1) Nach Befriedigung ihrer durch diese Verpfändung gesicherten Ansprüche hat die Bank an den Verpfänder die Pfandgegenstände und einen etwaigen Übererlös aus der Verwertung herauszugeben. Die Bank wird jedoch die Pfandgegenstände an einen Dritten herausgeben, falls sie hierzu verpflichtet ist; dies ist zum Beispiel dann der Fall, wenn das Pfandrecht kraft Gesetzes auf einen Dritten (z. B. einen zahlenden Bürgen) übergegangen ist.
(2) Die Bank ist schon vor vollständiger Befriedigung ihrer durch die Verpfändung gesicherten Ansprüche verpflichtet, auf Verlangen ihr verpfändete Gegenstände sowie auch etwaige andere, ihr bestellte Sicherheiten (z. B. abgetretene Forderungen, Grundschulden) nach ihrer Wahl an den jeweiligen Sicherungsgeber ganz oder teilweise freizugeben, sofern der realisierbare Wert sämtlicher Sicherheiten

[____] % der gesicherten Ansprüche der Bank nicht nur vorübergehend überschreitet. Sofern kein Prozentsatz eingesetzt ist, ist ein Satz von 100 % maßgeblich.

Anhang

(3) Die Bank wird bei der Auswahl der freizugebenden Sicherheiten auf die berechtigten Belange des Verpfänders und der Besteller zusätzlicher Sicherheiten Rücksicht nehmen.

6. Zusätzliche Vereinbarungen für den Fall, daß der Verpfänder nicht zugleich der Kreditnehmer ist:
a) Verzicht auf Einreden

Die Pfandhaftung besteht auch dann, wenn der Kreditnehmer das Geschäft, das seiner Verbindlichkeit zugrunde liegt, anfechten kann (Verzicht auf die dem Verpfänder nach §§ 1211, 770 Abs.1 BGB zustehende Einrede der Anfechtbarkeit der Hauptschuld). Ferner kann der Verpfänder sich nicht darauf berufen, daß die Bank ihre Ansprüche durch Aufrechnung gegen fällige Forderungen des Kreditnehmers befriedigen kann (Verzicht auf die dem Verpfänder nach §§ 1211, 770 Abs. 2 BGB zustehende Einrede der Aufrechenbarkeit).

b) Übergang von Sicherheiten
(1) Hat der Verpfänder gesicherte Ansprüche der Bank befriedigt, gilt folgendes: Die Übertragung von Sicherheiten, die der Kreditnehmer gestellt hat, kann der Verpfänder erst dann verlangen, wenn die durch das Pfandrecht gesicherten Ansprüche vollständig befriedigt sind und die zu übertragenden Sicherheiten nicht mehr zur Sicherung anderer Ansprüche der Bank dienen. Die Übertragung von Sicherheiten, die nicht vom Kreditnehmer gestellt worden sind, kann der Verpfänder erst dann verlangen, wenn der jeweilige Sicherungsgeber der Übertragung auf den Verpfänder zugestimmt hat.

(2) Soweit Sicherheiten kraft Gesetzes auf den Verpfänder übergehen, bleibt es bei der gesetzlichen Regelung. Wenn die Ansprüche der Bank den Verwertungserlös übersteigen und die kraft Gesetzes auf den Verpfänder übergehenden Sicherheiten auch zur Sicherung des durch den Verwertungserlös nicht gedeckten Teils der Ansprüche dienen, so steht hierfür der Bank gegenüber dem Verpfänder ein vorrangiges Befriedigungsrecht zu.

(3) Etwaige Ansprüche des Verpfänders gegen andere Sicherungsgeber auf Ausgleich und Übertragung von Sicherheiten werden durch die vorstehenden Regelungen nicht berührt.

7. Rechtswirksamkeit

Sollte eine Bestimmung dieses Vertrages nicht rechtswirksam sein oder nicht durchgeführt werden, so wird dadurch die Gültigkeit des übrigen Vertragsinhaltes nicht berührt.

Erklärung nach § 8 GwG[1]
☐ Ich handele/Wir handeln für eigene Rechnung
☐ Ich handele/Wir handeln für fremde Rechnung[2]

Ort, Datum, Unterschrift(en) des/der Verpfänder(s)	
Ort, Datum, Unterschrift(en) der Bank	

Legitimation des/der Verpfänder(s)

Ausweis (Art des Dokuments, Nr., ausgestellt von, am)		anderweitige Form der Legitimation[3]	
Zusätzliche Bearbeitungshinweise			
Datum, Unterschrift des Sachbearbeiters			

[1] Gesetz über das Aufspüren von Gewinnen aus schweren Straftaten (Geldwäschegesetz)
[2] Name und Anschrift desjenigen, für dessen Rechnung die Verpfändung erfolgt, sind auf dem dafür vorgesehenen, separaten Vordruck aufzuzeichnen.
[3] Die Vorlage eines Ausweises ist nur dann entbehrlich, wenn der Verpfänder persönlich bekannt ist und eine Legitimation anläßlich der Eröffnung des hier aufzuführenden Kontos erfolgt ist.

42.271 (11/93)

Verpfändung von Sparguthaben, Sparbriefen, Festgeldern, Wertpapieren

Verpfändung von Sparguthaben, Sparbriefen, Festgeldern, Wertpapieren

Zwischen (nachstehend „Verpfänder" genannt)

Name und Anschrift des Verpfänders

und dem obengenannten Kreditinstitut (nachstehend „Bank" genannt) **wird folgendes vereinbart:**

1. Gegenstand der Verpfändung[1]
Der Verpfänder verpfändet der Bank hiermit seine

☐ nachstehend aufgeführten, bei der Bank bestehenden **Sparguthaben** einschließlich Zinsen:

Bezeichnung

unter Übergabe der jeweiligen Sparurkunden.

☐ der Bank gegenüber bestehenden Forderungen, über die (ein) **Sparbrief(e)** ausgestellt ist/sind einschließlich Zinsen:

Bezeichnung

unter Übergabe des/der Sparbriefe(s).

☐ nachstehend bezeichneten, bei der Bank bestehenden **Festgeldeinlagen** einschließlich Zinsen:

Bezeichnung

☐ bei der Bank in dem/den nachstehend aufgeführten Wertpapierdepot(s) jetzt und künftig verbuchten **Wertpapiere** einschließlich der Zins- und Gewinnanteilscheine nebst Erneuerungsscheinen sowie die auf Aktien anfallenden Bezugsrechte und Berichtigungsaktien:

Bezeichnung

Ausgenommen sind jedoch
- im Ausland ruhende Wertpapiere
- eigene Aktien, Genußrechte, Genußscheine und nachrangige Verbindlichkeiten der Bank
- Aktien, Genußrechte, Genußscheine und nachrangige Verbindlichkeiten nachstehender Unternehmen

Unternehmen, in deren Mehrheitsbesitz die Bank steht oder von denen sie abhängig ist

☐ Ansprüche – vor allem Lieferungs- und Herausgabeansprüche –, die ihm wegen der in dem/den nachstehend aufgeführten, bei der Bank unterhaltenen Wertpapierdepot(s) verbuchten, **im Ausland ruhenden Wertpapiere** einschließlich der Zins- und Gewinnanteilscheine nebst Erneuerungsscheinen jetzt und künftig zustehen:

Bezeichnung

2. Orderpapiere
Soweit sich in den Depots Orderpapiere befinden und soweit solche zukünftig in die Depots aufgenommen werden, wird der Verpfänder diese Papiere, wenn nicht bereits geschehen, mit einem Blankoindossament versehen.

3. Verpfändung des Gegenwertes von Pfandgegenständen
(1) Die Gegenwerte der Pfandgegenstände (z.B. Rückzahlung fälliger Wertpapiere) wird die Bank einem Konto gutschreiben, das sie zu diesem Zweck für den Verpfänder einrichtet. An den jeweiligen Guthaben auf derartigen Konten bestellt der Verpfänder der Bank hiermit ebenfalls ein Pfandrecht zur Sicherung der in Nummer 4 genannten Ansprüche.
(2) Die Bank wird dem Verpfänder eine Verfügung über diese Guthaben zur Anlage in Wertpapieren gestatten, die den zurückgezahlten oder ausgelosten Werten im Hinblick auf die Bonität des Emittenten und die sonstigen Risiken entspricht und die in dem obengenannten Depot zu verbuchen sind.

4. Sicherungszweck
Die Verpfändung erfolgt

☐ zur Sicherung der Ansprüche, die der Bank **aus dem nachstehend bezeichneten Kredit** zustehen, und zwar auch dann, wenn die vereinbarte Laufzeit verlängert wird[2]

Bezeichnung des Kredits, ggf. Name des Kreditnehmers, falls mit dem Verpfänder nicht identisch

☐ zur Sicherung aller bestehenden, künftigen und bedingten Ansprüche, die der Bank mit ihren sämtlichen in- und ausländischen Geschäftsstellen **aus der bankmäßigen Geschäftsverbindung** gegen den Verpfänder zustehen. Hat dieser die Haftung für Verbindlichkeiten eines anderen Kunden der Bank übernommen (z. B. als Bürge), so sichert die Verpfändung die aus der Haftungsübernahme folgende Schuld erst ab deren Fälligkeit.

5. Zins- und Gewinnanteilscheine
Der Verpfänder ist nicht berechtigt, die Herausgabe von Zins- und Gewinnanteilscheinen der als Pfand haftenden Wertpapiere zu verlangen.

6. Verwertungsrecht der Bank
(1) Die Bank ist berechtigt, die Pfandgegenstände zu verwerten, wenn der Kreditnehmer mit fälligen Zahlungen auf die durch diesen Vertrag gesicherten Forderungen in Verzug ist. Die Bank wird die Pfandgegenstände nur in dem Umfange verwerten, als dies zur Erfüllung der rückständigen Forderungen erforderlich ist.
(2) Die Bank wird die Verwertung der Pfandgegenstände dem Verpfänder unter Fristsetzung schriftlich androhen. Stellt der Abschluß dieses Vertrages für den Verpfänder ein Handelsgeschäft dar, beträgt die Frist mindestens eine Woche. In allen übrigen Fällen beträgt sie einen Monat.

---

[1] Guthaben und Wertpapiere, die nach dem 5. VermBG angelegt sind, fallen für die Dauer der Bindung nicht unter die Verpfändung.

[2] Nur ausfüllen, wenn Kreditnehmer und Sicherungsgeber nicht identisch sind.

Anhang

7. Rückgabe, Sicherheitenfreigabe
(1) Nach Befriedigung ihrer durch diese Verpfändung gesicherten Ansprüche hat die Bank an den Verpfänder die Pfandgegenstände und einen etwaigen Übererlös aus der Verwertung herauszugeben. Dies gilt nicht, wenn die Pfandgegenstände einem Dritten zustehen; dies ist zum Beispiel dann der Fall, wenn das Pfandrecht kraft Gesetzes auf einen Dritten (z. B. einen zahlenden Bürgen) übergegangen ist.

(2) Die Bank ist schon vor vollständiger Befriedigung ihrer durch die Verpfändung gesicherten Ansprüche verpflichtet, auf Verlangen die ihr verpfändeten Gegenstände sowie auch etwaige andere, ihr bestellte Sicherheiten (z. B. abgetretene Forderungen, Grundschulden) nach ihrer Wahl an den jeweiligen Sicherungsgeber ganz oder teilweise freizugeben, sofern der realisierbare Wert sämtlicher Sicherheiten

_____ % der gesicherten Ansprüche der Bank nicht nur vorübergehend überschreitet. Sofern kein Prozentsatz eingesetzt ist, ist ein Satz von 100 % maßgeblich.

(3) Die Bank wird bei der Auswahl der freizugebenden Sicherheiten auf die berechtigten Belange des Verpfänders und der Besteller zusätzlicher Sicherheiten Rücksicht nehmen.

8. Zusätzliche Vereinbarungen für den Fall, daß der Verpfänder nicht zugleich der Kreditnehmer ist:
Die Pfandhaftung besteht auch dann, wenn der Kreditnehmer das Geschäft, das seiner Verbindlichkeit zugrunde liegt, anfechten kann (Verzicht auf die dem Verpfänder nach §§ 1211, 770 Abs 1 BGB zustehende Einrede der Anfechtbarkeit der Hauptschuld). Ferner kann der Verpfänder sich nicht darauf berufen, daß die Bank ihre Ansprüche durch Aufrechnung gegen fällige Forderungen des Kreditnehmers befriedigen kann (Verzicht auf die dem Verpfänder nach §§ 1211, 770 Abs. 2 BGB zustehende Einrede der Aufrechenbarkeit).

b) Übergang von Sicherheiten
(1) Hat der Verpfänder gesicherte Ansprüche der Bank befriedigt, gilt folgendes: Die Übertragung von Sicherheiten, die der Kreditnehmer gestellt hat, kann der Verpfänder erst dann verlangen, wenn die durch das Pfandrecht gesicherten Ansprüche vollständig befriedigt sind und die zu übertragenden Sicherheiten nicht mehr zur Sicherung anderer Ansprüche der Bank dienen. Die Übertragung von Sicherheiten, die nicht vom Kreditnehmer gestellt worden sind, kann der Verpfänder erst dann verlangen, wenn die jeweilige Sicherungsgeber der Übertragung auf den Verpfänder zugestimmt hat.

(2) Soweit Sicherheiten kraft Gesetzes auf den Verpfänder übergehen, bleibt es bei der gesetzlichen Regelung. Wenn die Ansprüche der Bank den Verwertungserlös übersteigen und die kraft Gesetzes auf den Verpfänder übergehenden Sicherheiten auch zur Sicherung des durch den Verwertungserlös nicht gedeckten Teils der Ansprüche dienen, so steht hierfür der Bank gegenüber dem Verpfänder ein vorrangiges Befriedigungsrecht zu.

(3) Etwaige Ansprüche des Verpfänders gegen andere Sicherungsgeber auf Ausgleich und Übertragung von Sicherheiten werden durch die vorstehenden Regelungen nicht berührt.

9. Rechtswirksamkeit
Sollte eine Bestimmung dieses Vertrages nicht rechtswirksam sein oder nicht durchgeführt werden, so wird dadurch die Gültigkeit des übrigen Vertragsinhaltes nicht berührt.

Erklärung nach § 8 GwG[1]
☐ Ich handele/Wir handeln für eigene Rechnung   ☐ Ich handele/Wir handeln für fremde Rechnung[2]

Ort, Datum, Unterschrift des Verpfänders	
Ort, Datum, Unterschrift der Bank	

Legitimation des/der Verpfänder(s)

Ausweis (Art des Dokuments, Nr., ausgestellt von, am/anderweitige Form der Legitimation)[3]	Datum, Unterschrift des Sachbearbeiters

[1] Gesetz über das Aufspüren von Gewinnen aus schweren Straftaten (Geldwäschegesetz)
[2] Name und Anschrift desjenigen, für dessen Rechnung die Verpfändung erfolgt, sind auf dem dafür vorgesehenen, separaten Vordruck aufzuzeichnen.
[3] Die Vorlage eines Ausweises ist nur dann entbehrlich, wenn der Verpfänder persönlich bekannt ist und eine Legitimation anläßlich der Eröffnung des hier aufzuführenden Kontos erfolgt ist.

Verpfändung von Sparguthaben, Sparbriefen, Festgeldern, Wertpapieren

Interne Angaben/Ablagehinweise

Verpfändung von Sparguthaben, Sparbriefen, Festgeldern, Wertpapieren, die bei einem anderen Institut unterhalten werden

Zwischen (nachstehend „Verpfänder" genannt)

Name und Anschrift des Verpfänders

und dem obengenannten Kreditinstitut (nachstehend „Bank" genannt) **wird folgendes vereinbart:**

1. Gegenstand der Verpfändung[1]
(1) Der Verpfänder verpfändet der Bank hiermit seine bei

Name und Anschrift des konto-/depotführenden Instituts

unterhaltenen, im folgenden näher bezeichneten Pfandgegenstände:

☐ Nachstehend aufgeführte **Sparguthaben** einschließlich Zinsen:

Bezeichnung

unter Übergabe der jeweiligen Sparurkunden.

☐ Dem genannten Institut gegenüber bestehende Forderungen, über die (ein) **Sparbrief(e)** ausgestellt ist/sind einschließlich Zinsen:

Bezeichnung

unter Übergabe des/der Sparbriefe(s).

☐ Nachstehend bezeichnete **Festgeldeinlagen** einschließlich Zinsen:

Bezeichnung

☐ In dem/den nachstehend aufgeführten Wertpapierdepot(s) jetzt und künftig verbuchte **Wertpapiere** einschließlich der Zins- und Gewinnanteilscheine nebst Erneuerungsscheinen sowie die auf Aktien anfallenden Bezugsrechte und Berichtigungsaktien:

Bezeichnung

Ausgenommen sind jedoch
- im Ausland ruhende Wertpapiere
- eigene Aktien, Genußrechte, Genußscheine und nachrangige Verbindlichkeiten der Bank
- Aktien, Genußrechte, Genußscheine und nachrangige Verbindlichkeiten nachstehender Unternehmen

Unternehmen, in deren Mehrheitsbesitz die Bank steht oder von denen sie abhängig ist

☐ seine Ansprüche – vor allem Lieferungs- und Herausgabeansprüche –, die ihm wegen der in dem/den nachstehend aufgeführten, bei dem obengenannten Institut unterhaltenen Wertpapierdepot(s) verbuchten, **im Ausland ruhenden Wert-** papiere einschließlich der Zins-, Gewinnanteilscheine nebst Erneuerungsscheinen jetzt und künftig zustehen:

Bezeichnung

(2) Zum Zwecke der Verpfändung tritt der Verpfänder hiermit der Bank seine Ansprüche gegen das obengenannte Institut auf Herausgabe der Pfandgegenstände ab.
(3) Der Verpfänder verpflichtet sich, diese Verpfändung dem obengenannten Institut unverzüglich anzuzeigen mit der Bitte, den Empfang der Anzeige der Bank zu bestätigen.

2. Orderpapiere
Soweit sich in den Depots Orderpapiere befinden und soweit solche zukünftig in die Depots aufgenommen werden, wird der Verpfänder diese Papiere, wenn nicht bereits geschehen, mit einem Blankoindossament versehen.

3. Sicherungszweck
Die Verpfändung erfolgt

☐ **zur Sicherung der Ansprüche, die der Bank aus dem nachstehend bezeichneten Kredit zustehen,** und zwar auch dann, wenn die vereinbarte Laufzeit verlängert wird[2]

Bezeichnung des Kredits, ggf. Name des Kreditnehmers, falls mit dem Verpfänder nicht identisch

☐ **zur Sicherung aller bestehenden, künftigen und bedingten Ansprüche,** die der Bank mit ihren sämtlichen in- und ausländischen Geschäftsstellen **aus der bankmäßigen Geschäftsverbindung** gegen den Verpfänder zustehen. Hat dieser die Haftung für Verbindlichkeiten eines anderen Kunden der Bank übernommen (z. B. als Bürge), so sichert die Verpfändung die aus der Haftungsübernahme folgende Schuld erst ab deren Fälligkeit.

4. Verwertungsrecht der Bank
(1) Die Bank ist berechtigt, die Pfandgegenstände zu verwerten, wenn der Kreditnehmer mit fälligen Zahlungen auf die durch diesen Vertrag gesicherten Forderungen in Verzug ist. Die Bank wird die Pfandgegenstände nur in dem Umfange verwerten, als dies zur Erfüllung der rückständigen Forderungen erforderlich ist
(2) Die Bank wird die Verwertung der Pfandgegenstände dem Verpfänder unter Fristsetzung schriftlich androhen. Stellt der Abschluß dieses Vertrages für den Verpfänder ein Handelsgeschäft dar, beträgt die Frist mindestens eine Woche. In allen übrigen Fällen beträgt sie einen Monat.

5. Rückgabe, Sicherheitenfreigabe
(1) Nach Befriedigung ihrer durch diese Verpfändung gesicherten Ansprüche hat die Bank an den Verpfänder die Pfandgegenstände und einen etwaigen Übererlös aus der Verwertung freizugeben. Dies gilt nicht, wenn die Pfandgegenstände einem Dritten

---

[1] Guthaben und Wertpapiere, die nach dem 5. VermBG angelegt sind, fallen für die Dauer der Bindung nicht unter die Verpfändung.

[2] Nur ausfüllen, wenn Kreditnehmer und Sicherungsgeber nicht identisch sind.

Anhang

zustehen; dies ist zum Beispiel dann der Fall, wenn das Pfandrecht kraft Gesetzes auf einen Dritten (z. B. einen zahlenden Bürgen) übergegangen ist.

(2) Die Bank ist schon vor vollständiger Befriedigung ihrer durch die Verpfändung gesicherten Ansprüche verpflichtet, auf Verlangen die Pfandgegenstände sowie auch etwaige andere, ihr bestellte Sicherheiten (z. B. abgetretene Forderungen, Grundschulden) nach ihrer Wahl an den jeweiligen Sicherungsgeber ganz oder teilweise freizugeben, sofern der realisierbare Wert sämtlicher Sicherheiten

[%] der gesicherten Ansprüche der Bank nicht nur vorübergehend überschreitet. Sofern kein Prozentsatz eingesetzt ist, ist ein Satz von 100 % maßgeblich.

(3) Die Bank wird bei der Auswahl der freizugebenden Sicherheiten auf die berechtigten Belange des Verpfänders und der Besteller zusätzlicher Sicherheiten Rücksicht nehmen.

6. Zusätzliche Vereinbarungen für den Fall, daß der Verpfänder nicht zugleich der Kreditnehmer ist:
a) Verzicht auf Einreden

Die Pfandhaftung besteht auch dann, wenn der Kreditnehmer das Geschäft, das seiner Verbindlichkeit zugrunde liegt, anfechten kann (Verzicht auf die dem Verpfänder nach §§ 1211, 770 Abs.1 BGB zustehende Einrede der Anfechtbarkeit der Hauptschuld). Ferner kann der Verpfänder sich nicht darauf berufen, daß die Bank ihre Ansprüche durch Aufrechnung gegen fällige Forderungen des Kreditnehmers befriedigen kann (Verzicht auf die dem Verpfänder nach §§ 1211, 770 Abs. 2 BGB zustehende Einrede der Aufrechenbarkeit).

b) Übergang von Sicherheiten

(1) Hat der Verpfänder gesicherte Ansprüche der Bank befriedigt, gilt folgendes: Die Übertragung von Sicherheiten, die der Kreditnehmer gestellt hat, kann der Verpfänder erst dann verlangen, wenn die durch das Pfandrecht gesicherten Ansprüche vollständig befriedigt sind und die zu übertragenden Sicherheiten nicht mehr zur Sicherung anderer Ansprüche der Bank dienen. Die Übertragung von Sicherheiten, die nicht vom Kreditnehmer gestellt worden sind, kann der Verpfänder erst dann verlangen, wenn der jeweilige Sicherungsgeber der Übertragung auf den Verpfänder zugestimmt hat.

(2) Soweit Sicherheiten kraft Gesetzes auf den Verpfänder übergehen, bleibt es bei der gesetzlichen Regelung. Wenn die Ansprüche der Bank den Verwertungserlös übersteigen und die kraft Gesetzes auf den Verpfänder übergehenden Sicherheiten auch zur Sicherung des durch den Verwertungserlös nicht gedeckten Teils der Ansprüche dienen, so steht hierfür der Bank gegenüber dem Verpfänder ein vorrangiges Befriedigungsrecht zu.

(3) Etwaige Ansprüche des Verpfänders gegen andere Sicherungsgeber auf Ausgleich und Übertragung von Sicherheiten werden durch die vorstehenden Regelungen nicht berührt.

7. Rechtswirksamkeit

Sollte eine Bestimmung dieses Vertrages nicht rechtswirksam sein oder nicht durchgeführt werden, so wird dadurch die Gültigkeit des übrigen Vertragsinhaltes nicht berührt.

Erklärung nach § 8 GwG¹
☐ Ich handele/Wir handeln für eigene Rechnung   ☐ Ich handele/Wir handeln für fremde Rechnung²

Ort, Datum, Unterschrift(en) des/der Verpfänder(s)	
Ort, Datum, Unterschrift der Bank	

Legitimation des/der Verpfänder(s)

Ausweis (Art des Dokuments, Nr., ausgestellt von, am/anderweitige Form der Legitimation³)	Datum, Unterschrift des Sachbearbeiters

¹ Gesetz über das Aufspüren von Gewinnen aus schweren Straftaten (Geldwäschegesetz)
² Name und Anschrift desjenigen, für dessen Rechnung die Verpfändung erfolgt, sind auf dem dafür vorgesehenen, separaten Vordruck aufzuzeichnen.
³ Die Vorlage eines Ausweises ist nur dann entbehrlich, wenn der Verpfänder persönlich bekannt ist und eine Legitimation anläßlich der Eröffnung des hier aufzuführenden Kontos erfolgt ist.

Verpfändung des Anspruchs aus der Auflassung

Veranlassende Bank

Urkundenrolle Nr.

Interne Angaben der Bank/Ablagehinweise

Verpfändung des Anspruchs aus der Auflassung (des Anwartschaftsrechts) und Abtretung der Ansprüche aus dem Kaufvertrag

Verhandelt am

in

Vor mir

erschien(en)

– nachstehend: Käufer –

© 1993 Bank-Verlag Köln 42.115 (11/93) I

Anhang

I. **Verpfändungserklärung und Sicherungszweck**

Nach Unterrichtung über den Grundbuchinhalt werden folgende Erklärungen beurkundet:
Durch Vertrag vom   Urkundenrolle Nr.

des Notars

hat der Käufer das
im Grundbuch   des Amtsgerichts   Band   Blatt   Flur   Flurstück

verzeichnete Grundstück/Wohnungseigentum/Teileigentum erworben.

Die Auflassung ist erklärt, das Eigentum im Grundbuch aber noch nicht umgeschrieben. Dem Käufer steht somit ein Anwartschaftsrecht auf Eigentumserwerb zu.

Zur Sicherung des genannten Anspruchs ist eine Auflassungsvormerkung im Grundbuch eingetragen worden.

Zur Sicherung aller bestehenden, künftigen und bedingten Ansprüche, die der

– nachstehend Bank –

mit ihren sämtlichen in- und ausländischen Geschäftsstellen **aus der bankmäßigen Geschäftsverbindung** gegen den Käufer

zustehen, verpfändet der Käufer hiermit seinen **Anspruch aus der Auflassung** (das Anwartschaftsrecht auf Eigentumserwerb) an die Bank bis zum Betrage von DM

in Worten: Deutsche Mark

nebst Zinsen   vom Hundert jährlich.

Hat der Käufer die Haftung für Verbindlichkeiten eines anderen Kunden der Bank übernommen (z. B. als Bürge), so sichert die Verpfändung die aus der Haftungsübernahme folgende Schuld erst ab deren Fälligkeit.

Der Notar wird bevollmächtigt und beauftragt, die Verpfändung gemäß § 1280 BGB dem Verkäufer durch Übersendung einer beglaubigten Abschrift dieser Urkunde anzuzeigen.

Verpfändung des Anspruchs aus der Auflassung

II. Abtretung sonstiger Ansprüche aus dem Kaufvertrag

Zur Sicherung der vorgenannten Ansprüche der Bank tritt der Käufer alle sonstigen Ansprüche aus dem eingangs genannten Vertrag, einschließlich etwaiger ihm im Falle der Rückabwicklung des Vertrages zustehenden Ansprüche auf Rückgewähr bereits erbrachter Gegenleistungen ab.

III. Eintragungsbewilligung und Eintragungsantrag

Der Käufer **bewilligt** und **beantragt** die Eintragung der **Verpfändung** sowie nach Erwerb des Eigentums die Eintragung der kraft Gesetzes entstehenden Sicherungshypothek bis zum Höchstbetrag von
DM

im Grundbuch unter Verzicht auf Vollzugsmitteilung.

Die Eintragung der vorbezeichneten Sicherungshypothek soll jedoch unterbleiben, wenn gleichzeitig mit dem Vollzug des Erwerbs im Grundbuch die mit gleicher Urkunde/Urkunde vom
des Notars

Urkundenrolle Nr.   bestellte Grundschuld von DM

zugunsten der Bank in Abteilung III an   Rangstelle eingetragen wird.

Für diesen Fall stimmt der Käufer der Eintragung der Löschung des Verpfändungsvermerks im Grundbuch zu und beantragt diese.

Der Käufer beantragt die Erteilung einer Ausfertigung dieser Urkunde für die Bank.

IV. Kosten

Alle bei der Errichtung und Durchführung dieser Urkunde entstehenden Kosten trägt der Käufer.

V. Zustimmung der Ehegatten

Der Ehegatte des Käufers stimmt den in dieser Urkunde abgegebenen Erklärungen des anderen Ehegatten zu.

Anhang

Interne Angaben der Bank/Ablagehinweise

Verpfändung des Anspruchs auf Auflassung
und Abtretung der Ansprüche aus dem Kaufvertrag

Durch Kaufvertrag

vom (Datum des Kaufvertrages)	Urkundenrolle Nr.	Name und Anschrift des Notars

hat

Name und Anschrift des Käufers

einen Anspruch auf Übertragung des

☐ Eigentums ☐ Wohnungseigentums ☐ Teileigentums

gegen

Name und Anschrift des Verkäufers

an dem nachstehend bezeichneten Grundbesitz erworben:

eingetragen im Grundbuch von	des Amtsgerichts	Band	Blatt	Flur	Flurstück

Die Auflassung ist noch nicht erklärt.
Zur Sicherung des genannten Anspruchs ist

am _____ eine Auflassungsvormerkung in das Grundbuch eingetragen worden.

Zur Sicherung aller bestehenden, künftigen und bedingten Ansprüche, die der Bank mit ihren sämtlichen in- und ausländischen Geschäftsstellen **aus der bankmäßigen Geschäftsverbindung** gegen den Käufer zustehen, **verpfändet der Käufer** an die obengenannte Bank **seinen Anspruch auf Auflassung**, aus der diese Rechte nur bis zum Betrage von

DM	in Worten: Deutsche Mark	nebst Zinsen
		vom Hundert jährlich

geltend gemacht werden, **und tritt** ferner alle sonstigen Ansprüche aus dem eingangs genannten Vertrag einschließlich etwaiger ihm im Falle der Rückabwicklung des Vertrages zustehenden Ansprüche auf Rückgewähr bereits erbrachter Gegenleistungen **ab**.
Hat der Käufer die Haftung für Verbindlichkeiten eines anderen Kunden der Bank übernommen (z. B. als Bürge), so sichert die Abtretung die aus der Haftungsübernahme folgende Schuld erst ab deren Fälligkeit.
Der Käufer beauftragt die Bank, dem Verkäufer die Verpfändung des oben genannten Anspruchs in seinem Namen anzuzeigen; die Bank ist berechtigt, dem Verkäufer die Abtretung der zur Sicherung abgetretenen Ansprüche anzuzeigen.

Der Käufer **bewilligt** und **beantragt** die Eintragung der **Verpfändung** sowie nach Erwerb des Eigentums die Eintragung der kraft Gesetzes entstehenden Sicherungshypothek im Grundbuch unter Verzicht auf Vollzugsmitteilung

bis zum Höchstbetrag von DM	in Worten: Deutsche Mark

© 1993 Bank-Verlag Köln 42.114 (11/93)

Verpfändung des Anspruchs auf Auflassung

Die Eintragung der vorbezeichneten Sicherungshypothek soll jedoch unterbleiben, wenn gleichzeitig mit dem Vollzug des Erwerbs im Grundbuch

die mit Urkunde vom (Datum)	des Notars (Name und Anschrift)	UR-Nummer

bestellte Grundschuld zugunsten der obengenannten Bank eingetragen wird

über DM	in Worten: Deutsche Mark	in Abt. III an
		Rangstelle

Für diesen Fall stimmt der **Käufer** der Eintragung der Löschung des Verpfändungsvermerks im Grundbuch zu und beantragt diese.

Ort, Datum	Unterschrift des Käufers

Der **Ehegatte** des Käufers stimmt den in dieser Urkunde abgegebenen Erklärungen des anderen Ehegatten zu.

Ort, Datum	Unterschrift des Ehegatten

Beglaubigungsvermerk

Anhang

Interne Angaben der Bank/Ablagehinweise

Sicherungsübereignung einzelner Sachen

Zwischen (nachstehend „Sicherungsgeber" genannt)

Name und Anschrift des Sicherungsgebers

und dem oben genannten Kreditinstitut (nachstehend „Bank" genannt) **wird folgendes vereinbart:**

1. Gegenstand der Sicherungsübereignung

(1) Der Sicherungsgeber übereignet der Bank hiermit die nachstehend aufgeführten/in der beigefügten Liste aufgeführten Gegenstände (nachstehend „Sicherungsgut" genannt):

Übereignete Gegenstände

(2) Das Sicherungsgut befindet sich an dem Standort:

Bezeichnung des Standorts

Der Sicherungsgeber wird der Bank jede Änderung des Standortes unverzüglich bekanntgeben.

2. Übertragung von Eigentum, Miteigentum, Anwartschaftsrecht

Soweit der Sicherungsgeber Eigentum oder Miteigentum an dem Sicherungsgut hat oder dieses künftig erwirbt, überträgt er der Bank das Eigentum oder Miteigentum. Soweit der Sicherungsgeber Anwartschaftsrechte auf Eigentumserwerb (aufschiebend bedingtes Eigentum) an den von seinen Lieferanten unter Eigentumsvorbehalt gelieferten Waren hat, überträgt er hiermit der Bank diese Anwartschaftsrechte.

3. Übergabeersatz

Die Übergabe des Sicherungsgutes an die Bank wird dadurch ersetzt, daß der Sicherungsgeber es für die Bank sorgfältig unentgeltlich verwahrt. Soweit Dritte unmittelbaren Besitz am Sicherungsgut erlangen, tritt der Sicherungsgeber bereits jetzt seine bestehenden und künftigen Herausgabeansprüche an die Bank ab.

4. Sicherungszweck

(1) Die Übereignung und die Übertragung der sonstigen mit diesem Vertrag bestellten Rechte erfolgt

☐ **zur Sicherung der Ansprüche der Bank aus dem nachstehend bezeichneten Kreditvertrag**

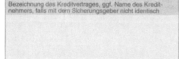
Bezeichnung des Kreditvertrages, ggf. Name des Kreditnehmers, falls mit dem Sicherungsgeber nicht identisch

☐ **zur Sicherung aller bestehenden, künftigen und bedingten Ansprüche** der Bank mit ihren sämtlichen in- und ausländischen Geschäftsstellen **aus der bankmäßigen Geschäftsverbindung** gegen den Sicherungsgeber. Hat dieser die Haftung für Verbindlichkeiten eines anderen Kunden der Bank übernommen (z. B. als Bürge), so sichert die Übereignung die aus der Haftungsübernahme folgende Schuld erst ab deren Fälligkeit.

5. Ablösung von Eigentumsvorbehalten

Der Sicherungsgeber ist verpflichtet, einen etwa bestehenden Eigentumsvorbehalt durch Zahlung des Kaufpreises zum Erlöschen zu bringen. Die Bank ist befugt, eine Kaufpreisrestschuld des Sicherungsgebers auf dessen Kosten an die Lieferanten zu zahlen.

6. Behandlung und Kennzeichnung des Sicherungsgutes

Der Sicherungsgeber hat das Sicherungsgut an seinem Standort zu belassen und es auf seine Kosten sorgfältig zu behandeln. Zur Wahrung ihrer berechtigten Belange kann die Bank in einer ihr zweckmäßig erscheinenden Weise das Sicherungsgut als ihr Eigentum kennzeichnen. In den Unterlagen des Sicherungsgebers ist die Übereignung mit dem Namen der Bank kenntlich zu machen.

7. Versicherung des Sicherungsgutes

(1) Der Sicherungsgeber verpflichtet sich ferner, das Sicherungsgut für die Dauer der Übereignung auf eigene Kosten in voller Höhe gegen die üblichen Gefahren und gegen diejenigen, gegen die der Bank Versicherungsschutz erforderlich erscheint, versichert zu halten. Alle daraus entstehenden gegenwärtigen und künftigen Ansprüche gegen die Versicherungsgesellschaft tritt der Sicherungsgeber hiermit an die Bank ab. Der Sicherungsgeber hat der Versicherungsgesellschaft davon Mitteilung zu machen, daß das Sicherungsgut Eigentum der Bank ist, daß sämtliche Rechte aus dem Versicherungsvertrag, soweit sie das Sicherungsgut betreffen, der Bank zustehen sowie daß die Bank nur in die Rechte und nicht in die Pflichten des Versicherungsvertrages eintritt mit der Maßgabe, daß der Sicherungsgeber zur Aufhebung der Versicherung ohne Zustimmung der Bank nicht berechtigt ist. Der Sicherungsgeber wird die Versicherungsgesellschaft ersuchen, der Bank einen entsprechenden Sicherungsschein zu übersenden.

(2) Wenn der Sicherungsgeber die Versicherung nicht oder nicht ausreichend bewirkt hat, darf die Bank das auf seine Kosten tun.

8. Gesetzliche Pfandrechte Dritter

(1) Soweit gesetzliche Pfandrechte Dritter, z. B. Vermieter, Verpächter, Lagerhalter an dem Sicherungsgut bestehen, hat der Sicherungsgeber auf Wunsch der Bank jeweils nach Fälligkeit des Mietzinses, Pachtzinses oder Lagergeldes deren Zahlung nachzuweisen. Wird dieser Nachweis nicht erbracht, ist die Bank befugt, zur Abwendung der Pfandrechte den Miet- oder Pachtzins oder das Lagergeld auf dessen Kosten zu bezahlen.

9. Informationspflichten des Sicherungsgebers

(1) Der Sicherungsgeber hat der Bank unverzüglich anzuzeigen, wenn die Rechte der Bank an dem Sicherungsgut durch Pfändung oder sonstige Maßnahmen Dritter beeinträchtigt oder gefährdet werden sollten, und zwar unter Übersendung einer Abschrift des Pfändungsprotokolls sowie aller sonstigen zu einem Widerspruch gegen die Pfändung erforderlichen Schriftstücke. Außerdem hat der Sicherungsgeber den Pfändungsgläubiger oder sonstige Dritte unverzüglich schriftlich von dem Eigentumsrecht der Bank in Kenntnis zu setzen.

(2) Auch von sonstigen das Sicherungsgut betreffenden Ereignissen, insbesondere von Schadensfällen, hat der Sicherungsgeber der Bank unverzüglich Mitteilung zu machen.

Sicherungsübereignung einzelner Sachen

10. Prüfungsrecht der Bank

(1) Die Bank ist berechtigt, das Sicherungsgut an seinem Standort zu überprüfen oder durch ihre Beauftragten überprüfen zu lassen. Der Sicherungsgeber hat jede zu diesem Zweck erforderliche Auskunft zu erteilen und die betreffenden Unterlagen zur Einsicht vorzulegen.

(2) Soweit sich das Sicherungsgut in unmittelbarem Besitz Dritter (z. B. Lagerhalter) befindet, werden diese vom Sicherungsgeber hiermit angewiesen, der Bank Zutritt zum Sicherungsgut zu gewähren.

11. Herausgabe des Sicherungsgutes an die Bank

Die Bank ist zur Wahrung ihrer berechtigten Belange befugt, die Herausgabe des Sicherungsgutes zu verlangen, wenn der Sicherungsgeber erheblich gegen die Pflicht zur sorgfältigen Behandlung des Sicherungsgutes verstößt. Dies gilt auch, wenn der Sicherungsgeber seine Zahlungen eingestellt hat oder die Eröffnung eines gerichtlichen Insolvenzverfahrens über sein Vermögen beantragt worden ist. Die Bank darf die Herausgabe von Sicherungsgut ferner verlangen, wenn sie gemäß Nr. 12 Abs. 1 wegen des Zahlungsverzuges des Kreditnehmers zur Verwertung des Sicherungsgutes befugt ist.

12. Verwertungsrecht der Bank

(1) Die Bank ist berechtigt, das Sicherungsgut zu verwerten, wenn der Kreditnehmer mit fälligen Zahlungen auf die durch diesen Vertrag gesicherten Forderungen in Verzug ist.

(2) Die Verwertung wird die Bank dem Sicherungsgeber unter Fristsetzung schriftlich androhen. Stellt der Abschluß dieses Vertrages für den Sicherungsgeber ein Handelsgeschäft dar, beträgt die Frist mindestens eine Woche. In allen übrigen Fällen beträgt sie einen Monat.

(3) Die Bank darf das Sicherungsgut auch durch freihändigen Verkauf im eigenen Namen oder im Namen des Sicherungsgebers veräußern. Sie wird auf die berechtigten Belange des Sicherungsgebers Rücksicht nehmen. Sie kann auch von dem Sicherungsgeber verlangen, daß dieser nach ihren Weisungen das Sicherungsgut bestmöglich verwertet oder bei der Verwertung mitwirkt. Der Sicherungsgeber hat alles bei der Verwertung des Sicherungsgutes Erlangte unverzüglich an die Bank herauszugeben.

(4) Nach Verwertung des Sicherungsgutes wird die Bank den ihr nach Abführung der Umsatzsteuer verbleibenden Erlös zur Abdeckung der gesicherten Ansprüche verwenden. Wenn der Verwertungsvorgang der Umsatzsteuer unterliegt, wird die Bank eine Gutschrift erteilen, die als Rechnung für die Lieferung der als Sicherheit dienenden Sache gilt und den Voraussetzungen des Umsatzsteuerrechts entspricht.

13. Rückübertragung, Sicherheitenfreigabe

(1) Nach Befriedigung ihrer durch diesen Vertrag gesicherten Ansprüche hat die Bank an den Sicherungsgeber die mit dieser Vereinbarung übertragenen Sicherheiten zurückzuübertragen und einen etwaigen Übererlös aus der Verwertung herauszugeben. Die Bank wird jedoch diese Sicherheiten an einen Dritten übertragen, falls sie hierzu verpflichtet ist; dies ist zum Beispiel dann der Fall, wenn der Sicherungsgeber zugleich der Kreditnehmer ist und ein Bürge die Bank befriedigt hat.

(2) Die Bank ist schon vor vollständiger Befriedigung ihrer durch die Sicherungsübereignung gesicherten Ansprüche verpflichtet, auf Verlangen das ihr übertragene Sicherungsgut sowie auch etwaige andere, ihr bestellte Sicherheiten (z. B. abgetretene Forderungen, Grundschulden) nach ihrer Wahl an den jeweiligen Sicherungsgeber ganz oder teilweise freizugeben, sofern der realisierbare Wert sämtlicher Sicherheiten

[%   ] der gesicherten Ansprüche der Bank nicht nur vorübergehend überschreitet. Sofern kein Prozentsatz eingesetzt ist, ist ein Satz von 100% maßgeblich.

(3) Die Bank wird bei der Auswahl der freizugebenden Sicherheiten auf die berechtigten Belange des Sicherungsgebers und der Besteller zusätzlicher Sicherheiten Rücksicht nehmen.

14. Bewertung des Sicherungsgutes

(1) Soweit keine abweichende Vereinbarung getroffen worden ist, wird der realisierbare Wert des Sicherungsgutes wie folgt ermittelt: Maßgeblich ist

- der Einkaufspreis für Sicherungsgut, das vom Sicherungsgeber gekauft worden ist,
- der Gestehungspreis für Sicherungsgut, das vom Sicherungsgeber selbst hergestellt oder be- oder verarbeitet worden ist.

(2) Von dem vorstehend festgestellten Wert wird zunächst der Wert derjenigen Sicherungsgüter abgezogen, an denen ein Dritter ein vorrangiges Sicherungsrecht (z. B. Eigentumsvorbehalt, Sicherungsübereignung, Pfandrecht) hat, jedoch nur in Höhe der gesicherten Ansprüche des jeweiligen Gläubigers.

(3) Handelt es sich bei dem Sicherungsgut um **Umlaufvermögen**, wird von dem gemäß Absatz 2 ermittelten Wert ein Abschlag in Höhe von

[%   ] wegen möglicher Mindererlöse (z. B. bei Zwangsverkauf, veraltetem Sicherungsgut) vorgenommen. Sofern ein Prozentsatz nicht eingetragen ist, wird kein Abschlag vorgenommen.

(4) Handelt es sich bei dem Sicherungsgut um **bewegliches Anlagevermögen**, wird von dem nach Absatz 2 ermittelten Wert ein Sicherungsabschlag in Höhe von

[%   ] pro Jahr ab Einkauf oder Fertigstellung anteilig für jedes angefangene Jahr fallend (degressiv) vom jeweils vorausgegangenen Wert vorgenommen. Sofern kein Prozentsatz eingesetzt und auch anderweitig nichts vereinbart worden ist, ist ein Satz von 20% maßgeblich.

(5) Der Sicherungsgeber und die Bank können eine Änderung des Sicherungsabschlages verlangen, wenn der tatsächliche Wert des Sicherungsgutes infolge von zwischenzeitlichen Veränderungen von dem vorstehend ermittelten Wert erheblich abweicht.

15. Rechtswirksamkeit

Sollte eine Bestimmung dieses Vertrages nicht rechtswirksam sein oder nicht durchgeführt werden, so wird dadurch die Gültigkeit des übrigen Vertragsinhaltes nicht berührt.

Ort, Datum, Unterschrift des Sicherungsgebers	
Ort, Datum, Unterschrift der Bank	

Anhang

Interne Angaben der Bank/Ablagehinweise

Raumsicherungsübereignungsvertrag

Zwischen (nachstehend „Sicherungsgeber" genannt)

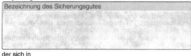

Name und Anschrift des Sicherungsgebers

und dem oben genannten Kreditinstitut (nachstehend „Bank" genannt) **wird folgendes vereinbart:**

1. Gegenstand der Sicherungsübereignung

(1) Der Sicherungsgeber übereignet der Bank hiermit den gesamten jeweiligen Bestand an

Bezeichnung des Sicherungsgutes

der sich in

Beschreibung des Sicherungsgebietes

befindet und in Zukunft dorthin verbracht wird.

(2) Das Sicherungsgebiet ist in der beigefügten Lageskizze[1] wie folgt gekennzeichnet:

Art der Kennzeichnung

Die Lageskizze bildet einen Bestandteil dieses Vertrages.

2. Übertragung von Eigentum, Miteigentum, Anwartschaftsrecht

Soweit der Sicherungsgeber Eigentum oder Miteigentum an dem Sicherungsgut hat oder diese künftig erwirbt, überträgt er der Bank das Eigentum oder Miteigentum. Soweit der Sicherungsgeber Anwartschaftsrechte auf Eigentumserwerb (aufschiebend bedingtes Eigentum) an den von seinen Lieferanten unter Eigentumsvorbehalt gelieferten Waren hat, überträgt er hiermit der Bank diese Anwartschaftsrechte. Eigentum, Miteigentum und Anwartschaftsrechte gehen mit Abschluß dieses Vertrages oder bei späterer Verbringung der Gegenstände in das Sicherungsgebiet zu diesem Zeitpunkt auf die Bank über.

3. Übergabeersatz

Die Übergabe des Sicherungsgutes an die Bank wird dadurch ersetzt, daß der Sicherungsgeber es für die Bank sorgfältig unentgeltlich verwahrt. Soweit Dritte unmittelbaren Besitz am Sicherungsgut erlangen, tritt der Sicherungsgeber bereits jetzt seine bestehenden und künftigen Herausgabeansprüche an die Bank ab.

4. Sicherungszweck

(1) Die Übereignung und die Übertragung der sonstigen mit diesem Vertrag bestellten Rechte erfolgt zur Sicherung **aller bestehenden, künftigen und bedingten Ansprüche**, die der Bank mit ihren sämtlichen in- und ausländischen Geschäftsstellen **aus der bankmäßigen Geschäftsverbindung** gegen

☐ den Sicherungsgeber oder

☐ den vom Sicherungsgeber verschiedenen Kreditnehmer

Name und Anschrift des Kreditnehmers

zustehen.

(2) Hat der Kreditnehmer die Haftung für Verbindlichkeiten eines anderen Kunden der Bank übernommen (z.B. als Bürge), so sichert die Übereignung die aus der Haftungsübernahme folgende Schuld erst ab der Fälligkeit und nur dann, wenn der Kreditnehmer zugleich der Sicherungsgeber ist.

5. Bestandslisten

(1) Der Sicherungsgeber hat der Bank bei Abschluß des Vertrages und zu den mit der Bank vereinbarten Zeitpunkten, mindestens jedoch einmal jährlich eine Bestandsliste über das an die Bank übertragene Sicherungsgut einzureichen. Zur Wahrung ihrer berechtigten Belange kann die Bank auch in kürzeren als den vereinbarten Zeitabständen und auch mehr als einmal jährlich die Übersendung von Bestandslisten verlangen. Die Bestandsliste hat Angaben über Art, Menge, Einkaufs- und Verkaufspreise zu enthalten.

(2) Der tatsächlich vorhandene Bestand ist auch dann übereignet, wenn die Bestandslisten unrichtig oder in irgendeiner Weise unvollständig sind.

(3) Sofern der Sicherungsgeber die Buchführung und/oder Datenverarbeitung von einem Dritten vornehmen läßt, wird die Bank hiermit ermächtigt, im eigenen Namen auf Kosten des Sicherungsgebers die Bestandslisten unmittelbar bei dem Dritten einzuholen.

6. Verfügung über das Sicherungsgut

Die Bank gestattet dem Sicherungsgeber, über das Sicherungsgut im Rahmen eines ordnungsgemäßen Geschäftsbetriebes zu verfügen.

7. Ablösung von Eigentumsvorbehalten

Der Sicherungsgeber ist verpflichtet, einen etwa bestehenden Eigentumsvorbehalt durch Zahlung des Kaufpreises zum Erlöschen zu bringen. Die Bank ist befugt, eine Kaufpreisrestschuld des Sicherungsgebers auf dessen Kosten an die Lieferanten zu zahlen.

8. Behandlung und Kennzeichnung des Sicherungsgutes

Der Sicherungsgeber hat das Sicherungsgut vorbehaltlich der Verfügungsbefugnis gemäß Nr. 6 in dem Sicherungsgebiet zu belassen und es auf seine Kosten sorgfältig zu behandeln. Zur Wahrung ihrer berechtigten Belange kann die Bank in einer ihr zweckmäßig erscheinenden Weise das Sicherungsgut als ihr Eigentum kennzeichnen. In den Unterlagen des Sicherungsgebers ist die Übereignung mit dem Namen der Bank kenntlich zu machen.

9. Versicherung des Sicherungsgutes

(1) Der Sicherungsgeber verpflichtet sich ferner, das Sicherungsgut für die Dauer der Übereignung auf eigene Kosten in voller Höhe gegen die üblichen Gefahren und gegen diejenigen, gegen die der Bank Versicherungsschutz erforderlich erscheint, versichert zu halten. Alle daraus entstehenden gegenwärtigen und künftigen Ansprüche gegen die Versicherungsgesellschaft tritt der Sicherungsgeber hiermit an die Bank ab. Der Sicherungsgeber hat der Versicherungsgesellschaft davon Mitteilung zu machen, daß das Sicherungsgut Eigentum der Bank ist, daß sämtliche Rechte aus dem Versicherungsvertrag, soweit sie das Sicherungsgut betreffen, nur der Bank zustehen sowie daß die Bank nur in die Rechte und nicht in die Pflichten des Versicherungsvertrages eintritt mit der Maßgabe, daß der Sicherungsgeber zur Aufhebung der Versicherung ohne Zustimmung der Bank nicht berechtigt ist. Der Sicherungsgeber wird die Versicherungsgesellschaft ersuchen, der Bank einen entsprechenden Sicherungsschein zu übersenden.

(2) Wenn der Sicherungsgeber die Versicherung nicht oder nicht ausreichend bewirkt hat, darf die Bank das auf seine Kosten tun.

10. Gesetzliche Pfandrechte Dritter

Soweit gesetzliche Pfandrechte Dritter, z.B. Vermieter, Verpächter, Lagerhalter, an dem Sicherungsgut bestehen, hat der Sicherungsgeber auf Wunsch der Bank jeweils nach Fälligkeit des Mietzinses, Pachtzinses oder Lagergeldes deren Zahlung nachzuweisen. Wird dieser Nachweis nicht erbracht, ist die Bank befugt, zur Abwendung der Pfandrechte den Miet- oder Pachtzins oder das Lagergeld auf dessen Kosten zu bezahlen.

---

[1] Hier folgt die nähere Kennzeichnung, also z. B. „rot schraffiert".

Raumsicherungsübereignungsvertrag

11. Informationspflichten des Sicherungsgebers

(1) Der Sicherungsgeber hat der Bank unverzüglich anzuzeigen, wenn die Rechte der Bank an dem Sicherungsgut durch Pfändung oder sonstige Maßnahmen Dritter beeinträchtigt oder gefährdet werden sollten, und zwar unter Übersendung einer Abschrift des Pfändungsprotokolls sowie aller sonstigen zu einem Widerspruch gegen die Pfändung erforderlichen Schriftstücke. Außerdem hat der Sicherungsgeber den Pfändungsgläubiger oder sonstige Dritte unverzüglich schriftlich von dem Eigentumsrecht der Bank in Kenntnis zu setzen.

(2) Auch von sonstigen das Sicherungsgut betreffenden Ereignissen, insbesondere von Schadensfällen, hat der Sicherungsgeber der Bank unverzüglich Mitteilung zu machen.

12. Prüfungsrecht der Bank

(1) Die Bank ist berechtigt, das Sicherungsgut am jeweiligen Lagerort zu überprüfen oder durch ihre Beauftragten überprüfen zu lassen. Der Sicherungsgeber hat jede zu diesem Zweck erforderliche Auskunft zu erteilen und die betreffenden Unterlagen zur Einsicht vorzulegen.

(2) Soweit sich das Sicherungsgut in unmittelbarem Besitz Dritter (z.B. Lagerhalter) befindet, werden diese vom Sicherungsgeber hiermit angewiesen, der Bank Zutritt zum Sicherungsgut zu gewähren.

13. Herausgabe des Sicherungsgutes an die Bank

Die Bank ist zur Wahrung ihrer berechtigten Belange befugt, die Verfügungsbefugnis zu widerrufen und die Herausgabe des Sicherungsgutes zu verlangen, wenn der Sicherungsgeber erheblich gegen die Pflicht zur sorgfältigen Behandlung des Sicherungsgutes verstößt oder aber über das Sicherungsgut Verfügungen trifft, die nicht im Rahmen eines ordnungsgemäßen Geschäftsbetriebes liegen. Dies gilt auch, wenn der Sicherungsgeber seine Zahlungen eingestellt hat oder die Eröffnung eines gerichtlichen Insolvenzverfahrens über sein Vermögen beantragt worden ist. Die Bank darf die Herausgabe vom Sicherungsgut ferner verlangen, wenn sie gemäß Nr. 14 Abs. 1 wegen des Zahlungsverzuges des Kreditnehmers zur Verwertung des Sicherungsgutes befugt ist.

14. Verwertungsrecht der Bank

(1) Die Bank ist berechtigt, das Sicherungsgut zu verwerten, wenn der Kreditnehmer mit fälligen Zahlungen auf die durch diesen Vertrag gesicherten Forderungen in Verzug ist. Die Bank wird das Sicherungsgut nur in dem Umfange verwerten, als dies zur Erfüllung der rückständigen Forderungen erforderlich ist.

(2) Die Verwertung wird die Bank dem Sicherungsgeber unter Fristsetzung schriftlich androhen. Stellt der Abschluß dieses Vertrages für den Sicherungsgeber ein Handelsgeschäft dar, beträgt die Frist mindestens eine Woche. In allen übrigen Fällen beträgt sie einen Monat.

(3) Die Bank darf das Sicherungsgut auch durch freihändigen Verkauf im eigenen Namen oder im Namen des Sicherungsgebers veräußern. Sie wird auf die berechtigten Belange des Sicherungsgebers Rücksicht nehmen. Sie kann auch von dem Sicherungsgeber verlangen, daß dieser nach ihren Weisungen das Sicherungsgut bestmöglich verwertet oder bei der Verwertung mitwirkt. Der Sicherungsgeber hat alles bei der Verwertung des Sicherungsgutes Erlangte unverzüglich an die Bank herauszugeben.

(4) Nach Verwertung des Sicherungsgutes wird die Bank den ihr nach Abführung der Umsatzsteuer verbleibenden Erlös zur Abdeckung der gesicherten Ansprüche verwenden. Wenn der Verwertungsvorgang der Umsatzsteuer unterliegt, wird die Bank eine Gutschrift erteilen, die als Rechnung für die Lieferung der als Sicherheit dienenden Sache gilt und den Voraussetzungen des Umsatzsteuerrechts entspricht.

15. Rückübertragung, Sicherheitenfreigabe

(1) Nach Befriedigung ihrer durch diesen Vertrag gesicherten Ansprüche hat die Bank an den Sicherungsgeber die mit dieser Vereinbarung übertragenen Sicherheiten zurückzuübertragen und einen etwaigen Übererlös aus der Verwertung herauszugeben. Die Bank wird jedoch diese Sicherheiten an einen Dritten übertragen, falls sie hierzu verpflichtet ist; dies ist zum Beispiel dann der Fall, wenn der Sicherungsgeber zugleich der Kreditnehmer ist und ein Bürge die Bank befriedigt hat.

(2) Die Bank ist schon vor vollständiger Befriedigung ihrer durch die Sicherungsübereignung gesicherten Ansprüche verpflichtet, auf Verlangen das ihr übertragene Sicherungsgut sowie auch etwaige andere, ihr bestellte Sicherheiten (z.B. abgetretene Forderungen, Grundschulden) nach ihrer Wahl an den jeweiligen Sicherungsgeber ganz oder teilweise freizugeben, sofern der realisierbare Wert sämtlicher Sicherheiten

_____ % der gesicherten Ansprüche der Bank nicht nur vorübergehend überschreitet. Sofern kein Prozentsatz eingesetzt ist, ist ein Satz von 100% maßgeblich.

(3) Die Bank wird bei der Auswahl der freizugebenden Sicherheiten auf die berechtigten Belange des Sicherungsgebers und der Besteller zusätzlicher Sicherheiten Rücksicht nehmen.

16. Bewertung des Sicherungsgutes

(1) Soweit keine abweichende Vereinbarung getroffen worden ist, wird der realisierbare Wert des Sicherungsgutes wie folgt ermittelt: Maßgeblich ist

• der Einkaufspreis für Sicherungsgut, das vom Sicherungsgeber gekauft worden ist,

• der Gestehungspreis für Sicherungsgut, das vom Sicherungsgeber selbst hergestellt oder be- oder verarbeitet worden ist.

(2) Von dem vorstehend festgestellten Wert wird zunächst der Wert derjenigen Sicherungsgüter abgezogen, an denen ein Dritter ein vorrangiges Sicherungsrecht (z.B. Eigentumsvorbehalt, Sicherungsübereignung, Pfandrecht) hat, jedoch nur in Höhe der gesicherten Ansprüche des jeweiligen Gläubigers.

(3) Handelt es sich bei dem Sicherungsgut um **Umlaufvermögen**, wird von dem gemäß Absatz 2 ermittelten Wert ein Sicherungsabschlag in Höhe von

_____ % wegen möglicher Mindererlöse (z.B. bei Zwangsverkauf, veraltetem Sicherungsgut) vorgenommen. Sofern ein Prozentsatz nicht eingetragen ist, wird kein Abschlag vorgenommen.

(4) Handelt es sich bei dem Sicherungsgut um **bewegliches Anlagevermögen**, wird von dem nach Absatz 2 ermittelten Wert ein Sicherungsabschlag in Höhe von

_____ % pro Jahr ab Einkauf oder Fertigstellung anteilig für jedes angefangene Jahr fallend (degressiv) vom jeweils vorausgegangenen Wert vorgenommen. Sofern kein Prozentsatz eingesetzt und auch anderweitig nichts vereinbart worden ist, ist ein Satz von 20% maßgeblich.

(5) Der Sicherungsgeber und die Bank können eine Änderung des Sicherungsabschlages verlangen, wenn der tatsächliche Wert des Sicherungsgutes infolge von zwischenzeitlichen Veränderungen von dem vorstehend ermittelten Wert erheblich abweicht.

17. Verarbeitungsbefugnis

(1) Vorbehaltlich des aus wichtigem Grund zulässigen Widerrufs gestattet die Bank dem Sicherungsgeber, das Sicherungsgut in eigenen oder fremden Betrieben zu ver- oder bearbeiten. Die Ver- oder Bearbeitung erfolgt unentgeltlich im Auftrag der Bank derart, daß die Bank in jedem Zeitpunkt und in jedem Grade der Ver- oder Bearbeitung das Eigentum, Miteigentum oder Anwartschaftsrecht an den Erzeugnissen behält oder erwirbt.

(2) Sollte trotzdem bei der Ver- oder Bearbeitung das Eigentum, Miteigentum oder Anwartschaftsrecht der Bank an dem Sicherungsgut untergehen, so sind sich Bank und Sicherungsgeber einig, daß das Eigentum, Miteigentum oder Anwartschaftsrecht an den neuen Sachen auf die Bank in dem Zeitpunkt übergeht, in dem der Sicherungsgeber diese Rechte erwirbt. Die Übergabe an die Bank wird dadurch ersetzt, daß der Sicherungsgeber die neuen Sachen für die Bank sorgfältig unentgeltlich verwahrt. Soweit Dritte Besitzer der neuen Sachen sind oder werden, tritt der Sicherungsgeber hiermit seine bestehenden und künftigen Herausgabeansprüche an die Bank ab.

18. Rechtswirksamkeit

Sollte eine Bestimmung dieses Vertrages nicht rechtswirksam sein oder nicht durchgeführt werden, so wird dadurch die Gültigkeit des übrigen Vertragsinhaltes nicht berührt.

Ort, Datum, Unterschrift des Sicherungsgebers	

Ort, Datum, Unterschrift der Bank	

42.254 (04/93)

Anhang

Interne Angaben der Bank/Ablagehinweise

Globalzessionsvertrag

Zwischen (nachstehend „Sicherungsgeber" genannt)

Name, Firma und Anschrift des Sicherungsgebers

und dem obengenannten Kreditinstitut (nachstehend „Bank" genannt) wird folgendes vereinbart:

1. Gegenstand der Abtretung
(1) Der Sicherungsgeber tritt hiermit an die Bank seine sämtlichen bestehenden und künftigen Forderungen ab
- aus Warenlieferungen und Leistungen
- sowie aus

Bezeichnung des Rechtsverhältnisses

gegen

a) Name/Firma des Drittschuldners

b) alle Schuldner des Sicherungsgebers mit den Anfangsbuchstaben
von .... bis einschließlich

(2) Für die Feststellung der Anfangsbuchstaben ist maßgebend
- bei Nichtkaufleuten, Einzelfirmen, Personengesellschaften und sonstigen Drittschuldnern, deren Name (Firmenbezeichnung) aus Personennamen besteht oder mit solchen beginnt, der erste Familienname (nicht Vorname, Adelsbezeichnung, Zusatz wie Gebrüder usw.),
- bei allen anderen Drittschuldnern das erste Wort der Firmenbezeichnung oder sonstigen Bezeichnung.

2. Zeitpunkt des Übergangs der Forderung
Die gegenwärtigen Forderungen gehen mit Abschluß dieses Vertrages, alle künftig entstehenden Forderungen jeweils mit ihrer Entstehung auf die Bank über.

3. Sicherungszweck
(1) Die Abtretung erfolgt zur Sicherung **aller bestehenden, künftigen und bedingten Ansprüche**, die der Bank mit ihren sämtlichen in- und ausländischen Geschäftsstellen **aus der bankmäßigen Geschäftsverbindung** gegen
☐ den Sicherungsgeber oder
☐ den vom Sicherungsgeber verschiedenen Kreditnehmer

Name und Anschrift des Kreditnehmers

zustehen.
(2) Hat der Kreditnehmer die Haftung für Verbindlichkeiten eines anderen Kunden der Bank übernommen (z.B. als Bürge), so sichert die Abtretung die aus der Haftungsübernahme folgende Schuld erst ab deren Fälligkeit und nur, wenn der Kreditnehmer zugleich der Sicherungsgeber ist.

4. Bestandslisten
(1) Der Sicherungsgeber hat der Bank zu den mit der Bank vereinbarten Zeitpunkten, mindestens jedoch einmal jährlich eine Bestandsliste über die an die Bank abgetretenen, noch ausstehenden Forderungen einzureichen. Zur Wahrung ihrer berechtigten Belange kann die Bank auch in kürzeren als den vereinbarten Zeitabständen und auch mehr als einmal jährlich die Übersendung von Bestandslisten verlangen. Aus der Bestandsliste sollen, soweit nichts anderes vereinbart wird, Namen und Anschriften der Drittschuldner, Betrag sowie Rechnungs- und Fälligkeitstag ersichtlich sein.
(2) Die nach Nr.1 dieses Vertrages abgetretenen Forderungen stehen der Bank auch dann zu, wenn sie aus irgendeinem Grunde nicht oder nicht in voller Höhe in den der Bank eingereichten Listen verzeichnet sein sollten.
(3) Sofern der Sicherungsgeber die Buchführung und/oder Datenverarbeitung von einem Dritten vornehmen läßt, wird die Bank hiermit ermächtigt, im eigenen Namen auf Kosten des Sicherungsgebers die Bestandslisten unmittelbar bei dem Dritten einzuholen.

5. Abtretung von Ansprüchen aus einem Kontokorrentverhältnis
Besteht zwischen dem Sicherungsgeber und den Drittschuldnern ein echtes oder unechtes Kontokorrentverhältnis oder wird später ein solches begründet, so tritt er hiermit an die Bank zusätzlich die Forderungen aus gezogenen oder in Zukunft zu ziehenden Salden, das Recht auf Feststellung des gegenwärtigen Saldos sowie das Recht auf Kündigung des Kontokorrents ab.

6. Übergang von Rechten und Sicherheiten
Mit den abgetretenen Forderungen gehen die Rechte aus den zugrunde liegenden Rechtsgeschäften auf die Bank über. Soweit für die abgetretenen Forderungen Sicherheiten bestellt sind, die nicht kraft Gesetzes auf die Bank übergehen, kann die Bank deren Übertragung auf sich verlangen.

7. Blankobenachrichtigungsschreiben
Der Sicherungsgeber hat der Bank auf ihre Anforderung Blankobenachrichtigungsschreiben zur Unterrichtung der Drittschuldner über die Abtretung auszuhändigen. Die Bank ist berechtigt, vom Sicherungsgeber unterschriebene Blankobenachrichtigungsschreiben zu vervielfältigen.

8. Verkauf der Forderungen
Der Verkauf der an die Bank abgetretenen Forderungen im Rahmen eines Factoring-Geschäftes bedarf der vorherigen schriftlichen Zustimmung der Bank.

9. Einziehung der Forderungen durch den Sicherungsgeber, Abtretung der Ansprüche aus Schecks und Wechseln
Dem Sicherungsgeber ist es gestattet, die an die Bank abgetretenen Forderungen im Rahmen eines ordnungsgemäßen Geschäftsbetriebes einzuziehen. Wenn der Sicherungsgeber zur Bezahlung der an die Bank abgetretenen Forderungen Schecks oder Wechsel erhält, tritt der Sicherungsgeber die ihm daraus zustehenden Ansprüche schon jetzt im voraus sicherungshalber an die Bank ab. Die Bank kann zur Wahrung ihrer berechtigten Belange die Einziehungsbefugnis beschränken oder für die Einziehung Auflagen erteilen.

860

Globalzessionsvertrag

10. Einziehung der Forderungen durch die Bank

(1) Wenn der Kreditnehmer mit fälligen Zahlungen auf die durch diesen Vertrag gesicherten Forderungen in Verzug ist, seine Zahlungen eingestellt hat oder die Eröffnung eines gerichtlichen Insolvenzverfahrens über sein Vermögen beantragt worden ist, ist die Bank berechtigt, die Einziehungsbefugnis zu widerrufen und die Forderungsabtretung auch im Namen des Sicherungsgebers gegenüber den jeweiligen Drittschuldnern offenzulegen und die Forderungen einzuziehen. Diese Maßnahmen wird die Bank nur in dem Umfange ergreifen, als es zur Erfüllung der rückständigen Forderungen erforderlich ist.

(2) Die Offenlegung der Forderungsabtretung und die Einziehung der Forderungen wird die Bank dem Sicherungsgeber mit einer Frist von zwei Wochen schriftlich androhen. Einer Androhung mit Fristsetzung bedarf es jedoch nicht, wenn der Sicherungsgeber seine Zahlungen eingestellt hat oder die Eröffnung eines gerichtlichen Insolvenzverfahrens über sein Vermögen beantragt worden ist.

(3) Erlischt die Einziehungsbefugnis des Sicherungsgebers, so kann die Bank die Aushändigung aller Unterlagen über die abgetretenen Forderungen verlangen.

(4) Wenn die Bank Forderungen selbst einzieht, darf sie alle Maßnahmen und Vereinbarungen mit den Drittschuldnern treffen, die zur Realisierung der Forderungen erforderlich sind, insbesondere Stundungen und Nachlässe gewähren und Vergleiche abschließen.

(5) Der Sicherungsgeber wird auf Verlangen der Bank für diese die Forderungen einziehen.

11. Rechte von Vorbehaltslieferanten

(1) Falls an die Bank eine Forderung abgetreten ist, die von einem Lieferanten des Sicherungsgebers aufgrund eines branchenüblichen verlängerten Eigentumsvorbehaltes gegenwärtig oder zukünftig berechtigterweise in Anspruch genommen werden kann, soll die Abtretung erst mit Erlöschen des verlängerten Eigentumsvorbehalts wirksam werden. Soweit die Forderung einem Lieferanten nur teilweise zusteht, ist die Abtretung an die Bank zunächst auf den Forderungsteil beschränkt, der dem Sicherungsgeber zusteht; der Restteil wird auf die Bank erst übergehen, wenn er durch den verlängerten Eigentumsvorbehalt nicht mehr erfaßt wird.

(2) Der Sicherungsgeber tritt der Bank seine etwaigen Ansprüche auf Rückabtretung der an den Lieferanten aufgrund des verlängerten Eigentumsvorbehaltes abgetretenen Forderungen sowie seine etwaigen Ansprüche auf Abführung der an den Lieferanten geflossenen Erlöse mit allen Nebenrechten ab.

(3) Die Bank ist berechtigt, den verlängerten Eigentumsvorbehalt durch Befriedigung des Lieferanten abzulösen.

12. Informationspflichten des Sicherungsgebers

Werden abgetretene Forderungen gepfändet, hat der Sicherungsgeber die Bank hiervon unverzüglich zu informieren und den Pfändungsgläubiger unverzüglich schriftlich von dem Sicherungsrecht der Bank zu unterrichten.

13. Einsichts- und Prüfungsrechte der Bank

(1) Der Sicherungsgeber ist verpflichtet, der Bank auf Verlangen alle Auskünfte, Nachweise und Urkunden zu geben, die zur Prüfung, Bewertung und zur Geltendmachung der abgetretenen Forderungen erforderlich sind. Beim Einsatz von EDV-Anlagen hat der Sicherungsgeber die erforderlichen Belege auszudrucken; falls der Ausdruck nicht vorgenommen wird, sind der Bank die hierfür erforderlichen Datenträger und EDV-Programme auszuhändigen, damit sie sich selber die Ausdrucke erstellen kann. Für die Erstellung von Bestandslisten gilt Nr. 4 Abs. 3.

(2) Der Sicherungsgeber gestattet der Bank, zur Prüfung, Bewertung und Geltendmachung der abgetretenen Forderungen seine Unterlagen einzusehen oder durch einen Bevollmächtigten einsehen zu lassen.

14. Sicherheitenfreigabe

(1) Nach Befriedigung ihrer durch die Abtretung gesicherten Ansprüche hat die Bank an den Sicherungsgeber die ihr abgetretenen Forderungen zurückzuübertragen und einen etwaigen Übererlös aus der Verwertung herauszugeben. Die Bank wird jedoch die Sicherheit an einen Dritten übertragen, falls sie hierzu verpflichtet ist; dies ist zum Beispiel dann der Fall, wenn der Sicherungsgeber zugleich der Kreditnehmer ist und ein Bürge die Bank befriedigt hat.

(2) Die Bank ist schon vor vollständiger Befriedigung ihrer durch die Abtretung gesicherten Ansprüche verpflichtet, auf Verlangen die ihr abgetretenen Forderungen sowie auch etwaige andere, ihr bestellte Sicherheiten (z. B. übereignete Sachen, Grundschulden) nach ihrer Wahl an den jeweiligen Sicherungsgeber ganz oder teilweise freizugeben, sofern der realisierbare Wert sämtlicher Sicherheiten

_____ % der gesicherten Ansprüche der Bank nicht nur vorübergehend überschreitet. Sofern kein Prozentsatz eingesetzt und auch anderweitig nichts anderes vereinbart worden ist, ist ein Satz von 100 % maßgeblich.

15. Bewertung der Forderungen

(1) Zur Ermittlung des realisierbaren Wertes der abgetretenen Forderungen wird vom Nennwert der in den Bestandslisten als abgetreten gemeldeten Forderungen ausgegangen. Hiervon werden zunächst solche Forderungen abgesetzt,

- bei denen die Abtretung ausgeschlossen oder von der Zustimmung der Drittschuldner abhängig gemacht worden ist und bei denen diese Zustimmung nicht vorliegt;
- die gemäß Nr. 11 wegen eines branchenüblichen verlängerten Eigentumsvorbehaltes nicht an die Bank abgetreten worden sind;
- denen aufrechenbare Forderungen gegenüberstehen;
- bei denen die Abtretung im Hinblick auf den Sitz des Drittschuldners im Ausland und die Geltung ausländischen Rechts nicht wirksam vorgenommen worden ist;
- die einredebehaftet sind, weil die zugrunde liegenden Lieferungen und Leistungen nicht oder nicht vollständig erbracht worden sind.

(2) In Zweifelsfällen (z. B. bei Auslandsforderungen) ist die Bank berechtigt, die jeweiligen Forderungen an den Sicherungsgeber zurückzuübertragen.

(3) Von dem vorstehend ermittelten Nennbetrag ist ein Sicherheitsabschlag von

_____ % wegen etwaiger möglicher Forderungsausfälle vorzunehmen. Sofern ein Prozentsatz nicht eingetragen ist, wird ein Abzug nicht vorgenommen.

(4) Der Sicherungsgeber und die Bank können eine Neubewertung der abgetretenen Forderungen verlangen, wenn deren tatsächlicher Wert infolge von zwischenzeitlichen Veränderungen von dem vorstehend ermittelten Wert erheblich abweicht.

16. Rechtswirksamkeit

Sollte eine Bestimmung dieses Vertrages nicht rechtswirksam sein oder nicht durchgeführt werden, so wird dadurch die Gültigkeit des übrigen Vertragsinhaltes nicht berührt. Das gilt insbesondere, wenn die Unwirksamkeit sich nur auf einzelne Forderungen oder Forderungsteile erstreckt.

Ort, Datum, Unterschrift des Sicherungsgebers	
Ort, Datum, Unterschrift der Bank	

42.401 (01/93)

Anhang

Abtretung einzelner Forderungen

Zwischen (nachstehend „Sicherungsgeber" genannt)

Name und Anschrift des Sicherungsgebers

und dem oben genannten Kreditinstitut (nachstehend „Bank" genannt) **wird folgendes vereinbart:**

Abgetretene Forderungen

Lfd. Nr.	Rechnungs-datum	Name und Anschrift des Drittschuldners	Grund der Forderung	Fälligkeit	Betrag DM
				Insgesamt DM	

1. Gegenstand der Abtretung

Der Sicherungsgeber tritt hiermit an die Bank ab:
- ☐ die **oben** aufgeführten Forderungen.
- ☐ die in der **Anlage** aufgeführten Forderungen. Die Anlage ist Bestandteil dieses Vertrages.

2. Sicherungszweck

Die Abtretung der Forderungen und die Übertragung der sonstigen in diesem Vertrag aufgeführten Rechte erfolgt

- ☐ zur **Sicherung der Ansprüche der Bank aus dem nachstehend bezeichneten Kreditvertrag**

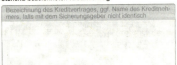

Bezeichnung des Kreditvertrages, ggf. Name des Kreditnehmers, falls mit dem Sicherungsgeber nicht identisch

- ☐ zur **Sicherung aller bestehenden, künftigen und bedingten Ansprüche** der Bank mit ihren sämtlichen in- und ausländischen Geschäftsstellen **aus der bankmäßigen Geschäftsverbindung** gegen den Sicherungsgeber. Hat dieser die Haftung für Verbindlichkeiten eines anderen Kunden der Bank übernommen (z. B. als Bürge), so sichert die Abtretung die aus der Haftungsübernahme folgende Schuld erst ab deren Fälligkeit.

3. Übergang von Rechten und Sicherheiten

Mit den abgetretenen Forderungen gehen die Rechte aus den zugrunde liegenden Rechtsgeschäften auf die Bank über. Soweit für die abgetretenen Forderungen Sicherheiten bestellt sind, die nicht schon kraft Gesetzes auf die Bank übergehen, kann die Bank deren Übertragung auf sich verlangen.

4. Blankobenachrichtigungsschreiben

Der Sicherungsgeber hat der Bank auf ihre Anforderung Blankobenachrichtigungsschreiben zur Unterrichtung der Drittschuldner über die Abtretung auszuhändigen. Die Bank ist berechtigt, vom Sicherungsgeber unterschriebene Blankobenachrichtigungsschreiben zu vervielfältigen.

5. Einziehung der Forderungen durch den Sicherungsgeber, Abtretung der Ansprüche aus Schecks und Wechseln

Dem Sicherungsgeber ist es gestattet, die an die Bank abgetretenen Forderungen im Rahmen eines ordnungsgemäßen Geschäftsbetriebes einzuziehen. Wenn der Sicherungsgeber zur Bezahlung der Bank abgetretenen Forderungen Schecks oder Wechsel erhält, tritt der Sicherungsgeber die ihm daraus zustehenden Ansprüche schon jetzt im voraus sicherungshalber an die Bank ab. Die Bank kann zur Wahrung ihrer berechtigten Belange die Einziehungsbefugnis beschränken oder für die Einziehung Auflagen erteilen.

6. Verkauf der Forderungen

Der Verkauf der an die Bank abgetretenen Forderungen im Rahmen eines echten Factoring-Geschäftes bedarf der vorherigen schriftlichen Zustimmung der Bank.

7. Einziehung der Forderungen durch die Bank

(1) Wenn der Kreditnehmer mit fälligen Zahlungen auf die durch diesen Vertrag gesicherten Forderungen in Verzug ist, seine Zahlungen eingestellt hat oder die Eröffnung eines gerichtlichen Insolvenzverfahrens über sein Vermögen beantragt worden ist, ist die Bank berechtigt, die Einziehungsbefugnis zu widerrufen und die Forderungsabtretung auch im Namen des Sicherungsgebers gegenüber den jeweiligen Drittschuldnern offenzulegen und die Forderungen einzuziehen. Diese Maßnahmen wird die Bank nur in dem Umfange ergreifen, als es zur Erfüllung der rückständigen Forderungen erforderlich ist.

Abtretung einzelner Forderungen

(2) Die Offenlegung der Forderungsabtretung und die Einziehung der Forderungen wird die Bank dem Sicherungsgeber mit einer Frist von zwei Wochen schriftlich androhen. Einer Androhung mit Fristsetzung bedarf es jedoch nicht, wenn der Sicherungsgeber seine Zahlungen eingestellt hat oder die Eröffnung eines gerichtlichen Insolvenzverfahrens über sein Vermögen beantragt worden ist.
(3) Erlischt die Einziehungsbefugnis des Sicherungsgebers, so kann die Bank die Aushändigung aller Unterlagen über die abgetretenen Forderungen verlangen.
(4) Wenn die Bank Forderungen selbst einzieht, darf sie alle Maßnahmen und Vereinbarungen mit den Drittschuldnern treffen, die zur Realisierung der Forderungen erforderlich sind, insbesondere Stundungen und Nachlässe gewähren und Vergleiche abschließen.
(5) Der Sicherungsgeber wird auf Verlangen der Bank für diese die Forderung einziehen.

8. Informationspflichten des Sicherungsgebers

Werden abgetretene Forderungen gepfändet, hat der Sicherungsgeber die Bank hiervon zu unverzüglich zu informieren und den Pfändungsgläubiger unverzüglich schriftlich von dem Sicherungsrecht der Bank zu unterrichten.

9. Einsichts- und Prüfungsrechte der Bank

(1) Der Sicherungsgeber ist verpflichtet, der Bank auf Verlangen alle Auskünfte, Nachweise und Urkunden zu geben, die zur Prüfung, Bewertung und zur Geltendmachung der abgetretenen Forderungen erforderlich sind. Beim Einsatz von EDV-Anlagen hat der Sicherungsgeber die erforderlichen Belege auszudrucken; falls der Ausdruck nicht vorgenommen wird, sind der Bank die hierfür erforderlichen Datenträger und EDV-Programme auszuhändigen, damit sie sich selber die Ausdrucke erstellen kann.
(2) Der Sicherungsgeber gestattet der Bank, zur Prüfung, Bewertung und Geltendmachung der abgetretenen Forderungen seine Unterlagen einzusehen oder durch einen Bevollmächtigten einsehen zu lassen.

10. Sicherheitenfreigabe

(1) Nach Befriedigung ihrer durch die Abtretung gesicherten Ansprüche hat die Bank an den Sicherungsgeber die ihr abgetretenen Forderungen zurückzuübertragen und einen etwaigen Übererlös aus der Verwertung herauszugeben. Die Bank wird jedoch die Sicherheit an einen Dritten übertragen, falls sie hierzu verpflichtet ist; dies ist zum Beispiel dann der Fall, wenn der Sicherungsgeber zugleich Kreditnehmer ist und ein Bürge die Bank befriedigt hat.
(2) Die Bank ist schon vor vollständiger Befriedigung ihrer durch die Abtretung gesicherten Ansprüche verpflichtet, auf Verlangen die ihr abgetretenen Forderungen sowie auch etwaige andere, ihr bestellte Sicherheiten (z. B. übereignete Sachen, Grundschulden) nach ihrer Wahl an den jeweiligen Sicherungsgeber ganz oder teilweise freizugeben, sofern der realisierbare Wert sämtlicher Sicherheiten

 % der gesicherten Ansprüche der Bank nicht nur vorübergehend überschreitet. Sofern kein Prozentsatz eingesetzt und auch anderweitig nichts anderes vereinbart worden ist, ist ein Satz von 100% maßgeblich.
(3) Die Bank wird bei der Auswahl der freizugebenden Sicherheiten auf die berechtigten Belange des Sicherungsgebers und der Besteller zusätzlicher Sicherheiten Rücksicht nehmen.

11. Bewertung der Forderungen

(1) Zur Ermittlung des realisierbaren Wertes wird vom Nennwert der abgetretenen Forderungen ausgegangen. Hiervon werden zunächst solche Forderungen abgesetzt,
- bei denen die Abtretung ausgeschlossen oder von der Zustimmung der Drittschuldner abhängig gemacht worden ist und bei denen diese Zustimmung nicht vorliegt;
- denen aufrechenbare Forderungen gegenüberstehen;
- bei denen die Rechtswirksamkeit der Abtretung im Hinblick auf den Sitz des Drittschuldners im Ausland oder die Geltung ausländischen Rechts von der Bank mit vertretbarem Aufwand nicht festgestellt werden kann;
- die einredebehaftet sind, weil die zugrunde liegende Lieferung oder Leistung nicht oder nicht vollständig erbracht worden ist.

(2) Von dem vorstehend ermittelten Nennbetrag ist ein Sicherheitsabschlag in Höhe von

% wegen etwaiger möglicher Forderungsausfälle vorzunehmen. Sofern ein Prozentsatz nicht eingetragen ist, wird ein Abzug nicht vorgenommen.
(3) Der Sicherungsgeber und die Bank können eine Änderung des Sicherungsabschlages verlangen, wenn der tatsächliche Wert der Forderungen infolge von zwischenzeitlichen Veränderungen von dem vorstehend ermittelten Wert erheblich abweicht.

12. Rechtswirksamkeit

Sollte eine Bestimmung dieses Vertrages nicht rechtswirksam sein oder oder nicht durchgeführt werden, so wird dadurch die Gültigkeit des übrigen Vertragsinhaltes nicht berührt. Das gilt insbesondere, wenn die Unwirksamkeit sich nur auf einzelne Forderungen oder Forderungsteile erstreckt.

Ort, Datum, Unterschrift des Sicherungsgebers

Ort, Datum, Unterschrift der Bank

42.404 (04/93)

Anhang

Interne Angaben der Bank/Ablagehinweise

Mantelzessionsvertrag

Zwischen (nachstehend „Sicherungsgeber" genannt)

Name, Firma und Anschrift des Sicherungsgebers

und dem obengenannten Kreditinstitut (nachstehend „Bank" genannt) **wird folgendes vereinbart:**

1. Verpflichtung zur Abtretung von Forderungen

(1) Der Sicherungsgeber verpflichtet sich, an die Bank laufend Forderungen abzutreten.

(2) Der realisierbare Wert (Nummer 13) der abgetretenen Forderungen muß jeweils mindestens

____ % der Verbindlichkeiten des Kreditnehmers gegenüber der Bank betragen[1]. Soweit kein Prozentsatz eingetragen und auch anderweitig nichts vereinbart worden ist, muß der realisierbare Wert der abgetretenen Forderungen unter Anrechnung des realisierbaren Wertes sonstiger Sicherheiten zumindest dem Gesamtbetrag der Verbindlichkeiten des Kreditnehmers entsprechen.

2. Gegenstand und Form der Abtretung

(1) Der Sicherungsgeber und die Bank sind sich darüber einig, daß Forderungen jeweils an die Bank übergehen, wenn der Sicherungsgeber der Bank Listen mit den abzutretenden Forderungen (Zessionslisten) oder Durchschriften der über die abzutretenden Forderungen erteilten Rechnungen einreicht.

(2) Aus den der Bank einzureichenden Unterlagen (Zessionslisten oder Rechnungsdurchschriften) sollen, soweit nichts anderes vereinbart wird, die Drittschuldner mit Namen und genauer Anschrift, Betrag der einzelnen Forderungen sowie Rechnungs- und Fälligkeitstag ersichtlich sein.

3. Sicherungszweck

(1) Die Abtretung erfolgt zur Sicherung **aller bestehenden, künftigen und bedingten Ansprüche**, die der Bank mit ihren sämtlichen in- und ausländischen Geschäftsstellen **aus der bankmäßigen Geschäftsverbindung** gegen

☐ den Sicherungsgeber oder
☐ den vom Sicherungsgeber verschiedenen Kreditnehmer

zustehen.

(2) Hat der Kreditnehmer die Haftung für Verbindlichkeiten eines anderen Kunden der Bank übernommen (z.B. als Bürge), so sichert die Abtretung aus der Haftungsübernahme folgende Schuld erst ab deren Fälligkeit und nur dann, wenn der Kreditnehmer zugleich der Sicherungsgeber ist.

4. Bestandslisten

(1) Um der Bank einen Überblick über den aktuellen Stand der ihr zustehenden noch offenen Forderungen zu ermöglichen, hat der Sicherungsgeber der Bank spätestens bis zum 10. eines jeden Monats, abgestellt auf das Ende des Vormonats – auf Verlangen der Bank auch in anderen Zeitabständen und zu anderen Terminen – unter Bezugnahme auf diesen Vertrag eine Bestandsliste einzureichen. Aus den Bestandslisten sollen, soweit nichts anderes vereinbart wird, Namen und Anschriften der Drittschuldner, Betrag sowie Rechnungs- und Fälligkeitstag ersichtlich sein.

(2) Die nach Nr. 2 dieses Vertrages abgetretenen Forderungen stehen der Bank auch dann zu, wenn sie aus irgendeinem Grunde nicht oder nicht in voller Höhe in den der Bank eingereichten Bestandslisten verzeichnet sein sollten.

(3) Sofern der Sicherungsgeber die Buchführung und/oder Datenverarbeitung von einem Dritten vornehmen läßt, wird die Bank hiermit ermächtigt, im eigenen Namen auf Kosten des Sicherungsgebers die Bestandslisten unmittelbar bei dem Dritten einzuholen.

5. Übergang von Rechten und Sicherheiten

Mit den abgetretenen Forderungen gehen die Rechte aus den zugrunde liegenden Rechtsgeschäften auf die Bank über. Soweit für die abgetretenen Forderungen Sicherheiten bestellt sind, die nicht schon kraft Gesetzes auf die Bank übergehen, kann die Bank deren Übertragung auf sich verlangen.

6. Verkauf der Forderungen

Der Verkauf der an die Bank abgetretenen Forderungen im Rahmen eines echten Factoring-Geschäftes bedarf der vorherigen schriftlichen Zustimmung der Bank.

7. Blankobenachrichtigungsschreiben

Der Sicherungsgeber hat der Bank auf ihre Anforderung Blankobenachrichtigungsschreiben zur Unterrichtung der Drittschuldner über die Abtretung auszuhändigen. Die Bank ist berechtigt, vom Sicherungsgeber unterschriebene Blankobenachrichtigungsschreiben zu vervielfältigen.

8. Einziehung der Forderungen durch den Sicherungsgeber, Abtretung der Ansprüche aus Schecks und Wechseln

Dem Sicherungsgeber ist es gestattet, die an die Bank abgetretenen Forderungen im Rahmen eines ordnungsgemäßen Geschäftsbetriebes einzuziehen. Wenn der Sicherungsgeber zur Bezahlung der Bank abgetretenen Forderungen Schecks oder Wechsel erhält, tritt der Sicherungsgeber die ihm daraus zustehenden Ansprüche schon jetzt im voraus sicherungshalber an die Bank ab. Die Bank kann zur Wahrung ihrer berechtigten Belange die Einziehungsbefugnis beschränken oder für die Einziehung Auflagen erteilen.

9. Einziehung der Forderungen durch die Bank

(1) Wenn der Kreditnehmer mit fälligen Zahlungen auf die durch diesen Vertrag gesicherten Forderungen in Verzug ist, seine Zahlungen eingestellt hat oder die Eröffnung eines gerichtlichen Insolvenzverfahrens über sein Vermögen beantragt worden ist, ist die Bank berechtigt, die Einziehungsbefugnis zu widerrufen und

---

[1] **Hinweis:** Der eingetragene Prozentsatz soll den in Nummer 12 Abs. 2 genannten Prozentsatz nicht übersteigen.

die Forderungsabtretung auch im Namen des Sicherungsgebers gegenüber den jeweiligen Drittschuldnern offenzulegen und die Forderungen einzuziehen. Diese Maßnahmen wird die Bank nur in dem Umfange ergreifen, als es zur Erfüllung der rückständigen Forderungen erforderlich ist.

(2) Die Offenlegung der Forderungsabtretung und die Einziehung der Forderungen wird die Bank dem Sicherungsgeber mit einer Frist von zwei Wochen schriftlich androhen. Einer Androhung mit Fristsetzung bedarf es jedoch nicht, wenn der Sicherungsgeber seine Zahlungen eingestellt hat oder die Eröffnung eines gerichtlichen Insolvenzverfahrens über sein Vermögen beantragt worden ist.

(3) Erlischt die Einziehungsbefugnis des Sicherungsgebers, so kann die Bank die Aushändigung aller Unterlagen über die abgetretenen Forderungen verlangen.

(4) Wenn die Bank Forderungen selbst einzieht, darf sie alle Maßnahmen und Vereinbarungen mit den Drittschuldnern treffen, die zur Realisierung der Forderungen erforderlich sind, insbesondere Stundungen und Nachlässe gewähren und Vergleiche abschließen.

(5) Der Sicherungsgeber wird auf Verlangen der Bank für diese die Forderungen einziehen.

10. Informationspflichten des Sicherungsgebers
Werden abgetretene Forderungen gepfändet, hat der Sicherungsgeber die Bank hiervon unverzüglich zu informieren und den Pfändungsgläubiger unverzüglich schriftlich von dem Sicherungsrecht der Bank zu unterrichten.

11. Einsichts- und Prüfungsrechte der Bank
(1) Der Sicherungsgeber ist verpflichtet, der Bank auf Verlangen alle Auskünfte, Nachweise und Urkunden zu geben, die zur Prüfung, Bewertung und zur Geltendmachung der abgetretenen Forderungen erforderlich sind. Beim Einsatz von EDV-Anlagen hat der Sicherungsgeber die erforderlichen Belege auszudrucken; falls der Ausdruck nicht vorgenommen wird, sind der Bank die hierfür erforderlichen Datenträger und EDV-Programme auszuhändigen, damit sie sich selber die Ausdrucke erstellen kann. Für die Erstellung von Bestandslisten gilt Nr. 4 Abs. 3.

(2) Der Sicherungsgeber gestattet der Bank, zur Prüfung, Bewertung und Geltendmachung der abgetretenen Forderungen seine Unterlagen einzusehen oder durch einen Bevollmächtigten einsehen zu lassen.

12. Sicherheitenfreigabe
(1) Nach Befriedigung ihrer durch die Abtretung gesicherten Ansprüche hat die Bank an den Sicherungsgeber die ihr abgetretenen Forderungen zurückzuübertragen und einen etwaigen Übererlös aus der Verwertung herauszugeben. Die Bank wird jedoch die Sicherheit an einen Dritten übertragen, falls sie hierzu verpflichtet ist; dies ist zum Beispiel dann der Fall, wenn der Sicherungsgeber zugleich der Kreditnehmer ist und ein Bürge die Bank befriedigt hat.

(2) Die Bank ist schon vor vollständiger Befriedigung ihrer durch die Abtretung gesicherten Ansprüche verpflichtet, auf Verlangen die ihr abgetretenen Forderungen sowie auch etwaige andere, ihr bestellte Sicherheiten (z. B. übereignete Sachen, Grundschulden) nach ihrer Wahl an den jeweiligen Sicherungsgeber ganz oder teilweise freizugeben, sofern der realisierbare Wert sämtlicher Sicherheiten

____ % der gesicherten Ansprüche der Bank nicht nur vorübergehend überschreitet. Sofern kein Prozentsatz eingesetzt und auch anderweitig nichts anderes vereinbart worden ist, ist ein Satz von 100 % maßgeblich.

(3) Die Bank wird bei der Auswahl der freizugebenden Sicherheiten auf die berechtigten Belange des Sicherungsgebers und der Besteller zusätzlicher Sicherheiten Rücksicht nehmen.

13. Bewertung der Forderungen
(1) Zur Ermittlung des realisierbaren Wertes der abgetretenen Forderungen wird vom Nennwert der in den Zessionslisten abgetretenen, noch offenstehenden Forderungen ausgegangen. Hiervon werden zunächst solche Forderungen abgesetzt,

- bei denen die Abtretung ausgeschlossen oder von der Zustimmung der Drittschuldner abhängig gemacht worden ist und bei denen diese Zustimmung nicht vorliegt;
- denen aufrechenbare Forderungen gegenüberstehen;
- bei denen die Abtretung im Hinblick auf den Sitz des Drittschuldners im Ausland oder die Geltung ausländischen Rechts nicht wirksam vorgenommen worden ist;
- die einredebehaftet sind, weil die zugrunde liegenden Lieferungen und Leistungen nicht oder nicht vollständig erbracht worden sind.

(2) In Zweifelsfällen (z. B. bei Auslandsforderungen) ist die Bank berechtigt, die jeweiligen Forderungen an den Sicherungsgeber zurückzuübertragen.

(3) Von dem vorstehend ermittelten Nennbetrag ist ein Sicherheitsabschlag in Höhe von

____ % wegen etwaiger möglicher Forderungsausfälle vorzunehmen. Sofern ein Prozentsatz nicht eingetragen ist, wird ein Abzug nicht vorgenommen.

(4) Der Sicherungsgeber und die Bank können eine Änderung des Sicherungsabschlages verlangen, wenn der tatsächliche Wert der Forderungen infolge von zwischenzeitlichen Veränderungen von dem vorstehend ermittelten Wert erheblich abweicht.

14. Rechtswirksamkeit
Sollte eine Bestimmung dieses Vertrages nicht rechtswirksam sein oder nicht durchgeführt werden, so wird dadurch die Gültigkeit des übrigen Vertragsinhaltes nicht berührt. Das gilt insbesondere, wenn die Unwirksamkeit sich nur auf einzelne Forderungen oder Forderungsteile erstreckt.

Ort, Datum, Unterschrift des Sicherungsgebers	
Ort, Datum, Unterschrift der Bank	

42.402 (04/93)

Anhang

Offenlegung einer Globalzession

Sehr geehrte Damen und Herren,

wir teilen Ihnen hierdurch zugleich im Namen des bisherigen Gläubigers mit, daß dieser seine bestehenden und künftigen Forderungen aus Warenlieferungen und Leistungen mit allen dazugehörigen Rechten an uns abgetreten hat.

Eine Abtretungsanzeige liegt bei.

Zur Vermeidung doppelter Zahlungen gestatten wir uns, darauf hinzuweisen, daß Sie nach den gesetzlichen Bestimmungen (§§ 398 ff. BGB) **Zahlungen** auf die abgetretenen Forderungen **mit schuldbefreiender Wirkung nur noch an uns** leisten können. Eine Zahlung an den bisherigen Gläubiger oder an andere Stellen würde Sie von Ihrer Verbindlichkeit uns gegenüber nicht befreien.

Wir bitten Sie, bei Überweisungen als „Verwendungszweck", den bisherigen Gläubiger, das Rechnungsdatum und den Vermerk „Abtretung" einzusetzen und Zahlungen nur noch auf das nachstehend genannte Konto zu leisten:

Empfänger	Konto-Nr.	Konto bei	Bankleitzahl

Anlage

Ort, Datum	Unterschrift der Bank	

Anzeige des Zedenten bei Forderungsabtretungen

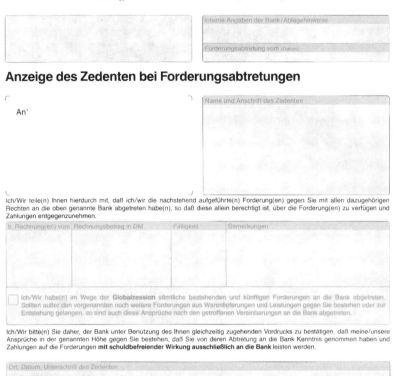

An'

Name und Anschrift des Zedenten

Ich/Wir teile(n) Ihnen hierdurch mit, daß ich/wir die nachstehend aufgeführte(n) Forderung(en) gegen Sie mit allen dazugehörigen Rechten an die oben genannte Bank abgetreten habe(n), so daß diese allein berechtigt ist, über die Forderung(en) zu verfügen und Zahlungen entgegenzunehmen.

lt. Rechnung(en) vom	Rechnungsbetrag in DM	Fälligkeit	Bemerkungen

☐ Ich/Wir habe(n) im Wege der **Globalzession** sämtliche bestehenden und künftigen Forderungen an die Bank abgetreten. Sollten außer den vorgenannten noch weitere Forderungen aus Warenlieferungen und Leistungen gegen Sie bestehen oder zur Entstehung gelangen, so sind auch diese Ansprüche nach den getroffenen Vereinbarungen an die Bank abgetreten.

Ich/Wir bitte(n) Sie daher, der Bank unter Benutzung des Ihnen gleichzeitig zugehenden Vordrucks zu bestätigen, daß meine/unsere Ansprüche in der genannten Höhe gegen Sie bestehen, daß Sie von deren Abtretung an die Bank Kenntnis genommen haben und Zahlungen auf die Forderungen **mit schuldbefreiender Wirkung ausschließlich an die Bank** leisten werden.

Ort, Datum, Unterschrift des Zedenten

© 1993 Bank-Verlag Köln 42.423 (07/93)

Anhang

Einholung einer Abtretungsbestätigung

Name und Anschrift des bisherigen Gläubigers

Sehr geehrte Damen und Herren,

wir teilen Ihnen hierdurch zugleich im Namen des bisherigen Gläubigers mit, daß dieser die nachstehend aufgeführte(n) Forderung(en) gegen Sie mit allen dazugehörigen Rechten an uns abgetreten hat, so daß wir allein berechtigt sind, über die Forderungen zu verfügen und Zahlungen entgegenzunehmen:

lt. Rechnung(en) vom	Rechnungsbetrag in DM	Fälligkeit	Bemerkungen

☐ Der bisherige Gläubiger hat im Wege der **Globalzession** sämtliche bestehenden und künftigen Forderungen an uns abgetreten. Sollten außer den vorgenannten noch weitere Forderungen aus Warenlieferungen und Leistungen des bisherigen Gläubigers gegen Sie bestehen oder in Zukunft zur Entstehung gelangen, so machen wir ausdrücklich darauf aufmerksam, daß nach den getroffenen Vereinbarungen auch diese Ansprüche an uns abgetreten sind

Wir bitten Sie, von dem Übergang der Forderung(en) auf uns Kenntnis zu nehmen. Eine Abtretungsanzeige ist beigefügt. Sollte(n) sich die abgetretene(n) Forderung(en) durch Teilzahlungen, Warenrücksendungen oder in anderer Weise ermäßigt haben, bitten wir, uns die Restforderung in der von Ihnen anerkannten Höhe zu bestätigen.

Wir gestatten uns, Sie darauf hinzuweisen, daß Sie Zahlungen auf die abgetretene(n) Forderung(en) **mit schuldbefreiender Wirkung** nur noch auf das nachstehend genannte Konto leisten können:

Empfänger	Konto-Nr.	Konto bei	Bankleitzahl

Anlagen

Absender

Ort, Datum, Unterschrift der Bank

Bestätigung des Drittschuldners

Ich/Wir erhielt(en) die Mitteilung, daß der obengenannte bisherige Gläubiger die nachstehend aufgeführte(n) Forderung(en) gegen mich/uns mit allen dazugehörigen Rechten an Sie abgetreten hat:

☐ **Zusätzlich für den Fall der Globalzession:**
Sollten außer den oben aufgeführten Forderungen in Zukunft neue Ansprüche des bisherigen Gläubigers aus weiteren Warenlieferungen oder Leistungen entstehen, so werde(n) ich/wir auch solche Forderungen so lange ausschließlich an Sie bezahlen, bis mir/uns von Ihnen eine schriftliche Mitteilung darüber zugegangen ist, daß sich die Abtretungen erledigt haben.

Die der/den obengenannten Rechnung(en) zugrunde liegende(n) Lieferung(en) bzw. Leistung(en) habe(n) ich/wir erhalten. Der Rechnungsbetrag ist zutreffend angegeben. Mängel sind mir/uns nicht bekannt. Rechte Dritter an dieser/diesen Forderung(en) oder eigene, zur Aufrechnung geeignete Gegenansprüche bestehen nicht.
Zahlungen werde(n) ich/wir bei Fälligkeit nur auf das von Ihnen angegebene Konto leisten.

Bitte zurücksenden an:

Anhang

Interne Angaben der Bank/Ablagehinweise

Abtretung einzelner Forderungen mit sofortiger Offenlegung

Zwischen (nachstehend „Sicherungsgeber" genannt)

Name und Anschrift des Sicherungsgebers

und dem oben genannten Kreditinstitut (nachstehend „Bank" genannt) **wird folgendes vereinbart:**

Abgetretene Forderungen

Lfd. Nr.	Rechnungs- datum	Name und Anschrift des Drittschuldners	Grund der Forderung	Fälligkeit	Betrag DM
				Insgesamt DM	

1. Gegenstand der Abtretung

Der Sicherungsgeber tritt hiermit die oben aufgeführten Forderungen an die Bank ab.

2. Sicherungszweck

Die Abtretung der Forderungen und die Übertragung der sonstigen in diesem Vertrag aufgeführten Rechte erfolgt

☐ **zur Sicherung der Ansprüche der Bank aus dem nachstehend bezeichneten Kreditvertrag**

Bezeichnung des Kreditvertrages, ggf. Name des Kreditnehmers, falls mit dem Sicherungsgeber nicht identisch

☐ **zur Sicherung aller bestehenden, künftigen und bedingten Ansprüche** der Bank mit ihren sämtlichen in- und ausländischen Geschäftsstellen **aus der bankmäßigen Geschäftsverbindung** gegen den Sicherungsgeber. Hat dieser die Haftung für Verbindlichkeiten eines anderen Kunden der Bank übernommen (z. B. als Bürge), so sichert die Abtretung die aus der Haftungsübernahme folgende Schuld erst ab deren Fälligkeit.

3. Übergang von Rechten und Sicherheiten

Mit den abgetretenen Forderungen gehen die Rechte aus den zugrunde liegenden Rechtsgeschäften auf die Bank über. Soweit für die abgetretenen Forderungen Sicherheiten bestellt sind, die nicht schon kraft Gesetzes auf die Bank übergehen, kann die Bank deren Übertragung auf sich verlangen.

4. Offenlegung der Abtretung und Einziehung der Forderungen

(1) Der Sicherungsgeber beauftragt die Bank hiermit, die Drittschuldner in seinem Namen von der Abtretung zu unterrichten. Die Bank wird den Drittschuldner auffordern, Zahlungen ausschließlich auf ein Konto des Sicherungsgebers bei der Bank oder auf ein Konto der Bank vorzunehmen.

(2) Auf Verlangen des Drittschuldners ist die Bank berechtigt, den Forderungsübergang durch Vorlage der Abtretungsurkunde nachzuweisen.

(3) Die Bank darf alle Maßnahmen und Vereinbarungen mit den Drittschuldnern treffen, die zur Realisierung der Forderungen erforderlich sind, insbesondere Stundungen und Nachlässe gewähren und Vergleiche abschließen.

5. Informationspflichten des Sicherungsgebers

Werden abgetretene Forderungen gepfändet, hat der Sicherungsgeber die Bank hiervon unverzüglich zu informieren und den Pfändungsgläubiger unverzüglich schriftlich von der Abtretung zugunsten der Bank zu unterrichten.

6. Einsichts- und Prüfungsrechte der Bank

(1) Der Sicherungsgeber ist verpflichtet, der Bank auf Verlangen alle Auskünfte, Nachweise und Urkunden zu geben, die zur Prüfung, Bewertung und zur Geltendmachung der abgetretenen Forderungen erforderlich sind. Beim Einsatz von EDV-Anlagen hat der Sicherungsgeber die erforderlichen Belege auszudrucken; falls der Ausdruck nicht vorgenommen wird, sind der Bank die hierfür erforderlichen Datenträger und EDV-Programme auszuhändigen, damit sie sich selber die Ausdrucke erstellen kann.

© 1993 Bank-Verlag Köln 42.422 (04/93)

Abtretung einzelner Forderungen mit sofortiger Offenlegung

(2) Der Sicherungsgeber gestattet der Bank, zur Prüfung, Bewertung und Geltendmachung der abgetretenen Forderungen seine Unterlagen einzusehen oder durch einen Bevollmächtigten einsehen zu lassen.

7. Sicherheitenfreigabe

(1) Nach Befriedigung ihrer durch die Abtretung gesicherten Ansprüche hat die Bank an den Sicherungsgeber die ihr abgetretenen Forderungen zurückzuübertragen, den Drittschuldner von der Rückabtretung zu unterrichten und einen etwaigen Übererlös aus der Verwertung herauszugeben. Die Bank wird jedoch die Sicherheit an einen Dritten übertragen, falls sie hierzu verpflichtet ist; dies ist zum Beispiel dann der Fall, wenn der Sicherungsgeber zugleich Kreditnehmer ist und ein Bürge die Bank befriedigt hat.

(2) Die Bank ist schon vor vollständiger Befriedigung ihrer durch die Abtretung gesicherten Ansprüche verpflichtet, auf Verlangen die ihr abgetretenen Forderungen sowie auch etwaige andere, ihr bestellte Sicherheiten (z. B. übereignete Sachen, Grundschulden) nach ihrer Wahl an den jeweiligen Sicherungsgeber ganz oder teilweise freizugeben, sofern der realisierbare Wert sämtlicher Sicherheiten

[   ] % der gesicherten Ansprüche der Bank nicht nur vorübergehend überschreitet. Sofern kein Prozentsatz eingesetzt und auch anderweitig nichts anderes vereinbart worden ist, ist ein Satz von 100 % maßgeblich.

(3) Die Bank wird bei der Auswahl der freizugebenden Sicherheiten auf die berechtigten Belange des Sicherungsgebers und der Besteller zusätzlicher Sicherheiten Rücksicht nehmen.

8. Bewertung der Forderungen

(1) Der realisierbare Wert der abgetretenen Forderungen entspricht deren Nennwert abzüglich eines Sicherheitsabschlages in Höhe von

[   ] % wegen etwaiger möglicher Forderungsausfälle. Sofern ein Prozentsatz nicht eingetragen ist, wird ein Abzug nicht vorgenommen.

(2) Der Sicherungsgeber und die Bank können eine Änderung des Sicherungsabschlags verlangen, wenn der tatsächliche Wert der Forderungen infolge von zwischenzeitlichen Veränderungen von dem vorstehend ermittelten Wert erheblich abweicht.

9. Rechtswirksamkeit

Sollte eine Bestimmung dieses Vertrages nicht rechtswirksam sein oder nicht durchgeführt werden, so wird dadurch die Gültigkeit des übrigen Vertragsinhalts nicht berührt. Das gilt insbesondere, wenn die Unwirksamkeit sich nur auf einzelne Forderungen oder Forderungsteile erstreckt.

Ort, Datum, Unterschrift des Sicherungsgebers	
Ort, Datum, Unterschrift der Bank	

Anhang

Abtretung von Ansprüchen auf Arbeitseinkommen und Sozialleistungen'

Zwischen (nachstehend „Sicherungsgeber" genannt)

und dem obengenannten Kreditinstitut (nachstehend „Bank" genannt) wird folgendes vereinbart:

1. Gegenstand der Abtretung

(1) Der Sicherungsgeber tritt hiermit an die Bank den der Pfändung unterworfenen Teil aller seiner gegenwärtigen und künftigen Ansprüche auf **Arbeitsentgelt** jeder Art einschließlich Pensionsansprüchen, Provisionsforderungen, Tantiemen, Gewinnbeteiligungen sowie Abfindungen gegen seinen jeweiligen Arbeitgeber und auf **Sozialleistungen** (insbesondere Arbeitslosengeld, Arbeitslosenhilfe, Übergangsgeld, Leistungen der gesetzlichen Kranken-, Unfall- und Rentenversicherung einschließlich eventueller Beitragserstattungsansprüche, Renten wegen Minderung der Erwerbsfähigkeit) ab.

(2) Die Abtretung ist auf einen **Höchstbetrag** von

DM

beschränkt und besteht, bis die Bank aufgrund der Abtretung diesen Betrag von dem Arbeitgeber/der auszahlenden Stelle (Drittschuldner) erhalten hat.

(3) Der Drittschuldner hat aufgrund einer Offenlegung Zahlungen auf die abgetretenen Forderungen nur bis zu dem genannten Höchstbetrag zu leisten. Der Höchstbetrag vermindert sich um die von dem Drittschuldner aufgrund der Offenlegung an die Bank erbrachten Leistungen.

(4) Arbeitgeber/Auszahlende Stelle ist zur Zeit

2. Sicherungszweck

(1) Die Abtretung erfolgt zur Sicherung
☐ der Ansprüche der Bank, die ihr aus dem **Kreditvertrag**

aller bestehenden, künftigen und bedingten Ansprüche, die der Bank mit ihren sämtlichen in- und ausländischen Geschäftsstellen **aus der bankmäßigen Geschäftsverbindung** gegen den Sicherungsgeber

zustehen.

(2) Hat der Kreditnehmer die Haftung für Verbindlichkeiten eines anderen Kunden der Bank übernommen (z.B. als Bürge), so sichert die Abtretung die aus der Haftungsübernahme folgende Schuld erst ab deren Fälligkeit und nur, wenn der Kreditnehmer zugleich der Sicherungsgeber ist.

3. Informationspflichten des Sicherungsgebers

Der Sicherungsgeber verpflichtet sich, die Bank von einem Arbeitsplatzwechsel, einer Änderung des Wohnsitzes oder einer Pfändung abgetretener Ansprüche unverzüglich zu unterrichten.

4. Inanspruchnahme der Zession

(1) Die Bank ist berechtigt, die Abtretung offenzulegen und die abgetretenen Ansprüche beim Drittschuldner einzuziehen, wenn der Kreditnehmer mit einem Betrag, der mindestens zwei vollen Raten entspricht, in Verzug ist und mindestens zweimal schriftlich zur Zahlung aufgefordert worden ist, wobei die erste Zahlungsaufforderung schon nach Verzug mit nur einer Rate erfolgen kann. Bei einem Kreditverhältnis ohne Ratenvereinbarung kann die Einziehung nach zwei vorangegangenen fruchtlosen schriftlichen Zahlungsaufforderungen erfolgen. Die Bank wird von der Einziehungsbefugnis nur in dem Umfange Gebrauch machen, wie es zur Erfüllung der rückständigen Forderungen erforderlich ist.

(2) Die Offenlegung wird die Bank dem Sicherungsgeber mit einer Frist von einem Monat androhen. Ist der Sicherungsgeber zugleich der Kreditnehmer, kann die Bank die Androhung mit einer Zahlungsaufforderung verbinden.

5. Freigabe der Abtretung

(1) Die Bank wird ihre Rechte aus der Abtretung zurückübertragen, wenn sie wegen ihrer nach dieser Vereinbarung gesicherten Ansprüche befriedigt ist.

(2) Sobald und soweit der Gesamtbetrag der gesicherten Forderungen sich nicht nur vorübergehend um jeweils 20% ermäßigt, ist die Bank auf Verlangen des Sicherungsgebers zu einer Teilfreigabe der Abtretung durch entsprechende Herabsetzung des Höchstbetrages in Nr.1 Absatz 2 verpflichtet.

Abtretung von Ansprüchen aus einem Bausparvertrag

Interne Angaben der Bank/Ablagehinweise

Abtretung von Ansprüchen aus einem Bausparvertrag
(Zwischenfinanzierung von Bauvorhaben) mit Abtretung von Grundschulden

Zwischen Sicherungsgeber (Name und Anschrift)   **und Bank** (Name und Anschrift)

wird folgendes vereinbart:

1. Gegenstand der Abtretung
(1) Der Sicherungsgeber hat bei der nachstehend genannten Bausparkasse folgenden Bausparvertrag abgeschlossen:

Name und Anschrift der Bausparkasse	
Bausparvertrag Nummer	abgeschlossen am
Bausparsumme (abgeschlossen über)	
DM	
bisher angespart	
DM	

Der Sicherungsgeber tritt hiermit unter Übergabe der Bausparurkunde sämtliche ihm aus der vorbezeichneten Bausparvertrag zustehenden gegenwärtigen und künftigen Ansprüche und Rechte, insbesondere
- auf Auszahlung der Bausparsumme
- auf Rückzahlung des jeweiligen Spargutshabens
- das Recht auf Annahme der von der Bausparkasse auszusprechenden Zuteilung
- ferner das Recht auf Auszahlung eines eventuell von der Bausparkasse zu gewährenden Zwischendarlehens sowie
- die Rechte zur Kündigung des Bausparvertrages und
- auf Übertragung des Bausparvertrages auf Dritte

an die Bank ab.

2. Abtretungsanzeige
Der Sicherungsgeber beauftragt hiermit die Bank, der Bausparkasse die Abtretung des Bausparvertrages unter Überreichung einer Zweitschrift dieser Erklärung anzuzeigen.

3. Abtretung von Grundschulden und Rückübertragungsansprüchen
(1) Für die Bausparkasse ist/wird zur Sicherung ihres künftigen Darlehens nachstehende **Grundschuld** eingetragen:

Grundbuch von		
des Amtsgerichts		
Band	Blatt	Abteilung III lfd. Nr.
Art der Grundschuld		
in Höhe von		
DM		nebst Zinsen
in Buchstaben (Deutsche Mark)		

(2) Der Sicherungsgeber tritt hiermit seinen Anspruch auf Rückgewähr dieser Grundschuld nebst Zinsen an die Bank ab und beauftragt die Bausparkasse unwiderruflich, die Grundschuld für sie treuhänderisch zu halten. Die Bank kann zur Wahrung ihrer rechtlichen Belange, insbesondere zum Zwecke der Verwertung die Abtretung der Grundschuld nebst Zinsen vom Tage der Eintragung an sich verlangen.

4. Sicherungszweck
(1) Die Abtretung der Ansprüche aus dem vorgenannten Bausparvertrag und der Grundschuld und die Übertragung der sonstigen in diesem Vertrag aufgeführten Rechte sichert die **Ansprüche, die der Bank aus dem Kreditvertrag zustehen, und zwar auch dann, wenn die vereinbarte Laufzeit verlängert wird**

Bezeichnung des Kreditvertrages, ggf. Name des Kreditnehmers, falls mit dem Sicherungsgeber nicht identisch

© 1993 Bank-Verlag Köln 42.407 (11/93)

873

Anhang

5. Änderung des Bausparvertrages
Eine Änderung des abgeschlossenen Bausparvertrages bedarf der Zustimmung der Bank.

6. Verwendung des Darlehens
Der Sicherungsgeber erklärt, daß der Kredit für wohnungswirtschaftliche Maßnahmen im Sinne des Bausparkassengesetzes verwendet wird.

7. Verwertungsrecht der Bank
(1) Die Bank ist berechtigt, die ihr abgetretenen Rechte zu verwerten, wenn der Kreditnehmer mit fälligen Zahlungen auf die durch diesen Vertrag gesicherten Forderungen in Verzug ist.
(2) Die Bank wird dem Sicherungsgeber die Geltendmachung dieser Rechte mit einer Frist von einem Monat schriftlich androhen. Diese Androhung kann mit einer Zahlungsaufforderung verbunden werden.
(3) Macht die Bank die ihr abgetretenen Rechte geltend, ist sie insbesondere berechtigt, den Bausparvertrag zu kündigen, das Bausparguthaben einzuziehen und die Grundschuld zu verwerten.

8. Rückübertragung, Sicherheitenfreigabe
(1) Nach Befriedigung ihrer durch diesen Vertrag gesicherten Ansprüche hat die Bank an den Sicherungsgeber die mit dieser Vereinbarung übertragenen Sicherheiten zurückzuübertragen und einen etwaigen Übererlös aus der Verwertung herauszugeben. Die Bank wird jedoch diese Sicherheiten an einen Dritten übertragen, falls sie hierzu verpflichtet ist; dies ist zum Beispiel dann der Fall, wenn der Sicherungsgeber zugleich der Kreditnehmer ist und ein Bürge die Bank befriedigt hat.
(2) Die Bank ist schon vor vollständiger Befriedigung ihrer durch die Abtretung gesicherten Ansprüche verpflichtet, auf Verlangen nach ihrer Wahl das ihr übertragene Sicherungsgut sowie auch etwaige andere, ihr bestellte Sicherheiten (z. B. abgetretene Forderungen, Grundschulden) an den jeweiligen Sicherungsgeber ganz oder teilweise freizugeben, sofern der realisierbare Wert des Bausparguthabens, der Grundschuld sowie sonstiger Sicherheiten 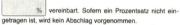 % der gesicherten Ansprüche der Bank nicht nur vorübergehend überschreitet. Sofern kein Prozentsatz eingesetzt ist, ist ein Satz von 100 % maßgeblich.
(3) Die Bank wird bei der Auswahl der freizugebenden Sicherheiten auf die berechtigten Belange des Sicherungsgebers und der Besteller zusätzlicher Sicherheiten Rücksicht nehmen.

9. Bewertung der Sicherheiten
Soweit keine abweichende Vereinbarung getroffen worden ist, entspricht der realisierbare Wert der Sicherheiten
• dem Betrag des angesparten Bausparguthabens
• dem Nominalbetrag der Grundschuld zuzüglich der in der Rangklasse des Grundschuldkapitals bis zum Zeitpunkt des Freigabeverlangens entstandenen Zinsen – höchstens jedoch für vier Jahre. Von diesem Wert wird wegen eines etwaigen Mindererlöses im Verwertungsfall (insbesondere wegen etwaiger Vorlasten) ein Sicherungsabschlag in Höhe von

[   ] % vereinbart. Sofern ein Prozentsatz nicht eingetragen ist, wird kein Abschlag vorgenommen.
Der Sicherungsgeber und die Bank können eine Änderung des Sicherungsabschlages verlangen, wenn der tatsächliche Wert der Grundschuld infolge von zwischenzeitlichen Veränderungen von dem vorstehend ermittelten Wert erheblich abweicht.

10. Rechtswirksamkeit
Sollte eine Bestimmung dieses Vertrages nicht rechtswirksam sein oder nicht durchgeführt werden, so wird dadurch die Gültigkeit des übrigen Vertragsinhaltes nicht berührt.

Hinweis auf Steuer- oder Prämienbegünstigungen
Die Bank weist darauf hin, daß der Bausparer bei prämien- oder steuerbegünstigtem Bausparen mit einer Abtretung innerhalb der steuerlichen Bindungsfrist eventuelle Steuer- oder Prämienbegünstigungen verliert und daß er sowie die Bausparkasse das Finanzamt von der Abtretung unterrichten müssen, wenn die gegen die Abtretung zu gewährenden Kreditmittel nicht sämtlich unverzüglich und unmittelbar im Sinne der steuer- und prämienrechtlichen Bestimmungen zum Wohnungsbau des Bausparers oder eines Angehörigen verwendet werden.

Ort, Datum, Unterschrift des Sicherungsgebers	
Ort, Datum, Unterschrift der Bank	

42.407 (11/93)

Abtretung einer Grundschuld durch die Bank

Interne Angaben der Bank/Ablagehinweise

Abtretung einer Grundschuld durch die Bank

Auf dem im Grundbuch/Wohnungseigentumsgrundbuch/Erbbaugrundbuch

von	des Amtsgerichts	Band	Blatt	Flur	Flurstück

eingetragenen Grundbesitz

Eigentümer/Erbbauberechtigter (Name und Anschrift)

ist/sind in Abteilung III folgende Grundschuld(en) eingetragen:

lfd. Nummer	DM	Deutsche Mark in Worten	Grundschuld
			☐ mit Brief
			☐ ohne Brief

deren Gläubiger wir sind.

Wir treten diese Grundschuld(en) mit Zinsen

seit (Beginn der Zinsrechnung)

und mit allen Nebenrechten sowie alle sonstigen Rechte und Ansprüche aus der Grundschuldbestellungsurkunde, insbesondere etwaige **Ansprüche auf Rückgewähr**[1] vor- und gleichrangiger Grundschulden und Grundschuldteile nebst Zinsen und Nebenrechten

☐ mit Ausnahme der Rückgewähransprüche

auf Rang

sowie etwaige **Ansprüche aus einer persönlichen Haftung**[1] für die Zahlung eines Geldbetrages in Höhe des Grundschuldbetrages nebst
Zinsen und der entsprechenden Unterwerfung unter die sofortige Zwangsvollstreckung in das gesamte Vermögen

an (Name und Anschrift des Zessionars)

ab und bewilligen die Eintragung in das Grundbuch.

Beglaubigungsvermerk des Notars

☐ Der Brief wird gleichzeitig übergeben.
☐ Auf Vollzugsmitteilung wird verzichtet.
☐ Um Vollzugsmitteilung wird gebeten.

Kosten übernehmen wir nicht.

Ort, Datum, Unterschrift der Bank

© 1993 Bank-Verlag Köln 42.125 (11/93)

[1] Gegebenenfalls streichen.

875

Anhang

Interne Angaben der Bank/Ablagehinweise

Abtretung einer Grundschuld an die Bank

Name und Anschrift der Bank

Derzeitiger Grundschuldgläubiger (Name und Anschrift)

Auf dem im Grundbuch/Wohnungseigentumsgrundbuch/Erbbaugrundbuch

von (Bezeichnung)	des Amtsgerichts	Band	Blatt	Flur	Flurstück

eingetragenen **Grundbesitz**

Eigentümer/Erbbauberechtigter (Name und Anschrift)

☐ **ist** in Abt. III   ☐ **wird** aufgrund der Bewilligung

unter lfd. Nr.	vom	Urkundenrolle Nr.	des Notars (Name und Anschrift)

eine Grundschuld

in Höhe von DM	in Worten: Deutsche Mark

nebst Zinsen **eingetragen**.
Ich/Wir trete(n) diese Grundschuld mit Zinsen
☐ seit dem Tage der Eintragung der Grundschuld   ☐ seit dem _____ (Beginn der Zinsrechnung)

und mit allen Nebenrechten sowie alle sonstigen Rechte und Ansprüche aus der Grundschuldbestellungsurkunde, insbesondere die Ansprüche aus einer persönlichen Haftung für die Zahlung eines Geldbetrages in Höhe des Grundschuldbetrages und der Zinsen und die Ansprüche auf Rückgewähr vor- und gleichrangiger Grundschulden und Grundschuldteile nebst Zinsen und Nebenrechten **an Sie ab.**

☐ Der Brief wird Ihnen gleichzeitig übergeben.
☐ Sie sind berechtigt, sich den Brief vom Grundbuchamt aushändigen zu lassen. Der Brief ist an Sie auszuhändigen.

Ich/Wir **bewillige(n)** und **beantrage(n)** die Eintragung dieser Abtretung in das Grundbuch.
Alle mit dieser Abtretung jetzt und in Zukunft verbundenen Kosten trage(n) ich/wir.

Ort, Datum, Unterschrift(en) des/der derzeitigen Grundschuldgläubiger(s)

Der Ehegatte des Grundschuldgläubigers stimmt den in der Urkunde abgegebenen Erklärungen des anderen Ehegatten zu.

Ort, Datum, Unterschrift des Ehegatten

© 1993 Bank-Verlag Köln 42.112 (11/93)

Abtretung von Lebensversicherungsansprüchen für den Todesfall

Interne Angaben der Bank/Ablagehinweise	
Aktenzeichen/Kunden-Nummer	Bankleitzahl
Versicherungsschein-Nummer	

Abtretung von Lebensversicherungsansprüchen für den Todesfall

Zwischen Sicherungsgeber (Name und Anschrift)   **und Bank** (Name und Anschrift)

wird folgendes vereinbart:

1. Gegenstand der Abtretung
(1) Der Sicherungsgeber hat/wird bei der

Name und Anschrift der Versicherungsgesellschaft

eine Lebensversicherung abgeschlossen/abschließen. Er tritt hiermit sämtliche Ansprüche und Rechte ab, die aufgrund des Versicherungsvertrages für den Todesfall gegen die genannte Versicherungsgesellschaft bestehen; insbesondere
- die Ansprüche aus einer Unfall-Zusatzversicherung,
- die Ansprüche aus einer Risiko-Zusatzversicherung sowie
- die Ansprüche aus etwaigen Anpassungsversicherungen.

(2) Abgetreten werden außerdem alle gegenwärtigen und künftigen Ansprüche aus einem für diese Lebensversicherung unterhaltenen **Beitragskonto** oder **Beitragsdepot**, auch soweit dieses nicht bei der Versicherungsgesellschaft selbst geführt wird.

2. Übergabe des Versicherungsscheins
Der Sicherungsgeber übergibt der Bank den Versicherungsschein und verpflichtet sich, Nachträge zum Versicherungsschein der Bank jeweils unverzüglich nach Erhalt zu übermitteln.

3. Widerruf von Bezugsrechten
Etwaige Bezugsrechte werden, soweit sie den Rechten der Bank entgegenstehen, für die Dauer dieser Abtretung widerrufen.

4. Sicherungszweck
Die Abtretung erfolgt

☐ zur Sicherung **der Ansprüche der Bank aus dem nachstehend bezeichneten Kredit**, und zwar auch dann, wenn die vereinbarte Kreditlaufzeit verlängert wird.

Bezeichnung des Kredits, ggf. Name des Kreditnehmers, falls mit dem Sicherungsgeber nicht identisch

☐ zur Sicherung **aller bestehenden, künftigen und bedingten Ansprüche**, die der Bank mit ihren sämtlichen in- und ausländischen Geschäftsstellen **aus der bankmäßigen Geschäftsverbindung** gegen den Sicherungsgeber zustehen. Hat dieser die Haftung für Verbindlichkeiten eines anderen Kunden der Bank übernommen (z. B. als Bürge), so sichert die Abtretung die aus der Haftungsübernahme folgende Schuld erst ab deren Fälligkeit.

5. Kündigung des Versicherungsvertrages
Der Sicherungsgeber kann den Vertrag nur mit vorheriger schriftlicher Zustimmung der Bank kündigen. Der Sicherungsgeber wird diese Beschränkung des Kündigungsrechts der Versicherungsgesellschaft anzeigen.

6. Beitragszahlung
Auf Verlangen der Bank ist der Sicherungsgeber verpflichtet, die Beitragszahlung nachzuweisen. Die Bank ist berechtigt, aber nicht verpflichtet, zu Lasten des Sicherungsgebers Beiträge und sonstige Zahlungen im Rahmen des Versicherungsverhältnisses zu entrichten.

7. Eintritt des Versicherungsfalles
Erhält die Bank die Versicherungsleistung vor Fälligkeit der gesicherten Ansprüche, so dient dieser Betrag zur Sicherung der in Nummer 4 genannten Ansprüche. Die Bank wird den ausgezahlten Betrag bis zur Erledigung des Sicherungszwecks angemessen verzinsen.

8. Sicherheitenverwertung
Die Bank wird die an sie ausgezahlten Versicherungsbeträge sowie ein an sie ausgezahltes Beitragsdepot mit einem gesicherten Darlehen verrechnen, sobald dieses fällig geworden ist.

9. Rückübertragung, Sicherheitenfreigabe
(1) Nach Befriedigung der durch die Abtretung gesicherten Ansprüche ist die Bank verpflichtet, die ihr abgetretenen Rechte an den Sicherungsgeber freizugeben und einen etwaigen Übererlös aus der Verwertung an ihn herauszugeben; im Falle des Todes der versicherten Person hat die Bank die vorgenannten Rechte mit Ausnahme der Rechte an einem Beitragskonto oder Beitragsdepot an einen etwaigen Bezugsberechtigten zu übertragen. Die Bank wird jedoch diese Sicherheiten an einen Dritten übertragen, falls sie hierzu verpflichtet ist; dies ist zum Beispiel dann der Fall, wenn der Sicherungsgeber zugleich Kreditnehmer ist und ein Bürge die Bank befriedigt hat.

(2) Die Bank ist schon vor vollständiger Befriedigung ihrer durch die Abtretung gesicherten Ansprüche verpflichtet, auf Verlangen ganz oder teilweise die ihr abgetretenen Rechte sowie auch etwaige andere, ihr bestellte Sicherheiten (z. B. übereignete Sachen, Grundschulden) nach ihrer Wahl freizugeben, sofern der realisierbare Wert sämtlicher Sicherheiten _____ % der gesicherten Ansprüche der Bank nicht nur vorübergehend überschreitet. Sofern kein Prozentsatz eingesetzt und auch anderweitig nichts anderes vereinbart worden ist, ist ein Satz von 100 % maßgeblich.

Anhang

10. Bewertung des Rechts
Der realisierbare Wert der abgetretenen Rechte entspricht während der Laufzeit des Versicherungsvertrages dem jeweiligen Guthaben auf einem Beitragskonto/-depot. Nach Eintritt des Versicherungsfalles erhöht sich der realisierbare Wert um die zur Auszahlung gelangende Versicherungsleistung.

11. Abtretungsanzeige, Mitteilungen an die Bank
(1) Die Bank wird hiermit beauftragt, der Versicherungsgesellschaft die Abtretung unter Widerruf etwa bestehender Bezugsrechte im Namen des Sicherungsgebers anzuzeigen.

(2) Der Sicherungsgeber ist damit einverstanden, daß die Bank in Angelegenheiten des Versicherungsverhältnisses, insbesondere bei Mahnung und Kündigung, vom Versicherer benachrichtigt wird.

12. Rechtswirksamkeit
Sollte eine Bestimmung dieses Vertrages nicht rechtswirksam sein oder nicht durchgeführt werden, so wird dadurch die Gültigkeit des übrigen Vertragsinhaltes nicht berührt.

Ort, Datum, Unterschrift des Sicherungsgebers

Ort, Datum, Unterschrift der Bank

Mit den Erklärungen des Versicherungsnehmers bin ich/sind wir einverstanden:

Ort, Datum, Unterschrift des unwiderruflich Bezugsberechtigten

Bearbeitungshinweise der Bank	Datum	Handzeichen
Abtretungsanzeige verschickt		
Rückzahlen der Versicherung erhalten		
Rückgabe der Versicherungsscheins		
Rückabtretung der Ansprüche		
Mitteilung an die Versicherungsgesellschaft über die Rückabtretung der Ansprüche		

42.432 (07/93) I

Betragsmäßig begrenzte Abtretung von Lebensversicherungsansprüchen

interne Angaben der Bank/Ablagehinweise

Aktenzeichen/Kunden-Nummer	Bankleitzahl
Versicherungsschein-Nummer	

Betragsmäßig begrenzte Abtretung von Lebensversicherungsansprüchen[1]

Zwischen Sicherungsgeber (Name und Anschrift)   **und Bank** (Name und Anschrift)

wird folgendes vereinbart:

1. Gegenstand der Abtretung
(1) Der Sicherungsgeber hat/wird bei der

Name und Anschrift der Versicherungsgesellschaft

eine Lebensversicherung abgeschlossen/abschließen. Er tritt hiermit die Ansprüche für den Erlebens- und Todesfall, die ihm aufgrund des Versicherungsvertrages gegen die genannte Versicherungsgesellschaft zustehen oder noch zustehen werden, in Höhe des zuerst zu bedienenden Betrages von[2]

DM

an die Bank ab.
Sollten die mit dem Kredit finanzierten Anschaffungs- oder Herstellungskosten des Wirtschaftsgutes den der Bank aufgrund der Abtretung zustehenden Betrag unterschreiten, wird der Sicherungsgeber dies der Bank schriftlich mitteilen. Die Bank wird auf Verlangen von den ihr abgetretenen Ansprüchen den zuletzt zu zahlenden Teilbetrag in Höhe dieses Differenzbetrages an den Sicherungsgeber zurückabtreten, wenn der Kredit über die nachgewiesenen Anschaffungs-/Herstellungskosten hinaus noch nicht in Anspruch genommen worden ist.
(2) Mitübertragen ist das Recht auf Kündigung des Versicherungsvertrages und auf Entgegennahme des Rückkaufswertes.
(3) Zusätzlich und ohne Beschränkung auf den vorgenannten Auszahlungsbetrag werden alle gegenwärtigen und künftigen Ansprüche aus einem für diese Lebensversicherung unterhaltenen **Beitragskonto** oder **Beitragsdepot** abgetreten, auch soweit dieses nicht bei der Versicherungsgesellschaft selbst geführt wird.

2. Übergabe des Versicherungsscheins
Der Sicherungsgeber übergibt der Bank den Versicherungsschein und verpflichtet sich, Nachträge zum Versicherungsschein der Bank jeweils unverzüglich nach Erhalt zu übermitteln.

3. Widerruf von Bezugsrechten
Etwaige Bezugsrechte werden, soweit sie den Rechten der Bank entgegenstehen, für die Dauer dieser Abtretung widerrufen.

4. Sicherungszweck
Die Abtretung sichert die **Ansprüche der Bank**, die ihr aus nachstehend bezeichneten Kredit zustehen, und zwar auch dann, wenn die vereinbarte Kreditlaufzeit verlängert wird.

Bezeichnung des Kredits, ggf. Name des Kreditnehmers, falls mit dem Sicherungsgeber nicht identisch

5. Beitragszahlung
Auf Verlangen der Bank ist der Sicherungsgeber verpflichtet, die Beitragszahlung nachzuweisen. Die Bank ist berechtigt, aber nicht verpflichtet, zu Lasten des Sicherungsgebers Beiträge und sonstige Zahlungen im Rahmen des Versicherungsverhältnisses zu entrichten.

6. Eintritt des Versicherungsfalles
Erhält die Bank die Versicherungsleistung vor Fälligkeit der gesicherten Ansprüche, so dient dieser Betrag zur Sicherung der in Nummer 4 genannten Ansprüche. Die Bank wird den ausgezahlten Betrag bis zur Erledigung des Sicherungszwecks angemessen verzinsen.

7. Sicherheitenverwertung
(1) Die Bank ist berechtigt, die ihr gemäß Nummer 1 abgetretenen Rechte geltend zu machen, wenn der Kreditnehmer mit einem Betrag, der mindestens zwei vollen Raten entspricht, in Verzug ist und mindestens zweimal schriftlich zur Zahlung aufgefordert worden ist, wobei die erste Zahlungsaufforderung schon nach Verzug mit nur einer Rate erfolgen kann. Bei einem Kreditverhältnis ohne Ratenvereinbarung kann die Einziehung nach zwei vorangegangenen fruchtlosen schriftlichen Zahlungsaufforderungen erfolgen.
(2) Die Bank wird dem Sicherungsgeber die Geltendmachung dieser Rechte mit einer Frist von drei Monaten schriftlich androhen. Diese Androhung kann mit einer Zahlungsaufforderung verbunden werden.
(3) Macht die Bank die ihr abgetretenen Rechte geltend, ist sie insbesondere berechtigt, den Versicherungsvertrag zu kündigen, den Rückkaufswert und ein auf einem Beitragskonto/-depot angesammeltes Guthaben nebst Zinsen einzuziehen.

8. Rückübertragung, Sicherheitenfreigabe
(1) Nach Befriedigung ihrer durch die Abtretung gesicherten Ansprüche ist die Bank verpflichtet, die ihr abgetretenen Rechte an den Sicherungsgeber freizugeben und einen etwaigen Übererlös aus der Verwertung an ihn herauszugeben; im Falle des Todes der versicherten Person hat die Bank der vorgenannten Rechte mit Ausnahme der Rechte an einem Beitragskonto oder Beitragsdepot an einen etwaigen neuen Bezugsberechtigten zu übertragen. Die Bank wird jedoch diese Sicherheiten an einen Dritten übertragen, falls sie hierzu verpflichtet ist; dies ist zum Beispiel dann der Fall, wenn der Sicherungsgeber zugleich Kreditnehmer ist und ein Bürge die Bank befriedigt hat.
(2) Die Bank ist schon vor vollständiger Befriedigung ihrer durch die Abtretung gesicherten Ansprüche verpflichtet, auf Verlangen ganz oder teilweise die ihr abgetretenen Rechte sowie etwaige andere, ihr bestellte Sicherheiten (z.B. übereignete Sachen, Grundschulden) nach ihrer Wahl freizugeben, sofern der realisierbare Wert sämtlicher Sicherheiten

[ ] % der gesicherten Ansprüche der Bank nicht nur vorübergehend überschreitet. Sofern kein Prozentsatz eingesetzt und auch anderweitig nichts anderes vereinbart worden ist, ist ein Satz von 100 % maßgeblich.

---

[1] Dieses Formular ist zu verwenden, wenn wegen § 10 Abs. 2 Satz 2 ESlG die Abtretung auf die Höhe der Anschaffungs- oder Herstellungskosten beschränkt ist. [2] Der hier einzusetzende Betrag ist der Auszahlungsbetrag des gesicherten Darlehens, der die Anschaffungs-/Herstellungskosten nicht übersteigen darf. Werden Ansprüche aus mehreren Versicherungen abgetreten, ist hier nicht der volle Darlehens-Nominalbetrag, sondern der abgetretene Anspruch aus dem jeweiligen Versicherungsvertrag einzusetzen, wobei insgesamt der Darlehens-Nominalbetrag nicht überschritten werden darf.

Anhang

9. Bewertung der Rechte
Der realisierbare Wert der abgetretenen Rechte entspricht während der Laufzeit des Versicherungsvertrages dem jeweiligen Rückkaufswert der Versicherung, bei Eintritt des Versicherungsfalles der Erlebens- bzw. Todesfalleistung. Dieser Wert erhöht sich jeweils um ein etwaiges Guthaben auf einem Beitragskonto/-depot. Der so ermittelte Betrag ist um etwaige Steuern zu kürzen, die von der Versicherungsgesellschaft oder der beitragskonto/-depotführenden Stelle abzuführen sind. Der realisierbare Wert entspricht jedoch höchstens dem Betrag der Abtretung.

10. Abtretungsanzeige, Mitteilungen an die Bank
(1) Die Bank wird hiermit beauftragt, der Versicherungsgesellschaft die Abtretung unter Widerruf etwa bestehender Bezugsrechte im Namen des Sicherungsgebers anzuzeigen.

(2) Der Sicherungsgeber ist damit einverstanden, daß die Bank in Angelegenheiten des Versicherungsverhältnisses, insbesondere bei Mahnung und Kündigung, vom Versicherer benachrichtigt und ihr der Rückkaufswert auf Anfrage bekanntgegeben wird.

11. Rechtswirksamkeit
Sollte eine Bestimmung dieses Vertrages nicht rechtswirksam sein oder nicht durchgeführt werden, so wird dadurch die Gültigkeit des übrigen Vertragsinhaltes nicht berührt.

Hinweis:
Durch die Abtretung von Lebensversicherungsansprüchen kann deren **steuerliche Begünstigung (Sonderausgabenabzug für die Prämien, Steuerfreiheit der Zinsen) entfallen**, wenn die Kosten des gesicherten Kredits Betriebsausgaben oder Werbungskosten sind. Weitere Informationen enthält das **anliegende Merkblatt**. Gegebenenfalls sollte ein Steuerberater angesprochen werden. Die Bank ist gesetzlich verpflichtet, dem Finanzamt die Abtretung der Lebensversicherungsansprüche anzuzeigen, sofern der Kreditbetrag DM 50.000 übersteigt.

Ort, Datum, Unterschrift des Sicherungsgebers

Ort, Datum, Unterschrift der Bank

Mit den Erklärungen des Versicherungsnehmers bin ich/sind wir einverstanden:

Ort, Datum, Unterschrift des unwiderruflich Bezugsberechtigten

42.431 (07/93) III

Abtretung von Lebensversicherungsansprüchen

Interne Angaben der Bank/Ablagehinweise
Aktenzeichen/Kunden-Nummer	Bankleitzahl
Versicherungsschein-Nummer	

Abtretung von Lebensversicherungsansprüchen

Zwischen Sicherungsgeber (Name und Anschrift)

und Bank (Name und Anschrift)

wird folgendes vereinbart:

1. Gegenstand der Abtretung
(1) Der Sicherungsgeber hat/wird bei der

Name und Anschrift der Versicherungsgesellschaft

eine Lebensversicherung abgeschlossen/abschließen. Er tritt hiermit sämtliche Ansprüche und Rechte, die ihm aufgrund des Versicherungsvertrages gegen die genannte Versicherungsgesellschaft zustehen oder noch zustehen werden, an die Bank ab, insbesondere
- die Ansprüche aus einer Unfall-Zusatzversicherung,
- die Ansprüche aus einer Risiko-Zusatzversicherung sowie
- die Ansprüche aus etwaigen Anpassungsversicherungen.

Mitübertragen ist das Recht auf Kündigung des Versicherungsvertrages und auf Entgegennahme des Rückkaufwertes.

(2) Abgetreten werden außerdem alle gegenwärtigen und künftigen Ansprüche aus einem für diese Lebensversicherung unterhaltenen **Beitragskonto** oder **Beitragsdepot**, auch soweit dieses nicht bei der Versicherungsgesellschaft selbst geführt wird.

2. Übergabe des Versicherungsscheins
Der Sicherungsgeber übergibt der Bank den Versicherungsschein und verpflichtet sich, Nachträge zum Versicherungsschein der Bank jeweils unverzüglich nach Erhalt zu übermitteln.

3. Widerruf von Bezugsrechten
Etwaige Bezugsrechte werden, soweit sie den Rechten der Bank entgegenstehen, für die Dauer dieser Abtretung widerrufen.

4. Sicherungszweck
Die Abtretung sichert die **Ansprüche der Bank**, die ihr aus dem nachstehend bezeichneten Kredit zustehen, und zwar auch dann, wenn die vereinbarte Kreditlaufzeit verlängert wird.

Bezeichnung des Kredits, ggf. Name des Kreditnehmers, falls mit dem Sicherungsgeber nicht identisch

5. Beitragszahlung
Auf Verlangen der Bank ist der Sicherungsgeber verpflichtet, die Beitragszahlung nachzuweisen. Die Bank ist berechtigt, aber nicht verpflichtet, zu Lasten des Sicherungsgebers Beiträge und sonstige Zahlungen im Rahmen des Versicherungsverhältnisses zu entrichten.

6. Eintritt des Versicherungsfalles
Erhält die Bank die Versicherungsleistung vor Fälligkeit der gesicherten Ansprüche, so dient dieser Betrag zur Sicherung der in Nummer 4 genannten Ansprüche. Die Bank wird den ausgezahlten Betrag bis zur Erledigung des Sicherungszwecks angemessen verzinsen.

7. Sicherheitenverwertung
(1) Die Bank ist berechtigt, die ihr gemäß Nummer 1 abgetretenen Rechte geltend zu machen, wenn der Kreditnehmer mit einem Betrag, der mindestens zwei vollen Raten entspricht, in Verzug ist und mindestens zweimal schriftlich zur Zahlung aufgefordert worden ist, wobei die erste Zahlungsaufforderung schon nach Verzug mit nur einer Rate erfolgen kann. Bei einem Kreditverhältnis ohne Ratenvereinbarung kann die Einziehung nach zwei vorangegangenen fruchtlosen schriftlichen Zahlungsaufforderungen erfolgen.

(2) Die Bank wird dem Sicherungsgeber die Geltendmachung dieser Rechte mit einer Frist von drei Monaten schriftlich androhen. Diese Androhung kann mit einer Zahlungsaufforderung verbunden werden.

(3) Macht die Bank die ihr abgetretenen Rechte geltend, ist sie insbesondere berechtigt, den Versicherungsvertrag zu kündigen, den Rückkaufwert und ein auf einem Beitragskonto/-depot angesammeltes Guthaben nebst Zinsen einzuziehen.

8. Rückübertragung, Sicherheitenfreigabe
(1) Nach Befriedigung ihrer durch die Abtretung gesicherten Ansprüche ist die Bank verpflichtet, die ihr abgetretenen Rechte an den Sicherungsgeber freizugeben und einen etwaigen Übererlös aus der Verwertung an ihn herauszugeben; im Falle des Todes der versicherten Person hat die Bank die vorgenannten Rechte mit Ausnahme der Rechte an einem Beitragskonto oder Beitragsdepot an einen etwaigen Bezugsberechtigten zu übertragen. Die Bank wird jedoch diese Sicherheiten an einen Dritten übertragen, falls sie hierzu verpflichtet ist; dies ist zum Beispiel dann der Fall, wenn der Sicherungsgeber zugleich Kreditnehmer ist und ein Bürge die Bank befriedigt hat.

(2) Die Bank ist schon vor vollständiger Befriedigung ihrer durch die Abtretung gesicherten Ansprüche verpflichtet, auf Verlangen ganz oder teilweise die ihr abgetretenen Rechte sowie auch etwaige andere, ihr bestellte Sicherheiten (z. B. übereignete Sachen, Grundschulden) nach ihrer Wahl freizugeben, sofern der realisierbare Wert sämtlicher Sicherheiten

_____ % der gesicherten Ansprüche der Bank nicht nur vorübergehend überschreitet. Sofern kein Prozentsatz eingesetzt und auch anderweitig nichts anderes vereinbart worden ist, ist ein Satz von 100 % maßgeblich.

© 1993 Bank-Verlag Köln 42.430 (07/93) i

Anhang

9. Bewertung der Rechte
Der realisierbare Wert der abgetretenen Rechte entspricht während der Laufzeit des Versicherungsvertrages dem jeweiligen Rückkaufswert der Versicherung, bei Eintritt des Versicherungsfalles der Erlebens- bzw. Todesfalleistung. Dieser Wert erhöht sich jeweils um ein etwaiges Guthaben auf einem Beitragskonto/-depot. Der so ermittelte Betrag ist um etwaige Steuern zu kürzen, die von der Versicherungsgesellschaft oder der beitragskonto- oder -depotführenden Stelle abzuführen sind.

10. Abtretungsanzeige, Mitteilungen an die Bank
(1) Die Bank wird hiermit beauftragt, der Versicherungsgesellschaft die Abtretung unter Widerruf etwa bestehender Bezugsrechte im Namen des Sicherungsgebers anzuzeigen.

(2) Der Sicherungsgeber ist damit einverstanden, daß die Bank in Angelegenheiten des Versicherungsverhältnisses, insbesondere bei Mahnung und Kündigung, vom Versicherer benachrichtigt und ihr der Rückkaufswert auf Anfrage bekanntgegeben wird.

11. Rechtswirksamkeit
Sollte eine Bestimmung dieses Vertrages nicht rechtswirksam sein oder nicht durchgeführt werden, so wird dadurch die Gültigkeit des übrigen Vertragsinhaltes nicht berührt.

Hinweis:
Durch diese Abtretung kann die **steuerliche Begünstigung der Lebensversicherung (Sonderausgabenabzug für die Prämien, Steuerfreiheit der Zinsen) entfallen**, wenn die Kosten des gesicherten Kredits Betriebsausgaben oder Werbungskosten sind. Weitere Informationen enthält das **anliegende Merkblatt**. Gegebenenfalls sollte ein Steuerberater angesprochen werden. Die Bank ist gesetzlich verpflichtet, dem Finanzamt die Abtretung der Lebensversicherungsansprüche anzuzeigen, sofern der Kreditbetrag DM 50.000 übersteigt.

Ort, Datum, Unterschrift des Sicherungsgebers

Ort, Datum, Unterschrift der Bank

Mit den Erklärungen des Versicherungsnehmers bin ich/sind wir einverstanden:

Ort, Datum, Unterschrift des unwiderruflich Bezugsberechtigten

Bearbeitungshinweise der Bank	Datum	Handzeichen
Abtretungsanzeige verschickt		
Rückkaufswert der Versicherung erhalten		
Rückgabe des Versicherungsscheins		
Rückabtretung der Ansprüche		
Mitteilung an die Versicherungsgesellschaft über die Rückabtretung der Ansprüche		
Anzeige an das Finanzamt		

42.430 (07/93) 1

Informationen zur Abtretung von Ansprüchen aus einer Lebensversicherung

1. Steuerschädlichkeit

(1) Die Abtretung von Ansprüchen aus einer Lebensversicherung an die Bank zum Zweck der Kreditbesicherung oder Kredittilgung ist seit dem 14. 2.1992 **grundsätzlich steuerschädlich, wenn die Kosten des gesicherten Kredits, also insbesondere die Zinsen, Betriebsausgaben oder Werbungskosten sind,** und zwar unabhängig davon, ob der Steuerpflichtige die Steuervorteile für sich tatsächlich in Anspruch nimmt.

Auch wenn der Versicherungsnehmer nicht zugleich Kreditnehmer ist, trifft ihn diese Steuerschädlichkeit.

(2) Die Steuerschädlichkeit führt zum Verlust des Sonderausgabenabzugs für die Versicherungsprämien (§ 10 Abs.1 Nr. 2b, Abs. 2 und Abs. 5 EStG) und – was besonders nachteilig ist – der Steuerfreiheit der in der späteren Versicherungsleistung enthaltenen Zinsen (§ 20 Abs.1 Nr. 6 EStG).

2. Ausnahmen

Die Abtretung der Lebensversicherung ist nach der Neuregelung des § 10 Abs. 2 EStG jedoch dann **nicht steuerschädlich, wenn**

- der Kredit **unmittelbar und ausschließlich der Finanzierung von Anschaffungs- oder Herstellungskosten** eines Wirtschaftsgutes dient. Dieses Wirtschaftsgut muß dauernd zur Erzielung von Einkünften bestimmt sein. Es darf sich u.a. nicht um die Finanzierung einer Forderung handeln.

Die zur Tilgung oder Sicherung von der Bank verwendeten Ansprüche aus der Versicherung dürfen dabei die mit dem Kredit finanzierten Anschaffungs- oder Herstellungskosten nicht übersteigen.

Nur **begrenzt steuerschädlich** ist es, wenn

- die Ansprüche aus Versicherungsverträgen insgesamt **nicht länger als 3 Jahre der Sicherung betrieblicher Kredite** dienen.

Der Sonderausgabenabzug für Versicherungsbeiträge und die Steuerfreiheit des Zinsertrages der Lebensversicherung entfallen dann nur in den Veranlagungszeiträumen, in denen die Ansprüche aus der Versicherung an die Bank abgetreten sind.

3. Nachträgliche Steuerschädlichkeit

Durch eine spätere berufliche, freiberufliche oder gewerbliche Mitbenutzung bzw. vollständige oder teilweise Vermietung eines anfangs steuerunschädlich finanzierten ausschließlich privat genutzten Wirtschaftsguts **kann** eine Steuerschädlichkeit eintreten, wenn aufgrund der Nutzungsänderung die Finanzierungskosten ganz oder teilweise als Betriebsausgaben oder Werbungskosten geltend gemacht werden können (z.B. Vermietung eines früher selbstgenutzten Einfamilienhauses oder Einrichtung eines Arbeitszimmers).

4. Meldepflicht der Bank

Die Bank ist gesetzlich verpflichtet, dem Finanzamt die Abtretung der Lebensversicherungsansprüche anzuzeigen, sofern der Kreditbetrag DM 50.000,– übersteigt.

Eine Steuerschädlichkeit kann jedoch auch bei einem geringeren Kreditbetrag eintreten.

5. Steuerberatung

Die Bank kann keine steuerliche Beratung durchführen und für den Einzelfall die Frage der Steuerschädlichkeit nicht beantworten. Bei Bedarf sollten weitere Einzelheiten mit einem Steuerberater besprochen werden.

© 1993 Bank-Verlag Köln 42.430 (07/93)

Anhang

Anzeige über die Abtretung von Lebensversicherungsansprüchen

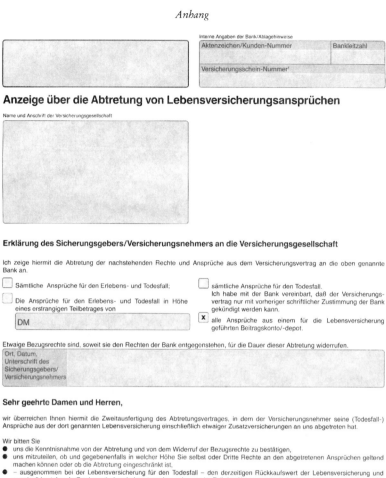

Erklärung des Sicherungsgebers/Versicherungsnehmers an die Versicherungsgesellschaft

Ich zeige hiermit die Abtretung der nachstehenden Rechte und Ansprüche aus dem Versicherungsvertrag an die oben genannte Bank an.

☐ Sämtliche Ansprüche für den Erlebens- und Todesfall;

☐ Die Ansprüche für den Erlebens- und Todesfall in Höhe eines erstrangigen Teilbetrages von _____ DM

☐ sämtliche Ansprüche für den Todesfall. Ich habe mit der Bank vereinbart, daß der Versicherungsvertrag nur mit vorheriger schriftlicher Zustimmung der Bank gekündigt werden kann.

☒ alle Ansprüche aus einem für die Lebensversicherung geführten Beitragskonto/-depot.

Etwaige Bezugsrechte sind, soweit sie den Rechten der Bank entgegenstehen, für die Dauer dieser Abtretung widerrufen.

Ort, Datum,
Unterschrift des
Sicherungsgebers/
Versicherungsnehmers

Sehr geehrte Damen und Herren,

wir überreichen Ihnen hiermit die Zweitausfertigung des Abtretungsvertrages, in dem der Versicherungsnehmer seine (Todesfall-) Ansprüche aus der dort genannten Lebensversicherung einschließlich etwaiger Zusatzversicherungen an uns abgetreten hat.

Wir bitten Sie
- uns die Kenntnisnahme von der Abtretung und von dem Widerruf der Bezugsrechte zu bestätigen,
- uns mitzuteilen, ob und gegebenenfalls in welcher Höhe Sie selbst oder Dritte Rechte an den abgetretenen Ansprüchen geltend machen können oder ob die Abtretung eingeschränkt ist,
- – ausgenommen bei der Lebensversicherung für den Todesfall – den derzeitigen Rückkaufswert der Lebensversicherung und eventuell bestehende Gewinnguthaben bekanntzugeben oder uns im Fall der Abtretung von Lebensversicherungsansprüchen für den Todesfall zu bestätigen, daß Sie Kündigungen nur beachten werden, wenn sie mit unserer vorherigen schriftlichen Zustimmung erfolgen,
- uns unverzüglich zu unterrichten, sobald der Versicherungsnehmer mit seinen Zahlungen in Verzug gerät,
- uns mitzuteilen, ob und in welcher Höhe ein Beitragskonto/-depot besteht.

Name und Anschrift des Sicherungsgebers/Versicherungsnehmers

Für Ihre Bemühungen danken wir im voraus.

Ort, Datum, Unterschrift der Bank

¹ Die Bank wird die Versicherungsschein-Nummer nach Übergabe des Versicherungsscheins einsetzen.

Bestellung einer Briefgrundschuld

Veranlassende Bank

Urkundenrolle Nr.

Interne Angaben der Bank/Ablagehinweise

Bestellung einer Briefgrundschuld
mit Übernahme der persönlichen Haftung

Verhandelt am

in

Vor mir

erschien(en)

– nachstehend: Besteller –

© 1993 Bank-Verlag Köln 42.108 (11/93) I

Anhang

I. Eintragungsbewilligung und Eintragungsantrag mit Unterwerfung unter die Zwangsvollstreckung in das Grundstück

Nach Unterrichtung über den Grundbuchinhalt werden folgende Erklärungen beurkundet:

Der Besteller **bewilligt** und **beantragt** unwiderruflich, auf dem(n)

| im Grundbuch | des Amtsgerichts | Band | Blatt | Flur | Flurstück |

verzeichneten Grundstück(en)/Erbbaurecht(en)/Wohnungseigentum/Teileigentum

– nachstehend: Grundbesitz –

eine (Gesamt-)**Grundschuld** von DM

in Worten: Deutsche Mark

für

– nachstehend: Bank –

wie folgt einzutragen:

1. Die Grundschuld ist von heute an mit   vom Hundert jährlich zu verzinsen. Die Zinsen sind jeweils am ersten Tag des folgenden Kalenderjahres nachträglich zu entrichten.

2. Die Grundschuld ist fällig.

Die Grundschuld soll folgende Rangstelle erhalten:

Ist diese Rangstelle nicht sofort erreichbar, so ist der Notar berechtigt, die Eintragung an nächstoffener Rangstelle zu beantragen.

Wegen des Grundschuldbetrages und der Zinsen **unterwirft sich der Besteller der sofortigen Zwangsvollstreckung** in den belasteten Grundbesitz in der Weise, daß die Zwangsvollstreckung aus dieser Urkunde gegen den jeweiligen Eigentümer/Erbbauberechtigten zulässig ist. Der Besteller bewilligt und beantragt unwiderruflich die Eintragung dieser Unterwerfungserklärung in das Grundbuch.

42.108 (11/93) II

Bestellung einer Briefgrundschuld

II. Entstehung der Grundschuld bei mehreren Pfandobjekten

Falls der belastete Grundbesitz aus mehreren Pfandobjekten besteht und die Eintragung der Grundschuld nicht an allen Pfandobjekten zugleich, d. h. an demselben Tage, erfolgt, erklärt der Besteller: Die Grundschuld soll in diesem Fall an denjenigen Pfandobjekten, an denen sie jeweils eingetragen wird, bereits mit der Eintragung unabhängig vom weiteren Vollzug der Urkunde entstehen.

III. Aufträge an den Notar

Der Besteller beauftragt den Notar, von dieser Urkunde zugunsten der Bank Gebrauch zu machen, und erteilt dem Notar Vollmacht zum Empfang von Zustellungen und zur Abgabe von Erklärungen aller Art, die mit der Begründung dieser Grundschuld in unmittelbarem Zusammenhang stehen.

Die Bank ist berechtigt, sich den Brief vom Grundbuchamt aushändigen zu lassen. Der Brief ist an die Bank auszuhändigen.

Der Notar wird ferner beauftragt, der Bank sofort eine vollstreckbare Ausfertigung dieser Urkunde zu erteilen. Im übrigen ist der jeweilige Gläubiger berechtigt, weitere Ausfertigungen auf Kosten des Bestellers zu verlangen.

IV. Kosten

Alle bei der Errichtung und Durchführung dieser Urkunde entstehenden Kosten trägt der Besteller.

V. Zustellungsvollmacht

Bei Zustellungen im Sinne des Zwangsversteigerungsgesetzes ist bei mehreren Bestellern jeder einzelne zustellungsbevollmächtigt für alle anderen.

VI. Übernahme der persönlichen Haftung mit Unterwerfung unter die Zwangsvollstreckung in das gesamte Vermögen

Zugleich übernimmt/übernehmen[1]

für die Zahlung eines Geldbetrages in Höhe des Grundschuldbetrages und der Zinsen die persönliche Haftung, aus der der jeweilige Gläubiger ihn/sie schon vor der Vollstreckung in den Grundbesitz in Anspruch nehmen kann. Mehrere Schuldner haften als Gesamtschuldner. Jeder Schuldner unterwirft sich wegen dieser Haftung der sofortigen Zwangsvollstreckung aus dieser Urkunde in sein gesamtes Vermögen.

VII. Zustimmung des Ehegatten

Der Ehegatte des Bestellers stimmt den in dieser Urkunde abgegebenen Erklärungen des anderen Ehegatten zu.

---

[1] Hier sind die Namen des/der Kreditnehmer(s) einzusetzen

Anhang

Sicherungsvereinbarung für eine Grundschuld mit Abtretung der Rückgewähransprüche[1]

Sicherungsgeber (Name und Anschrift)

Interne Angaben der Bank/Ablagehinweise

Bezeichnung der Grundschuld

Grundbuch/Wohnungseigentumsgrundbuch/Erbbaugrundbuch von			des Amtsgerichts	
Band	Blatt	Flur	Flurstück	Abt. III Lfd. Nr.
über DM	in Worten: Deutsche Mark			
Eigentümer/Erbbauberechtigte(r) des belasteten Grundstücks (Name und Anschrift)				

Für die obengenannte Grundschuld gelten ergänzend zu den in den Grundschuldbestellungsurkunden getroffenen Regelungen folgende Vereinbarungen:

1. Sicherungszweck

☐ **Sicherung eigener Verbindlichkeiten des Sicherungsgebers**

Die Grundschuld, die Übernahme der persönlichen Haftung sowie die Abtretung der Rückgewähransprüche dienen der Sicherung aller bestehenden, künftigen und bedingten Ansprüche, die der Bank mit ihren sämtlichen in- und ausländischen Geschäftsstellen aus der bankmäßigen Geschäftsverbindung gegen den Sicherungsgeber zustehen. Hat der Sicherungsgeber die Haftung für die Verbindlichkeiten eines anderen Kunden der Bank übernommen (zum Beispiel als Bürge), so sichert die Grundschuld die aus der Haftungsübernahme folgende Schuld erst ab ihrer Fälligkeit.

☐ **Sicherung von Verbindlichkeiten eines Dritten**

Die Grundschuld sowie die Abtretung der Rückgewähransprüche dienen der Sicherung der Ansprüche, die der Bank aus

Bezeichnung der Forderung

gegen

Kreditnehmer (Name und Anschrift)

zustehen, und zwar auch dann, wenn die vereinbarte Kreditlaufzeit verlängert wird.

2. Erweiterung des Haftungsumfanges durch Abtretung der Ansprüche auf Rückgewähr vor- und gleichrangiger Grundschulden

(1) Falls der Grundschuld gegenwärtig oder künftig andere Grundschulden im Rang vorgehen oder gleichstehen, werden der Bank hiermit die Ansprüche auf Rückübertragung vor- und gleichrangiger Grundschulden und Grundschuldteile nebst Zinsen und Nebenrechten, die Ansprüche auf Erteilung einer Löschungsbewilligung, einer Verzichtserklärung, einer Nichtvalutierungserklärung sowie die Ansprüche auf Auszahlung des Übererlöses im Verwertungsfalle abgetreten. Sollten diese Rückgewähransprüche an vorrangigen Grundschulden bereits anderweitig abgetreten sein, wird hiermit der Anspruch auf Rückübertragung dieser Ansprüche abgetreten.

(2) Die Abtretung erfolgt mit der Maßgabe, daß die Bank sich bei Fälligkeit des Rückgewähranspruchs auch aus der ihr dann abzutretenden Grundschuld befriedigen darf, wobei diese Grundschuld zusätzlich zu der oben genannten Grundschuld als weitere Sicherheit für ihre Forderungen dient. Für diese weitere Grundschuld gelten die Bestimmungen dieser Sicherungsvereinbarung entsprechend.

(3) Die Bank ist befugt, die Abtretung der Rückgewähransprüche dem Rückgewährverpflichteten anzuzeigen.

(4) Bei Briefgrundschulden wird ferner der Anspruch auf Aushändigung der Grundschuldbriefe und der Anspruch auf deren Vorlegung beim Grundbuchamt zur Bildung von Teilbriefen abgetreten.

(5) Auf Verlangen der Bank wird der Sicherungsgeber alle Erklärungen abgeben, die zur Geltendmachung der vorstehend abgetretenen Ansprüche erforderlich sind. Die Bank ist berechtigt, bei vor- und gleichrangigen Grundschuldgläubigern Auskünfte über die durch diese Grundschulden gesicherten Ansprüche einzuholen.

---

[1] Das Formular ist sowohl bei der Neubestellung als auch beim Erwerb der Grundschuld im Wege der Abtretung zu unterzeichnen. Befindet sich das belastete Grundstück im Miteigentum mehrerer Personen, so ist von jedem Miteigentümer für seinen Miteigentumsanteil ein gesondertes Formular zu unterzeichnen.

Sicherungsvereinbarung für eine Grundschuld

3. Verwertung der Sicherheiten

(1) Die Bank darf die Grundschuld durch Zwangsversteigerung verwerten, wenn der Kreditnehmer fällige Zahlungen auf die durch die Grundschuld gesicherten Forderungen trotz Nachfristsetzung nicht erbracht hat und die Bank aufgrund der getroffenen vertraglichen Vereinbarungen oder aufgrund gesetzlicher Bestimmungen zur Kündigung der gesicherten Forderung berechtigt ist. Entsprechendes gilt, wenn ein Kredit zum vereinbarten Rückzahlungstermin nicht getilgt wird.

(2) Die Bank ist berechtigt, den Antrag auf Zwangsverwaltung zu stellen, wenn der Kreditnehmer mit einem Betrag, der einem Prozent des Grundschuldnennbetrages entspricht, im Verzug ist.

(3) Aus der Übernahme einer persönlichen Haftung darf die Bank die Zwangsvollstreckung betreiben, wenn der Kreditnehmer fällige Zahlungen trotz Nachfristsetzung nicht erbracht hat.

4. Sicherheitenfreigabe

(1) Nach Befriedigung ihrer durch die Grundschuld gesicherten Ansprüche ist die Bank verpflichtet, die Grundschuld nebst Zinsen und sonstigen Rechten an den Sicherungsgeber freizugeben. Die Bank wird diese Sicherheiten an einen Dritten übertragen, falls sie hierzu verpflichtet ist. Dies ist z. B. der Fall, wenn der Sicherungsgeber zugleich Kreditnehmer ist und ein Bürge die Bank befriedigt hat oder ein Anspruch auf Rückgewähr der Grundschuld an einen Dritten abgetreten worden ist.

(2) Die Bank ist schon vor vollständiger Befriedigung ihrer durch die Grundschuld gesicherten Ansprüche verpflichtet, auf Verlangen nachrangige Grundschulden oder Grundschuldteile freizugeben, wenn und soweit der Grundschuldbetrag die gesicherten Ansprüche übersteigt.

(3) Sind für die durch die Grundschuld gesicherten Ansprüche noch weitere Sicherheiten bestellt worden (z. B. Grundschulden an anderen Pfandobjekten, Sicherungsübereignungen, Forderungsabtretungen), so ist die Bank über ihre Freigabeverpflichtung in Absatz 2 hinaus verpflichtet, auf Verlangen nach ihrer Wahl die Grundschuld oder auch etwaige Sicherheiten an den jeweiligen Sicherungsgeber ganz oder teilweise freizugeben, sofern der realisierbare Wert sämtlicher Sicherheiten ☐ % der gesicherten Ansprüche der Bank nicht nur vorübergehend überschreitet. Sofern kein Prozentsatz eingesetzt und auch anderweitig nichts anderes vereinbart worden ist, ist ein Satz von 100 % maßgeblich.

(4) Die Bank wird bei der Auswahl der freizugebenden Sicherheiten auf die berechtigten Belange des Sicherungsgebers und des Bestellers zusätzlicher Sicherheiten Rücksicht nehmen.

5. Versicherung des belasteten Grundbesitzes und Verpfändung der Ansprüche aus der Zubehörversicherung

(1) Die auf dem belasteten Grundbesitz befindlichen Gebäude und Anlagen sowie das Zubehör werden – soweit nicht bereits geschehen – auf Kosten des Sicherungsgebers gegen alle Gefahren versichert, wegen derer die Bank einen Versicherungsschutz für erforderlich hält. Wenn dies nicht oder nicht ausreichend geschieht, darf die Bank selbst die Versicherung auf Kosten des Sicherungsgebers abschließen.

(2) Die Ansprüche aus den bestehenden oder künftig noch abzuschließenden Zubehörversicherungen werden der Bank hiermit für den oben bestimmten Sicherungszweck verpfändet. Die Bank ist berechtigt, im Namen des Versicherungsnehmers der Versicherungsgesellschaft die Verpfändung anzuzeigen.

6. Auskünfte und Besichtigung

Die Bank kann die Erteilung aller Auskünfte und Nachweise sowie die Aushändigung der Urkunden verlangen, die sie für die Verwaltung und Verwertung der Grundschuld benötigt. Sie darf solche Auskünfte, Nachweise und Urkunden auch bei Behörden, Versicherungsgesellschaften oder sonstigen Dritten auf Kosten des Kreditnehmers einholen. Die Bank ist berechtigt, das belastete Grundstück, die Gebäude sowie das Zubehör zu besichtigen und in alle den belasteten Grundbesitz betreffende Unterlagen Einblick zu nehmen.

7. Anrechnung von Zahlungen

Die Bank wird alle Zahlungen auf die durch die Grundschuld gesicherten Forderungen verrechnen, soweit nicht im Einzelfall berechtigterweise auf die Grundschuld selbst geleistet wird.

Ort, Datum, Unterschrift des Sicherungsgebers

Erklärung des/der Eigentümer(s)/Erbbauberechtigten, falls nicht mit dem Sicherungsgeber identisch
Der obigen Erklärung stimme(n) ich/wir als Eigentümer/Erbbauberechtigte(r) des belasteten Grundbesitzes zu, insbesondere bin ich/sind wir mit der Abtretung der Rückgewähransprüche gemäß Nummer 2 einverstanden.

Ort, Datum, Unterschrift(en) des/der Eigentümer(s)/Erbbauberechtigten

Ort, Datum, Unterschrift des Kreditnehmers, sofern mit dem Sicherungsgeber nicht identisch

Unterschrift der Bank

42.110 (11/93)

Anhang

Anzeige über die Abtretung der Ansprüche auf Rückgewähr von Grundschulden

Name und Anschrift des Grundschuldgläubigers

Name und Anschrift des Eigentümers/Erbbauberechtigten

Interne Angaben der Bank/Ablagehinweise

Hinweis für den Grundschuldgläubiger: Bitte Blatt 2 an die Bank zurückschicken. Blatt 1 ist für Ihre Unterlagen bestimmt.

Im Grundbuch/Wohnungseigentumsgrundbuch/Erbbaugrundbuch

von (Bezeichnung)	des Amtsgerichts	Band	Blatt	Flur	Flurstück

ist in Abteilung III folgende (Gesamt-)Grundschuld für Sie eingetragen:

lfd. Nummer	DM	Deutsche Mark in Worten

Wir teilen Ihnen hierdurch mit, daß der obengenannte Eigentümer/Erbbauberechtigte uns die folgenden gegenwärtigen und künftigen Ansprüche abgetreten hat:
a) Die Ansprüche auf Rückübertragung vor- und gleichrangiger Grundschulden und Grundschuldteile nebst Zinsen und Nebenrechten sowie die Ansprüche auf Erteilung einer Löschungsbewilligung, einer Verzichtserklärung, einer Nichtvalutierungserklärung sowie die Ansprüche auf Auszahlung des Übererlöses im Verwertungsfalle.
b) Bei Briefgrundschulden den Anspruch auf Aushändigung der Grundschuldbriefe oder auf deren Vorlage beim Grundbuchamt zur Bildung von Teilbriefen.

Wir bitten Sie, uns auf der **beigefügten** Kopie zu bestätigen, daß Sie von der Abtretung Kenntnis genommen haben. Soweit die Abtretung zur Rechtswirksamkeit Ihrer Zustimmung bedarf, bitten wir Sie, die Zustimmung zu erteilen.

Ort, Datum	Unterschriften der Bank

Kopie der Erklärung des Grundschuldgläubigers

Unter Bezugnahme auf vorstehende Anzeige bestätigen wir hiermit, von der Abtretung Kenntnis genommen zu haben. Soweit die Abtretung zu ihrer Wirksamkeit unserer Zustimmung bedarf, wird diese hiermit erteilt.

Ort, Datum,	Unterschrift des Grundschuldgläubigers

Name und Anschrift der absendenden Bank

Ausfertigung für den Grundschuldgläubiger
© 1993 Bank-Verlag Köln 42.113 (11/93).I

Sicherungsschein

Für interne Angaben der Bank/Ablagehinweise

Sicherungsschein

Versicherer (Name und Anschrift)

Versicherungsnehmer (Name und Anschrift)

Versicherungsgrundstück (nur angeben, wenn abweichend von o.a. Anschrift)

Versicherungsschein-Nummer der Feuerversicherung

Anzeige des Versicherungsnehmers zur Feuerversicherung

Die auf dem Versicherungsgrundstück befindlichen versicherten

☐ Maschinen- und Einrichtungsgegenstände
☐ Landwirtschaftlichen Inventarien
nach Maßgabe des Pachtkreditgesetzes vom 5.8.1951

☐ Handelswaren
☐ Gebäude, die gemäß § 95 Absatz 1 BGB nicht Bestandteile eines Grundstücks sind

haben wir   ☐ insgesamt   ☐ beschränkt auf

Bezeichnung	Hersteller	Typ und Nummer	Vers.-Summe DM	Positions-Nr.

dem unten genannten **Kreditinstitut** zur Sicherung seiner derzeitigen und künftigen Forderungen übereignet. Das Kreditinstitut hat laut nachstehender Erklärung darauf verzichtet, in den Versicherungsvertrag als Versicherungsnehmer gemäß § 69 VVG einzutreten. Wir erklären uns damit einverstanden, daß für die Dauer der Sicherungsübereignung der oben benannten Sachen die folgenden Bestimmungen gelten:

1. Die Versicherung der übereigneten Sachen gilt für Rechnung des Kreditinstituts.
2. Der Versicherungsnehmer ist in Abweichung von §§ 10 AFB 87, 76 VVG nicht befugt, über die Rechte, die dem Kreditinstitut aus dem Versicherungsvertrag zustehen, im eigenen Namen zu verfügen. Berechtigt zur Verfügung über diese Rechte, insbesondere zur Annahme der Entschädigung, ist allein das Kreditinstitut, und zwar auch dann, wenn es sich nicht im Besitze des Versicherungsscheines befindet.
3. Der Versicherungsnehmer darf die Versicherung nicht aufheben, sie nicht in ihrem Betrage mindern und muß sie unverändert fortsetzen, solange nicht das Kreditinstitut schriftlich in ein hiervon abweichendes Verfahren einwilligt und der Versicherungsnehmer diese Einwilligungserklärung dem Versicherer eingereicht hat, was mindestens einen Monat vor Ablauf geschehen sein muß, um gültig zu sein. Das Kreditinstitut ist zur Zahlung der fälligen Versicherungsprämie befugt.

Die auf der Rückseite genannten Bedingungen erkennen wir an und ersuchen den Versicherer, dem Kreditinstitut einen Sicherungsschein zu diesen Bedingungen auszufertigen. Die Kosten tragen wir.

Datum und Unterschrift des Versicherungsnehmers

Bitte zurücksenden an:
BLZ   Für interne Angaben des Kreditinstituts

Kreditgeber (Name und Anschrift)

Erklärung des Kreditgebers

Wir verzichten darauf, in den Versicherungsvertrag als Versicherungsnehmer nach § 69 VVG einzutreten.

Datum und Unterschrift des Kreditinstituts

Sicherungsschein

Wir erteilen hiermit dem Kreditinstitut bezüglich der übereigneten Sachen den Sicherungsschein zu umseitigen Bedingungen.

Datum und Unterschrift des Versicherers

Original für das Kreditinstitut

VdS 1501 9/88 (bisher Form 91)

Bedingungen zur Erteilung des Sicherungsscheins

Vorbehaltlich besserer Rechte Dritter erklären wir:

1 Die Entschädigung wird an den Versicherungsnehmer nur gezahlt, wenn er die Einwilligung des Kreditinstitutes zur unbedingten Zahlung beibringt oder nur an das Kreditinstitut, wenn es die Erklärung abgibt, zur Einziehung der Entschädigung berechtigt zu sein.

Ob eine Unterversicherung vorliegt, ist für den übereigneten und den nicht übereigneten Teil der Sachen getrennt zu errechnen.

2 Sind wir wegen des Verhaltens des Versicherungsnehmers nach dem Versicherungsvertrage von der Entschädigungspflicht frei, so werden wir die Entschädigung gleichwohl, und zwar bis zur Höhe der Forderung, zu deren Sicherung die versicherten Sachen übereignet sind, an das Kreditinstitut zahlen gegen Abtretung dieser Forderung in entsprechender Höhe. Umfaßt die Forderung Ansprüche auf Entrichtung von fälligen Kosten und Zinsen, so sind zunächst diese und dann erst die Hauptforderung abzutreten. Das Kreditinstitut hat uns zur Sicherung der uns zu übertragenden Forderungen das Sicherungsmiteigentum an den übereigneten Sachen — im Falle der Bestellung eines Inventarpfandrechts für landwirtschaftliches Pachtinventar auch an den bestellten dinglichen Sicherheiten — in dem Verhältnis zu übertragen, in dem die zu übertragende Forderung zur Gesamtforderung steht. Der Übergang von Forderungen und Sicherungseigentum darf nicht zum Nachteil des Kreditinstituts geltend gemacht werden.

Das gleiche gilt, wenn wir nach dem Eintritt des Schadenfalles vom Vertrage zurücktreten.

Die Bestimmung des ersten Absatzes findet keine Anwendung, wenn wir wegen nicht rechtzeitiger Prämienzahlung von der Entschädigungspflicht frei sind (vgl. hierzu jedoch die folgenden Bestimmungen Ziff. 3 und 4).

3 Wir dürfen, auch wenn der Versicherungsnehmer widerspricht, die von dem Kreditinstitut angebotene Prämienzahlung nicht ablehnen.

4 Wir haben dem Kreditinstitut unverzüglich Mitteilung zu machen, wenn eine Folgeprämie nicht rechtzeitig gezahlt und dem Versicherungsnehmer die im Versicherungsvertragsgesetz und in den Allgemeinen Bedingungen für die Feuerversicherung vorgeschriebene Frist für die Zahlung der Prämie bestimmt ist. Das gleiche gilt, wenn das Vertragsverhältnis nach dem Ablauf der Frist wegen unterbliebener Prämienzahlung gekündigt wird.

Unsere zu Ziffer 2 bezeichnete Verpflichtung, die Entschädigung an das Kreditinstitut zu zahlen, bleibt diesem gegenüber noch einen Monat von dem Zeitpunkt an bestehen, in welchem das Kreditinstitut die Mitteilung von der Bestimmung der Zahlungsfrist erhalten hat.

Wir sind verpflichtet, die Versicherung der Sachen für das Interesse des Kreditinstitutes unvermindert fortzusetzen, wenn das Kreditinstitut dies bis zum Ablauf der im ersten Absatz genannten Frist bei uns schriftlich beantragt und sich zugleich zur Zahlung der Prämie verpflichtet.

5 Eine Kündigung, ein Rücktritt, ein Ablauf oder eine sonstige Tatsache, welche die Beendigung des Versicherungsverhältnisses zur Folge hat, ferner eine Vereinbarung zwischen uns und dem Versicherungsnehmer, durch welche die Versicherungssumme oder der Umfang der Gefahr, für die wir haften, eine Minderung erfährt, wirkt gegenüber dem Kreditinstitut erst mit Ablauf von einem Monat, nachdem die Beendigung oder die Minderung und, sofern diese noch nicht eingetreten waren, der Zeitpunkt der Beendigung oder der Minderung dem Kreditinstitut durch uns mitgeteilt worden ist. Dies gilt jedoch nicht, wenn das Versicherungsverhältnis mit Zustimmung des Kreditinstitutes gekündigt wird.

Die Bestimmung des zweiten Absatzes von Ziff. 4 findet entsprechende Anwendung.

Endet das Versicherungsverhältnis jedoch dadurch, daß die versicherten Sachen von dem Versicherungsort entfernt werden, wirkt diese Beendigung sogleich gegenüber dem Kreditinstitut, ohne daß wir zur Fortsetzung der Versicherung für das Interesse des Kreditinstituts verpflichtet sind.

Eine Kündigung der Versicherung durch den Versicherungsnehmer ist nur wirksam, wenn dieser mindestens einen Monat vor Ablauf des Versicherungsvertrages nachgewiesen hat, daß das Kreditinstitut der Kündigung zugestimmt hat oder daß in dem Zeitpunkt, in dem die Kündigung spätestens zulässig war, sich die versicherten Sachen im Eigentum des Versicherungsnehmers befanden.

6 Eine Nichtigkeit des Versicherungsvertrages wegen Über- oder Doppelversicherung, bei denen eine unredliche Absicht des Versicherungsnehmers obwaltet, kann gegenüber dem Kreditinstitut nicht geltend gemacht werden. Das Versicherungsverhältnis endigt jedoch diesem gegenüber mit Ablauf von drei Monaten — im Falle der Bestellung eines Inventarpfandrechts für landwirtschaftliches Pachtinventar mit Ablauf von einem Monat — nachdem die Nichtigkeit durch uns mitgeteilt worden ist.

In diesem Falle findet die Bestimmung des zweiten Absatzes von Ziff. 4 entsprechende Anwendung.

7 Wir sind verpflichtet, dem Kreditinstitut von jedem erheblichen Brandschaden, von dem die versicherten Sachen betroffen werden, innerhalb einer Woche Anzeige zu machen.

Ist über die Versicherung ein Sammelversicherungsschein ausgestellt, so wird dieser Sicherungsschein zugleich im Namen der beteiligten Versicherer erteilt. Maßgebend für die anteilige Haftung der Versicherer ist der am Schadentag gültige Verteilungsplan lt. Versicherungsvertrag.

Der Sicherungsschein bei Bestellung eines Inventarpfandrechts kommt nur für landwirtschaftliches PACHTINVENTAR und nur insoweit in Frage, als ein vom Pächter aufgenommener Kredit durch Bestellung eines Inventarpfandrechts nach Maßgabe des Pachtkreditgesetzes vom 5.8.1951 (BGBl. I, S. 494) gesichert werden soll.

Zubehör-Hypothekensicherungsschein

Für interne Vermerke der Bank/Ablagehinweise

Zubehör-Hypothekensicherungsschein

Versicherer (Name und Anschrift)

Versicherungsnehmer (Name und Anschrift)

Versicherungsgrundstück (Nur angeben, wenn abweichend von o.a. Anschrift)

Versicherungsschein-Nummer der Feuerversicherung

Grundstückseigentümer (wenn abweichend vom Versicherungsnehmer)

Erklärung des Versicherungsnehmers

Wir bitten, dem unten genannten Kreditgeber den von ihm beantragten Hypothekensicherungsschein auf unsere Kosten auszustellen und zeigen dem Versicherer hiermit an, daß wir unsere Entschädigungsansprüche aus der vorerwähnten Versicherung, soweit sie sich auf die in der obigen Anmeldung genannten Gegenstände bezieht, zur Sicherung bestehender und künftiger Forderungen, soweit diese durch eine

☐ Hypothek ☐ Grundschuld ☐ Rentenschuld ☐ Reallast

gesichert sind oder gesichert werden, dem Kreditgeber verpfändet haben.

Wir verpflichten uns, die Versicherung nicht aufzuheben, auch nicht in ihrem Betrage zu vermindern, sie vielmehr unverändert fortzusetzen, solange nicht entweder der Kreditgeber schriftlich in die Aufhebung oder Verminderung der Versicherung einwilligt oder aber durch eine Bescheinigung des Grundbuchamtes nachgewiesen wird, daß für den Kreditgeber auf dem obengenannten Grundstück eine dingliche Belastung nicht mehr besteht. Die schriftliche Einwilligung oder die grundbuchamtliche Bescheinigung müssen mindestens 1 Monat vor Vertragsablauf, bei einer Kündigung im Schadensfalle spätestens bis zum Ablauf der Kündigungsfrist (§ 19 Nr. 2 AFB 87) dem Versicherer eingereicht werden, um gültig beigebracht zu sein.
Die auf der Rückseite genannten Bedingungen erkennen wir an und haben ein Doppel dieser Erklärung erhalten.

Datum und Unterschrift des Versicherungsnehmers

Anmeldung des Kreditgebers

Der Eigentümer hat Zubehörstücke und Bestandteile des belasteten Grundstücks, auf die sich die Hypothek / Grundschuld / Rentenschuld / Reallast erstreckt, durch obigen Versicherungsschein als bewegliche Sache versichert.
Wir beantragen hiermit, für diese Versicherung den Hypothekensicherungsschein zu umseitigen Bedingungen zu erteilen.

Datum und Unterschrift des Kreditgebers

Bitte zurücksenden an:

BLZ Für interne Angaben des Kreditgebers

Kreditgeber (Name und Anschrift)

Hypothekensicherungsschein

Wir erteilen hiermit dem Kreditgeber bezüglich der oben angegebenen Versicherung den Hypothekensicherungsschein zu den umseitigen Bedingungen. Anderweitige Abtretungen, Verpfändungen oder Pfändungen der Entschädigungsansprüche als die in der Erklärung des Versicherungsnehmers aufgeführten sind uns nicht bekannt.

Datum und Unterschrift des Versicherers

Original für den Kreditgeber

VdS 1502 9/88 (bisher Form 65)

Bedingungen zur Erteilung des Zubehör-Hypothekensicherungsscheins

1 Die Entschädigung wird an den Versicherungsnehmer nur geleistet, wenn dieser die Einwilligung des Kreditgebers zur unbedingten Zahlung beibringt, oder nur an den Kreditgeber, wenn dieser als Pfandgläubiger zur Einziehung der Entschädigung berechtigt ist und soweit die Zahlung an ihn durch Rechte Dritter nicht gehindert wird. Der Versicherer darf jedoch die Entschädigung an den Versicherungsnehmer leisten, wenn die Gegenstände wiederhergestellt sind oder Ersatz für sie beschafft ist. Eine mit dem Versicherungsnehmer besonders getroffene Wiederherstellungsvereinbarung wird hierdurch nicht berührt.

2 Ist der Versicherer wegen des Verhaltens des Versicherungsnehmers von der Entschädigungspflicht frei, so bleibt gleichwohl seine Verpflichtung gegen den Kreditgeber bestehen. Das gleiche gilt, wenn der Versicherer nach dem Eintritt des Schadenfalles vom Vertrage zurücktritt oder ihn anficht.

Die Vorschrift des ersten Satzes unter Nr. 2 findet keine Anwendung, wenn der Versicherer wegen nicht rechtzeitiger Prämienzahlung von der Entschädigungspflicht frei ist (vgl. hierzu jedoch die folgenden Bestimmungen 3 und 4).

3 Der Versicherer darf, auch wenn der Versicherungsnehmer widerspricht, die von dem Kreditgeber angebotene Prämienzahlung nicht ablehnen.

4 Der Versicherer hat dem Kreditgeber unverzüglich Mitteilung zu machen, wenn eine Folgeprämie nicht rechtzeitig gezahlt und dem Versicherungsnehmer die im Versicherungsvertragsgesetz und in den Allgemeinen Bedingungen für die Feuerversicherung vorgeschriebene Frist für die Zahlung der Prämie bestimmt ist. Das gleiche gilt, wenn das Vertragsverhältnis nach dem Ablauf der Frist wegen unterbliebener Prämienzahlung gekündigt wird. Die Entschädigungspflicht des Versicherers bleibt dem Kreditgeber gegenüber noch einen Monat von dem Zeitpunkt an bestehen, in welchem der Kreditgeber die Mitteilung von der Bestimmung der Zahlungsfrist erhalten hat.

Der Versicherer ist verpflichtet, die Versicherung für das Interesse des Kreditgebers unvermindert fortzusetzen, wenn der Kreditgeber dies bis zum Ablauf der im ersten Absatz genannten Frist bei dem Versicherer schriftlich beantragt und sich zugleich zur Zahlung der Prämie verpflichtet.

5 Eine Anfechtung, eine Kündigung, ein Rücktritt, ein Ablauf oder eine sonstige Tatsache, welche die Beendigung des Versicherungsverhältnisses zur Folge hat, ferner eine Vereinbarung zwischen dem Versicherer und dem Versicherungsnehmer, durch welche die Versicherungssumme oder der Umfang der Gefahr, für die der Versicherer haftet, eine Minderung erfährt, wirkt gegenüber dem Kreditgeber erst mit Ablauf von drei Monaten, nachdem die Beendigung oder die Minderung und, sofern diese noch nicht eingetreten waren, der Zeitpunkt der Beendigung oder der Minderung ihm durch den Versicherer mitgeteilt ist. Dies gilt jedoch nicht, wenn das Versicherungsverhältnis mit Zustimmung des Kreditgebers gekündigt wird.

Der zweite Absatz der Bestimmung 4 findet entsprechende Anwendung.

Endet das Versicherungsverhältnis jedoch dadurch, daß die versicherten Sachen von dem Versicherungsort entfernt werden, wirkt diese Beendigung sogleich gegenüber dem Kreditgeber, ohne daß der Versicherer zur Fortsetzung der Versicherung für das Interesse des Kreditgebers verpflichtet ist.

Eine Kündigung der Versicherung durch den Versicherungsnehmer ist nur wirksam, wenn dieser mindestens einen Monat vor Ablauf des Versicherungsvertrages nachgewiesen hat, daß der Kreditgeber der Kündigung zugestimmt hat oder daß in dem Zeitpunkt, in dem die Kündigung spätestens zulässig war, sich die Hypothek nicht mehr auf die versicherten Sachen erstreckte.

6 Eine Nichtigkeit des Versicherungsvertrages wegen Über- oder Doppelversicherung, bei denen eine unredliche Absicht des Versicherungsnehmers obwaltet, kann gegenüber dem Kreditgeber nicht geltend gemacht werden. Das Versicherungsverhältnis endigt jedoch ihm gegenüber mit Ablauf von drei Monaten, nachdem ihm die Nichtigkeit durch den Versicherer mitgeteilt ist.

In diesem Falle findet der zweite Absatz der Bestimmung 4 entsprechende Anwendung.

7 Soweit der Versicherer auf Grund der vorstehenden Bestimmungen den Kreditgeber zu befriedigen hat, ohne nach dem Vertrag zu einer Entschädigung verpflichtet zu sein, braucht er erst zu zahlen, wenn ihm der Kreditgeber in entsprechender Höhe seine Forderung gegen den Versicherungsnehmer und das Realrecht sowie die sonstigen Sicherheiten jeder Art abtritt. Der Übergang darf nicht zum Nachteil des Kreditgebers geltend gemacht werden.

8 Der Versicherer hat innerhalb einer Woche nach erhaltener Kenntnis von einem Brandschaden — unbedeutende Brandschäden ausgenommen — dem Kreditgeber Mitteilung zu machen.

Ist über die Versicherung ein Sammelversicherungsschein ausgestellt, so wird dieser Sicherungsschein zugleich im Namen der beteiligten Versicherer erteilt. Maßgebend für die anteilige Haftung der Versicherer ist der am Schadentag gültige Verteilungsplan lt. Versicherungsvertrag.

Sicherheiten-Poolvertrag

Zwischen

1. A-Bank
   — nachstehend auch „Poolführerin" genannt —
   zugleich handelnd für ....
2. B-Bank
   zugleich handelnd für ....
3. C-Bank
   zugleich handelnd für ....
   — nachstehend insgesamt „Banken" und jede von ihnen „Bank" genannt —

wird folgende Vereinbarung getroffen:*

§ 1
Kredite

(1) Die Banken stehen mit der Firma

_____

— nachstehend „Firma" genannt —

in Geschäftsverbindung und haben ihr bei Abschluß dieses Vertrages — jeweils unabhängig voneinander — die nachstehend aufgeführten Kreditlinien/Kredite eingeräumt.

A-Bank
a) Barkredit   DM
b) Diskontkredit   DM
c) Avalkredit   DM

B-Bank
a) Barkredit   DM
b) Diskontkredit   DM
c) Avalkredit   DM

C-Bank
a) Barkredit   DM
b) Diskontkredit   DM
c) Avalkredit   DM

(2) Im Rahmen der obigen Barlinien können die Banken — entsprechend den getroffenen Kreditvereinbarungen — auch Sonderkreditformen, wie z. B. Avale, Diskonte, Devisentermingeschäfte und auch Eurokredite bei den eingangs genannten ausländischen Tochtergesellschaften der Banken bzw. eingangs genannten vermittelten Instituten (nachstehend gemeinsam „vermittelte Kreditinstitute") ausweisen. Auch die hieraus resultierenden Forderungen der Banken werden im Rahmen dieses Vertrages in gleicher Weise besichert.

(3) Die Firma kann über Kreditlinien und Kredite selbständig verfügen. Den Banken stehen die Forderungen aus den von ihnen zugesagten Krediten allein und unmittelbar zu.

(4)*Die den einzelnen Banken nach den mit der Firma getroffenen Kreditvereinbarungen zustehenden Rechte, die Kredite zu kündigen, bleiben unberührt. Jede Bank verpflichtet sich jedoch, alle anderen Banken von einer ganzen oder teilweisen Kündigung oder einer Nichtverlängerung der diesem Pool unterfallenden Kredite mindestens eine Woche vorher zu unterrichten. Die betreffende Bank nimmt, soweit es sich um Poolkredite handelt, mit gekündigten Kreditlinien weiter am Poolverhältnis teil.

§ 2
Sicherheiten

(1) Die Firma hat folgenden Banken nachstehende Sicherheiten bestellt bzw. wird die genannten Sicherheiten unverzüglich bestellen:

    a) _____

    b) _____

    c) _____

(2)*. . . hat folgenden Banken nachstehende Sicherheiten bestellt bzw. wird die genannten Sicherheiten unverzüglich bestellen:

    a) _____

    b) _____

    c) _____

(3) Erhält eine Bank künftig für eine der in § 1 (1) aufgeführten Kreditlinien weitere Sicherheiten, so besteht bereits jetzt Einigkeit, daß diese in den Poolvertrag einbezogen werden.

(4) Gewährt eine Bank der Firma zusätzliche Kredite und erhält sie hierfür weitere Sicherheiten, so besteht bereits jetzt Einigkeit, daß diese in den Poolvertrag einbezogen werden. Ein Verwertungserlös dient vorrangig zur Rückführung dieser zusätzlichen Kredite.

(5) Die Firma verpflichtet sich, Dritten erst nach Unterrichtung der Banken Sicherheiten zu stellen. Dies gilt nicht für branchenübliche verlängerte Eigentumsvorbehalte von Lieferanten.

§ 3
Sicherungszweck

(1) Die in diesem Poolvertrag einbezogenen und künftig noch einzubeziehenden Sicherheiten dienen zur Sicherung aller bestehenden, künftigen und bedingten Ansprüche, die den Banken mit ihren sämtlichen in- und ausländischen Geschäftsstellen aus der jeweiligen bankmäßigen Geschäftsverbindung sowie den eingangs aufgeführten vermittelten Kreditinstituten aus der Gewährung von Eurokrediten gemäß § 1 (2) gegen die Firma zustehen.

(2) Hat die Firma die Haftung für Verbindlichkeiten eines anderen Kunden der jeweiligen Bank übernommen (z. B. als Bürge), so sichert die jeweilige Sicherheit die aus der Haftungsübernahme folgende Schuld erst ab deren Fälligkeit.

§ 4
Sicherheitenfreigabe

(1) Nach Befriedigung ihrer gemäß § 3 gesicherten Ansprüche haben die Banken die in diesen Poolvertrag einbezogenen Sicherheiten an die Firma oder den jeweiligen Sicherungsgeber zurückzuübertragen und einen etwaigen Übererlös herauszugeben, soweit die Sicherheiten nicht in Anspruch genommen worden sind. Dies gilt nicht, wenn die Banken verpflichtet sind, Sicherheiten/Verwertungserlöse an einen Dritten (z. B. einen Bürgen), der eine oder mehrere Banken befriedigt hat, zu übertragen.

(2) Die Banken sind auf Verlangen schon vorher verpflichtet, Poolsicherheiten ganz oder teilweise freizugeben, wenn und soweit der realisierbare Wert der Poolsicherheiten 120% der gesicherten Ansprüche der Banken nicht nur vorübergehend übersteigt. Der realisierbare Wert der Sicherheiten wird nach den Regelungen der einzelnen Sicherungsvereinbarungen bestimmt oder ergibt sich aus der Art der jeweiligen Sicherheit.

(3) Die in den einzelnen Sicherungsvereinbarungen enthaltenen Abreden über Bewertungen und Freigabeverpflichtungen werden für die Dauer dieses Poolvertrages durch die vorstehenden Regelungen ergänzt.

§ 5
Treuhandverhältnis/Sicherheitenverwaltung

(1) Die Poolführerin bzw. jede eine Sicherheit haltende Bank wird die in diesen Vertrag einbezogenen und künftig noch einzubeziehenden Sicherheiten mit der Sorgfalt

zugleich treuhänderisch für die übrigen Banken verwalten und erforderlichenfalls verwerten, die sie in eigenen Angelegenheiten anzuwenden pflegt. Die Poolführerin wird zu diesem Zweck ermächtigt, alle sich aus den Sicherungsverträgen ergebenden Kontroll-, Verwaltungs- und Verfügungsrechte im eigenen Namen auszuüben. Die ganze oder teilweise Freigabe von Sicherheiten bedarf der Zustimmung der Banken.

Die Banken bevollmächtigen die Poolführerin alle für die Bestellung und Verwertung der Sicherheiten notwendigen Erklärungen auch in ihrem Namen abzugeben und entgegenzunehmen sowie alle erforderlichen oder zweckmäßigen Handlungen vorzunehmen. Die Poolführerin wird für alle von ihr auf der Grundlage dieses Vertrages ergriffenen Maßnahmen von den Beschränkungen des § 181 BGB befreit.

(2) Jede Bank kann von der Poolführerin bzw. von jeder einer Sicherheit haltenden Bank jederzeit Auskunft über die Verwaltung der Sicherheiten verlangen. Unabhängig davon wird die Poolführerin/Bank die anderen Banken nach pflichtgemäßem Ermessen unterrichten.

(3) Die Poolführerin bzw. jede eine Sicherheit haltende Bank wird nur mit Zustimmung der anderen Banken die Sicherheitenverwaltung auf einen anderen Treuhänder übertragen.

(4) Der jeweilige Treuhänder ist von den Beschränkungen des § 181 BGB freigestellt.

§ 6
Haftung der Poolführerin

(1) Die Poolführerin haftet im Rahmen der ihr zugewiesenen Tätigkeit als Treuhänderin nicht für Ausfälle, die durch Verletzungen der von der Firma nach den Sicherungsvereinbarungen übernommenen Pflichten entstehen. Eine Gewähr, daß der jeweilige Bestand der Sicherheiten für die Sicherung der an diesem Pool beteiligten Banken ausreicht, übernimmt die Poolführerin nicht.

(2) Im übrigen besteht Einigkeit darüber, daß die Poolführerin keine Haftung für die Erhaltung, Werthaltigkeit und Einbringlichkeit der Sicherheiten, für die Freiheit von Rechten Dritter hieran und für sonstige außerhalb ihres Einflußbereiches liegenden Umstände übernimmt, welche die Werthaltigkeit, Einbringlichkeit und Verwertbarkeit der Sicherheiten beeinträchtigen können.

(3) Hinsichtlich des rechtlichen Bestandes der Sicherungsverträge gilt folgendes: Die Poolführerin wird den anderen Banken auf Anforderung Kopien der Verträge der von ihr gehaltenen Sicherheiten zur eigenverantwortlichen Prüfung zusenden. Etwaige Einwendungen werden die anderen Banken unverzüglich gegenüber der Poolführerin geltend machen, so daß eine einvernehmliche Regelung unter den Banken herbeigeführt werden kann. Eine spätere Berufung auf rechtliche Mängel der Sicherungsverträge ist ausgeschlossen.

(4) Vorstehende Regelungen gelten entsprechend für jede andere eine Sicherheit haltende Bank.

§ 7
Verwertung

(1) Die Verwertung der in § 2 genannten Sicherheiten wird von der Poolführerin im eigenen Namen, jedoch für Rechnung der Banken, vorgenommen. Soweit Sicherheiten nicht von der Poolführerin gehalten werden, sind diese von der jeweils haltenden Bank in deren Namen jedoch für Rechnung der übrigen Banken und in Abstimmung mit der Poolführerin zu verwerten.

(2)* Über die Frage, ob und wann Verwertungsmaßnahmen eingeleitet und/oder durchgeführt werden sollen, entscheiden die Banken mit einfacher Mehrheit gerechnet nach den in § 1 genannten Kreditlinien. In eiligen Fällen entscheidet die Poolführerin hierüber allein nach eigenem pflichtgemäßem Ermessen; in diesem Fall wird die Poolführerin die anderen Banken über die getroffenen Maßnahmen unverzüglich unterrichten.

Die Banken werden die in den einzelnen Sicherungsverträgen enthaltenen Verwertungsvoraussetzungen beachten.

§ 8
Saldenausgleich*

(1) Die Banken verpflichten sich im Auftrag der Firma und auch untereinander für den Fall, daß eine Erlösverteilung stattfindet, ihre die Kreditlinien gemäß § 1 (1) nicht übersteigenden Kreditforderungen durch entsprechende Überträge auf einen solchen Stand zu bringen, daß für sämtliche Banken eine Kreditinanspruchnahme nach dem Verhältnis der genannten Kreditlinien entsteht. Die einzelnen Banken haben dabei eventuelle Guthaben auf nicht zweckgebundenen Konten zunächst mit ihren Kreditforderungen zu verrechnen, die sich im Rahmen der in § 1 (1) genannten Kreditlinien bewegen. Wenn derartige Verrechnungen nach Durchführung des Saldenausgleichs erfolgen, sind weitere Saldenausgleichungen vorzunehmen.

Auf Verlangen auch nur einer der Banken ist für den Fall, daß eine Erlösverteilung endgültig nicht stattfindet, ein Saldenausgleich entsprechend dieser Regelung durchzuführen.

(2) Für die Durchführung des Saldenausgleichs gelten Forderungen aus Wechseldiskontierungen zunächst nur insoweit als Inanspruchnahme, als diskontierte Wechsel im Zeitpunkt der Erlösverteilung trotz Fälligkeit unbezahlt geblieben sind. Forderungen aus Akzept- und Avalkrediten sowie aus eröffneten Akkreditiven werden zunächst nur insoweit als Inanspruchnahmen berücksichtigt, als hierauf von den

Banken im Zeitpunkt der Erlösverteilung bereits Zahlungen geleistet wurden. Forderungen aus Devisentermingeschäften gelten zunächst nur in Höhe der im Zeitpunkt der Erlösverteilung bereits eingetretenen Verluste aus abgewickelten Geschäften als Inanspruchnahmen im Sinne dieses Vertrages.

(3) Maßgeblicher Zeitpunkt für die Berechnung des Saldenausgleichs ist das Zustandekommen eines Beschlusses über die Einleitung von Verwertungsmaßnahmen gemäß § 7 (2) bzw. Zugang der Mitteilung der Poolführerin über die Einleitung von Verwertungsmaßnahmen gemäß § 7 (2).

(4) Soweit der vorgenannte Saldenausgleich aus Rechtsgründen nicht mit Wirkung gegenüber der Firma oder Dritten vorgenommen werden kann, sind die Banken im Innenverhältnis zur Herbeiführung eines entsprechenden Ergebnisses verpflichtet. Die Firma stimmt bereits jetzt sämtlichen zu diesem Zweck unter den Banken vorzunehmenden Rechtsgeschäften unwiderruflich zu.

(5) Die Firma wird die Banken nach Möglichkeit im Verhältnis der in § 1 (1) genannten Kreditlinien gleichmäßig in Anspruch nehmen.

§ 9
Erlösverteilung*

(1) Der Erlös aus der Verwertung der Sicherheiten ist nach folgender Rangordnung zu verwenden:

a) zur Begleichung der Kosten, etwaiger Steuern und sonstiger Aufwendungen, die durch Verwaltung und Verwertung der Sicherheiten entstehen;

b) zur Tilgung der Forderungen der Banken aus ihren Kreditgewährungen gemäß § 1 (1), und zwar gleichrangig im Verhältnis der Kreditinanspruchnahmen nach Saldenausgleich gemäß § 8, wobei nur diejenigen Forderungen der Berechnung des Verteilungsschlüssels zugrunde zu legen sind, welche die in § 1 (1) genannten Kreditlinien nicht überschreiten;

c) zur Tilgung der Forderungen der Banken, deren Kreditlinie gemäß § 1 (1) überschritten ist, und zwar gleichrangig im Verhältnis der Überschreitungen;

d) zur Tilgung der Forderungen der Banken aus zusätzlich gewährten Krediten, und zwar gleichrangig im Verhältnis der Inanspruchnahmen der zusätzlichen Kredite, soweit sie nicht aus den Verwertungserlösen der für sie gesondert bestellten Sicherheiten (§ 2 (4)) zurückgeführt sind;

e) zur Erfüllung der sonstigen Ansprüche der Banken aus der bankmäßigen Geschäftsverbindung, und zwar gleichrangig im Verhältnis der sonstigen Ansprüche;

f) ein etwa nicht mehr benötigter Erlös ist an den jeweiligen Sicherungsgeber abzuführen.

(2) Das Vorliegen einer Inanspruchnahme aus Diskont-, Aval- und Akzeptkrediten, aus eröffneten Akkreditiven und Devisentermingeschäften bestimmt sich entsprechend der Regelung in § 8 (2).

(3) Den Inanspruchnahmen gemäß § 9 (1) b) sind eventuell später entstehende Saldenerhöhungen aus Lastschriftretouren und/oder Scheckretouren hinzuzurechnen, auch soweit hierdurch die in § 1 (1) jeweils genannte Kreditlinie einer Bank überschritten wird.

(4) Steht die Höhe der zu berücksichtigenden Forderungen im Zeitpunkt der Erlösverteilung noch nicht fest, bleiben sie zunächst bei der Ermittlung des Beteiligungsverhältnisses am Verwertungserlös unberücksichtigt. Erst wenn diese Beträge endgültig feststehen, erfolgt eine abschließende Berechnung des Beteiligungsverhältnisses. Die sich hieraus eventuell ergebenden Veränderungen des auf die einzelnen Vertragsparteien entfallenden Erlöses sind — auch soweit bereits Zahlungen erfolgt sind — untereinander auszugleichen.

(5) Die Banken sind berechtigt, den vorgenannten Verteilungsschlüssel jederzeit zu ändern.

§ 10
Kosten

(1) Sämtliche Kosten und Steuern, die der Poolführerin bzw. jeder eine Sicherheit haltenden Bank aus diesem Sicherheiten-Poolvertrag, insbesondere im Zusammenhang mit der Verwaltung sowie der etwaigen Verwertung der Sicherheiten, entstehen, gehen zu Lasten der Firma.

Daneben erhält die Poolführerin von der Firma für die Wahrnehmung ihrer Aufgaben aus diesem Vertrag eine Vergütung in Höhe von DM . . . p. a.; diese Vergütung ist in monatlichen Raten im voraus zahlbar.

(2) Soweit die Kosten und Steuern von der Firma nicht bezahlt werden, tragen sie die Banken im Verhältnis der in § 1 genannten Kreditlinien; die Poolführerin ist insoweit berechtigt, sich aus etwaigen Verwertungserlösen vorab zu befriedigen.

§ 11
Unterrichtung

(1) Jede Bank ist berechtigt und auf Verlangen der anderen verpflichtet, der anderen Bank Auskunft über ihre Forderungen gegen die Firma und die Sicherheiten zu geben, soweit sie diesen Vertrag und seine Abwicklung betreffen.

(2) Die Firma und die weiteren Sicherungsgeber befreien insoweit die Banken vom Bankgeheimnis.

§ 12
Befristung und Kündigung

(1) Dieser Poolvertrag wird auf unbestimmte Zeit abgeschlossen.

(2) Jede Bank ist berechtigt, den Vertrag unter Einhaltung einer Frist von drei Monaten zum Ende eines Kalendervierteljahres zu kündigen, wobei für die Einhaltung der Frist der Zugang des Kündigungsschreibens bei der Poolführerin maßgebend ist. Kündigt die Poolführerin, so ist für die Einhaltung der Frist der Zugang des Kündigungsschreibens bei den anderen Banken maßgeblich. Maßgeblich ist dabei der jeweils früheste Zugang. Mit dem Wirksamwerden der Kündigung scheidet die betreffende Bank aus dem Pool aus. Dieser wird von den übrigen Banken fortgesetzt.

Die kündigende Bank hat im Zeitpunkt des Ausscheidens einen Anspruch auf Übertragung von Sicherheiten. Es kann jedoch nur der Anteil an Sicherheiten verlangt werden, der dem Verhältnis der Kreditlinien der ausscheidenden Bank zu den Kreditlinien der anderen Banken zur Zeit des Ausscheidens entspricht. Welche Sicherheiten zu übertragen sind, bleibt einer gemeinsamen Entscheidung der Banken vorbehalten. Der Sicherungsgeber ist verpflichtet, bei einer Sicherheitenübertragung mitzuwirken, soweit dies rechtlich erforderlich ist.

Auf Verlangen auch nur einer der Banken ist ein Saldenausgleich entsprechend § 8 durchzuführen; maßgebender Zeitpunkt ist das Ausscheiden der kündigenden Bank.

§ 13
Verpfändung von Guthaben

Die Firma verpfändet hiermit ihr jeweils auf einem Konto bei einer der Banken unterhaltenes, gegenwärtiges und zukünftiges Guthaben den übrigen Banken (= Pfandgläubigerbank). Die hiermit bestellten Pfandrechte stehen zueinander im Gleichrang, jedoch gehen sie dem AGB-Pfandrecht derjenigen Bank im Rang nach, bei der die Guthaben unterhalten werden. Die Banken nehmen diese Verpfändung an. Die Verpfändungen gelten jeweils zur Besicherung aller bestehenden, künftigen und bedingten Ansprüche, die einer Pfandgläubigerbank mit allen in- und ausländischen Geschäftsstellen aus der bankmäßigen Geschäftsverbindung sowie des vermittelten Kreditinstituts, für welches eine Pfandgläubigerbank nach diesem Vertrag handelt, gegen die Firma zustehen. Die Banken unterrichten sich hiermit gegenseitig über die zu ihren Gunsten mit diesem Vertrag bestellten Pfandrechte. Die Banken dürfen Verfügungen der Firma über die jeweils bei ihnen unterhaltenen Guthaben bis zur Pfandreife zulassen.

§ 14
Erfüllungsort, Gerichtsstand und anzuwendendes Recht

(1) Als Erfüllungsort und Gerichtsstand aller aus diesem Vertrag erwachsenden Verpflichtungen wird .... vereinbart.

(2) Dieser Vertrag unterliegt dem Recht der Bundesrepublik Deutschland.

§ 15
Änderungen und Ergänzungen des Vertrages

(1) Änderungen und Ergänzungen dieses Vertrages bedürfen zu ihrer Wirksamkeit der Schriftform. Gleiches gilt für den Verzicht auf dieses Formerfordernis. Nebenabreden sind nicht getroffen.

(2) Dieser Vertrag gilt auch für den Fall eines Wechsels der Gesellschafter oder der Änderung der Rechtsform der Firma.

§ 16
Salvatorische Klausel

Soweit sich eine der Bestimmungen oder mehrere Bestimmungen dieses Vertrages als nicht rechtswirksam oder nicht durchführbar erweisen sollten, wird die Wirksamkeit der übrigen Bestimmungen hiervon nicht berührt. Die Vertragsparteien werden etwa unwirksame oder undurchführbare Bestimmungen durch eine Regelung ersetzen, die dem wirtschaftlich Gewollten entspricht und dem Inhalt der zu ersetzenden Bestimmungen möglichst nahe kommt. Entsprechendes gilt, wenn ergänzungsbedürftige Lücken hervortreten.

Unterschriften Banken

....

Zustimmungserklärung der Firma und weiterer Sicherungsgeber:

Wir .... (Firma/Sicherungsgeber) übernehmen sämtliche uns betreffenden Verpflichtungen dieses Vertrages und stimmen ihm im übrigen zu; insbesondere auch den Regelungen in § 3 (Sicherungszweck), § 8 (Saldenausgleich), § 10 (Kosten) und § 11 (Unterrichtung).

Unterschriften Firma/Sicherungsgeber

....

Anhang

*/Anmerkungen zum Sicherheiten-Poolvertrag/Textbausteine

Zum Rubrum

Dem vorliegenden Mustervertrag liegt die Konstellation zugrunde, daß der Vertragsschluß nur zwischen den Banken erfolgt. Die Firma (Kreditnehmer) und dritte Sicherungsgeber übernehmen in einer besonderen Erklärung am Ende des Vertrages die sie betreffenden Verpflichtungen und stimmen diesem Vertrag zu. Insbesondere in Sanierungsfällen sollte der Sicherheiten-Poolvertrag allein zwischen den Banken abgeschlossen werden. Ein — wie immer auch rechtlich geartetes — Mitwirkungsrecht eines Konkursverwalters der Firma sollte im Rahmen des Sicherheiten-Poolvertrages möglichst vermieden werden.

Außerhalb von Sanierungsfällen kann der Vertrag durchaus zwischen den Banken und der kreditnehmenden Firma geschlossen werden. In diesem Fall ist das Rubrum zu erweitern. Die besondere Zustimmungserklärung betrifft nur noch dritte Sicherungsgeber. Es ist dann weiterhin darauf zu achten, daß die in § 12 enthaltene Regelung zur Kündigung des Sicherheiten-Poolvertrages um einen Absatz (3) wie folgt ergänzt wird:

„(3) Die Firma kann diesen Vertrag erst kündigen, wenn sie sämtliche Verpflichtungen aus den in § 1 genannten Krediten erfüllt hat."

Zu § 1 (4)

1. In besonderen Fällen kann es geboten sein, eine **Kreditbindung** zu vereinbaren. Ob eine solche Kreditbindung vertraglich vereinbart werden soll, ist in jedem Einzelfall geschäftspolitisch zu entscheiden. Wenn eine Kreditbindung vereinbart wird, ist einer befristeten Bindung der Vorzug zu geben:

   „Die Banken werden die Kreditlinien zunächst bis zum .... aufrechterhalten und Reduzierungen oder Streichungen nur im gegenseitigen Einvernehmen vornehmen. Diese Vereinbarung gilt nicht für außerhalb des Pools gewährte Kredite. Das Recht zur Kreditkündigung aus wichtigem Grund bleibt jeder Bank vorbehalten."

2. Sofern ausnahmsweise im Poolvertrag eine **unbefristete Kreditbindung** vereinbart wird, sollte folgende Formulierung gewählt werden:

   „Die Banken werden für die Dauer dieses Poolvertrages die Kreditlinien aufrechterhalten, Reduzierungen oder Streichungen nur im gegenseitigen Einvernehmen vornehmen. Dies gilt nicht für außerhalb des Pools gewährte Kredite. Das Recht zur Kreditkündigung aus wichtigem Grund bleibt jeder Bank vorbehalten."

Zu § 2 (2)

Hier sind die Sicherheiten dritter Sicherungsgeber unter deren Nennung aufzuführen.

Anmerkungen zum Sicherheiten-Poolvertrag/Textbausteine

Zu § 7 (2)

1. Anstelle einer Entscheidung gemäß gegenseitigem Einvernehmen kann auch eine **Mehrheitsentscheidung** über die Verwertung getroffen werden (je nach geschäftspolitischer Abstimmung). Absatz 2 Satz 1 lautet dann wie folgt:

    „Über die Frage, ob und wann Verwertungsmaßnahmen eingeleitet und/oder durchgeführt werden sollen, entscheiden die Banken mit einfacher Mehrheit, gerechnet nach den in § 1 genannten Kreditlinien, es sei denn, eine der Banken hat aus wichtigem Grund Kredite gekündigt."

2. Von dem Modell, die Verwertung aufgrund einer einvernehmlichen Entscheidung/Mehrheitsentscheidung der Banken abhängig zu machen, kann — wiederum nach geschäftspolitischen Entscheidungen — insgesamt Abstand genommen werden. Dieses bietet sich insbesondere dann an, wenn in § 1 (4) keine Kreditbindung vereinbart wird. Der „Verwertungsfall" sollte dann an eine Kreditkündigung bzw. die Einleitung eines Insolvenzverfahrens geknüpft werden. Die Formulierung lautet wie folgt:

    „Der Verwertungsfall tritt ein, wenn eine der Banken die von ihr gewährten Kredite kündigt oder ein Insolvenzverfahren über das Vermögen der Firma beantragt wird.
    Über die Einzelheiten der Verwertungsmaßnahmen entscheiden die Banken im gegenseitigen Einvernehmen.
    In eiligen Fällen entscheidet die Poolführerin bzw. jede eine Sicherheit haltende Bank nach eigenem pflichtgemäßen Ermessen. In diesem Fall wird die Poolführerin bzw. jede eine Sicherheit haltende Bank die anderen Banken über die getroffenen Maßnahmen unverzüglich unterrichten.
    Die Banken werden die in den einzelnen Sicherungsverträgen enthaltenen Verwertungsvoraussetzungen beachten."

    Zu beachten ist in diesem Fall, daß auch der Saldenausgleich anders formuliert werden muß.

Zu § 8

1. Die Regelung zum Saldenausgleich stellt zunächst die **Basisregelung** dar. Insofern erfaßt der Saldenausgleich auch

    alle Kreditlinien (Bar, Aval, Diskont etc.). Selbstverständlich kann der Saldenausgleich — je nach geschäftspolitischer Einschätzung — **auch nur auf die Barkreditlinien/Barkreditinanspruchnahmen** beschränkt werden. In Absatz 1 sind in diesem Fall die Worte „Kreditlinien/Kreditinanspruchnahmen/Kreditforderungen" durch „Barkreditlinien/Barkreditforderungen/Barkreditinanspruchnahmen" zu ersetzen.

    Ferner ist Absatz 2 wie folgt zu ändern:

    „Sofern eine Barkreditlinie als Mischlinie eingeräumt ist, gelten darauf angerechnete Forderungen aus Wechseldiskontierungen ...."

Anhang

2. Nach dem geschäftspolitischen Hintergrund kann es erforderlich sein, schon **im Rahmen des Saldenausgleichs Saldenerhöhungen aus Zinsen, Kosten, Provisionen, Lastschrift- und Scheckretouren zu berücksichtigen**. § 8 Absatz 1 kann zu diesem Zweck wie folgt ergänzt werden:

„Die bei den einzelnen Banken bestehenden Forderungen aus (Bar-)Kreditinanspruchnahmen gemäß § 1 (1) werden für die Durchführung des Saldenausgleichs nur insoweit berücksichtigt, als sie innerhalb der in § 1 (1) aufgeführten (Bar-) Kreditlinien liegen. Der diese Linien übersteigende Teil der Forderungen wird somit in den Saldenausgleich nicht einbezogen. Jedoch dürfen Zinsen, Provisionen und Kosten, die aus dem laufenden Abrechnungszeitraum, der nicht länger als drei Monate zurückliegen darf und aus den Inanspruchnahmen im Rahmen der Linien herrühren, den berücksichtigungsfähigen Forderungen zugeschlagen werden, auch wenn hierdurch die in § 1 (1) aufgeführten Linien überschritten werden. Ebenso können Belastungen aus aufzunehmenden Lastschrift- und Scheckrückgaben berücksichtigt werden."

3. Sofern die **Verwertung der gepoolten Sicherheiten von der Kreditkündigung oder der Einleitung eines Insolvenzverfahrens abhängig** gemacht wird (vgl. Anmerkung zu § 7 (2)), sollte konsequenterweise auch der Saldenausgleich geändert werden, indem dort **nicht mehr auf die Erlösverteilung, sondern auf den „Verwertungsfall"** abgestellt wird. Ohnehin ist ein Abstellen des Saldenausgleichs auf die Erlösverteilung nicht unproblematisch, da hierdurch zum Beispiel das interne Berichtswesen verkompliziert wird (ab- und zurechnen von später vorzunehmenden Ausgleichungen). Schließlich entspricht es auch weitverbreiteter Praxis, daß zunächst bei Eintritt des Verwertungsfalls unter den Banken ein **vorläufiger Saldenausgleich** durchgeführt wird. Ein **abschließender Saldenausgleich** wird vorgenommen, wenn die Forderungen der Banken aus den Kreditgewährungen (insbesondere im Hinblick auf Diskonte, Avale etc.) endgültig feststeht. In **Absatz 1** sollte der Saldenausgleich dann wie folgt formuliert werden:

„Die Banken verpflichten sich im Auftrag der Firma und auch untereinander für den Fall, daß der Verwertungsfall eintritt, ihre die Kreditlinien gemäß § 1 (1) nicht übersteigenden Kreditforderungen durch entsprechende Überträge auf einen solchen Stand zu bringen, daß für sämtliche Banken eine Kreditinanspruchnahme nach dem Verhältnis der genannten Kreditlinien entsteht. Die einzelnen Banken haben dabei eventuelle Guthaben auf nicht zweckgebundenen Konten zunächst mit ihren Kreditforderungen zu verrechnen, die sich im Rahmen der in § 1 (1) genannten Kreditlinien bewegen. Wenn derartige Verrechnungen nach Durchführung des Saldenausgleichs erfolgen, sind weitere Saldenausgleichungen vorzunehmen."

Bei der „Erlösverteilungsregelung" ist für den Fall einer nicht stattgefundenen Erlösverteilung geregelt, daß eine Erlösverteilung auf Antrag einer der Banken durchzuführen ist. Eine entsprechende Regelung kann im Falle des Abstellens auf den „Verwertungsfall" entfallen, da bei Eintritt des Verwertungsfalles unabhängig davon, ob es zu einer Erlösverteilung kommt, ein Saldenausgleich durchzuführen ist. Kommt es hingegen nicht zum Verwertungsfall, so besteht der Poolvertrag ohne Verwertung fort, d. h. ohne ein Bedürfnis nach einem Saldenausgleich, bis er gekündigt oder einvernehmlich aufgehoben wird.

Absatz 3 sollte wie folgt lauten:

„Maßgeblicher Zeitpunkt für die Berechnung des Saldenausgleichs ist das Zustandekommen eines Beschlusses über die Einleitung von Verwertungsmaßnahmen gemäß § 7 (2) bzw. Zugang der Mitteilung der Poolführerin/einer Sicherheit haltenden Bank über die Einleitung von Verwertungsmaßnahmen gemäß § 7 (2). Wenn ein solcher Beschluß nicht zustande kommt, bzw. eine Mitteilung unterbleibt, gilt als maßgeblicher Zeitpunkt der Zeitpunkt, in dem ein Antrag auf Eröffnung eines Insolvenzverfahrens gestellt wird. Sofern ein solcher Antrag nicht gestellt wird, ist von dem Zeitpunkt der Kündigung von Krediten durch eine Bank auszugehen. Dabei ist die frühere Kündigung vor der späteren maßgeblich. Unbeschadet der Regelung des § 12 (2) ist im übrigen ein erster Saldenausgleich im Zeitpunkt des Verwertungsfalles durchzuführen. Ein abschließender Saldenausgleich ist dann durchzuführen, wenn die zu berücksichtigenden Forderungen der Banken aus ihren Kreditgewährungen endgültig feststehen."

Zu § 9 (3)

In den Anmerkungen zu § 8 ist unter 2. die Möglichkeit der Berücksichtigung von Lastschrift- und Scheckretouren im Rahmen des Saldenausgleichs dargestellt. Es bietet sich an, diese Regelung insofern auch auf die Erlösverteilung zu erstrecken, indem Lastschrift- und Scheckretouren privilegiert werden. Es bietet sich dann anstelle von § 9 (3) folgender Text an:

„Den Inanspruchnahmen gemäß § 9 (1) b) sind eventuell später entstehende Saldenerhöhungen aus aufzunehmenden Lastschriftretouren und/oder Scheckretouren hinzuzurechnen, auch soweit hierdurch die in § 1 (1) jeweils genannte Kreditlinie einer Bank überschritten wird."

Zu § 12 (2)

Gemäß § 12 (1) wird der Poolvertrag auf unbestimmte Zeit abgeschlossen. Jeder Bank steht jedoch gemäß § 12 (2) ein Kündigungsrecht mit einer Frist von 3 Monaten zum Ende eines Kalendervierteljahres zu. Dieses Kündigungsrecht der Banken kann hinausgeschoben werden, indem in **§ 12 (2)** eine „erste feste Laufzeit" des Poolvertrages wie folgt vereinbart wird:

„Jede Bank ist berechtigt, den Vertrag unter Einhaltung einer Frist von 3 Monaten zum Ende eines Kalendervierteljahres zu kündigen, erstmals jedoch zum .... Für die Einhaltung der Frist ist der Zugang des Kündigungsschreibens bei der Poolführerin maßgebend ...."

Neufassung der Grundstücksverkehrsordnung

Die Grundstücksverkehrsordnung in der Fassung der Bekanntmachung vom 3. August 1992 (BGBl. I S. 1477) wird wie folgt gefaßt:

§ 1
Geltungsbereich, Genehmigungsanspruch

(1) In dem in Artikel 3 des Einigungsvertrages bezeichneten Gebiet bedürfen die in den nachfolgenden Bestimmungen bezeichneten Rechtsgeschäfte einer Grundstücksverkehrsgenehmigung. Die Genehmigung kann auch vor Abschluß der Rechtsgeschäfte erteilt werden; eine solche Genehmigung bleibt nur wirksam, wenn das im voraus genehmigte Rechtsgeschäft binnen eines Jahres nach der Ausstellung der Genehmigung abgeschlossen wird.

(2) Die Grundstücksverkehrsgenehmigung ist auf Antrag jeder der an dem genehmigungspflichtigen Rechtsgeschäft beteiligten Personen zu erteilen, wenn

1. bei dem Amt und Landesamt zur Regelung offener Vermögensfragen, in dessen Bezirk das Grundstück belegen ist, für das Grundstück in der Ausschlußfrist des § 30a des Vermögensgesetzes ein Antrag auf Rückübertragung nach § 30 Abs. 1 des Vermögensgesetzes oder eine Mitteilung über einen solchen Antrag nicht eingegangen oder ein solcher Antrag bestandskräftig abgelehnt oder zurückgenommen worden ist oder

2. der Anmelder zustimmt oder

3. die Veräußerung nach § 3c des Vermögensgesetzes erfolgt;

sie ist im übrigen zu versagen. Die Grundstücksverkehrsgenehmigung kann auch erteilt werden, wenn der Antrag nach § 30 Abs. 1 des Vermögensgesetzes offensichtlich unbegründet erscheint, insbesondere weil Restitutionsansprüche angemeldet sind, die auf Enteignungen von Vermögenswerten auf besatzungsrechtlicher oder besatzungshoheitlicher Grundlage beruhen. Stimmt der Anmelder gemäß Satz 1 Nr. 2 zu, so ist auf seinen Antrag in dem Verfahren nach dem Vermögensgesetz festzustellen, ob er ohne die Durchführung des genehmigungsbedürftigen Rechtsgeschäfts rückübertragungsberechtigt gewesen wäre.

(3) Bei der Prüfung gemäß Absatz 2 Satz 1 Nr. 1 bleiben Anträge außer Betracht, die die Feststellung eines bestimmten Grundstücks nicht erlauben, wenn der Berechtigte durch das Amt zur Regelung offener Vermögensfragen zu entsprechendem Sachvortrag aufgefordert worden ist und innerhalb der nach § 31 Abs. 1b des Vermögensgesetzes gesetzten Frist keine oder keine ausreichenden Angaben hierzu macht.

(4) Kann die Genehmigung nicht erteilt werden, so setzt die zuständige Behörde das Verfahren bis zum Eintritt der Bestandskraft der Entscheidung über den Antrag nach

§ 30 Abs. 1 des Vermögensgesetzes aus. Auf Antrag eines Beteiligten ergeht hierüber ein gesonderter Bescheid. Ein Vorgehen nach dem Investitionsvorranggesetz oder § 7 des Vermögenszuordnungsgesetzes sowie für diesen Fall getroffene Vereinbarungen der Beteiligten bleiben unberührt.

§ 2
Erfordernis der Genehmigung

(1) Einer Genehmigung bedürfen

1. die Auflassung eines Grundstücks und der schuldrechtliche Vertrag hierüber,

2. die Bestellung und Übertragung eines Erbbaurechts und der schuldrechtliche Vertrag hierüber.

Eine Genehmigung ist nicht erforderlich, wenn

1. der Rechtserwerb des Veräußerers auf Grund einer nach dem 28. September 1990 erteilten Grundstücksverkehrsgenehmigung nach diesem Gesetz auch in seiner vor dem Inkrafttreten dieses Gesetzes geltenden Fassung oder der Grundstücksverkehrsordnung oder auf Grund einer Investitionsbescheinigung, einer Entscheidung nach § 3a des Vermögensgesetzes, eines Investitionsvorrangbescheides oder nach dieser Nummer in das Grundbuch eingetragen worden ist, sofern nicht ein Vertrag nach § 3c des Vermögensgesetzes vorliegt, oder wenn das Eigentum nach einer Feststellung nach § 13 Abs. 2 des Investitionsvorranggesetzes nicht zurückzuübertragen ist oder

2. der Rechtserwerb des Veräußerers auf Grund einer Entscheidung nach § 31 Abs. 5 Satz 3 oder § 33 Abs. 3 des Vermögensgesetzes in das Grundbuch eingetragen worden ist oder

3. der Veräußerer selbst seit dem 29. Januar 1933 ununterbrochen als Eigentümer im Grundbuch eingetragen war oder zu diesem Zeitpunkt ein Dritter, von dem der Veräußerer das Eigentum im Wege der Erbfolge erlangt hat, im Grundbuch als Eigentümer eingetragen war oder

4. das Rechtsgeschäft auf die Eintragung einer Vormerkung gerichtet ist.

Satz 2 Nr. 1 bis 4 gilt für die Bestellung oder Übertragung eines Erbbaurechts entsprechend. Die Genehmigung des schuldrechtlichen Vertrages erfaßt auch das zu seiner Ausführung erforderliche dingliche Rechtsgeschäft; die Genehmigung des dinglichen Rechtsgeschäfts erfaßt auch den zugrundeliegenden schuldrechtlichen Vertrag. Wird die Genehmigung für mehrere Grundstücke beantragt, kann die Genehmigung aber nicht für alle erteilt werden, so ist die Genehmigung auf die einzelnen Grundstücke zu beschränken, für die die Voraussetzungen des § 1 Abs. 2 vorliegen, auch wenn die fraglichen Rechtsgeschäfte in einer Urkunde zusammengefaßt sind.

(2) Das Grundbuchamt darf auf Grund eines nach Absatz 1 genehmigungspflichtigen Rechtsgeschäfts eine Eintragung in das Grundbuch erst vornehmen, wenn der Geneh-

migungsbescheid vorgelegt ist. Es darf nicht mehr eintragen, wenn die zuständige Behörde mitgeteilt hat, daß gegen den Genehmigungsbescheid ein Rechtsbehelf eingelegt worden ist und dieser aufschiebende Wirkung hat. Die zuständige Behörde hat dem Grundbuchamt die Einlegung eines solchen Rechtsbehelfs sowie das Entfallen der aufschiebenden Wirkung unverzüglich mitzuteilen. Der Mitteilung durch die Behörde im Sinne dieses Absatzes steht es gleich, wenn das Grundbuchamt auf anderem Wege durch öffentliche oder öffentlich beglaubigte Urkunde Kenntnis erlangt. Ist die Genehmigung vor dem 3. Oktober 1990 erteilt worden, so kann das Grundbuchamt vor der Eintragung die Vorlage einer Bestätigung der zuständigen Behörde über die Wirksamkeit der Genehmigung verlangen, wenn Anhaltspunkte dafür gegeben sind, daß die Genehmigung infolge der Einlegung eines Rechtsbehelfs nach Satz 2 oder aus sonstigen Gründen nicht wirksam ist.

§ 3
Begriffsbestimmungen

Grundstücke im Sinne dieses Gesetzes sind auch Teile eines Grundstücks sowie Gebäude und Rechte an Gebäuden oder Gebäudeteilen, die auf Grund von Rechtsvorschriften auf besonderen Grundbuchblättern (Gebäudegrundbuchblättern) nachgewiesen werden können. Der Auflassung eines Grundstücks stehen gleich:
1. die Einräumung oder die Auflassung eines Miteigentumsanteils an einem Grundstück,
2. die Auflassung von Teil- und Wohnungseigentum an einem Grundstück.

§ 4
Inhalt der Entscheidung

(1) In der Entscheidung ist das Grundstück zu bezeichnen. Die Versagung der Genehmigung sowie die Aussetzung des Genehmigungsverfahrens sind zu begründen.

(2) Die Genehmigung kann insbesondere in den Fällen des § 1 Abs. 1 Satz 2 mit Auflagen verbunden werden, die sicherstellen, daß der Genehmigungszweck erreicht wird. Sie sind zu begründen.

(3) Die Entscheidung über den Antrag ist mit einer Rechtsbehelfsbelehrung zu versehen und allen Beteiligten, wenn sie vertreten sind, nur dem Vertreter zuzustellen.

§ 5
Rücknahme und Widerruf der Genehmigung

Für die Rücknahme und den Widerruf der Genehmigung gelten die Bestimmungen des Verwaltungsverfahrensgesetzes. Der Widerruf kann nur bis zum Ablauf eines Jahres nach Erteilung der Genehmigung erfolgen. Die Rücknahme oder der Widerruf dürfen nicht darauf gestützt werden, daß dem Amt oder Landesamt zur Regelung offener Vermögensfragen, in dessen Bezirk das Grundstück liegt, nach Erteilung der Grundstücksverkehrsgenehmigung ein Antrag nach § 30 Abs. 1 des Vermögensgesetzes bekannt wird, der vor der Entscheidung bei dieser Stelle nicht eingegangen war oder über den dort keine Mitteilung vorlag.

§ 6
Rechtsmittel

Für Streitigkeiten über die Erteilung der Grundstücksverkehrsgenehmigung oder die Aussetzung des Verfahrens nach diesem Gesetz ist der Verwaltungsrechtsweg gegeben. Die Vorschriften der Verwaltungsgerichtsordnung über das Verfahren finden auch auf schwebende Beschwerdeverfahren Anwendung. Örtlich zuständig ist das Gericht, in dessen Bezirk die Stelle, die für die Erteilung der Grundstücksverkehrsgenehmigung zuständig ist, ihren Hauptsitz hat. Eine Entscheidung nach diesem Gesetz kann nicht wegen eines Verstoßes gegen die Bestimmungen über die Zuständigkeit angefochten werden.

§ 7
Verfahren bei Aufhebung der Genehmigung

(1) Die Rücknahme, der Widerruf oder die sonstige Aufhebung einer nach § 2 erforderlichen Genehmigung stehen der Wirksamkeit des genehmigungspflichtigen Rechtsgeschäfts nicht entgegen, wenn in dessen Vollzug die Grundbuchumschreibung erfolgt ist. In diesem Fall kann nach Wirksamwerden des Rechtsgeschäfts bei der nach § 8 zuständigen Stelle die Feststellung beantragt werden, daß die Voraussetzungen des § 1 inzwischen vorliegen. Diente das genehmigungspflichtige Rechtsgeschäft einer besonderen Investition (§ 3 des Investitionsvorranggesetzes), so kann bei der Stelle, die nach dem Investitionsvorranggesetz zuständig wäre, nachträglich nach Maßgabe des Investitionsvorranggesetzes ein Investitionsvorrangbescheid beantragt werden, wenn das Fehlen der Voraussetzungen des § 1 nicht offensichtlich war. Ein eigenes Angebot des Anmelders wird in diesem Fall nur berücksichtigt und genießt den Vorzug nur, wenn das Vorhaben noch nicht im wesentlichen durchgeführt ist. § 13 Abs. 1 Satz 3 des Investitionsvorranggesetzes gilt sinngemäß.

(2) Von dem Zeitpunkt an, in dem die Aufhebung der Genehmigung bestandskräftig wird, ist der Erwerber verpflichtet, dem Verfügungsberechtigten das Grundstück, soweit es ihm noch gehört, in dem Zustand zurückzuübereignen, in dem es sich in dem genannten Zeitpunkt befindet. Der Verfügungsberechtigte ist vorbehaltlich abweichender Vereinbarungen der Parteien verpflichtet, dem Erwerber den ihm aus der Erfüllung der Verpflichtung zur Rückübertragung entstandenen Schaden zu ersetzen, es sei denn, der Erwerber durfte auf Grund der Umstände der Erteilung der Genehmigung nicht auf deren Bestand vertrauen. Die Sätze 1 und 2 gelten nicht, wenn die Feststellung gemäß Absatz 1 Satz 2 unanfechtbar erfolgt ist oder ein bestandskräftiger Investitionsvorrangbescheid gemäß Absatz 1 Satz 3 ergangen ist. Für die Dauer des Verfahrens nach Absatz 1 Satz 2 und 3 kann die Erfüllung des Anspruchs nach Satz 1 verweigert werden.

(3) Ist das Grundstück gemäß Absatz 2 Satz 1 zurückzuübereignen, kann das Eigentum an dem Grundstück oder, wenn dieses noch nicht auf den Verfügungsberechtigten

übertragen worden ist, der Anspruch auf Rückübereignung durch das Amt zur Regelung offener Vermögensfragen gemäß § 3 Abs. 1 des Vermögensgesetzes auf den Berechtigten (§ 2 Abs. 1 des Vermögensgesetzes) übertragen werden. In diesem Fall ist der Berechtigte unbeschadet des § 7 des Vermögensgesetzes verpflichtet, dem Verfügungsberechtigten den Wert zu ersetzen, den die Verwendungen des Erwerbers auf das Grundstück im Zeitpunkt der Rückübertragung haben. Als Verwendung gilt auch die Errichtung von Bauwerken und Anlagen. Der Berechtigte kann in diesem Fall auf die Übertragung des Eigentums nach dem Vermögensgesetz verzichten und stattdessen Zahlung des Erlöses oder des Verkehrswertes verlangen, den das Grundstück im Zeitpunkt der Erteilung der Genehmigung hatte. Soweit das Grundstück oder Gebäude weiterveräußert worden ist, ist der Verfügungsberechtigte verpflichtet, dem Berechtigten (§ 2 Abs. 1 des Vermögensgesetzes) den ihm hieraus entstehenden Schaden zu ersetzen.

(4) Die Absätze 1 bis 3 gelten für die Aufhebung einer Genehmigung für die Bestellung oder Übertragung eines Erbbaurechts entsprechend.

§ 8
Zuständigkeit

Für die Erteilung der Genehmigung sind die Landkreise und die kreisfreien Städte zuständig. Soweit die Treuhandanstalt oder ein Treuhandunternehmen verfügungsbefugt ist, wird die Grundstücksverkehrsgenehmigung von dem Präsidenten der Treuhandanstalt erteilt. Die Zuständigkeit des Präsidenten der Treuhandanstalt entfällt nicht dadurch, daß Anteile an Treuhandunternehmen auf Dritte übertragen werden.

§ 9
Gebühren

(1) Die Erteilung einer Genehmigung nach § 2 ist gebührenpflichtig. Gebührenschuldner ist der Antragsteller. Mehrere Gebührenschuldner haften als Gesamtschuldner.

(2) Die Gebühr ist unter Berücksichtigung des Grundstückswerts bei der Erteilung der Genehmigung festzusetzen. Die Höchstgebühr beträgt 500 Deutsche Mark. Die Landesregierungen, die durch Rechtsverordnung die Landesinnenverwaltungen ermächtigen können, werden ermächtigt, durch Rechtsverordnung einen Gebührenrahmen zu bestimmen.

(3) Landesrechtliche Regelungen über Gebührenbefreiungen bleiben unberührt.

§ 10
Verordnungsermächtigung

Das Bundesministerium der Justiz wird ermächtigt, mit Zustimmung des Bundesrates durch Rechtsverordnung ergänzende Bestimmungen über das Genehmigungsverfahren zu erlassen und die Zuständigkeiten des Präsidenten der Treuhandanstalt einer oder mehreren anderen Stellen des Bundes zu übertragen.

Allgemeine Geschäftsbedingungen

Grundregeln für die Beziehung zwischen Kunde und Bank

1. Geltungsbereich und Änderungen dieser Geschäftsbedingungen und der Sonderbedingungen für einzelne Geschäftsbeziehungen

(1) Geltungsbereich
Die Allgemeinen Geschäftsbedingungen gelten für die gesamte Geschäftsverbindung zwischen dem Kunden und den inländischen Filialen der Bank (im folgenden Bank genannt). Daneben gelten für einzelne Geschäftsbeziehungen (zum Beispiel für das Wertpapiergeschäft, für den ec-Service, für den Scheckverkehr, für den Sparverkehr) Sonderbedingungen, die Abweichungen oder Ergänzungen zu diesen Allgemeinen Geschäftsbedingungen enthalten; sie werden bei der Kontoeröffnung oder bei Erteilung eines Auftrags mit dem Kunden vereinbart. Unterhält der Kunde auch Geschäftsverbindungen zu ausländischen Filialen, sichert das Pfandrecht der Bank (Nr. 14 dieser Geschäftsbedingungen) auch die Ansprüche dieser ausländischen Filialen.

(2) Änderungen
Änderungen dieser Geschäftsbedingungen und der Sonderbedingungen werden dem Kunden schriftlich bekanntgegeben. Sie gelten als genehmigt, wenn der Kunde nicht schriftlich Widerspruch erhebt. Auf diese Folge wird ihn die Bank bei der Bekanntgabe besonders hinweisen. Der Kunde muß den Widerspruch innerhalb eines Monats nach Bekanntgabe der Änderungen an die Bank absenden.

2. Bankgeheimnis und Bankauskunft

(1) Bankgeheimnis
Die Bank ist zur Verschwiegenheit über alle kundenbezogenen Tatsachen und Wertungen verpflichtet, von denen sie Kenntnis erlangt (Bankgeheimnis). Informationen über den Kunden darf die Bank nur weitergeben, wenn gesetzliche Bestimmungen dies gebieten oder der Kunde eingewilligt hat oder die Bank zur Erteilung einer Bankauskunft befugt ist.

(2) Bankauskunft
Eine Bankauskunft enthält allgemein gehaltene Feststellungen und Bemerkungen über die wirtschaftlichen Verhältnisse des Kunden, seine Kreditwürdigkeit und Zahlungsfähigkeit; betragsmäßige Angaben über Kontostände, Spargutguthaben, Depotoder sonstige der Bank anvertraute Vermögenswerte sowie Angaben über die Höhe von Kreditinanspruchnahmen werden nicht gemacht.

(3) Voraussetzungen für die Erteilung einer Bankauskunft
Die Bank ist befugt, über juristische Personen und im Handelsregister eingetragene Kaufleute Bankauskünfte zu erteilen, sofern sich die Anfrage auf ihre geschäftliche Tätigkeit bezieht. Die Bank erteilt jedoch keine Auskünfte, wenn ihr eine anderslautende Weisung des Kunden vorliegt. Bankauskünfte über andere Personen, insbesondere über Privatkunden und Vereinigungen, erteilt die Bank nur dann, wenn diese generell oder im Einzelfall ausdrücklich zugestimmt haben. Eine Bankauskunft wird nur erteilt, wenn der Anfragende ein berechtigtes Interesse an der gewünschten Auskunft glaubhaft dargelegt hat und kein Grund zu der Annahme besteht, daß schutzwürdige Belange des Kunden der Auskunftserteilung entgegenstehen.

(4) Empfänger von Bankauskünften
Bankauskünfte erteilt die Bank nur eigenen Kunden sowie anderen Kreditinstituten für deren Zwecke oder die ihrer Kunden.

3. Haftung der Bank; Mitverschulden des Kunden

(1) Haftungsgrundsätze
Die Bank haftet bei der Erfüllung ihrer Verpflichtungen für jedes Verschulden ihrer Mitarbeiter und der Personen, die sie zur Erfüllung ihrer Verpflichtungen hinzuzieht. Soweit die Sonderbedingungen für einzelne Geschäftsbeziehungen oder sonstige Vereinbarungen etwas Abweichendes regeln, gehen diese Regelungen vor. Hat der Kunde durch ein schuldhaftes Verhalten (zum Beispiel durch Verletzung der in Nr. 11 dieser Geschäftsbedingungen aufgeführten Mitwirkungspflichten) zu der Entstehung eines Schadens beigetragen, bestimmt sich nach den Grundsätzen des Mitverschuldens, in welchem Umfang Bank und Kunde den Schaden zu tragen haben.

(2) Weitergeleitete Aufträge
Wenn ein Auftrag seinem Inhalt nach typischerweise in der Form ausgeführt wird, daß die Bank einen Dritten mit der weiteren Erledigung betraut, erfüllt die Bank den Auftrag dadurch, daß sie ihn im eigenen Namen an den Dritten weiterleitet (weitergeleiteter Auftrag). Dies betrifft zum Beispiel die Einholung von Bankauskünften bei anderen Kreditinstituten oder die Verwahrung und Verwaltung von Wertpapieren im Ausland. In diesen Fällen beschränkt sich die Haftung der Bank auf die sorgfältige Auswahl und Unterweisung des Dritten.

(3) Störung des Betriebs
Die Bank haftet nicht für Schäden, die durch höhere Gewalt, Aufruhr, Kriegs- und Naturereignisse oder durch sonstige von ihr nicht zu vertretende Vorkommnisse (zum Beispiel Streik, Aussperrung, Verkehrsstörung, Verfügungen von hoher Hand im In- oder Ausland) eintreten.

4. Grenzen der Aufrechnungsbefugnis des Kunden
Der Kunde kann gegen Forderungen der Bank nur aufrechnen, wenn seine Forderungen unbestritten oder rechtskräftig festgestellt sind.

5. Verfügungsberechtigung nach dem Tod des Kunden
Nach dem Tod des Kunden kann die Bank zur Klärung der Verfügungsberechtigung die Vorlegung eines Erbscheins, eines Testamentsvollstreckerzeugnisses oder weiterer hierfür notwendiger Unterlagen verlangen; fremdsprachige Urkunden sind auf Verlangen der Bank in deutscher Übersetzung vorzulegen. Die Bank kann auf die Vorlage eines Erbscheins oder eines Testamentsvollstreckerzeugnisses verzichten, wenn ihr eine Ausfertigung oder eine beglaubigte Abschrift der letztwilligen Verfügung (Testament, Erbvertrag) nebst zugehöriger Eröffnungsniederschrift vorgelegt wird. Die Bank darf denjenigen, der darin als Erbe oder Testamentsvollstrecker bezeichnet ist, als Berechtigten ansehen, ihn verfügen lassen und insbesondere mit befreiender Wirkung an ihn leisten. Dies gilt nicht, wenn der Bank bekannt ist, daß der dort Genannte (zum Beispiel nach Anfechtung oder wegen Nichtigkeit des Testaments) nicht verfügungsberechtigt ist, oder wenn ihr dies infolge Fahrlässigkeit nicht bekannt geworden ist.

6. Maßgebliches Recht und Gerichtstand bei kaufmännischen und öffentlich-rechtlichen Kunden

(1) Geltung deutschen Rechts
Für die Geschäftsverbindung zwischen dem Kunden und der Bank gilt deutsches Recht.

(2) Gerichtsstand für Inlandskunden
Ist der Kunde ein Kaufmann, der nicht zu den Minderkaufleuten gehört, und ist die streitige Geschäftsbeziehung dem Betriebe seines Handelsgewerbes zuzurechnen, so kann die Bank diesen Kunden an dem für die kontoführende Stelle zuständigen Gericht oder bei einem anderen zuständigen Gericht verklagen; dasselbe gilt für eine juristische Person des öffentlichen Rechts und für öffentlich-rechtliche Sondervermögen. Die Bank selbst kann von diesen Kunden nur an dem für die kontoführende Stelle zuständigen Gericht verklagt werden.

(3) Gerichtsstand für Auslandskunden
Die Gerichtsstandsvereinbarung gilt auch für Kunden, die im Ausland eine vergleichbare gewerbliche Tätigkeit ausüben, sowie für ausländische Institutionen, die mit inländischen juristischen Personen des öffentlichen Rechts oder mit einem inländischen öffentlich-rechtlichen Sondervermögen vergleichbar sind.

Kontoführung

7. Rechnungsabschlüsse bei Kontokorrentkonten (Konten in laufender Rechnung)

(1) Erteilung der Rechnungsabschlüsse
Die Bank erteilt bei einem Kontokorrentkonto, sofern nicht etwas anderes vereinbart ist, jeweils zum Ende eines Kalenderquartals einen Rechnungsabschluß; dabei werden die in diesem Zeitraum entstandenen beiderseitigen Ansprüche (einschließlich der Zinsen und Entgelte der Bank) verrechnet. Die Bank kann auf den Saldo, der sich aus der Verrechnung ergibt, nach Nr. 12 dieser Geschäftsbedingungen oder nach der mit dem Kunden anderweitig getroffenen Vereinbarung Zinsen berechnen.

(2) Frist für Einwendungen; Genehmigung durch Schweigen
Einwendungen wegen Unrichtigkeit oder Unvollständigkeit eines Rechnungsabschlusses hat der Kunde spätestens innerhalb eines Monats nach dessen Zugang zu erheben; macht er seine Einwendungen schriftlich geltend, genügt die Absendung innerhalb der Monatsfrist. Das Unterlassen rechtzeitiger Einwendungen gilt als Genehmigung. Auf diese Folge wird die Bank bei Erteilung des Rechnungsabschlusses besonders hinweisen. Der Kunde kann auch nach Fristablauf eine Berichtigung des Rechnungsabschlusses verlangen, muß dann aber beweisen, daß zu Unrecht sein Konto belastet oder eine ihm zustehende Gutschrift nicht erteilt wurde.

8. Storno- und Berichtigungsbuchungen der Bank

(1) Vor Rechnungsabschluß
Fehlerhafte Gutschriften auf Kontokorrentkonten (zum Beispiel wegen einer falschen Kontonummer) darf die Bank bis zum nächsten Rechnungsabschluß durch eine Belastungsbuchung rückgängig machen, soweit ihr ein Rückzahlungsanspruch gegen den Kunden zusteht; der Kunde kann in diesem Fall gegen die Belastungsbuchung nicht einwenden, daß er über die Gutschrift bereits verfügt hat (Stornobuchung).

(2) Nach Rechnungsabschluß
Stellt die Bank eine fehlerhafte Gutschrift erst nach einem Rechnungsabschluß fest und steht ihr ein Rückzahlungsanspruch gegen den Kunden zu, so wird sie in Höhe ihres Anspruchs sein Konto belasten (Berichtigungsbuchung). Erhebt der Kunde gegen die Berichtigungsbuchung Einwendungen, so wird die Bank den Betrag dem Konto wieder gutschreiben und ihren Rückzahlungsanspruch gesondert geltend machen.

Anhang

(3) Information des Kunden; Zinsberechnung
Über Storno- und Berichtigungsbuchungen wird die Bank den Kunden unverzüglich unterrichten. Die Buchungen nimmt die Bank hinsichtlich der Zinsberechnung rückwirkend zu dem Tag vor, an dem die fehlerhafte Buchung durchgeführt wurde.

9. Einzugsaufträge

(1) Erteilung von Vorbehaltsgutschriften bei der Einreichung
Schreibt die Bank den Gegenwert von Schecks und Lastschriften schon vor ihrer Einlösung gut, geschieht dies unter dem Vorbehalt ihrer Einlösung, und zwar auch dann, wenn diese Papiere bei der Bank selbst zahlbar sind. Reicht der Kunde andere Papiere mit dem Auftrag ein, von einem Zahlungspflichtigen einen Forderungsbetrag zu beschaffen (zum Beispiel Zinsscheine), und erteilt die Bank über den Betrag eine Gutschrift, so steht diese unter dem Vorbehalt, daß die Bank den Betrag erhält. Der Vorbehalt gilt auch dann, wenn die Papiere bei der Bank selbst zahlbar sind. Werden Schecks oder Lastschriften nicht eingelöst oder erhält die Bank den Betrag aus dem Einzugsauftrag nicht, macht die Bank die Vorbehaltsgutschrift rückgängig. Dies geschieht unabhängig davon, ob in der Zwischenzeit ein Rechnungsabschluß erteilt wurde.

(2) Einlösung von Lastschriften und vom Kunden ausgestellter Schecks
Lastschriften und Schecks sind eingelöst, wenn die Belastungsbuchung nicht spätestens am zweiten Bankarbeitstag nach ihrer Vornahme rückgängig gemacht wird. Barschecks sind bereits mit Zahlung an den Scheckvorleger eingelöst. Schecks sind auch schon dann eingelöst, wenn die Bank im Einzelfall eine Bezahltmeldung absendet. Lastschriften und Schecks, die über die Abrechnungsstelle einer Landeszentralbank vorgelegt werden, sind eingelöst, wenn sie nicht bis zu dem von der Landeszentralbank festgesetzten Zeitpunkt an die Abrechnungsstelle zurückgegeben werden.

10. Risiken bei Fremdwährungskonten und Fremdwährungsgeschäften

(1) Auftragsausführung bei Fremdwährungskonten
Fremdwährungskonten des Kunden dienen dazu, Zahlungen an den Kunden und Verfügungen des Kunden in fremder Währung bargeldlos abzuwickeln. Verfügungen über Guthaben auf Fremdwährungskonten (zum Beispiel durch Überweisungsaufträge zu Lasten des Fremdwährungsguthabens) werden unter Einschaltung von Banken im Heimatland der Währung abgewickelt, wenn sie die Bank nicht vollständig innerhalb des eigenen Hauses ausführt.

(2) Gutschriften bei Fremdwährungsgeschäften mit dem Kunden
Schließt die Bank mit dem Kunden ein Geschäft (zum Beispiel ein Devisentermingeschäft) ab, aus dem sie die Verschaffung eines Betrages in fremder Währung schuldet, wird sie ihre Fremdwährungsverbindlichkeit durch Gutschrift auf dem Konto des Kunden in dieser Währung erfüllen, sofern nicht etwas anderes vereinbart ist.

(3) Vorübergehende Beschränkung der Leistung durch die Bank
Die Verpflichtung der Bank zur Ausführung einer Verfügung zu Lasten eines Fremdwährungsguthabens (Absatz 1) oder zur Erfüllung einer Fremdwährungsverbindlichkeit (Absatz 2) ist in dem Umfang und solange ausgesetzt, wie die Bank in der Währung, auf die das Fremdwährungsguthaben oder die Verbindlichkeit lautet, wegen politisch bedingter Maßnahmen oder Ereignisse im Lande dieser Währung nicht oder nur eingeschränkt verfügen kann. In dem Umfang und solange diese Maßnahmen oder Ereignisse andauern, ist die Bank auch nicht zu einer Erfüllung an einem anderen Ort außerhalb des Landes der Währung, in einer anderen Währung (auch nicht in Deutscher Mark) oder durch Anschaffung von Bargeld verpflichtet. Die Verpflichtung der Bank zur Ausführung einer Verfügung zu Lasten eines Fremdwährungsguthabens ist dagegen nicht ausgesetzt, wenn sie die Bank vollständig im eigenen Haus ausführen kann. Das Recht des Kunden und der Bank, fällige gegenseitige Forderungen in derselben Währung miteinander zu verrechnen, bleibt von den vorstehenden Regelungen unberührt.

Mitwirkungspflichten des Kunden

11. Mitwirkungspflichten des Kunden

(1) Änderungen von Name, Anschrift oder einer gegenüber der Bank erteilten Vertretungsmacht
Zur ordnungsgemäßen Abwicklung des Geschäftsverkehrs ist es erforderlich, daß der Kunde der Bank Änderungen seines Namens und seiner Anschrift sowie das Erlöschen oder die Änderung einer gegenüber der Bank erteilten Vertretungsmacht (insbesondere einer Vollmacht) unverzüglich mitteilt. Diese Mitteilungspflicht besteht auch dann, wenn die Vertretungsmacht in ein öffentliches Register (zum Beispiel in das Handelsregister) eingetragen ist und ihr Erlöschen oder ihre Änderung in dieses Register eingetragen wird.

(2) Klarheit von Aufträgen
Aufträge jeder Art müssen ihren Inhalt zweifelsfrei erkennen lassen. Nicht eindeutig formulierte Aufträge können Rückfragen zur Folge haben, die zu Verzögerungen führen können. Vor allem hat der Kunde bei Aufträgen zur Gutschrift auf einem Konto (zum Beispiel bei Überweisungsaufträgen) auf die Richtigkeit und Vollständigkeit des Namens des Zahlungsempfängers, der angegebenen Kontonummer und der angegebenen Bankleitzahl zu achten. Änderungen, Bestätigungen oder Wiederholungen von Aufträgen müssen als solche gekennzeichnet sein.

(3) Besonderer Hinweis bei Eilbedürftigkeit der Ausführung eines Auftrags
Hält der Kunde bei der Ausführung eines Auftrags besondere Eile für nötig (zum Beispiel weil ein Überweisungsbetrag dem Empfänger zu einem bestimmten Termin gutgeschrieben sein muß), hat er dies der Bank gesondert mitzuteilen. Bei formularmäßig erteilten Aufträgen muß dies außerhalb des Formulars erfolgen.

(4) Prüfung und Einwendungen bei Mitteilungen der Bank
Der Kunde hat Kontoauszüge, Wertpapierabrechnungen, Depot- und Erträgnisaufstellungen, sonstige Abrechnungen, Anzeigen über die Ausführung von Aufträgen sowie Informationen über erwartete Zahlungen und Sendungen (Avise) auf ihre Richtigkeit und Vollständigkeit unverzüglich zu überprüfen und etwaige Einwendungen unverzüglich zu erheben.

(5) Benachrichtigung der Bank bei Ausbleiben von Mitteilungen
Falls Rechnungsabschlüsse und Depotaufstellungen dem Kunden nicht zugehen, muß er die Bank unverzüglich benachrichtigen. Die Benachrichtigungspflicht besteht auch beim Ausbleiben anderer Mitteilungen, deren Eingang der Kunde erwartet (Wertpapierabrechnungen, Kontoauszüge nach der Ausführung von Aufträgen des Kunden oder über Zahlungen, die der Kunde erwartet).

Kosten der Bankdienstleistungen

12. Zinsen, Entgelte und Auslagen

(1) Zinsen und Entgelte im Privatkundengeschäft
Die Höhe der Zinsen und Entgelte für die im Privatkundengeschäft üblichen Kredite und Leistungen ergibt sich aus dem „Preisaushang — Regelsätze im standardisierten Privatkundengeschäft" und ergänzend aus dem „Preisverzeichnis". Wenn ein Kunde einen dort aufgeführten Kredit oder eine dort aufgeführte Leistung in Anspruch nimmt und dabei keine abweichende Vereinbarung getroffen wurde, gelten die zu diesem Zeitpunkt im Preisaushang oder Preisverzeichnis angegebenen Zinsen und Entgelte. Für die darin nicht aufgeführten Leistungen, die im Auftrag des Kunden oder in dessen mutmaßlichem Interesse erbracht werden und die, nach den Umständen zu urteilen, nur gegen eine Vergütung zu erwarten sind, kann die Bank die Höhe der Entgelte nach billigem Ermessen (§ 315 des Bürgerlichen Gesetzbuches) bestimmen.

(2) Zinsen und Entgelte außerhalb des Privatkundengeschäfts
Außerhalb des Privatkundengeschäfts bestimmt die Bank, wenn keine andere Vereinbarung getroffen ist, die Höhe von Zinsen und Entgelten nach billigem Ermessen (§ 315 des Bürgerlichen Gesetzbuches).

(3) Änderung von Zinsen und Entgelten
Die Änderung der Zinsen bei Krediten mit einem veränderlichen Zinssatz erfolgt aufgrund der jeweiligen Kreditvereinbarungen mit dem Kunden. Das Entgelt für Leistungen, die vom Kunden im Rahmen der Geschäftsverbindung typischerweise dauerhaft in Anspruch genommen werden (zum Beispiel Konto- und Depotführung), kann die Bank nach billigem Ermessen (§ 315 des Bürgerlichen Gesetzbuches) ändern.

(4) Kündigungsrecht des Kunden bei Änderungen von Zinsen und Entgelten
Die Bank wird dem Kunden Änderungen von Zinsen und Entgelten nach Absatz 3 mitteilen. Bei einer Erhöhung kann der Kunde, sofern nichts anderes vereinbart ist, die davon betroffene Geschäftsbeziehung innerhalb eines Monats nach Bekanntgabe der Änderung mit sofortiger Wirkung kündigen. Kündigt der Kunde, so werden die erhöhten Zinsen und Entgelte für die gekündigte Geschäftsbeziehung nicht zugrundegelegt. Die Bank wird zur Abwicklung eine angemessene Frist einräumen.

(5) Auslagen
Der Kunde trägt alle Auslagen, die anfallen, wenn die Bank in seinem Auftrag oder seinem mutmaßlichen Interesse tätig wird (insbesondere für Ferngespräche, Porti) oder wenn Sicherheiten bestellt, verwaltet, freigegeben oder verwertet werden (insbesondere Notarkosten, Lagergelder, Kosten der Bewachung von Sicherungsgut).

(6) Besonderheiten bei Verbraucherkrediten
Bei Kreditverträgen, die nach § 4 des Verbraucherkreditgesetzes der Schriftform bedürfen, richten sich die Zinsen und die Kosten (Entgelte, Auslagen) nach den Angaben in der Vertragsurkunde. Fehlt die Angabe eines Zinssatzes, gilt der gesetzliche Zinssatz; nicht angegebene Kosten werden nicht geschuldet (§ 6 Abs. 2 des Verbraucherkreditgesetzes). Bei Überziehungskrediten nach § 5 des Verbraucherkreditgesetzes richtet sich der maßgebliche Zinssatz nach dem Preisaushang und den Informationen, die die Bank dem Kunden übermittelt.

Sicherheiten für die Ansprüche der Bank gegen den Kunden

13. Bestellung oder Verstärkung von Sicherheiten

(1) Anspruch der Bank auf Bestellung von Sicherheiten
Die Bank kann für alle Ansprüche aus der bankmäßigen Geschäftsverbindung die Bestellung bankmäßiger Sicherheiten verlangen, und zwar auch dann, wenn die Ansprüche bedingt sind (zum Beispiel Aufwendungsersatzanspruch wegen der Inanspruchnahme aus einer für den Kunden übernommenen Bürgschaft). Hat der Kunde gegenüber der Bank eine Haftung für Verbindlichkeiten eines anderen Kunden der Bank übernommen (zum Beispiel als Bürge), so besteht für die Bank ein Anspruch auf Bestellung oder Verstärkung von Sicherheiten im Hinblick auf die aus der Haftungsübernahme folgende Schuld jedoch erst ab ihrer Fälligkeit.

(2) Veränderungen des Risikos
Hat die Bank bei der Entstehung von Ansprüchen gegen den Kunden zunächst ganz oder teilweise davon abgesehen, die Bestellung oder Verstärkung von Sicherheiten zu verlangen, kann sie auch später noch eine Besicherung fordern. Voraussetzung hierfür ist jedoch, daß Umstände eintreten oder bekannt werden, die eine erhöhte Risikobewertung der Ansprüche gegen den Kunden rechtfertigen. Dies kann insbesondere der Fall sein, wenn

- sich die wirtschaftlichen Verhältnisse des Kunden nachteilig verändert haben oder sich zu verändern drohen, oder
- sich die vorhandenen Sicherheiten wertmäßig verschlechtert haben oder zu verschlechtern drohen.

Der Besicherungsanspruch der Bank besteht nicht, wenn ausdrücklich vereinbart ist, daß der Kunde keine oder ausschließlich im einzelnen benannte Sicherheiten zu bestellen hat. Bei Krediten, die unter das Verbraucherkreditgesetz fallen, besteht ein Anspruch auf die Bestellung oder Verstärkung von Sicherheiten nur, soweit die Sicherheiten im Kreditvertrag angegeben sind; wenn der Nettokreditbetrag DM 100.000,— übersteigt, besteht der Anspruch auf Bestellung oder Verstärkung auch dann, wenn der Kreditvertrag keine oder keine abschließenden Angaben über Sicherheiten enthält.

(3) Fristsetzung für die Bestellung oder Verstärkung von Sicherheiten
Für die Bestellung oder Verstärkung von Sicherheiten wird die Bank eine angemessene Frist einräumen. Beabsichtigt die Bank, von ihrem Recht zur fristlosen Kündigung nach Nr. 19 Absatz 3 dieser Geschäftsbedingungen Gebrauch zu machen, falls der Kunde seiner Verpflichtung zur Bestellung oder Verstärkung von Sicherheiten nicht fristgerecht nachkommt, wird sie ihn zuvor hierauf hinweisen.

14. Vereinbarung eines Pfandrechts zugunsten der Bank

(1) Einigung über das Pfandrecht
Der Kunde und die Bank sind sich darüber einig, daß die Bank ein Pfandrecht an den Wertpapieren und Sachen erwirbt, an denen eine inländische Filiale im bankmäßigen Geschäftsverkehr Besitz erlangt hat oder noch erlangen wird. Die Bank erwirbt ein Pfandrecht auch an den Ansprüchen, die dem Kunden gegen die Bank aus der bankmäßigen Geschäftsverbindung zustehen oder künftig zustehen werden (zum Beispiel Kontoguthaben).

Allgemeine Geschäftsbedingungen

(2) Gesicherte Ansprüche
Das Pfandrecht dient der Sicherung aller bestehenden, künftigen und bedingten Ansprüche, die der Bank mit ihren sämtlichen in- und ausländischen Filialen aus der bankmäßigen Geschäftsverbindung gegen den Kunden zustehen. Hat der Kunde gegenüber der Bank eine Haftung für Verbindlichkeiten eines anderen Kunden der Bank übernommen (zum Beispiel als Bürge), so sichert das Pfandrecht die aus der Haftungsübernahme folgende Schuld jedoch erst ab ihrer Fälligkeit.

(3) Ausnahmen vom Pfandrecht
Gelangen Gelder oder andere Werte mit der Maßgabe in die Verfügungsgewalt der Bank, daß sie nur für einen bestimmten Zweck verwendet werden dürfen (zum Beispiel Bareinzahlung zur Einlösung eines Wechsels), erstreckt sich das Pfandrecht der Bank nicht auf diese Werte. Dasselbe gilt für die von der Bank selbst ausgegebenen Aktien (eigene Aktien) und für die Wertpapiere, die die Bank im Ausland für den Kunden verwahrt. Außerdem erstreckt sich das Pfandrecht nicht auf die von der Bank selbst ausgegebenen eigenen Genußrechte/Genußscheine und nicht auf die verbrieften und nicht verbrieften nachrangigen Verbindlichkeiten der Bank.

(4) Zins- und Gewinnanteilscheine
Unterliegen dem Pfandrecht der Bank Wertpapiere, ist der Kunde nicht berechtigt, die Herausgabe der zu diesen Papieren gehörenden Zins- und Gewinnanteilscheine zu verlangen.

15. Sicherungsrechte an Einzugspapieren und diskontierten Wechseln

(1) Sicherungsübereignung
Die Bank erwirbt an den ihr zum Einzug eingereichten Schecks und Wechseln im Zeitpunkt der Einreichung Sicherungseigentum. An diskontierten Wechseln erwirbt die Bank im Zeitpunkt des Wechselankaufs uneingeschränktes Eigentum; belastet sie diskontierte Wechsel dem Konto zurück, so verbleibt ihr das Sicherungseigentum an diesen Wechseln.

(2) Sicherungsabtretung
Mit dem Erwerb des Eigentums an Schecks und Wechseln gehen auch die zugrundeliegenden Forderungen auf die Bank über; ferner findet eine Forderungsübergang statt, wenn andere Papiere zum Einzug eingereicht werden (zum Beispiel Lastschriften, kaufmännische Handelspapiere).

(3) Zweckgebundene Einzugspapiere
Werden der Bank Einzugspapiere mit der Maßgabe eingereicht, daß ihr Gegenwert nur für einen bestimmten Zweck verwendet werden darf, erstrecken sich die Sicherungsübereignung und die Sicherungsabtretung nicht auf diese Papiere.

(4) Gesicherte Ansprüche der Bank
Das Sicherungseigentum und die Sicherungsabtretung dienen der Sicherung aller Ansprüche, die der Bank gegen den Kunden bei Einreichung von Einzugspapieren aus seinem Kontokorrentkonto zustehen oder die infolge der Rückbelastung nicht eingelöster Einzugspapiere oder diskontierter Wechsel entstehen. Auf Anforderung des Kunden nimmt die Bank eine Rückübertragung der Sicherungseigentums an den Papieren und der auf sie übergegangenen Forderungen an den Kunden vor, falls ihr im Zeitpunkt der Anforderung keine zu sichernden Ansprüche gegen den Kunden zustehen oder sie ihn über den Gegenwert der Papiere vor deren endgültiger Bezahlung nicht verfügen läßt.

16. Begrenzung des Besicherungsanspruchs und Freigabeverpflichtung

(1) Deckungsgrenze
Die Bank kann ihren Anspruch auf Bestellung oder Verstärkung von Sicherheiten solange geltend machen, bis der realisierbare Wert aller Sicherheiten dem Gesamtbetrag aller Ansprüche aus der bankmäßigen Geschäftsverbindung (Deckungsgrenze) entspricht.

(2) Freigabe
Falls der realisierbare Wert aller Sicherheiten die Deckungsgrenze nicht nur vorübergehend übersteigt, hat die Bank auf Verlangen des Kunden Sicherheiten nach ihrer Wahl freizugeben, und zwar in Höhe des die Deckungsgrenze übersteigenden Betrages; sie wird bei der Auswahl der freizugebenden Sicherheiten auf die berechtigten Belange des Kunden und eines dritten Sicherungsgebers, der für die Verbindlichkeiten des Kunden Sicherheiten bestellt hat, Rücksicht nehmen. In diesem Rahmen ist die Bank auch verpflichtet, Aufträge des Kunden über die dem Pfandrecht unterliegenden Werte auszuführen (zum Beispiel Verkauf von Wertpapieren, Auszahlung von Spargutbhaben).

(3) Sondervereinbarungen
Ist für eine bestimmte Sicherheit ein anderer Bewertungsmaßstab als der realisierbare Wert, eine andere Deckungsgrenze oder eine andere Grenze für die Freigabe von Sicherheiten vereinbart, so sind diese maßgeblich.

17. Verwertung von Sicherheiten

(1) Wahlrecht der Bank
Im Falle der Verwertung hat die Bank unter mehreren Sicherheiten die Wahl. Sie wird bei der Verwertung und bei der Auswahl der zu verwertenden Sicherheiten auf die berechtigten Belange des Kunden und eines dritten Sicherungsgebers, der für die Verbindlichkeiten des Kunden Sicherheiten bestellt hat, Rücksicht nehmen.

(2) Erlösgutschrift nach dem Umsatzsteuerrecht
Wenn der Verwertungsvorgang der Umsatzsteuer unterliegt, wird die Bank dem Kunden über den Erlös eine Gutschrift erteilen, die als Rechnung für die Lieferung der als Sicherheit dienenden Sache gilt und den Voraussetzungen des Umsatzsteuerrechts entspricht.

Kündigung

18. Kündigungsrechte des Kunden

(1) Jederzeitiges Kündigungsrecht
Der Kunde kann die gesamte Geschäftsverbindung oder einzelne Geschäftsbeziehungen (zum Beispiel den Scheckvertrag), für die weder eine Laufzeit noch eine abweichende Kündigungsregelung vereinbart ist, jederzeit ohne Einhaltung einer Kündigungsfrist kündigen.

(2) Kündigung aus wichtigem Grund
Ist für eine Geschäftsbeziehung eine Laufzeit oder eine abweichende Kündigungsregelung vereinbart, kann eine fristlose Kündigung nur dann ausgesprochen werden, wenn hierfür ein wichtiger Grund vorliegt, der es dem Kunden, auch unter angemessener Berücksichtigung der berechtigten Belange der Bank, unzumutbar werden läßt, die Geschäftsbeziehung fortzusetzen.

19. Kündigungsrechte der Bank

(1) Kündigung unter Einhaltung einer Kündigungsfrist
Die Bank kann die gesamte Geschäftsverbindung oder einzelne Geschäftsbeziehungen, für die weder eine Laufzeit noch eine abweichende Kündigungsregelung vereinbart ist, jederzeit unter Einhaltung einer angemessenen Kündigungsfrist kündigen (zum Beispiel den Scheckvertrag, der zur Nutzung der Scheckkarte und von Scheckvordrucken berechtigt). Bei der Bemessung der Kündigungsfrist wird die Bank auf die berechtigten Belange des Kunden Rücksicht nehmen. Für die Kündigung der Führung von laufenden Konten und Depots beträgt die Kündigungsfrist mindestens einen Monat.

(2) Kündigung unbefristeter Kredite
Kredite und Kreditzusagen, für die weder eine Laufzeit noch eine abweichende Kündigungsregelung vereinbart ist, kann die Bank jederzeit ohne Einhaltung einer Kündigungsfrist kündigen. Die Bank wird bei der Ausübung dieses Kündigungsrechts auf die berechtigten Belange des Kunden Rücksicht nehmen.

(3) Kündigung aus wichtigem Grund ohne Einhaltung einer Kündigungsfrist
Eine fristlose Kündigung der gesamten Geschäftsverbindung oder einzelner Geschäftsbeziehungen ist zulässig, wenn ein wichtiger Grund vorliegt, der der Bank, auch unter angemessener Berücksichtigung der berechtigten Belange des Kunden, deren Fortsetzung unzumutbar werden läßt. Ein solcher Grund liegt insbesondere vor, wenn der Kunde unrichtige Angaben über seine Vermögenslage gemacht hat, die für die Entscheidung der Bank über eine Kreditgewährung oder über andere mit Risiken für die Bank verbundene Geschäfte (zum Beispiel Aushändigung der Scheckkarte) von erheblicher Bedeutung waren; oder wenn eine wesentliche Verschlechterung seiner Vermögenslage eintritt oder einzutreten droht und dadurch die Erfüllung von Verbindlichkeiten gegenüber der Bank gefährdet ist. Die Bank darf auch fristlos kündigen, wenn der Kunde seiner Verpflichtung zur Bestellung oder Verstärkung von Sicherheiten nach Nr. 13 Absatz 2 dieser Geschäftsbedingungen oder aufgrund einer sonstigen Vereinbarung nicht innerhalb der von der Bank gesetzten angemessenen Frist nachkommt.

(4) Kündigung von Verbraucherkrediten bei Verzug
Soweit das Verbraucherkreditgesetz Sonderregelungen für die Kündigung wegen Verzuges mit der Rückzahlung eines Verbraucherkredits vorsieht, kann die Bank nur nach Maßgabe dieser Regelungen kündigen.

(5) Abwicklung nach einer Kündigung
Im Falle einer Kündigung ohne Kündigungsfrist wird die Bank dem Kunden für die Abwicklung (insbesondere für die Rückzahlung eines Kredits) eine angemessene Frist einräumen, soweit nicht eine sofortige Erledigung erforderlich ist (zum Beispiel bei der Kündigung des Scheckvertrages die Rückgabe der Scheckvordrucke).

Schutz der Einlagen

20. Einlagensicherungsfonds

Die Bank ist dem Einlagensicherungsfonds des Bundesverbandes deutscher Banken e. V. (im folgenden Einlagensicherungsfonds genannt) angeschlossen. Soweit der Einlagensicherungsfonds oder ein von ihm Beauftragter Zahlungen an einen Kunden leistet, gehen dessen Forderungen gegen die Bank in entsprechender Höhe Zug um Zug auf den Einlagensicherungsfonds über. Entsprechendes gilt, wenn der Einlagensicherungsfonds die Zahlungen mangels Weisung eines Kunden auf ein Konto leistet, das zu seinen Gunsten bei einer anderen Bank eröffnet wird. Die Bank ist befugt, dem Einlagensicherungsfonds oder einem von ihm Beauftragten alle in diesem Zusammenhang erforderlichen Auskünfte zu erteilen und Unterlagen zur Verfügung zu stellen.

Stichwortverzeichnis

(Die Zahlen bezeichnen die Randnummern)

A

Abgaben 252
Ablösung 256
Ablösung der öffentlichen Grundstückslasten 256
Ablösung der Sicherheit 197, 241, 243
Ablösungsbefugnis des Sicherungsgebers 238
Ablösungsrecht 241, 242, 245
Abschlußklarheit 120
Abschrift des Protokolls 122
absolutes Verfügungsverbot 130
Absonderungsrecht 209
Abtretung siehe Sicherungsabtretung 227
Abwicklungsgesellschaft 222
AGB-Banken-Pfandrecht 185, 209, 589, 597, 618
AGB-Definition 111
AGB-Gesetz 108
Akkreditivstellung 263
Aktiengesellschaft 59
akzessorische Sicherheit 169, 189, 200
Altkredit 219
an Erfüllungs Statt 6
Änderung im Gesellschafterkreis 222
Änderung in der Person des Gläubigers 223
Androhung 267
anfängliche Übersicherung 148d
angehängte Sicherung 213
Annahme der Verzichtserklärung 233
Anordnung der Zwangsversteigerung 252
Anscheins- oder Duldungsvollmacht 57, 70
Anspruch auf ausreichende Ersatzsicherung 89
Anspruch auf das künftige Auseinandersetzungsguthaben 133
Anspruch auf Rückgewähr der Sicherheit 205
Anspruch des Kassenzahnarztes 82

Ansprüche aller anderen Geschäftsstellen 168
Ansprüche aus Lebens- und Kapitalversicherungen 319
Anteil an den einzelnen Nachlaßgegenständen 133
Anteilsverpfändung 133
Anwachsen des Sicherungswertes 282
Anwartschaftsrecht 91, 283
arglistige Täuschung 47
Arrest 273
Arrest des Konkursgerichts 130
Aufgabe des Sicherungsrechts 226, 283
Auflassungsanspruch 299
Auflassungsvormerkung 299, 303
auflösend bedingter Erwerb 102
auflösende Bedingung 23
Aufrechnungsbefugnis 272
Aufrechnungsverzicht 272
Auftragsrecht 19
Ausbietungsgarantie 257
ausdrücklicher Hinweis 112
Auseinandersetzung eines Poolvertrages 194
Auseinandersetzungsguthaben 133
Ausfallsicherheit 177, 182
Ausfertigung 122
Ausgleichsforderung des Ehegatten 133
Ausgleichspflicht 184
Ausgleichsverhältnis 177
Aushang 112
Ausländer 107, 112
Ausräumung von Beweisschwierigkeiten 193
ausreichende Bestimmtheit des zu pfändenden Gegenstandes 263
Aussaugung 151
Ausschluß der Abtretbarkeit 134
Ausschluß der Verfügungsmacht 130
Austauschpfändung 80
Ausübung des Wiederkaufsrechts 299
Auszahlung des Kredits an den Konkursverwalter 203
Avalkredit 173

917

B

bankmäßige Geschäftsverbindung 168
bankmäßige Werte 35
Bargebot 259
Barsicherheit 236, 271
Bassinvertrag 190, 191
Baugelddarlehen 263
Bauherrengesellschaft 69
Bauhypothek 315
Baureifmachung 288
Bebauungsverbot 295
Bedingung 46
befreiende Anordnung 144
Befreiungsanspruch nach § 775 BGB 218
Befriedigung 9
Befriedigung des Gläubigers 269
Befriedigungsfiktion 256
Beileihungswert 276
Beitritt zum Verfahren 254
Belastung von Wohnungseigentum 132
Belastungen 126
Belehrungspflicht des Notars 122
Beleihung 16
Beleihungsfähigkeit 301
Beleihungsgrenze 277
Beleihungswert 288
Beleihungsfähigkeit des Grundstücks 293
Bemessungsgrundlage 102
Bereicherungsanspruch 164
Berbau 295
Bergschädenverzicht 295
Beschlagnahme 78, 250, 254
Beschlagnahme des Grundstücks 252
beschränkt persönliche Dienstbarkeit 297
Beschränkte Geschäftsfähigkeit 39
Besicherung künftiger Forderungen 183
besondere Übertragung des Sicherungsrechts 228
Bestandteilszuschreibung 132
Bestätigung 228
Bestellung 27
Betreuungs- und Verwaltungsvertrag 69
Betriebsinventar 93
Betriebsvermögen 16
betrügerisches Verhalten 27
Beurkundungsvermutung 120
bewegliche Sache 80

Bewertung 148 d
Bewertung der Sachsicherheit 276
Bewertung der Sicherheit 274
Bewertung unbeweglicher Sachen 288
Bewertung von Rechten 319
Bewirtschaftungsvorschriften 131
bewußte Ungewißheit 45
Bezeichnung der Gesellschaft 222
Bezugsberechtigung 138
Bildung mehrerer Pools 193
Blankettunterschrift 124
bloße Falschbezeichnung 45
Bodenwert 289
Bonität 33
Branntwein 131
Briefwechsel 124
Brüsseler Abkommen 250
Bürgschaft
— Abgrenzung 320 a, 385, 399
— Abgrenzung zur Bürgschaft 424
— Abschlagszahlungsbürgschaft 330
— Absichtserklärung 421
— Abtretung des Befreiungsanspruchs 320 f.
— Abwicklungsverluste 423
— Änderung 351
— Anerkenntnis 365
— Anfechtbarkeit 371
— Anfechtung 344
— Anforderung 388
— Anforderungsklausel 320 h
— Anspruch auf Befreiung 399
— Anzahlungsgarantie 390
— arglistige Täuschung 343
— Aufgabe der Sicherheit 372
— Aufklärung 376
— Aufklärung des Bürgen 382 a
— Aufrechenbarkeit 371
— Aufrechterhaltung einer Beteiligung 420
— Aufwendungsersatzanspruch 320 c, 396
— Ausbietungsgarantie 396
— Ausfallbürgschaft 357
— Ausfuhrgarantie 397
— Ausgleich von Jahresfehlbeträgen 423
— Ausgleichsanspruch unter den Mitbürgen 323
— Ausgleichsbetrag 373

Stichwortverzeichnis

- Ausgleichsforderung aus dem Innenverhältnis 368
- Ausgleichsverhältnis 370
- Auskunftsvertrag 408
- Ausscheiden 367
- Ausschluß der Klagbarkeit 380
- Ausschluß des Forderungsüberganges 371
- Ausstattungsverpflichtung 430
- außergerichtlicher Vergleich 366
- außerordentliches Rücktrittsrecht 382 f.
- bankmäßige Geschäftsverbindung 349
- bedingte Bürgschaft 345
- Beendigung der Bürgschaft 368
- Befreiung von der Bürgschaft 320 d
- Belehrung über den Beginn der Widerrufsfrist 381 i
- Benachteiligung der Interessen des Bürgen 375
- Bereicherungs- oder Rückgewährungsansprüche 346
- Berichtigungsauskunft 410
- Berichtspflicht 426, 432
- Bestimmbarkeit 349
- Bestimmtheit des Umfangs 337
- Bilanzierungspflicht 426
- Bilanzvermerkpflicht 431
- Blanko-Bürgschaft 337
- Bürge auf erste Anforderung 320 a
- Bürge und Hauptschuldner 320 b
- Bürgschaft auf erstes Anfordern 320 h
- Bürgschaft auf Zeit 358
- Bürgschaft für eine zukünftige Forderung 360
- Bürgschaft in der Bilanz 320 g
- Bürgschaft nach VOB 330
- Bürgschaft ohne betragsmäßige Beschränkung 377
- Bürgschaftsurkunde 333, 368
- Depotakzept 433
- Devisengenehmigungsverfahren 403
- Drohung 343
- Ehegatten-Bürgschaften 349
- Eigenschaftsgarantie 395
- Einklagbarkeit 380
- Einkommens- und Vermögensverhältnisse des Bürgen 382
- Einrede aus Verletzung von Sorgfaltspflichten 376
- Einrede der Vorausklage 369
- einseitiges Anfordern 320 e
- Einwendungen 350
- Einwendungsausschluß 320 h
- Einwendungsverzicht 360
- entgeltlicher Geschäftsbesorgungsauftrag 320 c
- Entlassung eines Mitbürgen 373
- Erfüllungsort 320
- Ermäßigung 365
- Fehlen der Geschäftsgrundlage 378
- finanzielle Überforderung 382 d
- Forderungserlaß 366
- Forderungsübergang 399
- Form 399, 341
- Formmangel 341
- Freistellungsanspruch 320 e
- Garantie 384
- Garantiegeschäft 320 i
- Garantiestrenge 388
- Garantievertrag 424
- gentleman's agreement 406
- Gesamtschuldner 357
- Geschäftsgrundlage 377
- Gewährleistungsbürgschaft 331
- Gewährleistungsgarantie 391
- Gläubigerschutzvorschriften des Gesellschaftsrechts 422
- günstige Abreden 338
- Hauptschuld 337
- Haustürwiderrufsgesetz 382 g
- Hermes-Ausfuhrgarantie 397
- Höchstbetragsbürgschaft 349, 353
- höchstpersönliche Erklärung 389
- Inanspruchnahme aus der Bürgschaft 367
- Inhalt der Widerrufsbelehrung 382 i
- Innenausgleich 329
- Kausalität 415
- Konnossementsgarantie 392
- Kosten der Kündigung 350
- Kreditauftrag 399
- Kreditbürgschaft 347
- Kündigung 377

- Kündigung des Auftragsverhältnisses 320d
- Kündigung nur eines Gesamtschuldners 383
- Leistungsverweigerungsrecht 366
- Loyalitätserklärung 431
- Mitbürgschaft 323
- mündliche Bürgschaftsverpflichtung 340
- mündliche Nebenabreden 338
- Nachbürgschaft 321
- Nachmänner 340
- neue Verbindlichkeiten 379
- Nichtigkeit 342
- Nichtigkeit des Bürgschaftsvertrages 382c
- Obliegenheit 376
- öffentlich beglaubigtes Anerkenntnis der Schuldtilgung 368
- ordre public 376
- passives Verhalten des Gläubigers 373
- Patronatserklärung 401
- Rechnungsabschluß 354
- rechtlicher Bestand der Hauptforderung 361
- Rechtsbindungswille 413
- rechtserhebliche Erklärungen minderen Wirkungsgrades 407
- relativ wirkendes Veräußerungsverbot 420
- Reversgarantie 393
- Rückbürgschaft 322
- Rückgriffsanspruch 320c
- rückständige Zinsbeträge 355
- Schadensersatzanspruch auf Vertragsaufhebung 382e
- Schadensersatzanspruch auf positiver Vertragsverletzung 412
- Scheckkarte 394
- Schriftform 335
- Schuldmitübernahme 383
- Selbstschuldner 369
- Sicherheit 423
- Sicherung von künftigen Ansprüchen 354
- staatspolitische Gründe 361
- stillschweigender Auskunftsvertrag 407
- Streitgenossen 320b
- strukturelle Unterlegenheit 382b
- Subsidiarität der Bürgschaft 369, 372
- tatsächliche Verfügungsgewalt über die Urkunde 336
- Teilbürgschaft 323
- Tod des Bürgen 362
- Tod des Hauptschuldners 363
- Umfang einer Bürgschaft 342
- unentgeltlicher Auftrag 320c
- Unklarheiten 337
- unlimitierte Bürgschaft 349
- unverbindliche Patronatserklärungen 405
- Übergang der gesicherten Forderung 366
- Übergang der Sicherheiten 368, 370
- Verbürgungswille 335
- Verjährung von Zinsen 356
- Verlängerung der Frist 360
- Vermögensverfall 363
- Verpflichtung zur Ausstattung 424
- Verrechnung 367
- Vertrag zugunsten Dritter 332
- Vertragserfüllungsbürgschaft 330
- Vertragsübernahme 366
- Vertrauenshaftung 413
- Vertreter 339
- Verzicht 369
- Verzicht auf die Einrede der Vorausklage 338, 369
- Verzicht auf Einreden 371
- Vorauszahlungsbürgschaft 330
- Vorvertrag 338
- vorvertragliche Sorgfaltspflicht 320
- Wechselbürgschaft 340
- Wegfall der Hauptforderung 365
- Widerrufsrecht 382h
- willkürliche Freigabe 375
- Wirksamkeit der Garantie 398
- wirtschaftliche Überforderung 382d
- wirtschaftliches Interesse des Beitretenden 383
- Zahlung auf erste Anforderung 320a
- Zeitbürgschaft 358

- Zinsen eines Kontokorrentkredites 354
- Zwangsvollstreckung 368
- Zweckvereinbarung 347

Bürgschaft eines Gesellschafters 218

D

Dauernutzungsrecht 298
Dauertestamentsvollstreckung 144
Dauerwohnrecht 298
Deckungsgesamtplan 148 m
Deckungskapital 296, 297, 300
Deckungsprinzip 252
Deckungsschiffshypothek 287
Deckungsverhältnis 276, 281
Depotakzept 238
Dienstbarkeiten 294
Dienstlohn 82
dingliche Rangfolge 314
dingliche Rechte am Grundstück 391
dingliche Rechte am Schiff 286
Dissens 46
Doppelausgebot 254, 258
Doppelpfändung 263
Dritterwerber des Sicherungsrechts 208
Drittsicherungsgeber 270
Drittwiderspruchsklage (Interventionsklage) 147, 148, 190
Drohung 47
Duldung der Zwangsvollstreckung 25
Duldungstitel 249
Duldungsvollmacht 70
Durchführung des Besicherungsverfahrens 304
Durchleitungskredite 185
Durchsetzbarkeit 8

E

Ehevertrag 141
Eigentumsanwartschaftsrecht 130
Eigentumsvorbehalt 1014
- Rechnung 1021
- Absonderung 1017
- Abtretbarkeit der Forderung 1017
- Abtretungsverbot 1040
- antizipierte Besitzkonstitut 1026
- Ausschluß Eigentumsvorbehalt 1040
- Aussonderung 1017
- Begriff 1016
- Bestimmbarkeit 1035
- bösgläubiger Abnehmer 1018
- Drittwiderspruchsklage 1017
- Eigentumsanteile 1028
- Eigentumsgarantie 259
- Einbeziehungsregel 1020
- Einwendungsdurchgriff 1019
- Erlöschen des Vorbehalts 1041
- Erweiterungsformen 1023
- Kollision von Globalzessionen 1034
- Kollisionen 1029
- Kommissionär 1038
- Kontokorrent 1040
- Kontokorrentforderung 1035
- Kontokorrentvorbehalt 1022
- Konzernvorbehalt 1022, 1023
- Kundenfinanzierung 1019
- Pflicht zur Weiterleitung 1018
- Poolbildung 1039
- Rücktritt 1019
- Sale- and Lease-Back 1017
- Schweigen 1020
- unechtes Factoring 1034
- Verarbeitungsklausel 1022, 1024
- Verbindungsklausel 1030
- Vorausabtretungsklausel 1022, 1032
- Weiterleitungsklausel 1022
- Wertsteigerung 1027
- wirtschaftliche Einheit 1019
- Zwangsvollstreckung 1017

Eigentümergrundschulden 279
Eigentümerversammlung 97
Eilmittel 273
Einbeziehung der Allgemeinen Geschäftsbedingungen 112
Einbeziehungsvoraussetzung 112
Einbringlichkeit 33
eingetragene Genossenschaft 63
eingetragene Schiffe 91
eingetragener Verein 58
einheitliches Grundstück 132
Einigung über die Rückübertragung 234
Einkaufspreis 148 j
Einlagenrückgewähr 162

Einsichtnahme im Grundbuch 290
Einstellung 256
Einstellung des Verfahrens 256
einstweilige Einstellung der Zwangsvollstreckung 259
einstweilige Verfügung 273
Eintragung der Sicherungshypothek 262
Eintragung einer Sicherungshypothek 251
Eintragungsdatum 314
Eintragungszeit 314
Einverständnis 112
Einwendungen 26
Einwendungen des Sicherungsgebers 177
Einwendungserstreckung 177
Einwilligung 148b
Einzelausgebot 258
Einziehung 25
Einziehung des Sicherungsmittels 89, 267
elterliche Gewalt 53
Entgelt 30
entgeltliches Rechtsgeschäft 29
Entschädigungsanspruch 89
entschädigungslose Duldung 295
Erbbaurecht 132, 293, 295
Erbbauvertrag 293
Erbbauzins 293, 300
Erbengemeinschaft 222
Erbfall 143
Erfüllungs Statt 266
Erlaß der Forderung 179
Erlös aus der Vermietung und Verpachtung 86
Ermächtigung 128, 129
Ermächtigung des Sicherungsnehmers 43
Erpressung 49
Ersatzakzessorietät 23
Ersatzanspruch 159
Erträgnisse 85
Ertragswert 288
Erwerbsgesellschaft 222

F

Fahrzeugpark eines Speditionsgeschäfts 93
faksimilierte Unterschrift 124

Falschdatierung des Vertrages 43
Falsche Berechnung des Bargebots 259
Fehlen unbeschränkten Eigentums 126
Fensterrecht 295
fernmündlicher Abschluß 112
Feststellung des geringsten Gebots 252
Fiduziarische Sicherheit 18, 190
Fiktion 272
Finanzierung der Gesellschaft 217
Finanzierungsleistung 217
flankierende Sicherungsrechte 113
Flurbereinigung 132
Forderungen aus Abtretungen 168
Forderungen aus bankmäßiger Geschäftsverbindung 209
Forderungsauswechslung 168
Form 120
formwechselnde Umwandlung 222
Fortbestand der Gesellschaft 222
Fortbestehen der Vollmacht 71
fortgesetzte Gütergemeinschaft 133
Fortsetzungsklausel 194
Freigabe 148d
Freigabeanspruch 148f
Freigabeklausel 148a, 148g
Freigabeverpflichtung 28
Freistellungserklärung 129
freiwillige Leistung 241
Fusion 223

G

Garantie 384
Gattungsvollmacht 71
Geborene Sicherheit 4
Gebrauchsleihe 187
Gefahr des Eingangs des Kaufpreises 266
Gegenstand der Zwangsvollstreckung 80, 81
gekoppelte Sicherung 128
gekorene Sicherheit 5
Geldrente 297, 300
Geltendmachung des Rückgewähranspruchs 229
gemeine Lasten des Grundstücks 252
Genehmigung der Kreditaufnahme 54
Genehmigung des Schuldners 135
Genehmigung des Vormundschaftsgerichtes 39

Genehmigung 137
Generalklauseln 116
generelles Abtretungsverbot 134
Gerichtsvollzieher als Sequester 273
geringstes Gebot 252, 253, 255, 303, 304
Gesamtgebot 259
Gesamtgut 141
Gesamthandsvermögen 192
Gesamtnachfolge 222, 223
Gesamtrechtsnachfolge 222
Gesamtvollstreckung 971a
Gesamtschuld 184
Geschäftsgrundlage 184
Geschäftsunfähigkeit 38
Gesellschaft bürgerlichen Rechts 74
Gesellschaft mit beschränkter Haftung 61
Gesellschaft einer Personengesellschaft 133
Gesellschaftsanteil 133
Gesellschaftsvermögen 133
gesetzlicher Vertreter 52
gesicherte Forderung 1, 164
Gestehungspreis 148j
Gewerbesteuer 252
Gewerkschaft 64
gewillkürte Prozeßstandschaft 20
Gewinnanteil 133
gewöhnlicher Verkaufswert 259
Gläubigerbenachteiligungsabsicht 160
Gläubigergefährdung 154, 162
Gläubigermehrheit 191
Gleichrangrahmen 317
Globalsicherheiten 148g
Globalsicherung 168
GmbH-Anteil 136
Grunddienstbarkeit 295
Grunderwerbssteuer 102, 252, 256
Grundpfandrecht 301
Grundstückszubehör 93
guter Glaube im Konkurs 140, 142
guter Glaube an die Verfügungsbefugnis des Erben 143
guter Glaube an die Verfügungsmacht des Vorerben 145
guter Glaube des Sicherungsnehmers 318
Gütergemeinschaft 141

H

Haftung der Zusatzsicherheit 185
Handelsnamen 222
Handlungsvollmacht 71, 73
Haushaltsgegenstand 140
Hausrat 80
Heimstätte 132
Heimstättenvermerk 312
Herstellungswert 288
Hingabe erfüllungshalber 240
Hinterbliebenenbezüge 82
Hinzutritt von Kommanditisten 222
Höchstbetragssicherheit 181
höchstpersönliche Rechte 133
Höhe des Meistgebotes 255
Hypothek 725
— Abgeltungshypothek 732
— abhandengekommener Brief 766
— Ablösung Gesamthypothek 831
— Ablösungsrecht 831
— Abtretung der gesicherten Forderung 824
— Abtretung der vorläufigen Eigentümergrundschuld 822
— Abtretungserklärung 769
— Abwohnklausel 756
— Alternativhypothek 791
— Altrechte 821
— Amortisationshypothek 731
— Änderung der Zins- und Zahlungsbedingungen 733
— Änderung des Ranges 740
— Anerkenntnis 808
— Anwartschaft auf die Eigentümerhypothek 805
— Anwartschaftsrecht am Zubehör 747
— Aufgebotsverfahren 808
— Aufhebung 777
— Aufrechnungsvalutierung Darlehen 795
— Aufschrift 773
— Aufteilungsverpflichtung 738
— Ausfallhypothek 789
— Ausfüllung 769
— Ausgleichung unter mehreren Eigentümern 740
— Aushändigungsabrede 770
— ausländische Währung 726
— Baukostenzuschüsse 756
— bedingte Ausfallhypothek 789

923

- Beglaubigung 769
- Beschlagnahme 753, 755
- Beschlagnahme der Mietforderung 757
- Bestandsverzeichnis 775
- Bestandteile 752
- Beurkundungsgesetz 764
- Blankoverpfändung 769
- Briefaushändigungsvereinbarung 770
- Briefgrundschulden 763
- Briefhypothek 762, 766
- Briefrentenschulden 763
- Briefübergabe 767
- Buchhypothek 764
- Damnohypothek 794
- Dauerwohnrecht 754
- Disagiohypothek 794
- Durchgangserwerb 748
- Eigentümergrundschuld 732, 802, 805, 806, 826
- Eigentümerhypothek 806
- Einigung 764
- Einigung und Eintragung 764
- Eintragung 764, 772
- Eintragung der Umwandlung 786
- Eintragungsantrag 765, 766, 816
- Eintragungsbewilligung 777
- Einzelzugriff 751
- Einziehung 755
- Entfernung 749
- Enthaftung 744
- Entschädigung 759
- Erfordernis der Eintragung 779
- Erlöschen der Forderung 799
- Erlöschen der Gesamthypothek 800
- Erlöschen der hypothekarischen Haftung 750
- Eröffnung Konkursverfahren 799
- Erstattungsanspruch 803
- Fälligkeit 825
- Fälligkeitsgrund 825
- Fälligkeitshypothek 730
- Forderungen aus Vermietung 754
- Forderungsauswechslung 792
- Formerfordernis der Eintragung 780
- Freigabeerklärung 742

- Gebäudeversicherung 759
- Geheiß des Gläubigers 748
- Gerichtsvollzieher 753
- Gesamthandseigentum 747
- Gesamthypothek 737, 741, 800, 803, 822, 826, 837
- Gesamthypothek 741, 800, 803, 822, 826, 837
- Gesamtnachfolge 824
- getrennte Erzeugnisse 752
- Globalgrundschulden 742
- Globalhypotheken 742
- Grenzen einer ordnungsgemäßen Wirtschaft 750
- Grundbuch 773
- Grundbuchamt 767
- Grundbuchberichtigungsanspruch 798
- Grundbuchblatt 773
- Grundstück im Rechtssinn 774
- guter Glaube 746, 762
- gutgläubiger Hypothekenerwerb 762
- Haftungssumme 728
- Hindernisse/gutgläubiger Erwerb 761
- Höchstbetrag 726
- Höchstbetragshypothek 782, 783, 835
- Höchstzins 729
- Höchstzinssatz 729
- Hypothekenbrief 766
- Kapital 729
- katastermäßige Bezeichnung 774
- Konkursverwalter 749, 756
- Kontokorrentverhältnis 784
- Kosten 811
- Lastenfreistellungsverpflichtung 739
- Löschung 777
- löschungfähige Quittung 808
- Löschungsanspruch 798, 816
- Löschungsbewilligung 809, 827
- Löschungsinteresse 822
- Löschungsverpflichtung 822
- Löschungsvormerkung 814, 816, 822
- Luftfahrzeuge 762
- Mehrheit von Beteiligten 747
- Mietvorauszahlung 754
- Mitbesitz 767

- Miteigentum 747
- Miteigentumsanteil 747
- Nachverpfändung 738
- Nachweis einer Verfügungsmacht 808
- Nebenleistung 729
- Neuanschaffung 758
- Nichtentstehen der Forderung 794
- offene Eigentümergrundschuld 807
- öffentliche Glaube Grundbuch 796
- Pachtzinsforderung 755
- pfandfreie Abschreibung 829
- Pfändung 753
- Pfändungsbeschluß 805
- Realisierung 831
- Realisierung der Hypothek 837
- Reallasten 754
- Rechtsverfolgung 834
- Regreßforderung 791
- Reichsheimstättengesetz 732
- rückwirkende Zinsabtretung 729
- Scheinbestandteile 743
- Schiffshypothek 762
- schuldrechtlicher Rangrücktritt 818
- Schuldübernahme 803
- Sicherungshypothek 762, 782, 784, 834
- Sicherungsschein 760
- Subsidiarität der hypothekarischen Haftung 804
- tatsächliches Zubehör 748
- Teiltilgung 732
- Teilung 741
- teilweiser Valutierung 810
- Tilgungshypothek 731, 732, 802
- Treuhänder 767
- Umwandlung 786
- Umwandlung der Hypothek 806
- Untersicherung 735
- Unterwerfungsklausel 835
- Valutaschuld 726
- verdeckte Höchstbetragshypothek 784
- Vereinigung mehrerer Grundstücke 775
- Verfügungen 757
- Verfügungsgewalt 766, 768
- Verkauf der Forderung 831
- Verkehrshypothek 782
- Verlust der Erwerbsurkunden 769
- Versicherungsforderungen 758
- Versicherungssumme 759
- Verwertung 825
- Verzicht 826
- Verzicht auf Aufhebung 826
- Verzinsung 729
- vollstreckbare Urkunde 835
- Vorausverfügung 755
- Vorauszahlung 756
- Vorfälligkeitsentschädigung 792
- vorläufige Eigentümergrundschuld 797
- vorläufige Grundschuld 767
- Vormerkungsberechtigte 817
- Vorrangeinräumung 820
- vorübergehende Trennung 745
- Wahlrecht 740
- wertbeständige Hypotheken 727
- wertmindernde Veränderungen 744
- Widerruf 765
- Widerspruch 796
- Wiederherstellung 758
- Zeitfolge der Anträge 778
- Zinsen 785
- Zinsherabsetzung 828
- Zubehör 745, 747
- Zubehörstücke 760
- Zuschlag 780
- Zuschreibung 775, 809
- Zustimmung 826
- Zwangsversteigerung 836
- Zwangsversteigerungsverfahren 804
- Zwangsverwalter 756
- Zwangsverwaltung 807, 836
- Zwangsvollstreckung 832
- Zwischenfinanzier 815

Hypothekengewinnabgabe 255

I

Identität 172
Individualabreden 114

Individualisierung des Sicherungsmittels 105
individuelle Vertragsabrede 124
Infektionstheorie 158
Inhaber- und Orderpapiere 105
Inhaberpapiere 91, 264
Inhaberwechsel 223
Inhaltsänderung der gesicherten Schuld 179
Inhaltsklarheit 120
Inkrafttreten 119
InsO 989
Interventionsklage 147, 148
Interzession 14
Interzession (Schuldhilfe) 172
Inventarpfandrecht 287
Irrtum im Motiv oder Beweggrund 45
Irrtum über verkehrswesentliche Eigenschaften 44
isolierte Abtretung der Grundschuld 267

K

Kapitalanlagegesellschaft 130
Kapitalbindung von Gesellschafterdarlehen 217
Kapitalerhaltungsgebot 162
Kapitalerhaltungsvorschrift 162
Kapitalersetzende Darlehen 217
kapitalersetzende Leistungen 220
kaufmännisches Zurückbehaltungsrecht 209
Kirchen 56
Knebelung 148a, 155
Knebelung oder Kredittäuschung 149
Kollusion 186
Kommanditgesellschaft 67
Kommanditgesellschaft auf Aktien 60
Konfusion 14
Konkurrenzverbot 295
Konkurs 142
Konkurs des Auftraggebers 190
Konkurs des Sicherungsnehmers 272
Konkurs und Vergleich 902
— abgesonderte Befriedigung 928
— Abkommen 924
— Abschlußtatbestand 945

— Absichtsanfechtung 944, 945, 965, 987, 1000
— Absonderung 910
— Absonderungsrecht 913, 922, 924, 926, 961, 979, 1003
— Abstimmungstermin 1009
— Abtretung 914
— Abtretung einer künftigen Forderung 953, 997
— AGB Pfandrecht 902
— Anfechtung der Sicherheit im Konkurs 936
— Anfechtungsberechtigter 983
— Anfechtungsgegner 983
— Anfechtungsgesetz 936, 981
— Anfechtungsmöglichkeit 974
— Anfechtungsrecht 996
— Anfechtungszeitraum 1001
— angemessene Erwerbstätigkeit 1012
— angemessenes Arbeitsverhältnis 1012
— Anschlußkonkurs 904, 952, 974, 979
— Antrag des Schuldners 1011
— Anwartschaften 917
— Anzeige einer Verpfändung 915
— Arresthypothek 980
— Auffüllen von Sicherheiten 957
— Aufgabe der Sicherheit 936
— Aufkauf 959
— aufschiebend bedingte Sicherungen 916
— Aufsichtsorgan 996
— Aufwendungsersatz 930
— Ausbietung 922
— Ausfall 927, 979
— Ausfallforderung 924, 927
— Ausfallhaftung 924
— Ausfallqualität 910, 924, 933
— Ausschlußfrist 987
— Auswirkungen des Insolvenzplans 1008
— Bankenprivileg 1012
— Bardeckung 940, 964
— Bareinzahlung 947
— Bargeschäft 940, 943, 1002
— Bearbeitungsklausel 913
— Begünstigungsabsicht 955, 964
— benachteiligende Rechtshandlung 999

- Benachteiligungsabsicht 965, 966, 967, 987
- Benachteiligungsvorsatz 998
- Bereicherungsrecht 976
- Beschlagnahme 980
- Besondere Konkursanfechtung 946
- besonderes Angebot 922
- Beweislast 954
- Beweislastumkehr 965
- Blankokredit 903
- Bürge 908, 909
- Bürgenkonkurs 908
- Bürgschaft 904, 974
- Bürgschaftsanspruch 904
- Bürgschaftsschuld 964
- Deckungsgeschäft 959
- dinglich gesicherter Gläubiger 1003
- Doppelausgebot 922
- Dritter als Sicherungsgeber 931
- Drittschuldner 917
- drohende Zahlungsunfähigkeit 992
- Durchsetzbarkeit 979, 998
- Ehegatte 996
- Eigentumsvorbehalt 1004
- einheitliches Insolvenzverfahren 989
- Einrede 936
- Eintragung der Feststellung 905
- Eintragungsantrag 945
- Entgelt 970
- Entlastungsbeweis 998
- Entstehungstatbestand 914
- Erfolgswille 965
- Erfüllungsansprüche 914
- Erfüllungsverlangen 914
- Eröffnung des Verfahrens 1007
- Eröffnungsantrag 998
- Eröffnungsgründe 991
- Ersatzabsonderungsrecht 1003
- Ersatzaussonderung 920, 976
- Erschwerung der Zugriffsmöglichkeit 938
- Erweiterung des Absonderungsrechts 917
- Feststellungskosten 1005
- Freigabe 920, 921
- Frist 923, 1012
- Fristsetzung 923
- frühere Abtretung 1012
- Garantieausfall 904
- gemischte Schenkung 971
- Genehmigung 919
- Genehmigung des Berechtigten 917
- Genehmigung des Gläubigerausschusses 935
- gerichtliche Bestätigung 1009
- gerichtliche Geltendmachung 982
- Gesamtvollstreckungsordnung 971a, 1010
- gestaltender Teil 1009
- Gewinn 914
- Girovertrag 902
- Gläubigeranfechtung 982
- Gläubigerausschuß 919
- Gläubigerbegünstigung 968
- Gläubigerbenachteiligung 938
- Gläubigergruppen 1008
- Gläubigerverzeichnis 978
- gleichwertige Gegenleistung 939
- Gruppenbildung 1008
- Herausgabe 930
- Hingabe erfüllungshalber 930
- Inkassoscheck 948, 961
- inkongruent 956
- inkongruente Deckung 945, 957, 960, 966, 987, 998
- inkongruente Sicherung 954
- Inkongruenz 966
- Insolvenzmasse 994
- Insolvenzplan 1008
- Insolvenzrechtsordnung 989
- Irrtumsanfechtung 999
- juristische Person 996
- kausaler Saldo 936
- Kenntnis 919
- Kenntnis des Anfechtungsgegners 998
- Klage auf Bestellung der Sicherheit 902
- kongruente Deckung 998
- kongruente Sicherung 952
- kongruentes Deckungsgeschäft 965, 987
- Kongruenz 956
- Konkurs des Bürgen 964
- Konkurs des Schuldners 908
- Konkurs des Sicherungsgebers 907

- Konkurs des Sicherungsnehmers 935
- Konkursanmeldung 932
- Konkursdividende 904
- Konkurseröffnung 914
- Konkursforderung 928
- Konkursgericht 904
- Konkursgläubigergruppen 995
- Konkurstabelle 905
- Kontokorrentverhältnis 902
- Kostenbeitrag 1005
- Krise 942
- Kundenscheck 948
- Kündigung 999
- künftiges Erbrecht 1012
- langfristige Verleihung 938
- laufende Zinsen 904, 911, 979
- Liegenschaftsvollstreckung 922
- Liquidationsplan 1007
- Luftfahrzeuge 935
- Masseanspruch 920
- Masseforderung 935
- Massekosten 935
- Massenschuldforderung 919
- mittelbare Gläubigerbenachteiligung 939
- Mobiliarvollstreckung 923
- nachträgliche Anmeldung 978
- nachträgliche Genehmigung 974
- nahestehende Person 996
- natürliche Person 1011
- Negativerklärung 975
- Nutzung 1006
- objektive Gläubigerbenachteiligung 996
- objektive wirtschaftliche Gleichwertigkeit 943
- objektive Zahlungsunfähigkeit 949
- öffentliche Abgaben 935
- ordnungsmäßige Wirtschaft 919
- Personensicherheit 904, 978
- persönlich haftender Gesellschafter 996
- Pfandbefreiung 919
- Pfandrecht 978
- Pfändung von Arbeitseinkommen 1012
- Pfändungspfandrecht 904, 980
- Pool-Vereinbarung 918
- positive Kenntnis 998
- Prokurist 996
- Prüfung der Forderungen 978
- Quote im Konkurs 909
- quotenberechtigte Forderung 933
- Rechnung 923
- rechtskräftiges Urteil 905
- Rechtsnachfolger des Sicherungsnehmers 984
- Restschuldbefreiung 989, 1010, 1011, 1012
- Rückgewähr 936
- Rückgewähranspruch 915
- Rückschlagsperre 978
- Sachsicherheit 906, 912, 979
- Sanierungsaktion 943
- Sanierungsdarlehen 974
- Sanierungskonzept 966
- Sanierungsplan 1007
- Scheckeinreichung 948
- Schenkungsanfechtung 969, 971, 988
- Schuldnerberatungsstelle 1013
- Schuldnerkonkurs 910
- Selbstverwertung 923
- Sequestration 972
- Sicherheitenbestellung nach Konkurseröffnung 935
- Sicherheitenerlös 910
- Sicherheitenerlöskonto 929
- Sicherheitenpool 962
- Sicherungsabtretung 982
- Sicherungsgeber im Konkurs des Schuldners 910
- Sicherungsmaßnahmen 993
- Sicherungsübereignung 1004
- Sperrfrist 980
- Stärkung der Konkursmasse 914
- Steuer 935
- Stimmrecht 978, 979
- Streitwert 936
- Summe der Ansprüche 1009
- Termin 1009
- Titel 920
- Titelumschreibung 920
- Treuhänder 924, 935
- Umsatzsteuer 935
- unentgeltliche Leistung 1001
- Unkenntnis der Zahlungseinstellung 955
- Unterlassung einer Rechtshandlung 996
- Unternehmenssanierung 1008
- Unterscheidbarkeit 920

- Untersicherung der Bürgschaft 964
- Übergabe 915
- Überschuß 930
- Verarbeitung 920
- Veräußerungsverbot 993
- Verbraucherinsolvenzverfahren 989, 1013
- Verfahrenseröffnung 991
- Vergleichsgläubiger 978
- Vergleichsschuldner 978
- Vergleichsverfahren 977
- Verkürzung der Masse 967
- Verlängerungs- und Erweiterungsformen 1004
- Vermögensumschichtung 940
- Verpfändung 914
- Verpflichtung 902
- Verwandte 968
- Verwendungsersatzanspruch 930
- Verwertbarkeit 938
- Verwertung 920, 927
- Verwertungserlös 933, 942, 1005
- Verwertungsreife 920
- Verwertungsstopp 1004
- Verzicht 926
- vollstreckbar 925
- Vollstreckungssperre 980
- Vorausabtretung 936, 938
- Vorausabzahlung 979
- Vorausklage 908
- Vorbehaltskäufer 930
- vorläufiger Insolvenzverwalter 993
- Vormerkung 997
- vorsätzliche Benachteiligung 1000
- Vorvertrag 935, 953
- Wechselrecht 999
- Wegfall der Zahlungseinstellung 950
- Werterhöhung 959
- Wertersatz 982
- Wertersatz in Geld 936
- Wertverlust 1006
- Wirksamkeit 936
- Wohlverhaltensperiode 1010, 1012
- Zahlung des Hauptschuldners 908
- Zahlungseingang 954, 976
- Zahlungseinstellung 946, 947, 949, 964
- Zahlungsfähigkeit 908
- Zahlungsstockung 950
- Zahlungsunfähigkeit 998
- Zeitpunkt 946
- Zinsen 927
- Zinsenlauf 928
- Zubehörstücke 917
- Zwangserlaß 911
- Zwangssicherung 959
- Zwangsvergleich 950, 978
- Zwangsverkauf 923
- Zwangsversteigerung 935
- Zwangsvollstreckung 957, 978
- Zwangsvollstreckungsverfahren 922

Konkursvermerk 306
Konkursverschleppung 148a, 149
Konkursverwalter 142
Konsolidation 231
Kontokorrent 198
Kontokorrentkredit 167
Konzernklausel 191
Körperschaft 56
Korrespondenzreeder 76
Kosten 174
Kosten der Rechtsverfolgung 255
Kosten der Verarbeitung des Sicherungsguts 247
Kosten der Verwertung 247
Krankenkassenleistungen 82
Kreditaufnahme 399
Kreditauszahlungsansprüche 83
Kreditbetrug 153
Kreditgewährung gegen Briefübergabe 285
Kredithilfe 187
Kreditleihe 173
Kredittäuschung 148a, 156
Kreditwesengesetz 1
Kursverfall 267
Kündigungsfrist 178
Kündigungsklausel 194
Kündigungsrecht des Sicherungsgebers 175, 178
künstlerischer Wert 131

L

Lässigkeit des Sicherungsnehmer 43
Lastenausgleichsansprüche 82, 133

Leistung 6
Leistung erfüllungshalber 10
Leistungsverweigerungsrecht 179
limitierte Sicherheit 244
Limitierung der Sicherung 180
Lombardierung 283
Löschung 304
Löschungsvormerkung 316

M

Mangel der Fälligkeit 235
Mangel der Form 120
Mangel in der Verfügungsmacht 128
mangelnde Ernstlichkeit 43
Marge 148 d, 283
Mehrbetragssicherheit 164
Mehrere Sicherungsgeber 184
mehrfache Sicherungsübereignung 127
Mehrgebot 255
Mehrgewinn 272
Mehrheit von Sicherungsgebern 205
Meistgebot 255, 258, 259
Mentalreservation 42
Miet- und Pachtzinsforderungen 252
Mißbrauch der Vertretungsmacht 51
Miteigentum an mehreren Grundstücken 132
Miteigentumsanteile 91
Miterbe 133
Mittelbar verwertbare Sicherheit 25
Modewechsel 33
Möglichkeit zumutbarer Kenntnisnahme 112
mündelsichere Anlage 237
mündliche Nebenabrede 124

N

Nachbarrechte 295
Nacherbenvermerk 307
Nacherbschaft 145
nachgeschaltete Sicherheit 131
Nachlaß eines noch lebenden Dritten 133
Nachlaßpfleger 53
Nachlaßverwalter 143
Nachlaßverwaltervermerk 309

Nachpfandrecht 286
Nachschußpflicht 319
nachstellige Sicherung 213
nachträgliche Änderung der Tilgungsvereinbarung 270
nachträgliche Übersicherung 148 e
Nachweis des Ausfalls 182
Namensaktien 136
Negativbescheinigung der Gemeinde 299
Negativhypothek 130
Negativklausel 146
Nennwert 148 k, 230
Nichtaufrechenbarkeit 272
nichteingetragener Verein 75
Nichtgewährung des Kredits 196
Nichtvalutierungseinrede 186
Nießbrauch 133, 286, 296
Nötigung 48
Nutzungen 85, 266
Nutzungsrechte 15

O

objektive Bezugsgröße 148 h
Obligation 125
obligatorischer Eigentumsvorbehalt 130
offene Handelsgesellschaft 66, 222
Offenlegung 1
öffentliche Beglaubigung 123
öffentliche Bekanntmachung 267
öffentliche Beurkundung 122
öffentliche Grundstückslasten 252
öffentliche Lasten 292
öffentliche Versteigerung 267
öffentlicher Glaube 290
öffentliches Register 71
Orderpapiere 264
Organkredite 217

P

Patent 266
Patronatserklärung 401
Personalsicherheiten 1480
Personenidentität 171
Personensicherheit 14, 78

Personenverbände 56
Personenvereinigung 56
Personenwechsel 221
Persönlicher Anwendungsbereich 117
Pfändbarkeit 80
Pfandbriefe 287
Pfandrecht an eigenen Aktien 59
Pfandrecht an Rechten 438
— Abfindungserlös 581
— Ablösung des Pfandrechts 607
— Abtretung des Herausgabe-
  anspruches 594
— abweichende Vereinbarungen 605
— AGB-Pfandrecht 589, 597, 618
— Aktien ausländischer Emittenten
  582
— Alleinbesitz 592
— anderweitige Kenntnisnahme
  596
— Anteilscheine 582
— Anzeige 582
— Anzeige der Verpfändung 592,
  596
— Aufgabe von Sicherheiten 604
— Aufhebung 604
— Aufwendungen 603
— Auseinandersetzung des
  Nachlasses 604
— Auseinandersetzungsguthaben
  582, 597
— Auseinandersetzungsguthaben
  596
— ausländische Wertpapiere 589
— Bankguthaben 575
— bankmäßige Weise 618
— Befriedigung des Pfandgläubi-
  gers 612
— Berichtigungsaktien 580
— bestimmter Zweck 618
— Beteiligung 617
— Bezugsrecht 570
— Börsenumsatzsteuer 571
— Brief 594
— Briefhypothek 595
— Bundesschuldbuchforderung 579
— Bürgschaft 618
— Depotbank 592
— depotrechtlich geschützte Wert-
  papiere 596a
— Diskontierung 609
— Dispositionsbefugnis 588
— Drittsammelverwahrung 592

— eigene Aktien der Bank 589
— eigene Genußrechte 618
— eigennützige Treuhand 618
— Eigentümergrundschuld 610
— Einkaufskommission 589
— Eintragung in ein Register 582
— Eintragungsbewilligung 593
— Eintritt der Pfandreife 600
— Einziehung 906, 610
— Einziehung des Auseinander-
  setzungsguthabens 616
— Einziehung des verpfändeten
  Anspruches 610
— Einziehungsrecht 610
— Entstehung 598
— Erbanteile 596
— Erbengemeinschaft 604
— Erbteil 604
— Ermächtigung 596a
— Ermäßigung 598
— Erneuerungsscheine 588
— Ersatzpfandrecht 615
— Erwerb des Sicherungseigentums
  618
— Gemeinschaftsdepot mit
  gemeinsamer Verfügungsbe-
  rechtigung 590
— Gemeinschaftsdepot 590
— Genossenschaft 581
— Geschäftsanteil 596, 597
— geschlossene Fonds 582
— geschlossene Immobilien-
  fonds 582
— gesicherte Forderung 598
— Gewinnanspruch 581, 582
— Gewinnanteilscheine 579
— Giroverwahrung 591
— Grund- oder Rentenschuld 605
— Grundbesitzbrief 582
— Grundbuchamt 595
— grüner Wertpapierscheck 592
— guter Glaube des Erstehers 609
— gutgläubiger Erwerb 665a
— gutgläubiger Erwerb 596a
— Haussammelverwahrung 591
— Herausgabeanspruch gegen
  einen Dritten 587
— Herausgabeansprüche 589
— Immobilienfonds 582
— Indossament 589
— Inhaberpapier 587
— Inkassoauftrag 618

931

- Inpfandnahme eigener Werte 618
- Investmentzertifikate 582
- irreguläre Verpfändung 592
- Kapitalanlagegesellschaften 582
- Kautionsdepot 569
- Kosten der Kündigung 598
- Kosten der Pfandverwertung 598
- Kuxschein 585
- Kündigung 605
- Kündigung der Gesellschaft 582
- Kündigung der Mitgliedschaft 616
- Lebensversicherungsanspruch 616
- Lieferungsanspruch 582
- Liquidationserlös 581
- lombardfähig 591
- Lombardierung von Wertpapieren 592
- Mitbesitz am Sammelbestand 592
- Mitgliedschaft in einer oHG 581
- Mitgliedschaftsrechte 596
- mündelsicher 600
- Nachlaßbestandteil 604
- Nachpfandgläubiger 609
- nachrangige Verbindlichkeiten der Bank 618
- Namensaktien 589
- Nichtbestehen der gesicherten Forderung 610
- notarielle Beglaubigung 585
- Nutzungen des verpfändeten Rechts 601
- offenes Pfandindossament 589
- offene Treuhandkonten 618
- öffentliche Bekanntmachung 609
- öffentliche Versteigerung 609
- Orderdepot 590
- Orderpapier 587, 589
- Pfandklausel 595
- Pfandrecht an eigener Schuld 575, 596, 597
- Privatverkauf 609
- Rentenanteilscheine 579
- Rückgewährsanspruch 610
- Sammelbestandteile 579
- Sammeldepotanteile 592
- Sammelverwahrung 591
- Schiffsparten 585
- Schriftform 582
- Schuldbuchforderungen 579
- Sperre eines Guthabens 569
- stille Gesellschaft 581
- Stimmrecht 604, 570
- Streifband-Depot 591
- Stückeverzeichnis 589
- Surrogat-Hypothek 611
- Teil einer Forderung 577
- Treuhandkommanditisten 582
- Umdeutung 585
- unregelmäßiges Nutzungspfandrecht 569
- Unwiderruflichkeit 593
- Übergang der gesicherten Schuld 599
- verdecktes Pfandindossament 589
- Verkauf aus freier Hand 609
- verpfändete Eigentümergrundschuld 614
- verpfändete Schuldbuchforderung 613
- Verpfändung börsengängiger Wertpapiere 591
- Verpfändung eines Erbanteils 614
- Verpfändung eines gebuchten Rechtes 593
- Verpfändung von Anteilen an Kapitalgesellschaften 570
- Verpfändung von Anteilen an Personengesellschaften 571
- Verpfändung von depotrechtlich geschützten Wertpapieren 602
- Verpfändung von Forderungen 596
- Verpfändung von gebuchten Rechten 585
- Verpfändung von Geldforderungen 612
- Verpfändung von Rechten 596
- Verpfändung von Wertpapieren 589
- Verpfändungsvoraussetzungen 592
- Verschaffung des Briefbesitzes 594
- Versicherungsansprüche 596
- Verwahrungsvertrag 587
- Verwertung 607
- Verwertung eines verpfändeten Wechsels 617

- Verwertung von Gesellschaftsrechten 608
- Verwertungserlös 617
- Verwertungsort 609
- vinkulierte Mitgliedschaftsrechte 609
- vorübergehende Verwahrung 618
- Wechseldiskonto 618
- Wegfall der gesicherten Forderung 598
- weiter Sicherungszweck 618
- Wertpapierrechnung 575
- Wert zum Pfande 589
- Wert zur Sicherheit 589
- Wertminderung durch Kursrückgang 601
- Wertpapiersammelbank 592
- Zins- und Gewinnanteilscheine 587
- Zinsanteilscheine 579
- Zinsen 578
- Zinserneuerungsschein 579
- Zusatzaktien 580
- Zustimmung 582
- Zustimmung des Geschäftsinhabers 581
- Zustimmung des Pfandgläubigers 604
- Zwangsvollstreckung 608
- Zweckbestimmung 598
- Zwischenverpfänder 596a
- Zwischenverwahrerin 592

Pfandrecht an Sachen
- Ablösung der Schiffshypothek 482
- Androhung 484
- Anzeigepflicht 480
- Ausschluß des Überganges 475
- Barkaution 442
- Barzahlung 484
- Bodmerei 466
- Bruchteil 462
- drohender Verderb Pfand 480
- Einigung 455
- Einrede des persönlichen Schuldners 481
- Eintragungsbewilligung 456, 465
- Entschädigung 453
- Ermäßigung der gesicherten Forderung 472
- Fälligkeit 476, 481
- Faustpfand 457
- Flugzeughypothek 467
- Forderungsauswechslung 469
- freihändiger Verkauf 483
- Gesamtpfandrecht 448
- Gold- oder Silbersachen 483
- gute Glaube 484
- Herausgabe 483
- Höchstbetragsschiffshypothek 469
- Hypothekenerneuerungsrecht 473
- Inventar eines landwirtschaftlichen Pächters 468
- Inventarpfandrecht 446
- Neubestellung 456
- nicht registrierte Schiffe 463
- Nutzpfand 476
- Nutzungspfand 447
- öffentliche Versteigerung 483
- Pächterinventar 468
- Pachtkreditausschuß 468
- Pfandrecht an barem Geld 482
- Pfandrecht an eigener Sache 473
- Pfandreife 479
- Privatverkauf 483
- qualifizierter Mitbesitz 459
- Registerpfandrecht 439
- Registerpfandrecht an einem Luftfahrzeug 445
- Registerpfandrecht an Luftfahrzeugen 470
- Registerpfandrecht Ersatzteile von Luftfahrzeugen 467
- Rückgabe der Pfandsache 481
- Schiffsbauregister 444
- Schiffsbauwerk 439
- Schiffsbrief 465
- Schiffshypothek 439, 463, 478, 481
- Schiffsregister 463
- Schiffsregisterordnung 464
- Schiffszertifikat 465
- Schrankfach 460
- Schrankfachinhalt 460
- Schwimmdock 439
- Sperrung Sparguthaben 443
- Traditionspapier 458
- Übergang der gesicherten Schuld 474
- Verarbeitung 453
- Verbindung 453
- Vermischung 453

— Versicherung 480
— Verwahrstück 461
— Verwertung 481
— Verwertungsfolgen 487
— Verwirkungsklausel 487
— vorzeitige Verwertung 477
— Währungsgesetz 466
— Warenlombardgeschäft 459
— Zuschlag 483
— Zwangsvollstreckung **485**
Pfändung 138, 147, 215, 263
Pfändung des Rückübereignungs-
   anspruches 263
Pfändung eines Rechts 82
Pfändung von Ansprüchen aus einem
   Kontokorrentkonto 263
Pfändung von Kaufpreisansprüchen 263
Pfandvermerk bei verpfändetem
   Erbanteil 311
Pfleger 53
Pflichtteilsanspruch 82, 133
politische Parteien 75
polizeiliche Beglaubigung 123
Poolführer 192
Poolvertrag 192
Positiverklärung 27
Postscheckguthaben 133
Priorität 127
Prokura 72
Prüfung des rechtlichen Bestandes 33

R

Rang der Sicherheit 200
Rangänderung 316
Rangfolge 287
Rangordnung 313
Rangordnung unter mehreren
   Belastungen 278
Rangstellen 314
Rangvermerk 315
Rangvorbehalt 287, 317
realisierbarer Sicherungswert 281
realisierbarer Wert 283
Realisierung 246, 276
Reallast 291, 300
Realwert 288
Rechte 82, 104
rechtliches Risiko 44

Rechtsmängel 31
Rechtsnachfolge 231
Rechtsnachfolge im Eigentum 185
Reederei 76
Refinanzierungsinstitut 227
Regeln einer ordnungsmäßigen
   Wirtschaft 132
Registerpfandrecht 286
registrierte Luftfahrzeuge 91
Regreßpflicht des Schuldners 174
Reichssiedlungsgesetz 299
Reihenfolge der Eintragungen 314
Reihenfolge der Eintragungsdaten 287
relatives Verfügungsverbot 130, 305
Religionsgesellschaften 56
Rentenschuld 291
Restforderung 272
Revalutierung der Sicherheit 170
Ruhegelder 82
Rückabtretung 234
Rückgewähr 234
Rückgewähr der Sicherheit 232
Rückgewähranspruch 22, 34, 208, 210
Rückgewähranspruch mit abgeändertem
   Leistungsinhalt 272
Rückgewährschuld 208
Rückgriffsrecht 174
Rückkaufsrecht 299
Rückkaufswert 319
Rückstände wiederkehrender
   Leistungen 252, 255
rückständige öffentliche Lasten 255

S

Sachen 80, 81
Sachsicherheit 12, 15
Sachwert 288
Saldenausgleichsverpflichtung 192
Saldoausgleich 192
Sanierungsabsicht 217
Schätzurkunde 266
Scheinbestandteil 101, 102
Scheingeschäft 43
Schenkung 174
Schenkungsversprechen 133
Scherz 42
Schiffshypothek 286
Schlüsselgewalt 55, 141

Schmelzwert 276
Schornsteinhypothek 289
Schriftform 124
Schuldhilfe 172
Schuldnerwechsel 223
schuldrechtlicher Anspruch auf
 Abtretung 245
Schuldscheindarlehensgeschäft 190, 229
Schuldübernahme 224, 226
Schuldverschreibungen 287
Selbstbefriedigungsrecht 270
Selbsteintritt 266
Sequester 216
Sicherheit auf Zeit 183
Sicherheitenabgrenzungsverträge 193
Sicherheitenerlöskonto 244, 271
Sicherheitenkontrolle 32
Sicherheitsleistung 229
Sicherstellung der Kontokorrentschuld 198
Sicherstellung einer fremden Schuld 29
Sicherungsabtretung 619
— Ablösung 719
— Absonderungsrecht 638
— Abtretbarkeit künftiger Forderungen 628
— Abtretung an Erfüllungs Statt 622
— Abtretung der Ansprüche auf Auskunft und Herausgabe 699
— Abtretung der Grundschuld 685
— Abtretung der Postspareinlage 672
— Abtretung der Rechte aus einem Bausparvertrag 634
— Abtretung der vorläufigen Eigentümergrundschuld 685
— Abtretung des Arbeitslohnes 650
— Abtretung einer Eigentümerbriefgrundschuld 681
— Abtretung eines Bankguthabens 629
— Abtretung erfüllungshalber 623
— Abtretung von Rentenversicherungsansprüchen 661
— Abtretungsbestätigung 691
— Abtretungsverbot in Einkaufsbedingungen 661
— Anerkenntnis 663
— anfechtbare Rechtshandlung 688
— antizipiertes Besitzkonstitut 630
— Anwartschaft 685

— Anzeige 704
— Anzeige der Abtretung 686
— Auflassungsanspruch 672
— Aufrechnung 663
— Auseinandersetzungsguthaben 639
— Ausfuhrkreditversicherung 633
— Auszahlungsanspruch bei Bankguthaben 634
— Bankkaufmann 666
— Beamtengehälter 690
— Benachrichtigungspflicht nach § 26 BDSG 686
— bestätigte Zession 692
— Bestätigung 663
— Bestimmbarkeit 643
— Briefgrundpfandrecht 674
— Briefhypothek 684
— Datenschutzgesetz 699
— Datenverarbeitungsanlage 699
— depotrechtlich geschützte unverschlossene Wertpapiere 678
— depotrechtlich geschützte Wertpapiere 668
— dingliche Verzichtsklausel 703
— Diskontierung von Buchforderungen 636
— Dokumenteninkassoverfahren 679
— Doppelabtretung 657
— Drei-Jahres-Frist 632
— Drittwiderspruchsklage 638
— EDV-Anlage 699
— Einigung 704
— Einrede der mangelnden Fälligkeit 663
— Einrede des nicht erfüllten Vertrages 628
— Einreichung von Einzugspapieren 670
— Eintragung der Teilabtretung 685
— Einwendungen 663, 717
— Einwendungen des Drittschuldners 688
— Einwendungen des Drittschuldners 691
— Einziehung 711, 714, 721
— Einziehungsermächtigung 625
— Einziehungsermächtigung 688
— Einziehungsrecht des Zessionars 687

935

- Einzugspapiere 670
- Erbanteil 672
- erstrangiger Teil 653
- Erwerb des Wechsels 663
- Export-Geschäft 679
- Fälligkeit 721
- Fehlen des Rechtsgrundes 654
- Forderungen 627
- Forderungsankauf 625
- Forderungskauf 625
- Forderungsrücktritt 724
- Form 671
- Freigabe 661
- Frist 689
- Garantiefunktion 708
- Gebuchte Rechte 680
- gebuchtes Recht 663
- Gefälligkeitsakzept 663
- Gehaltsabtretung 645
- Genehmigung des Berechtigten 681
- Gesicherte Forderung 709
- gewillkürte Prozeßstandschaft 722
- Globalzession 693
- Globalzession 698
- GmbH-Anteil 639
- Grundgeschäft 663
- Grundpfandrechte 637
- guter Glaube 663
- guter Glaube an die Lastenfreiheit 665
- guter Glaube des Sicherungsnehmers 664
- Hindernisse für die Sicherungsabtretung 656
- Hypothekenbank 685
- Individualisierung 643
- Individualisierung 699
- Indossierung 663, 708
- Indossierung eines Wechsels 635
- Inhaberpapiere 666, 707
- Inkassozession 620
- Inlands-delkredere-Versicherung 633
- irreguläre Verpfändung 678
- Kapitallebensversicherungen 632
- kausaler Schuldsaldo 634
- Kenntnis der Sicherungsfunktion 663
- Kleinlebensversicherungen 631

- Knebelung 700
- Kommissionsforderungen 630
- Konkursabwendung 724
- Kontokorrentabrede 635
- Kredittäuschung 700
- Kreditversicherung 633
- Kux 674
- Kündigung 721
- Kündigung der Mitgliedschaft 721
- künftige Fälligkeiten 647
- künftige Veräußerung 652
- Lebensversicherung 631, 635
- Lebensversicherungen von Handwerkern 631
- letztrangiger Teil 653
- Lieferungsanspruch aus einem Kaufvertrag 630
- Limitierung der Haftung 709
- Listen über Drittschuldner und offene Posten 699
- mangelnde Rechtsinhaberschaft 658
- Mantelzession 693
- Mitgliedschaftsrecht 639
- Nachschüsse 639
- Nichtvalutierung 664
- notarielle Beglaubigung 673
- notarielle Beurkundung 671
- offene Zession 690, 715
- offenes Vollmachtindossament 708
- Offenlegung 689
- Offenlegung der Zession 699
- Orderpapiere 667, 708
- partiarische Darlehen 641
- Personengesellschaft 640
- Präventionsprinzip 701
- Priorität 658
- Prioritätsprinzip 701
- qualifiziertes Legitimationspapier 705
- Rangfolge 665
- Rechnungsperiode 634
- Rechte als Sicherungsmittel 663
- Rechtsgrund 644
- Rechtsnachfolger 664
- Rechtsstellung des Sicherungsgebers 620
- Rektapapiere 706
- relatives Abtretungsverbot 662
- Rentenansprüche 661

Stichwortverzeichnis

- Reportgeschäft 676
- Rücksicht auf die Interessen des Zedenten 699
- Rückübertragung 723
- Sammeldepotanteil 677
- Scheingeschäft 687
- Schiffsparten 673
- schuldrechtliche Teilverzichtsklausel 702
- Sicherstellungsvertrag 669
- Sicherungscharakter des Grundpfandrechts 664
- Sicherungsübereignung der nach Vereinbarung markierten 699
- Sicherungszweckerklärung 632
- Sittenwidrigkeit 701
- Sittenwidrigkeit 700
- Stammbrief 685
- Stammforderung 650
- Steueränderungsgesetz 632
- Steuererstattungsansprüche 642
- Steuerschädlichkeit 632
- stille Beteiligungen 641
- stille Zession 686, 714
- Streifbanddepot 677
- Tauglichkeit 663
- Teilablösungen 685
- Teilabtretung 650
- Teilabtretung von Lohnforderungen 650
- Teilbrief 685
- Teilgrundschuldbriefe 685
- Teilvaluitierung 684
- Transportfunktion 708
- Umschuldungen 685
- Urkunde 676, 716
- Überdeckung 648
- Übergabe des Versicherungsscheins 632
- übermäßige Sicherung 655
- Übertragbarkeit 627
- Übertragung von Einzugspapieren nach AGB/Banken 670
- Übertragung von Gesellschaftsanteilen 638
- Verjährungsunterbrechung 688
- Verkoppelung des Umfangs 651
- Verpflichtungsklausel 702
- verschlechterndes Rechtsgeschäft 687
- Versicherungsansprüche 631

- Vertrauensschaden 691
- Verwertung 719
- Verzicht 663
- Vorbelastungen 665
- vorläufige Eigentümergrundschuld 684
- Vorrangseinräumung 665
- Wechsel und Scheck 663
- Wechseldiskontgeschäft 676
- Wegfall der Steuervergünstigungen 632
- Werkvertrag 628
- Zahlstelle 658
- Zession der Mieterträge 649
- Zessionsbestätigung 692
- ziffernmäßige Höhe 646
- Zinsen 629
- Zinsrückstände 629
- Zweitzession 658
- Zweitzessionar 658
- Zwischenkreditgeber 685

Sicherstellungsvertrag 106
Sicherungscharakter 186
Sicherungseigentum 488
- Abfuhrerlaubnis 495
- abgegrenztes Warenlager 520
- abhanden gekommene Sachen 529
- Abladehafen 522
- Ablösungsverfahren 490
- Absatzfinanzierung 557
- Absonderungsrecht 490, 539
- Abtretung der Grundschuld 267
- Abtretung der Herausgabe 500
- Abtretung des Gesellschaftsanteils 133
- Abtretung Herausgabeanspruch 286, 501
- Abtretung Eigentumsvorbehalt 557
- Abtretung künftiger Herausgabeanspruch 556
- Abtretung von Gesellschafterdarlehen 133
- Abtretung von Schmerzensgeldansprüchen 133
- Abtretungserklärung 234
- Akkreditiv 523
- anderweitige Informationsmöglichkeit 522
- angehängter Sicherungszessionar 558

937

- Anschlußzession 522, 523, 540
- Anspruch auf Herausgabe der Sache 498
- Anteil Sicherungnehmer 545
- antizipierte Einigung 556
- antizipiertes Besitzkonstitut 498, 554
- Anwartschaftsrecht 502, 531, 532
- Anweisung 502
- Anzeige 502
- Anzeige der Sicherheitsbestellung 501
- Bereithaltungsgrenze 518
- Besitzkonstitut 499, 553
- Besitzmittelverhältnis 501
- Besitzmittlungsverhältnis 495, 498, 554
- Besitzübertragung 495
- Besitzverschaffung 494
- Besitzvorbehalt 499
- Bestandteil Vertrag 514
- Beweisbarkeit 512
- Binnenschiffahrtsregister 555
- Bruchteilsübereignung 519
- Delivery Order 522
- Dinglicher Tatbestand 493
- Direkterwerb 531
- Direktübereignung 534
- Dispositionspapier 501, 507
- Dokumente des kombinierten Transports 508
- Dokumentenakkreditiv 556
- Durchgangserwerb 532
- Einigung 494
- Einräumung des mittelbaren Besitzes 553
- Einzugspapiere 550
- Enthaftung des Zubehörs 535
- Entschädigungsverfahren 490
- Ersatzanspruch aus ungerechtfertigter Bereicherung 544
- Ersatzübergabe 510
- Erwerb Luftfahrzeug 530
- Erwerb von unmittelbarem Besitz 555
- Erzeugnisse 492
- Exportsicherungsvertrag 523
- Fahrniszubehör 513
- Form 551
- Freistellung durch Berechtigten 535
- Freistellungserklärung 535
- gattungmäßige Bezeichnung 511
- Geheimhaltung 562
- Geheißperson 495
- Gesamtbestand 517
- gesamte Bestand 512
- gesetzliches Pfandrecht Lagerhalter 502
- Getreide- und Futtermittelhandel 522
- Grenzüberschreitung 489
- grobfahrlässige Unkenntnis 525
- Grunderwerbssteuerpflicht 490
- Grundschuldbrief 495
- guter Glaube 497, 500, 502
- Gutgläubiger Erwerb 525
- Gutschriftsanzeige 566
- Güterverkehr 507
- Hehlerei 529
- Herausgabe der Sache 502
- Hindernisse für die Sicherungsübereignung 524
- Identifikationsmerkmale 522
- Import- und Exportfinanzierung 507
- Importsicherungsvertrag 522
- Individualisierung — Bestimmtheit 509
- Internationales Privatrecht 508
- Kaskoversicherung 564
- Konnossement 507, 522
- Kraftfahrzeugbrief 527
- Kundenfinanzierung 557
- Ladeschein 506
- Lagerschein 495, 505, 528
- Leihe 498
- Lieferungsanspruch 498, 501
- Listenverträge 515
- Luftfahrzeuge 555
- Markierung 516
- Massekosten 565
- mehrere gleichartige Gegenstände 514
- mehrstufiger mittelbarer Besitz 499
- Merkmal 515
- Mitbesitz 555
- Miteigentum 521
- Miteigentümer 519
- Mittelbarer Besitz 498
- Mitverschluß 496

- Nachforschungspflicht 525
- nachträgliche Entfernung Sicherungsgut 518
- nachträgliche Vermischung 521
- neue Sache 546
- neugeschaffene Dokumente 508
- Neuwert-Entschädigung 490
- Offenkundigkeit 493
- Pacht 498
- Prioritätsgrundsatz 541
- Privathaftpflichtversicherung 564
- Produktionsgang 520
- Publizität der dinglichen Rechtslage 493
- Publizitätserfordernis 488
- qualifizierter Mitbesitz 496, 503
- räumliche Absonderung 517
- Raumsicherung 517
- Realisierung 565
- Rektapapiere 508
- Remboursgeschäft 556
- Rückerstattungsverfahren 490
- Sachsicherheit 492
- Sammelbezeichnung 512
- Schadensversicherung 490
- Scheingeschäft 488
- Scheinübergabe 495
- Schiffregister 530
- Schutz des guten Glaubens 530
- schwimmende Ladung 522
- Selbsthilfeklausel 560
- Sicherungsabrede 554
- Sicherungsgrundschulden 212, 220
- Sicherungsübereignung von Vorbehaltsware 531
- Spediteur-Pfandrecht 490
- Spedition 498
- Substanzverlust 537
- technischer Verwendungszweck 514
- Teilzahlungsgeschäft 534
- Traditionspapier 495, 504, 507, 522, 523, 556
- Trennung 543
- Umladung der Teilmenge 522
- Umsatzsteuerrecht 565
- Umschlag auf ein Zwischenlager 522
- unmittelbare Besitzverschaffung 488
- unmittelbarer Besitz 495
- unmittelbarer Mitbesitz 496
- unpfändbarer Gegenstände 492
- Unternehmerpfandrecht 561
- Unterschlagung 538
- Übereignung Gesamtbestand 519
- Übereignung von Vorbehaltsgut 531
- Übereignungswillen 552
- Übergabe 495
- Übergabe mittels Traditionspapier 504
- Übersicherung 540
- Übertragung mittelbarer Besitz 501
- Übertragung von Anwartschaftsrechten 533
- Übertragung von Mitbesitz 496, 499
- Verarbeitung 546
- Veräußerung 538
- Verbindung 542, 543
- Verbrauch 538
- Verkaufskommission 498
- Vermischung 543
- Verpächterpfandrecht 532
- Versicherung 528, 563
- Vertragswidrige Verfügungen Sicherungsgeber 561
- Vertragswidrige Verfügungen Sicherungsnehmer 559
- Verwahrung 498
- Verwendungsersatzanspruch 561
- Verwertung 555, 565
- Vindikationslage 561
- Vinkulationsgeschäft 556
- Vorbehaltssachen eines Unterlieferanten 542
- Vorbehaltsware 522
- vorweggenommenes Besitzkonstitut 499
- Warenlager 520
- Werklohnforderung 561
- Wert des Stoffes 546
- Wertpapierbereinigungsverfahren 490
- Widerruf 493, 499
- Widerruf der Einigung 552
- Widerruf einer Einigung über Eigentumsübergang 550

- wirtschaftliches Eigentum 490
- Zeitpunkt Eigentumsübergang 550
- zivile Orderpapiere 508
- Zubehör 532, 535
- Zulassungsstelle 564
- Zurückbehaltungsrecht 501
- Zwangsvollstreckung 565

Sicherungsgeber 34

Sicherungsgrundschuld 212, 220
- Ablösung 879
- Ablösung der Grundschuld 880
- Ablösung Gesamtgrundschuld 879
- Abstraktheit 891
- Abtretung 852
- Abtretung der Rückgewähransprüche 859, 866
- Abtretungsverbot 866
- angehängte Sicherheit 873
- Anrechnungsvereinbarung 880
- Anzeige der Zession 872, 879
- Auflassungsvormerkung 889
- Ausfall 857
- Ausfallgrundschuld 857
- Ausschluß der Abtretung 861
- Befugnis zur Veräußerung 893
- Bestimmtheitsgrundsatz 846, 856
- betragsmäßige Verdoppelung 890
- Briefgrundschuld 851
- Buchgrundschuld 851
- Dritter 845
- Eigenbesitz 852
- Eigentümergrundschuld 839
- Einigung 851
- Eintragung des Sicherungszweckes 845
- Eintragungsbewilligung 846
- Einwilligung Veräußerer 889
- Einziehung 868
- Ersatzpflicht des Dritten 871
- Ersteher 887
- Fälligkeit 847
- Fälligkeit der gesicherten Forderung 885
- Fälligkeitsgrundschuld 847
- freihändiger Verkauf 877
- Freistellungsverpflichtung 850
- Fremdgrundschuld 839
- gekorene Sicherheit 838
- Gesamtgrundpfandrecht 678
- Gesamtgrundschuld 850
- gesetzlicher Löschungsanspruch 880
- gesetzlicher Übergang Rückgewähranspruch 870
- Grundschuldzinsen 846, 888
- Haftungssumme 855, 856
- Hinterlegung 868
- Höchstzinssatz 846
- Hypothek ohne Forderung 841
- Interessenwahrungspflicht 868
- Kenntnis von der Abtretung 867
- Kündigung 847
- Kündigungsgrundschuld 847
- Kündigungsrecht 886
- Liquidationsvergleichsverfahren 888
- Löschungsanspruch 861
- Löschungsbewilligung 861
- löschungsfähige Quittung 862
- Löschungsvormerkung 878, 880
- Marge 855, 865, 877
- Nachverpfändung 678
- öffentlicher Glaube 852
- persönliche Haftung 889
- persönliche Haftungsübernahme 891
- persönliche Verpflichtungserklärung 890
- Pfandgläubiger des Rückgewähranspruches 871
- Realisierung der Grundschuld 883
- Realisierungsverkauf 885
- Recht auf Kündigung 874
- Rentenschuld 844
- Revalutierung der Grundschuld 869
- Rückgewährberechtigten 887
- Rückgewährpflicht 860
- Rückgewährsanspruch 859, 860, 861, 871
- Selbständigkeit der Grundschuld 844
- Sicherungsgrundschuld 212, 220, 838, 841
- Sicherungshypothek 841
- Sicherungsmittel 850
- Teilbrief 865
- teilweise Rückgewähr 865
- Teilzahlung 880
- Tilgung der gesicherten Forderung 880

— Treuhandsicherheiten 855
— Treuhandvereinbarung 874
— Umwandlung 842
— unangemessene Überdeckung 865
— Unklarheiten 891
— Unterlassungspflicht 893
— Unterwerfungsklausel 889
— Übergang der gesicherten Forderung 875
— Übertragung der Forderung 894
— verdeckte Nachverpfändung 678
— Verdoppelung der Haftung 891
— Vereinigung der Grundschuld 871
— Verkauf der Forderung 894
— Verkauf der Grundschuld 877, 892
— Verwertung 876
— Verwertung Zubehör 877, 883, 887
— Verzicht auf die Grundschuld 861
— Verzicht und Abtretung 878
— Vollstreckung 889
— Vormerkung 864
— Wahlschuldverhältnis 861
— Wucher 845
— Zinsansprüche 867
— Zinsaufrechnungsvereinbarung 882
— Zinsrückstände 855
— Zuschlag im Zwangsversteigerungsverfahren 863
— Zustimmung 892
— Zwangsversteigerung 887
— Zwangsvollstreckung 883, 887, 891
— Zweckbindungsklausel 880
— Zweckvereinbarung 854
Sicherungsmittel 91
Sicherungstreuhand 20
Sicherungsübereignung 148 q
Sicherungsübereignung eigener Aktien 59
Sicherungsübertragung/Sittenwidrigkeit 15
Sicherungsvertrag 6
Sicherungswert 274
Sicherungszession des Rückgewähranspruchs 212
Sicherungszweckerklärung 6, 164
Singularsicherheiten 148 l, 148 m

Sittenwidrigkeit 131, 1489
Sondereigentum 97
Sondernachfolge 223
Sorgfalts- und Auskunftspflicht 176
Sozialansprüche 133
Sozialversicherung 82
Speditionsforderungen 133
Sperre 35
Spezialsicherheit 168
Stammwert des Grundstücks 252
Stehenlassen eines Kredits 217
Sterbegeldversicherung 82
Steuerbehörde 253
Steuerschulden 20
Steuerstrafrecht 89
Stichproben 33
stille Geschäftsinhaberschaft 152
stillschweigende Bevollmächtigung 70
Strafanzeige 47
Straßenreinigungsgebühren 252
Streichung von Teilen des Formulartextes 124
Stundung des Zurückbehaltungsrechts 236
Subsidiarität der Sicherheit 239
Surrogat des Grundstücks 258
Surrogate 88

T

Tagessaldo 263
Tankstellenrecht 295, 297
Teileigentum 97
Teilerbbaurecht 97
Teilforderung im Schuldnerkonkurs 244
Teilungsplan 258, 260, 296
teilweises Erlöschen der gesicherten Forderung 206
Testamentsvollstreckervermerk 308
Testamentsvollstreckung 144
Tilgung der gesicherten Forderung 230, 243
Tilgung sämtlicher gesicherter Ansprüche 244
Tilgungsvereinbarung 270
Tilgungswirkung 11, 177, 190
Titel 249
Tod des Sicherungsnehmers 190
Tod des Vollmachtgebers 70

Treu und Glauben 28
Treuhänder 190, 192
Treuhandschaft 191
Treuhandsicherheit 170

U

Umlegung 132
Umsatzsteuerrecht 173, 252
Umwandlung 222
Umwandlung des Grundpfandrechts 200
Umwandlung einer Personengesellschaft 222
unbedingter Erwerb 102
unbewegliche Sachen 96
ungerechtfertigte Bereicherung 196
unmittelbar verwertbare Sicherheit 26
Unmöglichkeit der Rückgewähr 208
unpfändbare Gegenstände 131
unpfändbare Rechte 133
Unpfändbarkeit 131
Unpfändbarkeit von Treuhandgeldern 263
Unrichtigkeit des Grundbuchs 304
unselbständiges Gestaltungsrecht 200
untergesichertes Schuldversprechen 14
Unterhaltsrenten 82
Unterkapitalisierung 217
Unterlegung 14
Unternehmerische Beteiligung 217
Unterschriftenblatt 71
Untersicherheit 14
Unverzinslichkeit 303
Überdeckung 282
Übererlös 272
Übergang der Forderung 241
Übergang der Forderung kraft Gesetzes 229
Übergang der Sicherheit auf den Ablösenden 242
Überraschende Klauseln 113
Übersicherung 28, 148d
Übertragung der Treuhandsicherheit 230
Übertragung des Sicherungsrechts 229
Übertragung des Sicherungsrechts an einen Dritten 214
Übertragungsverbot 229
Überwachungsmaßnahmen 33
Überweisung an Zahlungs Statt 265

V

Veralterung 33, 203
Veräußerung des Sicherungsrechts 266
Veräußerung im ordnungsgemäßen Geschäftsverkehr 148b
Verbindung 101, 124
VerbraucherkreditG 270, 282
Vereinbarung über den Wert der Sicherheiten 148i
Verfallklausel 266
Verfügungen des Erbbauberechtigten 132
Verfügungsberechtigter 20
Verfügungsbeschränkungen 132, 139
Verfügungsmacht 125
Verfügungsverbote 130
Vergleich 174
Vergleichsverfahren 130
Verhältnis Gläubiger und Sicherungsnehmer 188
Verität 33
Verjährung 236
Verkauf der Forderung nebst Grundschulden 267
Verkaufswert 284
Verlängerungsvertrag 124
Verletzungsrenten 82
Vermeidung von Übersicherungen 148a
Vermittlungskosten 247
Vermögen im Ganzen 140
Vermögenssteuer 252
Vermögensübernahme 163
Vermögensverfall 179
Verpächterpfandrecht 287
Verpflichtung 125
Verpflichtung zur Rückgewähr 229
Verpflichtung zur Übertragung der Sicherheit 229
Verpflichtungsgeschäfte des Erben 144
Verrechnung 197
Verschleuderung 259
verschmelzende Umwandlung 223
Versicherungsfreiheit 133
Versicherungsschutz 33
Versicherungssumme 136
Verstärkung 27
Verteilung der Verwertungserlöse 192
Vertrag zugunsten des Gläubigers 190
Verträge zugunsten Dritter 35
Vertragsabschluß 106
Vertragswidrige Übertragung der Sicherheit 186

Vertretungsmacht 50
Verwaltungstreuhand 20
Verwertung 148 p, 266
Verwertung der Sicherheit 26, 246
Verwertung von Grundschulden 267
Verwertungsakt 25
Verwertungsbefugnis 9
Verwertungserlös 185
Verwertungsfähigkeit 295
Verwertungsfolgen 269
Verwertungsrecht 11
Verwertungsreife 235, 237, 266
Verzicht 129, 233
Verzicht auf den Rückgewähranspruch 215
Vollmacht 1, 69
Vollmacht für Ausländer 76
Vollstreckungsausschluß 303
Vollstreckungsklausel 248, 249
Vollstreckungsmaßnahmen in Nachlässen 250
Vollstreckungsschutz 259
Vollstreckungstitel gegen einen fremden Staat 250
Vollstreckungsvereitelung 130
Vorbelastungen 286, 318
Vorbemerkung 303
Vorerbe 145
Vorgesellschaft 222
vorhergehende Inanspruchnahme der Sicherheit 240
vorherige Zustimmung 129
Vorkaufsrecht 299
vorläufige Eintragungen 302
Vormerkung 304
Vormerkungsgläubiger 303
Vormerkungsschuldner 303
Vormund 53
Vorrang einer Reallast 293
Vorrangeinräumung 287, 314, 317
Vorteilsausgleichung 272
vorübergehende Störung der Geistestätigkeit 40
Vorvertrag 27, 303
vorzeitige Betreibung der Sicherheit 238

W

Wahl zwischen Veräußerung und Beitreibung 26

Wechsel 264
Wechsel des Gläubigers 227
Wegerecht 295, 297
Wegfall der Geschäftsgrundlage 46, 172
Wegfall der gesicherten Forderung 197
Wegfall der Sicherheit 29
Wegfall steuerlicher Vorteile 133
weggefallene Sicherungsmittel 87
Weiderecht 297
weite Sicherungszweckerklärung 168
Wert von Mitgliedschaftsrechten 319
Wertpapiere des Sondervermögens 130
wesentliche Bestandteile 98, 100
Wesentlicher Irrtum 44
Widerruf 69, 148 c
Widerruf der Bezugsberechtigung 138
Widerspruch 304
Widerspruch des Schuldners gegen den Teilungsplan 252, 291
Widerspruchsrecht 148
Wiederkaufsrecht 299
wiederkehrende Leistungen 252
Willensmangel 41
Wirkung der Ablösung 244
wirtschaftliche Bewegungsfreiheit 148a, f
Wohnungsbaudarlehen 289
Wohnungseigentum 97, 132
Wohnungserbbaurecht 97
Wohnungsrecht 297, 300

Z

Zahlung des Kreditbetrages 230
zahlungsmäßig bestimmte Deckungsgrenze 148 f
Zahlungstitel 249
Zeitfolge der Eintragsanträge 314
Zerschlagungswert 276
Zession des Rückgewähranspruchs 213
Zinsen des Hauptanspruchs 253
Zinsklausel 181
Zoll- und Steuerhaftung 126
Zubehör 92, 93
Zugewinngemeinschaft 140
zukünftige Sachen 103
Zurückbehaltungsrecht 209, 284
Zuschlag 258
Zustellungssaldo 263
Zustimmung 97

Zustimmung des Drittschuldners 134
Zustimmung des Sicherungsgebers zu der Schuldübernahme 225
Zustimmung zur Belastung 132
Zustimmung zur Veräußerung 132
Zustimmungsanspruch 132
Zwangssicherungshypothek 317
Zwangsvergleich 179
Zwangsversteigerung 252
Zwangsversteigerung des Erbbaurechts 132
Zwangsversteigerung des Wohnungseigentums 132
Zwangsversteigerungsvermerk 310
Zwangsverwalter 260
Zwangsverwaltung 97, 251, 252, 260
Zwangsverwaltungsvermerk 310
Zwangsvollstreckung Dritter 147
Zwangsvollstreckung in bewegliche Sachen 250
Zwangsvollstreckung in das Sicherungsmittel 248
Zwangsvollstreckung in Grundstücke 251
Zwangsvollstreckung in Rechte 263
Zwangsvollstreckung wegen Steuerforderungen 147
Zwangsvollstreckungskosten 216
Zwangszugriff 190
Zweckverbände 56
Zweckvereinbarung 6
Zwischenrecht 317